dc nr d pltc sp blcs

DICIONÁRIO DE POLÍTICAS PÚBLICAS

i io á io e oíia ú ia

DICIONÁRIO DE POLÍTICAS PÚBLICAS

DICIONÁRIO DE POLÍTICAS PÚBLICAS

GERALDO DI GIOVANNI
MARCO AURÉLIO NOGUEIRA
organizadores

3ª EDIÇÃO

editora
unesp

Direitos de publicação reservados a:

Fundação Editora da Unesp (FEU)
Praça da Sé, 108
01001-900 – São Paulo – SP
Tel.: (0xx11) 3242-7171
Fax: (0xx11) 3242-7172
www.editoraunesp.com.br
www.livrariaunesp.com.br
feu@editora.unesp.br

Dados Internacionais de Catalogação na Publicação (CIP) de acordo com ISBD

D545
Dicionário de políticas públicas / organizado por Geraldo Di Giovanni, Marco Aurélio Nogueira. - 3. ed. - São Paulo : Editora UNESP, 2018.
1066 p. ; 16m x 23cm.

Inclui bibliografia.
ISBN: 978-85-393-0736-4

1. Dicionário. 2. Administração pública. 3. Políticas públicas. I. Di Giovanni, Geraldo. II. Nogueira, Marco Aurélio. III. Título.

2018-557 CDD 351.03
CDU 35

Elaborado por Odilio Hilario Moreira Junior - CRB-8/9949

Índice para catálogo sistemático:
1. Administração pública 351.03
2. Administração pública 35

Coordenação
Mônica Maia Bonel Maluf
Luís Fernando Milan
Fernando Gonçalves Marques

Equipe de edição Unesp
Edição
Anderson Nobara
Leandro Rodrigues
Revisão
Frederico Tell Ventura
Assistência editorial
Alberto Bononi
Richard Sanches

Este dicionário é dedicado à memória de Carlos Estevam Martins e Vilmar Evangelista Faria, ex-diretores da Fundap, pelo pioneirismo nos estudos de políticas públicas no Brasil.

Sumário

Prefácio à terceira edição

Um dicionário é obra de formação intelectual e cultural. Trata-se de um complexo esforço coletivo que, quando bem-sucedido, destina-se a ter efeitos positivos sobre um longo período, contribuindo para o esclarecimento de uma coletividade. A terceira edição de um dicionário técnico como este, dedicado ao vasto e complexo campo das políticas públicas, é auspiciosa. Merece comemoração, mas também uma reflexão.

Primeiramente, esta nova edição expressa a aceitação do público e revela a existência de uma demanda potencial por parte de novos leitores. Além disso, ela indica com clareza – algo bem mais importante – que a obra está atingindo os objetivos a que se propôs quando de sua concepção e de seu lançamento, em 2013.

Buscávamos, em primeiro lugar, organizar um pouco mais o universo da comunicação no campo das políticas públicas. O fato de, nas últimas décadas, os estudos terem se multiplicado de modo exponencial nessa área interdisciplinar produziu um efeito de relativa desintegração no entendimento dos conceitos, teorias e métodos de estudo. O *Dicionário* foi pensado como uma ferramenta auxiliar para os estudos e pesquisas que vêm se desenvolvendo com celeridade, maior amplitude e precisão na academia brasileira. Fora dela, o debate midiático, político, partidário, institucional e ideológico sobre políticas públicas, que se faz generalizado, contínuo e, por vezes, belicoso, parece carecer de igual suporte para que possa ocorrer com liberdade, espírito crítico e instrumentos teórico-metodológicos mais refinados.

Em segundo lugar, por ter sido idealizado como uma obra que agregasse autores já renomados e estreantes, imersos nessa atividade intelectual, o *Dicionário* reuniu a contribuição de juristas, economistas, historiadores, cientistas políticos, sociólogos e jornalistas, compondo um amplo espectro de especialidades que pode fornecer, além das contribuições individuais, uma visão mais ampla da extensão institucional desse campo de estudos. Autores de quase todas as regiões do país, pertencentes a universidades, instituições de pesquisa, órgãos de governos municipais, estaduais e federais, órgãos de imprensa, entre outros, foram convidados e ajudaram a compor um panorama expressivo daquilo que se poderia chamar o "estilo brasileiro" de estudar, pensar e fazer políticas públicas. Tal estilo, que transparece na obra desde a seleção de verbetes até o próprio conteúdo, mostra que, no Brasil, a abordagem do tema se dá majoritariamente na fronteira entre o campo estrito das *policies* e o amplo campo da *politics*. Na visão dos organizadores, tal fato reflete, de um lado, nosso modo de desenvolvimento das ciências sociais, em suas teorias e metodologias; e, de outro, nossa própria realidade histórica e política, no que respeita às principais temáticas. Em seu conjunto, o *Dicionário* parece ter oferecido esse panorama.

Concebido, escrito e organizado durante os anos de 2011 e 2012, o trabalho foi publicado em 2013 pela Fundação do Desenvolvimento Administrativo (Fundap), na qual encontrou decisivo abrigo institucional. Sua segunda edição foi produzida pela Editora Unesp em 2015, pouco mais de um ano depois dos acontecimentos de junho de 2013, que marcaram nossa história política e deram início a uma série de acontecimentos de imensa gravidade que, além de culminar com o impedimento de uma presidente da República e a ascensão de uma nova coalizão de poder no plano federal, também lançaram uma interrogação sobre o universo das políticas públicas no país.

Em virtude dos movimentos anticorrupção e dos próprios escândalos que impulsionaram a mais recente fase da política brasileira, tudo indica que, paulatinamente, vai se deixando de lado a visão ingênua das políticas públicas como panaceia para todos os males da sociedade. Nesse sentido, o *Dicionário* pode ser uma importante ferramenta de desmistificação dessa visão "redentorista" facilmente encontrada no meio político, no senso comum, nos órgãos formadores da opinião pública e – até mesmo – na academia. A crescente consciência de que não existe política pública "inocente" pode levar, com o auxílio de bons instrumentos de reflexão, à percepção desse universo complexo como um campo de interesses ora contraditórios, ora coincidentes, mas sempre presentes e atuantes pela ação dos atores sociais orientados por lógicas próprias. Qual seja, acumular *capital* (agentes econômicos), acumular *poder* (agentes políticos) e acumular recursos de *bem-estar*, de consumo coletivo, no caso da população que busca sua própria reprodução social, como um agente plural que atua por intermédio de movimentos sociais de amplitude variada e, quando possível, de recursos de comunicação.

Por todas essas razões, esta terceira edição do *Dicionário*, que sai em um ano emblemático, ganha novo significado. Torna novamente disponível ao público leitor um recurso para o entendimento de nossa vida coletiva, de modo pluralista e isento. E faz isso em meio a uma situação de crise política, econômica e institucional que exige novos esforços coletivos de reflexão e conduta democrática.

Numa situação demarcada por eleições gerais revestidas de tensão e preocupação, crescem as expectativas da população no sentido da conquista de um entendimento mais racional e desapaixonado da política e das atividades públicas. O momento conclama a busca de iniciativas que ajudem a aumentar a maturidade desse domínio do conhecimento e a torná-lo mais acessível ao conjunto da cidadania.

Um dicionário, evidentemente, não pode tudo. Muito menos pode ser concebido para "impor" um padrão de linguagem ou limitar o saudável pluralismo político e ideológico que acompanha as discussões em torno dessas temáticas. Mas pode ser um recurso a mais para que se forme uma cultura específica para a área, funcionando como obra de referência para todos que se interessem pelo campo.

Desde sua primeira edição, o *Dicionário* tinha como um de seus objetivos dar uma contribuição cívica ao país, na medida em que pudesse alcançar um número cada vez maior de pessoas motivadas a entender nossa jovem democracia. 2018 é um momento crucial desse esforço. Ao poder circular novamente e permanecer à disposição do público, o *Dicionário* vê valorizada a meta a que se propôs desde o início.

São Paulo, abril de 2018.
Geraldo Di Giovanni
Marco Aurélio Nogueira

Introdução

Poucas décadas atrás, quando cientistas sociais e professores universitários no Brasil viam-se diante de projetos ou propostas que falavam em políticas públicas, a surpresa e a perplexidade dominavam a cena: "políticas... o quê?". A expressão era estranha ao vocabulário acadêmico nacional e estava completamente ausente da linguagem corrente da imprensa, das instituições públicas e do cidadão comum.

Hoje, o quadro é inteiramente distinto. A grande maioria dos cidadãos não passa um dia sequer sem ler, ouvir, escrever ou pronunciar essa expressão que, além de ter entrado para o léxico político e de ter sido incorporada pelo universo brasileiro de comunicação, converteu-se em importante indicador das profundas transformações ocorridas no relacionamento entre Estado e sociedade, nas instituições e na política. Com maior ou menor intensidade, o mesmo ocorreu em outros países do mundo ocidental, com variações que derivaram, em parte, das diferentes histórias e culturas políticas nacionais, mas que, sem dúvida, testemunham a generalização e a intensificação dessa modalidade contemporânea de intervenção governamental.

Embora existam atualmente algumas importantes experiências institucionalizadas, o estudo das políticas públicas no Brasil pode ser considerado incipiente. Não se trata, entretanto, de um "atraso" teórico e metodológico presente nas subdisciplinas que formam o que poderíamos chamar de Ciência Política brasileira. Trata-se, ao contrário, de um descompasso relativo às respostas que, no plano do conhecimento, têm sido dadas às demandas crescentes da sociedade brasileira no que tange ao tema.

A presença das políticas públicas na vida das sociedades contemporâneas é fato crescente e incontestável. De certa maneira, cada qual a seu modo, às vezes mais, às vezes menos organizados, todos os cidadãos nessas sociedades são atores, beneficiários e usuários de alguma política pública, ou estão pelo menos interessados em alguma política pública. Dá-se o mesmo no Brasil. A expressão *políticas públicas*, bem como a grande profusão de conceitos ou termos a elas relacionados, começaram nas três últimas décadas a fazer parte da linguagem dos governos (municipais, estaduais e federal), dos movimentos sociais, das organizações não governamentais, dos sindicatos, dos partidos políticos e, particularmente, da mídia.

No entanto, apesar de todo esse interesse, a divulgação da produção ainda é incipiente: somente nos anos mais recentes é que começaram a se esboçar esforços para a publicação dos aprofundamentos teóricos e metodológicos, dos conhecimentos agregados e das pesquisas relativas a essa temática. Estamos, pois, num momento em que se mostra particularmente necessária a busca de um plano de organicidade na comunicação sobre o tema, iniciativas que ajudem a aumentar a maturidade desse domínio do conhecimento e a torná-lo mais acessível ao conjunto da cidadania.

Um dicionário parece configurar um instrumento importante e bastante adequado a esse propósito. Não se trata, evidentemente, de tentar impor um padrão de linguagem ou uma perspectiva teórico-metodológica, nem muito menos de refrear ou limitar o saudável pluralismo político e ideológico que acompanha as discussões na área. Um dicionário, na melhor das hipóteses, é um recurso que pode contribuir para que se aprofunde e se amplie determinado campo de estudos. Pode, ao mesmo tempo, funcionar como ferramenta didática para o ensino da disciplina, como fator de constituição de uma cultura específica para a área e como obra de referência para todos que por ela se interessem.

O presente *Dicionário* pretende caminhar nessa direção. Nascido e crescido em uma intersecção entre a reflexão teórica mais acadêmica e a preocupação técnica operacional, de que a Fundação do Desenvolvimento Administrativo (Fundap) representa uma expressão bem acabada, ele carrega consigo múltiplas expectativas. Deseja ser um recurso para a pesquisa e a teorização, tanto quanto contribuir para a educação continuada de servidores públicos, técnicos e operadores da sociedade civil, analistas e formadores de opinião. E almeja, modestamente, oferecer ao cidadão comum a oportunidade de acesso livre e aberto ao tema, sem a imposição de uma ordem linear e obrigatória de leitura, para que possa, na medida de seu interesse ou de suas necessidades, apropriar-se progressivamente dos conteúdos expostos.

Partindo do princípio de que, nas últimas décadas, os estudos de políticas públicas têm revelado importantes diferenças nacionais quanto à delimitação de seus objetos, à escolha de suas abordagens teóricas e metodológicas, bem como ao tratamento das "relações entre as políticas públicas (*policy*), a competição política (*politics*) e o espaço político (*polity*)" (*Revue Française de Science Politique, 2002*), o *Dicionário* também pretende possibilitar uma visão de como os estudos realizados por especialistas brasileiros vêm configurando, paulatinamente, um modo próprio de estudar políticas públicas em nosso país. Dessa preocupação decorreram os critérios de seleção de autores, que procuraram ampliar a representatividade das instituições acadêmicas e dos órgãos governamentais de diferentes regiões do país.

Para usar a bela e sugestiva expressão que Jacques Le Goff e Jean-Claude Schmitt empregaram no *Dicionário temático do Ocidente medieval*, nossa intenção foi organizar uma obra que seja simultaneamente científica, didática e cívica.

A elaboração de um dicionário no campo das ciências sociais não é tarefa simples. São muitos os motivos que explicam isso, mas talvez o principal deles derive do fato de que, nesse domínio de conhecimento, não se verifica uma sucessão de paradigmas e movimentos claros de superação, mas, de modo diverso, os paradigmas coexistem entre si e estão sempre em competição. Por isso, a advertência de Bobbio, Matteucci e Pasquino, ao proporem seu conhecido *Dicionário de política,* tem imensa serventia, quando se trata de fazê-lo no campo das políticas públicas.

> A linguagem política é notoriamente ambígua. A maior parte dos termos usados no discurso político tem significados diversos. Esta variedade depende tanto do fato de muitos termos terem passado por longa série de mutações históricas, quanto da circunstância de não existir até hoje um ciência política tão rigorosa que tenha conseguido determinar e impor, de modo unívoco e universalmente aceito, o significado dos termos habitualmente utilizados. A maior parte destes termos é derivada da linguagem comum e conserva a fluidez e a incerteza dos confins. Da mesma forma, os termos que adquiriram um significado técnico através da elaboração daqueles que usam a linguagem política para fins teóricos estão entrando continuamente na linguagem da luta política do dia a dia, que por sua vez é combatida, não o esqueçamos, em grande parte com a arma da palavra, e sofrem variações e transposições de sentido, intencionais e não intencionais, muitas vezes relevantes (BOBBIO; MATTEUCCI; PASQUINO, 1998)

Isso significa, inicialmente, que se deve ter cuidado redobrado na escolha dos verbetes e na elaboração do texto de um dicionário. Mas não significa, por outro lado, que tais tarefas possam ser pautadas pelo pensamento de uma "escola" ou de uma perspectiva teórica única, o que poderia levar à adoção de uma visão marcada por particularismos ou mesmo por uma perspectiva ideológica radicalizada. Parafraseando a observação feita por Liguori e Voza no Prefácio ao *Dizionario gramsciano* por eles organizado, estamos convencidos de que os verbetes de uma obra como a que aqui propomos não podem esgotar ou dar conta de toda a riqueza de um campo vasto como o das políticas públicas. Podem, porém, contribuir para que os diferentes leitores avancem e imprimam suas próprias marcas pessoais no estudo dos vários temas e aspectos.

No caso das políticas públicas, temos hoje, após um desenvolvimento de mais de meio século como disciplina autônoma, grande quantidade de perspectivas teóricas e metodológicas disponíveis, marcadas não apenas por diferentes escolas de pensamento e, como vimos, pelos contextos políticos e socioculturais (nacionais) em que foram produzidos, mas também por estilos intelectuais muito diversos. Assim, guardados os cuidados necessários, é sempre preciso partir da fundamentação rigorosa de determinados conceitos e princípios de análise.

Políticas públicas como senso comum e como campo de estudos

Em razão da "onipresença" das políticas públicas no cotidiano da sociedade brasileira, formou-se – de maneira um pouco mais ou um pouco menos clara – certo consenso entre a população, as burocracias, os estudiosos e a mídia: políticas públicas seriam intervenções planejadas do poder público com a finalidade de resolver situações sociais problemáticas. Mas como nas ciências humanas temos sempre de pensar na história das definições, deve-se recordar que sob a égide do Estado moderno plenamente constituído isso em alguma medida sempre ocorreu. A partir de segunda metade do século 19, os governos nacionais sempre apresentaram um patamar mínimo de previsão e capacidade de intervenção na vida social. O que houve de novo na realidade das intervenções governamentais a partir da segunda metade do século 20 foram as mudanças ocorridas naquilo que poderíamos chamar de termos-chave desse conceito mínimo: intervenções planejadas, poder público e situações sociais problemáticas.

Em primeiro lugar, no que diz respeito às intervenções planejadas, ficou patente que os Estados contemporâneos desenvolveram grande capacidade de planificação, instalada nos órgãos administrativos de governo, seja do ponto de vista técnico de gestão, seja do ponto de vista político.

Em segundo lugar, no que diz respeito ao poder público, ocorreu inegável, ainda que heterogêneo, avanço na estruturação republicana da ordem política: coexistência e independência de poderes e vigência de direitos de cidadania, o que alterou em definitivo o caráter das ações governamentais e a distribuição de competências no interior do Estado.

Por fim, quanto à definição do que sejam situações problemáticas, ampliou-se – para além das estruturas e dos órgãos do Estado – a capacidade coletiva, disseminada na sociedade, de problematizar e participar na formulação de agendas públicas, com a intensificação do exercício da cidadania e do desenvolvimento de uma cultura política compatível. A própria sociedade teve sua estrutura, sua estratificação e sua dinâmica fortemente modificadas, graças à revolução tecnológica, à reorganização do capitalismo e às expressivas alterações que se fizeram sentir no modo de vida e no imaginário dos cidadãos, dos grupos, dos indivíduos e das classes sociais. Novos e desafiadores problemas surgiram e se articularam com antigos dilemas e iniquidades, complicando-os e requalificando-os de várias maneiras.

A própria situação estrutural das sociedades contemporâneas passou assim a exigir que a expressão "políticas públicas" alcançasse uma nova conceituação ou, pelo menos, uma atualização de seus termos principais, de modo a que se fosse além daquela visão mais restrita e tecnicista que as vê, pura e simplesmente, como uma intervenção governamental em áreas consideradas socialmente problemáticas.

Isso implica, antes de tudo, adotar uma reflexão mais voltada para as determinações de natureza social, cultural, política e econômica que embasam o desencadeamento e a consecução da ação do poder público. Intervenções estatais devem ser vistas como fatos complexos, dinâmicos e multifocais, impossíveis de serem reduzidos ao momento imediatamente "administrativo". Mais do que isso, a política pública passa a ser tratada como uma forma de exercício do poder em sociedades democráticas, resultante de uma complexa interação entre Estado e sociedade. E é exatamente nessa interação que se definem as situações sociais consideradas problemáticas, bem como as formas, os conteúdos, os meios, os sentidos e as modalidades da intervenção estatal. Em sua determinação, pesam diferentes aspectos da economia, da estrutura social, do modo de vida, da cultura e das relações sociais. Trata-se de uma intervenção estatal, de uma modalidade de regulação política e de um expediente com o qual se travam lutas por direitos e por distribuição.

As políticas públicas são um tipo específico de ação política. Em termos ideais, são manifestações avançadas da racionalidade dialógica e democrática que tipifica o mundo moderno, contrastando, nesse particular, com outras formas e estruturas. Podem conviver com essas outras formas e até mesmo combinarem-se com elas, mas são algo particular, dotado de lógica própria.

Políticas públicas são definidas e praticadas em termos históricos. Cada sociedade tem um padrão de políticas públicas, seja no sentido da reprodução de certos modos de conceber e fazer, de financiar e gastar, seja no sentido das carências e dos problemas que buscam enfrentar. Fixaram-se nas sociedades contemporâneas, em maior ou menor grau, a partir da segunda metade do século 20, acompanhando a transição demográfica que se associou à industrialização, à urbanização, à revolução tecnológica no campo das comunicações, à expansão dos sistemas educacionais, à secularização crescente da vida coletiva, à transformação das relações entre gêneros, à modificação no modo de vida – expressando, em suma, tudo aquilo que pode ser vinculado à complexificação, diferenciação e fragmentação das sociedades. Precisamente por isso, passaram a ser progressivamente definidas como intervenções estatais, por uma pluralidade de atores, de natureza e origens diversas e portadores de interesses específicos (contraditórios ou não).

Esse contexto de interações, interesses, direitos e carecimentos promoveu a constituição de um patamar de exigências e imposições, tanto no âmbito mais imediatamente técnico (conhecimentos específicos, pessoas qualificadas, capacidade de gestão, instituições), quanto no âmbito jurídico (padrão de cidadania, legislação) e político (sistema de representação em sentido lato). As imponentes transformações das décadas finais do século 20 revolucionaram a economia, as formas de sociabilidade, a tecnologia, a cultura política e os sistemas de proteção social das sociedades democráticas ocidentais. Produziram-se assim novas formas de conduta política, novas regras, novos aparatos e novas expectativas, que modificaram os processos decisórios tradicionais e fixaram procedimentos mais compartilhados e democráticos de exercício do poder, seja no plano internacional, seja no interior dos Estados nacionais.

Do ponto de vista histórico, podemos dizer que tais fatores constituíram-se, de modo nem sempre uniforme, nas modernas sociedades capitalistas desde o século 19, mas foram consolidados principalmente depois da Segunda Guerra Mundial. Foi então que se fixou uma particular forma política, cuja compreensão é importante para o entendimento do que são as políticas públicas de hoje: uma configuração específica de relações de poder – uma configuração institucionalizada, recorrente e estruturada – mediante a qual se constitui uma probabilidade de ação coletiva. Nesse sentido, as políticas públicas não são uma forma única ou exclusiva, mas convivem com formas variadas que deitam raízes na história das diferentes sociedades, como seria o caso, para mencionar alguns exemplos bem conhecidos, do corporativismo, do mandonismo local, do coronelismo, do populismo e, mais recentemente, da responsabilidade social e do voluntariado, que coexistem e concorrem com as políticas públicas na acepção rigorosa do termo.

Na concepção que aqui adotamos, as políticas públicas vêm se tornando cada vez mais presentes na vida das sociedades democráticas contemporâneas, em decorrência de alguns fatores históricos concretos de natureza variada. Desses fatores, três precisam ser considerados com atenção redobrada, pois tiveram maior importância no processo que reconfigurou as sociedades capitalistas do pós-guerra, marcadas pelo aumento do volume e da importância estratégica das intervenções do Estado na vida econômica e social.

Um fator de natureza macroeconômica

Após a Segunda Guerra Mundial, a constatação de que o livre jogo das forças de mercado não tinha levado à paz, à prosperidade e ao bem-estar generalizou-se por quase todo o mundo capitalista. A experiência dramática e destruidora de duas grandes guerras e a desarticulação das relações econômicas em âmbito planetário passaram a exigir uma nova ordem política e econômica que vigorasse com efetividade no interior dos Estados e nas relações internacionais. Essa foi uma das razões pelas quais houve grande mudança nas políticas econômicas adotadas pelos Estados capitalistas que, até então, estavam com maior ou menor força, fundadas em preceitos do liberalismo econômico. A adoção de políticas econômicas inspiradas no keynesianismo e centradas na ideia de pleno emprego faria com que esses Estados passassem a ampliar o volume de suas intervenções e seu caráter regulador, tanto nos aspectos econômicos, como por exemplo na produção de bens e serviços, quanto nos aspectos sociais da vida coletiva, como por exemplo na institucionalização de sistemas de proteção social. Tais políticas manteriam o fôlego por várias décadas, os "trinta anos dourados". Somente por volta de 1980 é que seriam postas em questão, quando os cânones do credo neoliberal passam a ser difundidos e aceitos. A partir de então, a presença das ideias neoliberais nas políticas econômicas e sociais torna-se praticamente dominante, fato que tem estreita relação com o fim da bipolarização entre os blocos capitalista e socialista, com o agravamento das dificuldades fiscais dos Estados nacionais e com as modificações que alterarão a estrutura e a estratificação das sociedades ocidentais, com repercussões profundas no plano mais imediatamente político (sistema representativo, partidos políticos, dinâmica eleitoral).

Um fator de natureza política

A forte tensão geopolítica que contagiou, no segundo pós-guerra, os mundos socialista e capitalista afetou as sociedades europeias de modo particularmente intenso. Em quase todas elas, o período revelou a presença marcante de partidos políticos de inspiração comunista, socialista ou trabalhista, o que representou do ponto de vista dominante perigosa clivagem política interna, agravada pela virtualidade de um modo de organização social alternativo, vivido no bloco socialista. Vislumbrou-se, assim, a necessidade de estabelecerem-se novos princípios e novos pactos nas relações entre capital e trabalho. A oferta de serviços na área social, ainda que assumindo feições diversas em cada situação particular, foi ampliada, e a crescente presença do Estado nesse campo de atividade estabeleceu a base para a constituição dos modernos sistemas de proteção social, dos quais os casos mais conspícuos foram os *welfare states* europeus.

O período compreendido entre o segundo pós-guerra e os dias atuais, embora apresentando algumas situações de retrocesso, foi um momento de consolidação das democracias ocidentais. Ampliou-se o campo da representação política, configurado na participação sindical e partidária, no direito de voto, na ativação de múltiplos movimentos sociais e em novas formas de associação voluntária. Tais mudanças estimularam o surgimento de novas concepções sobre o Estado. Para muitos segmentos da sociedade, o Estado verdadeiramente democrático passa a ser visto não somente como aquele que inclui mecanismos clássicos de representação (direito de votar e ser votado; participação igualitária de classes, categorias e interesses), mas também aquele que revela forte capacidade de resposta (*responsiveness*) às demandas da sociedade e que se abre para a participação social. A democracia de massas torna-se a figura política predominante nos países europeus.

O crescimento da presença das políticas públicas na vida cotidiana é um produto socialmente necessário dessa situação. Ele não se dá simplesmente pela ampliação da ação do Estado, mas também – e principalmente – pelas exigências feitas e vocalizadas pela sociedade.

Um fator de natureza sociocultural

No livro *Modelli di solidarietà*, Maurizio Ferrera relata duas situações emblemáticas para a compreensão dos fenômenos que estamos buscando descrever. Em 1908, o governo inglês atribuiu uma pensão de cinco xelins para pessoas idosas. Era um programa que hoje chamaríamos de transferência de renda. Semanalmente, os idosos dirigiam-se às agências de correios para retirar seu benefício. Muitos deles não conseguiam entender aquilo como uma ação do Estado. Pensavam ser resultado da generosidade pessoal do agente postal, a quem retribuíam com cestos de maçã, ovos, patos ou gansos. Na Itália, em 1993, o governo tentou retirar parte dos benefícios para medicamentos a que os idosos tinham direito. Houve uma verdadeira comoção nacional, com a união das centrais sindicais, passeatas, protestos e, por fim, o apedrejamento, pelos idosos enfurecidos, de alguns líderes sindicais, considerados "frouxos" na negociação com o governo.

O que se passou nos 85 anos que separam um episódio do outro?

Se concordarmos com Eric Hobsbawm, devemos aceitar que o século 20 foi o século dos direitos sociais. Nele consolidaram-se os direitos de cidadania em sua plenitude e esses direitos, ao mesmo tempo, passaram a ser percebidos e entendidos, no conjunto da sociedade, como *jus*, como algo que legitimamente pertence a alguém.

Enfatizemos mais uma vez que, particularmente após a Segunda Guerra Mundial, processos extremamente impactantes ocorreram nas sociedades ocidentais: significativa transformação demográfica, expressivo processo de urbanização, forte expansão e grandes transformações tecnológicas no campo das comunicações, redefinições e ampliação dos sistemas educacionais, secularização crescente da vida coletiva e, sobretudo, uma verdadeira revolução no modo de vida, que muitos autores já descreveram como a constituição da "sociedade de consumo de massas".

No plano sociocultural, instaurou-se aquela situação descrita por Daniel Bell como a "revolução das expectativas", na qual os diversos grupos sociais, as instituições e mesmo muitos indivíduos, investidos no papel de atores sociais e progressivamente mais conscientes de suas necessidades e carências, passam a agir politicamente, de modo às vezes mais, às vezes menos organizado, a partir do binômio *direito/demanda* que pressupõe, sempre, a ação do Estado.

A segunda metade do século 20 testemunhou também um progressivo aumento de clivagens sociais: novas categorias de sujeitos históricos constituíram-se e se institucionalizaram. Além das formas clássicas dos conflitos políticos manifestos, como por exemplo capital *versus* trabalho, confrontos religiosos (tradicionais ou atualizados), batalhas culturais e ações empreendidas por organizações e movimentos sociais sempre mais numerosos passaram a expressar tensões latentes nas sociedades contemporâneas. Os movimentos estudantis fizeram com que surgisse no cenário político um novo ator de grande importância: os jovens. Os movimentos feministas trouxeram à tona uma infinidade de demandas, cristalizadas nas questões de gênero. As mudanças demográficas e os movimentos de população expuseram abertamente para muitos Estados nacionais uma nova face dos problemas migratórios. Tal conjunto de fatos passaria a demandar a ação do poder público, não para a solução de situações problemáticas, mas para a gestão de conflitos cujo potencial ampliou-se exponencialmente.

Dentre outros, os fatores acima descritos concorreram para que as intervenções do Estado fossem sendo modeladas por essa pluralidade de atores e demandas de natureza diversa e vinculados a interesses específicos (congruentes ou contraditórios), que convivem em um campo de tensões no qual se confrontam, pelo menos, três lógicas de ação: acumulação de capital, acumulação de poder e acumulação de recursos de bem-estar e garantia de direitos. Ao longo do tempo, nesse contexto de interações, desenvolveram-se padrões e exigências de conhecimentos técnicos específicos de intervenção, ao mesmo tempo em que as relações entre o Estado e esse *cast* foram se institucionalizando, criando pautas de conduta política, regras e padrões que modificaram os processos decisórios tradicionais, dando origem a essa forma nova, contemporânea, mais partilhada, de exercício do poder.

Globalização capitalista, Estado e políticas públicas

O capitalismo é um modo de produção que tende irrefreavelmente para a conquista do mundo, a incorporação dos territórios e a subordinação da natureza. A cada um de seus ciclos de expansão, esse circuito global se recompõe e adquire características novas. O que nas décadas finais do século 20 se convencionou chamar de globalização corresponde a um novo movimento de mundialização capitalista. A humanidade ingressou em novo momento, de reposição radicalizada do capitalismo e dos parâmetros da modernidade, fato que nos põe em contato com um processo particular, do qual está nascendo um modo de vida particular.

Pode-se caracterizar a globalização de muitas maneiras. Seguindo o curso multidimensional de sua própria efetivação, podemos vê-la a partir de diferentes ênfases. Há como entendê-la, por exemplo, a partir do econômico (a formação de um mercado mundial e de um capitalismo global) ou do tecnológico (a inovação incessante, as tecnologias da informação e da comunicação, a conectividade). Privilegiando o social, constatamos a emergência de uma sociedade cortada por dinâmicas e características novas, derivadas da forte diferenciação funcional que as atinge, da fragmentação e dos incentivos para a afirmação de consistentes tendências ao individualismo e à individualidade. No plano cultural, podemos verificar a constituição de uma dinâmica de mundialização simbólica que condiciona as diferentes culturas locais (regionais, nacionais) e com elas se combina, produzindo inúmeros efeitos comportamentais, políticos, intelectuais e organizacionais. Nenhuma dessas ênfases particulares, porém, consideradas isoladamente, tem potência suficiente para explicar a globalização como processo abrangente.

A captura daquilo que distingue a globalização supõe a superação dos determinismos rígidos, de tipo monocausal. Não estamos diante de um processo em que o "econômico" (o mercado, o capital) ou o "tecnológico" (a inovação acelerada, o progresso técnico) desempenha o único ou mesmo o principal papel. Tão importante quanto a constituição de um poderoso mercado mundial ou o predomínio avassalador de um capitalismo global é a formação de espaços transnacionais que ultrapassam as fronteiras e o raio de ação dos Estados. Operam com igual força a globalização cultural, a da comunicação e da informação, assim como os primeiros indícios de uma "sociedade civil mundial". O próprio mundo precisa ser representado de outra maneira: no cenário da política internacional, os Estados são forçados a dividir o palco com organizações, companhias e movimentos (políticos e sociais) transnacionais, a compartilhar, em suma, sua soberania. Poderosas empresas globais e algumas organizações não governamentais contam mais do que muitos Estados nacionais. O policentrismo tornou-se regra, e nele a palavra final não pertence necessariamente ao mercado, ao capital ou ao Estado mais forte, ainda que tudo isso desempenhe funções precípuas. Seguem na mesma direção as iniciativas destinadas a formar blocos regionais ou comunidades supranacionais, que seguramente modificam os fundamentos dos espaços subnacionais e nacionais, ainda que por certo não sancionem seu fim. A situação objetiva abala os Estados mas não impõe a presença de um Estado mundial. A "desorganização" – ou melhor, a não existência de ordem ou de regras vinculatórias eficientes – parece acompanhar a constituição da sociedade global: "sociedade mundial sem Estado mundial significa uma sociedade que não está politicamente organizada e na qual novas oportunidades de poder e de intervenção surgem para os atores transnacionais, que não possuem a devida legitimidade democrática" (BECK, 1999, p. 58). Justamente por isso, a globalização encontra seu fulcro no político, ou seja, na questão do Estado.

A globalização é *processo* e *projeto*, objetividade e disputa ideológica, ou, para falar de outra maneira, é globalismo e globalidade. Podemos falar em *globalismo* para indicar uma situação em que o mercado mundial "bane ou substitui, ele mesmo, a ação política; trata-se da ideologia do império do mercado mundial, da ideologia do neoliberalismo". *Globalidade*, por sua vez, significa o reconhecimento de que se vive efetivamente em uma sociedade mundial, na qual fica suspenso o isolamento e as experiências se entrecruzam cada vez mais. Na afirmação dessa sociedade mundial, os Estados nacionais "veem sua soberania, sua identidade, suas redes de comunicação, suas chances de poder e suas orientações sofrerem a interferência cruzada de atores transnacionais". Globalidade, portanto, "denomina o fato de que, daqui para frente, nada que venha a acontecer em nosso planeta será um fenômeno espacialmente delimitado, mas o inverso: que todas as descobertas, triunfos e catástrofes afetam a todo o planeta, e que devemos redirecionar e reorganizar nossas vidas e nossas ações em torno do eixo 'global-local'" (BECK, 1999, p. 30-31).

Impulsionada pelos processos da globalização capitalista, a vida ficou mais acelerada: seu ritmo é proporcional à velocidade das mudanças tecnológicas, à quantidade de informações, deslocamentos e contatos, à "obrigação" que todos têm de viver "no mundo", ligados em tudo. Estamos inseridos em um sistema conectado *online* e costurado por redes de comunicação e informação que fazem com que todos participem o tempo todo dos problemas de todos, em tempo real. Os meios de comunicação, ampliados radicalmente, possibilitam uma nova percepção dos problemas e dos conflitos, que passam a ser experimentados como gerais e comuns: a sociedade global se transforma numa "sociedade telespectadora" (BECK, 1999, p. 163). Diluiu-se a imagem da aldeia global que McLuhan elaborou ainda nos anos 1960, embora a sensação de que se vive ou se deseja viver em uma "comunidade global" tenha se generalizado. O mundo assemelha-

-se bem mais a um supermercado ampliado, onde se troca tudo, sabe-se de tudo e consome-se uma inesgotável infinidade de bens (simbólicos, antes de tudo), mas onde se convive apenas em termos fugazes, de modo errático, virtual, no ciberespaço. A imagem de uma sociedade civil global, de um Estado e de uma democracia cosmopolitas, de uma cidadania mundial, ergue-se à distância, ainda sem força para se impor ou convencer.

Considerada a partir da vida real, a era da globalização não se mostra com uma face risonha ou amigável. Tem sido muito mais problema, risco e sofrimento do que solução ou felicidade. Correndo sobre a plataforma de um capitalismo exacerbado, tem favorecido sobretudo os segmentos sociais "incluídos", os países mais desenvolvidos, as organizações mais poderosas. Vista, porém, em perspectiva, a globalização ganha distinta coloração: sugere fortemente que temos a possibilidade efetiva de construir um mundo "mundializado" que seja ao mesmo tempo interconectado, justo e democrático, propício à emancipação plena do gênero humano. De qualquer modo, ainda que não seja "pior" do que outras épocas, a nossa é seguramente uma época difícil, que exige muito de cada indivíduo e impõe às pessoas problemas sucessivos de difícil solução. A aceleração geral da vida, a compressão do tempo e dos espaços, além do mais, surpreendem e confundem, gerando dificuldades adicionais de adaptação, equilíbrio e recomposição.

Ainda que estejam mais ao alcance das mãos e sejam mais bem conhecidos, os circuitos ativos da vida social não ficaram mais compreensíveis, nem seus frutos são mais aproveitáveis. Temos informações, mas nem sempre sabemos o que fazer com elas, que vão se impondo sustentadas pela convicção de que existe uma correspondência automática entre informação e conhecimento. Deixa-se de considerar que as informações, manuseadas pela razão instrumental (custo/benefício), produzem muita perícia e habilidade mas não propriamente conhecimento, que depende de operações intelectuais balizadas por outro tipo de razão, a razão crítica. Justamente por isso, maior estoque de informações não garante nenhum ganho seguro em termos de compreensão do mundo.

A mudança acelerada e a inovação tecnológica ininterrupta fazem com que tudo se evapore no ar com inédita velocidade, põem em xeque convicções, costumes, hábitos e comportamentos, embaralham as relações entre quantidade e qualidade. A técnica e a tecnologia tornam-se valores em si, geram um novo padrão produtivo, arrasam com os parâmetros do trabalho e do emprego e causam impactos de vastas proporções no mundo das organizações, mexendo com suas hierarquias, seus procedimentos operacionais, suas relações internas. Os efeitos desses processos produzem angústia, desconforto e excitação. Mas também anunciam tempos melhores, que viriam impulsionados pela capacidade de se estar sempre descobrindo coisas novas, ultrapassando limites, saturando o que está estabelecido.

O império do mercado, por sua vez, é avassalador. O capital opera como propulsor do processo de transnacionalização. Tudo se submete a ele, ao dinheiro, ao cálculo, aos valores econômicos. Sob seu comando, todas as áreas e regiões do mundo se integram, em condições de flagrante desigualdade, injustiça e heteronomia. Vão assim perdendo pontos (ou deixando de ganhar) em termos de soberania e autodeterminação. A impetuosidade do mercado mundial faz com que a competição e a irracionalidade (o desperdício, o ataque à natureza e ao meio ambiente, o consumo supérfluo, a desindustrialização, as turbulências financeiras) avancem para terrenos antes sequer cogitados. O cenário histórico parece anunciar uma "grande transformação" (Polanyi) ao reverso, uma espécie de revanche do mercado, novamente livre depois do cerco vitorioso a que foi submetido pelo Estado, ao longo de praticamente todo "o breve século XX" (Hobsbawm).

Por extensão, os Estados nacionais perdem força e seus governos passam a viver entre crises de legitimação e dificuldades para regular, planejar e dirigir. Tornam-se tendencialmente mais inoperantes e heterônomos, ajustando-se funcionalmente a uma ordem mundial dominada por conglomerados financeiros que operam com lógica pouco previsível e impossível de ser "responsabilizada". Os territórios, com suas populações, fogem do controle, problematizando ainda mais a soberania já abalada pela autonomia do financeiro em escala mundial. Integrando-se como economia, conectando-se como sociedade mas sem se constituir como Estado, o mundo vai se "desterritorializando". Os territórios nacionais já não podem mais fornecer, às instituições e às populações que neles se enraízam, bases sólidas e estáveis de sustentação. Tornaram-se porosos, fluídos, sensíveis e expostos a todo tipo de flutuação "externa". Passa-se o mesmo, aliás, com todos os territórios e todos os ambientes. Em decorrência, há uma efetiva perda de força dos centros, dos núcleos de direção e por extensão dos Estados-nação. As organizações, as instituições (e dentre elas, particularmente as de natureza estatal) vão sendo desconstruídas e operam com maior dificuldade. A vida organizada precisa despender grande energia para atingir suas finalidades ou mesmo para funcionar com alguma estabilidade e eficiência, e isso sem conseguir eliminar o descontentamento, a apatia e a ansiedade que tomam conta de seus integrantes.

Não é difícil imaginar os efeitos que isso causa na convivência social, na vida política e na governabilidade mesma das sociedades. Tudo passa a ficar condicionado pela multiplicação e fragmentação dos interesses, pela ampliação frenética das demandas, por graves dificuldades de coordenação e direção, pela dúvida e insegurança, pelo enfraquecimento das lealdades e empobrecimento da convivência. As organizações, e particularmente as organizações públicas – nascidas e criadas nos tempos lentos da burocracia e dos controles estatais –, passam a ser assediadas por propostas reformadoras que atropelam suas especificidades e finalidades. São convidadas a trocar o burocrático pelo gerencial, o planejamento pelo empreendedorismo, a norma pela flexibilidade, a "lentidão" pela "velocidade", o cidadão pelo cliente, quase como em um processo de clonagem do que ocorre no mundo do mercado e das empresas privadas.

O processo geral impele os Estados a um movimento de ajuste e recomposição. Passada a euforia neoliberal, que promoveu forte recuo da ação e dos programas estatais em praticamente todos os países, o Estado voltou à cena principal. Com menor poder de regulação e intervenção, mas com o mesmo papel estratégico de antes. Novas modalidades de atuação, novas estruturas organizacionais, outro relacionamento com a sociedade e com a sociedade civil fizeram com que o terreno das políticas públicas recuperasse centralidade e vigor.

Uma gestão pública renovada em termos éticos, técnicos e políticos tornou-se uma imposição da realidade, uma exigência das mudanças que se registraram na vida social, no plano do pensamento e na atuação técnica. Embaralharam-se conceitos e modelos. A realidade mesma força a que se adotem novos vocabulários e perspectivas. Os próprios conceitos e palavras mudam de significado, são extraídos de seus contextos semânticos originais e transfigurados, o que requer maior dose de atenção e rigor.

Houve, antes de tudo, uma espécie de esgotamento das chamadas ferramentas de gestão, que sofreram forte deslocamento. A rapidez e a imprevisibilidade das mudanças fizeram com que alguns métodos e ideias fossem postos em xeque ou passassem a derrapar. Outros, assimilados como "modelos" ou "fórmulas", são logo atropelados e desmentidos pela realidade. O rápido e fluido ambiente em que se vive e se atua cria novidades e surpresas a todo momento. Para interagir inteligentemente com ele, o gestor precisa ser dinâmico e refinar tanto a abordagem do real (o diagnóstico) quanto o delineamento dos passos práticos com que enfrentará os problemas reais.

Um segundo desdobramento da nova situação estrutural é a explosão incontrolável de demandas e reivindicações. A modernidade radicalizada produz sem cessar problemas, carências, direitos e postulações de direitos. Ao diversificar, diferenciar e fragmentar as sociedades, multiplica expressivamente as vozes sociais. Desafia frontalmente todos os que estão em busca de soluções, como é o caso dos que trabalham direta ou indiretamente com gestão, e em particular com gestão pública.

O próprio governar ficou oprimido por uma pressão que nasce "espontaneamente" do modo como se vive. A instância governamental é constrangida pela explicitação incessante de demandas, direitos e reivindicações. Como subproduto lógico desse aumento da pressão, os fundos públicos tendem à exaustão. Ou são dilapidados pela pressão, ou precisam ser usados com grande rapidez e improvisação ou simplesmente não conseguem acompanhar o crescimento da demanda. Dramatiza-se assim a máxima segundo a qual sempre se gerencia em condições de escassez de recursos. No atual contexto, os recursos até existem e chegam mesmo a crescer, mas não conseguem acompanhar as exigências sociais e a irrupção de novos problemas.

Um terceiro desdobramento é que esse contexto impõe aos gestores uma exigência igualmente incessante e constante de criatividade no plano da formulação e implementação de políticas. Tornou-se inócuo repetir as mesmas políticas, empregá-las como um molde a ser aplicado repetidamente nas mais diversas situações. Os gestores precisam criar o tempo todo, aumentar sem cessar sua capacidade de inovar e inventar. A inovação pela tecnologia é de certa maneira fácil, mas resolve pouco. A inovação pela produção de novos procedimentos e novas formas de pensar tem maior potência, mas é bem mais difícil. Não se trata de uma questão de mais e melhores computadores. Como os contextos sociais mudam com muita rapidez – até mesmo porque mudam rapidamente as informações que circulam dentro dele e o modo como essas informações são absorvidas, incorporadas e utilizadas pelas pessoas –, necessitamos sempre mais de agilidade, flexibilidade, criatividade, inovação, capacidade de geração de recursos, conhecimento.

Agindo com base somente em sensibilidade, bom senso, argúcia e habilidade, os gestores ficam desarmados diante da complexidade do mundo atual. Separados e competindo uns com os outros, confundem-se, desperdiçam recursos e giram em círculos; articulados e fomentando redes e conexões, têm maiores chances de acertar e avançar. O modo de vida atual desmente a prepotência do gestor. Ele precisa estar aberto à colaboração com outros entes, com outros setores e outros gestores, com seus subordinados e seus superiores. Todo polo de operação gerencial nos dias atuais, na verdade, está magnetizado pelas ideias de parceria e de participação, que se tornaram exigências da vida, ainda que não tenham encontrado plena tradução prática e sejam muitas vezes empregadas de maneira mais retórica que efetiva.

Uma efetiva cultura política de participação, redes e parcerias reconhece sem subterfúgios tanto o mérito intrínseco daquilo que sabem e pensam as pessoas quanto o valor estratégico do poder público. Ela prolifera e frutifica quanto mais o poder público se democratiza e é capaz de se colocar como líder de processos, como aquele que se põe à frente e puxa os demais, que sinaliza, dá direções, coordena. Não há como avançar somente com boa vontade, espírito de luta e desprendimento da sociedade civil.

Essa cultura e as diferentes exigências que estão a ser feitas pelo modo de vida atual requerem gestão renovada e remodelação no plano mesmo do gestor: *formação de quadros*. Ninguém está automaticamente preparado para inovar em termos gerenciais, particularmente no setor público. Temos de empreender um esforço permanente de qualificação e formação. Sem isso, organizações e pessoas não incorporarão vida inteligente, não serão incentivadas a refletir, a repercutir informações, a trabalhar com cenários diferentes, a assimilar e elaborar ideias. Não pode haver renovação da gestão sem uma clara e ativa política de formação de quadros.

Pelos desafios com que nos defrontamos, bem como pelas inúmeras oportunidades de avanço que temos pela frente, não é possível pensar em renovação gerencial dando como favas contadas o esgotamento do Estado, seu fim ou sua impotência. Não podemos mais, evidentemente, esperar tudo do Estado e muito menos imaginar que ele possa voltar a ser o personagem monopolizador de antes, capacitado para submeter tudo a seu controle e a sua vontade a partir do domínio seguro que exercia sobre o território, sobre a economia nacional e sobre as populações. O Estado tem muito mais dificuldades para regular, regulamentar e intervir, mas de modo algum saiu de cena. Comparte o espaço público com novos movimentos e novos sujeitos individuais, com empresas, associações e inúmeras iniciativas, o que dá à realidade atual grande dinamismo e altas doses de imprevisibilidade. Ainda assim, o Estado continua a ser decisivo em qualquer tentativa de equacionar a vida comum e a questão social.

Estamos ingressando em uma fase de reconstrução democrática do Estado. Quer dizer, não estamos simplesmente deixando o Estado para trás em nome do mercado ou da sociedade civil, mas sim recompondo e reinventando o Estado depois de termos experimentado uma fase de desconstrução acelerada e demolição institucional de tudo o que era estatal. Nesse movimento, o novo Estado que se anuncia não se apresenta como o "outro" da sociedade, dos movimentos sociais e dos sujeitos individuais, mas sim como uma espécie de encarnação viva daquele "Estado ético" que o marxista Antonio Gramsci tomou emprestado do filósofo Benedetto Croce e desenvolveu: um Estado que opera como parâmetro de sentido, como "educador" e regulador de uma comunidade ativa que, de resto, está entranhada em suas estruturas e em seu modo de ser, de se organizar e de agir como Estado (GRAMSCI, 2000).

Nessa transição, inovações promissoras e iniciativas renovadoras bem-sucedidas – que expressam o Estado-rede (Castells) que está nascendo – cruzam-se com problemas, falhas grosseiras e restos de demolição, que simbolizam o Estado que estamos deixando para trás. Ao mesmo tempo que assistimos, por exemplo, à disseminação de esforços de gestão participativa e de construção de redes e parcerias, somos afetados pela destruição de muitas estruturas estatais intermediárias, pela paralisia ou desativação de muitos órgãos técnicos, pela reiteração de práticas corrompidas ou irresponsáveis.

No fundo, sempre necessitaremos de *Estados* (de ambientes ético-políticos que nos forneçam parâmetros de sentido para a vida comum) e do *Estado* (de aparatos políticos e administrativos para governar a complexidade da vida). Não atravessaremos bem a presente transição sem Estados efetivos, democráticos, capazes de ter burocracias desburocratizadas e de auxiliar os povos a se encontrarem com formas mais sólidas de igualdade e justiça social. A proposição de uma gestão pública renovada, democrática e transformadora não proliferará, nem produzirá efeitos virtuosos, se enveredar por uma trilha de recusa ao Estado, de adesão a uma perspectiva de esfera pública não estatal, quer dizer, sustentada exclusivamente pelo livre jogo dos interesses e pela reiteração de horizontes éticos mais ou menos abstratos.

Conclusão

O mundo ficou complexo: "encolheu" por ter-se tornado mais conectado, ganhou maior diversidade e deixou de ser um todo ordenado por regras e centros claramente reconhecidos. A intensa mobilidade dos capitais, a financeirização, a transnacionalização das economias, a segmentação e a expansão da oferta de produtos combinam-se, no interior das nações, com maior diferenciação social, mais fragmentação de interesses e melhor consciência de direitos. Os Estados e os governos ficam cercados pela economia internacionalizada, que não podem controlar, e pelas demandas e pressões internas a seus territórios, que não podem refrear nem atender plenamente. Os governos governam com dificuldades e são pouco produtivos. Em maior ou menor grau, as diferentes mediações políticas e sociais estão ficando comprometidas, e minam as bases da autoridade política.

A dimensão espetacular da vida, a despersonalização das relações sociais e a ocupação de todos os espaços pelo mercado criam ainda uma maior confusão entre o interesse público e o privado. Desse ponto de vista, a democratização contemporânea – da política, dos relacionamentos, do poder – faz-se acompanhar de novos desafios e exigências tanto em termos de espírito republicano, quanto no plano do conhecimento e da intervenção governamental tecnicamente orientada.

Tudo nos obriga a ir além da visão empirista sobre as políticas públicas, que tem sido dominante nos modelos analíticos disponíveis. A introdução de uma perspectiva que considere essa historicidade também é importante não apenas para que se compreenda a natureza do fenômeno estudado e seu conceito, mas também para que se avance no plano da teorização.

No campo de estudos das políticas públicas, há uma necessidade flagrante de esforços concentrados para que se aumente a coerência do universo de comunicação. Um *Dicionário*, como o que aqui propomos, pode representar um passo importante nessa direção. Nossa expectativa é de que também seja uma ponte para articular as diferentes tradições de pesquisa, facilitar a formação de uma cultura e de uma linguagem comuns e valorizar o modo brasileiro de pensar e formular políticas públicas.

Geraldo Di Giovanni
Marco Aurélio Nogueira
organizadores

Referências Bibliográficas

BECK, U. *O que é globalização?* Equívocos do globalismo, respostas à globalização. São Paulo: Paz e Terra, 1999.

BELL, D. *The cultural contradictions of capitalism*. New York: BasicBooks, 1976.

BOBBIO, N.; MATTEUCCI, N.; PASQUINO, G. *Dicionário de política*. Brasília: Editora UnB, 1998.

CASTELLS, M. Para o Estado-rede: globalização econômica e instituições políticas na era da informação. In: BRESSER-PEREIRA, L. C.; SOLA, L.; WILHEIM, J. (Orgs.). *Sociedade e Estado em transformação*. São Paulo: Editora Unesp, 1999, p. 147-171.

FERRERA, M. *Modelli di solidarietà*. Bologna: Il Mulino, 1993.

GRAMSCI, A. *Cadernos do cárcere*. v. 3: Maquiavel. Notas sobre o Estado e a política. Edição e tradução de Carlos Nelson Coutinho e Luiz Sérgio Henriques. Rio de Janeiro: Civilização Brasileira, 2000.

HOBSBAWM, E. *Era dos extremos*. O breve século XX. *(1914-1991)*. São Paulo: Companhia das Letras, 1995.

LE GOFF, J.; SCHMITT, J.-C. (Orgs.). *Dicionário temático do Ocidente medieval*. São Paulo: Imprensa Oficial/ Edusc, 2002, 2 vols.

LIGUORI, G.; VOZA, P. (Orgs.). *Dizionario gramsciano. 1926-1937*. Roma: Carocci Editore, 2009.

POLANYI, K. *A grande transformação*. As origens da nossa época [1944]. 2. ed. Trad. Fanny Wrobel. Rio de Janeiro: Campus, 2000.

REVUE FRANCAISE DE SCIENCE POLITIQUE, v. 52, n. 1. Les Approches Nationales de Politiques Publiques. Paris: Presses de Science Po, fev. 2002.

a

Abordagens Cognitivas

GERALDO DI GIOVANNI

Toda política pública é uma tentativa de agir sobre um domínio problemático da sociedade com a finalidade de adaptá-lo, conservá-lo ou transformá-lo. Os atores que dela participam sempre agem orientados por certas representações relativas à natureza do problema, das soluções e das consequências de sua própria ação.

As perspectivas de análise de políticas públicas que dão maior peso a esse pressuposto são conhecidas como *abordagens cognitivas* ou *normativas*. Elas procuram, não sem razão, enfatizar que, nesse universo, as ideias, o conhecimento, as crenças e as representações mentais exercem papel determinante na configuração e na dinâmica das *policies*.

Não se pode dizer, no entanto, que exista uma *escola* que adote tal ponto de vista. Foram autores em tempos e lugares diferentes, e por razões também específicas, que salientaram o peso desses elementos cognitivos no universo das políticas.

Quase todas essas propostas de abordagens cognitivas decorrem de críticas a formulações anteriores, consideradas explicativamente insuficientes.

Bruno Jobert e Pierre Muller, por exemplo, propõem o conceito de *referencial* para tentar superar abordagens – notadamente as de inspiração marxista – que consideram o Estado uma instituição cuja ação é determinada pelos efeitos da estrutura social e particularmente dos conflitos de classe. A noção de *referencial* visa para esses autores, portanto, intercalar um elemento explicativo de natureza cognitiva e normativa que interfere também nas políticas públicas. Na definição desses autores, o referencial de uma política pública é constituído de um conjunto de pressupostos e de prescrições que dão sentido a determinado programa, estabelecendo os critérios de escolha e a maneira de definirem-se os objetivos, de forma relativamente autônoma em relação aos conflitos sociais ou aos conflitos de interesses eventualmente envolvidos.

Pode-se dizer que um referencial compõe-se de valores, normas, algoritmos (relações causais) e imagens. É possível identificar também referenciais mais gerais, que servem de orientação ampla para um grande conjunto de políticas. No caso das políticas econômicas brasileiras, podemos citar como exemplo de referencial geral a concepção desenvolvimentista da economia, que determina referenciais setoriais para diretivas de políticas industriais, de infraestrutura, monetária, dentre outras.

Outro autor, Peter Hall, aplica a noção de *paradigma*, de Thomas Kuhn, aos conhecimentos, ideias e crenças que também interferem na formulação e no desenvolvimento das *policies*. O que Hall pretende mostrar é que os conflitos de interesse são, muitas vezes, sobredeterminados por uma lógica normativa – contida no paradigma – que pode interferir grandemente nas políticas públicas. Com essa formulação, Hall aspira a alcançar mais poder explicativo que mediante as abordagens pluralistas, que veem as políticas públicas basicamente como resultado do confronto de interesses e também que as teorias da aprendizagem, segundo as quais há um elemento inercial na ação pública (SUREL, 2000, p. 81-83).

Paul Sabatier procurou, por sua vez, mostrar em análises empíricas que os conflitos entre grupos de atores não resultam apenas dos interesses específicos desses atores, mas também dos sistemas de crenças que compartilham. Tais crenças seriam a variável cognitiva interveniente nas suas análises, o que o coloca em franca oposição às teorias da escolha racional, que pressupõem os interesses como fatores determinantes da ação dos atores.

É evidente que dentre esses autores existem diferenças teóricas e metodológicas. Yves Surel lembra, no entanto, que as abordagens cognitivas e normativas podem ser agrupadas, na medida em que consideram que os conjuntos de representações mentais expressos nos diferentes discursos não seriam justificativas posteriores das ações, mas, ao contrário, garantiriam as alianças, as coalizões e os conflitos no interior da ação pública. Um segundo ponto de concordância é a valorização do conhecimento técnico e científico aplicado nas intervenções do Estado.

Mas talvez a mais importante postulação no campo das abordagens cognitivas seja aquela que reconhece que as transformações ou inflexões nas políticas públicas ou nos campos de políticas resultam quase invariavelmente das mudanças que se operam nos referenciais, nos paradigmas ou nos sistemas de crença.

Para tratar desse ponto, Bruno Jobert estabeleceu, em um estudo sobre a ascensão do paradigma neoliberal, o conceito de *fóruns*, definidos como as instâncias nas quais se processam a imposição ou a aceitação das mudanças de referenciais. Jobert assinalou a existência de vários desses fóruns no interior de uma política pública, cujo conteúdo pode ser identificado e definido pela natureza dos atores que deles participam. Cada fórum funciona conforme regras e temporalidades próprias, sendo neles "trabalhadas" as novas matrizes cognitivas e normativas. Embora na literatura o conceito de fórum por vezes apareça como uma contraposição ao conceito de *arena*, é necessário frisar que, em ambos os casos, se trata de processos de competição política e, portanto, de assimetrias nos recursos de poder à disposição dos atores ou grupos de atores.

Assim, cada novo paradigma a operar em uma política pública resulta da interação simbólica entre as proposições de cada um dos fóruns, mediadas por atores que teriam a função de "traduzir" ou "decodificar" os diversos universos simbólicos (MULLER, 2000, p. 197-201). São mediadores: agentes, *stakeholders*, políticos e técnicos que, pela sua posição em uma *policy network* ou em um fórum e pela atualização de seus conhecimentos em relação aos referenciais globais, são capazes – por vários meios – de induzir mudanças nos referenciais setoriais.

Como não poderia deixar de ser, esse conjunto de abordagens cognitivas recebeu inúmeras críticas, relativas particularmente às dificuldades metodológicas que se apresentam para sua aplicação. No entanto, tais abordagens têm o mérito de quebrar o mecanicismo de algumas interpretações, permitindo incorporar um conjunto de mediações importantes para que se estabeleçam as relações entre política e políticas.

Ver: Arena Política; Atores; Redes Sociais; Redes e Comunidades de Políticas; *Stakeholders*; Teoria dos Jogos

Referências Bibliográficas

BERGER, P.; LUCKMANN, T. *La construction sociale de la réalité*. Paris: Armand Colin, 1996.

DI GIOVANNI, G. *As estruturas elementares das políticas públicas*. Campinas, SP: Nepp/Unicamp, 2009. (Caderno de Pesquisa, 82).

HALL, P. Policy paradigms, social learning, and the State: the case of economic policy-making in Britain. *Comparative politics*, New York, NY, v.25, n.3, p. 275-298, apr. 1993.

JOBERT, B.; MULLER, P. *L'État en action:* politiques publiques et corporatismes. Paris: PUF, 1987. (Collection "Recherches Politiques".)

MULLER, P. L'analyse cognitive des politiques publiques: vers une sociologie politique de l'action publique. *Revue Française de Science Politique*, Paris, v.50, n.2, p. 189-207, avr. 2000. Numéro special: Les approches cognitives des politiques publiques.

SUREL, Y. The role of cognitive and normative frames in policy-making. *Journal of European Public Policy*, Oxfordshire, UK, v.7, n.4, p. 495-512, 2000.

Ação Afirmativa

Angela Randolpho Paiva

Designação dada à implementação de algum tipo de política que tenha como objetivo principal intervir em realidades sociais estruturalmente desiguais. Está ancorada na ideia de se promover uma distribuição mais equânime dos direitos, vantagens e riquezas – ou seja, dos "bens sociais" – entre os membros de determinada sociedade. Justifica-se à luz da justiça distributiva nas democracias modernas com o intuito de mitigar as desigualdades existentes, fruto das várias formas de discriminação, no que se refere a gênero, raça, cor, sexo, religião ou região do país.

Políticas de ação afirmativa são geralmente formuladas tendo em vista o mercado de trabalho e o acesso à educação, pois são nesses espaços que tais políticas podem começar efetivamente a mudar situações de discriminação anteriores. Apesar de vários grupos serem beneficiados por essas políticas, a discussão no Brasil ainda está muito centrada na ação afirmativa no ensino superior para aqueles que se autodeclaram negros.

Os organismos multilaterais tiveram papel fundamental na promoção das primeiras políticas. A Convenção Internacional sobre a Eliminação de Todas as Formas de Discriminação Racial (Icerd), de 1965, recomendou a adoção de ações afirmativas a todos os países signatários do documento. Nele, políticas desse tipo são medidas pensadas para corrigir a discriminação sistemática a grupos raciais e étnicos. O mesmo documento sugere que tais políticas devem ser retiradas no momento em que se logra a igualdade desejada.

Políticas de ação afirmativa têm sempre caráter transitório. Se na Índia se fala em reserva de vagas para educação e emprego para as castas desfavorecidas desde a década de 1950, ou se na França se fala em discriminação positiva para grupos de imigrantes que vivem na periferia, em todos os países onde foi implantado algum tipo de ação afirmativa a ideia subjacente é que haja tratamento diferenciado para o alcance de maior justiça social. A base axiológica dessas medidas pode ser sintetizada na ideia de se tratar desigualmente os desiguais.

Como define o jurista Joaquim Barbosa Gomes (2001), "trata-se de políticas e de mecanismos de inclusão concebidos por entidades públicas, privadas e por órgãos dotados de competência jurisdicional, com vistas à concretização de um objetivo constitucional universalmente reconhecido – o da efetiva igualdade de oportunidades a que todos os seres humanos têm direito" (p. 41). Assim, as políticas de ação afirmativa saem do plano da igualdade formal prescrita na Constituição e vão para o plano da promoção de maior igualdade material ou substantiva para os membros da sociedade sujeitos a histórica discriminação ou subalternização. Seria esse o caso, na situação brasileira, das mulheres, dos índios, dos negros e dos portadores de deficiências. Trata-se, em suma, de um deslocamento da ideia de mérito vinculada a um princípio de igualdade universal e formal para a ideia de promoção de justiça substantiva a grupos em desvantagem histórica.

O conceito de "ação afirmativa" surgiu nos Estados Unidos, quando, em 1965, o presidente Lyndon Johnson assinou o Decreto-lei n. 11246 requerendo que os órgãos federais adotassem procedimentos afirmativos na contratação de pessoas para o preenchimento de seus quadros. Na ocasião, ele usou a imagem do corredor, que ficou muito conhecida e foi muito eficaz para a compreensão de tais políticas. Nessa imagem, o presidente dizia que não se podia pedir que os participantes de uma corrida tivessem a mesma condição de igualdade na largada se estavam largando em condições muito desiguais. As primeiras medidas naquele país foram tomadas na esteira da pressão do Movimento dos Direitos Civis, movimento social de grande eficácia organizado pelos negros norte-americanos, que logrou acabar com a segregação racial dos estados sulistas em menos de uma década, entre 1957 e 1964. Em 1964, foi assinado o Estatuto dos Direitos Civis nos Estados Unidos, dedicado a eliminar todas as formas de discriminação no emprego, no acesso à educação, em matéria eleitoral, contra índios, negros ou deficientes físicos.

No Brasil, o conceito ganhou força com a redemocratização do país. A Constituição de 1988 contempla a possibilidade de estabelecer cotas para grupos desfavorecidos. Com isso, o Estado passou a ser promotor de medidas que visam anular a discriminação histórica, vale dizer, aquelas barreiras invisíveis que trouxeram subalternidade, invisibilidade ou dependência para grupos que, como os indicadores sociais sugerem, não estão nas mesmas condições de fruição de seus direitos. Ainda que se possa falar de "ação afirmativa" em momentos anteriores, como, por exemplo, quando o governo Vargas exigiu, na década de 1930, que comerciantes estrangeiros contratassem empregados brasileiros, ou ainda quando houve reserva de vagas nas universidades públicas para filhos de fazendeiros, estas foram normas pontuais que não pretendiam mudar estruturas sociais historicamente desiguais.

A novidade do conceito deve-se ainda à mudança ocorrida a partir da década de 1960 em várias sociedades ocidentais, quando a ideia de direitos humanos perdeu seu caráter universalizante formal, que disfarçava e escondia várias formas de discriminação. Os inúmeros movimentos sociais que surgem a partir de então irão enfatizar a questão de novas identidades com o intuito de pedir direitos efetivos que estavam negligenciados nesse acordo formal, trazendo novos discursos para a esfera pública. Foi o momento em que as mulheres, por exemplo, denunciaram a situação de subalternidade em que se encontravam e pautaram mudanças na formulação de políticas públicas. A partir desse momento, políticas de ação afirmativa começaram a ser pensadas nas sociedades democráticas para mitigar os efeitos de práticas sociais discriminatórias com fortes componentes culturais, religiosos ou legais, cujo maior resultado foi a constante sub-representação dos grupos reduzidos à invisibilidade nos espaços públicos.

Esse movimento ocorreu em diversos países. No Brasil, porém, foi preciso esperar a redemocratização do país e a Carta Constitucional de 1988 para que políticas de ação afirmativa pudessem ser projetadas. A partir da década de 1990, começam a ser demandadas as primeiras políticas de ação afirmativa para vários grupos que se organizam, como os diversos coletivos de mulheres, de negros, de índios ou de deficientes físicos, o que faz com que políticas efetivas passem a ser pensadas para o acesso ao espaço público. Se, naquele momento, começam a se efetivar políticas de ação afirmativa para mulheres nos partidos políticos, devido à sua notória sub-representação em todos os quadros partidários, é no final da mesma década, durante o governo de Fernando Henrique Cardoso, que o Estado brasileiro reconhece pela primeira vez a existência de racismo na sociedade brasileira e fala especificamente em "ação afirmativa".

A partir da década de 2000, portanto, e principalmente a partir da Conferência Mundial contra o Racismo, organizada pela ONU em Durban, em 2001, a exigência de ação afirmativa nas universidades públicas passou a ser questão consensual e uma das principais demandas de vários movimentos negros. De 2002 em diante, as universidades públicas começam a introduzir diversas modalidades de ação afirmativa, em especial para os egressos das escolas públicas, negros, deficientes físicos, populações indígenas e quilombolas. Nesse momento, a democratização da sociedade brasileira traz para a esfera pública certos conflitos latentes envolvendo grupos que não tinham acesso equânime aos bens sociais. Ampliam-se assim as demandas específicas de políticas públicas.

Isso é particularmente presente na polêmica sobre as cotas para negros nas universidades públicas do país. O debate se essencializa porque toca em ideias fortes do imaginário social brasileiro, tais como a harmonia racial ou a legitimidade da forma de admissão à universidade pública, o vestibular. A polêmica, contudo, não existe no caso do incentivo à contratação de deficientes físicos em empresas de médio e grande porte: com as novas políticas, as empresas passaram a contratar pessoal que jamais ingressaria em seus quadros se disputasse em igualdade de condições com candidatos não deficientes. Para aqueles contrários às cotas, o argumento que prevalece, dentre tantos outros (FRY et al., 2007), é o de que ações afirmativas possam levar à racialização das relações sociais em um país com forte mestiçagem e não caracterizado por clivagens raciais marcadas.

Políticas de ação afirmativa redesenham as políticas de participação na esfera pública ao privilegiarem outros critérios que não o do mérito individual. No âmbito desse debate, surgem duas discussões centrais, como ressalta Antônio Sérgio Guimarães (1999), e que são resultantes de duas perspectivas distintas. Primeiramente, de uma perspectiva axiológica e normativa, procura-se avaliar se é ou não correto tratar qualquer indivíduo a partir de suas características adscritas e grupais, deslocando a questão do mérito individual. Por outro lado, a partir de uma perspectiva sociológica e histórica, busca-se contextualizar os antecedentes históricos que levaram à geração das desigualdades ainda presentes.

Com a implantação de políticas de ação afirmativa na maior parte das universidades públicas federais e estaduais, na década de 2000, verificou-se o deslocamento da discussão mais ampla para a polêmica mais centrada no acesso ao ensino superior. As duas perspectivas acima apontadas norteiam os principais argumentos daqueles contrários e daqueles favoráveis às medidas. De um lado, um grupo defende que o Estado não pode dar tratamento diferenciado a seus cidadãos, especialmente por meio de um viés de corte racial; de outro, estão os que defendem que as condições históricas de subordinação justificam medidas que sejam mais eficazes para apressar a inclusão de grupos que sofreram tal subordinação. Seja como for, a ideia de ação afirmativa incorporou-se ao discurso da esfera pública porque passou a ser uma realidade social tanto nas instituições educacionais quanto no mercado de trabalho.

Ver: Cidadão/Cidadania; Exclusão Social; Igualdade; Política de Emprego; Política de Educação; Sociedade Civil

Referências Bibliográficas

GOMES, J. B. *Ação afirmativa e princípio constitucional da igualdade*. Rio de Janeiro: Renovar, 2001.

FRY, P. et al. (Orgs). *Divisões perigosas* - políticas raciais no Brasil contemporâneo. Rio de Janeiro: Civilização Brasileira, 2007.

GUIMARÃES, A. S. *Racismo e antirracismo no Brasil*. São Paulo: Editora 34, 1999.

Ação Coletiva

José Maria F. J. da Silveira
Paulo Berti de Azevedo Barros

O termo ação coletiva refere-se a ações deliberadas e coordenadas que se originam no reconhecimento consciente de interesses comuns entre indivíduos. O alvo preponderante das teorias a respeito é o indivíduo, mas alguns autores incluem organizações, agentes em uma competição eleitoral e mesmo Estados nacionais em um debate internacional. Seja qual for o protagonista, ele deve ser capaz de realizar escolhas com base em critérios de racionalidade. A teoria da ação coletiva supõe que os atores sociais são capazes de ordenar suas preferências sem ambiguidades ou inconsistências, e com isso maximizar algum tipo de resultado esperado para as ações que consideram de seu interesse.

Em uma sociedade na qual os interesses e preferências individuais são respeitados, seria possível alcançar um grau de satisfação coletiva com ações individuais. A capacidade dessa teoria para predizer os resultados de determinada ação coletiva, combinando o resultado dos "estados mentais" dos indivíduos com os condicionantes ambientais, depende de haver equilíbrio, uma situação na qual nenhum participante da ação coletiva tem incentivos para a mudança. Cabe também apontar a pretensão universalista da teoria, uma vez que os resultados de sua aplicação visam sustentar generalizações sobre o comportamento humano em situações de interesse coletivo que transcendam os casos particulares, os estudos de caso.

Desde Adam Smith, as teorias usuais de funcionamento do mercado consideram que os resultados obtidos por produtores e consumidores que perseguem seus interesses individuais são mais eficientes do que os obtidos por arranjos que tolhem as iniciativas individuais, ou seja, que reduzem o incentivo à maximização dos objetivos dos indivíduos. Associa-se à eficiência uma situação de máximo bem-estar pelo critério de Pareto, ou seja, de que não exista nenhuma alternativa que seja preferida por pelo menos um dos participantes do jogo de mercado àquela obtida pelo equilíbrio de mercado.

Fazendo um contraponto, a racionalidade da intervenção do Estado na sociedade, em especial na economia, passa a ser percebida pelos economistas como uma questão-chave. Samuelson (1969) indicou como as atribuições entre Estado e mercado deveriam ser divididas. De acordo com ele, figurariam como responsabilidade do Estado: a) os bens públicos ou coletivos; b) os bens ou serviços cujo consumo pode ser amplamente compartilhado com muitas dificuldades de exclusão no ato do consumo; c) os bens cujo caráter de durabilidade pode permitir o consumo sequencial por um grande número de indivíduos. A questão então seria como encontrar os bens públicos que determinada sociedade desejaria e definir a quantidade, nos moldes de uma função social do bem-estar.

Na tentativa de "organizar" as racionalidades individuais e coletivas, Arrow (1974) demonstra que as regras da transitividade e da consistência, aplicáveis aos indivíduos, não conseguem se sustentar coletivamente. Esse teorema ficou conhecido como Teorema da Impossibilidade de Arrow. Sua abordagem, superando o que parecia ser uma visão pessimista, inaugurou todo um ramo de pesquisa dentro do paradigma neoclássico da economia chamado de *escolha social*. Nela procura-se fazer um esforço no sentido de organizar curvas de bem-estar individuais e coletivas, visando caracterizar o conjunto de bens e serviços desejados e o seu ordenamento de acordo com as preferências dos indivíduos.

Arrow entendia que esse "resultado" não era suficiente, procurando demonstrar que somente o cálculo econômico motivado por sua peculiar racionalidade não conseguiria atender a todas as necessidades sociais. Segundo ele, o homem é criativo e complexo o suficiente para buscar outros instrumentos para prover e alocar suas necessidades, incluindo ações coletivas. Antecipa assim a posição de Elster (1986) de que a existência de equilíbrios múltiplos como resultado da aplicação da análise racional deve ser constatada mediante a utilização de outros atributos, como os relacionados à cultura.

As insuficiências apontadas acima motivaram o surgimento da abordagem da escolha pública capitaneada por Buchanan e Tullock (1962). A institucionalidade dos direitos de propriedade, de consumo e de aferição de renda é que fornece os parâmetros para a ação racional e a ação coletiva. Ao perseguirem seus interesses racionalmente, os indivíduos estão sempre atentos à expansão ou à restrição dos direitos de propriedade e renda. Nesse sentido, nos primórdios da escolha pública, a ação coletiva é uma ação "defensiva" de direitos individuais.

Todavia, a percepção da importância da ação motivada por interesses comuns funda-se em problemas concretos, em situações em que a liberdade de ação racional do indivíduo está fortemente restrita. Kahn (1966) buscou mostrar que, ao defenderem interesses imediatos, os indivíduos podem no longo prazo prejudicar não só eles mesmos, mas também outros indivíduos, gerando externalidades que podem ser negativas. Kahn aponta o caráter cumulativo e irreversível dessas decisões, constatando que nem sempre a liberdade para tomar decisões individuais ao longo do tempo resulta em uma situação melhor para todos. Uma área de reserva natural manejada por indivíduos que visam ao lucro da extração de madeira sofre o que Hardin (1968) chamou de *tragédia dos comuns*, que no caso é a destruição de um bem público de modo irrecuperável.

A crítica ao uso predatório de recursos comuns por agentes que tomam decisões descentralizadas corresponde à percepção de que existem interesses coletivos. Para além das restrições impostas ao comportamento individual pelas instituições formais, especialmente as leis, estão interesses coletivos compartilhados, cujas ações são racionalmente conduzidas. Mas como conduzir ações coletivas que satisfaçam esses interesses? Bowles (2004, p.25) pergunta: "Quais das regras que governam as interações entre pessoas poderiam simultaneamente facilitar a busca de seus próprios objetivos e induzir outros a considerar adequadamente o efeito de suas ações em outros?" Como os indivíduos em sociedade buscam "harmonizar" seus interesses individuais com seus próprios interesses coletivos?

Olson (1965) buscou demonstrar analiticamente quais características os indivíduos deveriam ter em ações coletivas para conseguir a necessária coesão e fazer avançar seus interesses. Dois pontos a destacar: a) quanto menor o grupo, maior é sua coesão; b) se o grupo for grande, é necessário que ele seja "homogêneo" de maneira geral, de modo a reduzir as divergências de interesse entre os participantes. Olsen também apontou o problema do *free rider* (carona): em grupos muito grandes, mesmo homogêneos, torna-se racional para o indíviduo entender que os esforços que ele emprega, considerando o conjunto dos indivíduos, é marginal e pode não ser percebido e, portanto, é a melhor escolha dentre as existentes para reduzir o esforço para além do esperado. O comportamento oportunista também emerge em situações caracterizadas pela assimetria de informação.

Hirshmann (1970), considerando a possibilidade de os indivíduos abandonarem instituições como os mercados, os Estados ou as organizações, aponta sob quais condições as ações coletivas são conduzidas. Trata a questão a partir da possibilidade de entrada e saída e do exercício da "voz". Em condições de mercado em que existe muita concorrência, com facilidade de entrada e saída de consumidores e vendedores, o uso da voz tende a ser menor. Os arranjos institucionais são elementos-chave para o "exercício" da voz. Como contrapeso a essas questões, Hirshmann inclui a lealdade como uma característica importante: os indivíduos permanecem trabalhando pelas organizações e instituições das quais fazem parte, ainda que estejam com dificuldades para responder às mudanças demandadas e comecem a entrar em visível declínio. Também enfatiza a ideia de compromisso com forte conexão com a teoria dos jogos não cooperativos e com as discussões sobre credibilidade em política monetária.

Nas posições desses autores, destaca-se o caráter cumulativo e irreversível das decisões individuais que marcam a dinâmica da racionalidade intragrupo e intergrupos.

A teoria da ação coletiva tem avançado no sentido de tratar os determinantes da mudança institucional como um processo que, embora centralizado por um grupo (um grupo de interesses), reflita não apenas mudanças exógenas nos parâmetros que condicionam as leis, regras e normas que regem as instituições, mas a percepção do processo, do resultado passado de ações semelhantes (quais regras foram aceitas, quais foram rejeitadas) e da existência de um equilíbrio na forma de um jogo que é sempre jogado. Da visão de um indivíduo racional e com poder de decisão, a própria teoria da ação coletiva evolui na direção de incorporar formas mais estruturadas que clamam por maior realismo no que tange ao tipo de racionalidade envolvida pelo agente.

Ostrom (2005) propõe um tratamento em camadas que reflete as hierarquias existentes entre os níveis em que se classificam as regras – nível operacional, substantivo e um nível que define metarregras, que ordena o processo de discussão de temas relevantes e o processo decisório mais geral, como, por exemplo, mudanças na constituição. Trata-se de uma proposição que se situa entre a visão crítica de que as instituições informais cumprem um papel mais importante do que lhes é atribuído pelos teóricos da ação coletiva – na linha dos modelos de auto-organização tratados por Bowles (2004) – e a visão que dá ao Estado papel preponderante nas sociedades modernas.

A ação coletiva resulta de decisões racionais pelo indivíduo, mas seu alcance não é universal no sentido de que possa ser generalizado para a sociedade. Além disso, seu resultado está sujeito ao crivo das interações sustentáveis, que refletem a ideia de que decisões têm consequências, nem todas integralmente antecipadas pelos indivíduos (AOKI, 2010).

Um mundo de contratos incompletos é ao mesmo tempo aquele que admite a barganha entre os participantes do jogo e a tolerância em antecipar uma estrutura recorrente que implique a revisão de seus termos. Esse é o caminho mais difícil para uma teoria que se propõe a oferecer generalizações que sustentem comportamentos e políticas de largo alcance. Outro desafio é incorporar as dimensões sociais e culturais sem submetê-las à racionalidade típica de um indivíduo racional idealizado por economistas.

Finalmente, cabe apontar que a existência de distintos grupos discutindo ação coletiva permite abrigar desde as correntes liberais extremadas até aquelas que buscam explicações para instituições e organizações que tratam do bem público e das questões coletivas, dentro e fora do Estado.

Ver: Coesão Social; Identidade Social; Individualismo Metodológico; Opinião Pública; Teoria dos Jogos

Referências Bibliográficas

AOKI, M. *Corporation in evolving diversity*. Oxford: Oxford University Press, 2010.

ARROW, K. *The limits of organization*. New York: Norton, 1974.

BOWLES, S. *Microeconomics*. Princenton: Princeton University Press, 2004.

BUCHANAN, J.; TULLOCK, G. *The calculus of consent*. Ann Arbor: University of Michigan Press, 1962.

ELSTER, J. *Rational choice*. New York: New York University Press, 1986.

HARDIN, G. The tragedy of the commons. *Science*, Washington, DC, n. 162, p. 1243-1248, 1968.

HIRSCHMANN, A. *Exit, voice and loyalty:* responses to decline in firms, organizations and states. Cambridge: Harvard University Press, 1970.

KAHN, A. The tyranny of small decisions: market failures, imperfections, and the limits of economics. *Kyklos: International Review for Social Sciences*, Hoboken, NJ, v. 19, n. 1, p. 23-47, 1966.

OLSON, M. JR. *The logic of collective action*. Cambridge: Harvard University Press, 1971.

OSTROM, E. *Understanding institutional diversity*. Princeton: Princeton University Press, 2005.

SAMUELSON, P. The pure theory of public expenditure and taxation. In: MARGOLIS, J.; GUITTON, H. (Eds). *Public economics*. London: The McMillan Press, 1969. p. 98-123.

Accountability

Fernando Gonçalves Marques

Termo cunhado na língua inglesa e de difícil tradução para o português, principalmente devido à complexidade das aplicações que pode ter. A palavra que melhor o traduz é responsabilização.

Accountability é a expressão utilizada para tratar da obrigação e capacidade de uma pessoa ou instituição de prestar contas a outra pessoa ou instituição. Ou seja, quando determinada instituição age em nome de um conjunto de pessoas, e essa instituição pode ser, de alguma maneira, responsabilizada, punida ou recompensada por essas ações, podemos afirmar que essa instituição é *accountable* e existe um processo de *accountability* na relação entre a instituição e o conjunto de pessoas que ela representa.

É importante ressaltar que o aludido termo não diz respeito apenas às explicações ou justificativas apresentadas para sustentar as escolhas políticas. O termo *accountability* implica que as ações dos representantes sejam passíveis de recompensa ou punição por parte dos representados. Essa premissa é uma das principais diferenças entre a *accountability* e a simples prestação de contas.

Uma definição muito difundida afirma que uma pessoa A é *accountable* para uma pessoa B sob duas condições: primeiro, A tem de agir em nome de B; segundo, B deve possuir meios para recompensar ou punir A (FEARON, 1999). Dessa forma, pode-se afirmar que empregados são *accountable* para seus empregadores, CEOs são *accountable* para os acionistas, e os políticos são *accountable* para os eleitores. Por extensão, um governo é *accountable* quando os cidadãos conseguem, não apenas diferenciar governos representativos de governos não representativos, mas também são capazes de puni-los ou recompensá-los, de acordo com seus desempenhos.

Algumas pessoas confundem o termo *accountability* com o termo *responsiveness*, muitas vezes traduzido por "responsividade". Se um governo adota políticas seguindo as preferências dos cidadãos, ele pode ser considerado responsivo. Entretanto, se esse mesmo governo não estiver sujeito às punições, não se pode afirmar que ele é *accountable*. Da mesma forma, o fato de um governo, ou governante, prestar contas sobre suas ações e ser passível de punições aplicadas por seus eleitores não significa que suas escolhas políticas serão tomadas de acordo com as preferências dos cidadãos que ele representa (PREZEWORSKI; STOKES; MANIN, 1999). A despeito dessa diferença, a *responsiveness* pode estar ligada à *accountability*. O nível de "responsividade" é uma forma de mensurar o quanto de *accountability* determinada instituição permite (FEREJOHN, 1999).

No Brasil, um dos primeiros trabalhos a utilizar o termo foi o de Campos (1990), que direcionou sua abordagem para responder à questão sobre a possibilidade de aplicação do conceito à realidade das burocracias brasileiras do final da década de 1980. Desde então, o debate sobre *accountability* no Brasil esteve situado, principalmente, nos campos de estudo sobre a administração pública e a ciência política.

Na administração pública, o termo *accountability* tem sido muito utilizado em estudos sobre a capacidade de responsabilização das burocracias estatais. Naquele que pode ser considerado um dos trabalhos pioneiros sobre a *accountability* na administração pública brasileira, Campos (1990) afirma que o grau de *accountability* de uma burocracia varia de acordo com determinados aspectos da administração pública, quais sejam: as características políticas e institucionais da sociedade; os valores e costumes tradicionais partilhados na cultura; e a história da formação das burocracias estatais. Conforme essa análise, nos anos 1980 as burocracias brasileiras ainda não podiam ser consideradas *accountable* devido, principalmente, ao padrão de relacionamento entre o Estado e a sociedade.

Pesquisas recentes costumam privilegiar cinco dimensões de análise da *accountability* na administração pública: os controles clássicos; o controle parlamentar; o controle pela lógica dos resultados (exame dos objetivos, desempenho e dos resultados alcançados pelas políticas públicas); o controle pela competição administrada (competição entre os provedores dos serviços públicos); e, por fim, o controle social (o controle dos cidadãos sobre os governantes que vai além do efetuado por meio das votações nas eleições) (BRESSER-PEREIRA; GRAU, 2006).

Na ciência política, o termo é muito usado nos debates sobre a representação e a qualidade da democracia, em especial nos estudos sobre o potencial de responsabilização em diferentes arranjos institucionais. Um enfoque particularmente importante diferencia dois tipos distintos de *accountability*: horizontal e vertical (O'DONNELL, 1998). De forma geral, o termo diz respeito à obrigação dos governos e governantes de responder e justificar suas escolhas para os cidadãos. Na *accountability* horizontal, o governo presta contas de suas ações a determinada instituição formal que tem como função realizar tal análise. É o caso, no Brasil, em que o governo federal tem de prestar contas para o Tribunal de Contas da União (TCU), o qual possui poderes legais para punir aquele quando houver tal necessidade. A *accountability* horizontal só é encontrada onde existam agências estatais com poder legal e capacidade técnica para avaliar e punir a instituição que pretende ser *accountable*.

Por outro lado, um bom exemplo de *accountability* vertical é o exercício do voto. Por meio desse mecanismo democrático, o cidadão pode julgar, recompensar ou punir os governos por suas ações. A democracia permite que o cidadão avalie o desempenho de seus representantes e lhes ofereça uma recompensa ou punição de acordo com a opinião do próprio cidadão.

O simples fato de um Estado ter eleições não garante que haja *accountability* vertical. Outras duas dimensões são igualmente essenciais: a liberdade para que reivindicações sociais possam ser apresentadas sem que se corra o risco de coerção e respeitando a liberdade de imprensa (O'DONNELL, 1998).

Ver: Administração Pública; Aparelhamento; Burocracia; *Responsiveness*

Referências Bibliográficas

CAMPOS, A. M. Accountability: quando poderemos traduzi-la para o português? *Revista de Administração Pública*, Rio de Janeiro, v. 24, n. 2, p. 30-50, 1990.

BRESSER-PEREIRA, L. C.; GRAU, N. C. (Orgs.). *Responsabilização na administração pública*. São Paulo: Clad/Fundap, 2006.

FEARON, J. D. Electoral accountability and the control of politicians: selecting good types versus sanctioning poor performance. In: PRZEWORSKI, A.; STOKES, S.; MANIN, B. *Democracy, accountability and representation*. Cambridge: Cambridge University, 1999.

FEREJOHN, J. Accountability and authority: toward a theory of political accountability. In: PRZEWORSKI, A.; STOKES, S.; MANIN, B. *Democracy, accountability and representation*. Cambridge: Cambridge University , 1999.

O´DONNELL, G. Accountability horizontal e novas poliarquias. *Lua Nova*, São Paulo, n. 44, p. 27-54, 1998.

PRZEWORSKI, A.; STOKES, S.; MANIN, B. *Democracy, accountability and representation*. Cambridge: Cambridge University, 1999.

Administração

VANYA SANT'ANNA

A atividade de administrar é tão antiga quanto as primeiras formas de organização social. Os primeiros conhecimentos na arte de administrar pessoas e recursos surgiram quando os humanos encontraram na vida coletiva o melhor caminho para superar as adversidades naturais, mediante a previsão de suas ocorrências e a provisão de recursos para seu enfrentamento e consequente superação. Atividades administrativas foram e são ferramentas importantes para o domínio da natureza, o desenvolvimento da vida social e a garantia da paz, ainda que por meio da guerra.

A administração é pertinente a todo tipo de empreendimento humano que reúna, em uma única organização, pessoas com diferentes saberes e habilidades, sejam elas vinculadas a instituições com fins lucrativos ou não. Aplica-se a sindicatos, igrejas, universidades, clubes e agências de serviço social, tanto quanto a empresas privadas e órgãos governamentais.

A Revolução Industrial, a maior das revoluções que as modernas sociedades conheceram, é o ponto inicial da administração como área de conhecimento e como conjunto de técnicas que servem ao incremento incessante dos meios de produção e de organização do trabalho social. A moderna administração surgiu em resposta a duas consequências provocadas pela industrialização: o crescimento acelerado e desorganizado das empresas, que passaram a exigir uma administração mais científica para substituir o empirismo e a improvisação, e a necessidade de dotar as empresas de maior eficiência e produtividade para enfrentar a intensa concorrência e a selvagem competição no mercado.

Na primeira metade do século 20, estudiosos da área de organização do trabalho propuseram procedimentos, técnicas e estruturas que se desdobraram em diversos formatos organizacionais para a administração (GOMES, 2005).

Em *Principles of Scientific Management*, publicado em 1911, o engenheiro mecânico Frederick Taylor (1856-1915) introduziu os quatro princípios fundamentais da administração científica:

1) Princípio de planejamento, entendido como a substituição de métodos empíricos por procedimentos científicos. Saem assim de cena a improvisação e o julgamento individual. O trabalho deve ser planejado e testado e seus movimentos decompostos, a fim de facilitar e racionalizar sua execução.

2) Princípio de treinamento dos trabalhadores, entendido como capacidade de selecionar os operários de acordo com suas aptidões para então prepará-los para produzir mais e melhor, de acordo com o método planejado.

3) Princípio de controle, visto como perspectiva dedicada a verificar se o desenvolvimento do trabalho estaria sendo realizado de acordo com a metodologia e as metas estabelecidas.

4) Princípio da execução, concebido com o intuito de distribuir as atribuições e as responsabilidades para que o trabalho seja o mais disciplinado possível.

A adoção das propostas básicas de Taylor teve importantes consequências sociais e culturais, pois representavam forte alienação dos trabalhadores em relação à produção e anulavam a solidariedade grupal vigente no tempo da produção artesanal. Todavia, apesar dessas consequências negativas, representaram grande avanço para a organização do processo de produção em massa.

Paralelamente aos estudos de Taylor, o francês Henri Fayol (1841-1925), também ele um engenheiro, defendeu princípios semelhantes na Europa, ao publicar, em 1916, *Administration industrielle et generale*. No que ficou conhecido como sendo a teoria clássica da administração, Fayol relacionou catorze princípios básicos a serem considerados de forma complementar aos de Taylor: Divisão do trabalho, Autoridade e responsabilidade,

Unidade de comando, Unidade de direção, Disciplina, Prevalência dos interesses gerais, Remuneração adequada, Centralização, Hierarquia, Ordem, Equidade, Estabilidade dos funcionários, Iniciativa, Espírito de equipe.

Mais tarde, a partir das conclusões obtidas em experiências realizadas entre 1927 e 1932, em uma fábrica da Western Electric Company, situada em Chicago, no bairro Hawthorne, o australiano George Elton Mayo (1880-1949) e seus colaboradores lançaram as bases da assim chamada "teoria das relações humanas", que se opôs aos princípios científicos do trabalho de Taylor e da "teoria clássica".

Trazia em sua origem a necessidade de humanizar e democratizar a administração, com o desenvolvimento das chamadas ciências humanas (psicologia e sociologia), as ideias da filosofia pragmática de John Dewey (1859-1952) e da psicologia dinâmica de Kurt Lewin (1890-1947). As experiências conduzidas em Hawthorne procuraram avaliar os fatores que realmente motivavam os empregados. Com os primeiros resultados, a pesquisa logo se estendeu ao estudo da fadiga, dos acidentes de trabalho, da rotação do pessoal e do efeito das condições físicas de trabalho sobre a produtividade dos operários. A conclusão foi que o nível de produção é determinado pela integração social e não pela capacidade física dos operários. Os trabalhadores agiriam como parte do grupo e de modo a obter recompensas sociais ou a não obter sanções sociais.

A partir de 1950, houve grande diversificação das teorias administrativas, com a incorporação progressiva da sociologia da burocracia de Max Weber.

Os princípios fundamentais das teorias de Taylor, Fayol e Mayo, combinados em maior ou menor dose com a teoria weberiana, tornaram-se os pilares da evolução e do desenvolvimento da administração, tanto no setor privado quanto no público.

Segundo Peter Drucker (1909-2005), um dos mais conhecidos e influentes estudiosos da moderna administração de empresas, a organização em larga escala das empresas modernas constitui um dos mais importantes marcos da história humana. O *management* (gerenciamento) torna-se, por isso, sempre mais decisivo. A gestão por objetivos ou resultados foi por ele introduzida, ganhando rapidamente espaço entre os administradores. Drucker antecipou várias das teses que se tornariam consensuais a partir do final do século 20: a responsabilidade social, o empreendedorismo, a busca de inovação, a gestão do conhecimento e da informação. Em sua concepção, o *management* deveria ser aplicado em todas as organizações, mesmo naquelas sem fins lucrativos.

Suas ideias podem ser consideradas uma súmula da moderna administração. Dentre elas, destacam-se as seguintes:

• A administração trata dos seres humanos. Sua tarefa é capacitar as pessoas para funcionarem em conjunto, efetivarem suas forças e tornarem irrelevantes suas fraquezas. É disso que trata uma organização, e essa é a razão pela qual a administração é um fator crítico e determinante. Hoje, praticamente todos nós somos empregados por instituições administradas, grandes ou pequenas, empresariais ou não. Dependemos da administração para nossa sobrevivência. E nossa capacidade de contribuição à sociedade também depende tanto da administração das organizações em que trabalhamos, quanto de nossos próprios talentos, dedicação e esforço.

• A administração está profundamente inserida na cultura. *O que* os administradores fazem na Alemanha, no Reino Unido, nos EUA, no Japão ou no Brasil é exatamente o mesmo. *Como* eles fazem é que pode ser bem diferente. Assim, um dos desafios básicos que os administradores enfrentam nos países em desenvolvimento é descobrir e identificar as parcelas de suas próprias tradições, história e cultura que possam ser usadas como elementos construtivos da administração.

• Toda empresa requer compromissos com metas comuns e valores compartilhados. Sem esse compromisso não há empresa, há somente uma turba. A primeira tarefa da administração é pensar, estabelecer e exemplificar com clareza esses objetivos, valores e metas.

• A administração deve também capacitar a empresa e cada um de seus componentes a crescer e a se desenvolver na medida em que mudem necessidades e oportunidades. Toda empresa é uma instituição de aprendizado e ensino. Treinamento e desenvolvimento precisam ser instituídos e praticados incessantemente em todos os níveis da sua estrutura.

• Toda empresa é composta de pessoas com diferentes capacidades e conhecimentos, que desempenham diferentes tipos de trabalho. A administração deve estar ancorada na comunicação e na responsabilidade individual. Todos têm de considerar o que devem aos outros e pensar naquilo que necessitam dos outros.

• Nem o nível de produção nem os resultados obtidos são, por si sós, uma medição adequada do desempenho da administração e da empresa. Posição no mercado, inovação, produtividade, desenvolvimento do pessoal, qualidade e resultados financeiros são cruciais para o desempenho de uma organização e para sua sobrevivência. Tanto quanto um ser humano, uma organização também necessita de diversas medições para avaliar sua saúde e seu desempenho.

• Os resultados existem apenas no exterior. O resultado de uma empresa é um cliente satisfeito. O resultado de um hospital é um paciente curado. O resultado de uma escola é um aluno que aprendeu alguma coisa.

No Brasil, a história da administração iniciou-se em 1931, com a fundação do Instituto da Organização Racional do Trabalho (Idort), que contava com Roberto Mange, suíço naturalizado, em sua direção técnica. Em meados do mesmo ano, o Departamento Administrativo do Serviço Público (Dasp) foi fundado por Luiz Simões Lopes. O órgão criou a Escola de Serviço Público, que enviava técnicos de administração aos Estados Unidos para realizar cursos de aperfeiçoamento, com defesa de tese. Os conhecimentos e as ações desenvolvidas por esses especialistas, no seu retorno ao país, fizeram deles pioneiros da administração no Brasil, como profissão.

A criação da Escola de Administração de Empresas de São Paulo (Eaesp), pela Fundação Getulio Vargas, deve ser considerada a pedra fundamental na qualificação crescente de quadros técnicos para a alta administração brasileira, privada e pública. Em 1968, foi criado o curso de Administração Pública na Eaesp, mediante convênio com o governo do Estado de São Paulo, o que representou avanço importante na multiplicação de talentos para a gestão governamental.

Ver: Administração Pública; Burocracia; Gestão; Organizações; Taylorismo

Referências Bibliográficas

DRUCKER, P. F. *Management: tasks, responsibilities and practices*. London: Heinemann, 1973.

______. *Managing for the future: the 1990s and beyond*. New York: Tuman Tally Books/Dutton, 1992.

______. *Managing in the Next Society*. New York: St. Martin's Press, 2002.

______. *O melhor de Peter Drucker:* a administração. São Paulo: Nobel, 2001.

______. *The practice of management*. New York: Harper & Row, 1954

GOMES, L. P. História da administração. *Informativo Mensal* CRA/CE; *CRA em Ação*, Ceará, Ano 1, n. 7, ago./set. 2005.

FAYOL, H. *Administração industrial e geral*. 10. ed. São Paulo: Atlas, 1990.

TAYLOR, F. W. *Princípios da administração científica*. São Paulo: Atlas, 1995.

Administração Pública

Carlos Alberto Monteiro de Aguiar

No âmbito de políticas públicas, o termo administração pública tem seu uso particularmente referido ao conjunto dos órgãos e entidades que compõem a administração dos Poderes Executivo, Legislativo e Judiciário das instâncias de governo que compõem o Estado. No caso do Brasil, a União, os Estados, o Distrito Federal e os municípios. O termo é mais utilizado para se referir a administração federal, administrações estaduais, administração do Distrito Federal e administrações municipais.

Segundo a Constituição brasileira, a administração pública é formada pela administração pública direta e pela indireta ou fundacional. A administração pública direta é constituída pelo conjunto dos órgãos ligados diretamente ao poder central como são os ministérios na administração federal e as secretarias nas administrações estaduais e municipais. A administração pública indireta é composta de entidades com personalidade jurídica própria, criadas pelo Estado para realizar atividades de forma descentralizada, como é o caso das autarquias, fundações, empresas públicas e sociedades de economia mista.

A expressão também é utilizada para se referir à administração dos órgãos e entidades públicas. Administração aqui entendida pelo agir, pela ação resultante da dinâmica empreendida pelas pessoas da organização (órgãos ou entidades) em função do exercício das atividades decorrentes dos objetivos organizacionais.

O vocábulo administrar tem sua origem em duas expressões do latim: a primeira vem de *ad* (preposição) + *ministrare,* que significa servir, efetuar, executar, exercer a função de ministro; a segunda vem de *admanustrahere,* no sentido de gerir, dar direção, gestão. Assim, o ato de administrar, no âmbito dos órgãos e entidades públicas, passa a se confundir com governar, e também com o próprio conceito de política pública. Todos esses conceitos envolvem a dinâmica de tomada de decisões, de planejamento, de coordenação e de execução de esforços em função de objetivos ligados ao Estado, ao público. Nessa acepção, o termo torna-se sinônimo de gestão pública, referindo-se ao ato de administrar, gerir. Muito embora diversos autores, particularmente no Brasil, prefiram o termo gestão pública ao termo administração pública, sob a alegação de que aquele representa modernidade ligada a modelos de gestão oriundos da experiência de organizações de mercado, ambos os termos se referem à mesma dimensão do agir com propósito organizacional.

O termo ainda é utilizado como disciplina e campo de estudos, seja para a formação de servidores públicos, seja para a modernização das organizações públicas. Nesse sentido, beneficia-se do conhecimento desenvolvido no âmbito dos temas "organizações" e "gestão de organizações" e das teorias de administração desenvolvidas desde o início do século passado. Dado que a administração das organizações públicas é fortemente marcada pela obediência ao Direito Público, em especial o Direito Administrativo, e pela interligação com o sistema político vigente no país (de onde se originam as autoridades governamentais que, em um regime democrático, como o existente no Brasil, dirigem as organizações públicas), a contribuição das disciplinas do direito e da ciência política é marcante na constituição do conhecimento e da formação em administração pública.

Na origem dos cursos de administração pública, entre o final do século 19 e o início do século 20, predominou a ideia de separação entre administração e política, em uma concepção da administração pública como espaço de execução ou implementação de políticas definidas na esfera da política. Na continuidade, duas vertentes contribuíram para a formação do campo da disciplina: a vertente administração pública como subcampo da ciência política dedicado à análise de políticas públicas, e a vertente administração pública como uma especificidade da administração de negócios. Estudiosos demonstram que do convívio e do confronto entre essas vertentes resultou um processo de mútua influência que levou a uma ampliação do campo da formação na área pública. A inclusão da análise de políticas públicas como parte integrante da formação em administração pública é observada em escolas e programas, sobretudo a partir do início da década de 1970.

Nas últimas décadas, o conceito de "público" foi significativamente ampliado para abranger a complexidade das relações do Estado com a sociedade, especialmente organizações não governamentais e instituições voltadas à inclusão dos cidadãos no processo de formulação, implementação e controle de políticas públicas. Essa complexidade afeta tanto a disciplina administração quanto o estudo das políticas públicas, impondo desafios crescentes a esse campo de conhecimento. Mais que uma disciplina, a administração pública configura-se hoje como um campo multidisciplinar ou uma ciência interdisciplinar para a qual contribuem diversas disciplinas, como a ciência política, a administração, a economia, a sociologia e a psicologia social (FARAH, 2011).

Ver: Administração; Burocracia; Cultura Organizacional; Gerencialismo; Organizações

Referências Bibliográficas

BRASIL. *Constituição da República Federativa do Brasil de 5 de outubro de 1988*. Disponível em: http://www2.planalto.gov.br/presidencia/a-constituicao-federal. Acesso em: 25 jun. 2012.

CHIAVENATO, I. *Introdução à teoria geral da administração:* uma visão abrangente da moderna administração das organizações. 7. ed. Rio de Janeiro: Elsevier, 2003.

FARAH, M. F. S. Administração pública e políticas públicas. *Revista de Administração Pública*, Rio de Janeiro, v. 45, n.3, p. 813-836, mai-jun. 2011.

MELLO, O. A. B. *Princípios gerais de direito administrativo*. 3. ed. São Paulo: Malheiros, 2007. v.1.

SARAI, L. Repensando o conceito de administração pública na busca da máxima efetividade de seus princípios constitucionais. *Jus Navigandi*, [*online*], 2010.

Administração Pública Gerencial

Ver: Gerencialismo

Agências

Eduardo Marques

As agências – instituições responsáveis por ações estatais – são objeto de preocupação nas ciências sociais desde os primeiros estudos sobre governo realizados ao final do século 19. As primeiras décadas de desenvolvimento dos estudos de políticas públicas nos anos 1930 e 1940 também exploraram as dinâmicas ocorridas no interior das agências estatais, mas centraram sua atenção nos processos de decisão e no comportamento dos decisores, mesmo que esse fosse pensado como influenciado pelas organizações nas quais se inseriam, como na formulação de Herbert Simon sobre o "comportamento administrativo". As décadas seguintes foram marcadas por substanciais deslocamentos na forma pela qual se pensou o processo de decisão e sua centralidade na produção de políticas, mas as organizações estatais continuaram a ser pensadas como meros ambientes onde dinâmicas ocorriam.

Com efeito, nas mais importantes teorias do Estado presentes no debate nas décadas de 1950, 1960 e 1970 – pluralismo, teoria das elites e marxismo –, as agências estatais permaneciam como agentes passivos da produção de políticas, pensadas principalmente como resultantes de ações e estratégias de atores na e da sociedade – grupos de interesse, elites e classes, respectivamente. Essa visão foi amplamente predominante no interior do pluralismo, hegemônico na literatura de políticas públicas até o final dos anos 1970, levando a perspectiva a negar a relevância do Estado como categoria analítica.

A entrada plena das agências estatais como elemento de análise se fez em especial a partir dos anos 1980, com a progressiva afirmação da corrente teórica neoinstitucionalista. Dessa perspectiva, as instituições políticas teriam importância decisiva em diversos aspectos, com destaque para as ações do Estado e as políticas públicas. Seu impacto dar-se-ia ao menos de duas formas. Em primeiro lugar, as agências e atores estatais seriam politicamente autônomos em relação a forças e grupos sociais diversos, o que as conformaria potencialmente como atores plenos do jogo político. Disso não decorreria que atores estatais poderiam agir como quisessem, mas que seriam portadores de interesses e instrumentos de poder próprios advindos de suas posições (estratégicas) na cadeia de produção das políticas públicas, tendendo a agir segundo seus próprios interesses. Embora o "insulamento" das agências e atores estatais variasse de situação para situação e de política pública para política pública, seria produto dos processos históricos de construção de cada Estado. Em segundo lugar, o efeito das instituições estaria ligado ao efeito de moldura produzido pelos formatos institucionais sobre o jogo político, influenciando resultados, mas também impactando decisivamente as estratégias e mesmo as preferências dos atores (THELEN; STEINMO, 1992).

A análise do poder das agências, inicialmente associada à análise do insulamento, desdobrou-se no período subsequente no estudo de suas diferentes "autonomias inseridas" (EVANS, 1993), bem como na investigação dos condicionantes das "capacidades estatais". Em ambos os casos, o foco não estava no maior ou menor isolamento em si de grupos sociais, mas na capacidade do Estado de produzir determinados resultados. Isso dependeria da presença de ao menos duas dimensões. De um lado, diversas capacidades estatais seriam necessárias para que o Estado conseguisse executar atividades e transformar seus objetivos em resultados concretos. De outro lado, como mostrou Evans (1993), situações nas quais os atores estatais experimentam excessivo isolamento da sociedade levariam à incapacidade de implementar ações que dependessem de alguma forma de elementos da sociedade. A melhor situação, nesse sentido, seria uma que combinasse autonomia com inserção, aquilo que o autor denominou de "autonomia inserida".

Na verdade, o efeito das instituições e a capacidade das agências de exercerem seu poder dependeriam em sentido mais geral do "encaixe" entre suas estruturas e as estruturas dos grupos na sociedade (SKOCPOL, 1992). Os diferentes formatos institucionais, como o federalismo, ou certas dimensões específicas do desenho das diferentes políticas públicas influenciariam substancialmente os resultados políticos, visto que levariam a diferentes padrões de conexão entre atores externos e internos ao Estado.

Ver: Atores; Estado; Instituições Políticas; Organizações

Referências Bibliográficas

EVANS, P. O Estado como problema e como solução. *Lua Nova*, São Paulo, n. 28-29, abr. 1993.

SKOCPOL, T. *Protecting soldiers and mothers:* the political origins of social policy in the United States. Cambridge: Harvard University, 1992.

______. Bringing the state back in: strategies of analysis in current research. In: EVANS, P.; RUESSCHMEYER, D.; SKOCPOL, T. (Orgs.). *Bringing the state back in*. Cambridge: Cambridge University, 1985.

THELEN, K.; STEINMO, S. *Structuring politics:* historical institutionalism in comparative perspective. New York: Cambridge University, 1992.

Agenda 21

Ana Carolina Evangelista

Agenda 21 é um programa de ação que busca, em escala local, nacional e global, um novo padrão de desenvolvimento, o chamado desenvolvimento sustentável. Elaborada e acordada entre os 179 países presentes na Conferência das Nações Unidas sobre Ambiente e Desenvolvimento (Rio de Janeiro, 1992), conhecida como Eco-92, objetivou dar maior sentido prático aos princípios norteadores da sustentabilidade, aprovados durante a Conferência.

Embora não tenha força legal, a Agenda 21 apresenta um roteiro detalhado de ações concretas a serem executadas por governos, agências internacionais multilaterais, empresas e organizações da sociedade civil. Representa um instrumento de orientação que concilia métodos de proteção ambiental, justiça social e eficiência econômica, e está voltado para o planejamento estratégico, o desenho e a implementação de políticas e práticas de promoção da sustentabilidade. O termo "agenda" busca precisamente fixar compromissos e passos que deveriam ser dados nessa direção.

A Agenda 21 enfatiza a indissociabilidade do conceito de desenvolvimento econômico e dos conceitos de preservação e equilíbrio ambiental. Ao longo dos seus quarenta capítulos, privilegia temas como combate à pobreza, mudança nos padrões de consumo, associação entre as dinâmicas demográficas e a sustentabilidade, condições de promoção da saúde humana, planejamento e gerenciamento dos recursos terrestres, manejo de ecossistemas frágeis, promoção do desenvolvimento rural e agrícola sustentável, arranjos institucionais internacionais e nacionais para a promoção do desenvolvimento sustentável.

Também chamada de *Agenda 21 global*, esses quarenta capítulos têm a função de servir de base para que cada país elabore e implemente sua própria agenda, a chamada *Agenda 21 nacional*, adequada às específicas realidades social, econômica e ambiental.

Em 1997, foi constituída no Brasil a Comissão de Políticas de Desenvolvimento Sustentável e da Agenda 21, incluindo representantes do governo e da sociedade civil. Essa Comissão coordenou a elaboração da Agenda 21 brasileira, concluída em 2002.

Ver: Ambientalismo; Cidades Sustentáveis; Cidades Inovadoras; Sustentabilidade

Referências Bibliográficas

Informações relativas à Agenda 21 e documentos na íntegra podem ser encontrados em: http://www.mma.gov.br/sitio/index.php?ido=conteudo.monta&idEstrutura=18&idConteudo=575.

Agenda Pública e Midiática

FERNANDO ANTÔNIO AZEVEDO

A agenda pública e midiática, embora tenha origem conceitual mais geral e antiga (ligada à noção de opinião pública), está hoje fortemente relacionada à teoria da *agenda-setting* proposta por MacCombs e Shaw, nos anos 1970, como modelo explicativo e investigativo dos efeitos da mídia na opinião pública. A visibilidade, a proeminência e a permanência na mídia de determinados temas em um período delimitado (uma campanha eleitoral, por exemplo) configuram a agenda midiática. Por sua vez, os temas considerados mais relevantes e objeto de atenção dos indivíduos formam a agenda pública. As duas agendas, a da mídia e a do público, estabelecem o que os autores citados chamam de *agenda-setting*, ou seja, a agenda dominante de determinado momento.

A teoria da *agenda-setting* tem como pressuposto básico que, nas democracias modernas, os meios de comunicação de massa são centrais na mediação do fluxo de informação entre os atores políticos (governos, partidos, políticos, grupos de pressão) e o cidadão e eleitor. Dessa forma, ao mediar e midiatizar o processo político por meio de enquadramentos narrativos, estabelecendo relevância, hierarquia e proeminência entre as notícias e opiniões, a mídia exerceria grande influência na formação da agenda do público. O procedimento metodológico padrão nesse modelo teórico é o confronto entre a agenda da mídia e a agenda do público para verificar correlações entre ambas e confirmar, ou não, se a mídia estabelece a agenda pública em determinado período.

O conceito de *agenda-setting* e, por extensão, de agenda midiática e agenda pública, inserem-se em um esforço teórico mais amplo que revalorizou o papel dos meios de comunicação de massa no comportamento político. Um resumo sintético da controvérsia teórica sobre os limites e alcances dos efeitos políticos da mídia ajudará a situar o papel da teoria da *agenda-setting* nesse debate e o uso operacional dos conceitos de agenda midiática e do público.

Os primeiros modelos explicativos dos efeitos da mídia no público foram construídos sob a inspiração do behaviorismo dominante na Psicologia Social entre os anos 1920 e 1930. Baseado no modelo comportamentalista de estímulo e resposta, a teoria da "*magic bullet*" (bala mágica), também chamada de teoria hipodérmica, propunha uma relação causal simples entre mensagem e recepção. A hipótese era que qualquer pessoa exposta a qualquer mensagem seria influenciada por ela. Assim, a teoria atribuía aos meios de comunicação e à propaganda efeitos poderosos, de ação direta e imediata, ao mesmo tempo que concebia a audiência passiva em relação às informações que recebia. Essa teoria, baseada na ideia simplista de um receptor inerte e na inexistência de mecanismos de retroalimentação, inaugurou o "paradigma dos efeitos ilimitados" dos meios de comunicação de massa.

O paradigma somente seria questionado com a publicação, em 1944, de *The people's choice* (A escolha do povo) de Lazarsfeld, Berelson e Gaudet, um amplo estudo sobre a influência da mídia entre os eleitores norte-americanos durante a eleição presidencial de 1940. Esse estudo investigou se e em que intensidade a mídia impressa e o rádio influenciavam a decisão do voto. Os dados da pesquisa mostraram que os indivíduos estavam mais sujeitos à influência dos grupos primários (família, amigos, colegas de trabalho, líderes locais) do que dos meios de comunicação. A partir desse achado, os autores construíram um modelo explicativo no qual a relação entre o eleitor e os meios de comunicação processava-se em dois tempos: a informação recebida da mídia pelo indivíduo passaria, em um segundo momento, por uma teia complexa de relações interpessoais e por "líderes de opinião" que funcionavam como filtros políticos. Em resumo, a mediação dos formadores de opinião desempenharia papel crucial no processo comunicativo e, portanto, ao contrário do que preconizavam as teorias dos efeitos ilimitados, a simples exposição a notícias e propagandas não produziria efeitos automáticos no público. A teoria dos dois tempos tornou-se então o novo paradigma ("efeitos limitados") na literatura, e a influência dos meios de comunicação no comportamento político e eleitoral passou a ser relativizada.

O novo paradigma, construído em uma época em que a TV ainda não era dominante, foi hegemônico até meados dos anos 1970, quando passou a ser desafiado por novos modelos teóricos. Entre esses modelos encontrava-se a teoria da *agenda-setting* que, embora reconhecendo que os efeitos da comunicação se davam por meio de mediações complexas, voltava a valorizar os efeitos dos meios de comunicação de massa na produção da agenda pública.

Basicamente, a ideia-força da noção de *agenda-setting* é a de que a mídia: 1) ao selecionar determinados assuntos e ignorar outros, define quais são os temas, acontecimentos e atores (objetos) relevantes para a notícia; 2) ao enfatizar determinados temas, acontecimentos e atores em detrimento de outros, estabelece uma escala de proeminências entre esses objetos; 3) ao adotar enquadramentos (*framing*) sobre temas, acontecimentos e atores, constrói atributos (positivos ou negativos) sobre esses objetos. Há, ainda, uma relação direta e causal entre as proeminências dos tópicos da mídia e a percepção pública de quais são os temas (*issues*) importantes em determinado período de tempo. Os dois primeiros tópicos referem-se ao primeiro nível de efeito da *agenda-setting* (proeminência do objeto) e o terceiro ao segundo nível de efeito (proeminência de atributos), ou seja, as formas de enquadramento.

Para determinar a agenda midiática, os pesquisadores levantam os temas (*issues*) publicados ou veiculados pelos meios de comunicação em determinado período de tempo e a hierarquia estabelecida entre eles com o objetivo de construir uma escala de proeminências. Essa escala de proeminências, considerada em um período de tempo predeterminado, é conhecida como a agenda da mídia, que, dependendo do enquadramento dos temas, pode ser neutra, positiva ou negativa para os atores sociais e políticos.

Em relação à agenda pública, o processo é mais complexo, pois envolve a realização de pesquisas quantitativas e/ou qualitativas (grupos focais) por meio de amostragem intencional ou aleatória do público. Há três tipos de agendas possíveis de identificação. A primeira é a agenda intrapessoal, formada pela percepção dos temas atuais e o grau de relevância desses temas para o indivíduo. A segunda é a agenda que se manifesta nas relações interpessoais através da atividade dialógica e se refere aos temas que os indivíduos acreditam ser de maior interesse para os outros. Finalmente, o terceiro tipo é a agenda pública que se manifesta pelos diversos estados da opinião pública. O processo de estabelecimento da agenda do público envolve a articulação entre essas três dimensões, ou seja, a aferição sobre o que as pessoas pensam (intrapessoal), sobre o que falam (interpessoal) ou pensam que os outros falam (percepção dos temas coletivos).

Uma vez definidas a agenda da mídia e a agenda do público, deve-se finalmente confrontá-las, de modo a estabelecer suas possíveis relações. Essas relações podem ser fixadas a partir de três dimensões. A primeira é a "dimensão do conhecimento", que pressupõe que o público só conhece os temas nacionais ou regionais publicados ou veiculados pelos meios de comunicação de massa, ou seja, os temas só ganhariam visibilidade pública quando expostos pela mídia. A segunda dimensão avalia que a ordem temática de prioridades estabelecida pela mídia determina não só a percepção como a hierarquia dos temas pelo público. Assim, além da correspondência entre as agendas seria necessário também correlacionar as prioridades da mídia e do público. A última dimensão, por fim, diz respeito à proeminência: a percepção do público variaria de acordo com a relevância e a permanência dos temas na mídia ao longo do tempo.

O processo de formação da agenda pública depende ainda dos efeitos cognitivos produzidos de forma cumulativa, ao longo de determinado período de tempo, pela agenda midiática. Portanto, no confronto entre as agendas é importante considerar os seguintes aspectos: 1) o quadro temporal, que é o período definido para a análise da *agenda-setting*; 2) o intervalo temporal, o decurso de tempo que a agenda da mídia leva para produzir efeitos sobre o público; 3) a duração da agenda da mídia, período de tempo em que a agenda da mídia é efetiva; 4) a duração da agenda pública, período de tempo em que a agenda do público é efetiva e, por último; 5) o período dos efeitos máximos no qual se delimita o período de maior intensidade dos efeitos da agenda midiática sobre a agenda pública.

Os conceitos de agenda midiática e agenda pública são importantes não só para a análise dos efeitos da mídia nos processos políticos e eleitorais como também no estudo da ação governamental e das políticas públicas. Os governos e suas agências são atores interessados em definir e hierarquizar problemas e soluções, e procuram sempre estabelecer suas próprias agendas na mídia e na opinião pública com o objetivo de implantar e executar políticas públicas que tenham apoio político e popular.

Ver: Atores; *Agenda-Setting*; Estado; Governo; Mídias Sociais; Opinião Pública; Sociedade Civil

Referências Bibliográficas

LAZARSFELD, P. F.; BERELSON, B.; GAUDET, H. *The people's choice*: how the voter makes up his mind in a presidential election. New York: Columbia University, 1948.

MCCOMBS, M. E. *A teoria da agenda - a mídia e a opinião pública*. Petrópolis: Vozes, 2009.

MCCOMBS, M. E.; SHAW, Donald L. The agenda-setting function of mass media. *Public Opinion Quarterly*, Oxford, v. 26, p. 176-187, 1972.

Agenda-Setting

ANA CLÁUDIA CAPELLA

O conceito de agenda governamental abrange o conjunto de questões relevantes para os formuladores de políticas governamentais e grupos próximos a estes.

Os estudos sobre a agenda governamental mostram que a complexidade do processo decisório e o volume de questões que se apresentam sistematicamente aos formuladores de políticas acabam por concentrar a atenção destes em um conjunto limitado de assuntos considerados relevantes. Alguns dos assuntos que sobrevivem a esse competitivo processo de seleção podem vir a integrar uma política pública, ou seja, podem ser transformados em programas e projetos governamentais. Uma das preocupações centrais ao estudo de *agenda-setting* é, portanto, compreender como as questões capturam a atenção dos formuladores de políticas.

O processo de reconhecimento, pelos governos, da importância de uma questão está diretamente relacionado à percepção sobre a existência de um problema que demande ações governamentais concretas. Nesse sentido, entende-se que os problemas são socialmente construídos, ou seja, são passíveis de distintas representações, dependendo dos interesses e das oportunidades daqueles indivíduos ou grupos que, de forma persuasiva e por meio das estruturas sociais e políticas existentes, definem estrategicamente um problema.

A forma como um problema é definido e articulado, concentrando a atenção dos formuladores de políticas, pode determinar o sucesso de uma questão no processo de *agenda-*

-*setting*, no qual outros assuntos estão dados, à espera da atenção desses formuladores. Diferentes atores buscam influenciar a agenda por meio da definição de um problema, recorrendo à construção de narrativas baseadas na seleção de informações, dados, modelos, de forma a favorecer um curso de argumentação e persuasão. Além disso, esses atores utilizam-se dos meios institucionais e também do controle de acesso ou mesmo do bloqueio de outros grupos à agenda.

No modelo de *agenda-setting* desenvolvido por John Kingdon, a mudança na agenda governamental resulta de uma complexa combinação de fatores, incluindo a forma pela qual um problema é percebido, o conjunto de soluções disponíveis e as alterações na dinâmica política e na opinião pública. Cada uma das três dimensões (ou fluxos) desenvolve-se de maneira relativamente independente em relação às demais, cada qual com sua própria lógica.

No primeiro fluxo, busca-se compreender de que forma as questões são reconhecidas como problemas e por que determinados problemas passam a ocupar a agenda governamental. Dado o grande volume de decisões e a incapacidade de lidar com todas as questões ao mesmo tempo, a atenção dos formuladores de políticas depende da forma como eles as percebem e as interpretam e, mais importante, como são problematizadas. Alguns mecanismos, como indicadores produzidos sistematicamente (monitoramento de programas governamentais, relatórios de desempenho) e principalmente grandes eventos (desastres, catástrofes, grandes acidentes), contribuem para focalizar a atenção sobre uma questão. No entanto, esses mecanismos não transformam automaticamente as questões em problemas. A interpretação desses eventos e seu entendimento como problemas que demandam ação governamental é que determinam o sucesso de uma questão na agenda.

No segundo fluxo, um conjunto de possíveis alternativas para os problemas é desenvolvido por especialistas (pesquisadores, assessores parlamentares, acadêmicos, funcionários públicos, analistas pertencentes a grupos de interesses, dentre outros). Essas alternativas, não necessariamente relacionadas à percepção de problemas específicos, circulam por comunidades de *experts*, e enquanto algumas são descartadas, outras sobrevivem, podendo chegar à consideração de atores governamentais.

Por fim, o terceiro fluxo é constituído pela dimensão da opinião pública (percepção geral sobre determinadas questões), das forças políticas organizadas (posicionamento dos grupos de interesse em relação a uma questão, por exemplo) e do próprio governo (mudança de pessoas em posições estratégicas dentro da estrutura governamental, mudanças de gestão, mudanças na composição do Congresso, entre os fatores mais importantes).

Em determinadas circunstâncias, esses três fluxos – problemas, soluções e dinâmica política – convergem, criando uma possibilidade de mudança na agenda governamental. Em tais oportunidades (*policy window*), um problema é reconhecido, uma solução está disponível e as condições políticas tornam o momento propício para a mudança, permitindo a integração dos três fluxos e possibilitando que questões ascendam à agenda. Quando tais "janelas de oportunidade política" se abrem, entram em cena os empreendedores de políticas, indivíduos dispostos a investir em uma ideia e que podem fazer parte do governo (no Poder Executivo, ocupando altos postos ou em funções burocráticas; no Congresso, como parlamentares ou assessores) ou não (participando de grupos de interesse, da comunidade acadêmica, da mídia, por exemplo). Esses indivíduos reconhecem o momento da oportunidade, seu caráter transitório, e agem no sentido de "amarrar" os três fluxos, facilitando o acesso de uma questão à agenda governamental.

Uma explicação alternativa sobre o processo de *agenda-setting* foi desenvolvida por Baumgartner e Jones (1993). Para os autores, a mudança na agenda ocorre quando a percepção sobre uma política é alterada, mobilizando atores previamente afastados do processo decisório. Os autores utilizam a ideia de "monopólio de políticas" (*policy monopoly*) para designar um conjunto de entendimentos sobre determinada questão que se torna dominante e a partir do qual os atores ganham a habilidade de controlar a interpretação sobre um problema e a forma como este é percebido e discutido. Os "monopólios" são reforçados por arranjos institucionais que mantêm o processo decisório limitado a um grupo pequeno de atores, restringindo o acesso dos demais. Esses "monopólios" são responsáveis pela manutenção da estabilidade na produção de políticas públicas e restrição de novas questões à agenda governamental.

Enquanto uma visão compartilhada sobre símbolos, problemas, soluções e relações causais prevalecer a respeito de determinada política (*policy image*), o acesso ao processo decisório estará fechado aos atores que não concordarem com aquela dada visão. Tem-se, então, a prevalência de mudanças lentas, graduais e incrementais, configurando uma situação de equilíbrio na produção das políticas públicas.

No entanto, em alguns momentos, novos atores conseguem acesso aos "monopólios", criando instabilidade e oportunidade de mudança na agenda. Isso acontece, segundo os autores, por causa de mudanças na forma como uma questão é compreendida, ou seja, por meio de alterações na "imagem" de uma política. Mudanças na percepção das questões, acontecimentos que focalizem atenção do governo, oscilações na opinião pública, por exemplo, podem contribuir para a alteração na "imagem" de uma política, permitindo o acesso de diferentes grupos ao processo decisório e, dessa forma, favorecendo o ingresso da questão na agenda governamental. Quando uma questão ascende à agenda, o "monopólio" deixa de existir e o sistema torna-se propenso à mudança, já que a atenção dos líderes governamentais e do público pode levar à introdução de novas ideias e de novos atores. As novas ideias e instituições tendem a permanecer ao longo do tempo (*policy legacy*), criando, após certo tempo, um novo estado de equilíbrio e estabilidade no sistema.

Assim, a força fundamental para explicar tanto a manutenção de uma agenda, quanto sua mudança é, precisamente, a "imagem" das políticas públicas, considerada elemento crucial na luta política. O processo de *agenda-setting*, para os autores, consiste em alocar a atenção governamental para alguns assuntos específicos e, nesse processo, alterações na forma como uma questão é definida podem levar a mudanças no nível de atenção que as questões recebem dos formuladores de políticas.

Os modelos teóricos sobre a formulação de políticas públicas nos auxiliam a compreender as origens dessas políticas, bem como suas mudanças e transformações. Esses modelos mostram que o entendimento sobre as ideias relacionadas a uma política é crucial para explicar a entrada (e saída) de uma questão da agenda governamental. Definir um problema em uma política pública não consiste somente em observar a dinâmica social e estabelecer metas e objetivos para uma mudança. Consiste, sobretudo, em elaborar representações estratégicas sobre determinada situação. O mundo político é socialmente construído e cada entendimento sobre uma situação é, na realidade, um ponto de vista possível entre diversos outros. Essas representações são construídas de forma estratégica pelos grupos envolvidos com uma política, de maneira que o ponto de vista selecionado favoreça um curso de ação desejado. Assim, a investigação do processo de formação da agenda governamental aproxima-se bem mais do estudo das diferentes linguagens e dos distintos métodos empregados pelos atores políticos na definição dos problemas, considerando as restrições e os incentivos do contexto institucional, do que de uma visão técnica e neutra da produção de políticas públicas.

Os modelos de *agenda-setting* desenvolvidos no campo de políticas públicas têm contribuído para o entendimento de diversos processos fundamentais à formação da agenda governamental. No entanto, alguns pontos importantes permanecem ainda obscuros. Um desses pontos envolve a explicação de um fenômeno conhecido como "negação da agenda" (*agenda denial*), ou seja, a investigação sobre as questões sistematicamente ausentes da agenda governamental. A "não decisão" em políticas públicas, ou a decisão de não considerar uma questão como sendo um problema, é um aspecto que ainda merece aprofundamento. Outro desafio à área é aproximar as conexões entre os estudos de formação da agenda e a teoria democrática, considerando as transformações nas formas de governança e nos processos decisórios que se situam no nível supranacional. A relação entre agenda internacional e formulação de políticas nos contextos nacionais ainda é uma área que carece de análises mais específicas. Por fim, cabe destacar que os estudos sobre a formação da agenda governamental poderiam beneficiar-se dos desenvolvimentos no campo mais amplo da ciência política e da teoria da comunicação, a partir das análises sobre a agenda midiática e a agenda pública desenvolvidas nessas áreas. Tais estudos compartilham a preocupação com as questões públicas e com os processos de mudança social nas sociedades modernas, objetivo também presente nos estudos de *agenda-setting* no campo das políticas públicas.

Ver: Atores; Agenda Pública e Midiática; Estado; Governo; Mídias Sociais; Opinião Pública; Sociedade Civil

Referências Bibliográficas

BAUMGARTNER, F. R.; JONES, B. D. *Agendas and instability in American politics*. Chicago: University of Chicago, 1993.

KINGDON, J. *Agendas, alternatives, and public policies*. 3. ed. New York: Harper Collins, 2003.

MAJONE, G. *Evidence, argument and persuasion in the policy process*. New Haven: Yale University, 1989.

STONE, D. *Policy paradox:* the art of political decision making. New York: Norton & Company, 2002.

Agricultura Familiar

Carlos Enrique Guanziroli

Do ponto de vista legal (Lei n. 11.326/2006, art. 3), agricultor familiar é aquele que pratica atividades no meio rural e cumpre os seguintes quesitos: I – não deter área maior do que quatro módulos fiscais; II – utilizar predominantemente mão de obra da própria família nas atividades do seu estabelecimento ou empreendimento; III – ter a renda familiar predominantemente originada de atividades vinculadas ao próprio estabelecimento; e IV – ser o estabelecimento dirigido pelo agricultor com sua família.

Essa lei inspirou-se no trabalho conhecido como Projeto FAO/Incra (GUANZIROLI et al., 2001), que caracterizava o universo familiar como aquele integrado pelos estabelecimentos que atendiam, simultaneamente, às seguintes condições: a direção dos trabalhos do estabelecimento deveria ser exercida pelo produtor; o trabalho familiar deveria ser superior ao trabalho contratado e os estabelecimentos não poderiam ter área superior a uma área máxima regional, estabelecida em quinze módulos fiscais.

O projeto FAO/Incra ampliava o escopo para agricultores de tamanho médio – até quinze módulos fiscais – enquanto, nos critérios da lei, o conceito restringe-se aos pequenos produtores rurais – até quatro módulos fiscais.

No Brasil, Abramovay (1982) e Veiga (1991) foram os primeiros autores a introduzir esse conceito nas ciências sociais, diferenciando-o claramente do tradicional conceito de pequeno produtor ou de camponês, que vigorava anteriormente nos debates sobre a questão agrária. Para esses autores, agricultura familiar é aquela na qual a "propriedade, a gestão e a maior parte do trabalho vêm de pessoas que mantêm entre si vínculos de sangue ou de casamento" (ABRAMOVAY, 1982).

Tanto as definições de Abramovay como as utilizadas pelo Projeto FAO/Incra baseiam-se em debates em torno da questão que tiveram lugar nos anos 1980 na Europa e nos Estados Unidos.

Gasson et al. (1988) reconhecem que a maior parte dos agricultores britânicos nos anos 1980 era de tipo familiar. Segundo esses autores, a agricultura familiar seria "um negócio agrícola no qual os membros principais do estabelecimento são familiares, onde a propriedade do negócio e a gestão do mesmo se confundem e onde o controle do negócio é passado de geração em geração dentro da mesma família". Nessa caracterização, prioriza-se o papel da gestão do negócio, não importando o tamanho da propriedade ou as relações de trabalho.

Embora conceitualmente correta, essa tipologia reflete melhor as condições históricas do desenvolvimento agrícola do Reino Unido no século 20 do que as condições históricas e geográficas de um país como o Brasil nos tempos atuais, onde é necessário limitar o escopo por algum critério de área e de relações de trabalho, para evitar que propriedades imensas, mas controladas por famílias, possam fazer parte desse grupo de agricultores familiares.

No entanto, existem antecedentes na bibliografia europeia que permitem efetuar esse corte analítico. Mann e Dickinson (1978) mostram que agricultura familiar é usualmente considerada na Europa e nos países do Leste Europeu como aquele grupo formado por estabelecimentos "nos quais o trabalho familiar responde por mais de 50% do trabalho total anual".

Seguindo um raciocínio "ricardiano", Vergopoulos (1978) mostra que o agricultor familiar não considera a si mesmo como um capitalista que deve maximizar a taxa de lucro. Não contabiliza lucro, nem renda da terra, e produz os alimentos ao preço mais baixo possível, o que remunera somente o trabalho familiar ao seu custo de oportunidade. Por isso, é a forma de produção mais bem-sucedida no sistema capitalista.

Entretanto, nem todos os que usam trabalho familiar são agricultores familiares. Friedman (1980) diferencia claramente o agricultor familiar do camponês. As principais diferenças radicam no grau de integração nos mercados (completa no caso do agricultor familiar e parcial no do camponês); nos mercados em que se desenvolve (completos no caso do agricultor familiar e incompletos ou imperfeitos no do camponês); no grau de mobilidade dos fatores (ampla no caso do agricultor familiar e restrita no do camponês); e nas relações com os fatores terra, capital e trabalho (objetivas entre os agricultores familiares e pessoais entre os camponeses). Os agricultores familiares respondem aos sinais de preços de mercado e têm flexibilidade e adaptação, ao passo que os camponeses vendem apenas o excedente e têm padrões rígidos de produção.

A bibliografia especializada dá nítida preferência, na conceituação, aos agricultores que realizam a gestão do estabelecimento de forma direta, ou seja, sem capatazes nem administradores, e que têm certas limitações de área e de trabalho contratado, que não pode ser superior ao trabalho familiar. Essa última limitação responde apenas à necessidade de evitar a inclusão de agricultores excessivamente grandes, o que não acontece no caso da agricultura europeia.

O critério mais importante, no entanto, é o da gestão. No caso dos agricultores familiares, ela é realizada pela família, o que garante de certa forma que os efeitos do desenvolvimento agrícola se interiorizem nas regiões onde se efetua essa agricultura, à diferença dos não familiares, que transladam esse desenvolvimento aos centros urbanos e grandes metrópoles onde realizam seu consumo e seus investimentos.

Ver: Agronegócio; Políticas Agrícolas; Assentamentos Rurais

Referências Bibliográficas

ABRAMOVAY, R. *Paradigmas do capitalismo agrário em questão*. São Paulo: Hucitec/USP. 1982.

FRIEDMANN, H. Household production and the national economy. *The Journal of Peasant Studies*, London, v. 7, n.2, p. 158-180, 1980.

GASSON, R. et al. The farm as a family business: a review. *Journal of Agricultural Economics*, Oxford, v.39, n.1 p. 1-43, 1988.

GUANZIROLI, C. et al. *Agricultura familiar e reforma agrária no Século XXI*. Rio de Janeiro: Garamond, 2001.

MANN, S.; DICKINSON, J. Obstacles to the development of a capitalist agriculture. *The Journal of Peasant Studies*, London, v.5, n. 4, p. 466-81, 1978.

VEIGA, J. E. *O desenvolvimento agrícola, uma visão histórica*. São Paulo: Hucitec, 1991.

VERGOPOULOS, K. Capitalism and peasant productivity. *The Journal of Peasant Studies*, London, v. 5, n. 4, p. 446-465, 1978.

Agronegócio

Geraldo Sant'Ana de Camargo Barros

A expressão agronegócio resulta da fusão de agricultura ou agropecuária e negócio. Considerando a origem latina desses termos, agronegócio relaciona-se a atividades ou trabalhos referidos à agricultura. O termo negócio pode ser tomado no sentido amplo de geração de valor por meio do uso do trabalho e do capital. No caso do agronegócio, englobam-se a agricultura e os demais segmentos produtivos a ela relacionados.

Ao longo dos séculos, muitas atividades, antes realizadas no âmbito da agricultura ou do meio rural, foram-se afastando espacial e temporalmente e ganharam expressão econômica própria, sem perder os vínculos técnicos e econômicos de origem. O conceito de agronegócio presta-se para resgatar essa interdependência aparentemente perdida, quando, na verdade, negócios agrícolas existem há milênios.

O surgimento da agricultura significou maior segurança ou previsibilidade de abastecimento. Embora mantivesse padrão itinerante, tendeu a se dar em locais específicos, favorecendo a formação de núcleos habitacionais e populacionais e de estruturas sociais bastante influenciadas pela posse da terra, base da atividade econômica.

Na Inglaterra, berço do capitalismo, a agricultura se desenvolveu com demarcação (cercamento legal) de terras – até então comunitárias e dispersas – e emprego de técnicas e instrumentos de cultivo. Com a progressiva consolidação do capitalismo, foram deixados de lado a prática do abandono de terras exauridas para descanso prolongado e o arroteamento de novas áreas que, no século 18, serão trocados pela aração profunda com as primeiras máquinas. Passa-se então a empregar a rotação de culturas, intensifica-se o cultivo, corrigindo-se e fertilizando o solo. Na pecuária, ganhos são obtidos a partir da melhoria de rebanhos ovinos e bovinos por meio de cruzamentos controlados mais a produção da forragem, que sustentava a criação no inverno evitando o abate prematuro. O Estado, atendendo a demandas de fazendeiros de poder econômico, providencia estradas, canais e drena os pântanos.

Até meados do século 19, a atividade econômica organiza-se em estrutura essencialmente familiar. Grandes empresas começam a surgir a partir de então, mormente nos Estados Unidos, para processamento de carnes e cereais. Dessa época são também o processo de pasteurização e o engarrafamento e enlatamento a vácuo. As primeiras fábricas de fertilizantes a partir de esterco surgiram também no início do século 19. Fábricas de superfosfato começaram a se multiplicar a partir de 1850, na Inglaterra. Na Alemanha, começa a produção de fertilizante potássico a partir da cinza e do salitre. Sulfato e fosfato de amônio aparecem após a Primeira Guerra Mundial. O uso de inseticida originário do tabaco data do século 17 e do píretro a partir do crisântemo no século 19. Somente a partir dos anos 1940 passaram a ser produzidos pesticidas sintéticos em larga escala. Dos arados de ferro no século 18 aos tratores a vapor no século 19, a mecanização da agropecuária avança inexoravelmente, poupando a força de trabalho humana e permitindo a exploração de áreas cada vez mais extensas de terra.

Bolsas rudimentares para comércio de produtos agropecuários existem desde os séculos 12 e 13 na Europa. Entretanto, à medida que – graças aos avanços no armazenamento e no transporte – se expande o comércio de produtos agropecuários padronizados (*commodities*), sua organização, na forma das atuais bolsas, começa a se desenvolver ao longo do século 18 em Nova Iorque e Chicago. Produtores passam a operar com maior proteção contra oscilações desfavoráveis de preço, o que era proporcionado pelas operações de *hedge*, mecanismos que visam a proteger as operações financeiras em situações desse tipo.

Ao longo do século 20, grandes transformações ocorrem no cenário mundial, com larga aplicação de tecnologias na agropecuária, baseadas nos avanços principalmente da química e da biologia. A indústria e os serviços a montante, que fornecem insumos como sementes, maquinaria e agroquímicos, estruturam-se em grandes empresas. De outro lado, o crescimento da renda e as mudanças demográficas geram demanda por produtos processados e de disponibilidade contínua em regiões cada vez mais amplas: as trocas se dão em escala mundial. Com isso, cresce o papel da agroindústria processadora. Desenvolveram-se também os segmentos encarregados da logística (armazenagem e transporte). O varejo se adapta às mudanças, adotando o autosserviço e outros procedimentos necessários para o comércio de perecíveis. A economia de escala proporcionada por todas essas atividades favorece o aparecimento de grandes empresas que trazem concentração aos mercados.

Os segmentos tanto a montante quanto a jusante se robustecem, mantendo evidentemente grande interdependência com o segmento primário. Essa interdependência levou Davis e Goldeberg (1957) a empregarem o conceito de *agribusiness sector* (setor de agronegócio).

O agronegócio é tido como um feixe de cadeias produtivas, definidas como uma sequência coordenada que, a partir dos insumos, chega à produção e à distribuição de derivados. O agronegócio remete ainda ao conceito de complexo agroindustrial, com o que se enfatiza o caráter evolutivo da produção primária simples para o intrincado conjunto de segmentos interdependentes.

Por suas raízes históricas, agronegócio não implica distinção entre categorias – por tamanho ou tecnologia, por exemplo – dos participantes das cadeias produtivas. No Brasil, para a formulação de políticas agrícolas, estabeleceu-se em 1995 o conceito legal de agricultura familiar, em geral identificada como pequena produção, que contaria com até dois empregados assalariados permanentes e eventualmente com temporários. Uma vez que esse produtor configura-se como um alvo mais difícil de ser alcançado pelos instrumentos de política (como crédito rural ou preços mínimos), o conceito de agricultura familiar é operacionalmente útil. Entretanto, os agricultores familiares fazem logicamente parte do agronegócio, na medida em que integram as mesmas cadeias produtivas que outras categorias de produtores rurais.

Uma característica do agronegócio tem sido a concentração dos mercados tanto no que se refere a insumos como ao processamento de matéria-prima e à distribuição mediante fusões e aquisições. Em 2004, quatro companhias multinacionais respondiam por 60% das vendas de agroquímicos e 33% das de sementes. Essas empresas ainda agregam o processamento entre suas atividades. Uma consequência importante é o produtor rural tornar-se elo cada vez mais fraco nas cadeias produtivas. No agronegócio do café, por exemplo, estima-se a participação de cerca de 25 milhões de agricultores no mundo, enquanto 40% do processamento encontra-se nas mãos de quatro companhias. No varejo, uma autêntica "revolução dos supermercados" fez com que essa modalidade respondesse por 60% a 70% no Brasil e na Argentina, por exemplo.

A participação do agronegócio no PIB dos países é bem mais significativa do que a da agropecuária isoladamente. Em 2000, uma comparação internacional, com metodologia própria, indicou que no Brasil a agropecuária correspondia a 8% do PIB enquanto o agronegócio chegava a 38%. Nos EUA, as cifras eram 1% e 14%; na Argentina, 11% e 40%. Já em vários países africanos, atingiam 56% e 86% (Etiópia), 44% e 63% (Gana). Dados detalhados do Brasil apontam que, ao longo da primeira década do século 21, o agronegócio representará cerca de 26% do PIB nacional. Dentro do agronegócio, a agropecuária ficará com 26%, a agroindústria processadora com 30%, a distribuição com 32% e os insumos com 12%.

Ver: Agricultura Familiar; Políticas Agrícolas; Mercado

Referências Bibliográficas

ARAUJO, N. B.; WEDEKIN, I.; PINAZZA, L. A. *Complexo agroindustrial - o "agribusiness brasileiro"*. São Paulo: Agroceres, 1990.

DAVIS, J. H.; GOLDBERG, R. A. *A concept of agribusiness*. Boston: Harvard University, 1957.

GUILHOTO, J. J. M.; FURTOSO, M. C.; BARROS, G. S. C. *O agronegócio na economia brasileira, 1994 a 1999*: notas metodológicas. Piracicaba, SP: Cepea-CNA, 2000. 139p.

OVERTON, M. Agricultural revolution in England 1500-1850. Disponível em: http://www.bbc.co.uk/history/british/empire_seapower/agricultural_revolution_01.shtml. Acesso em: 12 jul. 2011.

PEIXOTO, A. M. (Coord.). *Enciclopédia agrícola brasileira*. São Paulo/Piracicaba: Edusp/Esalq-USP, 2006.

RICKETTS, C. *Introduction to agribusiness*. Lyndhurst, NJ: Barnes & Noble, 1999.

SILVA, C. A. et al. (Ed.) *Agro-industries for development*. Rome, Italy: FAO/Unido/Ifad, 2009.

Ajuste Fiscal

Maria Alejandra Caporale Madi

O ajuste fiscal pode ser definido como o conjunto de ações, no campo das políticas macroeconômicas, que objetivam a estabilidade monetária. A política de ajuste fiscal circunscreve-se à obtenção de superávit primário dentro do marco da responsabilidade fiscal.

O conceito de resultado primário mede o resultado das contas públicas a partir da diferença entre o total das despesas e das receitas antes do pagamento de juros da dívida pública. Para caracterizar uma situação de superávit primário, o total de despesas, excluindo o pagamento de juros da dívida pública, deve ser inferior ao total de receitas. Por outro lado, o conceito de resultado nominal do setor público considera o impacto da taxa nominal de juros sobre o estoque de títulos da dívida pública, ou seja, o resultado nominal mede a diferença entre despesa e receita considerando também o pagamento de juros.

Outra forma de medir o resultado das contas públicas é comparar a evolução da dívida pública sobre o Produto Interno Bruto (PIB) do país. Essa medida tem sido amplamente utilizada como base para análises de credibilidade dos governos (risco país) no contexto da reorganização neoliberal das sociedades e economias.

Na América Latina, a década de 1980 caracterizou-se por um agravamento progressivo da situação financeira do setor público, não só pelo desequilíbrio entre fluxos correntes de receitas e despesas, mas também pelos passivos acumulados. Nos anos 1990, a crise do endividamento público levou, em nome da estabilização monetária, à adoção de políticas de ajuste fiscal. Essa diretriz de política macroeconômica associava as tensões inflacionárias ao déficit gerado por um nível de gastos do governo maior que a capacidade de arrecadação de impostos e, ainda, ao desempenho de empresas públicas geridas de forma ineficiente e com inadequada estrutura de preços e tarifas.

Na mesma época, a desregulamentação dos mercados, tendo como referência a promoção da estabilidade monetária, encorajou reformas que favoreceram a integração comercial e financeira. Nesse sentido, foram viabilizadas reformas de natureza econômica, institucional e política dentro das diretrizes do Consenso de Washington para que a modernização se concretizasse. Nesse quadro, as relações no interior da economia passaram a ser normatizadas por novos parâmetros, sendo esse processo alimentado por regras de governança global no quadro de reorganização da sociedade e da economia, baseadas em inflação baixa, juros reais elevados, ajuste fiscal e flexibilização de todos os mercados – inclusive o mercado de trabalho.

O enorme crescimento das finanças desregulamentadas tem sido associado a políticas domésticas de matriz monetarista. Nesse cenário, os investidores punem desvios nas opções de política econômica. Em outras palavras, o acesso aos fluxos internacionais de capital depende da credibilidade que os investidores atribuem às ações dos governos voltadas para a estabilidade monetária e o ajuste fiscal.

Nas recomendações de política econômica monetarista, a solução para a estabilidade monetária impõe a redução do gasto agregado público e privado e, consequentemente, do crescimento. Sob essa abordagem, a política monetária subordina a política fiscal, estimulando o ajuste fiscal. Assim, o dimensionamento da expansão do gasto público deve ser compatível com as metas de estabilidade monetária. O destaque recai no tamanho do déficit público e nos seus efeitos sobre a expansão monetária – e sobre a inflação. Destaca-se, ainda, o efeito de deslocamento no sistema financeiro – elevação da taxa de juros, racionamento do crédito para o setor privado – após a expansão do gasto público.

Na América Latina, para dar continuidade ao processo de desregulamentação cambial e de liberalização financeira e comercial, os governos redimensionaram e redefiniram o alcance das políticas públicas, promovendo reformas que envolveram transferência de empresas públicas para o controle privado (privatização) e cortes de gastos e benefícios sociais. Entretanto, nem sempre se verificou a redução das despesas do setor público por causa do aumento dos gastos com juros da dívida pública e subsídios a grandes grupos privados. Assim, as políticas de ajuste fiscal adotadas para promover o superávit primário, sob a orientação do Fundo Monetário Internacional, expressam uma redefinição das hierarquias e dos espaços de manobra dos Estados nacionais, de acordo com as possibilidades de inserção externa.

No Brasil, desde 1994, as privatizações, o aumento da carga tributária em relação ao PIB e a redefinição das políticas de gasto público têm sido práticas adotadas de forma a promover o ajuste fiscal no contexto do plano de estabilização monetária – Plano Real. No entanto, os resultados do ajuste fiscal vêm sendo condicionados pela forma subordinada de inserção do Brasil no quadro financeiro global, que leva o país a ser captador líquido de capitais à custa da manutenção de significativo diferencial (nominal e real) entre as taxas de juros internas e internacionais.

Os encargos financeiros da dívida pública aumentam em consequência da política de taxas de juros nominais e reais elevadas. Assim, a mobilidade e a liquidez da riqueza financeira condicionam a ação do Banco Central e os limites do ajuste fiscal. Dessa forma, a evolução do resultado das contas públicas denota o impacto da integração do Brasil no capitalismo global.

Nesse cenário, os desafios para promover políticas de proteção e inclusão social revelam as tensões inerentes à reorganização das relações entre Estado, capital e sociedade. Em um contexto de integração financeira, as condições de risco e liquidez estabelecidas pelo Estado brasileiro na gerência da dívida pública foram um parâmetro de atração e de ajuste do investimento dos bancos com consequências decisivas na reestruturação dos setores produtivos, do mercado de trabalho e das políticas públicas. Como resultado, no trato da coisa pública, a ação do Estado passou a privilegiar critérios de gestão pautados na eficiência, eficácia e efetividade. Assim, definem-se tensões entre a hipertrofia financeira e as expectativas da sociedade quanto a cidadania, trabalho e renda. Os mecanismos da exclusão social podem ser estimulados em um contexto em que o Estado tem seu espaço de manobra minimizado devido aos limites impostos pelo ajuste fiscal na gestão das políticas públicas.

Ver: Carga Tributária; Estabilidade Monetária; Estado; Lei de Responsabilidade Fiscal (LRF); Responsabilidade Fiscal

Referências Bibliográficas

TAVARES, M. C.; FIORI, J. L. (Orgs). *Poder e dinheiro.* Uma economia política da globalização. Petrópolis, RJ: Vozes, 1997.

CHESNAIS, F. (Org.). *A mundialização financeira* - gênese, custos e riscos. São Paulo: Xamã, 1997.

GAMBINA, J (Org.) *La globalización económico-financiera.* Su impacto en América Latina. Buenos Aires: Clacso, 2002.

Ambientalismo

EDUARDO VIOLA

O ambientalismo é uma filosofia e um amplo movimento social que tem por objetivos principais conservar a natureza e melhorar a qualidade do ambiente físico em que a humanidade se desenvolve. A pesquisa acadêmica sobre o movimento ambientalista iniciou-se na década de 1970 nos EUA, na Europa Ocidental e no Japão, e foi-se expandindo por todo o mundo durante as décadas de 1980 e 1990. A maior parte da pesquisa tem sido feita no interior da sociologia e da ciência política, embora existam algumas contribuições provenientes da história, da antropologia, do direito e da geografia. Predominam os trabalhos em contexto nacional, porém, nos últimos anos, tem havido importante produção comparativa e sobre as conexões internacionais dos movimentos ambientalistas, incluindo o problema da emergência de um movimento ambientalista internacional ou global.

Três abordagens teóricas têm sido utilizadas para a análise do ambientalismo: o grupo de interesse, o novo movimento social e o movimento histórico.

Segundo o primeiro enfoque, utilizado principalmente nos Estados Unidos, o ambientalismo é um grupo de interesse como outros no sistema político. Devido aos problemas de poluição criados pela produção industrial, emerge (primeiro nos estratos altos e médios) uma demanda de proteção ambiental canalizada por meio dos mecanismos regulares do sistema político, sem apresentar-lhe nenhum desafio. Até a década de 1990, alguns dos autores desse enfoque consideravam o ambientalismo como um movimento elitista.

A abordagem do ambientalismo como novo movimento social foi desenvolvida principalmente na Europa Ocidental. Segundo esse enfoque, as transformações na estrutura social (forte expansão do setor de serviços que absorve mão de obra altamente qualificada) têm favorecido a emergência de novos movimentos sociais (basicamente pacifismo, feminismo, ecologismo, minorias socioculturais e étnicas), que questionam a ordem estabelecida a partir de uma orientação valorativa diferente dos movimentos sociais tradicionais, com ênfase na qualidade de vida e na descentralização. O enfoque dá relevância ao papel dos movimentos no desenvolvimento de partidos ecologistas ou verdes, contrapondo-se assim ao enfoque do grupo de interesse: este assume a estabilidade da ordem social e pretende-se neutro do ponto de vista valorativo, ao passo que aquele assume a crise da ordem social e tem explícito conteúdo normativo.

O enfoque do ambientalismo como movimento histórico – que predomina desde a década de 1990 – parte da conceitualização de que a civilização contemporânea é insustentável a médio e longo prazos, devido a cinco fatores principais: crescimento populacional, depleção da base de recursos naturais, sistemas produtivos que utilizam tecnologias poluentes e de baixa eficiência energética, utilização predominante de energia fóssil que produz aquecimento global e sistema de valores que propicia a expansão ilimitada do consumo material.

Segundo os autores desse enfoque, a clivagem sociopolítica profunda do mundo contemporâneo dá-se entre as forças conservadoras da civilização predatória-perdulária e as forças reformistas que apontam na direção de uma civilização ecologicamente sustentável. Para eles, uma crucial transformação está ocorrendo no Ocidente desde fins da década de 1960: a emergência de valores pós-materialistas. O setor mais educado da população começa a demandar qualidade de vida (sendo a proteção ambiental um componente fundamental) em vez de expansão indiscriminada do consumo de bens materiais, tendo em vista que a satisfação das necessidades materiais básicas já está plenamente atingida.

A essa demanda por qualidade de vida soma-se, na década de 1990, a percepção dos graves riscos envolvidos nos problemas ambientais globais: depleção da camada de ozônio, aquecimento global, perda de biodiversidade, devastação das florestas tropicais. No enfoque do movimento histórico, as organizações não governamentais e os grupos comunitários dedicados à proteção ambiental são parte de um movimento mais amplo, que inclui: setores do empresariado cujos sistemas produtivos preenchem em medida significativa o critério da sustentabilidade, grupos de investigadores e instituições científicas cujo esforço de pesquisa coloca-se no rumo da sustentabilidade, setores da estrutura estatal (agências ambientais e outros) que consideram a proteção ambiental como uma dimensão fundamental da ação de governo, agências intergovernamentais orientadas para a sustentabilidade planetária.

Incluem-se no movimento ambientalista: os movimentos especificamente conservacionistas orientados para lutar contra a depleção e pela utilização racional dos recursos naturais; os movimentos preservacionistas que se dirigem à preservação da flora e da fauna; os movimentos ambientalistas que se dedicam especificamente à luta contra a poluição urbana e rural; os movimentos que lutam contra a energia nuclear; os movimentos em favor da tecnologia apropriada, que pretendem criar nichos socioeconômicos de utilização de tecnologias de baixo impacto ambiental; os movimentos em prol do saneamento básico (água potável, esgoto e lixo) considerados parte fundamental do ambientalismo nos países em desenvolvimento; e os movimentos que se autoidentificam como ecológicos ou ecologistas considerando seus valores e atuação como mais profundos e contestatórios que o ambientalismo. Do ponto de vista do perfil organizacional, incluem-se, sob a denominação de movimento ambientalista, tanto as organizações não governamentais profissionalizadas quanto os grupos de base comunitários com limitada organização formal.

Os 40 anos de história do movimento ambientalista brasileiro podem ser divididos em três períodos: um formativo (1971-1990), orientado para criar consciência pública sobre a deterioração ambiental; um expansivo (1991-2004), orientado para unir as demandas de proteção ambiental com as demandas de desenvolvimento econômico, com ênfase na profissionalização das associações ambientalistas de modo a penetrar outros movimentos sociais e associações cívicas, constituindo, assim, o movimento socioambientalista; e um de maturidade (2005-2010), no qual a agenda ambientalista começa a ter capacidade de definir partes importantes da agenda de políticas publicas e na qual consegue um muito relevante sucesso em uma redução drástica do desmatamento na Amazônia, de 24 mil km^2 em 2004 para 7 mil km^2 em 2009.

Ver: Cidades Sustentáveis; Políticas Ambientais; Sustentabilidade

Referências Bibliográficas

COMISSÃO MUNDIAL PARA O MEIO AMBIENTE E DESENVOLVIMENTO DAS NAÇÕES UNIDAS. *Nosso futuro comum*. Rio de Janeiro: FGV, 1988. (Texto também conhecido como *Relatório Brundtland*.)

INGLEHART, R. *Culture shift in advanced industrial society*. Princenton, NJ: Princeton University, 1990.

MCCORMICK, J. *Reclaiming paradise*. The global environmental movement. Bloomington: Indiana University, 1989.

VIOLA, E. O movimento ecológico no Brasil (1974-86): do ambientalismo à ecopolítica. *Revista Brasileira de Ciências Sociais*, São Paulo, v. 1, n. 3, p. 5-26, 1987.

VIOLA, E. O.; LEIS, H. R. Desordem global da biosfera e nova ordem internacional: o papel organizador do ecologismo. *Ciências Sociais Hoje*, São Paulo, 1990.

Aparelhamento

MARCO AURÉLIO NOGUEIRA

Sempre considerada em diversas análises dos problemas do Estado, do governo e da gestão pública, a prática do aparelhamento refere-se predominantemente ao uso desviante, regra geral ilegítimo, de determinados bens ou recursos públicos. Aparelha-se o Estado ou o governo quando seus recursos são empregados para a consecução de objetivos de caráter particular, seja de pessoas, organizações políticas, sindicatos ou associações. A máquina estatal – seus recursos políticos, técnicos, financeiros, humanos – passa assim a servir a grupos de interesses que se valem de algum tipo de acesso privilegiado às instâncias superiores de decisão.

As modalidades de aparelhamento são múltiplas. De modo geral, três parecem ser as mais usuais: a utilização dos cargos públicos, a ocupação de espaços no processo decisório, o privilegiamento de empresas nas licitações públicas e a distribuição de vantagens e benefícios.

O tema tem, portanto, dimensão fortemente ética e moral, mas desdobra-se em uma série de questões de caráter político, sociocultural e econômico-financeiro.

Destacam-se antes de tudo as implicações da prática do aparelhamento na gestão dos recursos públicos. Por seu caráter desviante, a maior probabilidade é de que a prática contribua para o desperdício, o mau planejamento e o uso perdulário dos recursos, com efeitos sobre o desempenho do aparato administrativo e das políticas públicas. A contratação pouco criteriosa de servidores e a utilização excessiva dos cargos comissionados, por exemplo, dificultam sobremaneira a fixação no serviço público de um sistema de carreiras, a prevalência do mérito e a melhoria dos níveis salariais do funcionalismo. Pode-se dizer o mesmo da ampliação desnecessária das estruturas de gestão, o que costuma ocorrer mediante a criação artificial de órgãos administrativos, secretarias ou ministérios. O tão falado "inchaço" da máquina pública brasileira encontra sua base de argumentação precisamente nesse ponto. Se se considerar o impacto que o procedimento tem sobre o financiamento dos gastos públicos, isto é, sobre o sistema fiscal, tem-se uma possibilidade a mais de avaliar o custo efetivo do Estado administrativo para os cidadãos, os contribuintes.

As oposições políticas denunciam com frequência a prática do aparelhamento por parte dos governantes ou dos partidos políticos que dão sustentação aos governos. A prática, no entanto, não é exclusividade desse ou daquele partido e não pode ser apreendida mediante critérios de esquerda e direita. Em países como o Brasil, em decorrência do modo mesmo como se deu o processo de construção do Estado, tornou-se bastante usual, por exemplo, em qualquer governo, o repasse de verbas para seus aliados, com a decorrente discriminação dos adversários. Invariavelmente, há um cálculo eleitoral nessas operações, que põem em marcha mecanismos de fidelização, produção de lealdades e troca de favores. Dada a força política do Poder Executivo, torna-se ele, e assim os seus ocupantes, alvo de uma espécie de "agradecimento" por parte das populações eventualmente beneficiadas com os repasses preferenciais. Nesse particular, trata-se de uma atualização, ou de um aprofundamento, da política clientelista.

Outra prática usual tem a ver com a utilização dos cargos em comissão, regra geral preenchidos sem concurso público e seguindo critérios mais políticos que técnicos, ainda que possam estar referidos a funções tecnicamente qualificadas. Tornou-se bastante conhecido no Brasil o expediente de multiplicar tais cargos de confiança por intermédio de contratações feitas por empresas ou órgãos da administração indireta (bancos públicos, empresas estatais, fundações), que nem sempre estão submetidos às mesmas exigências feitas para a administração direta. Muitos postos de trabalho e cargos de chefia costumam ser criados e preenchidos para abrigar militantes dos partidos que estão no governo ou de seus aliados. Não é incomum a utilização desse expediente para impulsionar processos de construção partidária ou de projeção eleitoral de partidos.

Ainda que não deva ser vista como liminarmente ilegal, trata-se de uma prática que se torna hostil ao bom governo na medida em que foge do controle ou ultrapassa patamares razoáveis. Pesquisas recentes no Brasil, por exemplo, indicam que o índice de partidarização no preenchimento de cargos de Direção e Assessoramento Superiores (DAS) níveis 5 e 6 e de Natureza Especial (NES) – designação dada aos cargos comissionados na administração pública federal – tem aumentado sistematicamente nas duas últimas décadas (D'ARAÚJO, 2009).

A disputa pela ocupação desses cargos tende, em muitos momentos, a contagiar o processo político e a complicar as relações entre partidos aliados, especialmente quando se consideram as características particulares do sistema com que se governa. No caso brasileiro, por exemplo, "o Ministério é um espaço privilegiado para aferir os compromissos partidários do presidente no presidencialismo de coalizão" (D'ARAÚJO, 2009). Descuidos na distribuição equilibrada de tais cargos entre os aliados (mediante a consideração do real peso político-eleitoral de cada segmento) ou excesso de apetite por parte dos partidos mais fortes podem desencadear disputas paralisantes ou predatórias, que eventualmente produzem instabilidade ou dificuldades em termos de governança e governabilidade.

Pode-se também dizer que partidos com presença ativa na sociedade civil e entre os movimentos sociais tendem, quando chegam ao governo, a estender essa sua condição ao conjunto dos cargos políticos, distribuindo alguns deles às lideranças partidárias ou associativas. Podem fazer isso mediante procedimentos clientelistas e nepotistas, concedendo empregos a partir de relações de conhecimento pessoal, afinidade política, parentela ou identidade ideológica, que terminam por não considerar devidamente a dimensão do mérito e por produzir uma rede de fidelidades que esvaziam os consensos institucionalizados e criam mecanismos artificiais de legitimação e apoio. Práticas clientelistas desse tipo podem se efetivar, também, por meio da cooptação de lideranças políticas emergentes e de entidades da sociedade civil, bem como da troca de favores.

Na democracia moderna, em regimes presidencialistas ou parlamentaristas, a existência de governos partidários é regra inevitável. A utilização política dos altos cargos do Executivo e seu compartilhamento pelos partidos aliados fazem parte das operações de governo. Tal preceito de validade praticamente universal tem, porém, implicação decisiva: ele requer a plena responsabilização dos partidos, quer dizer, tanto a assimilação por eles de parâmetros éticos no desempenho de funções públicas, quanto a criação de normas institucionais de controle e fiscalização da conduta partidária. Sem tais mecanismos internos e externos, o abuso na utilização das agências e dos recursos do Estado (loteamentos, currais eleitorais ou esquemas de ocupação permanente de certas áreas da gestão) pode tornar-se irrefreável. Procedimentos de caráter mais gerencial podem ser de grande valia nesse terreno, assim como a vigilância democrática da opinião pública e o correto funcionamento do Poder Legislativo e do Poder Judiciário. Do mesmo modo, a existência de estruturas administrativas menos permeáveis à política clientelista pode contribuir sobremaneira para o aumento dos níveis de transparência e eficiência, sem gerar situações que incentivem a independência da burocracia e sua fuga do controle político por parte dos governos (SANTOS, 2009).

A adequada politização das agências governamentais possibilita ao presidente ou ao chefe do governo fazer com que a burocracia lhe dê o devido suporte na consecução das metas governamentais, ajudando-o a contornar situações em que as orientações e preferências burocráticas sejam distintas das suas. Nos Estados Unidos, por exemplo, há um sistema praticamente institucionalizado: a cada quatro anos, logo após a eleição do presidente, divulga-se uma relação dos cargos que poderão ser preenchidos por critérios políticos. São cargos considerados de valor estratégico para a defesa das políticas públicas e dos programas governamentais prioritários, que por isso mesmo gozam de maior proximidade e confidencialidade com a alta cúpula executiva (SANTOS, 2009). Administrados de modo criterioso, não impedem que se reproduza um sistema de carreiras assentado no mérito e imunizado contra a ingerência política dos governos. Mesmo assim, a vida política norte-americana ainda precisa lidar com excessos que eventualmente afetam a sistemática das nomeações, em uma espécie de reposição daquilo que é conhecido como *spoils system*, prática seguida no século 19, segundo a qual o partido político que vencia as eleições distribuía cargos para seus apoiadores, como retribuição ao apoio dado na eleição e incentivo para que continuasse a trabalhar pelo partido. O sistema – um típico sistema de patronagem – foi extinto formalmente pelo Pendleton Act (1883), que criou a Civil Service Comission, encarregando-a da tarefa de apreciar a aptidão dos candidatos a empregos públicos e de eliminar o favorecimento político e o clientelismo (LEWIS, 2007).

A questão do aparelhamento ou da politização das agências governamentais ocupa lugar importante em uma discussão sobre a qualidade da democracia. Tem a ver com o nível de preparo técnico dos servidores, com sua imagem perante a população, com sua responsabilidade no desempenho do cargo, com sua cultura republicana, zelosa da dimensão pública da função que exerce. O mau equacionamento da questão faz com que aumentem as zonas da administração pública e do sistema político contaminadas pela corrupção. Produz efeito deletério sobre a percepção cívica do cidadão, incentivando-o a ver a política, o governo da sociedade e a democracia eleitoral como práticas associadas a malfeitos, desmandos pessoais, nepotismo e enriquecimento.

Para poderem ser absorvidos pelos sistemas de governo, a politização da gestão e o aparelhamento do Estado exigem instituições fortes e eficientes, mas exigem também servidores públicos bem preparados e adequados mecanismos de controle interno e externo sobre os poderes e os agentes estatais. Onde faltam *accountability*, controle e transparência, tendem a aumentar as distorções no uso dos recursos públicos e o beneficiamento dos segmentos políticos e sociais que têm maior proximidade com os governantes ou a elite política. A qualidade da democracia, no caso, anda junto com a qualidade dos homens públicos e da cultura política de cada país.

Ver: *Accountability*; Clientelismo; Coronelismo; Corrupção; Fisiologismo

Referências Bibliográficas

ANASTASIA, F.; RANULFO, C.; SANTOS, F. *Governabilidade e representação política na América do Sul*. Rio de Janeiro: Fundação Konrad-Adenauer; São Paulo: Editora Unesp, 2004.

D'ARAÚJO, M. C. *A elite dirigente do governo Lula*. Rio de Janeiro: FGV/CPDOC, 2009.

LEWIS, D. E. Testing Pendleton's premise: do political appointees make worse bureaucrats? *The Journal of Politics*, Cambridge, v. 69, n. 4, p. 1073-1088, 2007.

MAINWARING, S. *Sistemas partidários em novas democracias:* o caso do Brasil. Rio de Janeiro: FGV, 2001.

MOISÉS, J. A. Cultura política, instituições e democracia: lições da experiência brasileira. *Revista Brasileira de Ciências Sociais*, São Paulo, v. 23, n. 66, p. 11-43, 2008.

POWER, T. J.; GONZÁLEZ, J. Cultura política, capital social e percepções sobre a corrupção: uma investigação quantitativa em nível mundial. *Revista de Sociologia e Política*, Curitiba, n. 21, p. 51-69, 2003.

RODRIGUES, L. M. *Partidos, ideologia e composição social:* um estudo das bancadas partidárias na Câmara dos Deputados. São Paulo: Edusp, 2002.

SANTOS, L. A. Burocracia profissional e a livre nomeação para cargos de confiança no Brasil e nos EUA. *Revista do Serviço Público*, Brasília, DF, v. 60, n. 1, p. 5-28, 2009.

Aquecimento Global

Ricardo Abramovay

Aquecimento global é a elevação da temperatura média da atmosfera terrestre, decorrente da emissão de vários gases provenientes da queima de combustíveis fósseis, da destruição de florestas e, em menor medida, da criação de gado, de alguns produtos agrícolas (arroz irrigado, por exemplo) e do tratamento inadequado do lixo. Ele é provocado pela capacidade que têm esses gases de aprisionar a radiação solar infravermelha refletida pela Terra e remetê-la de volta para a atmosfera, criando, assim, o chamado efeito estufa.

O que torna a Terra habitável (e não uma rocha gelada) é um conjunto de gases que criam, em torno dela, uma espécie de cobertor dentro do qual a vida, baseada na fotossíntese, pode se desenvolver. Ao longo da história geológica, o clima alterou-se imensamente por razões naturais, como, por exemplo, a mudança na órbita da Terra em torno do Sol ou as atividades vulcânicas. Mudanças climáticas e gases de efeito estufa, portanto, são inerentes ao sistema de regulação dos oceanos, das chuvas e do conjunto da atmosfera. O problema está nas emissões desses gases além de certos limites, nos impactos causados por essas emissões sobre o equilíbrio climático e na capacidade de as sociedades humanas reduzirem esses impactos e adaptarem-se aos estragos irreversíveis por elas provocados. São mudanças tão profundas que, na opinião de Paul Crutzen, prêmio Nobel de Química, e de seu colega Eugene F. Sotermer, a humanidade entrou em uma nova era geológica (depois das que marcaram os últimos 150 mil anos, o Pleistoceno e o Holoceno), que pode ser chamada de Antropoceno.

Embora existissem, desde o século 19, trabalhos científicos sobre a relação entre dióxido de carbono (CO_2) e aumento na temperatura, foi somente em 1958 que o norte-americano Charles Keelins montou, no Havaí, a primeira estação de pesquisa capaz de medir a concentração de gases de efeito estufa. Em 1965, o Comitê de Assessores Científicos do presidente Lyndon Johnson, dos Estados Unidos, alerta para os perigos do aumento desses gases na atmosfera. Os estudos sobre o tema intensificam-se desde então. Em 1979, a Primeira Conferência Meteorológica Mundial discute o tema, e em 1988 é criado o Painel Intergovernamental de Mudanças Climáticas (IPCC da sigla em inglês, http://www.ipcc.ch/), por iniciativa da Organização Meteorológica Mundial das Nações Unidas e que reúne milhares de cientistas de todo o mundo. Em 1992, na Conferência das Nações Unidas sobre Meio Ambiente e Desenvolvimento (Rio-92), é assinada a Convenção Quadro sobre Mudança Climática, com o objetivo explícito de contornar a "interferência perigosa" das sociedades humanas sobre o clima. Desde então, reúnem-se anualmente Conferências das Partes (Conference of Parties – COP), com ampla presença de governos, representantes do setor privado e da sociedade civil.

Apesar da relevância do tema na agenda política internacional contemporânea, o fato é que a emissão de gases de efeito estufa continua aumentando perigosamente. Durante o século 20, segundo o IPCC, a temperatura média global subiu 0,7° C. Entre 1970 e 2004, a emissão mundial de gases de efeito estufa foi ampliada em 70%. Como consequência, a concentração de dióxido de carbono na atmosfera passa de 280 partes por milhão (PPM) no período anterior à Revolução Industrial para 380 PPM nos dias de hoje. E a maior parte desse crescimento ocorreu nos últimos 50 anos. Na primeira década deste século registraram-se as maiores temperaturas médias e os verões mais quentes do Hemisfério Norte, desde que essas informações passaram a ser sistematicamente coletadas.

Por que razão isso é perigoso? Por que é tão difícil enfrentar esse perigo e quais os principais mecanismos para fazê-lo?

O desequilíbrio na regulação climática do planeta tem como consequência, em primeiro lugar, a intensificação dos chamados eventos extremos, dos quais o furacão Katrina em Nova Orleans (EUA) no ano de 2006 é um exemplo. Em 2004, foi registrado o primeiro furacão do Atlântico Sul e que atingiu o litoral de Santa Catarina. Os meteorologistas preveem que o aquecimento global deve resultar na concentração de chuvas torrenciais em curtos períodos de tempo: a cidade de São Paulo, por exemplo, já deixou de ser a terra da garoa e passa por precipitações violentas que tendem a se tornar cada vez mais frequentes. As chuvas de 2010 no Paquistão resultaram em 2 mil mortos e 21 milhões de desabrigados. É claro que ninguém pode ter certeza de que esses acontecimentos sejam, de fato, resultado do aquecimento global. Mas eles se acumulam em uma proporção inédita, o que corrobora fortemente a hipótese.

Mas além desses eventos extremos, a mudança climática traz consequências catastróficas para alguns dos mais importantes ecossistemas dos quais dependem as sociedades humanas. Nos últimos três verões da primeira década do século 20 foi possível pilotar um barco do Atlântico ao Pacífico, sem passar pelo Cabo da Boa Esperança ou pelo Canal do Panamá, ou seja, cruzando, de forma inédita, o Ártico. O fato de a Terra reter mais calor do que sua capacidade de fazê-lo dissipar-se provoca o derretimento das geleiras, conduz à elevação do nível dos oceanos (dezessete centímetros durante o século 20) e destrói os ecossistemas dos polos. Além da ameaça a diversas regiões costeiras, essa absorção de CO_2 por parte dos oceanos faz com que eles passem por um processo de acidificação que tende a tornar a vida inóspita para os recifes de coral em um prazo bastante curto. Além dos corais, o fitoplâncton, o laço mais importante na sustentação da cadeia alimentar da vida marinha, que responde por nada menos que metade da produção de matéria orgânica da Terra, foi reduzido em 40% desde 1950, como resultado do aquecimento global, segundo artigo publicado em 2010 na revista científica *Nature*. É também nos oceanos que se exprimem os mais graves efeitos retroalimentadores do aquecimento global: com o derretimento das geleiras, os oceanos absorvem o calor antes refletido pela superfície branca do gelo, o que amplia ainda mais o aquecimento global. E não se pode deixar de mencionar que o derretimento dessa camada, que mistura gelo, terra e rochas (conhecida como permafrost e que atinge até 300 metros de profundidade), libera na atmosfera, no Ártico, imensa quantidade de metano. O metano é 20 vezes mais danoso que o dióxido de carbono, quando se trata de aquecimento global.

O aquecimento global pode ser comparado a um gigantesco cargueiro: imensa quantidade de energia é necessária para colocá-lo em movimento, mas uma vez em velocidade máxima é dificílimo interromper sua trajetória. Tudo indica que a Terra já se encontre em situação de desequilíbrio, absorvendo mais calor do que é capaz de irradiar em direção ao espaço. Ao mesmo tempo, interromper a navegação do cargueiro de uma hora para outra é inaceitável: o mundo entraria em um colapso material e social inimaginável caso fossem suspensas de uma hora para outra as emissões de gases de efeito estufa. Portanto, trata-se de um processo de transição para a chamada economia de baixo carbono, com base em objetivos que, embora informados pela ciência, são fundamentalmente políticos e indissociáveis de questões éticas. A 15ª Conferência das Partes, realizada em dezembro de 2009, em Copenhague, estabeleceu um limite de 2° C para o aumento da temperatura da Terra durante o próximo século. Esse número é o dobro do preconizado por cientistas de grande renome, como James Hansen, da Nasa, segundo o qual a elevação de temperatura além de 1° C trará consequências catastróficas para os ecossistemas.

Mesmo que excessivo, esse patamar de aumento da temperatura do planeta de, no máximo, 2° C somente será atingido mediante transformações decisivas nos padrões de produção e consumo das sociedades contemporâneas. Há um intenso movimento de descoberta de novas fontes de energia: por enquanto, as mais importantes são a hidrelétrica, a da biomassa, a eólica, a solar, a geotérmica, o promissor aproveitamento de correntes e ondas marítimas, e o pouco conhecido biochar, uma espécie de carvão criado pela pirólise da biomassa e com potencial para armazenar e sequestrar carbono. Há muitas dúvidas com relação à oportunidade do uso da energia nuclear: segundo alguns ela é pouco emissora. Isso é contestado pelos que estudam seu ciclo completo, desde a mineração. Mas a principal fonte de contestação da energia nuclear é que, em caso de acidentes, os resultados podem ser devastadores.

Além da busca e da exploração de novas fontes de energia, é muito importante, em todo o mundo, um amplo movimento de inovação em direção a produtos e serviços menos consumidores de energia e menos emissores de gases de efeito estufa. A construção de uma economia de baixo carbono ocupa hoje a fronteira da inovação tecnológica internacional.

Mais difícil do que estimular as inovações tecnológicas de uma economia de baixo carbono (na produção e também no uso da energia) é conhecer e decidir sobre a distribuição social dos custos e dos benefícios do processo de descarbonização. Por um lado, a abundância material dos países mais ricos do mundo apoia-se em emissões lançadas à atmosfera desde o início da Revolução Industrial. É verdade que até os anos 1980 não havia consciência sobre esse problema, o que torna problemático dizer que os países são responsáveis pelo aquecimento global em virtude de suas emissões passadas. Mas não é menos certo que a prosperidade atual repousa, em grande parte, sobre emissões passadas.

Ao mesmo tempo, aumentam as emissões nos países emergentes. A China, em 2010, passou a lançar mais gases de efeito estufa na atmosfera do que os Estados Unidos, ainda que cada chinês emita quase cinco vezes menos, em média, que cada norte-americano. É importante assinalar que as desigualdades nas emissões não se referem apenas a países, mas também a indivíduos dentro de cada país. Em geral, os mais ricos emitem muito mais que os pobres: dos quase 7 bilhões de habitantes do globo, calcula-se que menos de 1 bilhão responda por metade do total dos gases de efeito estufa lançados na atmosfera.

O principal instrumento internacional para reduzir as emissões foi anunciado em 1992, no âmbito da Convenção Quadro das Nações Unidas sobre Mudanças Climáticas, e assinado em 1997 na cidade japonesa de Kyoto. Ele entrou em vigor em 2005 e contém defeitos incontornáveis. Por um lado, os Estados Unidos não o assinaram, o que limita drasticamente seu alcance, já que, com 4% da população mundial, o país responde por nada menos que 20% das emissões de CO_2 derivadas de combustíveis fósseis. Além disso, o protocolo só estabelece metas para 37 dentre os países mais ricos do mundo, mas não para grandes emissores como China, Índia, Brasil, Indonésia e Rússia. Por fim, o Protocolo de Kyoto estabelece metas de redução nas emissões, mas não se apoia em uma deliberação firme quanto à questão ética essencial: qual deve ser o grau de aumento da temperatura do planeta e com base em que critérios deve ser organizado o esforço para essa redução?

Essa é uma das razões pelas quais é crescente o apoio à tributação como forma de reduzir a importância dos produtos intensivos em carbono na economia de diversos países. A tributação tem a vantagem de penalizar não apenas países emissores, mas a cesta de consumo daquelas camadas da população que mais gastam em produtos altamente emissores (automóveis, viagens aéreas etc.).

No caso brasileiro, devastação florestal e criação de gado são os segmentos mais emissores. Para uma sociedade moderna conter a devastação florestal e reduzir as emissões vindas da agropecuária é um desafio bem menos complexo do que o de descarbonizar economias tão dependentes do carvão e do petróleo como a da China, por exemplo. Mas não se deve esquecer que a descarbonização da economia abre uma avenida de possibilidades de inovações tecnológicas que as empresas chinesas estão aproveitando de forma bem mais promissora e diversificada que o Brasil, país em que o esforço concentra-se, até aqui, basicamente em indústrias ligadas ao etanol de cana-de-açúcar.

Ver: Ambientalismo; Cidades Sustentáveis; Políticas Ambientais; Sustentabilidade

Referências Bibliográficas

BEHRENS, A. et al. The material basis of the global economy. Worldwide patterns of natural resource extraction and their implications for sustainable resource use policies. *Ecological Economics*, Amsterdam, n. 64, p. 444-453, 2007.

PACHAURI, R. K. (Org.). *Dealing with climate change:* setting a global agenda for mitigation and adaptation. Delhi: The Energy and Resources Institute, 2010.

Arena Política

Bruno P. W. Reis

Se a política envolve a tomada de decisões coletivamente impositivas, e portanto incorpora fatalmente disputas públicas em torno dessas decisões, a expressão arena política refere-se à delimitação do campo, do ambiente, da cena onde se travam essas disputas. As características da arena política determinarão, em grande parte, a dinâmica da vida política, conforme as instituições decisórias vigentes, a configuração organizacional dos grupos, os valores e/ou prioridades estratégicas dos contendores. Apesar de seu uso frequente em literatura acadêmica, é antes uma expressão corrente do que um conceito univocamente articulado, não obstante algumas tentativas ocasionais de tipificação, nem sempre sistemáticas.

Talvez não seja exagero afirmar que, desde a Antiguidade, praticamente toda tradição de reflexão sobre a política incorpora, explícita ou implicitamente, alguma apropriação conceitual da arena política, posto que se admite corriqueiramente – pelo menos desde a *Política* de Aristóteles – que a política operará diferentemente conforme seu contexto. No século 19, Marx é referência magistral em sua apreensão sociológica da arena política, tal como se pode depreender do *18 de brumário de Luís Bonaparte*. Contudo, o esforço feito ali por Marx não é de sistematização teórica, mas sim de aplicação de seu materialismo histórico à conjuntura política da França – o que não deixou de ensejar intermináveis controvérsias na feroz disputa política por seu legado ao longo de todo o século seguinte.

No âmbito da ciência política acadêmica que se firma no decorrer do século 20, as primeiras apreensões sistemáticas da noção atual de "arena política" surgem no interior da tradição pluralista de meados do século. No enquadramento clássico do pluralismo como "teoria dos grupos", a arena política aparece de maneira sobretudo passiva, neutralizada por um jogo de forças sociais que – filtradas pelas regras vigentes – seria resolvido em "sistemas de vetores" que representavam um processamento passivo, pelo sistema político, de pressões residentes na sociedade. A arena política, nesse enquadramento, aparece despida de conteúdo conceitual e papel teórico próprio, como receptora inativa das pressões (vetores) que emergem da sociedade por meio dos grupos de interesse que se chocam entre si sem mediação autônoma explícita do sistema. Com isso, a combinação da força e das orientações de todos esses vetores terminaria por produzir um resultado que representaria a decisão do sistema.

Nas mãos de E. E. Schattschneider (1960), esse enquadramento pluralista ganha substância política. Além da identificação do viés em favor da classe alta, que caracteriza o conflito político em uma sociedade estratificada, a mera incorporação dos atores políticos e de seus propósitos ao quadro analítico já confere autonomia analítica à arena política. Em vez de processador passivo de um sistema exógeno de pressões sociais, o sistema político se converte em produtor autônomo de demandas e prioridades que se somam às pressões oriundas da sociedade e com elas interagem. Duas dimensões do conflito político apresentam-se então como cruciais, e são passíveis de manipulação pelas elites: sua clivagem e sua abrangência.

A abrangência do conflito refere-se à determinação do conjunto de pessoas incorporadas ou não ao processo decisório. Se se expande o sufrágio, por exemplo, a abrangência dos conflitos submetidos a decisão eleitoral se expande; se se determina, em contraste, que as decisões em torno de determinado tipo de matéria serão tomadas no âmbito de um comitê específico, reduz-se a abrangência do conflito em torno da matéria aos limites do comitê. Já a clivagem de um conflito político refere-se, dada determinada abrangência, à identificação do lado, majoritário ou minoritário, ocupado por cada participante do processo decisório. Para cada conflito político, diferentes agendas decisórias poderão produzir diferentes clivagens, fazendo com que diferentes participantes integrem ou não as coalizões majoritárias e, logo, vitoriosas. Na medida em que tanto a abrangência quanto a clivagem dos conflitos políticos são passíveis de manipulação por elites, seu resultado também o é, e portanto o poder reside no controle sobre os parâmetros fundamentais da arena política: *quem* decide, e sobre *o que* decide. Dada determinada clivagem, a manipulação da abrangência do conflito inclui ou exclui decisores, e assim pode interferir no resultado do conflito. Igualmente, dada determinada abrangência, a manipulação da agenda política poderá deslocar a clivagem predominante, e assim deslocar a maioria vigente: quem controla a agenda controla a flutuação da relação de forças vigente.

Poucos anos depois, em busca de uma taxonomia das políticas públicas, Theodore Lowi (1964) elaborou a célebre distinção entre políticas distributivas, regulatórias e redistributivas, definidas segundo a abrangência relativa de seus efeitos e beneficiários, bem como a forma e o alcance das disputas existentes entre os interesses envolvidos. *Grosso modo*, políticas distributivas caracterizar-se-iam por uma quase infinita dispersão dos recursos envolvidos, e não induziriam assim agudos conflitos de interesse quanto a sua forma ou implementação. Tipicamente, envolvem subsídios estatais, canalização dispersa de recursos mediante demandas tópicas ou obras de alcance local. Políticas redistributivas, em contraste, envolveriam as "grandes questões" que produzem clivagens relativamente profundas e estáveis na sociedade e são percebidas pelos atores como portadoras de consequências relevantes para seus interesses. Decisões (ou a falta delas) na arena redistributiva produzem, portanto, ganhadores ou perdedores bastante identificáveis, o que torna essas políticas, por assim dizer, mais rígidas, dadas as cristalizações do *status quo* propensas a durar anos, ou décadas. As políticas regulatórias, por fim, ocupariam posição intermediária, referindo-se caracteristicamente à ordenação ou à regulação de um setor específico da economia ou da agenda pública.

Embora parecessem à primeira vista desconectadas de considerações sobre a natureza da arena política, essas categorias cedo se mostraram fortemente relacionadas a características da arena. Robert Salisbury (1968) procurou mostrar como os atributos do contexto (a integração/fragmentação tanto do sistema decisório quanto do padrão de demandas) se relacionavam com a adoção de diferentes tipos de políticas. Assim, a percepção nítida de perdas e ganhos relativos pelos atores envolvidos em políticas redistributivas faz com que elas se tornem relativamente rígidas, aumentando o custo das decisões envolvidas, que passam a requerer sistemas decisórios e padrões de demandas relativamente integrados.

No outro extremo, a pulverização quase infinitesimal dos benefícios tipicamente associados às políticas distributivas propiciaria sua adoção em contextos nos quais tanto sistemas decisórios quanto padrões de demandas fossem fragmentados. Para os casos híbridos, políticas regulatórias seriam favorecidas quando sistemas decisórios integrados se deparassem com padrões de demanda fragmentados, e a recíproca propiciaria o que Salisbury chamou de políticas autorregulatórias, observadas quando os grupos interessados capturam para si a administração da política (como nos casos dos conselhos profissionais de categorias como médicos e advogados, encarregados de regular o exercício da respectiva profissão).

A expansão subsequente da literatura relacionada à abordagem da escolha racional pode sugerir que atributos do contexto tenham perdido relevância no período mais recente, mas não é exatamente o caso. Precisamente por adotar uma premissa formal universalizante na atribuição de idêntica racionalidade a todos os atores, a escolha racional termina por apoiar fortemente o conteúdo de seus modelos em dois conjuntos de informações exógenas: as preferências de cada um (sempre tomadas como dadas) e os perfis de estratégias deixados abertos a cada ator por seu contexto, tipicamente (embora não necessariamente) por atributos institucionais da arena política. Sintoma eloquente disso reside em Fritz Scharpf (1997): em um extenso livro dedicado precisamente a oferecer um arcabouço analítico para a pesquisa sobre políticas apoiado na teoria dos jogos, Scharpf dedica dois terços do volume à tipificação da dinâmica de variados "modos de interação" entre constelações de atores. Esses modos de interação, fatalmente descritos em termos estruturais e procedimentais, configuram o contexto (arena) em que se desenrola a interação entre os atores estrategicamente orientados que integram os jogos descritos.

Por muito tempo presumida de modo coincidente com fronteiras políticas formais (sobretudo no âmbito nacional), a estipulação recente das fronteiras analiticamente relevantes da arena política tem-se mostrado crescentemente problemática. Com o avanço da interdependência política e econômica entre as nações (usualmente referida como "globalização"), autores como Philip Cerny (2000) têm advogado uma expansão da abrangência analítica usual de nossa definição da arena política. Contudo, é digno de nota que a relevância das categorias centrais da abordagem esboçada por Schattschneider, com toda sua singeleza abstrata, passa incólume por essa ressalva, já que a abrangência do conflito não guarda relação necessária com a delimitação geográfica: mesmo que limites geográficos se expandam, pode-se restringir a abrangência de um conflito ao subtraírem-se prerrogativas de eleitorados nacionais em favor de burocratizadas instâncias multilaterais.

Ver: Cultura Política; Instituições Políticas; Participação Política; Partidos Políticos; Sistema Político

Referências Bibliográficas

CERNY, P. G. Restructuring the political arena: globalization and the paradoxes of the competition state. In: GERMAIN, Randall D. (Org.) *Globalization and its critics*: perspectives from political economy. London: Macmillan, 2000. p. 117-38.

LOWI, T. J. American business, public policy, case-studies, and political theory. *World Politics*, Princenton, NJ, v. 16, p. 677-715, 1964.

SALISBURY, R. H. The analysis of public policy: the search for theories and roles. In: RANNEY, Austin (Org.). *Political science and public policy*. Chicago: Markham, 1968. p. 151-75.

SCHARPF, F. W. *Games real actors play:* actor-centered institutionalism in policy research. Boulder, CO: Westview Press, 1997.

SCHATTSCHNEIDER, E. E. *The semisovereign people*. New York: Harcourt-Brace, 1960.

Assentamentos Rurais

Leonilde Servolo de Medeiros

Embora já usado na década de 1960, no contexto de reformas agrárias latino-americanas, o termo assentamento passou a se generalizar no Brasil somente nos anos 1980, no âmbito da Nova República. Na ocasião, intensificaram-se as desapropriações feitas pelo governo federal em áreas de conflito, quer para nelas alocar trabalhadores que ocupavam propriedades visando tornar pública sua demanda por terra, quer para garantir a permanência daqueles que viviam no interior de fazendas, mas em situação de ameaça e tensão.

No Estatuto da Terra (Lei n. 4.504, de 30/11/1964), que regulamentou a reforma agrária, o termo não aparece: falava-se em "parceleiro" para designar os que receberiam um lote. Ao longo dos anos 1970, o termo mais usado era Projeto Integrado de Colonização, para referir-se à política de concessão de terras para famílias, em especial (embora não unicamente) em áreas de fronteira. No entanto, nessa época, constituíram-se também Projetos de Assentamento Dirigido, voltados principalmente para pequenos e médios empresários rurais, ficando os programas de assistência aos assentados a cargo de órgãos estaduais e municipais, e Projetos de Assentamento Rápido, em que o Instituto de Colonização e Reforma Agrária (Incra) fazia somente a demarcação de lotes de trabalhadores que já estavam na terra, mas sem título legítimo.

Inspirado no Estatuto da Terra, que previa a desapropriação em áreas de tensão social e a entrega da terra a famílias de agricultores, desde o início dos anos 1970, o sindicalismo rural, por meio da Confederação Nacional dos Trabalhadores na Agricultura, demandava aos poderes públicos a desapropriação das áreas em conflito e o assentamento – nelas – das famílias envolvidas. No final dessa década, essa demanda passou a ser feita também por meio das ocupações de terra, nova forma de ação que buscava gerar fatos políticos que obrigassem a intervenção governamental. Essa prática, inicialmente adotada por trabalhadores que, em 1984, formalizariam a criação do Movimento dos Trabalhadores Rurais Sem Terra (MST), em pouco tempo tornou-se a forma predominante de demandar reforma agrária e foi o motor da expansão dos assentamentos a partir de meados dos anos 1990 (LEITE et al., 2004; SIGAUD, 2005).

Desde o início, a criação dos assentamentos foi orientada por uma lógica de inserção dos assentados no mercado. Além de receber um crédito de instalação, para permitir condições de subsistência até as primeiras colheitas, a partir de 1986 passaram a receber crédito de custeio, por meio do Programa de Crédito Especial para Reforma Agrária (Procera). Em 1997, esse programa foi extinto e os assentados foram enquadrados em uma linha específica do recém-criado Programa Nacional de Apoio à Agricultura Familiar (Pronaf). Além disso, passaram ainda a participar do Pronaf Infraestrutura, criado em 1996 e gerido pelas prefeituras, com o objetivo de facilitar a agroindustrialização dos produtos agrícolas, a recuperação de estradas vicinais, a eletrificação etc. Em 2003, com a criação da Secretaria de Desenvolvimento Territorial do Ministério de Desenvolvimento Agrário, foi extinta essa modalidade de Pronaf, substituída por uma política de estímulo à ação em base territorial e não mais municipal.

O termo assentamento recobre situações bastante diversas: desde a alocação, em áreas desapropriadas, de trabalhadores rurais desprovidos de acesso à terra, até a regularização da situação de posseiros, parceiros ou foreiros, em situação de ameaça de despejo. Ao longo dos anos, desenvolveram-se múltiplas modalidades de assentamentos, em função da diversidade de situações que demandavam intervenção fundiária governamental: reassentamentos de populações atingidas pela construção de barragens e que exigiam terra e não indenização monetária; assentamentos agroextrativistas, em áreas dotadas de riquezas extrativas e que seriam exploradas por meio de atividades economicamente viáveis e ecologicamente sustentáveis; assentamentos florestais, para áreas com aptidão para o manejo florestal de uso múltiplo, em base familiar comunitária; projeto de desenvolvimento sustentável, destinado às populações que baseiam sua subsistência no extrativismo e na agricultura familiar, com atividades de baixo impacto ambiental. As reservas extrativistas, áreas na floresta definidas de interesse ecológico e social, destinadas à exploração sustentável dos recursos naturais renováveis e subordinadas ao Ibama, também são consideradas como do âmbito da reforma agrária. Ao mesmo tempo, o modelo de divisão de lotes familiares foi sendo flexibilizado, permitindo, em casos específicos, titulação em nome de uma associação, respeitando práticas costumeiras de uso comum.

Do ponto de vista da gestão, há assentamentos geridos pelo governo federal – por meio do Incra –, estadual e, menos frequentemente, municipal. Nesses casos, há o reconhecimento pelo Incra e os assentados também têm direito ao Pronaf.

Os assentados provêm de diferenciadas origens: trabalhadores que foram proprietários de um pedaço de terra, mas o perderam; assalariados rurais que habitam as periferias de pequenas cidades do interior e vivem de contratos temporários de trabalho; parceiros e arrendatários em busca de segurança; posseiros ameaçados de expulsão; extrativistas que buscam manter seu modo de vida; pessoas que estavam afastadas das atividades agrícolas e que se dispuseram a voltar a elas, levados pela falta de perspectivas de emprego nas cidades e pelo medo da violência comum às periferias urbanas. No geral, são pessoas com baixo índice de escolaridade, uma trajetória de pauperização e exclusão social e que viram no chamado para acampar uma possibilidade de melhoria de suas condições de vida.

As características dos assentamentos fazem com que eles sejam cercados de polêmicas, que se relacionam ao debate em torno da pertinência da reforma agrária no Brasil. Para muitos, seria mais adequado atender ao público demandante de terra com políticas de caráter assistencial. Para outros, os assentamentos têm sido uma forma de assegurar emprego e renda para famílias em precárias condições de existência e garantir-lhes condições de reprodução econômica e social.

As pesquisas realizadas nos últimos anos mostram que a situação dos assentados não pode ser tomada em si mesma, mas deve ser relacionada à situação dos agricultores próximos. Esse tipo de exercício permite verificar que o debate sobre a pertinência e as potencialidades dos assentamentos é um debate mais amplo, que envolve as perspectivas da agricultura de base familiar no país ante o avanço, também com apoio de políticas públicas, de uma pujante agricultura de *commodities*.

Ver: Agricultura Familiar; Agronegócio; Políticas Agrícolas; Reforma Agrária

Referências Bibliográficas

LEITE, S. P. et al. *Impactos dos assentamentos*. Um estudo sobre o meio rural brasileiro. Brasília: Nead; São Paulo: Editora Unesp, 2004.

MEDEIROS, L. S.; LEITE, S. P. *A formação dos assentamentos rurais no Brasil*. 2. ed. Porto Alegre: UFRGS, 2009. (Coleção Estudos Rurais)

MEDEIROS, L. S. et al. (Org.). *Assentamentos rurais:* uma visão multidisciplinar. São Paulo: Editora Unesp, 1994.

ROMEIRO, A. et al. (Org). *Reforma agrária - produção, emprego e renda:* o relatório da FAO em debate. Rio de Janeiro: Vozes, 1994.

SIGAUD, L. M. As condições de possibilidade das ocupações de terra. *Tempo Social:* revista de sociologia da USP, São Paulo, v. 17, n. 1, p. 255-280. 2005.

Assistencialismo

Aldaíza Sposati

A expressão assistencialismo, um substantivo, traduz o conjunto de ações que têm por objetivo assistir/auxiliar/ajudar alguém como manifestação da bondade pessoal do doador e não como direito de acesso do assistido/receptor. Caracteriza-se pela possibilidade de alguém decidir pelo acesso de outrem, os mais pobres, a um bem ou serviço que responde a uma necessidade, mas não constitui um direito social, o que gera uma relação de gratidão entre o receptor e o doador.

Para aqueles de pensamento liberal, significa uma prática que gera facilidades de acesso fora do processo competitivo ou de esforço pessoal. A expressão assistencialismo supõe um tipo de relação que obstrui a capacidade de exercício da autonomia, facilita a tutela e nega a cidadania. Nesse sentido, é uma prática de controle e disciplina que produz a submissão e permite a manipulação, a humilhação e a obediência.

Pode-se dizer, portanto, que o assistencialismo é uma corrente de pensamento e de conduta que transgride eticamente tanto a liberdade de expressão e escolha quanto a igualdade no exercício de direitos. Dessa forma, expressa mais a vontade de quem assiste do que a liberdade de quem é assistido, levando, entre outras consequências, ao clientelismo.

O assistencialismo alinha-se aos modelos de relações baseadas na subordinação e não na autonomia. Uma de suas principais manifestações é a relação de favor pela qual o assistido torna-se um devedor de quem o assiste.

Esse modo de relacionamento, que é também uma forma de dominação, foi analisado por Marcel Mauss no *Ensaio sobre a dádiva*. No Brasil, ele se manifestou historicamente no coronelismo, no qual os "homens livres da ordem escravocrata" deviam ao coronel (o dono das terras e dos escravos) sua possibilidade de vida em troca de uma lealdade cega que o convertia em capanga para defender a vida e a riqueza de "seu senhor" (FRANCO, 1983).

A entrega da lealdade pessoal àquele que o assiste também é demonstrada pelo conhecido estudo de Vitor Nunes Leal (1975) sobre o coronelismo, que chega a uma nova aplicação do assistencialismo ao mesclá-lo à política com o chamado "voto de cabresto". A resposta ao favor significa "votar como o patrão manda".

A partir desses exemplos históricos, pode-se inferir que o assistencialismo, ao significar um modo de subordinação, transforma-se em estratégia de poder. São muitos os exemplos que demonstram a relação de endividamento entre o assistido e seu provedor. A dívida aí existente pode ser cobrada de múltiplas formas, desde a proteção e a defesa do doador até a obediência ao que ele solicita, compondo um sistema de dominação autoritário e por vezes violento. Trata-se de um comportamento que persiste e se prolonga no tempo, traduzindo-se, por exemplo, na fidelidade exigida pelos donos do tráfico das famílias que deles se avizinham em favelas, morros e periferias de cidades, em troca de proteção à vida.

Outro elemento que caracteriza a presença do assistencialismo é a chamada "cultura da pobreza". Diferentes estudos forjaram a ideia de que os pobres são vagabundos, detestam trabalhar e vivem da doação de bens e favores. Dessa ótica discriminatória, que revela inclusive preconceitos de classe, o assistencialismo comporia a cultura da pobreza. A contraposição a essa cultura exigiria a disseminação da disciplina do trabalho e a negação do acesso a bens fora das relações de compra e venda. Dois exemplos podem ser lembrados. As "Poor Laws", leis inglesas referentes ao trato confinado da pobreza submetida à forte disciplina do corpo para o trabalho, e o ditado, ao que parece de origem chinesa, "não dê o peixe, mas ensine a pescar".

A relação entre pobreza e vagabundagem constrói o mito de que os pobres forjam situações para serem assistidos e não precisar trabalhar. Ou ainda que não dão valor ao que recebem e desenvolvem expedientes para transformar tudo em bebida para o prazer de seus vícios. O forte moralismo que percorre tais opiniões dá origem a comportamentos como a "fraudo-fobia", isto é, o contínuo controle para saber se os pobres são dignos de crédito ou se estão lesando alguém ao afirmar que são pobres. Há "antídotos" contra o "assistencialismo", e o interessante é que eles se voltam exclusivamente para fiscalizar os que recebem e controlar o que fazem com os bens recebidos.

Muitas vezes, na mídia e no senso comum, certas ações de doação de bens empreendidas por primeiras-damas, celebridades, artistas e figuras vip da sociedade (como campanhas de agasalho, de alimentos, contribuições financeiras a campanhas para crianças) não são imediatamente taxadas como manifestação de assistencialismo e sim de altruísmo. Em contrapartida, políticas públicas que possibilitam o acesso ao cidadão e permitem inscrever suas necessidades na agenda do Estado são consideradas equivocadamente como expressões de assistencialismo. Sob parâmetros privatistas, não ocorrem restrições ao assistencialismo.

Na contemporaneidade, múltiplas formas reproduzem os comportamentos de "ajuda interessada" ou de "assistencialismo", isto é, de antítese do direito. A sociedade atual parece suportar alguns papéis de direção associados à reprodução do assistencialismo. Um deles, bastante conhecido no Brasil, está associado ao desempenho das "primeiras-damas", as esposas de governantes, que mesclam o ambiente público com o privado.

A apropriação dos cargos de poder e governo pelo gênero masculino cunhou um lugar paralelo para as mulheres, que se traduziu no exercício da benesse. Inúmeros governos populistas desenvolveram esse modelo, que consolida uma dupla face do governante: como estratégia de poder e como inculcação de uma face popular bondosa de "pai dos pobres".

Tal modelo encontrou em Eva Perón um dos exemplos paradigmáticos, seguido no Brasil por Darcy Vargas. Dados sobre a gestão de municípios brasileiros mostram a presença massiva de esposas de prefeitos exercendo a gestão pública da assistência social sem que isso, pela lei, seja caracterizado como nepotismo. São cultivados aparatos próprios (funcionários e verbas orçamentárias) sem que isso seja considerado irregularidade administrativa. Permanece no interior do Estado um *mix* de ação privada com verbas públicas que fere princípios democráticos e republicanos.

O poder de concessão de mérito para se ter acesso a algo – próprio dos processos distributivos não sustentados por direitos universais – produz a imagem de que há um "dono" desse poder em decorrência do exercício de um cargo ou da influência. Entra-se no campo da arbitragem pessoal que atribui a alguém, ou àquele que exerce um cargo ou função, a decisão pela inclusão/exclusão, o que pode ser manipulado como atributo pessoal de bondade. Tal sistema, como em uma relação de troca, poderá exigir a lealdade e a dívida de favor.

Ao permitir acesso a benefícios financeiros ou a bens materiais fora de mercado ou da relação de emprego, a ação pública ou privada dirigida aos mais pobres é decodificada como gratuita e, no senso comum, nominada de benemerência, beneficência, assistência social e assistencialismo. O que distingue cada uma dessas nomenclaturas tem a ver, de um lado, com o reforço do papel do doador e, de outro, com o direcionamento da ação para o campo dos direitos sociais.

Beneficência e benemerência exprimem a ação vertical do doador a um receptor que, como "pobre coitado", permanece invisível, sem direitos, um não cidadão sem aspirações, escolhas ou reclamações.

A passagem da benemerência para a assistência social representa um salto de qualidade. A assistência, agora, tem como referência uma racionalidade que demanda um saber profissional associado a um processo de proteção social não contributivo.

No Brasil, por força constitucional, a assistência social está no âmbito da seguridade social. Não se confunde com "assistencialismo", pois se define como política social e, como tal, afiança direitos sociais. Assistencialismo, por sua vez, é uma forma de conduta e de direcionamento de ação que se põe de costas para os direitos sociais. A presença do assistencialismo não é prerrogativa do campo da assistência social. Todavia, alguns consideram que a assistência é o lugar de atenção gratuita aos pobres, independentemente de sua necessidade, fragilidade, situação de risco ou discriminação. Essa leitura distorcida transforma a política de assistência social em uma estratégia de controle e dominação de segmentos de classes sociais, espaço de exclusão e apartação social e, como tal, negadora de direitos sociais. Dessa perspectiva, a assistência social ganha similitude com o assistencialismo.

Segundo o pensamento liberal ou neoliberal, assistência social é sempre uma forma de assistencialismo. Nesse modo de pensar, o Estado não deve dar acesso a bens que possam ser adquiridos no mercado. Toda política social pública opera a desmercantilização, isto é, oferece o acesso a um bem fora da relação de compra e venda típica do mercado. Todo acesso que se dá fora do mercado e é provido pelas políticas públicas termina por configurar uma redução do consumo privado, modificando a relação entre proprietários e consumidores. Liberais e neoliberais aplicam amplamente o termo assistencialismo para designar os bens ofertados por políticas sociais públicas fora do mercado ou da relação de emprego.

A caracterização de certas atenções públicas e privadas como sendo assistencialismo ou assistencialistas pode representar um modo de pensar que é avesso a acessos sociais fora do processo de consumo.

Para alguns, a política de quotas, gênero ou etnia seria expressão de assistencialismo. Não há medida clara para delimitar a aplicação do termo assistencialismo, uma vez que ele também reflete um modo de entender as relações sociais em uma sociedade de classes.

Políticas de benefícios e de transferência de renda, mesmo quando exigem condicionalidades, são referidas na leitura liberal como assistencialistas simplesmente por possibilitarem acesso financeiro fora da relação de emprego, ainda que isso não seja sua prerrogativa. O assistencialismo tem sempre em sua base uma relação de disputa entre classes sociais, pois se refere a modos de acesso e distribuição de bens em uma sociedade.

Em seu modo de distribuição "com grife", isto é, com o nome do responsável pela concessão, o assistencialismo agrega valor à marca, à pessoa, ao produto. O receptor obtém o alcance imediato de um dado bem, mas abre mão do direito a uma segunda possibilidade. O doador usufrui do reconhecimento de sua bondade e da lealdade do receptor, o que pode se transformar em dívida de favor, gratidão e voto.

A presença do direito é a antítese do assistencialismo.

Ver: Cidadania; Clientelismo; Exclusão Social; Focalização

Referências Bibliográficas

ALAYÓN, N. *Assistência e assistencialismo:* controle dos pobres ou erradicação da pobreza? São Paulo: Cortez, 1992.

FRANCO, M. S. C. *Homens livres na ordem escravocrata*. 3. ed. São Paulo: Kairós, 1983.

LEAL, V. N. *Coronelismo, enxada e voto:* o município e o regime representativo no Brasil. 2. ed. São Paulo: Alfa-Ômega, 1975.

MAUSS, Marcel. *Ensaio sobre a dádiva*. Lisboa: Edições 70, 2001.

Ativismo Político

Ver: Participação Política

Atores

Geraldo Di Giovanni

Nos estudos de políticas públicas, *atores* são indivíduos, instituições ou coletividades cujas ações, sempre em busca de uma finalidade ou de um proveito, têm probabilidade de produzir consequências em um processo político qualquer.

O conceito, inicialmente utilizado como uma metáfora teatral, nasceu nas ciências sociais, ancorado na sociologia da ação inspirada em Max Weber e elaborada, com maior aprofundamento, por Talcott Parsons. Nessa acepção, os *atores sociais* são agentes envolvidos, de algum modo, em um processo de interação social determinado. Diferentemente dos personagens de uma cena – onde o enredo é fechado e as condutas são predeterminadas –, realizam uma sequência de escolhas, mais ou menos livres, dentre muitas alternativas, orientadas por critérios variados.

Isso significa que tais ações implicam necessariamente o desenvolvimento de estratégias e a presença de alguma racionalidade nos comportamentos de escolha. Como toda ação busca uma finalidade, um ganho, um proveito, é possível dizer que os atores são portadores de interesses.

Ao aplicarem-se essas noções ao estudo de políticas públicas, pode-se afirmar que estratégias são os modos de ação preconcebidos pelos atores, considerando:

- seus interesses, ou seja, o alcance de seus objetivos, de suas finalidades, proveitos ou ganhos, no final do processo político. São, portanto, os interesses e motivos que dão o sentido da ação;
- suas expectativas, ou seja, resultados esperados em razão de uma avaliação do conjunto dos elementos conhecidos que compõem o universo de determinada política – tais como o número e a capacidade política de atores participantes; seu comportamento provável em situações similares; bem como a probabilidade de conflitos, coalizões ou alianças;
- seus próprios recursos de poder, em outras palavras, o conjunto de capacidades, meios materiais e imateriais de que cada ator dispõe para levar a cabo sua ação;
- as "regras do jogo", ou seja, o conjunto de normas que, independentemente de seu grau de formalização, limitam ou incentivam o comportamento dos participantes.

É consenso na literatura especializada que a racionalidade presente nas escolhas dos atores é sempre limitada. Isso se deve a diversos fatores que se referem, de um lado, ao fato de o contexto das políticas públicas não ser estático; e, de outro, ao fato de os atores, por limitações substantivas, não conseguirem dominar todo o universo de informações necessárias para orientar suas ações.

Também é importante considerar que a adequação rigorosa entre meios disponíveis e resultados esperados é sempre dificultada pela presença de valores sociais que modelam, com mais ou menos força, as preferências dos atores. Em outras palavras, há sempre um campo de incertezas, cujo âmbito os atores procuram racionalmente restringir, seja optando por soluções *satisfatórias*, em lugar das *ótimas*, seja desconsiderando a avaliação das incertezas das alternativas menos conhecidas, que terão menor probabilidade de serem adotadas.

Dado que não existe ator isolado e que suas ações são sempre referidas às dos outros, a análise de cada política pública deve sempre considerar que, durante o processo, as relações entre os atores se dão sob a forma de ajustamentos mútuos, de modo progressivo e incremental, mesmo que se saiba, de antemão, da existência de uma perene assimetria de poderes entre eles. Assim, a compreensão de cada *policy* particular passa, necessariamente, pela localização do conjunto de todos os atores importantes que compõem aquele "elenco", bem como seus prováveis interesses, expectativas e estratégias. "Identificar as categorias de atores, significa [...] verificar quem, de fato, desempenha papéis significativos na densa trama de consultas, pressões, negociações, conflitos e boicotes que acompanham a produção de uma política pública, desde a primeira formulação até sua implementação e avaliação" (REGONINI, 2001, p. 316).

A identificação das categorias de atores está sempre baseada na construção de tipologias que podem obedecer a critérios variáveis. Encontram-se na literatura classificações que tomam como referência o aparelho de Estado ou a sociedade civil. Classificam-se também os atores como individuais ou coletivos. Muitas vezes, a classificação baseia-se no sentido da ação de cada um deles, distinguindo aqueles que realizam alianças e aqueles que interferem por meio de obstruções (*veto players*). Os atores podem ser agrupados em diferentes categorias:

- integrantes dos poderes da República e das subdivisões do Executivo, do Legislativo e do Judiciário;
- órgãos e membros das burocracias públicas;
- partidos, sindicatos e movimentos sociais;
- grupos de interesse, *lobbies*, *stakeholders* e grupos de pressão;
- mídia em geral, redes sociais, ciberativistas;
- organizações da sociedade civil, técnicos ou grupos de técnicos;
- agentes isolados, porém sempre presentes em uma mesma arena de *policy*, que são os *policy partisans*, ativis-

tas individuais ou grupais dedicados exclusivamente a uma causa.

É importante salientar que a categorização dos atores não se faz em abstrato. Cada política pública em particular apresentará um elenco próprio de atores, hierarquizados de maneira específica, com interesses também específicos, e desenvolvendo modos próprios de interação, organização e liderança. Certamente, alguns atores se definem *a priori* como preponderantes: por exemplo, o Estado, seus organismos e agentes. Além disso, cada arena de *policy* tem sempre uma conformação provável que depende basicamente da natureza das questões envolvidas e da etapa de desenvolvimento da política pública. Isso significa que o arranjo e o "jogo" entre os atores sempre deverão ser analisados caso a caso.

O estreito vínculo entre as políticas públicas e o universo dos direitos de cidadania tem feito com que, nas sociedades contemporâneas, que passam por permanente revolução de expectativas, ocorra multiplicação quase que exponencial de atores possíveis atuando nesse universo. Isso significa um elemento complicador para a análise de políticas públicas, ao tornar impossível que se crie um rol completo de atores e que se descrevam as ações da sua totalidade. No entanto, a constatação de que cada *policy* setorial comporta uma arena política própria leva ao consequente reconhecimento da existência de comunidades de política (*policy communities*) dotadas de formas próprias de interação interna e externa, o que se tem chamado redes de políticas (*policy networks*). Nesse contexto, ganham significado e importância os conceitos de redes e de atores coletivos, na medida em que apreendem as ações em uma outra dimensão e dão inteligibilidade às múltiplas interações nas arenas políticas da sociedade contemporânea.

Ver: Ação Coletiva; Agenda Pública e Midiática; Instituições Políticas; Sistema Político

Referências Bibliográficas

GROSSMAN, E.. Acteurs. In: BOUSSAGUET, L.; JACQUOT, S.; RAVINET, P. *Dictionnaire des politiques publiques*. Paris: Presses Sciences Po., 2006. p. 25-32.

MENY, Y.; THOENIG, J. C. *Le politiche pubbliche*. Bologna: Il Mulino, 1991.

MULLER, P. *Les politiques publiques*. Paris: PUF, 1990. (Collection Que sais-je?)

REGONINI, G. *Capire le politiche pubbliche*. Bologna: Il Mulino, 2001.

SCHARPF, F. W. *Games real actors play* - actor-centered institutionalism in policy research. Boulder: Westview Press, 1997.

Autoridade/Autoritarismo

Raul Francisco Magalhães
Rubem Barboza Filho

A ideia de autoridade, na dimensão da política, remete à existência de alguém, ou de uma instituição, cujo comando é obedecido sem a necessidade do emprego da força física ou da violência e confere estabilidade à sociedade. Dessa concepção nasceu a oposição entre as noções de *autoridade* e *autoritarismo*, esta última caracterizada precisamente pela onipresença da coação física como recurso básico de coordenação da vida social. Tal oposição toma corpo na teoria política do século 20, que elabora e generaliza o conceito de *autoritarismo*, enquanto a noção de autoridade tem fortuna crítica bem mais antiga.

De acordo com Hannah Arendt (1988), os gregos perseguiram infrutiferamente a constituição de um princípio de coerção que não dependesse da violência física ou da mera persuasão e que garantisse a estabilidade da comunidade política. Foram os romanos, no entanto, que deram vida a esse princípio, em virtude de uma peculiar associação entre tradição e religião, a que deram o nome de *auctoritas* (PEREIRA, 1989). Para eles, participar da política equivalia a preservar o caráter sagrado e único da fundação de Roma, e a própria religião, entendida como um *re-ligare* do presente à origem, buscava garantir aos deuses do povo essa morada permanente. Na República, a *potestas* encontrava-se na mão do povo, responsável pela produção das leis. No entanto, essas leis só se tornariam válidas se autorizadas pelo Senado, o *lócus* da autoridade. A palavra autoridade deriva do verbo *augere*, que significa aumentar. O Senado romano "aumentava" a fundação, legitimando a vontade do povo apenas se estivesse de acordo com a tradição da origem, condição para que ela se transformasse em parâmetro para a ação conjunta. A *gravitas* seria a capacidade de arcar com esse peso do passado, santificado pela tradição e construído pelo exemplo coercivo dos que antecediam as gerações presentes. A autoridade implicava assim um comando que não podia ser desconhecido ou desobedecido sem consequências drásticas para a cidade e para os romanos.

Essa tríade – tradição, religião e autoridade – é arrebatada pelo cristianismo, que faz da morte e ressurreição de Cristo a pedra angular de uma nova fundação, permitindo à Igreja reclamar a herança romana da "autoridade" antes atribuída ao Senado, reservando aos príncipes do mundo a *potestas*, o poder político. As grandes revoluções do mundo moderno tentaram laicizar a ideia de fundação, de recomeço e de profundidade histórica, mas ao mesmo tempo em que liberavam uma grande energia para a participação na vida pública, autorizavam uma violência que ameaçava a própria liberdade. A dificuldade em recombinar esses elementos contraditórios, uma vez perdida a integridade do antigo princípio da autoridade, transformou-se em um desafio crucial para a filosofia e a sociologia nascente, no século seguinte.

O evolucionismo otimista das principais correntes filosóficas e sociológicas dos séculos 18 e 19 passou a explicar a autoridade como fenômeno submetido à dinâmica histórica de progresso moral e intelectual dos homens. Nos estágios iniciais de evolução, a autoridade estaria fundada em um comportamento irreflexivo das comunidades organizadas, suportando-se basicamente no amor, na veneração ou no pavor diante de objetos e seres tidos como sagrados e invioláveis, ou ainda na mera tradição ou costume. No decorrer da evolução da humanidade, esse tipo de atitude seria substituído por uma conduta progressivamente reflexiva por parte dos homens, de tal modo que a autoridade se enraizasse em uma delegação de poder nascida da liberdade e da racionalidade de todos. As filosofias da história de Kant e Hegel estavam animadas por essa percepção, supondo que a máxima liberdade e a máxima racionalidade humanas pudessem ser reconciliadas no direito. Na chave sociológica de Durkheim (1984; 2002), a autoridade é vista como uma força moral, pois emana das representações coletivas de "certo" e "errado" que se impõem às consciências individuais. E se antes essas noções brotavam de uma "personalidade coletiva" impositiva e indiferenciada, no mundo moderno a autoridade e as posições de hierarquia decorreriam das exigências de complementaridade de uma sociedade internamente diferenciada pelo avanço da divisão do trabalho e pelo individualismo. A sociologia emergente lia a autoridade como uma necessidade orgânica, evolutiva, que se ligava inclusive ao mais elevado órgão de coordenação social, o Estado.

Esse *pathos* otimista e evolucionista desaparece de forma sintomática em Max Weber, que diferencia idealmente as formas de autoridade pelo tipo de legitimidade – o tipo de submissão voluntária – que reclamam: autoridade tradicional, carismática e racional-legal. No primeiro caso, a autoridade baseia-se em costumes imemoriais; no segundo, na crença dos poderes sobrenaturais, sobre-humanos ou excepcionais de uma liderança, e no terceiro na racionalidade das normas legais e impessoais, que organizam tanto o exercício do poder quanto a obediência dos membros de um grupo. A generalização desse último tipo na modernidade não expressaria nenhum progresso moral, disseminando-se pela eficácia na coordenação de uma sociedade de massas em permanente desencanto e atravessada pelo "politeísmo de valores". A tipificação weberiana não desconhece o papel da autoridade, mas descarna o princípio romano ou cristão de autoridade de todos seus conteúdos expressivos ou substantivos, do mesmo modo que emagrece essa fé otimista na evolução humana. O direito é descarnado de seu conteúdo moral ou utópico, apresentando-se como instrumento neutro de coordenação das ações sociais e indiferente às expectativas e aos valores das sociedades e dos indivíduos. Desse modo, a própria teoria da autoridade legítima em Weber resume e alimenta aquilo que Marx resumira como um processo onde tudo o que é sólido desmancha no ar, e que resulta hoje na afirmação pós-moderna da morte das grandes narrativas históricas, de todas as grandes tradições, de todas as formas de autoridade, todas profanadas e esquecidas. É nessas circunstâncias que o século 20 assiste ao nascimento do fenômeno do autoritarismo.

Sem a possibilidade de recorrer à tradição, ao princípio da autoridade, e atravessadas por conflitos variados, pelo embate entre forças de conservação e outras que tentam produzir mudanças estruturais, as sociedades enfrentam o desafio da coesão social pelo uso da violência política e da manipulação instrumental do direito. O autoritarismo não dispensa a linguagem do direito e elementos de regulação derivados de direitos, mas vale-se deles instrumentalmente e garante sua eficácia pela violência. Nesse passo, diferencia-se de formas totalitárias de governo – em que todos os direitos e o direito são suspensos – e dos regimes democráticos, que se submetem ao controle da vontade dos cidadãos. Por isso mesmo, o autoritarismo aparece como substituto funcional da autoridade, reclamando a ideia de que autoridade é aquilo que faz com que as pessoas obedeçam. O deslocamento semântico não esconde o fato de que a violência não consegue responder ao espectro de desafios antes enfrentados com sucesso pelo princípio da autoridade, sobretudo a estabilidade dos organismos políticos e a preservação da liberdade.

A teoria social contemporânea herda de modo específico toda essa história. Ela deve imaginar soluções que ofereçam sentido e estabilidade à vida social, sem ferir a liberdade de todos. Para isso, não pode simplesmente reclamar a reconstrução da tradição em sociedades pós-tradicionais, nem da religião em comunidades marcadas pelo pluralismo. Também não pode simplesmente reeditar a fé otimista do evolucionismo moderno, embora não possa dispensar a crença prudente na capacidade humana de evoluir. Por isso, tenta restabelecer o fundamento normativo das sociedades no "uso público da razão", em uma "esfera pública" fundada na livre discussão dos membros de uma comunidade política, que faz do direito o *medium* capaz de conferir certa unidade e estabilidade a sociedades crescentemente fragmentadas e destituídas de profundidade histórica. Alternativamente, esse uso público da razão estaria orientado para uma reflexão do ponto de vista da humanidade, reconstituindo um horizonte moral universal para nossas ações, ou voltado para a explicitação de um fundo ético capaz de enraizar os direitos e a liberdade como valores de determinada comunidade política. No primeiro caso, resta responder por que obedeceríamos a normas nascidas do uso público da razão e, no segundo, como poderíamos nos livrar de um relativismo inerente à pluralidade de experiências éticas contingentes. Em outros termos, as alternativas disponíveis não conseguem reeditar a eficácia do antigo princípio da autoridade. Mas talvez seja essa a nossa condição: a de convivermos com nossa imanência radical e a fragilidade de nosso poder messiânico, permanentemente ameaçadas por formas insidiosas de autoritarismo e modos absurdos de organização do poder, mas sempre diante de uma fresta capaz de ampliar nossa experiência da liberdade, da igualdade e da solidariedade. É pouco, mas é o que temos.

Ver: Democracia; Estado; Legitimidade; Poder

Referências Bibliográficas

ARENDT, H. *Entre o passado e o futuro*. 3. ed. São Paulo: Perspectiva, 1992.

DURKHEIM, E. *A divisão do trabalho social*. Porto: Editorial Presença, 1984.

______. *Lições de Sociologia*. São Paulo: Martins Fontes, 2002.

JAMESON, F. *Pós-modernismo*. São Paulo: Ática, 2007.

HABERMAS, J. *Direito e democracia, entre faticidade e validade*. Rio de Janeiro: Tempo Brasileiro, 1997. 2v.

PEREIRA, M. H. R. *Estudos da história da cultura clássica*. Lisboa: Fundação Calouste Gulbenkian, 1989. v.2, Cultura Romana.

TAYLOR, C. *As fontes do self*. São Paulo: Loyola, 1997.

WEBER, M. *The theory of social and economic organization*. Translated by A. M. Henderson and Talcott Parsons; edited with an introduction by Talcott Parsons. New York: Free Press, 1964.

Avaliação

GERALDO DI GIOVANNI

As atividades de avaliação têm conhecido grande expansão e valorização nas sociedades contemporâneas. No âmbito de instituições públicas e privadas, vêm-se colocando, cada vez mais, exigências relativas à qualidade, eficiência, eficácia e efetividade de quase tudo aquilo que se faz e aos modos de fazer. Certamente, isso se deve a um longo percurso de aprendizado institucional e a um aperfeiçoamento no desenvolvimento de produtos e processos. As razões da expansão, porém, devem ser buscadas não apenas nas próprias instituições, mas também nas transformações ocorridas no interior dessas sociedades, que acentuaram, de um lado, seu caráter democrático e, de outro, ampliaram as exigências de participação social e política da grande maioria dos segmentos que as compõem.

Assim, o surgimento de uma espécie de "cultura da avaliação", materializada em associações de especialistas, congressos, cursos universitários e até empresas especializadas, parece ser algo extremamente compatível com essa nova tendência.

No campo das políticas públicas, tal movimento e a presença dessa "cultura" são tão evidentes que já se pode falar na constituição de um subcampo disciplinar, quase autônomo, dedicado a desenvolver metodologias, técnicas e teorias sobre os processos avaliatórios, considerados como "momentos" ou "etapas" finais do ciclo de vida de uma política pública, determinante, portanto, para sua continuidade, reforma ou supressão.

Independentemente das pressões sociais, exercidas sobretudo pela opinião pública, pela mídia ou mesmo pelos próprios poderes constituídos, que de modo ininterrupto fazem "julgamentos" relativos aos acertos ou desacertos, resultados positivos ou negativos, práticas adequadas ou inadequadas no campo das políticas, outros fatores críticos, de natureza intrínseca desse universo, parecem reforçar a exigência dos processos de avaliação das *policies*.

Em primeiro lugar, a complexidade desse universo, que invade – cada vez mais – todos os aspectos da vida cotidiana, exige alto grau de especialização nas decisões, em vários níveis de governo e autoridade. Em segundo lugar, a crescente interdependência das intervenções passa a exigir novos e complexos níveis de interação. Em terceiro lugar, a amplitude e a transversalidade das intervenções progressivamente desbordam os campos tradicionais a que estão circunscritas as intervenções do poder público. Em quarto lugar, a pluralidade de atores exige renovados esforços de comunicação, coordenação e confiança. Por fim, o conjunto de pressões sociais, econômicas e políticas, aliadas àquelas oriundas da reivindicação de direitos e à relativa escassez de recursos públicos, faz com que, juntamente com os demais fatores, uma nova racionalidade torne-se imperativa, da qual os processos de avaliação são parte integrante e importante (LIPPI, 2007, p.15-17).

Mas se essas exigências são expressas a partir de um sistema de políticas do qual se espera um mínimo de coerência, coordenação e integração, também surge a expectativa de que cada uma das intervenções seja avaliada em sua singularidade. Nesses termos, no ciclo de vida de uma dada política ou de um dado programa, a avaliação poderia ser definida como um conjunto de operações racionais, objetivas, sistemáticas e empiricamente fundamentadas que têm por finalidade examinar seus efeitos em relação aos objetivos prefixados e às práticas adotadas para atingi-los.

No que se refere ao universo das políticas públicas, essa "cultura da avaliação" acumulou, nas últimas décadas, importante acervo de saberes teóricos e práticos. Os processos de avaliação têm produzido resultados em pelo menos dois campos. O primeiro diz respeito à produção de saber: levantadas as hipóteses, procura-se conhecer a relação entre condições, meios e resultados do processo, produzindo assim conhecimentos específicos sobre a política ou o programa examinados, que podem ser acumulados em um arsenal de métodos e técnicas reprodutíveis para a utilização em outros casos. Muitos autores, para tais casos, usam a expressão *pesquisa de avaliação* e não simplesmente avaliação. O segundo refere-se ao campo da verificação de resultados, que também produz informações relevantes sobre a pertinência das decisões tomadas em face do problema de *policy* a ser resolvido, sobre a eficácia, eficiência, efetividade, economicidade e *accountability* das intervenções (DRAIBE, 2001, p. 4). Para tanto, desenvolveu-se um complexo acervo de técnicas cientificamente fundamentadas que possibilitam aos avaliadores uma incessante busca pela objetividade dos juízos que emitem. A escolha e a criação de indicadores seguros, o recurso a quantificações mais precisas, a utilização de observação qualitativa controlada e o emprego de métodos quase-experimentais, dentre outras práticas, vêm aumentando a segurança e a sofisticação dos processos avaliatórios.

Por outro lado, as pesquisas de avaliação têm tido como referência objetos diversos, que captam fases diferentes ou partes diferentes do ciclo da política pública.

As avaliações *ex post* são realizadas após a conclusão da intervenção e têm seu foco, quase sempre, nos produtos colocados à disposição dos destinatários e/ou nos comportamentos que a sucedem. São também examinados o grau de adequação entre os produtos e os resultados e as expectativas estabelecidas no planejamento das ações, em termos de sua eficiência, eficácia e efetividade, bem como das relações custo/benefício resultantes.

As avaliações *in itenere* estão referidas, fundamentalmente, ao percurso da política ou do programa durante sua implementação. São avaliações de controle, uma vez que que monitoram o curso das ações, identificando fatores que impulsionam ou impedem o atingimento dos objetivos e metas. São conhecidas também como avaliações de processo, possibilitando sempre juízos sobre as condutas dos implementadores e oferecendo-lhes a oportunidade de manutenção ou mudança de rota.

As avaliações *ex ante* são aquelas empreendidas sobre a fase de tomada de decisões, sobre a qualidade, a viabilidade e as consequências das escolhas. É um tipo de avaliação que se baseia em hipóteses e expectativas, racionalmente controladas, e em juízos preventivos sobre as etapas do ciclo de *policy* e seus resultados.

Entretanto, alguns autores (HOWLETT; RAMESH, 1995), ao considerarem os limites de racionalidade inerentes aos processos de avaliação e reconhecendo a intenção de busca de objetividade presente na maior parte do casos, propõem um tipologia diversa. Tratam como *avaliação administrativa* aquela realizada rotineiramente, como parte constitutiva do ciclo, e demandada, em geral, pelos próprios órgãos de Estado executores da intervenção ou, ainda, por avaliadores independentes, sob sua requisição. São as avaliações canônicas, que procuram, nos termos descritos acima, verificar e julgar a adequação das ideias e assertivas relativas ao problema de *policy* enfrentado, as práticas escolhidas para resolvê-lo e os resultados obtidos, em termos de produtos, comportamentos, custos e benefícios.

Paralelamente, descrevem o que seria uma *avaliação jurídica* das políticas públicas. Aqui, não se trata de uma avaliação que considere orçamentos, prioridades ou resultados materiais, mas que verifique os aspectos legais e constitucionais dos programas, ocupando-se dos possíveis conflitos entre a ação do governo e os padrões fixados na Constituição, nas normas para a conduta da administração e nos direitos sociais e individuais. Esse é o tipo de avaliação que está na base do fenômeno conhecido como judicialização das políticas públicas.

Por fim, a tipologia estabelece o que seria uma *avaliação política* das políticas públicas. Essa modalidade de avaliação se distingue das anteriores pelo fato de não ser nem sistemática, nem regular e nem sofisticada do ponto de vista técnico. É realizada no campo da competição política e pode ser, na maioria das vezes, facciosa e parcial. Trata sempre de situações polares, como sucesso e fracasso, erro e acerto. Mas o mais importante é que esse tipo de avaliação pode eventualmente influenciar a decisão no âmbito das modalidades anteriores aqui referidas, demonstrando a estreita relação entre os universos da política e das políticas, o que reforça a ideia dos limites da racionalidade nos processos de avaliação. Diz respeito também à natureza dos atores envolvidos no processo, como demandantes e como portadores de interesses diversos, e orientados por valores e pressupostos cognitivos particulares.

Ver: Abordagens Cognitivas; Atores; Ciclo de Vida da Política Pública; Judicialização da Política

Referências Bibliográficas

DRAIBE, S. M. Avaliação de implementação: esboço de uma metodologia de trabalho em políticas públicas. In: BARREIRA, M. C. R.; CARVALHO, M. C. B. (Orgs.). *Tendências e perspectivas na avaliação de políticas e programas sociais*. São Paulo: PUC/IEI/Cenpec, 2001. p. 13-41.

HOWLETT, M. RAMESH, M. *Studying public policy:* policy cycles and policy subsystems. Oxford: Oxford University, 1995.

JACOB, S. Évaluation. In: BOUSSAGUET, L.; JACQUOT, S.; RAVINET, P. *Dictionnaire des politiques publiques*. 3. ed. Paris: Presses de Science Po, 2010.

LIPPI, A. *La valutazzione de le politiche pubbliche*. Bologna: Il Mulino, 2007.

b

Bem-Estar

Ver: Desigualdade

Burocracia

Marco Aurélio Nogueira

O termo burocracia incorporou-se ao léxico especializado na segunda metade do século 19. Ao longo do século 20, além de ter-se consolidado como conceito-chave para analisar o Estado, os governos, as políticas públicas e organizações dos mais diferentes tipos, também adquiriu sentido pejorativo, ao ser empregado – especialmente pelo senso comum – como sinônimo de lentidão processual, desperdício e ameaça à liberdade individual. O conceito, assim, se diversificou e ganhou múltiplos tratamentos. Convertido em adjetivo, passou a designar tanto um modelo específico de organização quanto um modo de conduta e operação.

Em uma dimensão geral, a burocracia pode ser considerada o modelo organizacional típico da modernidade capitalista, fortemente associado à lógica racional da indústria. O principal pressuposto dessa visão é que, em uma organização focada na eficiência e na produtividade, a administração não tem como ser exercida por amadores, diletantes ou amigos dos poderosos. Precisa se profissionalizar, assimilar a ciência, incorporar tecnologia, ou seja, qualificar-se tecnicamente e especializar-se para, desse modo, transferir racionalidade para a gestão, o funcionamento e a estrutura das organizações. Burocracia significa, desse ponto de vista, antes de tudo *organização*. Trata-se de um sistema racional de atividades regradas com que se busca um máximo de coerência entre meios e fins e um máximo de eficiência.

Mas a burocracia também é um tipo de poder: o poder (*cracia*) do *bureau*, isto é, do escritório, da repartição, do gabinete. Tal poder caracteriza-se pelo formalismo, pela estrutura hierárquica, pelas ordens comunicadas por escrito e pela impessoalidade no recrutamento dos quadros e no atendimento ao público. Em uma estrutura burocrática, as atividades, os deveres e os poderes de mando estão determinados de modo fixo e de acordo com normas, regimentos e estatutos. A hierarquia funcional, por sua vez, se faz acompanhar do processo administrativo e da tramitação, ajudando a configurar assim um sistema firmemente organizado de direção, comando e subordinação que se sustenta na inspeção regular das autoridades inferiores pelas superiores.

A principal referência teórica para o estudo da burocracia encontra-se na obra do cientista social alemão Max Weber (1865-1920). Operando com visão histórica e sociológica ampla e erudita, Weber estabeleceu de modo consistente que a burocracia é o mais eficiente recurso racional com que conta a atividade humana organizada, fato que a converteria em fator indispensável no mundo moderno, todo ele estruturado sobre a produção de mercadorias e o desenvolvimento técnico. A racionalização burocrática tipificaria a sociedade capitalista e tenderia, por sua própria natureza, a tornar-se não somente inevitável, mas também a acumular sempre mais poder e controle sobre os processos produtivos, os procedimentos e as organizações. "O futuro pertence à burocracia", escreveu Weber. Para ele, portanto, a burocracia é um grandioso recurso positivo, mas também um desafio, graças à sua tendência a se expandir continuamente sem encontrar muitas resistências.

A burocracia pode ser vista como resultante do processo de racionalização progressiva que acompanha a história das sociedades humanas. Nas palavras de Weber, é um "produto tardio da evolução". Traços de extrema racionalidade, como a obediência a normas escritas e a impessoalidade, fazem com que a burocracia conteste formas e procedimentos de domínio e organização tidos como "tradicionais", quer dizer, não sintonizados com a racionalização. Nesse sentido, a burocracia facilita a disseminação de um tipo específico de racionalismo, concentrado em metas e finalidades, na eficácia e na eficiência, na produtividade, na adequação entre meios e fins.

Max Weber usou a metáfora do "desencantamento do mundo" para referir-se a esse fenômeno, buscando assim destacar o poder extremado que teria a burocracia de incrementar a penetração da racionalização em todos os âmbitos da vida humana, que ficaria então vazia de "encantamento" e magia, ou seja, passível de ser inteiramente explicada, compreendida e controlada.

Vista como modelo de organização e administração – como "máquina" ou aparato –, a burocracia apresenta características e princípios fundamentais:

1. O princípio das atribuições oficiais, fixas e ordenadas conforme regras, leis ou disposições de um regulamento. As atividades, os deveres e os poderes de mando estão determinados de modo fixo e delimitados por normas. A rígida divisão do trabalho exige o emprego de pessoal especializado e o cumprimento, por parte deste, de seus deveres oficiais.

2. O princípio da hierarquia funcional e da tramitação, isto é, um sistema firmemente organizado de mando e subordinação mútua das autoridades mediante a inspeção das inferiores pelas superiores. Tal sistema, que tem no processo administrativo um de seus principais instrumentos, oferece ao dominado a possibilidade de recorrer da decisão de uma autoridade inferior, fazendo apelo a uma instância superior.

3. A prevalência de documentos e expedientes formais, em geral es-

critos, que consubstanciam o corpo dos processos e são criteriosamente arquivados e conservados. Um corpo de empregados e escreventes funciona como guardiões e organizadores dessa documentação.

4. A atividade burocrática, que, por ser especializada, requer adequada aprendizagem profissional, necessária tanto para os chefes e empregados de uma empresa privada quanto para os diferentes escalões de funcionários públicos.

5. O princípio do desempenho do funcionário em um cargo específico como critério para sua avaliação e promoção em uma dada carreira. Essa avaliação, por sua vez, obedece a normas gerais, mais ou menos fixas, mais ou menos exaustivas, suscetíveis de serem aprendidas e racionalmente consideradas pelos membros das organizações.

6. O princípio da exclusão de considerações pessoais e subjetivas como requisito para se avaliar com imparcialidade e eficiência. Em uma organização efetivamente burocrática, cargos e funções estão qualificados em termos técnicos e o empregado está protegido da interferência de desejos arbitrários por parte de chefes, supervisores ou dirigentes.

7. O sistema objetivo de estruturação das carreiras, das promoções e do remanejamento de pessoal que incentiva e mantém o desenvolvimento da lealdade dos empregados para com a organização, gerando ao mesmo tempo um expressivo *esprit de corps* entre eles.

Tudo somado, a burocracia plenamente constituída criaria condições (materiais, simbólicas e morais) para que cada membro da organização possa contribuir para o alcance racional dos objetivos da própria organização.

A burocracia não se limita a esse ou àquele setor da vida social. Cresce e se desenvolve tanto em empresas privadas e organizações do mercado, quanto no Estado. Especialmente nas formações estatais modernas, típicas das sociedades capitalistas industriais, chega a ser central e decisiva, dada a preeminência que naquelas formações adquirem as rotinas administrativas, os procedimentos legais e os princípios racionais. Para que as disputas políticas possam ocorrer sem turbulências excessivas na gestão e no funcionamento dos serviços e das políticas públicas, é preciso que um aparato de instituições e pessoas, bem como um conjunto de regras estabelecidas, garanta a continuidade das rotinas administrativas e governamentais. A burocracia extrai vigor precisamente dessa sua condição de imprescindibilidade, que a converte em importante força de governo. É uma condição que se consolida com o desenvolvimento capitalista, ele próprio produtor de crescentes intervenções do Estado na vida econômica e social. A fraqueza relativa e a dificuldade que tem o mercado para se estabilizar acabam, assim, por gerar contínuos incentivos para a expansão e o fortalecimento da burocracia.

Pode-se dizer o mesmo das pressões políticas e sociais por direitos e pelo atendimento a demandas por bens e serviços públicos. O próprio Estado de bem-estar, nessa medida, é importante fator de impulsionamento da burocracia, seja em decorrência da multiplicidade e da crescente complexidade das demandas, seja em decorrência do fato de que o atendimento a elas passa a depender da incorporação de sempre maiores doses de conhecimento técnico.

A burocracia é uma evidente estrutura de dominação, que se efetiva mediante conhecimento, informações e normas. O poder dos burocratas, porém, não é somente técnico. Especialmente no âmbito estatal, ele nasce de uma espécie de "delegação" feita por atores políticos estratégicos (governantes, ministros, parlamentares, partidos políticos), que se reverte invariavelmente de uma concessão de poder e pode, muitas vezes, se traduzir em formas mais ou menos dissimuladas de usurpação de poder. Ainda que seja inevitável, a maior ou menor relevância dos burocratas nas decisões públicas associa-se à maior ou menor responsabilidade dos atores políticos.

Precisamente por isso, há sempre uma zona de tensão e atrito entre burocracia e política, bem como entre burocratas e políticos. Ainda que muitas vezes dissimulada, essa tensão opõe duas formas distintas de racionalidade, a técnica e a política, cada uma delas portadora de um tipo de razão: mais instrumental e operacional no caso da técnica, mais crítica e comunicativa no caso da política. Há múltiplas implicações éticas, morais e comportamentais associadas a essa distinção.

Questão a ser atualmente considerada com atenção nos estudos e discussões referentes à burocracia é a de saber se ela, como forma típica de organização das formações sociais modernas (capitalistas, urbano-industriais), não estaria superada ou posta em xeque pelas profundas e aceleradas transformações econômicas, político-sociais, científicas e tecnológicas que atingem as sociedades a partir do último quarto do século 20. Diversos modelos e orientações têm sido apresentados para substituir a burocracia ou compensar suas limitações. Parte ponderável da discussão a respeito da reforma do Estado, que ganhou importante espaço na opinião pública dos anos 1990, apoiou-se, por exemplo, na possibilidade de se passar da predominância de modelos burocráticos (pesados, processuais, sustentados por gigantescas máquinas de pessoas e organizações) para a predominância de modelos mais "gerenciais", abertos ao empreendedorismo e à inovação, mais leves e flexíveis.

Independentemente do que se possa extrair dessa contraposição, é fato que hoje, nas sociedades que despontam como típicas do século 21, as circunstâncias facilitam a busca por novos paradigmas ou por ajustes nos paradigmas clássicos, como é o caso da burocracia. Os ambientes organizacionais são outros. Estão cortados pelo dinamismo e pressionados por maiores expectativas de eficácia, efetividade e produtividade, pela busca de resultados e de respostas mais rápidas e criativas. São muitas as pressões, também, no que diz respeito à redução de distâncias e hierarquias, ao diálogo e à participação na tomada de decisões, à cooperação e à formação de redes e parcerias, fatores que exigem novos padrões de gerência e organização e problematizam a reprodução da burocracia. Nas circunstâncias atuais, tornou-se impraticável organizar e administrar mediante ordens rígidas, procedimentos excessivamente formalizados, rotinas processuais exageradas e argumentos de autoridade.

Isso não necessariamente significa que a burocracia tenha deixado de ser a referência principal para os modelos organizacionais e de gestão, ainda que possa estar em crise. Eventuais processos de reforma não precisam implicar o abandono da burocracia e sua substituição por modelos inteiramente distintos, orientados por critérios de outra natureza. Podem simplesmente se dedicar a neutralizar e/ou eliminar os componentes ultrapassados e perversos da burocracia, ajustando-a assim aos novos termos da dinâmica social. A burocracia, nesse caso, poderia ser pensada como uma configuração organizacional que se repõe e se recria, conseguindo preservar suas características essenciais e incorporar princípios técnicos, métodos e procedimentos que contrariam sua própria lógica.

Ver: Administração Pública; Gestão; Insulamento Burocrático; Organizações

Referências Bibliográficas

ALBROW, M. *Bureaucracy.* New York: Palgrave Macmillan, 1970.

BARZELAY, M. *Breaking through bureaucracy:* a new vision for managing in government. Berkeley: University of California, 1992.

BENDIX, R. Bureaucracy. In: SILLS, David L. *International encyclopedia of the social sciences.* New York: Macmillan and Free Press, 1968.

BLAU, P. *La burocracia en la sociedad moderna.* 3. ed. Buenos Aires: Paidós, 1974.

CROZIER, M. *Le phenomene bureaucratique.* Paris: Seuil, 1964.

GORMLEY, W. T.; BALLA, S. J., *Bureaucracy and democracy:* accountability and performance. 2. ed. Washington, DC: CQ Press, 2007.

MARCUSE, H. Industrialización y capitalismo en la obra de Max Weber. In: PARSONS, T. et al. *Presencia de Max Weber.* Buenos Aires: Nueva Vision, 1974.

TRAGTENBERG, M. *Burocracia e ideologia.* São Paulo: Ática, 1974.

WEBER, M. *Economia e sociedade.* Brasília: Editora UnB, 1969.

________. Parlamentarismo e governo numa Alemanha reconstruída: uma contribuição à crítica política do funcionalismo e da política partidária. In: TRAGTENBERG, M. (Org.). *Max Weber:* ensaios de sociologia e outros escritos. São Paulo: Abril Cultural, 1974. p. 7-91.

C

Caixa de Ferramentas

GERALDO DI GIOVANNI

Os meios e mecanismos efetivos usados pelo poder público para realizar suas ações são os instrumentos de políticas públicas. E, na literatura especializada, para denominá-los em seu conjunto, tem sido utilizada muitas vezes a metáfora da "caixa de ferramentas".

Embora a expressão apareça com muita frequência nos estudos e nos ambientes de políticas públicas, seu uso ainda não alcançou o consenso necessário para que seja utilizada de maneira mais homogênea e incontroversa. Há na concepção da "caixa de ferramentas" pelo menos duas visões, polares, que presidem o entendimento daqueles que são os instrumentos de *policy*.

De um lado, uma visão mais gerencial, tecnicista ou funcionalista tende a identificá-la com um conjunto de receitas que garantiriam a eficácia, a eficiência e a efetividade das políticas públicas. Tais receitas teriam seu sucesso sustentado pelo rigor técnico na identificação de problemas, na antecipação dos resultados e na escolha dos instrumentos de ação, que seriam, em princípio, neutros e isentos de interferências sociais, políticas ou ideológicas. Nessa visão, a "caixa de ferramentas" seria um conjunto de instrumentos à disposição dos *policy markers* e gestores, que os selecionariam de acordo com uma concepção geral, ou em função do momento, da etapa, do ciclo de vida de determinada política pública.

Por outro lado, usar a metáfora como uma coleção de *ferramentas para a ação pública* conduz a outra forma de entendimento, na medida em que o foco de observação se transfere dos elementos técnicos para os elementos sociopolíticos envolvidos. "Os instrumentos da ação pública não são ferramentas dotadas de uma neutralidade axiológica perfeita, nem estão disponíveis de modo indiferente. São portadores de valores, nutridos por uma interpretação do social e por concepções precisas sobre o modo de regulação considerado" (LASCOUMES; LE GALÈS, 2006, p. 269). Se na visão funcionalista o fulcro da caixa de ferramentas está referido à neutralidade, ao pragmatismo e à eficácia, o enfoque alternativo, que valoriza os elementos técnicos, mas também considera as dimensões social e política dos instrumentos, permite estabelecer uma conexão direta entre o universo das políticas e o mundo da política, em sua acepção mais ampla.

Existem inúmeras classificações para os instrumentos de política pública. Quase sempre os critérios adotados em tais classificações referem-se a "recursos de governo", tais como instrumentos institucionais, normativos, procedimentais, econômico-financeiros, informação, incentivos e induções.

Howlett e Hamesh (2003), no entanto, desenvolveram critérios mistos de classificação que permitem agrupar os instrumentos de *policy* em função de suas características substantivas (econômicas ou financeiras, por exemplo) e, ao mesmo tempo, hierarquizá-los segundo seu potencial de coerção, sempre presente nas relações entre Estado e sociedade.

A seguir, uma classificação dos instrumentos de *policy* (HOWLETT; RAMESH, 2003).

Instrumentos coercitivos:

- alocação direta;
- empresas sob controle público;
- regulação.

Instrumentos mistos:

- taxas e tarifas;
- licitações públicas;
- subsídios;
- informações, estímulos e convencimento.

Instrumentos voluntários:

- mercados;
- organizações voluntárias;
- famílias e comunidades.

Deve-se considerar que, para esses autores, o envolvimento do Estado pode ser entendido dentro de um *continuum* decrescente, que tem seu ponto alto nos instrumentos competitivos e seu menor grau nos instrumentos voluntários.

Segundo essa classificação, os instrumentos coercitivos são aqueles que se fundamentam quase que totalmente na autoridade soberana e na legitimidade do Estado. Sua utilização limita, assim, a margem de discricionariedade das ações de indivíduos, grupos e instituições naquele âmbito de *policy*. Mediante esse tipo de instrumentos, os governos podem criar empresas e instituições, prover diretamente bens e serviços que serão alocados no aparato burocrático. São ferramentas típicas de governos que desenvolvem grandes aparatos de política social e que se inspiram em valores mais coletivistas.

No outro polo da classificação encontram-se os instrumentos voluntários, aqueles cuja marca principal é a baixa ou quase nula participação do Estado na política pública. Nesses casos, muitas vezes se observa a omissão do poder público diante de questões resolvidas "naturalmente" pelas famílias, pelas comunidades, pelas organizações voluntárias ou pelo mercado. Os governos de inspiração liberal veem nesses instrumentos um grau maior de eficiência econômica e de coerência com os princípios de liberdade individual.

Em situação intermediária, ficam os instrumentos considerados *mistos* e que combinam elementos entre as categorias anteriores. O envolvimento do Estado se dá de forma variável, procurando combinar os benefícios identificados na utilização dos outros dois tipos de instrumentos: controle parcial dos comportamentos dos atores, difusão de informações e diversas formas de indução, incentivos e criação de barreiras.

A grande expansão do universo das políticas públicas verificada nas últimas décadas fez com que as ferramentas dessas políticas não apenas se multiplicassem e se inovassem, mas também se transformassem por meio de processos importantes de aprendizagem, difusão e seleção. Tais transformações fizeram com que as democracias modernas desenvolvessem grande e variada capacidade de intervenção na vida cotidiana de seus cidadãos.

Ver: Ciclo de Vida da Política Pública

Referências Bibliográficas

HOWLETT, M.; RAMESH, M. Gli strumenti di "policy". In: ______. *Come studiare le politiche pubbliche*. Bologna: Il Mulino, 2003. p. 87-110.

LASCOUMES, P.; LE GALÈS, P. Instrument. In: BOUSSAGUET, L.; JACQUOT, S.; RAVINET, P. *Dictionnaire des politiques publiques*. Paris: Presses de Sciences Po., 2006. p. 269-277.

REGONINI, G. Lo studio delle politiche pubbliche. In: PANEBIANCO, A. (Org). *L'analisi della politica*. Tradizioni di ricerca, modelli, teoria. Bologna: Il Mulino, 1989. p. 491-516.

______. *Capire le politiche pubbliche*. Bologna: Il Mulino, 2001.

Capital Social

Sonia Miriam Draibe

A ideia básica de capital social é a de que as coletividades podem contar com recursos não materiais, tais como confiança, informação, envolvimento cívico, redes sociais e outros, e que tais recursos têm valor. Há capital social quando as pessoas formam e participam de redes e conexões sociais baseadas em princípios de confiança, em reciprocidade mútua e em normas de ação.

De modo mais simplificado, entende-se que a família, os amigos e os próximos constituem importante patrimônio da pessoa, que pode ajudá-la nas crises, proporcionar-lhe segurança e permitir-lhe alavancar maiores ganhos materiais. Comunidades dotadas de ricos estoques de redes sociais e associações cívicas pareceriam colocadas em posição mais forte para enfrentar a pobreza e a vulnerabilidade (WOOLCOCK, 2001).

É possível encontrar na literatura referências aos seguintes componentes do capital social: relações interpessoais; engajamento e participação cívica; civismo republicano; participação política; associações voluntárias; associações horizontais e verticais (hierárquicas, articuladas); confiança nos outros; confiança nas instituições; mutualidade e reciprocidade; hábitos de cooperação e solidariedade; senso de responsabilidade comum em relação a empreendimentos coletivos e públicos; informação; controle social. Dois conceitos, oriundos de matrizes teóricas distintas, tangenciam o conceito de capital social: *coesão social* e *capacidades*.

O conceito é complexo, abrangente e flexível e evoluiu em diferentes direções ao longo do tempo, segundo as ênfases postas em uns ou outros de seus termos. Foi originalmente usado nos anos 1980 por Bourdieu (1998) e Coleman (1990). Para o primeiro, o capital social indica os recursos de que são dotados agentes e campos sociais quando unidos por ligações permanentes e úteis, de interconhecimento e reconhecimento, fundadas em trocas inseparavelmente simbólicas e materiais. Tal capital assim constituído tem efeitos catalizadores sobre outras formas de capital (econômico, simbólico, cultural) (BOURDIEU, 1998). James Coleman (1990) teoriza especialmente sobre a confiança como base do capital social e ressalta que tal virtude social mobiliza o comportamento social com importância igual às motivações egoístas dos interesses particulares. Mais ainda, as conexões sociais e as normas partilhadas, fundadas na confiança mútua, tornam a sociedade mais eficiente e promovem o desenvolvimento econômico.

É com Robert Putnam, entretanto, que o conceito se dissemina, abre espaço para a identificação empírica dos fatores formadores do capital social, além de reforçar a relação entre este e as políticas públicas. Nessa concepção, as capacidades e energias locais conformam o *capital social* de uma dada comunidade: relações e conexões que os moradores estabelecem entre si; relações de confiança e colaboração entre as pessoas, sua capacidade de associação e cooperação, redes informais de solidariedade, proteção e ajuda mútua etc. O ponto central da teorização de Putnam (1993) é que "comunidades cívicas", ou seja, coletividades marcadas pelo engajamento cívico dos cidadãos em redes e associações baseadas em normas, incorporam e acumulam capital social e são mais propensas ao desenvolvimento econômico e ao bom governo, como é o caso da região da Emilia-Romagna, na Itália, ou mesmo dos Estados Unidos, em tempos pretéritos.

Algumas controvérsias cercaram o conceito, acompanhando especialmente sua disseminação realizada pelos trabalhos de Putnam. As relações entre Estado, mercado e sociedade civil ocuparam por bom tempo lugar central nesses debates, envolvendo muitas vezes oposições estéreis entre um e outro daqueles termos. À direita, o ativismo cívico foi valorizado como meio de redução do papel do governo central ou como alternativa ao governo local (SKOCPOL, 1996); para o comunitarismo conservador, sociedades civis vigorosas constituiriam antídotos eficazes contra os piores efeitos do mercado em matéria de desigualdade e exclusão. Por sua vez, interpretações aparentemente progressistas tenderam a desvalorizar as formas associativas da sociedade civil, compreendendo sua revalorização tão somente como estratégia conservadora de privatização e defesa do Estado mínimo.

A relação do capital social com as políticas públicas também constitui um campo de controvérsias. Central ao debate é a questão: é possível criar capital social? A resposta de Putnam, ainda que ambígua em alguns textos, tende a ser negativa. O capital social resulta de um lento processo de acumulação de relações interpessoais e comunitárias e de engajamento cívico. É impossível criá-lo no curto e médio prazos. Se tais relações estiverem presentes em dada coletividade, pode-se esperar que políticas públicas tenham sucesso. Assim é também para Amartya Sen. As capacidades e os recursos sociais existentes tendem a operar como base e reforço dos programas e ações públicas, contribuindo para seu sucesso. Entretanto, diferentemente do ceticismo de Putnam, Sen e outros entendem que as próprias políticas podem engendrar e reforçar o capital social, por meio da mobilização e expansão das capacidades, do empoderamento (*empowerment*) das pessoas, do estímulo à participação, da intensificação das redes sociais etc.

A relação entre capital social e regime político também tem sido objeto de controvérsia. Capital social não gera automaticamente democracia, nem se relaciona de forma exclusiva com esse regime, como quer a leitura ingênua do conceito. Fortes vínculos interpessoais entre "iguais" (em etnia, em credo, em ideologia), sempre que não completados e reforçados por vínculos-ponte multiculturais, multiétnicos, multirreligiosos, podem mesmo constituir base para a intolerância e para regimes autoritários.

Estudos e pesquisas empíricas sobre o tema se multiplicaram na última década, muitas delas apoiando-se em interessantes medidas de capital social, segundo diversos métodos e objetivos. Tais medidas, como por exemplo a escala de capital social, geram interessantes indicadores da "saúde" ou dos recursos de uma dada comunidade, sendo portanto úteis para o aprimoramento do desenho e da implementação de políticas públicas.

Ver: Coesão Social; Consenso

Referências Bibliográficas

BOURDIEU, P. O capital social: notas provisórias. In: NOGUEIRA, M. A.; CATANI, A. *Escritos de educação.* Petrópolis: Vozes, 1998.

COLEMAN, J. *Foundations of social theory.* Cambridge: Harvard University Press, 1990.

PUTNAM, R. D. *Comunidade e democracia*: a experiência da Itália moderna. Rio de Janeiro : FGV, 1997.

PUTNAM, R. D. The prosperous community: social capital and public life. *The American Prospect,* Washington, DC, v. 4, n. 13, p. 35-42, 1993.

PUTNAM, R. D.; LEONARDI, R.; NANETTI, R. Y. *Making democracy work:* civic traditions in modern Italy. Princeton: Princeton University Press, 1993.

SKOCPOL, T. Unravelling from above. *The American Prospect,* Washington, DC, v. 7 n. 25, p. 20-25, 1996.

WOOLCOCK, M. *La importancia del capital social para comprender los resultados económicos y sociales.* Washington, DC: World Bank. Development Research Group, 2001.

Carga Tributária

Amir Antonio Khair

A carga tributária (CT) é obtida mediante a divisão da arrecadação da União, Estados e municípios pelo Produto Interno Bruto (PIB). Assim, para um mesmo valor do PIB, maior arrecadação significa maior carga tributária. Em escala global, a CT cresce, em geral, de acordo com a renda *per capita*.

É comum usar comparações internacionais para avaliar se em determinado país a CT é elevada ou não, em face da renda *per capita*. No entanto, essa comparação pode estar sujeita a erro, pois depende do que prevê a constituição de cada país em relação às obrigações do Estado perante a sociedade. Quanto maior essa obrigação, maior a necessidade de recursos e de CT.

Como exemplo da magnitude da CT nos países de renda *per capita* mais elevada, nos países da zona do euro ela foi, no ano de 2004, de 45%. Nos países da América Latina e Caribe, com renda *per capita* inferior, a CT foi de 29%, segundo o estudo *Taxation and Latin American integration* (TANZI; BARREIX; VILLELA, 2008).

Vale observar que o setor público não dispõe da arrecadação total para desempenhar suas atividades, pois dela devem ser subtraídos os juros, que, no caso do Brasil, têm taxa elevada no confronto internacional. Tomando-se como base o ano de 2009, a CT brasileira de 33,7% teve abatidos 5,3% do PIB de juros, sobrando uma CT útil de 28,4% (33,7 menos 5,3). Na zona do euro, a CT útil foi de 42,4%, 50% maior do que a do Brasil. Na América Latina, os juros de 1,6% do PIB permitiram uma CT útil de 27,6%, semelhante à brasileira.

Ao se analisar o sistema tributário de um país, é importante identificar como a CT incide em relação à capacidade contributiva dos cidadãos. A partir dessa relação se diz da progressividade e regressividade dos impostos. Um sistema tributário é considerado regressivo quando a carga tributária decresce proporcionalmente com a elevação da renda. A regressividade é tanto maior quanto maior for a participação da tributação do consumo em relação à tributação total. Isso ocorre porque ricos e pobres pagam um mesmo valor de tributo na compra de um bem ou serviço. No caso do Brasil, vários tributos incidem sobre o consumo, mas o principal deles é o Imposto sobre a Circulação de Mercadorias e Serviços de Transporte Interestadual, Intermunicipal e de Comunicação (ICMS), cuja arrecadação compete aos Estados.

São impostos progressivos o Imposto de Renda, que incide sobre os salários e cuja arrecadação compete ao governo federal, e, no âmbito municipal, o Imposto sobre a Propriedade

Predial e Territorial Urbana (IPTU), que incide sobre o valor venal do imóvel (valor atribuído pelas prefeituras), desde que a alíquota aplicada sobre o valor venal seja crescente com ele.

O que chama a atenção na comparação internacional é a incidência dos impostos que compõem a CT. No Brasil, tributam-se em excesso o consumo e a mão de obra e pouco a renda e o patrimônio. Com isso, em 2004, quem ganhava até dois salários mínimos (SM) pagava 49% dos seus rendimentos em tributos, e quem ganhava mais de 30 SM, 26%. Pode-se afirmar, então, que a CT brasileira é elevada para a baixa renda e baixa para a renda mais elevada.

Ainda é possível destacar outros fatores que influenciam a CT:

- crescimento. Em períodos de bom crescimento econômico, a tendência da CT é crescer, pois o lucro das empresas e a massa salarial crescem acima do PIB e a arrecadação do governo é proporcional a esses fatores. Além disso, os contribuintes estão em melhor situação financeira, pagando mais em dia os tributos e os atrasados;
- importação. Quanto maior a importação, maior a CT. A arrecadação, numerador da CT, cresce por meio da cobrança do imposto de importação, e o PIB, que é o denominador, diminui;
- exportação. Quanto maior a exportação, menor a CT. A arrecadação, que é o numerador, não se altera, pois o imposto de exportação é, em geral, praticamente nulo e o PIB, que é o denominador, cresce;
- eficiência. A eficiência da arrecadação no setor público aumenta pela maior utilização de sistemas informatizados e integrados de inteligência fiscal. Outra medida de eficiência está na prática da substituição tributária que, em vez de tributar as empresas que atuam no varejo, antecipam essa tributação para as indústrias e/ou empresas atacadistas, supondo uma margem de lucro que teriam as empresas varejistas. Essa prática tem resultado na elevação da arrecadação, pois a maior sonegação de tributos ocorre no segmento varejista, onde é mais difícil controlar o pagamento dos tributos;
- experiência. A troca de experiências entre as equipes técnicas fazendárias de estados e municípios pode ser importante para que se amplie a arrecadação. Experiências bem-sucedidas têm como ser replicadas.

O perfil do sistema tributário de um país corresponde às opções que adota. Para acelerar o desenvolvimento econômico e social, algumas metas de política tributária poderiam ser discutidas e adotadas, mudando o perfil do sistema para o alcance de maior justiça tributária. Dentre elas, podem ser incluídas as que seguem:

- reduzir a CT. Para isso, faz-se necessário reduzir as alíquotas dos tributos – especialmente dos indiretos – que independem da renda das pessoas e incidem de forma mais acentuada sobre as camadas da população de menor renda e são responsáveis por parte significativa da CT, sobretudo em países emergentes;

• aplicar tributação sobre a riqueza. O potencial dessa arrecadação é elevado. Estudo do FMI – o *Global stability report*, de setembro de 2008 – estimou que, no mundo, a riqueza atingiu US$190 trilhões, ou seja, quatro vezes um PIB de US$48 trilhões. Uma alíquota média de 0,5% que incida sobre a riqueza poderia gerar uma arrecadação de 2% do PIB, a ser usada integralmente na desoneração da mão de obra e/ou de produtos de consumo popular;

• desonerar os produtos da cesta básica. Isso aumentaria o poder aquisitivo das camadas de renda média e baixa, permitindo elevar o consumo reprimido de outros produtos e compensando a perda aparente de arrecadação;

• elevar alíquota do imposto sobre heranças. A herança é subtributada em países onde predomina o poder das elites financeiras, por meio de alíquotas baixas. Países de maior renda costumam usar alíquotas mais elevadas, que em alguns casos superam 50%. Conjugando progressividade com elevação de alíquotas seria possível ampliar a arrecadação desse tributo;

• elevar a alíquota superior do imposto de renda da pessoa física. Países emergentes costumam subtributar a renda pessoal, ao contrário dos países de economias mais avançadas. Para elevar essa tributação, é necessária a alíquota máxima da tabela que define o cálculo do imposto de renda. A maioria dos países adota alíquota máxima em torno de 40% e alíquota mínima abaixo de 10%, com faixa de isenção para rendimentos inferiores.

A melhor distribuição do ônus tributário e a justa repartição de recursos beneficiariam a todos, pelos frutos do desenvolvimento econômico e social que produziriam.

Ver: Financiamento; Fundo Público; Lei de Responsabilidade Fiscal (LRF)

Referências Bibliográficas

INSTITUTO DE PESQUISA ECONÔMICA APLICADA. *Carga tributária líquida e efetiva capacidade do gasto público no Brasil*. Brasília, jul. 2009. (Comunicado do IPEA, 23.)

BRASIL. Presidência da República. Secretaria de Relações Institucionais. Conselho de Desenvolvimento Econômico e Social. Observatório da Equidade. *Indicadores de equidade do sistema tributário nacional*. Brasília: Presidência da República. Observatório da Equidade, jun. 2009. (Relatório de Observação, 1.)

GUIMARÃES, R. F. Algumas considerações sobre o princípio da justiça no imposto. In: CHEDID, A. et al. *Falando de justiça fiscal:* espaço de discussão e promoção da justiça fiscal no Brasil (Blog). Publicado em 15 jul. 2010. Disponível em: http://justicafiscal.worpress.com/2010/07/15/algumas-consideracoes-sobre-o-principio-da-justica-no-imposto. Acesso em: 11 jul. 2011.

KHAIR, A. Questão tributária. *O Estado de S. Paulo*, São Paulo, 14 jun. 2010.

______. Carga Tributária. *O Estado de S. Paulo*, São Paulo, 24 jul. 2010. Economia, p. B2

______. Sugestões para a justiça tributária. *O Estado de S. Paulo*, São Paulo, 7 ago. 2010. Economia, p. B2.

OLIVEIRA, M. R. Tributar os pobres premia mais os ricos In: CHEDID, A. et al. *Falando de justiça fiscal:* espaço de discussão e promoção da justiça fiscal no Brasil (Blog). Publicado em 1 jul. 2010. Disponível em: http://www.justicafiscal.wordpress.com/2010/07/01/tributar-os-pobres-premia-mais-os-ricos. Acesso em: 11 jul. 2011.

TANZI, V.; BARREIX, A.; VILLELA, L. *Taxation and Latin American integration*. Washington, DC: Inter-American Development Bank; Cambridge, MA: David Rockefeller Center for Latin American Studies of Harvard University, 2008.

Carisma

GABRIEL COHN

Em sua acepção original, o termo *carisma* designa um dom: uma qualidade única, intransferível, dada a uma pessoa específica. À primeira vista é difícil aproximar esse dom excepcional do sóbrio universo da formulação e gestão de políticas. Houve quem pensasse diferente, porém: em especial, o grande mestre da análise social e política no século passado, Max Weber. Para ele, o carisma não é estranho ao universo da política. Ao contrário, pode ser encontrado naquilo que ela tem de mais próprio e mais fundo, que é o exercício do poder.

Vale a pena retomar os pontos centrais dessa concepção, que se inscreve no âmbito do que de mais fascinante esse autor escreveu. Trata-se do exercício efetivo do poder mediante a *dominação*. Essa, por sua vez, distingue-se do poder precisamente por ser um exercício corrente e não, como esse, uma capacidade (de impor a própria vontade a outros). Do poder é possível dizer que ou se o tem ou não; ou se tem a capacidade de mandar e ser obedecido, ou não. Para ter qualquer significado social ou político, porém, a probabilidade de que isso ocorra não pode depender da mera sorte ou do simples arbítrio do mandante. Um mínimo de regularidade e previsibilidade constitui exigência básica. É por isso que tal exercício, que se traduz na dominação, coloca na mesa uma nova questão: a da *eficácia* do mando. Se tomarmos mandantes e mandados na sua condição de figuras capazes de agir (de agentes, portanto), a questão passa a ser: em nome de que os mandados se dispõem a acatar os mandatos? (Pois, se nada houver senão violência física, não haverá como assegurar a repetição regular da obediência.) É por essa via que se introduz, no tipo de argumentação que estamos aqui acompanhando, a questão da *legitimidade*, ou seja, do critério considerado aceitável em cada caso para haver obediência. Na realidade, a expressão "obediência" não é boa nesse contexto, pois se trata mais de direção e de liderança: do êxito em induzir outros a orientarem suas ações em determinado sentido.

Definidas essas preliminares, podemos retornar ao nosso tema, do significado e da natureza do carisma. O que já podemos estabelecer com clareza é que, quando se fala em carisma, naquilo que aqui nos interessa, que é o âmbito da análise social e política (e não, por exemplo, o campo da religião), uma primeira especificação se impõe. O que está em jogo não são essas ou aquelas qualidades que objetivamente se apresentam em tais ou quais indivíduos e sim a atribuição de certas qualidades a determinados indivíduos, em nome das quais se justifica uma adesão incondicional a eles. São essas qualidades, tidas como excepcionais em determinado ambiente social, que permitem identificar um específico indivíduo como portador do dom carismático e dos poderes correspondentes. Com isso, fica marcado o caráter social (e não natural) do carisma, junto com a natureza que ele assume, que é exatamente o seu caráter eminentemente pessoal. O carisma nada tem de anônimo: ao contrário, personaliza ao extremo. Define um modo de liderança muito pessoal, em total contraste com o caráter social e a atuação do regime burocrático, que é seu extremo oposto.

Nesse ponto convém examinar melhor esse contraste entre tipos extremos de exercício consentido do poder mediante a dominação legítima: em uma ponta, o carisma; na outra, a burocracia. Na primeira ponta temos o que há de mais personalizado: o portador do carisma é um indivíduo bem identificado, e insubstituível (a não ser por outro que se revele mais bem qualificado, em um sentido muito específico: o de ser capaz de tirá-lo da cena mediante a criação de uma nova cena). Na ponta burocrática não encontramos o dom, mas o mero cargo, e quem o exerce pode em qualquer momento ser substituído por outro com capacidade equivalente, tão anônimo do ponto de vista do cargo quanto o anterior.

A expressão-chave no que acaba de ser dito é "do ponto de vista do cargo". É o cargo, a posição funcional, que importa nesse caso, mais do que seu ocupante, e o desempenho esperado é de adequado e competente cumprimento das normas vigentes. De acordo com isso, a criação de novas normas é sempre um problema, e não pode ser decidida pela mera vontade de ninguém, nem mesmo do ocupante do cargo máximo – até porque ele não é senão exatamente isso, um ocupante e não o dono do cargo. De um lado, temos uma forma de exercício do poder que tem como fundamento o caráter excepcional do detentor supremo de capacidade de mando, o qual, em nome disso, pode exigir incondicional fidelidade dos seus seguidores. De outro, vigora de ponta a ponta a normalidade rotineira, cuja continuidade está submetida, sim, a uma condição, que é a da eficiência na prestação dos serviços. Pensando em termos extremos, o portador do carisma é um líder; o ocupante de cargo funcional é um servidor. Um não serve a ninguém (pelo menos não neste mundo) e apenas se submete a regras que só valem para ele; o outro serve a um ente impessoal, uma organização pública ou privada (mas não a pessoas privadas; daí a impessoalidade).

Duas consequências importantes disso já se apresentam nesse ponto. A primeira consiste na imprevisibilidade da ação carismática, em contraste com o caráter previsível – e por isso mesmo altamente adequado à gestão de sociedades complexas como a nossa – da ação que se dá por via burocrática. A segunda é menos evidente, mas nem por isso menos importante. É que a ordenação pela via carismática acarreta uma aceleração do tempo; mais do que isso, um rompimento da uniformidade linear do tempo, com a consequente imposição à vida social de um ritmo altamente sincopado (ou, eventualmente, imobilizado, mas jamais submetido à marcha segura da rotina). Se o carisma comprime o tempo, a burocracia o dilata. Isso não significa que uma gestão com caráter carismático seja mais veloz, ou mais eficiente; é muito provável que o seja menos, pelo seu caráter imprevisível e descontínuo.

A exigência básica no universo burocrático é a eficiência no serviço, mesmo que ao custo de protelações e afastamentos entre prestadores e interessados. Já o carisma responde a exigência bem diversa: a de estreitar ao máximo o vínculo entre mandantes e mandados. Essa aproximação, porém, não se dá pela equiparação, pelo estabelecimento de relações igualitárias, mas, ao contrário, pela exacerbação da distinção, associada ao grau máximo de dependência. É uma relação entre liderança e seguidores, entre mandante e séquito. Bem feitas as contas, trata-se de dependência mútua, pois, se os seguidores seguem irrestritamente o líder enquanto reconhecem a vigência do seu dom, este não tem outra sustentação senão essa crença no seu mandato próprio.

O grande problema na relação carismática não é tanto o da sua continuidade em nome do ungido, mas o da sua sucessão. Quem, em nome de que, será o sucessor? Embora os regimes carismáticos desenvolvam mecanismos para enfrentar esse problema, a tendência ao longo do tempo é ocorrer aquilo que Max Weber denominava rotinização do carisma, com o rompimento do princípio da pura excepcionalidade e a gradativa adoção de procedimentos que apontam para tudo aquilo que é estranho ao carisma em estado puro: a segurança, a impessoalidade, a previsibilidade, a eficiência rotineira. A liderança carismática é capaz de plasmar uma unidade entre indivíduos e grupos, mas, uma vez realizada essa tarefa, acaba dando lugar a formas normalizadas de gestão. A marca mais acabada disso consiste na transição do mandato pessoal e intransferível para a prevalência da instituição: do profeta à igreja, do líder político ao partido, do grande inovador à empresa.

No entanto, a liderança carismática pode fazer algo que está vedado às formas de liderança que obedecem à normalidade estabelecida, e nisso consiste a grande contribuição de Max Weber, segundo ele mesmo. Não estando sujeita a normas prévias (ao contrário, negando-as, como na fórmula "assim está escrito, mas eu vos digo...") e tendo a garantia de ser seguida naquilo que pronunciar como certo, ela tem condições de fazer algo de extraordinária profundidade e grande efeito. Em vez de sustentar os valores (ou seja, as orientações supremas da conduta) estabelecidos, ela pode criar novos e impô-los com êxito. Nesse sentido, pode operar como uma poderosa agência de transformação no interior de processos históricos.

O carisma designa, pois, uma forma de dominação (tomando-se aqui o termo mais no sentido de direção do que de supremacia) inteiramente centrada na figura do líder, daquele que enuncia regras e rumos. Na realidade, jamais se encontra uma liderança carismática pura. Em contrapartida, será difícil encontrar um exercício de liderança sem traço de carisma. O termo carisma pode ter seu sentido muito dilatado, até ficar praticamente vazio de conteúdo e perder sua especificidade. Afinal, todo líder tem de exibir de alguma maneira para seus liderados alguma qualidade ou habilidade, ao menos acima da média, que justifique sua liderança. O fato é que, antes de ser carismático, é preciso ser líder. Isso quer dizer que não basta reivindicar carisma, é preciso saber lidar com ele.

Em suma, estamos no plano da política, do exercício do poder, enfim. O motivo disso é simples: é que os liderados não são amorfos nem destituídos de interesses próprios. Em consequência, também nesse caso mais pessoal e mais arbitrário possível de liderança há mais propriamente um jogo entre líder e seguidores do que uma relação inteiramente unilateral e assegurada de antemão. Importa, neste ponto, lembrar que a dominação, como o próprio poder, envolve algo mais forte do que a mera relação de mando/obediência. Envolve, sobretudo, a capacidade de *iniciativa* na criação de situações e das correspondentes relações. Ou seja, sua característica mais profunda consiste na iniciativa no âmbito da *organização*.

A rotinização do carisma suscita o desenvolvimento de um quadro administrativo intermediário entre o mandante e os mandados (o qual, no caso mais acabado, é precisamente a burocracia). Isso atenua o problema do confronto direto das duas partes, porém traz outro, que é intrínseco aos modos mais complexos de exercício do poder. Trata-se da circunstância de que o núcleo dirigente agora tem de enfrentar a distribuição de interesses não somente no conjunto social mais amplo como também no interior do próprio quadro administrativo. O ganho de estabilidade, continuidade e eficiência é pago (da perspectiva do mandante) com maior complexidade no próprio exercício do poder. Nessas circunstâncias, o líder carismático necessita de uma percepção muito aguda dos limites do arbítrio que seu séquito lhe confere. Toda tentativa de apoiar-se no presumido apelo carismático sem a adequada consideração tem resultados desastrosos para o líder ou candidato a tanto, como de certo modo demonstrou um episódio da história brasileira no século passado. Trata-se da renúncia do presidente Jânio Quadros em 1961, que para muitos pareceu ter a marca pouco comum de uma tentativa de "golpe de Estado carismático" – é verdade que malograda, até porque o carisma era autoatribuído.

Embora seus traços possam ser encontrados em circunstâncias que merecem atenção, a dominação carismática em sentido pleno é incompatível com sociedades altamente complexas. Resta saber se, como temia Max Weber, isso não retira delas a capacidade de se renovarem inteiramente de tempos em tempos. Só essa questão já justifica a consideração por ela no exame da natureza e, sobretudo, da dinâmica das sociedades no mundo contemporâneo.

Ver: Burocracia; Legitimidade; Liderança; Organizações; Poder

Referências Bibliográficas

BENDIX, R. *Max Weber:* um perfil intelectual. Brasília: Editora UnB, 1986.

COHN, G. *Crítica e resignação:* Max Weber e a teoria social. São Paulo: Martins Fontes, 2003.

PIERUCCI, A. F. *O desencantamento do mundo:* todos os passos do conceito em Max Weber. São Paulo: Editora 34, 2003.

SCHLUCHTER, W. *Paradoxes of modernity.* Culture and conduct in the theory of modernity. Stanford: Stanford University Press, 1996.

TRAGTENBERG, M. *Burocracia e ideologia.* São Paulo: Ática, 1980.

WEBER, M. *Economia e sociedade.* 4. ed. Brasília: Editora UnB, 1991.

Centralismo

MARCO AURÉLIO NOGUEIRA

Em sua utilização mais ampla e comum, centralismo refere-se a todo procedimento ou estilo de conduta que privilegia a existência ativa de um núcleo central capacitado para reunir em si diversos elementos deliberativos importantes. Trata-se da defesa da concentração, em um centro do poder, de tomar decisões de caráter vinculatório, ou seja, que obrigam a todos os que a ele se submetem ou que com ele se relacionam.

O centralismo é também um modelo organizacional, uma sistemática dedicada a produzir ordem e organização em determinados grupos e processos. Nesse sentido, busca responder a algumas questões pontuais. Como o poder interno é constituído? Como ele age? Como são recrutados e selecionados os membros das organizações? De que modo eles participam da vida das organizações? Por trás disso, subjaz invariavelmente a questão de saber como organizar com eficiência sem "perder" as pessoas, quer dizer, como vinculá-las ao todo sem constrangê-las em demasia. O processo decisional acompanha o raciocínio: pode a cúpula decidir sem inserir as bases na decisão, sem criar condições de participação?

Em uma organização, ou no âmbito de tomada de decisões no que diz respeito a uma dada política pública, o poder pode ser exercido de cima para baixo ou de baixo para cima, ou seja, pode ser imposto ou ser construído. Pode ser mais ou menos formalista, mais ou menos autoritário, agir mediante comandos, ordens e portarias ou privilegiando o diálogo e a discussão interna. Os membros das organizações, por sua vez, podem ser recrutados por méritos técnicos e profissionais ou por sua identificação com as finalidades da organização. E podem ou não participar das decisões tomadas pelas organizações, quer dizer, podem ser ativos ou passivos no que diz respeito à definição dos rumos e do sentido das próprias organizações.

Tais critérios não são evidentemente excludentes. Sempre será possível imaginar diferentes cruzamentos e combinações entre eles. O poder pode ser instituído de cima para baixo mas não silenciar os indivíduos que a ele se submetem, por exemplo, ou pode ser construído de baixo para cima mas desprezar a participação das pessoas no dia a dia da organização. No fundo, o que está em jogo nessa questão é a relação entre "bases" e "cúpulas", entre dirigentes e associados, particularmente no que se refere ao modo como são tomadas as decisões e organizadas as atividades. Todo desenho organizacional prevê a existência de um ou mais polos de direção, controle e coordenação, mediante os quais são definidos os critérios para utilizar recursos e alocar pessoas, as metas e as prioridades da organização, o modo de "ouvir" as vozes internas e de compor os consensos que irão estruturar e estabilizar a organização.

Toda organização insiste em determinada modalidade de centralização, ou seja, em uma forma de se definir como será alcançado seu centro de equilíbrio, o núcleo para onde convergirão as opiniões e as sugestões internas e de onde serão emanadas as ordens que irão vincular os integrantes e estruturar a organização. Isso significa definir o centro de poder da organização, o modo como o poder se constitui, se estrutura e se exerce.

O primeiro grande modelo de centralização do poder no campo das organizações complexas surgiu junto com a modernidade capitalista. Estabilizou-se a partir da burocracia e com ela se identificou. Podemos chamá-lo de centralismo burocrático.

Nele, há uma relação de mão única entre cúpulas e bases. O suposto é que os dirigentes estão obrigados a fazer com que o sistema funcione do melhor modo possível e sabem, por isso, o que é melhor para as organizações. Para tanto, valem-se tanto dos conhecimentos (técnicos, políticos ou intelectuais) que acumulam ou que estão a seu alcance, quanto dos estatutos e da possibilidade de emitir comandos normativos formais, de caráter vinculatório e impositivo (ordens, portarias, decretos). Centralizam as decisões de modo racional-legal, ainda que possam admitir, em modo pontual, alguma consulta às bases, ou a segmentos delas. As organizações, com isso, tornam-se rígidas. Muitas vezes são altamente eficientes, mas tendem sempre a se converter em ambientes pesados, pouco criativos, onde se respira um ar viciado e existe pouco espaço para divergências. Com o tempo, tais organismos podem caminhar rumo à estagnação.

O segundo modelo é, em princípio, oposto ao primeiro. Ele concebe as organizações como algo em construção permanente, que se fortalece a partir de sua diversidade e de seu dinamismo interno. Supõe maior flexibilidade organizacional. Entre cúpulas e bases estabelece-se uma relação de mão dupla: os dirigentes existem não porque saibam o que é melhor, mas porque possuem atributos de liderança que podem ajudar as organizações a escolher melhor. Recorrem a expedientes de tipo racional-legal, mas não os concebem como recurso principal, e sim como mero parâmetro. Sua razão de ser repousa na capacidade de fazer frutificar o mais amplo debate nas bases sem postergar em demasia as decisões fundamentais. Sua conduta, portanto, é mais dialógica e estratégica do que normativa e sistêmica.

Podemos chamar esse segundo modelo de centralismo democrático: as "bases" participam ativamente do processo de tomada de decisões; avançando por círculos sucessivos, as diferentes opiniões vão-se condensando e compondo uma "opinião geral", a partir da qual se estabelece a necessária unidade de ação do conjunto. A unidade de ação, porém, não é negociável. A minoria subordina-se à maioria, as bases obedecem ao centro dirigente, os divergentes mudam de opinião, silenciam ou saem de cena.

Também aqui podemos verificar a presença viva do controle e da disciplina. De certo modo, é como se o centralismo democrático flertasse inconscientemente com o centralismo burocrático. A democracia interna existiria, a divergência de opiniões seria bem-vinda e o debate coletivo seria o principal fator para que se definissem as diretrizes gerais de atuação a ser implementadas pela direção. O problema é que essa direção poderia terminar por "ler" as decisões com um olho só, ou seja, reinterpretando-as em função de seus interesses e de sua conveniência.

A questão do centralismo associa-se necessariamente ao tema da burocracia: da sua inevitabilidade e dos seus efeitos sobre as organizações e seus integrantes. Pode o centralismo democrático funcionar sem burocracia? Se não pode, não estaria também ele exposto ao risco de se contagiar e, com o tempo, de ir-se burocratizando? Ou haveria algum antídoto para neutralizar o perigo?

A discussão é uma das mais recorrentes e apaixonantes no campo da teoria política. Não há organização que não se tenha deparado com o tema. Não há partido político que tenha escapado da acusação de estar-se burocratizando, enrijecendo-se e afastando-se de suas bases. Todo dirigente partidário, todo diretor de empresa e todo coordenador técnico já ouviram, ao menos uma vez, pelos corredores, a acusação infamante de estar "virando um burocrata".

A tese de que os partidos políticos, assim como as demais organizações, são entidades condenadas à burocratização foi exposta com vigor no início do século 20 por um alemão, bastante influenciado pelas ideias de Weber e pelas concepções do sindicalismo revolucionário daquele período. Em sua *Sociologia dos partidos políticos*, publicada pela primeira vez em 1911, Robert Michels (1876-1936) partiu de algumas hipóteses bombásticas. Para ele, a democracia não seria possível sem organização e, precisamente por isso, carregaria consigo a maldição de toda e qualquer organização: a tendência à oligarquização, ou seja, a que os dirigentes se convertam em um agrupamento com interesses próprios, sobrecarregado de poder e disposto a fazer de tudo para manter o poder, se necessário desconsiderando os interesses das bases. Todo grupo dirigente seria uma oligarquia em embrião.

Michels era realista, mas era também elitista. Para ele, nenhuma organização, sequer a mais democrática, teria como evitar a presença dominante das elites, dos pequenos grupos dirigentes, das cúpulas governantes. Fez dessa convicção uma regra universal: a "lei de ferro da oligarquia", segundo a qual a oligarquia é a "forma preestabelecida da vida em comum dos grandes agregados sociais". Algo inextinguível. Ao menos no interior das organizações, a história nada mais seria que uma sucessão ininterrupta de oligarquias dirigentes.

Para Michels, inúmeras razões técnicas e administrativas fariam com que o autogoverno fosse impossível nas grandes organizações. Toda organização forte necessitaria de uma liderança profissionalizada, de um corpo dirigente inteiramente dedicado a ela. A coletividade não poderia resolver todas as controvérsias e todos os problemas que surgem no dia a dia. Os "fatos oligárquicos" seriam historicamente inevitáveis. Na melhor das hipóteses, as pessoas poderiam aprender a conviver com eles. A própria democratização empurraria as coisas nesse sentido. Ela teria, segundo Michels, um "curso parabólico": para seguir em frente precisa de organização e ao se organizar tende a declinar, na mesma medida em que aumenta a influência dos líderes. As próprias organizações, ao irem-se fortalecendo, criariam diversos postos remunerados e cargos de chefia ou coordenação, que serviriam para atrair pessoas que se destacam nas bases ou que se mostram mais "leais" aos dirigentes. Estes, por sua vez, remeter-se-iam nominalmente às bases, mas operariam com grande independência delas. Acabariam por seguir caminhos próprios. Tenderiam até mesmo a se devorar uns aos outros, ávidos pela manutenção das posições de poder que chegam a acumular.

O marxista Antonio Gramsci (1999-2002, v. 3) considerou as opiniões de Michels, ainda que não concordasse com elas. Gramsci também era realista, e sabia que, com o avanço da modernidade capitalista, a atividade política havia-se sofisticado e passara a exigir que os líderes se profissionalizassem e se especializassem cada vez mais. Com isso, a própria modernidade produzia um impulso adicional em favor da prática burocrática e, por extensão, da separação entre governantes e governados. Os dirigentes, dizia Gramsci, tendiam a se "afastar cada vez mais da massa, dando margem à flagrante contradição que se manifesta nos partidos avançados entre as declarações e as intenções democráticas e a realidade oligárquica". Questões eminentemente técnicas – associadas, por exemplo, à divisão do trabalho e às exigências de preparo intelectual – acabam por facilitar tal separação. Os músicos de uma orquestra, lembrava Gramsci, não acham que o maestro é um tirano oligárquico.

Tratava-se, portanto, de um problema real, difícil de ser contornado. Diante dele, parecia haver apenas uma saída: a participação ativa dos seguidores na vida organizativa e na vida intelectual dos partidos, ou seja, nas discussões e em todas as demais atividades deliberativas. O ideal seria que se formasse "um estrato médio o mais numeroso possível entre os chefes e as massas", que sirva de equilíbrio tanto para "impedir que os chefes se desviem nos momentos de crise radical", quanto para elevar sempre mais as bases. Gramsci era realista, mas era também democrata.

A discussão do problema da centralização no partido político pode ser transferida, em geral, para os demais tipos de organização. Em todas elas, no quadro da modernidade capitalista, persiste a questão do peso que deve ter a burocracia e de como deve ela ser assimilada, como uma espécie de eixo, de ponto de referência. O divisor de águas permanece sendo a democracia interna, a participação dos que integram as organizações. Democratizar as decisões, democratizar o poder. Discutir o máximo, buscar o máximo de eficiência. Assimilar a divergência, transformando-a em um fator de crescimento. Encontrar um modo de compatibilizar democracia e controle, ou seja, de democratizar o controle. Tal perspectiva só fez se reforçar com o avanço e a radicalização da modernidade.

Ver: Administração Pública; Burocracia; Gestão; Insulamento Burocrático; Organizações

Referências Bibliográficas

BLAU, P. *On the nature of organizations*. New York: Wiley & Sons, 1974.

ETZIONI, A. *Organizações modernas*. Trad. Miriam Moreira Leite. 7. ed. São Paulo: Pioneira, 1984.

GRAMSCI, A. *Cadernos do cárcere*. Edição Carlos Nelson Coutinho e Luiz Sérgio Henriques. Rio de Janeiro: Civilização Brasileira, 1999-2002, 6.v.

MICHELS, R. *Sociologia dos partidos políticos*. Brasília, DF: Editora UnB, 1982.

MORGAN, G. *Imagens da organização*. São Paulo: Atlas, 1996.

NOGUEIRA, M. A. *Potência, limites e seduções do poder*. São Paulo: Editora Unesp, 2008.

Centralização/ Descentralização

Vicente Rodriguez

No plano conceitual e como forma histórica, centralização e descentralização acompanham a construção dos Estados contemporâneos desde a Idade Média. O processo de centralização está na origem do Estado moderno que transformou o mundo feudal (ELIAS, 1993), bem como a descentralização do poder acompanha a construção desse Estado (TOCQUEVILLE, 1997).

O primeiro esforço deve ser no sentido de encontrar uma definição clara dos conceitos. Os campos científicos que disso se ocupam veem a centralização como um conceito polissêmico, que se apresenta historicamente sob diferentes estados e configura uma verdadeira caixa-preta quanto às relações sociais que se estabelecem em seu interior. O conceito resiste a uma definição precisa.

Na relação com a realidade social, a afirmação de que centralização e descentralização são modelos opostos tem apenas validade conceitual, pois na prática cada princípio surge como essencial nos processos históricos. São fenômenos de recíproca adaptação.

Seja como for, e apesar de sua imprecisão, esse duplo fenômeno ocupa lugar central na análise das políticas públicas e nas discussões sobre a construção das sociedades contemporâneas.

Se adotado o ponto de vista de que as atuais sociedades nacionais concentram no Estado uma parcela significativa do poder social, o tema da descentralização ganha relevância. Nesse contexto, passa a ter vínculos estreitos com a discussão federativa, ou seja, com a conquista de autonomia por parte das estruturas políticas e das coletividades locais. Esse movimento de poder autônomo é atributo da descentralização política. Nas vertentes de tendência administrativa, a questão da autonomia de poder fica restrita e surgem os conceitos de desconcentração, derivação ou simplesmente autonomia de gestão.

Para fins de compreensão do fenômeno em foco, convém destacar a dificuldade trazida pelas análises que têm aproximado o federalismo e os Estados unitários fortemente descentralizados, concluindo pela existência de uma distância relativamente pouco expressiva entre eles. Separada do conceito de poder autônomo, a descentralização se afasta da questão federativa, caracterizando mais uma problemática de derivação de poder em suas inúmeras formas e circunstâncias históricas.

Descentralização política é uma tendência de dispersão do poder constituído historicamente pela conquista de autonomia das partes, tendo assim um vetor de alto valor para a sociedade liberal democrática, na discussão da liberdade individual e das coletividades.

A discussão tem fomentado o estabelecimento ideológico de uma segunda conexão entre descentralização, democracia e participação, de grande relevância para a discussão atual das políticas públicas. No campo da administração pública, onde também se processa a legitimação do discurso do poder estatal, por exemplo, os termos descentralização e democratização são utilizados de forma tão imbricada que não permitem perceber a especificidade conceitual de cada um deles, coisa que efetivamente existe. A forte intervenção do poder público nas reformas tem carregado consigo o discurso da participação regulada, repetindo uma situação semelhante quando se estabelece relação de causa e efeito entre descentralização e participação, como se o segundo derivasse necessariamente do primeiro, caracterizando-se mais como um discurso de legitimação do poder que de procura efetiva de participação. Destaque-se, por fim, que vários autores já estabeleceram as frágeis relações entre esses processos.

Ainda assim, as possibilidades da descentralização são afirmadas como desejáveis pelo discurso democrático, diante da centralização, como garantia para a liberdade individual e para a liberdade das coletividades locais ante o Estado.

Com a globalização do final do século 20, o sucesso da descentralização como tendência para a administração obtém consenso tanto do setor público quanto do setor empresarial. Aqui, as discussões ultrapassam as questões jurídico-legais e de serviço público, propondo-se a analisar a descentralização como privilegiada estratégia de governança das sociedades pós-industriais que procurem liberar energias, diversificar as informações e conquistar desenvolvimento sustentável. No interior desse pressuposto, a descentralização de políticas públicas representaria uma característica de transferência de atribuições, que implicaria certo grau de poder para as estruturas locais. Na análise de políticas sociais, considera-se que a descentralização significa a institucionalização no plano local de condições técnicas (financeiras e políticas) para a implementação de tarefas de gestão autônoma de políticas. Ela reforçaria, no geral, o desenvolvimento de processos pela conquista de uma efetiva autonomia de poder por parte das coletividades locais. Nesse contexto, utilizam-se indistintamente descentralização e processos de derivação-desconcentração, turvando o debate e dificultando a percepção de suas particularidades. Bom exemplo disso são as inúmeras análises do processo de descentralização da política educacional na América Latina, nas quais a descentralização de sistemas educativos é assemelhada ao processo de derivação para as escolas realizado pelo centro dos sistemas.

A relevância de uma conceituação de descentralização que contenha potência analítica provém da centralidade dos processos históricos de reforma do Estado nas sociedades capitalistas democráticas contemporâneas e de reforma das sociedades de planejamento central da esfera soviética.

Como conceito, em suma, a descentralização pode colaborar para a compreensão e o esclarecimento de diferentes processos históricos. Como realidade, apresenta-se em diversas circunstâncias sociais, tornando complexa sua definição como objeto.

Apesar das limitações apresentadas, centralização e descentralização parecem renovar seu vigor nessa fase de consolidação da reforma dos Estados nacionais globalizados.

Ver: Centralismo; Democracia; Estado; Poder

Referências Bibliográficas

ELIAS, N. *O processo civilizador.* Rio de Janeiro: Jorge Zahar, 1993. v.2.

TOCQUEVILLE, A. *Democracia na América.* Belo Horizonte: Itatiaia; São Paulo: Edusp, 1977.

BOBBIO, N.; MATTEUCCI, N.; PASQUINO, G. (Orgs.). *Dicionário de política.* Brasília: Editora UnB, 1992.

Ciberativismo

DÊNIS DE MORAES

O ciberativismo corresponde a práticas comunicacionais que, utilizando plataformas, redes e suportes digitais, sobretudo na internet, visam entrosar e dar maior visibilidade a lutas e disputas por hegemonia no interior da sociedade civil. As webmídias e as redes ativistas dão prioridade à difusão de conteúdos críticos e contra-hegemônicos, isto é, que questionam os efeitos antissociais do modo de produção capitalista. Coma isso, o ecossistema virtual torna-se um espaço alternativo no qual o fluxo comunicacional está voltado, essencialmente, para contraditar o discurso dominante e defender uma ordem social fundada na partilha equânime das riquezas, nos direitos da cidadania e na diversidade cultural.

A partir de um repertório variado de ações, o ciberativismo dispõe-se a fortalecer as conexões entre comunidades com visões de mundo e códigos culturais semelhantes, entrelaçando e expandindo pontos de militância até então separados pela geografia e por dificuldades de articulação e divulgação. Tais conexões entre coletivos e grupos com distintos perfis (jornalistas, profissionais de comunicação, integrantes de entidades não governamentais e organizações políticas) encontram respaldo, técnico e associativo, no ambiente descentralizado e interativo da internet. O fato de a rede mundial de computadores não estar submetida a controladores centralizados e estruturas convencionais da mídia proporciona margem acentuada de liberdade de expressão, além de favorecer a convergência em torno de ideias e valores e as mobilizações por afinidades eletivas.

Como âmbito de ativismo social, a internet consolidou-se após o ano 2000, sob a influência de atos públicos contra a globalização capitalista e o neoliberalismo. Agências independentes produziam e distribuíam, pelos quatro quadrantes, relatos e fotos sobre os eventos, contrabalançando coberturas tendenciosas dos meios tradicionais com ações diretas, de repercussão imediata. A instantaneidade, a abrangência global, a rapidez e o barateamento de custos com a utilização da rede tornaram-se vantagens ponderáveis. Desde então, a internet vem assumindo papel relevante na preparação de campanhas e protestos sociais, por meio de correio eletrônico, boletins, listas de discussão e fóruns, além de viabilizar coberturas conjuntas, transmissões em tempo real e disponibilização ininterrupta de vídeos, fotos e arquivos sonoros.

Cinco características distinguem o ciberativismo: a) compromisso com a universalização dos direitos humanos; b) não imposição de óticas interpretativas únicas na apreciação dos fatos e acontecimentos, rompendo com a cadeia de subordinação aos crivos ideológicos e idiossincrasias das corporações midiáticas; c) dinâmica virtual que estimula trocas e interações; d) adoção dos princípios inclusivos da publicação aberta (leitores podem adicionar comentários, textos e fotos); e) *copyleft* (permissão para reproduzir informações, desde que citada a fonte e sem fins lucrativos, evitando as barreiras impostas pela propriedade intelectual).

Tais práticas baseiam-se no trabalho colaborativo sem propósitos competitivos e ambições mercantis. Buscam reforçar formas cooperativas de organização, autogestão, produção e veiculação, em uma ecologia flexível na qual convivem diferentes metodologias (projetos autônomos, servidores compartilhados, parcerias específicas), horizontes estratégicos (curto, médio e longo prazos), estilos editoriais e raios de abrangência (internacional, nacional, regional ou local). O que está em jogo é ampliar os espaços de participação em torno de temas, reivindicações e pontos de vista de movimentos sociais e comunitários, fazendo com que o aproveitamento das ferramentas digitais se some, como recurso complementar, às metodologias clássicas de atuação na arena política.

Ver: Cidadão/Cidadania; Movimentos Sociais; Redes Sociais; Sociedade Civil

Referências Bibliográficas

DOWNING, J. D. H. *Mídia radical:* rebeldia nas comunicações em movimentos sociais. São Paulo: Senac, 2002.

MEIKLE, G. *Future active:* media activism and the internet. New York: Routledge, 2003.

MORAES, D. Ativismo em rede: comunicação virtual e contra-hegemonia. In:______. *A batalha da mídia:* governos progressistas e políticas de comunicação na América Latina e outros ensaios. Rio de Janeiro: Pão e Rosas, 2009. p. 230-266.

CARDON, D.; GRANJON, F. *Médiactivistes*. Paris: Les Presses de Sciences Po, 2010.

Ciclo de Vida da Política Pública

ENRIQUE SARAVIA

Cada política pública passa por diversos estágios. Em cada um deles, os atores, as coalizões, os processos e as ênfases são diferentes.

Os autores consideram normalmente três etapas em matéria de política pública: formulação, implementação e avaliação. Dadas as particulares características das administrações públicas latino-americanas, a melhor compreensão do processo exige maior grau de especificação. É necessário, por exemplo, distinguir a etapa de elaboração da política com relação aos aspectos próprios da formulação. A primeira é a preparação da decisão política em que prevalecem os critérios técnicos; a segunda é a decisão política – ou a decisão tomada por um político ou pelo Congresso – e sua formalização por meio de uma norma jurídica, o que acentua a importância das motivações propriamente políticas e jurídicas.

A implementação também deve ser mais detalhada na América Latina. É necessário separar a execução da decisão política da implementação propriamente dita, que é a preparação para a execução. A distinção é necessária porque cada uma das etapas mencionadas é campo para tipos diferentes de negociação.

São conhecidas as limitações do modelo racional, mas em uma visão sequenciada do processo – que é pouco mais que um mero exercício de compreensão – é possível verificar várias etapas.

1) O primeiro momento é o da construção da agenda ou da inclusão de determinado pleito ou necessidade social na agenda, na lista de prioridades, do poder público.

Na sua acepção mais simples, a noção de "inclusão na agenda" designa o estudo e a explicitação do conjunto de processos que conduzem os fatos sociais a adquirir um *status* de "problema público", transformando-os em objeto de debates e controvérsias políticas na mídia. Frequentemente, a inclusão na agenda induz e justifica uma intervenção pública legítima sob a forma de uma decisão das autoridades públicas (GARRAUD, 2004, p. 49-50).

2) O segundo momento é a elaboração, que consiste em identificar e delimitar um problema atual ou potencial da comunidade, a determinação das possíveis alternativas para sua solução ou satisfação, a avaliação dos custos e efeitos de cada uma delas e o estabelecimento de prioridades.

Para Hill (1993, p. 7), "os pesquisadores podem, por um lado, assumir que a elaboração de políticas é, essencialmente, um processo racional baseado nos clássicos passos que vão desde a formulação do problema e avaliação de alternativas até a implementação. Podem ser admitidos os conflitos sobre metas ou percepções da situação, mas considera-se que eles resultam em efeitos estáveis e determinados e que não interferem na consistência das operações do sistema. O problema é visto como técnico, o clima como consensual e o processo como controlado". Ao contrário, a elaboração de políticas pode ser vista como uma atividade *política* incontornável em que as percepções e interesses dos atores individuais entram em todos os estágios. Nesse caso, a implementação se transforma em uma atividade problemática e não em algo que deva ser dado como óbvio, como no modelo racional: a política é vista como uma barganha, o meio ambiente como conflitivo e o processo mesmo é caracterizado pela diversidade e pelas suas limitações.

3) A formulação, que inclui a seleção e a especificação da alternativa considerada mais conveniente, seguida de uma declaração que explicita – com exceção dos casos das políticas de não inovar ou de omissão – a decisão adotada, definindo seus objetivos e seu marco jurídico, administrativo e financeiro. Nesse momento, prevalecem os critérios próprios da atividade do político: consideração dos tempos eleitorais, compromissos com a base eleitoral específica, com princípios programáticos ou partidários etc. Em administrações formalistas – como as latino-americanas –, é mister que a decisão política seja formalizada por uma norma jurídica. Isso outorga imediata importância aos princípios e critérios jurídicos.

Na etapa de elaboração prevalece a visão técnica e na etapa de formulação têm prioridade os critérios políticos e jurídicos.

4) A implementação, constituída pelo planejamento e organização do aparelho administrativo e dos recur-

sos humanos, financeiros, materiais e tecnológicos necessários para executar uma política. Trata-se da preparação para colocar em prática a política pública, a elaboração de todos os planos, programas e projetos que permitirão executá-la. Nessa etapa é também necessário recrutar e treinar o pessoal que terá a seu cargo a execução, a coordenação, o seguimento e a avaliação da política.

5) A execução, que é o conjunto de ações destinado a atingir os objetivos estabelecidos pela política. É a realização da política efetivamente. É o momento decisivo da política, que dá sentido às etapas anteriores e posteriores. Essa etapa inclui o estudo dos obstáculos que normalmente se opõem à transformação de enunciados em resultados, especialmente, a análise da burocracia.

6) O acompanhamento, processo sistemático de supervisão da execução de uma atividade (e de seus diversos componentes), cujo objetivo é fornecer a informação necessária para introduzir eventuais correções, a fim de assegurar a consecução dos objetivos estabelecidos.

7) A avaliação, que consiste na mensuração e análise dos efeitos produzidos na sociedade pelas políticas públicas, especialmente no que diz respeito às realizações obtidas e às consequências previstas e não previstas desejadas e não desejadas.

A divisão por etapas antes descrita é uma esquematização teórica do que, de forma habitualmente improvisada e desordenada, ocorre na prática. O processo nem sempre observa a sequência sugerida, mas as etapas mencionadas e suas fases constitutivas estão geralmente presentes.

Ver: Monitoramento

Referências Bibliográficas

GARRAUD, P. Agenda/emergence. In: BOUSSAGUET, L.; JACQUOT, S.; RAVINET, P. (Dir.). *Dictionnaire des politiques publiques*. Paris: Presses des Sciences Politiques, 2004.

HILL, M. *The policy process:* a reader. Hertforsdhire: Harvester Wheatsheaf, 1993.

LASWELL, H. The public interest. In: FRIEDRICH, C.F. (Ed.) *The public interest*. New York: Atherton Press, 1962.

LINDBLOM, C. *The policy making process*. New Jersey: Prentice-Hall, 1980.

Cidadão/Cidadania

Gabriela Nunes Ferreira

Maria Fernanda Lombardi Fernandes

Embora sejam objeto de diferentes interpretações, os termos *cidadão* e *cidadania* geralmente remetem ao indivíduo pertencente a uma comunidade e portador de um conjunto de direitos e deveres. Essa definição genérica suscita várias questões: que direitos são esses? Eles mudam ao longo da história? Em que âmbito são exercidos? E como se relacionam essas duas dimensões da cidadania: a pertença a uma comunidade e o exercício de certos direitos? Para esboçar uma resposta a essas questões, convém partir de uma reconstrução da história do conceito de cidadania.

O conceito de cidadania atual deriva diretamente das revoluções burguesas dos séculos 17 e 18. A Revolução Francesa é o principal marco histórico na origem do cidadão moderno; a partir dela se desenvolve o Estado-nação, com a prevalência do princípio da soberania popular e o fim dos privilégios estatutários, pondo cada homem em relação direta com a autoridade soberana do país. Abre-se espaço para a existência de um código uniforme de direitos e deveres de que todos os homens são investidos em virtude de sua participação na comunidade (BENDIX, 1996).

No entanto, não é na Revolução Francesa que começa a história desse conceito. Vale a pena voltar ainda mais no tempo para entender sua emergência no mundo greco-romano.

É no século democrático de Atenas que se forja o conceito de cidadania: cidadão é o sujeito que participa da *polis*. Segundo Aristóteles, cidadão "é o homem que partilha os privilégios da cidade" (1997, p. 88). A cidadania é ativa: cidadão é o que participa diretamente dos negócios da *polis*, exercendo os poderes deliberativo e judiciário. Na visão aristotélica, somente como cidadão o homem realiza plenamente sua natureza; sua relação com a *polis* é a da parte com o todo. No entanto, o exercício da cidadania na Grécia antiga só se fazia possível em um contexto em que a desigualdade da vida privada era o pressuposto da igualdade entre os cidadãos. Esta, por sua vez, manifestava-se menos pela *isonomia* do que pela *isegoria* (igualdade no direito de palavra na assembleia).

O mundo romano, assim como o grego, relegava ao âmbito privado o reino da desigualdade e do despotismo (COMPARATO, 1993). Mas a noção de cidadania, como exercício do poder na esfera pública, ampliou-se com a expansão da cidadania romana aos povos conquistados, sem efetivar, porém, sua participação. Segundo Robert Dahl, a despeito de sua criatividade, os romanos "não inventaram ou adotaram uma solução que hoje nos parece óbvia: um sistema viável de governo *representativo*, fundamentado em representantes *eleitos democraticamente*" (2001, p. 24).

Ao longo da Idade Média, a concepção universalizante do Império Romano sobreviveria com a Igreja Católica. Mas a ideia de cidadania, por sua vez, encontrava espaço apenas nas pequenas repúblicas ou principados que sobreviviam principalmente na Península Itálica. Ali, a cidadania ainda possuía a marca da participação ativa e da exclusão, além de se restringir a um caráter local. A retomada da cidadania de uma perspectiva mais universalizante seria feita com a emergência dos Estados nacionais. A princípio, a edificação dos Estados nacionais se dá pelo processo de centralização do poder e da quebra dos poderes locais. Ao mesmo tempo, a emergência da forma política Estado possibilita a criação de um ente mais universal do que o cidadão local: o súdito do Estado nacional, a princípio sem direitos, é o embrião do indivíduo que irá exercer a cidadania moderna, diferente da antiga por seu alcance e natureza, já que a ideia de representação irá operar a mudança definitiva no conceito.

A luta pela liberdade dentro dos Estados absolutistas marca a emergência do conceito moderno de cidadania, que agora, de uma perspectiva liberal, passa a ser associado à ideia de liberdade *contra o poder*, mais do que de liberdade de *participação no poder* (BOBBIO, 1990). É na Revolução Francesa que se discute de maneira mais acabada a questão da cidadania, com a formulação dos *Direitos do homem e do cidadão*, logo no início do processo revolucionário. Há uma dupla perspectiva nessa declaração: os direitos são do homem (universais), mas também dos cidadãos (homens que vivem dentro de um Estado específico). Mas são os direitos universais do homem que se tornam direitos do cidadão dentro de um Estado: é o próprio Estado que deve garantir a fruição desses direitos; mais ainda, o Estado nacional é o único lugar capaz de assegurá-los e efetivá-los.

A ampliação geográfica do local onde se exerce a cidadania moderna é acompanhada de uma transformação no conceito: a cidadania diz respeito muito mais ao direito da fruição do mundo privado. Para tanto, é importante que o cidadão possa participar também do governo da coisa pública, mas só na medida em que este garanta sua liberdade privada. O objetivo último não pode ser preterido: a fruição do mundo privado faz com que o cidadão seja aquele que pode, por meio do voto, delegar a gestão pública aos seus representantes. Em sua conferência "Da liberdade dos antigos comparada à dos modernos", Benjamin Constant traduziu bem essa distinção entre as duas concepções de cidadania, a primeira com raízes na tradição republicana, a outra na tradição liberal.

Talvez o mais clássico estudo acerca da cidadania moderna, entendida primordialmente como um conjunto de direitos, seja o de T. H. Marshall, *Cidadania, classe social e status*. Marshall identifica três gerações de direitos no processo de expansão da cidadania: em um primeiro momento, no século 18, a cidadania diria respeito aos chamados direitos civis (associados à liberdade individual: direito à vida, direitos de ir e vir, liberdade de consciência e expressão, direito à justiça). É só por meio de um longo e conflituoso processo que a cidadania, já no século 19, agrega aos direitos civis os direitos políticos (de participação no exercício do poder político: direitos de voto, de ser eleito) e, no século 20, os direitos sociais (os que possibilitam condições adequadas de vida ao cidadão: moradia, trabalho, saúde, educação). Como sintetiza Norberto Bobbio (1992), a cada categoria de direitos corresponde uma concepção de liberdade: os direitos civis reservam ao indivíduo uma esfera de liberdade *em relação ao* Estado; os direitos políticos lhe garantem a liberdade *no* Estado; e os direitos sociais significam liberdade *por meio do* Estado.

O princípio de igualdade, presente no conceito antigo de cidadania, permanece aqui. A cidadania é entendida como um *status* que garante aos indivíduos, como membros plenos de uma comunidade, iguais direitos e deveres, liberdades e restrições. Há, porém, uma diferença em relação à sua extensão: progressivamente, a cidadania abarca virtualmente toda a população dos Estados nacionais. Mas à igualdade de *status* da cidadania, Marshall contrapõe a desigualdade de *classes* nas sociedades modernas; essa tensão entre igualdade jurídica, formal, e desigualdade econômica e social marca o processo de desenvolvimento da cidadania (BENDIX, 1996). As reflexões de Marshall tomam como referência fundamental o caso inglês; a evolução histórica da cidadania desenhada por ele não pode ser generalizada. No caso brasileiro, por exemplo, José Murilo de Carvalho (2002) argumenta que o caminho foi inverso: primeiro vieram os direitos sociais, depois os políticos e finalmente, em um processo ainda em aberto, os direitos civis.

A cidadania moderna enfrenta, sobretudo a partir do final do século 20, importantes desafios à sua plena realização. Os direitos sociais, por exemplo, sofreram sérios questionamentos em um contexto de refluxo do *Welfare State*. Uma das alegações tradicionalmente usadas contra a efetivação dos direitos sociais é a de que haveria uma contradição entre a fruição desses direitos e a plena autonomia do cidadão, comprometendo o exercício de seus direitos políticos. Vale ainda observar que mais do que os direitos civis e políticos, os direitos sociais carecem de garantias jurídicas de efetivação – por exemplo através de sanções previstas em caso de violação – e dependem, para sua realização, da capacidade dos governos de desenvolverem políticas públicas nesse sentido.

Mas o grande desafio contemporâneo à cidadania diz respeito à relação entre aqueles dois aspectos citados antes, a pertença do indivíduo à comunidade e o exercício, por parte dele, de um conjunto de direitos. Como já observado, é como membro do Estado e da nação que o indivíduo é cidadão, portador de direitos e deveres. Entretanto, vários fatores vêm desestabilizar essa conexão.

É conhecida a definição de cidadania de Hannah Arendt (1997) como "o direito a ter direitos". Sua reflexão desenvolve-se a partir de fenômenos históricos, como o surgimento de refugiados e apátridas em larga escala, as experiências do totalitarismo e do genocídio. Em *Origens do totalitarismo*, ela chamava atenção para a situação de uma categoria de seres humanos, os *displaced people*, que ficavam à margem da humanidade, sem direitos, porque não pertenciam a uma comunidade que, em última instância, era o local de proteção e de exercício dos direitos. Até a experiência das duas grandes guerras e do genocídio, a questão dos direitos humanos não se separava da dos direitos dos povos; bastava que os Estados nacionais garantissem a cidadania para que os direitos do homem fossem afirmados. A experiência histórica mudou essa concepção. Em 1948, a Declaração dos Direitos Humanos, da Organização das Nações Unidas (ONU), formalizou o reconhecimento da validade de direitos universais, cujos titulares não são os cidadãos de Estados particulares, mas todos os homens. Assim, ficou afirmada a possibilidade de o indivíduo reclamar seus direitos para além do Estado nacional do qual é membro. Na prática, os Estados nacionais continuam a ser o âmbito no qual os direitos são exercidos e garantidos, pois faltam, no plano global, mecanismos jurídicos que garantam sua efetividade. Em si mesmo, no entanto, o desenvolvimento de um regime internacional de direitos humanos já coloca em xeque a noção tradicional de cidadania como fenômeno estritamente nacional.

Pode-se dizer que o próprio Estado-nação vem sendo questionado e redefinido nas últimas décadas e, junto com ele, a ideia de cidadania. No contexto do processo comumente chamado de globalização, os Estados perdem em autonomia e soberania: o termo "globalização", como define David Held (1991, p.157), sugere que "a atividade política, econômica e social tem, cada vez mais, um alcance mundial" e que "os níveis de interação e interconexão entre Estados e sociedades que formam a sociedade internacional têm se intensificado". Assim, escapam aos Estados nacionais alguns instrumentos (políticos, econômicos) para ditar as políticas que afetam seus cidadãos. A redução do poder do Estado tem impacto sobre a definição e a efetivação dos direitos de cidadania.

Se o poder do Estado vem sendo redefinido, também a nação, como forma de identidade coletiva, é posta em questão. Não só pela referida interconexão crescente entre sociedades e Estados, mas também pelo surgimento, no interior das sociedades, de novas identidades coletivas, trazendo demandas específicas e questionando os princípios universalistas da cidadania moderna (LAVALLE, 2003). O cidadão moderno, identificado com a nação e submetido à soberania de um Estado que lhe garante seus direitos, vem sendo posto à prova. O debate em torno da possibilidade de uma "cidadania cosmopolita" (HELD, 1991; REIS, 2006) é um dos reflexos desse questionamento do Estado nacional como *locus* da cidadania. Mas, uma vez que o Estado nacional é, ainda, a forma de organização política dominante no mundo, aquele cidadão permanece vivo, como realidade histórica e como ideal normativo.

Ver: Direitos Humanos; Liberalismo/Neoliberalismo; Nação/Nacionalismo; *Welfare State*

Referências Bibliográficas

ARENDT, H. *Origens do totalitarismo*. São Paulo: Cia. das Letras, 1997.

ARISTÓTELES. *Política*. Brasília: Editora UnB, 1997.

BENDIX, R. *Construção nacional e cidadania*. São Paulo: Edusp, 1996.

BOBBIO, N. *Liberalismo e democracia*. São Paulo: Brasiliense, 1990.

______. *A era dos direitos*. Rio de Janeiro: Campus, 1992.

CARVALHO, J. M. *Cidadania no Brasil*. O longo caminho. 3. ed. Rio de Janeiro: Civilização Brasileira, 2002.

COMPARATO, F. K. A nova cidadania. *Lua Nova: revista de cultura e política*, São Paulo, n. 28-29, p. 85-106, 1993.

CONSTANT, B. Da liberdade dos antigos comparada à dos modernos. *Revista Filosofia Política*, Porto Alegre, n. 2, p. 9-75, 1985.

DAHL, R. *Sobre a democracia*. Brasília: Editora UnB, 2001.

HELD, D. Democracia, o Estado-nação e o sistema global. *Lua Nova: revista de cultura e política*, São Paulo, n. 23, p. 145-194, 1991.

LAVALLE, A. G. Cidadania, igualdade e diferença. *Lua Nova: revista de cultura e política*, São Paulo, n. 59, p. 75-93, 2003.

MARSHALL, T. H. *Cidadania, classe social e status*. Rio de Janeiro: Zahar, 1967.

REIS, R. R. O lugar da democracia: a sociedade civil global e a questão da cidadania cosmopolita. *Perspectivas: revista de ciências sociais*, São Paulo, n. 30, p. 15-32, 2006.

Cidades Inovadoras

Ana Carolina Evangelista

O conceito de cidades inovadoras tem sua origem no movimento iniciado na cidade de Curitiba (Paraná), que buscava transformar os ambientes urbanos em espaços que estimulassem a inovação e a criatividade e promovessem o desenvolvimento econômico e social no âmbito local, aliando planejamento urbano e estímulo ao fortalecimento de negócios sustentáveis.

Diversos projetos e programas foram desenvolvidos na mesma cidade, no setor público e no setor privado. Combinaram-se então ações dedicadas a estimular o engajamento e o envolvimento do empresariado paranaense com a política – caso da Rede de Participação Política –, bem como a promover o desenvolvimento local a partir de diferentes bairros das cidades paranaenses – o projeto Redes de Desenvolvimento Local –, até chegar a ações visando a um planejamento de longo prazo para as cidades, como o programa Curitiba 2030.

Mais recentemente, com vistas a fortalecer e aprofundar essas diferentes iniciativas, a Federação das Indústrias do Estado do Paraná criou o programa Cidades Inovadoras, expandindo experiências desenvolvidas no âmbito do Centro Internacional para Formação de Atores Locais (Cifal – Curitiba), do Programa de Desenvolvimento Local do Instituto das Nações Unidas para Treinamento e

Pesquisa (Unitar) e do Instituto de Promoção do Desenvolvimento (IPD).

A ideia por trás das cidades inovadoras é mobilizar diferentes atores interessados em transformar o ambiente onde vivem, aliando a busca por qualidade de vida com inovação. O foco, no entanto, tem sido mais no setor empresarial do que na diversidade dos setores e atores sociais presentes nas cidades.

Ver: Ambientalismo; Cidades Sustentáveis; Igualdade; Políticas Ambientais; Sustentabilidade

Referências Bibliográficas

PROGRAMA DE CIDADES INOVADORAS: Iniciativa do Sistema Federação das Indústrias do Estado do Paraná. Discussão sobre o futuro do planeta e ações ligadas ao desenvolvimento das cidades. Disponível em: http://www.cidadesinovadoras.org.br/. Acesso em: 2 out. 2012.

CONFERÊNCIA INTERNACIONAL DE CIDADES INOVADORAS (Cici). Disponível em: http://www.cici2010.org.br/. Acesso em: 2 out. 2012.

Cidades Sustentáveis

Ana Carolina Evangelista

Conceito que surge dos debates promovidos no âmbito da Eco-92, Conferência das Nações Unidas sobre Ambiente e Desenvolvimento, realizada no Rio de Janeiro em 1992. A cidade sustentável seria o lócus em que se concretizam os processos de desenvolvimento econômico aliados à proteção ambiental e à promoção de maior equidade social. O conceito traduz, portanto, a busca de uma forma alternativa de desenvolvimento.

Nesse sentido, desde a Eco-92, especialmente no âmbito da formulação e implementação de políticas públicas, tem-se buscado desenvolver ações concretas para a promoção de maior qualidade de vida nos ambientes urbanos.

Em 1994, realizou-se na cidade de Aalborg, na Dinamarca, a I Conferência sobre Cidades Sustentáveis, que aprovou a Carta de Aalborg, um conjunto de compromissos voltados para o desenvolvimento sustentável.

Tais compromissos passam, em primeiro lugar, por iniciativas no campo da governança e da gestão das políticas públicas nas cidades, tendo em vista o fortalecimento dos processos de tomada de decisão mediante maior democracia participativa. Alcançam, também, o campo da gestão local para a sustentabilidade, concentrando o foco em uma gestão eficiente em termos de planejamento, implementação e avaliação das políticas.

Em segundo lugar, voltam-se para a preservação e a proteção dos bens comuns naturais, mediante o estabelecimento de padrões mais responsáveis e sustentáveis de produção e consumo nos territórios, além de um planejamento e um desenho urbano que incorporem as questões econômicas, sociais e ambientais das cidades de forma integrada. Buscam, ainda, definir algumas opções de mobilidade nos ambientes urbanos mais sustentáveis.

Os mencionados compromissos implicam, em terceiro lugar, ações no campo da saúde dos cidadãos urbanos, da equidade social e do desenvolvimento de dinâmicas econômicas locais sustentáveis.

Por último, há um conjunto de compromissos que conectam as cidades ao contexto global e que as levam a assumir parcela de responsabilidade na promoção da paz e da justiça e na proteção do meio ambiente, mais especificamente no combate às mudanças climáticas.

Cidades sustentáveis seriam, assim, o resultado de um conjunto articulado de ações, nas esferas pública e privada, que progressivamente criem um ambiente urbano economicamente viável, sustentável e socialmente justo.

No Brasil, pode-se destacar a experiência da Plataforma Cidades Sustentáveis, que se baseia na Carta de Aalborg. Trata-se basicamente de um conjunto de projetos de pesquisa voltados para a compilação de múltiplas práticas de sustentabilidade urbana vigentes em diversas cidades do mundo, que têm servido de base para a elaboração de cartas-compromisso apresentadas a gestores públicos e candidatos a cargos executivos e legislativos.

Ver: Ambientalismo; Cidades Inovadoras; Igualdade; Políticas Ambientais; Sustentabilidade

Referências Bibliográficas

PROGRAMA CIDADES SUSTENTÁVEIS. Disponível em: http://www.cidadessustentaveis.org.br/. Acesso em: 2 out. 2012.

Classes Sociais/ Luta de Classes

RENATO PERISSINOTTO

O marxismo não é a única teoria a reconhecer a luta de classes como fenômeno social importante. Max Weber (1864-1920), ainda que operando uma definição diferente de classe social, também admitia ser a luta entre elas fator central na configuração do capitalismo moderno. Dentre os contemporâneos, Pierre Bourdieu (1930-2002) e Klaus Eder (1946), por exemplo, atribuíram à luta de classes uma posição de destaque nas suas teorias sociológicas. Mas somente no marxismo a categoria *luta de classes* assume o estatuto de princípio heurístico supostamente capaz de explicar o movimento da história. É famosa a afirmação de Karl Marx (1818-1883) e Friedrich Engels (1820-1895), em *O manifesto comunista* ([1848], 2000), segundo a qual a história de todas as sociedades humanas tem sido a história da luta de classes.

Para uma adequada compreensão da expressão luta de classes é necessário antes abordar três pontos importantes. Primeiro, é preciso definir *classe social*; em seguida, discutir o espinhoso problema dos "interesses de classe" e, por fim, lidar com os problemas de ação coletiva que a expressão luta de classes necessariamente suscita.

Não é fácil encontrar uma clara definição de classe social nos escritos clássicos de Marx e Engels. O último capítulo de *O capital*, que seria dedicado ao tema, foi interrompido com a morte de Marx. Contudo, o conceito aparece em estado prático em várias passagens de diversas obras. Poderíamos dizer que, para Marx, classe social é, a princípio, um conceito essencialmente econômico, que descreve a posição semelhante que vários indivíduos ocupam no processo produtivo, como proprietários ou não proprietários dos meios de produção. Essa definição permitiria descrever a estrutura fundamental das sociedades humanas divididas em classes, isto é, a oposição entre senhores e escravos, nas sociedades escravistas; entre nobres e servos, no feudalismo; entre capitalistas e proletários, no capitalismo. Marx certamente sabia que a estrutura social dessas diversas sociedades era muito mais complexa do que sugerem essas oposições simples. As sociedades capitalistas, por exemplo, não são compostas apenas de capitalistas e proletários, mas também de várias outras classes e grupos sociais sem base econômica. Mesmo os capitalistas e os proletários não são classes monolíticas e homogêneas.

Seja como for, essa definição estritamente econômica permitiria ao pesquisador descrever as classes sociais em inércia, limitando-se a identificar a posição similar dos indivíduos na estrutura produtiva das sociedades analisadas. Por essa razão, ela seria insuficiente para pensar a luta de classes, pois essa expressão pressupõe que as classes sociais deixem de ser apenas uma posição na estrutura econômica para se transformarem em atores coletivos, organizados e mobilizados para enfrentar seus adversários na luta social e política. A expressão *luta de classes*, portanto, refere-se às classes em movimento e exige que se discutam questões relativas à tomada de consciência e à ação coletiva.

Em *A miséria da filosofia* ([1847], 1985) e em *O 18 de brumário de Luís Bonaparte* ([1852], 2011), Marx tocou rapidamente no problema da consciência de classe a partir da oposição entre "classe em si" e "classe para si". O primeiro termo descreve as condições econômicas comuns em que vivem os membros de uma classe; o segundo se refere ao momento em que os indivíduos se percebem como integrantes de uma mesma classe, portadores de interesses comuns, e agem coletivamente para se defenderem das demais classes. Ainda que não tenha sistematizado sua visão sobre o assunto, essa distinção já indica que, para Marx, o conceito de classe é inseparável da ideia de luta de classes e, por conseguinte, implica a análise da passagem do estado de inércia (classe como posição na estrutura econômica) para o estado de movimento (classe como agente).

Embora vários autores vinculados ao marxismo tenham se dedicado a pensar essa passagem de maneiras diferentes – por exemplo, Lenin (1870-1924), Georg Lukács (1885-1971), Antonio Gramsci (1891-1937), Nicos Poulantzas (1936-1979) –, quase todos, filiados que eram ao marxismo, acreditavam que a tomada de consciência pela classe operária seria um momento fundamental para sua transformação em classe revolucionária. No entanto, a tomada de consciência é um processo árduo. Para discuti-lo, esses autores, cada um a seu modo, adotaram a distinção, recorrente no pensamento marxista, entre interesses reais e interesses manifestos. Os interesses manifestos são aqueles que os membros da classe operária equivocadamente acreditam ser os seus interesses em uma dada circunstância. Em geral, são vistos como interesses que limitam a luta operária à busca por melhorias econômicas, interesses corporativos e imediatistas, plenamente compatíveis com a continuidade do capitalismo. Os interesses reais são os verdadeiros interesses da classe, inerentes à sua condição objetiva, mas nem sempre presentes na consciência dos seus membros; são os interesses que os operários defenderiam caso tivessem a consciência revolucionária de sua real posição na sociedade capitalista. Se, em determinados momentos, a classe operária hesita em defender seus interesses reais, assumindo uma postura passiva ou limitando-se a uma luta corporativa e não revolucionária, é porque estaria submetida a uma dominação ideológica que turvaria sua visão e que só poderia ser superada pela pedagogia da luta e pela organização política. Uma vez adquirida a verdadeira consciência de classe, a ação coletiva e a luta revolucionária pelo socialismo forçosamente surgiriam.

Essa distinção entre interesses manifestos e interesses reais sofreu inúmeras críticas. Alguns a acusaram de inerentemente autoritária, já que, diante de uma classe quase sempre incapaz de perceber seus reais interesses, somente um grupo de revolucionários iluminados poderia conduzi-la à libertação final. É o que Ted Benton, sociólogo inglês, chamou de o "paradoxo da emancipação". Outros a rejeitaram por avaliar que essa distinção era cientificamente inútil, já que supostos interesses reais não percebidos pelos atores sociais não teriam qualquer significado real. A crítica mais interessante, porém, veio daqueles que não aceitavam a tese de que a classe operária (ou qualquer outra classe social), uma vez consciente de seus interesses, passaria necessariamente à condição de ator coletivo. A contribuição mais importante quanto a esse ponto pode ser encontrada em *A lógica da ação coletiva*, livro publicado por Olson em 1965 (1999).

Segundo Olson, o marxismo comete erro muito frequente ao pressupor que a lógica da conduta individual aplica-se também à ação coletiva. Essa suposição parece admitir que se um indivíduo isolado e consciente de seus interesses persegue seus objetivos calculando a maneira mais vantajosa de realizá-los (o que a literatura chama de conduta racional), então vários indivíduos colocados em situação semelhante agirão coletivamente para também realizar seus objetivos com a melhor relação custo/benefício possível. Para esse autor, porém, mantido o pressuposto da racionalidade individual (e ele se mantém no caso do marxismo, segundo Olson), a ação coletiva necessariamente se frustrará. Por quê?

Quando inserido em um grande grupo que pretende perseguir benefícios públicos (benefícios que podem ser apropriados tanto pelos que cooperam quanto pelos que não cooperam), o indivíduo racional (i.e., que escolhe sempre o curso de ação que lhe é mais vantajoso) desenvolve dois tipos de cálculo que tendem a produzir abstenção, e não cooperação. De um lado, ele avalia que é mais vantajoso abster-se porque, mesmo assim, poderá gozar o benefício caso ele seja produzido pelo empenho dos demais membros do grupo. De outro, ele percebe que sua ação individual não produzirá qualquer efeito, ou seja, no caso de ninguém cooperar, sua solidariedade nada produziria; no caso de todos cooperarem, sua abstenção não seria sentida. Como todos os membros do grupo são racionais, o resultado final desses cálculos individuais seria a abstenção generalizada. É importante observar que a introdução da variável "dominação ideológica" não altera nem enfraquece a tese de Olson, pois até na presença de uma "consciência revolucionária" os indivíduos tenderiam antes a se abster, já que mesmo aqueles conscientes dos seus interesses não deixam de ser racionais.

A tese de Olson atinge o marxismo em dois pontos importantes. Primeiro, para esse autor, seria um despropósito pensar interesses de classe como algo "objetivo", fora da consciência individual dos membros da classe. Somente cálculos individuais, que ocorrem na cabeça de indivíduos concretos, podem produzir ou impedir a ação coletiva. Segundo, tais observações afirmam que o fato de uma classe agir coletivamente não pode ser entendido como o resultado necessário de uma dada posição objetiva nas estruturas produtivas. A ação coletiva de uma classe deve ser ela mesma destrinchada e não tomada como fato inevitável e espontâneo, que emanaria automaticamente da similaridade de interesses materiais e da consciência dessa similaridade. A passagem das classes em inércia para as classes em movimento (i.e., a luta de classes) é, portanto, algo que deve ser explicado e não pressuposto, já que, quase sempre, a tendência dos indivíduos (mesmo os conscientes) seria optar pela abstenção. Enfim, a tese de Olson afirma que é plenamente possível pensar a existência de classes sociais sem luta de classes.

Para uma teoria, como o marxismo, que por meio da categoria *luta de classes* confere à ação coletiva das classes papel fundamental no entendimento dos fenômenos sociais e da dinâmica da história, as críticas de Olson constituem sério desafio.

Ver: Conflito

Referências Bibliográficas

LENIN, V. I. ¿Que hacer? Problemas candentes de nuestro movimiento. In: ______. *Obras escogidas en tres tomos*. Moscú: Editorial Progresso, 1981. Tomo 1, p. 115-169.

LUKÁCS, G. A consciência de classe. In: ______. *História e consciência de classe*: estudos de dialética marxista. Porto: Publicações Escorpião, 1974. p. 59-96.

MARX, K. *O 18 de brumário de Luís Bonaparte* [1852]. São Paulo: Boitempo, 2011.

______. *Miseria de la Filosofia* [1847]. Moscú: Editorial Progreso, 1985.

MARX, K.; ENGELS, F. *Manifesto do partido comunista*. Petrópolis: Vozes, 2000.

OLSON, M. *A lógica da ação coletiva*. São Paulo: Edusp, 1999.

POULANTZAS, N. *Poder político e classes sociais*. São Paulo: Martins Fontes, 1986.

WEBER, M. Classe, estamento, partido. In: ______. *Ensaios de sociologia*. Rio de Janeiro: Zahar Editores, 1979. cap. 7.

Clientelismo

FÁBIO WANDERLEY REIS

O jogo entre os interesses, entendidos amplamente como a busca de afirmação de si e de objetivos próprios de qualquer natureza, e a solidariedade, entendida como o compartilhamento de objetivos em diferentes escalas, pode ser visto como o problema básico da sociedade e consequentemente da política. Se podemos, naturalmente, falar de interesses individuais e associá-los com motivação egoística, podemos também falar de interesses coletivos cujo compartilhamento define comunidades e em relação aos quais, não obstante envolverem solidariedade, o "amor próprio" – o egoísmo – pode manifestar-se em escalas crescentes: minha família, minha tribo, minha vizinhança ou cidade, meu país. Uma questão importante aí contida, embora não esteja inteiramente livre da ambiguidade fundamental envolvida, é o caráter particularista ou universalista da definição do compartilhamento de interesses, ou a forma mais ou menos restritiva da solidariedade prevalecente.

Visto o problema geral em termos de desenvolvimento político e da criação e organização política efetiva de comunidades de maior escala, a indagação crucial é a de como equilibrar a necessidade de produzir ou construir poder coletivo (capaz de permitir a busca solidária e eficaz dos interesses ou objetivos compartilhados) com a necessidade de distribuir apropriadamente o poder, de modo a evitar que o foco central ou coletivo de poder redunde simplesmente em instrumento do predomínio de certos interesses sobre os demais (REIS, 2000; PIZZORNO, 1966).

O clientelismo é há muito visto como caracterizado, em geral, por três traços básicos: (a) trata-se de relações que envolvem algum grau de assimetria quanto aos recursos controlados pelos participantes ou sua posição socioeconômica e política; (b) os vínculos estabelecidos entre os indivíduos de diferentes posições, ou seja, os patrões e os clientes, são de natureza particularista e pessoal; e (c) o intercâmbio entre patrões e clientes, envolvendo benefícios mútuos, tem tipicamente caráter instrumental e pragmático (POWELL, 1970; LEMARCHAND; LEGG, 1972; SILVERMAN, 1965). O significado atribuído a este último traço vincula-o diretamente à ocorrência do anterior, o caráter particularista e estreito da forma de solidariedade própria da relação clientelista, que contrasta com o caráter universalista (incluindo, em princípio, todos os membros de categorias definidas de modo abstrato e abrangente) da solidariedade que teríamos quando prevalece a referência, por exemplo, a classes sociais, etnias ou nacionalidades. Certa concepção difundida de desenvolvimento político destaca esse aspecto: o desenvolvimento ocorreria na medida em que formas de solidariedade universalistas viessem a substituir o clientelismo e suas estreitas relações pessoais de patronagem e dependência.

Parece claro o sentido em que essa perspectiva se justifica. Em vez de relações de poder privado dispersas pela sociedade, solidariedades de alcance universalista fornecem bases amplas de representação de interesses, em que estes se tornam passíveis de agregação e de servirem de lastro à organização do Estado e a seu eventual controle democrático. Mas há ressalvas importantes.

Em primeiro lugar, relações clientelistas podem servir como passo inicial para a produção de poder coletivo em escala mais ampla. Assim como a estrutura clientelista do feudalismo europeu surge como resposta à regressão do mundo sociopolítico da Antiguidade clássica, assim também a articulação clientelista pode representar uma fase necessária no processo em que, sob determinadas circunstâncias, a estrutura organizacional do Estado moderno emerge e se consolida.

Por outro lado, o clientelismo se mostra presente em estruturas sociopolíticas as mais diversas, seja do ponto de vista do contraste tradicional-moderno, do grau em que as relações pessoais se encaixam em estruturas organizacionais mais complexas ou mesmo da articulação do particularismo personalista com ideologias de maior ambição ou alcance. É conhecido o papel das redes de clientelas pessoais na Roma antiga. Mas mecanismos análogos marcam as máquinas políticas dos Estados Unidos no século 20, com líderes político-partidários controlando redes de vínculos pessoais em que o acesso a prebendas diversas é trocado por votos; assim como, dentre muitos outros exemplos mais ou menos recentes, na Itália do pós-Segunda Guerra o sistema de patronagem e clientelismo posto em prática pela Democracia Cristã acabou caracterizando a política nacional como um todo. E é possível lembrar a respeito o trabalho clássico de Sidney Tarrow (1967), em que se examina a adaptação clientelista de um partido de forte marca ideológica, de maneira afim ao que viria a prevalecer, de modo geral, nas subculturas políticas das chamadas "regiões vermelhas" da Itália, estudadas por Alessandro Pizzorno e associados, nas quais os fins revolucionários remetidos ao milênio permitiam o convívio pragmático com o sistema que se trataria de superar (PIZZORNO, 1966). Sem falar de que até a estrutura da União Europeia tem sido vista como favorecendo instituições clientelísticas (FAROLE; RODRÍGUEZ-POSE; STORPER, 2009).

O caso brasileiro certamente ilustra o papel que pode ser cumprido por relações clientelistas em um longo processo de construção estatal e nacional. Nas condições ecológicas iniciais de um amplo vazio territorial e escassos recursos de comunicação, a construção do Estado, ou a afirmação do poder central como tal, exigiu a construção gradual da própria *sociedade*, passando pela constituição de um "feudalismo" de gânglios fracionários, cujos protagonistas decisivos eram senhores privados encastelados em suas fazendas (OLIVEIRA VIANNA, 1955). Não admira que, diante do ajustamento problemático entre os dois polos, as condições brasileiras tenham permitido tanto a visão dos que apontam nelas o predomínio da "função privada" sobre a "função política", ou do poder privado sobre o poder público, quanto a visão de um Raymundo Faoro, em que se trataria da fortaleza patrimonial de um "estamento burocrático" permanente e autônomo perante a estrutura social subjacente (DUARTE, 1939; OLIVEIRA VIANNA, 1955; FAORO, 1958). Não há uma essência, quer privatista, quer estatista, da realidade brasileira.

Seja como for, há muito se aponta (JAGUARIBE, 1958, por exemplo) a conexão, no Brasil, entre a política de clientelas e o "Estado cartorial", em que a aparelhagem estatal se expandia bem além de suas necessidades funcionais para acomodar a demanda por empregos públicos especialmente para a classe média, de inserção precária na estrutura produtiva. Além disso, a operação da máquina clientelista sob o regime republicano, particularmente na República Velha, é o tema do grande clássico de Victor Nunes Leal (1948) sobre o clientelismo político no país. Nele se mostra com nitidez o jogo complexo entre as forças centralizadoras e descentralizadoras: a estrutura coronelista envolvia a intermediação exercida por donos de terras e notáveis locais (cuja recompensa era a garantia de condições para consolidar seu domínio no plano local) entre o sistema político, de nível federal e estadual, e as massas de eleitores rurais e semirrurais; ela supunha, porém, tanto a incapacidade do sistema político nacional para alcançar diretamente o eleitorado rural, quanto a decadência e as limitações do poder privado, funcionando como "um processo de conservação de seu conteúdo residual" (LEAL, 1948, p. 182). E, talvez como substrato do fenômeno do populismo que se difundiria em seguida, com o apelo ao "povão" por parte de lideranças de origens nas "elites", pesquisas posteriores puderam mostrar claros indícios da sobrevivência da operação de mecanismos clientelísticos mesmo no ambiente novo dos centros urbanos em expansão de meados do século 20. É o caso de *surveys* executados em Belo Horizonte em 1965, que apontam singular potencial de envolvimento com assuntos políticos e de exercício de influência política nas relações pessoais encontrado entre os migrantes de origens rurais recentes e de *status* socioeconômico mais elevado (REIS, 1971).

Cabe destacar, finalmente, quanto às ressalvas indicadas, as merecidas críticas a que se expõe a visão normativa embutida na concepção do clientelismo como "atraso". Um exemplo de relevo se tem na denúncia feita por Jürgen Habermas da crise de legitimidade do capitalismo avançado, que teria um de seus traços na expansão do *Welfare State* visto como levando ao predomínio da condição e da perspectiva do "cliente" sobre a de um idealizado cidadão atento a seus deveres ou responsabilidades cívicas, ou como configurando uma espécie de "cidadania negativa", em que se aviltaria a nobreza do *status* de cidadão pela introdução nela de um elemento de mercado (HABERMAS, 1975; KELLY, 1979). O idealismo da denúncia omite *trade-offs* importantes aos quais não há como escapar, em particular o envolvido na ideia de que a adesão a um pragmatismo afim à postura do cliente favorece a disposição à negociação e à tolerância, em contraste com os traços de rigidez, irredutibilidade e propensão beligerante que tenderão a marcar a identificação com grupos ou categorias parciais internas à coletividade nacional – e que compunham o ambiente anterior à afirmação do *Welfare State* em muitos dos países em que ele veio a afirmar-se.

De todo modo, a literatura mais recente sobre o clientelismo, que alguns trabalhos de Luis Roniger ilustram de maneira adequada (RONIGER, 1994; 2004), tem-se empenhado em trazer à discussão do tema geral matizes mais realistas e atenção para a contribuição de relações passíveis de serem caracterizadas em termos de clientelas à própria expansão da democracia, como instrumento de mobilização e de sensibilização para a ideia do acesso a direitos. Da ótica alternativa de que se vale essa literatura, os interesses privados e pessoais são parte inevitável da política (que alguns veem até como "inerentemente particularística", PIATTONI, 2001 apud RONIGER, 2004) – e são, na verdade, parte normativamente digna, tendo em vista sua ligação com o valor democrático da autonomia pessoal, que a social-democracia, em particular, trata de equilibrar e conciliar com o valor da solidariedade universalista e abrangente, de relações tensas com a autonomia.

Desse ponto de vista, o *Welfare State* pode ser entendido como a institucionalização solidária do clientelismo, com a universalização da prestação de serviços sociais pelo Estado. O que recupera doutrinariamente a ideia da proteção social por parte do Estado: não se pode esperar que o Estado democrático não seja senão aquele que responda à capacidade diferencial de pressão dos interesses privados de poder desigual.

Ver: Atores; Cultura Organizacional; Burocracia; Coronelismo

Referências Bibliográficas

DUARTE, N. *A ordem privada e a organização política nacional*. São Paulo: Companhia Editora Nacional, 1939.

FAORO, R. *Os donos do poder*. Porto Alegre: Globo, 1958.

FAROLE, T.; RODRÍGUEZ-POSE, A.; STORPER, M. *Cohesion policy in the European Union*: growth, geography, institutions. London: London School of Economics, 2009. (Report Working Paper.)

HABERMAS, J. *Legitimation crisis*. Boston: Beacon Press, 1975.

JAGUARIBE, H. *Condições institucionais do desenvolvimento*. Rio de Janeiro: Instituto Superior de Estudos Brasileiros, 1958.

KELLY, G. A. Who needs a theory of citizenship? *Daedalus*, Cambridge, MA, v. 108, n. 4, p. 21-36, fall 1979.

LEAL, V. N. *Coronelismo, enxada e voto*: o município e o regime representativo no Brasil. Rio de Janeiro: Revista Forense, 1948.

LEMARCHAND, R.; LEGG, K. Political clientelism and development. *Comparative Politics*, New York, v. 4, n. 2, 1972.

OLIVEIRA VIANNA, F. J. *Instituições políticas brasileiras*. 2. ed. Rio de Janeiro: José Olympio, 1955.

PIZZORNO, Al. Introduzione allo studio della partecipazione politica. *Quaderni di Sociologia*, Torino, v. 15, n. 3-4, giul./ dic, 1966.

POWELL, J. D. Peasant society and clientelist politics. *American Political Science Review*, Washington, v. 64, n. 2, p. 411-425, jun. 1970.

REIS, F. W. Participación, mobilización e influencia política en Brasil: neo-coronelismo em Brasil. *Revista Latinoamericana de Ciencia Política*, Santiago, v. 2, n. 1, p. 3-32, abr. 1971.

______. Solidariedade, interesses e desenvolvimento político. In: ______. *Mercado e utopia:* teoria política e sociedade brasileira. São Paulo: Edusp, 2000.

RONIGER, L. Political clientelism, democracy and market economy. *Comparative Politics*, New York, v. 36, n. 3, p. 353-375, apr. 2004.

SILVERMAN, S. F. Patronage and community-nation relationships in central Italy. *Ethnology*, Pittsburgh, v. 4, n. 2, p. 172-189, apr. 1965.

TARROW, S. *Peasant communism in Southern Italy*. New Haven: Yale University Press, 1967.

Coalizão

Ver: Corporativismo

Coerção

Ver: Consenso

Coesão Social

Sonia Miriam Draibe

De longa e clássica tradição nas ciências sociais, o conceito de coesão social tem sido recentemente utilizado no campo das políticas públicas com objetivos estratégicos, especialmente no que se refere a políticas de combate à pobreza e de inclusão social. Obviamente, as novas inscrições e releituras operam mudanças significativas nos significados clássicos.

Tal como utilizado recentemente, o conceito mostra-se fluido e de difícil definição. Ainda assim, é possível identificar na literatura corrente um conjunto comum de significados e componentes conceituais: as ideias de pertencimento a uma mesma comunidade; de valores comuns; de discursos, empreendimentos e metas comuns; enfim, de um destino compartilhado. Do ponto de vista da pobreza, aponta-se para as situações de rupturas do tecido social; de isolamento e passividade das pessoas; da não identidade e rejeição às diferenças; de desconfiança e desencanto com as instituições políticas; de perda de oportunidades derivadas dos parcos recursos e capacidades locais etc. Proposto como estratégia e meta da superação da pobreza, como o faz hoje a União Europeia, o *reforço da coesão social* significa o contrário disso, apelando para a (re)construção das relações interpessoais baseadas na confiança, na tolerância e no pluralismo; estimulando o investimento na construção de capacidade das coletividades locais, mediante a participação ativa das pessoas e do fortalecimento das organizações, redes e parcerias entre as instituições públicas e privadas.

Pertinência, inclusão, relações interpessoais, confiança, capacidades coletivas, redes sociais – além de envolver múltiplos significados, a noção de coesão interpenetra outros conceitos, tendo como gênero próximo os conceitos de *capital social*, inclusão social e outros mais (CEPAL, 2007). De algum modo, referem-se todos eles a ideias dos *laços sociais* ou liames que mantêm unida uma dada sociedade, correspondendo a um certo grau de integração e identificação coletiva dos seus membros.

A decomposição dos elementos constitutivos do conceito permite a melhor identificação dos conteúdos intelectuais e valorativos presentes nas definições usuais de coesão social.

Uma noção complexa como a de coesão social admite naturalmente distintas abordagens. Victor Godinez (2007) assinala três eixos principais que têm balizado os trabalhos acadêmicos sobre o conceito:

- a visão dinâmica da coesão social – ao contrário de uma visão estática, o conceito se refere a um processo de construção de valores compartilhados e de relações de qualidade entre os indivíduos e a sociedade;
- as dinâmicas de inclusão/exclusão social dos indivíduos nos vários aspectos implicados, materiais e não materiais (simbólicos); e
- os valores e identidades que fundamentam o sentido de pertencimento dos indivíduos à sua comunidade local, nacional e mesmo supranacional.

O entendimento da coesão social como processo dinâmico é decisivo para compreender o uso atual do conceito em matéria de políticas públicas. Isso porque, de um lado, tal concepção permite apreender as diferenças de intensidade, níveis ou graus de coesão social, em uma mesma sociedade em tempos distintos, ou entre sociedades distintas. De outro lado porque permite, quase como "complemento necessário", a consideração dos fatores que promovem coesão social, entre eles as políticas públicas.

Os elementos constitutivos da noção usual e contemporânea de coesão social explicitam bem as bases desses eixos analíticos.

Apoiado nos trabalhos seminais de Wooley (1998), Bernard (2000) e Jeannote (2002), Godinez (2007) distingue seis binômios tradicionalmente usados em trabalhos acadêmicos para identificar a coesão social ou sua ausência: 1) pertencimento/isolamento; 2) inclusão/exclusão; 3) participação/passividade; 4) reconhecimento/discriminação; 5) legitimidade/ilegitimidade; 6) igualdade/desigualdade.

Com base na distinção entre relações formais e relações substantivas feita por Wooley (1998), Godinez (2007) relaciona os seis binômios às três esferas básicas da vida social, construindo a seguinte classificação dos vetores constitutivos da coesão social: na esfera econômica, são estabelecidas relações formais de inclusão/exclusão e relações substantivas de igualdade/desigualdade; na esfera política, as relações são de legitimidade/ilegitimidade no plano formal e de participação/passividade no plano substantivo; e na esfera sociocultural, de reconhecimento/discriminação no plano formal e de pertencimento/isolamento no plano substantivo.

O significado de cada binômio para efeitos de coesão social é o seguinte (GODINEZ, 2007, p.18-19):

1) pertencimento/isolamento – a coesão social supõe o compartilhamento de valores e a percepção de que se faz parte de uma mesma comunidade;

2) inclusão/exclusão – a coesão social supõe uma capacidade generalizada de inserção no mercado, em particular o mercado de trabalho;

3) participação/passividade – a coesão social supõe o envolvimento dos cidadãos nas questões públicas consideradas de modo amplo;

4) reconhecimento/discriminação – a coesão social supõe pluralidade e ao mesmo tempo tolerância com as diferenças;

5) legitimidade/ilegitimidade – a coesão social supõe a existência de instituições públicas e privadas com capacidade de gestão e mediação dos conflitos; e

6) igualdade/desigualdade – a coesão social supõe um compromisso profundo e sistêmico em prol da justiça distributiva e da equidade.

Um ponto central para o entendimento dessa tipologia é a necessária relação entre os elementos formais e os elementos substantivos. Isto é, a coesão social resulta da tensa e dialética relação entre esses componentes, que, na sua inter-relação, formam uma totalidade dinâmica. É conveniente indicar, com o autor, os principais desdobramentos desse entendimento:

• a coesão social resulta da disposição dos atores em cooperar em todas as escalas da sociedade em prol de bens coletivos;

• a coesão social é dinâmica, não estática, e pode tanto ampliar-se como deteriorar-se, dependendo do jogo de forças das relações entre os elementos e seus contrários; e

• a ação das instituições é de decisiva importância nas sociedades democráticas, porque proporciona o espaço e define as regras do jogo que permitem aos integrantes da comunidade criar, em cada circunstância específica, condições de coesão social (GODINEZ, 2007, p. 20).

Grynspan e Lopez-Calval (2007) ressaltam que não se pode pensar em coesão social sem pensar simultaneamente nas forças de atração e dispersão que mantêm mais ou menos coesos os elementos ou indivíduos membros da sociedade. Para os autores, o conceito de coesão social supõe: i) indivíduos; ii) a existência de objetivos potencialmente compartilhados; e iii) um sistema de incentivos e instituições que, conferindo-lhes credibilidade, se constituam em forças de atração em torno daqueles objetivos (GRYNSPAN; LOPEZ-CALVAL, 2007, p. 88).

Passo importante a ser dado nessa breve decomposição dos elementos constitutivos da noção corrente de coesão social é o reconhecimento de que a coesão diz respeito tanto aos *laços sociais reais* que ligam os indivíduos entre si, em uma dada sociedade, quanto à *percepção* que eles têm do seu próprio pertencimento a essa sociedade.

Dito de outro modo, a noção de *coesão social* traz consigo a ideia de pertencimento a uma mesma comunidade, da experiência e sentimento de *membership*. Isso do ponto de vista do indivíduo. Do ponto de vista da sociedade como um todo, entende-se que ela própria será tanto mais coesa quanto mais seus membros sintam e se percebam a si próprios como seus membros legítimos, como elementos de um "nós" coletivo. A literatura ressalta ainda, como fatores que exigiriam a reconstrução da coesão social, características das sociedades contemporâneas como o consumismo e o individualismo autocentrado, a perda do sentido de pertencimento à comunidade nacional e a erosão dos pontos tradicionais de referência (SORJ; MARTUCCELLI, 2008, p. 14).

A Cepal ressalta a natureza híbrida e complexa do conceito, entendendo que a coesão social resulta de dupla relação dialética, a saber entre integração e exclusão social, e entre capital social e ética social (CEPAL, 2007, p. 16).

A relação entre coesão social, democracia e governabilidade é cada vez mais invocada na literatura contemporânea referente ao tema. E não por acaso. Primeiramente, porque as instituições definem e garantem regras e incentivos à construção da coesão social. Em sociedades democráticas, não apenas são as instituições democráticas que o fazem, como também a sustentabilidade da governança democrática supõe graus mínimos de coesão social.

De modo mais decisivo, a maior pertinência entre coesão social e democracia decorre da diversidade e da heterogeneidade sociais características das sociedades contemporâneas, que transformam as tensões e *conflitos sociais* em regra, mais que em momentos de exceção. Ora, as instituições democráticas são, por excelência, mecanismos de mediação de conflitos e de construção de consensos, ocupando lugar central entre os mecanismos de construção da coesão social.

Tal como vem sendo utilizada, a coesão social longe está de constituir conceito próprio de um específico corpo teórico. É antes uma noção, uma ideia-força que sintetiza os significados e as especificidades do modelo social europeu, disseminada pela União Europeia, no seu esforço de diferenciação de outras tradições e visões da sociedade e das políticas sociais. Posta em circulação em 1986, a política de coesão econômica e social da Comunidade Europeia foi definida como um dos seus objetivos essenciais no Tratado da União de 1993. Ganhou proeminência plena nos Tratados de Maastrich (1992) e de Lisboa (2000), quando o objetivo da coesão social passou a ocupar posição central na Agenda Social Europeia, apoiada nos valores do modelo social europeu e instrumentalizada pelo método aberto de coordenação, o diálogo social e os fundos sociais estruturantes. Nos primeiros anos da década de 1990, a noção disseminou-se com sucesso e passou mesmo a orientar as relações de cooperação descentralizada da União Europeia com a América Latina e África. No caso da América Latina, a noção ganhou curso próprio, através da contribuição decisiva da Cepal (2007), tanto para a maior precisão dos significados quanto para a especificação dos indicadores de coesão social para a realidade latino-americana. Em 2001, o Conselho Europeu, reunido em Laeken, adotou uma lista de 18 indicadores (ampliados para 21 em 2006) que cobrem quatro áreas temáticas centrais – renda, emprego, educação e saúde – e permitem o seguimento dos objetivos da Agenda Social Europeia.

Controvérsias marcam o debate acerca da origem teórica do conceito de coesão social. Durkheim tem sido frequentemente referido e não por acaso. Sua definição de *solidariedade orgânica* constituiria, para muitos, a origem do conceito atual de coesão social, que recobriria a natureza do laço social que une os indivíduos nas sociedades modernas, marcadas pela divisão social do trabalho e pela ação integradora de instituições que conferem sentido moral aos indivíduos. É a *coesão que nasce da complementaridade,* distinta da solidariedade mecânica, fundada sobretudo nas relações primárias e nos laços da comunidade tradicional.

Até certo ponto, pode-se fazer equivaler a noção atual de coesão social com a noção durkheimiana de solidariedade orgânica, já que se referem as duas ao modo como são adquiridos, interiorizados e aplicados os valores, as normas e os comportamentos no quadro de uma dada sociedade. Mas é constatação abstrata, genérica. Se se quisesse aprofundar a busca, em Durkheim, da origem da noção atual talvez se encontrassem mais discordâncias que definições comuns. Principalmente porque em Durkeim, se trata, mesmo nas sociedades modernas, de mecanismos quase automáticos de integração, que se dão em decorrência das necessidades que uns têm dos outros, satisfeitas mediante a complementaridade das "funções especiais". Os momentos de conflitos e tensões expressariam anomias e disfunções nas operações dos mecanismos integradores.

Ora, a noção atual de coesão social é pautada menos por essa ideia holística de "integração" e bem mais pelo reconhecimento de que as sociedades contemporâneas poder-se-ão manter coesas, se os conflitos sociais que lhes são inerentes forem reconhecidos e democraticamente "administrados". Nas sociedades contemporâneas, mais do que uma noção abstrata de integração, trata-se de entender a *coesão social com democracia,* como afirmam Sorj e Martuccelli (2008). Tensões, conflitos sociais, participação de interesses díspares, longe de se constituírem em processos de anomia social, formam o núcleo mesmo das sociedades democráticas atuais, cujas instituições operam (ou devem operar) não para suprimi-los, antes para acomodá-los em um todo social dinâmico, em contínua mutação.

Robert Putnam é outro autor frequentemente invocado como origem do conceito de coesão social, sempre que entendido como *capital social.* E há certo sentido nisso, já que entre os componentes da noção corrente de coesão social estão o sentimento de pertinência, a aceitação das regras, as relações de confiança, os bens coletivos etc., elementos que sem muita dificuldade poderiam também integrar a definição de capital social, como Putnam o concebe.

De todo modo, vale lembrar que a busca das tradições sociológicas clássicas que trataram da coesão social constitui exercício até certo ponto fictício, *a posteriori*, de atribuição de origem da noção hoje utilizada, definida muito mais no campo das políticas públicas e das orientações valorativas das instituições europeias e outras.

Ver: Controle/Controle Social; Exclusão Social; Identidade; Igualdade; Participação Popular; Reconhecimento

Referências Bibliográficas

BERNARD, P. *Social cohesion*: a dialectical critique of a quasi-concept. Quebec: Strategic Research and Analysis Directorate. Department of Canadian Heritage, 2000. Ref. SRA-491.

COMISIÓN ECONÓMICA PARA AMÉRICA LATINA Y EL CARIBE. *Cohesión social*. Inclusión y sentido de pertenencia en América Latina y el Caribe. Santiago: CEPAL, 2007.

DRAIBE, S. M. The debate on social cohesion in Latin America: origins, issues and some lessons from success experiences. In: ZUPI, M.; PUERTAS, E. E. (Eds). *Challenges of social cohesion in times of crisis:* euro-latin american dialogue. Madrid: FIIAP/UCM/Editorial Complutense, 2010.

______. Virtudes y límites de la cooperación descentralizada en pro de la cohesión social y del combate a la pobreza: reflexiones y recomendaciones. In: GODINEZ ZUÑIGA, V. M.; ROMERO, M. H. *Tejiendo lazos entre territorios*. La cooperación descentralizada local Unión Europea/América Latina. Barcelona: URB-AL/Diputacion de Barcelona; Valparaizo: Municipalidad Valparaizo.

GODINEZ, V. M. *Cohesión social y cooperación descentralizada*: la experiencia europeo-latinoamericana. Barcelona: Observatorio de Cooperación Descentralizada Unión Europea-América Latina, 2007. (Estudios de Investigacion, 2.)

GRYNSPAN, R.; LOPEZ-CALVAL, L-F. Democracia, gobernabilidad y cohesión social en la región latinoamericana. *Pensamiento Iberoamericano*, Madrid, n.1, 2ª epoca, p. 85-104, 2007.

JEANNOTE, M. S. *Social cohesion around the world*: an international comparison of definitions and issues. Quebec: Strategic Research and Analysis Directorate. Department of Canadian Heritage, 2000. Ref. SRA-309.

PUTNAM, R. *Making democracy work*: civic tradition in modern Italy. Princeton, NJ: Princeton University Press, 1993.

SORJ, B.; MARTUCCELLI, D. *O desafio latino-americano*. Coesão social e democracia. Rio de Janeiro: Civilização Brasileira, 2008.

WOOLEY, F. Social cohesion and voluntary activities: making connections. In: CSLS Conference on The State of Living Standards and the Quality of Life in Canada, 1998, Ottawa, Ontario. *Programa*. Ottawa: Center of the Study of Living, 1998.

Complexidade

EDGARD DE ASSIS CARVALHO

A expressão complexidade, em seu uso comum, remete essencialmente à ideia de que a realidade está composta por múltiplos e não lineares elementos, que se interpenetram de modo intenso e desafiam a compreensão. Afirmada como característica daquilo que é complexo, aproxima-se da ideia de complicação e dificuldade, mas também da ideia de articulação e composição. A palavra latina *complexus* (o que rodeia, o que inclui) deriva do verbo *complecti* (rodear, abraçar), que por sua vez é formado por *com* (junto) mais *plectere* (tecer, entrelaçar), levando assim ao significado de complexo como aquilo que é tecido junto, que está entrelaçado.

Em um nível mais técnico, o conceito está associado à perspectiva filosófica da totalidade dialética (Hegel, Marx), que não só entende o mundo real (seja ele uma sociedade ou uma organização) como integrado por distintas e contraditórias dimensões, que se desenvolvem em um processo histórico contraditório, como também estabelece que o conhecimento somente se realiza quando essas múltiplas dimensões são apreendidas como um todo articulado. A verdade de uma abordagem, assim, estaria no todo.

Nas últimas décadas do século 20, diferentes estudiosos (da filosofia, da física, da sociologia, da ciência da informação) passaram a operar com formas de pensamento dedicadas a romper com o conhecimento linear, excessivamente especializado e compartimentado. Foi-se constituindo assim uma visão interdisciplinar ou transdisciplinar dos sistemas complexos, abarcando as redes, o equilíbrio termodinâmico e a teoria do caos. Da progressiva interação entre esses estudiosos nasceu a vertente do pensamento complexo, que tem seu maior representante no filósofo francês Edgar Morin.

O tema da complexidade tornou-se então presente na abordagem dos problemas contemporâneos, à qual oferece uma perspectiva de análise e alguns importantes procedimentos intelectuais.

Fala-se em complexidade para explicar a condição humana e seus dilemas tendo como pontos de partida a superação da fronteira natureza e cultura e a abertura bio e antropossociológica. O homem é marcado pelo entrelaçamento dos itinerários racional-lógico-dedutivo e simbólico-mítico-mitológico, sendo ambos caracterizados por relações de complementaridade, concorrência e antagonismo. É assim que a inteligência humana se organiza, a consciência se estrutura, o pensamento criador se efetiva.

O que marca o conhecimento são os circuitos recursivos entre sujeito e objeto, espírito e mundo. Por isso, as relações de incerteza dão o tom dos conhecimentos, assim como da consciência de seus limites. Os conhecimentos vivem sempre no limite de sua própria destruição. As relações de causalidade e determinismo devem ser colocadas em seu devido lugar e não serem tomadas como deflagradoras exclusivas dos processos cognitivos, sociais, culturais.

Não somos os detentores exclusivos de conhecimentos simbólicos sistematizados, pois alguns deles são compartilhados com primatas não humanos como chimpanzés, gorilas e bonobos. O que nos diferencia é um enraizamento antropológico cerebral-espiritual-cultural-social que, por sua vez, requer um enraizamento físico-biológico-zoológico. É a partir deles que diagnósticos, proposições e teorias são construídos, redefinidos, superados. As criações humanas são sempre bio e antropossociais e envolvem quatro esferas indissociáveis e interdependentes: a biosfera, a antroposfera, a psicoesfera, a socioesfera.

Há paradigmas que explicam o mundo. Um paradigma é a paisagem mental composta de elementos racionais e emocionais. Seus conceitos são inacabados, impuros, trazem restos de outros conceitos. São sobrevoos, linhas de fuga a serem permanentemente reformadas e redefinidas. Precisamente por isso, os paradigmas não podem ser consensuais, sistemas fechados de representações e crenças.

Dois paradigmas regem o conjunto dos saberes: o da disjunção que separa homem e natureza e o da conjunção que prega a unidualidade natural e cultural, cerebral e psíquica. O primeiro gera a fragmentação e a disciplinaridade, o segundo prega a reconciliação e a transversalidade. Sujeito e objeto, alma e corpo, espírito e matéria, qualidade e quantidade, finalidade e causalidade, sentimento e razão, liberdade e determinismo, existência e essência são opostos complementares que regem a totalidade dos sistemas vivos. A complexidade requer uma revolução paradigmática que questione essas dualidades e as coloque em circuito permanente.

A identidade humana funda-se no entrelaçamento indivíduo-sociedade--espécie. Relações de antagonismo e complementaridade entre os três termos formam um circuito de ações e retroações, abrem a identidade para o sentido de humanidade, exibem os dilemas da condição humana. Rompem-se assim as concepções redutoras do *homo sapiens – homo faber, homo economicus, homo ludens* –, que ignoram o caráter múltiplo e complexo de nossa identidade biológica, subjetiva e social.

O futuro da identidade humana funda-se na metamorfose e na regeneração da autonomia dos seres vivos. O *homo complexus* sempre se envolve com os dilemas da repetição, da criatividade, da afetividade, do sentimento de comunidade. É *sapiens* ao quadrado, *sapiens sapiens demens.*

A complexidade possui fundamentos, pressupostos, ideias-matrizes.

1) Eco-organização. Qualquer ser vivo possui em seu próprio interior a organização de seu meio mantendo com ele diálogo permanente. Cai por terra a oposição inato/adquirido, homem/grupo, determinismo/liberdade.

2) Teoria. Um sistema multidimensional de ideias que se alimenta da abertura com o mundo exterior. Se o sistema se fecha, converte-se em doutrina, cânone, degradação.

3) Vida. Oceano de incertezas, a vida se movimenta em meio a um arquipélago de certezas. Estamos todos

em uma aventura desconhecida, incerta, o futuro jamais está dado.

4) Cérebro. Sendo humanos, carregamos em nossa constituição um cérebro dividido em três partes que se unem: uma memória coletiva, cujo caráter é histórico e evolutivo, uma parte reptílica, sede da agressão; uma segunda herdada dos antigos mamíferos, sede da inteligência e da afetividade; finalmente uma terceira, o neocórtex cerebral, sede das operações lógicas.

5) Ordem/desordem. Opostas e complementares, ambas essas dimensões são constitutivas do destino humano. A ordem, identificada com repetição e permanência, contém necessariamente a desordem, ou seja, a incoerência e a confusão. Convivem a todo tempo e configuram processos subjetivos e objetivos.

6) História. O processo histórico nunca é linear e teleológico, mas um movimento constante repleto de desvios e bifurcações.

7) Cultura. Ao se eliminarem as dicotomias entre cultura popular e erudita, cultura científica e cultura literária, a cultura pode passar a ser vista e tratada como patrimônio e expressão da práxis e das práticas coletivas. As obras culturais devem dar ao cidadão a capacidade de quebrar e transgredir fronteiras e compartimentos ainda vigentes entre os saberes. A cultura contém padrões, normas, regularidades, mas é portadora de uma zona obscura antropocósmica difícil de ser desvendada.

8) Sujeito. O sujeito vive sempre para si e para o outro e essa dialogia lhe confere identidade, diferença, reconhecimento. De um lado a filogênese, de outro a ontogênese. Ambas têm a ver com o surgimento e preservação da espécie, com os ganhos e perdas ocorridos no processo da hominização.

9) Era planetária. A terra-pátria como comunidade de destino fornece as bases éticas para a humanidade. É nela que se religam o local e o global, o universal e o particular. Se, de um lado, é necessário pertencer a um país, uma religião, um grupo cultural, de outro é também imperativo o pertencimento à Terra. As identidades locais convertem-se em identidades concêntricas sintonizadas com os destinos, a preservação e a sustentabilidade planetárias.

10) Corporeidade. A identidade somática é indicativa da consciência de si. É preciso retomar a posse do corpo, distribuir melhor a energia que circula por todas as suas partes, tomar consciência da relação entre o todo que é o corpo e o todo que é o universo. É preciso mantê-lo ativo o tempo todo. O corpo requer treinamento intensivo, seu aparelhamento sempre traz surpresas e inovações. Corpo e mente, corpo e imaginação, corpo e sexualidade são bases da formação da consciência individual, social, cósmica.

O programa intelectual mais profundo da complexidade prevê um retorno aos fundamentos sapientais, fala em recriar valores universais, redefinir conceitos, religar saberes, rearticular ciência, arte, tradição, espiritualidade, mito. Fala, também, em retomar as relações entre ética, ciência e política, bem como os fundamentos da autoética, da socioética e da antropoética.

Todo ato ético é um ato de religação com o outro, com os seus, com a comunidade, a humanidade e o cosmo. Como tudo o que é humano, a ética deve defrontar-se com as incertezas e contradições, isso pelo fato de que a ecologia da ação nos indica que qualquer ato humano escapa cada vez mais da intencionalidade de seu autor. Sempre há riscos e precauções, pois o que está em jogo é a relação entre meios e fins. Uma ética da responsabilidade aliada a uma ética da convicção é o protocolo de um novo contrato simultaneamente social e natural. Por isso, a ética de si (autoética), a ética do outro (socioética) e a ética da espécie (antropoética) são inseparáveis para que possamos pensar, redefinir os devires sociais e instaurar a democracia cognitiva e a política de civilização.

A complexidade é movida pela dinâmica da incompletude e pela incerteza do saber. Por isso, a religação dos dispositivos racionais-lógicos-dedutivos e míticos-mágicos-imaginários é prioritária. O método não é um conjunto de regras e procedimentos, mas uma estratégia para dialogar e relacionar disciplinas que foram separadas pela visão cartesiana. Busca-se estabelecer pontos de confluência entre as singularidades da matéria e do espírito que permitam a construção de uma visão integrada e policêntrica do homem.

O método absorve, convive e dialoga permanentemente com a incerteza. Seus três operadores são a dialogia que religa o que foi separado, a recursividade que põe causa e efeito, determinante e determinado em circuito permanente; o holograma que articula parte e todo, local e global. A percepção da unidade na diversidade e da diversidade na unidade, a simbiose, a complementaridade, a articulação entre ordem e desordem, padrão e desvio, repetição e bifurcação que integram os domínios da matéria, da vida, do pensamento são consequências desses três movimentos. A complexidade introduz o sujeito no conhecimento, o observador na realidade; religa ciência, arte, filosofia e espiritualidade; assume a ética e a estética como valores universais presentes na ciência e na política e no conjunto dos saberes e fazeres.

A complexidade é um problema, um desafio, jamais uma resposta pronta e acabada para os problemas do mundo. A reforma da educação e a consolidação da democracia são prioritárias para que essas ideias vinguem e se disseminem por todos os poros da sociedade civil. Por essas razões, o pensamento complexo deve ser colocado sob o signo da esperança permanente e da necessidade de religar, contextualizar e globalizar informações e saberes.

A partir desses postulados, o pensamento complexo mostra-se como consistente plataforma para a interação técnica e reflexiva com o mundo atual, mundo esse que é, ele próprio, sempre mais complexo, interconectado, aberto e dinâmico.

O pensamento complexo, por exemplo, pode auxiliar formuladores de políticas públicas, administradores e governantes a não se deixarem surpreender pela imprevisibilidade e pela velocidade das mudanças, de modo a reagir inteligentemente a elas. Nesse sentido, funciona como um alerta contra as tentativas de adotar modelos de gestão ou de governança que se baseiem em visões lineares e simplistas do mundo. Ajuda a que se rejeite a ideia de risco e incerteza como fatores que enfraquecem ou impedem o planejamento, o controle racional e a formulação de políticas de longo prazo.

O pensamento complexo, assim, funciona como parâmetro crítico e incentivo para que *policy makers* percebam a importância de rever procedimentos e abandonem práticas de gestão que não se revelem sintonizadas com a realidade social como um todo, ou porque estão aprisionadas pela força do hábito, ou porque privilegiam unilateralmente alguns aspectos da vida (o mercado ou os negócios, por exemplo) em detrimento de outros. Desse modo, faz um convite para que o universo da gestão pública se deixe invadir pelo adensamento ético, pela incorporação de conhecimentos abrangentes e pela busca sistemática de procedimentos gerenciais e estratégias de governo que deem conta da vida como ela é: complexa, multidimensional, contraditória e incerta.

Ver: Abordagens Cognitivas; Ideologia; Modernidade Líquida; Sustentabilidade

Referências Bibliográficas

BAUER, R. *Gestão da mudança:* caos e complexidade nas organizações. São Paulo: Atlas, 1999.

GEYER, R.; RIHANI, S. *Complexity and public policy:* a new approach to 21st century politics. Abingdon: Routledge, 2010.

MORIN, E. *Ciência com consciência*. Trad. Maria D. Alexandre, Maria Alice Sampaio Dória. Rio de Janeiro: Bertrand Brasil, 2010.

______. *Meu caminho*, entrevistas com Djénane Kareh Tager. Trad. Edgard de Assis Carvalho, Mariza Perassi Bosco. Rio de Janeiro: Bertrand Brasil, 2010.

______. *Educação e complexidade:* os sete saberes e outros ensaios. Org. Edgard de Assis Carvalho e Maria da Conceição de Almeida. Trad. Edgard de Assis Carvalho. São Paulo: Cortez, 2009.

Comunismo

Hamilton Garcia de Lima

Em sentido sociológico, comunismo significa o sistema de repartição, entre os membros de uma comunidade, dos bens essenciais para sua reprodução material – o que em algumas escolas, como a platônica, implicava a supressão da família, a temporariedade do casamento e a criação estatal da prole, de modo a constituir o bem público como o bem supremo da sociedade. Dessa ótica, a hipótese histórica do *comunismo primitivo* como fase primária do desenvolvimento social humano deve ser distinguida das formas de propriedade coletiva ligadas a família, clãs etc., pois tais formas estão delimitadas por suas respectivas macroesferas privadas de consanguinidade.

Em sentido político, comunismo designa a doutrina ou o movimento da reforma social que preconiza a posse coletiva dos meios de produção em proveito das necessidades humanas sem a intermediação privada do mercado ou do capitalista. Como tal, o desenvolvimento do movimento comunista implicou uma série de transformações que lhe emprestaram significados diversos ao longo do tempo.

As *démarches* do comunismo acompanham as mudanças históricas nas sociedades humanas. Do idealismo platônico (séculos 5-6), que preconizava uma sociedade coletivizada sob a égide de uma elite dirigente cultivada, aos socialistas utópicos dos séculos 18-19, passando pelo comunismo cristão primitivo dos Evangelhos, onde os pobres encarnavam as virtudes e os ricos os vícios – ideologia que inspirou movimentos heréticos por muitos séculos e guerras camponesas até o século 16 –, atravessa-se um longo período até a formação das forças sociais capazes de tornar o comunismo um movimento politicamente viável e ideologicamente consistente, capaz de interpelar as expectativas criadas pela modernização econômica no sentido de integrar a sociedade e, com isso, universalizar o progresso por meio da socialização das formas elevadas de produção da riqueza.

O comunismo moderno encontra seu ponto de inflexão diante das utopias do passado ao incorporar os elementos da modernidade, como a luta de classes, o industrialismo e o globalismo, superando as formas artesanais de organização política, os limites nacionais onde elas se desenvolviam e as formulações ideológicas sectárias que impediam a unidade das várias correntes em luta. Abordando criticamente as conquistas dos ideólogos socialistas de sua época, cujas lutas mais importantes tinham lugar na periferia econômica europeia, em especial na França, a economia política pensada a partir do protagonismo econômico-industrial inglês, e a filosofia materialista e idealista produzida em uma Alemanha fragmentada e impactada pelas tensões da modernidade emergente, Karl Marx (1818-1883) e Friedrich Engels (1820-1895) deram o passo teórico decisivo para inscrever as forças da revolução social antiburguesa no âmago da realidade de sua época. Resgatando o termo *comunismo* para designar a emergência de um movimento popular (operário) pensado para além das facções e dos intelectuais que então animavam o movimento anticapitalista, os dois militantes-pensadores abriram as portas para a incorporação das experiências cotidianas dos trabalhadores na luta pela transformação social, rechaçando todas as formas de *populismo* e de *vanguardismo* que concebiam a nova sociedade como produto das vontades e das consciências iluminadas.

O impacto da novidade não seria imediato. Somente foi sentido no último terço do século 19, quando os partidos social-democratas europeus, sob influência marxista, lograram minar o monopólio da burguesia sobre a política, trazendo à baila a possibilidade da mudança democrática para o socialismo. O êxito do marxismo, paradoxalmente, levou-o à sua primeira grande crise, visto que a ampliação da participação política no Ocidente, sem a mudança do sistema capitalista de produção, encerrava uma contradição flagrante com a teoria da exploração econômica do proletariado, que preconizava a alienação econômica como determinante de sua exclusão política.

A partir da Primeira Guerra Mundial, vista pela ala esquerda da social-democracia como a chance de botar abaixo o estado burguês em conflito imperialista aberto, a contradição explode sob a forma da discrepância entre marxistas *reformistas* e *revolucionários*, respectivamente, organizados em partidos social-democratas ou socialistas e em dissidências cuja autodenominação comunista, consagrada a partir de 1918, marcaria todo o século 20.

O comunismo moderno passa, então, pela terceira metamorfose ao se frustrarem as revoluções proletárias na Europa e ao eclodir, na Rússia, a primeira revolução proletária bem-sucedida do mundo, fato que projetou seu principal líder, Lenin, à condição de ícone do movimento ao lado de Marx e Engels. A reviravolta geográfica no centro de gravidade do comunismo, do Ocidente para o Oriente, deslocaria o legado revolucionário do marxismo, com base na ação consciente da classe operária, para a mobilização jacobina do povo sob a inspiração de uma vanguarda de classe. O marxismo-leninismo daí oriundo, traduzido em chave mais dogmática a partir da morte de Lenin (1924), hipertrofiou as novas características do movimento, levando-o à estatolatria e à adoração de um "Pai", encarnado na figura de Josef Stálin, Secretário-Geral do PCUS. Os aspectos estatocráticos que as lideranças libertárias (anarquistas) já criticavam em Marx e Engels, se hipostasiam no comunismo soviético, fazendo com que muitos comunistas ocidentais o qualificassem como a ideologia do capitalismo de estado sem burguesia.

Foi nessa condição, de relativa marginalidade no Ocidente, que o comunismo stalinista se projetou como o principal movimento político de contestação à ordem capitalista do século 20. Tal modelo, viável apenas em países de Estado forte e burguesia fraca, como no Oriente, manteve-se adstrito às lutas corporativo-sindicais nos países capitalistas desenvolvidos, demonstrando-se incapaz de liderar qualquer alternativa nos países industrialmente avançados, mesmo sob o cenário convulsionado da Europa no pós-Segunda Guerra.

No sentido marxista original, o comunismo era entendido como uma possibilidade histórica que, nutrida por aquilo que o capitalismo oferecia como avanço civilizacional (revolução das forças produtivas) em cada quadrante do globo, abriria as portas para um desenvolvimento econômico e social pleno da humanidade, liberta dos limites da propriedade privada.

Esmagando a promessa libertária do marxismo – a liberdade dos produtores independentes e coligados e, com isso, a promessa de uma democracia superior –, o comunismo do século 20 alcança o auge como movimento de modernização periférica no imediato pós-Segunda Guerra, até ser vitimado pela estagnação econômica dos anos 1970 e a corrupção no âmago do sistema de poder e gerenciamento, sintomas do esgotamento de um modelo totalitário de modernização econômico-social.

A longa agonia do comunismo soviético, cujos primeiros sinais se fizeram sentir na periferia do sistema (Comecon), nas revoltas húngara (1956) e tchecoslovaca (1968), e mais tarde na crise polonesa (1980), associada à crise do modelo social-democrata europeu dos anos 1970, acabaria por precipitar uma onda conservadora no Ocidente que aumentaria em muito a pressão sobre a URSS até seu colapso. De um lado, a aproximação dos EUA com a China forçaria os russos a um incremento militar na sua frente oriental nos anos 1970 que, combinado com a corrida armamentista promovida por Reagan nos anos 1980, acabaria agravando a crise econômica do bloco socialista até o ponto da *perestroika-glasnost* tentada por Gorbachov a partir de 1985.

O ajuste democrático-estrutural do modelo soviético buscado por Gorbachov demonstrou-se inviável no âmbito de um sistema totalitário cujo princípio de existência baseava-se no férreo controle dos indivíduos e dos aparatos de poder econômico e cultural, o que precipitou o golpe militar contra seu governo, em 1991, e o desencadeamento de uma resistência civil que reforçou os anseios de autonomia nacional na própria Rússia, jogando por terra qualquer possibilidade de continuidade da reforma do regime e precipitando o fim da URSS e de seu sistema de países satélites.

A partir de então, o comunismo retroage à condição de um movimento marginal em todo o mundo. Somente sobrevivem fragmentos de uma propositura utópica no igualitarismo rural cubano, a par de uma exótica encarnação protomonárquica na Coreia do Norte, com a China e seus aliados se distinguindo nesse processo como economias de mercado sob forte regulação estatal, mas sem projeto de resgate de qualquer pretensão libertária à moda marxista.

Nesse processo, perdeu-se não apenas o sentido daquilo que Georges Lavau denominou "ameaça de secessão da plebe", mas também, e sobretudo, um de seus mais importantes corolários, responsável direto pelo consenso em torno do bem-estar social do Ocidente no pós-guerra: a competição internacional, que obrigava as burguesias ocidentais a importantes concessões a seus trabalhadores sob a forma do estado social, contraponto estratégico ao modelo social do comunismo do Leste.

A derrota acachapante do comunismo no final do século 20, em paralelo com a crise do Estado de Bem-Estar Social e dos partidos socialistas, lançou a esquerda em uma postura defensiva que só parece arrefecer diante da perspectiva de sucessivas crises financeiras mundiais. Tal arrefecimento, no entanto, tem sido tíbio e vacilante, à exceção da periferia do sistema, em particular na América Latina, quando a esquerda ressurge mais ou menos associada à emergência de líderes populistas, a quem emprestam algum discurso reformista de cunho mais eleitoral do que efetivo.

Ver: Estado; Igualdade; Democracia; Esquerda/Direita; Social-Democracia; Socialismo

Referências Bibliográficas

BEDESCHI, G. Comunismo. In: BOBBIO, N.; MATTEUCCI, N.; PASQUINO, G. *Dicionário de política*. v.2. Brasília: Editora UnB, 1986.

BOTTOMORE, T. (Ed.). *Dicionário do pensamento marxista*. Rio de Janeiro: Jorge Zahar, 1988.

CLAUDÍN, F. *A crise do movimento comunista*. Trad. José Paulo Netto. São Paulo: Global, 1986. v. 2.

LENIN, W. *As três fontes - as três partes constitutivas do marxismo*. São Paulo: Global, 1979.

PAULO NETTO, J. (Org.). *Joseph Stálin - política*. São Paulo: Ática, 1982.

Concertação Social

Ver: Arena Política; Consenso; Contrato Social/ Contratualismo; Corporativismo

Concessões

Waldomiro Pecht

O regime de concessão é um dos principais instrumentos de que dispõe o poder público para lograr a prestação de serviços demandados pela população. Com efeito, quer pela insuficiência de recursos orçamentários, ou mesmo por considerar que a administração pública direta seja menos eficiente na execução de determinadas atividades, o poder público, por meio de concessões, pode delegar ao setor privado ou a outros entes da administração pública indireta (empresas estatais, por exemplo) a prestação de determinados serviços.

Essa possibilidade é assegurada pela própria Constituição Federal (CF) em seu artigo 175, que, além da concessão, menciona também o regime de permissão. E para ambos os regimes há exigência de licitação. O texto constitucional, ao elencar as competências da União, estados e municípios, também aponta os serviços que podem ser explorados sob a forma de concessões e permissões.

Embora não sejam cabalmente explicitadas as situações e condições em que uma ou outra deva ser utilizada, é geralmente aceito que as permissões são atos unilaterais do poder público, não tendo caráter contratual. São, portanto, passíveis de revogação a qualquer momento. Essa natureza precária das permissões restringe sua utilização a atividades que não exijam por parte do permissionário a realização de grandes investimentos ou de um longo período para o retorno financeiro.

Outra forma comumente utilizada para ampliar a oferta de serviços públicos fora da administração direta são as chamadas autorizações. Ainda que não citadas no artigo 175, elas estão previstas no artigo 21, inciso XII, da CF e se aplicam a uma gama variada de serviços de menor complexidade. Exemplos comuns na administração municipal são as autorizações a empresas privadas, mediante simples atos administrativos, para realizarem a conservação de praças e vias públicas. E como compensação pelo serviço prestado, geralmente lhes é permitida a fixação de propagandas.

A cobrança de tarifa pelo concessionário é a forma de viabilizar, em termos econômicos, a prestação dos serviços que, de outra forma, teriam de ser oferecidos pela administração direta com recursos do erário público.

Caberá ao concessionário, por sua conta e risco, por prazo certo e mediante a cobrança de tarifas dos usuários, prestar o serviço objeto do contrato de concessão.

Entretanto, a responsabilidade por esses serviços, mesmo quando concedidos, permanecerá com o poder público; e ao final do contrato, como poder concedente, a ele reverterá a plena titularidade dos mesmos. Daí porque sempre compete ao poder público acompanhar e fiscalizar a prestação dos serviços concedidos.

A utilização pelo poder público do instituto das concessões como instrumento de política econômica é prática que vem de muito longe. Os historiadores registram, já no mundo antigo e medieval, exemplos diversos de mecanismos através dos quais as autoridades públicas repassavam a particulares a prestação de serviços essenciais à população.

A análise das experiências passadas deixa também evidente que as decisões de prestar diretamente os serviços públicos pelo Estado (ou fazê-lo pelo sistema de concessões) dependeram não apenas da capacidade financeira do Tesouro, mas em grande parte do perfil das ideologias predominantes. O Estado pode também, em determinadas circunstâncias, mesmo utilizando amplamente o instituto das concessões, continuar ativo na área dos serviços públicos, ao entregar concessões não para o setor privado, mas para organizações estatais da administração indireta, como empresas estatais ou de capital misto.

No Brasil, por exemplo, após longo período em que predominou na área de infraestrutura econômica a prestação dos serviços por concessionárias privadas, geralmente estrangeiras, o Estado assumiu o controle dessas empresas. Deu-se início a uma forte expansão no setor, principalmente a partir da metade do século 20, mediante a criação de novas empresas estatais ou mistas, mantendo-se, entretanto, o regime de concessões. Esse movimento só veio a perder força a partir do final dos anos 1980 e por todos os anos 1990, quando, seguindo a tendência internacional, passou a predominar uma política pública de redução da presença do Estado na economia, com a adoção dos programas de desestatização.

É nesse contexto que, entre nós, as concessões, mediante novos estatutos legais, retomam seu papel tradicional de instrumento de prestação de serviços públicos pelo setor privado. Além da nova Constituição Federal de 1988, foram determinantes nesse processo a aprovação das Leis Federais n. 8.666, de 21/6/1993, que regulamenta o art. 37, inciso XXI, da Constituição Federal e institui normas para licitações e contratos da administração pública e dá outras providências, e n. 8.987, de 13/2/1995, que dispõe sobre o regime de concessão e permissão da prestação de serviços públicos, tal como previsto no art. 175 da Constituição Federal.

As concessões foram então utilizadas com o objetivo não apenas de cortar os gastos públicos e reduzir a presença do Estado na economia, procurando preservar o nível de oferta de serviços, mas também como meio de ampliar a oferta mediante a abertura para novos investimentos, agora oriundos predominantemente do setor privado.

Vale ressaltar que, nesse período, as concessões foram também instrumento fiscal para viabilizar aumentos na receita financeira do Estado. Houve ampla prática de concessões onerosas mediante cobrança aos concessionários de elevados valores pela obtenção da concessão.

Entretanto, na medida em que a desestatização e as privatizações avançavam, foram tornando-se mais escassos os ativos ou serviços e setores passíveis de exploração pelo setor privado. Como consequência, no caso de muitos serviços públicos, caminhava-se para um impasse: a tarifa a ser cobrada pelo concessionário para viabilizar empreendimentos remanescentes tendia a ser cada vez mais incompatível com o número e poder aquisitivo dos usuários.

Nessas condições, o Estado, para não assumir diretamente a prestação dos serviços, teria de abrir mão de parte ou da totalidade de suas receitas com a concessão ou teria de cobrir parte do custo das tarifas mediante alguma forma de subsídio, prática também comum no passado.

Abrir mão de receita derivada de alguns impostos e/ou reduzir o âmbito das novas concessões onerosas não seria muito complicado; o impasse era mais abrangente. Investidores privados em muitas áreas, principalmente de infraestrutura econômica, assinalavam que a questão não era apenas o valor da tarifa a ser cobrada dos usuários. A própria natureza dos novos empreendimentos, que ao governo agora interessava licitar mediante concessões, envolvia riscos que eles não estavam dispostos a assumir na ausência de um forte suporte estatal.

Ao governo restava viabilizar a oferta dos serviços integralmente com recursos públicos. Na medida em que as autoridades estivessem limitadas por questões orçamentárias ou não estivessem profundamente dispostas a reorientar o processo de desestatização, o aumento e mesmo a manutenção na oferta de serviços públicos estariam comprometidos.

Nessas circunstâncias, a experiência internacional apontava algumas inovações, no âmbito do aparato legal, para fazer frente à não atratividade para o setor privado nas concessões de alguns serviços públicos: a introdução no país do sistema de parcerias público-privadas (PPP).

Depois de longo e intenso processo de debate, que ocupou o final dos anos 1990 e o início dos anos 2000, quando foram realizados seminários técnicos nacionais e internacionais sobre a matéria, pois, tratava-se de tema altamente sensível para os interesses de grupos empresariais, assim como dos gestores públicos, foi aprovada a Lei Federal n. 11.079, de 30/12/2004, que instituiu no Brasil normas gerais para a licitação e contratação de parcerias público-privadas no âmbito da administração pública.

A lei detalha as condições em que as parcerias podem ser constituídas, com destaque para suas implicações com relação à Lei n. 8.666, de 21/6/1993 (Lei das Licitações e Contratos), à Lei n. 8.987, de 13/2/1995 (Lei das Concessões), e à Lei Complementar n. 101, de 4/5/2000 (Lei da Responsabilidade Fiscal), e trouxe dois novos conceitos – o de concessões patrocinadas e de concessões administrativas:

"Art. 2º Parceria público-privada é o contrato administrativo de concessão, na modalidade patrocinada ou administrativa.

§1º Concessão patrocinada é a concessão de serviços públicos ou de obras públicas de que trata a Lei n. 8.987, de 13 de fevereiro de 1995, quando envolver, adicionalmente à tarifa cobrada dos usuários, contraprestação pecuniária do parceiro público ao parceiro privado.

§2º Concessão administrativa é o contrato de prestação de serviços de que a Administração Pública seja a usuária direta ou indireta, ainda que envolva execução de obra ou fornecimento e instalação de bens.

§3º Não constitui parceria público-privada a concessão comum, assim entendida a concessão de serviços públicos ou de obras públicas de que trata a Lei n. 8.987, de 13 de fevereiro de 1995, quando não envolver contraprestação pecuniária do parceiro público ao parceiro privado."

Entretanto, ainda em 2012, passados sete anos de vigência da Lei n. 11.079/2004, e contrariando as expectativas com relação ao alcance das PPP, os resultados têm sido modestos. Apenas alguns poucos contratos foram firmados; o grosso das concessões nos últimos anos continuou a ser feito como concessão comum, constituída nos moldes tradicionais. Uma das explicações para o pouco sucesso das parcerias público-privadas costuma ser relacionada com as dificuldades enfrentadas pelo setor público para atender às exigências postas pela própria legislação, em particular quanto à observância da Lei Complementar n. 101, conhecida como Lei de Responsabilidade Fiscal. Recordemos que, nos termos da lei das PPP, n. 8.987, para ser considerada parceria, a concessão teria necessariamente de envolver contraprestação pecuniária do parceiro público ao parceiro privado. Aponta-se o argumento de que o setor privado só se interessa por projetos quando os maiores ônus nas parcerias, relacionados a riscos e custos dos empreendimentos, recaiam sobre o setor do governo, o que torna pouco atrativa ou inviabiliza a nova modalidade para o gestor público.

Resta ainda, portanto, um longo caminho a percorrer com vistas a construir no país modelagens de PPP que, de fato, contribuam para ampliar a oferta de serviços públicos sob o regime de concessões.

É importante ressaltar que os principais conceitos e a evolução do aparato legal relacionado com as concessões e de suas relações com políticas públicas no país, aqui apresentados, restringem-se ao quadro federal. No Brasil, ainda que observadas as normas federais, estados e municípios e o Distrito Federal, como reflexo de suas histórias políticas e características econômicas e sociais regionais, possuem um corpo específico de legislação que disciplina o instituto das concessões.

Ver: Caixa de Ferramentas; Parcerias Público-Privadas (PPP)

Referências Bibliográficas

BRASIL. Constituição (1988). Constituição da República Federativa do Brasil, 1988. [Brasília, DF: Senado Federal, 1988].

BRASIL. Lei Complementar n. 101 de 4 de maio de 2000. Estabelece normas de finanças públicas voltadas para a responsabilidade na gestão fiscal e dá outras providências - Lei de Responsabilidade Fiscal. *Diário Oficial da República Federativa do Brasil*, Brasília, DF, 5 maio 2000. Seção 1, p. 1-9.

BRASIL. Lei n. 8.666, de 21 de junho de 1993. Regulamenta o art. 37, inciso XXI, da Constituição Federal, institui normas para licitações e contratos da Administração Pública e dá outras providências. *Diário Oficial da República Federativa do Brasil*, Brasília, DF, 22 jun. 1993. Retificado e republicado em 6 jul. 1994.

BRASIL. Lei n. 8.987, de 13 de fevereiro de 1995. Dispõe sobre o regime de concessão e permissão da prestação de serviços públicos. Dispõe sobre o regime de concessão e permissão da prestação de serviços públicos previsto no art. 175 da Constituição Federal, e dá outras providências. *Diário Oficial da República Federativa do Brasil*, Brasília, DF, 14 fev. 1995. Republicado em 28 set. 1998.

BRASIL. Lei n. 11.079 de 30 de dezembro de 2004. Institui normas gerais para a licitação e contratação de parcerias público-privadas no âmbito da administração pública. *Diário Oficial da República Federativa do Brasil*, Brasília, DF, 31 dez. 2004.

Conflito Social

Luiz Antonio de Palma e Silva

Compreender situações de conflito implica invariavelmente o exame da questão do poder que, em uma definição canônica, "significa toda oportunidade de impor sua própria vontade, no interior de uma relação social, até mesmo contra resistências, pouco importando em que repouse tal oportunidade" (WEBER, 1971). Como o conflito consiste em um embate de poder entre as partes antagônicas, a acomodação entre elas apenas é possível se cada uma estiver ciente da sua força relativa. Tal conhecimento, porém, na maior parte das vezes, somente pode ocorrer por meio do próprio conflito.

Ter poder é conseguir impor sua vontade sobre a vontade de outros. Trata-se de uma relação em que o fator dominação surge de forma inevitável. Dominantes e dominados, aqueles que exercem o poder e aqueles sobre quem o poder é exercido são componentes básicos de uma situação de poder. A violência pode ser considerada instrumento utilizável em um conflito social ou político, mas não é certamente o único e nem necessariamente o mais eficaz. O uso da violência não está ligado exclusivamente à intensidade ou ao grau de envolvimento das partes em um conflito, mas à inexistência, à inadequação, à ruptura de normas aceitas por ambas as partes.

A arbitragem entre interesses antagônicos e a regulação das formas de legítima expressão dos diferentes interesses são importantes funções de governo. Nas sociedades complexas, não há mecanismos que possam substituir essas indispensáveis funções. O "intermediário" apenas pode conseguir a reconciliação se cada uma das partes acreditar que a situação concreta a justifica e torna a paz vantajosa (SIMMEL, 1983). Para aprofundar a compreensão da organização e da dinâmica das sociedades, duas assertivas distintas são basilares e se desdobram em outras postulações. De um lado, uma tradição fundada com as teorias sociais de Comte e Durkheim, pensadores positivistas que identificaram o conflito como um distúrbio de causa exógena e desviante capaz de abalar a harmonia e o estado de ordem regular das sociedades. De outro lado, as teorias que compreendem o conflito como contradição constitutiva das sociedades humanas.

No centro da reflexão marxista está uma categoria particular de conflito: a luta de classes. Alguns autores consideram que a concepçao marxista seria paradoxalmente pouco conflitual, já que nela a luta de classes seria o conflito de todos os conflitos e uma vez superada o conflito se esgotaria. Outros pensam que a distribuição desigual da autoridade e não dos meios de produção, como considerara Marx, é que constitui a principal fonte estrutural dos conflitos sociais: "todas as sociedades produzem constantemente em si antagonismos que não nascem casualmente nem podem ser arbitrariamente eliminados" (DAHRENDORF, 1972). De modo geral, portanto, a sociologia tende a reconhecer a importância das tensões, dos desequilíbrios e dos contrastes entre os diversos níveis da realidade social, acentuando a necessidade de compreendê-los no âmbito de sociedades históricas. Dessa perspectiva, o aspecto mais importante a ressaltar é a clareza quanto à rejeição das causas exógenas do conflito e sua imanência na realidade social (TOURAINE, 2006).

Embora se constitua em uma das formas fundamentais das relações sociais, o conflito nem sempre se explicita. Também não é fácil alcançar a identificação das condições em que o conflito passa de uma situação latente para outra, manifesta. Essa tem sido importante questão da reflexão teórica e da pesquisa empírica no âmbito das ciências sociais.

A origem e a manifestação do conflito encontram-se na constituição do laço social em que uma espécie de antinomia se dá quando duas ou mais vontades se confrontam. Em muitas teorias sociológicas, a perspectiva do conflito é vista como uma forma de interação entre indivíduos, grupos, organizações e coletividades, com altercações que implicam choques e crises, mas que também incentivam a colaboração e a busca de consensos, principalmente em situações em que o acesso e a distribuição de recursos ou de bens sociais estão em questão.

Quando manifesto através de discussões abertas, o conflito pode mesmo abrir espaços para ideias novas e criar as precondições para transformações e mudanças de paradigma, de *status*, de opinião ou de atitudes que se encontram em estado de acomodação. Em determinados níveis, o conflito pode ser considerado necessário se não se quiser entrar em um processo de estagnação.

Chega-se assim a uma compreensão do conflito não necessariamente como um acontecimento negativo, mas como uma oportunidade para o exercício do contraditório, em que a força e o equilíbrio encontram-se na maneira de lidar com o fato, isto é, seu desenlace ou agravamento será marcado pela atuação dos protagonistas. Nas escolas de administração e no Direito, embora com enfoques diferenciados, existe uma especialidade direcionada para a administração de conflitos, que consiste em examinar e aplicar estratégias adequadas para se lidar com as inúmeras situações desencadeadas pelas tensões organizacionais. É uma abordagem técnica que reconhece a negociação como etapa fundamental para superar impasses em situações de conflito ou litígio, para avançar em processos decisórios complexos e mesmo para buscar equilíbrio e bem-estar emocional em atividades profissionais de estresse continuado. Nessas situações conflituosas é importante analisar as causas e as características de conformação do conflito, para que possam ser encaminhadas mediações baseadas em discussões e negociações. Dentre as causas mais frequentes estão aquelas associadas às experiências de frustração, de uma ou ambas as partes, por sua incapacidade de alcançar um objetivo ou de realizar e satisfazer seus anseios, por algum tipo de interferência atribuída ao outro – indivíduo ou grupo. Ou ainda às limitações de conhecimento formal e de convívio marcado por traços de personalidade autoritária ou por estilos disfuncionais de comando e poder, presentes nas equipes de trabalho.

De posse de um mapeamento circunstanciado, podem ser escolhidas as estratégias mais adequadas para se lidar com cada tipo de situação. É ressaltada a necessidade de certo distanciamento crítico dos mediadores e administradores de conflito para que não incorram em análises e julgamentos enviesados por seus referenciais culturais, ideológicos ou institucionais. Tal exigência põe os mediadores em condições muito mais próximas de um sofisticado e preparado negociador do que de um árbitro a serviço da regra, pois um conflito no ambiente de trabalho pode frequentemente surgir de uma simples diferença de opinião e se agravar e atingir um nível de hostilidade considerada destrutiva para a organização e particularmente sofrida para aqueles que o protagonizam.

Ver: Classes Sociais/Luta de Classes; Coesão Social; Consenso

Referências Bibliográficas

BOBBIO, N.; MATTEUCCI, N.; PASQUINO, G. (Eds.). *Dicionário de política*. Brasília: Editora UnB, 1998.

DAHRENDORF, R. *O conflito social moderno*. São Paulo: Edusp, 1972.

MARTINELLI, D. P.; ALMEIDA, A. P. *Negociação e solução de conflitos*. São Paulo: Atlas, 1998.

PARSONS, T. *A estrutura da ação social*. São Paulo: Vozes, 2010.

SIMMEL, G. O estrangeiro. In: MORAIS FILHO, E. (Org.). *Georg Simmel*. São Paulo: Ática, 1983.

TOURAINE, A. *Um novo paradigma - para compreender o mundo de hoje*. Petrópolis: Vozes, 2006.

WEBER, M. *Ensaios de sociologia*. 2. ed. Rio de Janeiro: Zahar, 1971.

Conselho Tutelar

SILVIA ANDRADE STANISCI

O Conselho Tutelar foi instituído no Brasil pelo Estatuto da Criança e do Adolescente (ECA), como órgão permanente, autônomo e não jurisdicional encarregado de zelar pelo cumprimento dos direitos da criança e do adolescente. Permanente, pois considerado serviço essencial, de funcionamento contínuo e ininterrupto; autônomo, pela independência de sua atuação funcional, passível de revisão apenas por autoridade judiciária; e não jurisdicional, pois não atua sobre casos que impliquem conflito de interesses, atribuição privativa do Poder Judiciário. Este, por sua vez, deixa de atuar sobre todas as demais questões afetas aos direitos da infância e da juventude, que passam à alçada do Conselho Tutelar.

A centralidade do município no atendimento à sua população e a importância de contar com um órgão responsável por cuidar de cada caso de violação ou ameaça aos direitos de uma criança ou um adolescente estão na raiz da concepção do Conselho Tutelar. Criado por lei municipal, esse conselho é composto de cinco membros, escolhidos pela sociedade em processo comandado pelo Conselho Municipal dos Direitos da Criança e do Adolescente e fiscalizado pelo Ministério Público.

Os direitos da criança e do adolescente expressos no ECA traduzem o disposto na Constituição Federal de 1988, que atribui à família, à sociedade e ao Estado a obrigação de assegurá-los com absoluta prioridade. Esse novo marco jurídico programático implicou uma inflexão radical na política brasileira da infância e juventude, que passou a reconhecer crianças e adolescentes como sujeitos de direitos e a alinhar-se à doutrina da proteção integral, norte da Convenção Internacional dos Direitos da Criança promulgada pela Assembleia Geral das Nações Unidas em 1989 e da qual o Brasil também é signatário.

Assegurar proteção integral, direito exclusivo de crianças e adolescentes em função de sua condição de pessoas em desenvolvimento, significa atender aos requisitos para que tal direito possa ocorrer de forma harmônica, o que envolve ações articuladas das diversas políticas públicas. Para tanto, o ECA desenhou o que veio a ser conhecido como Sistema de Garantia de Direitos da Criança e do Adolescente, no qual ambos os conselhos, o dos Direitos e o

Tutelar, têm papéis centrais, distintos e complementares: o primeiro na formulação e no controle social da política da infância e juventude, o segundo na atenção aos casos particulares, com clara contribuição também para a gestão da política, especialmente no que se refere à elaboração de planos e orçamentos. Uma das contribuições importantes nesse sentido é o registro, pelos conselheiros tutelares, de todos os casos atendidos no Sistema de Informações para a Infância e Adolescência (Sipia).

Os direitos de crianças e adolescentes podem ser ameaçados ou violados por ação ou omissão da sociedade ou do Estado, dos pais ou responsáveis ou ainda pela própria conduta deles. No primeiro caso, incluem-se as falhas no serviço público, como a não oferta ou oferta irregular de vagas ou atendimento, casos em que cabe ao Conselho Tutelar tomar as providências para que esse atendimento seja garantido pelo órgão responsável. Pode haver ainda casos de maus-tratos de criança ou adolescente em instituição de atendimento. A fiscalização dessas entidades, governamentais ou não, é um dos papéis importantes do Conselho Tutelar.

A família pode ser responsável por negligência, abandono, violência física, sexual ou psicológica, enfim maus-tratos de qualquer natureza contra crianças e adolescentes. Os pais ou responsáveis podem ser encaminhados pelo Conselho Tutelar a serviços de apoio, orientação e tratamento. Se houver impossibilidade temporária ou permanente de exercício do poder familiar, o caso deve ser encaminhado à Justiça da Infância e da Juventude.

As condutas das próprias crianças e adolescentes muitas vezes as colocam em situações de risco. O uso de drogas, por exemplo, pode ocasionar a aplicação pelo Conselho Tutelar de uma ou mais medidas de proteção (tipificadas no artigo 101 do ECA). Crianças até 12 anos incompletos em conflito com a lei podem receber apenas medida protetiva aplicada por Conselho Tutelar; no caso dos adolescentes, a matéria passa à alçada da Justiça da Infância e Juventude, que pode aplicar medida socioeducativa, cumulativa ou não com medida de proteção.

O Conselho Tutelar não substitui programas e serviços públicos. Trata-se de um espaço de escuta, orientação e encaminhamento. Tem poder para requisitar serviços públicos, expedir notificações, encaminhar ao Ministério Público fato que constitua infração administrativa ou penal contra os direitos da criança e do adolescente e representar junto à autoridade judiciária no caso de descumprimento de suas deliberações, dentre outros.

Cada município deve ter pelo menos um Conselho Tutelar. O Conselho Nacional dos Direitos da Criança e do Adolescente (Conanda) fixou parâmetros básicos para sua criação e funcionamento. Propostas complementares a essa resolução têm sido objeto de debates em conferências nacionais dos direitos da criança e do adolescente e de projetos de lei no Congresso Nacional.

Ver: Conselhos Gestores; Gestão Participativa; Políticas de Educação; Políticas para a Infância e a Adolescência

Referências Bibliográficas

BRASIL. Lei n. 8.069, de 13 de julho de 1990. Dispõe sobre o Estatuto da Criança e do Adolescente e dá outras providências. *Diário Oficial [da] República Federativa do Brasil*, Brasília, DF, 16 jul. 1990 e retificado no *DOU* de 27 set. 1990.

CURY, M.; AMARAL E SILVA, A. F.; MENDEZ, E. G. *Estatuto da Criança e do Adolescente comentado*. São Paulo: Malheiros Editores, 1992.

GARRIDO DE PAULA, P. A. *Conselho Tutelar:* atribuições e subsídios para o seu funcionamento. São Paulo: Centro Brasileiro para a Infância e Adolescência, 1993.

LIBERATI, W. D.; CYRINO, C. P. *Conselhos e fundos no Estatuto da Criança e do Adolescente*. São Paulo: Malheiros Editores, 1993.

SÊDA, E. *Construir o passado*. Como mudar hábitos, usos e costumes, tendo como instrumento o Estatuto da Criança e do Adolescente. São Paulo: Malheiros Editores, 1993.

Conselhos Gestores

Raquel Raichelis

Os conselhos gestores de políticas públicas criados no Brasil a partir da Constituição de 1988 representam uma inovação no processo de construção democrática brasileira. Definidos como organismos públicos colegiados de deliberação e composição paritária entre a sociedade civil e o Estado, têm como função o controle democrático das políticas públicas em cada uma das áreas em que se implantam.

Os conselhos gestores representam uma conquista da sociedade civil no desenho de nova institucionalidade democrática no campo das ações públicas. Trata-se de processo que promove ampla mobilização de uma variada gama de organizações e atores sociais e políticos e que instala nova interlocução entre Estado e sociedade civil, tendo em vista o aperfeiçoamento dos instrumentos de controle social sobre a formulação e a implementação das políticas públicas. Dados do Ipea (2009) apontam a existência de 40 Conselhos Nacionais de Gestão de Políticas Públicas e Direitos de Cidadania. Quanto aos conselhos municipais, a Munic/IBGE (2010) constatou a existência de 38.875 nas diversas áreas de políticas públicas. Nessas diferentes áreas em que estão estruturados – saúde, criança e adolescente, assistência social, dentre outras –, os conselhos enfrentam o desafio de criar novos parâmetros para a gestão pública que possam consolidar sociabilidades coletivas e valores éticos mais igualitários para o conjunto dos cidadãos.

O marco que dá origem aos conselhos de gestão das políticas públicas é a Constituição Federal de 1988, que acenou com a promessa de estender o estatuto da cidadania a indivíduos e grupos sociais que historicamente estiveram alijados de qualquer mecanismo sistemático e previsível de participação e deliberação sobre a "coisa púbica". O debate constitucional colocou em discussão não apenas o padrão histórico que tem caracterizado a implementação das políticas públicas em nosso país – seletivo, fragmentado, excludente e setorizado –, mas também a necessidade de democratizar os processos decisórios e ampliar a participação popular nas decisões políticas.

Os conselhos são canais importantes de participação coletiva e de criação de novas relações políticas entre governos e cidadãos e, principalmente, para construir um processo de interlocução e deliberação pública permanente, estabelecer mecanismos de negociação e pactuação públicos, penetrar na lógica burocrática estatal, redefinir os laços entre espaço institucional e práticas societárias.

Nesse processo, a sociedade civil também é desafiada a se modificar, a construir alianças em torno de pautas coletivas, a transcender interesses particularistas e corporativistas, convocada ao exercício de mediações sociais e políticas para o atendimento de demandas populares voltadas ao interesse das maiorias.

A implantação de inúmeros conselhos em diferentes áreas revela que está em funcionamento certo *modo* de participação da sociedade civil na gestão pública, que busca inscrever as conquistas sociais na institucionalidade democrática. Os conselhos paritários e deliberativos foram a estratégia privilegiada para o exercício do controle social sobre as políticas públicas, identificados como mecanismos de transferência de parcelas de poder do Estado para a sociedade civil organizada, o que não quer dizer que se tenham desenvolvido isentos de equívocos, limitações e ambiguidades que cercam seu funcionamento.

Passadas mais de duas décadas da aprovação do texto constitucional, os conselhos não representam mais uma novidade na luta política institucional, já que estão disseminados pelo país e em muitos casos são implantados por exigência legal ou interesses de gestores locais no acesso aos fundos públicos, o que tem provocado acirrado debate em termos do seu significado e alcance.

Os conselhos têm sido tematizados a partir de concepções diferenciadas, observando-se uma polarização das posições: para alguns, são instrumentos de mudança no sentido da democratização das relações de poder; para outros, uma forma de colaboração e cooptação da sociedade civil por parte do Estado. Cada uma dessas visões traz implicações diferenciadas sobre o potencial político desses espaços de participação, desde a perspectiva que reconhece as dificuldades e desafios existentes e propõe estratégias de enfrentamento até as posições mais extremadas, que não mais depositam expectativas no potencial transformador dos conselhos e propõem o fortalecimento de alternativas não institucionalizadas de mobilização e participação social.

No entanto, para além do necessário balanço crítico da experiência conselhista no Brasil, identificando equívocos e distorções a serem superados, torna-se fundamental explicitar a disputa existente por diferentes forças políticas, com seus respectivos projetos políticos. É possível observar em vários conselhos a luta pela sua hegemonização por forças conservadoras em busca de acesso ao fundo público, orientadas pela reiteração de acordos *ad hoc* que passam ao largo do controle social público.

A *forma* conselhos não é nova nem no Brasil nem no plano internacional. As referências históricas da origem dos conselhos remontam à Revolução Francesa (1789) e aos Conselhos da Comuna de Paris (1871), aos *Soviets* instituídos pela primeira vez na Revolução Russa de 1905 e fortalecidos na Revolução de 1917. A palavra russa *soviete* significa exatamente "conselho", um sistema de organização e representação que se apresentava como alternativa de poder dos movimentos insurrecionais na perspectiva de instituir o poder operário. As diferentes experiências de organização operária, como "conselhos de fábrica", "conselhos operários", "comissões de fábrica" na Espanha e na Itália do final do século 19 e inícios do século 20, e mais tarde (1950/1960) no Leste Europeu (Hungria, Polônia e Iugoslávia), constituíram-se não apenas como instrumentos de luta por direitos da classe operária, mas também como embrião de nova forma de representação política e de exercício de poder autogestionário. Já nos países de capitalismo avançado, os conselhos surgem mais tarde como "arranjos neocorporativistas", ora como instrumentos de luta e pressão por demandas de trabalhadores, usuários e outros grupos de interesse, ora como mecanismo de gestão na perspectiva de estabelecimento de novas relações de poder (TEIXEIRA, 2000).

No Brasil, a experiência dos conselhos também não é recente. Além das necessárias referências às práticas operárias do início do século 20, inspiradas pelo anarquismo autogestionário, e às comissões de fábrica criadas pela oposição sindical nos anos 1970/1980 (no espaço da produção), foi o crescimento dos movimentos sociais urbanos, nesse mesmo período, e sua complexa relação com o Estado na transição democrática, que trouxe para a esfera pública a temática dos conselhos, agora no âmbito da reprodução social.

Mas foram as experiências dos "conselhos comunitários" e dos "conselhos populares" criados no Brasil nas décadas de 1970 e 1980, no contexto da luta contra a ditadura militar, que colocaram na agenda política o tema dos conselhos gestores como instâncias de participação popular no âmbito da administração pública. Essas propostas constituíram importantes referências incorporadas pela Constituição Federal de 1988, instituindo-se a partir daí os Conselhos de Gestão (e de Direitos) de políticas públicas, que expressam um avanço em relação às referências anteriores, conselhos meramente consultivos, na busca de novos canais de participação da sociedade civil por dentro da institucionalidade estatal, em uma conjuntura peculiar de reorganização das forças sociais no processo de democratização.

Em tal perspectiva, a discussão das políticas públicas ganha relevância por seu caráter de mediação entre as demandas sociais e as formas como são incorporadas e processadas pelo aparato governamental. Ganha força a ideia de que os espaços de construção e gestão das políticas públicas devem ser alargados para abrigar a presença ativa de novos sujeitos sociais. A perspectiva era não apenas participar da definição e do controle social das políticas públicas, mas também partilhar o poder estatal, interferindo nas decisões sobre prioridades, conteúdos e direção política que estas deveriam assumir.

Nesse contexto, temas como descentralização, participação, democratização e fortalecimento da sociedade civil emergem com mais força, na perspectiva de aumentar as vozes e os atores nos processos decisórios e enfrentar a arraigada tradição autoritária brasileira, presente não apenas no espaço estatal, mas nas múltiplas dimensões da vida social. Passaram a ser mais discutidas questões relacionadas à noção de público e de espaço público democrático, assim como cresceu a experimentação de inovações democráticas na gestão pública, fato que criou nova *arquitetura* da participação, particularmente em âmbito municipal, por meio dos conselhos gestores e de direitos, e um conjunto amplo de outros mecanismos publicizadores, como as conferências, o orçamento participativo e as audiências públicas.

Após mais de duas décadas, o balanço crítico da construção dos conselhos no Brasil tem levado muitos analistas a identificar a grande expectativa criada em torno das virtualidades políticas desses espaços públicos de democratização da gestão pública, geradas em uma conjuntura muito diversa daquela em que foram implantados tais espaços, desconsiderando que o Conselho é *um* dos espaços de exercício do controle social sobre o Estado, que não pode ser transformado em único conduto de participação política nem fazer dessas experiências exemplos modelares de uma sociedade civil ativa e organizada. São formas de democracia participativa que precisam ser complementadas e articuladas a outras estratégias de mobilização social e de organização política. Embora os conselhos sejam espaços de controle social, devem também ser objeto de controle democrático, o que remete ao seu necessário enraizamento social e à representatividade dos conselheiros perante bases sociais mais amplas.

O fortalecimento dos conselhos gestores como espaços de democratização da gestão pública depende, em boa medida, de alguns passos fundamentais:

- visibilidade, publicidade e transparência das ações, das decisões e do uso dos recursos públicos;
- fidedignidade e difusão das informações, não apenas para aqueles diretamente envolvidos, mas para todos os implicados nas decisões políticas;
- legitimidade e representatividade da participação dos conselheiros, não como indivíduos isolados ou defensores de interesses particularistas de entidades, organizações, pessoas ou grupos, mas como mediadores de demandas coletivas sobre as quais devem prestar contas publicamente;
- democratização dos fóruns de decisão e incorporação de novos sujeitos sociais como protagonistas, principalmente das classes;
- superação do autoritarismo social, da cultura privatista e do corporativismo em direção à construção da sociabilidade pública, capaz de refundar a política como esfera de (re)criação e universalização de direitos.

Ver: Atores; Centralização/Descentralização; Democracia; Orçamento Participativo; Participação Política; Participação Popular; Sociedade Civil

Referências Bibliográficas

DAGNINO, E.; OLIVERA, A. J.; PANFICHI, A. Para uma outra leitura na disputa pela construção democrática na América Latina. In: DAGNINO, E. et al. (Orgs.). *A disputa pela construção democrática na América Latina*. São Paulo: Paz e Terra; Campinas: Unicamp, 2006.

RAICHELIS, R. *Esfera pública e conselhos de assistência social:* caminhos da construção democrática. 5. ed. São Paulo: Cortez, 2008.

TATAGIBA, L. Os conselhos gestores e a democratização das políticas públicas no Brasil. In: DAGNINO, E. et al. (Orgs.). *Sociedade civil e espaços públicos no Brasil*. São Paulo: Paz e Terra, 2002.

TEIXEIRA, E. C. Conselhos de políticas públicas: efetivamente uma nova institucionalidade participativa? In: CARVALHO, M. do C. A. A.; TEIXEIRA, A. C. (Orgs.). *Conselhos gestores de políticas públicas*. São Paulo: Polis, 2000. p. 97-120.

Consenso

MARCO AURÉLIO NOGUEIRA

O tema do consenso tem largo uso e ampla envergadura nas ciências sociais, nas quais surge com diferentes significados e bastante ambiguidade. Derivada do latim *consensus*, a palavra está imediatamente referida a acordo, concordância, aprovação e consentimento. Costuma ser definida nos dicionários de diferentes línguas como um tipo de acordo produzido pelo consentimento dos membros de um dado grupo ou de vários grupos. Não raro, associa-se a unanimidade de pensamento, o que contraria a raiz da palavra e nega as diferentes tradições teóricas que se dedicaram ao tema.

Como conceito, a expressão pode ser identificada com três acepções principais.

A primeira, mais genérica e menos criteriosa, justapõe consenso a dissenso, ou a ausência de dissonância, em uma pressuposição de que seria possível constituir ordens sociais em que a divergência estaria sumariamente proibida ou reprimida, ao estilo de uma sociedade totalitária. É essa a ideia predominante quando se fala que, por definição, a democracia é um sistema político que pressupõe o dissenso e somente admite o consenso no que diz respeito às regras do jogo. Trata-se de uma postulação que deixa em plano secundário o fato de que "a democracia não se funda apenas no consenso nem tampouco no dissenso, mas sobre a simultânea presença de consenso e dissenso, ou mais precisamente sobre um consenso que não exclua o dissenso e sobre um dissenso que não exclua nem torne vão o consenso, dentro das regras do jogo". A democracia requer certamente muitos consensos substantivos, que não se limitam a procedimentos políticos ou eleitorais. Ela não é um regime que possa conviver com consensos unânimes e permanentes, a não ser em torno de certos pontos básicos, como são, por exemplo, as chamadas cláusulas pétreas das constituições. Diferentemente dos regimes totalitários, na democracia "existe um consenso, o qual, contentando-se em ser o consenso da maior parte, baseado nas regras do jogo, admite o dissenso da minoria", ao passo que o totalitarismo "não admite o dissenso porque é ou pretende ser o consenso de todos" (BOBBIO, 1999).

O consenso assim entendido aproxima-se bastante da ideia de um acordo mediante o qual os governados aceitam sem questionamento as decisões que emanam dos governantes ou dos regimes políticos. É um consenso que nasce independentemente da política, ou em um plano pré-político, ao qual o governante obedeceria em sua conduta e em suas decisões.

Uma segunda acepção contrapõe consenso a conflito, e em boa medida pode ser associada à tradição liberal, pluralista. Aqui, valoriza-se o consenso como momento de acordo e consentimento, base de uma autorização que os governados concedem aos governantes, para que esses possam tomar decisões por representação. Assim, por exemplo, o estabelecimento de uma agenda de políticas públicas pressupõe a existência prévia ou a construção de um entendimento em torno de seus eixos principais, de suas apostas, de suas implicações práticas. Em princípio, quanto mais amplo for esse entendimento comum, esse consenso, melhores serão as chances de aprovação e de sucesso prático das políticas. Isso significaria que, em condições de amplo consenso, as margens do conflito estariam reduzidas, ou, como se costuma dizer de modo mais técnico, os conflitos entre indivíduos, grupos e instituições estariam sendo adequadamente processados.

Nessa acepção, ganha destaque o papel das instituições, das regras formais. Por um lado, porque são elas que viabilizam o processamento dos conflitos e organizam o processo de tomada de decisões. Por outro, porque o modo como se organiza o quadro institucional de uma dada sociedade exerce influência no modo como são tomadas as decisões e na própria substância das decisões. Muito do sucesso das correntes institucionalistas (ou neoinstitucionalistas) apoia-se precisamente nesse ponto, ao advogarem a importância estratégica das instituições no campo das decisões públicas. Para os defensores dessa perspectiva, as instituições importam porque modelam as opiniões dos que tomam decisões e em certa medida neutralizam tanto os próprios interesses deles, quanto as pressões dos diferentes grupos sociais interessados em uma ou outra decisão. O cálculo dos que decidem é feito no interior de sistemas institucionais, e isso complica as tentativas de fazer com que prevaleçam preferências particulares (MARCH; OLSEN, 1995; SOUZA, 2006).

Na visão do consenso como oposto ao conflito, algumas ênfases ganham evidente preeminência. Uma delas volta-se para a relevância da comunicação, interpretada como chave para a resolução de conflitos. Privilegiam-se, aqui, tanto as técnicas do discurso e do diálogo, quanto o exercício sistemático da persuasão mediante argumentação pública criteriosa e competente. Em situações de maior heterogeneidade e grande conflitualidade potencial, o consenso precisa ser construído, e a comunicação se torna recurso básico. Ocorreria o mesmo com o papel das lideranças e das relações interpessoais, que podem pesar de forma determinante na gestão dos conflitos. Pode-se mesmo chegar à elaboração de esquemas que preveem funções específicas de mediação a determinados indivíduos. O critério é sempre o de buscar, mediante operações de aproximação ou mediação, a composição e a conciliação de interesses distintos. No caso das políticas públicas, tais operações são vistas como essenciais para viabilizar as propostas governamentais ou para convencer os gestores públicos de que propostas nascidas na sociedade são igualmente válidas e viáveis.

A terceira acepção do conceito opõe consenso e coerção. Duas tradições teóricas podem ser mencionadas como tendo dado contribuição particularmente relevante.

A primeira delas filia-se à sociologia de Émile Durkheim, na qual a coerção social é interpretada como sendo, na verdade, não o oposto, mas sim o fator que impõe e garante a reprodução do consenso social, da coesão entre os membros da sociedade. Na famosa definição durkheimiana de fato social, a ideia é apresentada com clareza: "Estamos diante de maneiras de agir, de pensar e de sentir que apresentam a propriedade marcante de existir fora das consciências individuais e são dotadas de um poder imperativo e coercitivo, em virtude do qual se lhe impõem, quer queira, quer não". Para Durkheim, fatos sociais são manifestações gerais que têm como base a moral coletiva e determinam as regras que estabelecem o que é certo ou errado, permitido ou proibido (regras jurídicas, leis, dogmas religiosos, sistemas, associações, costumes etc.). O consenso, o entendimento comum, bem como a autorização que os indivíduos concedem a seus governantes para decidirem em seu nome, seriam, nessa visão, decorrência da vigência dos fatos sociais. Toda sociedade educa seus membros e impõe a eles maneiras de pensar, agir e sentir que os instituem como indivíduos sociais e criam o ser social, prevendo ao mesmo tempo um conjunto de sanções (espontâneas ou formais) para os casos de não aceitação das regras ou de "desvios". A coerção não seria, portanto, sinônimo de violência, mas uma imposição, uma exigência que, no limite, protegeria os indivíduos ao dar a eles uma ordem social.

A outra tradição vincula-se ao marxismo de Antonio Gramsci, autor que converteu o consenso em um dos eixos mais fortes de sua teoria política. Aqui, o consenso é claramente contraposto a coerção e a força, não a conflito ou a dissenso. Mostra-se como vetor central de todo sistema social ou situação de poder, associando-se à ideia da hegemonia, de direção intelectual e moral. Para Gramsci, a supremacia de um grupo social se manifesta de dois modos: como domínio (coerção) e como "direção intelectual e moral" (consenso). O Estado, pois, nunca é pura força: os que dominam também precisam dirigir. A dialética força-consenso (ou coerção-persuasão) ressalta precisamente os dois momentos de que estão compostos os sistemas de dominação: o momento da hegemonia e o momento da autoridade. Destaca também os dois planos estruturais da sociedade política e da sociedade civil, constitutivos do Estado em sentido ampliado.

Como os grupos são dinâmicos, os dominantes podem não conseguir ser dirigentes, do mesmo modo que os dominados não estão condenados à subalternidade permanente. A busca de consensos torna-se, assim, parte vital do processo de disputa pelo poder e pelo acesso às decisões públicas. O próprio núcleo do Estado busca o consenso dos cidadãos, tanto quanto os governos buscam o "consenso dos governados", dispondo para tanto de grande quantidade de recursos. Podem, por isso, impor à força consensos artificiais, como costumam fazer os regimes autoritários ou totalitários.

Mas o Estado solicita o consenso dos cidadãos e ao mesmo tempo "educa" e prepara esse consenso mediante suas próprias agências (o sistema escolar, por exemplo) ou valendo-se de inúmeras associações políticas, sindicais e culturais que integram a sociedade civil. Uma definição famosa esclarece bem o ponto: "Estado é todo o complexo de atividades práticas e teóricas com as quais a classe dirigente não só justifica e mantém seu domínio, mas consegue obter o consenso ativo dos governados" (GRAMSCI, 1999-2002, v. 3, p. 331).

Diferentes atores e agentes políticos (os partidos, por exemplo) trabalham pela construção de consensos, seja em termos eleitorais, seja em termos ético-políticos. Nesse último caso, inserem-se os esforços para a criação de culturas políticas específicas, modos de pensar os processos políticos, as relações sociais, o Estado e o governo, que são decisivos quando se trata de dirigir grandes massas de pessoas. As instituições da democracia política, em seu conjunto, são mecanismos que constroem consensos, mediante a mediação de conflitos e o processamento das reivindicações sociais.

Gramsci criou uma tipologia do consenso. Distinguiu o consenso ativo do passivo, o consenso espontâneo do consenso organizado. Percebeu que o consenso pode ser estabelecido a partir de pessoas organizadas (em associações várias) e pode ser organizado por iniciativas especificamente concebidas para esse fim. "O consenso é ativo quando os governados participam da vida do organismo estatal em cuja condução estão governantes por eles aceitos; o consenso é passivo quando os governados subscrevem com atos formalmente democráticos (o sufrágio) a aceitação daqueles que os dirigem e que, portanto, em uma ótica de democracia formal, tendencialmente os dominam." Existiria ainda uma terceira forma de consenso, o espontâneo, "que nasce do prestígio derivado da posição ocupada pelo grupo dominante e da sua função no sistema de produção" (LA PORTA, 2009).

Na teoria gramsciana do consenso, os intelectuais desempenham funções de primeiríssima grandeza. Eles operam como preparadores e reprodutores do consenso, tanto do espontâneo, quanto dos demais tipos. Toda classe que domina e dirige necessita de intelectuais, que Gramsci compreendia como fazendo parte de um grupo bastante extenso de pessoas e funções. Os intelectuais "orgânicos" são, assim, aqueles personagens que as classes criam a partir de seu próprio movimento em direção à busca do consenso e da hegemonia.

Tudo somado, em suas diversas acepções, o consenso está no centro das teorizações sobre a sociedade e a política. Na teoria da democracia, do governo e dos sistemas políticos, a consideração do consenso descortina importantes ângulos a respeito do poder e das políticas de poder. Operações instrumentais de produção de consensos passivos podem, por exemplo, combinar-se com a promoção demagógica ou populista de lideranças e grupos de interesses. Nem sempre a existência de consensos representa a prevalência do interesse comum sobre interesses particulares. O consenso pode ser manipulado e converter-se em acerto que potencializa os interesses de certos grupos ou elites, em detrimento da coletividade. Pode ainda ser afirmado como estratégia destinada a produzir o silêncio dos subalternos, dos dissidentes e de minorias.

Por isso, é razoável considerar que "em política, apenas se pode falar em consenso quando existem instituições capazes de garanti-lo, exprimi-lo, avaliá-lo, revogá-lo. Na base do consenso está, portanto, a própria concepção moderna da soberania popular e da democracia política. Com apoio nesta concepção, é solicitado ao povo um consenso que permita (consinta) formular uma vontade política (lei) através de um corpo eletivo de representantes políticos. Nesta acepção, pode-se falar também de consenso ativo, ao passo que se tem um consenso passivo quando falta ou é secundária a investidura consensual do poder". Isso significa, em outras palavras, que do ponto de vista teórico "o consenso ganha relevo como categoria política central quando declina a ideia de que a política é o terreno de uma *ratio* pura, da qual apenas poucos iluminados são titulares. Mas a consequente legitimação da *voluntas* de cada um, isto é, de todos os interesses, ameaça privar a competição política de um vetor racional. O consenso deve precisamente mediar entre a *voluntas* titular de interesses de curto alcance, legítimos porém particulares, e a laica *ratio* moderna que se apoia sobre estes interesses para mediá-los e compô-los num círculo de longo alcance" (CERRONI, 1993, p. 136-137).

Ver: Coesão Social; Cultura Política; Democracia; Esfera Pública; Estado; Governo; Hegemonia; Sociedade Civil; Totalitarismo

Referências Bibliográficas

BOBBIO, N. *As ideologias e o poder em crise*. Trad. João Ferreira. 4. ed. Brasília: Editora UnB, 1999.

BUCHANAN, J.; TULLOCK, G. *The calculus of consent*. Logical foundations of constitutional democracy. Michigan: The University of Michigan, 1965.

CERRONI, U. *Política*. Método, teorias, processos, sujeitos, instituições e categorias. Trad. Marco Aurélio Nogueira. São Paulo: Brasiliense, 1993.

LA PORTA, L. Consenso. In: LIGUORI, G.; VOZA, P. (Orgs.). *Dizionario gramsciano*. Roma: Carocci, 2009.

MARCH, J. G.; OLSEN, J. P. *Democratic governance*. New York: The Free Press, 1995.

RICCHINI, C.; MANCA, E.; MELOGRANI, L. *Antonio Gramsci*. Le sue idee nel nostro tempo. Roma: Editrice L'Unità, 1987.

SOUZA, C. Políticas públicas: uma revisão da literatura. *Sociologias*, Porto Alegre, Ano 8, n. 16, p. 20-45, jul./dez. 2006.

Contingenciamento

Cláudio Cintrão Forghieri

O procedimento conhecido no ambiente do setor público do Brasil como *contingenciamento* se refere à medida do Poder Executivo, formalizada por meio de decreto, que estabelece um limite para empenho de dotações orçamentárias abaixo do valor fixado na respectiva lei orçamentária anual. Tal procedimento se refere apenas às despesas de órgãos sob responsabilidade do Poder Executivo, não abrangendo as despesas afetas aos outros poderes. O contingenciamento não limita as dotações das chamadas despesas obrigatórias do Executivo, como pessoal, juros e amortizações, bem como aquelas despesas atendidas por fontes próprias vinculadas, podendo afetar as demais despesas correntes e de investimento.

O termo *contingenciamento*, consagrado nesse meio, decorre do fato de que a plena autorização da despesa aprovada na lei orçamentária fica *contingente* à plena realização da receita, ou seja, se houver plena realização da receita então o Poder Executivo poderá autorizar a plena realização da despesa. Assim é que, após o contingenciamento, poderá o Poder Executivo, ao longo do exercício, liberar progressivamente os limites retidos das dotações de despesa em razão da efetiva realização da receita prevista; tal procedimento, chamado de *descontingenciamento*, também acontece com frequência no Brasil, embora de forma parcial, gradual e muito seletiva.

Dado que o orçamento público contém as intenções de realização das políticas públicas, expressas nos diversos programas, projetos e atividades, é certo que o contingenciamento do orçamento pode afetar diretamente o alcance dessas políticas públicas. No entanto, o contingenciamento é medida prudencial do Poder Executivo decorrente de diagnóstico que indique previsão atualizada de realização de receitas abaixo da prevista na lei orçamentária, devido a diversos fatores. Exemplo desse procedimento está contido no Decreto Federal n. 7.445/2011, que dispõe sobre a programação orçamentária e financeira da União para o exercício de 2011, ao amparo da Lei Orçamentária Anual n. 12.381/2011. As principais razões para esse procedimento são indicadas a seguir.

Tem acontecido no Brasil de o Poder Legislativo, a partir da proposta de lei orçamentária encaminhada pelo Poder Executivo, alterar a previsão de receitas nela contida, considerando cenário macroeconômico mais favorável e premissas mais otimistas. Desse modo, a lei orçamentária aprovada indicará uma receita maior que a originalmente prevista e, consequentemente, um limite para despesas igualmente maior. Caso o Poder Executivo entenda que essa nova previsão de receitas tenha baixa probabilidade de se realizar, poderá estabelecer, por decreto, limite para empenho de despesas inferior ao teto da lei orçamentária aprovada, de modo a restabelecer hipótese de execução orçamentária equilibrada; estará configurado assim o contingenciamento do orçamento. Dada a natureza sistêmica da lei orçamentária, com rebatimentos entre receitas e despesas vinculadas a programas de trabalho, não seria possível ao Poder Executivo proceder a esse ajuste mediante vetos parciais à lei aprovada pelo Legislativo.

De outra parte, é possível que o Poder Executivo, para fins de edição do decreto que regulamenta a execução orçamentária, e mesmo sem alterações nas previsões de receitas produzidas pelo Poder Legislativo, revise suas próprias previsões originais de receita contidas na proposta de lei orçamentária, motivado por alterações nas condições macroeconômicas do país e do mundo, por exemplo. Em decorrência, o Poder Executivo poderá estabelecer, por decreto, limites para empenho de despesas inferiores aos contidos na lei orçamentária aprovada, contingenciando o orçamento.

É ainda possível que o contingenciamento do orçamento decorra de alteração empreendida pelo Poder Executivo na meta de resultado primário contida na proposta de lei orçamentária, decorrente de mudança na conjuntura econômica ou, mais especificamente, nas condições de mercado para a colocação de títulos públicos. Sendo o resultado primário o valor apurado no orçamento para o pagamento dos juros e amortização da dívida pública, a providência do contingenciamento, nesse caso, visaria aumentar os recursos orçamentários livres para esses pagamentos, em detrimento de outras despesas assim contingenciadas.

O citado Decreto Federal n. 7.445/2011, por exemplo, decorre de fatos relacionados às três hipóteses acima indicadas, ou seja, alteração, a maior, produzida pelo Poder Legislativo na previsão de receitas; revisão de receitas pelo Poder Executivo; e expansão de recursos destinados ao pagamento de juros e amortização da dívida mediante contingenciamento de outras despesas.

Na prática, o procedimento do contingenciamento no Brasil, utilizado pela União, pelos Estados e municípios, tem causado tensões crescentes entre os poderes Legislativo e Executivo, dado que, em sua decorrência, programas de trabalho contidos no orçamento público deixam de ser implementados plenamente e, em alguns casos, despesas decorrentes de emendas parlamentares deixam de ser processadas integralmente.

Tal fato remete à discussão para a natureza essencialmente *autorizativa* do orçamento público no Brasil, na medida em que, pela Constituição Federal e legislação complementar, o Poder Executivo é autorizado pelo Legislativo, por meio da lei orçamentária anual, a realizar certas despesas, não sendo, entretanto, obrigado a realizá-las integralmente. De outro lado, o Poder Executivo está obrigado, sim, a cumprir os programas de trabalho referidos no Plano Plurianual e na própria lei orçamentária anual, observadas suas metas físicas e indicadores, sendo razoável supor que o Poder Executivo é o maior interessado na execução das políticas públicas expressas no orçamento. Desse confronto, no entanto, tem prevalecido o princípio de se realizar um orçamento equilibrado entre receitas e despesas, ao longo do exercício, justificando eventuais práticas prudenciais de contingenciamento da despesa à efetiva realização da receita.

O embate atual no Brasil nesse domínio se refere ao restabelecimento do orçamento público como instrumento de compromisso para a realização das políticas públicas e respectivas metas, afastando a nefasta concepção de orçamento público como ficção. Mas é igualmente relevante assegurar a responsabilidade fiscal do Estado na execução orçamentária, de modo a não criar problemas relacionados ao aumento do déficit público, que produzirão efeitos a curto, médio e longo prazos de difícil e dolorosa solução, como mostram os casos recentes nos EUA e na Europa, desde 2008, e com graves desdobramentos ainda em 2011, com rebatimentos no setor financeiro privado global e, por fim, em toda a economia mundial.

A responsabilidade fiscal, em conclusão, objeto de legislação específica no Brasil e válida para a União, os Estados e os municípios, não pode ser atribuída apenas ao Poder Executivo, mas aos três poderes da nação. Não devem, portanto, os poderes criar incômodos entre si decorrentes de motivações políticas ou de interesses eleitorais, mas contribuir responsavelmente para o desenvolvimento sustentado do país, com efeitos no presente e para as gerações futuras.

Na medida em que o Poder Legislativo, além da inclusão de emendas com remanejamento de despesas, evoque erro do Poder Executivo na previsão de receitas e amplie, assim, receitas e despesas na lei orçamentária, sem que haja sustentação razoável para a nova hipótese de realização de receitas, cria com isso uma situação de insegurança na execução do orçamento que, em contrapartida, leva o Poder Executivo a contingenciar a execução orçamentária. Não se trata aqui de criticar tal procedimento do Legislativo, mas apenas de entender seus desdobramentos.

Em muitos casos, a União, os Estados e os municípios contingenciam a execução orçamentária sem que tenha ocorrido ampliação na previsão de receitas por iniciativa dos respectivos Legislativos. Nesse caso, pode-se dizer que o Poder Executivo empreende o contingenciamento como crítica às suas próprias previsões de receitas, o que, a menos que haja uma mudança importante no cenário macroeconômico desde a formulação da proposta orçamentária, indica relativa falta de qualidade na própria proposta orçamentária elaborada pelo Poder Executivo na origem.

Ver: Financiamento; Orçamento Público

Referências Bibliográficas

BRASIL. Lei n. 12.381, de 9 de fevereiro de 2011. Estima a receita e fixa a despesa da União para o exercício financeiro de 2011. *Diário Oficial [da] República Federativa do Brasil*, Brasília, DF, 10 fev. 2011 e retificado no *DOU* de 15 ago. 2011.

BRASIL. Decreto n. 7.445, de 1 de março de 2011. Dispõe sobre a programação orçamentária e financeira, estabelece o cronograma mensal de desembolso do Poder Executivo para o exercício de 2011 e dá outras providências. *Diário Oficial [da] República Federativa do Brasil*, Brasília, DF, 1 mar. 2011 - edição extra.

CYSNE, R. P. Orçamento e contingenciamento: uma visão sob a ótica dos jogos repetidos. *Conjuntura Econômica*, Rio de Janeiro, v.63, n. 7, p. 18-21, jul. 2009.

ROSA, J. R. G.; ROARELLI, M. L. M. *Análise do decreto de programação financeira relativa ao orçamento de 2011* - Decreto n. 7.445 / 2011. Brasília, DF: Senado Federal, CONORF/SF, 15 de março de 2011. Grupo de Receita e Macroeconomia. (Nota Técnica 28/2011).

Contrato Social/ Contratualismo

Cicero Araujo

Noções contratualistas são conhecidas desde a Antiguidade, mas foi o pensamento medieval tardio que lhes deu envergadura e consistência, ao amarrá-las à doutrina do direito natural. Refinando-se, a tradição atingiu seu apogeu durante os séculos 17 e 18, período das teorias mais clássicas e influentes. Após longo esquecimento, ela ressurge nos anos 1970, embora com novas preocupações.

Em seu período clássico, o contratualismo está intimamente associado à controvérsia política talvez mais decisiva da modernidade nascente: a questão da soberania, isto é, os problemas da extensão e limites do poder político e da possibilidade de justificação puramente racional e secular de seu exercício. A controvérsia emerge em um contexto de gravíssima crise política, em vista do ímpeto da Reforma Protestante e das sangrentas guerras civis e internacionais que se seguem. Discutindo o conceito de soberania, seus pressupostos e consequências, os contratualistas procuram encontrar novas bases para fundar a obediência ao Estado e a paz entre seus cidadãos. A ideia de um contrato fundador, separando claramente uma condição pré-política – o "estado de natureza" – e uma condição política – a "sociedade civil" (o Estado) –, serve a esses propósitos. Ela pretende mostrar, com uma imagem muito intuitiva, que o Estado não é uma realidade sagrada, derivada diretamente da graça divina, mas o resultado de atos concebíveis por seres humanos. Empregar o argumento do contrato, nesse sentido, visa explicitar como tais atos decorrem da simples razão natural, passo a passo, sem o recurso à fé ou à revelação. Obviamente, nenhum autor contratualista da época quis negar a importância da fé e da religião. Ao contrário, acreditavam estar em perfeita sintonia com os princípios cristãos, ao estabelecer que a política tinha um propósito estritamente mundano (a conservação e o aprimoramento desta vida), enquanto a fé destinava-se a algo extramundano (a salvação da alma).

Além disso, ao marcar uma situação original pré-política e de perfeita simetria entre os homens, o contrato permitia definir com clareza os "direitos naturais" de cada cidadão, os quais a hierarquia política subsequente, que distingue governantes e governados, deveria considerar. O ponto fundamental é que o direito de dar ordens e fazer leis (a própria soberania) – e o dever de obedecê-las – é a contrapartida da cessão de uma parte conveniente daqueles direitos naturais, só justificável porque promove o bem-estar coletivo dos governados, mas sempre com a conservação (pelos indivíduos) de um núcleo inalienável. Sem dúvida, os autores divergiam, e muito, a respeito do conteúdo desse núcleo, do significado concreto daquele bem-estar e de como garanti-lo. Alguns diziam que o soberano, para tanto, deveria ser *legibus solutus*, não ser limitado nem mesmo por suas próprias leis: daí a vertente absolutista da tradição; e outros, que a soberania teria de ser legalmente limitada – limite que, se ultrapassado, justificaria até mesmo um "direito de resistência" dos cidadãos –, vertente inspiradora da moderna ideia do governo constitucional.

Ao longo do século 18, as teorias contratualistas passaram a sofrer duas grandes objeções. Primeiro, sua implausibilidade histórica: não se pode supor que todos os governos tenham nascido de um pacto voluntário, fato obviamente raro, não passível de universalização; ademais, não se entende por que pactos feitos em tempos remotos poderiam vincular, no presente, pessoas que não o fizeram. A segunda põe em xeque a ontologia individualista que essas teorias parecem assumir: é equivocado dizer que indivíduos "possuam" direitos naturais fora da comunidade política, objeção por sua vez ancorada na afirmação do caráter irredutivelmente social da vida humana.

O filósofo Immanuel Kant, um dos últimos grandes pensadores do século das luzes a elaborar uma visão contratualista influente, respondeu à primeira objeção expondo um pressuposto que alguns de seus antecessores já tinham em mente, embora não conseguissem apresentá-lo de forma tão clara e elegante: o contrato não é um fato histórico ou empírico, mas uma hipótese, um "como se". Sua utilidade fundamental é ser normativa, e não providenciar explicações. O contrato é um guia para justificar, filosoficamente, por que um Estado soberano *deveria* existir e para que *finalidades*. Mais do que isso: um guia, também, para orientar as decisões concretas dos governantes: "aja (isto é, ordene, faça leis ou defina políticas) como se suas ações pudessem ser endossadas pelos concernidos". Vale dizer, o contrato é uma "experiência de pensamento" que prescreve ao responsável pela tomada de decisão – função extensível a qualquer formulador de políticas públicas – antecipar o ponto de vista dos que serão afetados por tais decisões. Esse papel de antecipação ressalta, ao mesmo tempo, a exigência de publicidade da ação governamental: as leis ou políticas devem visar não uma coletividade passiva, mas um público capaz de examiná-las e criticá-las. Sua justificação, portanto, exige que sejam publicamente defensáveis.

Essa forma de argumentar também poderia responder à objeção do individualismo, embora o próprio Kant não a confronte diretamente. Assim, ela aceitaria que nenhum indivíduo de fato pudesse existir fora da sociedade, mas diria: o contrato hipotético nos obriga a pensar o cidadão individual, a pessoa, como unidade normativa básica da comunidade política, estipulando limites (traduzidos em certos direitos fundamentais) a ações de governo que requeiram seu sacrifício em nome do bem comum. Essa resposta será fornecida depois pelo chamado "neocontratualismo".

Mas é curioso que o imediato inspirador de Kant, Jean-Jacques Rousseau, tenha antecipado a crítica para lhe responder em outra direção. Apresentando uma concepção de estado de natureza bem mais complexa que a usual, Rousseau recua a uma situação extrema em que o homem é mostrado como um ser solitário e autossuficiente e que, gradualmente, acaba tornando-se um ser social; porém, em uma condição desigual como a que hoje se vê. Seu objetivo de modo algum era sustentar a solidão original nem a passagem para a vida social como um fato histórico comprovável, mas tirar dela duas consequências inusitadas. Primeiro, que os homens não possuem uma "natureza" fixa, mas são seres moldáveis, na verdade infinitamente "perfectíveis", de modo que a forma de sua sociabilidade seria passível de transformação. Segundo, que a forma vigente, a desigualdade social, é uma contingência histórica que pode ser superada pela razão e pela vontade: esse é o cerne de seu projeto político, o "contrato social".

Inspirando ideais revolucionários, essa visão de Rousseau encontrou outros caminhos que não a teoria do contrato social. Relegada por longo tempo, ela só volta com força no último quartel do século 20, mas sem a carga revolucionária original, na vertente do neocontratualismo desenvolvida pelo filósofo norte-americano John Rawls. Na verdade, Rawls é metodologicamente mais próximo da abordagem kantiana, com sua ênfase em uma teoria política normativa. Porém, já aliviado da crítica ao individualismo, Rawls propõe um retorno ao contratualismo para examinar as possibilidades da igualdade política e social. Assim, em vez de limitar-se a compreender as condições de legitimidade do Estado, como antes, coloca a hipótese do contrato a serviço de uma reflexão sobre princípios de justiça. Tais princípios não são mais tomados como direitos naturais autoevidentes, atributos de indivíduos, mas como um problema de construção da "estrutura básica" da sociedade, conjunto de instituições voltadas a produzir leis e políticas públicas que respeitem critérios equitativos. Que critérios são esses e como podem ser justificados, eis o problema norteador da gama de teorias que hoje mantém viva a tradição.

Ver: Estado; Gestão Social; Igualdade; Legalidade; Legitimidade; Poder; Soberania; Sociedade Civil

Referências Bibliográficas

HOBBES, T. *Leviatã*. São Paulo: Abril Cultural, 1983. (Os Pensadores.)

KANT, I. *A paz perpétua e outros opúsculos*. Lisboa: Edições 70, 1995.

LOCKE, J. *Dois tratados sobre o governo*. São Paulo: Martins Fontes, 1998.

RAWLS, J. *Uma teoria da justiça*. São Paulo: Martins Fontes, 2000.

RILEY, P. *Will and political legimacy*. Cambridge, Mass: Harvard University, 1982.

ROUSSEAU, J-J. *Do contrato social* e *Discurso sobre a origem e os fundamentos da desigualdade entre os homens*. São Paulo: Abril Cultural, 1978. (Os Pensadores.)

SKINNER, Q. *As fundações do pensamento político moderno*. Segunda parte: a Era da Reforma. São Paulo: Companhia das Letras, 1996.

Contratos

Ver: Contratualização

Contratualização

Cláudia Antico

Luís Fernando Milan

Luiz Cláudio Marques Campos

Maria Cristina Costa P. Galvão

A gestão das políticas públicas abrange um conjunto de funções que depende, para seu pleno desenvolvimento, de recursos políticos, técnicos e administrativos, muitas vezes não concentrados em uma única organização. Nem sempre a instituição formuladora da política concentra, em seu âmbito de atuação, a capacidade de gestão requerida para a fase de execução dessa política. E a fase da execução de uma política pública requer, além dos recursos financeiros, uma capacidade de gestão caracterizada pela flexibilidade no manejo dos recursos, sejam eles humanos, materiais ou financeiros, e a possibilidade de um grau de autonomia no processo decisório. Tais atributos, entretanto, acabam sendo escassos no setor público em função de amarras jurídicas que podem muitas vezes prejudicar e emperrar os processos de trabalho, ainda que tenham sido criadas para preservar o patrimônio do Estado.

O processo histórico de desenvolvimento da administração pública no Brasil e de busca pela superação dos diversos tipos de patrimonialismo trouxe, como implicação, muitas regras rígidas para o cumprimento, por parte do Estado, dos princípios da legalidade, da flexibilidade e da autonomia, requisitos importantes, como se sabe, para a obtenção de respostas efetivas em uma sociedade cada vez mais complexa e com demandas cada vez amplas.

Essa situação – associada a uma crise fiscal e a um contexto de profundas mudanças na economia e na sociedade (BRESSER-PEREIRA; GRAU, 1999; GIDRON, 1992; KRAMER, 1993) – norteou o processo de reforma administrativa tentado nos anos 1990, com a proposta de transferir a execução de partes da ação pública para o terceiro setor e o setor privado, em função da separação de responsabilidades, cabendo ao Estado as tarefas de formular, monitorar e avaliar os resultados alcançados pelos agentes executores. Optou-se, assim, por um modelo no qual o tratamento dispensado a uma política pública envolve mais de uma instituição, pressupondo uma distribuição de funções distintas a distintas organizações.

Esse modelo adquire maior complexidade no contexto de descentralização que se instalou com o processo de redemocratização nos anos 1980 e marcou fortemente a elaboração da Constituição Federal de 1988, que opta, claramente, por um modelo descentralizado de execução de serviços públicos, ao atribuir principalmente ao nível municipal essa responsabilidade. Nos níveis federal e estadual, as funções de formulação, financiamento, coordenação e regulação das políticas públicas estão mais fortemente marcadas do que a execução direta. Dessa perspectiva, são constituídos arranjos institucionais materializados por instrumentos jurídicos, que devem especificar em seu âmbito as responsabilidades das partes, os objetivos, metas, produtos e indicadores de desempenho e de resultados.

A esses novos arranjos dá-se o nome de contratualização, procedimento que exige outro tipo de atuação das organizações do setor público. O raciocínio norteou o processo das reformas no governo federal e no Estado de São Paulo a partir de 1995. Para as políticas de infraestrutura, a orientação central foi avançar em programas de privatização/concessão dos serviços públicos, priorizando a atuação do Estado como agente regulador.

Especificamente no caso do Estado de São Paulo, em março de 1995, por meio do Decreto n. 40.000, foi estabelecido o Programa de Participação da Iniciativa Privada na Prestação de Serviços Públicos e na Execução de Obras de Infraestrutura, que, posteriormente, foi incorporado, com seu escopo ampliado, ao Programa Estadual de Desestatização (PED), convertido na Lei n. 9.361/96. Em paralelo, foram criadas duas agências reguladoras estaduais: a Comissão de Serviços Públicos de Energia (CSPE) e a Agência de Transportes do Estado de São Paulo (Artesp), que, seguindo o modelo delineado no âmbito federal, passaram a se responsabilizar pela fiscalização dos serviços prestados à população.

A partir da experiência acumulada pelo PED, foi instituído, em 2004, o Programa de Parcerias Público-Privadas (PPP), com o objetivo principal de acelerar os investimentos em setores estratégicos da administração pública, mediante contratos de concessão. Para apoiar e viabilizar esse Programa, foi criada a Companhia Paulista de Parceria (CPP).

Na área social, optou-se pela intensificação das relações de parceria do Estado com entidades sociais, ao mesmo tempo que diversas políticas públicas avançavam rumo a maior descentralização, ampliando o papel do município na prestação de serviços públicos, como no caso da saúde e assistência social.

O projeto desenvolvido pelo antigo Ministério da Administração e Reforma do Estado (Mare), no Plano Diretor da Reforma do Aparelho do Estado (1995), propôs a criação de novos arranjos institucionais para os serviços não exclusivos do Estado (universidades, hospitais, centros de pesquisa, equipamentos da cultura). Surgiram, assim, as figuras da Organização Social (OS) (Lei n. 9.637/98) e da Organização da Sociedade Civil de Interesse Público (Oscip) (Lei Federal n. 9.790/99). Ainda que se diferenciem em alguns aspectos, ambas são associações ou fundações privadas, sem fins lucrativos, constituídas de acordo com o Código Civil. São qualificações que organizações não governamentais podem receber, uma vez preenchidos os requisitos legais, assim como ocorre com as titulações de Utilidade Pública Municipal (UPM), Estadual (UPE) e Federal (UPF) e o Certificado de Entidade Beneficente de Assistência Social (Cebas).

A esfera pública não estatal passou então a ser apresentada como nova esfera de relações entre Estado e sociedade, na qual seriam reorganizados os recursos de ambos os setores para atender às demandas reprimidas da população. Isso tornaria a equação viável para prover serviços sociais e executar políticas sociais, superando as soluções dadas exclusivamente pelo Estado e pelo mercado ou atuando nos espaços por eles deixados vazios (MORALES, 1999). O conceito de parceria na administração pública associou-se, portanto, à ideia de colaboração mútua em torno de objetivos comuns e de atividades de interesse público. Tradicionalmente, o instrumento adotado para a formalização de parceria é o convênio, cujo campo de aplicação está restrito a relações entre entidades públicas e estatais, ou entre elas e organizações não governamentais sem fins lucrativos, mas define-se por uma ótica mais focada no aspecto financeiro-contábil e não de resultados.

Um dos pontos estratégicos da reforma de 1995 foi a aprovação do Programa Nacional de Publicização, pela Lei Federal n. 9.637, de 15 de maio de 1998, que autorizou o Poder Executivo Federal a transferir a execução de serviços públicos e gestão de bens e pessoal públicos para Organizações Sociais (OS).

O Estado de São Paulo editou a Lei Complementar n. 846/98, que dispôs sobre a qualificação de entidades filantrópicas como OS para atuarem em atividades dirigidas à saúde e à cultura. Por conta dessa restrição, e com objetivo de criar meios legais para fomentar as mais variadas atividades de interesse público (artigo 3º da Lei Federal n. 9.790/99), foi editada a Lei Estadual n. 11.598, de 15 de dezembro de 2003, que permite a qualquer órgão ou entidade do Estado estabelecer parceria com uma Oscip.

Para se obter a qualificação como OS, é necessário atender a requisitos formais previstos na legislação, tais como: a adoção de regras estatutárias sobre a delimitação do objeto social, o modo de funcionamento e as instâncias decisórias da pessoa jurídica, além de comprovação de experiência anterior no desempenho da mesma atividade. Após verificação, a entidade dependerá de parecer favorável do secretário de Estado para sua qualificação.

De forma análoga, para que uma entidade seja reconhecida como uma Oscip deverá obter certificação emitida pelo Ministério da Justiça, condicionada à incorporação em seu estatuto das regras de funcionamento e organização definidas pela legislação específica.

Juridicamente, essas relações são respaldadas por Contratos de Gestão, no caso das OS, e Termos de Parceria, quando se trata de Oscip, que devem prever, em seu escopo, programa detalhado de trabalho, metas a serem atingidas, produtos, sistema de avaliação de desempenho por critérios objetivos, previsão de receitas e despesas, utilização de regulamento próprio para compra de bens e serviços, obrigação de prestação de contas e fiscalização externa. Além disso, o Contrato de Gestão deverá estabelecer limites para remuneração de dirigentes e empregados da OS. Ainda, no Termo de Parceria, a lei prevê seu acompanhamento por parte do Conselho de Política Pública correspondente.

Ver: Administração Pública; Agências; Gerencialismo; Gestão por Resultados; Organização Não Governamental (ONG); Reforma Administrativa; Terceirização

Referências Bibliográficas

BRESSER-PEREIRA, L. C.; GRAU, N. C. (Orgs.). *O público não-estatal na reforma do Estado*. Rio de Janeiro: Editora FGV, 1999.

DI PIETRO, M. S. Z. *Parcerias na administração pública*. 4. ed. São Paulo: Atlas, 2002.

GIDRON, B. et al. (Eds.). *Government and the third sector*: emerging relationships in welfare states. San Francisco: Jossey-Bass, 1992.

KRAMER, R. et al. *Privatization in four european countries:* comparative studies in government-third sector relationships. New York: M. E. Sharpe, 1993.

MORALES, C. A. Provisão de serviços sociais através de organizações públicas não-estatais. Aspectos gerais. In: BRESSER PEREIRA, L. C.; GRAU, N. C. (Orgs.). *O público não-estatal na reforma do Estado*. Rio de Janeiro: Editora FGV, 1999.

MOREIRA NETO, D. F. *Mutações do direito administrativo*. Rio de Janeiro: Renovar, 2001.

TORRES, M. D. F. *Agências, contratos e Oscips:* a experiência política brasileira. Rio de Janeiro: FGV, 2007.

TROSA, S. *Gestão pública por resultados*: quando o Estado se compromete. Brasília: Revan/Enap, 2001.

Controle/Controle Social

Marco Aurélio Nogueira

O tema do controle ocupa lugar de expressiva centralidade nas ciências sociais. É daqueles temas que compuseram a agenda clássica dessas ciências, que cortaram transversalmente o tempo e persistem como objeto de atenção, a intrigar e a dividir campos, opondo entre si amigos e inimigos da ordem e da mudança, da contestação, do *status quo* e da coesão social.

Controle, ordem e coesão são conceitos distintos, mas andam juntos e estão quase sempre integrados. A partir deles podem ser construídas diferentes imagens do que se costuma chamar de sociedade: um *locus* de consensos comunitários imperativos, no qual o grupo tem mais força e poder de determinação que o indivíduo, ou um espaço de contradições onde os interesses se organizam e lutam para prevalecer e, nesse sentido, desafiam aberta ou veladamente aquilo que está instituído? Uma associação dedicada a impor e garantir a vontade coletiva – derivada de fontes não necessariamente reveladas – ou a criar condições para a livre circulação, o progresso e o crescimento material e intelectual dos indivíduos?

O conceito costuma ser empregado para demarcar os limites do dissenso, da contestação ou simplesmente daquilo que escapa do que se considera justo, adequado, necessário ou esperado. Serve para que se proclame a capacidade humana de determinar seu destino ou, de modo mais prosaico, de alcançar suas metas e seus desejos. Imaginou-se sempre, por exemplo, que o homem e as comunidades humanas devem controlar a natureza, quer dizer, domesticá-la, submetê-la a sua vontade, explorá-la em benefício próprio. Tem sido utopia recorrente a ideia de que o homem pode controlar a si próprio, ou seja, modelar uma sociedade isenta de desigualdades extremas, injustiças e submissão dos mais fracos pelos mais fortes, uma associação harmoniosa de todos e para todos. Os conservadores são em boa medida fundamentalistas, ao acreditarem na possibilidade de que um dado credo, a "consciência coletiva" ou certos valores sedimentados pela tradição formem redes de proteção, indiquem o caminho certo e plasmem a vontade dos integrantes de um grupo, de uma etnia ou de uma comunidade (um bairro, um partido, uma nação, uma igreja). O desenvolvimentismo afirma a possibilidade de controlar o ritmo e o rumo do desenvolvimento, confluindo na ideia de plano ou planejamento. Políticas públicas são estratégias de controle sobre aspectos ou áreas consideradas essenciais para a vida de uma coletividade, tendo em vista o alcance de patamares superiores de organização, eficiência, efetividade e justiça social.

Particularmente na ciência política, o tema do controle confunde-se com o do poder. Não se pode conceber política sem poder, isto é, sem potência que pode ser exercida. Para se converter em poder, a potência precisa acumular alguma força e utilizar-se de diferentes recursos e expedientes. Ela depende de certas condições de efetivação, da possibilidade que alguém (um indivíduo, um grupo) tem de impor sua vontade no interior de uma relação social, dobrando as eventuais resistências que a isso se anteponham.

Foi de onde partiu a sociologia política de Weber: o poder (*Macht*) existe quando uma potência, valendo-se de determinados recursos, consegue fixar-se como *dominação* (*Herrschaft*) e ver suas ordens serem cumpridas. A questão do controle dos recursos é aqui crucial. Uma coisa é dominar mediante o uso da lei, outra coisa é fazer isso apoiado na coerção. Tais coisas, porém, não são excludentes e o mais comum é que o poder se valha tanto da lei quanto da coerção, tanto da simulação quanto da dissimulação, tanto da esperteza quanto da intimidação.

O tema do controle acompanha o tema do governo, ou, como se passou a dizer mais recentemente, da governança e da governabilidade. Governar remete invariavelmente à capacidade de controlar – recursos, pessoas, interesses, vontades, processos. Não é somente isso, claro, mas tem nisso muitas de suas prerrogativas. Os processos de deliberação podem ser tratados tanto da ótica da livre discussão e do exame crítico de alternativas, quanto da perspectiva da coordenação e da superposição da vontade dos mais "fortes", dos mais organizados, dos mais hábeis ou dos mais persuasivos. Assim também é a imagem prevalente de Estado: uma instituição que "monopoliza a violência física legítima" no interior de um dado território, ou seja, que controla os mecanismos de manutenção da "ordem" e do *status quo*.

A democracia não se sustenta sem um sistema de composição de vontades e interesses – ou seja, de produção de ordem – que se ergue sobre um conjunto de liberdades e prevê procedimentos de deliberação ampliada. Diferentemente de uma ditadura – na qual um núcleo central tem muito (ou eventualmente todo) poder e decide efetivamente sobre inúmeras questões cruciais, impondo uma vontade e ao mesmo tempo impedindo que as demais vontades se manifestem ou se realizem –, a democracia supõe necessariamente que o poder esteja submetido a algum tipo de controle, externo ou inerente a ele. Nela, as decisões costumam nascer de consensos que se formam a partir de múltiplos acordos e negociações, em diferentes fóruns e a partir de distintos pontos de vista. Não há, evidentemente, equilíbrios e igualdades consistentes a ponto de neutralizar por completo o poder político central, mas é inegável que sociedades mais diferenciadas e complexas tendem a viver sob a influência recíproca de diversos núcleos de poder, que de certo modo controlam-se uns aos outros.

Em uma democracia, o *controle social* é figura central: os cidadãos, a sociedade, os grupos organizados controlam o poder político, têm eles próprios poder. Todo agrupamento humano possui meios e recursos mais ou menos "espontâneos" para agir de modo organizado e contrastar as diferentes formas de poder. Tem como determinar as orientações do poder político, apoiá-lo ou modificá-lo. O poder social é uma realidade viva e dinâmica. Nem sempre consegue prevalecer, mas funciona o tempo todo como "ameaça potencial". Quanto mais organizada, ciente de seus interesses e consciente de suas reais possibilidades for uma comunidade, mais ela terá aumentada sua potência como agente de controle do poder.

O Estado democrático constitucional, republicano, propõe-se a criar meios para controlar os que controlam, vigiar os vigilantes, forçar os governantes a prestar contas de seus atos. Não apenas pressupondo um "controlador" superior, mais forte e legítimo que os demais – como o povo, por exemplo, em nome de quem todo poder deverá ser sempre exercido –, mas também mediante instituições, regras e práticas que valorizem a democracia como procedimento e como ideal de vida. Uma cultura democrática consistente ajuda de modo decisivo a fazer com que o poder se mantenha nos limites da lei e daquilo que é razoável.

No Estado democrático, além do mais, o poder político está dividido também em seu núcleo central: o Legislativo, o Executivo e o Judiciário controlam-se reciprocamente uns aos outros, de modo a evitar tanto a concentração do poder quanto o abuso de poder. Divide-se o poder para se controlar com maior eficácia e efetividade.

A discussão sobre o controle sofreu uma inflexão com o advento da modernização capitalista. A irrupção da revolução burguesa – com a qual se instituía uma ordem social dinâmica e abertamente competitiva, que projetaria o indivíduo para uma posição de maior protagonismo e modificaria toda a organização social – foi vista como desagregadora das formas tradicionais de controle. Exigiu a revisão delas, criou expectativas de uma crise social de vastas proporções e impulsionou a busca pelos fundamentos da organização e da mudança social. Do século 18 ao início do século 20, período em que o capitalismo se consolidou e se disseminou pelo mundo, todos os grandes pensadores puseram essa questão no centro de suas preocupações. E quanto mais se passou da especulação filosófica para a análise propriamente sociológica dos fatos sociais, maior atenção foi sendo dada ao tema.

No *Manifesto comunista*, Marx e Engels traçaram um panorama épico para registrar a ascensão do capitalismo. Viram-no como um sistema dotado de inédita capacidade de desorganizar e recriar a experiência social: "o contínuo revolucionamento da produção, o abalo constante de todas as condições sociais, a incerteza e a agitação eternas distinguem a época burguesa de todas as precedentes". Em sua concepção, a racionalidade proclamada pelo capitalismo se traduziria em irracionalismo e anarquia, em crise de realização sistêmica, o que abriria progressivas oportunidades para uma verdadeira revolução emancipadora, ainda que a barbárie estivesse sempre à espreita. Escreverão: "A moderna sociedade burguesa assemelha-se ao feiticeiro que já não pode controlar as potências infernais por ele postas em movimento [...] As forças produtivas modernas revoltam-se contra as relações de propriedade que são a condição de existência da burguesia e de seu domínio".

Boa parte da sociologia de Émile Durkheim (1858-1917) está estruturada por temas conexos ao controle. Para ele, a progressiva afirmação da sociedade industrial pôs em crise os padrões tradicionais de coesão – a solidariedade mecânica – fortemente ancorados em situações sociais marcadas pela simplicidade e pela baixa diferenciação, na qual os indivíduos tinham pouca autonomia e se submetiam sem questionamento aos comandos grupais. Com o avanço da industrialização, modificou-se a divisão do trabalho, a diferenciação funcional se expandiu, novos grupos e dinâmicas surgiram, corroendo os valores e hierarquias que orientavam (e controlavam) os indivíduos. Em consequência, a vida social se desorganizou e entrou em crise. Em seu auge, tal processo manifestou-se como uma anomia aguda, ou seja, como uma suspensão das regras e normas que vinculavam os indivíduos entre si e com os grupos. Ameaçada em sua reprodução, a sociedade gerou um novo padrão de solidariedade, compatível com seu novo nível de organização, complexidade e divisão do trabalho: a solidariedade orgânica. Repôs-se assim a ordem social, possibilitando a abertura de uma nova fase de controle e coesão.

A perspectiva de Max Weber (1864-1920) seguirá caminho semelhante, mas em outro registro. Para ele, o capitalismo maximizaria a racionalização, o emprego do cálculo e da ciência, para se impor ao conjunto da vida social e se reproduzir como sistema econômico. Incrementaria assim a dimensão mesma do controle, incentivando a formação de uma cultura concentrada no acompanhamento metódico de todos os processos, na organização, na impessoalidade, na permanente busca de equilíbrios custo-benefício. A racionalidade instrumental converte-se assim na mola propulsora de toda a vida.

Com as modificações e os desafios trazidos pela sociedade moderna, aumentou o peso das organizações na dinâmica social abrangente e na esfera individual. As pessoas passaram a ter de lidar, em seu cotidiano, com mais organizações e com organizações mais complexas, quer dizer, maiores, mais diferenciadas internamente e mais formalizadas como estrutura. Organizações hierarquizadas, divididas por seções ou por departamentos especializados, submetidas a estatutos e normas procedimentais. Como a vida passou a girar sempre mais em uma órbita organizacional, os espaços e os instrumentos de controle se multiplicaram. Tendem a se efetivar mediante uma ampla rede de poderes intermediários, exercidos por chefes, gerentes, coordenadores e encarregados. Tem-se um *sistema de poder e controle*, forte e articulado, no qual o poder de controlar está difuso, espalhado, ainda que não deixe de permanecer formalmente concentrado. O desenvolvimento da organização burocrática moderna – pública e privada – foi a expressão perfeita desse cenário.

Quanto mais a modernidade se radicalizou, mais as organizações foram ficando "poliárquicas". O avanço dos conhecimentos, o desenvolvimento econômico, o crescimento da população, o aumento da divisão do trabalho e a multiplicação das exigências técnicas impulsionaram a diversificação funcional das organizações. Se há mais especializações em um dado local de trabalho, por exemplo, mais chances teremos de ver nascer ali um maior número de "divisões" e, portanto, de nichos de poder e controle. O próprio conhecimento técnico-científico e os saberes especializados convertem-se eles mesmos em poder.

Com a revolução tecnológica da informação e da comunicação, assim como com a globalização do capitalismo, a modernidade ingressou em uma fase de maior radicalidade. Tornou-se mais "líquida" (Bauman), levando ao limite sua característica de fazer com que tudo o que é sólido se volatilize e tudo o que é sagrado seja profanado, como disseram Marx e Engels no *Manifesto* de 1848. Ela não se comprime mais em espaços predefinidos: está livre, impossibilitada de ser contida, como a água, como um tsunami. Tensões, contradições, crises e acidentes localizados tendem a ingressar em um circuito de amplificação que leva as coisas para rumos que não prevíamos e que não conseguimos controlar. O "derretimento dos sólidos", traço permanente da modernidade, "adquiriu portanto um novo sentido, e, mais que tudo, foi redirecionado a um novo alvo, e um dos principais efeitos desse redirecionamento foi a dissolução das forças que poderiam ter mantido a questão da ordem e do sistema na agenda política. Os sólidos que estão para ser lançados no cadinho e os que estão derretendo neste momento, o momento da modernidade fluída, são os elos que entrelaçam as escolhas individuais em projetos e ações coletivas – os padrões de comunicação e coordenação entre as políticas de vida conduzidas individualmente, de um lado, e as ações políticas de coletividades humanas, de outro" (BAUMAN, 2001, p. 12).

Nas condições da modernidade radicalizada, os centros de coordenação e direção perdem capacidade operacional. Órgãos e instituições se tornam menos funcionais. Passam a apresentar problemas de funcionamento mais frequentes e mais difíceis de serem resolvidos. O poder se dilui nas infovias, na velocidade geral da vida, na pluralização dos atores e na fragmentação das estruturas. Como a própria base das sociedades atuais se alterou, assumindo a forma da organização social em redes, o poder também ganha outros contornos. O "poder dos fluxos" torna-se mais importante do que os "fluxos do poder", do mesmo modo que a morfologia social passa a ter "primazia sobre a ação social" (CASTELLS, 1999). As próprias organizações tornam-se mais complexas, no sentido de que se dividem mais e ficam de certo modo sem centros unificadores claramente estabelecidos e reconhecidos.

No mundo globalizado, observa Zigmunt Bauman, grande parte do poder – a parte mais importante – foi "retirada da política". A política perde poder em dois sentidos. Primeiro, porque é despojada de fatias inteiras do poder de decidir, particularmente no que diz respeito à política econômica e à política social. Tais fatias de certo modo transferem-se para os mercados mundiais, para os "fluxos", para arenas decisórias que escapam do controle dos governantes e dos parlamentares. Segundo, porque passa a ter menos capacidade de interpelar os cidadãos, seja porque não consegue implementar decisões e os decepciona, seja porque passa a agir com o olho em si mesma e não se mostra "útil" para as pessoas.

A "perda de potência" e a "autonomização" do poder político – e nesse sentido a diminuição da efetividade dos mecanismos de controle – refletem alterações que reduzem o grau de controle que as estruturas governamentais têm sobre o território ou sobre a movimentação das pessoas que são governadas. Quando um sistema político não pode mais contar com cidadãos "localizados" – isto é, fixados em seus locais de vida, moldando suas consciências e suas vontades a partir daí –, é evidente que ele perde poder, pois deixa de poder controlar seus integrantes. Quando os territórios são afetados por muitos fluxos (comerciais, de informação, culturais, políticos) ou sofrem os efeitos de decisões tomadas por diferentes atores ou protagonistas, ou simplesmente não podem ser objeto de decisões governamentais voluntárias e soberanas, não há como negar que ocorre um declínio em termos de poder: passa-se a viver sob os efeitos de uma rede de poderes cruzados, que se remetem o tempo todo uns aos outros. Reduz-se assim o poder que Estados e governos detêm sobre os territórios, e os diferentes poderes concorrentes passam a ter, cada um deles, menor dose de poder efetivo. Por outro lado, o poder político altera sua forma e sua força quando a democratização se articula com uma forte individualização e com a generalização de uma cultura mercantil que leva os indivíduos a prezar ao máximo seus interesses e a investir tudo em sua própria capacidade de se viabilizar na vida. A maior comunicação e a maior troca de informações também interferem nesse processo, pois com elas a vida se torna relativamente mais independente das decisões tomadas nas instâncias formais de governo ou de gestão. É por essa via que se complica a questão do controle e dos controles (jurídicos, políticos, administrativos, morais, éticos).

A época atual assiste ao cruzamento potencializado desses processos. Temos ao mesmo tempo mais democracia e mais individualização, mais conectividade e mais "deslocalização". Vivemos cortados por processos novos, que estão a mudar e a complicar o modo mesmo como organizamos nossas atividades, nos relacionamos, pensamos e nos governamos. Não há como o fenômeno do poder e do controle – ou seja, da gestão, do governo, do Estado – permanecer imune a isso.

Vivemos em sociedades complexas, de modernidade radicalizada. Não podemos dispensar as vantagens que as técnicas de controle e de planejamento, assim como as tecnologias, nos oferecem. Não há como criar uma ordem justa e igualitária sem uma autoridade compartilhada por todos. A racionalidade que nos escraviza é instrumental, mas não é a única. Podemos antepor a ela formas sempre mais criativas de *razão crítica* e de *razão política*. Com as primeiras, aprendemos a pensar e a não aceitar aquilo que nos é mostrado. Com as segundas, aprendemos a conviver, a organizar melhor nossas diferenças, nossos direitos e nossas obrigações.

Ver: Centralização/Descentralização; Classes Sociais/ Luta de Classes; Coesão Social; Consenso; Democracia; Participação Política; Participação Popular

Referências Bibliográficas

BAUMAN, Z. *Modernidade líquida*. Trad. Plínio Dentzien. Rio de Janeiro: Jorge Zahar, 2001.

BECK, U. *O que é globalização?* Equívocos do globalismo, respostas à globalização. Trad. André Carone. São Paulo: Paz e Terra, 1999.

BOBBIO, N. *O futuro da democracia*. Trad. Marco Aurélio Nogueira. 7. ed. rev. e amp. São Paulo: Paz e Terra, 2000.

CASTELLS, M. *A sociedade em rede*. Trad. Roneide Venâncio Majer. São Paulo: Paz e Terra, 1999.

FOUCAULT, M. *Vigiar e punir*. Trad. Raquel Ramalhete. 21. ed. Petrópolis: Vozes, 1999.

GIDDENS, A. *As consequências da modernidade*. Trad. Raul Fiker. São Paulo: Editora Unesp, 1991.

NOGUEIRA, M. A. *Um Estado para a sociedade civil*. Temas éticos e políticos da gestão democrática. 3. ed. São Paulo: Cortez, 2011.

Coordenação

Luiz Antonio de Palma e Silva

Nas políticas públicas, seja no contexto da gestão ou do desenvolvimento de projetos, a coordenação pode ser compreendida como uma função atribuída ou assumida por uma ou mais pessoas de uma equipe ou organização, que requer para seu encadeamento qualidades pessoais cognitivas e relacionais, bem como determinada parcela de poder. Trata-se de uma forma de desempenho que se apoia muito mais nas virtudes da liderança do que nas formalizações do cargo gerencial.

Na busca de superação ou mesmo da reconfiguração do modelo burocrático (weberiano) posta em marcha pelo gerencialismo, a coordenação tornou-se requisito básico para os processos de trabalho que exigem criatividade, ações, saberes e decisões de um conjunto de profissionais alocados em determinado projeto, em uma organização específica ou em redes que compõem a dinâmica da sociedade e impactam o Estado na era da informação. Nessa conjunção pós-industrial, a lógica das redes é vista como necessária para preservar a flexibilidade e estruturar o não estruturado, identificando o fluxo como a força motriz da inovação na atividade humana, e a coordenação como a pedra de toque para a interatividade.

O modelo gerencial na administração pública foi impulsionado nos anos 1990 pelas teses internacionais do desenvolvimento e da reforma do Estado, tendo sido introduzido na administração pública brasileira pelo Plano Diretor da Reforma do Estado que se transformaria, em 1998, na Emenda 19. O gerencialismo de então tinha como objetivo buscar uma administração mais autônoma e mais responsabilizada perante a sociedade. De sua perspectiva, uma coordenação bem realizada poderia promover um ambiente de integração e conectividade, facilitador para o alcance de resultados previamente planejados e acordados. Sem essa integração, perder-se-iam o senso de conjunto e a pertinência dos agentes envolvidos no processo de trabalho, ocasionando situações desfavoráveis à expressão de conflitos e à formação de consensos para a abordagem do fato ou fenômeno considerado, bem como à definição dos meios e das técnicas disponíveis para a obtenção de resultados.

Ver: Atores; Centralização/Descentralização; Democracia; Orçamento Participativo; Participação Política; Participação Popular; Sociedade Civil

Referências Bibliográficas

BRESSER-PEREIRA, L. C. *Reforma do Estado para a cidadania:* a reforma gerencial brasileira na perspectiva internacional. Brasília: Enap/Editora 34, 1998.

CASTELLS, M. A sociedade em rede. In: ______. *A era da informação*: economia, sociedade e cultura. São Paulo: Paz e Terra, 1999. v.1

Coordenação Federativa

Ver: Regulação Federal

Coronelismo

Maria Teresa Miceli Kerbauy

O termo coronelismo está associado à figura brasileira do "coronel" como símbolo de uma estrutura de poder fortemente concentrada no protagonismo de um chefe político local. A origem dessa imagem do "coronel" remonta ao século 19, quando a Guarda Nacional passou a distribuir patentes militares a civis leais ao governo que tivessem meios para recrutar, armar e manter tropas, assumindo, dessa forma, funções de garantia da ordem local, com o que o Estado central preservava seu controle sobre os municípios do interior.

O coronel está presente nas análises sobre poder local, sobretudo no período que compreende a República Velha (1889-1930), cuja principal característica política era a complexa rede de relações e trocas de favores que se estabelecia entre o poder público e os chefes políticos locais. O coronelismo denotaria precisamente o sistema político derivado dessa rede de relações e barganhas entre o governo central e os coronéis.

A literatura especializada sobre o tema, no Brasil, insiste bastante no monopólio de poder dos chefes políticos locais (prefeitos) sobre determinados bens e serviços, o que lhes possibilitaria alto grau de controle e manipulação sobre o eleitorado. A principal referência, aqui, é a obra clássica de Vitor Nunes Leal, *Coronelismo, enxada e voto,* publicada em 1948, pioneira em sustentar que o fundamento do poder político local é o compromisso coronelista, baseado "numa troca de proveitos entre o poder público progressivamente fortalecido e a decadente influência social dos chefes locais, notadamente dos senhores de terra" (LEAL, 1948, p. 30).

Esse arranjo entre o Estado central e os chefes políticos locais acabou por tornar presente o poder público nos pontos mais distantes do território nacional. Em troca, o poder público tendeu a reforçar politicamente o declinante poder social e econômico dos donos de terra, em vez de destruí-lo, preservando a ascendência dos coronéis, que tiveram assim condições de exercer extraoficialmente um grande número de funções de Estado. Se, por um lado, os governos estaduais e federais dependiam do apoio eleitoral dos coronéis – que comandavam discricionariamente consideráveis votos de cabresto –, os coronéis dependiam do poder público para conseguir os mais variados recursos. Especialmente na Primeira República, o coronelismo tinha em sua base um poder público real que se fortalecia, um poder privado em decadência e uma situação crítica no âmbito municipal, que vivia entre a falta de autonomia legal e a autonomia extralegal implícita no compromisso coronelista.

Para Leal, a melhor prova de que o coronelismo era sintoma de decadência – mais do que manifestação de vitalidade dos senhores rurais – estava no fato de que sua sobrevivência alimentava-se do sacrifício da autonomia municipal. A fraqueza do município não era incompatível com um poder local forte, pois esse, graças à intermediação do coronel, conseguia garantir os votos necessários para políticos estaduais e federais – os quais, em troca, distribuíam favores aos municípios. Para que os coronéis pudessem ser fortes, era preciso que fossem dependentes do governo, tornando os municípios fracos. Sem autonomia político-administrativa e com restritas competências financeiras, os municípios somente poderiam ter suas demandas atendidas como favores da máquina política do Estado ou da União, via intermediação do coronel, que em troca garantia seu domínio sobre dependentes e rivais, sobretudo mediante o controle dos cargos públicos.

O coronelismo típico, portanto, pode ser entendido como um sistema de barganhas entre o governo e os coronéis, no qual se articula uma cadeia de subordinação vertical entre governadores, chefes políticos municipais e eleitores.

A literatura política brasileira, apoiada na obra de Victor Nunes Leal, incorporou por completo sua afirmação de que é "no interior que o elemento rural predomina sobre o urbano". Passou-se assim a identificar coronelismo e tradicionalismo como modelos de poder local – entendido no eixo de uma contraposição rural/urbano e de uma visão do processo de urbanização em que a transformação atingia somente as capitais, sem alcançar o interior.

Para Carvalho (1997), boa parte da literatura sobre poder local, ainda quando inspirada em Leal, identifica coronelismo com mandonismo (EUL-SOOL, 1979; QUEIROZ, 1976), estendendo o significado de mandonismo a diferentes aspectos políticos, sociais e psicológicos e incorporando ao sistema vários tipos de coronéis, associados a atividades que vão do comércio à indústria, das profissões liberais ao sacerdócio. Nela, distingue-se também um coronelismo urbano e, mais recentemente, um coronelismo eletrônico. Apesar de apresentarem características semelhantes, tais conceitos não podem ser entendidos como sinônimos. O mandonismo refere-se à existência local de estruturas oligárquicas e personalizadas de poder, sendo um componente da política tradicional e não um sistema de relações como o coronelismo. Já o clientelismo indica um tipo de relação entre atores políticos na qual a concessão de benefícios políticos em troca de apoio político não inclui a necessidade de relações pessoais futuras e nem exige relações anteriores entre as partes envolvidas.

À medida que aumenta o papel de intermediação desempenhado pelos líderes políticos locais nos governos municipais, estadual e federal, o coronel, como tal, começa a desaparecer. Em contrapartida, fortalece-se o clientelismo: o apoio dos eleitores passa a depender cada vez mais da capacidade dos governantes de entregar benefícios particularistas, o que diminui a importância dos laços afetivos e da fidelidade pessoal do eleitor a um chefe político. Ao comportar a mudança de parceiros ao longo da história, o clientelismo não percorre uma trajetória decrescente como o mandonismo. "Os autores que veem coronelismo no meio urbano e em fases recentes da história do país estão falando simplesmente de clientelismo. As relações clientelísticas, neste caso, dispensam a presença do coronel, pois ela se dá entre o governo, ou políticos, e setores pobres da população" (CARVALHO, 1997, p. 233).

As transformações pelas quais o País passa a partir de 1964 corroem as antigas formas de dominação e, em especial, o coronelismo, esvaziando seus recursos de controle social. O coronel já não se coaduna mais com a nova realidade do poder político local, em que os vínculos familiares, a fidelidade e a sujeição pessoal deixaram de cumprir papel importante nas relações políticas. Seu desaparecimento, no entanto, não significou o fim do clientelismo, assim como a modernização não significou a implantação da racionalidade burocrática e da ideologização da política. A utilização do conceito de "neocoronelismo" denotaria um apego a essas tradições e uma minimização da importância das mudanças políticas, sociais e econômicas havidas no país, nas últimas décadas.

Ao redesenhar a Federação brasileira, transformar os municípios em entes federativos e instituir nova repartição da carga tributária e novas competências para os entes subnacionais, a Constituição de 1988 alterou a distribuição de poder entre as esferas de governo, descentralizou as responsabilidades sobre políticas públicas, estimulou novas instâncias de representação política e desenvolveu sistemas inovadores de decisão que facilitam a seleção e a votação de interesse público. Com isso, foram introduzidas importantes mudanças no padrão de intermediação entre sociedade e Estado e entre entes subnacionais, tornando instáveis as relações clientelistas.

A incorporação do município à Federação brasileira provocou mudanças na organização e no funcionamento dos governos locais. Ao serem redefinidas competências e atribuições na área social, o município tornou-se o principal destinatário da descentralização e passou a receber a maior parcela de aumento das transferências constitucionais. Com base no pressuposto de que a descentralização estimularia diversas formas de participação da comunidade, cresceram o poder e a influência da sociedade na tomada de decisões em políticas públicas.

Ver: Centralização/Descentralização; Clientelismo; Fisiologismo

Referências Bibliográficas

CARVALHO, J. M. Mandonismo, coronelismo, clientelismo: uma discussão conceitual. *Dados, Revista de Ciências Sociais*, Rio de Janeiro, v. 40, n. 2, p. 229-250, 1997.

EUL-SOOL, P. *Coronelismo e oligarquia (1889-1934)*. Rio de Janeiro: Civilização Brasileira, 1979.

KERBAUY, M. T. M. *A morte dos coronéis:* política interiorana e poder local. Araraquara: Cultura Acadêmica Editora, 2000.

LEAL, V. N. *Coronelismo, enxada e voto:* o município e o regime representativo no Brasil. Rio de Janeiro: Livraria Forense, 1948.

QUEIROZ, M. I. P. *Mandonismo local na vida política brasileira e outros ensaios*. São Paulo: Alfa-Ômega, 1976.

Corporativismo

Marco Aurélio Nogueira

Derivado da palavra latina *corpus* (corpo), o conceito de corporativismo refere-se basicamente a três fenômenos distintos, que eventualmente podem manifestar-se de maneira combinada: uma doutrina de organização social baseada em entidades representativas de categorias profissionais e na defesa intransigente de seus interesses, uma ideologia de extrema-direita que prega a subordinação da sociedade pelo Estado, e um sistema de representação e articulação de interesses publicamente reconhecidos como legítimos.

O conceito assumiu diversos significados ao longo do tempo, especialmente a partir da Idade Média, época em que as "corporações de ofício" preponderavam como as únicas formas associativas vinculadas ao universo do trabalho e eram integradas por grupos de artesãos que se dedicavam a um mesmo tipo de atividade produtiva. O corporativismo medieval eliminava a concorrência entre os artesãos e funcionava como um fator que regulava (e monopolizava) a produção econômica regionalmente considerada.

As corporações feudais costumam ser consideradas a matriz do corporativismo. Nas sociedades em que prevaleceram, foram importantes elementos de estruturação e coesão social, especialmente graças aos pesados regulamentos disciplinares que estabeleciam para hierarquizar os diferentes segmentos de trabalhadores envolvidos no sistema artesanal. Com a progressiva afirmação do modo de produção capitalista ao final da Idade Média, as corporações desapareceram.

De modo geral, as corporações de ofício da Idade Média expressavam a sociabilidade e a coesão social características dos costumes e da tradição medieval. O advento do modo de produção capitalista ocasionou a completa destruição das corporações de ofício, projetando para outro patamar a questão da organização e da defesa de interesses. Com a Revolução Industrial, ao mesmo tempo que surgiam as primeiras organizações sindicais, algumas correntes conservadoras, como o positivismo de Auguste Comte (1798-1857), buscaram no corporativismo antigo (medieval) uma possibilidade de recuperar a coesão social que, na visão deles, estaria sendo inviabilizada pelos efeitos da industrialização e pela exacerbação da luta de classes. A solução estaria na recomposição social mediante a valorização das identidades profissionais. Na sociologia de Émile Durkheim (1858-1917), por exemplo, a situação de anomia (de ausência de normas coletivas que vinculassem as pessoas) poderia ser superada mediante o fortalecimento de um sistema de organizações profissionais integradas ao Estado, que amenizaria o conflito industrial e o individualismo desagregador. A questão social começaria assim a despontar na agenda pública. Na mesma época, a Igreja Católica se voltou para o mundo do trabalho e dos conflitos sociais derivados da industrialização. Passou a se interessar pelo tema do corporativismo e do sindicalismo, abrigando-os na encíclica *Rerum Novarum* (1891).

Nas primeiras décadas do século 20, proposições corporativistas se disseminaram pela Europa, defendendo a necessidade de uma nova organização social que tivesse na base a criação de associações (ou corporações) que representassem e vocalizassem os interesses de seus integrantes. Tais propostas também pretendiam atenuar os conflitos industriais e as lutas de classes, mediante uma aproximação entre os produtores (trabalhadores e empregadores, capital e trabalho) que servisse como fator de coesão social. Impulsionado por esse contexto, o corporativismo foi utilizado especialmente pelos regimes fascistas, na Espanha e na Itália, nos quais foi articulado como um vetor de um amplo sistema de repressão e controle autoritário da sociedade pelo Estado. O chamado Estado Novo, regime que vigorou no Brasil entre 1937 e 1945, sob a liderança do presidente Getulio Vargas, também procurou valer-se de um modelo corporativo de Estado, buscando inspiração na *Carta del Lavoro* da Itália de Mussolini para delinear a legislação trabalhista então adotada.

Com o final da experiência fascista, o termo adquiriu caráter mais técnico e ingressou com grande fôlego no léxico da sociologia política. Nem por isso, entretanto, foi estabelecido de forma consensual e categórica. Tornou-se expressão ambígua, imprecisa, carregada de negatividade, utilizada de forma mais ou menos arbitrária para designar um conjunto bastante elástico de práticas associativas, arranjos sistêmicos e "pactos" entre setores da sociedade e Estado, muitas vezes vistos como defensores de interesses, privilégios e prerrogativas particulares em detrimento do conjunto da sociedade.

Costuma-se considerar que a recuperação do corporativismo como conceito teórico se deve a Andrew Shonfield (1965), que teria emprestado evidência empírica às hipóteses de Manoilesco (1934), as quais previam a gradual "corporativização" das economias capitalistas (MOLINA; RHODES, 2002). Para Shonfield, o alcance de resultados macroeconômicos consistentes com as políticas keynesianas exigiria que as economias modernas promovessem processos de negociação e de planejamento estatal que abririam espaço para uma atuação mais expressiva de grandes grupos de interesse. O plano fixaria as orientações em torno das quais o Estado e os grupos de interesse estabeleceriam pactos de atuação (SHONFIELD, 1965, p. 231).

A partir de então, o conceito passou a ser empregado com ênfase, mas não de modo homogêneo, nas análises dos sistemas de representação de interesses correspondentes a sociedades do capitalismo avançado com regimes políticos democráticos. Com isso, foi utilizado para designar um amplo conjunto de arranjos e entendimentos entre associações que defendem interesses particulares (empresas, partidos políticos, sindicatos) e buscam abrir canais de negociação com os poderes estatais.

Posição referencial nessa inflexão definirá o corporativismo como "um sistema de representação de interesses cujas unidades constituintes são organizadas em um número limitado de entidades singulares, compulsórias, não competitivas, hierarquicamente ordenadas e funcionalmente diferenciadas, reconhecidas ou licenciadas (quando não criadas) pelo Estado, às quais é concedido monopólio de representação dentro de sua respectiva categoria em troca da observância de certos controles na seleção de seus líderes e na articulação de demandas e suporte" (SCHMITTER, 1974). Com isso, a representação corporativa de interesses será interpretada como antagônica ao pluralismo liberal, no qual os titulares de direitos políticos são os indivíduos. E terá sua função definida como sendo a de sobrepor a organização coletiva de interesses aos interesses individuais, com o que os conflitos conheceriam maior regulação. Não haveria, porém, um único corporativismo, pois o modelo variaria conforme as circunstâncias histórico-sociais em que se desenvolve. Schmitter distinguirá, por isso, um corporativismo estatal, no qual os grupos de interesse são controlados por um Estado forte, de um corporativismo societal, no qual os grupos de interesse conseguem prevalecer sobre o poder estatal.

A tensão entre corporativismo e pluralismo tornou-se assim preeminente nos debates da ciência política, sendo que a distinção entre os dois modelos nunca chegou a ficar propriamente clara. Expressão bem acabada disso é o fato de diversos autores terem buscado ou a tipificação de distintas modalidades de corporativismo, ou mesmo a "suavização" da expressão, mediante a percepção de que a rigor toda ordem social complexa está inevitavelmente sujeita à existência de estruturas corporativas, que funcionariam como elos entre a sociedade civil e o Estado (O'DONNELL, 1998). Do mesmo modo, certas formulações viram o corporativismo como sendo ele próprio uma variante de pluralismo (o pluralismo das organizações), ainda que "contraposta ao modelo sindical, que seria o gestor do conflito subjacente à sociedade industrializada ou em vias de desenvolvimento e o transformaria, de quando em quando, em uma eventual relação de força entre trabalho e lucro". O modelo corporativo, nesse caso, se distinguiria por impedir "a formação de elementos de conflito, articulando as organizações de categoria em associações entre classes e prefixando normas obrigatórias de conciliação" (INCISA, 1986).

Haveria assim uma modalidade tradicional de corporativismo – de matriz conservadora, mas pluralista e bastante impregnada de orientações católicas e solidárias – e uma modalidade dirigista, que teve sua plena concretização no corporativismo fascista, no qual a unidade autoritariamente instituída pelo Estado deveria prevalecer sobre tudo e todos. "No corporativismo tradicional, as corporações se contrapõem ao Estado; no corporativismo fascista, as corporações estão subordinadas ao Estado, são órgãos do Estado" (INCISA, 1986, p. 289).

Contraposições e tipologias se sucederiam até que, na segunda metade dos anos 1970, teve início a gigantesca literatura a respeito do *neocorporativismo*, expressão com que se passou a analisar as mudanças que ocorriam nas relações entre Estado e grupos de interesse nas sociedades capitalistas com regime democrático. Enquanto no corporativismo clássico (fascista) o Estado impunha e definia essas relações, no neocorporativismo os grupos de interesse e suas organizações representativas estariam livres para estabelecer o padrão de relacionamento com o poder estatal. E dado que os partidos políticos atuam invariavelmente como representantes de interesses, eles passaram a ocupar posição estratégica (juntamente com o Estado e os sindicatos) nas análises daquilo que se convencionou chamar de modelo neocorporativo de intermediação de interesses, entendido essencialmente como uma forma particular de formulação de políticas por parte do Estado. O modelo recebeu diferentes designações (corporativismo societal, corporativismo liberal, corporativismo democrático), sempre com o intuito de salientar sua natureza de sistema compartilhado de tomada de decisões coletivas.

Por essa via, a discussão se disseminaria no Brasil, ganhando maior peso na medida em que se objetivava o processo de redemocratização e se redefiniam as articulações entre Estado e organizações empresariais em torno das políticas econômicas e de desenvolvimento. Nos anos 1990, a questão do neocorporativismo apareceria com destaque na análise das câmaras setoriais, que contaram com o envolvimento de organizações sindicais de trabalhadores (MARTIN, 1996; BOSCHI, 1991; DINIZ, 1992; TAPIA, 1994).

Parcela importante da literatura sociológica sobre o tema aceita que o corporativismo depende de uma troca política entre interesses organizados e poderes estatais, que buscam entendimentos no interior de um sistema de representação formal e negociação substantiva. Trata-se de um modelo em que "grandes organizações de interesses cooperam umas com as outras e com os poderes públicos, não só na articulação ou intermediação de interesses, mas, também, quando assume formas desenvolvidas, na atribuição imperativa de recursos e na implementação de políticas públicas" (LEMBRUCH, 1977). Em sociedades complexas e democráticas, assim, os grupos organizados de interesse receberiam "*status* público", passando a ser plenamente admitidos nos circuitos políticos de tomada de decisões (OFFE, 1989).

A fixação do conceito de neocorporativismo trouxe nova luz à temática da concertação social, ou seja, do processo de articulação política em que organizações sindicais e empresariais negociam com autoridades governamentais para compor decisões de políticas públicas e de regulação. Nos anos 1970, negociações entre Estado, sindicatos e empresários foram importantes para estabelecer equilíbrios entre salário, emprego e gastos sociais. Com as políticas neoliberais das décadas seguintes, houve certa retração nesse terreno. O tema, porém, ressurgiu com o avanço da complexidade social e dos dilemas do desenvolvimento, agora envolvendo maior número de atores e uma agenda mais ampliada, em que têm lugar temas como sustentabilidade, meio ambiente e política regional (TAPIA; GOMES; CONDÉ, 2008). Particularmente no Brasil, a discussão foi impulsionada pelo processo mesmo de expansão do associativismo e de criação de diversos conselhos em áreas importantes como educação, saúde e assistência social. Também contribuiu a constituição, em 2003, do Conselho de Desenvolvimento Econômico e Social (CDES), que passou a funcionar como uma câmara ampliada de interlocução e negociação entre grupos de interesse e representantes da sociedade civil.

Em sociedades como as atuais, que são sempre mais diferenciadas e enfrentam problemas complexos, a concertação social torna-se o terreno prioritário para a construção de decisões coletivas que tenham efetiva ressonância social. Expressão disso é que aumentam progressivamente os casos em que decisões de políticas públicas são tomadas mediante processos de negociação mais ou menos ampliada, que envolvem diferentes atores. Tais modalidades de concertação, pactuação ou contratualização converteram-se em importantes instrumentos de governança pública.

O tema da concertação abre-se para a questão do contrato ou do *pacto social*. Reúne em si duas possibilidades concretas. De uma experiência de concertação social pode nascer um acordo que fixa regras de convivência e contenção dos contratantes, importando pouco a condição real desses contratantes, seus problemas mais estruturais e seus objetivos de longo prazo, ou pode nascer um pacto social autêntico, assentado na prevalência do interesse comum e da igualdade substantiva dos contratantes que, nesse caso, confundem-se com o conjunto da sociedade. Precisamente por isso, o primeiro tipo de pacto é instrumental e circunstancial, ao passo que o segundo é substantivo e de longa duração, implicando uma visão abrangente da ordem econômico-social. O pacto social substantivo, além do mais, incorpora grupos, classes e indivíduos, não somente organizações de interesses, estabelecendo como meta a rearticulação entre público e privado, Estado e sociedade.

Tratado em escala ampliada, portanto, o conceito de corporativismo contempla diferentes situações e remete-se a distintos processos. Permanece como conceito controvertido, ora aproximado das ditaduras fascistas, ora entendido como sinônimo de controle estatal, ora ainda empregado para registrar a atitude que defende de forma egoísta e unilateral os interesses setoriais em detrimento do interesse coletivo, ora enfim visto como modelo de negociação e tomada de decisões que envolve o Estado e certos grupos de interesse.

A defesa corporativa de interesses, por sua vez, pode ser analisada como uma espécie de efeito colateral do associativismo. A organização egoísta e autocentrada visualiza o ambiente geral apenas como palco para uma performance, não como um contexto vivo, onde outros atores, outras considerações e outros projetos coexistem. Concebido de modo instrumental, o ambiente é tratado como uma abstração, como um terreno sem desníveis, sem movimento e sem contradições, que só existe para possibilitar a representação daquela dada performance. A visão corporativista, além do mais, tende a converter os outros grupos em adversários ou em inimigos, incapacitando-se assim para pensar em alianças, em frentes comuns de luta, em união de associações. O corporativismo dificulta, por exemplo, a passagem do sindicato para a central sindical e a passagem da visão focada no trabalho para a visão focada na sociedade como um todo. Tende a despolitizar o associativismo, ao fechá-lo em torno do grupo. Aumenta o poder do grupo, mas rouba-lhe qualidade. O poder corporativo é um poder ilusório e de fôlego curto, por isso mesmo discutível. Dá uma impressão de força e combatividade, mas na verdade produz poucos efeitos societais, pois converte o momento egoísta-passional em finalidade e impossibilita sua superação ético-política.

Independentemente da abordagem ou do enfoque adotado, porém, o corporativismo permanece como conceito-chave para a análise de práticas, atitudes e princípios de organização sociopolítica que se mantêm colados à realidade das sociedades contemporâneas.

Ver: Aparelhamento; Doutrina Social Católica; Esfera Pública; Estado; *Lobby*; Participação Política; Regulação/Agências Reguladoras

Referências Bibliográficas

BERGER, S. (Org.). *Organizing interests in Western Europe:* pluralism, corporatism, and the transformation of politics. Cambridge: Cambridge University , 1981.

BOSCHI, R. R. (Org.). *Corporativismo e desigualdade:* a construção do espaço público. Rio de Janeiro: Rio Fundo, 1991.

DINIZ, E. Neoliberalismo e corporativismo. As duas faces do capitalismo industrial no Brasil. *Revista Brasileira de Ciências Sociais*, São Paulo, n. 20, p. 34-46, out. 1992.

INCISA, L. Corporativismo. In: BOBBIO, N.; MATTEUCCI, N.; PASQUINO, G. (Eds.). *Dicionário de política*. 2. ed. Brasília: Editora UnB, 1986.

LEHMBRUCH, G. Liberal corporatism and party government. *Comparative Political Studies*, Washington, DC, v. 10, n. 1, p. 91-126, 1977.

MANOILESCO, M. *Le siècle du corporatisme*. Paris: Felix Alcan, 1934.

MARTIN, S. As câmaras setoriais e o meso-corporativismo. *Lua Nova*: *Revista de Cultura e Política*, São Paulo, n. 37, p. 139-170, 1996.

MOLINA, O.; RHODES, M. Corporatism: the past, present and future of a concept. *Annual Review of Political Science*, Palo Alto, CA., n. 5, p. 305-331, 2002.

O'DONNELL, G. Acerca del corporativismo y la cuestion del Estado. In: LANZARO, J. (Org.). *El fin del siglo del corporativismo*. Caracas: Nueva Sociedad, 1998.

OFFE, C. *Capitalismo desorganizado:* transformações contemporâneas do trabalho e da política. São Paulo: Brasiliense, 1989.

SCHMITTER, P. Still the century of corporatisme? In: PIKE, F.; STRITCH, T. (Eds.). *The new corporatism:* social-political structures in the Iberian world. Indiana: University of Notre Dame, 1974. p. 85-131.

SHONFIELD, A. *Modern capitalism:* the changing balance of public and privatepower. Oxford, UK: Oxford University, 1965.

TAPIA, J. R. B. Corporativismo societal no Brasil: uma transição incompleta? In: DAGNINO, E. (Org.). *Os anos 90:* política e sociedade no Brasil. São Paulo: Brasiliense, 1994.

TAPIA, J. R. B.; GOMES, E.; CONDÉ, E. (Orgs.). *Pactos sociais, globalização e integração regional.* Campinas: Editora Unicamp, 2008.

Corrupção

Fernando Filgueiras

Políticas públicas sempre implicam a constituição de estratégias e programas orientados pelo Estado de acordo com uma concepção de interesse público. Representam a destinação de bens e recursos em proveito da sociedade, condicionadas ao atendimento dos interesses definidos e defendidos publicamente, isto é, em proveito do bem comum.

Nesse sentido, duas são as ordens de questões para sua institucionalização. Em primeiro lugar, é preciso definir as finalidades das políticas, que devem estar direcionadas à solução de problemas práticos das sociedades, tais como a educação, a saúde, a habitação etc. Em uma democracia, as finalidades das políticas são estipuladas publicamente, de acordo com os interesses defendidos pelos cidadãos por meio de instituições, tais como os partidos políticos, as organizações da sociedade civil e os movimentos sociais. Por outro lado, para estabelecer os fins para os quais as políticas públicas devem ser dirigidas, é fundamental a organização dos meios, ou seja, a existência de organizações e instituições que tornem essas políticas concretas e eficazes por meio de sua autoridade democrática. Tão decisiva quanto isso é a possibilidade de que as políticas sejam controladas e estejam imunes à corrupção.

O sentido original da palavra corrupção é delimitado pelo vocábulo grego *diaphtora*, que se relaciona à ideia de putrefação, de transformação dos seres. No latim, a palavra *corrumpere* significa destruição, ruína e desordem. A corrupção afeta diretamente as políticas públicas, tanto em seus meios quanto em suas finalidades. No que diz respeito aos meios, a corrupção torna as instituições pouco eficazes na consecução das políticas públicas, encarece seus custos por tornar a máquina estatal pouco eficiente na gestão e afeta a capacidade de gestão das políticas. Quanto às finalidades, a corrupção deteriora a percepção dos cidadãos sobre o Estado e suas instituições, coloca em xeque a autoridade política e afeta a qualidade da gestão dos recursos públicos, fazendo com que os recursos não sejam aplicados onde deveriam. Enfim, a corrupção torna as políticas públicas pouco eficazes, fazendo com que seus meios se tornem onerosos à sociedade e seus fins não sejam concretizados da melhor forma.

A reflexão sobre o conceito de corrupção e seus efeitos sobre as políticas remonta ao contexto do pós-Segunda Grande Guerra, tendo em vista o problema da modernização e a construção da democracia. No contexto anterior, a corrupção havia sido tratada como problema ético, configurando o que muitos críticos nomearam de perspectiva moralista (NYE, 1967). Nessa concepção moralista, a corrupção fora compreendida como degeneração moral da política, demandando um tipo de reconstrução autoritária do Estado por meio do recrudescimento de penas contra a corrupção.

No contexto do pós-guerra, entretanto, a reflexão sobre o tema da corrupção passou a ser realizada por teorias municiadas de conceitos e metodologias mais técnicos e consistentes. De acordo com a teoria da modernização, por exemplo, a corrupção surge nos contextos de mudança social, representando uma disfuncionalidade das instituições do sistema político. A modernização desencadearia o desenvolvimento econômico, mas as instituições do sistema político reproduziriam práticas tradicionais como a patronagem e o clientelismo, que facilitariam a irrupção de problemas de institucionalização política que abririam caminho para a corrupção (HUNTINGTON, 1975). No caso da vertente culturalista dessa teoria, a corrupção significaria a reprodução de práticas e valores de sociedades tradicionais, especialmente em culturas católicas e menos afeitas à democracia (LIPSET; LENZ, 2002). Para ambas essas vertentes, o problema da corrupção seria próprio de sociedades subdesenvolvidas. Nesse sentido, o controle da corrupção seria concretizado com a importação de instituições e práticas próprias das sociedades consideradas desenvolvidas e industrializadas, sem observar as diferenças de contextos e de valores (FUNG; WRIGHT, 2003).

A teoria da modernização desencadeou um interesse acadêmico sobre o tema da corrupção, mas foi fortemente criticada por uma perspectiva institucionalista e mais próxima da teoria da escolha racional. No contexto dos anos 1980, deslocou-se a compreensão da corrupção, especialmente nos contextos de transição para a democracia na América Latina, na África e na Europa do Leste. As preocupações passaram a ser então o fomento das reformas econômicas em direção ao mercado e a diminuição do papel do Estado na sociedade e na economia.

Nesse contexto, o papel das agências multilaterais, como o Banco Mundial e o Fundo Monetário Internacional, foi fundamental para que se passasse a tratar a corrupção como um problema que acarreta custos ao desenvolvimento e às transações privadas.

Consolidou-se assim a visão de que a corrupção ocorreria na interseção entre o público e o privado a partir de sistemas de incentivo que fomentariam um comportamento *rent-seeking* por parte de políticos e burocratas (ROSE-ACKERMAN, 1999). O fundamental seria então submeter as políticas públicas ao controle do mercado, já que políticos e burocratas têm incentivos seletivos para maximizar sua renda privada em detrimento do bem público (KRUEGER, 1974; TULLOCK, 1967). O objetivo deveria ser incrementar os resultados das políticas públicas mediante a despolitização das políticas, reforçando o controle sobre o Estado e delegando às agências e às organizações privadas o fomento do bem público (BARDHAN, 2006). A *accountability* e o controle da corrupção seriam aprimorados pela constituição de um cidadão consumidor e pela maior transparência das políticas públicas, temas centrais nos projetos de reforma do Estado e da administração pública dos anos 1980 e 1990 (KLITGAARD, 1994).

Essa concepção se revelou bastante estreita, ao considerar apenas os sistemas de incentivo a práticas *rent-seeking*, sem observar que a corrupção tem aspectos mais amplos, que se ligam à cultura, à política e às sociedades (MONTANYE, 2003). Em relação à gestão das políticas públicas, por exemplo, não considera o papel da autoridade democrática na implementação das políticas e na concretização de sua eficiência, tendendo assim a naturalizar o fenômeno na dimensão do Estado, concebido como espaço natural dos vícios.

A corrupção não custa apenas dinheiro dos contribuintes, mas afeta fortemente a legitimidade das instituições democráticas, comprometendo a autoridade das políticas públicas e, por sua vez, sua eficácia (FILGUEIRAS, 2008). Sua reiteração reflete um ciclo vicioso sobre a legitimidade das instituições democráticas.

A corrupção, nesse sentido, afeta a democracia e a capacidade do Estado de implementar políticas públicas, porquanto afeta não apenas os meios para a institucionalização dessas políticas, mas também a autoridade democrática que define suas finalidades, estabelece as formas de seu controle e sua própria natureza pública. Não basta despolitizar as políticas para que elas passem incólumes pela corrupção. O fundamental é que se reforcem sua publicidade e os mecanismos de *accountability*. Ou seja, que se resgate o papel da autoridade democrática.

Ver: *Accountability*; Clientelismo; Coronelismo

Referências Bibliográficas

BARDHAN, P. The economist's approach to the problem of corruption. *World Development*, Montreal, v. 34, n. 2, p. 341-348, 2006.

FILGUEIRAS, F. *Corrupção, democracia e legitimidade*. Belo Horizonte: Editora UFMG, 2008.

FUNG, A.; WRIGHT, E. O. *Deepening democracy*. New York: Verso Books, 2003.

HUNTINGTON, S. P. *A ordem política nas sociedades em mudança*. São Paulo: Edusp; Rio de Janeiro: Forense-Universitária, 1975.

KLITGAARD, R. *A corrupção sob controle*. Rio de Janeiro: Zahar, 1994.

KRUEGER, A. O. The political economy of rent-seeking. *American Economic Review*, Washington, DC, v. 64, n. 3, p. 291-303, 1974.

LIPSET, S. M.; LENZ, G. S. Corrupção, cultura e mercados. In: HUNTINGTON, S. P.; HARRISON, L. (Orgs.). *A cultura importa:* os valores que definem o progresso humano. Rio de Janeiro: Record, 2002.

MONTANYE, J. On rent thinking and the corruption of republican government. *The Independent Review*, Washington, DC, v. 7, n. 4, p. 519-535, 2003.

NYE, J. Corruption and political development: a cost-benefit analysis. *American Political Science Review*, Washington, DC, v. 61, n. 4, p. 417-427, jun. 1967.

ROSE-ACKERMAN, S. *Corruption and government*. Causes, consequences, and reform. Cambridge: Cambridge University Press, 1999.

TULLOCK, G. The welfare costs of tariffs, monopolies and theft. *Western Economic Journal*, Utah, v. 5, n.3, p. 224-232, 1967.

Crise

Marco Aurélio Nogueira

Tornou-se lugar comum dizer que os atuais contextos nacionais e internacionais convivem com crises que se sucedem sem intervalos, assumem múltiplas formas e produzem efeitos variados. Tudo parece em transição, funcionando com dificuldades, sem eixo. Falar em crise hoje nem sempre ajuda, pois a palavra tem sido usada com tanta liberdade que dificilmente conseguimos saber do que é que estamos mesmo falando. Mas a situação está longe de ser "normal". Não temos como simplesmente arquivar a imagem da crise.

Ainda que possa assumir distintas nuances, o conceito de crise (do grego *krinein*: separar, romper) associa-se invariavelmente a uma situação-limite, na qual se explicitaria um quadro de particular gravidade.

Uma crise sempre destrói e desorganiza: caracteriza-se precisamente por modificar o peso relativo das coisas, tirá-las do lugar ou do fluxo rotineiro, alterar seu sentido, dispô-las de outro modo. Quando se tem uma crise profunda, de caráter mais estrutural, por exemplo, são suspensos ou postos em xeque tanto os sistemas, as práticas e as rotinas quanto os conceitos e ideias com que se interpreta o mundo. Essa crise pode envolver o conjunto da sociedade ou ser mais localizada, afetar mais propriamente um dado setor (ser uma crise econômica ou uma crise política), um nicho associativo, uma organização específica ou uma instituição (crise da escola, crise do Judiciário, crise dos partidos políticos, crise da representação). Nessas diferentes situações, as pessoas envolvidas tendem a se sentir ameaçadas em seus fundamentos, naquilo que dominam, conhecem e lhes dá sustentação.

Uma crise estrutural ampla, com potência para afetar toda a vida social, prejudica o circuito coletivo de vínculos e comunicações: entre o Estado e os indivíduos, o geral e o particular, os grupos e a comunidade, as instituições e o social, a razão e a emoção. Mergulha-se na escuridão, como se se atualizasse aquela engenhosa metáfora que Thomas Hobbes empregou, no *Leviatã* (1651), para explicar o modo de vida que precederia a invenção do Estado: *homo homini lupus*, ou seja, os homens viram lobos de si próprios, jogando-se em uma espécie de guerra aberta de todos contra todos.

Embora não seja sinônimo de morte, a imagem de crise sempre insinua que há algo morto na realidade. Quando se diz, por exemplo, que o marxismo está em crise, não se quer necessariamente dizer que ele tenha desaparecido ou perdido o sentido como explicação do mundo, mas sim que algumas de suas teses e elaborações ficaram privadas de maior poder de convencimento, enfraquecendo a doutrina e reduzindo o número de seus seguidores. Uma crise de governo não anuncia o fim do governo, mas sim que algumas de suas condutas e opções já não bastam para sustentá-lo ou não mais funcionam a contento.

O problema é que nem tudo o que morre é enterrado. Como diria Gramsci, temos uma crise quando aquilo que envelheceu já não dirige mais e o "novo" ainda não se qualificou para orientar o presente. Anuncia-se um momento de desorientação, em que antigos interesses, posições de *status* e convicções gastas pelo tempo chocam-se com novos interesses, novas postulações e ideias, criando um clima de confusão e reorganização.

A imagem da morte, do fim, não ajuda a que se qualifique uma situação crítica. É preferível pensar em transição ou transformação: passagem de uma fase a outra, movimento em que se radicalizam ou se explicitam as contradições e as características típicas de um dado arranjo ou estrutura, em que se morre e se renasce. Nesse movimento, passado, presente e futuro se entrelaçam e atinge-se um ponto inequivocamente "crítico", no qual se manifesta uma insatisfação em relação ao que existe. Podem então ganhar corpo reações de caráter mais regressista e "defensivo" (que veem a saída na recuperação do passado) ou mais progressista e "ofensivo", que valorizam o futuro e buscam reorganizar a vida social de maneira inovadora.

Crises destroem, mas também fornecem chances para que se construa. Dissolvem resistências dogmáticas, tementes do que é novo. Abrem espaços para experiências inéditas, e podem alterar a posição relativa dos interesses e das forças em luta. Em uma crise, vêm à tona as misérias e as grandezas humanas: exacerbam-se desníveis e desigualdades sociais ao mesmo tempo que ganha destaque o talento dos autênticos líderes, daqueles que agem quando todos parecem desanimar e que conseguem extrair do confuso presente o eixo de um futuro melhor.

Há pois uma dimensão "virtuosa" nas crises. Elas não precisam decompor os organismos em que se instalam. Se, em uma dada sociedade ou instituição particular, existirem iniciativas capacitadas para dirigir processos e ampliar as margens de regulação daquilo que foge do controle ou se deteriora – em suma, se houver apoio, mobilização, empenho, disposição para organizar o futuro –, pode-se dizer que ela terá como enfrentar com vantagens um quadro de crise.

Como existem crises de distintas dimensões, que são mais gerais ou que afetam aspectos particulares da vida coletiva, pode-se dizer que algumas crises são mais funestas do que outras. Uma crise econômica abala os alicerces do sistema produtivo, dos bancos, do emprego e do consumo. Seu prolongamento no tempo afeta um número muito grande de pessoas, dizima estoques de recursos, desorganiza a vida familiar e tende a agravar a tensão social. Uma crise econômica dessa proporção tenderá a alimentar, portanto, em alguma medida, uma crise social, ou seja, a desarrumar certos pactos e acordos sociais, a enfraquecer a coesão e a solidariedade entre os membros da sociedade, a fazer com que o tecido social fique mais frouxo, dificultando a convivência e aumentando os conflitos sociais e interpessoais. Poderá ter efeitos no plano da governabilidade e da segurança pública, dentre outros.

As sociedades, no entanto, também são distintas entre si no que diz respeito aos recursos de que dispõem para ativar os circuitos da convivência e da coesão, ou seja, para reagir às crises. Sociedades mais igualitárias, com tradições cívicas enraizadas e cultura política democrática tendem a contornar com mais facilidade os efeitos deletérios das crises. É o que permite observar que uma mesma crise econômica internacional, por exemplo, atinge de forma diferenciada as sociedades por ela envolvidas. Todos "sofrem", porém uns mais do que outros, e uns se recuperam mais depressa do que outros.

Do mesmo modo, como crise e oportunidade caminham juntas, certas crises mundiais podem beneficiar alguns países no mesmo passo que prejudicam outros. A crise do sistema capitalista entre a Primeira e a Segunda Guerra Mundial (1914-1945), por exemplo, favoreceu a industrialização de parte dos países periféricos, dentre os quais o Brasil, mediante a vigência do sistema de "substituição de importações".

Quando a política entra em crise, as sociedades são despojadas de uma parte daquilo que organiza e dá sentido ao viver coletivo. Perdem-se as referências e a linguagem comum que ajudam as pessoas a resolver seus conflitos e a ver esclarecidos os motivos que as levam a permanecer juntas (ou a se suportar reciprocamente). Em boa medida, é o que acontece nas sociedades do início do século 21, sobretudo nas grandes cidades.

Passou-se a viver em um mundo em que as coisas mudaram de escala. Tudo ficou mais complicado, difícil, obscuro, incerto. A sensação de que há riscos, perigos e ameaças por toda parte é geral. Vive-se sob pressão, em contextos impregnados de medos, atritos e fraturas. É como se a barbárie espreitasse a civilização, pronta para se impor diante da menor distração. A mundialização estimula a irrupção de fanatismos nacionalistas, a nova economia convive com a exploração de crianças, os avanços da engenharia genética se fazem lado a lado com o crescimento da corrupção. Há um circuito de deterioração e desagregação social permanentemente ativado.

Ao comprometer e retirar sentido da política, a crise chega ao âmago da vida social, dificultando o acúmulo de energia para que se explorem os elementos virtuosos que emergem daquilo que se desagrega e se desorganiza. Como escreveu Pietro Barcellona (1997, p. 8), "a vida coletiva continua a funcionar como uma máquina, mas os cidadãos não creem mais no Estado e nos partidos, que lhes aparecem como uma força hostil e incompreensível, e fogem da realidade para tentar encontrar alguma compensação para a frustração de ter de se submeter a uma ordem insensata". A crise da política é uma entropia, um atrito entre o singular e o geral, o indivíduo e o grupo, os sujeitos e as instituições: uma dificuldade de compor o que é comum. Não se confunde somente com o fracasso desta ou daquela classe dirigente, impossibilitada de continuar obtendo consensos expressivos e imprimindo uma direção consistente à sociedade. É mais do que "crise de autoridade" ou crise institucional: trata-se de uma profunda "crise de hegemonia, ou crise do Estado no seu conjunto" (Gramsci), e justamente por isso se desdobra em um processo de pequenas e grandes diluições de sentido, de comunicação, de convivência.

A crise da política é o domínio do mercado sobre o Estado, o enfraquecimento das instituições e da cultura da "solidariedade". É o mergulho em uma situação de risco e perigo: sem a política, "toda a sociedade se precipita em uma luta obscura destituída de objetivos claros e distintos. Os interesses e as paixões são postos em cena sem forma, na sua materialidade brutal, no seu extremismo radical" (BARCELLONA, 1997, p. 14).

Do quadro geral não derivam estímulos para rápidas saídas virtuosas, muito ao contrário. Podemos permanecer anos seguidos com governos que governam pouco ou fracassam em várias frentes importantes, mas conseguem sobreviver. Costumam ser lentos os processos de amadurecimento de novas capacidades hegemônicas, quer dizer, de novas disposições de forças que tragam consigo novos projetos políticos e possam em nome deles postular a direção das sociedades. Se a crise é de hegemonia, diria Gramsci, podemos esperar que dela resultem muitas "situações delicadas e perigosas", pois os diversos grupos da população não têm "a mesma capacidade de se orientar e se reorganizar rapidamente". Nem sempre se produzem soluções orgânicas, impostas pela fusão dos oposicionistas ou dos que estão fora do poder. Podem surgir, por exemplo, soluções de outro tipo, fundadas na força, na mobilização de fanatismos retrógrados ou no protagonismo de homens providenciais, carismáticos. Os fenômenos do populismo, do bonapartismo (Marx) e do cesarismo (Gramsci) manifestam-se precisamente em momentos de crise mais ou menos aguda.

Quadros de crise não são favoráveis a grupos sociais subalternos, à vida democrática ou à contestação sistêmica. Tendem a ensejar explosões passionais, retrocessos autoritários e taras personalistas. Nas crises orgânicas – sobretudo em países extensos, de população numerosa e diferenciada, com um sistema político debilitado e atolado em vastos problemas, como é o caso, dentre outros, do Brasil –, movimentos de oposição sistêmica têm sua ação dificultada e o sistema predominante tem como se recompor e retomar a estabilidade.

Ver: Coesão Social

Referências Bibliográficas

BARCELLONA, P. *Politica e passioni*. Torino: Bollati Boringhieri, 1997.

CASTELLS, M. *O poder da identidade*. Trad. Klauss Brandini Gerhardt. São Paulo: Paz e Terra, 1999.

GRAMSCI, A. Maquiavel. Notas sobre o Estado e a política. Ed. e trad. Carlos Nelson Coutinho; Luiz Sérgio Henriques; Marco Aurélio Nogueira. In: ______. *Cadernos do cárcere*. Rio de Janeiro: Civilização Brasileira, 2000. v.3

LOSURDO, D. *Democracia ou bonapartismo:* triunfo e decadência do sufrágio universal. Rio de Janeiro: Editora UFRJ; São Paulo: Editora Unesp, 2004.

MARX, K. *O dezoito brumário de Luís Bonaparte* (1851). Trad. revista Leandro Konder. São Paulo: Abril, 1974.

Cultura Organizacional

Luiz Antonio de Palma e Silva

Pode-se entender cultura como um sistema simbólico que propicia uma forma de interação entre pessoas e grupos sociais a partir de um conhecimento compartilhado sobre o significado do mundo. Dentre outros desígnios, a cultura pode prestar-se também como instrumento de poder e legitimação de determinada ordem. Da perspectiva da antropologia, a dimensão simbólica é concebida como uma construção capaz de integrar as várias faces da prática social, reconhecendo os padrões culturais não como um molde que produziria condutas estritamente idênticas, mas antes como regras de um jogo. Ou ainda uma reunião de elementos que permite atribuir significado a certas ações e em função da qual se praticam sucessivos jogos.

Preocupação recorrente dos estudiosos da cultura sempre foi a de encontrar um único paradigma que estabelecesse parâmetros para sua explicação. A multiplicidade de entendimentos e aplicações do termo, porém, é parte de sua configuração na sociedade contemporânea.

Canclini enumera quatro vertentes que se destacam nesse cenário: a cultura como a forma com que determinado grupo situa sua identidade; a cultura ligada a valores, como uma instância simbólica de produção e reprodução da sociedade, capaz de desenvolver processos de significação; uma terceira vertente, a da cultura compreendida como configuração de consenso e hegemonia, que detém o poder de qualificar ou desvalorizar o que quer que seja; e a cultura como "dramatização eufemizada" de conflitos sociais, ou seja, que reflete em suas manifestações (na música, no teatro ou na dança) o poder e as lutas de diferentes classes sociais. Para esse autor, é necessário avançar no trabalho epistemológico, a fim de explorar como as aproximações que narram os vínculos da cultura com a sociedade, com o poder, com a economia, com a produção, poderiam ser conjugadas e articuladas umas com outras. Seguindo pelo raciocínio da semelhança à diferença, da desigualdade e da desconexão da cultura, cada realidade cultural possui uma lógica própria, a qual caracteriza ações, práticas, costumes, concepções e demais forças de manutenção ou transformação social. É, no entanto, necessário relacionar tais variedades com os contextos em que se inserem.

Para o contexto de políticas públicas importa conhecer e identificar os fatores que caracterizam os traços culturais de uma organização ou de uma política setorial. Nesse sentido, cultura organizacional pode ser compreendida como a face identificadora de um coletivo profissional, moldada por um conjunto de valores e pressupostos básicos, expressos em elementos técnicos ou simbólicos. Assim concebida, a cultura organizacional, com sua capacidade de ordenar, conferir significações e reconhecimento a determinada entidade, tanto pode agir como elemento de comunicação e consenso como instrumentalizar relações de conflito ou de dominação. A cultura organizacional deve ser analisada inicialmente pela cultura do meio em que a organização opera e pelas subculturas que a complementam.

Diferentes autores tendem a tomar como referencial básico a ideia de que cultura organizacional é o conjunto de pressupostos básicos que um grupo inventou, descobriu ou desenvolveu ao aprender como lidar com os problemas de adaptação externa e integração interna e que funcionaram bem o suficiente para serem considerados válidos e ensinados a novos membros como a forma correta de perceber, pensar e sentir em relação a esses problemas (SCHEIN, 2004). Dada sua abrangência e seu caráter nem sempre explícito, a cultura de uma organização deve ser buscada mediante a consideração de alguns níveis particularmente emblemáticos.

Antes de tudo, o ambiente construído da organização (seu espaço físico, seu *layout*, a maneira como seus integrantes se vestem, os padrões de comportamento visíveis, os documentos públicos que produz). É o que Schein chama de "nível dos artefatos visíveis". Em segundo lugar, é preciso considerar o "nível dos valores e crenças que governam o comportamento das pessoas", o que pode ser feito por meio de entrevistas com os membros-chave da organização. Além disso, e sobretudo, é preciso considerar o "nível dos pressupostos subjacentes", ou seja, as convicções inconscientes que determinam como os membros de um grupo agem, pensam e sentem (SCHEIN, 2004).

Na medida em que dada organização passe por experiências comuns particularmente relevantes, é de se esperar que seus integrantes compartilhem uma cultura organizacional que prevaleça sobre as várias subculturas individuais, grupais ou setoriais. Organizações muito grandes e estratificadas tendem a assistir ao desenvolvimento, em seu interior, de múltiplas culturas particulares, que poderão ser determinadas pelo compartilhamento de valores por determinadas profissões ou conforme a estrutura de cargos: a cultura dos gerentes, dos engenheiros, das secretárias, dos técnicos em informática, do pessoal da limpeza. Do mesmo modo, deve-se supor que os fundadores de uma dada organização, ou suas lideranças mais expressivas, ou mesmo seus integrantes mais antigos, tenham participação decisiva na modelagem dos padrões culturais e das visões de mundo que prevalecerão ao longo da história da organização.

Dos vários caminhos para se desvendar a cultura de uma organização, quatro são os mais importantes (FLEURY, 1996).

Primeiramente, o histórico, onde se considera o contexto político-econômico em que se deu a criação da organização e os incidentes críticos por que passou (crises, expansões, pontos de inflexão), pois nesses momentos "o tecido simbólico se revela" e emergem com maior nitidez "valores importantes de ser preservados ou pelo contrário questionados".

Em segundo lugar, deve-se observar como se dá o processo de socialização de novos membros, pois "é através das estratégias de integração do indivíduo à organização que os valores e comportamentos são transmitidos e vão sendo incorporados pelos novos membros".

As políticas de recursos humanos, em terceiro lugar, têm papel relevante no processo de construção de identidade da organização, uma vez que são mediadoras da relação de poder entre o *board* dirigente e o corpo operacional, e em uma empresa privada, também entre capital e trabalho. Ao se analisarem as políticas explícitas e principalmente as políticas implícitas de recursos humanos de uma organização, "é possível decifrar e interpretar seus padrões culturais".

A quarta direção a seguir diz respeito ao processo de comunicação, no qual se encontram os elementos essenciais de criação, transmissão e aglutinação do universo simbólico de uma organização. Dentre os meios de comunicação, devem-se considerar tanto os meios formais de interação (contatos diretos, reuniões, telefonemas, jornais, circulares, memorandos), quanto os meios informais, manifestos nas conversas cotidianas, nos eventos sociais solenes ou recreativos.

Por último, mostra-se igualmente relevante atentar para a organização do processo de trabalho, que, na investigação da cultura de uma organização, "coloca-se como uma categoria metodológica importante para desvendar aspectos formadores da identidade organizacional" e, ao definir as bases materiais sobre as quais se assentam as relações de poder, ajuda a fornecer o referencial para que se decifre a "dimensão política constitutiva do elemento simbólico" (FLEURY, 1996).

Ver: Consenso; Gestão de Pessoas; Hegemonia; Identidade Social; Legitimidade; Organizações; Poder

Referências Bibliográficas

CANCLINI, N. G. *Diferentes, desiguais e desconectados*. Rio de Janeiro: UFRJ, 2006.

FLEURY, M. T. L. O desvendar da cultura de uma organização: uma discussão metodológica. In: FLEURY, M. T. L.; FISHER, R. M. (Orgs.). *Cultura e poder nas organizações*. São Paulo: Atlas, 1996.

FREITAS, M. E. *Cultura organizacional:* identidade, sedução e carisma? Rio de Janeiro: FGV, 1999.

MOTTA, F. C. P.; CALDAS, M. (Orgs.). *Cultura organizacional e cultura brasileira*. São Paulo: Atlas, 1997.

SCHEIN, E. H. *Organizational culture and leadership*, 3. ed. San Francisco, CA: Jossey Bass, 2004.

Cultura Política

Mario Fuks

Robert Bonifácio

Cultura política é um conceito amplo e complexo, mas comumente definido por especialistas como um conjunto de valores, percepções e atitudes individuais referentes ao sistema, às instituições e aos atores políticos. Os estudiosos que consideram a cultura política relevante para entender as estruturas e comportamentos políticos recorrem, com frequência, a certas categorias, tais como socialização política, valores políticos, mudança cultural e confiança interpessoal.

Seguindo os apontamentos de Almond (1990), pode-se considerar que o uso da cultura política como chave para entender certos aspectos da vida social e política ocorre desde longa data. No entanto, as duas principais matrizes de uma visão culturalista da política encontram-se nas obras de dois autores do século 19, Max Weber e Alexis de Tocqueville.

Para Weber, a cultura é uma esfera instituidora da realidade social. Dois exemplos disso são a ética protestante na formação do capitalismo moderno e as crenças como condição para o exercício sustentado da dominação. Decorre de Weber a afirmação que já se tornou senso comum na compreensão do que seja cultura: um conjunto de ideias e crenças que explicam o comportamento humano. Também demonstrou que a subjetividade tem significativo poder explicativo em relação aos fenômenos sociais e políticos.

O pensador francês Tocqueville percebia uma relação forte entre cultura e política. Os "hábitos do coração" e os "hábitos da mente" constituem para Tocqueville as duas faces da cultura, expressas, respectivamente, em atividades e em ideias reiteradas. A cultura é vista, portanto, como uma prática que tem um componente comportamental e outro ideacional. São os hábitos que dão sustentação às instituições políticas, o que explica, segundo o autor, porque nos Estados Unidos por ele visitados, ao contrário da França, a democracia conviveu com a liberdade.

A despeito das contribuições de longa data, é consensual entre os especialistas que somente a partir da década de 1960 se constituiu, de fato, uma teoria sistemática que funda a concepção de que cultura política importa para entender processos sociais e políticos.

A obra inaugural desse campo de investigação é *The civic culture,* de Gabriel Almond e Sidney Verba (1963). O estudo compara cinco países (Estados Unidos, Inglaterra, Alemanha, Itália e México), utilizando técnicas estatísticas para dar sustentação aos argumentos teóricos. Nesse sentido, ele se distancia das contribuições ensaísticas comuns à época, que tentavam explicar as diferenças nos desenvolvimentos das nações com base em concepções estereotipadas e com pouca fundamentação científica das "características nacionais dos povos" (RENNÓ, 1998).

O principal argumento presente em *The civic culture* é o de que há uma forte associação entre cultura política e democracia: em países onde a cultura política apresenta feições mais democráticas – o que eles chamam de cultura cívica –, existem regimes democráticos estáveis. Segundo os autores, a cultura cívica caracteriza-se por um equilíbrio entre atividade e passividade, no sentido de que os cidadãos se mostram interessados e preparados para participar politicamente, mas também manifestam deferência em relação às instituições e às lideranças políticas, para que estas possam governar efetivamente.

The civic culture ganhou papel de destaque na produção acadêmica da área da ciência política e talvez por isso tenha despertado muitas críticas. Dentre as principais, destacam-se (1) a que acusa o estudo de possuir caráter elitista, por considerar que a cultura anglo-saxã dos Estados Unidos e da Grã-Bretanha é mais favorável à democracia do que outras culturas e (2) a que questiona o suposto determinismo cultural do modelo proposto por Almond e Verba, o qual teria apontado a cultura política como o fator determinante na constituição de instituições políticas democráticas estáveis.

A teoria da cultura política perde o papel de destaque na ciência política ao longo das décadas seguintes, mas ganha novo fôlego a partir do final dos anos 1980, o que pode ser atestado pelo sucesso de dois estudos, os livros de Ronald Inglehart (1990) e de Robert Putnam (1996).

Inglehart consegue aliar os pressupostos da psicologia social e as contribuições da teoria da modernização. Assim, concebe a ideia de que o mundo passa por mudanças graduais nos valores, indo da predominância dos valores materialistas, que enfatizam o apego às necessidades de sobrevivência e autossegurança, para valores pós-materialistas, caracterizados pela ênfase na autoexpressão e na defesa de minorias. A velocidade e a amplitude das mudanças dependeriam do nível de desenvolvimento econômico dos países, sendo os valores pós-materialistas mais frequentes em nações que ele chama de altamente industrializadas.

Putnam analisou a influência de mudanças institucionais no comportamento e nas atitudes políticas em duas regiões da Itália, Norte e Sul. Atribuiu às especificidades de cada cultura política regional o fato de que no Norte desenvolveram-se práticas associativas e confiança generalizada, enquanto no Sul qualquer tipo de cooperação espontânea foi inibido.

No que se refere aos desenvolvimentos recentes do debate sobre a cultura política, uma importante contribuição é o livro organizado por Pippa Norris (1999). Nele, vários capítulos buscam combinações entre argumentos de natureza cultural e de natureza institucional para explicar as atitudes dos cidadãos em relação aos regimes, atores e instituições democráticas em vários países.

Um dos resultados desse exercício de combinação é o refinamento da ideia de apoio específico e difuso à democracia (EASTON, 1965). Outro é a constatação de que, enquanto as teses culturalistas são poderosas para explicar diferenças persistentes de adesão a valores democráticos, as teses de tipo institucional são mais adequadas para analisar as súbitas flutuações de opiniões em relação a instituições políticas específicas, como o acréscimo ou a queda de confiança no congresso e nos partidos políticos. Uma terceira contribuição relevante é o conceito de "cidadão crítico", que se refere ao cidadão que reduz sua confiança em instituições e atores políticos com desempenho pouco satisfatório, mas sem retirar seu apoio aos ideais democráticos e participativos.

Por fim, pode-se concluir que os estudos da área de cultura política mantiveram sua vitalidade ao longo das últimas décadas. A permanência da relevância desses estudos ao longo do tempo reside, em grande medida, na sua capacidade de inovação, que se expressa na incorporação de perspectivas analíticas mais flexíveis e menos formalistas.

Ver: Hegemonia; Ideologia

Referências Bibliográficas

ALMOND, G. *A Discipline divided:* schools and sects in political science. London and Newbury Park, CA.: Sage Publications, 1990.

ALMOND, G.; VERBA, S. *The civic culture:* political attitudes and democracy in five nations. Boston: Little, Brown and company, 1963.

EASTON, D. *A Systems analysis of political life*. New York: John Wiley & Sons, 1965.

INGLEHART, R. *Culture shift in advanced industrial society*. Princeton: Princeton University, 1990.

NORRIS, P. *Critical citizens*: global support for democratic government. Oxford: Oxford University, 1999.

PUTNAM, R. D. *Comunidade e democracia:* a experiência da Itália moderna. Rio de Janeiro: FGV, 1996.

RENNÓ, L. Teoria da cultura política: vícios e virtudes. *Boletim Informativo Bibliográfico- BIB*, Rio de Janeiro, n. 45, 1998. p. 71-92.

Cultura Tecnológica

Dênis de Moraes

Cultura tecnológica refere-se a um conjunto de comportamentos, hábitos, relações, desempenhos e posições resultantes da utilização de tecnologias de comunicação e informação. Em cada contexto específico, as tecnologias integram técnicas com conhecimentos científicos, valores e formas de organização da sociedade. Diferenciados por injunções econômicas e fatores socioculturais, os usos tecnológicos podem contribuir tanto para modificar atitudes, costumes, práticas e mentalidades de indivíduos, grupos, classes e instituições quanto para acentuar desigualdades e exclusões.

Os impactos tecnológicos sucedem-se de maneira vertiginosa, influindo em circuitos informativos, experimentações estéticas, sociabilidades, identidades, interações, processos produtivos, negócios, transações financeiras, ritmos de trabalho, investigações científicas, metodologias educativas e ações sociopolíticas. Gianni Vattimo (1991, p. 25) qualifica a tecnologia como "o órgão dos órgãos, o lugar em que o sistema tem o seu 'piloto', a sua direção tendencial de desenvolvimento". Tal direção consiste em fixar e controlar astuciosamente o repertório de conhecimentos e inovações, o que confere à racionalidade tecnológica o poder de intervir em várias dimensões da vida social. Sem contar que é o próprio sistema tecnológico, em revisão, superação e retroalimentação contínuas, que se incumbe de responder, regular e administrar o repertório de invenções, habilidades e saberes em circulação.

A cultura tecnológica expande-se sob o signo da digitalização. A linguagem digital única favorece a convergência de redes, plataformas e suportes, tornando possível a hibridação das infraestruturas de transmissão de dados, imagens e sons, em grandes proporções. A multiplicação de canais, produtos e serviços digitais vincula-se à lógica expansiva do sistema tecnológico, caracterizada pela integração dos fluxos de informação em plataformas comuns de altíssima velocidade, a um custo decrescente e em sintonia com demandas planetárias.

A digitalização possibilita a convergência entre informática, telecomunicações e mídia, sintetizada no conceito de infotelecomunicações. Esse conceito designa a conjunção de elementos técnicos e estratégicos que configuram o campo multimídia, responsável pelo crescimento exponencial dos setores de informação e entretenimento nas últimas décadas. As indústrias infotelecomunicacionais afiguram-se como molas propulsoras da chamada economia da informação. Com efeito, a informação qualifica-se como fonte alimentadora das engrenagens indispensáveis à hegemonia do capital, uma espécie de mais-valor decisório que se credencia como insumo básico e recurso de gestão e produção. A própria noção de informação não se restringe mais à ideia de notícia e engloba distintas concepções: informação de base (bancos de dados, acervos digitais, arquivos multimídias), informação cultural (filmes, dvds, cds, vídeos, jornais, programas televisivos e radiofônicos, livros etc.) e *know-how* (invenções, patentes, protótipos etc.).

Cada vez mais a produtividade e a competitividade dependem da capacidade dos agentes econômicos de aplicar de modo eficiente informações disponibilizadas nas transmissões em tempo real. É por meio da absorção e da análise de dados privilegiados que grandes empresas garantem acesso a conhecimentos essenciais à constituição de dividendos competitivos nas economias globalizadas. A virtualização de informações passa a ser peça-chave para a diminuição do tempo de resposta diante das sucessivas variações dos mercados.

Do mesmo modo, a inovação converte-se em requisito valioso: cada novo produto ou serviço tecnológico ambiciona monopolizar a última novidade, para estar à frente, suplantar o concorrente e ampliar lucros. Isso é ainda mais crucial em uma época em que os bens disponíveis criam problemas e expectativas que somente se equacionam mediante novas soluções tecnológicas. Como essas soluções dependem de lastro financeiro, tecnologias de ponta, *know-how* gerencial, logística e desembaraço operacional, instaura-se um círculo vicioso: a cadeia de descobertas, transferências e aplicações de tecnologias avançadas gravita em torno de um rol restrito de corporações que concentram diferenciais inacessíveis a organizações de menor porte. Nesse sentido, as tecnologias de comunicação e informação reforçam os padrões de acumulação monopólica (de capitais, de propriedade, de meios, de domínios setoriais) em uma economia de interconexões eletrônicas.

A cultura tecnológica comporta, assim, potencialidades, contradições e problemas. De um lado, as tecnologias ampliam nossas capacidades de conhecer, imaginar, criar e interagir, além de proporcionarem benefícios à coletividade (por exemplo, avanços da medicina, funcionalidades dos celulares, serviços públicos eletrônicos, redes sociais, intercâmbios audiovisuais, mobilizações por afinidades eletivas na internet). Por outro lado, o alcance das conexões e o acesso às inovações dependem de estágios tecnológicos e condições aquisitivas marcadamente desiguais. Parcelas expressivas da população mundial continuam excluídas da evolução técnica. E são as elites e os atores hegemônicos que absorvem as maiores vantagens da digitalização, por disporem de recursos tecnológicos e financeiros para incrementar a produtividade, em função de seus interesses particulares. Com isso, fica afetada a ideia de bem comum que deveria ser o pilar de sustentação da divisão igualitária do progresso técnico-científico e material.

Ver: Democracia Digital

Referências Bibliográficas

BRONCANO, F. *Mundos artificiales:* filosofía del cambio tecnológico. Barcelona: Paidós, 2000.

CANCLINI, N. G. *Diferentes, desiguais e desconectados:* mapas da interculturalidade. Rio de Janeiro: Editora UFRJ, 2005.

CASTELLS, M. *A sociedade em rede*. São Paulo: Paz e Terra, 1999. v.1

MORAES, D. Cultura tecnológica, innovación y mercantilización. In: ______. (Comp.). *Mutaciones de lo visible:* comunicación y procesos culturales en la era digital. Buenos Aires: Paidós, 2010. p. 45-80.

VATTIMO, G. *A sociedade transparente*. Lisboa: Edições 70, 1991.

d

Darwinismo Social

Edgard de Assis Carvalho

Empregada de modo aleatório para designar políticas e posturas que defendem a existência, nas sociedades, de grupos e/ou pessoas mais adaptados e portanto mais aptos a sobreviver e progredir, a expressão darwinismo social contém, ao mesmo tempo, uma forte carga de preconceitos e um reconhecimento explícito da grandiosidade da teoria de Charles Darwin (1809-1882), segundo a qual as espécies vivas evoluem ao longo do tempo mediante processos de seleção natural que privilegiam os organismos mais capazes de se adaptar às mudanças do meio ambiente.

O termo foi introduzido na linguagem técnica pelo filósofo e sociólogo vitoriano Herbert Spencer (1820-1903), que manteve intocável o pressuposto da progressão do homogêneo simples ao heterogêneo complexo. A lei natural da evolução aliada à lei fundamental da matéria seriam responsáveis pela criação do homem perfeito da sociedade perfeita e pela ampliação da diversidade. Só um homem inteiramente adaptado à vida social seria capaz de atingir esse estado. Sociedades mais adaptadas e avançadas do ponto de vista evolutivo seriam as mais eficazes no controle da natureza e na normalização da cultura. Muita adaptação gera pouca adaptabilidade para a novidade e a incerteza. A dominação social, política e cultural de determinadas sociedades sobre outras foi a consequência política e ideológica dessa visão de mundo que consagrou a competição e a luta pela existência como modalidades educativas gerais.

O darwinismo social supõe que as sociedades estão divididas entre capazes e incapazes, fortes e fracos, exacerbando o critério da adaptação, da seleção natural e da sobrevivência dos melhores. A evolução, ou o progresso social, decorreria assim da competição e do conflito entre esses dois grupos, tese que Spencer afirmaria mediante a transferência para o terreno social da luta das espécies pela sobrevivência, em uma variante mecanicista do princípio da evolução. O argumento se vulgarizou e passou a ser usado, por exemplo, para sustentar o individualismo econômico e político contra o intervencionismo do Estado. Com a difusão dos escritos de Spencer – dentre os quais *Princípios de sociologia* (1879) e *Lei e causa do progresso* (1889) –, o argumento influenciou o pensamento sociológico, a pedagogia e a teoria das organizações.

Charles Darwin publicou *A origem das espécies* em 1859. Desde então, sabemos que não viemos do outro e muito menos de uma instância transcendente. Viemos de nós mesmos, produto de uma história evolutiva multimilenar. O homem e a totalidade dos seres vivos descendem de algo preexistente e menos organizado.

Mesmo combatida pelo pensamento conservador, religioso ou não, essa ideia de Darwin permitiu que a fronteira entre natureza e cultura fosse questionada. Embora as concepções da teoria darwinista e os mecanismos da seleção natural e da sobrevivência dos mais aptos fossem válidos para evolução da vida em geral, sua aplicação para a sociedade foi e continua a ser problemática. A transferência de conceitos, teorias, cosmovisões de uma área deve sempre ser cautelosa. No caso das sociedades humanas, esse fato serviu de justificativa para a expansão das ideologias raciais, étnicas, sociais que redundaram em intolerâncias, extermínios, guerras. Os "mais aptos" se arrogaram o direito de reger o destino dos outros. O mundo passou a ser classificado e hierarquizado por oposições de natureza (primitivo *vs.* civilizado), grau (superior *vs.* inferior), pensamento (pré-lógico *vs.* lógico), cognição (oral *vs.* escrito).

Na postulação de Herbert Spencer, o darwinismo social expandiu de forma abusiva o pressuposto da progressão do homogêneo simples ao heterogêneo complexo. Sociedades mais adaptadas e avançadas do ponto de vista evolutivo seriam as que se mostrariam mais eficazes no controle da natureza e na normalização da cultura.

A evolução linear considerou que os estágios primitivo, bárbaro e civilizado eram comuns a todas as sociedades, com o Ocidente sendo o ápice do processo civilizatório. Sequências multilineares posteriores mantiveram a hierarquia. O mundo cindiu-se de novo em duas partes incomunicáveis: de um lado os evoluídos e adaptados, de outro exatamente o contrário. Inimaginável no tempo de Darwin e de Spencer, a construção de tipologias evolutivas multilineares mantém a definição do que é o homem dentro de padrões classificatórios diferenciais, mesmo que, no plano evolutivo, humanos de todos os tempos e lugares sejam semelhantes em gênero (*homo*) e espécie (*sapiens*).

O darwinismo social é fundado na supremacia da razão, da racionalidade, do racionalismo. Admite a existência de homens pré-racionais e racionais: os primeiros, sem Estado, história, escrita; os segundos, com todas essas qualidades. Considerados como os únicos seres vivos verdadeiramente racionais, porque falam, comunicam, planejam, calculam, competem, amam e odeiam, os homens teriam se apossado dessas marcas evolutivas e as convertido em sinônimo de superioridade diante dos demais seres vivos.

A evolução biológica e social não é um programa único, pois contém uma série de bifurcações e dissipações, perdas e ganhos. Evoluir como homem não implica nenhuma superioridade ou arrogância. A flexibilidade e a plasticiade mental e comportamental são características primordiais da evolução biológica e social. Humanos não são nada mais do que animais que aprendem. É preciso aprender a estender o olhar para longe e perceber que, sob a diversidade de sociedades e culturas, existe um complexo processo filo e ontogenético sempre apto a fornecer respostas semelhantes para os enigmas da vida e das espécies.

Ver: Liberalismo/Neoliberalismo; Política Social; Racialização

Referências Bibliográficas

DARWIN, C. *A origem das espécies por meio da seleção natural ou A preservação das raças favorecidas na luta pela vida*. Trad. André Campo Mesquita. São Paulo: Escala, 2009.

GOULD, S. J. *A falsa medida do homem*. Trad. Valter Lellis Siqueira. São Paulo: Martins Fontes, 1999.

SPENCER, H. *Essays:* scientific, political and speculative. Chicago: Nobu Press, 2010.

Deliberação

Cláudia Feres Faria

A teoria democrática contemporânea abriu-se para o tema da deliberação a partir dos estudos do filósofo alemão Jürgen Habermas (DRYZEK, 2002), dos quais emergiu um profícuo diálogo entre os diferentes teóricos da democracia. Retomar a definição oferecida por Habermas e explicitar o debate em torno desse conceito são passos que ajudam no estudo das contribuições que a ideia de deliberação traz para a teoria democrática e para a análise das políticas públicas.

Em Habermas, a deliberação designa um "ato intersubjetivo de comunicação e argumentação cujo objetivo é alcançar um consenso sobre a solução para determinado problema social". Ela envolve: (a) argumentação; (b) publicidade e inclusividade; (c) ausência de coerção externa e interna; (d) acordos racionalmente motivados; (e) regulação de todos os assuntos tendo em vista o interesse igual de todos; e (g) extensão das deliberações políticas à interpretação de necessidades e à transformação de preferências e enfoques pré-políticos (HABERMAS, 1997, p. 305-306).

Habermas parte das contribuições de Joshua Cohen (1989) para elaborar os elementos constitutivos da deliberação pública. Ao contrário deste, porém, reserva a prática deliberativa somente para a esfera pública e para certas partes do sistema político, notadamente o Parlamento e o Judiciário. Ao limitá-la a esses espaços, sem se preocupar com sua eficácia na condução dos poderes administrativo e econômico, reduz o alcance de seu modelo de democracia deliberativa, tornando-se alvo de inúmeras críticas. (FRASER; 1996; BOHMAN, 1996; COHEN, 1989).

Bohman, por exemplo, redefine a deliberação como "uma atividade social incorporada na ação social do diálogo".

Ou seja, como um ato dedicado a "oferecer e receber razões que ocorre em um contexto social específico, frente a uma situação problemática na qual a coordenação se rompe e é retomada quando os atores são capazes de cooperar novamente". Com isso, os objetivos do ato deliberativo não se limitam à busca de consenso entre os pares, mas incluem a tentativa de resolver conflitos, restaurar a cooperação entre os atores e coordenar seus resultados. Nesse sentido, para que a deliberação se desenvolva, basta que os participantes reconheçam que eles contribuem e influenciam os resultados, mesmo que discordando deles. O resultado de uma decisão passa a ser aceitável "quando as razões por trás dela são suficientes para motivar a cooperação de todos" (BOHMAN, 1996, p. 33).

Diferentemente de Habermas, Bohman considera a deliberação mais uma forma de diálogo do que uma forma de discurso. O diálogo público não exige acordos unânimes entre os partícipes e nem mesmo interação face a face. Na visão de Bohman, a deliberação é mais uma atividade cooperativa e pública do que discursiva e argumentativa. Tal mudança tem como objetivo diminuir as "exigências epistêmicas" contidas no ato discursivo, buscando, assim, ampliar as chances de participação daqueles que desejam conformar a deliberação pública, aumentando as chances de inclusão política.

Seguindo a mesma direção, Dryzek apresenta outra definição de deliberação. Para ele, trata-se de "um tipo de comunicação que induz, de forma não coercitiva, à reflexão sobre as preferências dos atores sociais envolvidos". Em contraposição a Habermas, Cohen e Bohman, defende o discurso racional, mas também valoriza outras formas de expressão, como a retórica, a emoção, o humor, a fofoca e o testemunho como meios de deliberação autêntica. Para assegurar a pluralidade de identidades, típica das sociedades contemporâneas, Dryzek sugere ainda que a esfera pública seja pensada como "uma arena *de contestação* de discursos sobrepostos", cujo resultado no sistema político nem sempre é decisivo, mas que, em determinados momentos, faz diferença e induz a mudanças no contéudo da política pública (DRYZEK, 2001, p. 2, 73).

Em Gutman e Thompson (2004), a deliberação é definida como "o ato de justificar as decisões tomadas pelos cidadãos e por seus representantes" (p. 6). O que caracteriza a deliberação, aqui, é a exigência de justificação, que pode assumir contornos procedimentais ou substantivos, assim como conviver com outras formas de tomada de decisões. Não obstante, todas essas opções devem ser, em algum momento do processo deliberativo, publicamente justificadas.

Embora reconhecendo a "maturidade" alcançada pela teoria deliberativa (BOHMAN, 1998), o debate em torno da definição de deliberação aponta para um conjunto de revisões decorrentes das exigências empíricas colocadas à "versão clássica" de deliberação. Daí as mudanças aludidas: da prática discursiva para a dialógica, da busca do consenso para o acordo e deste para a demanda por justificação pública. Em que pese a diversidade semântica do termo deliberação, é possível afirmar que todas as concepções retratadas retêm, em suas elaborações, os mesmos elementos constitutivos, quais sejam: justificação, publicidade, inclusão, reciprocidade, controle público e justiça.

Desde a publicação de *Legitimation crisis* (1973), Habermas já ressaltava que a fonte de legitimidade de um governo encontra-se no *julgamento coletivo*. Uma vez que os cidadãos de uma comunidade política não sejam tratados como objeto das decisões ou como sujeitos passivos dos governos, eles devem não só debater os diversos motivos que conformam uma decisão, mas também solicitar que seus representantes o façam. Pretende-se, assim, produzir *decisões justificadas* e, ao mesmo tempo, expressar o respeito ao outro.

Como mostram Gutmann e Thompson (2004), o respeito ao outro deriva do *reconhecimento*, ensejado pelo ato deliberativo, do "mérito moral presente nas exigências dos oponentes". Não se trata de compatibilizar valores incompatíveis, mas de ajudar os partícipes a reconhecer o valor contido nas pretensões dos outros. Com isso, não se espera a formação de um consenso, mas o estabelecimento de uma relação pautada pelo *respeito mútuo*.

O caráter duplamente público da justificação – ela deve ocorrer em público e ser acessível a todos que participam do processo – qualifica ainda mais a pretensão da deliberação de ensejar simultaneamente a *publicidade e a inclusividade*. A preocupação de Gutmann e Thompson em tornar o conteúdo das discussões acessíveis está vinculada às possíveis chances de inclusão promovidas pela deliberação, ou seja, à possibilidade de que todos os envolvidos sejam capazes de tomar parte do processo em curso. Nesse caso, mesmo que o entendimento sobre as questões em pauta não seja completo, presume-se que a deliberação possa levar a uma compreensão individual e coletiva maior em função da disseminação pública de informações acerca do problema em debate. Por isso, o conceito de esfera pública, tal como desenvolvido e reformulado por Habermas (1984), torna-se central nessa teoria, atuando como uma caixa de ressonância dos problemas tematizados na sociedade, possibilitando a circulação de diferentes pontos de vista sobre questões relevantes para a coletividade.

O *controle público* também deriva dessa exigência de justificação. Segundo Bohman, sempre que as expectativas e/ou a coordenação da ação se rompem, espera-se uma explicação pública e uma prestação de contas, desde que se pretenda reconstituir a relação em desenvolvimento. Mas não basta somente prestar contas. A justificação pública precisa ser inteligível e capaz de responder às objeções dos outros. Caso contrário, o espaço público corre o risco de se esvaziar.

No que diz respeito à *justiça*, a deliberação, mais do que outras formas de comunicação, contribui para a eliminação das condições injustas. Ao publicizar as condições de injustiça, a deliberação pode vir a constranger as ações dos grupos socialmente dominantes, ao passo que determinados tipos de negociação, como a barganha, tendem a reproduzir as desigualdades em jogo (DRYZEK, 2001).

Em pelo menos três campos diferentes, a teoria deliberativa contribui para o debate democrático no geral e para os estudos e as práticas das políticas públicas em específco: no que diz respeito à autenticidade do controle público, à ampliação da igualdade formal e à expansão da autonomia política (COHEN; FUNG, 2004).

A dimensão deliberativa da democracia, aliada à dimensão participativa, oferece aos cidadãos oportunidades adicionais de treinamento e aprendizado político, capacitando-os para julgar criticamente os méritos das leis e das políticas produzidas. Embora partindo de pressupostos diferentes, deliberação e participação não são práticas sociais incompatíveis (PAPADOPOULOS; WARIN, 2007). A partir delas, o controle público torna-se mais informado.

A ampliação da participação e da deliberação em espaços públicos formais e informais afeta positivamente a questão da igualdade formal, uma vez que a legitimidade das leis e da política deriva não só do *status* social dos participantes, mas também da "força do melhor argumento". A prática discursiva pode, assim, servir de escala comparativa para que se avalie em que medida a participação está assentada em hieraquias sociais e políticas ou na constestação de um público organizado em bases sociais mais amplas do que as promovidas pela força do dinheiro e do poder.

Ao elaborarem razões e justificativas para solucionar problemas comuns, os cidadãos participantes se apropriam das leis e das políticas que os vinculam. Políticas que envolvam ambas as dimensões capacitam os cidadãos a julgar de forma mais informada e autônoma as diversas fases – formulação, implementação e gestão – das políticas públicas.

Ver: Democracia; Democracia Deliberativa; Democracia Participativa; Sociedade Civil

Referências Bibliográficas

BOHMAN, J. *Public deliberation:* pluralism, complexity and democracy. Cambridge: MIT, 1996.

COHEN, J. Deliberation and democratic legitimacy. In: HAMLIN, A.; PETTIT, P. (Eds.). *The good polity.* Oxford: Blackwell, 1989.

COHEN, J.; FUNG, A. Radical democracy. *Swiss Journal of Political Science*, Malden, MA, v. 10, n. 4, p. 169-180, 2004.

DRYZEK, J. S. *Deliberative democracy and beyond*. Oxford: Oxford University, 2001.

FARIA, C. F. O que há de radical na teoria democrática contemporânea: a análise do debate entre ativistas e deliberativos. *Revista Brasileira de Ciências Sociais*, São Paulo, v. 25, n. 73, p. 101-111, 2010.

FRAZER, N. Rethinking the public sphere: a contribution to the critique of actually existing democracy. In: CALHOUN, C. (Ed.). *Habermas and the public sphere*. Cambridge: MIT, 1996. p. 109-142.

GUTMANN, A.; THOMPSON, D. *Why deliberative democracy?* Princeton: Princeton University, 2004.

HABERMAS, J. *Between facts and norms*. London: Polity Press, 1997.

______. *Legitimation crisis*. Boston: Beacon, 1975.

______. *Mudança estrutural da esfera pública*. Trad. Flávio R. Kothe. Rio de Janeiro: Tempo Brasileiro, 1984.

PAPADOPOULOS, Y.; WARIN, P. Are innovative, participatory, and deliberative procedures in policy making democratic and effective? *European Journal of Political Research*, New York, n. 46, p. 445-472, jun. 2007.

Democracia

José Álvaro Moisés

O conceito de democracia ficou conhecido com a experiência de autogoverno dos cidadãos atenienses durante o período de Péricles, no século 5 a.C., embora já fosse usado anteriormente. A palavra democracia é formada por dois vocábulos gregos que, juntos, implicam uma concepção singular de relações entre governados e governantes: "*demos*" significa povo ou muitos, enquanto "*kracia*" quer dizer governo ou autoridade. Assim, em contraposição à prática política adotada até então, ou seja, o governo de um sobre todos (monarquia) ou de poucos sobre muitos (oligarquia), o conceito de democracia passou a conotar, conforme observaram tanto Aristóteles como Platão, a ideia de uma forma de governo exercido por muitos. Mas é um equívoco considerar isso uma democracia direta, pois mesmo sendo um governo para muitos e exercido por muitos, não o era por todos, já que estavam excluídos da cidadania mulheres, escravos e trabalhadores braçais.

Na Atenas da época, as decisões importantes que afetavam a vida da cidade e de seus habitantes, como as relativas à economia, aos impostos e à defesa contra os ataques externos (aí incluída a guerra), eram tomadas pela assembleia de cidadãos. No gozo de sua soberania, os cidadãos podiam votar as decisões de interesse coletivo, ser indicados para cargos públicos (através de sorteio), fazer parte de júris e, ao mesmo tempo, destituir ou colocar no *ostracismo* os governantes cuja ação era considerada prejudicial ao bem comum e aos interesses da maioria. O processo envolvia dois princípios fundamentais que, séculos mais tarde, passaram a ser centrais para o conceito: se referiam, por uma parte, à igualdade dos cidadãos perante a lei (*isonomia*), e, por outra, ao direito de eles se expressarem na assembleia (*isegoria*). Sua vigência deu origem a uma nova concepção de relações de poder consolidada quando a noção de democracia foi retomada na modernidade política a partir dos séculos 17 e 18.

Segundo Heródoto, foi Péricles quem usou pela primeira vez, em sua oração fúnebre em homenagem aos heróis da guerra do Peloponeso, a ideia de que a democracia é o governo "do povo, pelo povo e para o povo", um enunciado tornado célebre após ser usado por Abraham Lincoln no século 19. Mas a contribuição de Péricles, fruto de sua reflexão como estadista, foi muito além; no seu famoso discurso, ele sugeriu, como observaram alguns especialistas, que a democracia inventada em Atenas dizia respeito a dois ideais complementares: a distribuição equitativa do poder de tomar decisões coletivas e o julgamento dos cidadãos quanto ao processo de tomada dessas decisões e os seus resultados. Esses ideais iriam converter-se, ao longo das transformações históricas que deram origem à democracia moderna, nos principais pilares do conceito, distinguindo claramente esse regime de alternativas como o autoritarismo e o totalitarismo.

Importantes estudos sobre a democracia mostram de fato que, diferentemente de suas alternativas, ela se baseia em um conjunto mínimo de regras, leis e instituições que, adotadas para dar efetividade aos dois ideais apontados por Péricles, formam a base sem a qual não se pode propriamente falar desse regime. Além disso, se considera que, sendo ao mesmo tempo um regime político e um modo de convivência, a democracia também envolve atitudes, comportamentos e uma concepção moral – todos designados como cultura cívica.

Segundo a definição mínima, a decisão sobre quem está autorizado a exercer o poder está baseada na lei, que a submete ao voto dos cidadãos (em substituição à antiga prática do sorteio); o voto é considerado um direito democrático se todos os indivíduos afetados por decisões coletivas puderem influir na escolha em condições iguais, podendo votar e ser votado. Além disso, o voto é efetivo se as eleições são livres, regulares e monitoradas por uma instituição independente de outras instituições do Estado, envolvendo o direito de contestação de quem exerce o poder através da competição política ao menos entre dois contendores diferentes. Ou seja, o direito de escolher quem pode exercer o poder expressa o princípio de que na democracia o soberano é o cidadão em sua condição de eleitor; mas, para ser efetiva, essa soberania depende de que os eleitores tenham o direito de se expressar livremente, de se organizar em partidos e/ou associações voluntárias, de ter assegurado o direito de competir em condições de igualdade e, finalmente, de ter acesso a fontes de informação não subordinadas às estruturas de poder. Essas normas, consolidadas em constituições políticas, fazem da democracia um governo baseado em leis em contraposição ao governo dos homens; é um sistema de governança em que os governantes devem explicações de seus atos, o tempo todo, aos que os elegeram ou aos seus representantes.

Essas regras mínimas são resultado de conquistas alcançadas sob influência da tradição greco-romana, do desenvolvimento da noção de soberania popular na Idade Média e da emergência da concepção de *res publica*, a partir da contribuição de Maquiavel, no século 15. O salto, entretanto, para um sistema de governo baseado na vontade da maioria dos membros da comunidade política não foi linear; houve avanços e recuos derivados da Revolução Gloriosa, na Inglaterra do século 17, e das revoluções Americana e Francesa, no século 18. Esses acontecimentos fundaram a concepção segundo a qual os homens nascem livres e iguais, um preâmbulo importante da Declaração dos Direitos dos Homens cujo desenvolvimento deu origem ao moderno conceito de cidadania envolvendo direitos civis, políticos e sociais, efetivos se também o são os princípios de igualdade e liberdade política.

A democracia envolve, portanto, *contestação* e *participação,* como sustentaram Schumpeter e Dahl de modos diferentes. Na continuidade dos avanços anteriores, nos séculos 19 e 20 o direito de voto foi estendido a todos os adultos reconhecidos como cidadãos, independentemente de sexo, cor da pele, posição social, filiação ideológica ou crença religiosa; nesse período surgiram também os sistemas partidários que consolidariam a competição eleitoral como centro da disputa pelo poder. Mas eleições e direito de voto, por si sós – mesmo quando a participação é universal ou quase – não são suficientes para garantir a ligação entre interesses e preferências dos cidadãos – o que desejam para si e para a sua coletividade – e as políticas públicas adotadas pelo Estado. Além disso, tampouco garantem que o império da lei esteja completamente estabelecido, nem que direitos baseados na igualdade e liberdade estejam garantidos a todos. A conexão entre essas coisas depende da existência e do bom funcionamento de instituições como o Legislativo, o Judiciário, o Ministério Público e outros; essencial aqui é o mútuo controle e a fiscalização que elas realizam entre si em nome dos cidadãos.

Por isso, para contornar o que alguns chamaram de *falácia eleitoralista*, foi proposto o conceito de qualidade da democracia com o objetivo de mensurar a efetividade de três dimensões do processo democrático: os princípios (igualdade e liberdade); os procedimentos (império da lei, divisão de poderes, participação popular, obrigação de os governantes prestarem contas de sua ação etc.); e os resultados (extensão da cidadania, objetivo dos gastos públicos, diminuição das desigualdades etc.). A qualidade da democracia decorreria da articulação dessas três dimensões, ou seja, de que a participação dos eleitores influencie de fato os rumos dos governos democráticos e, ao mesmo tempo, que os cidadãos – através dos partidos, dos Legislativos e do Judiciário – possam avaliar e julgar as ações desses governos. Uma democracia de qualidade dependeria, então, de que o Parlamento represente efetivamente os eleitores, que estes tenham acesso fácil, justo e impessoal à Justiça e que os partidos, além de disputarem o poder, criem oportunidades reais para que militantes, simpatizantes ou simples votantes influenciem os seus rumos. O entrelaçamento entre liberdade e igualdade dependeria disso.

Mas a qualidade da democracia depende também da disposição cultural e moral dos cidadãos de viver e aperfeiçoar esse sistema de governo através da crítica e da participação. Não existe democracia sem *democratas,* isto é, pessoas comuns que aceitam conviver com as outras no ambiente de tolerância e cooperação que caracteriza a democracia e que alimentam, mesmo quando desejam aperfeiçoar o regime, sentimentos, atitudes e comportamentos favoráveis a ele; para isso, a participação é fundamental, assim como a disposição de corrigir distorções como a corrupção.

Ver: Democracia Participativa; Democracia Representativa; Estado; Movimentos Sociais; Poder; Sociedade Civil; *Welfare State*

Referências Bibliográficas

ARISTÓTELES. *Política*. São Paulo: Nova Cultural, 2000. (Os Pensadores.)

DAHL, R. A. *On democracy*. New Haven: Yale University Press, 2000.

HERÓDOTO. *The persian wars*. [S.l.]: Bruce J. Butterfield, 1942. Trad. George Rawlinson.

MAQUIAVEL. *O príncipe*. São Paulo: Penguin & Companhia das Letras, 2010.

MORLINO, L. Teoria da democratização, qualidade da democracia e pesquisa de opinião: ainda em "mesas separadas". In: MOISÉS, J. A. (Org.). *Democracia e confiança* - Por que os cidadãos desconfiam das instituições públicas? São Paulo: Edusp, 2010.

PLATÃO. *A república*. São Paulo: Martin Claret, 2001.

SCHUMPETER, J. A. *Capitalism, socialism and democracy*. New York: Harper Torchbooks, 1975.

Democracia Deliberativa

SONIA FLEURY

A democracia deliberativa é definida como resultante da decisão coletiva que emerge de arranjos que agregam escolhas coletivas estabelecidas em condições de livre e pública argumentação entre iguais, governados por essas decisões (COHEN, 1998; ELSTER, 1998).

Essa concepção filia-se às origens clássicas do conceito de democracia, vista como o governo dos cidadãos, que tinha como base uma crítica ao despotismo. Encontramos nesse conceito a junção do ideal igualitário com o ideal republicano, cujo fundamento do poder político, defende Rousseau, é a noção da soberania popular, expressa como vontade geral inalienável e indivisível. Para Rousseau, o indivíduo é livre para exercer sua soberania; se a delega a outrem, transforma-se em seu escravo. Portanto, democracia implica a participação direta de uma cidadania ativa nas decisões políticas.

As dificuldades desse modelo de não delegação da cidadania encontram-se na inexistência de mecanismos de transição entre os interesses privados e os públicos, bem como nas limitações operacionais da tomada de decisão com base em assembleias de cidadãos, em sociedades cada vez mais complexas. Além disso, o governo por meio de assembleias foi visto como um risco de imposição de uma ditadura das maiorias.

Por essas razões, a concepção da democracia que predominou no século 20 foi a de democracia representativa, na qual a participação dos cidadãos se dá por meio da escolha periódica daqueles que serão seus representantes no exercício do poder político. Schumpeter (1984) expressa essa mudança, de democracia como soberania popular, para democracia como método de escolha dos dirigentes, ao criticar a concepção clássica da democracia fundada na realização do bem comum, para defini-la em termos procedimentais, como um método. Ou seja, a democracia é o acordo sobre um conjunto de regras que assegurem a autorização para a tomada de decisões em nome da maioria. O modelo institucional da representação concretiza essa concepção de democracia, por meio do qual as vontades individuais são expressas mediante o voto, em escolhas de alternativas oferecidas pelos partidos políticos aos cidadãos, cujas preferências são agregadas de forma a autorizar o exercício do poder de forma legítima.

As regras da democracia dizem respeito a como chegar às decisões, mas não ao conteúdo dessas decisões. Em outras palavras, a democracia é a certeza sobre as regras da competição e a incerteza sobre os resultados. Ao se absolutizarem os aspectos formais e procedimentais, em detrimento dos valores relacionados ao bem comum, à igualdade e à participação ativa dos cidadãos, esvazia-se a democracia de seu conteúdo moral.

O recente retorno da discussão teórica e das inovações institucionais que permitem a participação popular nos processos políticos decorre, em grande parte, do crescente descrédito em relação à democracia representativa, em especial dos partidos e da classe política, como mecanismo eficaz de agregação de interesses e resolução de conflitos em função do interesse público, reduzindo a legitimidade do exercício exclusivo do poder pelos representantes. Sem pretender substituir o mecanismo da representação pelo processo de participação direta da cidadania nas decisões que a afeta, o que se pretende é buscar novos mecanismos que possam oxigenar e radicalizar a democracia representativa.

Fatores como a excessiva capacidade de inserção dos interesses e poder de veto do capital, a complexificação, a burocratização e a tecnificação do processo de planejamento governamental, as negociações informais entre grupos de interesse, políticos e burocratas, são apontados como responsáveis pelo baixo potencial de criação de unidade política por meio das políticas públicas em uma democracia representativa.

Além disso, são apontadas mudanças na relação entre Estado e sociedade civil, tais como a crescente fragmentação, complexificação e auto-organização da sociedade civil e a redução do poder dos Estados nacionais. Tais transformações na esfera pública são vistas como responsáveis pela demanda por uma nova e radical institucionalidade democrática, capaz de introduzir o direito à participação como parte da condição de cidadania (FLEURY, 2008), considerando-se que a política foi descentrada, deslocando a ênfase dada ao processo decisório estatal, para as práticas do cotidiano. Vários autores chamam atenção para a profunda transformação cultural representada pelo papel ativo dos movimentos sociais na ampliação do político, no reconhecimento da diversidade cultural e no questionamento acerca da capacidade da democracia representativa, para representar agendas e identidades específicas e, enfim, para representar a diferença (SANTOS; AVRITZER, 2002).

Nesse sentido, a concepção de democracia deliberativa propõe um novo modelo procedimental de tomada de decisões, no qual os afetados pelas decisões participem no processo de discussão e deliberação. Para além das questões do método, retoma-se a discussão da democracia a partir da perspectiva dos sujeitos políticos, e são introduzidos critérios normativos de avaliação das deliberações, de acordo com princípios de justiça social.

A busca de uma nova institucionalidade para a democracia, que seja capaz de atender conjuntamente aos *princípios de reconhecimento, participação e redistribuição* (FRASER, 2001), marca o momento atual. Trata-se de buscar uma articulação entre inovação social e inovação institucional, que permita construir uma nova institucionalidade para a democracia. A democracia passa a ser vista, mais do que como um procedimento, como uma prática social na qual se constroem as identidades coletivas, ou seja, uma nova gramática de organização da sociedade que permite redefinir os vínculos sociais, incluir novos temas e atores e, em termos gerais, ampliar o político.

Esse modelo de funcionamento atende aos requisitos que a teoria democrática contemporânea identifica como o modelo de democracia deliberativa. O ressurgimento da ideia da democracia deliberativa, depois de tantos anos de hegemonia do modelo de democracia representativa, está influenciado pela produção teórica de Hannah Arendt, para quem a condição humana encontra seu fundamento na relação entre discurso e ação; e na obra de Habermas, que vê no processo de discussão entre cidadãos livres e iguais a possibilidade de transformação, mais que a simples agregação das preferências. Para Habermas, o procedimento democrático não se baseia em direitos universais ou em uma substância ética, mas nas regras do discurso e formas de argumentação, cuja normatividade é tomada da ação orientada para a busca de entendimento. Nesse sentido, além da agregação de interesses, o procedimento democrático permitiria transformar os interesses mediante troca de informações e argumentos.

Diferentemente do modelo da democracia representativa, no qual os participantes submetem-se a normas previamente aceitas para eleger entre alternativas, na democracia deliberativa as próprias normas são objeto de deliberação. A única norma previamente aceita é aquela que diz que o processo decisório coletivo deve contar com a participação de todos que serão afetados pela decisão ou por seus representantes. Esse seria o componente democrático. O componente deliberativo exige que o processo decisório seja conduzido mediante argumentos oferecidos por participantes comprometidos com os valores da racionalidade e da imparcialidade.

Grande ênfase é dada à troca de informações entre os participantes, o que permitiria a transformação dos pontos de vista; e à exigência de argumentar em defesa de suas posições, o que favoreceria o entendimento e a geração de consensos mais amplos. O processo decisório não existe para que se escolha entre alternativas, mas para gerar novas alternativas, o que possibilitaria maior inovação social. Finalmente, espera-se que as decisões assim tomadas propiciem maior justiça redistributiva e sejam mais sustentáveis.

A legitimidade do processo decorreria da discussão na qual todos os participantes argumentam em favor de seus pontos de vista, de sorte que dessa confrontação surgiria não uma decisão consensual, mas uma deliberação de todos, para a qual se teriam considerado também os argumentos das minorias.

Existe uma tendência a tratar como idênticos os conceitos de democracia deliberativa, democracia participativa e democracia comunicacional. Mas, apesar das várias afinidades, há algumas importantes diferenças entre eles. Se bem a democracia deliberativa implique a participação e a comunicação no processo de discussão, algumas formas de participação e de comunicação não se confundem com a democracia deliberativa. Por exemplo, na Constituição Federal Brasileira CF/88, o artigo 14 reza que a soberania popular será exercida pelo sufrágio universal e pelo voto direto e secreto e mediante os instrumentos do plebiscito, do referendo e da iniciativa popular. No caso da iniciativa popular legislativa, trata-se de um mecanismo de participação direta da população no exercício do poder de elaboração de uma lei que será submetida à aprovação no Congresso Nacional. A recente aprovação da Lei n. 135/2010, conhecida como "Lei da Ficha Limpa", demonstrou cabalmente o enorme potencial de transformação da cultura e das instituições políticas desse instrumento. No entanto, essa forma de participação, que dá origem a uma iniciativa legal que se conjuga com a democracia representativa por meio da aprovação da lei pelo Congresso, não atende integralmente aos critérios definidos para a democracia deliberativa. Isso porque a coleta de assinaturas dos eleitores para produzir uma lei de iniciativa popular não implica, necessariamente, a existência de um procedimento que estabeleça um processo de comunicação e argumentação. Apesar da participação popular, as preferências seriam meramente agregadas para obter o número de eleitores necessário para qualificar a lei.

Com relação à democracia comunicacional, esse conceito é defendido por Young (2001, p. 373) para indicar a atribuição igual de privilégios a qualquer forma de interação comunicativa em que os indivíduos objetivam chegar a um entendimento. Embora reconhecendo que a proposta de democracia deliberativa seja potencialmente mais igualitária que a democracia representativa, Young critica o privilégio dado à argumentação no processo de deliberação. Essa ênfase na racionalidade do argumento, no seu entendimento, termina por colocar a competição pelo melhor argumento em um patamar de superioridade em relação a outras formas de discurso, ocultando dessa forma relações de poder (como as de gênero ou de classe).

Por fim, a compatibilização de democracia representativa e democracia deliberativa, embora apareça como um pressuposto das novas alternativas apontadas na teoria da democracia, não tem sido suficientemente problematizada no plano teórico. No entanto, os estudos empíricos sobre o funcionamento dos conselhos nas diferentes políticas sociais, em especial na política da saúde na qual se originaram, têm demonstrado as inúmeras tensões entre decisões tomadas pelos representantes governamentais e vetadas pelo Conselho, ou, ao contrário, decisões oriundas de deliberações do Conselho que não são implementadas pelo Executivo. Essa tensão permanente entre representação e deliberação, originada a partir do novo desenho institucional baseado na CF/88, com a criação dos mecanismos de participação e deliberação nos conselhos e conferências, tem sido responsável pela originalidade e dinâmica mais criativa da democracia brasileira.

Ver: Deliberação; Democracia Participativa; Democracia Representativa; Movimentos Sociais; Poder; Sociedade Civil; *Welfare State*

Referências Bibliográficas

ARENDT, H. *A condição humana*. 6. ed. São Paulo: Forense Universitária, 1993.

COHEN, J. Democracy and liberty. In: ELSTER, J. (Ed.). *Deliberative democracy*. Cambridge: Cambridge University Press, 1998. p. 185-231.

ELSTER, J. Deliberation and constitution making. In: ELSTER, J. (Ed.). *Deliberative democracy*. Cambridge: Cambridge University Press, 1998. p. 97-122.

FLEURY, S. Construcción de sujetos políticos y ciudadanos. In: FLEURY, S.; SUBIRATS, J.; BLANCO, I. (Eds.). *Respuestas locales a inseguridades globales*: innovación y cambios en Brasil y España. Barcelona: Cidob, 2008. p. 397-440.

FRASER, N. Da redistribuição ao reconhecimento: dilemas da justiça na era pós socialista. In: SOUZA, J. (Org.). *Democracia hoje* - novos desafios para a teoria democrática contemporânea. Brasília, DF: Editora UnB, 2001. p. 245-282.

HABERMAS, J. *Between facts and norms*. 2. ed. Cambridge: MIT Press, 1996.

SANTOS, B.; AVRITZER, L. Introdução: para ampliar o cânone democrático. In: SANTOS, B. (Org.). *Democratizar a democracia - os caminhos da democracia participativa*. São Paulo: Civilização Brasileira, 2002. p. 39-82.

SCHUMPETER, J. *Capitalismo, socialismo e democracia*. Rio de Janeiro: Zahar, 1984.

YOUNG, I. M. Comunicação e o outro: além da democracia deliberativa. In: SOUZA, J. (Org.). *Democracia hoje* - novos desafios para a teoria democrática contemporânea. Brasília, DF: Editora UnB, 2001. p. 365-386.

Democracia Digital

José Eisenberg

Dá-se o nome de democracia digital a variadas práticas, muitas vezes experimentais, que buscam democratizar o Estado e fortalecer a sociedade civil, tendo como foco a aplicação dos potenciais democráticos imputados pela conectividade instituída pela internet. Essas práticas se manifestam, em suas formas mais simples, por meio de moções publicadas na rede mundial de computadores, de coletas de assinaturas eletrônicas dos cidadãos, com a intenção de expressar uma "opinião pública", em suma, mediante os potenciais de ampliação de públicos da comunicação eletrônica. Esses esforços buscam até mesmo instituir mecanismos de deliberação popular que influam, de maneira participativa, no funcionamento de órgãos públicos de maneira geral, e de órgãos legislativos de forma específica. Democracia digital, portanto, é um termo que não designa nenhuma forma nova de democracia. Designa apenas um ímpeto por democratização da sociedade utilizando-se a internet.

A democracia digital pode ser compreendida de três perspectivas distintas: a universalização da participação política (democracia participativa), a redemocratização da representação (democracia representativa) e a democratização da informação (democracia deliberativa). É do ponto de vista da democracia participativa que os impactos da internet na política são mais perceptíveis e, ao mesmo tempo, mais problemáticos.

Podemos destacar cinco traços da forma como a internet transforma a democracia participativa:

1) a internet reduz o custo institucional e organizacional da ação coleti-

va, facilita a dispersão de informação e material de divulgação entre os participantes, facilita a coordenação de protestos simultâneos em diversas localidades e amplia as possibilidades de recrutamento dos movimentos sociais;

2) a internet reduz o custo da participação dos agentes individuais. Por um lado, os custos financeiros são reduzidos pela eliminação da necessidade de locomoção imposta pela interação face a face; por outro, os custos em termos de tempo são reduzidos pela eliminação da necessidade de coordenação dos horários dos participantes;

3) a comunicação eletrônica facilita a formação de novas identidades coletivas, na medida em que cria espaços temáticos de discussão que permitem a convergência de ideias e posições políticas de pessoas dispersas geograficamente e que muitas vezes nem se conhecem;

4) a internet suaviza, e às vezes até elimina, as hierarquias intraorganizacionais dos movimentos sociais, já que a horizontalidade da comunicação eletrônica aumenta o sentimento de envolvimento dos participantes nos processos decisórios;

5) por fim, a internet contribui para que movimentos sociais possam avaliar a repercussão de sua atividade política, já que reduz os custos de coleta do retorno do público.

Do ponto de vista da ampliação dos processos deliberativos da democracia representativa, não é tanto o potencial comunicativo do meio que determina sua capacidade de inovação, mas sim a agilidade dos recursos interativos da internet. As primeiras iniciativas nessa direção concentraram-se na produção de mecanismos informais de participação dos cidadãos em decisões legislativas, por meio de fóruns de discussão sobre temas da pauta de votações legislativas. Em geral, eram iniciativas coordenadas por entidades do terceiro setor ou pelo próprio Poder Legislativo. É ilustrativo da força dessas práticas que, no Brasil, a Câmara dos Deputados tenha adotado o sistema conhecido como Wikilegis (e-democracia), ferramenta digital que permite ao cidadão apresentar sugestões de forma colaborativa com outros usuários. Podem-se apresentar sugestões de emendas ao texto ou mesmo elaborar seu próprio projeto com a ajuda de outros. O objetivo é construir consensos públicos durante o processo de formulação da lei, mesmo que não a formulação final da lei. Uma das principais aplicações do Wikilegis (e-democracia) tem sido a experiência de comunidades virtuais legislativas geradas pelo Projeto e-Democracia da Câmara, ferramenta de fomento de opiniões, sugestões e críticas aos projetos de lei e outros trâmites legislativos da Câmara dos Deputados brasileira. Por fim, do ponto de vista da democracia deliberativa, a questão do acesso democrático à informação, na sociedade contemporânea, introduziu nas agendas de políticas públicas práticas como a governança eletrônica e ferramentas como sites de acesso e busca a informações, que tornaram mais fácil ao cidadão se informar, quando interessado, sobre o conteúdo daquelas agendas. Dados e eventos antes restringidos por uma lógica orientada pela opacidade da informação em virtude de uma razão de Estado, são agora disponibilizados, com ou sem o aval das autarquias governamentais, possibilitando a formação de públicos-juízes e agentes públicos que antes conservavam um caráter eminentemente hermético. A ideia de povo, historicamente essencial para a democracia participativa, cede lugar à ideia deliberativa de "público interessado" na democracia digital. Mesmo que a informação bruta esteja universalmente disponível, os equipamentos, as habilidades e os conhecimentos para acessá-la continuam restritos a um público que pode decidir ou não obter e difundir certas informações e, em virtude de uma demanda técnica inerente à tecnologia, cria os filtros sobre as temáticas diversificadas que ganharão o *status* de informação pública. Fora desses filtros, ou distante de um computador, a informação é dispersa e de difícil acesso.

O desafio da inclusão digital esbarra, portanto, no problema do acesso aos recursos educacionais e de informática necessários para tal, já que nem todos os cidadãos possuem computadores. Políticas públicas que buscam instituir locais para acesso público à rede são importantes, mas permanece o problema de que não basta ter acesso ao aparelho: é preciso domínio sobre os aplicativos e os filtros. A utilização dos meios de comunicação eletrônica exige familiaridade com seus recursos, e tal conhecimento requer investimento educacional e políticas públicas dirigidas a esse fim. Há uma demanda por um novo tipo de qualificação, um novo dever do Estado no plano das políticas públicas educacionais: o letramento digital. As iniciativas nesse sentido ainda são tímidas no Brasil. O risco de surgir uma nova forma de analfabetismo funcional – deficiências no letramento digital – é hoje grande até mesmo em estratos elitizados da população.

Ver: Democracia; Democracia Representativa; Movimentos Sociais; Poder; Sociedade Civil; *Welfare State*

Referências Bibliográficas

EINSENBERG, J. Internet e política. *Cadernos da Escola do Legislativo*, Belo Horizonte, v. 5, n.10, p. 63-105, 2000.

______. Internet popular e democracia nas cidades. *Informática Pública*, Belo Horizonte, n.1, p. 43-56, 1999.

TSAGAROUSIANOU, R. et al. *Cyberdemocracy:* technology, cities and civic networks. London: Routledge, 1998.

WILHELM, A. *Democracy in the digital age*: challenges to political life in cyberspace. New York: Routledge, 2000.

E-DEMOCRACIA. Portal de interação da Câmara dos Deputados. Promove e incentiva a participação da sociedade no processo de elaboração de leis. Disponível em: http://www.edemocracia.camara.gov.br. Acesso em: 21 out. 2011.

PORTAL da Transparência do Governo Federal. Desenvolvido pela Controladoria-Geral da União (CGU). Apresenta informações sobre Transferências de Recursos, para estados, municípios, pessoas jurídicas, e feitas ao exterior, ou diretamente a pessoas físicas. Disponível em: http://www.portaltransparencia.gov.br/. Acesso em: 21 out. 2011.

PROGRAMA de Governo Eletrônico Brasileiro. Mais governo. Mais cidadania. Desenvolvido pelo Ministério do Planejamento, Orçamento e Gestão. Promove a interação do governo com empresas e indústrias e a participação cidadã por meio do acesso a informação. Disponível em: http://www.governoeletronico.gov.br/. Acesso em: 21 out. 2011.

Democracia Direta

Ver: Democracia Participativa

Democracia Participativa

Marco Aurélio Nogueira

A progressiva expansão dos espaços de participação ao longo do século 20, combinada com as dificuldades de legitimação e funcionamento da democracia representativa, fez com que a democracia participativa se convertesse em valor socialmente relevante e em expectativa de diferentes grupos e correntes políticas. A convicção de que a participação traz em si a abertura de novas perspectivas para o governo e a gestão das sociedades passou a desafiar de forma mais ou menos aberta o instituto da representação, principal referência da democracia moderna.

Pressões derivadas dos novos arranjos societais, sempre mais pluralistas, complexos e fragmentados, assim como das novas formas da economia, das lutas sociais e dos meios de cultura, comunicação e informação acabaram por colocar em xeque a ideia de que as "deliberações que dizem respeito à coletividade inteira" devem ser tomadas "não diretamente por aqueles que dela fazem parte, mas por pessoas eleitas para esta finalidade" (BOBBIO, 2000, p. 56).

Ao lado da democracia deliberativa, a democracia participativa consolidou-se como um novo modelo democrático. Sua maior vocação é problematizar e questionar a democracia representativa, vista como limitada pelo caráter instrumental, individualista e competitivo que acarretaria inevitável redução da política ao mecanismo eleitoral e rebaixamento da cidadania (LÜCHMANN, 2007). Em seu centro, a participação ampliada dos cidadãos adquire notável relevância, deslocando a antiga preeminência da representação. A democracia participativa almeja superar o modelo tradicional de democracia, que estabelece que a maioria dos cidadãos deveria obter o máximo de decisões favoráveis com um mínimo de investimento em termos de participação. Ultrapassar-se-ia assim a conhecida formulação da democracia como um método, um "acordo institucional para se chegar a decisões políticas em que os indivíduos adquirem o poder de decisão através de uma luta competitiva pelos votos da população" (SCHUMPETER, 1984, p. 336). No lugar de uma participação contida, a se efetivar no processo eleitoral, tal como advoga a democracia representativa, afirma-se então uma participação ampliada, tanto em termos de espaços quanto de sujeitos, fatores que fazem com que a democracia participativa traga consigo expressivo incremento das responsabilidades cívicas dos cidadãos. Por extensão, ao passo que no primeiro caso as decisões políticas são tomadas exclusivamente por representantes escolhidos pelo voto dos cidadãos, na democracia participativa as decisões derivam diretamente dos cidadãos. Por esse motivo, muitas vezes a democracia participativa é tratada como sinônimo de democracia direta.

Na maior parte dos casos em que tem sido defendida, a democracia participativa é vista não como a negação, mas como um complemento necessário da democracia representativa, elemento de inovação indispensável para que a representação consiga interagir de forma eficiente com os novos termos do jogo social. A participação possibilitaria a ampliação e o fortalecimento da democracia, dando a ela condições de operar em maior sintonia com a vida e as expectativas sociais. Ao mesmo tempo, uma participação maior faria com que aumentassem as possibilidades de resolução das questões associadas à desigualdade e à injustiça social, no sentido de que "uma sociedade mais justa e mais humana exige um sistema político mais participativo" (MACPHERSON, 1978).

Dessa forma, a defesa da participação buscaria o resgate de certos pressupostos da democracia direta e sua articulação no interior da democracia representativa, dando ênfase à incorporação dos setores excluídos do debate político e destacando a dimensão mais pedagógica da política (PATEMAN, 1992; MACPHERSON, 1978). As decisões coletivas ganhariam legitimidade na medida em que nascessem do livre debate público entre aqueles que estarão a elas submetidas. A capacidade de resposta da democracia como um todo seria assim incrementada, especialmente no que diz respeito aos problemas de exclusão, injustiça e desigualdade social.

A defesa de uma participação política ampliada, valorizadora do cidadão ativo, remonta aos gregos clássicos, mas ganhou nova fermentação e maior consistência com o processo de emergência das massas modernas, especialmente a partir da segunda metade do século 20. Nas vertentes políticas mais radicais (socialistas, social-democratas, comunistas), as regras democráticas são sempre de algum modo a tradução das condições estruturais em que se dão os conflitos sociais e as lutas de classes. A maior presença organizada da classe trabalhadora e das massas urbanas no processo político forçaria a democracia a se alargar e emprestaria outro conteúdo às instituições liberais da representação. A democracia tenderia a se reformular em sentido participativo (ampliado) mais ou menos como extensão do processo de socialização e massificação da política.

Uma das mais bem-sucedidas fórmulas associadas a essa reformulação foi a da "democracia de massas" desenvolvida pelos comunistas italianos entre 1950 e 1970. Por um lado, a democracia ficaria aberta para a realização de reformas estruturais encadeadas, em um processo em que dada conquista social anteciparia e serviria de base para novas e mais profundas transformações. Ganharia assim significado mais próximo de uma renovação social realizada na legalidade. Por outro lado, ampliar-se-ia mediante a invenção de formas particulares de democracia direta que, combinadas com a democracia representativa, poderiam requalificar a representação e dar origem a um sistema representativo revigorado, mais próximo da cidadania e mais capacitado para reformar a sociedade em sentido igualitário (INGRAO, 1980). A governabilidade democrática deixa de se concentrar exclusivamente na manutenção das regras do jogo e do bom funcionamento do sistema político, adquirindo significado mais amplo. A conquista do poder representaria a possibilidade de transformar as relações sociais por intermédio de maior pressão social. Concebe-se, assim, a democracia alargada como uma "democracia organizada", na qual a democracia representativa é integrada por outras formas de democracia e se recompõe por força do crescimento da intervenção política das massas (VACCA, 1977).

O conceito ampliado de democracia implica um novo significado para a ideia de política, que passa a não ser mais vista como questão institucional ou ação imediatamente identificada com o Estado. Alarga-se a própria representação, que se renovaria mediante permanente diálogo com sujeitos sociais capacitados para ter voz ativa, participar das decisões governamentais e controlar a própria política. Desenvolver-se-iam assim novas formas de intervenção no processo de distribuição e organização dos poderes.

Outras posições também privilegiam o processo de democratização típico das sociedades do século 20, vendo-o como inerentemente destinado a ampliar a democracia política e o sistema representativo. Em uma conhecida formulação, a exigência de participação da cidadania ativa é interpretada como expressão cabal de um processo de democratização que ultrapassaria o terreno político imediato e contagiaria diferentes espaços sociais. Tratar-se-ia, portanto, não tanto de uma passagem da democracia representativa para a democracia direta, mas sim da "passagem da democracia política em sentido estrito para a democracia social, ou melhor, consiste na extensão do poder ascendente, que até agora havia ocupado o campo da grande sociedade política, para o campo da sociedade civil nas suas várias articulações". Não haveria a gestação de um novo tipo de democracia, mas sim maior ocupação, pelas formas tradicionais de democracia representativa, de "espaços até agora dominados por organizações de tipo hierárquico ou burocrático". Concluir-se-ia, assim, que "democracia representativa e democracia direta não são dois sistemas alternativos, mas sistemas que podem se integrar reciprocamente" (BOBBIO, 2000, p. 65, 67).

Nas últimas décadas do século 20 (e no Brasil, em particular, após a Constituição de 1988), a participação da cidadania também passou a ser interpretada como recurso de qualificação da atividade política e de questionamento da política como atividade exclusiva de políticos profissionais, aparatos partidários desconectados da sociedade e procedimentos legislativos excessivamente formalistas, exclusividade essa que ficaria ainda mais saliente e problemática com a crise da representação política. Esforços de institucionalização da participação tornam-se assim sempre mais presentes nas agendas públicas (conselhos gestores de políticas públicas, experiências de orçamento participativo), sem que sejam acompanhados por uma idêntica discussão a respeito da qualidade da representação (GURZA LAVALLE; HOUTZAGER; CASTELLO, 2006).

O quadro geral ajudará a afirmar essa recente tendência. Em primeiro lugar, porque as sociedades se tornam policêntricas e a resolução dos conflitos sociais passa a depender bem mais de acordos entre grandes organizações do que da existência de uma boa classe política. A representação política reflui em benefício da representação dos interesses. Ao mesmo tempo, aumentarão os espaços em que os cidadãos (os grupos, as associações) exercem algum poder de voto ou de veto, com o que se altera o peso relativo da representação política. Em terceiro lugar, como os problemas se complicam e passam a exigir sempre mais conhecimento especializado para serem equacionados, a arena política é invadida por técnicos e *experts*. O cidadão pressiona por mais participação e é ao mesmo tempo barrado no terreno em que são tomadas as decisões. Simultaneamente, a maior quantidade de direitos e reivindicações – e, portanto, de políticas públicas direcionadas para atendê-las – faz com que o aparato administrativo do Estado tenha de ser reforçado, em benefício de uma tecnocracia sempre mais preeminente. A democracia representativa fica encapsulada e contida por essa situação, obrigando-se a rever seus procedimentos e sua institucionalidade.

Além do mais, a informacionalização e a espetacularização impulsionadas pelas novas tecnologias de comunicação passam a afetar fortemente os mecanismos e valores da representação, da governabilidade democrática e do Estado. A combinação de internet, mídia, televisão e indústria do entretenimento deslocará e banalizará a política, tirando-lhe eixo e substância. A política se enredará em suas próprias contradições, perdendo eficácia. A democracia representativa liberal, até então hegemônica, entrará em crise operacional. Colaborarão sobremaneira para isso tanto a emergência, em seu próprio interior, daquilo que já se designou de "democracia do público" (MANIN, 1996) – diretamente associada à crise dos partidos políticos, à personalização das escolhas eleitorais e aos múltiplos efeitos políticos do protagonismo adquirido pela mídia –, quanto a desvalorização relativa da perspectiva do elitismo democrático, de fundo basicamente procedimentalista (SANTOS, 2002).

Quanto mais a democracia representativa foi-se mostrando ineficiente, travada pela burocratização e/ou deslocada pela espetacularização midiática, mais foi-se cristalizando, em importantes segmentos da população, a perspectiva de que a saída, isto é, a resolução dos problemas sociais e econômicos, não mais passaria pela política institucionalizada (ou seja, pela representação). Uma recusa à política irá então hostilizar o institucional, a representação e os governos, combinando-se com uma espécie de "decisionismo popular" – cidadãos, movimentos sociais e associações poderiam mais do que o Estado e os governos, tornando-os de certo modo secundários.

A sombra da participação – a valorização da democracia direta – contrastará cada vez mais com a imagem de equilíbrio, eficiência e autenticidade vinculada à democracia representativa. E ainda que o liberalismo tenha resistido (recompondo-se em parte como neoliberalismo), é evidente que a democracia participativa tornou-se referência impossível de ser ignorada.

Particularmente em países que romperam com regimes e situações ditatoriais ao longo dos anos 1980, como o Brasil, o processo mesmo da democratização funcionou como importante incentivo à participação. Antes de tudo, porque a própria dinâmica desse processo dependeu, em maior ou menor medida, de avanços em termos de mobilização social, ou seja, de participação política. No Brasil, por exemplo, a democratização foi bastante marcada pela negociação e por um expressivo protagonismo eleitoral, fatores que em boa medida viabilizaram a ruptura com o autoritarismo. Além do mais, a transição combinou-se com a objetivação firme da globalização capitalista, fato que estará na base de uma grande diversificação de interesses (com um correspondente aumento do associativismo corporativo) e que, por vias transversas e paradoxais, facilitará o encontro de muitas sociedades com suas tradições participativas, assistencialistas e solidárias, especialmente ao promover um simultâneo processo de "enfraquecimento" do Estado nacional e de "fortalecimento" das instâncias locais. Muito da importância que passarão a ter os movimentos sociais no campo político – particularmente naquilo que será visto como a contribuição desse fenômeno para a ressignificação das práticas políticas – assim como suas oscilações e múltiplas reconfigurações encontrarão explicação nesse conjunto de fatos. As transições democráticas daqueles anos, ao inserirem os movimentos sociais e o associativismo corporativo como novos atores na cena política, irão "instaurar uma disputa pelo significado da democracia e pela constituição de uma nova gramática social", situação que levará o debate democrático a ter de lidar com três ordens de questões: a da relação entre procedimento e participação social, a da relação entre representação e diversidade social e cultural, e a da maior ou menor adequação da solução burocrática e não participativa em nível local (SANTOS, 2002).

De um ou outro modo, portanto, o processo político-social jogará a favor da democracia participativa.

Ver: Democracia; Democracia Representativa; Movimentos Sociais; Poder; Sociedade Civil; *Welfare State*

Referências Bibliográficas

BOBBIO, N. *O futuro da democracia*. 7. ed. rev. e ampl. São Paulo: Paz e Terra, 2000.

INGRAO, P. *As massas e o poder*. Rio de Janeiro: Civilização Brasileira, 1980.

GURZA LAVALLE, A.; HOUTZAGER: P.; CASTELLO, G. Representação política e organizações civis. Novas instâncias de mediação e os desafios da legitimidade. *Revista Brasileira de Ciências Sociais*, São Paulo, v. 21, n. 60, p. 43-66, fev. 2006.

LÜCHMANN, L. H. H. A representação no interior das experiências de participação. *Lua Nova: Revista de Cultura e Política*, São Paulo, n. 70, p. 139-170, 2007.

MACPHERSON, C. B. *A democracia liberal:* origens e evolução. Rio de Janeiro: Zahar, 1978.

MANIN, B. *Principes du gouvernment représentatif*. Paris: Flammarion, 1996.

PATEMAN, C. *Participação e teoria democrática*. Rio de Janeiro: Paz e Terra, 1992.

SANTOS, B. S. (Org.). *Democratizar a democracia*. Os caminhos da democracia participativa. Rio de Janeiro: Civilização Brasileira, 2002.

SCHUMPETER, J. *Capitalismo, socialismo e democracia*. Rio de Janeiro: Zahar, 1984.

VACCA, G. *Quale democrazia*. Problemi della democrazia di transizione. Bari: De Donato, 1977.

Democracia Representativa

José Álvaro Moisés

Democracia representativa é a forma de governo em que os cidadãos – isto é, os titulares do poder na comunidade política – não exercem sua soberania diretamente, mas a delegam a representantes eleitos, ou seja, a autoridades escolhidas em eleições livres, periódicas, competitivas, regulares, definidas por lei e monitoradas por um corpo judicial independente. Nessa forma de democracia, os representantes são tanto os governantes executivos – como presidentes ou primeiros-ministros – quanto os legisladores ou parlamentares que, no parlamento nacional e nas assembleias estaduais e municipais, representam os interesses e as preferências dos eleitores.

No governo representativo, quem formula as leis e as normas jurídicas – às quais todos devem se submeter e obedecer –, são os representantes eleitos, responsáveis por torná-las efetivas e, ao mesmo tempo, por votar as políticas públicas, decidindo sobre como a sociedade deve enfrentar seus desafios coletivos. Enquanto o Poder Executivo é formado pelo chefe do governo e por seus ministros, cada qual encarregado de administrar áreas ou partes da estrutura governamental, os legisladores são responsáveis pelo desempenho do Poder Legislativo, encarregado de fazer as leis e também de fiscalizar e controlar o primeiro. Em ambos os casos, os representantes do povo estão organizados em partidos políticos que, por uma parte, viabilizam a disputa pelo poder entre diferentes competidores e, por outra, devem servir de referência para as escolhas dos eleitores quanto aos governos e os seus rumos.

A democracia moderna, baseada na participação popular, remonta à tradição greco-romana da Antiguidade, mas ela se modificou sob o influxo de importantes transformações históricas ocorridas nos séculos 17 e 18 com a luta contra a monarquia absoluta, as quais se aprofundaram nos séculos 19 e 20 com a expansão dos direitos de cidadania e a progressiva incorporação de novos segmentos sociais ao processo de decisões políticas. Um dos legados mais importantes das transformações introduzidas pelas revoluções Gloriosa, Francesa e Americana é a noção de que os cidadãos têm direito de se autogovernar, para o que sua autonomia deve ser resguardada.

O conceito de representação é uma criação da modernidade política e, embora fosse anátema para Rousseau, um dos pais da democracia moderna, tornou-se inevitável em face de uma circunstância que, sem por em dúvida a ideia de que na democracia o soberano é o povo, é uma consequência da expansão da comunidade política experimentada pelas sociedades complexas: entendido como o conjunto dos cidadãos, o povo tornou-se cada vez mais numeroso, o que o impossibilitou de poder decidir diretamente na assembleia as questões de interesse público. Contudo, a aceitação da noção de representação para que as grandes comunidades políticas pudessem exercer sua soberania não mudou o conceito de titularidade do poder: na democracia representativa, os cidadãos são a fonte de poder e é por meio de seu voto que seus representantes são autorizados a exercê-lo temporariamente, segundo prescrições legais que, ao mesmo tempo, estabelecem em que condições esse exercício deve ser interrompido.

Representação política, como princípio teórico, foi objeto de muitas controvérsias e um dos seus autores mais importantes, Pitkin (2006), vinculou-a à delegação dos eleitores aos seus representantes como forma de eles terem seus interesses defendidos no parlamento; recorrendo a Burke (1949), cuja distinção entre a representação "efetiva" e "virtual" faz referência às condições efetivas de escolha dos representantes do povo, ela retoma a noção que advoga a existência de uma "comunhão de interesses e uma simpatia de sentimentos e desejos entre os que agem em nome do povo e o (próprio) povo". Os federalistas, fundadores da democracia americana, tinham advogado, contudo, que os representantes, além de receberem um mandato universal, são condicionados pelas exigências de defesa do bem público em contraposição a interesses particulares ou de facções; o governo baseado na representação deveria ser, assim, um remédio contra os males das facções e apoiar-se na vontade da maioria.

Mas é um engano achar que isso deixou de lado os direitos das minorias; a experiência das repúblicas democráticas contemporâneas, contra os receios dos federalistas, mostrou que os riscos de ditadura da maioria são igualmente perversos. Mill (1958) foi quem melhor formulou a necessidade de expressão e de defesa dos interesses das minorias como parte das funções de representação de um parlamento democrático. Nesse sentido, a eficácia da instituição consistiria na combinação da sua capacidade de defender o bem público geral sem excluir a consideração dos direitos dos grupos minoritários da sociedade; há uma dinâmica aqui que depende em grande parte da capacidade do sistema eleitoral de traduzir a diversidade dos interesses dos eleitores e dos partidos e parlamentos de efetivamente representá-los.

Existe amplo consenso hoje, em âmbito mundial, de que a democracia representativa é a melhor forma de governo comparada às suas alternativas. Isso não impede que, em diferentes partes do mundo, ela seja vista como um sistema menos democrático do que faz crer a sua promessa. Partidos e parlamentos, em especial, são objeto de desconfiança e vistos, muitas vezes, como excessivamente distantes dos interesses e da vontade dos cidadãos; por isso, muitos movimentos de cidadãos advogam um aprofundamento da democracia representativa na direção de formas mais amplas e diretas de participação, de que são exemplos mecanismos como orçamento participativo, plebiscitos, referendos e a iniciativa popular de leis.

Partidos e parlamentos são parte ainda do sistema de *accountability* típico do regime democrático. *Accountability* não significa apenas prestação de contas, mas se refere também à obrigação dos governantes de se responsabilizarem por suas ações perante os cidadãos. Nesse sentido, é possível falar de dois tipos de *accountability:* a vertical, exercida diretamente pelos cidadãos por meio do voto, e a horizontal de responsabilidade dos partidos e dos parlamentos; nessa concepção, as instituições de representação – ao lado do Poder Judiciário – fazem parte da divisão de poderes que nos regimes republicanos assegura que quem exerce o poder – por autorização dos eleitores – seja permanentemente fiscalizado e controlado por seus representantes; mas a condição para isso ser efetivo é a existência de uma oposição livre, autônoma e com identidade política própria. Na ausência de partidos, parlamentos ou da oposição os cidadãos não têm como exercer a sua soberania.

Ver: Democracia Deliberativa; Democracia Participativa; Movimentos Sociais; Partidos Políticos; Poder; Sociedade Civil

Referências Bibliográficas

BURKE, E.; HOFFMAN, R. J. S.; LEVACK, Paul (Eds.). *Burke's politics*. New York: Alfred A. Knopf, 1949.

HAMILTON, A.; MADISON, J.; JAY J. *O federalista*. Brasília: Editora UnB, 1984.

MILL, J. S. *Governo representativo*. São Paulo: Ibrasa, 1958.

PITKIN, H. F. Representação: palavras, instituições e ideias. *Lua Nova: Revista de Cultura e Política*, São Paulo, n. 67, p. 15-47, 2006.

ROUSSEAU, J. J. *Do contrato social*. São Paulo: Penguin & Companhia das Letras, 2011.

Desenvolvimentismo

Luiz Carlos Bresser-Pereira

Uma estratégia nacional de desenvolvimento é um conjunto de leis, de políticas públicas, de objetivos compartilhados, de acordos políticos e de coalizões de classes que criam oportunidades para o desenvolvimento tecnológico e para a realização de investimentos; é a instituição fundamental que estimula o desenvolvimento econômico. Desenvolvimentismo é o nome que, nos anos 1950, cientistas sociais nacionalistas no Brasil, associados ao Iseb (Instituto Superior de Estudos Brasileiros), e economistas da teoria estruturalista do desenvolvimento econômico, associados à Cepal (Comissão Econômica para a América Latina da ONU), deram à estratégia nacional de desenvolvimento que propunham a seus países. Dentre os textos da época, talvez os dois que melhor definiram o nacional-desenvolvimentismo foram o de Alberto Guerreiro Ramos (1957) e o de Hélio Jaguaribe (1962). Essa estratégia supõe uma nação independente na qual uma coalizão de classes, formada por empresários industriais nacionais, burocratas públicos e trabalhadores, logra promover a industrialização do país com apoio do Estado, não obstante as ambiguidades e contradições presentes.

O desenvolvimentismo caracterizou as políticas econômicas do Brasil e da maioria dos países em desenvolvimento desde os anos 1930 (quando o *laissez-faire* e a ideologia liberal entraram em colapso nos países ricos) até os anos 1980 (quando o neoliberalismo voltou a tornar-se dominante). Nesses cinquenta anos, vários países antes subdesenvolvidos, dentre os quais Brasil, México, Coreia do Sul, Taiwan e África do Sul, ganharam autonomia nacional e se industrializaram, ou, em outras palavras, realizaram sua revolução nacional e capitalista e tornaram-se países de renda média. Começaram por uma industrialização substitutiva de importações, mas, já nos anos 1960, nos países asiáticos, e nos anos 1970, no Brasil, ultrapassaram esse modelo e passaram a exportar bens manufaturados para os países ricos. A partir desse momento, tornaram-se diretos competidores desses países.

Nos anos 1980, porém, os países latino-americanos, que haviam se endividado externamente na década anterior, entraram em grande crise de dívida externa e experimentaram altas taxas de inflação. Esse fato tornou esses países vulneráveis à nova hegemonia neoliberal expressa no Consenso de Washington – uma estratégia de desenvolvimento proposta pelos países ricos aos países em desenvolvimento – e o desenvolvimentismo foi abandonado. Já nos países asiáticos, que se endividaram externamente muito menos, o desenvolvimentismo continuou a ser adotado, ao mesmo tempo que continuava a ser atualizado, adaptando-se ao novo nível de desenvolvimento econômico do país e ao novo cenário internacional. Em consequência, enquanto os países latino-americanos reduziam drasticamente suas taxas de crescimento, os países asiáticos dinâmicos continuaram a crescer aceleradamente.

Ao mesmo tempo que os países latino-americanos ficavam para trás na corrida pelo desenvolvimento, a globalização implicava grande aumento da competição entre os países de renda média e os países ricos. Assim, nos anos 2000, tornou-se claro para muitos países latino-americanos que não fazia sentido adotar como estratégia de desenvolvimento a proposta neoliberal oferecida por seus competidores ricos. Era preciso voltar ao desenvolvimentismo, mas a um "novo desenvolvimentismo". Enquanto as políticas econômicas voltam-se tentativamente nessa direção, um primeiro texto utilizou essa expressão para definir a nova estratégia nacional de desenvolvimento e para compará-la com o velho desenvolvimentismo e com o Consenso de Washington: "O novo desenvolvimentismo e a ortodoxia convencional" (BRESSER-PEREIRA, 2006). Desde então, o desenvolvimentismo, que se tornara palavra pejorativa no vocabulário neoliberal, embora continuasse a ser adotado nos países asiáticos dinâmicos, voltou a ser seriamente considerado na América Latina.

Por outro lado, também nos anos 2000, começou a ocorrer a atualização da teoria estruturalista do desenvolvimento que parara nos anos 1970. No final da década, para embasar o novo desenvolvimentismo, já estavam definidas as bases de uma macroeconomia estruturalista do desenvolvimento para dar sustentação teórica ao novo desenvolvimentismo. Essa macroeconomia combina a visão estruturalista com a macroeconomia de Keynes e afirma que o desenvolvimento econômico depende principalmente do investimento com incorporação de progresso técnico. Embora existam obstáculos do lado da oferta, sobretudo o nível de educação da população, o grande problema do desenvolvimento é a falta de oportunidades de investimento lucrativo para os empresários. Só dessa forma investirão mais e a poupança, que, em termos keynesianos, é residual ou consequência, aumentará. Segundo a nova teoria macroeconômica aplicada aos países em desenvolvimento, esboçada e sintetizada no livro *Globalização e competição* (BRESSER-PEREIRA, 2010), duas tendências estruturais deprimem a demanda agregada: a tendência de os salários crescerem a uma taxa menor que a da produtividade e a tendência à sobreapreciação cíclica da taxa de câmbio. A primeira tendência é causada pela oferta ilimitada de mão de obra, e foi amplamente discutida por Celso Furtado; a segunda deriva da doença holandesa e da política de incorrer em déficits em conta-corrente e de atrair capitais externos para financiá-lo.

O novo desenvolvimentismo busca neutralizar essas duas tendências por meio de políticas públicas, podendo ser resumido em cinco pontos: (1) crescimento com poupança interna; (2) desenvolvimento econômico com equidade e proteção do ambiente; (3) responsabilidade fiscal; (4) responsabilidade cambial; (5) papel estratégico para o Estado. No primeiro ponto, o novo desenvolvimentismo distingue-se tanto da ortodoxia convencional quanto do velho desenvolvimentismo. Poupança externa é déficit em conta-corrente financiado com dinheiro externo. Quando o país decide tentar crescer com poupança externa porque sua taxa de poupança seria insuficiente, supõe que os recursos externos, especialmente se forem investimentos diretos de empresas multinacionais, se somariam ao investimento direto. Na verdade, apreciam o câmbio e, em consequência, substituem poupança interna por externa, ao mesmo tempo que aumentam o endividamento externo do país e o tornam sujeito a crises de balanço de pagamentos.

Em relação ao segundo ponto, o novo desenvolvimentismo distingue-se da ortodoxia convencional, porque, em acordo com o velho desenvolvimentismo, entende que o desenvolvimento econômico deve ser acompanhado de mudança estrutural, ou seja, de transferência de sua mão de obra para setores ou atividades com valor adicionado *per capita* cada vez mais alto, ou com conteúdo tecnológico cada vez mais alto, que permite pagamentos de salários mais elevados. Além disso, o desenvolvimento econômico deve ser acompanhado de redução da desigualdade econômica e de proteção razoável do ambiente natural.

Quanto à responsabilidade fiscal, ou seja, à política de não incorrer em déficits públicos que aumentem perigosamente a dívida pública do país em relação ao PIB, a semelhança é mais com a ortodoxia convencional do que com o velho desenvolvimentismo, porque este, em alguns momentos, principalmente na crise dos anos 1980, foi transformado em keynesianismo vulgar e em populismo econômico. Conforme ensinou John M. Keynes, apenas nos momentos de crise, e temporariamente, pode o Estado incorrer em déficits públicos que aumentem a dívida pública e fragilizem o Estado.

O quarto ponto é a responsabilidade cambial, é a política de manter a taxa de câmbio em um nível estável e de equilíbrio, em um nível que garanta competitividade às empresas nacionais que utilizem tecnologia no estado da arte mundial. O velho desenvolvimentismo sempre se preocupou em ter uma taxa de câmbio compatível com a industrialização, mas não tinha uma teoria sobre a taxa de câmbio que justificasse essa política. Já a ortodoxia convencional defende o câmbio livre. Com a tese sobre a tendência à sobreapreciação cíclica da taxa de câmbio, o novo desenvolvimentismo passou a contar com uma teoria mais consistente do que a simples verificação da alta volatilidade da taxa de câmbio nos países em desenvolvimento para justificar sua política cambial. Para administrar a taxa de câmbio, o novo desenvolvimentismo defende impostos sobre a exportação de *commodities* que dão origem à doença holandesa, crescimento com poupança interna, taxa de juros moderada, compras de dólares quando estes começam a entrar em excesso e apreciar o câmbio, e, principalmente, controle das entradas de capital.

Finalmente, ao atribuir ao Estado um papel estratégico, o novo desenvolvimentismo diverge da ortodoxia convencional que pressupõe mercados autorregulados e busca reduzir o papel do Estado, diferenciando-se ao mesmo tempo do velho desenvolvimentismo, porque, dado o estágio mais avançado em que se encontram os países, investir pesadamente na infraestrutura e na indústria não é função do Estado. Tem também papel subsidiário nessa área; não compete com o investimento privado nacional, mas o incentiva e complementa por meio de política industrial e política macroeconômica. Além de desempenhar o papel indutor de oportunidades de investimento, o Estado deve, de um lado, aumentar a eficiência de seu gasto e, assim, obter recursos para, sem aumentar a carga tributária, poder aumentar seus próprios investimentos que são sempre necessários.

Agindo de forma estratégica, o Estado novo desenvolvimentista compartilha com a nação a tarefa de formular e reformar continuamente sua estratégia nacional de desenvolvimento.

Ver: Desenvolvimento; Economia de Mercado; Estado; Indicadores de Desenvolvimento; Nova Economia Política

Referências Bibliográficas

BRESSER-PEREIRA, L. C. O novo desenvolvimentismo e a ortodoxia convencional. *São Paulo em Perspectiva*, São Paulo, v. 20, n. 3, p. 5-24, 2006.

______. *Globalização e competição*. Rio de Janeiro: Elsevier-Campus, 2010.

GUERREIRO RAMOS, A. *Condições sociais do poder nacional*. Rio de Janeiro: Instituto Superior de Estudos Brasileiros - Iseb, 1957.

JAGUARIBE, H. *Desenvolvimento econômico e desenvolvimento político*. Rio de Janeiro: Fundo de Cultura, 1962.

Desenvolvimento

Carlos Aguiar de Medeiros

Por que alguns países são tão ricos e outros tão pobres? Que fatores explicam o sucesso dos primeiros e o atraso dos demais? Essas duas questões formuladas por Adam Smith na *Riqueza das nações*, em 1776, constituem o escopo central do desenvolvimento econômico.

Na tradição da economia política clássica iniciada no século 18 com William Petty, o desenvolvimento era percebido como processo persistente de aumento da produtividade do trabalho social e consequente redução do trabalho penoso e das privações materiais dos indivíduos numa dada nação. A magnitude do excedente social constitui a base da riqueza das nações. A agricultura moderna, a base da divisão social do trabalho, tal como eloquentemente explorado pelos fisiocratas no *Tableau economique*, era o resultado da acumulação prévia de capital (na forma de sementes, instrumentos de trabalho, conhecimentos técnicos) e investimentos em infraestrutura continuamente usados no processo de produção. A reprodução do excedente dependia de sua repartição entre as classes sociais e a da legitimidade de sua apropriação garantida pelo Estado. A prosperidade da nação (sua opulência econômica) era a base do poder político do Estado. Essa forma de apresentar o problema central do desenvolvimento – a acumulação de capital como base para o aumento da produtividade do trabalho e elevação do excedente social – constituiu um pilar central da economia política clássica.

A partir dessa formulação geral, Adam Smith, Ricardo e Marx refletiram sobre a evolução da divisão do trabalho, o desenvolvimento da indústria, o progresso técnico e a distribuição do excedente. As relações entre expansão das escalas de produção, divisão social do trabalho, aprendizagem tecnológica e aumento da produtividade exploradas por Adam Smith e as análises de Marx sobre o progresso técnico incorporado nas máquinas e equipamentos e suas relações com o nível de emprego, a taxa de lucro e a taxa de salário constituíram o núcleo das reflexões sobre a industrialização. As interações entre acumulação de capital e essas transformações estruturais punham em marcha o processo do desenvolvimento. Sua sustentação dependia da eliminação de limites da natureza ao crescimento da produtividade – como em Ricardo ou Malthus, cuja análise pessimista sobre natureza e população se reproduz até os dias atuais –, assim como seria beneficiada pela circulação do excedente entre os setores produtivos (como nos fisiocratas, em Marx e em toda a literatura estruturalista do pós-guerra) e por mudanças nas relações sociais e institucionais, tema especialmente explorado por Marx.

Marx recolheu a tradição do historicismo escocês (impregnado no pensamento de Adam Smith) e o levou a um ponto ulterior: o capitalismo, sistema baseado na propriedade privada e compulsão econômica do trabalho assalariado, não encerrava o processo evolutivo histórico. Era uma forma particular de organização social; o desenvolvimento de suas formas proprietárias e o desenvolvimento das forças produtivas cooperadas era uma conjunção histórica contraditória (os limites da produção não eram físicos, mas derivados da forma de apropriação do excedente) e no limite fadada a se extinguir. Veblen (1975), Keynes (1964) e Polanyi (1944), que acreditavam na sobrevivência do capitalismo regulado, examinaram as diversas dimensões desse conflito no século 20 em suas teorias sobre a corporação, o investimento e a coesão social.

A perspectiva marginalista da economia iniciada a partir de 1870 não tratou a rigor do desenvolvimento, isso é, da criação de nova capacidade produtiva, mas da eficiência da alocação de recursos escassos definida pelo equilíbrio competitivo entre oferta e demanda de fatores de produção. As teorias contemporâneas que seguiram esse paradigma buscaram introduzir algumas hipóteses *ad hoc* sobre a tecnologia e as instituições (NORTH, 1990) sem, entretanto, romper com alguns de seus supostos fundamentais, como a tendência ao pleno emprego do trabalho. Sua influência maior foi sobre a ideologia do liberalismo construído a partir da identificação do subdesenvolvimento como uma falha na implantação de uma verdadeira economia de mercado.

A formulação do problema do desenvolvimento na economia política clássica tinha três hipóteses econômicas: a de que a demanda era limitada apenas pela produção (classicamente associada à Say, essa hipótese foi criticada por Marx que considerava a possibilidade de crises de superprodução);

a de que os investimentos públicos requeridos seriam realizados e a de que os bens necessários ao processo produtivo social, se não fossem produzidos, poderiam ser adquiridos através do comércio internacional. Por outro lado, assumia como dada a transformação histórica caracterizada pelo predomínio das relações de propriedade capitalistas e pela presença de um estado que as garantisse.

A problematização dessas hipóteses, sua aceitação ou rejeição parcial influenciaram amplamente os desdobramentos ulteriores da discussão sobre o desenvolvimento, particularmente após a Segunda Guerra Mundial. A intenção prevalecente passará então a ser a de responder a outra questão, não diretamente examinada pelos autores clássicos e que assumiu particular importância na reflexão do desenvolvimento posterior a 1945: qual é a conexão entre a riqueza de algumas nações e a pobreza da maioria?

A suposição de que a acumulação prosseguiria continuamente, uma vez constituídas as relações proprietárias capitalistas e superado um "limiar crítico" do nível de excedente – como em Lewis –, dependia da hipótese dos economistas clássicos de que a demanda era limitada somente pela produção. Keynes (1964) e Kalecki (1954) demonstraram que essa hipótese era um equívoco, na medida em que os investimentos (a acumulação de capital) não teriam por que aumentar tão somente pelo fato de o consumo ser reduzido. A elevação e a sustentação da taxa de investimento dependiam, nessa abordagem, de mecanismos de indução e de financiamento que tornavam o desenvolvimento um processo menos automático e espontâneo, ampliando assim o escopo para a intervenção do governo na economia. Para Keynes, o capitalismo era uma máquina de crescimento que precisava ser regulada.

Mas a questão da industrialização, da mudança estrutural fundamental examinada sobretudo por Marx, dependia não apenas de uma taxa de investimento mais elevada mas sobretudo de uma configuração material distinta. No pós-guerra, pioneiros da economia do desenvolvimento (AGARWALLA; SINGH, 1969) como Rosenstein-Rodan, Prebish, Nurkse, Lewis, Myrdal, Hirschman, Singer e Furtado discutiram amplamente os problemas associados à difusão da industrialização em economias atrasadas de base agrária e nas quais os investimentos públicos assumem papel central. Com efeito, ao lado da provisão da infraestrutura considerada pelos clássicos um pressuposto necessário à acumulação de capital e do problema de indução e financiamento do investimento privado examinado por Keynes, o desencontro entre o retorno privado e o social decorrente das indivisibilidades do processo produtivo e da complementaridade entre setores tornavam-se tão mais graves quanto menos industrializada era a economia. Nessa abordagem estruturalista, o planejamento, as empresas e os bancos públicos eram assim instituições necessárias à industrialização em economias atrasadas. Historiadores econômicos como Gershenkron (1962) haviam sublinhado essa dimensão nas industrializações retardatárias do século 19. A proposição será particularmente relevada nos estudos históricos comparativos da industrialização do pós-guerra.

A hipótese de que os bens necessários à reprodução material poderiam ser encontrados no mercado internacional dependia da suposição de que a especialização segundo as vantagens comparativas geraria as divisas necessárias. A rigor, no amplo espectro dos autores clássicos, a visão sobre o comércio internacional e suas implicações está longe de ser consensual. A defesa da especialização feita por Ricardo está intimamente associada à sua teoria da acumulação. Discípulos posteriores a usaram para defender a colonização, tendo em vista que seu suposto – o comércio externo como uma escolha voltada a reduzir os custos de produção – não se aplica às matérias-primas que precisam ser adquiridas nos territórios (países) que as possuem. A análise crítica dessa hipótese constituiu a base do pensamento nacionalista de List (1983), dos estruturalistas, como Prebisch (2000) e Kaldor (1996), ajudando a fundamentar a política industrial e de comércio exterior requeridas para deslocar as restrições de divisas que tolhem as importações de matérias-primas e bens de capital necessários ao prosseguimento da acumulação de capital.

Em outro plano, o padrão de comércio e as relações internacionais constituíram também uma reflexão sistemática sobre as dimensões históricas e políticas do desenvolvimento capitalista. Marx considerava que o capitalismo e suas instituições tendiam a se difundir, ainda que sob a espoliação colonial. Sua não difusão – isto é, a questão da transição incompleta, a sobrevivência de relações de propriedade arcaicas ancoradas politicamente em um Estado nacional avesso ao processo de mudança nas relações produtivas da sociedade – será a base para a reflexão de historiadores do desenvolvimento e para o estruturalismo latino-americano e, em particular, para a teoria do subdesenvolvimento desenvolvida por Furtado (1969). Dessa perspectiva, a especialização no comércio e a persistência de relações arcaicas nos países periféricos tolhiam a industrialização que não se difundia ou o fazia de forma precária. O caminho do desenvolvimento passava nesses países pela resolução do impasse histórico decorrente dessa formação nacional. Desafios políticos e tecnológicos precisariam ser superados para desbloquear o processo do desenvolvimento.

Em sua maior parte, os países na Ásia, América Latina e África não encontraram historicamente as condições sociopolíticas necessárias à indução do desenvolvimento e à superação das suas restrições estruturais. Em contraste, os poucos países que se tornaram ricos no pós-guerra foram aqueles que reuniram essas condições e, através de mudanças estruturais, institucionais e tecnológicas, deslocaram as restrições ao crescimento decorrente da inserção externa, sustentando alta taxa de acumulação de capital.

Ver: Desenvolvimentismo; Economia de Mercado; Economia Política; Estado; Indicadores de Desenvolvimento; Nova Economia Política

Referências Bibliográficas

AGARWALA, A.; SINGH, S. P. *A economia do subdesenvolvimento.* Rio de Janeiro: Forense, 1969.

BARAN, P. Economia política do subdesenvolvimento. In: AGARWALA, A.; SINGH, S. P. *A economia do subdesenvolvimento.* Rio de Janeiro: Forense, 1969.

FURTADO, C. *Teoria e política do desenvolvimento econômico.* São Paulo: Ed. Nacional, 1969.

GERSCHENKRON, A. *Economic backwardness in historical perspective.* England: Harvard University Press, 1962.

KALDOR, N. *Causes of growth and stagnation in the world economy.* Cambridge, UK: Cambridge University Press, 1996.

KALECKI, M. *Theory of economic dynamics.* London: Unwin University Books, 1954.

KEYNES, J. M. *The general theory of employment interest and money.* New York: Hervest Book, 1964.

LIST, F. *Sistema nacional de economia política.* São Paulo: Abril Cultural, 1983. (Os Economistas.)

MARX, K. *O capital, crítica da economia política.* Rio de janeiro: Civilização Brasileira, 1971.

MYRDAL, G. *Economic theory and underdeveloped regions.* London: Duckworth, 1957.

NORTH, D. C. *Institutions, institutional change and economic performance.* Cambridge, UK: Cambridge University Press, 1990.

POLANYI, K. *The great transformation:* the political and economic origins of our time. Boston: Beacon Times, 1944.

PREBISCH, R. O desenvolvimento econômico da América Latina e alguns de seus principais problemas. In: BIELSCHOWSKY, R. *Cinquenta anos de pensamento da Cepal.* Santiago: Cepal; São Paulo: Record, 2000.

RICARDO, D. *On the principles of political economy and taxation.* Cambridge, UK: Cambridge University Press, 1951.

RODRIGUES, O. *El estructuralismo latinoamericano.* Mexico: Siglo XXI, 2007.

SMITH, A. *The wealth of nations.* London: Pelican Classics, 1978.

VEBLEN, T. *The theory of business enterprise.* Clifton, NJ: Augustus M. Kelley, 1975.

Desenvolvimento Humano

Adriana Thomé Yázigi Abrão

Eduardo Izumino

Em relação ao campo das políticas públicas, o desenvolvimento humano procura conceber, realçar, medir, avaliar e expressar o alcance e a satisfação dos direitos básicos do ser humano, essencialmente os da liberdade e da dignidade, para além da noção de desenvolvimento como crescimento econômico. Nessa acepção, existe desenvolvimento humano quando há direito de expressão e de participação, quando há segurança e condições para uma vida saudável e longa, quando existem formas de acesso ao conhecimento e de obtenção de um padrão de vida aceitável, dentre outros. Trata-se, portanto, de um critério para se avaliar o bem-estar de uma nação ou população em várias dimensões da existência e não no plano da riqueza material.

O principal promotor da ideia de desenvolvimento humano é o Programa das Nações Unidas para o Desenvolvimento (Pnud), que calcula e divulga, anualmente, o Índice de Desenvolvimento Humano (IDH) para mais de 180 países. O IDH foi desenvolvido para o Pnud por uma equipe liderada pelos economistas Amartya Sen e Mahbub ul Haq, a partir da convicção de que "vivemos em um mundo de opulência sem precedentes, mas também de privação e opressão extraordinárias. O desenvolvimento consiste na eliminação de privações de liberdade que limitam as escolhas e as oportunidades das pessoas de exercer ponderadamente sua condição de cidadão" (SEN, 2000).

O Pnud considera o desenvolvimento humano um paradigma para orientar o desenvolvimento para além do seu aspecto de produção e acumulação de riqueza. Sua meta é a criação de um ambiente em que as pessoas possam desenvolver seu pleno potencial e usufruir de vidas produtivas e criativas de acordo com seus interesses e necessidadades. Seu pressuposto é que as pessoas são a real riqueza das nações. O desenvolvimento humano leva à expansão das escolhas que as pessoas podem fazer para viver de acordo com seus valores. O crescimento econômico seria apenas o meio de aumentar as escolhas. A construção das capacidades humanas é o fundamental, especialmente a de viver uma vida saudável e longa, ter acesso ao conhecimento, ter condições e recursos para um padrão de vida digno, poder participar da vida em comunidade. Sem essas capacidades básicas, as chances não estarão disponíveis e várias oportunidades serão inacessíveis.

A história do conceito de desenvolvimento humano está ligada às críticas que passaram a ser feitas ao modo tradicional de se conceber o desenvolvimento, exclusivamente voltado para o crescimento econômico. O principal indicador dessa concepção é uma medida monetária (o PIB, Produto Interno Bruto, e o PIB *per capita*), que não dá conta de explicitar as diferenças substantivas entre países. Dois países de PIB semelhante podem ser completamente diferentes do ponto de vista das condições de vida da sua população, da existência e da forma do usufruto de direitos, de acesso a serviços públicos essenciais, da existência de previdência social, do estado das relações entre gêneros e da regulação do trabalho e, mesmo no campo econômico, em termos de organização e complexidade da produção de bens e serviços. Todas essas dimensões, relacionadas às condições internas e à evolução histórica de cada país, integram a noção de bem-estar social, impossível de ser adequadamente indicada pelo PIB ou pela posição do país em um ranking de riqueza material.

Mahbub ul Haq (1922-1998), economista paquistanês e ex-ministro das Finanças do Paquistão, era consultor especial do Pnud, em 1989, e liderou o grupo de trabalho encarregado de desenvolver uma forma de medir, agregar e exprimir outras dimensões do desenvolvimento – ditas "humanas" – para contribuir para o debate da questão do desenvolvimento das nações. Foi o responsável pela decisão de construir um índice numérico único como forma de expressar o grau de desenvolvimento humano. Amartya Sen, mesmo sendo inicialmente reticente, foi o responsável pela elaboração da metodologia de cálculo do IDH. Como é extremamente difícil conseguir um consenso sobre o que é e o que compõe o desenvolvimento humano, quais seriam seus indicadores, as fontes desses indicadores e o peso de cada dimensão na composição do índice, a opção foi buscar a simplicidade, favorecendo a inteligibilidade, a compreensão e o acesso.

O IDH e outros índices são divulgados anualmente pelo Pnud nos Relatórios de Desenvolvimento Humano (RDH), cada um dos quais traz um estudo sobre um tema relevante para a questão do desenvolvimento. Além disso, os RDH trazem as já citadas atualizações metodológicas no cálculo do IDH e demais índices, bem como as revisões dos indicadores, já que nem todos eles estão disponíveis para todos os anos e todos os países.

As críticas ao conceito de desenvolvimento humano podem ser encontradas tanto nos próprios RDH, que nelas baseiam algumas de suas revisões metodológicas, quanto em autores como Martin Ravallion (1997), que acredita haver discrepâncias entre os dados analíticos e o discurso, além de não aceitar a dualidade entre *bom* e *mau* crescimento. Para ele, a definição de desenvolvimento humano não ajudaria a estabelecer prioridades entre reformas políticas orientadas para o crescimento ou entre gastos públicos com serviços sociais. Do mesmo modo, a definição deixaria implícitos os valores, possuindo "apelo intuitivo", mas não servindo de base para decisões políticas específicas.

Para países como o Brasil, onde a questão do desenvolvimento não sai da agenda, a ideia de desenvolvimento humano e principalmente a divulgação dos rankings de IDH aparecem como uma espécie de confirmação da condição de país rico, mas injusto.

Ver: Desenvolvimento; Economia de Mercado; Estado; Indicadores de Desenvolvimento

Referências Bibliográficas

PROGRAMA DAS NAÇÕES UNIDAS PARA O DESENVOLVIMENTO. *Relatório de Desenvolvimento Humano*: Relatórios (1990-2011). Disponível em: http://hdr.undp.org/en/reports/ Acesso em: 3 jul. 2012.

RAVALLION, M. Good and bad growth: the human development reports. *World Development*, Washington, DC, v. 25, n.5, p. 631-38, 1997.

SEN, A. *Desenvolvimento como liberdade*. Trad. Laura Teixeira Motta. São Paulo: Companhia das Letras, 2000.

SIEDENBERG, D. R. Indicadores de desenvolvimento socioeconômico. Uma síntese. *Desenvolvimento em Questão*, Ijuí, RS, v. 1, n. 1, p. 45-71, jan./jun. 2003.

Desfiliação

Mariangela Belfiore Wanderley

A desfiliação diz respeito a um processo de perda de raízes, de ruptura de pertencimento, de vínculo societal. Tem intrínseca relação com o trabalho (ou com a ausência dele), entendido como suporte privilegiado de inscrição na estrutura social. Decorre da correlação existente entre o lugar ocupado na divisão social do trabalho e a participação nas redes de sociabilidade e nos sistemas de proteção social (CASTEL, 1995, p. 24). Apoia-se, assim, em dois eixos, um econômico e outro social. Trata-se de um percurso no qual são identificadas quatro "zonas" de coesão social, que não agem de forma mecânica e nem são estáticas, mas que podem servir como indicadores para analisar a coesão da população em um dado momento histórico. Trata-se, pois, de entender os processos que fazem os indivíduos passarem de uma zona a outra até chegarem à desfiliação, desfecho dessa trajetória.

A primeira zona associa trabalho estável e inserção relacional sólida – e pode ser caracterizada como uma área de integração. A outra, de vulnerabilidade, é uma zona intermediária que associa precariedade e fragilização dos suportes de proximidade, dos vínculos sociais. Na terceira zona, de assistência, os subsídios públicos tornam-se imprescindíveis. Finalmente, a desfiliação é o desfecho desse processo. Assim, do emprego estável e regular caminha-se por situações de trabalho precarizado até chegar-se ao desemprego. Da inserção sólida nas redes de sociabilidade humana caminha-se para o isolamento relacional. Conjugam-se, pois, efeitos negativos que produzem a desfiliação.

O conceito de desfiliação é de autoria do sociólogo francês Robert Castel (1995), que o elaborou no seio da sociedade salarial, cuja centralidade está no trabalho assalariado. Não se trata de uma sociedade na qual a maioria da população ativa é assalariada, mas sobretudo de uma sociedade na qual a maioria dos sujeitos sociais tem sua inserção social relacionada ao lugar que ocupam no salariado, ou seja, não somente sua renda, mas também seu *status*, sua proteção, sua identidade. Tendo como cenário os anos 1990, especialmente na França, Castel analisa as transformações do mundo do trabalho que afetaram a condição salarial que parecia consolidada, dando sustentabilidade aos sistemas de políticas sociais garantidos pelo Estado Social. O autor desenvolve uma análise sócio-histórica para desvelar as relações existentes entre precariedade econômica e instabilidade social, que fizeram emergir as temáticas da precariedade, vulnerabilidade, exclusão, desqualificação e desfiliação. Ao observar as semelhanças e diferenças, continuidades e descontinuidades desses processos, sua análise objetiva compreender as metamorfoses da questão social na contemporaneidade.

Castel critica a noção de exclusão por considerá-la polissêmica, saturada de sentidos e designando um imenso número de situações das mais diferentes naturezas, o que acaba por encobrir suas especificidades. Contém uma ideia de dicotomia estática e, portanto, a-histórica. A exclusão não é uma noção analítica, podendo constituir uma armadilha tanto para a reflexão quanto para a ação. O conceito de desfiliação busca precisamente designar aqueles que se encontram à margem do trabalho e nas fronteiras das formas de troca socialmente consagradas (CASTEL, 1995, p. 23). São desempregados de longa duração, moradores das periferias pobres, jovens que não conseguem ingressar no mercado de trabalho, parcelas da população consideradas sobrantes, inúteis para o mundo, para as quais não há lugar ocupável na estrutura social. Essa inutilidade social reflete-se necessariamente nos planos cívico e político. Desfiliado seria então "aquele cuja trajetória é feita de uma série de rupturas com relação a estados de equilíbrio anteriores, mais ou menos estáveis, ou instáveis". A desfiliação "não equivale necessariamente a uma ausência completa de vínculos, mas à ausência de inscrição do sujeito em estruturas portadoras de sentido". Revela a inexistência de projetos por meio dos quais as interações ganhem sentido (CASTEL, 1995, p. 536).

Trata-se, pois, de um processo de desestabilização dos estáveis que, ao se tornarem vulneráveis, acabam por se instalar na precariedade. A impossibilidade de ocupação de um lugar na estrutura social conduz à perda de identidade de trabalhador, criando a figura perversa dos supranumerários, sobrantes, inúteis ao mundo.

Ver: Políticas de Emprego

Referências Bibliográficas

CASTEL, R. Enigmas do social e as transformações da questão social. In: BOGUS, L.; YAZBEK, M. C.; WANDERLEY, M. B. (Orgs.). *Desigualdade e questão social*. 3. ed. São Paulo: Educ, 2008.

______. *Les métamorphoses de la question sociale*: une chronique du salariat. Paris: Arthème Fayard, 1995.

Desigualdade

Marcelo Neri

A desigualdade é um conceito relacional que não considera o indivíduo tomado isoladamente, mas sim uma propriedade da relação entre indivíduos. Difere do conceito de bem-estar, dimensão que pode a princípio ser observada individualmente, ou por meio da agregação de um conjunto de pessoas, quando se fala em bem-estar social. Tendo isso em mente, é possível definir desigualdade como uma propriedade da função bem-estar social, na medida em que, para dimensioná-la, passamos da medição dos níveis de bem-estar de cada pessoa para o cálculo de bem-estar do conjunto de pessoas que compõem uma sociedade.

Cabe inicialmente apontar as diferentes dimensões de análise em jogo na consideração do bem-estar e da desigualdade. Em primeiro lugar, as medidas *objetivas* de bem-estar são distintas das medidas *subjetivas.* No primeiro caso, tratamos de variáveis palpáveis como renda, consumo e nível de educação. No segundo caso, temos medidas baseadas nas percepções das pessoas sobre esses ou outros temas. Como as aspirações e os julgamentos de valor variam entre indivíduos, e até para um mesmo indivíduo ao longo do tempo, na sua adaptação a novas situações de vida, as medidas subjetivas tendem a ser imprecisas, ainda que possam ser importantes.

É interessante, ainda, fixar a distinção entre as *medidas de bem-estar com muitas dimensões* e aquelas com *uma única dimensão.* No primeiro caso, temos medidas baseadas não apenas em renda, mas também no grau de acesso a outros elementos básicos, como educação e saúde, tal como o *Índice de Desenvolvimento Humano* (IDH) concebido por Amartya Sen e Mahbub ul Haq e acompanhado sistematicamente pelo Programa das Nações Unidas de Desenvolvimento (Pnud).

Apesar de mais ricos, os índices com múltiplas dimensões encerram uma série de dificuldades de operacionalização, especialmente na fixação dos pesos de cada dimensão e na sua decomposição em partes menores.

Na prática, embora justamente criticados por desprezarem algumas complexidades, os índices de bem-estar baseados em uma única dimensão monetária são os mais utilizados. Essa extensa utilização deve-se também ao pressuposto – muitas vezes irreal – de que os indivíduos em uma economia de mercado são capazes de adquirir diretamente bens e serviços que atendam às suas necessidades.

Outra propriedade, essa mais controversa, da função bem-estar é o princípio das transferências, que afirma que as pessoas têm preferência por igualdade. Caso a ordenação entre diferentes distribuições recaísse sobre um indivíduo, ele escolheria por certo ter a maior renda possível, ou seja, toda a renda da economia, atribuindo renda zero aos restantes. Como a escolha social envolve incerteza (como se houvesse um véu de ignorância que impede definir quem deterá cada parcela da renda), as pessoas preferem nascer em uma sociedade de menor desigualdade, em um comportamento que revela aversão ao risco.

Para efeito de síntese, seguiremos aqui uma medida simples de desigualdade, a renda *per capita*, que soma a renda de todos e divide pelo número dos indivíduos, ignorando a distribuição de recursos entre as pessoas. Podemos ter a mais alta desigualdade estatística do mundo, mas a medida de desigualdade derivada de uma função bem-estar da renda média assumirá sempre valor nulo. Em suma, a desigualdade não importa na função bem-estar social.

Em contraposição, tomemos agora a medida de desigualdade mais usual entre os analistas: *o índice de Gini*. A função bem-estar social que dá origem ao índice de Gini é aquela em que o peso dado à renda de qualquer pessoa da população é inversamente proporcional à proporção de pessoas mais pobres que ela. A pessoa mais rica da economia seria a pessoa com menor peso no cálculo do nível de bem-estar da sociedade, enquanto o mais pobre dos pobres teria o maior dos pesos. O índice de Gini varia entre zero e um, e quanto maior o indicador, mais desigual é a sociedade. Em uma situação utópica, onde a renda de todos fosse exatamente igual, o índice de Gini seria zero. No extremo oposto, se um único indivíduo concentrasse toda a renda da sociedade, ou seja, todos os demais tivessem renda zero, o índice de Gini seria um. Não é difícil, portanto, compreender a inaceitável extensão do índice de Gini brasileiro, que é superior a 0,5: estamos mais próximos da perfeita iniquidade do que da perfeita igualdade.

O complemento do índice de Gini é a medida de equidade. Em uma função de bem-estar social simples, proposta por Sen, a medida de bem-estar social é igual à média de renda *per capita* vezes o complemento do Gini, este último indicador funcionando como um fator redutor de bem-estar em relação ao nível da renda média, de forma a controlar a fidelidade da renda *per capita*. Assim, a renda média de R$ 630 mensais por brasileiro em 2009 seria o valor do bem-estar social, se a equidade fosse plena. Corrigida pelos altos índices de desigualdade brasileiros, esse bem-estar corresponde na verdade a 45,5% desse valor, ou seja, R$ 287.

Ver: Ação Afirmativa; Garantia de Renda; Igualdade; Indicadores Sociais; Medidas de Pobreza; Política Social; Renda Mínima; Transferência de Renda Condicionada

Referências Bibliográficas

ATKINSON, A. B. On the Measurement of Inequality. *Journal of Economic Theory*, 2, Ithaca, NY, 1970, p. 244-263.

EASTERLIN, R. A. Does economic growth Improve the human lot? In: DAVIDA, P. A.; REDER, M. W. (Eds.). *Nations and households in economics growth:* essays in honor of Moses Abramovitz. New York: Academic Press, 1974, p. 89-125.

HOFFMANN, R. *Distribuição de renda, medidas de desigualdade e pobreza*. São Paulo: Edusp, 1988.

KAKWANI, N.; NERI, M. C.; SON, H. G. Linkages between pro-poor growth, social programs and labor market: the recent brazilian experience. *World Development*, Washington, DC, v. 38, n.6, p. 881-894, 2010.

SEN, A. *Inequality reexamined*. Boston: Harvard University Press, 1992.

Desobediência Civil

Cicero Araujo

Termo cunhado pelo escritor norte-americano Henry Thoreau em 1848, a desobediência civil é, segundo a influente definição de John Rawls, "um ato público, não violento, político porém consciencioso, contrário à lei e usualmente feito para mudá-la ou para mudar políticas de governo". Há outras definições possíveis, porém essa tem a dupla vantagem de diferenciar claramente a desobediência civil de outras formas de protesto ou contestação e delimitar o contexto institucional mais propício à sua prática.

Em primeiro lugar, sendo pública, ela se distingue de qualquer ação furtiva, acobertada ou feita em segredo, como ocorre, por exemplo, na conspiração política, que requer sigilo. A desobediência civil é também manifestação política e conscienciosa, isto é, os contestadores não agem por interesse próprio, mas por firme convicção de que a lei desobedecida fere princípios de justiça mais altos. Daí que a desobediência civil seja um apelo ao "senso de justiça" dos demais cidadãos, uma forma de adverti-los ou persuadi-los de que a lei contestada está em desacordo fundamental com aqueles princípios. Nesse sentido, como forma de protesto, é distinta da objeção de consciência, que, por ser individual e eventualmente sincera, não precisa apelar para princípios compartilhados. Um objetor de consciência pode recusar-se a obedecer a uma lei por considerá-la em desacordo com as suas, e apenas suas, convicções religiosas ou morais.

A sinceridade reclamada na desobediência civil incide, na verdade, em outro ponto: a "fidelidade à lei", ou seja, os contestadores reivindicam um escrupuloso respeito ao ideal da legalidade. Nada lembra, portanto, o crime comum, que, além da ocultação, sempre traz consigo a intenção de fugir às consequências da lei. Tanto é assim, que vários advogados da desobediência civil, para expor claramente o elemento intencional oposto, entendem que ela demanda uma completa disposição para aceitar as consequências jurídicas do ato ilegal.

A terceira característica da desobediência civil é a não violência: mesmo opondo uma resistência ativa à lei, os contestadores pretendem fazê-lo sem recorrer a expedientes que levem a coerção, injúria, dano e agressão física ou verbal de outras pessoas. Mas essa pretensão não decorre necessariamente de princípios pacifistas, que veem a violência como um modo repugnante de promover os objetivos de determinada causa. É bem sabido que alguns famosos promotores da desobediência civil tinham convicções desse tipo. Porém, o pacifismo não é o único princípio compatível com a justificação do caráter não violento dessa forma de protesto. Mais fundamental é a prática da civilidade que os contestadores pretendem sustentar e difundir em sua luta.

Porém, nas situações em que os governos recorrem à violência indiscriminada, não raro à tortura e ao assassinato, a prática da desobediência civil se torna também, do ponto de vista estratégico, mais difícil e arriscada. Por isso mesmo, parecerá plausível e justificável moralmente o uso de outras formas de protesto, inclusive as coercitivas e violentas (pense-se, por exemplo, nos movimentos de resistência contra o fascismo e o nazismo). A rigor, não há nada na desobediência civil que impeça a consideração de outras opções de luta, caso a própria demonstração de civilidade se revele impraticável ou exigente demais para os contestadores.

Esse aspecto evidencia que importa muito o contexto político no qual o protesto se realiza, na medida em que determina se a contestação é estrategicamente viável ou moralmente apropriada. Embora a desobediência civil tenha sido praticada contra regimes políticos e sociais autoritários ou discriminatórios – a África do Sul sob o *apartheid*, a Índia de Mahatma Gandhi, o "Sul Profundo" norte-americano de Martin Luther King –, a questão mais complexa diz respeito a seu uso em democracias constitucionais, nas quais o respeito aos direitos e às liberdades fundamentais é prática normal e as leis e políticas públicas são produzidas de acordo com as regras do jogo democrático.

Qual o lugar da desobediência civil em contextos que preveem canais constitucionais para a reversão dessas leis e políticas, além de reconhecerem formas legais de protesto público contra as decisões de governo? Em outras palavras, por que desrespeitar a lei quando se vive sob regimes políticos democráticos, nos quais a produção legal obedece a critérios aceitáveis de consentimento e contestação dos próprios governados, incluindo as minorias?

Ocorre que mesmo regimes democrático-constitucionais em funcionamento normal não são imunes à produção de leis e políticas públicas que contenham injustiças patentes e graves. Mas não se trata de esperar que regimes democráticos produzam, invariavelmente, leis justas. A civilidade requer de seus cidadãos certa tolerância para com leis injustas, mesmo quando todos os canais constitucionais de sua contestação tenham sido esgotados. Sempre será requerida uma avaliação abrangente, que não se limite a considerar uma lei isolada, embora claramente contestável. É também preciso considerar toda uma conjuntura favorável à manipulação governamental dos demais poderes constitucionais, da opinião pública e das formas legais de contestação previstas pelo próprio regime. Portanto, uma conjuntura suficientemente truncada para provocar, em um número significativo de cidadãos, a conclusão de que "os canais normais para mudanças já não funcionam" e o governo "persiste em modos de agir cuja legalidade e constitucionalidade estão expostas a graves dúvidas" (ARENDT, 1999).

A remissão à constitucionalidade democrática, na frase acima, não é casual, salientando bem sua diferença em relação a outras formas de desobediência à lei nas quais o regime democrático como um todo é colocado em xeque. Eis o ponto: a desobediência civil, quando realizada sob esse regime – diferentemente do que pode acontecer em contextos autoritários –, não visa a uma rebelião, insurreição ou revolução que subverta seus fundamentos institucionais. Daí que os contestadores civis não se limitem, nesse caso, a afirmar uma fidelidade genérica à lei, mas também sua lealdade ao regime vigente e a seus princípios constitucionais. É exatamente em nome dele que protestam. Respondem, desse modo, à objeção mais grave ao gesto: de que a desobediência civil incentiva o desrespeito generalizado à legalidade democrática. Ao contrário, transferem o ônus desse perigo para o governo responsável pela lei contestada: esta precisa ser barrada exatamente para impedir um completo descrédito da legalidade do regime. Em suma, os contestadores pretendem não apenas que sua forma de luta observe rigorosamente as exigências de civilidade, mas que seu propósito mesmo seja civilizador.

Ver: Conflito Social; Consenso; Sociedade Civil

Referências Bibliográficas

ARENDT, H. Desobediência civil. In: ______. *Crises da República*. 2. ed. São Paulo: Perspectiva, 1999. p. 49-90.

KIRK, A. *A desobediência civil de Henry Thoreau*. Rio de Janeiro: Zahar, 2008.

MILLER, D. Civil disobedience. In: MILLER, D. (Ed.). *The Blackwell encyclopaedia of political thought*. Oxford: Blackwell, 1991. p. 75-77.

RAWLS, J. *Uma teoria da justiça*. São Paulo: Martins Fontes, 2000.

Desqualificação Social

Mariangela Belfiore Wanderley

A desqualificação social está associada à expulsão gradativa de camadas cada vez mais numerosas da população para fora do mercado de trabalho. É o inverso da integração social. Refere-se também às experiências vividas por essas camadas em sua relação com as políticas públicas de assistência social que ocorrem nas várias fases do processo de afastamento e expulsão.

O conceito alinha-se a outros que procuram descrever o mesmo processo, tais como exclusão social, desinserção, desfiliação ou apartação social. Foi cunhado pelo sociólogo francês Serge Paugam em 1991 e insere-se no debate contemporâneo sobre as consequências do processo de reestruturação produtiva que transformou o mundo do trabalho. Suas referências principais são a precarização do emprego e o desemprego prolongado que levaram muitos contingentes da população a enfrentar como uma nova realidade a privação material, o enfraquecimento de vínculos sociais e a degradação moral. Trata-se de uma trajetória de regressão social associada a profundas modificações nos modelos familiares, sobretudo no que diz respeito ao crescimento do número de famílias monoparentais e de indivíduos isolados, sem vínculos familiares: condições que potencializam as dificuldades de inserção social e profissional. Tais processos atingiram indivíduos que nunca haviam vivido em condições miseráveis e deram origem ao conceito de *nova pobreza*, entendida como produto de uma construção social e como problema de integração normativa e funcional.

Ao analisar as populações submetidas a estados de privação não apenas material, Paugam identificou três situações no processo de desqualificação social: a fragilidade, a dependência e a ruptura de vínculos sociais. A fragilidade corresponde à experiência de perda do lugar na estrutura social. Esse deslocamento social, devido a um "fracasso" profissional, significa a abertura do caminho da desqualificação social. As pessoas assim deslocadas tomam aos poucos consciência da distância que as separa de outros segmentos integrados da população. Experimentam sentimentos de discriminação por estarem desempregados, por habitarem periferias pobres ou núcleos habitacionais degradados. A participação na vida associativa e mesmo as relações familiares podem ser afetadas pela perda de emprego, gerando um progressivo isolamento em espaços privados.

A fragilidade pode conduzir à fase de dependência em relação aos serviços sociais. Para muitos, trata-se de uma situação humilhante. Porém, com o tempo, a impossibilidade de voltar ao mercado de trabalho e de ocupar novamente um lugar na estrutura produtiva faz com que as pessoas sejam obrigadas a buscar os serviços sociais, o que é percebido por elas como renúncia a um *status* social e como perda progressiva de dignidade. O indivíduo se torna *assistido,* restando-lhe aceitar as obrigações desse *status.*

A essa fase pode suceder uma terceira, caracterizada pela *ruptura* de vínculos sociais, que ocorre quando as pessoas se veem confrontadas com um acúmulo de dificuldades, principalmente perda de renda, problemas de saúde, falta de moradia, perda de contato com a família. As pessoas que chegam a essa situação e dela não conseguem sair tendem a se sentir inúteis para a sociedade.

Ver: Classes Sociais/Luta de Classes; Coesão Social

Referências Bibliográficas

PAUGAM, S. *Desqualificação social:* ensaio sobre a nova pobreza. São Paulo: Educ/Cortez, 2003.

______. O enfraquecimento e a ruptura dos vínculos sociais: uma dimensão essencial do processo de desqualificação social. In: SAWAIA, B. B. (Org.). *As artimanhas da exclusão social:* análise psicossocial e ética da desigualdade social. Petrópolis, RJ: Vozes, 1999. p. 67-86.

Direitos Civis

Ver: Cidadão/Cidadania; Direitos Humanos

Direitos Humanos

Nina Beatriz Stocco Ranieri

Compreendidos como um conjunto de faculdades, prerrogativas e procedimentos que materializam exigências éticas de comportamento relativas à dignidade da pessoa humana, à inviolabilidade de sua vida e à garantia de sua liberdade, igualdade, segurança e propriedade, os direitos humanos representam uma garantia de convivência social pacífica, que os membros de uma dada comunidade e todos os habitantes do planeta atribuem-se reciprocamente (ARENDT, 2011).

Caracterizam-se por sua universalidade e essencialidade, aspectos comprovados pela igualdade fundamental dos seres humanos e pelo fato de que sua violação, ou não satisfação, importa morte, grave sofrimento ou cerceamento do núcleo fundamental da autonomia humana. São, também, relativos: sua identificação acha-se condicionada à mudança das condições históricas, dos carecimentos e dos interesses, das transformações técnicas, da necessidade de preservação de determinados bens e valores; daí serem direitos de natureza acumulativa, variada e aberta. De natureza acumulativa porquanto novos direitos, típicos de seu tempo, se sucedem no evolver dos momentos históricos, somando-se aos antigos; variada porque os direitos se diversificam em virtude do processo de acumulação e, além disso, porque os direitos humanos não são uniformes, desdobrando-se em diversas dimensões normativas. São ainda direitos abertos porque nenhuma Constituição nacional pretendeu esgotar o conjunto de direitos ou determinar seu conteúdo, aceitando a existência de direitos humanos não escritos ou a de faculdades implícitas.

Para que um direito seja considerado um "direito humano", ele deve (cf. ALSTON, 1984, p. 607):

- refletir um importante valor social;
- ser relevante, em graus variados, nas diferentes sociedades mundiais;
- ser reconhecido com fundamento nas obrigações da Carta da Organização das Nações Unidas;
- não ser repetitivo em face do sistema internacional de direitos humanos;
- ser capaz de alcançar consenso internacional;
- ser compatível, ou pelo menos não incompatível, com a prática comum dos Estados;
- ser suficientemente preciso para gerar direitos e obrigações identificáveis.

A expressão "direitos humanos" também é normalmente empregada para designar direitos que existem independentemente de seu reconhecimento na ordem jurídica, com validade universal. Conceito por vezes associado à ideia do direito natural, inerente à natureza humana, própria do Iluminismo; nessa acepção, são direitos em sentido fraco. "Direitos fundamentais", por sua vez, são direitos de categoria especial, consagrados nas Constituições; representam a base ética do sistema jurídico estatal e podem não ter a vigência universal, própria dos direitos humanos. O conceito de direitos humanos, portanto, seria mais amplo e impreciso do que a noção de direitos fundamentais. A distinção entre direitos humanos e direitos fundamentais encontra-se hoje superada, sendo mesmo irrelevante, posto constituírem um só instituto jurídico.

A doutrina dos direitos humanos é produto dos séculos 17 e 18, tendo-se firmado como reação a governos arbitrários sob o liberalismo e o constitucionalismo. A Bill of Rights inglesa (1689), as Declarações de Direitos dos Estados da Virgínia, Pensilvânia e Maryland (1776), a Constituição Americana de 1787 (e suas nove primeiras emendas) e a Declaração Francesa dos Direitos do Homem e do Cidadão de 1789 são suas primeiras expressões formais, cujas origens remontam às concepções normativas dos direitos naturais, já presentes na Antiguidade clássica.

Em sua primeira fase, emblematicamente representada pela Declaração Francesa de 1789, a doutrina dos direitos humanos constituiu limitação ao poder do Estado moderno nacional. Em fases mais avançadas, no decorrer dos séculos 19 e 20, a doutrina incorporou novos direitos civis e políticos, além de direitos econômicos, sociais e culturais e, posteriormente, os direitos de solidariedade, tais como o direito à paz, ao desenvolvimento, à autodeterminação dos povos e ao meio ambiente.

Os direitos econômicos, sociais e culturais vinculam-se ao direito de exigir determinadas prestações do Estado, cuja realização depende de sua intervenção (saúde, educação, previdência, trabalho); são ainda direitos que variam conforme seu titular (o indivíduo, grupos de indivíduos, a criança, o jovem, o idoso, a mulher). Consistem na segunda geração de direitos humanos e seu fundamento se radica na igualdade; dessa perspectiva, o indivíduo é considerado em seu grupo social.

Os chamados direitos de solidariedade, ou de terceira geração, compreendem os direitos difusos ou de titularidade coletiva que asseguram qualidade de vida. Seu fundamento se radica na fraternidade, considerados sujeitos passivos os grupos humanos, como a família, o povo, a nação, a coletividade étnica e a própria humanidade.

A quarta geração de direitos compreende os direitos necessários à proteção contra os avanços das tecnologias de comunicação e da biotecnologia, assim como contra os perigos ecológicos e genéticos. Vistas em perspectiva, as fases de evolução da doutrina demonstram os processos contínuos de crescente especificação e positivação dos direitos humanos. Esse amplo campo de direitos que se consolida nos séculos 19 e 20 fornece, para os modernos Estados democráticos, o fundamento ético-político para a ativação das políticas públicas conhecidas como políticas sociais.

Embora a doutrina dos direitos humanos tenha sido elaborada para limitar o poder político no interior dos Estados Nacionais, por via da atribuição de direitos a seus cidadãos pelas respectivas ordens jurídicas, seu escopo se ampliou com a criação da Organização das Nações Unidas em 1945. Desde então, o direito internacional passou a se preocupar com a proteção global da pessoa humana, independentemente de sua nacionalidade ou local de residência. A Declaração Universal dos Direitos do Homem e a Convenção Internacional sobre a Prevenção e Punição do Crime de Genocídio de 1948 constituem os marcos iniciais dessa fase, aos quais se seguiram os Pactos Internacionais sobre Direitos Econômicos, Sociais e Culturais (1966) e sobre Direitos Civis e Políticos (1966). No âmbito regional, foram ainda elaboradas e ratificadas a Convenção Europeia para Salvaguarda dos Direitos do Homem (1959); a Convenção Americana dos Direitos do Homem (1969); a Carta Africana dos Direitos dos Povos (1981); a Declaração dos Direitos Humanos no Islã (1990) e a Carta Árabe de Direitos Humanos no âmbito da Liga Árabe (1994), dentre outras.

A criação de tribunais internacionais para julgamento de crimes contra a paz e a humanidade, como os Tribunais Penais Internacionais para a ex-Iugoslávia e para Ruanda, bem como a do Tribunal Penal Internacional como tribunal permanente, constitui importante manifestação da ordem internacional em favor da universalização dos direitos humanos. Atualmente, o princípio prevalecente na ordem internacional é o do *international concern*, declarado expressamente pelo Tribunal Internacional de Justiça da ONU em 1970, pelo qual a obrigação de cada Estado em face de todos os outros Estados é a do respeito pelos princípios e regras relativos aos direitos fundamentais da pessoa humana.

No que diz respeito à eficácia jurídica da proteção dos direitos humanos, tanto no plano dos Estados nacionais democráticos quanto no da ordem internacional, o maior grau é verificado em relação aos direitos civis e políticos que, institucionalizados há mais de trezentos anos, contam com uma série de garantias bem definidas, que variam de um sistema jurídico para outro. Nesses campos, de modo geral, os ofendidos podem recorrer ao Judiciário, invocando remédios processuais adequados para fazer cessar a violação. Os direitos econômicos, sociais e culturais, de elaboração mais recente, apresentam menor eficácia e nem sempre podem ser exigidos perante os tribunais, por dependerem da atuação do Estado para se concretizarem; ademais, como muitos desses direitos estão inseridos em normas programáticas, sua exigência é mais política que estritamente jurídica. Os direitos difusos ou de titularidade coletiva, de defesa quase que exclusivamente política, são os que apresentam menor eficácia à exclusão do direito ao meio ambiente e de proteção ao consumidor, protegidos por ações específicas no âmbito do ordenamento de diversos países.

Ver: Cidadania; Igualdade; Índice de Desenvolvimento Humano (IDH); Sociedade Civil; *Welfare State*

Referências Bibliográficas

ALSTON, P. Conjuring up new human rights: a proposal for quality control. *American Journal of International Law*, New York, v. 78, p. 607-621, 1984.

ARENDT, H. *A condição humana*. Trad. Roberto Raposo. Rio de Janeiro: Forense Universitária, 2011.

BARROS, S. R. *Direitos humanos - paradoxo da civilização*. Belo Horizonte: Del Rey, 2003.

BOBBIO, N. *A era dos direitos*. Rio de Janeiro: Campus, 1992.

COLLIARD, C.-A. *Libertés publiques*. 6. ed. Paris: Dalloz, 1982.

COMPARATO, F. K. *A afirmação histórica dos direitos do homem*. São Paulo: Saraiva, 1999.

D' ENTRÈVES, A. P. *Derecho natural*. Madrid: Aguilar, 1972.

FERREIRA FILHO, M. G. *Direitos humanos fundamentais*. 7. ed. São Paulo: Saraiva, 2005.

GRINOVER, A. P.; FERRAZ, A. C. C. *Liberdades públicas: parte geral*. São Paulo: Saraiva, 1972.

LAFER, C. *A internacionalização dos direitos humanos*. São Paulo: Manole, 2005.

LEWANDOWSKI, E. R. *Proteção dos direitos humanos na ordem interna e internacional*. São Paulo: Forense, 1984.

LUÑO, A. E. P. *Derechos fundamentales*. Madrid: Tecnos, 1995.

RIVERO, J. *Les libertés publiques*. Paris: Presses Universitaires de France, 1981.

SARLET, I. W. *A eficácia dos direitos fundamentais*. Porto Alegre: Livraria dos Advogados, 1998.

SEN, A. *Desenvolvimento como liberdade*. São Paulo: Companhia das Letras, 2002.

Direitos Políticos

Ver: Cidadão/Cidadania; Direitos Humanos

Direitos Sociais

Ver: Cidadão/Cidadania; Direitos Humanos

Dívida Pública

Geraldo Biasoto Junior
Maria Luiza Levi
Rafael Fagundes Cagnin

Dívida pública é o conjunto das dívidas de todas as entidades pertencentes ao Estado e abrange, no Brasil, as obrigações financeiras da União, dos Estados, do Distrito Federal e dos municípios. É composta basicamente de títulos de dívida negociados nos mercados financeiros e adquiridos por empresas, instituições financeiras ou pessoas físicas, e por empréstimos (contratos firmados pelo setor público com bancos que, diferentemente dos títulos, não são negociados em mercados).

A dívida pública pode ser interna, quando contraída no mercado financeiro nacional, ou externa, quando o setor público decide se endividar no sistema financeiro internacional. Vale ressalvar que a dívida pública externa corresponde a apenas uma parte do que se denomina dívida externa, a qual é constituída também pela dívida do setor privado contraída fora do país.

Há registros históricos de endividamento público desde o mundo antigo, associados ao financiamento de esforços de guerra e à manutenção dos gastos correntes da burocracia dos reinos ou impérios. Nas sociedades capitalistas contemporâneas, a dívida pública tem basicamente duas funções: apoiar o financiamento das políticas públicas e servir como instrumento de política macroeconômica, a qual tem como objetivo influenciar o ritmo de crescimento da economia e o desempenho do balanço de pagamentos do país, bem como controlar a inflação, e é constituída pelas políticas fiscal, monetária e cambial.

Quanto à função de apoio ao financiamento das políticas públicas, é comum entre os governos a contratação de empréstimos ou a emissão de títulos para complementar a receita orçamentária do Estado em situações de excesso de gastos ante a receita de tributos. Nesse sentido, o endividamento público pode constituir importante elemento de viabilização das políticas públicas, uma vez que permite custear ações do Estado além de sua capacidade de arrecadação, financiando-as em parte ou eventualmente no todo, e cobrindo o que tenderia a ser um déficit público financiado por emissão monetária ou por acúmulo de dívidas com fornecedores de bens e serviços.

Ao complementar a receita do setor público, uma operação de endividamento gera em contrapartida uma entrada de recursos no orçamento do Estado, classificada como receita de operações de crédito. Como tais receitas são de natureza eventual quando comparadas à arrecadação de tributos, em princípio é mais adequado que os recursos originados por uma operação de endividamento financiem despesas também eventuais, como obras ou a compra de equipamentos. Os gastos de caráter rotineiro, como pagamento de salários ou compra de insumos, deveriam, em contraste, ser financiados por receitas correntes (ou seja, receitas cuja arrecadação é de natureza recorrente), como as tributárias. Uma política voltada a aumentar os serviços hospitalares de determinada região pode se utilizar de uma operação de endividamento para a construção de um hospital, mas não é prudente que os salários dos médicos, por exemplo, sejam pagos com recursos de empréstimos, por se tratar de despesas permanentes.

Da ótica daqueles que financiam a dívida pública (ou seja, bancos, pessoas ou empresas que compram os títulos, ou eventualmente concedem empréstimos ao Estado), esta constitui um ativo financeiro, ou seja, uma forma de empregar recursos com o objetivo de gerar mais riqueza. É sobretudo como ativo financeiro que a dívida pública desempenha sua função de instrumento das políticas fiscal, monetária e cambial.

O financiamento de gastos governamentais em volume superior à arrecadação através de endividamento público é uma ação de política fiscal de caráter expansionista, no sentido de que viabiliza a ampliação da participação do Estado no gasto total da economia. Uma política fiscal expansionista tende a incentivar o crescimento econômico como um todo, já que os gastos do Estado (em obras ou na criação de novos serviços públicos) representam demanda adicional (de mão de obra, insumos, serviços etc.) direcionada ao conjunto da economia. Em momentos de crise econômica, políticas fiscais expansionistas tendem a ser de grande importância, já que previsões de mau desempenho econômico resultam em retração dos gastos privados em investimentos e consumo. Ao expandir seus gastos, o Estado atua na direção contrária à dos demais agentes, o que pode ser essencial para reverter situações de recessão econômica e amortecer a elevação do desemprego.

Os títulos da dívida pública também fornecem aos agentes econômicos uma alternativa de risco relativamente baixo para a aplicação de seus recursos, dada a reduzida probabilidade de falência do Estado, além de possuírem elevada liquidez (ou seja, podem ser facilmente vendidos sem perdas), devido a sua grande aceitação pelos agentes econômicos em geral. Vale lembrar que, no mercado financeiro, os títulos de um país costumam ser hierarquizados em função desses atributos e, nesse sentido, os títulos públicos costumam figurar como referência para os demais, sendo geralmente classificados como os de menor risco e maior liquidez. Por conta dessas características, os títulos públicos tendem a cumprir papel central no desenvolvimento dos mercados financeiros, sendo geralmente responsáveis pela maior parte das transações que ali ocorrem.

Essa condição remete à importância da dívida pública para a política monetária, cujo objetivo é influenciar o ritmo de crescimento do país e controlar a inflação principalmente através de medidas que procuram regular a criação de moeda-crédito (ver verbete Financiamento). Na condução da política monetária, cuja responsabilidade cabe aos bancos centrais, os títulos da dívida pública são instrumento fundamental. Quando o objetivo é reduzir a oferta de moeda-crédito, o banco central vende títulos públicos no chamado "mercado aberto", oferecendo uma remuneração em termos de juros mais atrativa do que a vigente. Esse movimento tende a ser repassado às demais taxas de juros da economia, encarecendo o crédito a empresas e pessoas físicas.

Ao contrário, se o objetivo é aumentar a oferta de moeda-crédito, o banco central deve comprar títulos públicos que estão em circulação no mercado, o que tende a provocar uma queda nas taxas das operações de crédito em geral. Em alguns países, os bancos centrais utilizam títulos de dívida privada para as operações de política monetária, mas o mais comum é o emprego de títulos públicos, pela sua ampla aceitação nos mercados financeiros.

Por vezes, um país pode enfrentar problemas relacionados aos seus compromissos em moeda estrangeira, como dificuldades no pagamento de suas importações ou de encargos relacionados a dívidas contraídas no exterior. Nessas situações, o setor público pode captar recursos no exterior, por exemplo, vendendo títulos de dívida pública nos mercados financeiros internacionais ou contraindo empréstimos no exterior. Essa é uma ação do âmbito da política cambial, cujo objetivo central é manter equilibrado o balanço de pagamentos do país, onde são contabilizadas todas suas operações com o exterior. Muitas vezes, tais operações não estão vinculadas à necessidade do governo de financiar seus gastos, mas sim a uma estratégia macroeconômica de ampliação do acesso à moeda estrangeira, de maneira a garantir o fechamento das contas externas do país.

Por outro lado, quando um país experimenta ingresso de moeda estrangeira em grandes volumes – por conta de exportações crescentes ou entrada de investidores estrangeiros, por exemplo – tal movimento tende a expandir, em alguma extensão, a disponibilidade de moeda doméstica (já que o Banco Central tende a trocar as divisas estrangeiras pela moeda do país). Esse processo estimula a queda da taxa de juros, incentivando o aumento da atividade econômica e, eventualmente, criando pressões inflacionárias. Por isso, nessas circunstâncias, o banco central pode decidir emitir títulos da dívida pública para "enxugar" (retirar) recursos monetários do mercado financeiro, mantendo o patamar dos juros relativamente inalterado.

A eficácia do uso da dívida pública como instrumento de política macroeconômica está fortemente ligada à manutenção da crença, por parte dos agentes econômicos, de que o dinheiro aplicado na compra de títulos públicos (ou em empréstimos ao governo) retorne em um momento seguinte acrescido de uma valorização (sob a forma de juros). Em outras palavras, se os agentes econômicos desconfiarem da capacidade do governo de honrar seus compromissos financeiros, ou de "sustentá-los" ao longo do tempo, a dívida pública acabará perdendo seu atributo de ativo financeiro preferencial (de baixo risco e elevada liquidez).

Uma medida comumente utilizada pelo mercado financeiro como indicador da sustentabilidade da dívida pública ao longo do tempo é a proporção da dívida pública de um país em relação a alguma medida de seu produto agregado, em geral o Produto Interno Bruto. A "relação dívida pública/PIB", como é conhecido esse indicador, é importante porque a evolução da arrecadação de impostos está fortemente vinculada ao nível de atividades da economia em geral, o qual é medido pelo PIB. Se o quociente dívida pública/PIB começar a aumentar ao longo do tempo, isso sugere que a dívida está evoluindo a uma velocidade superior à dos impostos, que são a base da capacidade de pagamento do setor público e, portanto, a principal fonte de obtenção de recursos para cumprir os compromissos financeiros derivados da dívida. Ao mesmo tempo, essa expansão da dívida em ritmo superior à evolução do PIB sugere que o governo terá de ampliar o espaço para colocação de títulos, o que tenderá a ocasionar o aumento da taxa de juros paga pelo governo.

Porém, a elevada interdependência das políticas macroeconômicas e o papel central que a dívida pública desempenha na sua execução fazem com que sua trajetória tenda a ser condicionada por fatores outros que não apenas a ampliação ou redução dos gastos públicos. Efetivamente, o tamanho da dívida pública pode variar como reflexo das ações conduzidas no âmbito das políticas monetária ou cambial. Uma política monetária contracionista, ao exigir uma intervenção do banco central no sentido de vender títulos públicos, recolhendo, assim, recursos monetários em poder dos demais agentes econômicos, pode determinar uma trajetória ascendente do estoque de dívida pública. Na prática, portanto, as políticas macroeconômicas – fiscal, monetária e cambial – influenciam umas às outras e a evolução da dívida pública tende a ser um reflexo das diretrizes adotadas em sua condução.

Ver: Ajuste Fiscal; Financiamento; Orçamento Público

Referências Bibliográficas

BUCHANAN, J. M. Public debt. In: EATWELL, J; MILGATE, M.; NEWMAN, P. (Eds.). *The new Palgrave*: a dictionary of economics. London: Macmillan, 1987. v.3, p. 1044-1047.

OLIVEIRA, F. A. *Economia e política das finanças públicas no Brasil*. São Paulo: Hucitec, 2009. (Coleção Economia e Planejamento.)

SILVA, A. C. et al. (Org.). *Dívida pública*: a experiência brasileira. Brasília, DF: STN - Ministério da Fazenda, 2009.

Doutrina Social Católica

Luiz Eduardo Wanderley

A expressão resume um conjunto de postulados e recomendações normativas emanadas da Igreja Católica Apostólica Romana que têm o intuito de promover, nas sociedades contemporâneas, um padrão de sociabilidade considerado cristão. Seus fundamentos são a revelação bíblica e a tradição da Igreja, e suas fontes estão localizadas na Sagrada Escritura, na doutrina dos papas, nos grandes teólogos e, particularmente, no Magistério dos últimos pontífices. Recebe também contribuições da filosofia, da teologia moral e das ciências humanas e sociais. Sua compreensão envolve elementos históricos, éticos e sociais, mas seus princípios, com maior ou menor intensidade, sempre estiveram voltados para a defesa dos pobres.

A doutrina surgiu no final do século 19 como uma reação independente, porém engajada, às macrotendências políticas dominantes: liberalismo e socialismo. Ao longo do tempo, foi-se consubstanciando em vários documentos da Igreja, como as encíclicas papais – com destaque para a *Rerum Novarum* (1891), a *Mater et Magistra* (1961), a *Populorum Progressio* (1967) e a *Laborem Exercens* (1981) –, e os textos do Concílio Vaticano II (1962-1965), *Lumen Gentium* e *Gaudium et Spes*.

Sua meta prioritária é o bem comum, ou seja, o bem de todos os homens e do homem todo. Na comunidade política, tanto os indivíduos quanto o Estado são responsáveis pelo bem comum. O Estado deve garantir coesão, unidade e organização à sociedade civil da qual é expressão. A autoridade política é indispensável, desde que assegure a vida ordenada e reta da comunidade, respeitando a independência dos sujeitos individuais e sociais. O povo considerado na sua totalidade constitui o sujeito da autoridade política como detentor da soberania. A ideia de bem comum é transcendente, pois Deus é o fim último de suas criaturas.

A doutrina defende a democracia autêntica, resultante não apenas do respeito formal das regras, mas também de um conjunto de valores que a inspiram, e que se baseia na dignidade da pessoa humana, no respeito dos direitos do homem, na moralidade dos fins que persegue e dos meios que usa. Denuncia a corrupção política, a burocracia exagerada e os instrumentos de participação política agigantados pela ideologia, pelo lucro, pelo controle político, por rivalidades e conflitos entre grupos.

Há, na doutrina social da Igreja Católica, uma subordinação da atividade política à sociedade civil, entendida como o conjunto de realizações e recursos culturais e associativos, relativamente autônomos em relação tanto ao âmbito político quanto ao econômico.

A relação das pessoas, das famílias e dos corpos intermediários com o Estado é entendida a partir do princípio da *subsidiaridade*, que preconiza o respeito e o auxílio aos membros da comunidade no desempenho de suas funções, além de defender as pessoas dos abusos de instâncias sociais superiores. Tal princípio valoriza o fato de que cada pessoa, cada família e cada corpo intermediário têm algo especial para oferecer à comunidade, devendo ser, portanto, respeitados e ajudados pelas instâncias superiores no desempenho de suas funções. Por extensão, condena as formas de burocratização, de assistencialismo, de centralização, de presença injustificada e excessiva do Estado e do aparato público.

O princípio tem como consequência a *participação*, que se exprime em um conjunto de atividades exercidas pelo cidadão, individualmente ou em associação, contribuindo para a vida econômica, política, cultural e social de forma igualitária e solidária. Para sua concretização, defende a participação dos menos favorecidos, a alternância dos dirigentes políticos e o vínculo entre gestão da vida pública e corresponsabilidade dos cidadãos. Reconhece o Estado laico, mas denuncia o laicismo intolerante como algo hostil às expressões comunitárias e culturais da fé, como uma ameaça aos próprios fundamentos culturais e espirituais da civilização.

Durante longo tempo, a doutrina social da Igreja Católica deu forte ênfase à propriedade, e particularmente à propriedade privada, como direito natural. O reconhecimento do trabalho foi acentuado a partir da *Laborem Exercens* (1981), contemplando tanto seu significado material e objetivo quanto seu significado espiritual. O trabalho constitui excelente medida para as relações humanas na hierarquia social, nas remunerações salariais, no acesso aos bens de consumo, nas oportunidades de desenvolvimento intelectual e social. Um trabalho sem remuneração justa revela se existe ou não fraternidade humana. A consideração do trabalho remete também à dimensão econômica, como produção e distribuição de bens, e à dimensão política, terreno em que se pode verificar que os grandes conflitos sociais derivam da exploração do trabalho pelo capital. A doutrina reconhece os direitos de greve e associação na defesa dos interesses dos trabalhadores, com destaque para sindicatos e outros movimentos sociais.

Outro aspecto relevante dessa doutrina diz respeito à função social da propriedade. O critério básico, aqui, é o da distribuição e destinação universal de bens. É na relação com o trabalho que se situa a propriedade em sua real dimensão e sentido. A pessoa em condição de pobreza extrema tem, portanto, o direito de procurar o necessário para si na riqueza dos outros. Um exemplo de rompimento dessa função social está na propriedade da terra, quando ela não é cultivada ou é insuficientemente cultivada, ou é cultivada com a exploração do camponês.

A Doutrina Social da Igreja repercutiu de modo especial na América Latina, com as Assembleias da Conferência Geral do Episcopado Latino-Americano (Celam), marcadas por luzes e sombras. Em Medellín (1968), houve uma tentativa de atualização das diretrizes do Concílio Vaticano II, considerado um ícone por sua determinação de empreender um *aggiornamento* da Igreja Católica perante as dimensões da modernidade e a realidade latino-americana. No documento final de Medellín, foram feitas críticas aos sistemas liberal-capitalista e comunista e também às empresas, que deveriam incorporar os trabalhadores em sua gestão. Valorizou-se a organização sindical, rural e operária; enfatizou-se a promoção das populações camponesas e indígenas; defendeu-se um desenvolvimento integral, por meio da eliminação de tudo que destruísse a paz social – injustiça, inércia, venalidade, insensibilidade. O enunciado "o desenvolvimento é o novo nome da paz" (*Populorum Progressio*) traduz bem esse espírito. Denunciaram-se também os abusos e as injustiças decorrentes das desigualdades sociais e destacou-se a evangelização solidária e o esforço na preferência efetiva pelos pobres, necessitados e segregados.

Em Puebla (1979), diante da constatação da imensa pobreza e das gritantes diferenças sociais entre ricos e pobres na América Latina, o mote relevante foi a conversão da Igreja à opção preferencial pelos pobres, objetivando sua libertação integral. Uma menção importante foi a de que a doutrina de segurança nacional, então disseminada pelo continente, não se coadunava com a visão cristã. Contudo, em Santo Domingo (1992), mesmo com a manutenção de certas conquistas, ampliaram-se as restrições à teologia da libertação e a seus defensores.

Se, de um lado, o Documento de Aparecida (2007) reafirmou formulações e diretrizes mais conservadoras, de outro, recuperou parte das posições mais abertas traçadas em Medellín e Puebla. Constatou o impacto da globalização com críticas ao mercado que privilegia o lucro e concentra riquezas em poucas mãos; criticou as empresas multinacionais, principalmente as financeiras, e seu impacto no meio ambiente; e sustentou uma globalização marcada pela solidariedade, justiça e respeito aos direitos humanos. Valorizou o protagonismo de atores da sociedade civil – mulheres, profissionais, indígenas, afro-americanos, setores marginalizados, classe média ampliada – no sentido de busca de uma democracia participativa e de políticas públicas que revertam a situação de exclusão.

Mesmo diante da existência de correntes críticas que se opõem à Doutrina Social da Igreja, é inegável que, desde os seus primórdios, suas assertivas têm influenciado o universo das políticas dos Estados e a montagem das estruturas públicas de bem-estar. Tal influência variou de país para país, mas sua presença sempre foi considerada e marcou a modelagem das estruturas e do cotidiano do mundo ocidental.

Ver: Coesão Social; Estado; Exclusão Social; Sociedade Civil

Referências Bibliográficas

ANTONCICH, R.; SANS, J. M. M. *Ensino social da Igreja*. Petrópolis: Vozes, 1986.

ÁVILA, F. B. *O pensamento social cristão antes de Marx*. Rio de Janeiro: José Olímpio, 1970.

CHARBONNEAU, P. E. Da "Rerum Novarum" à Constituição "Gaudium ET Spes" e à Encíclica "Populorum Progressio". In: VIER, F. (Org.). *A Igreja no mundo de hoje*. Petrópolis: Vozes, 1967.

CONSELHO EPISCOPAL DA AMERICA LATINA E CARIBE. *Documentos de Medellín, Puebla, Santo Domingo, Aparecida*. São Paulo: Paulus, 2005.

LIBÂNIO, J. B. *Concílio Vaticano II* - em busca de uma primeira compreensão. São Paulo: Paulinas, 2005.

PASSOS, J. D.; SOARES, A. M. L. *Doutrina social e universidade* - o cristianismo desafiado a construir cidadania. São Paulo: Paulinas/ Educ, 2007.

PONTIFICIA COMMISSIO IUSTITIA ET PAX. *From Rerum Novarum to Laborem Exercens:* towards the year 2000. Roma: 3-5/IV/1982.

PONTIFÍCIO CONSELHO JUSTIÇA E PAZ. *Compêndio da Doutrina Social da Igreja*. São Paulo: Paulinas, 2005.

SOCIEDADE DE TEOLOGÍA E CIÊNCIAS DA RELIGIÃO; AMERINDIA (Org.). *Caminhos da Igreja na América Latina e no Caribe* - novos desafios. São Paulo: Paulinas, 2006.

WANDERLEY, L. E. *Democracia e Igreja popular*. São Paulo: Educ, 2007.

WANDERLEY, M. B.; WANDERLEY, L. E. O social e a pobreza: visões e caminhos. *Religião & Cultura*, São Paulo, v. 6, n. 2, jul./dez. 2007.

e

Economia de Mercado

Simone Silva de Deos

Adriana Nunes Ferreira

Em *O capital* (1867), Karl Marx lançou um olhar crítico sobre a economia organizada em torno do mercado para, a partir daí, desvendar a natureza da economia capitalista. Distinguiu então uma economia de mercado, ou mercantil, de uma economia capitalista.

Uma economia mercantil é aquela na qual a divisão do trabalho se desenvolve a tal ponto que as relações econômicas e, em grande parte, sociais, se organizam majoritariamente por intermédio da compra e venda de mercadorias. Vale dizer, uma economia na qual aqueles que se especializam na produção de determinada mercadoria levam-na ao mercado e, com o produto dessa venda, compram outras mercadorias, a fim de satisfazer suas necessidades. Portanto, não vigora o escambo, e o dinheiro funciona como reserva de valor, como medida de preços e, fundamentalmente, como intermediário das trocas. Contudo, mesmo neste último caso, o dinheiro é um facilitador, e por funcionar também como reserva de valor, propicia paradoxalmente a interrupção do circuito mercantil, possibilitando que o produto da venda das mercadorias seja mantido na forma de "equivalente geral de riqueza".

Em uma economia de mercado, o móvel é a satisfação das necessidades. O ofertante, ao vender seus produtos no mercado, obtém o mesmo volume de recursos que despendeu na produção. A troca é, pois, equivalente, o que permite a satisfação de suas próprias necessidades. Isso não quer dizer, é claro, que por vezes esse ofertante não venha a obter um volume maior (ou menor) de recursos relativos àqueles que despendeu, mas sim que a acumulação de recursos não caracteriza esse sistema (e menos ainda, posto que seria totalmente sem sentido, uma diminuição no montante de recursos).

Uma economia capitalista, por sua vez, pressupõe o desenvolvimento das relações mercantis, isto é, pressupõe uma economia de mercado. Nela, as relações são todas mediadas pelo mercado e as mercadorias são trocadas por dinheiro. Por isso, ela se assemelha, em certos aspectos, a uma economia de mercado, mas de fato não o é. Isso porque, na economia capitalista, o objetivo não é a troca de mercadorias (venda de uma mercadoria para poder comprar outra) para a satisfação de necessidades, mas sim a valorização da riqueza preexistente, a acumulação de capital. De fato, a transição da economia mercantil para a economia capitalista pressupõe que a força de trabalho seja livre e transforme-se em mercadoria e que haja, na sociedade, uma clivagem entre aqueles que detêm meios de produção e os que nada detêm, a não ser a sua força de trabalho.

Em uma economia capitalista, mercadorias serão também compradas e vendidas, mas não mais para satisfazer necessidades humanas e sim para satisfazer o imperativo da valorização do capital. Nesse sentido, a circulação característica não é mais a da venda de mercadorias para a aquisição de outras, e sim a da compra de mercadorias, incluindo força de trabalho, a partir de uma soma de dinheiro preexistente, a fim de que sejam produzidas novas mercadorias, dotadas de maior valor que as preexistentes e que, ao serem vendidas, culminem em um circuito no qual o volume de dinheiro final é superior ao inicial.

A força de trabalho é uma mercadoria muito peculiar, pois o trabalho é a fonte de valor nas economias mercantis e é também, logicamente, o fator que cria não só o valor, como também o mais-valor, a valorização, nas economias capitalistas. Quanto ao dinheiro, que aparece no princípio e no fim do circuito, esse é capital – capital na forma de dinheiro, dinheiro que funciona como capital.

Na linguagem corrente, muitas vezes entende-se que economia de mercado seja sinônimo de economia capitalista, deixando-se de observar que a mercantilização absoluta é pressuposto da economia capitalista, mas não se confunde com ela. Tal "confusão" presta-se ao objetivo de ocultar uma distinção fundamental: a economia de mercado é uma economia na qual não há a "fratura" típica da economia capitalista, ou seja, a divisão da sociedade entre possuidores e não possuidores de meios de produção – entre capitalistas e não capitalistas, ou entre proprietários de riqueza e trabalhadores. Essa sociedade fraturada, cindida, é assim reproduzida ao mesmo tempo que são produzidas, reiteradamente, as mercadorias. Ao se confundirem economia de mercado e economia capitalista, o sistema econômico aparece como sendo movido pelo objetivo de satisfazer necessidades, por meio da produção de mercadorias, e não pelo que realmente o anima: o imperativo de valorizar o capital na forma monetária.

Outras vezes também se identifica economia de mercado como uma economia (capitalista, por certo, o que nem sempre é dito) na qual a interferência do Estado sobre o mercado é mínima, e o bem-estar social é máximo – em outros termos, em que as "leis do mercado" prevaleceriam. Nesse caso, o Estado cumpriria somente suas "funções clássicas", ou seja, a defesa dos direitos de propriedade e a provisão de bens públicos. Nas situações nas quais, nessa economia de mercado, verificam-se falhas (como, por exemplo, quando existem externalidades negativas – custos advindos da atividade econômica mas não valorados pelo mercado), poderia haver, também, algum espaço para a atuação do Estado. Em uma hipotética economia de mercado, ademais, a defesa de uma estrutura próxima à perfeitamente concorrencial deveria ser objeto de ação estatal, evitando assim os efeitos perversos advindos do fato de que os agentes de mercado – tanto vendedores, como, em alguns casos, compradores – detêm o chamado "poder de mercado".

Ainda que existam economias em que, relativamente a outras e por diversos motivos, a interferência do Estado é menor, bem como momentos históricos nos quais tal situação se reforça, o que temos de fato, nas economias capitalistas, são mercados, e sobretudo mercados cruciais – como os mercados financeiro e de trabalho, por exemplo – em que o "equilíbrio ótimo" raramente (se tanto) se verifica. Quando a regulação estatal sobre esses mercados se reduz, tornando a economia mais próxima daquilo que alguns entendem como "de mercado", a realidade faz questão de escancarar a faceta mais perversa da economia capitalista: seu caráter instável e disruptivo, que traz consigo o desemprego e o dramático aprofundamento das desigualdades.

Ver: Estado; Economia Política; Mercado; Nova Economia Política

Referências Bibliográficas

BELLUZZO, L. G. *Valor e capitalismo*: um ensaio sobre a economia política. 3. ed. Campinas: IE-Unicamp, 1998.

MARX, K. *O capital*: crítica da economia política. São Paulo: Nova Cultural, 1988.

MAZZUCCHELLI, F. *A contradição em processo*: o capitalismo e suas crises. São Paulo: Brasiliense, 1985.

Economia Política

FREDERICO MAZZUCCHELLI

As transformações que sacudiram a sociedade europeia a partir do desmantelamento do regime feudal, entre os séculos 16 e 18, são conexas à expansão do comércio e à formação dos Estados nacionais. O absolutismo, ancorado na hegemonia do capital comercial, desenhou, aí, a política econômica ajustada a seus fins: o mercantilismo. Capital comercial, absolutismo e mercantilismo conformavam, em tal contexto, uma unidade indissociável.

A articulação entre esses elementos implicava *um padrão de regulação de natureza essencialmente extraeconômica.* Enquanto as relações mercantis e capitalistas não haviam ainda abarcado o conjunto da produção e da vida social, a economia permanecia, a rigor, escrava da política: as condições econômicas não se repunham de maneira automática. A reprodução necessitava da intervenção sistemática e recorrente do Estado. Em tais circunstâncias, a reflexão sobre a economia era a reflexão sobre um objeto que ainda não se havia constituído de modo independente. Pensar a economia, nesse contexto, era, no fundo, pensar os meios práticos de fortalecer o poder do Estado. A economia não se configurava ainda como um domínio específico de investigação.

Para que a economia viesse a ter estatuto próprio, e fosse pensada como tal, duas condições básicas deveriam surgir. Em primeiro lugar, era necessário que a produção mercantil se generalizasse. Isso somente ocorrerá sob o regime do capital, fenômeno que se consolida a partir da Revolução Industrial inglesa, na segunda metade do século 18.

Em segundo lugar, era necessário que a reflexão se emancipasse das amarras da explicação religiosa, processo que remonta à emergência do racionalismo e ao desenvolvimento das "ciências da natureza". Dentre as múltiplas dimensões do racionalismo, uma em particular será de especial importância para explicar o desenvolvimento (na verdade, o nascimento) da reflexão econômica: a ideia de ordem natural e de leis naturais. A transposição da forma de investigação dos fenômenos naturais para o terreno da sociedade (a descoberta de suas "leis naturais") irá marcar, para sempre, os rumos da Economia Política.

Adam Smith (1723-1790) fundou a Economia Política. É certo que Smith teve inúmeros precursores (William Petty, David Hume e François Quesnay, dentre outros) que já se haviam dedicado à análise sistemática das relações econômicas. Contudo, foi somente a partir do lançamento de sua obra maior (*A riqueza das nações*), em 1776, que a Economia Política assumiu contornos próprios e definidos. Não é exagero afirmar que as grandes questões tratadas por Smith tornaram-se as referências centrais das discussões econômicas do século 19.

Smith é apontado, por muitos, como a referência mais ilustre do liberalismo econômico. Segundo seu veredicto, existe uma tendência humana natural e espontânea à troca, que confere à produção de mercadorias (e ao capitalismo) uma existência "natural". Para Smith, a busca de vantagens pessoais, motivada pelo egoísmo dos homens, faz girar a roda da concorrência e o resultado é uma divisão do trabalho cada vez mais ampla. A divisão do trabalho, por sua vez, confunde-se com a prosperidade. Prosperidade que será tão maior quão menor for a interferência governamental. De acordo com seu consagrado princípio da "mão invisível", a interação espontânea entre os indivíduos, qualquer que fosse sua motivação, sempre redundaria em uma ordem virtuosa. Virtuosismo que só não seria alcançado quando a intervenção do Estado – à maneira das práticas mercantilistas – se sobrepusesse ao automatismo da vida social. Na sociedade, assim como na natureza estudada por Newton, prevaleceria, assim, a tendência ao equilíbrio. A lei cega da regulação do mercado teria a mesma eficácia da lei da gravidade. Os distúrbios que porventura existissem seriam, por definição, passageiros, já que o sistema disporia de propriedades imanentes que o reconduziriam automaticamente a uma situação de repouso e equilíbrio.

Foi a partir de tais supostos que se estruturou uma poderosa vertente da reflexão econômica que – ancorada na lógica da maximização dos indivíduos ou dos consagrados "agentes econômicos" – sempre pretendeu dar fundamentos naturais ao capitalismo e exaltar, ao mesmo tempo, os auspiciosos resultados que supostamente decorreriam da livre operação dos mercados. De início, com Bentham (1748-1832), Say (1767-1832) e Senior (1790-1864), é nítida a preocupação em atribuir uma conotação sempre *natural e a-histórica* ao capitalismo (o valor como resultado de uma percepção estritamente sensorial dos indivíduos, o lucro como "prêmio pela abstinência"), em suprimir as falhas sistemáticas de seu funcionamento (em particular, ao negar a recorrência das crises) e em reafirmar a presumida tendência da economia capitalista a se mover em direção ao equilíbrio.

Se é verdade que a visão liberal da economia encontrou em Smith uma de suas principais fontes de inspiração, não é menos verdade que os grandes economistas políticos do século 19 – David Ricardo (1772-1823), Thomas Malthus (1766-1834) e John Stuart Mill (1806-1873) – são herdeiros intelectuais de Smith. Foi Smith quem, pioneiramente, definiu qual deveria ser o objeto de investigação da Economia Política. Em face da transformação avassaladora produzida pelo avanço do capitalismo, era essencial desvendar o enigma das trocas; proporcionar uma explicação para os salários, os lucros, a renda da terra e os juros; esclarecer o significado da moeda e a função do crédito; descobrir o sentido e entender os limites da acumulação capitalista; sugerir políticas para a tributação; apontar as linhas da intervenção governamental; discutir as relações entre as classes sociais e identificar as transformações estruturais que se esboçavam com o advento da nova ordem econômica. Tais questões foram, em grande medida, antecipadas por Smith, e foi sobre elas que a Economia Política se debruçou na primeira metade do século 19.

Ricardo, por exemplo, localizou nos rendimentos decrescentes da produção agrícola a razão última da queda dos lucros na indústria e do crescimento da renda da terra na agricultura. Em sua cruzada pela revogação das *Corn Laws* (1816-1846) – que oneravam a importações de cereais –, converteu-se no crítico dos proprietários rurais e no apóstolo da liberdade do comércio internacional, perspectiva claramente ajustada aos interesses da indústria inglesa. Malthus, de sua parte, em contraposição ao princípio estabelecido por Say de que "toda oferta cria sua própria procura", observou que as crises de superprodução eram antes a norma do que a exceção no capitalismo. Daí a importância, em sua avaliação, do chamado "consumo improdutivo", particularmente da demanda proveniente das classes proprietárias rurais. Mill, o principal economista político da Era do Capital (1848-1875) – período em que a Inglaterra se converteu na "oficina do mundo" –, procurou estabelecer uma síntese das discussões travadas na primeira metade do século 19 e prognosticou um "estado estacionário", em que a abundância da riqueza praticamente eliminaria os estímulos à futura acumulação de capital. Esse não seria, contudo, um estado de decadência, mas sim um novo estágio na vida das sociedades, em que as conquistas decorrentes do progresso econômico resultariam na "melhoria considerável de nossa condição".

Os economistas políticos do século 19 tinham, portanto, uma preocupação comum: desvendar a natureza do capitalismo triunfante e assinalar as principais tendências que se anunciavam para o futuro. Sua construção teórica sofreria duplo questionamento: de um lado, com Marx que, mediante profunda e alentada crítica de seus pressupostos, inauguraria um novo paradigma de compreensão para o capitalismo. De outro lado, com a chamada revolução marginalista, que, em sua pretensão de converter a economia em uma "ciência", optou por uma limitação explícita do objeto de reflexão.

Ninguém desnudou de modo tão contundente quanto Marx a "vocação" dos economistas políticos (e, sobretudo, dos chamados "economistas vulgares") em naturalizar as relações econômicas. A Economia Política, na avaliação de Marx, havia cometido um pecado capital, ao considerar o capitalismo como forma natural e eterna (e, portanto, a-histórica) da produção social. O fundamento de sua crítica repousa exatamente no esforço em demonstrar a dimensão social e historicamente determinada das relações capitalistas e das categorias econômicas que lhes são subjacentes. Marx esclarece que – em uma sociedade onde o nexo entre os produtores dá-se pela troca – o valor, longe de ser uma propriedade *natural* dos produtos do trabalho, é, antes, a sua forma de existência *social*. O atributo da sociabilidade, de sua parte, projetar-se-á no dinheiro, já que só pela transformação em dinheiro os produtos do trabalho se realizam e se afirmam como parte do trabalho social.

Quando o dinheiro se converte em capital, ele deixa de ser simplesmente uma "substância social comum" aos produtos do trabalho. Converte-se em "substância progressiva", no "sujeito de um processo", cuja finalidade é o próprio processo. A transfiguração da lei do valor em lei de valorização significa que é a "valorização do valor" a norma que regula o movimento da produção social. A reprodução e a ampliação das condições materiais da sociedade passam a dar-se mediante a valorização do capital.

No capitalismo, a expansão quantitativa do valor se torna a finalidade de todo o processo de produção. D-D', dinheiro que produz mais dinheiro, é a fórmula suprema que capta, segundo Marx, a essência do capitalismo As determinações da valorização passam a comandar e a subordinar as transformações materiais do processo produtivo. Desse modo, o movimento autocentrado de valorização do valor rebate sobre o desenvolvimento das forças produtivas, adequando a base técnica ao conteúdo capitalista da produção. Assim, foi com a grande indústria erigida sob a base da maquinaria que a produção capitalista encontrou seu veículo material apropriado. A implantação de forças produtivas especificamente capitalistas determinou, destarte, a subordinação real do trabalho ao capital e assegurou, ao mesmo tempo, as condições necessárias à autodeterminação da acumulação de capital. Vale dizer, a acumulação de capital deixou de encontrar entraves "externos" à sua expansão, e seus limites passaram a ser dados unicamente pela própria relação do capital consigo mesmo.

A partir de sua análise do *regime do capital*, Marx esclareceu o triplo caráter dessa forma historicamente determinada de produção: um caráter antagônico, um caráter progressivo e um caráter contraditório. *Antagônico*, pela própria relação social que lhe é subjacente: o capital se funda, segundo Marx, na apropriação do tempo de trabalho, se contrapõe de modo hostil ao trabalhador e o reproduz reiteradamente como trabalhador assalariado. *Progressivo*, porque seu objetivo, a valorização máxima, implica o desenvolvimento máximo das forças produtivas, a crescente diferenciação e sofisticação da estrutura produtiva, a ampliação dos mercados, o crescimento das escalas de produção, a centralização e a internacionalização. *Contraditório*, porque o movimento expansivo tropeça em barreiras internas ao próprio capital. Esse, na busca fanática do lucro, ultrapassa, de modo recorrente, suas possibilidades de realização como *valor*-capital. Isso significa que a aceleração da acumulação leva à crise, e essa, uma vez deflagrada, tende a recriar as condições para a retomada da acumulação.

Com sua análise, Marx esclareceu as tendências essenciais do capitalismo. Ao mesmo tempo, desferiu um golpe mortal na *percepção naturalizada* que a Economia Política havia até então forjado para as categorias econômicas. Essas, em vez de exprimirem relações sociais, haviam sido reduzidas pela Economia Política a suas dimensões estritamente naturais. O produto do trabalho, em si e por si, havia sido *naturalmente* erigido à condição de mercadoria. O capital, em si e por si, havia-se tornado fator instrumental da produção que *naturalmente* produzia o lucro. O dinheiro, fetiche maior, parecia ter o dom *natural* de se multiplicar. O esforço de Marx foi o de desvendar as conexões internas, sociais, que haviam sido desconsideradas pela Economia Política, demonstrando como e por que as coisas assumiam propriedades "mágicas" aos olhos do público e dos economistas.

O capital de Marx veio à luz em 1867. Apenas três anos depois eclodiu a chamada Revolução Marginalista, com Jevons (1835-1882), Menger (1840-1921) e Walras (1834-1910). A proposta explícita de tais autores foi a de transformar a economia em "ciência". A entronização da nova abordagem deveria alcançar pelo menos um objetivo nítido: depurar a explicação econômica de toda e qualquer conotação conflitiva. Para tanto, era necessário recolocar o "indivíduo" no centro do "sistema econômico". Segundo a avaliação dos formuladores da "nova ciência", Ricardo, os "socialistas ricardianos" e Marx já tinham ido longe demais. Suas explicações econômicas, ao final, sempre justificavam ou alimentavam a confrontação das classes. A operação a ser realizada, nessa quadra, consistia na configuração de uma nova explicação econômica. Uma explicação que eliminasse de vez as classes sociais do cenário econômico. Redescobre-se, assim, o "indivíduo" e é a partir de suas pulsões, seus desejos e suas necessidades que será construído o novo edifício teórico. O "homem econômico racional", esse ser calculista que não pertence a classe social alguma, nascerá precisamente no âmbito desse movimento anticlássico de redescobrimento do indivíduo.

A realidade econômica, contudo, não poderia ser singelamente reduzida aos indivíduos. Sua complexidade requeria uma agregação. Uma agregação que respeitasse, de alguma maneira, a lógica individual da maximização. É assim que surgem os "agregados sociais mínimos", as famílias e as empresas, submetidas aos imperativos "racionais" da maximização respectiva da utilidade ou dos lucros. Indivíduos, famílias e empresas – os consagrados "agentes econômicos" – passam, assim, a ser os novos atores da cena econômica.

Por outro lado, era necessário restaurar a naturalidade das relações econômicas. Não só a velha ideia da "ordem natural" reaparecerá travestida com nova roupagem, como o próprio objeto da economia passará a ser a consideração técnica, natural, a-histórica, da "alocação de recursos escassos entre fins alternativos". A explicação do funcionamento do capitalismo, dessa forma, ficou subordinada a uma abordagem técnica e atemporal, onde o particular, o específico, o caracteristicamente social, simplesmente desapareceu. Mas foi exatamente esse o resultado pretendido pela "ciência econômica" com a introdução do referencial da "escassez": excluir da explicação econômica qualquer conteúdo histórico ou social.

Desse modo, as preocupações dos economistas políticos clássicos e de Marx foram sumariamente descartadas. A "nova ciência" promoveu um estreitamento intencional do campo de reflexão. As grandes questões dos economistas políticos foram simplesmente esquecidas: a análise da alocação se sobrepôs à discussão sobre a acumulação. Perquirir as possibilidades de o sistema de preços produzir uma situação que atendesse aos requisitos simultâneos de "maximização dos agentes", de modo a promover a "alocação ótima" dos recursos, passou a ser um dos temas centrais da investigação econômica. Era absolutamente previsível, nesse contexto, que o axioma da "mão invisível" ressurgisse em sua plenitude sob a forma de a presumida tendência da economia capitalista sempre se mover em direção ao equilíbrio.

Para a "nova ciência", o objeto de investigação deveria ser um objeto natural. E ao lidar com um objeto natural, a "ciência econômica" deveria ser entendida – e desenvolvida – como uma ciência exata, à maneira da matemática e da física. Segundo Jevons, por exemplo, "lidando, como a ciência o faz, com quantidades, a economia deve necessariamente ser uma ciência matemática", ponto de vista comungado por Walras, para quem a economia "é uma ciência em tudo semelhante às ciências físico-matemáticas".

Foi com base em tais pressupostos que Jevons, Menger e Walras – e uma legião de economistas que os sucederam –, buscaram transformar o estudo das relações econômicas e sociais em uma "ciência da maximização". O sucesso de sua construção teórica não resistiu às transformações e, sobretudo, às contradições do capitalismo. A Grande Depressão de 1929-1933 colocou por terra a hipótese tão cara aos "cientistas econômicos" de que a economia (capitalista) está sempre racionalmente direcionada ao "equilíbrio ótimo". Foi necessária a excepcional percepção analítica de Keynes (1883-1946) para que a fragilidade dos fundamentos da "ciência econômica" fosse, por fim, reconhecida. Keynes demonstrou, de maneira clara, que a incerteza quanto ao futuro introduz um vetor de instabilidade irrecorrível no cálculo capitalista. As flutuações do investimento, do emprego e da renda que daí decorrem somente podem ser atenuadas, em sua avaliação, pela ação decidida do Estado.

As contribuições de Marx e Keynes ainda permanecem como referências teóricas centrais para uma compreensão mais profunda das tendências de comportamento da economia capitalista.

Ver: Estado; Economia de Mercado; Mercado; Nova Economia Política

Referências Bibliográficas

KEYNES, J. M. *A teoria geral do emprego, do juro e da moeda*. 1. ed. São Paulo: Atlas, 1982.

MARX, K. *O capital*. São Paulo: Abril Cultural, 1983.

______. *Elementos fundamentales para la crítica de la Economía Política - Grundrisse*. Cidade do Mexico: Siglo XXI, 1986.

______. *Para a crítica da Economia Política*. São Paulo: Abril Cultural, 1982.

NAPOLEONI, C. *Curso de economia política*. Rio de Janeiro: Graal, 1979.

MAZZUCCHELLI, F. *A contradição em processo:* o capitalismo e suas crises. São Paulo: Brasiliense, 1985.

Elites

Renato Perissinotto

Etimologicamente, a palavra "elite", que vem do francês *élite*, deriva do latim clássico *eligere*, que significa "escolher". Na linguagem coloquial, o termo designa os "escolhidos", os "superiores", os "melhores". De um ponto de vista sociológico, porém, as elites são os grupos minoritários que, em cada uma das dimensões da vida social, apropriam-se em maior quantidade de recursos escassos e valorizados, como dinheiro, propriedade, *status*, cultura, saber, organização, força. Em oposição às elites, teríamos as massas, formadas pela grande maioria das pessoas que pouco tem e quase nada controla. Nesse sentido, poderíamos falar de uma elite econômica, de uma elite cultural, de uma elite religiosa, de uma elite sindical e assim por diante. Da perspectiva sociológica, as elites dominam não porque sejam "melhores" ou naturalmente superiores, mas porque ocupam posições sociais privilegiadas.

No que se refere especificamente ao mundo político, o termo costuma designar a minoria que controla as funções políticas e os recursos a elas vinculados (em especial poder e influência), sendo, por isso, capaz de tomar as decisões coletivas que afetam a vida dos governados.

Apesar de a elite política ser tema recorrente na obra de inúmeros pensadores ao longo da história, foi apenas no final do século 19 e no início do 20 que Gaetano Mosca (1858-1941), Vilfredo Pareto (1848-1923) e Robert Michels (1876-1936), os fundadores da "teoria das elites", procuraram dar um tratamento sistemático ao problema, preocupando-se em identificar os determinantes sociais, organizacionais e psicológicos da dominação política. Certos de que tinham descoberto uma lei sociológica – a de que em qualquer sociedade ou em qualquer organização haverá sempre uma minoria que governa e uma maioria de governados –, esses autores elegeram *a minoria politicamente ativa* das comunidades humanas como objeto de estudo central da ciência política. A partir de então, os cientistas políticos não deveriam mais se perguntar "quantos governam?", já que todo governo é necessariamente oligárquico, mas sim "quem governa?". Ao cientista político caberia analisar os atributos (sociais, econômicos, culturais e étnicos) das minorias politicamente dominantes e o modo como seus membros são recrutados para as posições de mando. Esses autores acreditavam que tais fatores – atributos e modo de recrutamento – afetariam a qualidade da classe política e, por conseguinte, a natureza de suas decisões.

Quando as obras de Pareto e Mosca foram traduzidas para o inglês, ainda na década de 1930, as proposições teóricas dos dois autores foram muito bem recebidas no meio acadêmico dos

Estados Unidos e a ciência política daquele país passou a conceder especial importância ao estudo das elites políticas. Dentre as inúmeras questões que seus trabalhos suscitaram, uma, de caráter essencialmente metodológico, foi particularmente importante para os estudos de políticas públicas: qual seria o procedimento mais adequado para identificar os detentores do poder político, isto é, a elite política?

Para o sociólogo norte-americano Charles Wright Mills (1916-1962), a melhor forma de encontrar o grupo que governa uma dada comunidade é através do "método posicional". Tal método consiste, basicamente, nos seguintes procedimentos: primeiramente, identificar as posições formais de mando na comunidade analisada; em seguida, as características sociais, econômicas e culturais do grupo que controla tais posições; e, por fim, os mecanismos sociais e políticos que garantem a condução desses indivíduos ao topo das instituições de mando, isto é, os modos de recrutamento dos membros da elite política.

Robert Dahl, cientista político norte-americano, fez uma série de restrições ao método posicional. Dahl observa que esse método é excessivamente formalista, pois não fornece uma evidência decisiva para comprovar que os ocupantes dos cargos formais de mando governem de fato, isto é, sejam efetivamente capazes de tomar as decisões políticas. Para ele, somente o estudo de processos decisórios concretos e a identificação dos grupos capazes de controlá-los revelariam com segurança os verdadeiros governantes de uma comunidade. Essa proposta metodológica ficou conhecida como "método decisional" e tornou-se muito importante nas análises dos processos de formulação e elaboração de políticas públicas. Desse modo, o analista poderia descobrir que a elite política é muito mais ampla do que sugerem os adeptos do método posicional, podendo ser composta até mesmo de grupos que não ocupam posições políticas formais.

Partilhando das mesmas preocupações metodológicas, Bachrach e Baratz (1983) aceitaram as críticas de Dahl a Wright Mills, mas criticaram as limitações do método decisional. Para esses autores, os poderosos não são apenas, nem principalmente, aqueles capazes de tomar as decisões, mas são também, e sobretudo, os grupos que impedem que determinadas decisões sejam tomadas, limitando a agenda política a um conjunto de temas seguros que não ameaçariam seus interesses. O poder teria, assim, uma "face negativa" que o método decisional não seria capaz de detectar. O exercício do poder residiria, portanto, mais na capacidade de produzir "não decisões" do que na capacidade de decidir sobre assuntos discutidos publicamente.

Enquanto todos esses autores discutiam entre si acerca do método adequado para responder à questão "quem governa?", outras correntes teóricas simplesmente rejeitavam a legitimidade teórica do problema. Quanto a esse ponto, podemos identificar três críticas importantes às abordagens vistas acima.

A primeira delas foi elaborada pelo marxismo estruturalista. O cientista político greco-francês Nicos Poulantzas (1936-1979) afirmava que a problemática contida na questão "quem governa?" era demasiadamente "subjetivista", pois preocupada apenas em identificar os sujeitos do poder, isto é, a elite política. O erro dessa perspectiva estaria em pressupor que aquilo que o Estado faz se explica pela vontade dos agentes políticos, não percebendo que as políticas estatais são respostas funcionais às exigências objetivas do sistema capitalista. Assim, o que importa analisar não são as intenções subjetivas dos decisores ao formularem uma política pública qualquer, mas os efeitos objetivos, e quase sempre não antecipados, dessa política sobre a estrutura social.

A segunda crítica é oriunda da sociologia crítica francesa. Pierre Bourdieu (1930-2002) afirmava que o estudo dos indivíduos quc ocupam posições de elite (na sociedade e na política) só tem alguma importância se estiver inteiramente subordinado à análise do sistema de posições sociais objetivas que estrutura o campo social, pois os atributos que tais indivíduos ostentam são meros reflexos dessas posições.

Por fim, a terceira crítica foi formulada pelo institucionalismo de escolha racional. Para o cientista político norte-americano George Tsebelis, a conduta dos atores políticos deve ser interpretada estritamente como uma reação racional aos constrangimentos impostos pelas regras institucionais. Na presença de determinado ambiente institucional, indivíduos racionais reagem sempre da mesma maneira, são intercambiáveis, sendo irrelevante, portanto, o estudo de sua origem social e de sua posição ideológica para explicar seu comportamento político.

Embora haja alguma procedência nessas críticas, o estudo das elites políticas continua importante por três razões. Primeiramente, mesmo que aceitemos a crítica estruturalista de que as decisões tomadas pelas elites políticas raramente produzem os efeitos desejados por elas, ainda assim tais efeitos não existiriam ou seriam diferentes se fossem distintas as decisões tomadas, em função de serem outros os agentes políticos responsáveis por elas. Desse modo, o fato de os efeitos de certa política pública não corresponderem às intenções dos decisores não elimina a relação causal entre a natureza da elite política, o tipo de decisão tomada e o resultado final produzido. Em segundo lugar, as características das elites políticas parecem ser ainda mais importantes quanto mais crucial for o momento histórico analisado. Em períodos de forte transição política, quando regras e rotinas decisórias são suspensas, o tipo de elite política que assume as rédeas do processo transitório afeta significativamente a natureza da nova ordem social em construção. Por fim, não há razão lógica alguma para reduzir o estudo das elites políticas ao problema do poder (i.e., ao problema da tomada de decisões políticas). O estudo diacrônico da composição social das elites políticas, por exemplo, pode produzir importantes revelações acerca das mudanças profundas na estrutura social de um país ao longo dos anos. Como sugere Robert Putnam (1976), as elites políticas funcionariam nesse caso como uma espécie de sismógrafo a registrar na superfície as transformações profundas da estrutura social.

Ver: Atores; Classes Sociais; Poder; Sistema Político

Referências Bibliográficas

BACHRACH, P.; BARATZ, M. S. Poder e decisão. In: CARDOSO, F. H.; MARTINS, C. E. (Orgs.). *Política e sociedade*. 2. ed. São Paulo: Nacional, 1983. v. 1. p. 43-52.

BOURDIEU, P. Introdução a uma sociologia reflexiva. In: ______. *O poder simbólico*. Lisboa: Bertrand Brasil/ Difel, 1989. p. 117-158.

DAHL, R. Uma crítica do modelo de elite dirigente. In: AMORIM, M. S. (Org.). *Sociologia política II*. Rio de Janeiro: Zahar, 1970. p. 90-100.

MICHELS, R. *Sociologia dos partidos políticos*. Brasília, DF: Editora da UnB, 1982.

MILLS, C. W. *A elite do poder*. 4. ed. Rio de Janeiro: Zahar, 1981.

MOSCA, G. *La clase política*. México: Fondo de Cultura Económica, 1992.

PARETO, V. *Pareto*. São Paulo: Ática, 1984. (Coleção Grandes Cientistas Sociais, n. 43.)

POULANTZAS, N. *Poder político e classes sociais*. São Paulo: Martins Fontes, 1986.

PUTNAM, R. D. *The comparative study of political elites*. New Jersey: Prentice-Hall, 1976.

TSBELIS, G. *Jogos ocultos*. São Paulo: Edusp, 1998.

Empowerment

Carla Giani Martelli

A palavra *empoderamento*, tradução comum para *empowerment*, não aparece nos dicionários de língua portuguesa. Em uma aproximação com a língua inglesa, usa-se o verbo *empoderar* – como neologismo –, que passa a significar dar a alguém autoridade e poder para fazer algo, ou capacitar alguém para fazer algo, ou, ainda, possibilitar que uma pessoa se torne mais forte e mais confiante para controlar sua vida e reclamar por seus direitos. O empoderamento de uma pessoa ou de um grupo de pessoas é o processo de possibilitar a elas poder e *status* em uma situação particular.

O termo ganha visibilidade no Brasil a partir de diferentes perspectivas. Paulo Freire (1921-1997) é citado por muitos como inspirador de parte da literatura sobre empoderamento. Em defesa de um sistema educacional no qual o aprendizado se faz por meio de uma ação de cultura e liberdade, como um processo interativo e ativo de aprendizagem entre o professor e o aluno, o método de Freire é todo ele uma proposta de empoderamento, ou seja, uma possibilidade de fortalecimento de práticas cidadãs visando à mudança social. A pessoa, grupo ou instituição empoderada é aquela que realiza, por si mesma, as mudanças e ações que a levem a evoluir e a se fortalecer. Por esse viés, empoderar não é um movimento que ocorre de fora para dentro, como no sentido em inglês "*give someone the authority or power to do something*" (dar a alguém a autoridade ou poder para fazer algo), mas sim internamente, por meio de esforço e conquista, envolvendo um processo de reflexão e tomada de consciência quanto à condição real de cada um e da condição que se deseja construir. Trata-se de uma mudança de atitude capaz de impulsionar a pessoa, grupo ou instituição para a ação prática visando a metas e objetivos estabelecidos.

Esse uso do termo foi acolhido nas várias áreas de políticas sociais. Por meio do empoderamento, os especialistas da promoção à saúde, por exemplo, procuram possibilitar aos indivíduos um aprendizado que os torne capazes de lidar com as limitações impostas por eventuais enfermidades, sugerindo ações que os levem à busca constante de saúde e qualidade de vida. Especialistas em saúde e usuários devem colocar-se em uma atitude de aprendizado constante, que leve à conscientização dos problemas da realidade e a ações que possam transformar o *status quo*. Defende-se uma "educação empoderadora", que tenha o objetivo de superar métodos que reforcem o exercício do "poder sobre o outro", mediante a criação de espaços dialógicos e de cogestão em que se privilegie o exercício do "poder com o outro". Por essa concepção, todos devem compartilhar aprendizado, poder e responsabilidade sobre todas as ações nos vários ambientes sociais.

Alguns autores alertam para o fato de que a categoria *empoderamento* vem assumindo diferentes conotações conforme os interesses em disputa e os saberes que a fundamentam. Por exemplo, pode-se falar em "empoderamento psicológico" e "empoderamento social". O primeiro diz respeito a um processo que objetiva que os indivíduos tenham "um sentimento de maior controle sobre a própria vida". Dessa formulação derivam estratégias que buscam fortalecer a autoestima via mecanismos de autoajuda e de solidariedade. Sem negar a eficácia pontual do empoderamento psicológico, especialistas apontam a insuficiência desse sentido para instrumentalizar práticas que possam incidir sobre uma mudança nas estruturas da sociedade no que diz respeito à distribuição de poder e de recursos, por exemplo. O sentimento de poder criaria a ilusão da existência efetiva de poder por parte dos indivíduos menos favorecidos que nada fariam de concreto para mudar suas vidas. Daí a defesa do empoderamento social como um processo que procura promover a participação social de todos visando à melhoria da qualidade de vida, ao aumento do controle sobre a vida, à eficácia política e à justiça social.

A defesa do empoderamento social se intensifica no Brasil no final dos anos 1980, no contexto de redemocratização. O tema da participação é potencializado, juntamente com o debate em torno da descentralização, do controle social e de maior transparência na gestão pública. Fala-se em *empowerment* como um caminho para que cada cidadão assuma sua parcela de poder e de responsabilidade na gestão pública, ou seja, empoderar passa a ser o papel de gestão, parceria e responsabilidade que cada ator social assume, junto com o Estado, no sentido de influenciar no destino dos recursos públicos e na formulação de políticas públicas que representem a necessidade e a vontade de todos os cidadãos, especialmente daqueles submetidos a relações de opressão, discriminação e dominação social.

Outra perspectiva importante para análise do *empowerment* vem das mudanças ocorridas no mundo do trabalho e das organizações a partir das últimas décadas do século 20. A mudança da produção em massa baseada no método taylorista-fordista para a produção enxuta, em um contexto de globalização econômica, leva as organizações a repensarem sua forma de administração. Se nas organizações clássicas planejamento e execução ficavam em lados opostos, se as palavras de ordem eram controle e comando, as organizações do século 21 funcionariam a partir de outra lógica: desburocratização, descentralização, flexibilização, participação, iniciativa, criatividade, autonomia, responsabilidade e cooperação são as novas palavras de ordem. O controle é feito não por sanções, mas por desempenho. Passa-se a valorizar as competências individuais como diferencial na acirrada competição de mercado. O *empowerment* surge então como estratégia para fortalecer essas competências.

Na vida social e política, fala-se em *empowerment* como meta a ser perseguida para que indivíduos e grupos participem efetivamente na gestão de suas vidas. Em um contexto marcado, cada vez mais, pela ideia de que é o indivíduo o grande responsável pelo curso de sua vida, o termo tende a ser valorizado em todos os âmbitos da sociedade.

Ver: Atores; Coesão Social; Poder; Redes e Comunidades de Políticas

Referências Bibliográficas

CARVALHO, S. R. et al. Promoção à saúde e empoderamento: uma reflexão a partir das perspectivas crítico-social pós-estruturalista. *Ciência & Saúde Coletiva*, Rio de Janeiro, v. 13, p. 2029-2040, 2008. Suplemento 2.

RODRIGUES, C. H. R.; SANTOS, F. C. A. *Empowerment*: ciclo de implementação, dimensões e tipologia. *Gestão & Produção*, São Carlos, SP, v. 8, n. 3, p. 237-249, dez. 2001.

WENDHAUSEN, A. L. P. et al. Empoderamento e recursos para a participação em conselhos gestores. *Saúde e Sociedade*, São Paulo, v. 15, n. 3, p. 131-144, set./dez. 2006.

Empreendedorismo

Luís Fernando Milan
Mônica Maia Bonel Maluf

Empreendedorismo pode ser definido como a capacidade de identificar oportunidades e introduzir mudanças significativas em diferentes setores, processos ou produtos de forma inovadora, mobilizando recursos, agregando valor e gerando riqueza para um grupo ou sociedade. Hoje, essa definição se aplica tanto ao setor privado quanto ao setor público.

A palavra "empreender" é derivada do latim *imprehendere* e significa a ação de praticar ou fazer algo. Mais tarde, na França, definiu-se o termo *entrepreneur*, que significava pessoa que contribui para o avanço econômico, atuando de forma inovadora. Ao longo da história, seu significado foi ampliado, à medida que o conceito foi sendo construído a partir das contribuições de diferentes áreas do conhecimento – especialmente economia, administração, psicologia e sociologia –, aproximando-se da definição atual.

As principais contribuições vieram das áreas da economia e administração e remontam ao século 19. Por volta de 1800, o economista francês Jean Baptiste Say afirmava que empreendedores são aqueles que deslocam recursos de um setor para o outro em busca de maior produtividade e melhores resultados, reconhecendo sua importância para o desenvolvimento econômico de um país. No século 20, o austríaco Joseph Schumpeter atribuiu ao conceito de empreendedorismo a característica da inovação, aquela que rompe com padrões de produção, processos de trabalho, de utilização de matérias-primas, explora novos mercados, cria novos bens ou novas formas de organização. Para ele, o resultado desse processo "criativo-destrutivo" do capitalismo impulsionaria o sistema produtivo e produziria mudanças significativas na economia.

O interesse e a contribuição dos administradores para a construção do conceito têm relação com o reconhecimento de que o perfil empreendedor (em contraposição ao perfil pragmático do administrador), com capacidade de conceber, de forma inovadora, novos projetos, possibilitaria a sobrevivência de empresas em um mundo onde as mudanças rápidas em diversas áreas exigem a identificação de oportunidades futuras e sua exploração. Essa área tem como seu maior representante Peter Drucker, que identifica o perfil empreendedor ou inovador com a busca de oportunidades, e seu êxito na exploração dessas novas oportunidades tem relação com o conhecimento dos riscos envolvidos e as possibilidades de eliminá-los.

Estudos na área da psicologia procuraram definir as características comportamentais e atitudinais dos perfis empreendedores, ampliando o conhecimento sobre motivação e comportamento humano. Estabeleceram inúmeras habilidades e características para definir um empreendedor, que podem ser classificadas como características pessoais, técnicas e gerenciais. Essas definições ampliaram o perfil empreendedor para além do perfil empresarial ou capitalista.

Com o passar do tempo, empreendedorismo passou a designar, no âmbito público e estatal, aquelas iniciativas individuais e coletivas de funcionários, bem como institucionais, que buscam atuar com base em objetivos bem definidos, perseguindo resultados, sem que o necessário respeito ao ordenamento jurídico signifique subordinação cega ao que reza a lei.

No Brasil, o ingresso do conceito no setor público está ligado às reformas na administração pública, iniciadas em meados da década de 1990, especialmente no primeiro mandato do presidente Fernando Henrique Cardoso (1995-1998) e conduzidas pelo Ministério da Administração Federal e Reforma do Estado. Parte da inspiração da reforma proposta e dos princípios incorporados ao Plano Diretor da Reforma do Aparelho do Estado, que visava à implantação de um modelo de administração pública gerencial, pode ser atribuída aos debates propiciados pelo livro de Osborne e Gabler (1994) sobre governo empreendedor e servidores públicos com capacidade empreendedora.

Para entregar um serviço público de qualidade ao cidadão, o governo federal passou a privilegiar um novo modelo de administração pública com o objetivo de substituir o modelo burocrático e adotar técnicas de gestão comumente empregadas no setor privado, com foco nos resultados, ou seja, em ações que beneficiassem diretamente o cidadão. Não se tratava de ignorar o princípio da legalidade e o exercício do poder vinculado pelo Estado, mas sim de motivar o agente público a exercer o poder discricionário, ou seja, a liberdade de ação administrativa, dentro dos limites permitidos em lei em benefício da sociedade. A faculdade discricionária distingue-se da vinculada pela maior liberdade de ação que é conferida ao administrador. Se, para a prática de um ato vinculado, a autoridade pública está adstrita à lei em todos os seus elementos formadores, para praticar um ato discricionário é livre, no âmbito em que a lei lhe concede essa faculdade (MELLO, 2011). O pressuposto é de que, para se realizar projetos no setor público, o administrador público deve ser cada vez mais empreendedor, atendendo aos princípios legais e também ao princípio da eficácia e dos resultados, assumindo risco e inovando em benefício da sociedade.

Ver: Administração Pública; Contratualização; Gerencialismo; Gestão por Resultados; Organizações; Terceirização

Referências Bibliográficas

DRUCKER, P. Entrepreneurship in business enterprise. *Journal of Business Policy*, London, 1970. p. 3-13.

MARIANO, S. R. H. *Criatividade e atitude empreendedora*. Rio de Janeiro: Fundação Cecierj, 2008.

MELLO, C. A. B. *Curso de direito administrativo*. 28. ed. São Paulo: Malheiros, 2011.

OSBORNE, D.; GABLER, T. *Reinventando o governo*: como o espírito empreendedor está transformando o setor público. Trad. Sérgio Bath e Ewandro Magalhães Junior. Brasília: MH Comunicação, 1994.

PAES DE PAULA, A. P. *Por uma nova gestão pública:* limites e potencialidades da experiência contemporânea. São Paulo: Editora FGV, 2005.

SCHUMPETER, J. *Capitalismo, socialismo e democracia*. Rio de Janeiro: Zahar, 1984.

Empresa Pública

Ver: Estatização/Desestatização

Enforcement

Marco Aurélio Nogueira

Derivado do uso extensivo no Direito, o conceito de *enforcement* ganhou larga utilização em diferentes áreas da administração pública como sinônimo de aplicação e execução de leis ou normas de caráter vinculatório. Fiel à etimologia, que se associa a forçar ou a impor mediante algum tipo de força ou pressão, o conceito remete à ideia de força da lei, mas também, de modo mais amplo, ao esforço para que determinadas decisões sejam cumpridas. Associam-se assim a sanção e a coerção. Empregado em sentido inverso (*non-enforcement*), remete a ações voluntárias, livres de imposições legais.

Todo sistema caracteriza-se por conter mecanismos de *enforcement*, dedicados a incentivar, promover ou forçar a aderência de seus integrantes à lei ou aos estatutos, prevendo correspondentes mecanismos de sanção ou punição. No universo das organizações privadas, o conceito costuma ser empregado nas discussões sobre governança corporativa. Agências e órgãos públicos, por sua vez, além de adotarem procedimentos com vistas ao enquadramento de seus servidores, também atuam para garantir que os cidadãos cumpram as regras e normas legais que vigoram na sociedade. O sistema judicial, as cortes e os tribunais, o sistema prisional, a polícia e o sistema de segurança são as agências públicas mais evidentes encarregadas de vigiar, dissuadir e prevenir a atividade criminosa ou ilícita, bem como de prender, julgar e punir seus praticantes. Mas a ação pública, de modo geral, vale-se de inúmeros recursos de *enforcement* para limitar, orientar, desencorajar e incentivar ampla variedade de condutas sociais, com o que busca alcançar condições mais adequadas para a efetivação de certas políticas públicas.

Com a ampla disseminação das tecnologias de informação e comunicação, novos procedimentos e métodos de *enforcement* passaram a ser adotados, especialmente no que diz respeito ao controle de informações, à investigação e à contenção de ilícitos (por exemplo, no plano dos direitos autorais), à vigilância de organizações criminosas ou de contestação do Estado. Cresceram na mesma proporção o risco de arbitrariedade, ação seletiva e violação de privacidade.

Ver: Controle/Controle Social; Estado; Governabilidade/Governança

Referências Bibliográficas

BEATO, C.; SILVA, B. F. A.; TAVARES, R. Crime e estratégias de policiamento em espaços urbanos. *Dados*, Rio de Janeiro, v. 51, n.3, p. 687-717, 2008.

BERGLÖF, E.; CLAESSENS, S. Enforcement and good corporate governance in developing countries and transition economies. *The World Bank Research Observer*, Oxford, v. 21, n. 1, p. 123-150, 2006.

CARDOSO, A. *As normas e os fatos:* desenho e efetividade das instituições de regulação do mercado de trabalho no Brasil. Rio de Janeiro: Editora FGV, 2007.

GRANT, H.; TERRY, K. *Law enforcement in the 21st century*. 3. ed. New Jersey: Prentice Hall, 2011.

NAIM, M. *Ilícito:* o ataque da pirataria, da lavagem de dinheiro e do tráfico à economia global. Rio de Janeiro: Jorge Zahar, 2005.

ROBERTS, P.; STRATTON, L. *The tyranny of good intentions:* how prosecutors and law enforcement are trampling the Constitution in the name of justice. Riverside, MI: Three Rivers Press, 2008.

Envelhecimento Populacional

Ana Amélia Camarano

Neste século, uma característica comum encontrada tanto no mundo desenvolvido quanto no em desenvolvimento é o envelhecimento de suas populações. Em quase todas essas sociedades, o segmento populacional em idade considerada idosa é o que mais cresce.

Por envelhecimento populacional entendem-se as mudanças ocorridas na estrutura etária de uma dada população no sentido de um crescimento na proporção de pessoas em idade avançada e de uma redução na proporção de crianças e jovens. Uma consequência é o aumento da idade média da população.

Dada certa regularidade, o processo de envelhecimento é, em geral, estudado considerando-se a distribuição da população por três grandes grupos etários: o formado pela população menor de 15 anos de idade, o que corresponde à população entre 15 e 64 anos e o grupo integrado por pessoas de 65 anos ou mais. Tais grupos representam, respectivamente, a população jovem, a em idade ativa e a idosa. Os limites desses grupos etários variam dependendo da idade em que saem da escola, entram no mercado de trabalho e se aposentam.

A queda da fecundidade/natalidade é a variável demográfica mais importante na determinação do processo de envelhecimento populacional, por isso esse processo é associado à redução do ritmo de crescimento populacional. Como a queda da fecundidade/natalidade implica um número menor de nascimentos, a população de crianças e jovens passa a ser relativamente menor. Quando se trabalha com números relativos, a soma das proporções de todos os grupos etários deve ser igual a 100, então a redução em alguma proporção deve levar a um aumento em outras. Esse processo de envelhecimento populacional representa, na verdade, um envelhecimento pela base. Isso aconteceu em quase todo o mundo. Comparando-se as pirâmides relativas da população brasileira de 1950 e 2010, derivadas dos censos realizados pelo IBGE, pode-se observar o "encolhimento" da base e o "alargamento" das barras nas idades mais avançadas.

Uma pirâmide populacional representa graficamente a composição etária e por sexo de uma população. As barras horizontais apresentam as proporções de homens e mulheres em relação ao total da população, separadamente, em cada idade. As idades estão agregadas em grupos quinquenais. O somatório de todos os grupos de idade e sexo na pirâmide é igual a 100% da mesma. A primeira barra inferior mostra a proporção de crianças menores de 5 anos. Em 1950, essa barra é a mais larga. Essa pirâmide é característica de uma população em expansão, ou seja, de crescimento rápido. Apresenta uma proporção elevada de pessoas nas idades mais jovens. A maior concentração da população estava nas idades abaixo de 20 anos, aproximadamente 55%. Essa configuração etária é resultado de elevadas taxas de fecundidade conjugadas a uma mortalidade nas idades avançadas também elevada.

Em 2010, a forma da pirâmide da população brasileira estava fundamentalmente diferente. As duas primeiras barras, ou seja, a proporção da população menor de 10 anos, são mais estreitas do que a das idades subsequentes até o grupo 20-24 anos. Isso significa que entre 2000 e 2010 nasceram menos crianças do que entre 1985 e 1990. Por outro lado, as barras superiores (topo) são mais largas, significando que a população brasileira envelheceu.

A alteração nos níveis de mortalidade afeta a estrutura por sexo e idade, mas de forma diferenciada, dependendo do grupo etário que experimentou a queda. Por exemplo, níveis de mortalidade elevados são associados à alta mortalidade infantil, que, se reduzida, pode levar a um rejuvenescimento da população, pois mais crianças sobreviverão. Já a redução da mortalidade nas idades avançadas resulta no envelhecimento populacional pelo topo, pois mais idosos sobreviverão por mais tempo. Pode-se exemplificar esse processo para o Brasil. Em 1980, de cada 100 crianças do sexo feminino nascidas vivas, 28 podiam esperar completar o aniversário de 80 anos. Em 2007, esse número passou para 54.

Embora de importância reduzida no nível global, os movimentos migratórios podem exercer algum efeito no envelhecimento de populações de unidades menores, como municípios.

A mortalidade masculina é tradicionalmente mais elevada que a feminina, especialmente entre a população adulta jovem. Até os 20 anos, a população masculina era proporcionalmente maior que a feminina. A partir daí, a população feminina passou a ser progressivamente maior, refletindo o efeito da mortalidade diferencial por sexo. A predominância das mulheres entre os idosos é um padrão internacional, o que deu origem ao termo "feminização da velhice".

O envelhecimento individual é diferente do populacional. Um indivíduo envelhece à medida que sua idade aumenta. Esse é um processo irreversível, natural, universal, heterogêneo e individual. É acompanhado por redução de capacidades físicas e mentais e de papéis sociais (saída do mercado de trabalho, por exemplo), nascimento de netos, surgimento de doenças crônicas, de mudanças na aparência física. Muitos desses processos caracterizam essa fase, mas a delimitação do seu início é de difícil precisão, pois é afetado por condições sociais, econômicas, regionais, culturais, étnicas, de gênero etc. De acordo com Llyod-Sherlock (2004), esse processo depende das capacidades com que o indivíduo nasceu (básicas), das adquiridas ao longo da vida e do meio ambiente. Já o envelhecimento populacional ocorre quando aumenta a participação da população idosa no total da população. É um processo que pode ser revertido se a fecundidade aumentar.

Apesar de os dois principais processos responsáveis pelo envelhecimento populacional terem sido muito bem-vindos à sociedade, pois são resultados de políticas e incentivos promovidos pela sociedade e pelo Estado aliado ao progresso tecnológico, suas consequências têm sido, em geral, vistas com preocupação por acarretarem mudanças no perfil das demandas por políticas públicas e apresentarem desafios para o Estado, a sociedade e a família. A preocupação deriva basicamente da associação feita entre envelhecimento e dependência.

Se, por um lado, a baixa da fecundidade reduz ao menos relativamente, no médio/longo prazo, a população adulta, ou seja, os indivíduos em idade produtiva (contribuintes potenciais para o Estado) e as pessoas adultas para cuidarem dos idosos, a redução da mortalidade nas idades avançadas faz com que os idosos, "os dependentes", vivam por mais tempo. O aceitar dessa premissa implica enxergar o envelhecimento como um problema, pois supõe-se que a partir de determinada idade, que se convenciona chamar idosa, o indivíduo consome mais do que produz, o que o torna dependente. Por outro lado, assume-se que pessoas com idade inferior à que demarca o limite do idoso, ou seja, que estejam em determinado intervalo etário considerado como ativo, produzem mais do que consomem. Nem sempre se leva na devida conta que os determinantes desses papéis (atividade e dependência) são apenas demográficos.

Para entender a questão, assume-se que os idosos constituem o segmento que vivencia a última etapa da vida. Não há uma ideia clara do que marca a transição para essa fase. No Brasil, o Estatuto do Idoso e a Política Nacional do Idoso definem como população idosa a de 60 anos ou mais. Essa definição resulta em uma heterogeneidade do segmento considerado idoso, acentuada pela constatação de que esse segmento experimentou trajetórias diferenciadas, que vão afetar suas condições de vida. É composto de pessoas com total autonomia, com capacidade de contribuírem para o desenvolvimento econômico e social, que desempenham papéis importantes na família e por pessoas que não são capazes de lidar com as atividades básicas do cotidiano e sem rendimento próprio.

Assim, assume-se que a "dependência" pela idade é acarretada pela perda de autonomia para o desempenho das atividades da vida diária e da capacidade de gerar renda. Assume-se, também, que essa "dependência" pode ser minimizada por políticas sociais. Nesse caso, as mais importantes são previdência e assistência social (transferência de renda), saúde e cuidados de longa duração.

Ver: Feminização; Seguridade Social; Vulnerabilidade

Referências Bibliográficas

CAMARANO, A. A. Envelhecimento da população brasileira: uma contribuição demográfica. In: FREITAS et al. (Orgs.). *Tratado de geriatria e gerontologia.* Rio de Janeiro: SBGG, 2006. p. 58-71.

DEBERT, G. G. *A reinvenção da velhice:* socialização e processos de reprivatização do envelhecimento. São Paulo: Edusp, 1999.

LLOYD-SHERLOCK, P. (Org.). *Living longer:* ageing, development and social protection. London: Zed Books, 2004.

PRESSAT, R. *The dictionary of demography.* Oxford: Blackwell Reference, 1985. [Ed. by Christopher Wilson.]

UNDESA PROGRAMME ON AGEING. Disponível em: http://social.un.org/ageing-working-group/desa-ageing.shtml. Acesso em: 16 nov. 2011.

Escola Pública

Carlota Boto

A escola pública constitui uma instância de socialização que, como tal, transmite formas de agir, de sentir e de compreender o mundo. Em seu interior, crianças e jovens são preparados para ocupar a esfera pública. A escola é a instituição do letramento, mas é também, por meio dela, que se fala da nação, do país e dos impérios às crianças. É possível dizer que a cultura da escola moderna do Ocidente é imediatamente conectada ao processo civilizador. Em seu movimento histórico, a escola transforma a criança em aluno e tem por finalidade a consolidação de uma sociedade letrada em uma época na qual a tipografia tornara a circulação do livro uma realidade. Desde o princípio da era moderna, a escolarização foi postulada à luz de uma dimensão classificatória. O sujeito escolarizado, em princípio (e por princípio), tem (e deveria ter) algo a mais, relativamente à sua cultura de origem – seja ela qual for. Assim instituíram-se os colégios das congregações religiosas entre os séculos 17 e 18. Desde o final do século 18, quando a consolidação da escola se torna senha para os Estados nacionais, haverá a incorporação dessa mentalidade segundo a qual a cultura letrada é superior à oral, e os saberes escolares passam a ser considerados superiores em relação aos da família. A escola moderna surge como a instituição apropriada para preparar as pessoas para as regras exigidas pela cultura do texto: recurso ao pensamento conceitual e faculdade de abstração.

A escola pública inscreve-se no coração de uma pedagogia de Estado cujo propósito histórico foi a fabricação de consensos sociais, especialmente estruturados à luz de parâmetros de racionalização/ocidentalização de costumes. A mesma escola que uniformiza a língua e as formas de tratamento apresenta-se como formadora da cidadania. Entre os séculos 19 e 20, os diferentes países do Ocidente presenciaram tentativas governamentais de institucionalização da escola pública, ainda que com diferentes níveis de investimento e eficácia. Os sistemas estatais de ensino não se desenvolveram ao mesmo tempo e da mesma maneira em todos os lugares. Há formas específicas de construção e constituição da escolarização do Estado. Sabe-se que os países do norte da Europa, bem como os Estados Unidos da América, foram mais rápidos para debelar o analfabetismo. Alguns creditarão isso à industrialização. Suspeita-se, no entanto, que a condição de país reformado/protestante teria sido uma variável importante. A Suécia não era um país industrializado e, mesmo assim, foi uma das primeiras a estruturar um sistema público de instrução. Outro aspecto que merece registro diz respeito à centralização do ensino. O modelo francês de ensino público é bastante centralizador, diferente do modelo inglês.

No Brasil, é possível dizer que a organização da escola pública principia com as ações do governo do Marquês de Pombal. A atuação de Pombal no domínio da instrução é devedora de orientações recebidas dos teóricos iluministas portugueses, que assinalavam a decadência do reino português e a necessidade de recuperação de Portugal, por meio de políticas de Estado implantadas com o objetivo de fazer com que as pessoas deixassem de emigrar. O despovoamento da Península era uma preocupação dos teóricos portugueses na época. Havia de se ocupar o território. E era fundamental também preservar o mundo colonial. Por tal razão, os iluministas portugueses consideram urgente implantar políticas de Estado voltadas para cuidar da saúde dos povos.

Se o Iluminismo francês trouxe a marca do republicanismo e da laicidade, o Iluminismo português não teve por objeto a formação de cidadãos. Pretendia aprimorar a formação de súditos, por meio da ação do Estado que, pelo alto, faria as modificações necessárias à construção do futuro. Defendia-se o controle estatal da educação a partir da criação de um tribunal de Estado dirigido para tal finalidade. Propõe-se que um secretário de Estado cuide da gestão das escolas. Buscava-se a construção de um modelo de educação escolar adequado para o fortalecimento da monarquia. Em 28 de junho de 1759, o Marquês de Pombal expulsa os jesuítas do território português e das colônias do Reino. Um alvará extinguia todas as escolas jesuíticas e ao mesmo tempo decretava a Reforma Geral dos Estudos, criando uma Diretoria dos Estudos. O magistério seria recrutado e controlado pelo Estado. Isso possibilitaria a boa formação de súditos para o Reino e também a preparação de funcionários do Estado. São criadas as Aulas Régias, e passam a ser organizados exames públicos para os candidatos ao magistério. Há quem veja na história portuguesa apenas o atraso e o transplante de ideias de outras partes do mundo. Não se pode deixar, todavia, de reconhecer algum pioneirismo na ação pombalina em matéria de delineamento da organização estatal da instrução pública.

Quando foi proclamada a República no Brasil, a escola nacional precisaria agora dar a ver o fenômeno republicano. Nesse sentido, foram instituídos os primeiros grupos escolares (SOUZA, 1998). Estes davam visibilidade à ideia de nação e ao culto patriótico necessário para firmar a noção de pátria no coração das jovens almas republicanas. Pretendia-se que a República, pela escola, pudesse consolidar um cenário que ainda era algo movediço. A República brasileira nasce com pretensões imperiais. Buscou, por ações concretas, dar visibilidade à mudança na forma de governo, assinalando a esperança inscrita na figura mítica do povo. Havia de se produzirem consensos, e uma forma de fazer isso era construir escolas republicanas. Lá, em princípio, todos usariam os mesmos uniformes e teriam o mesmo tratamento, como se a escola se traduzisse em oficina de preparar democracias. A República precisava formar novos consensos e erradicar vestígios da sociedade monárquica, estamental e autocrática. Por outro lado, a despeito de sua pretensão regeneradora, a mesma República cristalizava práticas de clientelismo, coronelismo e de apropriação privadas das coisas públicas. Mas a mudança tinha de aparecer. Foram então construídos os grupos escolares que – postos com centralidade nas principais cidades dos diferentes Estados do Brasil – vieram a se configurar como monumentos do discurso republicano. A República que chegou pelo alto tinha de se inscrever no coração das futuras elites. De fato, os grupos escolares foram, a princípio, a escola do que se pretendia que fossem as novas elites burguesas e republicanas.

Teria havido, relativamente à escola pública, nos primeiros decênios do século 20, a intenção de expandir e de aprimorar métodos. Tratava-se de democratizar a escola, em seu duplo sentido: era preciso que o ensino público fosse irradiado para camadas cada vez mais amplas da população e era preciso que ele produzisse bons resultados. O que se constatava era que a escola pública existente não cumpria os objetivos que proclamava. Inúmeras foram as iniciativas reformadoras que tiveram lugar até os anos 1920. Mas eram empreendimentos regionais, situados em geral neste ou naquele Estado, sem qualquer conexão com outras tentativas de aprimoramento de instrução pública. Assim, a melhoria, se havia, era dispersa. Não existia no Brasil, antes do governo de Getulio Vargas, um sistema público de ensino no sentido nacional.

É possível dizer que os anos 1930 e 1940 foram, no Brasil, os anos de construção de um sistema escolar do Estado Nacional. Cabe recordar, com Hobsbawm, que o conceito de nação, como qualquer outro julgamento, não traduz algo uniforme, irredutível e imutável, mas um determinado uso social de formas de agir, de sentir e de se comunicar. O mesmo Estado que cerca suas fronteiras, que assume o monopólio da força e da justiça, precisa criar justificativas plausíveis para ganhar hegemonia. Os Estados nacionais foram exemplares em construir uma mística da nacionalidade, que passa por criar formas de adesão ao ideário nacional, criar tradições, inventar códigos, signos e repertórios, que contem a história dessa tradição nacional, como uma herança que nos é legada. Com o governo Vargas, o Brasil criaria um sistema público de instrução, com o fito de construir e, ao mesmo tempo, recordar a unidade nacional pretendida por aquela República Nova. A criação de escolas representava uma necessidade da política relativamente à formação de uma sociedade minimamente capaz de atender aos novos requisitos urbano-industriais de um cenário social que, a um só tempo, "mudava e permanecia o mesmo". Tratava-se de uma "modernização conservadora" (NOGUEIRA, 1998). Seja como for, a partir de então, a ideia de escola pública progressivamente entranhou-se no cotidiano das camadas médias e populares no Brasil.

De todo modo, a acepção de escola pública, tal como ela é identificada hoje no repertório dos assuntos pedagógicos, compreende um ideal de formação republicana. A despeito disso, há, nas práticas e nas representações que a escola constrói, um universo mediante o qual o Estado e as camadas dominantes da sociedade veiculam crenças, visões de mundo e ideologias que conduzem à assimilação acrítica, por parte da população, dos interesses e dos limites do Estado capitalista.

Pouco a pouco, a acepção de escola pública ganha significado específico que envolve modos próprios de lidar com a temporalidade e com a demarcação dos espaços: organizam-se horários, dividem-se os tempos das matérias, os alunos são classificados por níveis de aprendizado e por critérios etários, há o tempo do calendário, o tempo das festas escolares, o tempo das férias e dos feriados. Há a fila por ordem de altura ou por ordem de chegada, há a prova escrita e a chamada oral, há uma programação sistemática para o trabalho semanal, mensal ou bimestral. A escola constitui rituais e produz valores, memórias e saberes. Sabe-se hoje que o conhecimento que a escola transmite é, em larga medida, produzido pela própria cultura escolar. Vinculada ao próprio movimento da formação do Estado moderno, a escola pública possui especificidades. Não se pode compreender a escola sem conhecer e analisar o Estado que a constitui. Mas não basta conhecer a história do Estado para compreender a história da escola.

Finalmente, nos tempos que correm, o debate educativo pretende romper com a referida herança moderna. Comenta-se da prioridade da relação entre o local e o global como fonte para equacionar as insuficiências da ação nacional sobre a educação. Para alguns, o modelo da escola de Estado vive hoje seu último ciclo. Palavras como autonomia escolar ganham novos significados quando vêm acompanhadas do que se tem compreendido pela expressão "desterritorialização das políticas educativas". De fato, como pensar a educação e a cidadania nacionais em tempos de globalização? Como os sistemas educativos trabalharão o impacto das novas tecnologias, no que toca ao entrelaçamento do campo da cultura, do aprendizado e da cognição? O discurso pós-moderno, que cria o multiculturalismo como princípio e como método, abdicará de qualquer fundo de cultura comum? A pluralidade cultural, assumida pela escola, romperá com o modelo catequético do ensino dos manuais? Poderá haver diálogo intercultural se levarmos à radicalidade o tema da equivalência entre diferentes culturas?

Sem o Estado-Nação como árbitro e mediador dos filtros de cultura, quem assumirá tal papel? Sem o Estado-Nação como fonte de algum equilíbrio e proteção, em que medida não estaremos nós – filhos da modernidade – sujeitos ao ressurgimento dos discursos que colocam na raça e na biologia os grandes diferenciais de civilização? Virá a globalização para, de fato, globalizar a fraternidade? Ou, ao contrário, a humanidade caminha para uma renúncia quanto aos deveres para com o outro, o semelhante, o diferente? Os sistemas públicos de ensino, que tornaram o Estado um pedagogo, hoje vivem a crise de sua própria existência. Mesmo assim, a esperança na eficácia e no valor da escola pública continua sendo, hoje mais do que nunca, uma aposta social derivada da vontade política. Trata-se de uma escolha pedagógica e ética, voltada para a construção de um mundo repartido por todos, pautado por referências que sejam capazes de incluir a todos.

Ver: Estado; Políticas de Educação; República/Republicanismo

Referências Bibliográficas

BOTO, C. Moderna escola do Estado-Nação. Mercantilização sem fonteiras. *Contemporaneidade e Educação*, Rio de Janeiro, Instituto de Estudos da Cultura e Educação Continuada, Ano 6, n. 10, p.153-167, 2001. Número organizado por Vera Calheiros.

CARVALHO, M. M. C. *A escola e a república*. São Paulo: Brasiliense, 1989.

HOBSBAWM, E. *A era das revoluções*. Trad. Maria T. Lopes e Marcos Penchel. Rio de Janeiro: Paz e Terra, 1981.

NOGUEIRA, M. A. *As possibilidades da política*: ideias para a reforma democrática do Estado. São Paulo: Paz e Terra, 1998.

NÓVOA, A. *Le temps des professeurs:* analyse socio-historique de la profession enseignante au Portugal (XVIIe-XXesiècle). Lisboa: Instituto Nacional de Investigação Científica, 1987. 2v.

SAVIANI, D. *História das ideias pedagógicas no Brasil*. 2. ed. Campinas, SP: Autores Associados, 2008.

SOUZA, R. F. *Templos de civilização:* a implantação da escola primária graduada no Estado de São Paulo (1890-1910). São Paulo: Editora Unesp, 1998.

Escolha Racional

Ver: Ação Coletiva

Esfera Pública

Christina Andrews

O termo esfera pública – que se origina da palavra alemã *Öffentlichkeit* – tem sido empregado por diversas disciplinas no campo das Humanidades, como a História, a Filosofia, a Economia, a Sociologia e a Ciência Política. Seu significado, portanto, varia de acordo com as abordagens peculiares de cada disciplina.

Encontra-se na "teoria social crítica" formulada pelo filósofo e teórico social alemão Jürgen Habermas o sentido mais difundido do conceito na literatura contemporânea das Ciências Sociais.

Denotando a complexidade dos aspectos relacionados ao termo, o próprio Habermas se viu compelido a definir a esfera pública tanto por o que ela é quanto por o que ela não é. Para ele, tratar-se-ia de um "fenômeno social tão elementar quanto ação, ator, associação ou coletividade", ainda que não se confunda com conceitos sociológicos convencionais da "ordem social." Não pode ser concebida como se fosse uma instituição ou uma organização. Não seria sequer "um *framework* de normas com competências diferenciadas e papéis, regulamentos de associações". Além disso, a esfera pública não representa um sistema; embora permita que se estabeleçam limites internos, suas fronteiras externas são caracterizadas por horizontes abertos, permeáveis e móveis. Pode, assim, "ser mais bem descrita como uma rede de informações e pontos de vista em comunicação (i.e., opiniões expressando atitudes afirmativas ou negativas); os fluxos de comunicação são, nesse processo, filtrados e sintetizados de tal maneira a formar conjuntos de opiniões *públicas* de temáticas específicas" (HABERMAS, 1998, p. 360).

Deve-se fazer uma distinção entre esfera pública e dois termos frequentemente associados a ela, mas que não devem ser confundidos com ela: "opinião pública" e "sociedade civil".

Como Habermas busca esclarecer, não devemos confundir a esfera pública com a "opinião" que é captada, por exemplo, mediante questionários. Nesse caso, a "opinião pública" corresponde à soma de opiniões individuais, que é processada na forma de frequências estatísticas. Sem que seja precedida de uma ampla discussão sobre a questão, a pesquisa de "opinião pública" revela apenas as opiniões privadas de indivíduos. Por sua vez, os debates públicos podem alterar as opiniões individuais, chegando-se a uma opinião verdadeiramente pública.

A esfera pública também não deve ser confundida com o conceito de "sociedade civil". Esse também é um termo controvertido e que adquiriu diferentes sentidos ao longo do tempo. Na sua origem, o termo se referia ao componente econômico da sociedade. Gradualmente, esse sentido foi dando lugar a outro mais amplo, designando organizações e associações civis independentes do Estado que atuam publicamente na sociedade. As "esferas públicas organizadas" referem-se justamente a esses componentes organizados da sociedade civil – sindicatos, associações de profissionais, organizações patronais, associações ecológicas etc. – que debatem internamente questões que são levadas em seguida para a esfera pública. Habermas afirma que essas organizações muitas vezes atuam como "caixas de ressonância", levando para a esfera pública problemas sociais que emergem a partir da esfera privada. Como exemplo, podemos mencionar a atuação de organizações feministas. Antes da organização do movimento feminista, a questão da violência doméstica não era considerada um tema público, sendo, no máximo, um aspecto moral comentado nas esferas privadas dos indivíduos. A partir do momento que as organizações feministas levaram o problema para a esfera pública, os debates que se seguiram alteram a percepção da sociedade sobre a questão e o problema passou a ser objeto de regulação por meio de leis.

A esfera pública tem como característica fundamental a informalidade, em contraste com o caráter organizado da sociedade civil. Embora as organizações civis possam levar questões para o debate na esfera pública, nenhuma organização da sociedade civil – ou mesmo do Estado – pode pretender dominar a esfera pública, daí seu caráter pluralista. Também não é necessário estar vinculado a uma organização da sociedade civil para participar da esfera pública: podemos participar como indivíduos. Entretanto, o caráter informal da esfera pública não elimina seu objetivo político, uma vez que não se trata apenas de formar "opiniões públicas", mas também de influenciar o poder institucionalizado em determinada direção. Em suma, a esfera pública não está atrelada nem à sociedade civil nem ao Estado, mantendo-se como um espaço aberto para o debate sobre problemas sociais e políticos e seus possíveis encaminhamentos.

É importante ressaltar que, para Habermas, os debates que compõem a rede comunicativa da esfera pública devem ser *racionais*, isto é, debates em que a posição de poder econômico, social ou político dos indivíduos não tem primazia, e apenas os argumentos apresentados pelos participantes são considerados relevantes. A esfera pública só pode ser considerada funcional se esse critério for atendido. Naturalmente, em condições reais, seria ingenuidade supor que a posição de poder de indivíduos envolvidos em um debate público não tenha nenhuma influência em seu resultado. No entanto, é também fato que a legitimidade dos atores sociais passa pela capacidade que os mesmos têm de colocar suas posições de poder de lado, voltando-se para a apresentação de argumentos racionais. Mesmo o mais renhido dos ditadores se sente compelido a apresentar argumentos para justificar seu apego ao poder e muitas vezes esses argumentos são rejeitados pelo público, levando a crises e a mudanças políticas substantivas.

Devemos lembrar ainda a importância do conceito de esfera pública para a teoria habermasiana da democracia. Para Habermas, as instituições democráticas – eleições, parlamentos, Judiciário independente – são condições necessárias, mas não suficientes, para a vida democrática. Sem uma esfera pública ativa, a democracia será apenas um invólucro vazio, incapaz de emancipar a sociedade de suas contradições.

Ver: Deliberação; Democracia Deliberativa; Estado; República/Republicanismo; Sociedade Civil

Referências Bibliográficas

ANDREWS, C. W. *Emancipação e legitimidade*: uma introdução à obra de Jürgen Habermas. São Paulo: Editora Unifesp, 2011.

CALHOUN, C. (Ed.). *Habermas and the public sphere*. Cambridge, Mass.: MIT Press, 1993.

HABERMAS, J. *Between facts and norms*: contributions to a discourse theory of law and democracy. Trad. William Rehg. Cambridge, Mass.: MIT Press, 1998.

______. *The structural transformation of the public sphere*: an inquiry into a category of bourgeois society. Trad. Thomas Burger e Frederick Lawrence. Cambridge, Mass.: MIT Press, 1991.

STRUM, A. A bibliography of the concept Öffentlichkeit. *New German Critique*, Ithaca, NY, n. 61, p. 161-202, 1994.

Esquerda/Direita

Caetano E. Pereira de Araújo

Utilizado pela primeira vez para designar partidários e opositores da Revolução Francesa, a partir da posição de seus assentos na Assembleia Nacional, o binômio esquerda-direita passou a ser empregado para descrever e ordenar qualquer conjunto de posições ou partidos políticos a partir de seu critério constitutivo. A identificação desse critério é matéria controversa, embora o uso desses termos, na linguagem comum, não apresente dificuldade.

O critério definidor com maior capacidade explicativa é a posição, sempre explicitada no espaço público, diante do ideal de igualdade. Maior proximidade a esse ideal é indicador de esquerda; maior distância, de direita. Norberto Bobbio (2001) apresenta o argumento e justifica as razões de sua superioridade: a frequência do tema no discurso de autodeclarados esquerdistas e direitistas e a possibilidade de fazer remontar, analiticamente, os critérios alternativos a essa oposição primordial. Trata-se de uma definição que demanda especificações.

Primeiro, a definição assenta-se em valores que delimitam o tempo histórico de sua validade: esquerda e direita estão vinculadas ao tempo histórico em que o valor igualdade é significativo, ou seja, a era moderna.

Segundo, deve-se estabelecer o espaço público como local de manifestação da oposição. Direita e esquerda sustentam suas posições igualitárias ou inigualitárias no terreno da política. Consequentemente, os termos aplicam-se a ideias, propostas, lideranças, movimentos sociais e principalmente a partidos e organizações políticas, em particular quando representados no parlamento e sujeitos, portanto, à publicidade de seus atos. Podem ser aplicados também a posições políticas manifestas não por partidos, mas por diferentes poderes ou setores do aparelho estatal.

Em terceiro lugar, direita e esquerda são categorias relacionais. Não designam um conteúdo de política imutável, mas uma relação entre conteúdos diferentes, a partir de sua maior proximidade ou distância com o valor da igualdade. Assim, liberais foram esquerda no Antigo Regime e deslocaram-se para o centro e até para a direita com o surgimento e expansão dos partidos socialistas.

Finalmente, ao se admitir uma tendência à equalização das condições de vida, pode-se constatar que a oposição entre os dois polos desloca-se para frente à medida que reivindicações de esquerda, uma vez atendidas, tornam-se consensuais. Jornada de dez horas foi bandeira de esquerda, quando não havia limitação legal. A tributação progressiva sobre a renda, hoje corriqueira, constava do programa comunista de 1848.

Esquerda e direita têm por fundamento a igualdade e a desigualdade como valores. Essa oposição manifesta-se, na maior parte dos casos, como luta entre aqueles que desejam uma situação com maior igualdade e aqueles outros que desejam a manutenção do *status quo* ou o retorno a situações anteriores de desigualdade maior ainda. A superposição entre direita e esquerda, de um lado, e entre ordem e mudança, de outro, é grande. Quando ordem e mudança são pensadas de uma perspectiva radical, a parelha correspondente passa a ser reação e revolução. De uma perspectiva evolucionista, temos regresso e progresso. Nesse mesmo diapasão, sempre que a ordem é justificada com o argumento da sacralidade da tradição, aparece um novo binômio associado à díade esquerda e direita: autonomia e heteronomia. Na medida em que a propriedade privada é percebida como fonte principal ou exclusiva da desigualdade, como efetivamente ocorreu na tradição histórica da esquerda, ganha força o critério coletivismo/individualismo. Em lógica semelhante, o espaço por excelência da propriedade privada é o mercado, e o local apropriado para sua superação ou controle, o Estado. Em termos históricos, esquerda e direita surgem e são aplicáveis quando o valor da igualdade ganha força de senso comum, ou seja, na época moderna, que afirma, progressivamente, que os homens são livres e iguais e que sua humanidade reside precisamente na igualdade e na liberdade. Na Revolução Francesa, a esquerda identificou-se em um primeiro momento com os jacobinos. Posteriormente, deslocou-se do radicalismo na oposição ao Antigo Regime para um projeto de mudança social. A Conspiração dos Iguais e seu líder, Babeuf, pregavam o igualitarismo radical e o fim da propriedade privada. Babeuf deixou sua marca também na estratégia de mudança proposta, de influência duradoura na esquerda posterior: a organização de um grupo seleto de revolucionários, uma conspiração bem planejada, o assalto ao poder e a realização das mudanças radicais de cima para baixo, com uso da violência revolucionária sempre que necessário.

No século 19, com a afirmação do capitalismo, o trabalho assumiu posição privilegiada na sociedade ocidental. Ganhou corpo então a identificação da esquerda com o movimento dos trabalhadores, o socialismo. A propriedade privada, agora capitalista, permanecia fonte da injustiça e da irracionalidade da economia. Para os socialistas, a procura da igualdade demandava seu fim e a reorganização da produção em benefício dos trabalhadores. Dentre as diversas escolas e tendências destacaram-se, em um primeiro momento, duas. Os socialistas ditos utópicos preconizavam a superação do capitalismo por meio da criação de colônias, quistos socialistas que se reproduziriam por efeito de demonstração, até tomar o conjunto da sociedade, uma vez que a superioridade do socialismo far-se-ia evidente por si mesma. Os anarquistas, por sua vez, caracterizavam-se pela desconfiança em relação ao Estado e pela tendência a valorizar a propriedade dos trabalhadores, nas formas individual, familiar ou associativa. Da perspectiva do marxismo posteriormente hegemônico, os utópicos teriam falhado em perceber que evidências e argumentos são impotentes perante a barreira do antagonismo de classe, ao passo que os anarquistas teriam revelado um apego pequeno-burguês a formas de propriedade privada, ainda que coletivas.

Ao final do século 19, os marxistas, amparados em um corpo teórico poderoso, converteram-se na força principal do movimento socialista e, em consequência, da esquerda europeia. Integrantes de suas divisões mais ortodoxas, os bolcheviques viram-se à frente da experiência conformadora do breve século 20 (HOBSBAWM, 1995), a Revolução Russa, de 1917, que, em linha geral, buscou instaurar uma democracia de conselhos e transferir a propriedade dos meios de produção para as mãos do Estado, de modo a substituir o mercado pelo planejamento centralizado. A existência de uma alternativa aparentemente plausível exerceu influência profunda sobre o desenvolvimento do capitalismo. Em termos do mapa da esquerda, os partidos comunistas ocuparam o centro do campo, ladeados pela social-democracia e por seus críticos mais à esquerda.

Expressando o mesmo processo de emergência política das massas urbanas e de crise do liberalismo, o fascismo e o nazismo afirmaram-se na Europa como materialização agressiva da direita. Buscaram apropriar-se de certas postulações tipicamente de esquerda (a ideia de socialismo, de organização popular, de protagonismo estatal), deformando-as, porém, com a incorporação de concepções irracionalistas (superioridade racial, manipulação demagógica, retórica passional) e populistas, bem como do emprego da violência aberta e de uma dissimulada defesa dos grandes interesses capitalistas.

Após a Segunda Guerra Mundial, com a derrota do nazifascismo, a afirmação do socialismo soviético e a cristalização do *Welfare State* e de democracia de massas na Europa, o embate entre esquerda e direita diversificou-se bastante, em conformidade com diferentes experiências nacionais.

Esquerda passou então a se identificar ou com um socialismo dedicado a defender e ampliar as reformas sociais do *Welfare State*, ou com o alinhamento (mais ou menos crítico) com a experiência soviética e a posição da URSS no cenário internacional, como contraponto dos Estados Unidos. Social-democracia e comunismo tornaram-se os dois principais campos da esquerda, com inúmeras variantes nacionais. Em que pesem as inúmeras diferenças existentes entre esses dois campos, ambos convergiram para um mesmo ponto: a admissão do valor intrínseco da igualdade social e das reformas voltadas para seu estabelecimento e expansão.

Já o universo da direita tendeu a ser organizado por agendas e políticas fortemente concentradas na afirmação nacionalista, na rejeição do imigrante e da igualdade social e na recuperação das tradições racialistas e dos traços demagógicos e populistas que já haviam estado presentes no fascismo e no nazismo.

Com o esgotamento da proposta soviética e o fim do bloco socialista do Leste Europeu (1989), bem como com a globalização capitalista e a emergência de sociedades fragmentadas, individualizadas e conectadas por redes de informação e comunicação, a polarização entre esquerda e direita ganhou nova coloração. Por um lado, radicalizaram-se as posições típicas da direita tradicional, que adquiriram maior projeção e competitividade eleitoral. Por outro lado, aprofundou-se uma situação de crise da esquerda, em boa medida determinada pela reestruturação produtiva e do mundo do trabalho, pela reorganização da vida social e pelos efeitos das políticas de corte neoliberal seguidas pela grande maioria dos Estados capitalistas. Contribuíram também para essa situação as dificuldades de funcionamento eficaz da democracia representativa, a desagregação dos partidos comunistas e a crise da política do início do século 21.

As agendas da esquerda e da direita receberam com isso algumas reformulações e incorporações. O tema da igualdade social continuou a distinguir e a opor os dois campos, reforçado agora por maior ênfase nos direitos de cidadania, na participação, nos valores democráticos, na justiça distributiva e na recuperação das funções públicas do Estado.

Se, por um lado, a direita encontrou oxigênio para se renovar e espaços políticos para chegar ao governo em alguns países, o debate sobre a crise e a reorganização da esquerda permaneceu vivo. Uma vez que são numerosas as evidências do potencial de mobilização e engajamento político do ideal da igualdade, a demanda por atitudes e políticas de esquerda continua elevada, e nada indica que será diferente no cenário futuro.

Ver: Comunismo; Social-Democracia; Socialismo

Referências Bibliográficas

BOBBIO, N. *Direita e esquerda*: razões e significados de uma distinção política. Trad. Marco Aurélio Nogueira. 2. ed. rev. ampl. São Paulo: Editora Unesp, 2001.

GIDDENS, A. *Para além da esquerda e da direita*. O futuro da política radical. Trad. Álvaro Hattnher. São Paulo: Editora Unesp, 1996.

HOBSBAWM, E. J. *Era dos extremos*: breve século XX: 1914-1991. Trad. Marcos Santarrita. São Paulo: Companhia das Letras, 1995.

NATANSON, J. *La nueva izquierda*. Triunfos y derrotas de los gobiernos de Argentina, Brasil, Bolivia, Venezuela, Chile, Uruguay y Ecuador. Buenos Aires: Debate, 2008.

VACCA, G. *Por um novo reformismo*. Brasília: Fundação Astrojildo Pereira; Rio de Janeiro: Editora Contraponto, 2009.

Estabilidade Monetária

Maria Alejandra Caporale Madi

A estabilidade monetária pode ser definida como uma situação de estabilidade de preços, que tem sido defendida de forma a evitar os impactos sociais regressivos criados pelas tensões inflacionárias. Os processos inflacionários, definidos pelo aumento generalizado e contínuo no nível de preços, podem ter raízes em desequilíbrios gerados na esfera real do sistema econômico e, desse modo, decorrem de particularidades das estruturas produtivas. A instabilidade também depende do processo de formação de preços nos mercados de bens e serviços. Observando a dinâmica das economias capitalistas, na etapa dos monopólios, o grau de monopolização afeta a política de fixação de margens de lucro das empresas. Nesse contexto, os reajustes de salários e rendas expressam as pressões dos diferentes grupos sociais para manter sua participação na renda agregada.

Os processos inflacionários revelam, dentre outros fatores, a incapacidade do Estado de gerir a moeda nacional e o fracionamento do sistema monetário; o poder de mercado para remarcar preços e a capacidade de negociação dos trabalhadores para defender o salário real. Assim, a inflação acaba apresentando custos sociais relevantes, tais como:

- corrosão do poder de compra dos salários;
- distorções nos preços, devido a reajustes não sincronizados e heterogêneos nos diversos setores que podem afetar a alocação de recursos;
- favorecimento de agentes econômicos com maior poder de fixação de preços nos mercados de bens e serviços;
- distorções no sistema tributário decorrentes da diferença no valor dos tributos cobrados e o valor efetivamente recebido pelo governo em uma situação inflacionária, diminuindo sua capacidade de gasto; e
- problemas no sistema de pagamentos de avaliação da riqueza.

A gestão da moeda pelo Estado no processo de estabilização monetária busca preservar a unidade de suas três funções: 1) padrão de preços, 2) meio de circulação e 3) reserva de valor. Refere-se a um cenário de consolidação de um estado de convenções quanto à capacidade de o sistema monetário permitir a reprodução econômica e social. Nesse contexto, a confiança na moeda (e a unidade de suas três funções) revela também a confiança do público nas condições de monetização das dívidas e conversibilidade da moeda privada (bancária).

No Brasil, desde os anos 1950 até a década de 1980, os programas de estabilização de preços orientados pelo Fundo Monetário Internacional enfatizaram o vínculo das raízes da dinâmica da inflação com o aumento contínuo na oferta de moeda, em parte determinada pelas pressões expansionistas do gasto público. Nesse cenário, recomendava-se que o Banco Central controlasse a inflação por meio da política monetária centrada no controle da oferta de moeda. Tal estratégia de administração monetária de cunho monetarista enfatizava a importância da adoção de regras para alcançar a estabilidade de preços. Nessa concepção teórica, segundo Milton Friedman, entende-se que o nível de demanda agregada por bens e serviços é determinado por variáveis monetárias, identifica-se uma relação estável entre demanda por moeda e demanda por bens e serviços e considera-se que a economia está no pleno emprego. As recomendações de política monetária se baseiam na hipótese de determinação dos fluxos monetários (representados pela demanda monetária) sobre o nível de preços: após o aumento da oferta de moeda, os agentes econômicos gastam o excesso de saldos monetários superiores àqueles desejados (de forma a manter os encaixes reais constantes) e ampliam a demanda por bens e serviços. A pressão de demanda no mercado de bens e serviços será fonte de pressão inflacionária em uma economia que está no pleno emprego. A solução para a estabilidade monetária impõe a redução do gasto agregado e, consequentemente, do crescimento.

Nos anos 1990, no contexto das políticas do Novo Consenso Macroeconômico, a ênfase passa a recair na importância da credibilidade na condução da política monetária para que a regra de taxa de juros de curto prazo atue como mecanismo de coordenação de expectativas dos agentes quanto ao futuro da inflação. O sucesso da política de estabilização monetária depende da percepção dos agentes quanto à sustentabilidade das ações de política econômica, dado que suas decisões são influenciadas pelo contexto institucional em que se recomenda a adoção do regime de metas de inflação (regra de juros) por bancos centrais independentes que defendem o ajuste fiscal. A operação do regime de metas inflacionárias segue, em geral, uma regra ou função de reação (a chamada Regra de Taylor), na qual a taxa nominal de juros de curto prazo (o instrumento de política) é ajustada em resposta à evolução dos preços correntes e/ou do nível de atividade, de forma a atingir a estabilidade de preços em prazo mais longo. Nessa abordagem teórica, a ênfase recai na relação entre taxa de juros e preços. Dentre os fundamentos teóricos do regime de metas de inflação, destacam-se: o nível de demanda agregada é sensível à taxa de juros; o controle do nível da demanda agregada é crucial para a estabilização dos preços; o nível de produto agregado é determinado pela demanda agregada no curto prazo; todo estímulo governamental no sentido do aumento do nível de atividade econômica gera pressões na demanda por trabalho, aumento dos salários nominais e, por sua vez, do nível de preços.

No Brasil, estabilidade monetária e integração internacional são dois conceitos que sintetizam o debate em torno das escolhas de política econômica nos anos 1990, em um contexto caracterizado pela redefinição das ações econômicas e sociais do Estado e pela centralidade do gasto privado na definição das perspectivas de crescimento. De fato, acentuaram-se nos anos 1980 as críticas ao modelo de substituição de importações e avançaram as expectativas nas forças do mercado global que viabilizariam o crescimento econômico. As especificidades da industrialização brasileira revelaram que o equacionamento das necessidades de investimento para sua consolidação expressou ações sociais e econômicas do Estado no capitalismo tardio, viabilizando a consecução de investimentos de longo prazo e articulando as condições de seu financiamento. Assim, no período de Bretton Woods, as estruturas e instituições historicamente construídas condicionaram as políticas nacionais e sua capacidade de estabilizar a demanda agregada, afetando os resultados de processos econômicos quanto ao emprego e à distribuição de renda.

Nos anos 1990, a liberalização dos mercados, tendo como referência a estabilidade monetária, encorajou reformas econômicas, institucionais e políticas dentro das diretrizes do Consenso de Washington para que a modernização se concretizasse. O suposto implícito da política de estabilização residia na continuidade dos fluxos de financiamento externo e na credibilidade dos regimes monetário, cambial e fiscal. A dimensão do Brasil no capitalismo financeiro global foi alicerçada em regras de governança global baseadas em: inflação baixa, taxas de juros reais elevadas, ajuste fiscal, flexibilização de todos os mercados – inclusive o mercado de trabalho. Em 1994, o plano de estabilização, Plano Real, foi implementado no Brasil de forma a promover a estabilização de preços em um contexto de reorganização da sociedade e economia. O diagnóstico do caráter inercial da inflação brasileira reforçava a necessidade de promover o fim do processo de indexação da economia. Para alcançar a estabilidade de preços, o Plano Real apoiava-se na contração da demanda agregada por meio de altas taxas de juros reais e da restrição ao crédito, na administração da taxa de câmbio nominal em função de seus efeitos na dinâmica dos preços domésticos e na promoção do financiamento do déficit da balança de pagamentos por meio da atração de fluxos de capitais.

Assim, o processo de estabilidade monetária se desdobra nas recomendações de ajuste fiscal. Impõe limites de ajuste na fronteira da interação entre os circuitos financeiros nacionais e internacionais envolvendo uma hierarquia de moedas, na qual o dólar, como a moeda internacional de referência, ocupa a primeira posição. Nesse quadro, a vulnerabilidade das outras moedas nacionais, isto é, a estabilidade da evolução das suas taxas de câmbio nominais e reais, depende do modo de funcionamento das estruturas capitalistas e das modalidades de ajustamento global das estruturas econômicas e financeiras. Assim, a evolução das dinâmicas dos balanços de pagamentos (conta-corrente, conta capital, reservas internacionais) pode expressar tensões no âmbito comercial e financeiro que se desdobram no âmbito monetário e cambial. As crises financeiras têm mostrado a fragilidade dos regimes cambiais e a vulnerabilidade dos balanços de pagamentos no contexto da arquitetura financeira internacional atual. A instabilidade das moedas nacionais não é independente do ciclo financeiro global, nutrida por comportamentos especulativos, e ameaça a sustentabilidade da estabilização monetária. Como consequência, nas crises, explicita-se o limite para a conversibilidade das moedas nacionais na moeda internacional. A superação da crise depende, em grande parte, das condições de acesso aos fluxos internacionais de comércio e financiamento.

Ver: Ajuste Fiscal; Economia Política; Política Econômica

Referências Bibliográficas

BELLUZZO, L. G. M.; ALMEIDA, J. S. G. *Depois da queda*: a economia brasileira da crise da dívida aos impasses do real. Rio de Janeiro: Civilização Brasileira, 2002.

EATWELL, J.; MILGATE, M.; NEWMAN, P. (Orgs.). *Money*. New York: Norton Company, 1989. (The New Palgrave Series.)

GNOS, C.; ROCHON, L. P. (Orgs.). *Post-Keynesian principles of economic policy*. USA: Edward Elgar, 2005.

Estado

Marco Aurélio Nogueira

Expressão de grande densidade semântica, o conceito de Estado desdobra-se em três faces que se articulam, mas nem sempre são assimiladas nas diferentes abordagens teóricas do problema. A complexidade do fenômeno estatal dificulta sua inteligibilidade crítica e a formação de entendimentos consensuais a seu respeito.

A primeira face diz respeito ao sistema institucional com o qual as comunidades modernas administram, moderam, regulam e dirigem os interesses, interpelando as demandas, as pulsões e os carecimentos de seus integrantes, grupos, classes ou indivíduos. Trata-se, aqui, do Estado como instrumento de governo, gestão e organização, um aparato administrativo e um sistema de intervenções, um fator de racionalização e um instrumento de animação e execução. Surge identificado com governo e sistema político.

A segunda face diz respeito ao Estado como agente e espaço de dominação, de exercício do poder, de autoridade, tanto no sentido de que realiza o domínio e o predomínio das classes economicamente dominantes, quanto no sentido de que garante a reprodução dos "mais fortes", reprime os "mais rebeldes" e limita, em maior ou menor dose, a livre movimentação e os desejos de todos aqueles que a ele se submetem. Esse é o Estado como associação política que monopoliza o uso legítimo da força e da violência, ou seja, que tem o direito de ser o único repressor.

A terceira face, por fim, aponta para a dimensão menos "material" do Estado, com a qual ele se mostra como ambiente ético e sociocultural demarcado por regras, tradições, valores e modos de sentir, no qual se estabelecem as bases da reciprocidade entre os cidadãos (um marco normativo, uma moldura cultural, um "pacto fundacional"). É nessa terceira dimensão que pensamos, por exemplo, quando identificamos o Estado como a "expressão jurídica de uma comunidade politicamente organizada". Ela diz respeito aos mecanismos com que as comunidades dão corpo aos pactos essenciais que viabilizam sua existência coletiva, reproduzindo-a de modo ideal e simbólico.

Reter essas múltiplas faces do Estado, compreendê-las em suas tensões e interações, não é algo que esteja dado ou que seja imediatamente transparente. A dificuldade deriva ainda das sucessivas "ressignificações" a que tem sido submetido o aparato categorial típico do processo histórico da democratização. Capturado por um léxico polissêmico, politicamente condicionado e muitas vezes enviesado, o conceito de Estado evoluiu vagando por um oceano de mitos, monstros, fantasmas e imprecisões, ficando mais "intransparente" e mais disponível para abordagens reducionistas.

Acompanhando sua evolução na história do pensamento social, pode-se dizer que o conceito de Estado conheceu algumas formulações emblemáticas, que não somente configuraram sua estrutura teórica e conceitual, como também expressaram o embate que as diferentes escolas travaram no campo do vocabulário técnico e da luta ideológica.

O grande filósofo jusnaturalista Thomas Hobbes viu o Estado como a representação do mítico Leviatã, monstro marinho com poderes sobrenaturais. Para sair do "estado de natureza" que dilacerava a existência e forçava à permanente "guerra de todos contra todos", a sociedade humana necessitaria de uma instância centralizada e autoritária de poder, que ela própria constituiria em caráter contratual e que se encarregaria da coordenação do processo social. Dado, porém, que os indivíduos somente agiriam em função dos próprios interesses, qualquer contrato que deles nascesse precisaria contar com um mecanismo que o obrigasse a ser cumprido. Seria preciso, em suma, que os indivíduos delegassem o poder a um soberano (uma pessoa, uma assembleia, uma instituição) que arcaria com o custo de impedir que o contrato fosse desrespeitado. Esse soberano seria o Estado, um veículo que garantiria a passagem para a etapa propriamente civil da humanidade, na qual a paz seria possível mediante o cumprimento rigoroso do contrato social básico sem o qual a vida coletiva seria inviável. O Estado, assim, seria projetado para um patamar positivo, superior.

Em linhas gerais, essa concepção prevaleceu organizando o pensamento social ao menos até Karl Marx, que introduziu o Estado no mundo social derivado do capitalismo industrial, com suas tensões, suas classes e seus conflitos. No *Manifesto do Partido Comunista* (1848) está a frase que atuaria como divisor de águas: "O poder político do Estado moderno nada mais é do que um comitê para administrar os negócios comuns de toda a classe burguesa". Não expressaria o contrato perfeito, como imaginava Hobbes, pois funcionava de fato como um instrumento de domínio e luta de classes: quem o controlasse teria vantagens categóricas para impor seus projetos e interesses ao conjunto da sociedade. Ao passo que a tradição jusnaturalista (que inclui ampla gama de pensadores não necessariamente convergentes entre si) preocupava-se em justificar racionalmente o Estado e em fundamentar uma teoria do Estado racional, o marxismo procurará fazer a desmistificação racional do Estado, mostrá-lo como um recurso inerente ao sistema de classes sociais e de dominação típico das sociedades baseadas na propriedade privada dos meios de produção, das quais o capitalismo seria a expressão mais avançada. Em vez, portanto, de ser apresentado como a encarnação do poder racional, o Estado seria visto como um meio com o qual as classes dominantes mantinham seu domínio. Seu despotismo inevitável, no fundo, promovia uma espécie de retorno ao "estado de natureza" e prolongava o sofrimento humano. Em vez de defendido e preservado, o Estado precisaria ser destruído. Com essa operação, Marx chegaria à conclusão de que seria possível conceber uma ordem social (o comunismo) que, ao remover o instituto da propriedade privada, dissolveria o Estado como estrutura de dominação.

Dialogando com essas duas grandes tradições, Max Weber elaborará o conceito de Estado que predominará nas ciências sociais do século 20: uma instituição definida por um meio específico que lhe é peculiar, a força física. Para ele, "em nossos dias, a relação entre o Estado e a violência é particularmente íntima. Em todos os tempos, as associações políticas mais diversas – a começar pela família – recorreram à força física como meio normal de poder. Em nossa época, entretanto, devemos conceber o Estado como uma comunidade humana que, nos limites de um determinado território – a noção de território é um dos elementos essenciais do Estado – reivindica para si (com êxito) *o monopólio do uso legítimo da força física*". O Estado não teria a força como seu único recurso, mas ela seria aquilo que lhe daria especificidade. "É, com efeito, próprio de nossa época o fato de que não se reconheça, a todas as demais associações ou pessoas individuais, o direito de fazer uso da força física, a não ser nos casos em que o Estado o admita; o Estado se converte, portanto, na única fonte do 'direito' à força" (WEBER, 1996, p. 56). Tanto quanto todas as anteriores formas políticas, o Estado moderno é "uma relação de *domínio* de homens sobre homens, baseada no instrumento da força legítima (quer dizer, considerada legítima). O Estado só pode existir, portanto, sob a condição de que os dominados se submetam à autoridade continuamente reivindicada pelos que dominam".

Weber, com isso, recuperou a discussão a respeito dos fundamentos da dominação. Por que e em que condições os homens aceitam ser dominados? Como justificam isso? A experiência social moderna exigia um poder centralizado, que concentrasse em suas mãos os instrumentos materiais de gestão com que administrar os desafios e exigências da economia capitalista. A necessidade de racionalização faria com que o Estado se legitimasse e crescesse como uma burocracia poderosa e aperfeiçoada, incrementando o poder mediante rotinas técnicas, legais e administrativas. Em decorrência, as pessoas tenderiam a aceitar essa necessidade de racionalização como critério de obediência. O domínio ganharia assim legitimação, com o que perduraria no tempo, ganhando estabilidade e reconhecimento. Em suma, para Weber, ao lado das "condições externas" (a necessidade da força centralizada), existiriam "motivações internas", subjetivas, que fariam com que os dominados aceitassem a dominação, possibilitando a conversão do poder de fato em poder de direito. Se, antes, os homens aceitavam o domínio por respeito à tradição ou magnetizados pelo carisma, na modernidade tenderiam a aceitá-lo por motivos racionais: na dominação "racional-legal", a autoridade encontrava seu fundamento na "legalidade", na crença na validez de um estatuto legal e de regras racionalmente criadas. Três formas típicas do poder legítimo acompanhavam os tipos de ação social (tradicional, carismática ou racional) que predominariam em cada situação histórica particular.

Uma quarta vertente conceitual objetivou-se, nas primeiras décadas do século 20, em íntima articulação com as modificações políticas e sociais que acompanharam o desenvolvimento do capitalismo industrial: a emergência das massas como ator político, a constituição dos grandes sindicatos e dos partidos políticos de massa, a progressiva afirmação do Estado de bem-estar social. Antonio Gramsci será importante protagonista dessa inflexão. Submetendo o marxismo a forte atualização e dialogando com a tradição hegeliana da filosofia italiana (Benedetto Croce), bem como com Maquiavel, Lenin e os liberais, o autor dos *Cadernos do cárcere* projetará o conceito marxista de Estado para um novo patamar. A ideia original de Marx, segundo a qual o Estado equivaleria a um "comitê de negócios" das classes dominantes, será preservada como indicador da relação com as classes sociais e a dinâmica da dominação política. Mas adquirirá significado mais largo, de modo a incorporar tanto o momento da força e da coerção, quanto o momento do consenso e da hegemonia. O principal veículo dessa ampliação será encontrado por Gramsci no conceito de sociedade civil, que ele instalará no coração do fenômeno estatal e verá como "conteúdo ético do Estado", ou seja, como terreno em que se processa a "hegemonia política e cultural de um grupo social sobre toda a sociedade" (GRAMSCI, 1999-2002, v. 3, p. 225). O Estado, assim, deixará de ser visto somente da ótica "negativa" – como aparato de repressão – e terá valorizado seu componente "positivo", associado à busca de consensos e de capacidades de direção política, à construção de hegemonias e de projetos globais de sociedades: um espaço de organização, disputa, governo e contestação, no qual se formam vontades coletivas. Uma vertente "ditatorial" teria necessariamente de conviver e se entrelaçar com uma vertente dedicada à construção da "hegemonia". Políticos e governantes precisariam portanto de intelectuais, formuladores de projetos e ideais voltados para o exercício das funções de hegemonia política e cultural. A supremacia de um grupo se manifestaria como domínio e como direção intelectual e moral. O Estado passaria a ser abordado, a partir de então, de maneira abrangente, como "todo o complexo de atividades práticas e teóricas com as quais a classe dirigente não só justifica e mantém seu domínio, mas consegue obter o consenso ativo dos governados". Uma de suas principais funções seria, assim, "elevar a grande massa da população a um determinado nível cultural e moral", nível que corresponderia às necessidades de desenvolvimento das forças produtivas e, portanto, aos interesses das classes dominantes. Estas, por sua vez, formariam seu aparelho de hegemonia política e cultural, seja mediante a escola e os tribunais, seja por meio de diversas iniciativas e atividades privadas ativadas pela sociedade civil (GRAMSCI, 1999-2002, v. 3, p. 284, 331).

O diálogo com Maquiavel contribuirá sobremaneira para a modelagem dessa nova formulação. A figura do "centauro maquiavélico" será empregada inúmeras vezes por Gramsci para defender a necessidade de se abordar o Estado e o poder político a partir de uma dupla perspectiva: "ferina e humana: da força e do consentimento, da autoridade e da hegemonia, da violência e da civilidade, do momento individual e do momento universal, da agitação e da propaganda, da tática e da estratégia etc." (GRAMSCI, 1999-2001, v. 3, p. 33-34).

Gramsci atualizará o marxismo clássico diante dos novos termos e estruturas do capitalismo. Se, antes, Marx via o "contrapoder" operário como um instrumento de destruição do Estado burguês, com Gramsci a relação da classe operária com o Estado deixará de ser de exterioridade e passará a privilegiar a atuação no interior do arcabouço institucional do Estado capitalista. O Estado, com isso, passa a ser reconhecido como recurso de reforma social, com o que o conceito ganha amplitude e se aproxima da visão que prevalecerá a partir da consolidação do Estado de bem-estar social.

Especialmente após a Segunda Guerra Mundial, com a progressiva complexificação das estruturas sociais e o avanço da democratização política e social (primeiro na Europa ocidental e nos Estados Unidos, depois em outras distintas regiões, ainda que com ritmo desigual), ampliaram-se os campos da representação política. Sindicatos, partidos de massas, movimentos sociais, sufrágio universal, expansão dos direitos sociais e de diferentes formas de associativismo acompanharam o desenvolvimento do capitalismo rumo à globalização e à financeirização. O Estado alargou-se ainda mais, ultrapassando os limites tradicionais da democracia representativa liberal (a "democracia mínima"), na medida mesma em que teve de aumentar sua capacidade de resposta a demandas sociais crescentes e diversificadas. Uma das mais importantes consequências disso foi a conversão do Estado em decisivo instrumento de regulação e de organização de políticas públicas, um ente cujas intervenções tornam-se sempre mais permeadas por uma pluralidade de atores e interesses, exigem doses crescentes de conhecimento técnico e materializam-se mediante diferentes organismos e instituições.

Com a "crise" do *Welfare State*, da ordem e da economia mundiais nas últimas décadas do século 20, o Estado sofreu novas inflexões. Tornou-se impossível compreender o complexo fenômeno estatal sem considerar o contexto de reestruturação socioprodutiva, revolução tecnológica, transformação do trabalho e mundialização do capital, das redes de comunicação e dos sistemas de informação. Envolvido por um processo que faz a economia transnacionalizada ser mais forte que a política nacional, o Estado passou a ter de dividir decisões para poder decidir alguma coisa ou a aceitar diretrizes estabelecidas por centros de poder externos a ele. Sua própria soberania reflui, passa a ser tutelada ou regulada pelas estruturas globais de poder ou mesmo pela "lógica" da economia mundial. Os projetos nacionais, com o imaginário que a eles se vincula, ficam dramaticamente travados e só tendem a se viabilizar quando "aceitam" as injunções externas globais, ou mediante diluições deliberadas do nacional, ou por intermédio da reiteração combativa do antagonismo político ou sob a forma de proclamações radicalizadas (fundamentalistas) de autoexclusão.

Tornou-se assim decisivo compreender as novas bases da soberania, a questão do território, as possibilidades de regulação, as novas funções e responsabilidades estatais. Múltiplos espaços transnacionais ultrapassam hoje as fronteiras e o raio de manobra dos Estados nacionais. O policentrismo tornou-se regra, e nele a palavra final não pertence necessariamente ao mercado, ao capital ou ao Estado mais forte, ainda que tudo isso desempenhe funções precípuas. Redes, fluxos, instituições internacionais multilaterais, operações "invisíveis" e organizações não governamentais (redes de informação, crime organizado, lavagem de dinheiro, *hackers*, conexões terroristas, comunidades virtuais, migrações) cercam os Estados, escapam a seu controle e complicam sua ação. Não é por outro motivo que a "governança" (isto é, a capacidade de governar) do sistema internacional e dos Estados se converteu em objeto generalizado de atenção, fazendo par com a já consolidada preocupação com a governabilidade (ou seja, com a capacidade institucional de obter legitimação).

Dinâmicas globalistas, centradas no império do mercado mundial, agravam as contradições da sociedade mundial em que se vive, na qual não há mais isolamento e as experiências se entrecruzam sem cessar. Impulsionado pela revolução da informática e pelo aumento dos intercâmbios comerciais e fluxos econômicos, o mercado evolui como um novo gênero de "irresponsabilidade organizada", uma forma institucional tão impessoal que se torna absolutamente despojada de critério e responsabilidade, inclusive para consigo mesmo. Ninguém pode controlá-lo ou mesmo regulamentá-lo de modo cabal. Desde que não existe um governo global, riscos e problemas do mercado global ficam sem regulação e aumentam a pressão sobre os mercados nacionais. Com isso, os Estados nacionais veem sua soberania, sua identidade, suas redes de comunicação, suas chances de poder e suas orientações sofrerem a "interferência cruzada de atores transnacionais". Uma espécie de ausência de ordem ou de regras vinculatórias eficientes parece acompanhar a constituição da sociedade global. Nesse sentido, "sociedade mundial sem Estado mundial significa uma sociedade que não está politicamente organizada e na qual novas oportunidades de poder e de intervenção surgem para os atores transnacionais, que não possuem a devida legitimidade democrática" (BECK, 1999, p. 58).

A globalização, na verdade, comprime os territórios nacionais e o protagonismo estatal. O fato de ter o capital se mundializado, de se ter um "mercado global" no qual as finanças são verdadeiras soberanias, significa essencialmente que o espaço da economia se converteu em espaço mundial, fazendo com que os processos econômicos não possam mais ser considerados a partir de suas arenas nacionais ou como alcançáveis por regulações e controles nacionais (CHESNAIS, 1996). A vitória dessa economia política produz vítimas e abalos aonde quer que se olhe. O enfraquecimento e a deslegitimação dos Estados – o declínio das "autoridades políticas locais" – faz com que percam força e consistência os princípios e as instituições republicanas, dedicadas, como se sabe, a viabilizar a construção coletiva do bem comum, que a todos obriga, a partir da livre participação e responsabilização de todos. A incerteza e a compressão da política local (nacional) sufocam o republicanismo. Esterilizam o poder de decisão individual, grupal e coletivo, dificultando a resolução dos problemas sociais, o funcionamento da democracia política e a reprodução do contrato social. Forçam os povos a uma espécie de reclusão defensiva, entremeada de rápidas reconfigurações culturais e explosões de múltiplas "identidades de resistência".

O Estado-nação continua a manifestar sua vitalidade como fator de regulação e solidariedade social, mas está sendo, tanto como ideia quanto como organização concreta, violentamente desafiado pela nova dinâmica de agregações, fragmentações, relacionamentos e formas de poder que está modificando o modo de se viver, organizar atividades e instituições, pensar e governar. Os territórios estão relativamente "fora de controle", como se estivessem se mexendo. Há conexões e movimentos de integração, mas o mundo não está ficando mais unido ou homogêneo. Desagregações, rupturas e separações se manifestam com igual importância. A ideia mesma de *poder* se altera: passa a abarcar não mais apenas o poder de um sobre outro, mas também o poder das coisas sobre as pessoas, dos fluxos sobre as previsões, das informações sobre a reflexão, do virtual sobre o concreto, do mundo sobre as nações, dos mercados sobre os Estados – em suma, torna-se algo que está em toda parte, nem sempre é visto e não necessariamente se expressa nas sedes tradicionais, o governo, o Estado, o povo. Os Estados seguem fortes e decisivos, mas estão "menos" soberanos e tendo de compartilhar sua soberania. Recebem sempre mais incentivos para operar como "Estados-rede" que multilateralizam e promovem a cooperação de seus recursos e suas políticas, de forma a tentar responder positivamente ao avanço da globalização. Ao fazerem isso e se tornarem agentes estratégicos em redes globais, porém, os Estados correm o risco de perder capacidade de representação e de resposta às demandas de seus cidadãos (CASTELLS, 1999, p. 159-160).

Como as práticas e as instituições democráticas evoluíram tendo esses Estados como referência, elas ficam subitamente sem chão operacional. Flutuam, por assim dizer, e perdem efetividade, eficácia e legitimidade. O poder efetivo se organiza em algum ponto indeterminado do mundo, ao passo que suas estruturas formais fixam-se, quase inoperantes, nos territórios. Decai a confiança nos governos e no jogo político, no mesmo passo em que aumenta a taxa de autoritarismo e decisionismo da cultura política. A promessa democrático-republicana de uma comunidade política capaz de se autogovernar e se autodeterminar fica bem mais difícil de ser pensada e cumprida.

Hoje, graças a essa evolução e aos diferentes tratamentos teóricos que recebeu, o conceito de Estado incorpora diferentes dimensões. O Estado tornou-se um ente que administra e governa, pratica políticas públicas, cuida do planejamento global, regula a economia capitalista e garante o poder dos grandes proprietários, mas que também atende a parte das reivindicações e necessidades sociais. Se, por um lado, organiza e reproduz o domínio da classe dominante, permitindo-lhe dar prosseguimento à apropriação do excedente, por outro lado é forçado a dirigir os dominados e a buscar seu consentimento, com o que se expõe ao jogo político e, quando for o caso, à competição eleitoral, às pressões da democracia e ao controle social. O Estado reprime e procura neutralizar a contestação dos dominados mediante múltiplas estratégias de fragmentação e desorganização, mas pode ser ele próprio contestado e redirecionado. O conceito atual reúne, assim, o Estado como instrumento de governo, organização e intervenção, e como "ambiente" ético, político e institucional indispensável para o contrato social.

Ver: Administração Pública; Governo; Hegemonia; Poder; Sistema Político; Sociedade Civil

Referências Bibliográficas

BECK, U. *O que é globalização?* Equívocos do globalismo, respostas à globalização. Trad. André Carone. São Paulo: Paz e Terra, 1999.

BOBBIO, N. *Estado, governo e sociedade*. Para uma teoria geral da política. Trad. Marco Aurélio Nogueira. 16. ed. São Paulo: Paz e Terra, 2010.

CASTELLS, M. Para o Estado-rede: globalização econômica e instituições políticas na era da informação. In: BRESSER-PEREIRA, L. C.; SOLA, L.; WILHEIM, J. (Orgs.). *Sociedade e Estado em transformação*. São Paulo: Editora Unesp, 1999. p. 147-171.

CHESNAIS, F. *A mundialização do capital*. Trad. Silvana Finzi Foá e Vito Letizia. São Paulo: Xamã, 1996.

ESPING-ANDERSEN, G. As três economias políticas do *Welfare State*. *Lua Nova: revista de cultura e política*, São Paulo, n. 24, 1991. p. 85-116.

GRAMSCI, A. *Cadernos do cárcere*. Rio de Janeiro: Civilização brasileira, 1999-2002. 6 v.

HABERMAS, J. *A constelação pós-nacional:* ensaios políticos. São Paulo: LitteraMundi, 2001.

OFFE, C. *Problemas estruturais do estado capitalista*. Rio de Janeiro: Tempo Brasileiro, 1984.

WEBER, M. *Economia e sociedade*. Fundamentos da sociologia compreensiva. 3. ed. Brasília, DF: Editora UnB, 1994. 2 v.

______. *Ciência e política*. Duas vocações. 8. ed. São Paulo: Cultrix, 1996.

Estatização/Desestatização

Margret Althuon

Mônica Landi

O conceito de estatização refere-se à presença do Estado na exploração e produção de bens e serviços públicos, de forma direta e indireta, com o intuito de estimular determinadas atividades produtivas, notadamente nas áreas de infraestrutura e de bens intermediários (insumos necessários à produção de outros bens finais).

A partir da Grande Depressão de 1930 até o início da Segunda Guerra Mundial, cresce em importância a intervenção estatal nas economias capitalistas em razão da incapacidade do mercado de atender às demandas da sociedade. Nesse contexto, são questionados os princípios que defendiam o equilíbrio automático nas economias capitalistas, chanceladas pelo pensamento liberal. Em contrapartida, ganham espaço os fundamentos da teoria keynesiana, que, de um lado, pregam mecanismos de transferência de renda, visando garantir as condições mínimas da população, e, de outro, apoiam investimentos públicos em atividades econômicas estratégicas de maneira a incrementar o nível de emprego.

Esse padrão de intervenção, com características específicas a cada país, permitiu ao Estado acumular um patrimônio constituído por um número expressivo de empresas estatais (ativos públicos), que assumem atividades produtivas basicamente relacionadas à infraestrutura, como energia, transportes e telecomunicações, e insumos básicos, com destaque para os setores de petroquímica, siderurgia e mineração.

No caso específico dos países em desenvolvimento, como o Brasil, a presença do Estado nesses segmentos específicos deu-se em resposta à debilidade do capital privado nacional e pela ausência de interesse do capital estrangeiro em avançar seus investimentos, sobretudo, em infraestrutura. O período de maior expressão dessa intervenção situa-se entre a década de 1930 e final dos anos 1970.

Em sentido oposto, a desestatização qualifica uma opção estratégica e instrumental de política pública que visa transferir ativos públicos para o setor privado, sob diversas modalidades.

Sabe-se que o padrão de intervenção estatal, vigente no período posterior à Segunda Guerra Mundial, começou a dar sinais de esgotamento no início dos anos 1970, em decorrência de a maioria dos países capitalistas não ter tido condições de sustentar suas políticas de gastos em áreas sociais e de atividades produtivas. Dentre as alternativas de políticas públicas encontradas para reverter essa situação de crise fiscal, a venda de empresas estatais à iniciativa privada apareceu como uma das opções mais atraentes, pelo fato de permitir a entrada de recursos expressivos aos cofres públicos no curto prazo, e representar, no futuro, uma redução nos gastos correntes.

Essa prática, que ganha espaço no início da década de 1980, insere-se no movimento de difusão de políticas neoliberais no mundo, cuja liderança coube a Margaret Thatcher, primeira-ministra inglesa e forte entusiasta dessas políticas entre os países desenvolvidos.

O conceito de desestatização é, muitas vezes, empregado como sinônimo de privatização. Esse termo é utilizado de forma mais recorrente para designar a alienação de participação acionária, mediante a transferência do controle acionário de empresas estatais ao setor privado, por meio de ofertas públicas. O termo desestatização, porém, contempla ainda outras modalidades, além da mencionada anteriormente, dentre as quais se destacam: a) concessão, permissão ou autorização de serviços públicos; e b) abertura de capital social mediante pulverização de ações.

Na América Latina, por sua vez, programas de desestatização foram implementados, inicialmente, no Chile. Esse instrumento de política fiscal foi largamente difundido pelos organismos multilaterais, em particular pelo Banco Mundial (Bird), e rapidamente incorporado aos programas de ajustes estabelecidos pelos demais países da região.

No Brasil, a desestatização configurou-se em um processo que assumiu três fases distintas. A primeira fase, que se inicia em 1979 e se estende até 1989, caracterizou-se pela venda de um reduzido número de empresas de capital privado que haviam sido incorporadas à carteira do Banco Nacional de Desenvolvimento Econômico e Social (BNDES) em decorrência de seu elevado grau de endividamento. Na realidade, tratava-se muito mais de um movimento de "reprivatização" de empresas de pequeno porte, oriundas de diversos ramos de atividades econômicas.

A segunda fase inicia-se com a posse do presidente Fernando Collor de Mello, em 1990, que instituiu o Programa Nacional de Desestatização (PND) no âmbito de um ambicioso programa de reforma do Estado, de cunho neoliberal, em consonância com a nova configuração da economia mundial. A promulgação da Lei n. 8.031/90 viabilizou, pela primeira vez, a alienação de empresas nacionais de maior porte, pertencentes aos grandes grupos estatais vinculados ao segmento de bens intermediários, tais como: siderurgia (Grupo Siderbrás), petroquímica (Grupo Petroquisa) e fertilizantes (Grupo Petrofértil).

Com a posse do presidente Fernando Henrique Cardoso, em 1995, o processo de desestatização brasileiro entra em sua terceira fase. Nela, amplia-se o alcance do PND para além da simples alienação de empresas estatais, permitindo, também, a realização de licitações para exploração de serviços públicos pela iniciativa privada. Concomitantemente, com a aprovação da Lei n. 8.987/95, foram estabelecidas as condições legais para a exploração desses serviços mediante a concessão, permissão e autorização de uso.

Configuram-se assim, nessa terceira fase, as medidas de concessão, entendidas como delegação da prestação de um serviço público a uma empresa ou consórcio de empresas privadas, por determinado prazo preestabelecido, que poderá ser renovado. Após o prazo da concessão, o objeto da exploração retorna ao poder concedente (União, Estados ou municípios).

No caso das áreas com restrições constitucionais, a aprovação de uma série de Propostas de Emendas Constitucionais (PEC) viabilizou a exploração, pelo setor privado, de atividades de pesquisa, exploração e produção de petróleo (PEC n. 9/95) e gás natural (PEC n. 5/95), em parceria com a Petrobras ou por conta própria. Para o segmento de telecomunicações, a PEC n. 8/95 autorizou a quebra do monopólio estatal no setor, possibilitando a venda das concessionárias estaduais de serviços de telefonia, vinculadas ao Sistema Telebrás. Ademais, a Lei n. 9.295/96 reorganizou certos serviços de telecomunicações, como telefonia móvel celular, de transmissão de sinais por satélite e outros serviços limitados. No setor elétrico, de maneira semelhante, a Lei n. 9.074/95 estabeleceu as novas regras referentes a outorga e concessão dos serviços públicos de energia, bem como às formas de venda desse insumo no mercado nacional, com a participação da iniciativa privada.

Esse conjunto de mudanças nas regras e na organização setorial dos serviços públicos também exigiu, por sua vez, a reformulação das instituições existentes, o que acarretou a criação de um novo arcabouço institucional. Nesse contexto, foram criadas agências reguladoras com a função de normatizar a conduta entre os agentes envolvidos – poder público, prestadores de serviços e usuários –, de maneira a garantir o fornecimento dos serviços com qualidade, diversidade, quantidade e modicidade tarifária, sem comprometer a viabilidade econômica do negócio ou o retorno do investimento realizado.

Ver: Contratualização; Regulação/Agências Reguladoras

Referências Bibliográficas

PRADO, S. R. R. (Org.). *Processo de privatização no Brasil:* a experiência dos anos 1990-92. São Paulo: Fundap/Iesp, mar. 1993. (Relatório de Pesquisa 11.)

VICKERS, J.; YARROW, G. *Privatization:* an economic analysis. Cambridge, MA: The MIT Press, 1998.

VISCUSI, K.; VERNON, J.; HARRINGTON, J. *Economics of regulation and antitrust*. Cambridge, MA: The MIT Press, 1995.

Estratificação Social

Celi Scalon

Lygia Gonçalves Costa

O conceito de estratificação social está imediatamente associado a um processo em que grupos apresentam situações diferenciadas, desiguais e conflituosas, capazes de criar distâncias sociais extremas no interior de uma dada ordem social. Cada sociedade, de acordo com seu nível de riqueza material ou social, aloca seus indivíduos em posições sociais de maior ou menor prestígio. Em um contexto mais geral, a história da teoria da estratificação é, em grande parte, a história dos debates sobre classe, *status* e hierarquias ocupacionais em sociedades industriais avançadas. Os estudos de estratificação buscam descrever os processos e contornos das desigualdades, bem como explicar sua persistência ao longo do tempo.

A análise da estratificação social é transversal a áreas de estudo distintas, tais como raça, gênero, violência, gerações, trabalho e cultura, dentre outras. Ela, no entanto, baseia-se em um único propósito: reconhecer como a sociedade se estrutura e se organiza e quais são os efeitos dessa estruturação ou organização. Nesse sentido, o foco central é o conhecimento da estrutura de posições sociais, que pode ser definida e medida de diversas maneiras. São as oportunidades de alocação nessas posições que indicam o grau de rigidez ou fluidez de uma sociedade, isto é, seu padrão de igualdade nas chances de vida.

Por chances de vida é possível entender tanto a probabilidade de completar um ano de vida, como a probabilidade de não morrer vitimado pelos conflitos cada vez mais frequentes nas grandes metrópoles. Chances de vida podem ser compreendidas como referidas a determinadas situações de classe. Segundo Max Weber (1977, p. 181), "podemos falar de 'classe' quando 1) um número de pessoas tem em comum um componente causal específico de suas chances de vida, na medida em que 2) este componente é representado exclusivamente por interesses na posse de bens e oportunidades de renda, e 3) é representado sob as condições de mercadorias e mercados de trabalho".

Os fatores que incidem sobre essas oportunidades desvendam o sistema de estratificação, sua verdadeira vocação e natureza. Tanto mais igualitário será esse sistema quanto maior for o peso das características adquiridas em comparação com as características adscritas. Assim, quanto menos os fatores e as características demográficas e de origem social pesarem sobre as chances de vida e realização de *status*, mais igualitária será a sociedade. Em oposição, tanto mais injusta será a sociedade quanto mais a herança de classe prevalecer sobre critérios de valor individual.

É possível apontar duas características importantes dos sistemas de estratificação: a rigidez, que pode ser identificada pela persistência das classes, e a cristalização, reconhecida por meio da relação entre o pertencimento a uma classe e os recursos mobilizados, tais como propriedade, educação, rede de relações, e origem, dentre outros. Sistemas estratificados apresentam variações importantes. Algumas dessas variações dependem do grau de especialização dos indivíduos, o que pode influenciar as bases de seleção em certas posições. Outras decorrem de ênfases funcionais. Por outro lado, existem diferenças de posições sociais entre os indivíduos, o que pode ser quantitativamente medido; o grau de oportunidade, criado de acordo com certa igualdade ou desigualdade de recompensas; e, por último, o grau de solidariedade ou de *solidariedade de classe* que pode variar dependendo de critérios como organização ou desorganização de uma classe.

Para o liberalismo clássico, as classes sociais são o resultado natural da competição entre indivíduos com habilidades ou motivações distintas. Nesse sentido, as desigualdades seriam justificáveis, uma vez que na sociedade moderna não existem grupos sociais fechados, tais como nas sociedades de casta ou no feudalismo. Mas de acordo com alguns autores, como Dahrendorf (1959), as divisões na sociedade industrial, baseadas em *skills* (aptidões), acabam por criar uma hierarquia na estrutura ocupacional. A educação se torna o principal mecanismo pelo qual os indivíduos são alocados em posições sociais e as instituições educacionais passam a validar capital humano que se converte em moeda cultural. Apesar da introdução da educação de massa, criaram-se mecanismos por meio dos quais as elites mantêm suas posições de classe (BOURDIEU; PASSERON, 1977).

Tema permanentemente em discussão diz respeito à possibilidade de se pensar em uma sociedade igualitária, sem estratificação social. De acordo com a teoria funcionalista de Davis e Moore (1945), essa é uma meta irrealizável, já que a estratificação surge como "necessidade universal" em qualquer sistema. Estratificações e desigualdades seriam inevitáveis em toda sociedade humana. As desigualdades seriam, dessa forma, funcionais, no sentido de que motivariam os melhores trabalhadores, por exemplo, a preencher as melhores posições na estrutura ocupacional. Para tanto, seria necessário criar um sistema de recompensas (prestígio, renda, poder, propriedade) que estimulasse a competição entre os indivíduos. Muitos foram os críticos dessa teoria, principalmente no que diz respeito às recompensas associadas ao poder (WRONG, 1959; DAHRENDORF, 1959). O argumento é que em um sistema de estratificação em que indivíduos mais privilegiados detenham o poder sobre o sistema de recompensas seria impossível evitar o uso desse poder, tanto para influenciar a distribuição dessas recompensas, quanto para aumentar seus privilégios. Nesse contexto, a distribuição de recompensas refletiria não as necessidades latentes da sociedade como um todo, mas o equilíbrio de poder entre grupos competidores e seus membros (GRUSKY, 1994, p. 13).

Ver: Coesão Social; Exclusão Social; Igualdade; Política Social

Referências Bibliográficas

BOURDIEU, P.; PASSERON, J. C. Reproduction in education, society and culture. Trad. Richard Nice. London: Sage Publications, 1977.

DAHRENDORF, R. *Class and class conflict in an industrial society*. London: Routledge & Kegan Paul, 1959.

GRUSKY, D. *Social stratification:* class, race, and gender in sociological perspective. Boulder: Westview Press, 1994.

WEBER, M. *Class, status, party*. In: GERTH, H. H.; MILLS, C. W. *From Max Weber:* essays in sociology. New York: Oxford University Press, 1977.

WRONG, D. The functional theory of stratification: some neglected considerations. *American Sociological Review*, Washington, DC, v. 24. n. 6, p. 772-782, 1959.

Exclusão Social

Bruno Lazzarotti Diniz Costa

Carla Bronzo Ladeira

Exclusão social tornou-se termo corrente no debate público e na produção acadêmica sobre políticas públicas e políticas sociais, apesar da – ou talvez por causa da – ambiguidade teórica que a noção carrega. Ela denota desde a falta de acesso a um bem, recurso, direito ou serviço, até fenômenos bastante complexos como os que combinam diferentes tipos de privação e assimetrias nas relações entre grupos sociais.

No uso mais próximo ao senso comum, o termo exclusão social é empregado frequentemente como sinônimo de pobreza, de vulnerabilidade, de desigualdade ou mesmo de *status* social ou ocupacional precário, o que dificulta sua consolidação como conceito operacional no debate sobre políticas públicas.

Apesar dessa imprecisão, a noção expressa a incorporação de novos elementos e dimensões na caracterização e explicação da destituição e de seus determinantes nas sociedades modernas. Nenhum conceito, porém, pode ser adequadamente compreendido fora dos contextos teóricos em que se insere, e a ideia de exclusão social assume conteúdos ou ênfases distintas de acordo com as diferentes abordagens teóricas.

Em um primeiro sentido, mais básico e, por isto, mais operacional, exclusão social denota uma situação de privação que combina de diferentes maneiras as seguintes condições:

- multidimensionalidade (renda baixa sobreposta a escolaridade baixa, falta de acesso a condições habitacionais, a políticas sociais básicas, a seguridade social; desemprego ou empregos precários);
- intensidade (situações de privação intensa, não superáveis, ainda que amenizadas por benefícios ou intervenções de caráter emergencial ou complementar); e
- persistência ou longa duração (para distinguir de situações de flutuação provisória nas condições de vida), frequentemente incluindo um aspecto de transmissão intergeracional.

É noção bastante assemelhada à de pobreza crônica, que durante as décadas de 1970 e 1980 frequentou os debates sobre a privação.

A incorporação do conceito tem implicações sobre as políticas e os programas sociais. O destaque dado à sobreposição, permanência e intensidade de diferentes vetores da destituição tende a estimular políticas ativas e moderadamente intersetoriais que procuram, de um lado, ampliar e adensar a oferta de bens e serviços públicos aos destituídos e, de outro, superar ou minimizar os obstáculos ocasionados pelo isolamento, pela assimetria de informação, pela baixa capacidade de demanda ou de vocalização, dentre outras causas, sobre o acesso efetivo de pessoas, grupos ou regiões às políticas e aos serviços.

Um segundo sentido do termo exclusão social, um tanto mais sofisticado, considera os elementos acima, mas as ênfases das análises e das intervenções são diferentes. São enfatizados: (a) coletividades (grupos, setores ou regiões), em lugar de indivíduos; (b) o relacionamento e o recíproco reforço entre as diferentes dimensões, bem como os mecanismos por meio dos quais a interação entre essas dimensões produz a exclusão social; (c) dinâmicas ou processos que produzem ou reproduzem a exclusão ou promovem ou impulsionam sua superação.

O foco ainda está na privação material e nas consequências da privação sobre as condições de acesso e utilização de políticas e serviços públicos. Mas, ao ressaltar processos e trajetórias, bem como relações e mecanismos de interação entre diferentes âmbitos de privação ou destituição, essa abordagem privilegia as consequências para a estratégia de enfrentamento. O combate à exclusão implicaria estratégias e gestão mais complexas. Trata-se não apenas de adensar a oferta e o acesso a bens e serviços públicos, mas de coordenar e combinar os diferentes setores da política, de maneira a que possam constituir ou reforçar mecanismos e trajetórias que promovam, impulsionem ou consolidem a superação da exclusão.

Tal abordagem, portanto, é bem mais intensamente intersetorial que a anterior e, por isso, mais exigente em termos de desenho, gestão e capacidade institucional. Requer mudanças nos processos de planejamento e nas agendas de diferentes setores, bem como rotinas de decisão e monitoramento mais articuladas e intensivas. Por isso mesmo, tende a ser adotada mais pelos níveis locais de governo, constituindo as chamadas políticas de proximidade.

Essas condições implicam restrições significativas para a implementação de políticas e programas, principalmente considerando a limitada capacidade institucional e a tendência à especialização que marcam as políticas sociais. Além das dificuldades em termos de desenho e gestão, os programas tendem a gerar conflitos políticos e institucionais, já que requerem mudanças na alocação de recursos, na autonomia decisória dos órgãos e, eventualmente, nas relações internas de poder dentro do Executivo. Portanto, se, em termos de concepção, essa visão sobre a exclusão social pode gerar modelos mais potentes de enfrentamento, os desafios para sua implementação e gestão podem limitar o alcance das iniciativas ou desviar os esforços institucionais, conferindo centralidade excessiva à decisão e à gestão, em detrimento dos elementos mais substantivos da política/programa ou de sua implementação efetiva na ponta do atendimento.

Em um terceiro sentido, de inspiração mais sociológica, exclusão social designa um processo, ou uma situação de desfiliação social. A destituição material, nos termos descritos antes, é bastante importante como determinante da exclusão, mas não é a própria exclusão. Nessa acepção, exclusão designa o enfraquecimento ou a ruptura de um conjunto de laços sociais que conectam determinados grupos à "sociedade" mais ampla; é, portanto, uma situação de isolamento social. Parece bastante claro que essa abordagem é tributária da noção de anomia, cara à sociologia francesa, e que designa um problema de integração social de grupos ou indivíduos. Desse ponto de vista, tão ou mais graves que a privação material são os mecanismos que a produzem e suas consequências não materiais:

• as relações sociais estabelecidas por esses grupos. Os excluídos têm pouco capital social, ou seja, suas redes de relações sociais mais horizontais incluem basicamente outros excluídos, o que limita fortemente o papel das redes de circulação de informações, recursos e oportunidades, vocalização de interesses e demandas, mobilização e ação coletiva, ajuda mútua etc.;

• as relações hierárquicas com os não pobres. As relações entre "excluídos" e "incluídos", na maioria das vezes, envolvem assimetrias de poder, *status* e expectativas, produzindo ou reproduzindo a subordinação ou a passividade. As relações com os agentes públicos – professores, médicos, assistentes sociais, por exemplo – tendem a reforçar o padrão não cidadão e não igualitário de relação social e a estigmatização dos excluídos; e

• os valores, orientações e atitudes. Ao mesmo tempo constitutivos, causa e consequência dos processos anteriores, esse componente da exclusão social relaciona-se com atitudes pouco favoráveis à mobilização ou superação das condições de destituição: baixas expectativas em relação a suas possibilidades, levando a aspirações limitadas; baixa autoestima, acarretando tolerância e submissão etc.

Existem ainda outros agravantes. Por exemplo, há um forte viés de gênero na exclusão social, que acarreta para as mulheres um ônus ainda mais desproporcional. Em várias sociedades, como na brasileira, manifesta-se um viés étnico, pois dada a trajetória de racismo e discriminação, a cor (e eventualmente o tipo de cabelo ou outros traços), interagindo com as outras características, funcionam como "sinais" de pertença aos grupos excluídos, agravando o efeito dos fatores acima levantados.

Tal perspectiva põe em relevo que as dimensões relacionais e atitudinais da exclusão social – isolamento social, baixo capital social, hierarquização e submissão, baixa autoestima e expectativas, aspirações limitadas etc. – interagem com as dimensões materiais, contribuindo para sua perpetuação, reprodução ou mesmo agravamento. Desse ponto de vista, a eficácia de longo prazo e a sustentabilidade de políticas sociais ou outras intervenções organizadas estritamemente em torno da provisão pública de bens e serviços seriam comprometidas ou limitadas pelas dimensões sociais elencadas, que constrangeriam a capacidade para acessar ou utilizar produtivamente os recursos ou oportunidades disponibilizados. Mesmo no caso em que os excluídos conseguem acessar políticas e benefícios haveria forte tendência ao estabelecimento de relações de dependência, de oportunismo ou de clientela entre os beneficiários e as políticas, comprometendo os objetivos de autonomia e de cidadania implícitos nas políticas sociais.

Esse enfoque tem sido, de maneira mais sistemática ou mais intuitiva, bastante influente em diversos modelos de política pública, principalmente no plano local. Parece claro que sua operacionalização em termos de políticas e programas é ainda mais exigente em termos de planejamento e capacidade de gestão. Além dos desafios elencados anteriormente, políticas de combate à exclusão teriam de dar atenção aos implementadores de ponta de linha, já que a relação entre técnicos e beneficiários é crucial para a construção de atitudes e valores mais propícios à organização social, iniciativa e resiliência. Recrutamento, formação e motivação de técnicos e gerentes de ponta também é item que a estratégia tem de contemplar.

Pelo menos três controvérsias cercam essa abordagem da exclusão social. De um ponto de vista mais teórico, a dificuldade está associada ao caráter pouco parcimonioso do conceito utilizado. Apesar de postular relações bastante plausíveis entre dimensões e fenômenos e considerar resultados de estudos de caso e a percepção de muitos gestores e técnicos, essa abordagem acaba tendo de lidar com um conjunto muito grande e diverso de variáveis e relações. Em parte por isso, ao contrário de outras abordagens, essa concepção de exclusão social enfrenta dificuldades para propor um modelo mais generalizável que descreva que dimensões e aspectos são relevantes e como interagem em diferentes contextos. Sem isso, perde a capacidade de caracterizar, dimensionar e explicar a exclusão social, sua reprodução e sua superação.

A produção a partir desse conceito tende a dividir-se entre formulações muito abstratas – mais frequentemente genéricas – e pouco operacionais do conceito ou, em outro extremo, concentra-se em estudos de caso bastante circunscritos, ainda que muito ricos, de políticas, regiões ou grupos muito específicos. Cria-se uma situação, portanto paradoxal: do ponto de vista conceitual, a abordagem é, aparentemente, bastante persuasiva, no entanto, dado seu caráter pouco sistemático e pouco operacional, sua utilidade e sua utilização no planejamento e na avaliação de políticas de maior envergadura são bem mais limitadas.

Em um plano menos conceitual, a ênfase dos estudos tem sido bastante unidirecional, ou seja, procura-se analisar como as dimensões mais sociológicas – menos tangíveis ou psicossociais – produzem, reproduzem e agravam a destituição material. Particularmente, procura-se avaliar como essas condições limitam, reduzem e constrangem a eficácia ou a sustentabilidade das políticas sociais. Entretanto, bem menos ênfase recebe a análise da outra direção de causalidade. Por exemplo, deve-se avaliar se e em que medida a definição das mulheres como beneficiárias de programas sociais altera as relações de gênero; se e em que medida o recebimento de um benefício, regular e previsível, que reduz a volatilidade da renda dos mais pobres, abre espaço para o alargamento do horizonte temporal nas decisões e no planejamento da própria vida, ampliando aspirações e aumentando a autonomia. Em um plano mais amplo das relações sociais, pode-se questionar em que medida o acesso não mediado politicamente a benefícios ou serviços enfraquece redes tradicionais de clientela assentadas no controle político de benefícios públicos seletivos; ou ainda, em que medida a garantia de um mínimo material de sobrevivência previsível pode representar, para um dado cidadão, uma alternativa à superexploração ou a uma assimetria aviltante de poder no mercado de trabalho, alterando o balanço de poder desses grupos.

Finalmente, a ênfase em dimensões não materiais, nas interações familiares, valores, atitudes e disposições também coloca questões sobre os limites para a intervenção do Estado em dimensões mais privadas e íntimas da vida social, para além dos casos mais extremos, como violência doméstica ou abuso sexual.

De qualquer modo, a proposição geral dessa abordagem, ainda que não consolidada, tem o importante mérito de transcender o caráter excessivamente economicista e "alocativo" que tem assumido o debate sobre a desigualdade e sobre as políticas sociais, trazendo novamente para o centro da discussão o fato de que as políticas sociais não tratam apenas de alocar insumos, mas representam antes sistemas de ação, que operam em contextos social, cultural, política e institucionalmente estruturados. A relação entre a provisão pública e os resultados produzidos (ou não) é mediada pelas relações sociais, valores, recursos organizativos e trajetória prévia das coletividades com as quais interagem. Tem ainda o mérito de enriquecer a agenda de pesquisa da área, colocando novos problemas para formuladores e pesquisadores de políticas.

Ver: Estratificação Social; Igualdade; Indicadores Sociais; Política Social; Vulnerabilidade

Referências Bibliográficas

CARNEIRO, C. B. L. *A pobreza como desafio para o conhecimento e para as políticas públicas*: exclusão, vulnerabilidade e os desafios das políticas locais de proteção social. 2005. 335f. Tese (Doutorado em Ciências Humanas) - Faculdade de Filosofia e Ciências Humanas, Universidade Federal de Minas Gerais, Belo Horizonte, 2005.

CASTEL, R. As transformações da questão social. In: BELFIORE-WANDERLEY, M.; BÓGUS, L.; YAZBEK, M. C. (Orgs.). *Desigualdade e a questão social*. São Paulo: Educ, 2000. p. 17-50

GOMÀ, R.; BRUGUÉ, Q. Nuevos modelos de gestión y organización pública. *Autonomies. Revista Catalana de Derecho Público*. Barcelona, n. 18, p. 207-229, jul. 1994.

HOLZMANN, R.; JØRGENSEN, S. *Manejo social del riesgo:* un nuevo marco conceptual para la protección social y más allá. Washington: Banco Mundial, 2000. (Doc. de trabajo n. 0006.)

NOGUEIRA, R. M. *Los proyectos sociales:* de la certeza omnipotente al comportamiento estratégico. Chile: Cepal, 1998. (Serie Políticas Sociales, 24.)

RACZYNSKI, D. La crisis de los viejos modelos de protección social enamorica Latina: nuevas alternativas para enfrentar la pobreza. In: TOKMAN, V. E.; O´DONELL, G. (Orgs.). *Pobreza y desigualdad en America Latina:* temas y nuevos desafios. Buenos Aires: Paidos, 1999.

SOJO, A. Vulnerabilidad social, aseguramiento y diversificación de riesgos en América Latina y el Caribe. *Revista de la Cepal*, Santiago, n. 80, p. 121-140, 2003.

Família/Familismo

MARCELO CASTAÑEDA

O termo família remete a "um processo de articulação das trajetórias de vida de seus membros, que se constrói e se reproduz no contexto das relações de classe, étnicas e de gênero" (NUNES, 1996, p. 8). Uma estrutura familiar representa uma esfera de reprodução da ordem social hegemônica e de socialização na medida em que aglutina interesses individuais e coletivos. O espaço familiar pode ser visto, assim, como um lugar de produção de normas e valores transmitidos em um cotidiano regulado por uma concepção social sobre seu papel.

Durante o século 19, a família aparece – entre o Estado e o indivíduo – como o grupo da sociedade civil encarregado de tarefas relacionadas com a saúde, a socialização e a transmissão de valores. No entanto, o tema família apresenta uma complexidade que vem sendo realçada, por exemplo, com o destaque do seu papel de agente ativo, capaz de promover mudanças sociais e facilitar a adaptação de seus membros a novas condições econômicas (FELDMAN-BIANCO, 1993).

As políticas públicas são mecanismos de intervenção do Estado na sociedade, capazes de configurar processos de interdependência entre o Estado e os diferentes conjuntos e subsistemas sociais, como a família. Esses processos geram coesão social, mas demandam que o Estado desenvolva mecanismos de regulação das situações de conflito e diferenciação social, surgidas quando os diferentes conjuntos e subsistemas sociais apresentam lógicas incompatíveis entre si. Com isso, "a base de sustentação de uma ordem maior – papel definitivo da instância estatal – se complementa assim na conformação micro da sociedade, manifesta na unidade familiar" (NUNES, 1996, p. 7).

Por um lado, o processo de "modernização" da estrutura da família – secularização, individualização, heterogeneidade social, mudança no *status* da mulher e declínio do apoio da comunidade à vida familiar – decorre ou provoca uma crise nas lógicas de reprodução da família. Por outro, a mudança paradigmática do papel do Estado – estratégias neoliberais dos anos 1980/1990, redefinição do seu papel protetor das classes populares e queda na qualidade de vida material – teve como contraponto a emergência de novas formas de solidariedade, inclusive na esfera familiar, caracterizando uma transferência de responsabilidades do Estado.

Um ponto comum dos estudos sobre família no Brasil é que a família representaria a base da organização social. No entanto, na formulação de políticas públicas deve haver uma contextualização das mudanças nas "famílias" brasileiras, considerando as diferenciações econômicas, culturais e raciais, bem como as mudanças nas relações de gênero.

Nunes (1996) enfatiza a importância de analisar a família como um fenômeno que articula os níveis individual e coletivo, condicionado por fatores culturais. Uma análise no nível cultural possibilita entender as ambiguidades e tensões presentes nas mudanças das famílias, que são múltiplas e diversas. Não é possível definir um movimento único e geral, pois são lógicas familiares distintas, a conviver em uma mesma sociedade.

Historicamente, entretanto, a família tem sido definida a partir de suas funções. No Brasil colonial, as funções políticas, econômicas e de representação social eram exercidas pela família, além das reproduções biológica e cultural, ainda hoje a ela associadas. Com isso, de forma preponderante, pelo menos até os anos 1930, desenvolveu-se um processo que pode ser definido como familismo, seja pela predominância de certas famílias na esfera pública e no cenário político, seja pelo uso do Estado em benefício dessas famílias. Esse processo continua se manifestando nos dias de hoje, tendo em vista que as famílias ainda constituem uma forte influência política preponderante em certas regiões, como Norte e Nordeste, e em cidades brasileiras, em especial nas de menor porte.

A família mantém-se desempenhando funções de reprodução, biológica e social, bem como de construção de identidade.

As políticas públicas sempre contemplaram a reprodução biológica: no passado, pelo incentivo à natalidade ou à formação de famílias numerosas; no presente, pela promoção do planejamento familiar, mesmo que deficiente. A reprodução social, que contempla as dimensões material e simbólica, também é objeto de interesse das políticas públicas que pretendem amparar as famílias em suas necessidades materiais: seja pela complementação de renda, seja pela distribuição de bens (alimentos, medicamentos, gás etc.), por vezes vinculados à participação em programas sociais que promovem valores familiares e sociais, relacionados, sobretudo, à saúde e à educação.

A dimensão identitária é contemplada, pelo menos em termos legais, pela valorização da manutenção do vínculo familiar e, mais recentemente, pelo enfretamento da questão da violência doméstica e familiar. A família é o espaço no qual, em princípio, a disponibilidade de amor gratuito e incondicional alimenta a construção e descoberta do "eu" nas diferentes etapas da vida. Com isso, a produção de identidade torna-se a função central e quase exclusiva da família, tendo em vista que nas demais funções suas tarefas são compartilhadas com o Estado.

As diferentes políticas públicas sinalizam propostas de sociedade e modelos de família diversificados. Nos anos 1930, por exemplo, a preocupação prevalecente era com a formação da família para a construção de identidade e nação (FONSECA, 2001). A família era percebida como espaço de reprodução biológica e cultural, sendo importante para avaliar a participação e a predominância de cada etnia na composição da nação. O foco das políticas públicas passou a ser a reprodução humana, com ênfase nas condições para gerar e educar uma prole saudável, incentivando a formação de famílias com filhos. Nessa época, tem-se o saneamento da habitação; o estímulo à construção de casas individuais com dormitórios isolados para garantir um ambiente moral; os exames pré-nupciais e as propostas de leis que impediam casamentos eugenicamente indesejáveis, colocando a sexualidade a serviço da nação, para ter-se uma "descendência saudável"; a regulamentação do trabalho feminino e a educação das mulheres, fomentando o modelo tradicional de divisão do trabalho.

Atualmente, o foco deslocou-se para a associação entre combate à pobreza e família, mediante políticas de transferência de renda. O debate iniciado nos anos 1970 volta-se para a concentração de renda na sociedade brasileira e a necessidade de redistribuição, culminando em propostas que enfatizam os programas sociais focados em famílias pobres com filhos em idade escolar. Com isso, a habilitação para a proteção social voltou a vincular-se ao pertencimento a determinado tipo de família, caracterizando um retrocesso. A tensão entre ter direito a uma renda como princípio de cidadania ou depender da solidariedade familiar serve muito bem para refletir sobre os limites entre os direitos individuais e a privatização das responsabilidades pelo Estado de bem-estar social, com base nos vínculos familiares.

Cada vez mais as políticas públicas são vinculadas à aquisição de direitos. Itaboraí (2005) assinala a necessidade de enfatizar as mudanças nos direitos referentes a questões envolvendo família. Da mesma forma que a definição de políticas públicas que contemplam as famílias envolve o reconhecimento legal da existência das entidades familiares, a mudança das definições jurídicas é parte integrante das mudanças no imaginário social, alimentando novos modelos de família reconhecidos como legítimos.

A legislação brasileira tem evoluído ao reconhecer a diversidade de formas familiares – *vide* o reconhecimento da união estável como entidade familiar ou a Lei do Divórcio, de 1977 – e as variações das responsabilidades familiares sobre as crianças – em especial, com a criação do Estatuto da Criança e do Adolescente, em 1990.

As políticas públicas ainda não são compatíveis com os tipos de família reconhecidos nas leis e na jurisprudência, nem com aqueles construídos no imaginário social de individualidade e igualdade. Porém, o reconhecimento legal é um passo importante, se não o primeiro, para permitir a implantação de políticas públicas em uma perspectiva de cidadania como direitos assegurados, em vez de caridade estatal que varie conforme os valores e modelos de família apreciados por cada governo. Trata-se de uma forma de garantir a estabilidade das políticas públicas para a família numa sociedade democrática, de forma que sejam condizentes com os valores de nossa época.

Podem ser feitas duas leituras da relação entre família e Estado (ITABORAÍ, 2005). De um lado, a ação do Estado mostra-se "invasiva" e tolhe, em parte, a legitimidade e os valores particulares. De outro, torna-se instrumento de emancipação dos indivíduos. Dessa tensão entre sustentação e controle, entre direito à proteção e direito à privacidade, podem surgir políticas públicas que assegurem direitos individuais a crianças, idosos e mulheres, corrigindo a vulnerabilidade social, que é diferenciada, sem romper com a solidariedade familiar.

Ver: Coesão Social; Feminização; Organizações

Referências Bibliográficas

FELDMAN-BIANCO, B. Capitalismo e família: os pequenos burgueses. In: ARANTES, A. A.; CORRÊA, M.; FELDMAN--BIANCO, B. (Orgs.). *Colcha de retalhos*: estudos sobre a família no Brasil. 2. ed. Campinas: Ed. Unicamp, 1993. v. 1, p. 137-158.

FONSECA, A. M. M. *Família e política de renda mínima*. São Paulo: Cortez, 2001.

ITABORAÍ, N. R . A proteção social da família contemporânea: reflexões sobre a dimensão simbólica das políticas públicas no Brasil. In: SEMINÁRIO AS FAMÍLIAS E AS POLÍTICAS PÚBLICAS, 2005. Belo Horizonte. *Anais*... Belo Horizonte: Abep, 2005. Disponível em: http://www.abep.nepo.unicamp.br/docs/anais/outros/FamPolPublicas/NathalieItaborai.pdf. Acesso em: 30 ago. 2011.

NUNES, B. F. *Família e socialização*: elementos de um debate teórico. Brasília, DF: Departamento de Sociologia da UnB, 1966.

Federalismo

Daniel Arias Vazquez

A melhor maneira de definir federalismo é compreendê-lo como uma forma política pela qual o Estado se organiza para exercer suas funções, capaz de combinar a centralização política exercida por um governo central com a descentralização, na qual os governos locais são responsáveis pelo financiamento e oferta de bens e serviços públicos. No sistema federativo, o Estado pode organizar-se de maneira a compartilhar essas responsabilidades entre governos central e regional, sendo as competências fiscais distribuídas entre os diferentes níveis de governo independentes entre si e autônomos em suas respectivas jurisdições.

Na lógica de sistema, as partes formam um todo organizado. Pressupõem-se autonomia política dos governos locais em relação ao governo central e vice-versa, e as competências são distribuídas entre os níveis de governo e definidas pela Constituição, onde se estabelece a estrutura do federalismo dos países, que não pode ser alterada por outro tipo de legislação.

O sistema federativo encontra justificativas teóricas formuladas por correntes políticas e econômicas bastante distintas, visando promover equilíbrio entre eficiência e democracia nas decisões governamentais. De um lado, a centralização possibilita economias de escala, uma vez que o custo médio de oferta diminui quanto maior o número de beneficiários, adequando-se a um nível ótimo de serviços para um tamanho ótimo de consumidores (cidadãos). De outro lado, a descentralização fiscal se apoia na visão tocquevilliana de que a proximidade dos governos locais torna-os mais responsivos às preferências dos cidadãos, já que eles possuem informações mais precisas sobre essas preferências e seus custos, garantindo maior correspondência entre a oferta dos bens públicos e as demandas da sociedade.

Para a teoria do bem-estar econômico (*welfare economics*), a questão central no federalismo é determinar as competências das diferentes esferas de governo sobre o gasto e a tributação, visando definir quais funções fiscais devem ser centralizadas ou descentralizadas, na expectativa de que essa decisão amplie a eficiência do setor público, sem sobreposição de ações dos diferentes níveis de governo.

Essa concepção assume que as relações federativas são cooperativas, isto é, as competências específicas para cada esfera de governo são definidas sem que haja competição entre elas na oferta dos bens públicos, nem vertical (entre diferentes níveis de governo), nem horizontal (com disputa entre os entes federados na provisão e arrecadação de tributos). Segundo a *welfare economics*, a atuação do governo central deve ser centrada na garantia da estabilidade econômica e nas políticas redistributivas, ou seja, o nível central responde pelas funções distributiva e estabilizadora, já as competências alocativas devem ser compartilhadas no sistema federativo.

Oates (1999) afirma que os governos locais devem ser responsáveis pela provisão dos bens públicos, quando os efeitos das políticas estejam limitados às suas respectivas jurisdições (ausência de externalidades) e sempre que haja escalas mínimas para a oferta local. Para Musgrave e Musgrave (1980), a provisão dos bens públicos deve considerar a limitação espacial dos benefícios, e cada jurisdição deve fornecer aqueles serviços cujos benefícios ocorrem dentro de seus limites. Assim, quando os benefícios podem ser internalizados e quando existem escalas mínimas, os bens públicos devem ser ofertados localmente, pois a provisão local permite melhor adequação às preferências das diferentes comunidades. Em suma, a *welfare economics* prevê que o nível maior de governo assuma as funções distributivas e estabilizadoras, enquanto os governos locais têm preferência na função alocativa.

De corte mais liberal, a teoria da escolha pública (*public choice*) assume o federalismo como a melhor forma de organização dos governos, capaz de assegurar a oferta ideal dos bens públicos e o tamanho ótimo do Estado, com os governos locais atuando com autonomia e compondo um mercado competitivo na atração de recursos, o que levaria à eficiência alocativa.

Para a *public choice*, o federalismo competitivo promove a eficiência econômica, pois permite, de um lado, que os indivíduos escolham seus governos, conforme a cesta de bens públicos e o nível de tributação mais adequados às suas preferências; por outro lado, os governos locais teriam estímulos para atrair pessoas/investimentos (receitas) e atingir um tamanho ótimo (escala) de forma a reduzir o custo médio unitário dos bens públicos, quando o benefício marginal experimentado no consumo iguala o custo marginal gerado por um consumidor (cidadão) adicional.

No estudo clássico de Tiebout (1956), a oferta dos bens públicos fica a cargo do menor nível de governo, os quais teriam um padrão de gasto definido, cabendo aos cidadãos buscar a comunidade local que melhor atendesse às suas preferências, através da migração e, com isso, os cidadãos teriam a chance de se proteger contra o confisco do governo. Nesse modelo, as preferências dos consumidores de bens públicos são reveladas através do espaço e os cidadãos "votam com os pés".

Para Buchanan (1995), o federalismo é um mecanismo de proteção dos cidadãos contra o potencial de exploração inerente às esferas de decisão políticas. O autor afirma que as relações de mercado não tendem à exploração, pois são voluntárias e oferecem alternativas de escolhas por meio da competição. Nesse sentido, o federalismo emerge diretamente da analogia com o mercado, dotando a esfera política de elemento competitivo, o que limita o governo na extração de mais-valor dos cidadãos (Buchanan, 1995, p. 21). O autor constrói o conceito de federalismo competitivo, segundo o qual não deve haver restrições do governo central à autonomia dos governos locais. Portanto, a *public choice* defende a descentralização plena como instrumento de defesa da sociedade, com os governos locais atuando com ampla autonomia e compondo um mercado competitivo, o que levaria à eficiência alocativa.

Por fim, a teoria neoinstitucionalista (*new-institutionalism teory*) coloca no centro da análise as instituições que estão por trás das ações do mercado e do Estado, ou seja, tanto a eficiência dos mercados como a efetividade da política dependem dos desenhos definidos para garantir o bom funcionamento de ambos. Segundo Wiesner (1997), trata-se de elaborar regras e incentivos claros e previsíveis para orientar as escolhas racionais dos agentes e que levem ao alcance dos objetivos coletivos traçados. No limite, isso significa criar incentivos seletivos (negativos/positivos), capazes de ensejar a cooperação entre agentes racionas (empresas, indivíduos e governos).

Weaver e Rockman (1993) criticam os resultados observados no federalismo competitivo em função da baixa escala e da sobreposição de competências. Além disso, os autores afirmam que a gestão descentralizada (e autônoma) das políticas públicas tenderia a tornar mais difícil a coordenação nacional das mesmas. Sem essa coordenação, a descentralização pode acentuar as disparidades regionais de riqueza e renda, pois os territórios com maiores bases tributárias poderiam adotar uma política de redução de impostos e um padrão de gasto mais voltado às camadas mais ricas. As necessidades das localidades mais pobres, por sua vez, exigiriam mais recursos, justamente onde a base tributária e a capacidade de arrecadação são menores, retomando pressupostos da *welfare economics* que já colocavam a função distributiva no governo central.

As análises institucionalistas, por sua vez, não defendem a provisão centralizada dos bens públicos, mas sim um papel regulador do governo central, por meio de regras e incentivos fornecidos aos governos locais, isto é, por meio de instituições que regulem os comportamentos dos governantes locais para que suas ações estejam em consonância com os objetivos traçados centralmente.

Apesar de ressaltar a importância da regulação federal para coordenar esforços dos governos locais na execução de políticas descentralizadas, não é possível definir um modelo ideal de instituições (regras e incentivos) necessárias para a coordenação federativa, ou seja, não existe uma receita pronta, diferente dos pressupostos normativos das duas teorias citadas antes. Em suma, a combinação entre diretrizes definidas centralmente e políticas executadas localmente é destacada nas análises institucionalistas, onde a execução local deve ser norteada por uma regulação do governo central.

Ver: Coordenação Federativa; Regulação Federal

Referências Bibliográficas

BUCHANAN, J. M. Federalism as an ideal political order and an objective for constitutional reform. *The Journal of Federalism*, Oxford, v. 25, n. 2, p. 19-27, 1995.

MUSGRAVE, R. A.; MUSGRAVE, P. B. Finanças públicas: teoria e prática. São Paulo: Campus/USP, 1980.

OATES, W. An essay on fiscal federalism. *Journal of Economic Literature*, Nashville, Kansas, v.27, p. 1120-1149, set. 1999.

TIEBOUT, C. M. A pure theory of local expenditures. *The Journal of Political Economy*, Chicago, v. 64, n. 5, p. 416-24, 1956.

WEAVER, R. K.; ROCKMAN, B. A. *Do institutions matter?* Washington: Brookings Institution, 1993.

WIESNER, E. La economía neoinstitucional, la descentralización y la gobernabilidad local. In: AGHON, G.; EDLING, H. *Descentralización fiscal en America Latina*: nuevos desafios y agenda de trabajo. Santiago: Cepal, 1997.

Feminização

Geraldo Di Giovanni

Luísa Valentini

Em um sentido estatístico descritivo, o termo feminização (ou feminilização) refere-se ao aumento da participação de mulheres em uma população qualquer. Quando nos referimos, por exemplo, à feminização da profissão médica, estamos usando esse sentido. Também o fazemos quando nos referimos ao aumento da proporção de mulheres na população total de um país, de uma cidade, de um Estado, de um grupo de estudantes, e assim por diante.

Dos fenômenos relativos à feminização no mundo contemporâneo, o que mais tem chamado a atenção dos estudos de política pública são aqueles que se dão no mundo do trabalho. O século 20, de fato, presenciou incrível crescimento da participação das mulheres nos mercados de trabalho em quase todos os países ocidentais. Exatamente por esse fato é que as questões relativas à feminização ganharam outro sentido, mais qualitativo, que se refere aos modos de vida na sociedade contemporânea.

Feminização, desse ângulo, comporta também um olhar relativo ao modo feminino de ser, de trabalhar, de educar filhos, de zelar e prover famílias, de tal modo importante, que passa a constituir-se em objeto de políticas públicas. Significa, nesse sentido, o crescimento da importância qualitativa da mulher na vida social das sociedades democráticas. O mundo do trabalho e, por consequência, todos os ambientes externos ao âmbito doméstico tornam-se, pouco a pouco, mais femininos.

Feminização, nessa acepção, é um fenômeno social extremamente controverso. De um lado, argumenta-se que a expansão do universo feminino para além do âmbito doméstico é testemunho de um processo de democratização ou de ampliação da justiça social. De outro, o fenômeno é visualizado como um processo de "masculinização" da mulher, uma vez que esta começa a desempenhar um grande conjunto de papéis tradicionalmente destinados aos homens.

O aumento da participação da mulher nos mercados de trabalho faz com que, de fato, ela passe a assumir papéis outrora masculinos. Embora o reconhecimento social não contemple essa nova situação como uma situação de igualdade, paulatinamente os indicadores tendem a equalizar-se. Ainda que exista grande diferença entre salários médios de homens e de mulheres para o exercício das mesmas funções, essa diferença tende lentamente a diminuir.

O que o conjunto das políticas públicas dedicadas às questões de gênero ainda não tem resolvido, além da problemática dos direitos da mulher, é a questão da simultaneidade do trabalho doméstico e do trabalho submetido aos mercados, tanto formal quanto informal, devida ao fato de, na maior parte das famílias, os homens não compensarem as horas de produção mercantil despendidas pelas mulheres, realizando eles mesmos o trabalho doméstico. Essa sobrecarga do trabalho feminino tem como consequência, do ponto de vista da política pública, impactos negativos sobre os cuidados com a infância, tradicionalmente consagrados como trabalho feminino. Tal situação já tem levado os *policy-makers*, notadamente os europeus, a propor políticas que visam a uma "feminização" do trabalho masculino, como por exemplo a licença-paternidade estendida.

Uma segunda consequência, desse ponto de vista, é que tem surgido uma revisão dos princípios que norteiam as atuais políticas de proteção à família, que passam a ter como objetos privilegiados, além da questão do trabalho feminino, as situações de ausência masculina – muito grave em alguns países – e o exercício, pela mulher, da chefia da família.

Ver: Família/Familismo; Gênero; Política de Emprego; Políticas para Infância e Adolescência; Política Social

Referências Bibliográficas

ESPING-ANDERSEN, G. Famille et révolution du rôle des femmes. In: ESPING-ANDERSEN, G; PALIER, B. (Eds.). *Trois leçon sur l'État-providence*. Paris: Seuil, 2008. p. 19-58.

HIRATA, H. *Nova divisão sexual do trabalho?* Um olhar voltado para a empresa e a sociedade. São Paulo: Boitempo, 2002.

Fidelidade Partidária

Maria do Socorro Sousa Braga

A fidelidade partidária está no cerne das relações entre representado/representante e partido político em sistemas políticos democráticos. A discussão sobre sua natureza e amplitude tem lugar importante nas controvérsias sobre a eficácia e o poder das organizações partidárias nas democracias representativas contemporâneas. Contudo, há certo consenso entre os estudiosos de que os partidos políticos continuam responsáveis tanto por manter a governabilidade democrática e a representação dos diversos interesses sociais como pela estruturação da competição eleitoral. Quanto ao último aspecto, os partidos são avaliados em relação à sua capacidade para oferecer aos eleitores alternativas políticas distintas suficientes para orientar a decisão eleitoral, o que redunda na construção de lealdades partidárias ao longo da experiência política democrática. Dentre outros elementos, a visibilidade das propostas dos partidos na competição eleitoral, a contínua participação nas eleições, a continuidade dos seus membros e a construção de uma imagem política constituem a base para o desenvolvimento da fidelidade de membros e eleitores.

Fidelidade partidária pode ser entendida como a filiação exclusiva do representante ao partido pelo qual foi eleito, habilitando-o a tomar decisões de governo, tanto no Legislativo quanto no Executivo, de acordo com os ditames partidários. Na esfera governamental, quanto maiores os vínculos de lealdade dos políticos, mais comprometidos serão seus posicionamentos e preferências por políticas públicas alinhadas às diretrizes programáticas da organização partidária que o elegeu. Com isso, há o fortalecimento da coesão das lideranças do partido em torno de um projeto político, o qual é crucial para constituir a imagem pública da entidade. Além disso, a fidelidade também constitui a base para que haja forte disciplina de suas respectivas bancadas legislativas. Tais aspectos são primordiais para que existam partidos políticos consistentes com as exigências da democracia representativa, ou seja, como entidades que se constituem em parâmetro para a conduta de seus representantes e eleitores.

A fidelidade partidária tem implicações importantes na formação das identidades partidárias do eleitorado em uma democracia pluralista. Isso porque a durabilidade dos vínculos entre representantes e partidos, especialmente em sistemas multipartidários regidos por sistema eleitoral proporcional com lista aberta, como o brasileiro, contribui para que haja maior inteligibilidade do eleitor no que diz respeito às diferenças programáticas que distinguem os partidos políticos que conformam um sistema partidário. Tal diferenciação é fundamental para que o eleitorado forme suas preferências partidárias e se constitua em *cidadãos fiéis* a esses partidos, isto é, para com o tempo passar a votar sucessivamente, a cada novo pleito, nos candidatos da mesma organização partidária. Tais lealdades são fundamentais para constituir *identidade partidária* entre membros, eleitores e partidos.

O conceito de *identificação partidária* foi criado por Belknap e Campbell (1951), pesquisadores vinculados à teoria psicológica do comportamento eleitoral. Em um modelo desenvolvido por eles e outros pesquisadores da Universidade de Michigan, a *identificação partidária* era o elemento-chave da decisão eleitoral nos Estados Unidos nas décadas de 1950 e 1960, bem como em países de tradição partidária forte. Seus estudos, cuja maior expressão é o livro *The american voter* (1964), demonstraram que, em comparação a outras variáveis que influenciavam o comportamento político, havia consistente associação entre a preferência partidária e a opção de voto da maior parte do eleitorado americano. Mais do que isso, a duradora identidade dos americanos com seus partidos seria fator crucial para garantir a estabilidade do próprio sistema partidário estadunidense.

No entanto, foi Converse (1966) quem estendeu essa suposição para explicar a natureza dos regimes democráticos e de suas instituições, suas crises e longevidade. Em um estudo comparativo entre França e Estados Unidos, Converse buscou mostrar que as origens dos conflitos franceses estavam relacionadas à ausência de lealdades partidárias naquele país – fenômeno que, segundo o autor, estava empiricamente vinculado às especificidades do processo de socialização política da sociedade francesa. Para Campbell, a orientação dos indivíduos em direção a questões políticas e à *identificação partidária* iniciar-se-ia muito cedo por meio da experiência familiar, educacional, religiosa e do meio social de origem. Esse processo de formação de atitudes foi denominado de "socialização política". Logo, segundo esse modelo teórico, o grau de fidelidade partidária dos eleitores comanda a direção do voto ao ser desafiado pelas forças mobilizadoras durante as campanhas eleitorais.

O grau de fidelidade partidária, portanto, é um indicador importante para se avaliar a eficácia das organizações partidárias tanto no que diz respeito à estruturação das preferências eleitorais quanto no que se refere à oferta e à capacidade para manter os operadores da representação política leais aos projetos partidários. Assim, quanto maior o grau de fidelidade partidária, maior a vitalidade do papel de um sistema partidário no regime político representativo de uma democracia pluripartidária.

Na última década, estudos têm demonstrado que, apesar das transformações nas atividades desenvolvidas pelos partidos e no ambiente eleitoral, particularmente daquelas vinculadas à mobilização do eleitorado e ao impacto da era televisiva sobre as campanhas eleitorais, continua verificando-se elevado grau de fidelidade partidária em contextos, como, por exemplo, o Congresso americano, o Parlamento europeu, o Legislativo da Itália e o leste da Europa.

No contexto brasileiro, grande parte dos estudos procurou mostrar que, devido ao predomínio de partidos débeis organizacionalmente, artificiais ideologicamente e pouco representativos, a fidelidade partidária não seria um fator importante no processo de decisão eleitoral. Contradizendo esses diagnósticos, outros estudiosos conseguiram demonstrar que nas legislaturas entre 1946 e 1962 houve considerável fidelidade partidária dos parlamentares (NICOLAU, 1996; SANTOS, 2006). Nesse mesmo período, Gláucio Soares (1965) e Octávio Cintra (1968), ao analisarem aquele sistema partidário, sustentaram que os partidos brasileiros eram entidades que se diferenciavam ideologicamente e dispunham de considerável eleitorado partidariamente identificado. Já Lavareda (1991) elencou evidências expressivas da existência de elevadas taxas de lealdade partidária daquele eleitorado.

Durante o regime militar, a Emenda Constitucional n. 1, de 1969, impôs a fidelidade partidária aos membros dos dois partidos então permitidos: Arena e MDB. De acordo com o texto constitucional, fidelidade partidária foi definida como o *dever* que se impõe ao parlamentar de *obedecer às diretrizes partidárias* e de *permanecer no partido pelo qual tenha sido eleito*, sob pena de perda do mandato.

O instituto da *fidelidade partidária* foi alterado pela Emenda Constitucional n. 11, de 1978, até sua extinção, pela Emenda Constitucional n. 25, em 1985. Com o retorno do multipartidarismo iniciado com a Reforma Partidária de 1979 e ampliado em 1985, observou-se redução paulatina dos graus de fidelidade partidária no Brasil. E a troca de partidos pelos parlamentares tornou-se fenômeno endêmico na dinâmica legislativa (MELLO, 2004; SANTOS, 2006; KINZO, 2007), motivando a instituição de novo dispositivo de fidelidade partidária em 2007. A partir de então foi estabelecido que o mandato eletivo pertence ao partido e que o representante que deixar o partido pelo qual se elegeu poderá perder o direito de exercer as funções políticas, seja no âmbito do Poder Legislativo, seja no do Poder Executivo. Essa penalidade não será observada no caso de extinção, incorporação ou fusão de partido político.

Contudo, com a estabilidade do sistema partidário brasileiro a partir de 1994, alguns estudos começaram a questionar os diagnósticos preponderantes sobre a eficácia dos partidos políticos, buscando mostrar evidências importantes no sentido da estruturação das preferências eleitorais e dos vínculos entre deputados e partidos. Nesse sentido, quanto ao primeiro aspecto, Lima Jr. (1997) e Braga (2006), recorrendo às taxas de volatilidade partidária e ideológica que medem os diferenciais na distribuição do apoio eleitoral dos partidos entre uma eleição e a seguinte, demonstraram que vem ocorrendo razoável estabilidade das preferências partidárias, o que significa que os partidos estão-se conectando ao eleitor.

No que se refere ao segundo aspecto, os estudos de Figueiredo e Limongi (1995) identificaram elevadas taxas de disciplina nas decisões legislativas, revelando consistente fidelidade dos parlamentares aos líderes partidários. Já Santos (2006) demonstrou que o grau de fidelidade partidária dos parlamentares, além de ser elevado, varia conforme a região do país investigada. A Região Nordeste (62%) apresenta a menor taxa de deputados com filiações exclusivas aos partidos pelos quais foram eleitos. Em seguida viriam as Regiões Norte (68%), Centro-Oeste (69%), Sudeste (70%), enquanto a Região Sul chegou a 74% dos seus deputados eleitos filiados a um único partido ao longo de sua trajetória política.

Esses dados demonstram que, apesar de o jogo partidário e a própria democracia serem instituições jovens no Brasil, os principais partidos vêm conseguindo concentrar a maior parte das preferências eleitorais e dos parlamentares eleitos, favorecendo a criação de lealdade partidária. Assim, temos bons indicadores de que o Brasil, apesar dos supostos efeitos negativos da estrutura de incentivos que baliza a competição partidária, segue na direção de formação de identidades partidárias duráveis, capazes de estruturar a distribuição de preferências eleitorais e estabelecer vínculos consistentes programaticamente entre representantes e partidos, o que é primordial para a longevidade do regime democrático representativo.

Ver: Democracia; Partidos Políticos; Sistemas Partidários

Referências Bibliográficas

BELKNAP, G.; CAMPBELL, A. Political party identification and atitudes toward foreign policy. *Public Opinion Quarterly*, Oxford , v. 15, n. 4, p. 601-623, 1951.

BRAGA, M. S. S. *O processo partidário-eleitoral brasileiro*: padrões de competição política 1982-2002. São Paulo: Humanitas/Fapesp, 2006.

CAMPBELL, A. et al. *The american voter*. New York: Wiley & Sons, 1960.

CINTRA, A. O. Partidos políticos em Belo Horizonte: um estudo do eleitorado. *Dados*, Rio de Janeiro, n. 5, p. 82-112, 1968.

CONVERSE, P. The concept of a normal vote. In: CAMPBELL, A. et al. (Eds.). *Elections and the political order*. New York: Wiley & Sons, 1966.

FIGUEIREDO, A.; LIMONGI, F. Partidos políticos na Câmara dos Deputados 1989-1994. *Dados*, Rio de Janeiro, v. 38, n.3, p. 497-525, 1995.

KINZO, M. D. Partidos, competição política e o eleitor. In: KINZO, M. D.; BRAGA, M. S. S. *Eleitores e representação partidária no Brasil*. São Paulo: Humanitas/CNPq, 2007.

LAVAREDA, A. *A democracia nas urnas*: o processo partidário eleitoral brasileiro. Rio de Janeiro: Rio Fundo/Iuperj, 1991.

LIMA JR., O. B. (Org.). *O sistema partidário brasileiro*: diversidade e tendências 1982-1994. Rio de Janeiro: FGV, 1997.

MELO, C. R. *Retirando as cadeiras do lugar*. Migração partidária na Câmara dos Deputados. Belo Horizonte: Editora UFMG, 2004.

NICOLAU, J. *Multipartidarísmo e democracia*: um estudo sobre o sistema partidário brasileiro (1985-94). Rio de Janeiro: FGV, 1996.

SANTOS, A. M. Regras eleitorais, deputados e fidelidade partidária. In: SOARES, G. D.; RENNÓ, L. *Reforma política*. Lições da história recente. Rio de Janeiro: FGV, 2006. p. 176-192.

SOARES, G. A. D. As bases ideológicas do Lacerdismo. *Revista Civilização Brasileira*, Rio de Janeiro, v. 4, p. 49-70, 1965.

Financiamento

Daniela Magalhães Prates

Luis Fernando Novais

Financiamento significa a obtenção de recursos que possibilitam a realização de gastos em montante superior à renda corrente dos agentes econômicos: governos, empresas e famílias. Na maioria das vezes, esses recursos são obtidos no mercado financeiro, por meio de dois mecanismos complementares.

O primeiro mecanismo permite a transferência de recursos entre os agentes que não gastam toda sua renda corrente, ou seja, os agentes superavitários, e os agentes que têm déficit e necessitam de financiamento, ou seja, os agentes demandantes, mediante operações financeiras. Tais operações somente são possíveis em função da existência de instituições financeiras, que viabilizam essa transferência em dois segmentos do mercado financeiro: o mercado de capitais e o mercado de crédito bancário.

No mercado de capitais são emitidos títulos pelos demandantes de recursos, os quais são adquiridos pelos agentes ofertantes. Esses títulos de dívida podem ser de renda fixa, cuja rentabilidade está vinculada a uma taxa de juros, que varia de acordo com o prazo do título e o perfil do devedor, ou podem ser de renda variável, como por exemplo as ações, cuja remuneração depende dos dividendos pagos pela empresa a partir dos lucros gerados no processo produtivo. No mercado de capitais, as principais instituições financeiras atuantes são bancos de investimento e corretoras, que respondem, respectivamente, pela estruturação das operações e pela execução das ordens de compra e venda dos títulos dos clientes. Há também investidores institucionais, como os conhecidos fundos de investimento, fundos de pensão e seguradoras, que agregam a poupança das famílias e são os principais compradores dos títulos. No mercado de crédito bancário, os bancos recebem depósitos à vista, de poupança ou a prazo e transferem os recursos monetários captados mediante empréstimos para os agentes demandantes, cobrando, em contrapartida, uma taxa de juros.

A atuação dos bancos que captam depósitos à vista, contudo, vai além da função de intermediários financeiros, o que nos remete ao segundo mecanismo de financiamento. Quem faz essa captação são os bancos comerciais ou com carteira comercial. São emissores da moeda escritural (ou seja, cheques), o principal meio de pagamento e liquidação dos contratos nas economias capitalistas que possuem um sistema de pagamento hierarquizado e organizado em torno de um banco central. Os bancos centrais são responsáveis pela emissão do meio de pagamento em última instância, que é o papel-moeda. Isso quer dizer que essas instituições têm as seguintes capacidades: 1) criar moeda-crédito, independentemente do volume preexistente dos depósitos à vista; e 2) adiantar os recursos necessários para efetivar as decisões de gasto dos agentes – o que gerará novos depósitos à vista e os libera de qualquer necessidade prévia de poupança.

Os agentes econômicos têm diferentes motivações para obter financiamento. As famílias recebem salários que são fruto de seu trabalho e fundos provenientes das aplicações financeiras da sua poupança. Esses agentes podem obter financiamento de curto prazo ou de maior prazo de duração. No primeiro caso, quando sua renda corrente é insuficiente para fazer frente às despesas correntes (como alimentação, saúde, educação e habitação), as famílias recorrem a empréstimos de curto prazo, como o cheque especial ou o crédito rotativo dos cartões de crédito. No segundo caso, elas podem desejar adquirir bens de valor monetário acima da renda corrente, recorrendo ao crédito ao consumidor para compra de bens duráveis, como móveis e automóveis, ou ao crédito imobiliário para aquisição de imóveis. Essas modalidades de empréstimos têm como garantia o bem adquirido. Os bancos concedem empréstimos às famílias com prazos e taxas de juros pactuadas (pré ou pós-fixadas), que são mais elevadas ou reduzidas dependendo dos riscos implicados.

As empresas têm necessidade de financiar os gastos correntes, bem como os investimentos de maior prazo de maturação, já que no processo de produção o fluxo de receitas não se compatibiliza necessariamente com as despesas referentes a salários e matérias-primas. Elas podem obter esses recursos, que superam sua renda corrente, por meio de três canais:

1) lucros retidos, gerados no próprio negócio e acumulados ao longo dos anos, que consistem em uma fonte de financiamento interna, própria, independente dos mercados financeiros;

2) lançamento de ações ou títulos de renda fixa no mercado de capitais; e

3) obtenção de empréstimos bancários.

Os dois últimos canais são fontes de financiamento externas às firmas. Seu grau de importância dependerá das características institucionais do sistema financeiro de cada país. No caso do financiamento do processo produtivo, as firmas podem emitir títulos de curto prazo como notas promissórias ou duplicatas, bem como contratar, em um banco, empréstimos de curto prazo, o chamado capital de giro. Já o financiamento dos investimentos possui algumas especificidades. De forma geral, os bancos avançam o poder de compra, até então inexistente, mediante a concessão de um crédito de curto prazo (um fundo rotativo, denominado *finance*) a partir da avaliação dos riscos de crédito da empresa, sancionando a aposta empresarial na aquisição de novos ativos. A execução dos gastos, por sua vez, gerará um fluxo de renda que garantirá o pagamento da dívida de curto prazo. Essa mobilização pode ser feita mediante a contratação de empréstimos bancários de longo prazo, ou lançamentos de títulos de dívida de longo prazo, ou de ações no mercado de capitais. Em contrapartida, as unidades superavitárias – empresas e famílias – acumulam de diversas formas ativos financeiros de longo prazo: depósitos a prazo, cotas de fundos privados de pensão e aposentadoria, apólices de seguro, fundos de ações nos bancos, fundos mútuos de investimento, debêntures ou ações em posse dos bancos.

Submetidas à lógica capitalista de valorização da riqueza, as instituições bancárias privadas não se envolvem espontaneamente com o financiamento de alguns setores e atividades considerados estratégicos para o desenvolvimento, em virtude de seu risco elevado (como as atividades agrícolas e de infraestrutura) ou de sua baixa lucratividade (como saneamento e habitação para população de baixa renda). Tais financiamentos exigem, portanto, uma fonte especial de recursos, em geral mobilizada pelo setor público. Por essa razão, a existência de subsistemas especiais de crédito para o financiamento de setores e atividades prioritárias é uma característica compartilhada pelos sistemas financeiros de países desenvolvidos e em desenvolvimento. Em alguns desses subsistemas, as instituições privadas manejam os recursos públicos e administram os contratos de financiamento como agentes intermediários. Em outros casos, cumprindo exigências legais, essas instituições destinam de forma compulsória uma parte da poupança privada que captam para o financiamento de setores, atividades e regiões considerados prioritários do ponto de vista econômico e social.

Uma das características do sistema financeiro brasileiro é exatamente a existência de bancos públicos com uma fonte especial de recursos para o financiamento das atividades estratégicas. O Banco Nacional de Desenvolvimento Econômico e Social (BNDES), por exemplo, fornece a quase totalidade do financiamento de longo prazo, sobretudo com recursos do Fundo de Amparo ao Trabalhador (FAT).

Além da função de regular e ofertar várias modalidades de financiamento com taxas de juros mais baixas e prazos mais alongados, visando ao desenvolvimento econômico e social do país, o próprio governo também pode necessitar de financiamento na medida em que suas receitas, oriundas da arrecadação de impostos, taxas e contribuições, não forem suficientes para honrar suas despesas programadas. Assim como as empresas, o governo pode obter esses recursos no mercado de capitais, por meio da emissão de títulos de dívida pública. Ademais, o governo dispõe, na emissão de papel-moeda, de uma fonte exclusiva de financiamento, que independe da disposição, seja dos agentes superavitários de transferirem os recursos, seja dos bancos de criar moeda-crédito, qual seja, a emissão de papel-moeda.

Essas são as fontes de financiamento domésticas. Também existem fontes de financiamento externas ao país. Em um contexto de inexistência de restrições aos fluxos de capitais entre o país e o exterior, as empresas, os bancos e o governo também podem se financiar no mercado financeiro internacional mediante a emissão de títulos ou a contratação de empréstimos bancários.

Ver: Ajuste Fiscal; Economia de Mercado; Economia Política; Financiamento e Gasto

Referências Bibliográficas

FREITAS, M. C. P. A natureza particular da concorrência bancária e seus efeitos sobre a estabilidade financeira. *Economia & Sociedade*, Campinas, SP, n. 9, p. 51-84, jun. 1997.

KEYNES, J. M. *The "ex-ante" theory of the rate of interest rate and money*. London: Macmillan Royal Economic Society, 1937. (The Collected Writings of John Maynard Keynes, v. 16, 1973.)

______. *Treatise on money*. London: Macmillan Royal Economic Society, 1930. (The Collected Writings of John Maynard Keynes, v. 5, 1971.)

MINSKY, H. P. *Stabilizing an unstable economy*. New Haven: Yale University Press, 1986.

SCHUMPETER, J. *Teoria do desenvolvimento econômico*. São Paulo: Abril, 1983. (Os Economistas.)

Financiamento e Gasto

Sonia Miriam Draibe

As políticas públicas são financiadas por recursos de distintas origens. As estatais são financiadas por dois tipos de recursos: fiscais (impostos) e contribuições sociais. Em países não desenvolvidos, podem ser financiadas também por doações ou empréstimos internacionais.

Recursos fiscais financiam preponderantemente políticas universais, de livre acesso a todos os cidadãos, e também as assistenciais, ao passo que as contribuições sociais, geralmente correspondentes a taxações sobre a folha salarial ou o valor agregado das empresas, financiam benefícios destinados aos trabalhadores contribuintes das mesmas. Políticas sociais não estatais são financiadas seja por investimento privado das empresas (que investem em áreas sociais com objetivos de lucro), seja por recursos de diferentes fontes (inclusive governamentais) arrecadados por organizações do terceiro setor. Parcerias entre esses setores (público, privado e não governamental) são comuns, visando aos objetivos de maximização dos programas.

Também o *gasto social* deve ser considerado em seus distintos componentes. O *gasto social público* diz respeito ao conjunto dos recursos constantes dos orçamentos públicos e gastos nas áreas sociais. O conceito quase sempre envolve também os recursos gastos com a previdência social, mesmo quando registrados em orçamento próprio (não envolve, entretanto, os recursos dos sistemas privados de previdência).

Já o *gasto social privado* diz respeito ao gasto das famílias e das empresas com serviços sociais destinados aos seus membros ou a outros grupos sociais. As famílias podem matricular seus filhos em escolas particulares, comprar medicamentos, pagar planos previdenciários, planos de saúde, consultas médicas ou hospitais privados – trata-se, em todos esses casos, de um tipo de "autoconsumo", financiado com recursos próprios, geralmente a renda do salário. No caso das empresas, o gasto social pode ocorrer em duas linhas de ação: participação em programas de bem-estar que beneficiam os próprios empregados e, da perspectiva da responsabilidade social, aplicação de recursos em programas que beneficiam outros grupos sociais, por exemplo, programas de apoio às escolas públicas. A contabilização e a publicização do gasto social privado costumam ser grande desafio.

O *gasto social total* (público e privado) é um indicador significativo tanto do bem-estar social de uma dada sociedade quanto da participação do Estado no esforço da produção do bem-estar. Para efeitos de comparações internacionais, o *gasto social per capita* (principalmente o público, dada a dificuldade de apurar o privado) é o indicador mais apropriado.

A relação entre níveis de riqueza econômica e de gasto social não é unívoca. Mais que responder a fatores econômicos (por exemplo, desigualdades de renda primária ou eficiência do sistema fiscal), os níveis de gasto social parecem associar-se principalmente aos tipos de instituições politicas (por exemplo, tipo de representação política; estruturas unitárias ou federativas do Estado; sistemas de *checks and balances*), ou à fragmentação racial ou ainda a crenças e valores a respeito dos papéis do Estado, do mercado e das famílias na provisão social (ALCOCK; ERSKINE; MAY, 1998).

Ver: Coesão Social; Federalismo; Financiamento; Organização Não Governamental (ONG); Proteção Social; Provisão Social; Sistemas Nacionais de Proteção Social

Referências Bibliográficas

ALCOCK, P.; ERSKINE, A.; MAY, M. (Eds.). *The students companion to social policy*. London: Blackwell Pub, 1998.

DRAIBE, S. M. Avaliação de implementação: esboço de uma metodologia de trabalho em políticas públicas. In: BARREIRA, M. C. R.; CARVALHO, M. C. B. (Orgs.). *Tendências e perspectivas na avaliação de políticas e programas sociais*. São Paulo: IEI/PUCSP, 2001. p. 13-41.

Fisiologismo

MARCO AURÉLIO NOGUEIRA

Expressão derivada obviamente de fisiologia, do grego *physis* (natureza, função ou funcionamento) + *logos* (estudo), ramo da biologia que objetiva investigar as funções orgânicas, físicas e bioquímicas dos seres vivos. A fisiologia estuda o funcionamento do organismo, buscando compreender seus aspectos e processos vitais, como a respiração, a circulação, o crescimento, a reprodução e a digestão. Por extensão, o fisiologismo associa-se a ações e comportamentos dedicados a manter vivo um organismo, tendo em vista sua reprodução ao longo do tempo.

A expressão entrou no léxico das ciências sociais, da crônica política e do linguajar cotidiano, sobretudo no Brasil, com um sentido claramente depreciativo, vinculado às práticas que se dedicam à obtenção de ganhos e vantagens pessoais, grupais ou partidárias sempre à margem da legalidade e dos parâmetros éticos prevalecentes em dada comunidade. A troca de favores, o emprego desabusado dos recursos de poder fornecidos pela ocupação de determinadas posições na estruturaa política e administrativa do Estado, o favorecimento de amigos, parentes e correligionários são ações tipicamente associadas ao fisiologismo que, nessa medida, aproxima-se bastante do conceito de clientelismo. Porém, enquanto as práticas clientelistas estão usualmente referidas à esfera da intermediação de interesses e ao jogo eleitoral, o fisiologismo mostra-se desprovido de outros objetivos que não a extração de vantagens e benefícios.

Do fisiologismo derivam diversos efeitos negativos e deletérios. A prática repercute comprometendo tanto a democracia quanto a racionalidade das ações públicas. Contribui sobremaneira para forçar a expansão do aparelho estatal e para introduzir mecanismos seletivos e personalistas no âmbito da gestão pública. Colabora para desvirtuar a competição eleitoral e esvaziar os partidos políticos de conteúdos programáticos e conduta coerente. Não por acaso, partidos fisiológicos são aqueles que tendem a apoiar governos pela mera possibilidade de acessarem com maior facilidade cargos e verbas públicas. Por essa via, o fisiologismo invade o terreno das políticas públicas, prejudicando-as seja pelo uso indevido e pela imperícia no manuseio dos fundos públicos, seja pela elevação de seus custos, o que ocorre graças à reiteração de nomeações desnecessárias, tráfico de influência, fraudes licitatórias, nepotismo, nomeações artificiais e um sem-número de outras práticas não idôneas. Torna-se assim fator que compromete expressivamente todo o ciclo de vida das políticas públicas, com o agravante não desprezível de que difunde uma cultura predatória e privatista na estrutura política e administrativa do Estado.

Ao se generalizar e/ou se cristalizar, a prática fornece ambiente propício e muitos incentivos para a corrupção. Parte importante dos processos que deformam a imagem da administração pública aos olhos dos cidadãos associa-se invariavelmente ao fisiologismo. O mesmo ocorre com a política, que ao ser convertida em um negócio entre políticos e eleitores perde valor e sentido público e termina por ser vista como pertencente exclusivamente ao submundo, aos porões e aos bastidores da sociedade.

Ver: *Accountability*; Clientelismo; Controle/Controle Social; Coronelismo; Corrupção; Gestão

Referências Bibliográficas

BAHIA, L. H. N. *O poder do clientelismo:* raízes e fundamentos da troca política. Rio de Janeiro: Renovar, 2003.

CARVALHO, J. M. Mandonismo, coronelismo e clientelismo: uma discussão conceitual [1977]. In: ____. *Pontos e bordados*. Escritos de história e política. Belo Horizonte: UFMG, 1998.

DINIZ, E. *Voto e máquina política, patronagem e clientelismo no Rio de Janeiro*. Rio de Janeiro: Paz e Terra, 1982.

FAORO, R. *Os donos do poder:* formação do patronato político brasileiro. 2. ed. Porto Alegre: Globo; São Paulo: Edusp, 1975.

LEAL, V. N. *Coronelismo, enxada e voto:* o município e o regime representativo no Brasil. 2. ed. São Paulo: Alfa-Omega, 1975.

VIANNA, O. *Instituições políticas brasileiras*. Belo Horizonte: Itatiaia; São Paulo: Edusp, 1987.

Flexicurity

José Dari Krein

Flexicurity é a denominação das políticas públicas de regulação que procuram combinar flexibilidade do mercado de trabalho com seguridade social e política ativa de emprego. A expressão foi cunhada pelo primeiro-ministro da Dinamarca, Poul Nyrup Rasmussen, em 1990. É a junção de duas palavras da língua inglesa, que significam flexibilidade e segurança.

Segundo Jorgensen, a *flexicurity* estabelece uma articulação institucional entre "um regime de mercado de trabalho e as políticas intervencionistas vinculadas à segurança dos assalariados e à dinâmica do mercado de trabalho. Tal concepção destaca a interação das instituições e a produção de complementaridades que promove, ao mesmo tempo, a competitividade e a coesão social". Atribui-se à relação institucional entre "o mercado de trabalho e um Estado de bem-estar universal que pode ser interpretada como um 'híbrido' entre regulações sociais flexíveis, baseadas no livre mercado (com regras liberais de contratação e demissão) e os generosos regimes escandinavos do Estado de bem-estar (com cobertura universal e elevada segurança social)" (JORGENSEN; MADSEN, 2007, p. 51-52).

Conceitualmente, *flexicurity* refere-se a um modelo de política pública existente em alguns países europeus que se tornou referência para reformas trabalhistas e sociais propugnadas por organismos multilaterais, em um contexto de globalização econômica, transformações da gestão do trabalho e de redefinição dos mecanismos de intervenção do Estado. É defendido como um modelo híbrido entre a ampla flexibilidade do sistema norte-americano e o existente em vários países europeus de ampla regulação social do trabalho e proteção social.

É considerada, pelos seus defensores, como uma condição para responder com rapidez às novas exigências dos mercados, mais autorregulados e globalizados. Essa flexibilidade, exigida pelas economias de escopo e pelo imperativo de inovação constante, necessita também de uma força de trabalho flexível. Essa força de trabalho, por sua vez, procura na economia, sobretudo no mercado de trabalho, segurança de renda (e de estilo de vida). Assim, a defesa da *flexicurity* é feita como política que visa criar as condições institucionais apropriadas para preparar uma força de trabalho profissionalmente capaz de atender às exigências das transformações, fazendo com que as pessoas abracem as contínuas mudanças delas exigidas. A segurança social varia de acordo com a renda proporcionada pela possibilidade de inserção no mercado de trabalho, pois se faz necessário encorajar os indivíduos a não terem trajetórias lineares no mercado. A transição entre empregos, entre ramos diferentes de emprego, entre inserção e não inserção no mercado de trabalho, entre atuação laboral e constante requalificação e as diferentes expectativas e demandas ao mercado de trabalho ao longo da vida de uma pessoa deveriam ser amparadas. É um ideário daquilo que se chamou de via rápida para o crescimento e desenvolvimento da competitividade através da inovação e qualificação da força de trabalho, como consta dos documentos sobre as políticas para a promoção do emprego na União Europeia.

O modelo é defendido como forma de integrar as políticas sociais e econômicas, com a finalidade de possibilitar maior dinamismo à economia, sob a concepção de que a ênfase das políticas é incentivar as pessoas a criarem suas condições de empregabilidade e a buscarem de maneira ativa aproveitar as oportunidades da globalização (KALLABIS, 2009).

A *flexicurity* é defendida explicitamente pela União Europeia, desde o Tratado de Lisboa, em 2002. Na América Latina, o debate foi estimulado pela Cepal, que desenvolveu um projeto em conjunto com a Dinamarca, tratando das possibilidades de adoção do modelo de *flexicurity* para os países da América Latina, considerando as peculiaridades do mercado de trabalho e as características da seguridade social das nações latino-americanas (*Labour markets, workers' protection and lifelong learning of the labour force in a global economy: Latin America and Caribbean experiences and perspectives*). No Brasil, o debate até o momento não ganhou grande projeção e não há sinalização de que essa agenda será assumida pelo governo, apesar de algumas entidades, tais como a Confederação Nacional da Indústria, terem-na defendido como alternativa ao padrão nacional de regulação do trabalho.

A perspectiva ganhou projeção no momento em que as teses liberais de desregulamentação do mercado de trabalho, prevalecentes nos anos 1980, começaram a perder força, pois a flexibilização não trouxe os resultados esperados, como foi admitido em relatório da OCDE, em 1997. Além disso, pelas inseguranças causadas, apresenta-se como alternativa à resistência da população ao processo de desestruturação do Estado de bem-estar social.

É um modelo de política pública localizado especialmente na Dinamarca e na Holanda. No caso da Dinamarca, ele consiste na combinação de um triângulo cujos vértices são: 1) um mercado de trabalho bastante flexível, em que o empregador tem grande liberdade de ajustar a mão de obra às suas necessidades produtivas; 2) um sistema de proteção social universal; e 3) uma política ativa do mercado de trabalho com direitos e obrigações para os desempregados.

Sua projeção veio com o sucesso econômico da Dinamarca entre 1994 e 2008, com um crescimento acima da média da Europa e uma taxa de desemprego bastante baixa. Por exemplo, o desemprego caiu desde os anos 1990, quando chegou a 11%, para 3,4% em 2008, segundo dados da OCDE.

A Dinamarca é um país pequeno, com 5,4 milhões de habitantes em 2010, uma renda *per capita* bastante elevada e que construiu um Estado de bem-estar bastante desenvolvido, de caráter universal e com grande presença do setor público. Por exemplo, apesar de uma queda nos anos recentes e de crescentes questionamentos de parte da população expressos em resultados eleitorais, o total da arrecadação do Estado ainda correspondia a 55% do PIB em 2008, permitindo que os gastos sociais públicos significassem 27% da riqueza produzida no país, enquanto o gasto privado correspondia somente a 2,6%.

Outra especificidade é que os encargos trabalhistas são baixíssimos, pois o financiamento da seguridade social não está vinculado à folha de pagamento e é assumido pelo orçamento público. Apesar disso, o salário médio é alto em comparação com outros países. Também é importante registrar que o sindicalismo dinamarquês tem tradição e grande presença na sociedade, com altas taxas de associação.

O sistema de previdência é universal. Apesar de algumas reformas recentes, o seguro-desemprego é bastante amplo, chegando a ser concedido por quatro anos e com um valor de até 80% do salário da ativa. A *flexicurity* é, assim, um componente da sociedade dinamarquesa, que contribui para ampliar a flexibilidade do mercado de trabalho, mas coexistindo com um sistema de proteção social bastante desenvolvido.

No entanto, o modelo não mostrou a mesma virtuosidade no momento de crise. Por exemplo, a taxa de desemprego, entre 2008 e 2010, cresceu 120% (7,5%), sendo proporcionalmente superior à dos EUA (60% - 9,6%) e à da Espanha (76% - 20,1%), países em que também há grande facilidade de despedir trabalhadores. Em 2008, diversos pressupostos de segurança começaram a ser questionados e até alterados pelo governo, na perspectiva de reduzir a proteção social. Como a economia dinamarquesa apresenta forte abertura, os efeitos da crise foram imediatos e muito expressivos sobre o trabalho.

A experiência histórica, especialmente com a crise, evidencia que a insegurança no trabalho é uma característica da *flexicurity*, em que os trabalhadores ficam expostos às oscilações da dinâmica econômica, pois é um modelo em que prevalece a visão do *workfare* em detrimento do *welfare*.

Ver: Financiamento; Fordismo; Seguridade Social; Seguro Social; Taylorismo

Referências Bibliográficas

HYMAN, R. Europeização ou erosão das relações laborais? In: ESTANQUE, E. et al. (Orgs.). *Mudanças no trabalho e ação sindical*. Brasil e Portugal no contexto da transnacionalização. São Paulo: Cortez, 2005. p. 15-44.

JORGENSEN, H.; MADSEN, P. K. (Eds.). *Flexicurity and beyond:* finding a new agenda for the european social model. Copenhagen: DJOF Publishing, 2007.

KALLABIS, R. T. *Políticas de emprego na União Europeia (1995-2007)*: a Europa social, uma utopia? 2009. Dissertação (Mestrado)- Instituto de Economia, Universidade Estadual de Campinas.

WELLER, J. (Ed.). *O novo cenário laboral latino-americano*: regulação, proteção e políticas ativas nos mercados de trabalho. Santiago, Chile: Cepal, dez. 2009. (Colección Documentos de Proyetos, LC/W 277.)

Focalização

Ivete Simionatto

Vera Maria Ribeiro Nogueira

Termo vinculado aos princípios e estratégias no campo das políticas sociais públicas, seu significado relaciona-se particularmente ao contexto sociopolítico em que é utilizado, expressando interesses e correlações de força no atendimento das necessidades sociais. Focalizar significa prestar benefícios sociais a grupos e segmentos populacionais selecionados em função de determinadas características ou méritos. Outros termos também são utilizados com o mesmo significado, tais como discriminação positiva, ações afirmativas e seletividade. No plano estratégico, as preocupações situam-se em como focalizar de forma adequada, visto ser essa questão um ponto central na distribuição dos recursos aos grupos que realmente necessitam. Para tal, vários critérios vêm sendo utilizados, sendo os mais usuais a comprovação de meios de subsistência, a focalização geográfica e a focalização demográfica.

A expressão foi utilizada inicialmente nos Estados Unidos para designar os programas sociais com foco em populações em situação de pobreza – *targeting poverty* (focalização na pobreza) –, tendo por objetivo a redução e a otimização de recursos financeiros. Orientando-se unicamente por princípios de racionalidade econômica, uma das principais preocupações em seu uso era a instituição de ferramentas de identificação dos grupos vulneráveis, o que originou uma série de modelos de medição da pobreza, compondo os novos arranjos das tecnologias sociais. Essa concepção, de natureza mercantil, orientou as propostas de organismos multilaterais de financiamento e fomento na década de 1990, que conceberam políticas sociais para reduzir os níveis de empobrecimento decorrentes das medidas de ajuste estrutural nas economias dos países em desenvolvimento. Substituindo a universalização, a focalização foi então proposta como paradigma a ser seguido para reduzir as desigualdades sociais de grande parte das sociedades atuais (SEN, 1992). Sua disseminação, na esteira do Consenso de Washington, levou a uma concepção unívoca do termo, sempre ligada ao Estado mínimo, frequentemente ocasionando a redução de direitos sociais. A focalização, dessa perspectiva, visava a maximizar a redução da pobreza, limitar de forma eficiente os recursos destinados a esse fim e otimizar o custo/benefício, fundamentando-se na concepção de discriminação positiva elaborada por John Rawls (1971), em sua teorização sobre a justiça e a equidade.

Posteriormente, a focalização passou por uma revisão normativo-conceitual, sendo utilizada como complemento ao paradigma da universalidade. Autores partidários dessa posição têm defendido o deslocamento do eixo do debate da racionalidade econômica para o padrão redistributivo que orienta a justiça social. Criticam a focalização orientada para o mercado e o papel residual das políticas sociais, reduzido a compensar as perdas decorrentes de situações individuais ou o enfrentamento de riscos e choques naturais ou geracionais. Quando subordinada à eficiência econômica, a política social tem caráter instrumental e funcional ante o desenvolvimento do mercado. Propõem uma apreensão diferenciada de focalização, considerando-a como integrando um *continuum* entre universalização e seletividade (KERSTENETZKY, 2005). Nessa linha, a perspectiva teria como finalidade conferir foco ou colocar em relevo determinada característica ou mérito de parcelas da população, introduzindo o princípio da diferença na universalização, considerando o potencial desigual no acesso a bens e serviços universais. Entende-se assim que a expressão das diferenças, em sociedades heterogêneas, desiguais e complexas, se não administrada de forma a possibilitar a inclusão nos padrões universais, conduzirá à cristalização das desigualdades, e não o inverso.

Essa matização da antinomia "universalidade *versus* focalização" remete ao binômio "universalidade e focalização". Enquanto a primeira expressão revela princípios organizacionais opostos nas decisões das políticas sociais, no segundo caso há uma complementaridade, a partir da exigência da seletividade em relação a grupos potencialmente em desvantagem, seja de ordem territorial, étnica, econômica ou de outro tipo. O parâmetro organizador é sempre a universalidade dos direitos e a focalização é sempre complementar e nunca substitutiva. Kerstenetzky (2005) assinala três sentidos de focalização: residualismo, condicionalidade e reparação. O primeiro significa associar a focalização aos padrões do mercado, considerado o agente integrador por excelência. A condicionalidade busca focalizar determinados problemas previamente definidos, favorecendo a eficiência do gasto público. Já a focalização como ação reparatória remete à reparação de injustiças históricas, restituindo a determinados grupos o acesso a direitos universais.

Uma terceira posição critica a coexistência entre políticas universais e políticas focalizadas como sendo uma retomada das concepções liberais e mercantis, sinalizando para os limites desse binômio, cujo objetivo central seria transformar o cidadão de direitos em cidadão consumidor (VIANNA, 2008; FILGUEIRAS; GONÇALVES, 2007). Em defesa dessa posição, Korpi e Palme (1998), analisando os programas focalizados em países da Europa e Estados Unidos, concluem que, na luta contra a pobreza, a focalização poderá ganhar algumas batalhas, mas perderá a guerra.

Ver: Ação Afirmativa; Particularismo/Universalismo; Política Social; *Welfare State*

Referências Bibliográficas

FILGUEIRAS, L.; GONÇALVES, R. *A economia política do governo Lula*. Rio de Janeiro: Contraponto, 2007.

KERSTENETZKY, C. L. *Políticas sociais:* focalização ou universalização? Niterói, RJ: UFF, 2005. (Textos para Discussão UFF/Economia, 180). Disponível em: http://www.uff.br/econ/download/tds/UFF_TD180.pdf. Acesso em: 18 ago. 2010.

KORPI, W.; PALME, J. The paradox of redistribution and strategies of equality: welfare state institutions, inequality, and poverty in the western countries. *American Sociological Review*, Washington, DC, v. 63, n. 5, p. 661-687, 1998.

RAWLS, J. *A theory of justice*. Cambridge: Harvard University Press, 1971.

SEN, A. K. *The political economy of targeting*. [S.l.]: World Bank, [1992]. (Annual Bank Conference on Development Economics, World Bank). Disponível em: www.adatbank.ro/html/cim_pdf384.pdf. Acesso em: 18 ago. 2010.

VIANNA, M. L. T. W. A nova política social no Brasil: uma prática acima de qualquer suspeita teórica? *Revista Praia Vermelha*: Estudos de Política e Teoria Social, Rio de Janeiro, v. 18, n. 1, p. 120-144, 2008.

Fordismo

Marcia de Paula Leite

Forma de organização do trabalho introduzida na indústria de automóveis de Henry Ford no início do século 20, baseada na linha de montagem, onde eram reunidas as várias partes do automóvel. A grande inovação do fordismo consistiu na correia transportadora, na qual se fixava a parte principal do automóvel em que os trabalhadores assentavam os demais componentes, de forma a que se obtivesse, ao final da linha, o automóvel praticamente montado. Outra importante inovação foi a padronização das peças, que se tornaram intercambiáveis, como exigência da própria linha de montagem. Com isso, o fordismo inaugurou a produção em série, ou seja, a produção em grande quantidade de produtos absolutamente iguais. Essa forma de organização do trabalho foi desenvolvida por Ford em sua empresa de Highland Park, no período de 1908 a 1913.

O fordismo significou uma complementação dos princípios tayloristas de organização do trabalho na medida em que, tanto quanto estes últimos, baseou-se na rigorosa divisão entre trabalho manual e intelectual e entre as várias atividades de execução. O fordismo levou esse último aspecto às últimas consequências, atingindo um absoluto parcelamento das tarefas, com ciclos de trabalho (tempo trabalhado antes que as mesmas tarefas sejam repetidas) muitas vezes inferiores a um minuto, o que era propiciado pelas atividades rápidas e destituídas de conteúdo da linha de montagem.

Como formas complementares de organização do trabalho, o taylorismo e o fordismo foram introduzidos concomitantemente nas empresas, dividindo-se apenas entre os setores que se mostraram mais adequados a cada um deles. Assim, enquanto o fordismo foi sendo amplamente adotado nas indústrias de montagem, que pressupõem uma produção em série – como as de máquinas e de equipamentos domésticos –, o taylorismo difundiu-se pelas indústrias de produção em lote, como as de produção de máquinas industriais, ou mesmo em setores de usinagem das empresas de produção em série.

A diferença mais fundamental entre o fordismo e o taylorismo encontra-se na forma de remuneração, tendo em vista que o controle dos ritmos de trabalho nas indústrias de montagem passou a ser feito pela própria cadência das linhas, tornando desnecessário o salário por rendimento adotado pelo taylorismo. Isso permitiu que as empresas fordistas prescindissem dos cronômetros e prêmios de produção e adotassem o salário por dia ou por hora.

O enorme aumento da produtividade possibilitado pela adoção simultânea do taylorismo e do fordismo – ou do que se convencionou chamar de taylorismo-fordismo – foi responsável por sua rápida expansão pelos Estados Unidos nas primeiras décadas do século passado, estendendo-se pela Europa e demais países industrializados após a Segunda Guerra Mundial. A partir dele, constituíram-se grandes empresas monopolistas, formadas por enormes plantas industriais que congregavam milhares de trabalhadores.

Uma das mais importantes análises do fordismo encontra-se nos textos escritos no início dos anos 1930 por Antonio Gramsci (1891-1937), em que se discutem as transformações que o novo sistema de produção teria não apenas na produção, mas também no estilo de vida das pessoas e na sociedade em geral. De acordo com Gramsci, o novo método, nascido nos Estados Unidos e baseado na racionalização, havia determinado "a necessidade de elaborar um novo tipo humano, conforme ao novo tipo de trabalho e de produção", exigindo "um determinado ambiente, uma determinada estrutura social [...] e um determinado tipo de Estado" (GRAMSCI, 2001, p. 248, 259). Ainda que o considere como "um prolongamento orgânico e uma intensificação da civilização europeia, que assumiu uma nova epiderme no clima americano" (p. 281), o novo método de produção estabeleceria, para Gramsci, uma nova ordem, uma nova cultura e um novo modo de vida.

A produção em série da indústria fordista despejou sobre o mercado uma quantidade enorme de produtos, impossível de ser consumida no quadro das relações sociais vigentes na sociedade de então. A proposta de Ford de aumentar os salários dos operários, buscando inseri-los no mercado consumidor, não foi o bastante para evitar a crise de superprodução de 1929. Somente a intervenção do Estado e o *New Deal*, sugerido por Keynes, foram capazes de tirar a economia mundial da crise. O fordismo implicou assim o surgimento de um conjunto de normas e de regras institucionais no que diz respeito à relação salarial, à concorrência entre capitais e à participação do Estado na economia.

A análise do fordismo como uma transformação social mais ampla teve também uma contribuição importante da Escola Francesa da Regulação, para a qual o método de Ford consistiu em outro modo de acumulação em relação ao inaugurado pela Revolução Industrial, ocorrida no final do século 18. Para essa escola, a produção deve ser entendida em sua relação com os agentes sociais, ou seja, o capital e o trabalho, e com as instituições que regulam as relações entre esses atores, como o Estado e o mercado.

Para os regulacionistas, o fordismo, como novo modo de acumulação, constitui-se plenamente no pós Segunda Guerra Mundial, quando se expandiu por todo o mundo industrializado, ensejando um grande pacto entre capital e trabalho no qual o Estado assumiu papel central, passando a encarregar-se da reprodução da força de trabalho. O Estado planejador que emerge da solução keynesiana teve três objetivos fundamentais:

- a fixação de um marco jurídico-legal para normatizar as condições de trabalho (duração do trabalho, horas extraordinárias, trabalho infantil, salário);
- a instauração do salário indireto (pensões, auxílio-doença, aposentadoria), a fim de garantir a reconstituição da força de trabalho, visando assegurar, sobre uma base duradoura, a existência de mão de obra barata para a grande indústria;
- a criação de uma nova estrutura de assistência aos desempregados e acidentados, concebida como um meio de incorporar a força de trabalho e mantê-la como reserva para a produção capitalista.

Ao lado disso, o Estado buscou normatizar a gestão da força de trabalho, introduzindo a negociação coletiva entre trabalhadores e empresários e assegurando a negociação do repasse do aumento da produtividade aos salários.

O Estado de bem-estar social europeu é a expressão mais importante desse grande pacto social, que perdurou até o início dos anos 1970, quando o modelo entrou em crise em virtude do seu próprio desenvolvimento nas três décadas anteriores. De fato, a entrada da Europa e do Japão no cenário econômico internacional em condições de igualdade com a indústria norte-americana tornou o mercado muito mais competitivo. Assim, a rigidez do fordismo mostrou-se cada vez mais inadequada à nova realidade econômica. Por outro lado, a busca dos princípios do neoliberalismo como saída para a crise e as propostas de Estado mínimo que eles pressupõem colocaram por terra as bases do *Welfare State*.

Ver: Estado; Taylorismo; *Welfare State*

Referências Bibliográficas

BRAVERMAN, H. *Trabalho e capital monopolista*. Rio de Janeiro: Zahar, 1977.

GRAMSCI, A. Americanismo e fordismo. In: ______. *Cadernos do cárcere*. Ed. Carlos Nelson Coutinho, com a colaboração de Luiz Sérgio Henriques e Marco Aurélio Nogueira. Rio de Janeiro: Civilização Brasileira, 2001. v. 4.

HARVEY, D. *Condição pós-moderna*. São Paulo: Loyola, 1993.

WOMACK, J. P. *A máquina que mudou o mundo*. Rio de Janeiro: Campus, 1992.

Formulação

Ver: Ciclo de Vida da Política Pública

Fragmentação Institucional

Humberto Falcão Martins

O conceito de fragmentação pressupõe o reconhecimento de que toda realidade – física, biológica ou social – é composta de elementos interconectados que requerem um mínimo de coesão para permanecer íntegros.

O estudo de redes e sistemas complexos sugere que a natureza da matéria, da vida e das instituições não é essencialmente caótica, destituída de conexões, nem ordenada e conectada segundo padrões previsíveis e modeláveis. Sugere também que, em determinados momentos de transição, certos sistemas apresentam características ambíguas, parecendo operar na fronteira do caos, mas ordenando-se e estabilizando-se segundo padrões identificáveis de auto-organização (BARABÁSI, 2002). Assim, a fragmentação ocorre quando relações entre os elementos de um dado sistema são interrompidas, gerando colapsos, rupturas e ineficiência.

As principais questões envolvidas no estudo do tema referem-se aos limites a partir dos quais a quebra ou o isolamento de ligações gera colapso, bem como às possibilidades e aos limites de intervenção que permitam construir ou reconstruir os vínculos decisivos para a existência do todo. Em outras palavras, que fatores podem promover a coesão ou a fragmentação?

Instituições são conjuntos de regras (implícitas, explícitas, formais ou informais) que pautam a ação em determinados espaço e tempo social. Comportam desde valores e hábitos culturais até regras deliberadamente estabelecidas para regular ações e relações com vistas a fins determinados, tais como políticas públicas e organizações formais. São sistemas complexos, conjuntos altamente articulados e conectados de múltiplos elementos – atores, valores, propósitos, interesses e recursos de ordem diversa –, que se conectam por intermédio de temáticas transversais. Podemos perceber a importância estratégica do conceito de fragmentação se entendermos as políticas públicas como arranjos complexos de governança que incluem a atuação conjunta, em escala variável, de poderes públicos, segmentos privados e indivíduos, que atuam de forma cooperativa ou competitiva, estável ou instável, com graus diferentes de autonomia e de centralização.

Ocorre fragmentação institucional quando as inter-relações desses arranjos são negligenciadas e quando a falta de ligações críticas gera colapsos, rupturas e ineficiência em sistemas que requerem algum nível de conectividade para gerar resultados predeterminados.

Fragmentação de políticas relaciona-se à falta de integração, que gera incoerência, inconsistência e descoordenação. Coerência refere-se ao alinhamento das partes a um ideal comum ou congruência, ao passo que consistência refere-se ao reforço mútuo entre as partes, de modo a impedir ou dificultar que os níveis de fricção e conflito gerem contradições e anulações recíprocas. Coordenação, por sua vez, tem a ver com a existência de meios de articulação entre as partes (OCDE, 2003).

A integração de políticas tem uma dimensão horizontal, uma vertical e uma temporal. A integração horizontal busca assegurar que os objetivos individuais e as políticas desenvolvidas por várias entidades se reforcem mutuamente: promover uma perspectiva do "governo como um todo" é uma maneira de promover a perspectiva horizontal da coerência nas políticas. A integração vertical busca assegurar que as práticas das agências, autoridades e órgãos autônomos, bem como o comportamento dos níveis subnacionais do governo, se reforcem mutuamente com os compromissos políticos mais amplos. A integração temporal busca assegurar que as políticas continuem sendo efetivas ao longo do tempo e que as decisões de curto prazo não se oponham aos compromissos de longo prazo. Pode-se pensar também em uma integração transversal e em uma setorial. A primeira aplica-se às questões que dizem respeito a múltiplos setores e fontes geradoras, que dificilmente são visualizados de forma coerente devido ao tratamento especializado na legislação e nas diferentes áreas de governo (OCDE, 2002; 2003). A integração setorial está associada ao grau de consistência lógica e operacional entre ações desenhadas por diversos atores envolvidos em uma mesma arena de políticas públicas (IADB, 2003).

A fragmentação não deve ser tratada como uma realidade extrema, nem como um "estado de natureza" das instituições e políticas públicas complexas. Importa investigar quais são os limites a partir dos quais a quebra ou o isolamento de ligações estabiliza ou desestabiliza uma instituição ou rede de governança.

A respeito dessa questão seminal, há, em geral, visões mais racionalistas, que se preocupam em descobrir os limites das ações que visam à adoção de estratégias otimizadoras (OSTROM, 1991), e visões que acentuam o caráter instável das instituições e dos processos de formulação e implementação de políticas, sem acalentar a possibilidade de efetivo "controle" sobre eles (KINGDON, 1984; MARCH; OLSEN, 1984; 1989).

Abordagens racionalistas sugerem, antes de tudo, a existência de um ponto ótimo de fragmentação. A busca da integração mediante o estabelecimento de arranjos de cooperação e coordenação tem um custo, e, obviamente, uma solução maximizadora é aquela cujos custos de coordenação são menores que os custos da fragmentação. Tais abordagens procuram explicar a fragmentação mediante a presença de fatores fragmentadores ou integradores, tais como liderança executiva, estratégia, ajustamento mútuo, estrutura, processos e pessoas (MARTINS, 2003), que podem ser considerados elementos potenciais de integração ou fragmentação, a partir dos quais os processos de formulação e implementação de políticas podem ser dotados de maior convergência.

A mensuração da fragmentação, a descoberta de seus limites e a explicação de suas causas costumam ser úteis e relevantes tanto para a definição de estratégias integradoras quanto para a melhoria do desempenho de muitas áreas e arranjos de políticas públicas, em especial daquelas tradicionalmente mais transversais, como é o caso do desenvolvimento urbano, do meio ambiente e da inovação, dentre outras.

Ver: Administração Pública; Estado; Sistema Político

Referências Bibliográficas

BARABÁSI, A.-L. *Linked*: how everything is connected to everything else and what it means for business, science, and everyday life. Cambridge: Perseus Press, 2002.

INTER-AMERICAN DEVELOPMENT BANK. *Political institutions, policymaking processes, and policy outcomes* - a guide to theoretical modules and possible empirics. [S. l.], 2003.

KINGDON, J. *Agendas, alternatives and public policies*. New York: Harper, 1984.

MARCH, J. G.; OLSEN, J. *Rediscovering institutions:* the organizational basis of politics. New York: Free Press, 1989.

______. The new institutionalism: organizational factors in political life. *American Political Science Review*, ,Washington, DC, v. 78, n. 3, p. 734-749, set. 1984.

MARTINS, H. F. *Uma teoria da fragmentação de políticas* - desenvolvimento e aplicação na análise de três casos de políticas de gestão pública. 2003. Tese (Doutorado) - Escola Brasileira de Administração Pública e de Empresas, Fundação Getulio Vargas, 2003.

ORGANISATION FOR ECONOMIC CO-OPERATION AND DEVELOPMENT. *Improving policy coherence and integration for sustainable development*: a checklist. Washington, 2002. (Policy Brief.)

ORGANIZAÇÃO PARA A COOPERAÇÃO E O DESENVOLVIMENTO ECONÔMICO. Comitê de Gestão Pública. *Coerência nas políticas*: relatório final de atividades. [S. l.], 2003.

OSTROM, E. Rational choice theory and institutional analysis: toward complementarity. *American Political Science Review*, Washington, DC, v. 85, n. 1, p. 237-243, mar. 1991.

Fundo Público

FRANCISCO DE OLIVEIRA

A noção de fundo público, menos que um conceito acabado, responde a uma necessidade de nomear recursos geralmente estatais que, no capitalismo contemporâneo – a rigor, desde a formulação e a adoção generalizadas das políticas anticíclicas –, fundem-se aos recursos privados para sustentar, e não apenas reprimir, as tendências depressivas, a expansão do capital.

Ele não se confunde, embora se superponha na maioria dos casos empíricos, a puros recursos estatais, com destinação orçamentária definida como, por exemplo, a remuneração de funcionários públicos. É, pois, uma noção ambígua, de uso pouco rigoroso, mas é, em geral, imediatamente reconhecível pelos interlocutores interessados na discussão de políticas públicas. Seu surgimento, que não é isento de controvérsias e não é adotado pela maioria dos autores e atores da cena pública, relaciona-se aos intrincados processos de metamorfose dos recursos públicos cada vez mais requisitados para a manutenção e reprodução das relações privadas do capital.

Ele não é privado, porque não surge dos recursos da propriedade privada dos meios de produção, e também não é inequivocamente estatal, porque sua destinação, em geral, não se faz para sustentar os aparelhos do Estado, mas para fornecer recursos que financiam a reprodução das atividades privadas, sobretudo aquelas da propriedade privada dos meios de produção, seja dito, para prover, sustentar e ampliar a reprodução do capital. Sua metamorfose ocorre, pois, do público para o privado.

O salário-desemprego, que sustenta a força de trabalho temporariamente fora da ativa, à espera de sua reinserção produtiva, integra o fundo público. O mesmo não ocorre com as aposentadorias e pensões (tanto de servidores públicos quanto de empregados da iniciativa privada), que não sofrem metamorfoses ao entrar na posse de seus destinatários de direito. São fundos públicos os fundos de pensões, por exemplo, pois foram formados por recursos públicos retirados das empresas estatais ou ex-estatais, e convertem-se em fundos de acumulação de capital, ao entrar nos empreendimentos privados, ou nos empreendimentos que têm liderança financeira estatal, mas se objetivam em atividades "privadas", isto é, quase capitalistas; ou quando aplicados em títulos da dívida pública interna, com o que contribuem para financiar a atividade estatal. Um bom exemplo atual é o provável trem-bala ou as hidroelétricas que estão projetadas para os grandes afluentes do rio Amazonas. Os subsídios estatais são fundos públicos, como, por exemplo, o subsídio ao capital que hoje é generalizado – quase não há nenhuma atividade privada que não utilize recursos públicos – ou mais especificamente o subsídio que bancos estatais embutem nas taxas de juros favorecidas aos empreendimentos privados ou estatais com finalidades de reprodução do capital. Todos os recursos do Banco do Brasil, da Caixa Econômica Federal e mais ostensivamente do BNDES, sob a forma de empréstimo, ou sob a forma de debêntures, ou diretamente sob a forma de subscrição do capital, são parte do imenso fundo público e deveriam ter como contrapartida não apenas o possível lucro, mas também o poder de veto das instituições estatais às iniciativas dos seus "sócios" privados.

Mas a socialização da propriedade dos ativos não acompanha a socialização do financiamento, do que resulta a privatização do fundo público sem contrapartida. É um sinal esquizofrênico daquilo que Marx chamou de "os limites do capital são o próprio capital", pois a crescente complexidade do sistema extravasa sempre sua forma privada – como diria Marx, as relações de produção não conseguem cobrir toda a gama e complexidade das novas forças produtivas. É uma espécie de forma embrionária do socialismo, sem a estatização de todas as atividades, como aconteceu na experiência frustrada da ex-URSS. A China a pratica pelo avesso: os recursos públicos financiam o capital privado, sem a contrapartida do controle sociopolítico, sob o olho do Grande Irmão, que é o Estado chinês. É um bom exemplo da esquizofrenia da reprodução capitalista contemporânea elevada à enésima potência.

Embora a reprodução do capital requisite de forma estrutural o fundo público, ele não é parte do mecanismo de autorreprodução do capital, porque é essencialmente político. Foram as políticas chamadas de regulação, ou keynesianas, na vigência mais abrangente do Estado de bem-estar, que deram origem ao fundo público capitalista. Ele também foi impulsionado pela relevância das organizações de trabalhadores, sindicatos e seus partidos de classe, de que se originou a nova forma do conflito de classes no capitalismo desenvolvido, para depois se converter em um componente quase insubstituível do sistema mais geral.

Desde o final dos anos 1980, com a hegemonia do neoliberalismo, o ataque aos direitos dos trabalhadores fragilizou a acumulação de capital, justamente por incidir sobre o fundo público; resultado não previsto pelos arautos do neoliberalismo que, Hayek à frente, pensavam que o fundo público era um elemento de depressão da taxa de lucro e que sua desobstrução levaria o sistema a uma nova expansão. O que se verificou nas três últimas décadas foi exatamente o contrário, isto é, uma longa estagnação na Europa ocidental, a matriz do Estado de bem-estar, e mesmo nos Estados Unidos.

Ver: Financiamento; *Welfare State*

Referências Bibliográficas

BOYER, R. *A teoria da regulação*: uma análise crítica. São Paulo: Nobel, 1990.

KING, D. La Crises del Estado del bienestar. In: MEJÍAS, F. M.; BENÍTEZ, I. B. *El Estado del bienestar:* una lectura alternativa in Anuario del Seminario Permanente sobre Derechos Humanos. Jaén: Universidad de Jaén, 1996, v. 3.

OLIVEIRA, F. O surgimento do antivalor, capital, força de trabalho e fundo público. *Novos Estudos*, Cebrap, São Paulo, n. 22, p. 8-28, 1988.

g

Garantia de Renda

Luciana de Barros Jaccoud

O termo garantia de renda abarca o conjunto de programas que, no âmbito dos sistemas de proteção social, operam com benefícios monetários diretos em favor de indivíduos ou famílias, sejam eles de natureza contributiva ou não contributiva. Pode-se, sinteticamente, apontar o duplo papel dos sistemas públicos de garantia de renda: disponibilização de uma renda mínima aos cidadãos e enfrentamento das situações de insuficiência de renda por ausência ou perda da capacidade de trabalho.

As duas vertentes clássicas da garantia de renda são as políticas de seguro social e de assistência social. Os programas previdenciários, de natureza contributiva e organizados na forma de um seguro social, público e obrigatório, visam proteger os trabalhadores do conjunto de riscos sociais, quais sejam, situações que impedem o exercício do trabalho independentemente da vontade do trabalhador. Os programas assistenciais, não contributivos e integralmente financiados com recursos tributários, dirigem-se tradicionalmente à proteção daqueles em situação de pobreza e reconhecidamente incapacitados para o trabalho (pessoas com deficiência, idosos, crianças e outros grupos marcados por situações específicas de vulnerabilidade). Progressivamente, foram ganhando destaque, dentre os benefícios monetários sob responsabilidade da política de assistência social, os programas voltados a garantir uma renda mínima aos segmentos desprovidos de meios adequados de subsistência, independente da forma ou da possibilidade de inserção dos beneficiários no mercado de trabalho. Contudo, em um expressivo conjunto de países, programas não contributivos passaram a ser implementados ao longo da segunda metade do século 20, assentados não em contribuições sociais ou na comprovação de necessidade, mas no reconhecimento de um direito de cidadania, como é o caso das pensões universais para idosos implementadas, por exemplo, no Canadá ou na Suécia.

A análise dos sistemas de proteção social a partir das políticas e programas de garantia de renda permite operar uma abordagem integrada dos benefícios monetários efetivados pelo poder público em direção aos indivíduos e às famílias por meio das políticas de seguro social e da assistência social. Em que pese a sua reconhecida diversidade, observa-se em todos os sistemas de proteção social a coexistência de benefícios monetários de natureza contributiva e não contributiva.

Os benefícios contributivos e não contributivos não necessariamente beneficiam grupos distintos. Em que pese certos países terem instituído a proibição do acúmulo de benefício de seguro e de assistência, é frequente, na experiência internacional e nacional, a possibilidade de que uma mesma família e, em alguns casos, um mesmo indivíduo sejam beneficiários dos dois tipos de políticas. A relação entre os programas previdenciários e assistenciais também deve ser destacada no que se refere a suas trajetórias históricas de desenvolvimento diante do desafio de enfrentamento da pobreza (seja sua prevenção ou combate) e na dinâmica relativamente integrada de proteção que estabelecem (CASTEL, 1998). A relação entre medidas de restrições no acesso aos programas contributivos de proteção aos riscos sociais e a ampliação da demanda nos programas não contributivos tem sido claramente observada em um amplo conjunto de países. Efetivamente, os programas de garantia de renda estabelecem um diálogo entre si, influenciando na renda e no bem-estar das famílias, atuando sobre o perfil e a trajetória da pobreza e definindo algumas das características básicas dos modelos ou regimes de proteção social.

O impacto dos programas de garantia de renda nas taxas de pobreza tem sido objeto de ampla bibliografia. Atkinson (1998), por exemplo, ao analisar a relação entre o crescimento do desemprego e o da pobreza em diversos países da Europa durante a década de 1990, mostra que a correlação não é necessariamente positiva onde os benefícios e a cobertura dos programas de garantia de renda são amplos. Outro exemplo pode ser dado pelo estudo de Paugam (2005), também constatando a variação da evolução da pobreza em quadros de ampliação do desemprego em decorrência da influência dos instrumentos e políticas de proteção social.

No Brasil, os programas de garantia de renda deram seus primeiros passos entre as décadas de 1920 e 1930, quando foram criadas as primeiras instituições previdenciárias. Mas foi somente a partir de meados dos anos 1980 que o país passou a dispor de outros instrumentos – contributivos e não contributivos – que alargariam o espectro do seu sistema de proteção social no campo da garantia de renda. Em 1986 foi criado o seguro-desemprego. Com a promulgação do novo texto constitucional, em 1988, alterou-se em substância a dinâmica desse campo da proteção social. A criação da categoria de segurado especial da previdência social, protegendo o trabalhador rural em regime de economia familiar dos riscos sociais, representou um expressivo movimento de ampliação do campo da garantia de renda e de flexibilização de sua natureza até então eminentemente securitária.

Outros avanços instituídos pela Constituição de 1988 foram: 1) a fixação do valor de base dos benefícios previdenciários em um salário mínimo;

2) a unificação dos benefícios rurais e urbanos; 3) o Benefício de Prestação Continuada (BPC), primeiro programa assistencial de garantia de renda, destinado a pessoas com deficiência e a idosos em situação de indigência.

Um novo movimento de ampliação foi realizado a partir de meados dos anos 1990, quando um novo pilar de garantia de renda começou a ser instituído no país, com a implementação de um grande número de programas municipais e estaduais de transferência de renda condicionada. Sua consolidação efetivou-se em 2004, com a criação do Programa Bolsa Família.

Como nos demais países, a instituição dos diversos programas de garantia de renda no Brasil responde às mudanças na representação social e política das desigualdades. Desde 1988, temos assistido a uma relativização da tradição previdenciária da proteção social brasileira, estendendo a intervenção estatal para além dos riscos inerentes ao exercício do trabalho assalariado. Efetivou-se o reconhecimento de situações sociais de vulnerabilidade associadas à condição de pobreza e, posteriormente, da condição de pobreza independente de vulnerabilidades adicionais ou da capacidade para o exercício do trabalho, ampliando significativamente os objetivos e o alcance do sistema de garantia de renda. Contudo, o debate em torno do tema permanece ativo e permeado de polêmicas, estimulando diferentes perspectivas sobre a configuração futura do sistema de proteção social, que variam da ampla universalização da proteção à estrita limitação da ação do Estado às situações de extrema pobreza. Cabe destacar que, também como em outros contextos nacionais, esse não é um debate restrito aos mecanismos públicos de aporte de renda, mas se refere às alternativas de enfrentamento dos conflitos distributivos, tema que há mais de um século vem mobilizando os debates sobre os sistemas de proteção social.

Ver: Proteção Social; *Welfare State*

Referências Bibliográficas

ATKINSON, T. La pauvreté et l'exclusion en Europe. In: _____. *Pauvreté et exclusion*. Paris: La Documentation Française, 1998.

_____. Repenser la solidarité au niveau européen. In: PAUGAM, S. *Repenser la solidarité*: l´apport dês sciences sociales. Paris: PUF, 2007.

CASTEL, R. *As metamorfoses da questão social*. Petrópolis: Vozes, 1998.

DUFOUR, P.; BOISMENU, G.; NOEL, A. *L'aide au conditionnel:* la contrapartie dans les mesures envers les personnes sans emploi en Europe et en Amérique du Nord. Montréal: Presses de l'Université, 2003.

ESPING-ANDERSEN, G. *The three worlds of welfare capitalism*. Princeton: Princeton University Press, 1990.

PAUGAM, S. *Les formes élémentaires de la pauvreté*. Paris: PUF, 2005.

TITMUSS, R. *Essays on the Welfare State*. London: Allen and Unwin, 1958.

Garbage Can Policies

GERALDO DI GIOVANNI
LUÍSA VALENTINI

A imagem da lata de lixo (*garbage can*) para descrever processos de tomada de decisão foi adotada por James March e Johan Olsen nos anos 1970 e desde então deu nome a um modelo de análise de estilos decisionais em políticas públicas que combinam intervenções aleatórias de muitos atores. A lata de lixo é uma metáfora que descreve as oportunidades de decisão por meio da imagem de um recipiente cujo conteúdo é "despejado" por diferentes participantes e varia momento a momento, conforme "a diversidade de latas disponível, os rótulos aplicados às diferentes latas, o tipo de lixo produzido e a velocidade com que o lixo é coletado e tirado de cena" (COHEN; MARCH; OLSEN, 1972, p. 2).

Segundo tal modelo, os arranjos mais ou menos aleatórios disponíveis em cada oportunidade de decisão reúnem três fluxos independentes:

a) problemas (situações problemáticas), incômodos e sensações, de caráter individual e coletivo, à procura de espaço para serem reconhecidos e solucionados;

b) soluções disponíveis no ambiente para certas modalidades reais ou virtuais de problemas;

c) grupos de participantes cujos graus e motivos de envolvimento podem ser os mais diversos e disparatados.

O postulado desse modelo – a negação do princípio da racionalidade – funda-se na constatação de que, embora as situações de decisão sejam aparentemente estruturadas, o caráter decisional de uma situação e o seu êxito para resolver um problema só são constatados por atores e observadores quando se olha para essa situação em retrospecto (*ex post*). Em outras palavras, as ligações entre tais fluxos estão simplesmente no fato de que acontecem ao mesmo tempo. Assim, a racionalidade das configurações finais é apenas aparente e só pode ser percebida ao final do processo, quando ele se apresenta a atores e observadores como se houvesse sido um processo de decisão coordenado (REGONINI, 1989, p. 508-509).

A adoção da imagem pouco lisonjeira da lata de lixo traduz a intenção dos autores de recusar a existência de objetivos bem definidos para as decisões, em contraposição à teoria da escolha racional e às críticas que lhe vinham sendo feitas pela Escola Incrementalista. Assim, March e Olsen procuraram deixar de lado a visão linear do processo decisional (oportunidade – exame das consequências – avaliação das consequências em termos de objetivos – decisão), deslocando o foco para os fluxos em jogo a cada oportunidade de decisão. Embora o modelo da lata de lixo tenha feito sucesso nas décadas seguintes, e até hoje sua contribuição seja reconhecida na literatura, o movimento um tanto radical de descartar a ideia de que existem objetivos em jogo nas decisões tomadas nas organizações suscitou críticas em análises posteriores. Outro embaraço a apontar nessa formulação é que, na substituição da noção racionalizante de objetivo, introduziu-se um viés psicologizante na definição dos problemas ("incômodos", "sensações") que dão base às intervenções públicas.

Ver: Atores; Ação Coletiva

Referências Bibliográficas

COHEN, M. D.; MARCH, J. G.; OLSEN, J. P. A garbage can model of organizational choice. *Administrative Science Quarterly*, Ithaca, NY, v. 17, n. 1, p. 1-25, mar. 1972.

HOWLETT, M.; RAMESH, M. *Studying public policy:* policy cycles and policy subsystems. Oxford: Oxford University, 1995.

REGONINI, G. Lo studio delle politiche publiche. In: PANEBIANCO, A. *L'analisi della politica* - tradizioni di ricerca, modelli, teorie. Bologna: Il Mulino, 1989. p. 491-516.

Gênero

Marta Ferreira Santos Farah

A palavra gênero, do latim *generum*, significa espécie, ordem ou classe, um grupo de seres com características semelhantes. A palavra foi adotada posteriormente com o significado de categoria gramatical, remetendo à diferenciação entre feminino e masculino.

O termo gênero foi incorporado pelo feminismo nos anos 1960, inicialmente pelo feminismo norte-americano. Anteriormente, as duas principais vertentes do feminismo, a liberal-sufragista, que lutara pela igualdade jurídica e pelo direito de voto das mulheres, e a socialista, que subordinara a libertação das mulheres à luta contra a sociedade de classes, não haviam utilizado o termo.

O novo feminismo adota o termo gênero tendo como centro a ideia de *relação* entre homens e mulheres em diversas esferas da vida social. O conceito se constituiu tendo por referência a organização social baseada na distinção entre os sexos e chamando a atenção para a dimensão cultural da diferenciação entre homens e mulheres.

Pela primeira vez, questionou-se a desigualdade não apenas na esfera pública, mas também na esfera privada, no espaço doméstico e na vida afetiva. O movimento feminista lutava também pela superação de uma modalidade de subordinação no espaço da produção, derivada das relações entre homens e mulheres, que se diferencia da dominação de classe.

A adoção do conceito de gênero conduziu à substituição de estudos centrados *nas mulheres* por pesquisas e estudos que analisam *relações de gênero*. De um lado, isso significa que a história das mulheres não pode ser vista dissociada da história dos homens. De outro, que a descrição da situação das mulheres é acompanhada pela explicação da origem e da manutenção dessa situação com base na análise das relações sociais entre os sexos, em contraste com explicações biológicas que atribuíam as diversas formas de subordinação feminina a características sexuais.

O conceito de gênero, centrado na dimensão relacional, compreende também a configuração do papel social do homem e dos atributos associados ao masculino. No bojo das transformações das relações de gênero ocorridas nas últimas décadas, o modelo masculino tradicional nas sociedades ocidentais foi desestabilizado, fazendo emergir também a *questão masculina* e dando origem a um movimento dos homens e a pesquisas e análises sobre a reconfiguração da masculinidade.

A primeira geração do novo feminismo centrou sua luta na ideia de igualdade. Para o *feminismo da igualdade*, as únicas diferenças efetivamente existentes entre homens e mulheres são biológico-sexuais, sendo todas as demais derivadas de relações de opressão, devendo, portanto, ser eliminadas para dar lugar a relações entre seres "iguais". Com base no conceito de gênero, procurou-se desconstruir a "desigualdade", derivada de relações de dominação. As mulheres passaram então a lutar para serem "iguais" aos homens.

No entanto, a afirmação da igualdade levou a uma crise de identidade que conduziu a uma reelaboração do feminismo e do conceito de gênero. A nova abordagem se constituiu a partir do final dos anos 1970, nos EUA, na forma de um *feminismo da diferença*. Para as teóricas da diferença, o conceito de gênero remete a traços femininos (ou, no polo oposto, masculinos) construídos socialmente sobre a base biológica. Elabora-se assim uma polarização entre os gêneros – masculino e feminino – em que a diferença é concebida como categoria central de análise, fundamental na definição de estratégias de ação. As diferenças entre homens e mulheres são enfatizadas, estabelecendo-se uma polaridade entre masculino e feminino em diversos planos: produção e reprodução, classe e gênero, público e privado, racionalidade e afetividade, competição e cooperação, esfera pública e espaço doméstico. O conceito de gênero serve de base, dessa perspectiva, para a elaboração de identidades profundamente distintas, fundadas na diferenciação sexual e na contraposição entre esfera pública e esfera doméstica. Para o feminismo da diferença, o poder concentrar-se-ia na esfera pública, estando nessa polaridade a origem da subordinação das mulheres.

Dessa revisão do conceito de gênero resulta também uma redefinição da principal reivindicação do movimento, que passa a ser baseada na ideia do direito à diferença. Defende-se, dessa perspectiva, o respeito às diferenças, à identidade de gênero e, no plano das políticas públicas, advoga-se medidas baseadas no *reconhecimento da diferença e da identidade.*

O feminismo da diferença tem afinidades com movimentos sociais que lutam pelo reconhecimento da diferença e da identidade de outros grupos, categorias definidas por características étnicas, raciais ou sexuais.

Ao enfatizar a identidade, o feminismo da diferença acabou conduzindo a uma tendência de valorização do feminino, resgatando o dualismo feminino/masculino, e atribuindo *valores* e *características universais* distintos a cada sexo. Valorizou-se a cultura e a experiência femininas, propondo-se o reconhecimento da diversidade cultural de gênero. O feminismo da diferença acabou, no entanto, negligenciando as diferenças existentes entre as mulheres e entre os homens.

A partir do final dos anos 1980 e sobretudo nos anos 1990, constituiu-se uma nova perspectiva que questionou a oposição binária entre igualdade e diferença. As reivindicações de igualdade social articulam-se, dessa perspectiva, à defesa do multiculturalismo e à luta pelo reconhecimento da diferença.

Novas interpretações procuraram então romper com a homogeneização interna ao feminino e ao masculino, reconhecendo a existência de diversidade no interior de cada um desses campos, o que requer que se incorporem à análise outras dimensões das relações sociais, tais como raça, classe e geração. Joan Scott, importante representante dessa corrente, defende a interpenetração dos polos igualdade e diferença, uma vez que a igualdade não significa eliminação da diferença e a diferença não impede a igualdade.

Nancy Fraser, outra teórica feminista que critica o antagonismo entre o feminismo da igualdade e o da diferença, propõe a redefinição do substrato das reivindicações e lutas políticas por reconhecimento da noção de identidade, para a ideia de *status* e de *paridade de participação.* Segundo essa abordagem, é possível conciliar a ideia universalista de direitos iguais, de distribuição igualitária e de justiça social, implícita no feminismo da igualdade, com a defesa do reconhecimento, não de identidades culturais universais – ideia presente na defesa do reconhecimento da identidade (feminina) característica do feminismo da diferença –, mas do reconhecimento de *situações* (*status*) desiguais derivadas do pertencimento de gênero. O pertencimento ao gênero feminino implicou e ainda implica, na sociedade contemporânea, uma depreciação que impede a *paridade de participação* em diversas esferas da vida social.

As reivindicações resultantes dessa perspectiva assumem um tom mais pragmático, requerendo a análise de situações concretas. Por vezes, as políticas reivindicadas serão políticas públicas universalistas, de corte igualitário. Em outros casos, a paridade de participação só será alcançada por meio de políticas públicas centradas no reconhecimento da diferença.

Constituem exemplos de medidas orientadas ao estabelecimento da igualdade de gênero no âmbito de políticas públicas a determinação de que mulheres *também* possam ser detentoras de títulos de propriedade de imóveis e ter acesso a crédito na zona rural, medidas voltadas a reduzir a diferença salarial entre homens e mulheres e medidas visando reduzir a diferença nas taxas de desemprego dos dois grupos.

No Brasil, o Programa de Saúde da Mulher, a fixação de cotas para mulheres na esfera da representação política, políticas de combate à violência contra a mulher, a determinação de que a mulher seja a beneficiária de programas de combate à pobreza e o estabelecimento de metas referentes à oferta de vagas em creches são iniciativas que integram políticas públicas que incorporam o reconhecimento da diferença, a partir do entendimento de que apenas a ação afirmativa, a discriminação positiva e a focalização permitirão superar obstáculos à paridade participativa.

Políticas públicas destinadas exclusivamente a mulheres constituem políticas focalizadas. Também no debate sobre focalização há uma tensão entre diferentes concepções. De um lado, enfatiza-se a eficiência, ocorrendo certa funcionalização da mulher, vista como um instrumento do desenvolvimento e como potencializadora de políticas públicas pelo papel que desempenha na família, tese explicitada em documentos do Banco Mundial. De outro, enfatiza-se o direito à constituição da mulher como sujeito. Tal é a perspectiva em que se baseia a proposta de atenção especial às mulheres nas políticas de combate à pobreza formulada por representantes de movimentos feministas e por movimentos de mulheres presentes na *Conferência Mundial sobre as Mulheres* de Beijing em 1995.

A formulação e a implementação de políticas públicas com recorte de gênero constituem desafios para a gestão pública e para as políticas públicas. Como incorporar reivindicações vindas do feminismo, seja por igualdade, seja por reconhecimento da diferença? Por vezes, essa incorporação se dá por meio da formulação e da implementação de políticas e ações específicas, *com foco na mulher*. Outras vezes, a incorporação é buscada por meio da integração de um "olhar de gênero" por todas as políticas – educação, saúde e segurança pública. O movimento feminista tem destacado a importância da *transversalidade* para evitar que a perspectiva de gênero fique confinada a uma área estanque da administração pública e do governo, passando a fazer parte do cotidiano do Estado em ação.

Ver: Ação Afirmativa; Focalização; Identidade Social

Referências Bibliográficas

ARAÚJO, M. F. Diferença e igualdade nas relações de gênero: revisitando o debate. *Psicologia Clínica*, Rio de Janeiro, v. 17, n. 2, p. 41-52, 2005.

FARAH, M. F. S. Gênero e políticas públicas. *Estudos Feministas*, Florianópolis, v. 7, n. 1-2, p. 47-73, 1999.

FRASER, N. Reconhecimento sem ética? *Lua Nova*, São Paulo, n. 70, p. 101-138, 2007.

SCOTT, J. *Gender and the politics of history*. New York: Columbia University Press, 1988.

WALBY, S. Gender mainstreaming: productive tensions in theory and practice. *Social Politics*, Oxford, v. 12, n. 3, p. 321-343, Fall 2005.

Gerencialismo

Ana Rita Silva Sacramento

José Antonio G. de Pinho

Provindo do inglês *managerialism*, o termo gerencialismo pode ser compreendido como o sistema de descrição, explicação e interpretação do mundo a partir das categorias da gestão privada (CHANLAT, 2002, p. 2). Alguns estudiosos identificam o gerencialismo como uma doutrina econômica, cujas raízes se originariam no institucionalismo, mais precisamente na obra *Os engenheiros e o sistema de preços*, de Thorstein Veblen, publicado em 1921. O livro anteciparia uma tendência para a formação de uma tecnocracia comandada por economistas e engenheiros, deslocando, assim, o poder de comando da burguesia industrial para técnicos e gerentes, os quais adquirem condição de estamento dominante (SANTOS, 2004, p. 73).

Ainda que essa possa ser uma referência consistente e de peso, pode-se também pensar o gerencialismo como uma corrente ainda sem estatuto teórico explícito. A trajetória do gerencialismo deve ser vista no interior de um processo de crítica à burocracia que diversos autores formulam a partir dos anos 1940. Isso quer dizer que um de seus possíveis abrigos teóricos se situa no estudo da burocracia como fenômeno social.

No léxico da administração pública, o termo torna-se habitual a partir das décadas de 1970 e 1980, principalmente na Inglaterra e nos Estados Unidos, impulsionado pela vitória nas eleições governamentais de Margaret Thatcher e Ronald Reagan, representantes de partidos conservadores. Esse fato, componente do cenário de um período em que o fenômeno da globalização, a queda do socialismo e a crise da social-democracia, de modo generalizado, marcam as relações entre as nações, estimulou a ascensão do neoliberalismo como ideologia, inicialmente em governos de países capitalistas avançados e depois em outras partes do mundo, a ponto de ter sua hegemonia reconhecida por muitos estudiosos. Acrescente-se ainda que a receptividade obtida pelos pressupostos de novas perspectivas teóricas, notadamente a Teoria da Escolha Racional e a *Agency Theory*, favoreceu o avanço do gerencialismo no setor público. Alguns *think tanks* neoconservadores desempenharam relevante papel em sua aceitação e disseminação, tanto em termos teóricos, quanto político-ideológicos (PAULA, 2005; COSTA, 2010).

Verifica-se também que, nesse período, embaladas pelo acirramento das críticas que "gurus" da administração privada faziam às organizações burocráticas, certas crenças compartilhadas pelas empresas deslocaram-se para outros domínios da vida social, dentre os quais estão as instituições governamentais. Tais crenças poderiam ser assim enunciadas: (a) o progresso social ocorre pelos contínuos aumentos na produtividade econômica, derivados da aplicação de sofisticadas tecnologias de organização e informação; (b) a aplicação dessas tecnologias se realiza por intermédio de uma força de trabalho disciplinada segundo o ideal da produtividade; e (c) a crença no papel extremamente importante do "gerente herói". Essas crenças evidenciam a íntima relação entre o gerencialismo e o empreendedorismo na valorização reiterada da eficiência, da produtividade, da qualidade, do controle, do profissionalismo e da competitividade, palavras-chave no movimento gerencialista que se estabelece na administração pública.

É, pois, sobre essas bases que se fundam as recomendações para que se adote um novo paradigma organizacional e administrativo para um Estado que, diagnosticado pelos neoliberais como imerso em profunda crise econômica, social e administrativa, precisaria ser reformado a fim de continuar dando conta de seu papel. Nesse contexto, o fundamento principal da defesa teórica do gerencialismo aponta para a ineficiência e a rigidez da burocracia para enfrentar situações que exigem maior flexibilidade e rapidez de decisão. Segundo seus defensores, para enfrentar os novos parâmetros da nova ordem mundial, o Estado teria de se redefinir e substituir o modelo burocrático de administração, vigente até então, pelo modelo gerencial. O Estado deveria assim perder suas amarras welfaristas, mimetizando padrões de gerência do setor privado. Daí o nome gerencialismo.

Alguns autores demonstram que a descentralização compõe a estrutura de funcionamento comum a todas as versões gerencialistas. O modelo gerencial puro foi o primeiro a ser aplicado. Tendo como base a separação entre política e administração, seu principal objetivo era diminuir os gastos para aumentar a eficiência e a produtividade governamental. Nesse caso, o valor da descentralização consistia em tornar as políticas públicas mais eficazes. Em seguida, preocupações com a flexibilidade de gestão, a qualidade dos serviços e a prioridade às demandas do "consumidor/cliente" dão origem ao movimento denominado *consumerism*. A descentralização passa então a ser percebida como fundamental para garantir a efetividade e a qualidade dos serviços públicos por meio da competição entre seus prestadores. Por fim, chega-se à *Public Service Orientation* (PSO), corrente que busca introduzir os conceitos de *accountability*, transparência, participação política e equidade na prestação de serviços públicos. Dessa perspectiva, o conceito de cidadão substitui o referencial individual encerrado nos conceitos de consumidor/cliente, e o conteúdo político da descentralização, isto é, sua capacidade de viabilizar a participação de cidadãos no processo decisório, surge como principal justificativa para a adoção dessa estrutura de funcionamento (ABRÚCIO, 1997).

Na situação brasileira, podem ser identificados alguns ensaios de gerencialismo antes mesmo de ser ele recomendado e adotado de maneira explícita. Um primeiro sinal pode ser percebido em 1938, momento no qual, com a criação da primeira autarquia, desponta a ideia de que serviços da "administração indireta" deveriam ser descentralizados e não obedecer a todos os requisitos burocráticos da "administração direta" (BRESSER-PEREIRA, 1998, p. 11). Em 1967, por meio do Decreto-lei n. 200, o processo de descentralização é acentuado com a transferência das atividades de produção de bens e serviços para autarquias, fundações, empresas públicas e sociedades de economia mista. Alguns autores consideram essa a primeira tentativa de introduzir a administração gerencial no Brasil. Ao longo das décadas seguintes, a perspectiva gerencialista continuou a ser vista como referência. Não obstante tais iniciativas, a administração pública brasileira continuava sendo uma mescla de instituições e práticas burocráticas, corporativistas e patrimoniais (BRESSER-PEREIRA, 2009, p. 240). Finalmente, em 1995, a experiência internacional é adotada como ponto de partida para uma nova e mais ampla reforma de cunho gerencial no Brasil.

Consubstanciada no Plano Diretor da Reforma do Estado (PDRAE, 1995), a reforma brasileira adota três abordagens: uma gerencial, porque se inspira na gestão das empresas privadas; uma democrática, porque pressupõe a governança democrática, o controle social como forma de responsabilização política e exige transparência dos órgãos públicos; e uma social-liberal, que reconhece o mercado como excelente mas imperfeito na alocação de recursos (BRESSER-PEREIRA, 2009, p. 253). A análise empreendida por Paula (2005, p. 136-151), entretanto, contesta o caráter democrático e social-liberal dessa reforma, enfatizando que os múltiplos controles sugeridos pelo PDRAE não se faziam presentes na realidade, que os burocratas continuavam escapando da avaliação popular e que a estrutura e a dinâmica do Estado pós-reforma não garantiam uma inserção da sociedade civil nas decisões estratégicas e na formulação de políticas públicas.

Como qualquer fenômeno, o gerencialismo admite defensores e críticos. Muitas das críticas a ele atacam não só o modelo, mas sua fonte principal, o neoliberalismo. Assim, ambos têm sido vistos como imposições feitas pelas potências hegemônicas contra países emergentes, visando a submetê-los a novos padrões de exploração. Isso se consubstanciou fundamentalmente a partir do chamado Consenso de Washington (1989), que estabeleceu uma espécie de receituário a ser adotado pelos países emergentes.

Na especificidade da situação brasileira, a análise do gerencialismo deve ser inserida em um quadro mais amplo dos tipos de dominação e consequentes modelos de administração pública. Aqui, a reforma do aparelho do Estado deve ser situada no contexto da política, ao mobilizar interesses e impactar a democracia, ao mesmo tempo que relembra que as várias reformas realizadas primam por agregar novos caminhos aos já instalados, existentes, sem qualquer ruptura (NOGUEIRA, 1998). A administração pública brasileira pode ser analisada a partir de três dimensões: uma dimensão patrimonialista, uma dimensão clientelista e um componente burocrático. Mais recentemente, soma-se a essa realidade um componente gerencialista (PINHO, 1998). Dada a convivência dessas quatro dimensões, as tendências conservadoras conseguem introduzir e incorporar elementos de inovação sem que seus parâmetros tradicionais sejam modificados. Os elementos inovadores, como alguns presentes no gerencialismo, ainda não têm tido força para abalar as estruturas tradicionais da política pública brasileira. É notável a resistência à busca de eficiência, de democratização da gestão pública, de aumento da *accountability*. Apesar de avanços ocorridos nos últimos anos, o patrimonialismo e o neopatrimonialismo ainda exibem muita força, o que torna mais ambígua, conflitiva e complexa a convivência entre as diferentes dimensões culturais e organizacionais que compõem a administração pública.

Ver: *Accountability*; Participação Popular; Reforma Administrativa; Reforma do Estado

Referências Bibliográficas

ABRUCIO, F. L. *O impacto do modelo gerencial na administração pública*: um breve estudo sobre a experiência internacional recente. Brasília: Enap, 1997. (Cadernos Enap, 10.)

BRESSER-PEREIRA, L. C. Uma reforma gerencial da administração pública no Brasil. *Revista do Serviço Público*, Brasília, Ano 49, n. 1, p. 5-42, jan./abr. 1998.

CHANLAT, J-F. O gerencialismo e a ética do bem comum: a questão da motivação para o trabalho nos serviços públicos. In: *Congreso Internacional del CLAD sobre la Reforma del Estado y de la Administración Pública*, n. 7. Lisboa: CLAD, 2002.

COSTA, F. L. *Reforma do Estado e contexto brasileiro:* crítica do paradigma gerencialista. Rio de Janeiro: FGV, 2010.

NOGUEIRA, M. A. *As possibilidades da política*: ideias para a reforma democrática do Estado. São Paulo: Paz e Terra, 1998.

PAULA, A. P. P. *Por uma nova gestão pública:* limites e potencialidades da experiência contemporânea. Rio de Janeiro: FGV, 2005.

PINHO, J. A. G. Reforma do aparelho do Estado: limites do gerencialismo frente ao patrimonialismo. *Revista Organizações & Sociedade*, Salvador, v. 5, n. 12, p. 59-79, maio/ago. 1998.

SANTOS, R. S. (Org.). *A administração política como campo do conhecimento*. Salvador: Edições Mandacaru/ Fundação Escola de Administração/UFBA, 2004.

Gestão

Vanya Sant'Anna

Em linhas gerais, gestão e administração remetem-se ao mesmo universo. O primeiro conceito (do latim *gestione*) acentua a dimensão da gerência, do gerir, seu verbo de referência, ao passo que administração (do latim *administratione*) aponta para o ato de governar, dirigir ou manter sob controle. Poder-se-ia assim dizer que entre os dois conceitos a diferença é de foco ou de grau.

No campo da ciência administrativa, a palavra gestão designava até há pouco tempo algumas dimensões específicas da administração geral. Assim, uma organização seria administrada, no seu conjunto, pelo quadro dirigente e compartimentada em vários setores que seriam geridos por chefias intermediárias-gerências. Falava-se de gestão de recursos humanos, gestão de materiais ou gestão financeira, que estariam sob a responsabilidade de gerentes específicos. Nesse sentido, gestão seria uma atividade administrativa referida a aspectos particulares de uma organização. Administração abrangeria a percepção total da organização, internamente e em sua interação no mercado, na sociedade ou no governo.

Gestão seria assim a colocação em prática das decisões tomadas pelos vértices administrativos, uma função, portanto, de caráter executivo. A administração considera o conjunto de uma organização, dirigindo-a mediante planos e projetos a serem implementados por gestores ou gerentes.

Mais recentemente, tem-se associado o termo gestão a paradigmas de uma administração mais moderna. Não se fala mais em administrador, mas em gestor. Exemplo emblemático é a alteração de designação das secretarias de administração para secretarias de gestão. Tornou-se também popular a expressão "choque de gestão".

Dito de outro modo: administração designa o antigo, o novo é gestão. Uma mudança de natureza valorativa que produziu uma alternativa semântica que parece permanente. O emprego generalizado do novo termo sustenta-se sobre um conjunto de valores que o fazem ser mais desejado que o anterior, valores que se inscrevem em expectativas de maiores e melhores conhecimentos técnicos e tecnológicos, requisitos inerentes à especialização do profissional gestor, ao que se poderia considerar "o jeito moderno de fazer as coisas".

De fato, parece ter ocorrido uma subdivisão intelectual do saber administrativo, passando a existir o funcionário que faz com que as coisas aconteçam no dia a dia, com eficiência e eficácia, e o gestor que agrega novos conhecimentos à rotina e se responsabiliza por encontrar e programar inovações necessárias ao desenvolvimento de determinada área da organização. Em uma visão construtivista, seria como se nos níveis mais elevados de uma dada organização houvesse dois pavimentos. O de baixo segura a obra, o de cima a torna mais atraente.

Os valores adicionados dizem respeito principalmente às ferramentas de trabalho. O desenvolvimento da informática torna possível, em frações cada vez menores de tempo, inventar e reinventar novas formas de realizar tarefas, de aplicar técnicas de planejamento e, acima de tudo, de monitorar o ciclo da produção e avaliar seus resultados. Tudo isso passou a requerer novas habilidades dos funcionários, privados ou públicos, bem como sua permanente atualização. Em contrapartida, as exigências quanto a seu desempenho aumentam exponencialmente. É estabelecido um ciclo virtuoso em que a simplificação do trabalho do administrador, ou gestor, resulta da incorporação contínua das inovações tecnológicas, o que faz com que a responsabilidade do profissional se torne mais densa, dado que a probabilidade de erro se reduz consideravelmente, tudo levando a uma cobrança mais efetiva tanto dos níveis hierárquicos superiores, quanto de parte dos afetados pelos resultados da ação dos dirigentes.

A questão semântica envolvida nos conceitos de gestão e administração deve ser considerada secundária quando contrastada com a ampliação do escopo e das alternativas que se oferecem para as ações inerentes ao trabalho de gerir, ou administrar. As novas tecnologias nessas áreas inviabilizam o erro porque a boa utilização das ferramentas torna o profissional mais senhor de suas ações. Essas mesmas inovações possibilitam avaliações com foco em resultados, e com isso expõem eventuais fraquezas e inadequações desse profissional.

Gestão segue sendo um termo ambíguo e elástico, difícil de ser definido de forma cabal e mais difícil ainda de ser teorizado. No plano prático, o gestor flutua sobre um amplo campo de funções, atribuições e expectativas, como que a refletir o desejo que os cidadãos contemporâneos têm de encontrar alguém que os auxilie a controlar a vida e seus múltiplos processos.

Pode-se assim dizer que "a gerência é a arte de pensar, de decidir e de agir; é a arte de fazer acontecer, de obter resultados. Resultados que podem ser definidos, previstos, analisados e avaliados, mas que têm de ser alcançados através das pessoas e numa interação humana constante". Se, de um lado, pode-se tratar a gestão como algo científico, racional, de outro é preciso aceitar que ela coexiste com uma "face de imprevisibilidade e de interação humana que lhe confere a dimensão do ilógico, do intuitivo, do emocional e espontâneo e do irracional" (MOTTA, 1991). Sem a apreensão dessas duas faces indissociáveis, torna-se difícil levar a bom termo a tarefa de fazer com que coisas aconteçam de forma organizada e tendo em vista o alcance de metas alargadas e socialmente justas.

Ver: Administração; Administração Pública; Burocracia

Referências Bibliográficas

DRUCKER, P. *Administração em tempos de grandes mudanças*. São Paulo: Pioneira, 1995.

GLATTER. R. A gestão como meio de inovação e mudanças nas escolas. In: NÓVOA, A. *As organizações escolares em análise*. Lisboa: D. Quixote, 1992.

MORGAN, G. *Imagens da organização*. São Paulo: Atlas, 1996.

MOTTA, P. R. *Gestão contemporânea:* a ciência e a arte de ser dirigente. Rio de Janeiro: Record, 1991.

Gestão de Pessoas

Clovis Bueno de Azevedo

Adotada em substituição à tradicional "gestão de recursos humanos", a expressão "gestão de pessoas" é usada, basicamente, para se referir ao conjunto de questões e ações concernentes a administração, direção, coordenação e controle daqueles que trabalham, como empregados, nas modernas organizações dos séculos 20 e 21.

O termo envolve um conjunto de eventos e processos que podem ser assim enumerados:

1) acompanhamento do recrutamento e ingresso dos trabalhadores nas organizações, até seu desligamento ou saída;

2) distribuição de papéis, tarefas, funções, atribuições e responsabilidades;

3) avaliação de conduta e de desempenho (ou de resultados);

4) definição de sistemas de valores de remuneração, de salários e benefícios;

5) instituição de mecanismos de desenvolvimento profissional, de carreiras e evolução funcional;

6) instituição de mecanismos de treinamento, qualificação e capacitação;

7) controle da saúde, da segurança e da qualidade de vida no trabalho;

8) relações e negociações trabalhistas e sindicais.

A expressão "gestão de recursos humanos", que hoje se evita e por isso tende ao desaparecimento, corresponde a uma concepção que vê os trabalhadores como um ativo, uma ferramenta, um instrumento, um capital, por meio do qual as organizações e seus dirigentes buscam atingir determinados objetivos e propósitos. Tratados como "recursos", os trabalhadores passam a ser vistos, em maior ou menor grau, como peças de um sistema marcado por mecanismos de subserviência, subordinação, dependência e alienação, o que aumenta os problemas de desmotivação e descompromisso para com o trabalho e os resultados a atingir. A gestão desses "recursos humanos" torna-se, assim, parte importante das operações destinadas a extrair, por meio do controle e da supervisão – combinados com doses maiores ou menores de manipulação ou persuasão – o máximo de trabalho dos empregados, bem como a reproduzir a própria condição de subordinação, a obediência e a passividade.

A estratégia de supervisão e controle tem como pioneiros Frederick Taylor, Henry Fayol e Henry Ford, os mais importantes nomes da chamada Escola de Administração Científica. Já a estratégia de manipulação e persuasão tem como pioneiro o australiano Elton Mayo, que, a partir de experiências realizadas na empresa Western Eletric, em Chicago, nas primeiras décadas do século 20, inaugurou a chamada Escola de Relações Humanas. Embora vários autores entendam que essa segunda escola substituiu ou superou a primeira, pode-se sustentar que, na verdade, as estratégias de manipulação e persuasão não eliminaram, mas somaram-se às de controle e supervisão.

Ao longo do século 20, as relações de trabalho tornaram-se mais civilizadas, os trabalhadores conquistaram direitos por meios de seus sindicatos, a legislação trabalhista disciplinou e impôs limites ao poder patronal, as organizações ficaram mais complexas, as tecnologias passaram a exigir trabalhadores mais capacitados, as sociedades vêm se tornando mais democráticas e o tema da cidadania ingressou nas organizações. Apesar disso, "gestão de recursos humanos" permaneceu como paradigma predominante em grande parte das organizações.

Refletindo a continuidade das mudanças na esfera produtiva e a adoção, pelos dirigentes organizacionais, de novas perspectivas, a expressão vem sendo substituída. Adota-se, em seu lugar, novas terminologias, como "gestão de talentos", "gestão do fator humano" e "gestão de pessoas". Muitas vezes, a própria designação dos empregados é alterada, entrando em cena os "colaboradores" e os "parceiros".

As razões para isso, no entanto, são paradoxais. Há, de um lado, a necessidade de ocultar e dissimular a condição de homens reduzidos a recursos. A despeito das mudanças acima referidas, o propósito fundamental das organizações mercantis continua sendo a maximização do lucro, ou do retorno financeiro, ou seja, a acumulação do capital. O papel dos empregados permanece igual: o de instrumento ou meio para a realização desse propósito. No mundo moderno, porém, é cada vez mais inconveniente deixar explícito que os empregados sejam "recursos" ou instrumentos organizacionais. No mínimo porque eles se tornaram "recursos" diferentes. Exercem tarefas mais complexas, lidam com tecnologias mais sofisticadas, deles se exigem mais conhecimentos e, muitas vezes, até mesmo criatividade e iniciativa. Para a realização dos mesmos objetivos anteriores (lucro e acumulação), os trabalhadores não podem ser tratados da mesma maneira. Isso requer, então, alterações e adaptações no modo como a gestão dos "recursos humanos" é feita, a começar pelo nome.

As mudanças em curso atualmente nessa área podem ser interpretadas como estando submetidas a um jogo de forças. Certas tendências são basicamente "instrumentais". A gestão deve mudar não porque os homens devam deixar a condição de recursos, mas simplesmente para atualizar práticas e discursos. Outras tendências, porém, são de natureza "substantiva". Situam-se no campo da ética e do humanismo, ganhando formas e conteúdos mais utópicos, abertos para um futuro repleto de sentido. Nesse caso, o objetivo é emancipar os trabalhadores da condição de recurso e alcançar uma nova correlação entre a humanização das relações de trabalho e a produtividade.

A gestão dos "recursos humanos" torna-se assim "gestão de pessoas", porque todo homem e toda mulher têm direito a uma condição de trabalho decente e civilizada, na qual sejam possíveis a realização pessoal e a garantia de qualidade de vida na situação de trabalho. A premissa fundamental passa a ser que homens e mulheres são finalidades em si mesmos; não podem ser submetidos a propósitos que lhes sejam externos; não devem ser meios ou ferramentas a serviço de outros, ou instrumentos para efetivar o que quer que seja, a começar por objetivos das organizações onde trabalham.

A consecução desse novo tipo de gestão de pessoas depende da construção de organizações mais democráticas e da superação do trabalho subordinado. Associa-se à existência de organizações socialmente responsáveis, orientadas para o interesse da coletividade, comprometidas com o equilíbrio ecológico e a sustentabilidade.

Quando pensada tendo como referência o setor público, a gestão de pessoas consiste no conjunto de ações concernentes aos que trabalham, em caráter subordinado, nas organizações do Estado. Trata-se da gestão dos trabalhadores públicos, que atuam nos órgãos da administração pública direta e nas entidades da administração pública indireta. Ou seja, toma-se como referência a estrutura e a organização da administração pública brasileira, assim como os parâmetros e as especificidades da legislação e do direito administrativo vigentes no país. Além disso, assume-se em sentido estrito o significado e a amplitude da expressão setor público, tomando-o como público-estatal. Não se trata aqui, portanto, da gestão das pessoas que trabalham no setor público não estatal, nas organizações não governamentais que não pertencem nem ao mercado, nem tampouco ao Estado, até porque nessas organizações a gestão de pessoas assemelha-se à da área privada.

Na gestão dos trabalhadores públicos que se vem cristalizando no Brasil, alguns dilemas têm sido considerados com ênfase maior. Um deles diz respeito à natureza da relação dos trabalhadores com o Estado, remetendo-se, portanto, ao regime jurídico mais apropriado. A gestão dos trabalhadores públicos deve basear-se nos princípios clássicos do direito administrativo ou deve se aproximar das (no limite, equiparar-se às) formas de gestão dos empregados privados? A prevalência dos princípios clássicos da administração pública – legalidade, impessoalidade, moralidade e publicidade –, ainda que aceita de modo generalizado, nem sempre consegue ser efetivamente cumprida em situações nas quais se enfatiza de forma unilateral o princípio da eficiência. Passa-se o mesmo com o grau de liberdade ou discricionariedade que devem ter os gestores dos trabalhadores públicos. Por fim, considerando-se o destaque que costuma ser dado aos modelos típicos do mercado e à eficiência dos serviços realizados pelos trabalhadores públicos, também adquire dimensão dilemática a questão de saber em que condições e limites é possível atender correta e eficazmente à coletividade por meio de organizações estatais e, portanto, com trabalho realizado por agentes administrativos (trabalhadores públicos).

Ver: Administração Pública; Democracia; Estado; Gerencialismo; Servidores Públicos

Referências Bibliográficas

AKTOUF, O. *Pós-globalização, administração e racionalidade econômica*: a síndrome do avestruz. São Paulo: Atlas, 2004.

BRAVERMAN, H. *Trabalho e capital monopolista*: a degradação do trabalho no século XX. Rio de Janeiro: Guanabara, 1987.

KÜLLER, J. A. *Ritos de passagem*: gerenciando pessoas para a qualidade. São Paulo: Senac, 1996.

SENNET, R. *A corrosão do caráter*: consequências pessoais do trabalho no novo capitalismo. Rio de Janeiro: Record, 1999.

Gestão do Conhecimento

José Antônio Carlos

Embora o conhecimento seja considerado o mais valioso dos insumos contemporâneos, a grande maioria das organizações, sejam elas privadas ou públicas, ainda encontra muita dificuldade em compreender o verdadeiro processo de criação e distribuição desse recurso.

Vários motivos colaboram para essa falta de clareza. O primeiro está vinculado ao próprio entendimento do que vem a ser conhecimento, uma vez que essa palavra engloba uma gama bastante variada de significados, tanto para pessoas como para organizações. Adotando uma perspectiva genérica, conhecimento compreende produtos tais como *softwares*, *royalties*, patentes, licenciamentos, direitos autorais, marcas, atividades de consultoria, bens culturais, ações de *marketing* e outros itens afins, que possuem como características fundamentais a imaterialidade e a sofisticação. No agregado, a produção desse tipo de bens e serviços molda a chamada economia do conhecimento.

O segundo obstáculo diz respeito à forma desigual pela qual o conhecimento se distribui pelos territórios e setores de atividade. Se, por um lado, temos países cuja riqueza já provém predominantemente da economia do conhecimento, a maioria deles ainda transita dentro de uma zona que vai da agricultura rudimentar à indústria menos sofisticada. Nos primeiros, obviamente, a percepção do valor do conhecimento e o esforço dispensado para compreender a mecânica de sua formação e distribuição são muito mais expressivos, ao passo que no segundo bloco esses indicadores são ainda nulos ou incipientes.

O terceiro e mais importante fator para a falta de clareza quanto ao processo de criação e distribuição do conhecimento está associado ao modelo mental ainda predominante na imensa maioria das organizações privadas e governamentais, que reflete princípios e práticas geradas nos primórdios do século passado por Frederick Taylor (1856-1950), Henry Ford (1863-1947) e Henri Fayol (1841-1925), baseados em estruturas rígidas, especialização exacerbada, departamentalização e forte viés burocrático, características que acabam por inibir a capacidade de entender o todo, a visão crítica, a criatividade, o envolvimento e o empreendedorismo dos funcionários. Essa visão criou paradigmas difíceis de serem apagados de uma hora para outra, da mesma forma que, nos primórdios da revolução urbano-industrial, foi árduo conceber um estilo de vida que se contrapusesse firmemente à era agrícola, que predominou por muitos séculos.

O rápido crescimento do valor desse insumo na geração da riqueza e a percepção de que o modelo organizacional criado pela indústria, por concentrar o conhecimento em poucas cabeças situadas na alta administração das entidades, não é o mais adequado para sua multiplicação e distribuição começaram a instigar pensadores ligados à administração a repensar a organização contemporânea.

O principal nome dentre os grandes intelectuais da moderna teoria da administração e, muito provavelmente, o primeiro a perceber a influência das novas tecnologias da informação, surgidas ininterruptamente a partir do último quartel do século 20 sobre o ambiente corporativo foi Peter Drucker. Ele foi pioneiro em apontar o conhecimento como o mais importante ativo organizacional dos nossos tempos, e, em função disso, mostrou a inadequação da alocação dos quadros mais qualificados das empresas em tarefas não mais necessárias, privando-os, por outro lado, da oportunidade de pensar e explorar o novo.

Na trilha de Drucker, foram surgindo, quase que exponencialmente, diversos outros administradores e pensadores, de diversas escolas de pensamento, em diversos países, unidos pelo esforço de repensar a organização e criar ambientes de trabalho pós-industriais, onde o conhecimento seja tratado com a prioridade adequada ao seu novo *status*.

Pode-se dizer, então, que a gestão do conhecimento surge, nesse contexto, como a disciplina que articula esses diferentes trabalhos e abordagens, possuindo como vetores principais:

- adoção da aprendizagem organizacional continuada, coerente com o quadro de mudanças rápidas e aceleradas que encurtam cada vez mais o ciclo de vida de praticamente todos os processos e produtos;
- revisão de organogramas, de modo a privilegiar relações em rede, em detrimento de hierarquias demasiadamente engessadas;
- valorização e apropriação do capital intelectual das organizações;
- utilização de técnicas gerenciais modernas que estimulem a geração de ideias, a criatividade, a inovação, a visão compreensiva dos problemas e a ação, em cenários de pouca previsibilidade;
- uso de novas tecnologias não apenas para automatizar procedimentos, mas para estimular a criatividade e a busca contínua por inovações;
- redesenho de processos de trabalho, à luz do novo ambiente organizacional interno e das mudanças externas à instituição.

Esses elementos, embora se apliquem indistintamente aos setores privado e público da economia, possuem objetivos bem diversos em cada um dos segmentos. Para uma empresa privada, ficar à margem das mudanças culturais, sociais, organizacionais e econômicas trazidas pela era do conhecimento significa perder mercado ou mesmo, no limite, deixar de existir. O mesmo, porém, não ocorre com o setor público.

Embora governos não possam, do ponto de vista formal, ir à falência, as dificuldades em superar paradigmas industriais, excessos burocráticos e amarras legais podem levá-los a uma preocupante perda de representatividade, causada por dificuldades de compreensão, planejamento, operação em um ambiente fluido que lhes cabe coordenar e regular.

Na prática, a nova agenda governamental tem seu espaço cada vez mais ocupado por problemas complexos e de difícil previsibilidade, como os vinculados a internacionalização do terrorismo, narcotráfico e lavagem de dinheiro, aquecimento global, sustentabilidade, novas moléstias, só para citar alguns.

No campo das oportunidades, igualmente a agenda pública está recheada de temas muito recentes, como os relacionados à montagem de infraestrutura adequada para a criação e a circulação do conhecimento (políticas públicas para uso de banda larga, por exemplo), formação de quadros com as qualificações necessárias para inserção do país, estado ou município na economia criativa, modelagem de novos negócios, mormente nos segmentos da indústria do entretenimento, gastronomia, enologia, moda, esporte, games, e muitos outros nichos estratégicos para geração de emprego e renda em uma economia cada vez mais globalizada, sofisticada, imaterial e competitiva.

Quer pelo lado dos problemas como pelo das oportunidades, a inserção governamental não pode se dar a partir dos cortes setoriais e disciplinares predominantes até aqui, requerendo, ao contrário, um modelo centrado na geração e no compartilhamento do conhecimento que estimule a troca de experiências, a criatividade, a liderança, o empreendedorismo e a inovação.

A gestão do conhecimento em governo pode ser entendida, em síntese, como uma ação coordenada, voltada para a promoção de mudanças culturais, educacionais, organizacionais, metodológicas e tecnológicas, que facilitem a criação de conhecimento e a produção de soluções inovadoras, de modo a garantir ao Estado efetividade em suas atividades estratégicas, qualidade e agilidade na formulação e implantação de políticas públicas e excelência na prestação de serviços.

Ver: Democracia Digital; Gestão; Organizações

Referências Bibliográficas

CASTELLS, M. *A Sociedade em rede*. In:______. A era da informação: economia, sociedade e cultura, 1. Trad. Roneide V. Majer. São Paulo: Paz e Terra, 1999.

DAVENPORT, T. H. *Ecologia da informação*. Porque só a tecnologia não basta na era da informação. [S.l.]: Futura, 1998.

NONAKA, I.; TAKEUCHI, H. *Criação de conhecimento na empresa*. Rio de Janeiro: Campus, 1997.

SENGE, P. *A quinta disciplina:* arte e prática da organização que aprende. 16. ed. rev. São Paulo: Best Seller, 2004.

SVEIBY, K. E. *A nova riqueza das organizações:* gerenciando e avaliando patrimônios de conhecimento. Rio de Janeiro: Campus, 1998.

Gestão Estratégica

PAULO ROBERTO MOTTA

Termo introduzido no início dos anos 1970 para reforçar a contingencialidade do planejamento e fazer face aos desafios de uma nova época de mudanças extremamente velozes e de grande magnitude. A *gestão estratégica* foi apresentada como etapa posterior ao planejamento organizacional estratégico que ganhara ampla aceitação na década anterior, mas parecia ineficaz para responder às demandas de um novo momento. Afinal, havia sido desenvolvido para um período até então definido como de descontinuidade e turbulências.

O período subsequente às crises do petróleo praticamente marcou o fim da era de descontinuidade e turbulência. Com a aceleração das mudanças, surge um novo ambiente organizacional, com o futuro aproximando-se do presente. Revelar-se-ia assim a ineficácia de algumas dimensões do planejamento estratégico, principalmente no que concerne a seus métodos racionais lógicos e de análise antecipatória.

Passou-se então a dar maior ênfase ao planejamento como algo contínuo e contingencial e, sobretudo, a aceitá-lo mais como um processo emergente de decisões e ações e menos como algo a ser realizado antes da implementação. Nascido com o propósito de antecipar mudanças e uma visão de longo prazo, o planejamento pretendia oferecer guias de ação definidos *a priori*.

Pensada como etapa posterior e mais avançada, a gestão estratégica também daria valor ao planejar, mas procuraria guiar as ações por meio da tradução dos sinais emergentes do processo organizacional. Consideraria que os métodos e critérios concebidos para antecipar modificações eram insuficientes para garantir a sobrevivência organizacional. No lugar deles, conceberia métodos de redirecionamento contínuo por meio de reações e adaptações ao intenso dinamismo do ambiente. Tentaria revigorar as práticas de planejamento estratégico, buscando reforçar algumas ideias básicas e superar certos gargalos das práticas anteriores.

Sua peça de resistência seria: manter relações dinâmicas com o ambiente. Interagindo com um ambiente externo de alterações velozes e intensas, a realidade administrativa interna se torna ilógica, mutante e, em grande parte, incontrolável. As próprias informações e definições estratégicas tendem a se tornar rapidamente perecíveis.

A gestão estratégica busca reforçar a flexibilidade organizacional tanto nas estruturas quanto nos processos de trabalho, reduzindo a ênfase nos métodos lógicos e racionais e complementando-os com métodos mais intuitivos, com os quais seria possível dar maior rapidez às decisões. Valoriza a decisão pela primeira convicção, sem procurar todos os dados e análises na tentativa inútil de eliminar o risco e a incerteza. O decidir e o agir devem se dar corrigindo e adaptando os rumos ao longo do caminho.

Para flexibilizar, a gestão estratégica incentiva a descentralização e a participação do maior número de gestores no processo de planejamento. As decisões devem ser tomadas o mais próximo possível do local da ação. O estímulo à participação visa não somente captar melhor as necessidades comunitárias, mas também construir consensos e gerar comprometimentos.

Trata-se, em suma, de alcançar uma visão da organização conforme sua inserção no contexto social, econômico e político. A meta continua a ser a obtenção de resultados, por meio de um processo contínuo de antecipação de mudanças futuras, tirando vantagens das oportunidades e redirecionando os cursos de ação. O planejamento e a avaliação tornam-se assim práticas contínuas e não mais algo ocasional e rotativo.

A gestão estratégica é essencialmente um processo gerencial. Como conceito, revigorou ideias inicialmente previstas no planejamento estratégico. Valeu o esforço, mas a ideia de ser uma etapa evolutiva não vingou totalmente. Praticamente todas as dimensões caracterizadoras da gestão estratégica estavam presentes nos conceitos de planejamento estratégico.

Proclamada como novidade há mais de 40 anos, não serviu para substituir a expressão planejamento estratégico. Ambas continuaram a ser usadas na prática. Como o planejamento estratégico, a adoção da gestão estratégica requer mudanças significativas na filosofia e prática gerenciais: não se trata de algo que se possa implantar por meio de simples modificações técnicas nos processos e instrumentos decisórios da organização. Na realidade, significa uma conquista organizacional que se inicia no nível das mudanças conceituais e se desdobra em novas formas de pensar e agir na organização do trabalho.

Ver: Gerencialismo; Gestão por Resultados; Gestão Social

Referências Bibliográficas

CHIAVENATO, I. *Teoria geral da administração:* abordagens prescritivas e normativas da administração. 4. ed. São Paulo: McGraw-Hill, Makron Books, 1993.

MOTTA, P. R. *Avaliação da administração pública:* eficiência, eficácia e efetividade. São Paulo: Edições Fundap, 1990.

______. *Gestão contemporânea:* a ciência e a arte de ser dirigente. Rio de Janeiro: Record, 1991.

Gestão Participativa

Silvia Andrade Stanisci

Gestão participativa é uma modalidade de gestão que se apoia no pressuposto de que a participação dos cidadãos contribui para o aperfeiçoamento da gestão pública e deve ser incorporada em algum nível dos processos que envolvem a formulação e o controle social de políticas públicas.

Uma série de fatores responde por sua origem e disseminação entre as democracias contemporâneas, com destaque para a crescente multiplicidade e complexidade de conteúdos e demandas que a agenda pública passou a incorporar. Esse movimento pode ser observado no campo dos direitos humanos, no qual o reconhecimento da diversidade ocupa hoje espaço central; direitos específicos devem ser assegurados a determinados grupos sem perder de vista os direitos universais, compreendidos como um todo indivisível e interdependente.

A luta pela ampliação e garantia de direitos ocorre em meio a dificuldades crescentes para sua realização. As pressões geradas pelo impacto da economia globalizada em todas as esferas da vida social passam a exigir cada vez mais a participação ativa da sociedade para legitimar, cofinanciar ou cogerenciar serviços e ações públicas.

O alargamento do espaço de participação cidadã surge assim como resposta a problemas criados ou agravados pelos processos de desregulamentação dos mercados e de enfraquecimento da capacidade operacional dos Estados nacionais. Ele atende, por outro lado, à vontade de participar expressa pela própria sociedade civil, devendo ser compreendido quer como consequência natural do exercício da cidadania, quer como meio para que esta possa vir a ser exercida em sua plenitude.

A gestão participativa tornou-se um requisito de qualidade para as políticas públicas, especialmente as sociais. Ela se impôs como necessidade e se firma como direito, amparada em marcos jurídicos nacionais, cartas e tratados internacionais de intenções e recomendações de organismos multilaterais.

Desde as últimas décadas do século 20 a corresponsabilidade da sociedade na gestão pública tem-se expressado por meio de diferentes arranjos institucionais entre entes públicos e privados em esferas nacionais, subnacionais e em alguns casos até mesmo transnacionais.

No Brasil, a Constituição Federal de 1988 reconhece a insuficiência do sistema representativo diante de uma sociedade pluralista e introduz mecanismos de participação direta e mediada para atuarem de forma complementar. Concebida no bojo do processo de redemocratização do país, a carta entende a descentralização e a participação como requisitos da democracia, incorporando-as como diretrizes para as políticas setoriais de saúde, assistência social e educação e para políticas voltadas para segmentos específicos, como crianças e jovens.

As diretrizes de gestão participativa para o atendimento dos direitos sociais estão na raiz da criação dos conselhos de políticas públicas integrados por representantes do governo e da sociedade civil, nos quais a população é representada por organizações expressivas de cada área e aos quais cabe aprovar políticas e planos, participar da elaboração orçamentária e promover o controle social das ações públicas em suas respectivas esferas.

A gestão participativa tem como objetivo explícito aumentar a eficácia das políticas públicas e orienta-se pelo compromisso com os destinatários destas. Trazida para o interior da gestão pública, ela se constitui com uma contradição de origem, pois representa ao mesmo tempo interesses comuns afetos ao bem-estar coletivo e interesses particulares não menos legítimos de partes do todo. Essa característica de imediato faz com que os processos de articulação entre atores institucionais, de negociação em torno dos conflitos e de formação de consensos tornem-se pontos-chaves para sua exequibilidade.

Um processo dessa complexidade implica diversos requisitos. O primeiro deles diz respeito à existência do cidadão consciente de seus direitos e deveres e capaz de assumir sua parte de responsabilidade no destino coletivo. A questão da legitimidade da participação do indivíduo, do grupo ou da organização passa também pelo critério de escolha de representantes, em todos os casos em que a participação não é universal.

Outro requisito fundamental diz respeito ao Estado com quem a sociedade dialoga, ao seu modo de operar e às suas abertura e flexibilidade para incorporar essa nova forma de agir, sem perda das características positivas de sua racionalidade burocrática.

Nessa interação há riscos de acomodação ou mesmo de cooptação dos participantes da sociedade civil ante o poder governamental, assim como há riscos, de outro lado, de que esses mesmos participantes exerçam oposição radical a qualquer proposta emanada de esfera governamental. Pode ocorrer ainda que representantes do governo atuem com identidade difusa e não o representem de fato, ou não estabeleçam as pontes necessárias para a definição de prioridades comuns. O controle social permite que os governantes sejam responsabilizados por seus atos; seu exercício exige que estes sejam transparentes e deve contar com aportes técnicos para análises competentes.

Outra questão relevante é a dos instrumentos que garantem a participação cidadã institucionalizada e sua contrapartida, qual seja, a questão dos instrumentos para responsabilização dos seus agentes.

Finalmente, há que se esclarecer a natureza do poder atribuída às instâncias e aos processos de gestão participativa. Trata-se de opinar ou de decidir? Sobre questões pontuais ou essenciais?

As respostas a esse conjunto de questões definem o potencial dos processos de gestão pública compartilhados entre governos e sociedade. Esse compartilhar de decisões e ações ocorre também entre esferas centrais, regionais e locais de governo, entre instituições privadas e entre setores. A tendência é que seus limites se ampliem continuamente, muitas vezes com contornos fluidos, como ocorre com a atuação em redes.

A gestão participativa introduz mudanças na relação entre o governo e a sociedade e tem sido facilitada pela evolução das tecnologias de informação e comunicação. Diversos países têm desenvolvido experiências de interação entre governos e cidadãos, que em alguma medida implicam a participação destes em decisões daqueles. Além disso, cresce exponencialmente a capacidade das redes sociais de mobilizar pessoas do espaço local ao global em torno de questões relevantes com agilidade inaudita, o que tende a gerar impacto a ser dimensionado em decisões públicas.

Ver: Controle/Controle Social; Democracia Participativa; Gestão; Orçamento Participativo; Participação Política; Participação Popular

Referências Bibliográficas

BENEVIDES, M. V. *A cidadania ativa*. São Paulo: Ática, 1991.

KLIKSBERG, B. *O desafio da exclusão:* para uma gestão social eficiente. São Paulo: Edições Fundap, 1997.

NOGUEIRA, M. A. *Um Estado para a sociedade civil*. São Paulo: Cortez , 2004.

TEIXEIRA, E. *O local e o global*. Limites e desafios da participação cidadã. São Paulo: Cortez, 2001.

Gestão por Resultados

Carlos Eduardo Souza e Silva

Modelo de gestão concebido para suceder o modelo tradicional de gestão da produção de cunho tipicamente burocrático. No fim da década de 1950, Peter Drucker, um dos mais importantes estudiosos da administração desse período, salientou que, para competir eficazmente no período pós-guerra, a gestão das empresas devia voltar-se para fora, para o mercado, para o cliente. Nos anos que se seguiram, para atender a esse desafio, houve forte movimento de descentralização nas empresas, em nome da convicção de que os gestores, em contato com os clientes, tinham melhores condições de tomar decisões rápidas e de se adaptar. Esse movimento levou a mudanças organizacionais importantes, tais como a criação das divisões por produto ou por segmento de mercado, que se sobrepunham à estrutura funcional burocrática. Para coordenar e aproveitar a flexibilidade dessas novas estruturas organizacionais, desenvolveu-se então o modelo de gestão por resultados.

Esse modelo busca maximizar a iniciativa das equipes divisionais, utilizando a autonomia dada aos gestores para cumprir metas acordadas. Tal autonomia tem como contrapartidas: a) o compartilhamento dos objetivos da empresa (planejamento estratégico empresarial) com os gestores; b) o comprometimento dos gestores com as metas empresariais; e c) a garantia, a cada equipe, de sua autonomia de gestão, visando potencializar suas capacidades criativas e de liderança. O modelo também trouxe consigo ferramentas para disseminá-lo e fixá-lo nos escalões mais baixos, permitindo que a pretendida mobilização de energia criativa abarcasse toda a empresa, sob a ideia de *qualidade total*.

Esse modelo de gestão exige que se adapte a atuação da coordenação central da empresa, que deixa de ser impositiva para tornar-se indutiva, operando por meio de incentivos e desincentivos. O fulcro desse processo é o acordo em torno de metas e recursos disponibilizados para atingi-las e a liberação da iniciativa e da criatividade dos gerentes e de suas equipes. Nesse processo, a motivação e a liderança são fundamentais e devem ser fortemente incentivadas.

Na empresa privada, o sucesso da gestão por resultados é favorecido pela inerente clareza de objetivos (maximização de Taxa Interna de Retorno – TIR) e pela facilidade de se medirem os resultados (sempre econômicos). Nela ainda existe alta flexibilidade para se estabelecerem programas de incentivo por desempenho, sejam eles monetários (bônus) ou simbólicos (prestígio). A partir de meados da década de 1990, os avanços na área de telemática permitiram combinar vantagens (mobilização da iniciativa e informações de campo) da gestão por resultados com uma decisão estratégica rápida e bem informada e com uma supervisão mais presente da administração central (gestão estratégica). Isso tem promovido uma rápida evolução no significado da gestão por resultados e levado a uma recentralização decisória das grandes empresas.

A transposição do conceito de gestão por resultados para a administração pública encontra muitas dificuldades, que somente agora começam a ser em parte superadas.

Por não ser financiada diretamente pelo mercado (venda de produtos e serviços), mas por impostos, os objetivos da administração pública não são necessariamente ligados à TIR ou qualquer outro indicador que vincule sua produção aos recursos colocados a sua disposição. Seus objetivos são mediados pelo sistema político, mediante a legitimidade que a entrega eficaz de serviços aos usuários confere ao governo e à organização estatal por eles responsável. Os resultados que almeja precisam ser acordados com os órgãos de supervisão governamental e são necessariamente de natureza múltipla, com uma dimensão quantitativa e qualitativa difícil de ser definida e mensurada. A estrutura da administração pública, particularmente da administração direta, sofreu um primeiro movimento de descentralização de natureza geográfica e não divisional ou programática. Esta última só vem sendo levada a efeito mais recentemente, exatamente em resposta às necessidades de uma gestão por objetivos. Além disso, o princípio de isonomia na remuneração de funcionários públicos dificulta sobremaneira o estabelecimento de incentivos monetários ou simbólicos, fundamentais para a motivação de gestores e equipes.

Mesmo com essas dificuldades, na administração indireta, na gestão interna das empresas públicas, o processo da gestão por resultados caminhou em sintonia com a iniciativa privada. Mas a autonomia e a flexibilidade inerentes à empresa pública (em menor grau nas autarquias e fundações e em outros entes autônomos) colocaram o problema mais como sendo de coordenação central do que de autonomia de iniciativa. As soluções passaram pela constituição das *holdings* na Itália, pela Coordenação Ministerial Direta e por fim pelo contrato de gestão ou acordo de resultados, que busca manter um grau adequado de coordenação central sem perder as vantagens da autonomia. Hoje, a maior parte das empresas estatais e dos entes públicos institucionalmente autônomos tem algo semelhante a um contrato de gestão, legalmente instituído, integrado aos respectivos sistemas de governança corporativa.

Já na administração direta, os controles por processo de natureza burocrática estão na lógica hierárquica do serviço público e do direito administrativo, em que existe um objetivo conflitante de inibir discricionariedade gerencial que se sobrepõe à busca da autonomia de gestão e da eficiência gerencial. A tendência, aqui, sempre foi não a de substituir o controle por processo, mas a de adicionar a ele novas camadas de instrumentos de controle, dessa vez por resultados. Com isso, a aplicação do conceito não resultou em maior autonomia de iniciativa, mas em mais um compromisso do gestor descentralizado com o órgão de coordenação central, criando uma constante tensão entre anseios de autonomia/iniciativa dos gestores e necessidades de supervisão e controle centralizado do Planejamento e dos entes de coordenação.

Isso inicialmente se constituiu em um problema, pois havia, ao contrário da experiência da iniciativa privada, resistência passiva dos gestores descentralizados em cooperar com o modelo de gestão, oferecendo metas subestimadas, indicadores ambíguos e recursos superestimados. Com o avanço da telemática, porém, modelos cada vez mais sofisticados de gestão por resultados puderam ser introduzidos, agora integrados com uma estrutura programático-orçamentária e com instrumentos sofisticados de avaliação e auditoria, superando grande parte dos problemas iniciais.

Hoje, no Brasil, a mais interessante e ambiciosa experiência de integração da gestão por resultados no Planejamento é a gestão do PPA (Plano Plurianual), tanto em nível federal quanto estadual.

Ver: Gerencialismo; Gestão Estratégica; Gestão Social; Monitoramento

Referências Bibliográficas

BRASIL. Decreto n. 6.601 de outubro de 2008. Dispõe sobre a gestão do PPA 2008-2011 e de seus programas. *Diário Oficial da República Federativa do Brasil*, Brasília, DF, 13 out. 2008.

BRESSER-PEREIRA, L. C.; SPINK, P. *Reforma do Estado e administração pública gerencial*. Rio de Janeiro: FGV, 1998.

CHIAVENATO, I. *Teoria geral da administração:* abordagens prescritivas e normativas da administração. 4. ed. São Paulo: McGraw-Hill/Makron Books, 1993.

DRUCKER, P. *Management for results*. New York: Harper--Row, 1964.

GODET, M. *Manual de prospectiva estratégica:* a antecipação da ação. Lisboa: Dom Quixote, 1993.

KAPLAN, R. S.; NORTON, D. P. *A estratégia em ação*. Rio de Janeiro: Campus, 1997.

UNITED NATIONS DEVELOPMENT PROGRAM. *Results based magement: concepts and metodology*. 2000.

Gestão Pública/ Gestão Privada

Enrique Saravia

Os estudos pioneiros de administração pública foram os de Woodrow Wilson, professor de ciência política da Universidade de Princeton e, posteriormente, presidente dos Estados Unidos. Sua preocupação, nos anos próximos a 1880, era a criação de uma classe administrativa apartidária, selecionada na base do mérito, para assim neutralizar o nepotismo e o favoritismo que dominavam a administração pública norte-americana do século 19. Wilson acreditava que "o negócio do governo é organizar o interesse comum contra os interesses especiais". Para ele, a melhor forma de desenvolver a administração pública era tomar do *management* empresarial as normas de disciplina e de mérito na manutenção do cargo e nas promoções. Mas isso não significava, para ele, que negócios e administração pública fossem semelhantes: "a administração governamental pode e deveria ser como a de empresas, porém ela não é empresa. É vida social orgânica" (WILSON, 1885, p. 290).

Em anos recentes, propiciou-se a transferência à administração pública de fórmulas administrativas e gerenciais surgidas no setor privado. Trata-se, em geral, de métodos de apoio à decisão que provêm dos sistemas de planejamento e controle das grandes empresas, parcialmente adaptados à esfera pública: análise de sistemas, métodos custo-benefício e custo-efetividade, métodos multicriteriais, bem como métodos de gestão diretamente transferidos do setor privado – contabilidade analítica, controle de gestão, administração por objetivos, além dos sistemas informáticos (NIOCHE, 1982, p. 12).

Quem preconiza esse tipo de transferência sustenta a superioridade da gestão privada e a propicia como forma de melhorar a eficiência e eficácia do setor público. Trata-se, na verdade, de uma afirmação que não resiste à análise dos estudiosos da administração. A decisão política considera variáveis que a decisão empresarial não considera. Assim, por exemplo, na administração privada, a dependência em relação aos recursos do mercado é quase total e os objetivos organizacionais são diferentes e muitas vezes opostos.

Peter Drucker (1999) lembra que, "até a década de 30, o punhado de escritores e pensadores que se preocupavam com a administração – começando por Frederick Winslow Taylor, mais ou menos na virada do século, e terminando com Chester Barnard, logo antes da Segunda Guerra Mundial – presumia que a administração de empresas não passava de subdivisão da administração geral. Para eles, o termo 'administração' se aplicava a qualquer tipo de organização, não apenas às empresas".

Drucker lembra que "a primeira aplicação consciente e sistemática dos princípios da administração não se deu numa empresa. Foi a reorganização do Exército dos Estados Unidos feita em 1901 por Elihu Root, o secretário da Guerra de Theodore Roosevelt, e que o primeiro Congresso de Administração – em Praga, em 1922 – foi organizado, não por empresários, mas por Herbert Hoover, então secretário de Comércio americano e depois presidente dos Estados Unidos, e Thomas Masaryk, historiador mundialmente famoso e presidente-fundador da recém-criada República da Tchecoslováquia".

"A identificação da administração com a administração de empresas", continua Drucker, "começou apenas com a Grande Depressão, que gerou hostilidade em relação às empresas e desprezo por seus executivos. Para não ser contaminada pela associação de sua imagem com a de empresas, a administração no setor público foi rebatizada de administração pública e proclamada uma disciplina distinta – com seus departamentos universitários, terminologia e hierarquia profissional próprios."

O mesmo autor afirma que isso não ocorreu nos Estados Unidos, onde os obstáculos à introdução de técnicas de *management* na administração pública devem-se a vários fatores:

1) a cultura política: a administração não tem muita autonomia na fixação de objetivos e na determinação de meios; não se reconhece a utilidade da administração para resolver problemas sociais; considera-se que a administração é muito influenciada por interesses particulares e que suas decisões não se inspiram no "interesse público";

2) o controle minucioso do Congresso sobre a administração federal: as comissões e subcomissões do Congresso perderiam grande parte de seu poder se fossem adotadas as técnicas modernas de orçamentação;

3) o fato de que o Congresso não ajuda a administração: no programa para a alta gerência pública (Senior Executive Service), só foi autorizado 10% do dinheiro necessário para a melhora das remunerações;

4) a prática do presidente e seus auxiliares interferiu nos detalhes da gestão dos organismos públicos (DRUCKER, 1999, p. 287).

O problema consiste em que a racionalidade e a própria essência da atividade estatal diferem da gestão de empresas. A relação das organizações governamentais com seus públicos não é a de um provedor com um cliente, adverte Metcalfe (1990, p. 53). A gerência pública abarca dependentes, cidadãos, fornecedores, presidiários, contribuintes, aqueles que recebem benefícios e subsídios, bem como clientes. A proximidade não é sempre uma característica desejável para essas relações. A questão importante para a gerência pública é desenhar relacionamentos apropriados entre as organizações e seus públicos.

Przeworski (1998, p. 57-58) tem uma visão similar quando afirma que "as burocracias públicas são diferentes das firmas privadas num aspecto fundamental que abre a possibilidade de uma supervisão mais efetiva. Os serviços estatais são produzidos e executados por uma burocracia cujos membros são indicados por políticos. Daí que o controle dos cidadãos sobre a burocracia só pode ser indireto, pois as instituições democráticas não contêm mecanismos que permitam que os cidadãos sancionem diretamente as ações legais dos burocratas. No máximo, os cidadãos podem avaliar o desempenho da burocracia ao sancionarem, pelo voto, os políticos eleitos [...] Portanto, ainda que se suponha que a burocracia estatal proporciona serviços aos cidadãos, ela é responsável perante os políticos (ou outros corpos indicados por políticos, tais como os tribunais ou as agências de supervisão administrativa)".

São vários os elementos que diferenciam os dois tipos de administração. De modo geral, as empresas privadas pautam sua ação pelo planejamento e gestão estratégicos. A administração pública age em função de sistemas mais rígidos de planejamento governamental, que se orientam por princípios gerais previstos na Constituição e, mais modernamente, por sistemas de elaboração de políticas públicas. No setor público, existem sistemas mais abrangentes de planejamento em alguns setores, como o elétrico, o de transportes, o industrial e o espacial.

Distinguem-se também pela sua finalidade. A empresa privada tem como fim imediato a realização da sua atividade principal de produção de um bem ou de prestação de um serviço e, como finalidade mediata, auferir um lucro econômico. Uma organização pública também tem como objetivo primeiro cumprir sua missão institucional para, por meio dela, obter o bem da comunidade e servir ao interesse geral. Daí que o interesse mobilizador da empresa privada seja a lucratividade, e o das organizações públicas seja a efetividade.

Do ponto de vista da propriedade, o patrimônio da empresa é privado. O da organização pública é público. O regime jurídico aplicável para a empresa é de direito privado, e para a organização pública – pelo menos em princípio – é o direito público. Consequentemente, o pessoal da empresa privada está regido pelo direito trabalhista (CLT) e o da administração pública é, em princípio, estatutário ou de direito público (com as exceções previstas em lei); assim, por exemplo, o pessoal das empresas estatais é regido pela CLT.

Ver: Administração Pública; Burocracia; Gestão; Organizações; Taylorismo

Referências Bibliográficas

DRUCKER, P. *Desafios gerenciais para o Século XXI*. São Paulo: Pioneira, 1999.

METCALFE, L.; RICHARDS, S. *Improving public management*. Londres: Sage, 1990.

NIOCHE, J. P. Science administrative, management public et analyse des politiques publiques. *Revue Française d'Administration Publique*, Paris, FR, n. 24, p. 635-649, oct.-dec. 1982.

PRZEWORSKI, A. Sobre o desenho do Estado: uma perspectiva agente x principal. In: BRESSER-PEREIRA, L. C.; SPINK, P. *Reforma do Estado e administração pública gerencial*. Rio de Janeiro: FGV, 1998. p. 39-73.

WILSON, W. *Congressional government*. New York: Houghton Mifflin, 1885.

Gestão Social

Fernando Guilherme Tenório

O tema da gestão social tem estado presente na discussão das políticas públicas e das políticas sociais desde os anos 1990, no sentido de se introduzir um novo modo de administração das carências que afetam o bem-estar de grande parte da população. Essa modalidade de gestão pode estar relacionada tanto às políticas públicas quanto às práticas desenvolvidas no setor empresarial privado, vinculadas à responsabilidade social corporativa, ou, ainda, àquelas desenvolvidas e originadas em organizações da sociedade civil. No entanto, o conceito também tem sido compreendido como um processo gerencial que procura democratizar as relações sociais no interior das organizações do primeiro, do segundo e do terceiro setor, bem como incentivar práticas de cidadania na formulação, na implementação e na avaliação de políticas públicas.

O significado da expressão está originalmente relacionado àqueles movimentos de orientação acrática ou socialista, referindo-se a processos decisórios autogestionários, cogestionários ou participativos, em vários episódios históricos em que essas orientações foram proeminentes, como, por exemplo, nos movimentos operários, nos movimentos camponeses e em algumas situações da Guerra Civil Espanhola, quando surgem "novas formas de gestão social, diversas de zona para zona e de vila para vila" (ROVIDA, 1985, p. 352). Assim, a partir de suas origens, o conceito de gestão social liga-se intimamente a processos decisórios participativos e coletivizados.

A expressão passou a ganhar importância na América Latina e no Brasil, quando, em 1992, na cidade de Santa Cruz de la Sierra (Bolívia), ocorreu o Seminário Ibero-Americano de Desenvolvimento de Professores em Gerência Social, evento organizado por uma rede de instituições coordenada pelo Centro Latino-Americano de Administração para o Desenvolvimento (Clad), órgão vinculado às Nações Unidas (ONU). O evento tinha como intenção aparente divulgar uma nova proposta gerencial para os países do continente que respondesse às diretrizes econômicas neoliberais então vigentes.

Nesse contexto macroeconômico, o novo conceito de gestão – gestão social – vincularia as ações dos governos a uma prática focalizada por meio de políticas públicas compensatórias que atendessem exclusivamente às carências sociais historicamente recorrentes na América Latina. Foram abandonadas as ideias e os projetos relativos às políticas sociais de corte mais amplo e coletivo. Abandonaram-se também as tentativas de resolução de problemas sociais de ordem estrutural. A gestão pública, segundo tais preceitos, deveria paulatinamente ser substituída por delegações ao terceiro setor. Tudo indicava uma tentativa de substituir uma visão keynesiana do papel do Estado por uma visão baseada no caminho proposto por von Hayek. Em termos gerais, significava também um desvirtuamento radical do conceito original de gestão social, na medida em que a ideia de processos decisórios socializados, coletivos e comunitários foi substituída pela de processos impostos.

Contudo, o entendimento do conceito de gestão social não ficou restrito apenas à análise, à formulação e à implantação de políticas públicas, ou ao gerenciamento de organizações não governamentais como inicialmente compreendido. Outras distinções foram feitas. Dentre elas destacamos aquela que diferencia a gestão social da gestão estratégica.

No conceito de gestão estratégica, a liderança não é compartilhada, mas imposta. Seria um tipo de ação social utilitarista, fundada no cálculo de meios e fins e implementada mediante a interação de duas ou mais pessoas, na qual uma delas tem autoridade formal sobre a(s) outra(s). Por extensão, esse tipo de ação gerencial seria aquele no qual as organizações empresariais privadas determinariam suas condições de funcionamento e o Estado se imporia à sociedade por meio de processos eminentemente fundados na razão técnica, configurando intervenções de caráter tecnocrático.

Por sua vez, a gestão social tenta substituir a gestão tecnoburocrática, monológica, por um gerenciamento participativo, dialógico, no qual o processo decisório é exercido por diferentes sujeitos sociais. Em seu processo de afirmação, a verdade só existe se todos os participantes da ação admitem sua validade, isto é, a verdade é a promessa de consenso racional, não é uma relação entre o indivíduo e sua percepção do mundo, mas sim um acordo alcançado por meio da crítica intersubjetiva (TENÓRIO, 2008).

O conceito de gestão social tem sido utilizado principalmente nas políticas sociais, em organizações do terceiro setor, no combate à pobreza e nas questões ambientais. Sua aplicação ainda não adentrou de modo significativo as questões relativas à democracia participativa, na formulação de políticas públicas ou em outros âmbitos da atividade social.

A principal crítica à gestão social tende a considerá-la como não correspondendo ao que conceitualmente se estabelece, como uma expressão "anódina frente à pretensão e ambição que carrega", uma vez "que seria muito pequena para promover as mudanças que o conceito sugere" (PINHO, 2010, p. 49-50). Além disso, dadas as condições estruturais da formação social brasileira, por exemplo, ficariam patentes a impossibilidade e a inviabilidade de seus modelos decisórios, na ausência de uma sociedade civil vigorosa e ativa e na forte presença do Estado como instituição impositiva.

No Brasil, movimentos sociais, organizações não governamentais, assim como governos, notadamente os municipais, têm demonstrado a possibilidade de práticas gerenciais democratizadoras nas relações entre cidadania e poder público. O controle social já é uma realidade na cultura gerencial da administração pública brasileira, haja vista os diferentes tipos de arranjos institucionais, como é o caso do orçamento participativo e outras modalidades decisórias coletivas que, desde a Constituição de 1988, têm favorecido novos tipos de ordenamento institucional participativos.

Ver: Cidadão/Cidadania; Gerencialismo; Gestão Estratégica; Gestão por Resultados

Referências Bibliográficas

PINHO, J. A. G. Gestão social: conceituando e discutindo os limites e possibilidades reais na sociedade brasileira. In: RIGO, A. S. et al. (Org). *Gestão social e políticas públicas de desenvolvimento:* ações, articulações e agenda. Recife: Univasf, 2010. p. 21-52.

ROVIDA, G. A revolução e a guerra na Espanha. In: HOBSBAWM, E. J. (Org). *História do marxismo*: o marxismo na época da Terceira Internacional; a Internacional Comunista de 1919; as frentes populares. Rio de Janeiro: Paz e Terra, 1985. v. 6, p. 337-375.

TENÓRIO, F. G. Gestão social: uma perspectiva conceitual. *Revista de Administração Pública*, Rio de Janeiro, FGV, v. 32, n. 5, p. 7-23, set./out. 1998.

______. (Re)visitando o conceito de gestão social. In: ______. *Um espectro ronda o terceiro setor, o espectro do mercado*: ensaios sobre gestão social. 3. ed. rev. e ampl. Ijuí (RS): Unijuí, 2008. p. 13-38 e p. 157-184.

______. (Re)visitando o conceito de gestão social. In: LIANZA, S.; ADDOR, F. (Orgs.). *Tecnologia e desenvolvimento social e solidário*. Porto Alegre: UFRGS, 2005.

Globalização

Marcos Costa Lima

Conceito polissêmico amplamente apropriado pelas ciências sociais no início dos anos 1980 para tratar das profundas transformações econômicas e tecnológicas que se processavam no capitalismo desde a Segunda Guerra Mundial. As primeiras utilizações do termo tiveram origem nas escolas norte-americanas de negócios, logo popularizadas por consultores de estratégia e marketing.

Em 1962, Marshall McLuhan publicou *A galáxia de Gutemberg*, em que apontava mudanças nas relações humanas e na estrutura social provocadas pelos meios de comunicação. Indicava a passagem da Era Mecânica para a Eletrônica, cujos meios se constituiriam em prolongamentos do nosso sistema nervoso. Em 1967, em *O meio é a mensagem*, de reconhecimento internacional, apontou a influência da televisão, dentre outros meios eletrônicos, no modo de pensar da sociedade ocidental contemporânea. Desenvolveu então o conceito de *aldeia global*, para sugerir que o progresso tecnológico estava reduzindo o planeta a um processo de homogeneização, um mundo cada vez mais interligado e conectado.

Do ponto de vista teórico mais geral, são três as interpretações mais fortes da globalização. A primeira delas, de cunho liberal, naturaliza o fenômeno e o entende como progresso e avanço do capitalismo a partir do livre jogo das forças de mercado. Essa tese ganhou destaque em 1989, quando da *débâcle* do socialismo na União Soviética. A segunda, de cunho histórico-econômico, data o fenômeno das Grandes Navegações (séculos 15 a 17). A terceira, por sua vez, concentra-se nas alterações do modo de produção capitalista, privilegiando a passagem do capitalismo industrial para o financeiro, a partir de 1980.

A primeira interpretação está ancorada nos ensinamentos da economia neoclássica liberal, que defende a existência de um equilíbrio nas relações econômicas, desde que o Estado não interfira no livre mercado. As crises logo seriam superadas e a economia voltaria a seu ritmo normal de crescimento.

A segunda interpretação baseia-se nas teses do historiador francês Fernand Braudel, que inaugurou os estudos do capitalismo a partir da perspectiva da longa duração, dimensão temporal mais lenta, de onde sobressaem as permanências e repetições. Para Braudel, a noção de *ciclos sistêmicos de acumulação* era derivada das recorrentes expansões financeiras, tidas como fenômenos inerentes ao capitalismo. Esses ciclos estavam associados a um Estado forte que ascendia em determinado momento histórico para em seguida perder a liderança para outro Estado, como aconteceu em Nápoles, Veneza, Países Baixos, Inglaterra e em seguida nos Estados Unidos.

Segundo Braudel, antes das Grandes Navegações, que inauguram um dos ciclos de acumulação capitalista, o mundo era subdividido em cinco economias-mundo com pouca ou nenhuma articulação entre si: (a) a europeia, que englobava os núcleos genovês, veneziano, milanês e florentino; o núcleo da Liga Hanseática e o núcleo de Flandres; (b) a chinesa; (c) a indiana; (d) a África árabe e negra; (e) as civilizações pré-colombianas. O fenômeno da globalização estaria justamente associado à expansão europeia, à ampliação do comércio em escala internacional e aos avanços associados às tecnologias.

Nessa compreensão histórica, a *primeira fase* da globalização seria dominada pela expansão mercantilista (1450-1750), e a *segunda fase* (1750-1945) abrangeria o processo da Revolução Industrial, associado ao processo colonialista e imperialista e seria concluído ao final da Segunda Guerra Mundial. A *terceira fase* abre-se com a criação dos organismos de Bretton-Woods (FMI, Gatt, Banco Mundial) e das Nações Unidas, que passam a funcionar como as grandes instituições multilaterais do século 20 e instrumentos da *nova ordem mundial*, na qual se processa a substituição da *Pax* Britânica pela *Pax* Americana.

Tal fase, de hegemonia do capital financeiro, caracteriza-se por três momentos articulados: (a) *internacionalização das firmas multinacionais*, com a abertura das economias nacionais às transações exógenas e à ampliação do comércio mundial de bens e serviços; (b) *transformações produzidas pelas novas tecnologias de informação e comunicação*, que alteram radicalmente os procedimentos de atuação das empresas que passam a operar em rede, reduzindo o tempo de produção e a duração da vida dos produtos, alterando as relações e flexibilizando as regras de trabalho; (c) *globalização financeira*, definida como processo de interconexão dos mercados de capitais em escala nacional e internacional, levando à conformação de um mercado unificado de capitais em escala planetária. O aspecto distintivo da evolução desse processo na década de 1990 é o papel de liderança assumido pelo sistema financeiro, que passa a conduzir e determinar a dinâmica e o ritmo das firmas e da inovação tecnológica, inaugurando um *regime de acumulação dominada pelo financeiro* (CHESNAIS, 1996), também descrito, posteriormente, como economia dos mercados financeiros liberalizados.

O processo, que se inicia em 1979 com a mudança de diretriz da política monetária dos Estados Unidos, teve como motor de propulsão a dívida pública, fenômeno generalizado no período, consequência da redução do ritmo de crescimento da economia e da alta das taxas de juros inaugurada por Margaret Thatcher no Reino Unido e Ronald Reagan nos Estados Unidos. Os principais países industriais empreenderam políticas de desregulação e liberalização financeira, consolidando um amplo mercado financeiro mundial. Os fluxos financeiros tiveram crescimento explosivo, ignorando todas as advertências feitas ao longo do tempo sobre os efeitos nocivos da economia de especulação e o predomínio do capital rentista.

Poucos séculos sofreram tantas transformações econômicas, sociais e culturais como o século 20. Entre o ínicio e o fim do século, houve profundo crescimento da indústria, das cidades, da população mundial e dos meios de comunicação, além da ascensão do Japão e da Alemanha, que passam a compor uma tríade ao lado dos EUA, após a Segunda Guerra Mundial.

De 1953 até a crise do petróleo em 1973, auge do ciclo virtuoso de crescimento capitalista, a produção industrial mundial foi comparável em volume à de todo o século e meio que separava 1953 de 1800 (BAIROCH, 1982). Os EUA consolidam-se como principal economia mundial e estabelece-se o novo "paradigma" da era do consumo de massa. A transnacionalização de significativo grupo de empresas possibilitou reduzir custos, mediante a incorporação de fatores de mais baixa remuneração localizados no exterior, mas gerou pressões sobre a balança de pagamentos dos EUA e o desemprego estrutural, que aumenta desde então e alcança níveis alarmantes.

Considerando-se que a velocidade da transformação econômica global não é uniforme e que o ritmo da inovação tecnológica e do crescimento é irregular, pode-se dizer que a globalização gera particularidades e descontinuidades entre países e entre setores industriais. Algumas das características mais relevantes desse processo seriam: 1) transnacionalização da economia mundial efetivada pelos grandes conglomerados multinacionais, a princípio, e, posteriormente, pelo sistema bancário; 2) dificuldade de regulação dos Estados nacionais pela criação de um sistema financeiro internacional privado e fruto da interpenetração dos capitais forâneos, levando ao esgotamento do modelo keynesiano de pleno emprego e de bem-estar social; 3) formação de blocos econômicos regionais como mecanismo de defesa ao acirramento da concorrência mundial; 4) revolução tecnológica baseada no complexo *computrônico,* que gera um novo paradigma de produção industrial – a automação flexível integrada – por sua vez articulado com mudanças radicais na organização dos processos de trabalho; 5) crítica negativa ao papel do Estado e estímulo a um *Estado mínimo*, com a consequente redução dos gastos sociais e flexibilização do compromisso social. A ofensiva do pensamento conservador atribui a origem da crise e da ingovernabilidade aos excessos do intervencionismo estatal e da democracia.

As transformações radicais que se podem associar à globalização geraram vantagens, sobretudo para os países centrais, caracterizando o contraste entre uma minoria de grupos sociais afluentes e uma ampla maioria de pobres. Tornou-se assim possível constatar que uma "globalização desigual" estava prosperando, com o que amplas mobilizações de grupos sociais passaram a ocorrer em escala mundial, base do que se convencionou chamar de movimentos *altermundialistas*.

As alterações na ordem econômica mundial e a revolução tecnológica têm tido implicações políticas, culturais, científicas, ambientais e sociais. Novas características de tempo e de espaço passam a afetar também as identidades culturais (HELD, 2002). Em certa medida, a globalização implica um movimento de distanciamento da ideia sociológica clássica de sociedade. Os conceitos de Estado-nação, soberania e nação, dentre outros, passam a ser reinterpretados. Surgem problemas em escala planetária – *aquecimento global,* insustentabilidade do modelo capitalista vigente –, que evidenciam a fragilidade ou a inexistência dos instrumentos e instituições para uma *governança global.*

A globalização não é fenômeno acabado e requer de sociedades e indivíduos ampla reflexão, capaz de apontar caminhos na direção de um *cosmopolitismo de fato*, de tolerância, equidade e solidariedade ambiental.

Ver: Estado; Mercado; Neoinstitucionalismo; Política de Emprego; Territorialidade

Referências Bibliográficas

BAIROCH, P. International industrialization levels from 1750 to 1980. *Journal of European Economic History*, p. 269-333, v. 11, n. 1, Fall 1982.

BRAUDEL, F. *Civilização material, economia e capitalismo:* séculos XV-XVIII. São Paulo: Martins Fontes, 1996. 3v.

CHESNAIS, F. (Ed.). *La mondialiation financière, genèese, coût et enjeux*. Paris: Éditions Syros, 1996.

HELD, D.; MC GREW, A. *The global transformation reader:* an introduction to the globalization debate. Cambridge: Polity Press, 2002.

MCLUHAN, M. *The Gutenberg galaxy:* the making of typographic man. Toronto: University of Toronto Press, 1962.

______. *O meio é a mensagem*. Rio de Janeiro: Record, 1969.

Governabilidade/Governança

Renato Lessa

As noções de governabilidade e governança tornaram-se moeda corrente na ciência política contemporânea a partir da centralidade adquirida pelo tema da "reforma do Estado" na década de 1980. Se a visibilidade maior desses conceitos se afirmou no período indicado, isso não significa sustentar que tenham a mesma origem e o mesmo tempo de formulação. De modo mais direto, o termo governabilidade antecede no jargão da ciência política o termo governança, ou *governance*, tal como adotado na literatura internacional.

A emergência da ideia de governabilidade está associada à obra do cientista político Samuel Huntington, a partir do início da década de 1960. Para ele, o termo designava as condições de exercício do governo em contextos marcados pela possibilidade de expressão de ampla participação política. Na verdade, sua preocupação era dirigida mais a ameaças de ingovernabilidade do que à governabilidade propriamente dita. E tal associação marcou de modo indelével a emergência daquele conceito. A ameaça da ingovernabilidade se apresenta diante de cenários de "excessiva" participação política, em contextos nos quais as instituições democráticas são recentes ou possuem pouca consistência.

Huntington sustentava que, nas chamadas democracias consolidadas, eventuais excessos no campo da participação poderiam ser absorvidos pela forte capacidade adaptativa das instituições políticas. Ao contrário, em sociedades marcadas por instabilidade política e baixa consolidação de instituições representativas, o excesso de participação, além de paralisar o governo, é um convite a soluções "pretorianas", de caráter autoritário.

O modo de evitar uma explosão participativa, sem lastro institucional, consistia no reforço da autoridade pública e no insulamento dos núcleos decisórios, para que se tornem menos porosos a demandas distributivas excessivas. Hungtinton foi um observador dos regimes autoritários implantados na década de 1960 e devotou-se a imaginar estratégias de descompressão dos mesmos, voltadas para progressiva liberalização, sem avanços significativos no campo da participação.

Esvaziado desse conteúdo marcadamente conservador, o uso corrente do termo diz respeito às condições de sustentabilidade dos governos, tanto no campo político-parlamentar como no da sua legitimidade em termos mais amplos. Em outros termos, as condições de governabilidade dependem tanto de recursos de poder situados no interior do sistema político como de algum grau de aceitação – ou de ausência de oposição – por parte dos diferentes atores sociais.

A ideia de governança emergiu em contexto distinto. Pode ser encontrada na literatura desenvolvida por agências financiadoras internacionais, tais como o Banco Mundial e o Fundo Monetário Internacional, a partir da década de 1980. Nos termos postos pelo Banco Mundial, governança diz respeito ao modo pelo qual o poder é exercido na gestão de recursos econômicos e sociais, com vistas ao desenvolvimento. Boa governança, nesse sentido, tem a ver com o exercício adequado da capacidade governativa, com vista às instituições sobretudo econômicas.

Os especialistas mais recentes no campo das políticas públicas tendem a utilizar o conceito de modo mais amplo. Governança passa a estar associada à capacidade mais alargada de gestão das políticas de governo e do controle sobre seus efeitos. Tal alargamento do conceito inclui aspectos tais como o formato político-institucional dos processos decisórios, o tratamento das interações entre setores público e privado, os mecanismos de financiamento dos programas de governo e o impacto e alcance dos mesmos (MELO, 1995, p. 30-31). Como observou outra estudiosa brasileira do tema, o conceito de governança, nesse novo tratamento, não se restringe mais aos "aspectos gerenciais e administrativos do Estado, tampouco ao funcionamento eficaz do aparelho de Estado" (SANTOS, 1997).

Em termos gerais, pode-se dizer que *governabilidade* diz respeito às condições de sustentabilidade política e social dos governos, base para a operação regular de seus mecanismos de *governança*. A terminologia tem aparência de novidade, mas o tema é tradicional no campo do pensamento político. Desde a reflexão de Aristóteles, a boa observação da política deve combinar a atenção aos dois aspectos mencionados.

Ver: Estado; Governo; Sistema Político

Referências Bibliográficas

CROZIER, M.; HUNTINGTON, S.; WATANUKI, J. *The crisis of democracy:* report on the governability of democracies to the Trilateral Comission. New York: New York University, 1975.

MELO, M. A. B. C. Ingovernabilidade: desagregando o argumento. In: VALLADARES, L. (Org.). *Governabilidade e pobreza.* Rio de Janeiro: Civilização Brasileira, 1995.

SANTOS, M. H. C. Governabilidade, governança e democracia: criação de capacidade governativa e relações Executivo-Legislativo no Brasil pós-constituinte. *Revista Dados*, Rio de Janeiro, v. 40, n. 3, 1997.

Governo

Renato Lessa

Há que se distinguir, antes de tudo, "governo" de "Estado". Distinção que emerge, à partida, no próprio emprego da maiúscula no segundo termo, o que não se faz necessário para o primeiro. Há pelos menos duas características da ideia de Estado que não se encontram presentes na de governo.

Em primeiro lugar, a ideia de Estado diz respeito a algo de mais permanente em uma comunidade política e confunde-se com sua própria identidade. Nesse sentido, a ideia da extinção de um Estado aparece como muito mais grave do que a de uma crise de governo, embora, a depender da extensão dessa última, ela pode conduzir a algo mais grave, minando a própria sustentabilidade do Estado.

Em segundo lugar, a ideia de Estado diz respeito à totalidade do espaço público, aqui incluídas todas as instituições públicas e o patrimônio normativo fixado em constituições e normas infraconstitucionais. Dessa forma, o Poder Judiciário é parte integrante do Estado, embora não o seja do governo. O mesmo pode ser dito a respeito do Poder Legislativo, por maiores que sejam suas interações com o Poder Executivo.

Essa última distinção permite uma primeira aproximação para com a ideia de governo. Ela diz respeito à dimensão executiva dos poderes públicos, a um corpo que comanda o conjunto da sociedade, nos quadros de determinada ordem estatal. A associação entre as ideias de governo e de Estado é fundamental, pois, nas condições gerais da política moderna, a atividade de governo se dá em um marco em alguma medida institucionalizado e regulado por normas jurídicas. Governantes, portanto, governam Estados e, por extensão, o conjunto dos governados. O que define a relação entre "dominantes" e "dominados", como sendo a de governantes e governados, é a sobre-existência da dimensão estatal. Nos limites da primeira interação não se pode rigorosamente inferir a ideia de governo. Ela pode subsistir em um contexto no qual a dominação exerce-se de modo errático e discricionário, além de fundada exclusivamente na força. A noção de governo implica a presença de uma forma regular de exercício da autoridade na qual estão fixadas tanto as fontes do poder político quanto suas formas de legitimação.

No quadro do Estado moderno, a primeira dimensão – a das fontes do poder – está associada ao tema da soberania popular, expressa por meio da constituição e da manifestação dos eleitorados. Os Estados modernos, marcados em geral por esse fundamento liberal que aos poucos se democratiza pela extensão do sufrágio, associaram o tema da soberania popular ao da expressão dos eleitorados, definidos como conjuntos de eleitores individuais. É, portanto, a expressão eleitoral tomada como índice mínimo da soberania popular e que se constitui em condição necessária para que haja governos.

Se a fonte originária dos governos é a soberania popular, configurada sob distintos regimes eleitorais, a legitimação da autoridade do governo, além dessa autorização eleitoral, decorre tanto de seu desempenho na condução de políticas públicas quanto da obediência a conjuntos de normas e valores, em geral expressos em enquadramentos constitucionais. Esse último aspecto é de particular importância. Nos Estados modernos, sobretudo a partir da reflexão de autores como Montesquieu, na França, e James Madison, nos Estados Unidos – ambos no século 18 –, a ação do governo – como dimensão executiva do conjunto dos poderes públicos – é limitada pela presença de outros poderes, também dotados de prerrogativas públicas, o Legislativo e o Judiciário. Esses poderes definem a moldura legal – quer pela criação de normas, quer por sua aplicação – dentro da qual governos devem operar, sob pena de configurar quadros deficitários em termos de legitimidade.

Governos são, por certo, limitados pela presença de fontes alternativas de poder, presentes não apenas nos demais poderes públicos, mas inscritas na própria dinâmica social. Fatores tais como o associativismo e a presença de fortes tradições participativas, para além da frequência a atos eleitorais, definem também a moldura na qual governos são obrigados a operar. A maior ou menor capacidade de irredenção dos cidadãos, por exemplo, define espaços e oportunidades distintas para o exercício do governo. Nesse aspecto, o tema da sociedade civil é crucial.

Além de mobilizar as instituições permanentes do Estado, governos são exercidos por meio de diferentes formas e sistemas. No primeiro caso, a distinção fundamental é a que se estabelece entre forma monárquica e forma republicana, sendo essa última caracterizada pela adoção do princípio da soberania popular como fonte dos postos de mando político. Mas, no contexto das democracias contemporâneas, as monarquias existentes convivem com governos assentados, tal como no desenho republicano, na manifestação dos eleitorados. As monarquias europeias, nesse sentido, definem-se como cobertura simbólica para governos cujo grau de dependência das escolhas dos eleitores nada fica a dever às repúblicas.

Distinção mais relevante diz respeito aos sistemas que, em uma classificação dicotômica, podem ser parlamentaristas ou presidencialistas. Há, por certo, modalidades mistas, nas quais o poder político divide-se entre um presidente, em regra eleito por voto popular, e um governo que resulta da maioria do Legislativo. Mas, independentemente da forma e do sistema, o alcance das atribuições do governo depende muito do padrão de distribuição dos poderes políticos. No arranjo clássico, antevisto por Montesquieu, os três poderes que compõem o Estado moderno devem ser autônomos, independentes e com funções nitidamente demarcadas, de forma tal que sua interação vale como um mecanismo de controle sobre seus eventuais excessos.

As sociedades e os Estados contemporâneos, com frequência, são marcados pela superposição de algumas das atribuições dos poderes públicos. Em diversos países – o Brasil dentre eles –, o governo – isto é, o Poder Executivo – possui prerrogativas que permitem o exercício da atividade legislativa, por meio de diversos mecanismos. No quadro da experiência brasileira posterior a 1988, o exemplo mais forte pode ser encontrado no instituto da *Medida Provisória*. Ela permite que o Poder Executivo tenha iniciativa de legislação, ainda que tenha de ser submetida ao Legislativo.

Por outro lado, são crescentes as ações do Poder Judiciário com implicações diretas para as ações de governo e para o Poder Legislativo, por meio de um processo que viria a ser designado como "*judicialização da política*". O Brasil, mais uma vez, destaca-se nessa matéria graças ao desenho da Constituição de 1988, que atribuiu ao Poder Judiciário o controle constitucional das leis e, por extensão, de medidas administrativas.

O tema do governo está, ainda, associado a duas dimensões essenciais. A primeira delas tem a ver com o fundamento último da autoridade governamental que reside na possibilidade do uso exclusivo e legal da violência. Ainda que possam ser sustentados por amplos procedimentos de legitimação e de autorização eleitoral, governos não dispensam a possibilidade do uso da força. Um dos principais teóricos do governo, no quadro do então nascente Estado moderno – o inglês John Locke –, definiu o governo como um arranjo que permite que a força da comunidade possa ser empregada para sua própria proteção. Se, tal como estabeleceu Max Weber, Estado pode ser definido como uma entidade que detém o monopólio do uso legítimo da força em um dado território, cabe aos governos executar essa prerrogativa, ressalvadas as cláusulas legais e fixadas no ordenamento do Estado.

Governos em geral, mesmo os mais legítimos e dotados de grande aprovação, tendem ao segredo e convivem de modo tenso com limites que lhe são interpostos. Se a cultura política do Estado moderno foi contemporânea do princípio da representação e da responsabilidade pública dos governantes, ela o foi também dos processos de proliferação burocrática e tecnocrática. Tais processos configuram espaços decisórios que escapam às formas de controle público, fundadas em mecanismos eleitorais e no princípio da representação.

O tema da "reforma do Estado", ativado a partir da década de 1980, afetou também o alcance da ideia de governo. Temas tais como privatizações, agências reguladoras e transferências de atribuições públicas para entes privados – os chamados "quase governos" – introduziram na política contemporânea experimentos de captura privada de partes expressivas do espaço público. Um dos desafios contemporâneos para o entendimento do que fazem os governos reside, portanto, em sua relação com entidades e atores que não pertencem ao mundo da representação e da autorização eleitoral.

Ver: Estado; Governabilidade/Governança; Sistema Político

Referências Bibliográficas

LOCKE, J. Segundo tratado sobre o governo civil. In: ______. *Dois tratados sobre o governo*. Trad. Julio Fischer. São Paulo: Martins Fontes, 1998.

MADISON, J.; HAMILTON, A.; JAY, J. *Os artigos federalistas 1787-1788*: edição integral. Rio de Janeiro: Nova Fronteira, 1993. 534 p.

MONTESQUIEU, C. S. Baron de. *O espírito das leis*. Trad. Chistina Murachco. São Paulo: Martins Fontes, 2003.

WEBER, M. A ciência como vocação. In: ______. *Ciência e política:* duas vocações. 2. ed. São Paulo: Cultrix, 1972. p. 17-52.

Governo Eletrônico

JOSÉ EISENBERG

Governo eletrônico, ou *e-gov* (do inglês *electronic government*), é o nome dado à imbricação de novas tecnologias de informação e comunicação

(TIC) nos processos de governança do setor público. O governo eletrônico possibilita a racionalização de procedimentos, expandindo o alcance e proporcionando maior transparência à oferta de serviços e à troca de informações do Estado com empresas e cidadãos. Assim como a implantação de sistemas de comércio eletrônico (*e-business*) criou novos parâmetros de competitividade e desempenho no setor privado da economia, no setor público, o uso de novas TIC produziu novas demandas por aperfeiçoamento dos sistemas de governança, prestação de contas e prestação de serviços.

Em todo o mundo, inclusive no Brasil, o setor governamental é um dos que mais prontamente se informatizou. Serviços como declaração de renda, pagamento de impostos, emissão de documentos, cadastramentos diversos e atendimento ao público são exemplos de rotinas burocráticas que, em um intervalo de poucas décadas, deixaram de ser prestadas por órgãos públicos apenas por meio de interações presenciais. O telefone e a internet tornaram-se importantes protagonistas nessas rotinas.

Particularmente exitosas têm sido as políticas públicas que visam à integração de bases de dados e à simplificação de licitações ou outras formas de fornecimento de bens para o Estado. Nos grandes centros urbanos, há também exemplos de iniciativas inovadoras visando à democratização do acesso às novas TIC, como a criação de pontos públicos de acesso à internet, e ao autoatendimento. Em todas essas iniciativas, o aumento da capacidade de processamento de dados do setor público e a racionalização de seus procedimentos trouxeram maior eficiência do Estado no provimento de serviços e informações aos cidadãos.

O pioneirismo da governança eletrônica no Brasil e no mundo coube aos grandes municípios das regiões metropolitanas, que souberam aproveitar suas vantagens socioeconômicas, já que o custo de recursos humanos e computacionais era, em um primeiro momento, o grande gargalo da implantação do *e-gov* no país. Em seus primórdios, os serviços de informática e comunicações do setor público brasileiro eram organizados nos chamados Centros de Processamento de Dados (CPD). A partir da metade da década de 1960, ao compasso de novas regulamentações, esses serviços deram origem a órgãos específicos, como o Serviço de Processamento de Dados (Serpro), criado no âmbito federal. Esse modelo de gestão da informática era fortemente centralizador de recursos, de decisões e de soluções técnicas de *hardware* e *software*, e todas as experiências surgidas a partir dele portavam tais características. O marco jurídico dessas instituições era o Decreto-lei n. 200, de 1967, que permitiu a transferência de diversas atividades, até então realizadas pela administração direta, para autarquias, fundações, empresas públicas e sociedades de economia mista.

Há no Brasil contemporâneo algumas iniciativas consolidadas nos três poderes que merecem menção. No Poder Judiciário, destaca-se o Processo Judicial Digital (Projudi), um sistema de tramitação de processos mantido pelo Conselho Nacional de Justiça, já presente na quase totalidade dos Estados da Federação. Esse sistema gera registros e faz acompanhamentos dos processos judiciais, substituindo por arquivos digitais as onerosas versões impressas. Permite também a integração, em todo o país, das seccionais da Ordem dos Advogados do Brasil (OAB), com consultas em tempo real. Seus objetivos são reduzir a burocracia dos atos processuais, agilizar a prestação jurisdicional, aumentar a capacidade de processamento de ações judiciais e melhorar a qualidade de atendimento às partes.

Agregam-se a esse sistema o *e-jus*, implementado pelo Supremo Tribunal de Justiça (STJ), e um equivalente ao *e-gov*, projeto de governança eletrônica do Poder Executivo. A iniciativa de maior visibilidade, entretanto, e não somente no âmbito do Judiciário, é, sem dúvida, a implantação pela Justiça Eleitoral dos sistemas ligados ao chamado voto eletrônico. Hoje, essa prática já é considerada referência internacional de informatização e integração eletrônica dos procedimentos burocráticos do exercício do voto em democracias representativas.

No plano do Poder Legislativo, uma parceria entre o Senado Federal e o Banco Interamericano de Desenvolvimento (BID) propiciou o surgimento da plataforma Interlegis. Este é um programa baseado em acesso à internet para facilitar a modernização e integração do Poder Legislativo nos seus níveis federal, estadual e municipal, e promover maior transparência e interação desse poder com a sociedade. A utilização de novas TIC tem permitido a comunicação entre as assembleias legislativas, câmaras de vereadores e seus representantes, bem como canais de comunicação com o público em geral, buscando aumentar a participação da população no processo legislativo. Câmaras municipais de todo o Brasil já receberam computadores e impressoras através do Programa para se conectarem à internet. Todas as assembleias estaduais, por sua vez, contam hoje com salas de multiuso e salas de videoconferência.

No Poder Executivo, em seus três níveis, são inúmeros os procedimentos de *e-gov* adotados. O sítio Governo Eletrônico articula essas iniciativas no plano do governo federal. Por um lado, por meio da informatização das bases de dados do Estado, permite que este preste serviços eletrônicos. Por outro lado, confere mais transparência a essa base de dados. Conceito-chave – e um dos argumentos mais recorrentes para os defensores dessas políticas –, transparência é a capacidade do Estado de dar publicidade a suas ações, de tal forma que gestores e políticas públicas estejam sujeitos à avaliação do corpo de cidadãos e sejam passíveis de fiscalização por parte de outras instâncias do próprio Estado, como por exemplo o Ministério Público, as controladorias e os tribunais de contas. Dessa transparência depende, sobretudo, uma prestação de contas horizontal, aos órgãos constituídos para tal fim, e uma prestação de contas vertical, em que dados sobre formulação e implementação de políticas públicas informam o cidadão quando este participa do jogo da democracia, seja em seu cotidiano, seja em seu ciclo eleitoral, avaliando essas políticas.

Ver: Governo; Redes Sociais; Sociedade Civil

Referências Bibliográficas

CEPIK, M.; EISEMBERG, J. *Internet e política:* teoria e prática da democracia eletrônica. Belo Horizonte: Editora UFMG, 2002.

CHAHIN, A. et al. *E-gov.br:* a próxima revolução brasileira. São Paulo: Prentice Hall, 2004.

E-GOVERNO. Disponível em: http://www.governoeletronico.gov.br/. Acesso em: 18 ago. 2010.

INTERLEGIS. Disponível em: http://www.interlegis.gov.br/. Acesso em: 18 ago. 2010.

PROJUDI. Disponível em: http://www.cnj.jus.br/index.php?option=com_content&view=article&id=5782&Itemid=735. Acesso em: 18 ago. 2010.

Governo Empreendedor

Ver: Empreendedorismo

h

Habitus

Aparecida Neri de Souza

Em latim, "maneira de ser", a expressão *habitus* designa o conjunto de atitudes e disposições próprias de uma cultura ou de uma sociedade, inculcados nos indivíduos por intermédio de processos de socialização.

Em *As formas elementares da vida religiosa* (1996), Émile Durkheim utilizou esse conceito para designar o conjunto de aprendizagens e de disposições adquiridas pela criança no decorrer do processo educacional. Os fatos sociais compreendem as maneiras de agir, pensar e sentir, fixas ou não, suscetíveis de "exercer sobre o indivíduo uma coerção exterior". São fatos que apresentam existência própria, independente das manifestações individuais que possa ter (DURKHEIM, 1974, p. 11). Os fatos são formados por representações coletivas, ou seja, "como a sociedade vê-se ela própria e o mundo que a rodeia". Algumas dessas representações cristalizam-se em *habitus* ou maneiras de ser sociais. Destacam-se as regras jurídicas, morais, os sistemas de comunicação, a linguagem, dentre outros.

Norbert Elias recorreu ao termo *habitus* para designar o tipo de personalidade e comportamento formado no processo de civilização no ocidente. A noção foi construída por Elias ao recusar as antinomias entre indivíduo e sociedade, agente e estrutura, ator e sistema. No ensaio *Sobre o tempo*, Elias (1998) reitera a compreensão de que o social não pode basear-se no indivíduo, como se esse fosse um ponto de partida da vida social. Afirma que os seres sociais não são autônomos, mas interdependentes e formam configurações ou interrelações, mas não são nem sistemas nem estruturas. As personalidades e os comportamentos respondem ao *habitus* específico de uma sociedade e de um momento histórico. Os processos civilizatórios e o consequente autocontrole contribuem para formar o *habitus* que é parte integral da personalidade do indivíduo. Como categoria sociológica central para explicar as mudanças sociais, o *habitus* se expressa nos códigos de conduta e nos sentimentos individuais, cujos padrões se transformam com as mudanças geracionais e denotam as disposições compartilhadas pela maioria dos membros de uma sociedade.

O conceito está presente desde a primeira edição de *O processo civilizador*, de 1939. Nessa obra, o conceito referia-se à forma como os homens se compreendem, à maneira como percebem a realidade e a enfrentam. Também implicava a compreensão de como os homens aprendem uns com os outros e passam a incorporar símbolos, meios de comunicação e estruturas de orientação que condicionam a percepção da realidade e os predispõem a atuar em um determinado sentido em razão das disposições adquiridas. O *habitus* define a realidade a partir de pressupostos que são, em grande medida, inconscientes para o indivíduo, mas esse pensa, compreende o real a partir deles. Os homens representam a realidade e captam o que é relevante em cada momento a partir dos conteúdos e das orientações gerais e específicas que constituem o *habitus*. A realidade percebida através do *habitus* resulta em "algo tão esmagador e inelutável [...], como inerente à natureza, à semelhança do nascimento e da morte. As pessoas não pensam a seu respeito" (ELIAS, 1994a, p. 186). Assim, o *habitus* consiste nas orientações e atitudes adquiridas pelos indivíduos em um contexto de aprendizagem e de vida social. O *habitus* que os indivíduos incorporam é ininteligível se não prestarmos atenção ao contexto existente de inter-relações em que se desenvolvem, isto é, sem referência às configurações em que se desenvolvem os portadores de tal *habitus*.

Assim, temos que as configurações são tramas de relações flexíveis e em mudança que unem os homens uns com os outros desde o momento em que nascem, com uma estrutura mais ou menos duradoura que pode ser descrita e explicada. O *habitus* é o conjunto de disposições e esquemas de orientação com o qual conta o indivíduo e a partir do qual ele próprio se percebe, compreende os demais e a realidade, passando assim a atuar na configuração em que está imerso.

Pierre Bourdieu (1980) recupera o conceito, que ganha centralidade na sua teorização sobre as práticas sociais. A insistência de Bourdieu no conceito respondia à necessidade de escapar à discussão sobre objetivismo e subjetivismo. O objetivismo "constitui o mundo social como um espetáculo" e se limita a estabelecer os dados regulares para se livrar das relações estatísticas sem interpretar as significações. Na sua versão estruturalista, tal objetivismo supõe que os indivíduos são determinados pelas relações estruturadas nas quais são colocados, propondo-se, assim, a resolver as questões relativas à transformação das práticas. Do outro lado, o subjetivismo limita-se a estabelecer o sentido na experiência ou vivência imediata. Em uma versão individualista, a intuição subjetiva compreende as experiências dos atores sem interrogar as especificidades da prática.

O conceito de *habitus* propõe um fio condutor para escapar da contradição reposta pela falsa dicotomia entre indivíduo e sociedade, tanto para Bourdieu quanto para Elias. Trata-se de um conjunto de disposições inculcadas, interiorizadas pelos indivíduos e como tais reproduzidas mediante processos de adaptação às condições nas quais estão inseridas. Essas disposições funcionariam como princípio gerador e estruturador das práticas e das representações que podem ser "reguladas" e "regulares", sem ser produto da obediência a regras.

Três dimensões caracterizam o *habitus*:

- ele relembra as aprendizagens formais ou informais, ditas ou não ditas, que formam e inculcam modelos de conduta, modos de percepção e de julgamento no curso de processos de socialização. A instituição escolar participa de maneira exemplar nesse processo, pois ela tem por função "produzir os indivíduos dotados desse sistema de esquemas inconscientes (ou profundamente enraizados) que constituem sua cultura, ou mesmo seu *habitus*" (BOURDIEU, 1970);
- o *habitus* designa as disposições que são interiorizadas em cada um; ele se produz, de fato, no processo de socialização que podemos chamar de "interiorização da exterioridade" e na formação de um inconsciente individual e coletivo;
- o *habitus* é um sistema de disposições adquiridas, é a capacidade de produzir as práticas, como sistema de esquemas interiorizados que permitem criar formas de pensamento, de percepções e de ações características de uma cultura.

O conceito de *habitus* nos leva a reconsiderar a teoria da motivação, a natureza dos laços sociais e das práticas sociais, a superar o dilema do determinismo e da liberdade. É um conceito que tem suscitado numerosas discussões. Seu uso não crítico pode fazer, consequentemente, com que se reforcem interpretações deterministas.

Ver: Cultura Política; Ideologia; Reconhecimento

Referências Bibliográficas

BOURDIEU, P. *Esquisse d´une théorie de la pratique, précédée de trois études d´ethnologie kabyle*. Paris: Minuit, 1970.

______. *Le sens pratique*. Paris: Minuit, 1980.

DURKHEIM, É. *As formas elementares da vida religiosa*: o sistema totêmico na Austrália. Trad. Paulo Neves. São Paulo: Martins Fontes, 1996.

______. *As regras do método sociológico*. Trad.. Maria Isaura Pereira de Queiroz. 6. ed. São Paulo: Ed. Nacional, 1974.

ELIAS, N. *A sociedade dos indivíduos*. Trad. Vera Ribeiro. Revisão técnica e notas Renato Janine Ribeiro. Rio de Janeiro: Jorge Zahar, 1994a.

______. *O processo civilizador*: uma história dos costumes. Trad. Ruy Jungmann. Revisão e apresentação Renato Janine Ribeiro. Rio de Janeiro: Jorge Zahar, 1994b.

______. *Sobre o tempo*. Trad. Vera Ribeiro. Revisão técnica Andrea Daher. Rio de Janeiro: Jorge Zahar, 1998.

ORTIZ, R. (Org.). *Pierre Bourdieu*: sociologia. São Paulo: Ática, 1983.

Hegemonia

Marco Aurélio Nogueira

Deitando raízes etimológicas na palavra *hegemon*, com a qual os gregos indicavam a preponderância política e/ou a supremacia militar de uma cidade-Estado sobre outras no interior da Grécia antiga, a expressão hegemonia ganhou ampla difusão no léxico contemporâneo.

Inicialmente empregada nas abordagens das relações entre Estados-nação no interior do sistema internacional, a expressão impregnou-se de forte conteúdo militar, esgotando-se na dimensão da força armada propriamente dita. Foi assim que adentrou o universo da teoria política, no qual passaria a ser usada como categoria adicional nas análises dos processos políticos nacionais. Nessa tradução, tornou-se sinônimo de dominação e muitas vezes de eliminação dos espaços de liberdade, de oposição de competição plural. Uma situação hegemônica seria aquela em que um ator, individual ou coletivo, teria como impor sua supremacia aos demais, que seriam assim coagidos pela força a obedecer ou impedidos de se manifestar e disputar o poder.

Mais tarde, com a difusão dos *Cadernos do cárcere* do marxista italiano Antonio Gramsci, a palavra ganhou *status* de conceito e passou a ser empregada largamente na análise das situações políticas, econômicas, sociais e culturais. Em que pese o fato de ter sido empregado por Gramsci com significados nem sempre cristalinos, foi a partir dele que o conceito adquiriu rigor e se converteu em um dos mais eficientes recursos de análise política e social. Na formulação gramsciana, hegemonia diz respeito à capacidade de dirigir e construir consensos, não de dominar em sentido estrito, passando assim a integrar um vasto e articulado sistema de conceitos dedicados a interpretar o Estado moderno e as lutas políticas que se processam em seu interior (Estado, sociedade civil, partidos políticos, ideologias, intelectuais, "bloco histórico", classes sociais).

O conceito de hegemonia é considerado a mais importante contribuição de Gramsci à teoria política, base de uma inflexão na maneira como os próprios marxistas concebiam o Estado e a política. Antes de tudo, porque com ele passou-se a atribuir maior relevância às dimensões não imediatamente coercitivas do fenômeno estatal e da política. Como se tornou usual dizer, Gramsci ampliou a teoria do Estado ao incluir nela, com destaque, os elementos de consenso e de direção político-cultural que se articulam com a coerção e a dominação propriamente ditas. Fez isso, também, ao ver o fenômeno estatal como estando composto de duas estruturas dialeticamente articuladas, a *sociedade política* – ou Estado em sentido estrito, terreno ocupado pelos mecanismos que garantem o uso da força e a organização das atividades de caráter administrativo e repressivo (a burocracia do Poder Executivo, o sistema policial e militar, o sistema político) – e a *sociedade civil*, um amplo e heterogêneo espaço político-cultural integrado por organizações privadas que respondem pela elaboração e pela difusão de ideologias e concepções do mundo e, desse modo, pela disseminação dos elementos com que se alimentam os projetos de hegemonia. Dentre essas organizações, as escolas ocupam lugar de destaque, funcionando como contrapeso "positivo" dos tribunais, que exercem função educativa "negativa" no plano da sociedade política. Mas da sociedade civil também fazem parte diferentes organizações religiosas, profissionais, políticas e culturais, sindicatos, partidos políticos, revistas, jornais e outros meios de comunicação de massa.

Hegemonia tem a ver com capacidade de dirigir ética e politicamente, ou seja, fixar orientações significativas tanto para indivíduos isolados quanto para grandes agregados sociais. Tem a ver com conquista de consensos e consentimentos: apoios, adesões, lealdades. Quem se propõe a exercer poder, a governar e a dirigir grupos ou comunidades está obrigado a operar ativamente no terreno dos valores, das orientações políticas, dos parâmetros éticos, em suma, da cultura em sentido amplo. A hegemonia é, assim, uma expressão avançada do poder das ideias.

Isso significa conceber a luta política também como luta cultural. Não pode haver mudança efetiva se as ideias e as consciências não se entrelaçarem com as eventuais alterações estruturais ou com as medidas legais destinadas a reformar a sociedade. Um novo poder político e um novo Estado precisam trazer consigo uma nova cultura, ou seja, novas ideias e interpretações a respeito da vida, da política e do próprio Estado. Além do mais, a chegada ao poder de um novo grupo dirigente integra um projeto político, e todo projetar consistente enlaça-se com valores socialmente dados, com visões do mundo e ideologias, que precisam ser trabalhadas permanentemente.

Não foi, portanto, por acaso que Gramsci associou os intelectuais à sua teoria da hegemonia. Para ele, todos os homens são em certo modo intelectuais, no sentido preciso de que pensam e se posicionam intelectualmente. Mas nem todos exercem na sociedade a função de intelectuais, quer dizer, nem todos agem como produtores e difusores de ideias. Os grupos sociais precisam dos intelectuais para adquirir melhor consciência de si, de seus interesses e possibilidades, e ganhar com isso homogeneidade em termos políticos e sociais. Quando são grupos estruturais, tendem a produzir seus próprios intelectuais, seus "especialistas", que Gramsci chamou de intelectuais orgânicos. Na pior das hipóteses, ligam-se aos intelectuais de outros grupos ou aos agregados de intelectuais de tipo tradicional, que preexistem aos grupos e flutuam sobre eles.

Os intelectuais são, por isso, decisivos para o exercício das funções da hegemonia social e do governo político. Modelam e qualificam o consentimento mais ou menos "espontâneo" que as grandes massas da população dão às orientações disseminadas pelos grupos fundamentais no que diz respeito à vida social. Os grupos e classes dominantes necessitam deles para construir e manter a hegemonia com a qual asseguram as posições de poder, ao passo que os grupos dominados criam ou conquistam intelectuais para dar conta da produção das ideias e dos parâmetros ético-políticos com os quais podem desafiar a hegemonia dominante e compor uma "cultura contra-hegemônica", que é por sua vez o embrião de uma futura nova hegemonia.

A luta entre os diferentes projetos de hegemonia aparece assim, para Gramsci, como integrando o próprio processo de vida dos grupos e dos indivíduos. Ao longo do tempo, as pessoas formam suas consciências, aperfeiçoam a maneira como compreendem a si próprias e tornam-se capazes de analisar criticamente o mundo mediante sucessivos embates entre direções contrastantes, tanto no campo da ética, quanto no da política e da filosofia. Tais choques de "hegemonias" produzem culturas específicas, combinando-se com estilos de vida, hábitos seculares, valores socialmente estabelecidos e visões do mundo.

É por isso que os atores políticos que disputam o poder político precisam ser capazes de produzir cultura e transformar a cultura. Não há luta política sem luta por hegemonia, sem batalha de ideias: sem persuasão, explicitação de posições, diálogo, esforços de convencimento, assimilação de valores, embate cultural.

O terreno próprio para a construção de hegemonias não é o Estado em sentido estrito (ou seja, o mundo do governo, da administração pública ou do poder), mas a sociedade civil, quer dizer, a malha de aparelhos e associações com as quais os interesses sociais se organizam e buscam se afirmar perante os demais, diante do Estado e como Estado.

A luta política pensada como luta pela hegemonia supõe, assim, o equacionamento e a resolução da questão das alianças (entre classes, frações de classe, partidos políticos). Supõe a superação do corporativismo, da consciência fixada nos interesses imediatos, empíricos, econômicos ou não. A ultrapassagem do corporativismo, aliás, mostra-se como momento fundamental de uma estratégia política que valorize a conquista da hegemonia. Não há como construir hegemonia com a reiteração de uma visão fechada ou concentrada em um tratamento restrito do campo dos interesses. O ator que se propõe à hegemonia precisa protagonizar as reivindicações de estratos sociais mais amplos, não apenas as de seu grupo imediato de referência ou da classe social a que se filia ou com que se afina ideologicamente. Ele precisa, em suma, apresentar soluções para os diferentes problemas dos diferentes grupos sociais, de modo a se tornar dirigente de todos, não só de uma parte da sociedade. Com isso, ele não só se fortalece como dirigente, como faz, ao mesmo tempo, com que sua classe de referência se torne uma classe "nacional", no sentido de classe que se põe diante da sociedade como um todo. O ator hegemônico qualifica-se pela sua capacidade de converter as questões específicas em questões gerais, promovendo a subsunção dos interesses imediatos aos interesses futuros. No fundo, ele equilibra a dinâmica do interesse com a dinâmica da opinião política.

O conceito gramsciano de hegemonia, enfim, propõe uma articulação de novo tipo entre *domínio* (governo) e *direção* (consenso), ou, se se preferir, entre monopólio da força e capacidade de fixar horizontes de sentido, entre poder político e poder das ideias. Só pode dominar com propósitos reformadores substantivos o ator que se mostrar capaz de dirigir ética e culturalmente, produzir lealdades e adesões, deslocar a seu favor orientações políticas e morais, acumular forças. Em suma, construir consensos. Um primado intelectual, moral e civil, por sua vez, somente adquire condições de existência na medida em que existam lideranças intelectuais atuando para criar novas concepções do mundo e novas tradições ético-políticas.

Ainda que se vincule predominantemente a direção ético-política e a cultura, a ideia de hegemonia não traz consigo a negação da *ação política*, nem muito menos a recusa de se chegar ao poder e usar o poder para promover reformas radicais, rupturas ou deslocamentos de forças. Não existe uma lógica etapista na luta política: primeiro a direção, depois a dominação. Mesmo que chegue ao poder (à dominação política propriamente dita), por exemplo, um partido não terá como governar se não tiver capacidade de dirigir em termos éticos, intelectuais e morais. A luta pela hegemonia combina-se sempre, de um modo ou de outro, com a luta pelo poder político em sentido estrito. Não se completa nem faz sentido sem isso. As batalhas de ideias são em alguma medida batalhas pelo poder, pela autoridade, pela direção.

A ideia de hegemonia não se confunde com gestão ou controle do poder estatal, nem com exercício do governo. Não pode ser aproveitada plenamente se for reduzida a uma variante qualquer de reformismo parlamentar e institucional, um tipo de "via pacífica", sem luta, uma estratégia que recusa o empenho para promover rupturas e mudanças estruturais fortes, e que pensa que os avanços decorrem de operações feitas exclusivamente "dentro da ordem", sem turbulências ou atritos. Mas também não tem a ver com visões espontaneístas ou voluntaristas, que jogam as energias, unilateralmente, naquilo que estaria "fora" do marco institucional e apenas poderia ser ativada com base na vontade, na abnegação militante ou na explosão social.

Com a ideia de hegemonia, em resumo, entendemos que só podem dirigir – isto é, fixar parâmetros de sentido capazes de deslocar valores e mover grandes massas de pessoas – aqueles que se mostram capazes de sair de si, ir aos demais e construir consensos. Só estes estão aptos a se tornar hegemônicos e, nessa condição, a governar com metas reformadoras fortes. Para tanto, devem não só agregar apoios, mas articular ideias e soluções positivas: fazer a crítica do existente, mas também apresentar um projeto para toda a sociedade.

Ver: Cultura Política; Estado; Ideologia; Sociedade Civil

Referências Bibliográficas

AGGIO, A. (Org.). *Gramsci:* a vitalidade de um pensamento. São Paulo: Editora Unesp, 1998.

BOBBIO, N. *Ensaios sobre Gramsci*. Trad. Marco Aurélio Nogueira. São Paulo: Paz e Terra, 2000.

COUTINHO, C. N. *Gramsci:* um estudo sobre seu pensamento político. Rio de Janeiro: Civilização Brasileira, 1999.

COUTINHO, C. N; TEIXEIRA, A. (Orgs.). *Ler Gramsci, entender a realidade*. Rio de Janeiro: Civilização Brasileira, 2003.

GRAMSCI, A. *Cadernos do cárcere*. Ed. e trad. Carlos Nelson Coutinho e Luiz Sérgio Henriques. Rio de Janeiro: Civilização Brasileira, 1999-2002. 6 v.

______. *A questão meridional*. Trad. Carlos Nelson Coutinho e Marco Aurélio Nogueira. Rio de Janeiro: Paz e Terra, 1987.

GRUPPI, L. *O conceito de hegemonia em Gramsci*. Rio de Janeiro: Graal, 1978.

LIGUORI, G. *Roteiros para Gramsci*. Rio de Janeiro: Editora UFRJ, 2007.

LIGUORI, G.; VOZA, P. (Orgs.). *Dizionario gramsciano:* 1926-1935. Roma: Carocci, 2009.

i

Identidade Social

Carlos A. Gadea

Pessoas ou grupos sociais sempre são portadores de atributos e características próprios e exclusivos que os tornam definíveis e reconhecíveis, quer diante de outras pessoas ou grupos, quer diante de seus semelhantes. São tais atributos e características que compõem o conceito social de identidade.

Uma das questões que se coloca desde o início é se esses traços identificadores são inerentes a seus portadores e, portanto, inalteráveis, ou se são uma construção mutável de atributos e características adquiridas no jogo simbólico das interações sociais. A constituição de uma identidade depende tanto das características mais imediatamente concretas, como, por exemplo, a cor da pele e dos cabelos, quanto de características processadas e produzidas pela cultura em graus crescentes de abstração, como, por exemplo, uma nacionalidade, ou, no interior de uma sociedade, grupos identificados como "os" pobres, "os" imigrantes, "os" escravos, "os" estudantes.

O conceito identidade remete a uma diversidade de representações e interpretações, dependendo da abordagem disciplinar que se considere (antropologia, sociologia, história, psicologia, filosofia etc.), bem como das discussões que o definem de acordo com suas qualidades e seus conteúdos. Fala-se de identidade nacional, de identidade étnica, de identidade individual, de identidade coletiva e até de identidade histórica, com a pretensão de definir experiências políticas, sociais e culturais, tanto de pessoas como de coletividades humanas.

Na base da discussão, encontra-se a tensão entre perspectivas essencialistas e não essencialistas, delineando, de certa maneira, o caráter dualista ou de "oposições binárias" que acompanharão todo seu percurso conceitual. A identidade é algo dado pela natureza ou é adquirida com base nas relações sociais que cada indivíduo estabelece? É fixa e atemporal ou é uma construção histórica e espacialmente definida, mutável no tempo e dependente do espaço geográfico?

Uma definição essencialista da identidade baseia-se na convicção de que existem certos traços e características comuns que todos possuem e que não se alterariam com o passar do tempo. Seja por fundamentos ancorados na biologia, na cultura ou na raça, a identidade se definiria por aquilo que é em si mesma, "autêntica" e reconhecível por todos. Por outro lado, uma definição não essencialista apelaria a uma perspectiva construcionista da identidade, na base de que o significado atribuído pelos indivíduos muda ao longo do tempo. Talvez essa última perspectiva seja a mais desenvolvida nos atuais estudos sobre cultura e identidade, reconhecendo-se sua consolidação como tradição analítica em trabalhos como os de Mead (1934), tradição que contribuirá para que, posteriormente, se estabeleça uma definição de identidade com base no seu caráter "relacional" e como o resultado do jogo simbólico pelo qual ela é representada.

Dessa perspectiva, a identidade se define como uma "experiência da relação social", dos símbolos e das linguagens implícitas, da cultura e da história (GERGEN, 1997). Já desde o "pragmatismo filosófico" com William James (1961) e com o "impressionismo sociológico" de Georg Simmel (1977), essa perspectiva pareceu se nutrir de uma "representação do social" em que a "pluralidade do eu" e a "fragmentação social" contribuiriam para que se considerasse o conceito identidade como flexível, fluido, dinâmico e em correspondência com o contexto em que tem a sua emergência. A identidade se apresenta, por um lado, como o resultado do estabelecimento de "marcações simbólicas" que terão por objetivo outorgar sentidos e significados a práticas sociais e a relações sociais concretas, produzindo um processo de diferenciação social; e, por outro lado, como o produto de "atos de criação linguística", ou seja, de criações sociais e culturais historicamente contextualizadas.

O mundo moderno tem produzido a identidade nacional e a identidade individual como paradigmáticas da faceta coletiva e individual da vida em sociedade. Enquanto as tensões na formação das identidades nacionais parecem ser geradas a partir de um repertório que apela às tradições culturais e à memória coletiva, a identidade individual parece adquirir, na contemporaneidade, uma dimensão política gerada a partir da noção de reconhecimento. Assim o manifestam autores como Taylor (1995), sob a premissa de que a identidade moderna é parcialmente formada pelo reconhecimento ou pela ausência dele, e inclusive pela má percepção que os outros têm dela. Como as identidades são "experiências na relação social", depreende-se que a noção de reconhecimento é de grande importância para os estudos sobre políticas públicas. Uma "política de identidade" adquire importância na medida em que, socialmente construída, a identidade não parece alheia às relações de poder, ao caráter histórico da sua produção, ao discurso que a nomeia e situa em posições de conflito e tensão, bem como às possibilidades de estar em contínua mudança e negociação.

Na atualidade, novas formas de identificação social entram em cena, com a emergência de "políticas de identidade", em que as noções como raça e etnia, gênero, sexualidade, idade, dentre outras, adquirem um sentido político denotativo das tensões, conflitos e relações de poder que encobrem os processos de construção de identidades. Essas apreciações pretendem questionar o fundamento das "oposições binárias" típicas da modernidade histórica, pelo qual a identidade e a diferença se expressam em termos de oposições claras – homem/mulher, razão/emoção, branco/negro, natureza/cultura.

Contemporaneamente, sustenta-se que a relação entre os dois elementos de uma oposição binária sempre encobre um desequilíbrio nas relações de poder, já que os elementos em posição dicotômica recebem uma importância diferencial, de forma que um deles é sempre mais valorizado ou mais forte que o outro. Os estudos culturais (*Cultural Studies*) e as "políticas de identidade" são os espaços de discussão analítica em que a identidade assume, juntamente com seu caráter relacional, contextual e mutável, uma forma em que as relações de poder se tornam constitutivas. A identidade remete, assim, ao estabelecimento de uma ordem hierárquica e de uma estrutura de poder que, justamente, irão mantê-la em constante tensão e instabilidade.

Ver: Ação Afirmativa; Cultura Política; Ideologia; Reconhecimento

Referências Bibliográficas

DERRIDA, J. *Gramatologia*. São Paulo: Perspectiva, 2008.

GERGEN, K. *El yo saturad:* dilemas de identidad en el mundo contemporáneo. Barcelona: Paidós, 1997.

HALL, S. *Da diáspora identidades e mediações culturais*. Belo Horizonte: UFMG, 2003.

JAMES, W. *Pragmatismo*. Buenos Aires: Aguilar, 1961.

MEAD, G. H. *Mind, self and society from the standpoint of a social behaviorist*. Chicago: University of Chicago, 1934.

SIMMEL, G. *Sociología*. Madrid: Revista de Occidente, 1977.

TAYLOR, C. *El multiculturalismo y la política del reconocimiento*. México: Fondo de Cultura Económica, 1995.

Ideologia

Marco Aurélio Nogueira

Poucos conceitos conseguem ter tantos significados díspares e usos variados quanto o de ideologia, seja na linguagem político-prática ou no discurso filosófico e científico. Particularmente a partir do século 19, o tema converteu-se em questão aberta, para a qual foram oferecidas inúmeras leituras, abordagens e tentativas de solução. A polissemia tornou-se assim inevitável, impregnando o tratamento especializado da matéria e pondo-o diante de muitas ambivalências, imprecisões e arbitrariedades.

Dentre as múltiplas utilizações do conceito, uma polarização básica prevalece: a palavra serve tanto para designar a explicitação de um conjunto de ideias, valores e concepções do mundo de uma pessoa, de um grupo ou de um movimento político, quanto a manifestação de uma forma mais ou menos dissimulada de falsificação dos fatos. Um ideólogo pode ser, assim, ou o representante ativo de uma corrente de ideias ou alguém que deliberadamente superpõe suas convicções e idiossincrasias doutrinárias aos fatos da vida real.

Introduzido no léxico moderno no início do século 19 pelo francês Destutt de Tracy (1754-1836) para se referir ao "estudo científico das ideias" e dos "estados de consciência", o termo logo caiu no uso comum. Adquiriu sentido pejorativo depois que Napoleão Bonaparte proibiu o Institut de France de ministrar a disciplina "Ciência moral e política", em 1812, sob a acusação de que seus professores faziam oposição a seu governo. Os "ideólogos" tornaram-se, então, manipuladores de ideias e deformadores da realidade.

A elaboração mais madura e complexa do tema – ponto de partida da proposição de uma teoria da ideologia – teve início com Karl Marx e Friedrich Engels. Em *A ideologia alemã* (1845), texto inaugural da concepção materialista e dialética da história, a ideologia será tratada como produto social e identificada com a "consciência invertida" do mundo real, uma espécie de "falsa consciência" socialmente necessária. Os seres humanos vivem em circunstâncias históricas determinadas e o modo como pensam, suas ideias e representações, não pode ser compreendido fora dessas circunstâncias. "A consciência jamais pode ser outra coisa do que o ser consciente, e o ser dos homens é o seu processo de vida real. E, se, em toda a ideologia, os homens e suas relações aparecem invertidos como numa câmara escura, tal fenômeno decorre de seu processo histórico de vida, do mesmo modo por que a inversão dos objetos na retina decorre de seu processo de vida diretamente físico." As ideologias não são, portanto, neutras, mas estão impregnadas de ênfases e distorções que correspondem à estrutura das sociedades e, sobretudo, às relações de dominação entre as classes sociais. "As ideias da classe dominante são as ideias dominantes de uma época, isto é, a classe materialmente dominante da sociedade é ao mesmo tempo a força intelectual dominante", escreveram então.

Firmou-se assim um conceito eminentemente crítico de ideologia, "entendido como registro de pressões deformadoras atuando sobre o processo de elaboração do conhecimento", a partir do qual o tema converteu-se em uma questão teórica e política extremamente central e instigante. A visão marxista da ideologia como uma construção teórica distorcida mas ligada a uma situação histórica ensejadora de distorção acabaria assim por ser vinculada ao tema da alienação ou do estranhamento (*Entfremdung*), isto é, das dificuldades objetivas e subjetivas que impedem que os seres humanos compreendam o mundo em que vivem (KONDER, 2002, p. 15, 31).

Na sociologia e na ciência política, porém, o termo continuou a ser empregado em sentido fraco, mais neutro, para designar os sistemas de ideias, crenças políticas, valores e doutrinas próprios de uma sociedade e cuja função principal é a de orientar comportamentos coletivos ou individuais. O conceito adquiriu assim caráter descritivo e bastante impreciso, já que associado a tudo aquilo que grupos e indivíduos mobilizam para emprestar significado às condições econômicas, sociais, políticas e culturais em que vivem e de algum modo orientar suas condutas.

Mesmo no interior do marxismo, a história do conceito evoluiu de forma acidentada e não monolítica. Já no Prefácio que escreverá em 1859 para a *Contribuição à crítica da economia política*, Marx modificará em parte sua primeira elaboração, ao se referir às "formas ideológicas pelas quais os homens tomam consciência desse conflito e lutam para resolvê-lo". Com isso, ideologia aproximou-se bastante do conceito de visão ou concepção do mundo, sentido em que será empregado por diversos marxistas. Georg Lukács (1885-1971) e Lenin (1870-1924), por exemplo, ainda que sem abandonar a formulação inicial, relativizarão parcialmente o conteúdo crítico da expressão ao falarem em "ideologias conservadoras" e "ideologias progressistas". Lukács, em particular, dará ao tema grande densidade filosófica. Em *História e consciência de classe* (1922), fará com que a discussão avance bastante. Perceberá, por exemplo, que a "consciência empírica, real" que os trabalhadores adquiriam estava impregnada de distorções ideológicas, derivadas do processo que chamará de coisificação, mas podia ser contrastada e superada pela "consciência possível", produzida pela posição de classe do proletariado e que possibilitaria o alcance de uma visão unitária da história. A abordagem de Lukács exerceu grande influência sobre diversos autores (Karl Mannheim, Lucien Goldmann, Merleau-Ponty, Walter Benjamin, Theodor Adorno e Max Horkheimer, dentre outros).

A concepção de Mannheim (1893-1944) é particularmente importante. Para ele, as ideologias são inevitáveis: traduzem o fato de que, em algumas situações, "o inconsciente coletivo de certos grupos obscurece a condição real da sociedade, tanto para si como para os demais, estabilizando-a". São portanto elementos conservadores, que bloqueiam a mudança social. A eles se contrapõem as "utopias", que Mannheim via como a expressão do fato de que "certos grupos oprimidos estão intelectualmente tão interessados na destruição e na transformação de uma dada condição da sociedade que, mesmo involuntariamente, somente veem os elementos que tendem a negá-la. Eles não estão absolutamente preocupados com o que realmente existe; antes, em seu pensamento, buscam mudar a situação existente. Seu pensamento nunca é um diagnóstico da situação; somente pode ser usado como uma orientação para a ação. Na mentalidade utópica, o inconsciente coletivo, guiado pela representação tendencial e pelo desejo de ação, oculta determinados aspectos da realidade. Volta as costas a tudo que pudesse abalar sua crença ou paralisar seu desejo de mudar as coisas" (MANNHEIM, 1972, p. 66-67).

Preocupado em contornar a questão de modo a possibilitar intervenções práticas e intelectuais mais criteriosas, o sociólogo defendeu a necessidade de se chegar a "um novo tipo de objetividade", a ser alcançado "não por meio da exclusão de valorações, e sim através da percepção e do controle crítico destas" (MANNHEIM, 1972, p. 33). Na medida em que as distorções ideológicas decorriam das condições sociais e atingiam todas as pessoas, elas deviam ser estudadas como um fenômeno total. Com essa formulação, propunha-se que a teoria da ideologia evoluísse para a sociologia do conhecimento, que, para Mannheim, representaria não somente um novo método de abordagem da história cultural, mas também teria papel decisivo na atuação dos intelectuais que se dispusessem a perseguir a cientificidade.

Coube ao marxista italiano Antonio Gramsci (1891-1937) a reformulação mais poderosa do conceito de ideologia no âmbito do pensamento associado a Marx e Engels. Ele partirá precisamente do Prefácio de 1859 para empreender um movimento que complementa e supera algumas unilateralidades presentes no modo como os primeiros marxistas trataram a questão.

Para Gramsci, o termo ideologia não tinha somente uma dimensão negativa, vinculada às deformações e à manipulação de classe. Na verdade, abarcava todo o universo das superestruturas. Era equivocado desqualificar liminarmente os fenômenos ideológicos. Em seu interior, existiam diferentes tipos de manifestações culturais, representações e ideologias, algumas das quais eram "arbitrárias, parciais e falaciosas", outras eram "historicamente orgânicas" e serviam de base para avanços reais no campo do conhecimento. Portanto, não haveria expressão intelectual que estivesse dissociada de uma ideologia. Ele escreverá: "Na realidade também a ciência é uma superestrutura, uma ideologia" e, não obstante todos os esforços dos cientistas, "jamais se apresenta como numa noção objetiva". Ao contrário, está "sempre revestida por uma ideologia": concretamente, "a ciência é a união do fato objetivo com uma hipótese, ou sistema de hipóteses, que superam o mero fato objetivo" (GRAMSCI, 1999-2002, v.1, p. 175).

Gramsci considerava incorreto dizer que Marx entendia as ideologias como mera ilusão e aparência. Elas são "fatos históricos reais", uma "realidade objetiva e operante", embora não sejam a "mola da história". Não são, porém, meros sistemas de ideais, mas sim conjuntos de disposições intelectuais que inspiram atitudes concretas e orientam a ação. O marxismo é ele também uma superestrutura, "o terreno no qual determinados grupos sociais tomam consciência do próprio ser social, da própria força, do próprio devir". Diferentemente das demais ideologias, porém, o marxismo não procurava resolver nem muito menos ocultar as contradições e a essência dos processos sociais. Não se colocava fora da história e reconhecia seu próprio caráter parcial, não absoluto e não eterno (LIGUORI, 2009). Como as demais teorias e filosofias, tinha uma relação orgânica com a ideologia, com a ética, com juízos de valor, assumindo plenamente que o trabalho teórico devia não somente buscar entender o mundo, mas também transformá-lo. Em sentido inverso, teóricos não revolucionários ou progressistas estão sempre buscando conservar o mundo, além de interpretá-lo. Para dizer em poucas palavras: interpreta-se o mundo para, com maior ou menor dose de consciência, por em curso propostas de mudança ou de conservação.

Para Gramsci, a discussão do tema complicou-se quando se começou a dar o nome de ideologia "tanto à superestrutura necessária de uma determinada estrutura, quanto às elucubrações arbitrárias de determinados indivíduos". Dever-se-ia, portanto, empreender um esforço para distinguir claramente as coisas. As ideologias funcionam, em sua teoria, como "o cimento mais íntimo da sociedade civil e do Estado". As classes sociais têm suas estruturas ideológicas e empregam-nas seja para manter e defender teoricamente seus interesses, seja para aperfeiçoar sua própria consciência da situação. É graças à ideologia que os sujeitos coletivos tornam-se conscientes de si e podem propor-se à luta pela hegemonia, quer dizer, pela "direção intelectual e moral" da sociedade. Ela não se refere, assim, somente a distorções e manipulações políticas, mas sim a sistemas de ideais não imediatamente políticos, a concepções do mundo entendidas de modo amplo. A ideologia, para ele, funde uma dada concepção do mundo e um conjunto de normas de conduta que se ajustam a ela.

Nesse sentido, a ideologia singulariza e identifica os grupos sociais. É graças a ela que um sujeito coletivo torna-se consciente de si e pode contrapor-se à hegemonia adversária (LIGUORI, 2009). Nenhuma pessoa deixa de participar de uma concepção do mundo: "todos são filósofos, ainda que a seu modo, inconscientemente". Assim, "pela própria concepção do mundo pertencemos sempre a um determinado grupo, precisamente o de todos os elementos sociais que compartilham um mesmo modo de pensar e agir. Somos conformistas de algum conformismo, somos sempre homens-massa ou homens coletivos". (GRAMSCI, 1999, v.1, p. 94).

O conceito de ideologia, por fim, ocupa lugar estratégico em diversos outros aspectos da teoria gramsciana, ela mesma bastante ampla e diversificada. Mostra-se decisivo nas proposições a respeito dos intelectuais, da hegemonia, da escola, da sociedade civil e do Estado. Opera como um vetor fundamental do seu modo de pensar a vida social. "Se os homens adquirem consciência de sua posição social e de seus objetivos no terreno das superestruturas, isto significa que entre estrutura e superestrutura existe um nexo necessário e vital." As sociedades, em sua concepção, formam "blocos históricos" dialeticamente articulados, cimentados e unificados pelas ideologias (GRAMSCI, 1999-2002, v.1, p. 389).

Ver: Classes Sociais/Luta de Classes; Cultura Política; Hegemonia

Referências Bibliográficas

BOTTOMORE, T. *Dicionário do pensamento marxista*. Rio de Janeiro: Zahar, 2009.

EAGLETON, T. *Ideologia*: uma introdução. Trad. Luís Carlos Borges e Silvana Vieira. São Paulo: Editora Unesp, 1997.

GRAMSCI, A. *Cadernos do cárcere*. Rio de Janeiro: Civilização Brasileira, 1999-2002. 6v.

KONDER, L. *A questão da ideologia*. São Paulo: Companhia das Letras, 2002.

LIGUORI, G. Ideologia. In: LIGUORI, G.;VOZA, P. (Orgs.). *Dizionario gramsciano:* 1926-1937. Roma: Carocci, 2009.

MANNHEIM, K. *Ideologia e utopia*. Trad. Sérgio Santeiro. 2. ed. Rio de Janeiro: Zahar, 1972.

THOMPSON, J. B. *Ideologia e cultura moderna:* teoria social crítica na era dos meios de comunicação de massa. 6. ed. Petrópolis: Vozes, 2000.

Igualdade

Celi Scalon

A Declaração dos Direitos do Homem e do Cidadão, apresentada na Assembleia Nacional da França em 25 de agosto de 1789, diz em seu artigo primeiro: "Os homens nascem e permanecem livres e iguais em direito: as distinções sociais só podem estar fundamentadas na utilidade comum".

Essa verdadeira proclamação pública e legal da liberdade e da igualdade já traz em si mesma um dilema: Não seriam conceitos em disputa os de igualdade, liberdade e utilidade? A declaração parece reconhecer que as distinções ou diferenças entre indivíduos podem ser desejáveis; contudo, e apesar delas, todos os homens são e devem ser iguais. Paralelamente, pode-se argumentar que liberdade e igualdade são princípios conflitantes, sendo imperativo escolher qual deles é prioritário. Sem querer entrar na discussão filosófica sobre os princípios de justiça, igualdade e liberdade, cabe apresentar o conceito de justiça como equidade, elaborado por John Rawls. Sua obra é referência indispensável para refletir sobre igualdade como elemento fundamental para a busca de uma condição social justa (RAWLS, 2002).

Nesse ponto, podemos perguntar, como antes de nós já perguntou o prêmio Nobel de economia Amartya Sen (2001, p. 23): "Igualdade de quê?". Segundo ele, "é precisamente devido a tal diversidade que a ênfase no igualitarismo em um campo exige a rejeição do igualitarismo em outro".

A igualdade assume múltiplas faces e, por essa razão, a pergunta é crucial. De que igualdade falamos? Para quais dimensões igualitárias estamos apontando? Seria a igualdade uma meta realizável?

A igualdade deve considerar a diversidade humana, ou seja, as diferenças entre indivíduos. Por isso, é fundamental estabelecer o foco da demanda por igualdade, na medida em que o julgamento e a medição da desigualdade dependem da escolha da dimensão em que os indivíduos são comparados.

A existência de desigualdades é uma característica intrínseca a qualquer sociedade. Contudo, a ideia de justiça social, entendida como acesso a oportunidades de aquisição de posições no sistema de estratificação social, é defendida como forma de criar condições para uma competição mais igualitária. Além disso, não se pode perder de vista os níveis de desigualdade toleráveis. É essencial conhecer não somente os critérios que podem conferir legitimidade à desigualdade, mas a magnitude da desigualdade legitimada.

Sabemos que todas as sociedades experimentam desigualdades e que suas origens são tão variadas quanto suas manifestações. O desafio não é somente descrever os fatores e componentes das desigualdades sociais, mas também explicar sua permanência, e até mesmo seu aprofundamento.

É fundamental reconhecer a estreita relação entre democracia, justiça social e igualdade. Na Constituição brasileira, o artigo quinto, que trata dos direitos fundamentais, fala em igualdade em dois momentos, remetendo tanto à igualdade formal, perante a lei, quanto à igualdade substantiva. No entanto, as igualdades formais só podem existir quando estiverem sustentadas pela igualdade de oportunidades, que garante a possibilidade e a liberdade de escolha e a utilização plena das capacidades individuais e sociais.

A desigualdade social dá os contornos da estrutura social brasileira e tem impacto sobre questões tão relevantes quanto o destino da democracia e a garantia de justiça social; remetendo, em última instância, à solução de problemas tão dramáticos como a violência, a pobreza e a segregação. Caracteriza-se por sua natureza multidimensional, multifacetada e estável. Por essa razão, é praticamente impossível discuti-la sem ter um horizonte normativo, uma vez que o tema envolve também uma discussão ética e moral.

A promoção da igualdade está diretamente ligada à identificação de quais são os "limites toleráveis" da desigualdade. Esses limites, porém, são sempre flexíveis e variam de acordo com o quão inclusiva uma sociedade parece ou espera ser. Daí a importância de uma discussão mais profunda sobre os valores, percepções e atitudes em relação às desigualdades sociais, uma vez que são eles "que conformam as definições socialmente vigentes sobre o que é aceitável ou não em termos de distribuição de bens, recursos e serviços. É impossível entender os padrões de distribuição de uma sociedade sem cotejá-los com as noções de justiça e equidade que nela predominam" (REIS, 2000).

Se reconhecermos que o sentido dado à igualdade é socialmente construído e, portanto, existe um código socialmente compartilhado que justifica ou condena a desigualdade, devemos também reconhecer que as políticas públicas que não consideram os valores e os padrões de comportamento da sociedade são políticas destinadas ao fracasso.

A pobreza e a desigualdade são, sem dúvida, os focos das principais políticas públicas e programas sociais implementados no Brasil, não só porque são problemas centrais na sociedade brasileira, mas também porque atingem a formulação, a efetividade e o alcance dessas mesmas políticas e programas. A pobreza e a privação no Brasil não resultam de escassez de recursos, mas são consequência de uma das maiores concentrações de riqueza do planeta.

Uma perspectiva adotada na década de 1960, e que se estende até os dias de hoje, afirmava que as desigualdades de renda diminuiriam em função do crescimento da economia. Dever-se-ia, pois, investir no desenvolvimento do país para que todos, posteriormente, se beneficiem das riquezas geradas. Amplamente difundida, essa tese se apoia na crença de que as desigualdades podem ser funcionais, levando a maior competitividade e, consequentemente, ao aquecimento da economia. Em algum momento, os efeitos desse crescimento chegariam "forçosamente" a todos os estratos sociais, inclusive os mais pobres. Contudo, a história recente da América Latina provou que essa perspectiva está equivocada e leva a uma situação em que os mais favorecidos se apropriam sistematicamente dos recursos, aprofundando as desigualdades e comprometendo a eficiência das instituições.

Outra solução alternativa apresentada foi a teoria do capital humano que, por décadas, concentrou todas as esperanças de eliminação da pobreza e promoção de igualdade na elevação dos níveis educacionais da população. É inegável a importância da educação, inclusive como fator de socialização e transmissão do sentimento de pertencimento a determinada cultura. Assim como é evidente que o aumento da escolaridade incide, do mesmo modo, sobre a capacidade de participação, organização social e disposição para reivindicação de direitos.

A escolaridade vem sendo apresentada, muitas vezes, como solução mágica para a ampliação das oportunidades e a criação de uma sociedade mais igualitária, reificando a noção de um mercado de trabalho cujo determinante é a meritocracia. Infelizmente, essa é uma condição difícil de ser alcançada em um contexto de extrema desigualdade, em que a elite tende a acionar mecanismos de distinção que passam, invariavelmente, pela educação e pela cultura.

Também é difícil supor que a educação, sozinha, seja capaz de reverter um cenário de desigualdades duráveis, que se expressam em várias dimensões, como saúde, estímulo e disposição, dentre outras, que criam disparidades significativas na própria capacidade de apropriação das oportunidades educacionais. Isso sem mencionar que existe na qualidade do ensino um enorme hiato entre as escolas voltadas para a elite e aquelas voltadas para as classes populares. Mesmo o ensino voltado para as camadas populares incorpora lógicas e valores distantes da realidade social na qual está inserido seu público-alvo, o que ajuda a explicar as elevadas taxas de repetência e evasão. Além do mais, a educação é um investimento de longo prazo que tem impacto fundamentalmente sobre as gerações jovens, mas exclui a parcela da população adulta. Assim, o investimento em educação nem sempre tem efeito direto e imediato sobre a pobreza e a vulnerabilidade dos grupos desprivilegiados.

A diminuição das desigualdades não se apresenta como uma consequência "natural" e provável do processo de desenvolvimento econômico, nem do investimento puro e simples em capital humano. Não é possível confiar em um modelo único para lidar com fenômeno tão complexo e secular.

Tornam-se fundamentais, assim, a definição e a implementação de políticas que possibilitem uma distribuição mais equitativa de bens e recursos, que venham a estender as oportunidades para um maior número de indivíduos. Políticas distributivas são indispensáveis para melhorar as condições de vida e de bem-estar da população. Mesmo pequenas mudanças na distribuição de renda têm impacto significativo na redução da pobreza e vulnerabilidade.

Assim como capital humano e crescimento econômico, a redistribuição de renda é condição necessária, mas não suficiente para a igualdade, uma vez que seus efeitos podem e devem ser potencializados, tanto pelo investimento em educação quanto pelo desenvolvimento sustentado. A igualdade de oportunidades, que, em última instância, é o elemento-chave para uma sociedade justa, só pode ser alcançada com ação pública que agregue e combine diferentes estratégias e envolva diversos atores, públicos e privados, coordenando políticas focais e universais.

Ver: Direitos Humanos; Estratificação Social; Política Social; *Welfare State*

Referências Bibliográficas

RAWLS, J. *Uma teoria da justiça*. São Paulo: Martins Fontes, 2002.

REIS, E. Percepções da elite sobre pobreza e desigualdade. In: HENRIQUES, R. *Desigualdade e pobreza no Brasil*. Rio de Janeiro: Ipea, 2000.

SEN, A. *Desigualdade reexaminada*. Rio de Janeiro: Record, 2001.

Implementação

Geraldo Di Giovanni

Na literatura francesa relativa ao conceito, encontra-se mais a expressão *mise en oeuvre* do que *implementation*. Talvez isso se deva ao fato de que a primeira denominação, além de ser mais precisa, faz imediata identificação com a ideia de fazer, de colocar algo para funcionar. E implementar uma política pública ou um programa é exatamente isso: tomar providências, mobilizar e utilizar recursos, avaliar decisões, negociar, enfrentar reações, buscar apoios, acionar burocracias, realizar gastos, delegar, legislar, recuar, avançar, enfim, fazer com que decisões, objetivos e metas propostos na fase de elaboração transformem-se em realidades concretas e palpáveis.

Durante muitos anos, em uma acepção que do ponto de vista científico já não se sustenta, mas continua tendo larga utilização pelo senso comum, o processo de implementação foi considerado atividade meramente administrativa que, na vida de uma política pública, realizava-se como um conjunto de práticas quase rotineiras, determinadas nas e derivadas das fases anteriores do ciclo: concepção, formulação e planejamento. Nas últimas quatro décadas, quando as sociedades contemporâneas vivenciaram grande aumento de complexidade em sua vida social, econômica, política e cultural e quando ocorreu grande avanço nos estudos de políticas públicas, ficou demonstrado que as coisas não eram bem assim. Durante esse período, os *policymakers* e os estudiosos da disciplina foram paulatinamente abandonando a frágil ideia dessa relativa simplicidade do processo e passaram a encarar o período de implementação como a etapa potencialmente mais crítica de todo o ciclo. Se as primeiras visões, mais simplistas, centraram seus pressupostos nos processos de decisão e caminharam para uma concepção da implementação como um processo que ocorre de cima para baixo (*top-down*), outras visões passaram a privilegiar, na explicação, o papel de outros atores (beneficiários, *stakeholders*, movimentos sociais, ONGs, veículos de comunicação, dentre outros), além daqueles vinculados às burocracias e aos órgãos estatais (*bottom-up*). Assim, paulatinamente passa-se a reconhecer no processo, de modo mais realista, a ocorrência de momentos de negociação, barganhas, dissenso e contradição de objetivos. Há um afastamento progressivo da ideia de implementação como um movimento linear e uma aproximação gradativa de sua concepção como processo interativo. Passa-se também a considerar que o processo ocorre dentro de certos marcos institucionais e legais e em meio a certas práticas políticas e sociais cristalizadas, fazendo com que se manifestem, também nessa etapa, os constrangimentos de uma *path dependence*, que limitam, de um lado, o determinismo derivado dos processos anteriores de tomada de decisão e, de outro, o voluntarismo dos atores que atuam fora da esfera governamental. Isso dá à implementação caráter de processo político quase autônomo no qual os implementadores, representando o poder público, operam em um quadro de incerteza, em que podem ocorrer déficits de autoridade, legitimidade, capacidade de coordenação, recursos e informação. Isso significa que o êxito da implementação de uma política ou programa, além da consciência e da capacidade de manejo de tais circunstâncias, depende, fundamentalmente, da escolha dos instrumentos de *policy*, das ferramentas da intervenção e de sua adequação à modalidade de política, de ação pública, que está em jogo. Tais instrumentos não são apenas dispositivos técnicos. Possuem também caráter social que "organiza relações sociais específicas entre o poder público e os destinatários em virtude dos significados e representações de que são portadores" (LASCOUMES; LE GALÈS, 2004, p. 13). Tal conteúdo, ao mesmo tempo técnico e social, está presente em todos os instrumentos de ação pública, sejam eles de natureza legislativa ou regulatória, econômica ou fiscal, convencional ou indutiva, informativa ou que se passe no âmbito da comunicação social. Assim, os recursos e os instrumentos de *policy* utilizados não devem apenas ostentar qualidade técnica, mas também precisam fazer sentido aos olhos dos destinatários das políticas, bem como aos olhos da maior parte possível dos atores envolvidos.

Diante de tal complexidade, implementar uma política ou programa coloca sempre aos agentes do poder público a necessidade de uma visão estratégica, no sentido de ponderar a viabilidade das ações, desenvolver capacidades de coordenação entre os setores da máquina pública envolvidos, evitar a competição interburocrática e a fragmentação institucional, e incorporar atores não governamentais, procurando aumentar, ao longo do processo, a propensão ao consenso, em detrimento dos potenciais de conflito. Essa propensão, que sempre se reatualiza durante o decorrer do processo, será pautada pelo grau de amplitude das mudanças (quem e quanto elas podem impactar) e, ao mesmo tempo, pela probabilidade de formar comunidades de interesse (quem e quantos podem aderir).

Ver: Atores; Ciclo de Vida da Política Pública; *Path Dependence*; Recursos de Poder; Caixa de Ferramentas; Fragmentação

Referências Bibliográficas

HOWLETT, M.; RAMESH, M. *Studying public policy*: policy cycles and policy subsystems. Oxford: Oxford University, 1995.

LASCOUMES, P.; LE GALÈS, P. *Gouverner par les instruments*. Paris: Presses de Science Po., 2004.

LIPPI, A. *La valutazione delle politiche pubbliche*. Politica. Bologna: Il Mulino, 2007. (Itinerari - Politica.)

MÈGIE, A. Mise en oeuvre. In: BOUSSAGUET, L.; JACQUOT, S.; RAVINET, P. *Dictionnaire des politiques publiques*. 3. ed. Paris: Presses de Science Po., 2010.

SUTTON, R. *The policy process*: an overview. London: Overseas Development Institute, 1999. (ODI Working Paper 118.)

Incrementalismo

Luísa Valentini

O termo incrementalismo refere-se a uma abordagem teórico-metodológica para a análise dos processos de tomada de decisão e das mudanças ocorridas durante o desenrolar de uma política pública. A perspectiva incrementalista afirma que a maioria das políticas públicas evolui gradualmente, através de pequenos passos que, em geral, não comprometem as decisões anteriores que geraram a situação em curso. Por isso mesmo, tais mudanças são definidas como *marginais* ou *incrementais*.

O incrementalismo apoia-se na constatação de que, em uma situação em que nenhum grupo na arena política é poderoso suficientemente para dominar os demais, ocorre um ajustamento mútuo entre os atores. Consequentemente, as decisões tomadas na esfera pública são feitas mediante concessões mútuas visando à estabilidade do processo, o que resulta quase sempre na produção de soluções de compromisso. Funda-se, por outro lado, no pressuposto de que os tomadores públicos de decisão são incapazes de avaliar em toda sua complexidade e inteireza os objetivos globais das políticas, suas consequências e as alternativas que se apresentam. É, pois, uma perspectiva que se confronta com a perspectiva da decisão como processo racional.

A abordagem incrementalista foi formulada pela primeira vez pelo cientista político norte-americano Charles Lindblom. Em artigo de 1959 e em diversos trabalhos subsequentes, esse autor defendia que, em vez de serem formuladas segundo um modelo racional ou ótimo, as políticas são resultado de processos nos quais, antes de tudo, os tomadores de decisão precisam desembaraçar-se (*muddle through*) de uma série de constrangimentos, relativos principalmente às dificuldades para apreender a complexa realidade das políticas públicas e de produção de consensos em uma determinada arena política. Essa abordagem pode ser sistematizada segundo os seguintes postulados (JÖNSSON, 2006):

- o tomador de decisão é incapaz de separar a identificação dos objetivos a atingir e a escolha dos meios para a consecução de tais objetivos como duas fases distintas e sucessivas do processo de decisão. Isso ocorre porque a hierarquização de objetivos e valores segundo critérios de superioridade ou inferioridade necessariamente gera conflitos de interesse. Assim, são em geral os recursos políticos que definem os objetivos, e não o contrário;

• as decisões não são tomadas conforme objetivos ou valores fixados *a priori*, mas segundo as alternativas colocadas em dada situação;

• as decisões políticas não são julgadas conforme sua eficácia ou eficiência, mas conforme sua capacidade de produzir consenso entre muitos atores. Para atingir o consenso entre atores que defendem valores ou objetivos diferentes, os resultados dos processos de decisão são em geral incrementais e não conflitivos;

• as implicações das decisões a serem tomadas são complexas e só parcialmente compreensíveis, devido a limitações na capacidade intelectual, na disponibilidade de informação e nos recursos de tempo e dinheiro disponíveis ao tomador de decisão;

• os tomadores de decisão buscam reduzir as incertezas ligadas a cada decisão pública de duas formas. Por um lado, realizam uma série de comparações entre alternativas políticas disponíveis, comparações essas limitadas a experiências muito próximas e familiares. Por outro, identificadas as diferenças marginais nesse leque restrito de opções, tomam decisões também limitadas, menos suscetíveis a fracassos que possam comprometer a ação pública.

Somados, tais princípios permitem, de um ponto de vista metodológico, a observação de padrões e tendências relativos ao conjunto das pequenas mudanças mais frequentes no desenvolvimento das políticas públicas.

A abordagem incrementalista suscita dúvidas quanto à sua operacionalidade: críticos afirmam não ser claro se a ideia de mudança incremental pretende constituir uma categoria classificatória dos processos de tomada de decisão, uma descrição geral de tais processos ou um momento constitutivo das políticas públicas.

As críticas afirmam, também, que o ângulo muito aproximado de observação redundaria na incapacidade de descrever mudanças substanciais ou de dar conta de flutuações importantes na ação pública. Apontam que, embora essa abordagem preveja que transformações substanciais possam derivar do conjunto das mudanças incrementais, ela não favorece revisões totais de mecanismos e problemas públicos, que são raras. Na mesma direção, sustentam que esse modelo desconsidera a criatividade e a inovação na formulação de políticas, e que o recorte de curto prazo enfatiza a pouca coerência entre as transformações marginais focalizadas.

Outro conjunto de críticas aponta uma pretensão excessiva, nessa abordagem, ao estender indiscriminadamente os casos considerados, e, consequentemente, perder a especificidade do objeto de análise. Essa fraqueza decorreria da dificuldade para determinar a amplitude de uma mudança na política e, assim, estabelecer critérios para distinguir precisamente as mudanças de caráter marginal (ou incremental), o que tem gerado constantes debates e controvérsias metodológicas.

O incrementalismo também causa incômodo quanto à sua aplicação, por tender a constituir tanto um método de análise quanto uma tipologia da ação (incremental *versus* não incremental) que pode conduzir a resultados políticos, na medida em que sugere uma norma de ação e, com isso, incita os tomadores de decisão a evitar reformas significativas nas políticas públicas. À luz de todas essas constatações, a abordagem incrementalista tem sido cada vez menos usada nas últimas décadas.

Ver: Arena Política; Atores; Ciclo de Vida da Política Pública; Consenso

Referências Bibliográficas

BAILEY, J. J.; O'CONNOR, R. J. Operationalizing incrementalism: measuring the muddle. *Public Administration Review*, Washington, DC, v. 35, n. 1, p. 60-76, 1975.

BRAYBROOKE, D. *A strategy of decision*. New York: The Free Press, 1963.

DROR, Y. Muddling through: "science" or inertia? *Public Administration Review*, Washington, DC, v. 24, n. 3, p. 153-157, 1964.

JÖNSSON, A. Incrémentalisme. In: BOUSSAGUET, L.; JACQUOT, S.; RAVINET, P. *Dictionnaire des politiques publiques*. Paris: Presses de Sciences Po., 2006. (Collection Reférences.)

LINDBLOM, C. The science of muddling through. *Public Administration Review*, Washington, DC, v. 19, n. 2, p. 79-88, 1959.

Indicadores de Desenvolvimento

JOSÉ ELI DA VEIGA

Foi somente em meados do século 20 que o desenvolvimento passou a ser o maior anseio das nações, tomando o lugar do mero "progresso material", como se dizia até junho de 1949, quando o presidente dos Estados Unidos, Harry Truman, enviou ao Congresso a mensagem do *Point Four Program*. Mesmo assim, o desenvolvimento continuou a ser aferido apenas pelo aumento da produção bruta: interna (PIB) ou nacional (PNB).

Isso ocorreu por duas razões básicas, ambas ligadas à dificuldade de se construírem indicadores adequados. Por um lado, não havia maneira de comparar de forma objetiva os desempenhos nacionais fora do emergente sistema de contabilidade nacional (ou social), que só seria harmonizado durante a reconstrução das economias nacionais destruídas pela Segunda Guerra Mundial, quando ninguém sentia necessidade de diferenciar desenvolvimento e aumento da riqueza. Por outro, se alguém quisesse mostrar que existia sim muita diferença entre desenvolvimento e crescimento econômico, não teria como encontrar conceitos minimamente aceitos pela comunidade dos cientistas sociais e, muito menos, critérios legitimados por alguma das organizações internacionais.

Nos difíceis debates do período 1950-1990, que decorreram dessas duas dificuldades, ficou famosa a tirada da economista britânica Joan Robinson (1903-1983): "o desenvolvimento é como o elefante, muito difícil de definir por mais que seja fácil de reconhecer".

Esse impasse só foi rompido em 1990, quando o Pnud (Programa das Nações Unidas para o Desenvolvimento) publicou o primeiro Relatório do Desenvolvimento Humano (RDH), o que se deve em larga medida à perseverança do diplomata paquistanês Mahbub ul Haq (1934-1998). Após longa experiência de trabalho em favor do desenvolvimento, principalmente na África, ele havia formado a firme convicção de que uma das piores pragas contra tal ambição era a ausência de uma medida alternativa à dita "renda *per capita*", que, na prática, sempre foi a "produção bruta *per capita*". Por isso, como conselheiro especial do Pnud, convocou dez consultores de primeira linha para ajudá-lo a construir o Índice de Desenvolvimento Humano (IDH).

O mais influente desses dez consultores foi o economista indiano Amartya Sen, que se mostrou extremamente cético com respeito à pretensão de que um fenômeno tão multifacetado (ou multidimensional) como é o desenvolvimento pudesse ser avaliado por algum índice composto (ou sintético), por mais sofisticado que fosse. No entanto, dez anos depois, em contribuição especial ao RDH de 1999, ele não somente deu a mão à palmatória, como declarou que foi ótimo que o grupo de consultores não tenha tentado impedir Mahbub ul Haq de procurar uma medida sumária de desenvolvimento. Graças a uma utilização sensata do poder de atração do IDH, os relatórios do Pnud passaram a chamar a atenção dos leitores para um amplo leque de tabelas estatísticas e de detalhadas análises críticas.

Todavia, dentre as várias mazelas do IDH, a pior foi a de ter de usar o PIB *per capita* para medir uma de suas três dimensões, a do nível de vida (as outras são saúde e educação). É bem antiga a rejeição ao PIB como medida de progresso econômico, e ela ganhou grande ímpeto com um movimento desencadeado no final de 2004, em Palermo, por representantes de 43 países no fórum "Estatísticas, Conhecimento e Políticas". Tal ímpeto aumentou, ainda, com a realização de conclaves decorrentes do primeiro, e protagonizados mediante parceria da OCDE com a Comissão Europeia (Milão, junho de 2006; Istambul, junho de 2007; Bruxelas, novembro de 2007).

Os resultados desses quatro eventos sinalizavam o amadurecimento de um processo tão antigo quanto o da própria institucionalização do sistema de contas nacionais, hoje adotado pelos 185 países membros do FMI. Os alertas iniciais sobre os perigos do PIB foram lançados ainda nos anos 1930, justamente por um de seus principais criadores: Simon Kuznets (1901-1981), Nobel de 1971. Perigos que só se confirmaram na segunda metade do século 20.

O PIB é uma adição de bens e serviços vendidos e comprados, sem qualquer distinção entre os que são ou não benéficos para a sociedade. Despesas com acidentes, poluição, contaminações tóxicas, criminalidade ou guerras são todas consideradas tão relevantes quanto investimentos em habitação, educação, saúde ou transporte público. Nem sequer é computado trabalho doméstico que não seja feito por criadagem remunerada, por não envolver transações monetárias. Muito menos inclui depreciações de recursos naturais. Enfim, como não faz distinções entre o que é produtivo ou destrutivo, ou entre despesas que elevem ou rebaixem a condição humana, o PIB só passa por indicador de progresso para quem nunca tenha visitado sua cozinha.

Claro, em sua defesa sempre poderá ser dito que não foi inventado para medir progresso, bem-estar, ou qualidade de vida, mas tão somente para medir o crescimento econômico, que é meio sem o qual não se atingem tais fins. Mas a armadilha não é desfeita, pois a ideia de riqueza que deu origem ao PIB foi excessivamente influenciada pela atmosfera da Segunda Guerra Mundial, concepção que logo ficou anacrônica, por só dar importância à produção de mercadorias e ao capital físico. Daí que a única utilidade que talvez ainda lhe reste seja a de permitir comparações entre as produtividades nacionais do trabalho, desde que bem contadas as horas trabalhadas.

Tudo isso provavelmente mudará com a assimilação das mensagens e recomendações presentes no relatório da comissão coordenada por Joseph Stiglitz, Amartya Sen e Jean-Paul Fitoussi, lançado no final de 2009.

A primeira grande contribuição dessa comissão foi a de mostrar com muita clareza que existem três problemas bem diferentes, que não deveriam ter sido misturados nem isolados, como ocorreu ao longo dos 60 anos de uso do PIB como indicador de progresso. Uma coisa é medir desempenho econômico, outra é medir qualidade de vida e uma terceira é medir a sustentabilidade ambiental do processo.

Para essas três questões o relatório deu orientações muito mais radicais do que supunha a maioria dos observadores: (1) o PIB deve ser inteiramente substituído por uma medida bem ajustada de renda domiciliar disponível, e não de produto; (2) a qualidade de vida só pode ser medida por um índice composto sofisticado, que incorpore inclusive recentes descobertas desse novo ramo que é a economia da felicidade; (3) a sustentabilidade ambiental exige um pequeno grupo de indicadores físicos, e não malabarismos que artificialmente tentam precificar coisas que não são mercadorias. Em suma: o relatório propunha a superação da contabilidade produtivista, a abertura do leque da qualidade de vida, e todo o pragmatismo possível com a sustentabilidade ambiental (VEIGA, 2010a, 2010b).

Foi uma grata surpresa, pois quando a comissão Stiglitz-Sen-Fitoussi começava a organizar seu trabalho, no início de 2008, tudo indicava que o sucessor do PIB sairia de outras duas abordagens concorrentes.

Por um lado, o Banco Mundial vinha empenhando-se em operacionalizar a noção de "poupança genuína". Como pretendia medir o estoque de capital gerador de renda, comparava a depreciação dos capitais de uma nação a seus investimentos. Não apenas os produzidos, ou construídos, em sentido estrito, mas também no amplo, que inclui o humano/social e o natural/ecológico. A abordagem decorre da tese de outro Nobel, sir John Hicks (1904-1989), segundo a qual a renda de uma nação deve refletir a quantidade máxima de bens e serviços que ela pode consumir no presente sem solapar sua capacidade de consumir no futuro idêntica quantidade de bens e serviços. O PIB a superestima, pois só considera a depreciação do capital físico, estrito senso (WORLD BANK, 2006).

O problema é que, além de todas as dificuldades de precificação de grandes partes dos capitais natural/ecológico e humano/social, a "poupança genuína" também esbarra em duas sérias arbitrariedades: assume que as três formas de capital sejam intercambiáveis, e depende da escolha arbitrária de uma taxa inversa à taxa de juros, que é chamada em economia de "desconto do futuro". Assim, os primeiros cálculos do Banco Mundial superestimaram as deduções relativas à depleção dos recursos naturais, o que resultou em generalizada subestimação dos valores das "poupanças genuínas".

O outro esforço internacional procura operacionalizar o conceito de "progresso genuíno" (*Genuine Progress Indicator* – GPI), que calcula o bem-estar econômico a partir dos gastos para consumo privado. O cálculo divulgado no início de 2007 pela ONG Redefining Progress leva a crer que, em 2004, algo como 58% da atividade econômica dos EUA foi destrutiva, em vez de produtiva.

Mais importante, contudo, foi a confirmação de uma tendência geral: os *per capita* do "indicador de progresso genuíno" e do PIB de países desenvolvidos divergem sistematicamente desde o final da década de 1970, embora tivessem tido evoluções bem paralelas nas três décadas anteriores.

Ou seja, vem sendo cada vez mais frequente que o "indicador de progresso genuíno" *per capita* diminua enquanto aumenta o PIB *per capita*, fenômeno que levou o economista chileno Manfred Max-Neef a lançar a "hipótese do patamar": até certo estágio da economia, o aumento das transações mercantis captadas pelo PIB parece refletir as evoluções da riqueza, do bem-estar, ou da qualidade de vida. Depois dele, contudo, o comportamento do PIB não serve de maneira alguma como indicador de progresso material (MAX-NEEF, 1995).

Segundo a Comissão Stiglitz-Sen-Fitoussi, a melhor maneira de superar as limitações da vetusta contabilidade expressa no PIB é adotar o que chama de "perspectiva domiciliar". Em países da OCDE que já fazem esses cálculos, ficou claro que a renda domiciliar real aumenta menos que o PIB. É preciso considerar os pagamentos de tributos que vão para o governo, os benefícios sociais alocados pelo governo, e os pagamentos de juros que os domicílios fazem às corporações financeiras. Também é crucial considerar serviços não monetários prestados pelo governo às famílias, principalmente pelos sistemas de saúde e de educação. Além disso, é preciso dar mais atenção à estrutura distributiva da renda, do consumo e da riqueza.

A Comissão também preconizou mais audácia no sentido de que a mensuração do desempenho econômico venha a incluir atividades não mercantis, principalmente as de serviços pessoais decorrentes de relações de parentesco. Segundo o relatório, isso não teria ocorrido até agora em razão de incertezas sobre os dados, e não por séria divergência conceitual.

Certamente haverá forte resistência às recomendações da Comissão. Mas, com o tempo, esse relatório certamente influenciará instâncias da ONU, FMI, Banco Mundial, OCDE e União Europeia. Então, se antes disso a biosfera não for vitimada por inverno nuclear ou alguma das crescentes bioameaças, no futuro o desenvolvimento poderá ser monitorado por indicadores mais adequados àquilo que, por enquanto, não passa de um lindo sonho: o ecodesenvolvimento.

Ver: Indicadores Sociais; Índice de Desenvolvimento Humano (IDH); Política Social; Renda Mínima; *Welfare State*

Referências Bibliográficas

MAX-NEEF, M. Economic growth and quality of life: a threshold hypothesis. *Ecological Economics*, Boston, MA, v. 15, n. 2, p. 115-118, 1995.

STIGLITZ, J. E.; SEN, A.; FITOUSSI, J-P. *Report by the Commission on the Measurement of Economic Performance and Social Progress*. [S.l.: s.n.]. Disponível em: http://www.stiglitz-sen-fitoussi.fr/documents/rapport_anglais.pdf. Acesso em: 29 jul. 2011.

VEIGA, J. E. Indicadores de sustentabilidade. *Estudos Avançados*, São Paulo, v. 24, n. 68, p. 39-52, 2010a.

______. Cutting to the core. *The Broker*, The Netherlands, n. 19, abr. 2010b.

WORLD BANK. *Where is the wealth of nations:* measuring capital for the 21st Century. Washington, DC, 2006.

Indicadores Sociais

Paulo de Martino Jannuzzi

Um indicador social é uma medida em geral quantitativa dotada de significado social substantivo, usada para substituir, quantificar ou operacionalizar um conceito social abstrato, de interesse teórico (para pesquisa acadêmica) ou programático (para formulação de políticas). É um recurso metodológico, empiricamente referido, que informa algo sobre um aspecto da realidade social ou sobre mudanças que se estão processando. Os indicadores sociais servem para subsidiar as atividades de planejamento público, formulação e avaliação de políticas sociais nas diferentes esferas de governo, possibilitam que poder público e sociedade civil monitorem as condições de vida e bem-estar da população e permitem aprofundamento da investigação acadêmica sobre a mudança social e sobre os determinantes dos diferentes fenômenos sociais. Para a pesquisa acadêmica, o indicador social é, pois, o elo entre os modelos explicativos da teoria social e a evidência empírica dos fenômenos sociais observados. De uma perspectiva programática, é um instrumento operacional para monitoramento da realidade social, para fins de formulação e reformulação de políticas públicas (HAUP; KANE, 2000).

Proporção de pobres, taxa de analfabetismo, rendimento médio do trabalho, taxa de mortalidade infantil e taxa de desemprego são, nesse sentido, indicadores, ao traduzir em cifras tangíveis e operacionais várias das dimensões relevantes, específicas e dinâmicas da realidade de interesse da sociedade e do gestor público.

Tal como as fotografias, os indicadores procuram retratar um aspecto da realidade. Fotos reduzem a tridimensionalidade da realidade para o plano bidimensional do papel fotográfico. Fotografias podem ser coloridas ou não, com maior nitidez, luminosidade ou contraste, dependendo da resolução da máquina fotográfica e da destreza do fotógrafo em escolher o momento e contexto adequado para o que ele quer destacar. A imagem captada no indicador é também uma redução da realidade, isso é, uma representação simplificada de um aspecto da mesma, tão melhor quanto mais específico for o aspecto de interesse e quanto mais confiáveis e precisas as informações usadas para cômputo do indicador.

O aparecimento e o desenvolvimento dos indicadores sociais estão intrinsicamente ligados à formação do Estado de bem-estar social e à institucionalização das atividades de planejamento do setor público ao longo do século 20 (ATKINSON, 2005). Em particular, o desenvolvimento da área deve-se a um imenso esforço conceitual e metodológico para desenvolvimento de instrumentos de mensuração do bem-estar e da mudança social em várias universidades e instituições nos países centrais nos anos 1960, constituindo o que viria a chamar-se de "Movimento de Indicadores Sociais". As agências nacionais de estatísticas foram incumbidas por seus governos de incorporar novas dimensões temáticas em suas pesquisas e de produzir relatórios sociais de forma sistemática (CARLEY, 1985).

No Brasil, esse movimento também produziu rapidamente resultados, levando à estruturação de pesquisas amostrais já no final dos anos 1960 e à publicação de relatórios de indicadores sociais – hoje, Síntese de Indicadores Sociais – em 1972. Mas a demanda por indicadores sociais passou a ter uma dinâmica muito mais intensa na década seguinte, com a redemocratização e o interesse da sociedade civil no acompanhamento da ação governamental. Com a promulgação da Constituição de 1988 e a ampliação do escopo e cobertura das políticas e programas sociais, tal demanda se acentuou ainda mais. Ministérios, secretarias estaduais e prefeituras vêm requerendo informações para as diversas áreas de atuação governamental, atualizadas regularmente, referidas a domínios territoriais cada vez mais específicos. Afinal, os indicadores são insumos fundamentais para a elaboração de planos diretores de desenvolvimento urbano, para subsidiar a alocação de recursos e monitorar os programas de planos plurianuais, para avaliar enfim a efetividade das políticas sociais.

Para poder ser empregado na pesquisa acadêmica ou na formulação e avaliação de políticas públicas, o indicador social deve ter uma série de propriedades. Além de ter de ser relevante para a discussão da agenda da política social, de representar validamente o conceito indicado e de terem sido usados dados confiáveis na construção do indicador, ele deve cobrir porção populacional adequada aos propósitos aos quais vise, deve ser sensível às políticas públicas implementadas, específico para efeitos de programas setoriais, inteligível para os agentes e públicos-alvo das políticas, atualizável periodicamente a custos factíveis, além de ter de ser amplamente desagregável em termos geográficos, sociodemográficos e socioeconômicos e incluir alguma historicidade, para possibilitar comparações no tempo. Em geral, é muito raro dispor de indicadores sociais que apresentem todos esses traços, cabendo ao analista avaliar quais deles são imprescindíveis para a aplicação do indicador, caso a caso (JANNUZZI, 2004).

Os indicadores sociais podem ser classificados segundo as diversas aplicações a que se destinam. A classificação mais comum é a divisão dos indicadores segundo a área temática da realidade social a que se referem. Há, assim, os indicadores de saúde (percentual de crianças nascidas com peso adequado, por ex.), os indicadores educacionais (escolaridade média da população de 15 anos ou mais, por ex.), os indicadores de mercado de trabalho (rendimento médio real do trabalho etc.), os indicadores demográficos (taxa de mortalidade etc.), os indicadores habitacionais (densidade de moradores por domicílio etc.), os indicadores de segurança pública e justiça (roubos a mão armada por cem mil habitantes etc.), os indicadores de infraestrutura urbana (percentual de domicílios com esgotamento sanitário ligado à rede pública etc.), os indicadores de renda e desigualdade (nível de pobreza etc.).

Uma classificação bastante relevante para a análise e a formulação de políticas sociais é a diferenciação dos indicadores sociais quanto à natureza do ente indicado, se recurso (indicador-insumo), realidade empírica (indicador-efeito) ou processo (indicador-processo). Os indicadores-insumo correspondem às medidas associadas à disponibilidade de recursos humanos, financeiros ou equipamentos alocados para um processo ou programa que afeta uma das dimensões da realidade social, como número de leitos hospitalares por mil habitantes, número de professores por quantidade de estudantes ou ainda gasto monetário *per capita* nas diversas áreas de política social. Os indicadores-efeito são aqueles mais propriamente vinculados às dimensões empíricas da realidade social, referidos às variáveis resultantes de processos sociais complexos, como a esperança de vida ao nascer, proporção de crianças fora da escola ou nível de pobreza. Enquanto os indicadores-insumo quantificam os recursos disponibilizados nas diversas políticas sociais, os indicadores-efeito retratam os resultados efetivos dessas políticas.

Os indicadores-processo são medidas intermediárias, que traduzem em medidas quantitativas o esforço operacional das "entregas" de serviços sociais, como número de consultas pediátricas por mês, merendas escolares distribuídas diariamente por aluno, ou ainda homem-hora dedicados a um programa social. Em alguns contextos, os indicadores de insumo e processo costumam ser chamados de indicadores de esforço. Além disso, alguns autores diferenciam os indicadores-efeito de políticas e programas em indicadores de resultados (efeitos mais imediatos, ligados aos objetivos dos programas) e indicadores de impacto (desdobramentos mais gerais, a serem alcançados no médio prazo, pelo conjunto de ações previstas ou não na política pública).

Os dados estatísticos usados para a construção dos indicadores são produzidos, compilados e disseminados por diferentes agências, situadas em âmbito federal ou estadual no Brasil. Através de uma rede capilarizada pelo território nacional, com unidades estaduais e agências municipais, o Instituto Brasileiro de Geografia e Estatística (IBGE) é um dos principais produtores de dados primários para construção de indicadores sociais.

Pela abrangência temática e possibilidades de desagregação espacial, a principal fonte de informação para construção de indicadores sociais no país é o Censo Demográfico, realizado a cada dez anos (HAKKERT, 1996). Nos censos brasileiros são levantados mais de 60 quesitos de informações nos boletins da amostra, versando sobre diversos temas: características demográficas da população (sexo, idade, migração, nupcialidade, fecundidade, mortalidade), características socioeconômicas (rendimento, posse de bens de consumo, situação de trabalho, ocupação, escolaridade etc.) e características dos domicílios particulares (composição material, número de cômodos, dormitórios, banheiros, formas de ligação de água e esgoto etc.). Com o objetivo de atualizar as informações levantadas pelo Censo Demográfico em âmbito nacional, unidades da Federação e principais regiões metropolitanas, o IBGE realiza outra importante pesquisa, a Pesquisa Nacional por Amostra de Domicílios. As informações dessa pesquisa atualizam duas das principais publicações anuais do IBGE no campo dos indicadores sociais: a *Síntese de indicadores sociais* e o *Brasil em números*.

Além do IBGE, há também esforços de várias instituições públicas para disponibilizar informações de seus cadastros e registros de forma mais periódica, fato que se deve à necessidade não só de monitoramento da ação governamental, mas também às facilidades que as novas tecnologias de informação e comunicação têm proporcionado. Os órgãos estaduais de estatística, o Ministério da Saúde, da Educação, do Trabalho, do Desenvolvimento Social, da Previdência Social, das Cidades, a Secretaria do Tesouro Nacional disponibilizam, pela internet, informações bastante específicas – em escopo temático e escala territorial – a partir de seus registros e sistemas de controle internos, que podem ser úteis para construir indicadores de monitoramento de programas. O Instituto de Pesquisa Econômica Aplicada (Ipea) também é um centro importante de produção e disseminação de indicadores sociais, por meio de suas diversas publicações.

Ver: Indicadores de Desenvolvimento; Índice de Desenvolvimento Humano (IDH); Política Social; Renda Mínima

Referências Bibliográficas

ATKINSON, T. et al. *Social indicators*: EU and the social inclusion. Oxford: OUP, 2005.

CARLEY, M. *Indicadores sociais:* teoria e prática. Rio de Janeiro: Zahar, 1985.

HAKKERT, R. *Fontes de dados demográficos*. Belo Horizonte: Abep, 1996.

HAUPT, A.; KANE, T. T. *Population handbook*: international edition. Washington, DC: Pop Reference Bureau, 2000.

JANNUZZI, P. M. *Indicadores sociais no Brasil*: conceitos, medidas e aplicações. 3. ed. Campinas: Alínea/PUC-Campinas, 2004.

Índice de Desenvolvimento Humano (IDH)

Paulo de Martino Jannuzzi

O IDH é uma medida comparativa de desenvolvimento entre países. Seus idealizadores definiram desenvolvimento humano como um processo dinâmico e permanente de ampliação das oportunidades dos indivíduos para a conquista de níveis crescentes de bem-estar. Operacionalmente, é um indicador que busca sintetizar três dimensões sociais: oportunidades crescentes de acesso ao conhecimento, condições de desfrutar uma vida saudável e longa e condições de dispor de um padrão adequado de vida. Trata-se, pois, de uma medida concebida para operacionalizar um *constructo* particular de bem-estar social, que o situa em uma escala de 0 a 1, de pior para melhor situação. Para exemplificar, no extremo inferior da escala estão Serra Leoa, Guine Bissau e Afeganistão, com IDH abaixo de 0,4; no outro extremo, situam-se Noruega, Austrália e Canadá, com IDH acima de 0,96 (PROGRAMA DAS NAÇÕES UNIDAS PARA O DESENVOLVIMENTO, 2009).

A motivação para sua proposição no final dos anos 1980 foi oferecer uma medida de desenvolvimento socioeconômico que fosse alternativa ao Produto Interno Bruto (PIB) *per capita*. A constatação de que o crescimento econômico não provocava, por si só, uma evolução no nível de qualidade de vida da população levou à busca de novas informações e indicadores que fossem mais capazes de refletir a melhoria do bem-estar da população. Afinal, o PIB *per capita* não traduzia o quanto da produção econômica era, de fato, apropriado pela população. Era muito afetado pela variação cambial e não captava diretamente outros aspectos essenciais do bem-estar, como o acesso à educação, aos serviços de saúde e às condições de moradia. Países produtores de petróleo, por exemplo, figuravam nas comparações internacionais como nações de elevado PIB *per capita* e, no entanto, apresentavam elevado nível de analfabetismo, sobretudo em relação às mulheres. Por outro lado, países com valor de produção econômica mais modesta, mas com bons indicadores sociais, eram penalizados nessas comparações internacionais de desenvolvimento baseadas no PIB *per capita* (MILES, 1985).

A partir de 1990, inspirado no enfoque de capacidades e titularidades de Amartya Sen, o Programa das Nações Unidas para o Desenvolvimento (Pnud) passou a divulgar anualmente um relatório sobre o estado do desenvolvimento humano no mundo, trazendo o IDH e outras medidas associadas aplicadas a vários países, além de análises temáticas específicas sobre a situação socioeconômica e cultural.

A simplicidade de sua formulação metodológica, além do peso institucional das Nações Unidas, rapidamente transformou a medida em recurso para *advocacy* de maiores gastos em políticas sociais e para responsabilização e cobrança de agentes públicos. Tornou-se também um sucesso midiático, sempre ganhando manchetes acompanhadas de depoimentos de especialistas e justificativas de gestores públicos acerca dos avanços conquistados ou das posições relativas perdidas no "ranking" mundial do desenvolvimento humano. Nos relatórios anuais do Pnud são publicados outros índices menos conhecidos, mas com uso potencial parecido ao do IDH para as questões de gênero (IDG – Índice Diferencial de Gênero) e para a avaliação da gravidade da pobreza (IPH-1 e IPH-2, Índices de Pobreza Humana, para países pobres e ricos, respectivamente).

Tecnicamente, o IDH resulta da combinação de indicadores referidos a cada uma das três dimensões sociais citadas, através de um procedimento aritmético simples. Assim, para avaliar os progressos na dimensão de acesso ao conhecimento computa-se uma medida combinada entre a taxa de alfabetização (com peso 2) e a taxa bruta de escolarização no ensino fundamental, médio e superior (peso 1). Para dimensionar as condições de oferta de vida saudável em um país, emprega-se a esperança de vida ao nascer. Para mensurar o padrão de vida adota-se um procedimento de cálculo mais complexo. Primeiramente, ajusta-se o PIB *per capita* à estrutura de preços relativos de cada país por meio de uma "taxa de câmbio" especial, o dólar PPC (Paridade do Poder de Compra). A ideia básica desse ajuste é que ele tende a produzir medidas comparativas de disponibilidade de renda mais consistentes, em função dos custos diferentes de alimentos e serviços em cada país. Em segundo lugar, o PIB-PPC *per capita* passa por uma suavização matemática, para refletir a existência de retornos decrescentes no processo de transformação da renda em capacidades humanas. Isto é, para alcançar um nível elevado de desenvolvimento humano não é preciso que se tenha uma renda ilimitada. Por isso, procede-se a uma transformação logarítmica do PIB-PPC *per capita* para efeito do cômputo do IDH (FEIJÓ et al., 2003).

Se a simplicidade metodológica confere inteligibilidade e comunicabilidade jornalística ao indicador, por outro lado acaba também imputando-lhe algumas limitações na mensuração do bem-estar. Embora seja uma medida que relativize o viés economicista aportado pelo PIB *per capita* (já que está combinado com outras medidas de natureza intrinsecamente social), o IDH não reflete a desigualdade na apropriação do bem-estar pela população. A experiência de cômputo de um IDH alternativo pela Cepal, com a inclusão do Índice de Gini – medida de desigualdade na distribuição de rendimentos –, acaba gerando classificações bastante diferentes no nível de "Desenvolvimento Humano Equitativo" dos países da América Latina, conhecidos como territórios de elevada desigualdade. Se for incluída outra dimensão relativa à adequação domiciliar como parte do "bem-estar humano", nova queda será observada na posição relativa dos países latino-americanos, em face dos bolsões de favelas e moradias precárias existentes em seus principais centros urbanos (GUIMARÃES; JANNUZZI, 2005).

Mesmo com limitações, o IDH teve o mérito de sinalizar aos gestores públicos que o alcance do progresso não é sinônimo exclusivo de crescimento econômico.

Ver: Indicadores de Desenvolvimento; Indicadores Sociais; Política Social; Renda Mínima

Referências Bibliográficas

FEIJÓ, C. et al. *Contabilidade social*. Rio de Janeiro: Campus, 2003.

GUIMARÃES, J. R. S.; JANNUZZI, P. M. IDH. Indicadores sintéticos e suas aplicações em políticas públicas: uma análise crítica. *Revista Brasileira de Estudos Urbanos e Regionais*, Salvador, v. 7, n. 1, p. 73-89, 2005.

MILES, I. *Social indicators for human development*. New York: St. Martin's Press, 1985.

PROGRAMA DAS NAÇÕES UNIDAS PARA O DESENVOLVIMENTO. *Relatório de Desenvolvimento Humano 2009*. Coimbra: Almedina, 2009.

Individualismo

Marco Aurélio Nogueira

O individualismo é tanto uma questão sociológica quanto uma questão política e moral. Trata-se de um conceito de análise social e de um tema de luta cultural. Acompanha o surgimento e a consolidação da ideia de que a unidade da sociedade repousa no indivíduo, ideia com que a modernidade e o capitalismo se projetaram.

A ideia de indivíduo (do verbo latino *individere*) remete a um corpo único e separado, um ser biológico cuja reprodução depende de sua integridade. O individual somente pode ser pensado em oposição a outros indivíduos, a uma coletividade ou à natureza, dos quais se distingue e com os quais estabelece uma relação de complementaridade: um indivíduo sempre se afirma como tal diante de outros. Ele não é, portanto, somente um ser biopsíquico, mas um ser social. Quando visto em escala humana é, antes de tudo, uma pessoa social, um ser moral e ético. Mesmo assim, permanece individual, único, ou seja, está socialmente enraizado e determinado, mas tem áreas de atuação e de representação particulares, sobre as quais exerce maior ou menor controle e poder de arbítrio.

A afirmação do indivíduo – e mais ainda do indivíduo como pessoa – faz-se segundo circunstâncias históricas específicas. Cada sociedade e cada tradição cultural tem sua maneira própria de conceber o indivíduo e de definir seu lugar no mundo. Caminha-se aqui com as ideias de liberdade e igualdade, também elas socialmente estabelecidas. O indivíduo, assim, pode ser mais livre e autônomo (ser um portador de direitos) ou mais submetido a vínculos de pertencimento e solidariedade com grupos ou instituições, que o protegem e limitam. Pode ser mais livre ou mais igual, ainda que normativamente se possa postular a organização de sociedades em que todos sejam livres e iguais.

É uma máxima da sociologia o reconhecimento de que os processos de modernização (o abandono das formas tradicionais de vida coletiva) estão na base da emergência do indivíduo como personagem social. Para essa ciência, o indivíduo resulta de processos de individuação ou individualização que derivam da modernização. Surge ao se libertar dos vínculos de pertencimento tradicionais, regra geral comunitários, e a ser lançado em uma nova ordem em que precisa estabelecer outros nexos coletivos e outras relações sociais. Na comunidade tradicional, os lugares estão dados de antemão; nas sociedades modernas, eles são "escolhidos" pelos indivíduos, como seria possível falar valendo-se de uma famosa dicotomia introduzida por Ferdinand Tönnies (1855-1936).

A sociologia foi criada por Auguste Comte (1798-1857) justamente para encontrar um novo princípio de integração social depois que o indivíduo se soltou das comunidades pré-industriais e passou a fazer parte das massas modernas, cujas condições de vida demarcaram a "questão social" no início do século 19. Ao longo de seu desenvolvimento, a sociologia teve o mérito inegável de possibilitar o reconhecimento do indivíduo como elemento da sociedade, ainda que não tenha propriamente favorecido sua compreensão em si (missão essa que deveria caber à psicologia).

O individualismo se constitui tanto como expressão material de maior autonomia do indivíduo (uma condição social, um fato) quanto como uma concepção que considera o indivíduo o supremo valor nos domínios da política, da economia e da moral (uma ideologia). Acompanha a duplicidade inerente à própria figura do indivíduo, que designa, ao mesmo tempo, um sujeito empírico existente em todas as sociedades e um valor como ser moral, independente e autônomo, valor esse que ocupa o posto principal na ideologia moderna do homem e da sociedade (DUMONT, 1992, p. 34-35). A sociedade moderna fez do individualismo sua ideologia predominante e trouxe consigo estruturas sociais em que o indivíduo tem posição central. A ideologia proclama o indivíduo livre, emancipado do social e igual aos demais, vendo a sociedade como resultante de sua afirmação. A realidade moderna, porém, não vai necessariamente nessa direção: "uma sociedade tal como concebida pelo individualismo jamais existiu em parte alguma" (DUMONT, 1992).

Em uma bela e conhecida passagem de *A democracia na América*, Alexis de Tocqueville (1805-1859) observou que o individualismo "é um sentimento que estimula cada cidadão a se afastar da massa de seus semelhantes e a se retirar para o isolamento com sua família e amigos; assim, cria uma pequena sociedade para seu uso próprio e abandona voluntariamente a grande sociedade que o envolve". Tal sentimento, juntamente com a igualdade de condições impulsionada pela democracia, compunha para ele os dois grandes traços da vida americana, que a distinguia da experiência europeia, onde as divisões de classe, origem social e tradição demarcavam claramente as relações sociais.

Diferentemente do egoísmo – que lhe aparecia como um "amor apaixonado e exagerado por si mesmo, um vício tão antigo quanto o mundo e que esteriliza os germes de todas as virtudes" –, o individualismo é um sentimento "refletido e pacífico, que dispõe cada cidadão a isolar-se da massa de seus semelhantes e a retirar-se para esferas privadas da vida". Dois sentimentos distintos, que no entanto poderiam confluir um no outro, na medida em que o individualismo pode fazer com que seque "a fonte das virtudes públicas" (TOCQUEVILLE, 1977, p. 386).

A dinamização e a democratização da ordem social, bem como a emergência de uma situação de maior "igualdade de condições", criam estímulos para que os indivíduos se isolem uns dos outros e passem a privilegiar seus próprios interesses e sua privacidade. O individualismo é um produto da sociedade: o indivíduo é fabricado socialmente.

Disso podem derivar, como muitas vezes aconteceu na história, dinâmicas e atitudes dedicadas a aprofundar o poder de determinação do fato social sobre o fato individual, convencidas de que o indivíduo, visto como livre e separado, representa uma ameaça ao grupo, ao coletivo, à comunidade. Há inúmeros fundamentalismos desse tipo. Do mesmo modo, em sentido oposto, o egoísmo, a autossuficiência individual e a indiferença pela coletividade também aparecem como decorrências lógicas. Confinados em fortalezas de vida privada, os homens podem abrir mão de sua condição de cidadãos, fechar-se em redomas de vida privada e delegar tudo para os governos da sociedade. Nas sociedades democráticas, os indivíduos "têm necessidade de ser livres, a fim de procurar mais facilmente os prazeres materiais pelos quais constantemente suspiram". Vez ou outra, porém, "o gosto excessivo que alimentam por esses mesmos prazeres os entrega ao primeiro senhor que se apresenta" (TOCQUEVILLE, 1977, p. 412). Por isso, acima deles "eleva-se um poder imenso e tutelar, que se encarrega sozinho de garantir o seu prazer e velar sobre a sua sorte. É absoluto, minucioso, regular, previdente e brando" (TOCQUEVILLE, 1977, p. 531).

Para Tocqueville, o individualismo seria uma força na medida em que pudesse se manifestar em condições ótimas (como vocalização de "interesses bem compreendidos", ou seja, que não menosprezam os interesses comuns), mas traria inconvenientes caso se convertesse em recusa à grande sociedade, em egoísmo. O prosseguimento da democratização social e da mercantilização das relações sociais poderia fazer com que os cidadãos se concentrassem cada vez mais na satisfação de suas necessidades sociais, afastando-se dos problemas comuns. Tratava-se, portanto, de prevenir a recaída no egoísmo, o que poderia ser evitado na medida em que houvesse mais participação voluntária nos negócios públicos e menos coerção por parte de governos centralizados.

Tocqueville visualizou, assim, um dilema que passaria para as sociedades dos séculos seguintes: como conciliar e equilibrar igualdade e liberdade? A participação na vida pública seria o principal antídoto, mas teria ela como prevalecer? Mesmo que se possa cogitar um fortalecimento constante do interesse bem compreendido em contextos progressivamente mais igualitários, o desenvolvimento da moderna sociedade de massas faz com que a liberdade política fique na dependência de práticas e valores constantemente problematizados pelo desenvolvimento da própria democracia (JASMIN, 2005). Massificada, mas impregnada de individualismo, a democracia corre o risco de voltar-se contra si própria. O risco de um "despotismo da maioria" antevisto por Tocqueville não tem como ser sumariamente descartado.

A discussão do tema seguiu em boa medida esse dilema tocquevilliano. Admitido como valor, proclamado como indissociável da necessária independência de cada cidadão perante os grupos e o Estado, visto como ameaça à harmonia e à solidariedade social, o individualismo seguiu sendo idolatrado e condenado. Posições polares e antagônicas convergem para uma mesma essencialização, passando a tratar o indivíduo como entidade substancial desvinculada da sociedade, sem percebê-lo como um processo social (ELIAS, 1994) e vendo-o somente como uma ideologia.

Foi em nome dessa ideologia, por exemplo, que o liberalismo ganhou fôlego e pôde desempenhar, historicamente, um papel revolucionário, entre os séculos 17 e 19, quando investiu contra a centralização excessiva e contra as concepções que viam o dinamismo social como derivando inteiramente das ordens emanadas de cima, dos vértices políticos e religiosos. O individualismo calçou, assim, o desenvolvimento da consciência moderna, de base iluminista, racional e democrática. O indivíduo por ele promovido foi essencial para a afirmação de uma doutrina favorável ao mercado e que trazia consigo valores importantes como a liberdade, a tolerância, a igualdade diante da lei, a propriedade privada, a capacidade de cada um de decidir seu próprio destino. O "individualismo possessivo" afirmou-se a partir de meados do século 17 como expressão da ideia do indivíduo como proprietário de sua própria pessoa e de suas próprias capacidades, nada devendo à sociedade por elas. Suas virtudes seriam capazes de bloquear os riscos de que viesse a ter uma assimilação excessiva. O empreendedorismo que a ele se associaria terminaria por se converter em garantia do progresso, já que daria o impulso necessário à aventura da expansão econômica e da concorrência mercantil, sempre repleta de riscos e perigos. Hobbes, Locke e a tradição contratualista seriam os grandes artífices dessa concepção.

Com a industrialização acelerada a partir do século 19 na Europa (e pouco depois também nos Estados Unidos), aumentariam as reações ao individualismo. O pauperismo crescente, por um lado, impulsionará uma forte pressão política hostil ao liberalismo econômico e favorável aos que não conseguiam se beneficiar das vantagens do progresso industrial. Os trabalhadores emergem assim como força categoricamente coletiva e desejosa de obter regulamentações, direitos e proteções. Aos poucos, irão fornecer base material para a emergência do socialismo, do anarquismo e do comunismo, do mesmo modo que serão vistos como ameaça potencial de rebelião e alimentarão diferentes formas de reação conservadora, que tenderão a se opor ao capitalismo industrial em nome de uma volta romântica ao passado.

Karl Marx (1818-1893) traçará o cenário mais contundente e rigoroso a esse respeito.. A divisão da sociedade em dois grandes grupos – os proprietários dos meios de produção (os burgueses) e os trabalhadores despojados de tudo (os proletários) – seria vista por ele como um problema que levaria a uma verdadeira guerra civil, ameaçando o prosseguimento do progresso e impondo a exigência do socialismo. Havia um excesso de liberdade econômica e de concorrência entre os agentes sociais, fato que contaminava a convivência social e levava a sociedade a viver em estado de permanente turbulência. A proclamação liberal dos "indivíduos formalmente livres e iguais" não correspondia aos fatos, não produzia efeitos virtuosos e gerava muito mais problemas que soluções. Um enfoque mais coletivista e societal deveria ser privilegiado, de modo a harmonizar a vida social e a dotar a democracia política de maior consistência e efetividade.

Outros pensadores, como o sociólogo francês Émile Durkheim (1858-

1917), farão sucessivos alertas contra os excessos da divisão do trabalho que acompanhava a industrialização. Tais excessos lançariam a sociedade em uma situação de anomia, de ausência de normas. O egoísmo cresceria, a competição ficaria aguçada, os laços coletivos perderiam força e a reprodução do contrato social ficaria ameaçada. Na sua concepção, seria preciso um movimento de "reforma moral" que refreasse o processo e fortalecesse a sociedade *vis-à-vis* os indivíduos.

Mesmo no campo liberal, o indivíduo e o individualismo receberão tratamento diferenciado, em consonância com as ênfases típicas das distintas correntes. Um liberalismo radical, liberal e democrático irá se opor a um liberalismo conservador, liberal mas não democrático, e para cada um deles o individualismo aparecerá de um modo. Para os liberais radicais, por sua vez, o indivíduo é fator de expansão da democracia na medida em que adquire dimensão ética e política; para os conservadores, ele deve receber forte valoração como ser abstrato. O liberalismo econômico verá o individualismo do ângulo da liberdade econômica diante do Estado, ao passo que o liberalismo político o projetará para o terreno da democracia. O individualismo dos liberais democráticos reunirá o indivíduo à sua comunidade e ao seu Estado; já o dos conservadores o conceberá como protagonista singular de uma dinâmica que se desenrola fora do Estado.

A expansão do capitalismo e a radicalização da experiência moderna a partir das últimas décadas do século 20 forneceram novos estímulos ao individualismo. A prevalência do mercado, o enfraquecimento das agências públicas de regulação, a fragmentação social e o aumento da individualização representaram um reforço expressivo das condições de possibilidade do individualismo. O individualismo tornou-se uma imposição da realidade objetiva. Os indivíduos sentem-se como que soltos no ar e tendo de responder sozinhos a uma série de problemas e desafios antes compartilhados com os grupos e as instituições sociais. São impulsionados para a dimensão privada e a partir daí assimilam diferentes manifestações de uma cultura de indiferença pela sociedade. Não se convertem necessariamente em egoístas, mas passam a valorizar sempre mais a individualidade e a privacidade, reconfigurando o espaço público.

A atestar a força avassaladora desse processo, diversos autores têm procurado estudar as novas facetas do individualismo. Na base dessa operação, a constatação de que os "tempos hipermodernos" – típicos de uma segunda modernidade globalizada, desregulamentadora e sem adversários – tendem a produzir uma "cultura hiperindividualista" que se dissemina e tende a entrar em choque com as formas existentes de integração social. "O hipercapitalismo se faz acompanhar de um hiperindividualismo distanciado, regulador de si mesmo, mas ora prudente e calculista, ora desregrado, desequilibrado e caótico" (LIPOVETSKY, 2004, p. 56). Os indivíduos não mais aceitam ser tratados como cidadãos uniformes. Enfraquece-se o poder de sedução das postulações "comunitaristas", que desejam convencer os indivíduos do valor intrínseco da submissão ao grupo, às instituições e às associações. Diante disso, seria preciso pôr em xeque as visões tradicionais da sociologia, na medida em que a própria ideia de "social" perde validade, levando consigo os discursos e linguagens de caráter mais coletivista. "Aquilo que é próprio do atual estágio de modernidade é justamente a desconexão dos setores de atividade, a 'porosidade' das fronteiras entre as organizações sociais." Com isso, a ação dos indivíduos não pode mais ser unicamente definida em termos de hierarquias, de estatuto, de sistema de ordem e de posições, de acordo com a lógica e a funcionalidade do sistema (MARTUCCELLI, 2002). Em um mundo que teria perdido a estabilidade institucional, o indivíduo termina por ser encarregado de descobrir o sentido de sua conduta e de seu percurso pessoal. Seria preciso, mais ainda, recuperar a concepção do indivíduo como processo social para com isso evitar as apologias simplificadoras do indivíduo autônomo e capaz de se autorregular subjetivamente (KAUFMANN, 2004).

O individualismo adquire, assim, maior apelo como objeto de estudo e de atenção pública. A modernidade radicalizada seria o ambiente por excelência da emergência do "Sujeito", tema a que se dedica o sociólogo francês Alain Touraine. Se a modernidade fez com que vencesse a visão racionalista baseada na ciência e na técnica, ela também produziu o nascimento do sujeito humano como liberdade e como criação. A vitória da modernidade fez com que ela se identificasse com a racionalização e deslocasse o "Sujeito" para o subsolo. Agora, esse "Sujeito" se libertou e proclama o controle que os indivíduos devem exercer sobre suas ações: "O Sujeito é a vontade de um indivíduo de agir e de ser reconhecido como ator". Trata-se de um princípio moral, que "afirma a superioridade das virtudes particulares sobre os papéis sociais e da consciência moral sobre o julgamento público" (TOURAINE, 2002, p. 220, 225).

As políticas públicas têm hoje de lidar com uma reposição ampliada da questão histórica da liberdade e da igualdade. Elas são políticas cuja meta é a melhor organização possível da sociedade como coletividade, mediante a correção de fatores que produzem desigualdade, injustiça e entraves ao progresso. Existem para produzir coesão, solidariedade social e melhor aproveitamento dos recursos sociais, econômicos e naturais. Mas precisam enfrentar um processo social que gera sempre mais diferenças e postulações de identidade, e que projeta para o primeiro plano da vida pública atores e interesses particulares, individualizados ou segmentados. Seu desafio é de certo modo o de resolver o dilema tocquevilliano: alcançar formas mais avançadas e consistentes de igualdade política e social sem ameaçar a ampliação das margens de liberdade individual e privacidade.

Políticas públicas democráticas necessitam assimilar criticamente a individualização e o individualismo que correspondem à nova etapa da modernização. Temáticas e reivindicações por eles determinadas devem ser incorporadas às agendas públicas. Dinâmicas individualistas não estão necessariamente associadas ao liberalismo econômico ou ao neoliberalismo. Manifestam-se também como emancipação e democratização. O individualismo contemporâneo é categoricamente plural, na medida mesma em que surge como "produto de uma pluralidade de lógicas sociais em interação: lógica econômica do individualismo mercantil aprofundado pelo neoliberalismo e pela gestão neocapitalista, mas também lógica política do individualismo democrático, dinâmica jurídica dos direitos individuais e lógicas societais associadas às transformações da família e da intimidade" (CORCUFF; ION; DE SINGLY, 2005, p. 11).

Ver: Contrato Social/Contratualismo; Igualdade; Individualismo Metodológico; Individualização/Individuação; Liberalismo/Neoliberalismo; Identidade Social; Reconhecimento

Referências Bibliográficas

CORCUFF, P.; ION, J.; DE SINGLY, F. *Politiques de l'individualisme*. Entre sociologie et philosophie. Paris: Les Éditions Textuel, 2005.

DUMONT, L. *Ensaios sobre o individualismo*. Uma perspectiva antropológica sobre a ideologia moderna. Lisboa: Dom Quixote, 1992.

ELIAS, N. *A sociedade dos indivíduos*. Trad. Vera Ribeiro. Rio de Janeiro: Jorge Zahar, 1994.

JASMIN, M. *Alexis de Tocqueville:* a historiografia como ciência da política. Belo Horizonte: Editora UFMG, 2005.

KAUFMANN, J-C. *Ego*. Pour une sociologie de l'individu. Paris: Hachette, 2004.

LIPOVETSKY, G. *Os tempos hipermodernos*. Trad. Mário Vilela. São Paulo: Barcarolla, 2004.

MACPHERSON, C. B. *A teoria politica do individualismo possessivo de Hobbes até Locke*. Rio de Janeiro: Paz e Terra, 1979.

MARTUCCELLI, D. *Grammaires de l'individu*. Paris: Gallimard, 2002.

TOCQUEVILLE, A. *A democracia na América*. 2. ed. Belo Horizonte: Ed. Itatiaia; São Paulo: Edusp, 1977.

TOURAINE, A. *Crítica da modernidade*. Trad. Elia Ferreira Edel. 7. ed. Petrópolis: Vozes, 2002.

Individualismo Metodológico

Adriano Codato

O "individualismo metodológico" é, ao mesmo tempo, um método heurístico e uma postura intelectual. Ele sustenta que qualquer explicação adequada sobre o mundo social deve estar baseada no indivíduo – em seus objetivos, suas concepções, suas ações, suas escolhas, isto é, em seu comportamento real – e não em instituições sociais ou padrões regulares de interação, simbolizados por categorias coletivas e abstratas, tais como classes, Estado, partido ou sindicatos. Os fenômenos macrossociais, como mudanças significativas nos costumes de uma sociedade, sempre podem (e na realidade devem) ser reduzidos às microrrelações individuais. A única causa efetiva dos fenômenos sociais, sejam eles estruturas permanentes ou processos de transformação histórica, é constituída pela ação dos indivíduos. Ela é "a unidade elementar da vida social" (ELSTER, 1994, p. 29).

O autor fundamental para esse paradigma é Max Weber (1864-1920). Em *Economia e sociedade* (1922), ele estabeleceu que uma ação social só pode ser compreendida "na forma do comportamento de um ou vários indivíduos". Essa postura tem a grande vantagem de evitar a personificação dos coletivos, como nas sentenças "a classe operária deseja", "as instituições impõem", "o capital financeiro considera". Tal sociologia não ignora o uso de conceitos coletivos (família, facção, corporação militar etc.), mas seu emprego "refere-se exclusivamente a determinado desenvolvimento da ação social de alguns indivíduos" (WEBER, 1984, p. 12).

Não se trata de uma explicação psicológica. O foco não está nos estados mentais (crenças, preferências, desejos) dos indivíduos considerados isoladamente, em si mesmos, mas nas *relações* entre eles. Portanto, essa é uma concepção interacionista da sociedade e não atomista (que toma os indivíduos como "átomos" isolados e, nesse sentido preciso, como o princípio e o fim da investigação social).

É importante enfatizar três aspectos implicados na abordagem baseada no individualismo metodológico, principalmente quando se tem em mente essas duas ideias – o primado do indivíduo e a consideração das interações entre eles:

a) essa abordagem não estuda obrigatoriamente apenas relações face a face entre atores, mas também situações de interdependência, em que indivíduos podem agir conjuntamente sem estabelecerem quaisquer relações de intercâmbio direto;

b) como o foco de toda a sociologia são fenômenos coletivos e não acidentes individuais, o individualismo metodológico prevê a possibilidade de agrupar atores por categorias ("os consumidores", por exemplo), desde que eles tenham algo em comum ou adotem comportamentos idênticos diante de uma situação qualquer;

c) os adeptos dessa perspectiva não estão necessariamente preocupados em estudar grupos concretos de pessoas em situações sociais específicas (como no caso do interacionismo simbólico), mas objetos de larga escala: mudanças de regimes sociais, revoluções políticas, a gênese de certas concepções de mundo, a organização geral da sociedade (BOUDON, 1995).

As relações interindividuais são os microfundamentos das interpretações gerais sobre os grandes temas/problemas da sociedade. Elster argumentou que nossa compreensão dos fenômenos sociais "aumenta quando passamos do macro ao micro, de intervalos mais longos para [intervalos] mais curtos. Explicar é fornecer um *mecanismo,* abrir a caixa-preta e mostrar os parafusos e as porcas, os dentes e as rodas, os desejos e as crenças que geram os resultados agregados" (ELSTER, 1985, p. 3 apud LEVINE; SOBER; WRIGHT, 1987).

O adversário principal dessa corrente é o "sociologismo", ou o determinismo social, representado tanto pelas visões de Émile Durkheim (1858-1917) como de Karl Marx (1818-1883).

Para Durkheim, a sociedade não deve ser pensada como um agregado de indivíduos isolados, mas como uma organização estruturada que existe antes deles e se impõe a eles por meio de uma série de normas de comportamento. Em *As regras do método sociológico* (1895), Durkheim é explícito em afirmar que os fenômenos sociais (os "fatos sociais") são exteriores aos indivíduos (isto é, independem de sua consciência e vontade) e constrangem suas condutas. Logo, o todo (social) não pode ser igual à soma das partes (os indivíduos) que o compõem; é uma síntese *sui generis* que possui propriedades específicas que não podem ser deduzidas das – ou reduzidas às – características das suas partes integrantes.

Pode-se dizer que, para Marx, a sociedade antecede (em termos lógicos) os indivíduos singulares. No prefácio da sua *Crítica da economia política* (1859) ele escreve o seguinte: "na produção social da sua existência, os homens estabelecem determinadas relações, necessárias, independentes da sua vontade; essas relações de produção correspondem a um determinado grau de desenvolvimento das suas forças produtivas materiais" (MARX, 1965, p. 272). Traduzindo: as relações sociais, aqui no sentido de o mundo social, são "necessárias e independentes" da vontade, das decisões e das aspirações dos indivíduos. Elas são, na realidade, um produto histórico da forma de organização material ("econômica") da sociedade. Essa é, de passagem, uma crítica às teorias contratualistas, que estabelecem que a "vida civil" (a vida social) é o produto de um pacto voluntário entre os indivíduos.

Outro ponto comum entre essas duas sociologias, a marxista e a durkheimeana, é o holismo. O individualismo oposto por esse paradigma ao holismo é de caráter "metodológico", heurístico (e não ético ou ideológico).

Portanto, individualismo não tem aqui sentido moral, social, econômico, ou político. Não designa um comportamento egoísta, nem se refere à valorização da autonomia individual diante do peso das imposições sociais; não se refere à liberdade dos indivíduos nos termos da iniciativa econômica (em oposição à intervenção estatal), nem à garantia e à proteção dos direitos individuais como o fim último do governo (LUKES, 1996, p. 382-383).

O individualismo metodológico é o princípio fundamental da "sociologia da ação". Como esclarece Boudon, uma vez que essa sociologia postula que todo e qualquer fenômeno social é sempre o resultado de comportamentos individuais, "o sociólogo que pretende explicar um fenômeno social deve procurar o *sentido* dos comportamentos individuais que estão na sua origem" (BOUDON, 1995, p. 28), isto é, as razões (implícitas ou explícitas, conscientes ou inconscientes) que o ator atribui a sua "conduta". Para Weber, a sociologia é uma disciplina comprometida com a compreensão dos comportamentos individuais, ou melhor, com o sentido que o ator dá a suas ações e convicções. Compreensão aqui é perceber o significado de algo em seu contexto específico. O pressuposto do individualismo metodológico é que esse indivíduo seja racional. "Racional" não significa sensato, ponderado, razoável. Não se trata de uma qualidade do indivíduo, mas de um princípio explicativo da ação social.

Há ao menos duas maneiras de definir essa racionalidade. Em uma delas, atores sociais agem racionalmente quando calculam o modo mais eficaz (ou menos dispendioso) de satisfazer suas preferências e alcançar seus objetivos (tal como postulado pela economia neoclássica). A escolha racional é, portanto, uma ação instrumental, orientada pelo resultado pretendido; as opções que o indivíduo faz não são avaliadas em si mesmas, mas por sua eficácia (ELSTER, 1994, p. 38). Em outra, conforme Boudon, uma definição semântica aponta os diferentes tipos de racionalidade. Essa definição semântica obedece à seguinte fórmula: em uma dada situação, "*X* tinha *razões válidas* para fazer *Y* porque...". As suposições são inúmeras: 1) porque *Y* correspondia aos interesses ou aos valores de *X*; 2) porque *Y* era o melhor meio de *X* realizar seus propósitos; 3) porque *X* tradicionalmente sempre fazia *Y*; 4) porque *Y* decorria da teoria ou da ideologia *Z*, e *X* acreditava cegamente em *Z* etc. (BOUDON, 1995, p. 44). É importante enfatizar a expressão "razões válidas" nesse enunciado. Elas não significam razões logicamente plausíveis, mas razões legítimas.

Ver: Ação Coletiva; Contrato Social/Contratualismo; Economia Política

Referências Bibliográficas

BAERT, P. Algumas limitações das explicações da escolha racional na ciência política e na sociologia. *Revista Brasileira de Ciências Sociais*, São Paulo, v. 12, n. 35, out. 1997.

BOUDON, R. *Tratado de sociologia*. Rio de Janeiro: Jorge Zahar, 1995.

DURKHEIM, É. *Les règles de la méthode sociologique*. Paris: Flammarion, 1988.

ELSTER, J. *Making sense of Marx*. Cambridge: Cambridge University Press, 1985.

______. *Peças e engrenagens das ciências sociais*. Rio de Janeiro: Relume Dumará, 1994.

LEVINE, A.; SOBER, E.; WRIGHT, E. O. Marxism and methodological individualism. *New Left Review*, London, n. 162, p. 67-84, 1987.

MARX, K. Avant-Propos. Critique de l'Économie Politique (1859). In: ______. *Ouvres*. Trad. Maximilien Rubel. Paris: Gallimard, 1965. v. 1 Économie.

WEBER, M. *Economía y sociedad*. Esbozo de sociología comprensiva. 7. reimpr. México: Fondo de Cultura Económica, 1984.

Individualização/ Individuação

Marco Aurélio Nogueira

A sociedade capitalista moderna é historicamente a base em que se apoia a discussão sobre o indivíduo e individualismo. A revolução com a qual a burguesia instituiu sua dominação trouxe consigo não somente uma economia competitiva, mas também uma ordem social mais complexa e diferenciada, que projetaria o indivíduo para uma posição de maior visibilidade, autonomia e protagonismo. A sociedade moderna anunciou-se como móvel, dinâmica e aberta, cortada por tensões e desigualdades. Explosões demográficas, grandes deslocamentos populacionais no espaço, alterações constantes da posição dos indivíduos e dos grupos na escala social, a cidade e a indústria sobrepujando o campo e a agricultura.

A modernidade impulsionou a progressiva diferenciação das sociedades. Mais grupos, mais interesses, novas formas de associação. As estruturas sociais tornaram-se complexas e a estratificação passou a contar com maior número de graus e estratos sociais. Ao mesmo tempo, a forma básica do associativismo se deslocou: passou a ter como referência, cada vez mais, o mundo do trabalho, acompanhando a centralidade adquirida pela indústria. As classes sociais ganharam consistência, instituindo outro modo de vinculação dos indivíduos, agora não mais apoiado na tradição e na obediência, mas sim no interesse e na consciência comuns.

O indivíduo foi assim concebido como sujeito da história, fator a partir do qual a sociedade se constituiria e se corrigiria. A tradição liberal fez dessa tese seu principal eixo de sustentação, associado invariavelmente à defesa da propriedade privada, da liberdade e da livre iniciativa. Forneceu, assim, estímulo e referência para o projeto iluminista: o progresso seria conseguido mediante o uso da razão e um contínuo diálogo crítico com as tradições e com a história passada. Racionalismo, individualismo e universalismo forneceriam a base para que a humanidade crescesse e avançasse. A emancipação viria na medida em que as consciências se libertassem da magia e passassem a usar a razão e a ciência para aumentar a eficiência das sociedades humanas. Decorreria de um esforço que desprendesse o homem das amarras sociais, e de um movimento que rompesse fronteiras e incluísse todos os seres humanos em uma mesma experiência universal.

Dado que a bússola seria fornecida pela ciência e pelo conhecimento, não pelas crenças tradicionais ou pelos hábitos do coração, os indivíduos deveriam ser livres e autônomos, capazes de pensar por si mesmos, sem a tutela de ninguém. Deveriam ser adequadamente educados e qualificados para se organizar coletivamente e agir em comum, beneficiando-se uns ao outros. O processo caminharia assim na direção daqueles dois princípios "não sociais" que Touraine (2006) associaria à modernidade: a ação racional e o reconhecimento de direitos a todos os indivíduos.

O processo de afirmação do indivíduo foi então sendo traduzido de forma tríplice: (a) como liberação do indivíduo das limitações e imposições derivadas das estruturas de autoridade e coesão baseadas na tradição, nas hierarquias sociais e no Estado; (b) como conquista da subjetividade, de maior capacidade de autorreconhecimento; e (c) como valoração unilateral do indivíduo e defesa de sua autossuficiência. Essas três vertentes – a individualização, a individuação e o individualismo – evoluíram progressivamente e cruzaram-se de distintas maneiras no decorrer do tempo.

Diferentemente do individualismo tradicional, que converte o indivíduo em ideologia egocêntrica, a individualização corresponde a um processo social objetivo, vinculado à fragmentação e à diferenciação típicas da sociedade moderna. Na medida em que os grupos sociais atingidos por esse processo são refeitos em sua estrutura, a relação entre eles e seus integrantes se modifica. Há uma diminuição da força coercitiva dos grupos, o que implica maior "responsabilização" individual, no sentido preciso de que os indivíduos passam a ter de responder por seus atos, a ser responsáveis por eles. Os indivíduos convertem-se em pessoas, em titulares de direitos, contemplados com maior reconhecimento e *status* no meio social. Suas próprias biografias passam a ser construídas por eles mesmos. O que se ganha em liberdade perde-se em solidariedade e coesão sociais, que precisam ser assim recompostas. Como disse Émile Durkheim, a passagem das formas mais simples para as formas mais complexas de ordem social (a modernização) implica a conversão da "solidariedade mecânica" em "solidariedade orgânica". Nessa conversão progressiva, o ser humano se individualiza e o indivíduo se torna sujeito.

Cresce assim a possibilidade de que o indivíduo passe a compreender a si próprio de modo mais consistente e a adquirir maior riqueza interna, maior consciência de si, maior singularidade individual. Essa individuação associa-se a um processo de diferenciação que aponta para o desenvolvimento da personalidade individual, entendida como aquilo que particulariza o indivíduo com base em seus atributos naturais, biológicos, e em sua específica inserção social. No que diz respeito à ampliação da esfera da consciência individual, o conceito aproxima-se das teorizações do psicólogo Carl G. Jung (1875-1961).

Com os avanços do capitalismo, a revolução eletrônica e as novas formas de produção que foram se consolidando a partir do último quarto do século 20, a modernidade ingressou em uma fase de turbulência e radicalização. Seu projeto passou a ser posto em xeque pelos novos termos da vida. Formas agudas de particularismo, de conformismo e de despolitização reapareceram. O fanatismo e o fundamentalismo exibem tanta força quanto o retorno de crenças e práticas desprovidas de maior fundamento racional, como a astrologia, a mediunidade, a autoajuda. Movidas por tecnologias velozes, pelo predomínio do econômico, pela mixórdia simbólica da vida cotidiana, as sociedades modernas parecem estar distanciando-se das razões iluministas que as fundaram. Há mais fragmentação, mais diferenciação, mais individualização e mais individualismo, mas, ao se radicalizarem, tais processos ganharam contornos novos e passaram a produzir efeitos distintos, além de se interpenetrarem de maneiras muitas vezes surpreendentes.

A vida ficou de fato "pós-tradicional", como fala Anthony Giddens: nela, os indivíduos movimentam-se com muito mais liberdade, prezam a dúvida, seguem seus próprios pensamentos e intuições, mais que as ordens e os comandos provenientes das tradições.

Quanto mais a modernidade se aprofundou e foi chegando ao final do século 20, mais ela foi liberando os indivíduos, alterando os modos de pensar e modificando as relações entre homens e mulheres. O individualismo continuou a se expandir, mais foi modificando suas formas. Passou a se traduzir tanto como indiferença e egoísmo, como disposição para levar vantagem em tudo, como má vontade para compartilhar a vida pública e "suportar" o peso do viver coletivo (pagar impostos, dividir espaços, valorizar os bens comuns, respeitar a comunidade etc.), quanto como defesa da individualidade, do desejo de pensar com a própria cabeça, de ter uma vida privada de melhor qualidade, de não ser obrigado a cumprir certas rotinas ou a aceitar certas decisões. O conceito de "sujeito pessoal" de Alain Touraine aproxima-se dessa segunda acepção, no sentido de expressar a emergência de um "novo individualismo", mais consciente, refletido e aberto para a conquista de uma "liberdade criadora" (TOURAINE, 2006, p. 102).

A valorização da individualidade pode facilitar a formação de um individualismo solidário e cooperativo. Não é inevitável que isso aconteça, mas não há nada que associe mecanicamente individualidade, egoísmo e indiferença. Afinal, para que se possa ter uma boa vida pessoal ou familiar, é preciso que se atue para tornar boa a vida de todos. A felicidade pessoal depende de algum entendimento comum sobre o que é felicidade. O indivíduo pode se refugiar na vida privada para escapar um pouco das pressões e das dificuldades da vida moderna, mas seu refúgio somente será eficiente se o indivíduo agir para criar cidades e ambientes comuns mais saudáveis.

A modernidade tornou-se radicalmente "líquida", escreveu Zygmunt Bauman. Levou ao limite aquela sua característica de fazer com que tudo o que é sólido se volatilize e tudo o que é sagrado seja profanado, como disseram Marx e Engels no *Manifesto comunista* de 1848. Ela não se comprime mais em espaços predefinidos: está livre, impossibilitada de ser contida, como a água, como um tsunami. Tensões, contradições, crises e acidentes localizados tendem a ingressar em um circuito de amplificação que leva as coisas para rumos que não prevíamos e que não conseguimos controlar. O "derretimento dos sólidos", traço permanente da modernidade, adquiriu novo sentido e, mais que tudo, "foi redirecionado a um novo alvo, e um dos principais efeitos desse redirecionamento foi a dissolução das forças que poderiam ter mantido a questão da ordem e do sistema na agenda política. Os sólidos que estão para ser lançados no cadinho e os que estão derretendo neste momento, o momento da modernidade fluída, são os elos que entrelaçam as escolhas individuais em projetos e ações coletivas – os padrões de comunicação e coordenação entre as políticas de vida conduzidas individualmente, de um lado, e as ações políticas de coletividades humanas, de outro" (BAUMAN, 2001, p. 12).

Os indivíduos atuais são mais racionais e mais individualistas, estão mais individualizados, mais descolados de seus antigos grupos de referência e mais hostis às predeterminações coletivas. Suas trajetórias pessoais precisam ser construídas reflexivamente, quer dizer, a partir de seu próprio esforço. Talvez não desejem isso, mas estão sendo levados a viver assim, já que suas instituições e seus grupos também se soltam e se reconstroem com grande velocidade. Em boa medida, estão mais sozinhos no mundo, ainda que cada vez mais conectados.

Hoje, observa Bauman, os padrões e configurações não são mais "dados", e menos ainda "autoevidentes": em sua multiplicidade, eles se chocam entre si e contradizem-se em seus comandos conflitantes, "de tal forma que todos e cada um foram desprovidos de boa parte de seus poderes de coercitivamente compelir e restringir". A modernidade atual é "individualizada e privatizada", com o que "o peso da trama dos padrões e a responsabilidade pelo fracasso caem principalmente sobre os ombros dos indivíduos" (BAUMAN, 2001, p. 14).

Como observou o sociólogo alemão Norbert Elias (1897-1990), "à medida que os indivíduos deixam para trás os grupos pré-estatais estreitamente aparentados, dentro de sociedades nacionais cada vez mais complexas, eles se descobrem diante de um número crescente de opções. Mas também têm que decidir muito mais por si. Não apenas podem como devem ser mais autônomos. Quanto a isso, não têm opção" (ELIAS, 1994, p. 102).

A individualização atual, própria da modernidade radicalizada, é assim institucionalizada. Impõe-se mediante orientações institucionais, que "incentivam" os indivíduos a agir para realizar seus interesses ou buscar respostas para seus carecimentos. Na expressão de Ulrich Beck, as biografias individuais transformam-se em "biografias reflexivas", movidas por escolhas sucessivas e de curto prazo: "a individualização é uma dinâmica social que não se baseia sobre a livre decisão dos indivíduos. Ela é um dever, o dever paradoxal de criar, de projetar, de colocar em cena autonomamente não somente a própria biografia, mas também seus liames e suas redes de relações, em um contínuo processo de harmonização com os outros e com os imperativos do mercado de trabalho, do sistema escolar, do Estado assistencial etc." (BECK, 2000, p. 8).

Trata-se de um macroprocesso de individualização, no correr do qual os indivíduos vão ficando mais individualizados e mais individualistas, ainda que vivendo em condições de massificação. Esse processo tornou-se uma espécie de destino dos integrantes das sociedades atuais. As duas expressões típicas do individualismo – como individualidade, como direito à privacidade e à liberdade pessoal e como egoísmo social, como recusa à vida coletiva –, que sempre caminharam juntas, estão hoje radicalizadas e exacerbadas, confluindo em cada pessoa. Pela via dessa individualização, o indivíduo se projeta como resultado de um processo histórico de redes, ajustes interativos e interdependências múltiplas (KAUFMANN, 2004).

Ver: Coesão Social; Contrato Social/Contratualismo; Identidade Social; Igualdade; Individualismo; Liberalismo/Neoliberalismo; Reconhecimento

Referências Bibliográficas

BAUMAN, Z. *A sociedade individualizada*. Rio de Janeiro: Zahar, 2008.

______. *Modernidade líquida*. Rio de Janeiro: Zahar, 2001.

BECK, U. *I rischi della libertà*. L'individuo nell'epoca della globalizzazione. Bologna: Il Mulino, 2000.

BECK, U.; BECK-GERNSHEIM, E. *Individualization:* institutionalized individualism and its social and political consequences. London: Sage, 2002.

ELIAS, N. *A sociedade dos indivíduos*. Rio de Janeiro: Zahar, 1994.

GIDDENS, A. A vida em uma sociedade pós-tradicional. In: BECK, U.; GIDDENS, A.; LASH, S. *Modernização reflexiva*. São Paulo: Editora Unesp, 1997.

JUNG, C. *Tipi psicologici*. Turim: Boringhieri, 1968.

KAUFMANN, J-C. *Ego*. Pour une sociologie de l'individu. Paris: Hachette Littératures, 2004.

TOURAINE, A. *Um novo paradigma*. Para compreender o mundo de hoje. Petrópolis: Vozes, 2006.

Instituições Políticas

Cláudio Gonçalves Couto

Instituições são estruturas socialmente construídas, perenes, que condicionam a ação de indivíduos e de grupos. Em um grau crescente de solidez, consideramos como instituições: (1) as práticas interativas reiteradas, (2) as regras sociais de conduta, (3) as normas formais e (4) as organizações.

Há instituições econômicas, tais como os direitos de propriedade, que se mostram fundamentais para o desenvolvimento econômico por prover os indivíduos de incentivos ao investimento. Há instituições sociais, como a família, cujo desenvolvimento se dá tanto em decorrência de processos informais e pouco planejados de sociabilidade ao longo de gerações, como de processos formais estabelecidos com propósitos muito específicos (como a regulação das relações familiares pela legislação).

Enfim, há também instituições políticas, as quais, de alguma maneira, visam ao Estado ou dele fazem parte. Têm o Estado em vista, sem propriamente o integrar, os partidos políticos, os grupos de pressão e outras organizações sociais, que buscam operá-lo, influenciá-lo, tomá-lo ou reformá-lo. Todo Estado é também um conjunto ou um sistema de instituições, como as leis, os órgãos da burocracia pública e os ramos de governo.

A abordagem conhecida como institucionalista caracteriza-se por ser amplo campo de reflexão que toma as instituições ou predominantemente de forma descritiva, ou apenas em seu funcionamento jurídico. Tal abordagem influenciou diversos ramos da sociologia, da economia e da ciência política, especialmente em sua versão estrutural-funcionalista, segundo a qual as instituições determinam certos papéis para os indivíduos, restando a eles uma amplitude de ação autônoma bastante reduzida. Leva-se assim ao extremo a ideia de que as instituições condicionam o comportamento dos indivíduos, sendo eles tomados como subproduto da operação institucional.

Uma crítica aguda ao estrutural-funcionalismo supõe que os fenômenos sociais são mais bem compreendidos de uma perspectiva intencional, que capte o sentido das relações humanas a partir das ações que os próprios indivíduos empreenderam com base nas escolhas disponíveis. As instituições são elas mesmas construções que, em primeiro lugar, resultam das ações humanas ao longo do tempo e, em segundo, conformam a amplitude das escolhas e/ou decisões de indivíduos e coletividades, mas não as determinam de forma unívoca. Há considerável margem de variação para a ação autônoma de atores individuais ou coletivos, que, embora restringidos pelas instituições em seus cursos de ação, têm de tomar decisões – mesmo quando são pouco refletidas ou baseadas em crenças e hábitos interiorizados.

A perspectiva intencional se inscreve no individualismo metodológico, que embora seja comumente associado à teoria da escolha racional, é mais amplo que ela. As novas abordagens institucionalistas (o neoinstitucionalismo) valem-se bastante da *perspectiva compreensiva*, segundo a qual os indivíduos interpretam o contexto em que agem, avaliando o curso mais adequado de ação a ser seguido. Historicamente, essa perspectiva remonta a Max Weber. Nas correntes contemporâneas da análise institucional, enquadra-se no *neoinstitucionalismo sociológico* (PETERS, 1999), tendo como notáveis representantes contemporâneos os estudiosos da ação política em contextos organizacionais March e Olsen (1989). Ao agir em certos contextos institucionais, os indivíduos são informados sobre o que é *adequado* fazer em cada situação, tendendo a se comportar previsivelmente em contextos institucionais semelhantes.

A socialização pela qual os indivíduos passam dentro de uma dada instituição tende a moldar-lhes as preferências, as ideias, as percepções e até mesmo os afetos. Não somente instituições presentes modulam a conduta individual, mas também instituições passadas – que, de alguma forma, permanecem vivas nos indivíduos, mesmo que estes passem a atuar em outros contextos. Em uma situação em que indivíduos oriundos de certo ambiente institucional passam a atuar em contexto distinto, as lógicas de atuação herdadas e neles introjetadas entram em choque com as novas condições institucionais vividas. Assim, ou bem um grande número de indivíduos (ou indivíduos influentes no novo contexto) logram conferir ao contexto suas características herdadas, modificando-o, ou bem precisam se adaptar, passando por um aprendizado institucional e atuando de acordo com as novas condições.

Já no neoinstitucionalismo da escolha racional (TSEBELIS, 2009), as instituições operam como uma estrutura de incentivos que permitiria a certos indivíduos (munidos da informação necessária) optar pelos cursos de ação mais eficientes, descartando os demais. Tais indivíduos calculam como atingir seus objetivos maximizando utilidades e adotam uma racionalidade estratégica para a consecução de fins. Nessa abordagem, as instituições tendem a ser vistas como "construções com propósitos" (ORLANDI, 1998, p. 15), que podem ser moldadas com a finalidade de obter os comportamentos individuais desejados. Afinal, se os indivíduos são racionais e as instituições lhes fornecem parâmetros para a ação, ao modificarem-se tais parâmetros pela construção de novas instituições ou pela reforma das existentes, alteram-se os cálculos individuais e as ações deles decorrentes.

A perspectiva compreensiva, contudo, não abdica de considerar os cálculos racionais dos indivíduos na explicação de suas ações; apenas não os toma como explicação exclusiva, tal qual o institucionalismo da escolha racional. Se os atores avaliam contextualmente qual o curso de ação adequado, podem concluir que o mais apropriado em uma situação seja a ação racional-estratégica (a ação racional com relação a fins de Weber), ao passo que, em contexto distinto, a conduta adequada é outra. Em alguns ambientes institucionais (como a família), a ação calculadora utilitária pode-se mostrar bastante imprópria e até mesmo contraproducente.

Instituições informais resultam de forma involuntária ou não planejada das interações sociais entre indivíduos e grupos, ensejando regras não escritas de relacionamento e padrões de conduta; os resultados de sua operação são não antecipados, ainda que eventuais formalizações *a posteriori* possam ajustá-las a determinadas preferências. Instituições informais se desenvolvem inclusive no interior de instituições formais, como em uma casa legislativa, que é uma instituição política formal (organização), estruturada com base em um regimento e na constituição (normas formais), mas pode desenvolver costumes e tradições que se tornam imperativos (práticas interativas reiteradas).

Instituições surgem e modificam-se por *acidente, evolução* e *intenção* (GOODIN, 1996, p. 24-25). Os dois primeiros modos correspondem às instituições informais; já o terceiro, às formais – "construções com propósitos". Estas resultam de decisões conscientes de indivíduos e grupos que, de forma voluntária e/ou planejada, elaboram regimentos normativos, regras escritas e constroem organizações. Os resultados prováveis de sua operação são antecipados, mas seus resultados efetivos nem sempre correspondem ao esperado. É possível que reformas institucionais apresentem resultados distintos dos pretendidos por seus propugnadores, seja porque eles não foram capazes de calcular todos os possíveis efeitos das reformas, seja porque a estas podem se agregar transformações ocorridas por acidente e evolução – ou seja, de modo informal.

Nenhuma instituição política opera em um vácuo: ela funciona em um contexto mais amplo, que engloba mudanças incontroláveis, derivadas de outras instituições ou de condições sociais, econômicas e culturais. Uma alteração institucional demorada pode não surtir os efeitos esperados se ocorre em um ambiente já modificado em relação ao previsto. Mudanças ambientais fazem os atores notar as instituições de forma distinta. É o caso de partidos que na origem são organizações de oposição e tornam-se governo, ou vice-versa. Os propósitos inicialmente traçados deixam de fazer sentido no novo contexto, ainda que a organização preserve muito de seu modelo originário de funcionamento. De algum modo, ela passa por adaptações e transformações, alterando seus objetivos.

Duas relativizações devem ser feitas à criação ou à reforma de instituições como fruto da intencionalidade. Primeiramente, nas interações sociais e, particularmente, nas políticas, não há só uma intencionalidade presente, mas várias, correspondentes aos diversos atores, que dissentem entre si. Modificações institucionais, se ocorrerem, resultarão de interações que supõem conflitos e cooperação, convencimento recíproco, barganhas etc. Já a preservação de um *status quo* institucional pode decorrer de que os atores políticos são incapazes de escapar de um equilíbrio de interesses que lhes aprisiona. Daí porque certas reformas institucionais tão reclamadas – como as reformas políticas – dificilmente ocorrem.

A segunda relativização diz respeito às próprias *restrições institucionais à mudança institucional*. Instituições condicionam não apenas o comportamento dos atores para tomar decisões e agir no seu interior, mas também a forma como podem *modificá-las*. Em um contexto institucional, criar ou reformar instituições significa *construir ou reconstruir dentro de uma construção existente.*

As restrições institucionais à ação dos atores são tema caro ao *neoinstitucionalismo histórico*, sintetizado na ideia de *path dependence*, ou "dependência da trajetória": decisões tomadas pelos atores no passado e cristalizadas em determinadas estruturas limitam as possibilidades de ação no futuro (PIERSON, 2004, p. 17 e ss.). O passado captura o futuro mediante instituições herdadas, condicionando a ação humana ao longo do tempo.

As restrições também são cruciais para o *neoinstitucionalismo empírico* (PETERS, 1999, p. 123 e ss.), preocupado em entender como o desenho de instituições governamentais modela a conduta dos atores políticos, e para o *neoinstitucionalismo da escolha racional* – ocupado com as estruturas institucionais que obstaculizam a ação política (pontos de veto) ou com os atores institucionalmente habilitados a fazê-lo (atores com poder de veto) (TSEBELIS, 2009).

Instituições se consolidam ao ganhar perenidade, resistindo aos desafios à sua sobrevivência. Há certa circularidade nisso, pois se a instituição é uma estrutura social perene, ela se consolida justamente quanto mais perene se torna, menos sujeita a rupturas, ao desaparecimento e mais capaz de sobreviver de forma autônoma. Uma instituição, ao consolidar-se e passar a ser vista por seus membros como tendo valor em si mesma, cria condições de *adaptação* aos desafios do ambiente, redefinindo seus fins de acordo com as novas condições. "A organização triunfa sobre sua função" (HUNTINGTON, 1975, p. 27).

Instituições políticas afetam não só o comportamento imediato dos indivíduos, mas os *resultados* de sua interação. Se diferentes instituições geram produtos distintos, evidencia-se a potencial não neutralidade dos desenhos institucionais. Tal fato torna a mudança institucional uma estratégia menos custosa e certamente mais efetiva do que tentar alterar as preferências dos indivíduos para com isso modificar os resultados do processo político.

Ver: Economia Política; Estado; Governo; Partidos Políticos; Sistema Político

Referências Bibliográficas

GOODIN, R. E. *The theory of institutional design*. Cambridge: Cambridge University Press, 1996.

HUNTINGTON, S. *A ordem política nas sociedades em mudança*. Rio de Janeiro: Forense Universitária, 1975.

MARCH, J. G.; OLSEN, J. P. *Rediscovering institutions:* the organizational basis of politics. New York: The Free Press, 1989.

ORLANDI, H. (Comp.). *Las instituciones políticas de gobierno*. Buenos Aires: Eudeba, 1998.

PETERS, B. G. *El nuevo institucionalismo*: teoría institucional en ciencia política. Madri: Gedisa, 1999.

PIERSON, P. *Politics in time*: history, institutions, and social analysis. Princeton: Princeton University Press, 2004.

TSEBELIS, G. *Atores com poder de veto:* como funcionam as instituições políticas. Rio de Janeiro: Editora FGV, 2009.

Insulamento Burocrático

Maria Rita Loureiro

A expressão insulamento burocrático costuma ser usada na literatura especializada para exprimir uma situação em que altos funcionários do governo envolvidos com o processo decisório de políticas públicas encontram-se protegidos (ou insulados, como em uma ilha) por uma autoridade política superior. Por exemplo, quando o presidente da República ou um ministro forte os isola de eventuais pressões do restante do sistema político (parlamentares, partidos, governadores etc.).

Duas ideias estão implícitas no insulamento burocrático. A primeira é que a alta burocracia precisa ser protegida contra pressões porque elas são ilegítimas, originando-se de grupos privados ou "clientelas" que esperam receber recompensas de políticos ou partidos a quem fizeram algum tipo de "favor" (recursos financeiros para campanhas eleitorais, apoio em votações no Congresso). Supõe-se ademais que o atendimento de tais pressões coloca em risco os objetivos das políticas, comprometendo sua eficiência e, portanto, os interesses coletivos. A segunda ideia vê os burocratas como os atores mais legítimos para conduzir as políticas, por terem mais competência técnica do que os políticos. Os burocratas deveriam ser insulados de pressões de interesses particularistas porque, tendo conhecimento dos assuntos mais complexos, podem escolher as alternativas mais adequadas ou mais eficientes e, assim, contemplar melhor o interesse público.

Tal visão tem muitos seguidores, e é invocada especialmente no trato de políticas econômicas, como por exemplo em discussões sobre autonomia dos bancos centrais. Além disso, é argumento fortemente persuasivo quando aplicado a contextos políticos em que predomina o clientelismo. Diante de práticas clientelistas, vários autores afirmam ser necessário, para se governar de forma racional e eficiente, entregar as decisões a burocratas e/ou técnicos. Na medida em que as agências insuladas melhoram a performance e aumentam a capacidade estatal, o insulamento constitui recurso político necessário para garantir a efetividade das políticas (GEDDES, 1996; GOUVÊA, 1994).

Todavia, o insulamento burocrático produz vários problemas. Se ele permite alcançar maior efetividade, pode levar o Executivo a perder apoio no Congresso, colocando os governantes em um dilema. Orientado apenas pela lógica de angariar apoios, um presidente pode reduzir ou mesmo perder a capacidade de conduzir as políticas; se, ao contrário, conferir demasiado poder aos técnicos, pode desencadear paralisia decisória por falta de apoio do Congresso. Na década de 1950, Vargas e Kubitschek conseguiram vencer esse dilema, segmentando a máquina burocrática em duas áreas: uma aberta ao clientelismo e outra insulada, a chamada "administração paralela", responsável pelas políticas desenvolvimentistas que eram centrais para ambos.

O segundo e mais grave problema é que o insulamento burocrático, como apontado por alguns autores, traz impactos negativos para a democracia. Analisando as relações entre a sociedade e as instituições políticas, Nunes (1997) indica que a introdução do capitalismo industrial no Brasil gerou um sincretismo institucional: clientelismo, corporativismo, universalismo de procedimentos e insulamento burocrático. A institucionalização dessas quatro "gramáticas" – como ele as denomina – progrediu de maneira gradual a partir da década de 1930. Além da centralização do poder no Executivo federal, surgiu a legislação corporativa que tentou substituir os partidos por relações pacíficas entre grupos e classes sociais. Todavia, a centralização do poder e os regulamentos corporativistas não conseguiram destruir o clientelismo. O Estado Novo também procurou reformar o serviço público, instaurando procedimentos de mérito na administração pública, criando um corpo técnico isolado da política para assessorar o governo na formulação de políticas. Mesmo com a democratização em 1946, os novos partidos continuaram a praticar o clientelismo, reforçando essa antiga "gramática". Também o corporativismo foi mantido nesse contexto e apenas o universalismo de procedimentos foi descartado como prática.

Embora certas elites modernizantes vejam o insulamento como contraponto do clientelismo, tal visão tem seus críticos. Ainda segundo Nunes (1997, p. 35), "ao contrário da retórica de seus patrocinadores, o insulamento burocrático não é de forma nenhuma um processo técnico e apolítico: agências e grupos competem entre si pela alocação de valores alternativos; coalizões políticas são firmadas com grupos e atores fora da arena administrativa, com o objetivo de garantir a exequibilidade dos projetos; partidos políticos são bajulados para proteger projetos no Congresso".

Analistas da redemocratização dos anos 1980 mostram igualmente que o insulamento se manteve, em continuidade ao que havia ocorrido no regime militar. Ele se exprimiu naquele momento em um alto grau de voluntarismo por parte da elite estatal, principalmente na área econômica. Em consequência, reforçou-se o afastamento do Congresso e dos partidos das principais decisões de governo, além de se colocar o problema de eficácia governamental, uma vez que, diante da capacidade do governo de tomar decisões unilaterais, não havia iniciativa de articular e negociar com a sociedade os custos e os ganhos das políticas (DINIZ, 1997).

Instigante explicação para tal configuração política é encontrável em Souza (1976) na análise que empreendeu das relações entre Estado e partidos no Brasil. Retomando o legado do autoritarismo da era Vargas, essa autora mostra que a centralização do poder e o corporativismo estatal deixaram marcas profundas em nossa ordem democrática: impediram que os partidos consolidassem sua função governativa (elaborar e defender projetos para a nação) dando espaço para que a burocracia o fizesse. O exercício da função governativa pela burocracia acabou relegando os partidos apenas à função representativa. E, o que é mais grave, a meros representantes de clientelas ou grupos particularistas na sociedade, envolvidos exclusivamente com a reprodução de suas posições de poder – reeleição, conquista de cargos e de recursos orçamentários necessários para tal. Esse ciclo vicioso – constatado no intervalo democrático de 1946-1964 – continua no presente. Ele mantém os partidos cada vez mais distanciados das discussões de programas de governo e de projetos para a nação, e torna a burocracia o canal mais importante de transmissão de interesses da sociedade para dentro do Estado, fragilizando, assim, as instituições democráticas.

Afirmar a relevância dos burocratas no processo decisório não implica ignorar sua dependência institucional em relação à autoridade política, nem tampouco negar que a responsabilidade última pelas decisões seja dos políticos (WEBER, 1982). Em outras palavras, mesmo não reduzindo a burocracia a mero instrumento do Poder Executivo, é preciso ter claro que o poder dos burocratas nunca é exercido com base apenas nos recursos que lhes são próprios – o controle do conhecimento técnico. Seu poder vai depender do respaldo ou delegação de um ator estratégico que sustentará sua posição como *policymaker*. Assim, a burocracia só exerce papel de direção do Estado com base na concessão de poder por outro ator político ou, no limite, com base na usurpação (MARTINS, 1974).

Por fim, cabe indicar que o processo de insulamento da burocracia supõe considerar o tema da autonomia do Estado ante os interesses sociais organizados, sejam eles das classes economicamente dominantes ou de grupos com algum poder de pressão. Clássico desde Marx, esse tema foi retomado mais recentemente pelos teóricos da abordagem institucionalista, que enfatizam os arranjos institucionais e seus impactos sobre as políticas. Skocpol (1985), por exemplo, define autonomia como a capacidade do Estado de formular e perseguir objetivos que não são simplesmente reflexos das demandas e interesses dos grupos ou classes sociais.

Mas a autonomia do Estado e de sua burocracia ante os grupos ou classes sociais depende de certas condições. Uma delas, salientada por marxistas, é a incapacidade da burguesia, em certos países, de elaborar, por meio de seus partidos, projetos para o conjunto da nação. Já os institucionalistas indicam que, em circunstâncias de grave crise econômica, há mais clima para que se imponha autonomia ou insulamento burocrático. Eles costumam ressaltar também ser necessária a hegemonia ideológica como condição para a autonomia, como foi o caso do neoliberalismo para vencer as resistências às reformas de Estado efetuadas em vários países nas décadas recentes. Em suma, a autonomia do Estado e o insulamento burocrático são temas bastante controversos nas ciências sociais.

Ver: Burocracia; Instituições Políticas; Neoinstitucionalismo

Referências Bibliográficas

DINIZ, E. *Crise, reforma do Estado e governabilidade*. Rio de Janeiro: Editora da FGV, 1997.

GEDDES, B. *Politician's dilemma:* building state capacity in Latin America. Berkeley: University of California, 1996.

GOUVÊA, G. *Burocracia e elites burocráticas no Brasil*. São Paulo: Sumaré, 1994.

MARTINS, C. E. *Tecnocracia e capitalismo*. São Paulo: Brasiliense, 1974.

NUNES, E. *A gramática política do Brasil*. Rio de Janeiro: Zahar, 1997.

SCHNEIDER, B. R. A conexão da carreira: uma análise comparativa de preferências e insulamento burocrático. *Revista do Serviço Público*, Brasília, v. 46, n. 1, p. 9-43, jan./abr. 1995.

SKOCPOL, T. Bringing the state back in: strategies of analysis in current research. In: EVANS, P.; REUSCHEMEYER, D.; SKOCPOL, T. (Eds.). *Bringing the state back in*. New York: Cambridge University Press, 1985.

SOUZA, M. C. C. *Estado e partidos políticos no Brasil*. São Paulo: Alfa-Omega, 1976.

WEBER, M. A política como vocação. In: GERTH, H. H.; MILLS, C. W. (Orgs.). *Max Weber, ensaios de sociologia*. 5. ed. Revisão técnica Fernando Henrique Cardoso. Trad. Waltensir Dutra. Rio de Janeiro: LTC, 1982. p. 97-153.

Intersetorialidade

Sonia Miriam Draibe

A capacidade institucional e a efetividade das intervenções públicas dependem de algumas qualidades das políticas públicas, dentre elas a intersetorialidade das ações encetadas. Isso é válido, sobretudo, para as políticas sociais, dado o caráter transversal dos fenômenos sociais.

Não há um conceito preciso de intersetorialidade. Trata-se de uma noção de ordem prática, não referida a qualquer corpo teórico específico e que não comporta, em consequência, uma compreensão unívoca. No mesmo sentido, a literatura de referência, apesar de ampla, é bastante heterogênea e pouco sistemática; orienta-se sobretudo por razões, preocupações e critérios práticos, associados mais ao campo da gestão do que à construção teórica. Não por acaso, é encontrada principalmente em campos e esferas não acadêmicas, como é a produção da Comissão Europeia, da OCDE, do BID ou, no caso da América Latina, da Cepal.

O senso comum entende a intersetorialidade como um arranjo de políticas e ações setorialmente distintas, cuja articulação supõe-se vantajosa para dar conta das várias dimensões de uma dada realidade. Dois supostos estão na origem dessa compreensão. Em primeiro lugar, a natureza multidimensional dos fenômenos sociais, cuja abordagem "exigiria" um tratamento multissetorial, proporcionado pela contribuição de ações que, na origem, são setorialmente diferenciadas. Em segundo lugar, o reconhecimento da forma especializada e estanque como se organizam as políticas públicas, e a necessidade de superar tal formato mediante a ação coordenada e complementar de várias políticas ou programas.

O campo das políticas sociais é especialmente sensível tanto à crítica à especialização setorial, quanto à busca da intersetorialidade, dada a transversalidade dos problemas sociais. Modalidades holísticas de abordagem seriam mais adequadas para enfrentar as realidades sociais, por definição complexas e multidimensionais. Aqui, a intersetorialidade tenderia a favorecer a abertura de disciplinas e práticas anteriormente fechadas, o alargamento do quadro de referências, assim como a reunião e utilização de recursos diversificados.

É certo, porém, que a ideia de intersetorialidade vai bem além da mera simultaneidade de ações setorialmente distintas, ou do concurso de múltiplos organismos setoriais, que se daria por mera justaposição em um mesmo momento do tempo. Como enfatiza Junqueira (1998, p. 14), a intersetorialidade é antes uma articulação de saberes e experiências no planejamento, realização e avaliação de ações destinadas a alcançar efeito sinérgico em situações complexas, visando ao desenvolvimento social. Assim concebida, corresponde a uma estratégia deliberada de intervenção que, para além dos efeitos setoriais de cada política participante, pretende também apropriar-se dos benefícios gerados pela oportunidade e a sinergia das ações conjugadas e, especialmente, coordenadas e complementares.

A coordenação e a complementaridade constituem a argamassa de sustentação da intersetorialidade, permitindo que essa ultrapasse a mera justaposição de políticas ou programas. De certa maneira, a intersetorialidade incorpora e sintetiza as virtudes da coordenação e da complementaridade.

Licha e Molina (2006, p. 3) definem a coordenação como um processo de múltiplas dimensões (política e técnica, participativa e concertada, vertical e horizontal) e diferentes alcances (macro, meso e micro), envolvendo diferentes atores e setores, com o fim de articular esforços e criar sinergias que favoreçam o logro de objetivos estratégicos. Apoiados nos trabalhos clássicos de Guy Peters (1998a, 1998b) e Bardach (1998), os autores enfatizam a natureza simultaneamente política e técnica e ainda analítica e instrumental da coordenação. É processo estratégico que pode ocorrer em diferentes níveis das políticas e das estruturas do Estado (coordenação vertical e coordenação horizontal) e segundo distintos graus de complexidade (interdependência de objetivos, funções e recursos).

Sem ser um fim em si mesmo, a coordenação constitui instrumento para gerar ou aumentar a consistência e a integralidade de políticas intersetoriais e intergovernamentais. De um ponto de vista mais geral, é um processo que se apoia em mecanismos tanto de *governance* como de mudança organizacional (LICHA; MOLINA, 2006, p. 9). Em contextos de descentralização, a coordenação pode ser entendida como instrumento que permite maior governabilidade democrática pelo governo central (PETERS, 1998b). Obviamente, o processo de coordenação nunca está isento de resistências e lutas de poder (LICHA; MOLINA, 2006, p. 1).

São muitos os objetivos da coordenação: (*i*) evitar ou minimizar a duplicação e superposição de políticas; (*ii*) reduzir as inconsistências das políticas; (*iii*) assegurar prioridades de políticas e promover coesão e coerência entre as mesmas; (*iv*) atenuar o conflito burocrático-político; (*v*) promover uma perspectiva holística, superadora das visões setoriais, estreitas e fragmentadas das políticas.

Mas a coordenação pode ir além da racionalização e compatibilização das ações, na medida em que constitui mecanismo gerador de *sinergias* que facilitam e ampliam o alcance dos resultados. Extraindo força e recursos dos mecanismos de associação e colaboração em que se apoia, a coordenação pode gerar *diferentes tipos de sinergias*:

- sinergias cognitivas – intercâmbio de informação e conhecimento entre as partes;
- sinergias de processos e atividades – mediante ações estratégicas concertadas entre os distintos atores e setores participantes;
- sinergias de recursos – articulações e complementaridades entre os participantes em relação aos recursos disponíveis e às alternativas de seu uso;
- sinergias de autoridade – já que as convergências e articulações entre os participantes exigem decisão e força política; e
- sinergias culturais – maior sintonia cultural e de conhecimento entre as partes.

Levando em conta os objetivos e os tipos de sinergia que podem gerar, Peters (1998a) distingue quatro tipos de coordenação, que envolvem níveis crescentes de interação de políticas e de investimento em capital político:

- *coordenação negativa* – é básica, limita-se a eliminar obstáculos entre programas e não produz interações entre eles; envolve investimento mínimo de capital político; praticamente não altera os padrões prévios de operação;
- *coordenação positiva* – assenta-se em dois supostos: o mútuo reconhecimento e a manutenção da autonomia individual de cada programa e dos seus objetivos; e o avanço para além da simples identificação dos programas, mediante acordo para cooperarem em modos conjuntos de operação que proporcionem melhores serviços;
- *integração de políticas* – supõe uma cooperação não somente para melhores serviços, mas também para atingir as metas e objetivos integrados pelas organizações públicas. Além de requisitar a cooperação dos implementadores, viabiliza-se mediante muita negociação e eventualmente a imposição da autoridade superior;
- *desenvolvimento de estratégias governamentais* – nível superior de coordenação, que requer estratégias que vão além de acordos sobre metas e formas atuais de operação, apontando para o futuro do governo, de suas políticas e dos objetivos das próprias áreas envolvidas (PETERS, 1998).

Em resumo, o processo de coordenação busca eliminar redundâncias, incoerências e contradições nos programas governamentais, valorizando o desenvolvimento de políticas integradas. Pode-se desde já entender que o tipo de coordenação de políticas em que, em princípio, apoiam-se programas de transferências condicionadas, como os referidos, integra políticas e programas e produz sinergias (REPETTO, 2004; 2005).

Já quanto à complementaridade em políticas públicas, é bastante disseminada a ideia de que tem natureza organizacional e se refere a um processo no qual as partes agem de forma completa e equilibrada, concentrando sua ação nas dimensões em que geram maior valor agregado, sem deixar de levar em conta a contribuição específica de cada uma das outras partes. Nesse sentido, corresponde a uma divisão das tarefas que visa a melhor utilização dos recursos envolvidos (COMISSÃO DAS COMUNIDADES EUROPEIAS, 2007).

Entende-se portanto que a complementaridade começa com a coordenação, mas vai bem além, já que a cooperação aí estabelecida promove o esforço concentrado e supõe que a "produção" de cada participante seria maior ou melhor do que a que obteria se atuasse isoladamente.

Aplicada em vários campos do conhecimento (física, psicologia, ética, linguagem), mais recentemente tem sido utilizada no campo das políticas públicas especialmente quando organizadas em *redes*. As redes são um meio negociado de produzir coordenação, como registra Bardach (1998). Em última instância, constituem uma arquitetura de complementaridade que impulsiona e viabiliza o melhor aproveitamento do potencial diferencial de cada membro participante (CASTELLS, 1999). Em boa medida, o conceito de intersetorialidade é tributário do conceito de complementaridade.

Não por acaso, a intersetorialidade, juntamente com a arquitetura das responsabilidades interjuridicionais e a participação, constituem qualidades essenciais que impactam tanto a capacidade institucional quanto a efetividade das intervenções públicas (BID, 2001).

Nos anos recentes, a União Europeia acrescentou – às noções e aos princípios de intersetorialidade, coordenação e complementaridade – o principio da *policy coherence*, transformado no pilar central do esforço comunitário em prol da interação virtual entre os objetivos sociais (metas do milênio) e o desenvolvimento econômico.

Ora, é sabido que a ação coordenada, intersetorial e complementar de ações é de difícil viabilização. Constituem mesmo, e no mundo inteiro, um obstáculo que sistematicamente desafia os *policy makers*. As razões são muitas e bastante conhecidas, quase sempre relacionadas à própria organização do Estado. Isso porque as estruturas administrativas e burocráticas estatais tendem a atuar de modo compartimentado, estanque, obedecendo a distintos estilos e lógicas organizacionais, refletindo também diferentes tradições e variadas culturas burocráticas.

Não há modelos únicos que assegurem automaticamente a intersetorialidade e a sinergia buscadas. Há grande variação entre países e programas e entre os resultados dos tipos de coordenação em que se apoiam.

Ver: Agências; Redes Sociais; Regulação/Agências Reguladoras; Regulação Federal

Referências Bibliográficas

BARDACH, E. *Getting agencies to work together*: the practice and theory of managerial craftsmanship. Washington, DC: The Brookings Institution, 1998.

CASTELLS, M. *A sociedade em rede*. Trad. Roneide Venancio Majer com a colaboração de Klauss Brandini Gerhardt. São Paulo: Paz e Terra, 1999.

COMISSÃO DAS COMUNIDADES EUROPEIAS. *Comunicação da Comissão ao Conselho e ao Parlamento Europeu*. Código de Conduta da UE em matéria de divisão das tarefas na política de desenvolvimento. Bruxelas, 2007.

JUNQUEIRA, L. A. P. Descentralização e intersetorialidade: a construção de um modelo de gestão municipal. *Revista de Administração Pública*, Rio de Janeiro, v. 32, n. 2, p. 11-22, 1998.

LICHA, I.; MOLINA, C. G. *Coordinación de la política social*: criterios para avanzar. Washington, DC: Instituto Interamericano para el Desarrollo Social/BID, 2006.

PETERS, B. G *The search for coordination and coherence in public policy*: return to center? Berlin: Zedat, Freie Universität Berlin, 1998a. Disponível em: http://userpage.fu-berlin.de/ffu/akumwelt/bc2004/download/peters_f.pdf. Acesso em: 11 set. 2011.

______. *Managing horizontal government*. The politics of coordination. Ottawa: Canadian Centre for Management Development, 1998b. (Research paper, n. 21). Disponível em: http://www.csps-efpc.gc.ca/pbp/pub/pdfs/P78_e.pdf. Acesso em: 12 set. 2011.

REPETTO, F. La dimensión política de la coordinación de programas y políticas sociales: una aproximación teórica y algunas referencias prácticas en América Latina. In: ______. (Ed.). *La gerencia social ante los nuevos retos del desarrollo social en América Latina*. Guatemala: Indes/INAP/Norwegian Ministry of Foreign Affaire/BID, 2005. cap. 1, p.39-98. Disponível em: http://www.iadb.org/document.cfm?id=2220358. Acesso em: 12 set. 2011

______. *Los aspectos políticos de la coordinación de programas y/o políticas sociales*: sus implicancias para Guatemala. Guatemala: BID/Instituto Interamericano para el Desarrollo Social, 2004. 28 p. Trabalho apresentado no Congreso Internacional del CLAD sobre la Reforma del Estado y de la Administración Pública, 9, 2004, nov. 2-5, Madrid. Disponível em: http://www.clad.org/siare_isis/fulltext/0050173.pdf. Acesso em: 12 set. 2011.

REPETTO, F.; SANGUINETTI, J. *Influencia de los aspectos institucionales en el desempeño de los sistemas de proteccion social y combate a la pobreza en America Latina y el Caribe*: marco analitico. Washington, DC: BID/Cedi/Fundación Gobierno y Sociedad, 2001. (Red para la Reducción de la Pobreza y la Protección Social - Banco Interamericano de Desarrollo).

j

Judicialização da Política

Maria Tereza Aina Sadek

A expressão judicialização da política entrou no vocabulário corrente nas décadas finais do século 20, referindo-se a dois fenômenos distintos: a participação de juízes e tribunais na arena política e a adoção de procedimentos judiciais na administração pública. A difusão da expressão se deve à crescente visibilidade de ambas as situações. O impacto causado, sobretudo pela atuação de magistrados em processos decisórios, tem chamado muito a atenção, provocando reações favoráveis e contrárias.

Embora o termo seja relativamente recente, a possibilidade de participação de juízes revisando decisões de agentes do Executivo e do Legislativo é mais do que secular. O fenômeno tem origem na instituição do Judiciário como um poder de Estado e na sua faculdade de exercer o controle da constitucionalidade de leis e atos normativos. Ou seja, o modelo institucional presidencialista tornou viável a interferência do Judiciário e de juízes em questões de natureza política.

A novidade dos últimos anos está na sua extraordinária expansão. De fato, até a primeira metade do século 20, a presença de magistrados era um traço específico e exclusivo do Poder Judiciário no sistema presidencialista, particularmente nos Estados Unidos da América. A criação de tribunais constitucionais em praticamente todas as democracias do continente europeu acabou por viabilizar a interferência das cortes quer na criação, quer na implementação de políticas públicas.

É necessário, contudo, estabelecer importantes distinções. No sistema presidencialista, a participação do Poder Judiciário nos processos decisórios é uma virtualidade característica da própria arquitetura institucional. Já a interferência dos tribunais constitucionais nada tem a ver com a organização judicial, uma vez que essas cortes são autônomas, constituindo uma estrutura independente do Judiciário.

A construção teórica e institucional que atribuiu poder ao Judiciário desenvolveu-se nos Estados Unidos da América, em contraste com o modelo inglês, parlamentarista, que conferia supremacia absoluta ao Parlamento. Na Inglaterra, a partir da Revolução Gloriosa, a soberania foi transferida do rei para o Parlamento, considerado a expressão da vontade majoritária. Julgava-se inadmissível o controle de seus atos. O Parlamento concentra o poder, tem a faculdade de modificar leis, sem que qualquer autoridade judiciária possa vir a invalidar um ato parlamentar.

Em contraste, o modelo presidencialista reconhece a supremacia da Constituição e atribui ao Judiciário a competência de declarar nulos atos e leis que contrariem a Constituição.

Essa competência é difusa, podendo ser realizada por qualquer juiz e tribunal, e incidental, exercitada no curso de uma demanda. Esse modelo foi depois adotado por diversos países, especialmente na América Latina.

A Europa continental adotou o modelo austríaco de controle da constitucionalidade (tendo por base a teoria de Hans Kelsen), segundo o qual não seria conveniente conferir aos juízes o controle da atuação do Legislativo, porque isso lhes daria muito poder. Deveria ser criado um órgão autônomo, um tribunal constitucional, com esse objetivo. Essa corte não faria parte da estrutura do Judiciário e de nenhum outro poder. Seria composta de representantes da sociedade, com a atribuição de exercer o controle abstrato da constitucionalidade. Trata-se de um "legislador negativo", com possibilidade de anular leis que contrariem a Constituição. Não é, pois, um tribunal judiciário. Na maioria dos casos, os tribunais constitucionais exercem o controle concentrado da constitucionalidade. A escolha de seus integrantes cabe às forças políticas, e esses possuem mandato por tempo limitado.

O desenvolvimento dos Estados democráticos e de suas políticas de bem-estar social forçou importantes mudanças na engenharia institucional e a transformação do Judiciário em um poder ativo, diferentemente do que ocorreu nos Estados liberais clássicos.

As constituições que resultaram dos processos de redemocratização no século 20 são muito diferentes das precedentes, típicas do constitucionalismo moderno. Enquanto nas primeiras constituições os principais objetivos eram a limitação do poder dos monarcas, a afirmação do império da Lei e a proteção das liberdades individuais, as mais recentes se orientam por valores democráticos, enfatizando os direitos sociais. A meta não é apenas limitar o poder absoluto e assegurar direitos, mas ser um instrumento para a realização da justiça social e para a promoção de direitos.

Os textos constitucionais contemporâneos, distintamente dos anteriores, não se satisfazem com a construção de um poder público submetido à Lei, mas incorporam valores da igualdade social, econômica e cultural. Em consequência, o foco central está em questões concretas, de natureza social, política e econômica, fortalecendo a inclinação do Direito de tornar-se pragmático, turvando as fronteiras entre o Direito e a política. Daí a tendência de as constituições mais recentes serem extremamente detalhadas, procurando resolver temas vistos como relevantes e especificar metas, regras e políticas de governo. Esse constitucionalismo democrático impulsiona a tendência de crescente expansão do âmbito de intervenção do Poder Judiciário.

A Constituição brasileira de 1988 levou ao extremo as potencialidades do constitucionalismo característico dos processos de redemocratização, incorporando ao máximo esse paradigma normativo. Efetivamente, além de garantir os direitos individuais, típicos do liberalismo, consagrou também uma ampla gama de direitos sociais e coletivos e definiu metas. Trata-se de uma constituição essencialmente programática, com os direitos e deveres individuais e coletivos aparecendo antes mesmo da organização do Estado, como ocorria nos textos anteriores.

O papel do Judiciário foi profundamente redefinido no que diz respeito à sua posição e à sua identidade na organização tripartite de poderes. Consequentemente, teve ampliado o seu protagonismo político. Sua margem de atuação foi alargada com a extensa constitucionalização de direitos e liberdades individuais e coletivos.

O protagonismo do Judiciário, e também dos demais agentes do sistema de justiça, substantiva-se em um poder até então desfrutado apenas pelos representantes eleitos pelo povo, seja no Legislativo, seja no Executivo.

As decisões majoritárias são limitadas em alto grau pelo Judiciário ao exercitar sua atribuição de controle da constitucionalidade. Isso se reflete tanto no Supremo Tribunal Federal como nos demais tribunais sempre que estejam em jogo questões passíveis de serem examinadas à luz dos preceitos constitucionais. Tais questões, em um texto detalhista, praticamente tudo abarcam.

Assim, ainda que a Constituição de 1988 não tenha alterado nem a estrutura nem a composição do Supremo Tribunal Federal, ao ampliar o rol de matérias que não podem ser objeto de deliberação do Executivo e do Legislativo, transferiu poder para o Judiciário. A intervenção não é privilégio dos tribunais. Qualquer juiz tem a possibilidade de se pronunciar sobre matéria constitucional, bem como de acolher demandas que se refiram a um órgão ou empresa estatal, ou a políticas públicas. Dessa forma, a disputa política propriamente dita tem como arena não apenas o Parlamento ou as relações entre o Congresso e o Executivo, mas também varas e tribunais de justiça.

Em resumo, o modelo constitucional conferiu ao Judiciário papel político relevante, legitimando a atuação pública da magistratura e transformando a arena judicial em um espaço que abriga e arbitra o confronto entre as forças políticas. O protagonismo político do Judiciário está inscrito em suas atribuições e no modelo institucional.

Saliente-se que foi significativamente estendido o número de atores com capacidade de provocar o Judiciário, quando julgarem que as normas constitucionais não estão sendo respeitadas. Essa lista inclui partidos políticos, associações civis, entidades de classe e o Ministério Público. Além dessa democratização no acesso ao Judiciário, foram criados procedimentos que permitem o controle judicial contra omissões normativas.

Assim, uma série de fatores, especialmente a constitucionalização abrangente, responde pela judicialização da política que implica a retirada de uma multiplicidade de temas da arena política propriamente dita e sua transferência para a esfera judicial. Apenas para ilustrar, bastaria citar que está nas mãos do Judiciário a decisão sobre a interrupção de gravidez quando constatada a anencefalia do feto, a utilização de cotas raciais em universidades, o poder de investigação do Ministério Público, a ocupação de terras por quilombolas e a regulação da TV digital. Por fim, caberia lembrar que questões eleitorais e trabalhistas têm sido judicializadas desde os anos 1930, com a criação da Justiça Eleitoral e da Justiça do Trabalho e a ampla legislação nessas matérias.

Ver: Poder Judiciário

Referências Bibliográficas

CASTRO, M. F. O Supremo Tribunal Federal e a judicialização da política. *Revista Brasileira de Ciências Sociais*, São Paulo, v. 12, n. 34, p. 147-156, jun. 1997.

COSTA, F. D. C. A função realizadora do Poder Judiciário e as políticas públicas no Brasil. *Revista CEJ*, Brasília, n. 28, p. 40-53, jan./mar. 2005.

SADEK, M. T. El Poder Judicial y la Magistratura como actores politicos. In: SADEK, M. T.; RODRIGUES, L. M. *El Brasil de Lula:* diputados y magistrados. Buenos Aires: Ediciones La Crujíia, 2004.

TATE, N.; TORBJÖRN, V. (Eds.). *The global expansion of Judicial Power.* New York: New York University Press, 1995.

VIANA, L. W. et al. *A judicialização da política e das relações sociais no Brasil.* Rio de Janeiro: Revan, 1999.

Jusnaturalismo

Milton Meira do Nascimento

O jusnaturalismo, ou teoria do direito natural, sempre esteve presente na tradição do pensamento jurídico, desde a Antiguidade até nossos dias. Poderíamos imaginar que o jusnaturalismo já está morto, mas veremos que está mais vivo do que nunca e por uma razão muito simples: ele sempre aparece como um contraponto às leis escritas em vigor, às leis positivas. Todas as vezes em que se colocavam em questão as leis escritas, invocava-se o direito natural, como se fosse recurso a um tribunal de última instância, superior ao direito positivo. Contra as leis escritas, invocavam-se as leis não escritas.

Quando as leis envelhecem e não mais cumprem o seu devido papel, ou quando se tornam injustas, a quem recorrer? Pelos menos três respostas são possíveis: a Deus, à natureza e aos próprios homens.

No primeiro caso, trata-se de um recurso difícil, pois não será tarefa simples obter do criador uma resposta precisa, uma vez que ele não fala aos homens de maneira tal que todos possam entender claramente sua palavra. Os desígnios insondáveis de Deus não são acessíveis aos simples mortais. Nesse terreno, torna-se necessária a intervenção dos intermediadores, dos ministros de Deus, que se apresentam como seus porta-vozes ou então que assumem uma representação divina como intermediários da relação entre os homens e o criador. Nesse caminho desenvolveram-se as teorias que sustentavam serem os monarcas ungidos por Deus para governar seus súditos, formando-se, dessa forma, o que ficou conhecido como a tradição do direito divino, superada com o advento do jusnaturalismo laico.

As segunda e terceira respostas estão diretamente ligadas à formação da teoria do direito natural. Se podemos recorrer à natureza, como se fosse um tribunal de última instância para decidir sobre a justeza das leis e das decisões jurídicas, precisamos saber como isso é possível.

Para os pensadores clássicos da Antiguidade, o recurso à natureza pressupunha um estudo da sua constituição e o resultado em geral produzia conotações muito variadas. Havia aqueles que consideravam a natureza formada por leis inflexíveis, invariáveis, e outros que a viam dotada de leis mais flexíveis. Alguns consideravam que as mesmas leis que valem para todos os outros seres vivos também deviam valer para os seres humanos, de tal modo que todos indistintamente tinham de curvar-se diante das mesmas leis. Outros, no entanto, começavam a ver os homens como dotados de características muito especiais, devendo então pautar-se por leis naturais diferentes daquelas que valiam para os outros animais.

Há, portanto, o esboço de uma primeira forma de jusnaturalismo que estabelece que as mesmas leis que valem para todos os seres vivos valem também para os homens e que, quando falham as leis escritas, podemos recorrer às leis da natureza, isto é, a um conjunto de regras válidas para todos os seres vivos.

Essa não é a posição de Aristóteles. Autor muito respeitado pela sua formulação do jusnaturalismo na idade clássica, apresenta-nos uma visão bem peculiar da natureza. Para ele, para conhecê-la, precisamos de muita investigação e observação. Nesse processo investigativo, não hesita em afirmar que todos os seres possuem causas de sua formação e uma causa final, isto é, aquilo para o qual são criadas e na qual se realizam plenamente. O homem possui uma causa final que consiste na sua realização plena como cidadão, o que pressupõe que ele busca o seu próprio bem, sua felicidade, realizando-se como um ser diferente dos demais animais. Uma dessas grandes diferenças é a razão. Em sua obra intitulada *Ética a Nicômaco*, ou *Ética Nicomaqueia*, ao tratar dos fins do direito, considera que sua finalidade última é a justiça. A busca da justiça inscreve-se no plano natural do homem, na busca da felicidade, por intermédio da vida em comum, da vida na cidade, na pólis. Resta saber o que é então a justiça. Certamente, poderíamos aceitar que fazer justiça é dar a cada um o que lhe é de direito. Mas como iremos saber o que é de direito a cada um? Que método utilizaremos para chegar ao nosso propósito?

A solução proposta por Aristóteles transformou-se em marco decisivo para as formulações do direito. Segundo ele, para que haja justiça é preciso, em primeiro lugar, estabelecer uma distribuição proporcional, partindo-se do pressuposto que ela deve ser equitativa. Quando está em questão um determinado bem, este precisa ser distribuído igualmente entre duas ou mais pessoas. Nesse caso, fazer justiça implica considerar uma série de condições, que podem ser o mérito, a necessidade ou outras coisas. Por exemplo, a distribuição da propriedade entre duas famílias, para ser equitativa, precisa corresponder à necessidade de cada uma delas, ao número de membros e a outras variáveis que deverão ser consideradas. Não basta distribuir igualmente algo entre duas ou mais pessoas. A distribuição, para ser justa, precisa ser proporcional. Não basta, por exemplo, cortar um bolo em duas partes milimetricamente iguais. Precisamos dar a parte maior àquela que estiver com mais fome, ou sem alimento por muito tempo. Fazer justiça, portanto, segundo Aristóteles, requer muita observação, muita sensibilidade do juiz. Não é simplesmente seguir a lei, o que está escrito. É preciso muito mais do que isso.

Estamos aqui bem no cerne de uma das vertentes mais fortes do jusnaturalismo clássico. Para se fazer justiça, não é preciso curvar-se diante de uma lei implacável, inflexível. Ao contrário, em cada situação, é necessária muita observação, muita prudência para se chegar a um ponto de equilíbrio. Mesmo porque as condições dos homens são muito variáveis, de acordo com os costumes, as tradições.

Quanto tratamos do ideal de justiça, em Aristóteles, não podemos nos esquecer da referência que ele faz, em sua obra *Retórica*, à tragédia de Antígona, de Sófocles. Antígona enfrenta as leis da cidade, as leis em vigor em Tebas, e sepulta seu irmão Polinice. O sepultamento estava proibido pela legislação em vigor, porque Polinice havia-se insurgido contra o rei Creonte e tinha sido considerado traidor da pátria. Ao ser surpreendida, Antígona invoca uma lei superior, a do direito das famílias de enterrarem seus mortos. Tratava-se de uma lei não escrita, de um costume antigo e que Aristóteles chama de direito natural, inscrito na lei natural específica da formação dos costumes dos tebanos. Não era uma lei imutável, mas era a que ainda valia, e era considerada natural porque arraigada há muito tempo na cultura dos tebanos.

No entanto, para os fundadores do jusnaturalismo moderno, a começar por Hugo Grotius, as leis do direito natural são tão exatas e inflexíveis que nem mesmo Deus poderia mudá-las, assim como não pode mudar a soma de dois mais dois.

Para aqueles autores, cujas ideias foram decisivas para a formação do pensamento jurídico nos séculos 17 e 18, o que importa é encontrar um lugar seguro, do qual ninguém possa duvidar e no qual podemos ancorar o direito. Esse lugar seguro é a própria razão humana. Além de Grotius, temos Pufendorf, John Locke e Thomas Hobbes, para citarmos apenas os mais importantes, de uma verdadeira escola que marcou presença decisiva nas universidades e escolas de direito na Europa dos séculos 17 e 18. O que todos eles propunham era transformar o direito em uma ciência exata, sistemática, e que tivesse regras tão claras e tão evidentes quanto a geometria. Tal sistematização do direito implicava a busca de verdades evidentes, indiscutíveis, porque fundadas na razão do homem. Desta feita, o tribunal de última instância ao qual deveríamos recorrer não está na natureza exterior, no costume ou mesmo nas coisas, mas no interior dos indivíduos, na sua razão. A partir de agora, a justiça e as leis deveriam pautar-se por princípios que pudessem ser rigorosamente demonstrados, de tal modo que, uma vez feitos os cálculos corretamente, todos chegariam às mesmas conclusões indiscutíveis. Afirma-se, então, doravante, o direito subjetivo, fundado em um suposto direito natural dos indivíduos a tudo o que eles podem almejar, visando à realização de sua felicidade. Eis a marca do jusnaturalismo moderno.

Diferentemente de Aristóteles, que possuía uma concepção da justiça e das leis de natureza mais flexível, os jusnaturalistas modernos trabalham com princípios inabaláveis, deduzidos por uma demonstração rigorosa.

O tribunal da razão seria implacável, já que seria considerado como o lugar das evidências racionais nos domínios da moral e do direito.

Foi com base nesses princípios que os direitos humanos, ao menos na Declaração de 1789, foram considerados como direitos naturais, como princípios indiscutíveis. E não podemos nos esquecer que os direitos humanos são também direitos de um indivíduo particular, direitos subjetivos.

Aliás, os direitos humanos, na época atual, são herdeiros do jusnaturalismo, já que se apresentam, mesmo se considerarmos as primeiras declarações, como o tribunal de última instância, que põe em xeque as leis em vigor e que cada vez mais se apresenta como constituinte da realidade política moderna. Dessa forma, o sistema jurídico fundado simplesmente na letra da lei, o positivismo jurídico, que sempre teve a oposição do jusnaturalismo, agora encontra nos direitos humanos seu maior oponente.

Jean-Jacques Rousseau, por sua vez, não irá partilhar o mesmo caminho desses autores, embora tenha sido grande admirador de vários deles. Surpreendentemente, ele apostará mais na sensibilidade do que na razão e reintroduzirá aquela lei invocada por Antígona, a lei do costume, da opinião, "uma lei não escrita, que não se grava nem no mármore nem no bronze, mas no coração dos cidadãos". Essa é a mais importante de todas as leis, mas não é uma lei positiva. Como crítico do racionalismo exacerbado dos jusnaturalistas modernos, ele abre a possibilidade, novamente, para pensarmos em um tribunal para o direito que não seja tão inflexível, tão implacável quanto a última versão do jusnaturalismo, mas que continuará se contrapondo ao legalismo contemporâneo em vigor, marca registrada do positivismo jurídico.

Ver: Cidadão/Cidadania; Direitos Humanos

Referências Bibliográficas

ARISTÓTELES. *Ética a Nicômaco*. Introdução, tradução e notas António Jorge de Castro Caeiro. São Paulo: Atlas, 2009.

AUBENQUE, P. *A prudência em Aristóteles*. São Paulo: Discurso Editorial/Paulus, 2008.

LOCKE, J. *Dois tratados sobre o governo*. São Paulo: Martins Fontes, 2006.

ROUSSEAU, J.-J. *O contrato social*. São Paulo: Abril, 1974.

VILLEY, M. *O direito e os direitos humanos*. São Paulo: Martins Fontes, 2007.

Justiça Ambiental

Henri Acselrad

O senso comum sobre a questão ambiental tem difundido a ideia de que a degradação ambiental atinge indistintamente todos os grupos sociais. Tende-se assim a não considerar a desigualdade na distribuição dos riscos e danos ambientais. Tampouco se dá destaque à desigualdade que vigora nas condições de acesso aos recursos ambientais, em permanente disputa por usos alternativos e diferentes fins. Certos movimentos sociais, desde os primórdios do debate ambiental, afirmavam seu distanciamento crítico em relação a tais concepções. Em meados dos anos 1980, experiências de luta social que apontavam a estrita relação entre a questão social e a questão ambiental começaram a convergir para a noção de justiça ambiental, nova categoria de mobilização e denúncia.

Por justiça ambiental entende-se o conjunto de princípios que asseguram que nenhum grupo de pessoas, sejam grupos étnicos, raciais ou de classe, suporte uma parcela desproporcional das consequências ambientais negativas de operações econômicas, de políticas e programas federais, estaduais e locais, bem como resultantes da ausência ou omissão de tais políticas. Complementarmente, entende-se por injustiça ambiental a condição de existência coletiva própria a sociedades desiguais nas quais operam mecanismos sociopolíticos que destinam a maior carga dos danos ambientais do desenvolvimento a grupos sociais de trabalhadores, populações de baixa renda, segmentos raciais discriminados, parcelas marginalizadas e mais vulneráveis da cidadania.

Contra o pensamento dominante, que forja uma imagem "democrática" para a distribuição dos riscos ambientais e que se atém ao tema da escassez e do desperdício, tendendo a consagrar o mercado como mecanismo por excelência para regular as questões do meio ambiente, insurgiram-se os movimentos por justiça ambiental. Esses não surgem como crítica abstrata. Ao contrário, uma nova definição da questão ambiental, que incorporasse suas articulações com as lutas por justiça social, foi uma necessidade sentida por movimentos populares que se viram em situações concretas de enfrentamento contra o que entenderam ser uma "proteção ambiental desigual".

Na definição surgida inicialmente no seio do movimento negro dos EUA, justiça ambiental é a condição de existência social configurada "através do tratamento justo e do envolvimento significativo de todas as pessoas, independentemente de sua raça, cor ou renda no que diz respeito à elaboração, desenvolvimento, implementação e aplicação de políticas, leis e regulações ambientais. Por tratamento justo entende-se que nenhum grupo de pessoas, incluindo-se aí grupos étnicos, raciais ou de classe, deva suportar uma parcela desproporcional das consequências ambientais negativas resultantes da operação de empreendimentos industriais, comerciais e municipais, da execução de políticas e programas federais, estaduais, ou municipais, bem como das consequências resultantes da ausência ou omissão dessas políticas". A noção de justiça ambiental implica, pois, o direito a um meio ambiente seguro, sadio e produtivo para todos, sendo "meio ambiente" considerado em sua totalidade de modo a incluir suas dimensões ecológicas, físicas, construídas, sociais, políticas, estéticas e econômicas. Refere-se às condições em que tal direito pode ser livremente exercido, preservando, respeitando e realizando plenamente as identidades individuais e de grupo, a dignidade e a autonomia das comunidades. A noção de justiça ambiental afirma, assim, o direito de todo trabalhador a um meio ambiente de trabalho sadio e seguro, sem que ele seja forçado a escolher entre uma vida sob risco e o desemprego. Afirma também o direito dos moradores de viverem livres, em suas residências, dos perigos ambientais provenientes das ações físico-químicas das atividades produtivas.

O mapa da distribuição dos depósitos de lixo tóxico nos EUA, realizado pelo sociólogo Robert D. Bullard em 1984, atestou empiricamente que a localização dessa fonte de risco à saúde coincidia com os locais de moradia de grupos étnicos de baixa renda e que se evidenciava um recorte racial na disposição do governo de limpar aterros de lixo tóxico e punir os poluidores. A análise empírica sociodemográfica mostrou que a proporção de residentes que pertencem a minorias étnicas em comunidades que abrigam depósitos de resíduos perigosos era igual ao dobro da proporção de minorias nas comunidades desprovidas de tais instalações. Embora os fatores raça e classe de renda tivessem se mostrado fortemente interligados, a raça revelou-se, naquele contexto e circunstância, um indicador mais potente da coincidência entre os locais onde as pessoas vivem e aqueles onde os resíduos tóxicos eram depositados.

Foi a partir dessa pesquisa que o reverendo Benjamin Chavis cunhou a expressão "racismo ambiental" para designar "a imposição desproporcional – intencional ou não – de rejeitos perigosos às comunidades de cor". Dentre os fatores explicativos de tal fato, foram alinhadas a disponibilidade de terras baratas em comunidades de minorias e suas vizinhanças, a falta de oposição da população local por fraqueza organizacional e carência de recursos políticos – condições típicas de comunidades de "minorias" –, a falta de mobilidade espacial dessas "minorias" em razão de discriminação residencial e, por fim, a sub-representação desses mesmos grupos nas agências governamentais responsáveis por decisões de localização dos rejeitos. Ou seja, procurou-se tornar evidente que forças de mercado e práticas discriminatórias das agências governamentais concorriam de forma articulada para a produção das desigualdades ambientais. E que a viabilização da atribuição desigual dos riscos encontra-se na relativa fraqueza política dos grupos sociais residentes nas áreas de destino das instalações perigosas, comunidades ditas "carentes de conhecimento", "sem preocupações ambientais" ou "fáceis de manejar", na expressão dos consultores que auxiliam a resistência das populações à implantação de fontes de risco.

No Brasil, assim como em boa parte dos países menos industrializados, as decisões de localização de projetos ambientalmente danosos e responsáveis por importantes transformação socioecológicas – associados à implantação de infraestruturas requeridas pelos processos de desenvolvimento – dão prioridade a áreas ocupadas por grupos de baixa renda, moradores de periferias urbanas, comunidades tradicionais, indígenas e extrativistas, atores sociais que compartilham áreas de uso comum. Tais grupos foram se identificando como vítimas de processos de produção de desigualdades ambientais. Nesse contexto, representantes do Movimento de Justiça Ambiental dos EUA estiveram no Brasil em 1998, procurando difundir sua experiência e estabelecer relações com organizações locais dispostas a formar alianças na resistência aos processos de "exportação da injustiça ambiental". Desenvolveram na ocasião contatos com ONGs e grupos acadêmicos, que vieram a ser retomados ulteriormente através da realização de várias oficinas no âmbito de diferentes edições do Fórum Social Mundial. Uma primeira iniciativa associada à releitura da experiência norte-americana por entidades brasileiras deu-se por ocasião da publicação de um material de discussão por iniciativa da ONG Ibase, da representação da Comissão de Meio Ambiente da Central Sindical CUT no Rio de Janeiro e de grupos de pesquisa do Ippur/UFRJ. Os três volumes da série Sindicalismo e Justiça Ambiental (Ibase/CUT-RJ/Ippur-UFRJ, 2000) tiveram circulação e impacto restrito, mas estimularam outros grupos da Universidade, do mundo das ONG e do sindicalismo a explorar o veio de tal debate, o que levou à organização do Seminário Internacional Justiça Ambiental e Cidadania, realizado em setembro de 2001 na cidade de Niterói, reunindo representações de diferentes movimentos sociais, ONGs, pesquisadores de diferentes regiões do Brasil, além de certo número de intelectuais e representantes do movimento de justiça ambiental dos EUA, dentre os quais o sociólogo Robert D. Bullard, responsável pelo primeiro mapa da desigualdade ambiental utilizado como base empírica de denúncias pelos movimentos nos EUA. Por ocasião desse seminário, foi criada a Rede Brasileira de Justiça Ambiental, que, após debates, elaborou um manifesto expandindo a abrangência das denúncias para além da questão do racismo ambiental na alocação de lixo tóxico, que fundara a organização nascida no âmbito do movimento negro dos EUA.

A definição da categoria "justiça ambiental" ampliou-se e consolidou-se então, passando a se remeter a um "conceito aglutinador e mobilizador, por integrar as dimensões ambiental, social e ética da sustentabilidade e do desenvolvimento, frequentemente dissociados nos discursos e nas práticas. Tal conceito contribui para reverter a fragmentação e o isolamento de vários movimentos sociais frente aos processos de globalização e reestruturação produtiva que provocam perda de soberania, desemprego, precarização do trabalho e fragilização do movimento sindical e social como um todo. Justiça ambiental, mais que uma expressão do campo do direito, assume-se como campo de reflexão, mobilização e bandeira de luta de diversos sujeitos e entidades, como sindicatos, associações de moradores, grupos de afetados por diversos riscos (como as barragens e várias substâncias químicas), ambientalistas e cientistas".

Ver: Movimentos Sociais; Políticas Ambientais; Sustentabilidade

Referências Bibliográficas

REDE BRASILEIRA DE JUSTIÇA AMBIENTAL. *Manifesto de lançamento da rede brasileira de justiça ambiental*. Niterói, 2001. Disponível em: http://www.justicaambiental.org.br/projetos/clientes/noar/noar/UserFiles/17/File/MANIFESTO_%20REDE%20doc.doc. Acesso em: 12 set. 2011.

1

Legalidade

José Eduardo Campos de Oliveira Faria

Legalidade é um conceito-chave do pensamento político e jurídico desde o advento do Estado moderno. Atrelado a um conjunto escalonado de normas, o conceito traduz a ideia de *regra do jogo*, na medida em que as leis estabelecem padrões para comportamentos, balizam as tomadas de decisão, distribuem responsabilidades, criam incentivos, impõem deveres e asseguram prerrogativas. Estruturada em torno de uma concepção de poder que diferencia o campo de ação do setor público da esfera de relações privadas, a legalidade também denota a ideia de *império da lei*, uma vez que protege valores e direitos fundamentais, garante liberdades públicas, disciplina o exercício dos mecanismos de coerção e limita as competências das autoridades. E, ao determinar o que é facultado, obrigatório e proibido, a legalidade ordena a vida social e cria as condições institucionais para a produção, a troca de mercadorias, a contratação de trabalho e o cumprimento dos contratos, engendrando com isso formas de sociabilidade, estruturas técnico-econômicas e relações de produção.

A legalidade se confunde assim com a própria noção de direito positivo – ou seja, uma ordem coativa, o conjunto de normas impostas pelo poder público, o instrumento básico para a estruturação da vida social e o marco normativo para a decisão de conflitos de convivência. Como a sociedade moderna e contemporânea é dinâmica e contraditória, como as pressões por mudanças são constantes e as transformações sociais dão ensejo a conflitos excludentes, fazem-se necessários limites: mais precisamente, regras que fixem parâmetros para que esses conflitos possam ser decididos sem acarretar efeitos desagregadores para a sociedade; e regras que disciplinem a própria produção de regras, o *processo legislativo*, gerando previsibilidade e segurança das expectativas. Dentre outras consequências, isso propicia o cálculo econômico, facilitando a circulação de riquezas, estimulando o investimento privado e permitindo oferta de crédito e financiamento de longo prazo, o que é decisivo para a expansão das atividades produtivas e para o escoamento dos bens e serviços produzidos.

A legalidade tem assim papel instrumental. Ela é um conjunto de normas dispostas hierarquicamente por critérios de racionalidade lógica e formal, que resguarda os governados contra o abuso de poder dos governantes; limita o campo de ação dos dirigentes com relação aos interesses e liberdades dos dirigidos; obriga o legislador a respeitar anseios, ideais e valores dos legislados; e define regras para a apropriação da acumulação e distribuição social da riqueza produzida. Expressando-se por meio de prescrições gerais, a legalidade representa uma garantia formal de que certas expectativas serão respeitadas e também ajuda a definir o caráter de um ato concreto de autoridade.

Na ordem escalonada de normas, que é o traço marcante da legalidade, a Constituição – a lei fundamental do Estado – está no topo. Ela é o vértice da hierarquia, a regra das regras. É o documento que converte o poder constituinte em poder constituído e transforma em direito o que foi politicamente discutido e deliberado no espaço público da palavra e da ação. É o mais alto critério jurídico-político, nada podendo sobrepor-se a ela. Como "regra do jogo", a legalidade decorre do chamado "fenômeno da positivação", que se caracteriza pela primazia do direito escrito com relação ao direito costumeiro; pelo aparecimento das grandes codificações, como os Códigos Civil e Penal; por um processo ordenado de escolha entre proposições alternativas; e pela ideia de que as normas jurídicas são válidas apenas quando postas ou positivadas por decisão de autoridades competentes.

A positivação jurídica configura assim a produção do direito com base em procedimentos previamente estabelecidos. Esse fenômeno – que fazia parte dos ideais democráticos configurados pelos iluministas do século 18 e está na essência da ideia de Estado de Direito – resulta das três revoluções burguesas que forjaram a institucionalidade dos mundos moderno e contemporâneo. A primeira é a Revolução Gloriosa, a revolução antiabsolutista inglesa de 1688, que abriu caminho para as ideias de representação dos governados pelos governantes e de identificação entre eles. A segunda foi a Revolução Americana, que culminou com a Convenção Constitucional da Filadélfia, em 1787, e propiciou a ideia de Constituição como pacto político e jurídico. A terceira foi a Revolução Francesa de 1789, da qual resultou o primeiro grande corpo de normas gerais do mundo moderno, o Código Civil napoleônico, editado em 1804. Ao institucionalizar a propriedade privada, disciplinar suas formas de transmissão e consagrar a igualdade formal entre as partes, a autonomia da vontade, a liberdade para contratar e o chamado princípio da boa-fé, ele atendeu às principais aspirações da sociedade liberal-burguesa na passagem do século 18 para o século 19.

A ideia de "positivação do direito" representa uma transformação radical no mundo do direito e do pensamento jurídico. Até então, o direito era basicamente ditado por princípios consagrados pela tradição – e, nesse contexto social, econômico e político, a mudança era classificada como um valor inferior ao da permanência, da ordem, da continuidade. A Revolução

Industrial ocorrida entre os séculos 18 e 19 mudou esse cenário. A mobilidade social decorrente das novas técnicas de produção e da economia fabril e as subsequentes alterações tanto na estrutura geo-ocupacional quanto na pauta moral da sociedade corroeram as rotinas e erodiram as expectativas comuns de justiça estabilizadas pelos usos e costumes, causando uma inversão de valores. Com isso, a mudança passou a ter primazia sobre as ideias de permanência, ordem e continuidade – como pedra angular da ordem social, econômica e política.

O direito é colocado então em uma encruzilhada. Se não acompanhar essas mudanças, ele tende a se tornar ineficaz, correndo assim o risco de perder sua funcionalidade. Mas, se for alterado continuamente, com base no pressuposto de que a "ordenação" da sociedade é sempre um problema aberto, ele corre o risco de perder seu papel como marco ou parâmetro normativo, deixando com isso de produzir certeza jurídica, de assegurar um mínimo de previsibilidade às relações sociais e de garantir a calculabilidade necessária às relações econômicas. Daí a necessidade de disciplinar a produção de normas – ou seja, de estabelecer ou impor regras e procedimentos que balizem, orientem e disciplinem a edição de regras.

O processo legislativo, que por sua própria natureza é disciplinado pela Constituição, é a forma de se propiciar essa mudança sem ficar vulnerável ao voluntarismo decisório e sem pôr em risco a segurança jurídica. No processo de positivação do direito, as normas produzidas com base em normas se desligam das vontades que as prescreveram, convertendo-se em "intencionalidades objetivadas" por meio de regras gerais, abstratas e impessoais aplicáveis a todos, sem exceção. Apesar de produzidas por um ato de vontade, as normas não se confundem com ele. Em outras palavras, as normas valem não apenas para os legislados, mas, também, para os legisladores e intérpretes – ou seja, para quem atuou em sua concepção e elaboração e para quem é encarregado de concretizá-la, por meio de políticas e serviços públicos, ou de aplicá-la nos casos de litígios judiciais.

Foi para evitar que os critérios de imposição de regras sejam fluídos, pontuais, arbitrários ou decorrentes de maiorias eleitorais circunstanciais que a legalidade passou a ser vista como "regra do jogo". Foi para assegurar o respeito incondicional à ordem jurídica vigente que a legalidade disseminou a ideia de "império da lei" como princípio-chave do Estado de Direito.

A legalidade é um instrumento de controle social e está sempre associada a procedimentos formais. Ela envolve procedimentos interindividuais, que propiciam a formalização dos acordos de vontades por cidadãos livres – como é o caso dos contratos, cuja função é garantir as condições acordadas entre as partes – e também estabelece procedimentos avaliativos, como as sentenças judiciais. Envolve procedimentos políticos, como as regras do jogo eleitoral e da representação democrática, assegurando participação ampla, mandatos populares, o governo da maioria e a alternância no poder. Juntos, esses procedimentos disseminam certeza jurídica, propiciam calculabilidade econômica, dão às instituições a flexibilidade para neutralizar tensões, estabilizam as relações sociais e geram padrões de normalidade. Eles dão valor jurídico a atos concretos da vida cotidiana.

Mas, em que medida é possível a objetividade plena de um sistema ou ordenamento jurídico assim constituído? Quais são os valores tutelados por esse "jogo" jurídico e por esse "império" legal? Se a legalidade ajuda a definir o caráter de um ato concreto de autoridade, como foi dito, qual é o valor inerente a esse ato, bem como ao dever de obediência dele decorrente? Se no mundo moderno a ordem depende do Estado e ele só consegue subsistir quando homens dominados submetem-se à autoridade continuamente reivindicada pelos dominadores, em que condições os primeiros se submetem e por que motivo? Este é, basicamente, o tema da legitimidade.

Ver: Contrato Social/Contratualismo; Legitimidade; Poder Judiciário; Poder Legislativo

Referências Bibliográficas

BOBBIO, N. *Teoria dell'ordinamento giuridico*. Torino: G. Giappichelli, 1960.

DWORKIN, R. *Taking rights seriously*. Cambridge: Harvard University Press, 1978.

FREUND, J. Droit et politique. Éssai de définition du droit. *Archives de Philosophie du Droit:* le droit investi par la politique, Paris, n. 16, p. 15-35, 1971.

HART, H. *El concepto de derecho*. Buenos Aires: Abeledo-Perrot, 1965.

KELSEN, H. *Teoria pura do direito*. Coimbra: Arménio Amado, 1974.

LENOBLE, J.; BERTEN, A. *Dire la norme:* droit, politique et enonciation. Paris: LGDJ, 1990.

Legitimidade

José Eduardo Campos de Oliveira Faria

A legitimidade é um dos conceitos-chave do pensamento político e jurídico contemporâneo e tem sido por ele tratado juntamente com o conceito de legalidade – mais precisamente, com a ideia de "regra do jogo" e de "império do direito". Uma norma é legítima quando está sustentada sobre determinado valor e sua validade legal é dada pelo direito em vigor, impessoal e objetivo. Mas, quais são os valores políticos, econômicos, culturais ou ideológicos subjacentes a esse valor jurídico? Em que bases éticas ou morais a legalidade se sustenta? O que leva um cidadão a acatar de modo voluntário a ordem de um governante ou de um legislador, sem que este precise recorrer a mecanismos de violência?

A legitimidade implica a adesão espontânea a uma ordem; a aceitação, como justas e naturais, das desigualdades materiais e sociais entre cidadãos; o respeito acrítico a situações de assimetrias decorrentes dos processos de apropriação privada da acumulação e de distribuição social da riqueza. Pressupõe valores, com base nos quais o sistema ou ordenamento jurídico se reveste de um componente de autoridade moral ou política, o que o torna aceito independentemente do uso da força. A legalidade, ao contrário, é impositiva. Exige o cumprimento irrestrito, independente da opinião que os cidadãos dela possam ter, sob pena de sanções. Enquanto a legalidade tem um caráter coercitivo, relacionando-se a alguma forma de violência física ou simbólica, a legitimidade diz respeito ao título do exercício do poder, ao fundamento das decisões políticas e dos comandos jurídicos. Mais precisamente, a legitimidade está associada à qualidade específica da vinculação entre cidadãos. Quando essa vinculação é legítima, ela se revela capaz de assegurar a adesão dos legislados e dos governados às prescrições e às ordens dos legisladores e dos governantes, sem a necessidade de intimidação e de utilização da coerção física.

O que define a ordem político-institucional, nos mundos moderno e contemporâneo, não é a violência monopolizada pelo Estado, mas o modo como ela é exercida. A violência legal se baseia no código e na lei, ao passo que a violência arbitrária é absoluta, no sentido de que não está submetida a regras prévias. No limite, a utilização indiscriminada da coerção física é sempre o último recurso para a manutenção de situações de assimetria não consentidas pelos cidadãos. A violência absoluta, aquela que não está disciplinada previamente por regras jurídicas, é o recurso extremo que desnuda a submissão ilegítima e pressupõe o fracasso dos controles simbólicos e ideológicos.

É nessa perspectiva que o pensamento político-jurídico contemporâneo fala de *violência regulada* – como é o caso, por exemplo, daquela em que a autoridade política detém um poder discricionário, mas não indiscriminado, de recorrer à violência. Dentro de certas margens, o agente policial decide sobre o uso da coerção física – pode exigir documentos, algemar um suspeito, prender e até balear um criminoso. Contudo, sua decisão está limitada por normas que lhe dão a competência para o uso da força, no plano formal, e por normas que estabelecem uma margem de atuação, conferindo-lhe a discricionariedade para agir conforme as especificidades de cada caso concreto.

Por isso, especialmente no decorrer do século 20, imaginou-se, com base no suposto de que todo arbítrio por princípio é sempre ilegítimo, que a legalidade, por neutralizar o arbítrio, seria naturalmente legítima. Essa é a chamada visão *positivista*, que funde legalidade com legitimidade. Ela também funde direito e Estado, na medida em que vê este último apenas como o conjunto das normas que prescrevem sanções de forma organizada. Sem essa ordem normativa, o Estado não existiria, em termos jurídicos. Um Estado que é só violência ou força, e cujos comandos não constituem uma relação de normas sancionadoras articuladas por critérios lógico-formais, não é considerado como tal pelo positivismo.

No entanto, a violência legal não é legítima apenas pelo fato de ter seu uso disciplinado por normas jurídicas. Esse fator institucional – a vinculação do exercício da violência a uma lei – por si só não basta. Ele pode ser condição necessária, mas não é condição suficiente. O que mostra que o positivismo jurídico apresenta limites. A legitimidade não pode se basear apenas em procedimentos formais – mesmo que eles institucionalizem o voto direto, assegurem ampla participação e consagrem o princípio da maioria.

A crítica ao positivismo é tributada à corrente *crítico-deliberativa*, para cujos integrantes a legalidade não se legitima por si mesma, pelos procedimentos que impõe. Segundo eles, há outros mecanismos e critérios não formais de legitimação política e jurídica, além dos procedimentos legais. Esses mecanismos funcionariam como filtros morais, que eliminariam eventuais pretensões totalitárias de invocar a legalidade para apresentar como legítimo um regime político fechado. Nesse sentido, por exemplo, as medidas tutelares impostas por Hitler à população alemã não seriam válidas, pois, ainda que tenham sido aprovadas pela maioria, não contaram com a inclusão dos interessados nos debates públicos.

Na realidade, o motivo pelo qual uma comunidade considera legítima uma dada ordem jurídica implica valores que só têm sentido em função do contexto histórico; valores formados pela comunidade mediante sua capacidade de agir em conjunto, de dialogar, de promover o entendimento mútuo com base nos direitos à comunicação e à participação, que garantem aos cidadãos uma efetiva autonomia pública. Esses direitos não se confundem com os direitos humanos clássicos, aqueles que asseguram as liberdades privadas, permitindo a cada cidadão buscar seus projetos pessoais. Mas todos esses direitos se implicam reciprocamente e a autonomia pública e a autonomia privada pressupõem-se mutuamente. Por um lado, os cidadãos somente podem fazer uso adequado da autonomia pública se forem efetivamente independentes, em decorrência de uma autonomia privada assegurada a todos, de modo uniforme. Por outro, somente podem usufruir a autonomia privada se, como cidadãos, utilizarem adequadamente a autonomia política.

Decorre daí a importância que os crítico-deliberativos dão ao princípio do discurso, à práxis argumentativa, à ideia de ação comunicativa e à formação discursiva da vontade; a ênfase com que tratam o espaço público da palavra e da ação para uma efetiva atuação da autonomia política dos cidadãos; a relevância que atribuem à racionalidade comunicativa como base para a formação do consenso político e como fator de integração social. Nesse sentido, só teria legitimidade o ordenamento jurídico capaz de encontrar o assentimento de todos, num processo de "normatização discursiva".

De fato, a participação dos diversos grupos nos destinos da sociedade, o desenvolvimento das instituições governamentais e o equilíbrio do sistema político, por meio da tripartição do poder, dependem essencialmente quer do fluxo de informações transmitidas e recebidas, quer dos mecanismos de aprendizagem que permitem a captação das necessidades de modernização e entreabrem a dimensão social, política e jurídica das mudanças exigidas. Como o Estado requer respostas imediatas e flexíveis para fazer frente às exigências de gestão nos campos da economia, da segurança pública e da política externa, sua estabilidade está intimamente dependente da eficiência, da criatividade e da discricionariedade do sistema decisório em matéria de políticas públicas. Nessas três áreas da administração pública, a legislação tende a ser marcadamente particularista – ou seja, voltada para situações específicas. Nesse caso, como obter o consenso, uma vez que as normas carecem de generalidade e abstração? Como é possível a adesão ao direito se, em determinados setores da vida social e econômica, as regras tendem a ser particularistas e provisórias?

Além disso, o princípio da generalidade pressupõe a existência de situações que têm vários aspectos comuns. Isso implica a configuração de um ambiente de normalidade – entendida como frequência ou como rotina. É para esses casos que se ajusta o princípio da generalidade. No entanto, o que se constata no mundo contemporâneo, especialmente no campo econômico, caracterizado pela multiplicidade e especialização crescente de funções, é que a normalidade cedeu vez à ideia de anormalidade. Ou seja, a um quadro de situações excepcionais, inéditas e emergenciais, em cujo âmbito dirigentes, empresários e executivos são obrigados a tomar decisões rápidas e a enfrentar as decepções que elas provocam.

É por isso que a visão crítico-deliberativa, a exemplo do positivismo, também apresenta limites. Além de excessivamente idealista, ela não parece inteiramente adequada à realidade política contemporânea. Em alguns momentos, a produção de decisões consensuais é incompatível com o grau de exigência técnica das decisões de política pública que os governos têm de tomar. Por sua urgência e complexidade, há matérias – como juros e moeda – que não podem depender do debate público. E, pela multiplicidade de interesses em jogo, decisões unânimes acerca dessas matérias são impossíveis de serem obtidas.

É por isso, igualmente, que a legitimidade continua sendo uma questão aberta – tanto que, para alguns pensadores vinculados à teoria dos sistemas, que são críticos tanto dos positivistas quanto dos crítico-deliberativos, a fórmula da legitimidade não estaria na obtenção do consenso, mas no oposto, ou seja, na generalização do dissenso. Se as políticas públicas podem ter suas prioridades questionadas, se decisões governamentais invariavelmente acarretam decepções e se a politização de todos os conflitos pode levar não ao consenso, mas a dissensos de proporções incontroláveis, a estratégia legitimadora seria abrir "válvulas de escape" – criar condições para protestos, manifestações e captação controlada das demandas e contestações. O consenso é visto, dessa perspectiva, como bem escasso. Segundo a corrente *sistêmica*, isso poderia ser assegurado por uma nova atitude perante o consenso – não no sentido que ele seja conscientemente dado, com base em situações comunicativas sem déficits de cognição e informação das partes; mas, sim, no sentido de que toda participação, consciente ou inconsciente, tem de ser respeitada e vista como estratégica no processo político. Por esse motivo, nenhuma opinião pode ser descartada *a priori*. Com isso, a representatividade torna-se legítima não pelo consenso concreto, mas por procedimentos – pela garantia institucionalizada de manifestação do dissenso, via mecanismos eleitorais.

Na realidade, não faz sentido discutir se os valores são bons ou maus, justos ou injustos, procedentes ou improcedentes – como propõem determinadas correntes do pensamento político-jurídico que, a pretexto de criticar tanto a visão positivista quanto a crítico-deliberativa, acabam reduzindo a legitimidade a uma questão meramente ideológica. O que se pode é examinar se esses valores oferecem ou não razões para justificar convincentemente a natureza da obrigação política e do comando normativo que estabelecem. Dessa forma, se por um lado é impossível provar-se empiricamente o que é a legitimidade, uma vez que ela se sustenta em valores abertos ou indeterminados, cujo sentido muda ao longo da história, por outro não se pode deixar de reconhecer a existência de diversas justificativas sobre a natureza das obrigações políticas e jurídicas que vários modelos de legitimidade – dentre eles o positivista – procuram estabelecer.

Em síntese, as normas jurídicas somente representam uma garantia formal de que determinadas expectativas serão respeitadas. Elas não dizem respeito ao conteúdo concreto dessas expectativas. O que também define o caráter jurídico de uma ordem legal, de um ato concreto de autoridade, é o grau de consenso público que ele é capaz de reunir. É um consenso que pode ser obtido pelo respeito à lei, em decorrência de certos procedimentos institucionais capazes de inspirar o consenso de terceiros. É, igualmente, um consenso que pode ser obtido com base em opiniões políticas e morais compartilhadas no espaço público da palavra e da ação. Dessa perspectiva, nem toda violência legal é necessariamente legítima.

Facções criminosas podem ter sólida normatividade interna, mas não são legítimas. O que distingue os atos de organizações mafiosas das ações do chamado "poder constituído", do poder estatal, é a presença de determinados valores que os informam. Instituições e normas são avaliadas em nome de ideias e ideais que, independentemente de serem realistas ou irrealistas, exercem a função social de servir de parâmetro para o julgamento social das ações. Em uma sociedade em que prepondera o valor da *ordem*, os dirigentes tendem a julgar os demais valores a partir de um ponto de vista superior, entendendo a inovação, a transformação e a mudança como subordinadas à ordem.

Ordem pressupõe legalidade. Justiça implica legitimidade. Nada impede que a ordem legal seja justa e, portanto, legítima. E também nada impede que existam leis injustas e, por via de consequência, ilegítimas. Porém, estimular conflitos de valores, criando condições para que se contraponha o valor da ordem ao valor da justiça ou tornando excessivamente porosas as fronteiras procedimentais e substantivas do direito, é diminuir o coeficiente de legitimidade da autoridade, que deve ser respaldado em valores soberanos e não em valores relativizados. A estabilidade social não se obtém pela violência e pelo medo. Quando governos estão mais atentos aos fatores que dão legitimidade à utilização da força no seu conjunto, eles pautam sua ação por uma reflexão estratégica que os impede de embarcar na escalada de violência. Ao requerer o concurso da opinião pública que julga os títulos e os valores em nome dos quais o poder é exercido, a legitimidade exerce assim uma função de estabilização das relações sociais e políticas, criando as condições para que se catalisem, articulem, integrem e harmonizem interesses específicos em contextos pluralistas, mas socialmente divididos, em que prevalecem o dissenso, a fragmentação de interesses e as diferenças de usos e costumes.

Ver: Contrato Social/Contratualismo; Legalidade; Poder Judiciário; Poder Legislativo

Referências Bibliográficas

ARON, R. Macht, power, puissance: prose démocratique ou poésie démoniaque? *European Journal of Sociology*, Paris, n. 5, p. 26-51, 1964.

HABERMAS, J. *Direito e democracia:* entre facticidade e validade. Rio de Janeiro: Tempo Brasileiro, 1973.

MCCARTHY, T. Legitimation problems in advanced capitalism. In: CONNOLLY, W. (Org.). *Legitimacy and the State*. Oxford: Basil Blackwell, 1984.

MOMMSEN, W. J. *The political and social theory of Max Weber.* Oxford: Polity Press, 1989.

SCHLUCHTER, W. *The rise of Western rationalism:* Max Weber's developmental history. Berkeley: Ucla Press, 1985.

Lei de Responsabilidade Fiscal (LRF)

AMIR ANTONIO KHAIR

A Lei Complementar n. 101, de 4 de maio de 2000, denominada Lei de Responsabilidade Fiscal (LRF), estabeleceu normas sobre a responsabilidade na gestão fiscal, tendo como eixos: a) o planejamento; b) a transparência; c) a prevenção de riscos fiscais; d) o cumprimento de metas de resultados entre receitas e despesas; e) a fixação de limites e condições para a renúncia de receita, geração de despesas, dívidas, operações de crédito e concessão de garantia.

Devem obediência à LRF a União, os Estados, o Distrito Federal e os municípios, estando compreendidos os poderes Executivo, Legislativo, Judiciário e o Ministério Público.

O principal limite estabelecido na LRF é relativo às despesas de pessoal que não poderão superar 50% da Receita Corrente Líquida (RCL), no caso da União, e 60%, no caso dos Estados e municípios.

A LRF define o conceito de RCL como sendo a receita corrente, deduzidas: a) na União, as transferências constitucionais ou legais, as contribuições ao INSS e ao PIS/Pasep; b) nos Estados, as parcelas constitucionais entregues aos municípios; c) na União, nos Estados e nos municípios, a contribuição dos servidores para o custeio do seu sistema de previdência e assistência social e as receitas provenientes da compensação financeira do INSS.

A União deverá apresentar anualmente ao Congresso uma Lei de Diretrizes Orçamentárias (LDO) com os objetivos da política econômica, os parâmetros e as projeções para seus principais agregados e as metas de inflação, para o exercício subsequente. Segundo a Constituição, a LDO compreenderá as metas e as prioridades do governo – incluindo as despesas de capital para o exercício financeiro subsequente –, orientará a elaboração da lei orçamentária anual, disporá sobre as alterações na legislação tributária e estabelecerá a política de aplicação das agências financeiras oficiais de fomento.

Regra importante é estabelecida para controles bimestrais, antes inexistentes. Se verificado ao final de um bimestre que a realização da receita poderá não comportar o cumprimento das metas fiscais, os poderes Executivo, Legislativo e Judiciário e o Ministério Público promoverão, nos 30 dias subsequentes, limitação de despesas, segundo os critérios fixados pela LDO.

Do aspecto da transparência, tornou obrigatório ao Executivo a cada quadrimestre demonstrar e avaliar o cumprimento das metas fiscais e outros demonstrativos, em audiência pública e pela internet.

Constituem requisitos essenciais da responsabilidade fiscal a instituição, previsão e efetiva arrecadação de todos os tributos da competência constitucional. A renúncia de receita deverá estar acompanhada de estimativa do impacto orçamentário-financeiro no exercício em que iniciar sua vigência e nos dois seguintes e só poderá ocorrer se o ato que a criar for acompanhado de medidas de compensação, no período mencionado, pelo aumento de receita, via majoração ou criação de tributo.

A LRF prevê, inclusive, restrições à geração de despesas adicionais aos recursos existentes, que serão consideradas não autorizadas, irregulares e lesivas ao patrimônio público.

Dentre as principais consequências da LRF, podem ser incluídas a redução das heranças fiscais aos governos que se iniciam, a contenção da elevação relativa das despesas de pessoal e de dívidas e a maior transparência das informações fiscais. Uma das falhas apontadas no debate subsequente à sua implementação foi a de não incluir o Banco Central do Brasil em suas regras, ocasionando a aplicação livre da taxa de juros, a despeito do impacto fiscal na política monetária.

Ver: Financiamento; Fundo Público

Referências Bibliográficas

BRASIL. Lei Complementar n. 101 de 4 de maio de 2000. *Diário Oficial [da] República Federativa do Brasil*, Poder Executivo, Brasília, DF, 5 maio 2000. Seção 1, p. 1-9.

GONÇALVES, M. Depois de 10 anos da Lei Complementar n. 101, a imagem do Brasil passa de país ex-caloteiro a exemplo para o resto do mundo. *Correio Braziliense*, Brasília, DF, 2 maio 2010.

KHAIR, A. A. *Guia de orientação para as prefeituras - Lei de Responsabilidade Fiscal*. Brasília, DF: Ministério do Planejamento, Orçamento e Gestão/BNDES, 2000.

KHAIR, A. A.; AFONSO, J. R.; OLIVEIRA, W. Lei de Responsabilidade Fiscal: os avanços e aperfeiçoamentos necessários. In: MENDES, M. (Org.). *Gasto público eficiente*. São Paulo: Instituto Braudel/Topbooks, 2006. p. 275-317.

SANTA CATARINA. Tribunal de Contas do Estado. *Manual básico - Lei de Responsabilidade Fiscal*. Florianópolis, 23 ago. 2000.

SÃO PAULO (Estado). Tribunal de Contas do Estado. *Manual Básico - Lei de Responsabilidade Fiscal*. São Paulo, jun. 2000. Edição 2007.

Liberalismo/Neoliberalismo

Gisele Silva Araújo

Os conceitos de liberalismo e neoliberalismo não podem ser definidos de forma geral e consensual. Intimamente ligados à história de suas respectivas gêneses e apropriações, eles variaram no tempo e no espaço tanto em função de debates acerca de suas acepções, quanto pela adaptação às diferenciadas circunstâncias – instituições político-jurídicas, economia, cultura e interesses – nas quais se inseriram. Discute-se se o liberalismo político e o liberalismo econômico são inseparáveis ou não, e se o prefixo *neo* remete a um ressurgimento histórico ou a novos atributos teórico-doutrinários. Por essas razões, é necessário traçar a origem histórica de fenômenos que, depois do nascimento dos termos liberalismo e neoliberalismo, foram a eles associados. A resultante é um conjunto de princípios e instituições sem coerência interna absoluta, dotados de contradições entre si, o que responde pela polissemia desses conceitos. Diante disso, é possível identificar correntes teóricas que ficaram a eles vinculadas e que, não obstante, muitas vezes opõem-se mutuamente. Essa abordagem permite uma apreensão crítica dos adjetivos *liberal* e *neoliberal,* não raramente utilizados para qualificar políticas públicas.

Considerar o liberalismo como um conjunto de princípios e instituições que se desenvolveram em função de acontecimentos históricos implica vinculá-lo a relações políticas, sociais e econômicas vigentes em determinada época e lugar. O marco geográfico e temporal, nesse sentido, é a Inglaterra do século 17, e as contendas se referiam, resumidamente, à divisão do poder entre a religião e a política, e entre o Parlamento e o rei, esses dois conflitos imbricados entre si e vinculados às transformações na estrutura econômica e social. Note-se ainda que, na história da Inglaterra, essas questões se confundem com o próprio processo de formação do Estado Moderno, cujas origens podem ser remetidas ao século 11.

A Magna Carta de 1215 é, por muitos, considerada o embrião das constituições ditas liberais, por submeter o rei à lei, diminuindo o caráter discricionário da autoridade daquele. Nesse sentido, o liberalismo se vincula ao constitucionalismo inglês, que se afirma pela defesa do poder econômico contra o poder político. A limitação do nascente Estado através de uma Lei Maior se faz originalmente em favor da criação de uma esfera econômica protegida da outrora livre atuação do rei. Nessa abordagem histórica, portanto, o liberalismo político não se desvincula do liberalismo econômico; ao contrário, ele tem suas raízes na defesa dos interesses dos proprietários contra o abuso na cobrança de impostos e é apenas um instrumento para atingir esse fim.

Cinquenta anos depois do estabelecimento da Magna Carta em 1215, Henrique III seria levado a assinar os Estatutos de Oxford, criando o Parlamento, instituição que mais tarde seria permanentemente associada ao ideário liberal.

Ao mesmo tempo que a Inglaterra passava por essa transição do feudalismo ao capitalismo, pela formação do Estado centralizado, pelas tensões religiosas e pela defesa da liberdade econômica da burguesia nascente, desenvolvia-se, em paralelo, a teoria política. Estabelece-se uma contenda quanto à legitimação do poder, opondo argumentos absolutistas que reclamavam o direito divino dos reis, como os de Robert Filmer (1588-1653), às justificativas jusnaturalistas, que passavam a deixar de lado a teologia na justificação da autoridade política. Para Filmer, cuja obra principal é *O patriarca*, o rei possui o direito divino – de origem patriarcal em Adão – de governar, faz as leis de acordo com sua vontade, e o Parlamento teria função apenas consultiva. Thomas Hobbes (1588-1679) e John Locke (1631-1704) recusam o direito divino como fundamento de legitimidade do Estado, substituindo-o pela natureza humana descoberta a partir de métodos racionais: dedutivos para o primeiro, e empiristas para o segundo. Embora comumente se associe o liberalismo a Locke, e o seu oposto a Hobbes, tal contraposição carece de precisão. Ambos debruçam-se sobre a sociedade burguesa nascente, a acumulação material e o papel do Estado, e é sobre esse terreno comum – uma sociedade liberal e/ou um Estado liberal – que se dá sua distinção teórica.

A base das diferenças entre Hobbes e Locke remete à apreciação filosófica do homem. Para o Hobbes de *O Leviatã*, Deus deu aos homens a natureza em sua totalidade, sem definir as normas para sua apropriação. Indivíduos naturalmente autointeressados, dotados de vontades particularistas e do desejo de posse, encontrar-se-iam, na hipótese da inexistência do Estado, em uma feroz concorrência pelos mesmos bens, vivendo em absoluta ausência de ordem e paz. Nesse *estado de guerra de todos contra todos*, não há comércio, indústria, letras ou ciência. No entanto, o desejo que supera todos os demais – o da preservação da vida – faz com que o homem crie, tal qual um deus, o homem artificial capaz de conter o natural. Assim, pelo medo da morte violenta e iminente, e mediante um pacto, os indivíduos instituem um soberano, cuja vontade, doravante, representa a vontade de todos. O Estado é, portanto, a única fonte das normas que se farão obedecer – porque acompanhadas da Espada, o poder por todos transferido –, e a origem de onde emana a diferença entre o justo e o injusto. É o Estado, principalmente, a condição de existência da *sociedade liberal*: é ele que regula a ordem e mantém a paz, permitindo que indivíduos possessivos comerciem, industriem e acumulem sem que derivem para o conflito e a autodestruição.

O argumento de Locke, no *Segundo tratado sobre o governo*, ergue-se principalmente contra a teoria de Filmer, mas também contesta a concepção hobbesiana do estado de natureza como um estado de guerra. Para ele, os homens, embora sejam também individualistas, têm por natureza o direito a vida, liberdade e propriedade e, por essa condição comum, mantêm entre si uma reciprocidade, um não violando o espaço privado do outro. Note-se que a propriedade só é justa porque adquirida por meio do trabalho, e o pressuposto dessa teoria é que todos possuem acesso a uma natureza abundante e de livre apropriação. Assim, *esses indivíduos* vivem pacificamente em sociedade, realizando suas trocas e acumulando riquezas. O governo é necessário somente para que a administração da justiça se faça de forma neutra e imparcial, evitando o julgamento em causa própria que tende à parcialidade, tanto nas querelas contratuais, quanto com relação aos desviantes, que desejam acumular sem trabalhar. O Estado que nasce do pacto lockeano é, portanto, limitado (tal como pretendia, embrionariamente, a Magna Carta) e sua atuação é controlada pelos pactuantes (como o parlamento sobreposto ao rei), sendo vedado a ele, como a todos os demais, intervir na esfera privada dos direitos naturais. A precondição desse *Estado liberal* é que os indivíduos, embora possessivos e em busca de acumulação, já sejam pacíficos *por natureza*, respeitando, em sua maioria, os direitos naturais mútuos.

Ambos os autores – Hobbes e Locke – estão em diálogo com a liberdade econômica e com o papel do Estado diante da ascensão do comércio, da indústria e dos interesses voltados prioritariamente para a acumulação material. Em Hobbes, como a concorrência possessiva leva ao conflito, o Estado é condição de funcionamento de uma sociedade liberal. Em Locke, como os indivíduos em sua maioria observam os direitos reciprocamente exercidos, o Estado pode ser liberal, subsidiário e limitado. A sociedade liberal – em conflito e concorrência – exige um Estado forte; a sociedade pacífica necessita somente de um Estado liberal. O liberalismo, portanto, tem duas acepções aqui: pode qualificar um tipo de sociedade formada por indivíduos possessivos, em concorrência e conflito, ou pode se referir a um Estado limitado, sobreposto a uma sociedade comercial e industrial já pacífica, cujos indivíduos podem conviver e manter direitos indisponíveis ao poder político. Não há que se fazer referência, nessas teorias, a *políticas públicas* tal como se as conceitua no século 20. No entanto, o Estado liberal de Locke, em seus princípios teóricos, é refratário a qualquer ação política sobre a sociedade já que esta se pacifica e se organiza natural e espontaneamente. Nesse sentido, se a concorrência possessiva e individualista que leva ao conflito caracteriza a sociedade liberal, é o Estado hobbesiano a base para uma ação organizativa por parte da política.

No século 18, surgiram teorias que ficaram depois conhecidas como os pilares do *liberalismo clássico*. Em *A riqueza das nações*, o escocês Adam Smith (1723-1790) analisa as relações sociais nas suas possibilidades de maximizar a produtividade da *nação*, isto é, da coletividade, e de promover o bem-estar econômico e social também em termos agregados. Em vez de reclamar por um homem dotado de *virtudes* para que os interesses públicos estejam acima dos privados, Smith confere positividade aos resultados dos atos do homem egoísta, moralmente rebaixado para os padrões de então: é que ele, ao perseguir a acumulação de capital e concorrer com seus iguais, gera progresso. Ao Estado não cabe organizar tais relações: tal como em Locke, essa sociedade se pacifica espontaneamente, embora em Smith a justificativa seja outra. Em vez de uma reciprocidade quanto aos direitos naturais, há uma *mão invisível* – a lei da oferta e da procura – que faz com que o vício do egoísmo no plano individual se transmute na virtude da bonança no âmbito coletivo, sem que seja preciso qualquer atuação do poder político. Para Smith, portanto, as relações de troca entre o capital e entre capital e trabalho deveriam ser livres da ação governamental já que, usufruindo *dessa liberdade*, e, pela concorrência, os homens entrariam em paz e progresso.

Aplicando tais premissas, o inglês David Ricardo (1772-1823) ficará conhecido pela teoria das vantagens comparativas, segundo a qual as diversas *nações* dever-se-iam concentrar naquilo em que já apresentam maior produtividade e estabelecer pacíficas e mutuamente produtivas relações de comércio internacionais. Países com forte economia agrícola não deveriam perseguir a autonomia industrial, mas sim desenvolver sua *vocação natural* agrícola, encontrando, pela *mão invisível*, uma posição ótima no mercado internacional de trocas. Não há, nem na abordagem nacional de Smith, nem na sua extensão ao plano internacional, em Ricardo, tratamento para a desigualdade estrutural das partes nas relações de troca, o que implicará a subordinação do trabalho ao capital e entre países. O liberalismo, nos séculos 19 e 20, terá de enfrentar a questão social e a divisão internacional do trabalho em outros termos. No Brasil e na América Latina, por exemplo, a teoria de David Ricardo foi dominante no final do século 19 dentre os latifundiários, cujo projeto era o de vetar a industrialização da região, mantendo-a como estritamente agrícola.

Enquanto a Inglaterra fazia uma revolução burguesa ao longo de séculos, a França seguiu com o Antigo Regime, conferindo poderes absolutos ao rei até 1789. Para o aristocrata Alexis de Tocqueville (1805-1859), em *O Antigo Regime e a Revolução*, o aburguesamento francês foi prejudicado pela insistência da nobreza em não se adequar aos novos tempos. Ela não teria instituído, como fizeram os ingleses, um parlamento e uma carta constitucional capazes de manter a monarquia e abrir campo para a liberdade do capital. A aristocracia teria abdicado de sua função mediadora entre o rei e o povo, permitindo que as reivindicações por liberdades políticas e econômicas abrissem espaço para a mobilização por igualdade social. A teoria política que então se desenvolve, e que é posteriormente associada ao liberalismo, se constrói, portanto, em reação aos chamados excessos jacobinos. Para Tocqueville, a inevitável igualização intelectual e material dos homens – a eliminação da aristocracia como segmento social – reduz todos a indivíduos autointeressados e voltados para o progresso privado material, eliminando as *virtudes públicas*. Assim, a massa de iguais tende a depositar no rei – ou no Executivo – todos os poderes, eliminando a liberdade, e na ausência da aristocracia – outrora dotada de meios materiais assegurados e de ociosidade destinada à ilustração – não há lugar de onde se faça surgir o interesse público.

No federalismo estadunidense, entretanto, Tocqueville encontra uma possibilidade de remediar o privatismo em que os indivíduos modernos são imersos. À diferença da França centralizada, os estados norte-americanos descentralizaram o poder político e administrativo, aproximando as decisões públicas dos interesses privados imediatos dos cidadãos. A liberdade – a possibilidade de impedir que um centro concentre um poder permanentemente tutelar – poderia ser garantida se a importância dos negócios públicos se tornasse visível aos particulares, instigando-os a buscar tais interesses comuns, porque benéficos para si próprios. Em vez de homens *virtuosos*, entrariam em cena os homens com *interesses bem compreendidos*, não obstante o próprio Tocqueville fosse pessimista com relação a tal saída. Sua teoria se difundiu fortemente na Inglaterra e na América, embora o desenho estadunidense tivesse, originalmente, outros propósitos.

Os debates entre Thomas Jefferson, James Madison, Alexander Hamilton e John Jay, para a construção da federação dos Estados Unidos, deram origem a *O federalista*, de 1788. A República representativa que ali se desenha descarta a concentração dos poderes, instituindo o famoso mecanismo dos *checks and balances*, e se dedica deliberadamente a afastar a ingerência do povo no governo da recém-criada nação. Os interesses da nação devem ser resguardados pela elite, dotada de condições materiais e ideacionais para não atuar em benefício próprio já que o povo, sem propriedade, ignorante e incivil, não seria capaz de tal atitude virtuosa. A participação popular ameaça particularmente a distribuição da propriedade e, admite-se, contra ela, forte concentração de poderes no Executivo, característica que já se enunciava no instituto da prerrogativa de Locke.

Locke, Tocqueville e *O federalista* influenciariam de modos diferentes os mais diversos movimentos: os levantes independentistas e libertários do final do século 18, a construção da monarquia constitucional brasileira no início do século 19, as revoltas republicanas federalistas por todas as colônias sul-americanas e o Brasil da virada do século 19 ao 20. Entretanto, nas ex-colônias latino-americanas e em particular no Brasil, o liberalismo econômico – Smith e Ricardo – e a pedagogia tocquevilleana – descentralização para aproximação do indivíduo privatista ao interesse público – acabariam por reforçar os poderes locais e regionais concentrados nas mãos dos grandes latifundiários, aprofundando a oligarquização política e econômica. A intenção liberal, viesse da política ou da economia, redundava em plutocracia.

O liberalismo político – o Estado submetido ao parlamento, não tanto às constituições – e o liberalismo econômico – a vida industrial e mercantil organizada a partir de si mesma – organizaram majoritariamente o Ocidente até a Primeira Grande Guerra e a crise do capitalismo liberal de 1929: o desenvolvimento gerava desemprego estrutural em massa, o que inviabilizava um mercado consumidor para a abundância da produção. Como solução histórica, desenharam-se instituições de proteção ao trabalho – Constituição rio-grandense de 1891, mexicana de 1917, Weimar de 1919 – e movimentos comunistas, alavancados pelo sucesso da Revolução Russa de 1917. No Ocidente capitalista, a pressão do operariado leva à formação dos Estados de bem-estar, expressão jurídico-política dos pactos capital-trabalho, cujo teórico mais importante seria John Maynard Keynes (1883-1946). Contra o liberalismo econômico, o Estado se torna o principal agente organizador do capitalismo, instituindo uma política industrial, subsídios e financiamento às empresas, créditos ao consumidor e direitos trabalhistas.

O arrefecimento do liberalismo econômico não significa, portanto, um afastamento do capitalismo, mas uma recomposição ideológica quanto à política e ao papel do Estado. Alemanha e Itália, principalmente, encamparam o antiliberalismo político, sustentando o fascismo e o nazismo, conferindo poderes extremos ao Executivo sem desafiar a propriedade privada capitalista. Essas nações, atrasadas no desenvolvimento capitalista, pensavam o progresso como dependente de uma unidade valorativa, promovida de forma tutelar, capaz de reunir os indivíduos autointeressados em um corpo orgânico, forte e direcionado à consecução dos objetivos coletivos da nação.

Liberalismo e antiliberalismo se defrontaram pelas teorias de Hans Kelsen (1881-1973) e Carl Schmitt (1888-

1985). Para Schmitt, o liberalismo prega a falácia de se pretender formar, através de debates racionais no parlamento, a unidade política impossível em uma sociedade esfacelada em interesses e valores plurais. Se os valores não são passíveis de solução racional, o parlamento liberal é paralisante, incapaz de encarnar a soberania popular e levar as nações a decisões legítimas e fortes. Segundo esse autor, a democracia deveria se afastar definitivamente do liberalismo: ela não é, portanto, a *representativa*, mas a *substancial*, implicando uma unidade política prévia, uma comunidade homogeneizada em torno de um valor comum, que se fará ativa pela identidade com um líder. A obra política e constitucional de Schmitt forneceu sólida base teórica ao regime nazista e teve como principal interlocutor Hans Kelsen, advogando a indissolubilidade entre democracia e representação liberal. Para ele, as sociedades que se tornaram pluralistas podem pretender a estabilidade, garantindo simultaneamente a igualdade – a impossibilidade de hierarquizar valores – e a liberdade – a garantia de que um valor não se sobreporá aos outros. Para tanto, devem ser garantidos constitucionalmente os procedimentos de expressão das diferentes visões de mundo, e protegidos os direitos individuais que defendem as minorias contra as maiorias. A democracia representativa é assim, para Kelsen, uma democracia *procedimental*, tal como será para Jürgen Habermas décadas depois. O fim da Segunda Grande Guerra confere ao constitucionalismo democrático de Kelsen a supremacia nas instituições políticas do Ocidente, ao lado das estruturas antiliberais do Estado de bem-estar social. A força conferida à Constituição, entretanto, evidenciou uma tensão interna entre liberalismo e democracia: as maiorias são limitadas pelas normas constitucionais, que também estabelecem meios de rever os atos da soberania popular através do Poder Judiciário, alçado ao posto de guardião da Constituição, tal como sugerido por Kelsen. A questão é seu caráter (anti)democrático.

Uma reação teórica ao controle do Estado sobre a economia e as relações de trabalho se desenvolveu no final da década de 1940, e se difundiu com a Crise do Petróleo em fins de 1960, início de 1970. Ideias *liberistas*, isto é, firmemente associadas ao liberalismo econômico, pelos críticos denominadas *neoliberais*, foram sistematizadas em 1947, na Suíça, em Monte Pèlerin, por intelectuais contrários às políticas de bem-estar, consideradas restritivas à liberdade individual. Friedrich August Hayek (1899-1992), economista austríaco naturalizado inglês, sustenta que o sistema socioeconômico se desenvolve melhor através da organização social espontânea, ancorada na descentralização da coordenação das relações sociais. As instituições políticas liberais seriam capazes de orientar a vida social na paz, prosperidade e sobrevivência, e a descentralização asseguraria a liberdade. O funcionamento autônomo do mercado beneficiaria a coletividade sem fazer distinções, em uma crítica explícita ao socialismo e ao modelo de Estado de bem-estar como espécies que levariam ao totalitarismo e à servidão. Milton Friedman (1912-2006), economista norte-americano de descendência ucraniana, foi um dos fundadores da Escola de Chicago, caracterizada pela defesa da liberdade de mercado e da diminuição da influência do Estado nos assuntos econômicos. Robert Nozick (1938-2002), filósofo político norte-americano, ficou conhecido pela defesa do Estado mínimo, garantidor apenas da segurança (nacional e internacional), da administração da justiça e da manutenção dos contratos. Seu libertarianismo é de corte moral, e sua defesa fundamental recorre aos direitos dos indivíduos – agora não naturais –, mas essenciais a seres humanos donos de si (*self-owners*) e que não podem ser tratados como coisas. A liberdade de mercado – liberalismo econômico – é, assim, um instrumento dos direitos individuais – liberalismo político –, invertendo a relação que se estabelecera na origem histórica do liberalismo.

Tais proposições ficariam no plano das ideias por duas décadas, e ganhariam a cena política a partir dos anos 1970, implementadas no Chile sob a ditadura de Pinochet, quando da estada de Friedman naquele país. Margareth Thatcher na Inglaterra, em 1980, e Ronald Reagan, nos Estados Unidos, avançariam a redução do Estado – controle da emissão monetária, redução de impostos e tributos, privatizações, eliminação de direitos trabalhistas –, e daí se espalhariam pela Europa várias tentativas de redução do *Welfare State*, não sem muita resistência por parte dos movimentos de trabalhadores. Após a queda do Muro de Berlim, em 1989, a "onda" neoliberal logrou certa hegemonia política, generalizando-se nos países latino-americanos. A resultante, nos anos 1990, foi um aprofundamento da dependência desses países de Terceiro Mundo com relação às economias centrais, agravando a pobreza e o desemprego, e representando um refluxo nas políticas públicas, submetidas às regras internacionais de ajuste fiscal emanadas do Banco Mundial e do Fundo Monetário Internacional. Desenvolveu-se então, no escopo desse renovado Estado liberal, a ideia de que o mercado pode suprir a maioria das necessidades sociais – nacionais e internacionais – e as políticas públicas não deveriam ser universalistas, recusando a responsabilidade estatal pelo conjunto da população em um nível igualitário de serviços públicos – saúde, educação, segurança. As políticas públicas no âmbito neoliberal deveriam ser particularistas, focalizadas: permitir-se-ia larga atuação do mercado na saúde, educação e segurança, privatizando tais serviços, reservando a prestação pública a setores carentes, focalizando as populações menos abastadas na provisão dessas mesmas necessidades. A resultante é uma falta de interesse crônica no aprimoramento dos serviços estatais: o mercado avança, mesmo provendo serviços de baixa qualidade, sobre um mercado consumidor propositadamente segregado. Outras políticas públicas, no entanto, alcançaram espaços que, embora fossem bandeiras históricas de movimentos sociais, não haviam entrado no rol de direitos defendidos pelo Estado liberal: o feminismo, o homossexualismo, o antirracismo, dentre outros. Aí, políticas públicas de caráter afirmativo – desde que não se imiscuam na propriedade ou nos lucros dos mercados livres – são incorporadas pelos Estados contemporâneos.

Ver: Cidadão/Cidadania; Contrato Social/Contratualismo; Democracia Representativa; Estado; Igualdade; Individualismo; Mercado; República/Republicanismo; *Welfare State*

Referências Bibliográficas

BOBBIO, N. *Liberalismo e democracia*. Trad. Marco Aurélio Nogueira. São Paulo: Brasiliense, 1997.

______. *Teoria geral da politica*. A filosofia política e as lições dos clássicos. Trad. Daniela B. Versiani. Rio de Janeiro: Campus, 2000.

FERREIRA, B. *O risco do político*. Crítica ao liberalismo e teoria política no pensamento de Carl Schmitt. Belo Horizonte: Editora UFMG, 2008.

FRIEDMAN, M. *Capitalism and freedom*. Chicago: University of Chicago Press, 1962.

HAYEK, F. *O caminho da servidão*. São Paulo: Instituto Ludwig von Mises Brasil, 2010.

KEYNES, J. M. *Teoria geral do emprego, do juro e da moeda*. Trad. Mario Ribeiro da Cruz. São Paulo: Atlas, 1992.

MACPHERSON, C. B. *La teoria política del individualismo posesivo*. Barcelona: Fontanella, 1970.

MERQUIOR, J. G. *O liberalismo, antigo e moderno*. Rio de Janeiro: Nova Fronteira, 1991.

Liderança

PAULO ROBERTO MOTTA

Liderança é uma habilidade de influência social. Em um processo coletivo compartilhado, como o que ocorre no âmbito das organizações, o líder é a pessoa que influencia as demais a se comprometer com objetivos comuns. Seguindo uma formulação mais protocolar, pode-se dizer que líderes são aqueles que, no interior de um grupo, ocupam uma posição de poder a partir da qual podem influenciar, de forma determinante, todas as decisões de caráter estratégico, obtendo legitimação na medida em que ajam em correspondência com as expectativas do grupo (PETRACCA, 2004).

A atração moderna pela liderança está associada não só à admiração pela capacidade de influenciar pessoas, mas também à valorização de outras habilidades associadas à direção e ao desempenho em termos organizacionais. Como sinônimo ou habilidade de chefia, a ideia de liderar é mais simpática que a de chefiar, comandar, dirigir ou gerenciar. Em decorrência, passou-se a esperar que chefes se tornem líderes, ou ao menos adquiram algumas habilidades de liderança, a tal ponto que se disseminou o uso indistinto dos dois termos, sobressaindo cada vez mais a ideia de líder como função, substituindo o termo chefe. Do mesmo modo, passou-se a considerar que as habilidades de liderança são passíveis de aprendizado por meio de ensinamento e da experiência de vida.

A legitimidade da liderança baseia-se na aceitação do líder pela equipe. Grande parte do poder do líder encontra-se no próprio grupo. Liderar significa descobrir o poder existente nas pessoas e torná-las capazes de visualizar um futuro melhor para si próprias e para a organização em que trabalham.

A liderança requer habilidades individuais, de expressão e de comunicação, bem como capacidade de enfrentar o futuro com confiança e ousadia. Exige, ainda, habilidades interpessoais: lidar com grupos e pessoas, transferindo-lhes poder e iniciativa para facilitar o encontro de melhores caminhos para a autorrealização e o desempenho de suas tarefas. Líderes capacitam seus liderados a exercer todo seu potencial, dando-lhes confiança para perseguir um fim comum. Liderança não é uma condição passiva, mas produto de participação, envolvimento, comunicação, cooperação, negociação, iniciativa e responsabilidade.

Hoje, as relações e instituições sociais são mais democráticas: desde a família e a escola, as relações sociais têm maior igualdade; verificam-se maior repartição de poder e a consideração da vontade e da iniciativa das pessoas.

A progressiva democratização social – que tem tornado as relações sociais mais igualitárias, aproximando e valorizando mais as pessoas como seres capazes de vontade e iniciativa – projeta-se para todos os tipos de organização, criando novos padrões de conduta administrativa e novas concepções de mando e autoridade. São diferentes as relações de subordinação, e os chefes já não têm o poder de interferir indiscriminadamente no processo de trabalho sem causar reações, frustrações e ineficiência. Suas ações devem ser justificadas e, sobretudo, compartilhadas. A inserção das habilidades de liderança nas funções de chefia veio suprir de alguma forma essa nova demanda social.

A nova compreensão sobre o trabalho do líder acompanhou a evolução dos estudos sobre chefia em grandes organizações, incluindo posteriormente os líderes informais e emergentes em empresas e comunidades, não designados especificamente para chefiar. Procurou-se conhecer melhor o mundo interior das pessoas, como se relacionam com outras e com seu ambiente de trabalho.

Podem ser mencionadas seis grandes correntes de pensamento para explicar o surgimento, as habilidades e as características de líderes.

A primeira, mais antiga, vê a liderança como resultado de habilidades inatas. Tenta ressaltar características de líderes em contraposição às das outras pessoas. Presume os líderes como pessoas diferentes, possuidoras de qualidades distintas.

A segunda corrente vê a liderança como resultado de comportamentos adquiridos. O foco de análise concentra-se em descobrir tipos de comportamentos que possam levar a uma liderança mais eficaz e que sejam passíveis de apropriação.

A terceira corrente vê a liderança como resultado de fatores situacionais intervenientes nas relações pessoais. Dessa perspectiva, o estilo de liderança depende da natureza da situação. Presume-se não haver estilos apropriados e universais de liderança, mas estilos particulares com impacto em algumas situações e não em outras.

Para a quarta corrente, o comportamento de um líder resulta de sua percepção e interpretação dos fatores ambientais. Comportamentos adequados ou inadequados dependem, em parte, da melhor ou pior interpretação dos dados ambientais. Nesse sentido, pode haver um processo de aprendizado, por meio da incorporação de novas informações – fatos e valores – de como a pessoa se comporta em função de seu meio.

A quinta corrente enfatiza certas dimensões carismáticas e vê a liderança como resultado de uma interação social. Carisma, aqui, é associado a um poder quase mágico de influenciar pessoas, algo que nasce e se expande em função das expectativas que as pessoas têm diante de um líder.

A sexta e última corrente vê a liderança como resultado de uma prática visionária e transformadora. Líderes possuem visão, cultivam o ideal de um futuro alternativo positivo, gerador de esperanças e agregador de pessoas. Tendem a praticar a paixão pelo empreendimento que dirigem e dedicam atenção intensa a seus liderados.

Por constituir essencialmente uma interação pessoal, a liderança pode ser vista como uma função gerencial, embora, evidentemente, não seja privativa da gerência. Incentiva-se o aprendizado da liderança por causa das conclusões de estudos importantes sobre como os estilos de liderança afetam a eficácia organizacional.

A liderança administrativa tem peso específico importante nas mais diferentes esferas organizacionais. Ainda que muitas vezes se confunda com chefes, chefias e cargos formais, tem vida própria e costuma ser tratada teoricamente com critérios particulares. O poder muitas vezes só tem como ser exercido com êxito se seu detentor tiver a capacidade específica de se fazer seguido pelos demais e de influenciá-los de modo determinante.

O líder, de fato, é alguém que está na dianteira de um processo e que reúne certas qualidades pessoais (técnicas, intelectuais, políticas, morais) que lhe dão prestígio suficiente para dirigir. O poder do líder se diferencia bastante do poder do chefe, no sentido de que o líder não necessita de um cargo ou de uma nomeação para liderar, ao passo que aquele que chefia sempre o faz a partir de uma base formal.

Mas é evidente que liderança, poder e autoridade podem se reunir em uma mesma pessoa ou em um mesmo grupo de pessoas. O chefe manda e domina, o líder sugere e dirige. O chefe emprega a força (dos estatutos, das portarias, das armas) e a coerção, o líder constrói consensos e articula. De qualquer forma, ao discutirmos chefia, liderança, autoridade e poder, somos levados a descobrir outras dimensões e outras distinções inerentes ao espaço do poder. É o caso, por exemplo, das relações entre domínio e direção, coerção e consenso, técnica e política. São relações que nos ajudam a entender que, no terreno do poder, a força ou o cargo nem sempre fazem girar os moinhos.

Tema particularmente importante para a análise de políticas é a da liderança política. Diversas formulações a esse respeito costumam enfatizar a posição institucional e a "missão", empregando-as para neutralizar a forte atração que exercem as visões que se concentram nos atributos e motivações pessoais do líder. Tão importantes quanto elas, porém, outras posições afirmaram-se ao longo do tempo por insistirem no estabelecimento das qualidades típicas do líder, quase sempre depositadas em certos atributos de personalidade e habilidade. Platão e Aristóteles, na Grécia antiga, pensavam que em algumas pessoas haveria uma "disposição natural" para a liderança e outras seriam beneficiadas por certas qualidades intrínsecas. Na famosa *Sociologia dos partidos políticos* (1911), Robert Michels incluiria diversos capítulos para sustentar a necessidade que as massas teriam de chefes e líderes, uma máxima do elitismo contemporâneo. Tal fato faria com que a figura do líder se tornasse indispensável. Ele teria, antes de tudo, de ser "venerado entre as massas", de modo a obter a "gratidão política" delas. Michels também insistiria bastante na apresentação de certos atributos específicos dos líderes, "qualidades pessoais graças às quais certos indivíduos conseguem submeter as massas ao seu poder": capacidade oratória, força de vontade, superioridade no saber, profundidade nas convicções, segurança ideológica, autoconfiança, capacidade de concentração, bondade de alma e desinteresse, qualidades com alto poder passional (MICHELS, 1982, p. 45-50).

Posição distinta ocupa, nessa discussão, a sociologia política de Max Weber, particularmente no que diz respeito à *liderança carismática*, ou seja, àquela "autoridade que se funda em dons pessoais e extraordinários de um indivíduo". O carisma, nesse caso, é parte de uma vasta e sofisticada teoria dos tipos de dominação e legitimidade, que não se reduz à mera catalogação de atributos pessoais. Também se distinguem, aqui, as formulações contidas em *O príncipe*, de Maquiavel, que se apoiam em um conceito de "virtude" política (*virtù*) que abarca grande leque de significados e não se aproxima da visão elitista ou personalista a respeito do líder. Maquiavel era um realista que entendia o papel do líder como fortemente associado às variações das circunstâncias histórico-sociais.

Nas sociedades modernas e democráticas, uma liderança política tem obrigações definidas institucionalmente e reguladas por uma combinação maior ou menor de critérios legais e constitucionais. Um chefe de governo, por exemplo, age em consonância com regras definidas pelo sistema de divisão de poderes e tendo em vista uma "missão" que é a de atender a múltiplas expectativas sociais. Precisamente por isso, a liderança encontra sua realização "ótima" quando consegue apresentar a seus liderados (no caso, o conjunto da população de um país) um projeto claro e consistente, capaz de indicar o conjunto de ações que serão empreendidas durante o curso de um dado período, mandato ou gestão.

O projeto figura, assim, como o expediente por excelência da liderança política democrática: sua capacidade de anunciar aos liderados um caminho para se chegar ao futuro, obtendo em decorrência sucesso na mobilização de pessoas para formular, implementar, controlar e apoiar as medidas previstas. Isso significa, em outros termos, projetar políticas públicas e obter os meios necessários para levá-las à prática, anunciando assim uma visão de país ou de sociedade desejável, caso em que o líder assume a estatura do estadista, do construtor de Estados e de vida comum em escala nacional, *vis-à-vis* o contexto mundial.

Há um componente ético importante na atuação de um líder político, questão essa que se associa a toda a ampla discussão a respeito das relações entre ética e política. Todo aquele que exerce poder, chefia ou liderança depara-se, por exemplo, com o problema dos limites de sua ação e dos procedimentos que utiliza para legitimá-la. Chega ao cargo com um conjunto de valores e convicções inerentes à sua formação e à sua ideologia, bem como com orientações derivadas da corrente política que integra. Mas é obrigado, ao mesmo tempo, a se submeter a critérios, regras, princípios e valores derivados do sistema em que opera e do próprio cargo que ocupa. Precisa equilibrar suas idiossincrasias pessoais e suas opções ideológicas com as responsabilidades intrínsecas ao posto em que está. Max Weber designou de forma expressiva essas duas dimensões, chamando-as de "ética da convicção" e "ética da responsabilidade", cuja justa consideração é vital para o bom exercício da liderança política.

A liderança política qualifica-se pela capacidade que tem de persuadir, de convencer, de construir apoios e consensos, neutralizar adversários e negociar – qualidades que são tanto mais importantes quanto mais complexas e diferenciadas são as sociedades ou as áreas particulares de atuação. Pode também valer-se de expedientes mais associados à força, inerentes a toda instância de poder. Tem como pressionar, punir (demitir), premiar e cooptar, empregando para isso, por exemplo, diferentes modalidades de troca de favores. Ao menos em alguma medida, toda liderança política flutua entre os polos da persuasão e da cooptação. Pode-se assim dizer que sua adesão à democracia, bem como o funcionamento efetivo de um regime democrático, é fator que determina de forma decisiva a prevalência de um ou outro daqueles polos na atuação de uma liderança política.

Ver: Atores; Autoridade/Autoritarismo; Carisma; Elites; Empreendedorismo; Legitimidade; Poder; Populismo

Referências Bibliográficas

CAVALLI, L. *Il capo carismatico*. Bolonha: Il Mulino, 1981.

CONGER, J. A. *The charismatic leader:* behind the mystique of exceptional leadership. San Francisco: Jossey-Bass, 1989.

MICHELS, R. *Sociologia dos partidos políticos*. Trad. Arthur Chaudon. Brasília: Editora UnB, 1982.

MOTTA, P. R. *Gestão contemporânea:* a ciência e a arte de ser dirigente. 2. ed. Rio de Janeiro: Record, 1991.

NORTHOUSE, P. G. *Leadership:* theory and practice. London: Sage Publications, 1997.

PETRACCA, O. M. Liderança. In: BOBBIO, N.; MATTEUCCI, N.; PASQUINO, G. (Orgs.). *Dicionário de política*. Brasília: Editora UnB; São Paulo: Imprensa Oficial do Estado de São Paulo, 2004. p. 713-716.

Lobby

Wagner Pralon Mancuso

Originalmente, *lobby* é um substantivo do idioma inglês, que designa o salão de entrada de um edifício. No idioma de origem, a palavra veio a ser utilizada também em outro sentido: não somente como substantivo aplicado à arquitetura, mas também como verbo aplicado à política, para referir-se à atividade de pessoas (os "lobistas") que esperavam a passagem de tomadores de decisões políticas pelo salão de entrada dos edifícios onde estes se hospedavam ou trabalhavam, para abordá-los e apresentar-lhes seus pleitos.

Hoje, o termo originário do inglês encontra-se plenamente incorporado ao vocabulário do português. Em ambos os idiomas, a palavra *lobby*, em sua conotação política, passou a ser utilizada de forma mais geral: não mais se aplica, exclusivamente, à ação de indivíduos que abordam decisores nos salões de entrada dos prédios por onde passam, mas tornou-se sinônimo de defesa de interesses junto a membros do poder público que podem tomar decisões.

No caso brasileiro, em nível interno, esses tomadores de decisões encontram-se em órgãos dos três poderes do Estado – Legislativo, Executivo e Judiciário – tanto em âmbito nacional, quanto subnacional.

O *lobby* no Legislativo pode ser feito, em nível nacional, diante da Câmara dos Deputados e do Senado Federal e, em nível subnacional, diante das Assembleias Legislativas estaduais e das Câmaras Municipais de vereadores. Em ambos esses níveis, o processo legislativo se divide em diferentes fases: (i) formulação das proposições; (ii) discussão e votação das proposições, em comissões e no plenário; (iii) pronunciamento do chefe do Executivo sobre o texto aprovado pelo parlamento; e (iv) votação dos parlamentares sobre vetos eventualmente impostos pelo chefe do Executivo. O *lobby* pode ocorrer em quaisquer desses estágios da produção legislativa.

O *lobby* no Executivo visa, em primeiro lugar, às decisões administrativas que se encontram sob a competência desse poder. A chefia do Executivo é ocupada pelo presidente da República, em nível nacional; pelos governadores, em nível estadual; e pelos prefeitos, em nível municipal. Os chefes do Executivo são auxiliados por ministérios (em nível nacional) e secretarias (em nível nacional, estadual e municipal). Para o desempenho de suas atribuições, os chefes do Executivo, e seus auxiliares mais próximos (ministros ou secretários), contam com a estrutura da administração pública, que abrange a administração direta (organizações integradas à chefia do Executivo ou aos ministérios e secretarias) e a administração indireta (autarquias, empresas públicas, sociedades de economia mista e fundações públicas). O *lobby* no Executivo pode ter como alvo os chefes desse poder, seus auxiliares mais próximos (ministros e secretários), bem como funcionários de diversos escalões da administração pública direta e indireta.

No Brasil, tanto em nível nacional quanto subnacional, o Poder Executivo desempenha papel significativo na produção legislativa, pois o presidente, os governadores e os prefeitos são autores de grande parte das proposições transformadas em normas jurídicas. Assim, o *lobby* no Executivo pode visar também a participação desse poder no processo de produção legislativa.

O *lobby* no Judiciário pode se dirigir a órgãos de primeira instância (juízes singulares), bem como a órgãos de instância superior, isto é, os órgãos colegiados (tribunais estaduais e regionais, tribunais superiores e Supremo Tribunal Federal). O *lobby* no Judiciário ocorre, em primeiro lugar, quando representantes de interesses sociais atuam para instruir deliberações judiciais. Essa atuação pode acontecer, por exemplo, em audiências públicas convocadas pelo Judiciário ou por meio do instituto do *amicus curiae* (nesse caso, o Judiciário autoriza a manifestação de interessados em uma causa, enquanto a ação é analisada). Em segundo lugar, o *lobby* pode visar decisões administrativas que estejam sob a alçada desse poder (por exemplo: contratação de obras e serviços).

O *lobby* não se restringe ao plano interno, podendo estender-se também ao plano externo. Nesse caso, os decisores focalizados pelo *lobby* se encontram em órgãos do poder público de outros países, ou então encontram-se envolvidos em processos decisórios supranacionais, de âmbito regional ou global.

Os agentes do *lobby* são os lobistas. Há, basicamente, dois tipos de lobistas: os profissionais e os voluntários. Os lobistas profissionais são formalmente contratados, mediante remuneração, para prestar serviços de representação de interesses. Entre eles se destacam duas categorias: os lobistas autônomos, que não integram a lista de empregados de uma organização e são contratados para trabalhos específicos, e os lobistas empregados, que integram o rol de funcionários de uma organização. As organizações que empregam lobistas podem estar situadas na esfera do Estado (consultorias jurídicas ou assessorias parlamentares de órgãos públicos), do mercado (empresas, associações empresariais e sindicatos) ou da sociedade civil (organizações religiosas ou ambientalistas).

Já no caso dos lobistas voluntários, o trabalho de defesa de interesses não decorre de um contrato formal, em que se estabelecem responsabilidades e contrapartidas. Predominam entre eles os militantes identificados com a promoção de causas sociais.

Até aqui foram focalizados o conceito, os alvos e os agentes do *lobby*. Outra questão de interesse é: como os *lobbies* atuam? Antes de mais nada, é importante considerar que os diversos alvos do *lobby* têm regras próprias de composição e funcionamento. Assim, dependendo do alvo, tais regras podem permitir ou vedar a atuação dos *lobbies*, em diferentes ocasiões. Em linhas gerais, no entanto, a atuação pode se desdobrar em três momentos.

O primeiro momento corresponde à escolha dos indivíduos que tomarão decisões nos diversos alvos. Nesse momento, o objetivo é favorecer a escolha de decisores alinhados aos interesses defendidos, bem como desfavorecer a escolha de decisores menos afinados com os segmentos representados.

O segundo momento abrange as etapas que compõem o processo decisório. Em geral, o processo decisório nos diferentes alvos é composto de três etapas: (i) a definição da agenda; (ii) a formulação, o debate e a negociação de propostas referentes aos temas que figuram na agenda de decisão; e (iii) a tomada de decisão. O *lobby* pode ocorrer ao longo de qualquer uma dessas etapas.

Já o terceiro momento engloba as etapas que eventualmente sucedem a tomada de decisão nos diversos alvos. De fato, decisões tomadas podem ser contestadas judicialmente, e os *lobbies* podem ser os proponentes dessas contestações. Além disso, para serem executadas, as decisões de alguns alvos do *lobby* precisam ser sucedidas por uma série de providências complementares, referentes às etapas de regulamentação e de implementação das decisões anteriores. Os *lobbies* podem atuar nessas etapas de regulamentação e implementação. Depois de executadas, as decisões podem vir a ser avaliadas e, se for o caso, substituídas por decisões novas – e os *lobbies* podem atuar também nessas etapas de avaliação e revisão.

O *lobby* pode ser feito de forma lícita ou ilícita. O *lobby* ilícito ocorre quando a interação do lobista com o membro do poder público resulta em crimes contra a administração pública – tais como corrupção ativa e passiva, tráfico de influência, fraude de concorrências, dentre outros crimes tipificados no Código Penal. Já o *lobby* lícito, que obedece ao ordenamento jurídico existente, pode trazer contribuições positivas para os tomadores de decisão, ao fornecer-lhes informações sobre os itens que figuram na agenda decisória; para a opinião pública, ao fomentar e aprofundar o debate sobre questões coletivas; para os interesses representados, ao garantir-lhes que seu ponto de vista receberá atenção dos decisores; e para o sistema político como um todo, cuja legitimidade é fortalecida quando as demandas de segmentos sociais relevantes são consideradas.

Todavia, até mesmo o *lobby* lícito pode ocasionar problemas relevantes, à luz do princípio democrático da igualdade política. Esses problemas tendem a ocorrer quando existe, no mundo do *lobby* lícito, um desequilíbrio em favor de interesses "especiais", isto é, os interesses de segmentos sociais estreitos, extremamente bem organizados e fartamente financiados. Quando a força dos *lobbies* é muito desequilibrada, os *lobbies* mais fortes podem arrancar privilégios injustificáveis do poder público, mesmo que de modo formalmente lícito. Nessa hipótese, as desigualdades já existentes tendem a ser ainda mais reforçadas, e o interesse público pode ser colocado sob ameaça.

O fenômeno do *lobby* coloca um triplo desafio para quem professa valores democráticos: combater o *lobby* ilícito, potencializar as contribuições positivas do *lobby* lícito e contrabalançar o desequilíbrio no universo dos *lobbies*, que pode resultar no favorecimento injustificável de interesses especiais.

Ver: Democracia Representativa; Governo; Governabilidade/Governança; Sistema Político

Referências Bibliográficas

ARAGÃO, M. *Grupos de pressão no Congresso Nacional:* como a sociedade pode defender licitamente seus direitos no Poder Legislativo. São Paulo: Maltese, 1994.

FARHAT, S. *Lobby*. O que é. Como se faz. São Paulo: Aberje/Peirópolis, 2007.

MANCUSO, W. P. *O lobby da indústria no Congresso Nacional*: empresariado e política no Brasil contemporâneo. São Paulo: Edusp/Humanitas/Fapesp, 2007.

OLIVEIRA, A. C. J. *Lobby e representação de interesses*: lobistas e seu impacto na representação de interesses no Brasil. 2004. 296f. Tese (Doutorado em Ciências Sociais) - Universidade Estadual de Campinas (Unicamp), Campinas, SP, 2004.

SANTOS, L. A. *Regulamentação das atividades de lobby e seu impacto sobre as relações entre políticos, burocratas e grupos de interesse no ciclo de políticas públicas*: análise comparativa dos Estados Unidos e Brasil. 2007. 542f. Tese (Doutorado em Ciências Sociais) - Centro de Pesquisa e Pós-Graduação sobre as Américas, Instituto de Ciências Sociais da Universidade de Brasília (UnB), Brasília, DF, 2007.

SANTOS, M. L. W. D. *O Parlamento sob influência*: o lobby da indústria na Câmara dos Deputados. 2011. 195f. Tese (Doutorado em Ciência Política). Departamento de Ciência Política, Centro de Filosofia e Ciências Humanas da Universidade Federal de Pernambuco (UFPE), Recife, PE, 2011.

m

Marketing Político

Helcimara de Souza Telles
Ivana Carneiro Almeida
Pedro Santos Mundim

Pode-se falar sobre *marketing* a partir da emergência do conceito moderno de mercado, do qual o *marketing* é um derivado. É um termo originado na área de administração dos negócios. Na disputa pelo consumidor, as empresas passaram a realizar sofisticadas operações para o lançamento e a permanência de seus produtos no mercado. Ao utilizar os princípios do *marketing*, as companhias diferenciam suas marcas e agregam argumentos para aumentar a aceitação dos bens produzidos. O *marketing* pode ser compreendido como uma filosofia de gestão, cuja função é atender não somente a necessidades e desejos, mas ainda aos interesses dos indivíduos, através do processo de troca (KOTLER, 1978). O *marketing* engloba todas as atividades planejadas com a finalidade de incitar trocas; determina as ocasiões e os canais mais acertados, bem como as mensagens apropriadas aos públicos-alvo que se espera atingir (TORQUATO, 1985).

O *marketing* político não possui definição inequívoca. Em função de sua aplicabilidade multidisciplinar, ajusta-se às noções derivadas da ciência política, da administração e da comunicação. De modo abrangente, pode ser caracterizado a partir de sua função de instituir, sustentar ou acrescentar sentimentos e condutas positivas em direção a alguma pessoa ou classe de objetos (HAUGTVEDT, 2001 apud SILVA, 2002). A promoção das trocas é o resultado central que se espera do *marketing*. Na política, essa troca é concluída no momento em que os votos são recebidos, motivados pelas vontades acionadas junto à opinião pública. Para obter adesão, as mensagens selecionadas pelo *marketing* devem ser respaldadas. Para isso, elas necessitam ser condizentes com as expectativas dos segmentos para as quais são dirigidas. Portanto, existe interface conceitual entre *marketing* político e comercial: o foco de ação sobre o indivíduo; a função de regular a competição; o mesmo objetivo de influenciar as escolhas.

O *marketing* político se afirmou a partir da expansão da democracia liberal. Com o alargamento do sufrágio, a multiplicação das demandas e das organizações partidárias, as eleições passaram a ser mais competitivas e os resultados menos previsíveis. Mas o *marketing* começou a ganhar força em 1952, na campanha presidencial dos Estados Unidos, em que o candidato Dwight D. Eisenhower contratou uma agência para impulsionar sua candidatura. As técnicas do *marketing* se fizeram presentes, de modo mais intenso, a partir da campanha de John

Kennedy, em 1960. Nessa eleição, a equipe do candidato se aproveitou da comunicação televisiva para alcançar o eleitor e construir sua imagem, comparando-a com a do seu oponente, Richard Nixon (FIGUEIREDO, 2000). Na América Latina, o uso do *marketing* político é mais recente, em função das seguidas interrupções das eleições e do regime democrático na região.

O Brasil tem-se destacado pelo uso das técnicas de *marketing* político e por campanhas profissionalizadas. Pode-se dizer que os princípios do *marketing* remontam à eleição de Prudente Moraes, primeiro político civil a assumir de forma direta o cargo de presidente, em 1894. Ele fez uso de mensagens veiculadas na imprensa, além de intenso corpo a corpo. Dispunha de uma lista de eleitores e enviava cartas personalizadas, solicitando apoio e voto. A campanha foi planejada com discursos que utilizavam o trinômio *Constituição, educação e estabilidade* (ROMANINI, 2002). Mas o *marketing* como ferramenta componente da política se estabeleceu como elemento fundamental após a redemocratização, iniciada nos anos 1980, quando as eleições passaram a despertar maior atenção dos grupos organizados, atraindo elevadas somas de recursos financeiros e massificando o interesse sobre elas.

É usual a conceituação do *marketing* político a partir de sua associação às pesquisas de opinião como "um conjunto de técnicas e procedimentos cujo objetivo é avaliar, através de pesquisas qualitativas e quantitativas, os humores do eleitorado, para, a partir daí, encontrar o melhor caminho para que o candidato atinja a maior votação possível" (FIGUEIREDO, 2000, p. 14). Através da apropriação dos diagnósticos realizados pelas pesquisas, o *marketing* pode incentivar aderências às políticas e promover resistências a temas. Igualmente, pode agir no sentido de converter apoios difusos em votos; provocar consensos sobre agendas; adicionar confiança aos partidos e instituições; auxiliar na construção de cenários políticos e interferir nas opiniões sobre o desempenho dos agentes públicos. Porém, o uso das técnicas do *marketing* e de sua capacidade de persuasão é limitado pelas ideologias, atitudes, crenças, cultura política e outras variantes sociológicas e econômicas, que atuam conjuntamente sobre os comportamentos dos indivíduos e dos grupos.

Atualmente, podem ser encontradas muitas críticas em relação ao uso exacerbado das técnicas mercadológicas, que foram introduzidas pelo *marketing* nas campanhas eleitorais e nas relações dos governos com os governados. A principal crítica versa sobre a manipulação da opinião pública, pois tais técnicas substituem os partidos e agregam os cidadãos como consumidores de serviços. Para atrair votos, a política teria se adaptado à sociedade do espetáculo, no qual o desenho imagético ocupa o espaço dos conteúdos políticos. Os partidos passaram a agir como modernas empresas orientadas, sobretudo, para o mercado, em busca da maior utilidade para o voto. Nesse sentido, as políticas são subsumidas pelos aspectos formais. Os canais nos quais as mensagens são veiculadas, sobretudo na mídia, e as imagens adquirem mais relevância que os conteúdos políticos. Os partidos teriam se adequado a um sistema político direcionado pelo *marketing*, valendo-se das suas mesmas regras para atrair a atenção do público e ativar as preferências dos eleitores.

Ao apresentar a definição dos governos nos países ocidentais como uma *democracia do público*, Manin (1995) conseguiu caracterizar as mudanças das formas de governo representativo. Dentre essas, estão duas extremamente importantes, do ponto de vista da comunicação política: o declínio da imprensa de partido e de opinião e o surgimento de uma imprensa comercial, e a consolidação dos meios de comunicação de massa como um *locus* das práticas políticas contemporâneas.

Marketing político e imprensa estão em constante posição de interação e de tensão. A formação de uma imprensa comercial significou o estabelecimento de novo tipo de relação entre partidos, políticos e cidadãos. No decorrer do século 20, os jornalistas assumiram o papel de *cães de guarda* da democracia, realizando uma cobertura idealmente mais objetiva, crítica e imparcial. Na ausência de uma imprensa capaz de lhes respaldar, as mensagens de governantes e seus partidos, bem como suas próprias imagens públicas, passaram a ser mediadas e interpretadas por um novo ator nem sempre condescendente e receptivo: o jornalista responsável pela cobertura. Isso fez emergir uma tensão constante entre políticos e profissionais da imprensa, com vantagens para estes, "pelo fato de controlarem a esfera da visibilidade" (GOMES, 2004, p. 63).

A transformação dos papéis da imprensa e do jornalista constituiu-se em um estorvo ainda maior para políticos e partidos, sobretudo com o desenvolvimento e o aprimoramento dos meios eletrônicos de comunicação, especialmente a televisão e, recentemente, a internet. Mas, nessa luta pela administração própria da visibilidade, a esfera política entendeu que a possibilidade que lhe restava para o controle da informação política era a propaganda política divulgada pelo rádio e pela televisão (GOMES, 2004, p. 63). Ficou reservada aos políticos e seus partidos a opção de utilizar outras ferramentas e estratégias discursivas para se comunicarem com o público cidadão que eles representavam.

Tal movimento, causado por uma luta de poder e de imposição de imagens públicas, criou o cenário para a transformação da política no "reinado do 'comunicador'" (MANIN, 1995), em uma busca constante de se "governar com base em palavras e imagens difundidas pelos meios de comunicação de massa" (ZALLER, 1998, p. 186). Na condição de perseguidores de multidões, os políticos constantemente utilizam todas as ferramentas disponíveis, como pesquisas quantitativas e qualitativas, para elaborar estratégias eficientes de administração da visibilidade e de construção de imagens públicas às diversas maneiras de se comunicar com os cidadãos. Tudo isso leva a uma transformação na própria maneira de se fazer política e à consolidação de uma política essencialmente midiática (POPKIN, 2006).

Pensadores como Habermas (1984) e outros críticos de uma sociedade e de uma prática política espetacularizadas viram essas transformações de maneira pessimista. Afinal, os princípios da publicidade democrática acabaram subsumidos por uma lógica estratégica dos usos da comunicação política, muitas vezes focada na manipulação das mentes dos cidadãos. Mas o fato concreto é que, do ponto de vista do *marketing* político, a transformação da sociedade e da política em ambientes fortemente midiáticos pode ser, muitas vezes, a válvula de escape dos próprios governantes contra uma imprensa fortemente crítica. Assim, os políticos não precisam travar uma disputa pelo controle da visibilidade de seus governos e partidos apenas nas páginas dos jornais e revistas, nas matérias de telejornais ou nos sites da internet. Existem várias possibilidades e estratégias disponíveis, como campanhas de divulgação de projetos e planos de governo, propagandas político-institucionais, dentre outras. Nesse sentido, o *marketing* político e suas técnicas tornam-se ferramentas extremamente oportunas.

Marketing político não é sinônimo de propaganda política; essa é a etapa final de um processo que envolve pesquisas, estratégias e comunicação. O *marketing* político informa os eleitores e orienta partidos, candidatos e governos. Mas não se restringe ao momento eleitoral; agrega também as atividades de legislar e governar. Nesse sentido, *marketing* político seria um "conjunto de planos e ações desenvolvidos por um político ou um partido político para influenciar a opinião pública em relação a ideias ou atividades que tenham a ver com eleições, programas de governo, projetos de lei, desempenho parlamentar" (SILVA, 2002, p. 19).

O *marketing* político tem adquirido destaque como ferramenta para estratégia e gestão de políticas. Mas seu uso desperta polêmicas, pois "para o acadêmico, é como se o *marketing* e a propaganda não existissem. Para o profissional de *marketing* é como se a ciência política e a sociologia não ajudassem em nada" (FIGUEIREDO, 2000, p. 7). De um lado, defensores das técnicas do *marketing* acreditam que a escolha eleitoral se distancia cada vez mais do plano racional e afirmam que as questões acadêmicas propostas pela ciência política são pouco pragmáticas; de outro, os especialistas em *marketing* são acusados de reduzir o fenômeno político a uma questão estética e psicológica, uma vez que o foco incide sobre a construção de imagens que aguçam a sensibilidade emocional dos cidadãos, deixando de lado aspectos fundamentais, como a ideologia partidária e os projetos para a sociedade (SCOTTO, 2004). Mas, apesar de algumas posições contundentes, o *marketing* político, do mesmo modo, pode ser uma ferramenta importante para a gestão pública e a satisfação dos cidadãos com as políticas.

Ver: *Mass Media*; Opinião Pública

Referências Bibliográficas

FIGUEIREDO, R. (Org.). *Marketing político e persuasão eleitoral*. Rio de Janeiro: Fundação Konrad Adenauer, 2000.

GOMES, W. *As transformações da política na era da comunicação de massa*. São Paulo: Paulus, 2004.

HABERMAS, J. *Mudança estrutural da esfera pública*. São Paulo: Tempo Brasileiro, 1984.

KOTLER, P. *Marketing para organizações que não visam ao lucro*. São Paulo: Atlas, 1978.

MANIN, B. As metamorfoses do governo representativo. *Revista Brasileira de Ciências Sociais*, São Paulo, n. 29, p. 5-33, out. 1995.

POPKIN, S. Changing media, changing politics. *Perspectives on Politics*, Princeton, v. 4, p. 327-341, 2006.

ROMANINI, M. G. *Prudente de Moraes, o precursor da propaganda política no Brasil*. Sua trajetória até a presidência da República em 1894. 2002. 253 f. Dissertação (Mestrado em Comunicação Social) - Universidade Metodista de São Paulo, São Bernardo do Campo, 2002.

SCOTTO, G. *As difusas fronteiras entre a política e o mercado*: um estudo antropológico sobre *marketing* político, seus agentes, práticas e representações. Rio de Janeiro: Relume-Dumará/Núcleo de Antropologia da Política/UFRJ, 2004.

SILVA, C. E. L. *O marketing eleitoral*. São Paulo: Publifolha, 2002.

TORQUATO, G. R. *Marketing político e governamental*. São Paulo: Summus, 1985.

ZALLER, J. R. Monica Lewisky's contribution to political science. *Political Science & Politics*, v.31, n.2, p. 182-189, 1998. Disponível em: www.uvm.edu/~dguber/POLS234/articles/zaller.pdf. Acesso em: 14 set. 2011.

Mass Media

Ana Maria de Abreu Laurenza

Até os anos 1980, era possível apontar quais meios de comunicação se enquadravam como meios de comunicação de massa.

No âmbito da informação jornalística e não da propaganda e das relações públicas, jornais, revistas, rádio, cinema e televisão eram os intermediários entre o fato e o público, com a função de apurar informações através de determinadas técnicas e repassá-las, efetuando um trabalho de mediação que, por anos, discutiu-se se era isento ou não; se ao intermediar repassar-se-ia uma história influenciada pela ideologia daquele ou daqueles que apuraram e produziram a informação; se o calibre de poder político e econômico do meio que emitia a informação influenciaria seu conteúdo; se a informação que expressavam se constituiria de fato nas correntes de opinião pública. Ou seria a opinião do meio?

Dos anos 80 até a segunda década do século 21, a internet e os meios digitais deram agilidade à apuração da informação e ampliaram o alcance do público, assegurando a base material para a formação das redes de comunicação globais. Mas esses meios de comunicação de massa podem ser segmentados, produzindo conteúdos especialmente para determinados públicos. E sobreveio a questão: continuam meios de comunicação de massa, se são produzidos para um segmento, uma parte dessa massa?

O que ocorre nesses meios de comunicação de massa é que a comunicação a ser mediada deverá ser produzida para ser entendida por um amplo espectro de público, de gêneros, classes sociais e níveis educacionais diferentes, grupos com bagagem cultural e religiões diversas. Enfim, será uma informação que deverá ser entendida por maior número de pessoas. Se o critério para formular tal informação for aquele da comunicação, isto é, que objetiva lançar e fortalecer laços sociais, a mensagem articulará seu conteúdo a fim de que faça sentido e esclareça a comunidade à qual se destina, utilizando-se de linguagem concisa e precisa. Ambos, conteúdo e linguagem, refletirão o grau de desenvolvimento cultural do público a quem se direciona.

Em relação aos meios de comunicação de massa, a infraestrutura eletrônica, que surgiu e foi implementada nas economias avançadas, mas integrada à maioria das economias emergentes na segunda década do século 21, propicia seis características distintas que moldam a comunicação de massa: interatividade, mobilidade, conversibilidade, conectividade, ubiquidade e globalização (TOFFLER, 2003).

Essa dinâmica comunicativa da era digital ampliou exponencialmente o espaço da comunicação, criando com uma velocidade extrema emissores simultâneos de informação que, na transição, podem ter esgotado a capacidade humana de agir como receptora de informação dos meios mais tradicionais. Para alguns autores que analisaram a implicação da tecnologia eletrônica, informática e cibernética na indústria cultural do século 20, os meios de comunicação de massa objetivam moldar comportamentos e são em geral articulados sistematicamente como técnicas sociais devido ao modo pelo qual se inserem no jogo das forças sociais e pela influência que exercem na tomada de decisão do receptor.

Em relação aos *mass media*, as características de interatividade, conversibilidade, conectividade e mobilidade estão rompendo com os espaços físicos dos meios de comunicação de massa tradicionais, além de exaurindo seus respectivos capitais políticos. O que se apresenta é um enorme espaço virtual a ser preenchido pelas mais variadas informações, que cumprirão seu objetivo de ser captadas e transformadas em elemento de ligação entre os membros da comunidade, se o receptor abrir-se para essa conectividade. Mas quais características deverão sustentar essa informação, em meio ao mar de emissões que se apresenta, para que sejam refletidas pelo receptor?

Os critérios que viabilizarão a comunicação nessa nova Era da Informação ainda emprestam quesitos do antigo universo do *mass media*. Um deles será a capacidade desse emissor de manter sua credibilidade pública, o capital volátil e intangível dos meios de comunicação de massa.

Nas sociedades democráticas de massa, nas quais os *mass media* são um dos meios de as instituições prestarem conta de suas ações e omissões ao público, a existência de diferentes meios de comunicação não se dá de forma linear e alheia às práticas das economias de mercado. Geralmente, a regulação jurídica, a normatização estatal e, em alguns casos, a participação da sociedade não impedem monopólios, oligopólios e a ação desproporcional do poder econômico e político de um meio de comunicação de massa nas sociedades contemporâneas, nas quais o conhecimento passou a ser um bem de capital. O que dá poder e destaque social a um meio pelo qual transitam informações, que poderão ser tratadas e elevadas ao nível do conhecimento, que poderá cindir e transformar estruturas do porvir.

Privados ou públicos, os meios de comunicação de massa, dentre os quais a internet se insinua pela proliferação de pontos de acesso fornecidos à população de baixa renda que não priva de um computador pessoal ou familiar, avançam para se adequarem aos meios digitais. Grande parte dos jornais, revistas, emissoras de rádio e TV mantém seus *sites* produzindo informação ininterruptamente.

Em relação à propriedade dos meios de comunicação de massa, salienta-se que os meios estatais, nos quais os governos são acionistas majoritários, raramente produzem conteúdo crítico ao governo de plantão. Quanto aos meios privados, esses vivem a dicotomia de objetivar lucros por terem acionistas e se enquadrarem nos quesitos da propriedade privada, enquanto exercem uma função pública, ao se apresentarem como produtores editoriais de conteúdo, colaborando efetivamente para a formação de agendas públicas e agendas governamentais no campo das políticas públicas. Nesse paradoxo, quebra-se o poder monolítico que se costuma dar à indústria cultural, que é, sim, poderosa política e economicamente, mas que depende, para sua longa duração e subsistência, do capital volátil da credibilidade que, em última análise, lhe é dada pela ágora pública, hoje também eletrônica, de determinado tempo e espaço, apesar das conexões planetárias da atual sociedade-mundo (IANNI, 2003).

Os meios de comunicação de massa não são neutros, podem desenvolver democracias e tiranias, dependem do arcabouço social, político e jurídico das sociedades nas quais atuam em direção à prestação pública de contas para desempenhar seu papel de mediador esclarecido, emprestando-se um termo do Iluminismo. É sabido que os meios de comunicação são alimentados por agências internacionais de conteúdo que podem aparar e tornar a informação homogênea, caso não haja capacidade profissional ou interesse em complementar esse material com as implicações territoriais do público a quem a informação se destina.

Um dos fenômenos do processamento de informação digital são *sites* que espalham conteúdos diferenciados na internet, como documentos confidenciais de governos, sem se submeterem às regras do sigilo estatal em nome de seguranças nacionais, usualmente praticadas pelos *mass media* convencionais. Esse novo elemento na comunicação de massa desconcerta a suposta neutralidade empregada pelos antigos meios e seus acordos de subsistência ante a autoridade dos Estados nacionais.

A agilidade nas relações sociais dessas mídias lhes dá a independência editorial tão sonhada quanto a da imprensa, desconcerta Estados, governos e a própria indústria cultural. Seu conteúdo é produzido por dissidentes, ativistas, jornalistas que checam dados e descobrem pautas que revelam segredos e conspiração em detrimento da população, praticando o chamado ativismo jornalístico. No aspecto comercial, esses *sites* têm baixa dependência estrutural em relação ao grande capital e aos governos para seu funcionamento, cobrindo suas despesas com a colaboração direta de seus leitores, localizados no espaço exponencial da internet.

Ver: *Marketing* Político; Opinião Pública

Referências Bibliográficas

IANNI, O. *Enigmas da modernidade-mundo*. Rio de Janeiro: Civilização Brasileira, 2003.

LAURENZA, A. M. A. *Jornalismo e políticas públicas*. A imprensa de São Paulo esclarece a dinâmica da participação política quando cobre o discurso e a ação pública? (1994-2004). 2005. Tese (Doutorado em Ciências da Comunicação). Escola de Comunicações e Artes da Universidade de São Paulo, São Paulo, 2006.

TOFFLER, A. *Poweshift, as mudanças do poder*. 6. ed. Rio de Janeiro: Record, 2003.

UCHOA, R. O libertário da nova informação. *Jornal Valor Econômico*, São Paulo, p. A12, 28 jul. 2010.

Medidas de Pobreza

Marcelo Neri

O conceito de pobreza visa medir carências humanas. Ele mede as dificuldades vividas por diferentes indivíduos numa dada sociedade e as agrega em um único número, o que permite auferir o desempenho de políticas de inclusão social e nortear seu desenho. Sua compreensão implica alguns desdobramentos: (1) compará-lo a outros conceitos; (2) fixar o olhar no desenho dessas políticas; e (3) privilegiar aspectos úteis para a definição de metas sociais, como mecanismo de mobilização e coordenação de ações do Estado e da sociedade no sentido da superação da pobreza.

Cabe inicialmente apontar semelhanças e diferenças entre alguns conceitos próximos às medidas de pobreza aqui discutidas. Em primeiro lugar, os conceitos de *bem-estar social* e de *pobreza* procuram ambos agregar o nível de bem-estar de diferentes indivíduos numa dada sociedade em um único número. Isso permite comparações simples entre sociedades ou numa mesma sociedade ao longo do tempo. A diferença é que o conceito de bem-estar leva em conta a situação quantificada de todos os indivíduos do grupo social, enquanto o de pobreza só capta a parcela de indivíduos cujo bem-estar se encontra abaixo de um determinado parâmetro, denominado *linha de pobreza*. Em outras palavras, a ideia do conceito de pobreza é captar a descontinuidade entre aqueles que participam minimamente da cidadania e aqueles que não participam.

Há medidas de pobreza com muitas dimensões e outras, mais simples, com uma única dimensão. No primeiro caso, temos aquelas que levam em conta a falta de acesso a outros elementos básicos, como saneamento e eletricidade. A literatura latino-americana tem utilizado o conceito de *Necessidades Básicas Insatisfeitas* (NBI), que computa a proporção da população que não tem acesso a uma determinada cesta básica de bens ou serviços. Já o *Índice de Pobreza Humana* (IPH), concebido e acompanhado pelo Programa das Nações Unidas de Desenvolvimento (Pnud) seguindo a linha do Índice de Desenvolvimento Humano (IDH), computa a falta de acesso de uma parcela da sociedade a itens como renda, educação e saúde.

Na prática, apesar de ignorarem algumas complexidades, os índices de pobreza que se restringem a uma única dimensão monetária são mais usuais por conta de sua operacionalidade. Mas, mesmo quando o cálculo da desigualdade considera apenas a dimensão monetária, é necessário escolher entre a dimensão renda e as despesas de consumo como unidades de medida. Despesas de consumo são internacionalmente mais aceitas como unidade de medida, pois o nível de bem-estar das pessoas está mais relacionado ao que consomem do que ao valor de seus ganhos. No entanto, esse não é o caminho em geral tomado nas estimativas de bem-estar encontradas no Brasil, onde se consolidou a tradição de se perguntar a renda das pessoas nas pesquisas domiciliares.

O cálculo de indicadores de pobreza entendida em termos de insuficiência de renda requer a fixação de uma linha abaixo da qual os indivíduos são considerados pobres. A adoção de uma linha oficial é o primeiro passo lógico para a adoção de metas de redução da miséria ao longo do tempo. É essencial que se adote uma linha, independentemente do valor arbitrado, mas a linha oficial mais interessante deve ser fixada acima de idiossincrasias locais.

Como o objetivo de combate à miséria transcende mandatos de governos e fronteiras nacionais, é possível escolher linhas de US$1,00 ou US$2,00 por pessoa, ajustadas pela paridade de poder de compra (PPP), que leva em conta diferenças de custo de vida entre países e deve ser sempre traduzida em moeda local e ajustada pelo índice de inflação oficial doméstico. O Brasil ainda não fixou uma linha oficial de pobreza. Os EUA o fizeram em 1963, seguidos de Índia e Irlanda.

Na literatura brasileira, também tem sido evitado o uso de faixas de salário mínimo comum, por pelo menos duas razões. Em primeiro lugar, o poder de compra do salário mínimo tem mudado sistematicamente ao longo do tempo. Na época do Censo 2000, a linha da Fundação Getulio Vargas (FGV), adotada usualmente, superava a faixa de meio salário mínimo. A preços de 2009, a mesma linha equivale a pouco mais de um quarto de salário mínimo, ajustada pelo Índice Nacional de Preços ao Consumidor (INPC) do IBGE. Ou seja, o uso do salário mínimo como numerário falha em manter constante o poder de compra ao longo do tempo, que seria uma motivação inicial para seu uso como linha de pobreza absoluta. Além disso, o uso do salário mínimo não vem, em geral, acompanhado de diferenciadores do custo de vida regional.

As *linhas de indigência* delimitam os valores monetários que permitem suprir necessidades calóricas básicas. No Brasil, no Centro de Políticas Sociais da FGV, optou-se por uma linha de miséria baseada apenas em necessidades alimentares mínimas, fixadas pela OMS (2.288 calorias/dia) e traduzidas em valores monetários segundo os hábitos de consumo das pessoas situadas entre os 20% e os 50% mais pobres da população. O resultado é uma linha de R$144,00 mensais por pessoa, avaliada a preços médios nacionais de setembro de 2009.

Existe também um componente subjetivo na definição da linha de miséria. A Pesquisa de Padrões de Vida realizada pelo IBGE, usando a metodologia do Banco Mundial, contém perguntas cuja resposta é subjetiva. Uma pergunta de particular interesse aqui é: considerando a sua família, qual seria a menor renda mensal necessária para cobrir gastos de alimentação? A média das respostas é 40% maior que a linha da FGV.

O cálculo de *linhas de pobreza* encerra todas as escolhas metodológicas da linha de indigência, além de embutir outras relativas ao consumo de outros bens e serviços, como as despesas alimentares, as de habitação, de vestuário e de transporte.

Além de linhas de pobreza absolutas, existem linhas relativas, nas quais se usa algum parâmetro da distribuição – como uma fração da média ou da mediana de renda – de forma que sociedades mais abastadas possuem níveis absolutos de linha de pobreza mais altos. A análise de linhas absolutas de pobreza, calculadas separadamente para um número grande de países, demonstra que, onde o nível de renda estabelecido segundo o custo de vida nacional é mais alto, também é mais alta a linha de pobreza absoluta. Isso quer dizer que, no fundo, a pobreza absoluta varia conforme as condições dos diferentes países.

No estabelecimento das linhas de pobreza ou de indigência, temos uma série de outros elementos subjetivos – e arbitrários – envolvidos no processo de agregação dos pobres. A literatura de pobreza baseada em renda (ou consumo) usa, em geral, três indicadores que descrevem a extensão e a intensidade da pobreza e sua variação entre os considerados pobres, chamados família FGT (Foster-Greer-Thorbecke). Em primeiro lugar, no índice denominado proporção dos pobres (P^0), conta-se a parcela da população cuja renda familiar *per capita* está abaixo de uma linha de miséria arbitrada.

O P^1 constitui um indicador mais interessante, já que leva em conta a intensidade da miséria. Revela quanta renda adicional cada miserável deveria receber para satisfazer suas necessidades básicas. A utilidade desse indicador no desenho de políticas sociais é direta, pois ele é capaz de informar os valores mínimos necessários para erradicar a miséria. A hipótese subjacente é que cada miserável receberia apenas o suficiente para içá-lo até a linha de pobreza.

Finalmente, o indicador conhecido como P^2 eleva ao quadrado a insuficiência de renda dos pobres, priorizando as ações públicas aos mais desprovidos. Se a meta fixada fosse a redução do P^0, existiriam incentivos espúrios para a adoção de políticas focadas no segmento logo abaixo da linha de pobreza, e não nos mais miseráveis. Por exemplo, dar em primeiro lugar R$1,00 a quem tem renda de R$79,00 e não R$ 80,00 a quem tem zero. Além dessa inversão de prioridades, o foco das políticas redistributivas seria bastante sensível à escolha sempre arbitrária da linha de miséria.

No caso do P^2, independentemente da linha arbitrada, a prioridade é sempre voltada aos de menor renda. A adoção do P^2 corresponde à instituição de uma espécie de ascensor social que partiria da renda zero. A meta de redução do P^2, ao conferir prioridade máxima às ações voltadas para os mais carentes, é mais eficiente em termos fiscais. Em suma, o P^0 conta miseráveis, o P^1 conta o dinheiro que falta para se pôr fim ao problema e o P^2 nos dá o norte das ações, dizendo por onde começar.

Outra questão associada é que as metas sociais deveriam de alguma forma levar em conta a trajetória do indicador escolhido ao longo do tempo. Por exemplo, se a meta for reduzir à metade a proporção de miseráveis até determinada data, digamos 1º de janeiro de 2015, a maneira mais barata de atingi-la seria completar na véspera, ou seja, 31 de dezembro de 2014, a renda dos 50% menos miseráveis até a linha.

Ver: Desenvolvimento Humano; Garantia de Renda; Igualdade; Indicadores Sociais; Política Social; Renda Mínima; Transferência de Renda Condicionada

Referências Bibliográficas

BARNAJEE, A.; BÉNABOU, R.; MOOKHERJEE, D. *Understanding poverty*. Oxford: Oxford University Press, 2006.

BARROS, R. P.; FOGUEL, M. N.; ULYSSEA, G. (Orgs.). *Desigualdade de renda no Brasil*: uma análise da queda recente. Rio de Janeiro: Ipea, 2007. 2. v.

DEATON, A. *The analysis of household surveys*. Washington: World Bank, 1997.

FOSTER, J.; GREER, J.; THORBECKE, E. A class of decomposable poverty measures. *Econometrica*, New York, v. 52, n. 3, p. 761-765, 1984.

NERI, M.; XEREZ, M. On The political economy of poverty alleviation. In: KAKWANI, N.; SILBER, J. (Eds.). *The many dimensions of poverty*. New York: Palgrave Macmillan, 2008. p. 231-250.

Mercado

Adriana Nunes Ferreira

Simone Silva de Deos

Mercado pode ser definido como um conjunto de relações – às vezes mais, às vezes menos institucionalizadas – entre produtores ou portadores de bens e serviços que são produzidos intencionalmente para a troca. Assim definido, pode ser considerado um conceito quase universal, uma vez que é aplicável a quase toda a história da sociedade. Entretanto, sua importância interpretativa ganhou força e presença na teoria econômica e na teoria política com o advento das interpretações sobre o capitalismo, a mais acabada e complexa economia de mercado desenvolvida pelos seres humanos.

O conceito está no berço da economia política. Em *A riqueza das nações* (1776), Adam Smith elegeu o mercado como o coordenador por excelência das ações dos indivíduos. Smith buscava, em um ambiente em que os laços feudais desmoronavam e a sociabilidade era crescentemente mercantil, desvendar os segredos da acumulação da riqueza. No contexto de uma economia de trocas, caberia, ao mercado, como que por meio de uma mão invisível, transformar a miríade de ações individuais autointeressadas em um resultado social ótimo.

Para Smith, a sociedade de trocas, ou de mercado, emergiria naturalmente, pois os seres humanos teriam sido agraciados pela natureza com uma propensão à troca. Graças a isso, o indivíduo teria incentivo para se especializar na produção de um determinado bem, o que o obrigaria a enfrentar o mercado para nele vender o excedente de sua produção, relativamente à sua necessidade de consumo individual. Com o produto dessa venda, poderia adquirir uma cesta de bens e satisfazer suas necessidades. Ao mesmo tempo, essa divisão do trabalho levaria, naturalmente – e esse termo é fundamental –, a um grande aumento da produtividade social do trabalho, causa última da riqueza das nações. Contudo, para que tal mecanismo funcionasse a contento, seria necessário que a extensão das trocas – e, portanto, do mercado – fosse tão grande quanto possível. E é nessa quadra que se inscreve o papel do Estado, para Smith: defender o pleno funcionamento dos mercados, vale dizer, a garantia do direito de propriedade e a plena mobilidade do capital entre diferentes setores, ou entre aplicações alternativas. É dessa forma que, em uma economia de mercado, os indivíduos, buscando apenas seu próprio interesse e não encontrando empecilhos à escolha da melhor aplicação para seu capital, levariam essa sociedade a um Estado ótimo.

A visão otimista de Smith sobre a economia de mercado é contestada ao longo da tradição da economia política clássica. David Ricardo, em seus *Princípios de economia política e tributação*, ao problematizar a acumulação de capital, daria novos contornos ao argumento de que o mercado deveria funcionar livremente, sem barreiras, a fim de que o capital pudesse encontrar sua melhor aplicação. Em Ricardo, está em jogo o futuro do sistema, dado que em países como a Inglaterra, em que havia abundância de capital, mas escassez de terras férteis, o aumento do valor relativo dos alimentos, e o consequente aumento da renda destinada aos proprietários das terras (nas quais eram cultivados os alimentos), poderia levar a um esmagamento generalizado dos lucros – a renda do capital. Era o temível estado estacionário, ameaçando o horizonte da acumulação capitalista. Por outro lado, se cada país se especializasse na produção dos bens em que houvesse vantagens comparativas – isto é, a vantagem de produzir um bem em determinado país, que emerge quando se comparam não só os custos de produzir cada bem em cada um dos países, mas a razão de produtividade entre os diversos bens em cada uma das economias –, o estado estacionário poderia ser adiado. A extensão do livre mercado à economia-mundo, justificada pela teoria das vantagens comparativas, ampliaria o espaço da divisão do trabalho e levaria a uma divisão internacional do trabalho que seria benéfica à acumulação capitalista. Nos marcos da teoria econômica ricardiana, o Estado deveria, novamente, zelar pela livre mobilidade de capitais e pela máxima extensão do mercado – o que implicaria, então, promover o livre comércio em âmbito internacional.

Marx, em *O capital* (1867), traz o contraponto fundamental à economia política clássica, ao desnaturalizar as contribuições de seus antecessores. Para Marx, o mercado, a mercantilização das relações sociais e a própria mercadoria, forma elementar da riqueza, são histórica e socialmente determinados. De fato, para Marx, as relações econômicas e sociais não poderiam estar mais distantes de uma suposta natureza humana, e menos ainda poder-se-ia associá-las a um estado social ótimo. Antes o contrário: a mercantilização das relações sociais e, notadamente, a constituição da força de trabalho como mercadoria foram resultados de um processo histórico violento, ao mesmo tempo que vários mercados (e aqui, privilegiadamente, o de trabalho) tornaram-se palco de acirradas lutas políticas.

Além de desnaturalizar o mercado, a crítica da economia política de Marx ilumina outro aspecto crucial das economias mercantis: a possibilidade de crises. Com efeito, quando se passa de uma situação na qual predomina o escambo de bens, para outra, caracterizada pela troca de mercadorias visando à satisfação das necessidades e intermediada pelo dinheiro (a economia mercantil simples), é possível que as mercadorias não encontrem comprador. Pode haver, em outros termos, uma insuficiência de demanda: basta que detentores de dinheiro desejem manter sua riqueza sob essa forma. Ademais, a transição lógica operada em Marx, de uma economia mercantil simples para uma economia mercantil capitalista, sendo essa caracterizada pelo movimento incessante do capital na busca de valorização na forma monetária, aprofunda o espaço teórico das crises numa economia comandada pelo imperativo da valorização incessante do capital na forma monetária. Em Marx, o Estado não é chamado a cumprir papel algum na regulação da economia, uma vez que seria, no modo de produção capitalista, um defensor dos interesses burgueses. Contudo, a análise de Marx, ao evidenciar a dinâmica contraditória do capital e apontar para suas sucessivas crises, além de colocar em primeiro plano o caráter desigual dessa sociedade, pode servir, ironicamente, de inspiração para uma reflexão acerca do papel que cabe ao Estado num sistema com tais contornos.

A chamada *revolução marginalista*, por sua vez, iniciada no último quartil do século 19, traz uma profunda modificação nos rumos do pensamento econômico – pelo menos no que concerne à sua corrente principal. A nova ciência econômica que ali nasce define-se como dedicada a adequar meios escassos a determinados fins, e no centro de seu corpo teórico introduz um agente individual maximizador. No caso de firmas, o objetivo é a maximização de lucros; no caso de consumidores, a utilidade derivada do consumo. Nesse contexto, o mercado volta à cena, com toda a força, como coordenador por excelência das ações privadas. Assim, o resultado social será o equilíbrio maximizador em todos os mercados, o que implica que a remuneração dos fatores, inclusive do agora chamado fator trabalho, será igualmente ótima, e que os objetivos de todos os agentes tendem a se equilibrar. Os preços, num mercado competitivo, irão flutuar de modo a equilibrar oferta e demanda de bens e fatores e, assim, não haverá nem superprodução, nem escassez. Nesse aparato, vale dizer, não há espaço para o desejo pelo dinheiro, e as trocas se sucedem livres dessa perturbação. Quanto ao Estado, o papel que lhe cabe é evitar que haja distorções nos sistemas de preços – que poderiam ser introduzidas, por exemplo, pela ação colusiva e coletiva dos agentes.

Keynes, em certo sentido, é filho da revolução marginalista, mas coloca esse edifício teórico abaixo, atingindo-o em seus pressupostos mais fundamentais. A ideia de que o mercado é o melhor coordenador das ações entre os homens, levando aos melhores resultados para o conjunto da sociedade, é por ele enfaticamente rechaçada, desde "O fim do laissez-faire", de 1926. Em sua *Teoria geral* (1936), o autor aprofunda o argumento e acusa o aparato teórico no qual se formara de ser incapaz de explicar o funcionamento das economias monetárias.

Essa reviravolta teórica se assentava numa visão sobre o motor da economia monetária ou empresarial – marcada pela assimetria entre proprietários e não proprietários de riqueza –, profundamente distinta daquela que vigorava no edifício teórico marginalista: o empresário não estaria interessado na produção, mas no lucro monetário que poderia dela advir. Assim, a produção seria apenas um meio de "terminar com mais dinheiro do que quando começou" (Keynes) – e apenas uma dentre várias opções colocadas aos proprietários de riqueza para tal fim. Uma consequência importante dessa construção teórica é que o nível de produção correspondente ao pleno emprego poderia não se revelar vantajoso para os proprietários de riqueza. Assim, o mercado não seria um otimizador do sistema, o que abriria vasta agenda política para o Estado.

De fato, e para além da utilização de vários instrumentos de política contracíclica, destinados ao manejo da demanda agregada – e assim, à mitigação do desemprego –, Keynes concebia um papel profundo para o Estado, de regulação permanente do campo em que os agentes privados tomam suas decisões de gasto. É nesse sentido que preconizava a "eutanásia do *rentier*", a partir de um aumento do volume de capital que o tornasse abundante, e não mais escasso, e uma redistribuição de renda que levasse a um aumento da propensão a consumir. De todo modo, se de um lado Keynes retira do mercado a prerrogativa de ser o coordenador ótimo das ações dos agentes, certamente não descarta que, a partir de uma atuação consistente do Estado, uma economia capitalista possa produzir resultados socialmente desejáveis. Esse raciocínio está na base de um enorme conjunto de intervenções estatais que foram levadas a cabo pelos Estados nacionais, particularmente a partir do segundo pós-guerra, e que podem ser caracterizadas como constitutivas do universo das políticas públicas tal como o entendemos hoje.

Desde a revolução keynesiana, muitas escolas de pensamento se sucederam ao longo do que se pode chamar de *corrente principal* da teoria econômica, aquela majoritariamente ensinada nas escolas de economia e a que mais repercute no debate público. No entanto, subsiste a clivagem básica entre aqueles que entendem que o mercado seja o melhor regulador entre as ações dos homens e os que não partilham dessa visão. Como corolário, desenham-se papéis para o Estado muito distintos: para os primeiros, o Estado deve ampliar o espaço das relações de mercado e sanar suas eventuais falhas; para os outros, abre-se um papel muito mais amplo de regulação do campo, desigual, em que os agentes tomam suas decisões de aplicação de riqueza, de modo a conduzir a uma sociedade mais justa.

Ver: Economia de Mercado; Economia Política; Estado; Mercantilização/Desmercantilização; Regulação/ Agências Reguladoras

Referências Bibliográficas

KEYNES, J. M. O fim do Laissez-faire. In: Szmrecsányi, T. (Org.). *John Maynard Keynes*: economia. 2. ed. São Paulo: Ática, 1984.

______. *A teoria geral do emprego, do juro e da moeda*. São Paulo: Abril Cultural, 1983.

MARX, K. *O capital*: crítica da economia política. São Paulo: Nova Cultural, 1988.

RICARDO, D. *Princípios de economia política e tributação*. São Paulo: Abril Cultural, 1982.

SMITH, A. *A riqueza das nações*. São Paulo: Nova Cultural, 1988.

Mercantilização/ Desmercantilização

Geraldo Di Giovanni

No campo das políticas públicas, os conceitos pares mercantilização e desmercantilização referem-se ao grau em que indivíduos, famílias ou grupos sociais aproximam-se ou afastam-se do mercado para preencher suas necessidades de proteção social.

Esses conceitos remontam às formulações de Karl Marx (1818-1883) e Karl Polanyi (1886-1964) sobre a transformação do trabalho em mercadoria nas sociedades e economias capitalistas. Polanyi, mais precisamente, desenvolveu o conceito de "mercadorias fictícias" para referir-se a certos tipos de bens que, sob o modo capitalista de produção, transformaram-se em mercadorias. Em *A grande transformação* (1980), identificou ao menos três mercadorias fictícias: a força de trabalho, a terra e o dinheiro. Mais importante, identificou também, como tendência inerente ao desenvolvimento do capitalismo, a constituição progressiva de mercados que leva, por intensificação ou extensão, à metamorfose de determinados bens em mercadorias.

A questão da mercantilização da força de trabalho ganha especial importância na discussão e na crítica de matriz socialista ao capitalismo. Nesse conceito – força de trabalho como mercadoria – ancoram-se grandes questões relativas ao mundo capitalista, desde seu advento até a contemporaneidade: conflito social, salário, emprego e desemprego, sindicalismo, gasto social e proteção social.

Como questão derivada, é importante apontar também que a própria dinâmica do desenvolvimento do capitalismo fez com que a mercantilização da força de trabalho fosse apenas parcial. Resultou disso que o trabalho humano passou a ser categorizado por sua subordinação direta ou indireta ao capital, ou, em outras palavras, pelo seu caráter mais ou menos "mercadorizado". Assim, o surgimento do trabalho informal, as características do trabalho doméstico e feminino e do trabalho infantil suscitam conflitos relativos à proteção social, na medida em que essas formas do trabalho não foram institucionalizadas e protegidas pelos Estados capitalistas na mesma proporção que o trabalho assalariado.

Se existe uma tendência inerente ao desenvolvimento capitalista de transformar o trabalho em mercadoria e submetê-lo, assim, a um padrão usurário de racionalidade econômica, ao longo da história reações societárias de natureza política paulatinamente construíram sistemas de proteção ao trabalho que foram um estorvo a essa tendência aparentemente inexorável. Dito de outra forma, não há lugar dentro das leis que regem a sociedade e a economia capitalista para uma completa desmercantilização do trabalho, mas é possível, sim, pensar tal desmercantilização em termos de graus em que os trabalhadores possam ter alguma imunidade ao mercado e padrões de vida e qualidade laboral aceitáveis (ESPING-ANDERSEN, 1990, p. 37).

Nessa acepção, o conceito foi amplamente utilizado nos estudos das relações entre Estado e mercado, especialmente no que diz respeito aos sistemas de saúde, educação, emprego e renda, e assistência social; subsistemas de proteção social que, dependendo do caráter das políticas públicas adotadas, podem revelar maiores ou menores graus de mercantilização/desmercantilização.

Também a tradição conservadora criticou os processos de mercantilização que se seguiram à Revolução Industrial, uma vez que os processos de individualização do trabalhador sob o capitalismo representavam grande abalo nas formas de solidariedade familiar e comunitária pré-capitalistas. Isso fez com que a ação dos Estados, inspirada por princípios conservadores, jogasse contra a mercantilização, utilizando-se, porém, de princípios fundamentalmente assistencialistas, que se opunham ao reconhecimento dos direitos da cidadania. A dualidade na concepção da desmercantilização, que se verifica entre social-democratas e conservadores, influenciará diretamente as políticas públicas que visam à desmercantilização, no que diz respeito a seus métodos, práticas e objetivos (ESPING-ANDERSEN, 2000, p. 65).

Mais recentemente, o conceito assim aplicado foi retomado por Gøsta Esping-Andersen (*The three worlds of Welfare capitalism*, 1990) e passou a ser utilizado não apenas para medir a submissão da proteção social de trabalhadores e demais classes sociais aos mecanismos de mercado, mas também como um dos critérios de tipificação dos *Welfare States*. Assim, o modo de usufruto dos direitos de cidadania passou a ser compreendido em estreita relação com os regimes de proteção social criados na história política das várias nações. Estabeleceu-se uma correlação entre altos graus de desmercantilização da proteção social e as formas social-democratas de organização dos *Welfare States* e, no polo oposto, entre formas de proteção social altamente mercantilizadas e os regimes liberais.

Ver: Mercado, Proteção Social, *Welfare State*

Referências Bibliográficas

ESPING-ANDERSEN, G. *The three worlds of Welfare capitalism*. Cambridge: Polity Press, 1990.

______. *Fundamentos sociales de las economías post-industriales*. Barcelona: Ariel, 2000.

______. *Trois leçons sur l'État-providence*. Avec présentation de Bruno Palier. Paris: Seuil, 2008.

POLANYI, K. *A grande transformação* - As origens da nossa época. Rio de Janeiro: Campus, 1980.

Meritocracia

Marco Aurélio Nogueira

A consideração rigorosa do mérito é a essência da meritocracia, um sistema de poder ou de organização (uma *cracia*) no qual as posições são conquistadas com base no merecimento e na competência. Trata-se de um método de seleção de quadros, um critério para que se estabeleçam valores ou aptidões específicas *vis-à-vis* determinadas atividades.

Há duas visões inerentes à ideia de meritocracia. Uma é afirmativa e toma como critério básico o desempenho, os talentos, as habilidades e os esforços de cada um. Outra, negativa, rejeita os privilégios e valoriza as pessoas independentemente de suas trajetórias políticas ou sociais (BARBOSA, 2006, p. 22). Em ambas, a meritocracia liga-

-se à ideia de igualdade de oportunidades (a chamada igualdade competitiva), que prevê a eliminação de todas as formas de incapacitação jurídica atribuída e não, como muitas vezes se pensa, a igualdade substantiva, de fato (ROEMER, 1998). Por essa via, que veta a consideração de vantagens ou privilégios derivados de parentesco, relações pessoais, perfil ideológico e indicação política, a meritocracia se estrutura como um sistema que advoga o máximo de eficiência e justiça na seleção de pessoas.

Ao menos em princípio, a meritocracia integra o conjunto de procedimentos de um Estado moderno ou de uma organização burocrática, ou seja, que adota a impessoalidade, a racionalidade técnica e o perfil profissional como critérios de acesso ou de promoção. A seleção de servidores estatais mediante concursos públicos costuma ser a prática mais usual nesses casos. Pode-se também falar em meritocracia no caso dos exames de acesso à universidade (vestibulares) ou de aferição de competência escolar, nos quais estão suspensas as formas de discriminação ou de privilegiamento e, ao contrário, é considerado tão somente o desempenho obtido por mérito pessoal. Com tais procedimentos, imagina-se que possam ser obtidos resultados melhores, mais justos e criteriosos. Dado que se trata de um sistema eminentemente competitivo, supõe-se também que dele possam advir estímulos para o aumento da produtividade e da eficiência, já que em tese todos tenderiam a render o máximo tendo em vista que os "melhores" serão devidamente recompensados.

Em uma utilização mais ampliada, fala-se de meritocracia para qualificar as formas competitivas de atribuição de vantagens ou direitos, como no caso dos sistemas de proteção social que garantem o acesso a seus serviços exclusivamente a grupos ou pessoas qualificadas por certos atributos ou que contribuem para a construção e manutenção dos próprios sistemas. Pertencer a determinado grupo (contribuintes, membros de uma dada corporação, integrantes de uma faixa salarial ou empregados, por exemplo) é a garantia que concede "mérito" para que alguém seja alcançado por determinada política. Tais sistemas contêm um elemento de exclusão, já que nem todos os membros de uma coletividade podem ter condições de preencher os requisitos. Precisamente por isso, eles se opõem aos sistemas de caráter universalista. Aquilo que já foi chamado, no Brasil, de "cidadania regulada" – na qual são cidadãos "todos aqueles membros da comunidade que se encontram localizados em qualquer uma das ocupações reconhecidas e definidas em lei" (SANTOS, 1979, p. 75) – pode ser considerado um exemplo clássico de um sistema de proteção social de tipo meritocrático.

Em uma tipologia que se tornou referência nos estudos a respeito, distinguiu-se o "modelo meritocrático--particularista", no qual a política social é praticada somente em caráter complementar, para mitigar a ação do mercado, dos modelos "residuais", nos quais "a política social intervém *ex-post* e tem caráter temporalmente limitado", e dos modelos de tipo "institucional-redistributivo", voltados "para a produção e a distribuição de bens e serviços sociais 'extramercado', que são garantidos a todos os cidadãos universalmente cobertos e protegidos" (TITMUSS, 1963). A tipologia foi posteriormente reavaliada, atualizada e complementada por diversos autores (ESPING-ANDERSEN, 1991).

No entanto, faltam critérios consistentes para uma definição consensual do que venha a ser mérito. "A ideia de meritocracia pode ter muitas virtudes, mas a clareza não é uma delas", pois o conceito de mérito é profundamente contingencial em relação ao modo como se define o que é uma boa sociedade (SEN, 2000, p. 5). É fácil de ser proposta, mas difícil de ser praticada de modo rigoroso. Bom indicador disso é a adoção de critérios meritocráticos para o preenchimento de cargos da administração pública. No Brasil, por exemplo, país em que o estatuto do funcionalismo público prevê a prevalência do mérito, é bastante usual o preenchimento de cargos de direção e assessoramento superiores (DAS) por critérios políticos, clientelistas ou baseados no favorecimento. As próprias normas admitem, também, que para atender a "necessidade temporária de excepcional interesse público" podem ser feitas nomeações sem concurso público, reservando alguns cargos de livre provimento, a serem preenchidos mediante critérios de confiança. No entanto, ainda que possa ter particular incidência na situação brasileira, o problema tem maior amplitude. Nos Estados Unidos, costuma-se associar a meritocracia aos mitos fundadores da própria nacionalidade norte-americana, assentada em um sistema de forte reconhecimento do mérito individual e no qual as pessoas podem obter sucesso na proporção de seu empenho, de seus talentos e habilidades (MCNAMEE; MILLER JR., 2009). Lá, como aqui, há uma ampla zona de dúvida e polêmica quanto à efetividade, ao valor e à validade da meritocracia, nem sempre interpretada como um procedimento capaz de produzir justiça e bons resultados.

A centralização do mérito tende sempre a trazer consigo algum tipo de sistema de incentivos, recompensas ou premiação, o que faz dela um princípio largamente seguido nas empresas privadas, em que a competitividade funciona como valor e norma de conduta. Aqui também há um vasto campo de discussão. Da perspectiva instrumental que associa incentivos e mérito, o critério predominante é o da motivação que levaria alguém a ser mais produtivo ou a produzir melhores resultados, coisa que é impossível de se determinar com alguma precisão (SEN, 2000).

Seja como for, a busca por resultados, o estabelecimento de metas, a eficiência e a produtividade converteram-se aos poucos em elementos importantes na cultura da gestão pública. Mérito, desempenho e profissionalismo tornaram-se conceitos muitas vezes tratados como indissociáveis tanto no universo estatal quanto no do mercado, sendo invariavelmente integrados a um léxico que inclui, também, as ideias de capacitação, avaliação de desempenho individual e gestão de benefícios.

Em sua utilização inicial, a meritocracia tinha forte conteúdo crítico e satírico, como forma de indicar os riscos que poderiam advir de uma excessiva atenção para com fatores de distinção segundo graus de habilidade técnica e escolaridade (YOUNG, 1958). Depurado desse significado, o conceito ganhou livre curso na linguagem administrativa e ultrapassou o mundo empresarial, sendo categoricamente introduzido na esfera estatal a partir dos movimentos de reforma da gestão pública dos anos 1980-1990, que redefiniram o vocabulário tradicional até então adotado no setor. Com a ampla difusão e assimilação dos princípios da administração pública gerencial (BRESSER-PEREIRA, 1998; POLLITT; BOUCKAERT, 2002) e do empreendedorismo (OSBORNE; GABLER, 1997), a meritocracia incorporou-se à cultura da gestão pública.

Ver: *Accountability*; Aparelhamento; Burocracia; Empreendedorismo; Gerencialismo; Gestão; Tecnocracia; *Welfare State*

Referências Bibliográficas

BARBOSA, L. *Igualdade e meritocracia:* a ética do desempenho nas sociedades modernas. 4. ed. Rio de Janeiro: Editora FGV, 2006.

BRESSER-PEREIRA, L. C. *Reforma do Estado para a cidadania.* A reforma gerencial brasileira na perspectiva internacional. São Paulo: Editora 34, 1998.

ESPING-ANDERSEN, G. As três economias políticas do Welfare State. *Lua Nova:* revista de cultura e política, São Paulo, n. 24, p. 85-116, set. 1991.

MCNAMEE, S. J.; MILLER JR., R. K. *The meritocracy myth.* 2. ed. New York: Rowman & Littlefield Publishers, 2009.

OSBORNE, D.; GAEBLER, T. *Reinventando o governo.* 9. ed. Brasília, DF: MH Comunicação, 1997.

POLLITT, C.; BOUCKAERT, G. Avaliando reformas da gestão pública: uma perspectiva internacional. *Revista do Serviço Público*, Brasília, DF, v. 53, n. 3, p. 5-30, 2002.

ROEMER, J. E. *Equality of opportunity.* Cambridge, MA: Harvard University Press, 1998.

SANTOS, W. G. *Cidadania e justiça.* Rio de Janeiro: Campus, 1979.

SEN, A. K. Merit and justice.In: ARROW, K.; BOWLES, S.; DURLAUF, S. N. (Eds.). *Meritocracy and economic inequality.* Princeton: Princeton University Press, 2000.

TITMUSS, R. *Essays on the Welfare State.* London: Allen&Unwin, 1963.

YOUNG, M. *The rise of the meritocracy, 1870-2033.* London: Thames & Hudson, 1958.

Microcrédito

Talita Miranda Ribeiro

O microcrédito consiste na concessão de empréstimos direcionados a pessoas de baixa renda, pequenos empreendedores que, por não terem condições de oferecer garantias reais, não possuem acesso ao sistema financeiro tradicional.

Essa modalidade de crédito pode incluir empréstimos para o pequeno empresariado informal ou para financiar ações específicas desenvolvidas por uma comunidade. Possui termos e condições flexíveis e desburocratizadas, ponto em que difere do crédito tradicional. As garantias são baseadas em relações de confiança e podem ser oferecidas por meio de um fiador ou por um grupo de pessoas, em que cada um é, ao mesmo tempo, tomador do crédito e fiador.

Pode-se definir duas visões em relação à função do microcrédito. Do ponto de vista das microfinanças, o microcrédito tem por objetivo reduzir a pobreza por meio de empréstimos a pequenos empreendedores para atividades produtivas, levando à geração de novos empregos e, consequentemente, renda. De acordo com essa perspectiva, os empréstimos só atenderão a seus objetivos se forem autossustentáveis, ou seja, se financiarem empreendimentos viáveis economicamente. A outra vertente considera o microcrédito como um instrumento mais amplo de combate à pobreza e miséria. Nesse sentido, o microcrédito se destinaria a pessoas de baixa renda com capacidade de pagar sua dívida e não exclusivamente ao financiamento de empreendimentos produtivos.

O conceito de microcrédito ficou internacionalmente conhecido na década de 1970, após a experiência desenvolvida por Muhammad Yunus, professor universitário de Bangladesh. Ao observar a situação de extrema pobreza da população de seu país, especialmente de mães de família que recorriam a agiotas para financiar seus pequenos empreendimentos, Yunus deu início a uma proposta de emprestar um pouco mais de US$0,60 por pessoa a 42 pessoas, em um total de US$27,00. A iniciativa provou ser bem-sucedida e propiciou a obtenção de financiamento e doações de bancos privados para a criação do Grameen Bank, especializado em oferecer crédito a microempreendedores. Yunus ficou conhecido como o "Banqueiro dos Pobres", recebendo prêmio Nobel da Paz em 2006.

No Brasil, o microcrédito é concedido principalmente por meio de ações do setor público intermediadas por bancos oficiais, em geral por meio de programas chamados de "Banco do Povo", que trabalham com recursos orçamentários. Ademais, o governo fornece apoio a instituições de microcrédito da sociedade civil e do setor privado, como o Programa de Crédito Produtivo Popular do Banco Nacional de Desenvolvimento Econômico e Social (BNDES) e instituições como o Serviço Brasileiro de Apoio às Micro e Pequenas Empresas (Sebrae).

Ver: Política Social

Referências Bibliográficas

BARONE, F.; LIMA, P. F.; DANTAS, V.; REZENDE, V. *Introdução ao microcrédito*. Brasília, DF: Conselho da Comunidade Solidária, 2002.

COSTA, F. N. *Microcrédito no Brasil*. Campinas, SP: Instituto de Economia/Unicamp, 2010. (Texto para Discussão, IE/Unicamp, 175.)

SANTOS, C. A. Análise de impactos socioeconômicos do microcrédito: dificuldades metodológicas e analíticas. *Revista de Administração Pública*, Rio de Janeiro, v. 41, n. 1, p. 147-160, jan./fev. 2007.

YUNUS, M. *What is microcredit*. Bangladesh: Grameen Banking for the Poor, 2003.

Mídias Sociais

Dora Kaufman

A expressão mídias sociais (*social media*) refere-se basicamente a um amplo conjunto de recursos destinados à produção de conteúdos de forma descentralizada e sem o controle editorial dos meios de comunicação convencionais (jornais, televisão, revistas ou editoras). A criação e o compartilhamento da informação através da publicação de conteúdos, por qualquer internauta, a partir de qualquer lugar, baseiam-se numa nova concepção de internet representada pela expressão "*web* 2.0", a chamada segunda geração da *web*, fortemente marcada pela interatividade de indivíduos e agentes sociais (instituições, corporações, governos, empresas e marcas), com a qual se aceleraram o processo de socialização digital e a expansão das comunidades virtuais.

Blogs, redes sociais virtuais e *sites* de compartilhamento de arquivos são os exemplos típicos da nova fase. No âmbito comercial, as ferramentas de comércio eletrônico (*e-commerce*) geram espaços virtuais de socialização em que usuários podem trocar, vender e comprar produtos entre si, migrando de um ambiente controlado para um ambiente colaborativo.

Essas relações ocorrem num amplo espaço de interação virtual, ou ciberespaço, em que as redes sociais virtuais conectam os indivíduos todo o tempo e em todo lugar para compartilhar informações, decisões e conteúdos disponibilizados por muitas plataformas.

Há divergências entre pesquisadores e especialistas sobre os impactos do advento da internet na socialização dos indivíduos. Segundo Quan-haase e Wellman (2004), elas convergem para três grandes visões:

- a internet transforma o "capital social", que deixa de ter como base os grupos locais e solidários e se dilui por grupos dispersos geograficamente e de baixa coesão agrupados em torno de interesses específicos;

• a internet diminui o "capital social", porque sua capacidade de gerar informações e entretenimento afasta os indivíduos do convívio social e reduz seu interesse pelos problemas comunitários locais;

• a internet complementa o "capital social" na medida em que os indivíduos a usam para manter atualizados seus contatos sociais e agregar a eles novos contatos digitais, sem excluir os encontros pessoais e telefonemas. Podem manter e até mesmo ampliar seus *hobbies* e interesses *on-line*. A internet pode ajudar na expansão de certos padrões de interação social e envolvimento cívico.

As redes sociais digitais facilitam a socialização na rede; permitem que os internautas se comuniquem em diferentes fusos horários; proporcionam apoio emocional e interações complexas, desmentindo os primeiros temores de que seria útil apenas para interações simples; promovem mais criatividade e equilíbrio emocional; estimulam a dizer coisas que jamais seriam ditas pessoalmente; e permitem transitividade, quando as mensagens seguem para os amigos dos amigos (QUAN-HAASE; WELLMAN, 2004).

As transformações engendradas pela mídia social na forma como os indivíduos se relacionam alteraram as estratégias de *marketing* e comunicação dos agentes econômicos. Além de modificarem o modo como anunciam seus produtos, as empresas se viram obrigadas a obter maior conhecimento sobre os elementos que integram o novo ambiente. Também passaram a ter de fornecer melhores informações sobre seus produtos e a argumentar com maior competência diante de seus consumidores.

A colaboração entre os indivíduos é outro fenômeno social a ser observado na *web* 2.0. Com característica multifacetada, ela agrupa internautas em torno de temas profissionais, políticos, sociais e de lazer, dentre outros, numa espécie de "inteligência coletiva" (LÉVY, 1999) assentada sobre formas complexas de pensamento e conexões sociais viabilizadas a partir de comunidades virtuais. Esse novo arranjo colaborativo recebeu o nome de "*crowdsourcing*", um modelo de produção que utiliza a inteligência e os conhecimentos coletivos e voluntários espalhados pela internet para resolver problemas, criar conteúdo ou desenvolver novas tecnologias.

Na relação com a esfera pública, as redes sociais virtuais colaboram para que se aprofunde a democracia. O governo eletrônico (*e-government*) aumenta a responsabilidade do poder público e facilita o controle social. A adoção e o desenvolvimento de modalidades de "governo aberto" (*open government*), assentadas sobre a ampliação da transparência e a oferta de informações que incrementem a colaboração e a participação dos cidadãos, podem se beneficiar com a adoção das seguintes estratégias:

• estabelecer como função essencial criar uma rede de comunicação via *web*;

• contribuir para tornar mais eficiente a prestação de serviços à população via internet;

• eliminar conteúdos irrelevantes e ultrapassados, para que as pessoas possam encontrar mais facilmente *on-line* o que precisam;

• envolver o público num diálogo permanente visando melhorar os serviços;

• conquistar um mesmo nível de eficiência em todos os serviços prestados via *web* pelo governo;

• garantir que a população carente tenha acesso ao universo digital.

As mídias sociais podem contribuir para que as relações entre os órgãos do Estado e os cidadãos passem a dar-se em novas bases tecnológicas e gerem soluções criativas e rápidas ligadas à prestação de serviços e à definição de políticas públicas. Iniciativas da sociedade, através de códigos abertos, têm pressionado os governos a usarem a tecnologia para aperfeiçoar sua gestão e melhorar a comunicação com a população.

Ver: Atores; Movimentos Sociais; Opinião Pública; Participação Política; Redes Sociais

Referências Bibliográficas

CASTELO BRANCO, C.; MATSUZAKI, L. (Orgs.). *Olhares da rede*. São Paulo: Momento, 2009.

COBO ROMANÍ, C.; PARDO KUKLINSKI, H. *Planeta web 2.0.* inteligencia colectiva o medios fast food. Barcelona: Grup de Recerca d'Interaccions Digitals, Universitat de Vic.; México, DF: Flacso, 2007.

LÉVY, P. *A inteligência coletiva:* por uma antropologia do ciberespaço. 2. ed. Trad. Luiz Paulo Rouanet. São Paulo: Loyola, 1999.

QUAN-HAASE, A.; WELLMAN, B. How does the internet affect social capital. In: HUYSMAN, M.; WULF, V. (Eds.). *Social capital and information technology*. Cambridge, MA: MIT Press, 2004. p. 113-32.

RECUERO, R. *Redes sociais na internet*. Porto Alegre: Sulina, 2009.

TELLES, A. *A revolução das mídias sociais*. São Paulo: M. Books, 2010.

WELLMAN, B. *Living network in a wired world*. Canadá: University of Toronto, Department of Sociology, 1999.

Migrações/ Fluxos Migratórios

José Renato de Campos Araújo

O deslocamento de grande número de indivíduos por territórios diferentes (de nações diferentes ou não), muitas vezes separados por milhares de quilômetros, sempre despertou interesse. Ao se expandir e ganhar regularidade no mundo atual, tornou-se objeto das preocupações governamentais e de políticas públicas específicas, passando a atrair a atenção crescente das ciências sociais, que buscam compreender suas dinâmicas e o modo como afeta a realidade social no plano local, regional, nacional, continental e global.

Da intensificação dos fluxos migratórios derivam problemas relacionados à habitação, ao transporte, à edificação de escolas e hospitais e à geração de empregos, dentre outros, aos quais o Estado, através de seu aparato técnico e administrativo, deve responder de forma pontual, mediante políticas e programas que mobilizam diferentes áreas. São intervenções direcionadas às suas causas e, principalmente, às suas consequências.

Em consonância com o ritmo mesmo da globalização, as migrações internacionais ganharam progressivamente grande destaque. Como observou Sayad (1999), a compreensão desses processos deve levar em consideração seus efeitos e manifestações tanto no país imigrante (aquele que recebe o fluxo) como no país emigrante (emissor). Por envolverem dois distintos Estados-nação, não podem ser analisados mediante a valorização de um ou outro polo e requerem precisamente a apreensão das relações e interações dinâmicas entre eles. O fundamental é buscar o fenômeno por inteiro, não somente um de seus aspectos.

Boa parte da tradição de estudos dedicados ao tema instituiu-se a partir dos profundos impactos da chamada Grande Imigração, que se estendeu da segunda metade do século 19 às primeiras décadas do século 20. As Américas, que sempre haviam se destacado como polo receptor de fluxos migratórios, irão adquirir ainda maior importância a partir da independência de seus diferentes países e da reorganização do capitalismo mundial.

Durante a Grande Imigração, em decorrência de inúmeras causas, a Europa ocidental e oriental destacou-se como importante continente emissor. Países como Portugal, Espanha, Itália e Alemanha tiveram papel fundamental na formação ou na consolidação nacional de países como EUA, Canadá, Argentina e Brasil. Essa situação se manteve e chegou a ser ampliada por ocasião da Primeira e da Segunda Guerra Mundial. Além da Europa, disseminaram-se pelas Américas importantes contingentes populacionais advindos do Oriente Médio e da Ásia.

A Escola Sociológica de Chicago teve seu ápice entre 1915 e 1940, elegendo como objeto de pesquisa alguns importantes centros urbanos dos Estados Unidos nos quais problemas como habitação, criminalidade, delinquência juvenil e gangues ganhavam proeminência em relação direta ou indireta com o rápido crescimento industrial e com a chegada às cidades de grandes contingentes de imigrantes (provenientes de fora dos Estados Unidos ou de regiões interioranas do país), que precisariam ser assimilados e adaptados às novas circunstâncias de vida. As próprias cidades passariam a ter alterada sua configuração e a ter de responder a problemas até então desconhecidos. A sociologia urbana emerge impulsionada por esse quadro.

A maior concentração de indivíduos nos espaços urbanos irá acentuar os fenômenos da diferenciação, da especialização e da segregação: os guetos convertem-se em formas primárias de socialização e na base inicial para eventuais movimentos de integração. A partir dessa convicção, os sociólogos de Chicago darão grande importância à ideia de integração progressiva (*melting-pot*), da fusão ao longo do tempo entre as populações migrantes e as populações autóctones. Além do interesse em elaborar novas teorias e conceitos para a análise social, buscavam também definir métodos e estratégias para a gestão e a solução dos problemas que diagnosticavam.

A Escola Sociológica de Chicago dará destaque a questões tidas como associadas às "patologias sociais" da urbanização, enfatizando os temas da delinquência, do delito, da criminalidade, do desajuste e da desorganização social. Um de seus conceitos será o de "ecologia humana", entendida como estudo da luta pela existência em relação com o meio ambiente, no caso o meio urbano: a ordem ecológica da cidade resultaria de uma série de processos de interação – competição, conflito, adaptação e assimilação.

Autores como Florian Znaniecki (1882-1958), William Isaac Thomas (1863- 1947), Robert Ezra Park (1864-1944), Roderick Duncan McKenzie (1885-1940), Louis Wirth (1897-1952) e Ernest Burgess (1886-1966), com suas obras, contribuíram de forma decisiva para fixar a perspectiva de tratar a cidade como problema. Algumas obras clássicas da sociologia norte-americana também foram estruturadas a partir da análise da realidade migratória, como é o caso de *Street corner society* [Sociedade de esquina, 2005], na qual William Foote Whyte (1914-2000) analisa um bairro italiano de Boston para tentar entender a dinâmica de certos contextos migratórios. A preocupação com o entendimento das interações sociais que haviam sido ampliadas pelos processos de urbanização levará os pesquisadores de Chicago a direcionar seus estudos também para a psicologia social e a comunicação. O interacionismo simbólico, vinculado a George Herbert Mead (1863-1931) e a Herbert Blumer (1900-1987), desenvolveu-se buscando precisamente estudar os processos de interação social (entre indivíduos ou grupos) entendidos como estando mediados por relações simbólicas: as pessoas sempre agem a partir do significado que atribuem às coisas e às demais pessoas, e esse significado, por sua vez, está determinado pela própria interação social e é modificado por ela. As identidades individuais ou grupais resultam da percepção que indivíduos ou grupos têm de si próprios, bem como da percepção da imagem que outros elaboram a respeito deles.

A internacionalização da economia e o delineamento de formas de vida mais globais no início de século 21 reforçaram a importância dos fenômenos migratórios. A intensificação dos fluxos de capitais e de mercadorias, a desorganização do mundo do trabalho e a reorganização territorial do mundo aceleraram a expansão dos fluxos migratórios, tanto na Europa quanto nas Américas.

Essa expansão obriga os diversos Estados nacionais (além de blocos econômicos como a União Europeia) a empreenderem ações para conter ou regular os processos migratórios. Situações de preconceito e de xenofobia, perigos sempre presentes em contextos migratórios, emergem hoje com grande força. O multiculturalismo tornou-se central no debate democrático atual.

Migrações não são fenômenos exclusivamente econômicos e sempre estiveram permeadas por questões raciais e/ou nacionais. Produzem cenários conturbados, muitas vezes explosivos. Trazem para o debate público temas e problemas associados à convivência entre indivíduos de origens diversas em um mesmo espaço territorial, problemas que se tornam fundamentais para o desenvolvimento das sociedades e o aperfeiçoamento dos regimes políticos alicerçados em valores democráticos e dedicados a garantir condições de vida adequadas para todos.

Autores como Stuart Hall e Charles Tilly ganharam relevância para a compreensão dos fenômenos migratórios na contemporaneidade, pois sua teoria social parte da premissa de que não se vive mais em sociedades culturalmente homogêneas (um dos ideais que a modernidade sempre projetou para a vida social), o que faz com que o multiculturalismo se torne estratégico para a reflexão teórica e a prática democrática atual.

Ver: Globalização; Territorialidade

Referências Bibliográficas

BARTH, F. Grupos étnicos e suas fronteiras. In: POUTIGNAT, P.; STREIFF-FENART, J. *Teorias da etnicidade*. São Paulo: Editora Unesp, 1998.

FOOTE WHYTE, W. *Sociedade de esquina:* a estrutura social de uma área urbana pobre e degradada. Trad. Maria Lúcia de Oliveira. Rio de Janeiro: Jorge Zahar, 2005.

GLICK-SHILLER, N.; BASCH, L.; BLANC-SZANTON, C. *Towards a transnational perspective on migration*. Race, class, ethnicity and nationalism reconsidered. New York: The New York Academy of Sciences, 1992.

HALL, S. *Da diáspora:* identidades e mediações culturais. Trad. Adelaine La Guardia Resende [et al.]. Belo Horizonte: Editora UFMG, 2008.

HOBSBAWM, E. *Nações e nacionalismo desde 1780*: programa, mito e realidade. Rio de Janeiro: Paz e Terra, 1991.

PIORE, M. *Birds of passage:* migrant labor and industrial societies. Cambridge: Cambridge University Press, 1979.

SASSEN, S. *Cities in a world economy*. Thousand Oaks, CA: Pine Forge Press, 1994.

SAYAD, A. *A imigração ou os paradoxos da alteridade*. São Paulo: Edusp, 1999.

TILLY, C. *Stories, identities and political change*. Lanham, MD: Rowman & Littlefield, 2002.

Ministério Público

Rogério Bastos Arantes

Instituição do Estado encarregada de funções essenciais no âmbito do sistema de justiça, o Ministério Público (MP) guarda relações igualmente importantes com a sociedade e desempenha muitas vezes o papel de fiscal dos governantes.

Na conhecida formulação de Max Weber (1972), o Estado como organização foi uma construção histórica que reivindicou a monopolização do uso da força e a obteve por meio da expropriação gradual dos meios privados de violência física. A vida como um direito fundamental foi um dos valores que legitimaram esse processo de expropriação/monopolização, tornando o Estado responsável por sua guarda e defesa contra violências particulares de todo o tipo. Ao tornar a vida um bem inalienável, o Estado chamou para si a tarefa de preservá-la e também de punir os que atentam contra ela. Em muitos países, a busca por reparação em casos de lesão nem sequer pode ser considerada um direito disponível do cidadão, antes é um dever exclusivo do Estado. O Ministério Público é justamente o órgão estatal que se especializou na função de promover a ação penal pública nos casos previstos em lei. Nesse sentido, compõe com a Polícia e o Judiciário o tripé básico do sistema de justiça criminal e participa, principalmente como órgão de acusação, no exercício da missão estatal de manutenção da lei e da ordem.

O processo de afirmação do Estado moderno foi acompanhado de uma separação mais nítida entre ele e a sociedade. Se o Estado conservou ou mesmo ampliou suas funções em diversas áreas, em outras a vida civil ganhou autonomia e os direitos individuais forjados ao longo da construção da sociedade burguesa afastaram igualmente as diversas formas tradicionais de paternalismo e tutelagem. Os fundamentos da liberdade individual dos modernos seriam a autonomia jurídica pessoal e a não intervenção estatal na fruição de direitos privados, exceto em casos excepcionais. Por isso, historicamente, o MP se constituiu em organização com amplo mandato para atuar na esfera criminal, mas teve sua presença na esfera cível limitada à defesa de casos especiais, de direitos considerados indisponíveis ou de indivíduos considerados incapazes de exercer aquela autonomia civil.

No Brasil, entretanto, a singularidade do MP reside no fato de que sua atuação na esfera cível vai muito além de seus congêneres em outras democracias. Aqui ele dispõe de competência legal e constitucional para atuar em defesa de um amplo leque de direitos civis de tipo coletivo e difuso, o que não ocorre em outros países. Na origem, as hipóteses de atuação do MP na esfera cível se restringiam àquelas enumeradas pelo Código Civil, que considera incapazes os menores de 16 anos, os doentes mentais, os ébrios habituais, os viciados em tóxicos e os pródigos. Todavia, a legislação sobre direitos difusos e coletivos, iniciada com a Lei da Ação Civil Pública de 1985 e depois expandida por novos textos legais na esteira da Constituição de 1988, invocou a mesma ideia de *hipossuficiência* – então da sociedade civil – para justificar a atuação do MP na defesa de interesses e direitos em áreas sociais como meio ambiente e consumidor, direitos coletivos de determinados grupos sociais (e.g. portadores de deficiências; crianças e adolescentes), mas também casos envolvendo patrimônio público, histórico e cultural, além dos serviços de relevância pública. Se a presença tutelar do MP no processo civil estava originalmente condicionada a situações de incapacidade jurídica de determinadas pessoas e/ou indisponibilidade de direitos, a ampliação das hipóteses de atuação do MP nessa esfera teria que obedecer necessariamente àqueles critérios, do contrário seria injustificável.

Em outras palavras, ou a legislação que reconheceu os direitos difusos e coletivos (exemplificados acima) e conferiu-lhes oportunidades de acesso à Justiça adotava como princípio a *hipossuficiência* da sociedade civil ou o MP não teria legitimidade para atuar em sua defesa. Assim, essa legislação criou uma espécie de "representação presuntiva" (LAVALLE; HOUTZAGER; CASTELLO, 2006), pela qual o MP está legitimado a representar os interesses e direitos coletivos da sociedade sem que haja um mecanismo de autorização explícita ou mandatória. Eis, portanto, os termos do grande paradoxo que caracterizou a evolução recente dos direitos coletivos e do MP no Brasil: o mesmo processo que levou ao reconhecimento da dimensão coletiva e social de certos direitos – rompendo assim com aquele princípio individualista do ordenamento jurídico tradicional – qualificou a sociedade civil como hipossuficiente ou incapaz de defender seus próprios direitos e habilitou uma instituição do próprio Estado – o Ministério Público – a agir em seu nome.

A ampliação de sua atuação na esfera cível precedeu a Constituição de 1988, mas foi com ela que o MP deu um segundo passo importante na direção de se transformar numa espécie de quase 4º poder, ao conquistar independência em relação aos demais poderes de Estado. Na ordem constitucional anterior, o MP era um órgão subordinado ao Poder Executivo e agia segundo seus critérios, no plano federal e nos Estados. Com a nova Constituição, o MP conquistou independência tanto na dimensão externa – obtendo autonomia funcional e instrumentos de autogoverno, combinados à total ausência de mecanismos de controle externo – quanto na interna: seus integrantes individuais, que ingressam por meio de concurso público, passaram a gozar de garantias como a vitaliciedade, a inamovibilidade e a irredutibilidade de vencimentos, dentre outras, o que lhes confere alto grau de independência funcional e controle completo sobre as ações que conduzem. No Brasil, a autonomia dos promotores e procuradores assemelha-se à dos juízes, de modo que o modelo de insulamento típico da função judicante estendeu-se também à função de acusação.

Nesse sentido, o modelo brasileiro de Ministério Público se distingue de outros por combinar um amplo leque de funções na defesa de interesses coletivos da sociedade civil e altos graus de independência institucional e discricionariedade de ação. Esse modelo tem sido objeto hoje de análises e críticas que apontam para a ausência de mecanismos de *accountability*, seja para impor sanção nos casos de abuso de autoridade seja para obrigar a instituição a agir nos casos em que a discricionariedade de ação permite que os promotores também se omitam.

Ao lado de sua função tradicional no sistema de justiça criminal e de suas novas funções de representação da sociedade na esfera cível, o MP brasileiro vem-se notabilizando também por seu papel de fiscalização dos governos. Na verdade, podemos dividir essa função em dois tipos: o controle que o MP pode exercer (1) sobre a implementação de políticas públicas e (2) sobre a conduta pública e administrativa dos ocupantes de cargos públicos, sejam eles eletivos, nomeados em confiança ou pertencentes à carreira burocrática.

Quanto ao primeiro tipo de controle, a constituição brasileira autoriza o MP a intervir em prol dos serviços de relevância pública nos casos em que administração pública não assegura seu bom funcionamento. O papel de atuar no âmbito das políticas públicas é bastante controverso, uma vez que representa um tipo de intervenção do MP e dos juízes em atividade reservada historicamente a políticos e administradores. Tanto que essa expansão da justiça no terreno das políticas públicas pode ser considerada um dos principais elementos da chamada judicialização da política. Nessa tarefa, o MP tem feito uso de dois instrumentos muito importantes e que não estão disponíveis para os atores da sociedade civil: o *Inquérito Civil Público* (ICP) e a possibilidade de conduzir *Termo de Ajustamento de Conduta* (TAC). Pelo primeiro, o MP pode requisitar informações e produzir provas lastreadas pelo poder coercitivo estatal, pois o não atendimento de suas requisições em sede de ICP pode implicar pena de prisão de até três anos e pagamento de multa. Quanto ao segundo, o TAC é um instrumento jurídico por meio do qual o agente sob investigação é levado a assumir a responsabilidade por atos e consequências que lhe são imputados pelo MP. Por meio dele, firma-se acordo em torno de uma nova conduta por parte do agente, adequada à superação dos problemas por ele causados e que implicaram prejuízo a direitos difusos ou coletivos. O TAC tem a vantagem de produzir efeitos práticos sem que seja necessária a intervenção do Judiciário.

O MP tem preferido lançar mão desses procedimentos pré ou extrajudiciais como forma de contornar os problemas da morosidade da justiça e mesmo da baixa efetividade processual das ações coletivas, especialmente na área de políticas públicas. Apesar do potencial positivo que encerram, vale ressalvar que o ICP e o TAC não estão sujeitos a mecanismos de controle externo por outras instituições, o que pode dar margem a excesso de discricionariedade ou mesmo abuso de poder de seus autores, sem que haja forma adequada de responsabilização.

Por fim, a fiscalização que o MP pode realizar sobre os políticos e administradores públicos talvez seja a face mais conhecida de seu protagonismo político recente. Os problemas da má conduta administrativa e particularmente da corrupção política são crônicos na história brasileira, mas houve avanços no seu combate graças a inovações legais e constitucionais recentes.

Uma delas, talvez a mais importante, foi a Lei de Improbidade Administrativa, de 1992, que, além de ampliar significativamente o potencial de atuação do MP no controle da administração pública, buscou estabelecer um caminho mais rápido e descentralizado de combate à corrupção. Ações de improbidade dispensam investigação policial, escapam ao foro privilegiado (imposto quando a corrupção é tipificada como crime comum) e podem ser movidas por qualquer integrante do MP contra qualquer autoridade pública em qualquer nível da administração pública. De fato, desde 1992, milhares de ações de improbidade foram promovidas pelo MP nos diversos Estados e também no nível federal, mas sua efetividade processual pode ser considerada relativamente baixa, seja pela infinidade de recursos protelatórios ao alcance dos acusados, seja pela lentidão da própria máquina judiciária. Não por coincidência, houve uma ampliação do tratamento da corrupção como crime comum, por meio de operações conduzidas pela Polícia Federal, mas que contam igualmente com a participação do MP e aval de magistrados. Embora não escapem aos problemas da justiça mencionados acima, essas operações têm tido muito impacto em termos de combate à corrupção política organizada.

Além das mudanças legais e constitucionais que elevaram o MP brasileiro a essa nova condição, não é possível entender sua profunda transformação se desconsiderarmos o componente ideológico que motivou e segue motivando endogenamente essa instituição a reivindicar a condição de "agente político da lei". Os elementos simbólicos que animam os integrantes do MP sugerem que sua ideologia possa ser denominada de "voluntarismo político" (ARANTES, 2002). Seus traços principais são: 1) uma avaliação pessimista da capacidade da sociedade civil de se defender autonomamente (a suposta *hipossuficiência* a que alude a própria legislação revista acima); 2) uma avaliação pessimista dos poderes político-representativos, que estariam corrompidos e/ou incapazes de cumprir suas funções; e 3) ante a essa contradição, uma idealização do papel político do MP, de representar essa sociedade incapaz (embora sem mandato explícito e sem mecanismos de *accountability*), diante de governos ineptos, que não garantem o *enforcement* da lei.

A ideologia do *voluntarismo político* tem funcionado como combustível importante para a ação de promotores e procuradores, mas não deve ser tomada como nova. Na verdade, ela vem de uma matriz antiga de pensamento político, que sempre criticou o artificialismo das instituições políticas representativas brasileiras e cultivou o sonho de um poder neutro, externo ao mundo da política e com autonomia suficiente para tutelar e conduzir a sociedade *hipossuficiente*. Essa é uma antiga ideia que habita o imaginário político brasileiro e hoje compõe o universo ideológico do voluntarismo político de promotores e procuradores, constituindo um dos principais ingredientes de seu protagonismo na cena recente.

Ver: Burocracia; Controle/Controle Social; Estado; Governo; Legitimidade; Poder; Poder Judiciário

Referências Bibliográficas

ARANTES, R. B. *Ministério Público e política no Brasil.* São Paulo: Educ/Ed. Sumaré/Fapesp, 2002.

KERCHE, F. *Virtude e limites:* autonomia e atribuições do Ministério Público no Brasil. São Paulo: Edusp, 2008.

LAVALLE, A. G.; HOUTZAGER, P. P.; CASTELLO, G. Representação política e organizações civis: novas instâncias de mediação e os desafios da legitimidade. *Revista Brasileira de Ciências Sociais,* São Paulo, v. 21, n. 60, p. 43-66, 2006.

MANCUSO, R. C. *Ação civil pública.* São Paulo: Revista dos Tribunais, 2007.

MAZZILLI, H. *A defesa dos interesses difusos em juízo:* meio ambiente, consumidor, patrimônio cultural, patrimônio público e outros interesses. São Paulo: Saraiva, 2007.

SADEK, M. T. Ministério Público: a construção de uma nova instituição. In: OLIVEN, R. G.; RIDENTI, M.; BRANDÃO, G. M. (Orgs.). *A Constituição de 1988 na vida brasileira.* São Paulo: Hucitec/Anpocs, 2008.

VIANNA, L. W.; BURGOS, M. Revolução processual do direito e democracia progressiva. In: VIANNA, L. W. (Org.). *A democracia e os três poderes no Brasil.* Belo Horizonte: Editora UFMG; Rio de Janeiro: Iuperj/Faperj, 2002.

WEBER, M. A política como vocação. In: ______. *Ciência e política:* duas vocações. 2. ed. São Paulo: Cultrix, 1972.

Modernidade Líquida

Cleto Junior P. de Abreu

É metáfora cunhada pelo sociólogo polonês Zygmunt Bauman (1925-), para descrever o momento em que as principais instituições das sociedades modernas ocidentais, como a indústria fordista, os Estados nacionais e os partidos políticos, passam por um processo de dissolução de suas configurações sociais clássicas, admitindo contornos radicalmente diferentes da fase anterior (que o autor denomina "modernidade sólida").

Ao comparar a natureza volátil e instável dos fluidos aos desdobramentos da nova fase moderna, Bauman procura identificar as raízes da atual perda de confiança na política tradicional, da desregulamentação do mundo do trabalho, do enfraquecimento do Estado-nação e da busca paradoxal dos indivíduos por estilos de vida e de intimidade cada vez mais diferenciados entre si, num cenário em que ganha tônus a ideia de comunidade. O termo foi utilizado pela primeira vez em livro homônimo de 2000, substituindo o termo pós-modernidade, que teria perdido gradativamente sua potência analítica ante a uma sociedade que ainda insiste em ser moderna. Não se trata de um possível "fim da modernidade", mas, ao contrário, de sua exacerbação e radicalização: um "redirecionamento dos poderes de derretimento da modernidade".

A fluidez da modernidade, resultado da irrefreável e compulsiva dissolução dos sólidos, não é novidade na história do pensamento social. Ela já pode ser encontrada na filosofia do dinheiro de Georg Simmel (1858-1918), na sociologia da religião de Max Weber e, mais enfaticamente, no *Manifesto comunista* de Marx e Engels. A dissolução dos sólidos sempre foi algo inerente à prática moderna e sua principal força motriz. Ocorre que, segundo Bauman, os primeiros alvos dos poderes de derretimento da modernidade foram os sólidos legados pelo mundo feudal, as lealdades tradicionais e os costumes que atavam homens e mulheres em papéis sociais fixos e rigidamente hierarquizados, segundo a ordem estamental pré-moderna. Era preciso, portanto, "profanar o sagrado" (Marx) e destronar o passado que se reiterava no presente; era preciso "quebrar a forma" dos sólidos tradicionais e abrir caminho para que uma nova ordem fosse instaurada, um mundo com "novos e aperfeiçoados sólidos", agora racionalmente planejados. Assim, à ordem estamental se sobrepôs a ordem burocrática dos Estados nacionais; aos modelos fixos de conduta com pouca mobilidade sobrepuseram-se novos códigos de interação, agora inscritos na igualmente rígida lógica das classes sociais e da família nuclear. Como as moléculas de um sólido, ligadas rigidamente entre si, os indivíduos nesse período desempenhavam sua função única e exclusiva como força de trabalho na indústria nascente. Estavam entretecidos, para o bem e para o mal: coletivamente sofriam as intempéries das crises do capitalismo e coletivamente buscavam fazer frente à opressão econômica, por meio de greves e grandes manifestações.

O início do século 20 é especular, na medida em que foi um período marcado pelo fortalecimento e pela institucionalização das associações operárias e dos sindicatos, que por vezes migraram para a arena da política partidária, envolvendo-se em várias ocasiões com o planejamento estatal. É nesse momento que a indústria dá um salto em termos de capacidade produtiva, com a implementação da linha de montagem fordista e das técnicas administrativas de Taylor e Fayol, estabelecendo-se então uma fase de costumes e hábitos regulares que ditavam aos indivíduos sua função específica na sociedade e sua forma de conduta, segundo modelos preestabelecidos e racionalmente arquitetados.

Para Bauman, esse estágio da história da modernidade é o momento em que se perseguiram obsessivamente padrões de limpeza, pureza e ordem, elementos constitutivos de uma verdadeira percepção ordenadora do mundo, que se manifestava em todos os domínios da vida, desde o trabalho rotineiro nas fábricas até a rígida hierarquia e moralidade do seio familiar. Paralelamente a isso, ao ditarem os padrões de conformidade e regularidade aos indivíduos, os sólidos modernos criavam condições para o surgimento de novos vínculos sociais entre os atores, vínculos que, além de padronizarem as ações individuais e reproduzirem a nova ordem social rígida, possibilitavam a comunicação e a coordenação entre as biografias individuais e os projetos de ação coletivos, por meio de ações combinadas socialmente para fazer frente aos problemas de origem sistêmica.

A modernidade líquida, por sua vez, surge quando os poderes de derretimento da modernidade se voltam para padrões e configurações que a prática moderna engendrou, ou seja, para os sólidos que o espírito moderno julgou serem mais aperfeiçoados e sofisticados que seus antecessores. Essa nova fase de desmanche dos sólidos tem origem na nova dinâmica do capitalismo, na globalização financeira e cultural e no advento das tecnologias de velocidade, que tornam o tempo quase instantâneo. Ela ataca justamente aquele vínculo social que garantia uma vida ordeira e rotineira na era da modernidade sólida, os elos entre capital e trabalho, operários e mundo fabril, entre os papéis familiares, cidadão e Estado-nação, indivíduo e sociedade.

A era da modernidade líquida estabelece como provisório qualquer vínculo tido como duradouro até então, ao liquefazer aquela solidariedade que fazia dos projetos individuais algo constitutivo dos projetos coletivos e inclui na agenda o problema da ordem e do sistema. O resultado é uma privatização da modernidade, em que os principais atores não são mais as instituições, mas os indivíduos, que mais parecem moléculas de um líquido, sempre propensos a mudar de posição, de estilo, de escolhas e de projetos de vida. Não ocorre uma perda dos valores e códigos que orientavam os indivíduos na modernidade sólida, mas dissemina-se uma profusão de modelos de conduta e estilos de vida contraditórios e conflitantes, sem poder de convencer e persuadir. Cabe agora aos próprios indivíduos escolherem os valores adequados ao seu estilo de vida.

As atuais sociedades são líquido-modernas, porque não ensejam novos sólidos, na medida em que os vínculos sociais entre os indivíduos são cada vez mais fluidos e instáveis e permanecem atados "até segunda ordem", enquanto as mudanças ininterruptas das condições sociais em que vivem não os impulsionem para novos arranjos. Por tratar-se de uma privatização da modernidade, que se desloca do social para o individual, a ação política institucional, como a praticada pelos Estados nacionais desde o pós-guerra, cuja expressão máxima é o *Welfare State* keynesiano, dá lugar a uma espécie de ação política individualizada e diferenciada, a uma "política-vida", uma forma de ação política que prescinde de sentido coletivo de emancipação, ainda que tenha ganhado em termos de participação e criticidade. A dissolução e o enfraquecimento da identidade partidária seriam exemplos perfeitos desse fato.

A "política-vida" careceria, assim, de uma agenda capaz de se contrapor às consequências indesejáveis da modernidade líquida, aos problemas de ordem sistêmica e efetivamente globais (crises econômicas, aquecimento global etc.) que não podem ser confrontados por meio de ações localizadas e individualizadas, típicas do cenário imediato da vida líquida.

Ver: Coesão Social; Estado, Globalização; Individualização/Individuação; Soberania

Referências Bibliográficas

BAUMAN, Z. *Modernidade líquida*. Rio de Janeiro: Jorge Zahar, 2001.

______. *O mal-estar da pós-modernidade*. Rio de Janeiro: Jorge Zahar, 1998.

______. *Em busca da política*. Rio de Janeiro: Jorge Zahar, 2000.

MARX, K.; ENGELS, F. *Manifesto comunista*. Petrópolis, RJ: Vozes, 1988.

SIMMEL, G. *Philosophie de l'argent*. Paris: PUF, 1987.

WEBER, M. *A ética protestante e o espírito do capitalismo*. São Paulo: Companhia das Letras, 2007.

Modernização Conservadora

Marco Aurélio Nogueira

Ainda que muitas vezes seja empregado de maneira reducionista, para qualificar ciclos de expansão econômica comandados por arranjos entre forças políticas refratárias ao progresso social ou antidemocráticas, o conceito de modernização conservadora tem seu estatuto teórico voltado para o entendimento dos processos de desenvolvimento capitalista que se fazem sem rupturas categóricas com relações e instituições do passado que, em vez de serem superadas e negadas, são conservadas e incorporadas a novas composições políticas e sociais. Trata-se de um conceito dedicado a compreender a mudança social, a revolução burguesa e o desenvolvimento capitalista, com seus requisitos e suas implicações sociopolíticas e culturais.

O conceito evoluiu a partir do século 19, com o intuito de qualificar os tipos de transição para o mundo moderno-industrial que se objetivaram em distintas sociedades, algumas mais avançadas e pioneiras (as transições clássicas) do que outras. Invariavelmente, o centro da discussão esteve sempre ocupado pela busca de compreensão do papel que, nessas transições, tiveram a estrutura agrária, os grandes proprietários rurais, o Estado e a democracia política.

Assim, em seus estudos sobre o desenvolvimento do capitalismo na Rússia, escritos na virada para o século 20, Lenin argumentou que diferentes pactos políticos celebrados entre as classes sociais demarcam dois grandes tipos de transição capitalista, que ele chamou de *via prussiana* e *via norte-americana*, cada qual determinada pelo encontro de uma específica solução para a estrutura fundiária. No primeiro caso, "a exploração feudal do latifúndio transforma-se lentamente numa exploração burguesa-junker", com a conservação da grande propriedade fundiária e de parte ponderável da superestrutura política a ela vinculada. O camponês é, assim, desapropriado e convertido em assalariado. A transformação das antigas relações de propriedade não se faz de modo revolucionário, mas mediante adaptações progressivas ao capitalismo, mais ou menos lentas. Já na via norte-americana, "ou não existem domínios latifundiários ou são liquidados pela revolução, que confisca e fragmenta as propriedades feudais", com o que os pilares da antiga ordem social são destruídos e o desenvolvimento das forças produtivas capitalistas fica livre e mais rápido, ainda que as pequenas unidades de produção tenham preservado relações de trabalho predominantemente familiares. Elimina-se assim, de modo revolucionário, "a excrescência do latifúndio feudal do organismo social". Enquanto na via prussiana o pacto político se faz no interior do Estado e valendo-se expressivamente do aparelho de Estado, na via norte-americana haveria maior protagonismo de interesses sociais organizados (LENIN, 2002, p. 29).

Muito tempo depois, com outras preocupações e metodologia, o historiador Barrington Moore Jr. deu sequência a essa reflexão com o objetivo de "explicar os diversos papéis políticos desempenhados pelas altas classes terratenentes e pelos camponeses na transformação das sociedades agrárias em sociedades industriais modernas". Sua intenção foi, também, determinar as condições sociais segundo as quais "esses grupos rurais se tornaram forças importantes de apoio ao aparecimento das versões parlamentares ocidentais da democracia, por um lado, e das ditaduras de esquerda e de direita, por outro" (MOORE JR., 1983, p. 1). Nessa concepção, seriam três os caminhos típicos seguidos pela transformação modernizadora: a via revolucionária (Inglaterra, França e Estados Unidos), a via reacionária mediante "revoluções vindas de cima" (Alemanha e Japão) e a via socialista (União Soviética e China). A primeira seria a das autênticas "revoluções burguesas" que teriam levado à combinação entre capitalismo e democracia ocidental, impulsionada por grupos sociais dotados de uma base econômica independente e que atacaram os obstáculos que o passado antepunha a uma versão democrática do capitalismo. A segunda via também foi capitalista, mas não contou com um movimento revolucionário popular, caracterizando-se, ao contrário, pelo fraco impulso burguês e pela derrota de sua revolução. Nela, as oligarquias agrárias tradicionais encarregaram-se, juntamente com frações de "uma classe comercial e industrial relativamente fraca", de promover um rápido desenvolvimento industrial e de manter o controle do mundo rural. Após um período breve e instável de democracia semiparlamentar, chegou-se ao fascismo. A terceira via, por fim, foi a do comunismo na Rússia e na China, no qual a transição se fez mediante a intervenção das massas camponesas em aliança com o proletariado revolucionário (MOORE JR., 1983, p. 5-6).

A modernização conservadora surge assim como uma forma de transição associada à segunda via, na qual o impulso para a mudança capitalista decorre de uma "revolução vinda de cima", ou seja, empreendida e coordenada pelo Estado e pelos pactos políticos entre burguesia e oligarquia rural, por ele viabilizados e sancionados. O moderno, nesse caso, é praticamente "imposto" pelo Estado, que se mostra mais avançado e pujante do que as classes sociais, o que reforçaria o magnetismo estatal e introduziria muitas dissonâncias no processo de desenvolvimento. Por um lado, "à medida que prosseguiam com a modernização conservadora, os governos tentavam preservar a estrutura social inicial, aplicando grandes seções dessa estrutura no edifício novo, sempre que possível" e impregnando as sociedades de autoritarismo e resistência à mudança. Por outro, o caráter transformista e conciliador da transição faria com que ganhassem protagonismo certas lideranças políticas carismáticas, uma máquina burocrática poderosa e algumas instituições especializadas na repressão (forças militares e policiais) (MOORE JR., 1983, p. 430-435).

A discussão a respeito dos caminhos seguidos pela modernização capitalista chegou evidentemente a todos os países, compondo-se com o exame dos processos de construção do Estado (*State building*), de industrialização e de consolidação da ordem urbano-industrial. No decorrer de sua objetivação, foram sendo a ela incorporadas outras perspectivas e outras categorias, que passaram a ser utilizadas mediante diversas combinações. Foi esse o caso, sobretudo, do conceito de revolução passiva, que passará a ter grande importância nas pesquisas que se farão a respeito, especialmente como "critério de interpretação histórica" (GRAMSCI, 1999-2000, v. 5, p. 321-332).

Na América Latina e no Brasil, em particular, a discussão ganhou importante projeção a partir dos anos 1950, inserindo-se no bojo dos esforços feitos para impulsionar o desenvolvimento e romper com as situações derivadas do imperialismo e da dependência. Ao conceito de revolução passiva chegou mesmo a ser atribuído o *status* de categoria central para a explicação da modernidade capitalista (KANOUSSI; MENA, 1985). A perspectiva foi empregada para analisar em chave histórica a revolução burguesa brasileira e para examinar alguns ciclos de desenvolvimento econômico que se viabilizaram juntamente com regimes políticos autoritários ou ditaduras políticas explícitas (anos 1930, anos 1960-1970) (VIANNA, 1986, 1997, 1999; COUTINHO, 1984, 1999). Parte significativa da discussão a respeito da reforma agrária também dialoga com essa perspectiva, particularmente sugestiva por chamar a atenção para os elementos de permanência que fazem com que a estrutura fundiária sobreviva com poucas alterações, em que pese a forte e acelerada capitalização do campo. Em vez de uma reforma que redefinisse em alguma medida a propriedade da terra, o capitalismo brasileiro avançou de modo conservador, introduzindo elementos tecnologicamente inovadores que redefiniram as bases da produção agropecuária sem alterar substancialmente a estrutura agrária (GUIMARÃES, 1968; RIBEIRO, 1988; KAGEYAMA, 1994; RANGEL, 2000).

Graças aos inúmeros cruzamentos e combinações provenientes de uma produção científica sempre crescente, o conceito de modernização conservadora ganhou maior amplitude e contundência ao ser interpretado como parte de um leque de conceitos estratégicos: via prussiana, revolução pelo alto e revolução passiva.

Passou-se assim a valorizar a perspectiva que Gramsci adotou para explicar a modernização capitalista na Itália, que não contou com "iniciativas populares unitárias" e organizou-se mediante a reação das classes dominantes ao "subversivismo esporádico, elementar e inorgânico das massas populares". Uma revolução será "passiva" quando não disponha de protagonismo social expressivo e quando nela as lutas políticas e sociais, as tensões e contradições encontram resolução "sem rupturas clamorosas". Na formulação de Gramsci, trata-se de um processo em que os protagonistas são os "fatos" e não os "homens individuais", com a mudança acontecendo de modo molecular, "sem passar pela revolução política de tipo radical-jacobino" ou por iniciativas populares unitárias.

Nesse tipo de "revolução sem revolução", a mudança radical, explosiva, cede espaço para uma progressiva modificação da composição de forças: ocorre uma espécie de restauração do equilíbrio preexistente, com o "velho" sendo incorporado e certas exigências do "novo" sendo acolhidas. Modera-se assim a mudança, que não consegue se radicalizar. A mudança econômica capitalista não rompe com a dependência nem com a prevalência agrária, e não se combina com formas democráticas de controle. Mas não se trata de pura conservação, já que por detrás do aparente imobilismo político ocorre na realidade uma transformação molecular da estrutura material e das relações sociais fundamentais. A mudança se faz, assim, mediante uma sucessão de ondas reformistas, nas quais a movimentação social se combina com fortes intervenções "pelo alto", via Estado, e acaba por ser, em certo sentido, por elas administrada. Para destacar essa efetividade da mudança e qualificá-la, Gramsci também falou em "revolução-restauração" e em "restauração progressiva". A renovação acontecerá por força da ação de "um Estado que substitui os grupos sociais" e os dirige, acolhendo ao mesmo tempo parte das demandas e reivindicações vindas de baixo, das classes populares (GRAMSCI, 1999-2000, v. 5, p. 321-332).

Um processo de transformação capitalista assim estruturado não pode deixar de produzir forte impacto sobre a ordenação social como um todo. Afinal, de uma modernização conservadora resultam sociedades desiguais, constituídas pela interpenetração e pela interpolação de tempos históricos diversos, fundadas na exclusão e obrigadas a pagar elevado custo social para realizar seus programas de crescimento. As sociedades assim constituídas não podem organizar-se de maneira "equilibrada" também em outro sentido, qual seja, o de apresentarem uma estrutura de classes com perfil bem delineado. Ao contrário: os sucessivos acordos e conciliações processados pelo Estado inibiram a plena constituição das classes sociais e a completa explicitação de seus interesses. Entra em cena uma intrincada rede de mecanismos de cooptação, destinados a capturar as expressões mais representativas de grupos e classes sociais, especialmente lideranças políticas e intelectuais. Com isso, o processo terminaria por despojar as classes dos formadores de sua autoconsciência e por dificultar sua organização autônoma.

No Brasil em particular, por exemplo, tal fato prejudicou seriamente a constituição das classes subalternas e não foi benéfico sequer para as classes dominantes, já que acabou por bloquear a emergência de uma burguesia industrial em condições de disputar a hegemonia com o agrarismo predominante e desenhar um sistema político sob seu comando e inspiração. A burguesia brasileira, em vez disso, foi condenada a buscar refúgio no protecionismo estatal e a abrir mão do exercício direto de funções dirigentes.

Em processos de revolução passiva, os próprios conflitos sociais têm mais dificuldade para explicitar-se plenamente e veem diminuir seu impacto sobre os processos de mudança social. Conseguem sem dúvida contribuir para contestar as diversas ordens estabelecidas, mas não podem evoluir a ponto de moldar as sucessivas ordenações políticas ou de criar alternativas concretas para as diversas crises de poder. No fundo, a mudança tende a ser resolvida pelo Estado e não pela pressão organizada da sociedade: o Estado substitui os grupos sociais na direção das lutas de renovação, empreende a conciliação entre os diversos interesses e acaba inclusive por dirigir (e organizar) as classes economicamente dominantes, que se afastam assim das funções de direção e chegam mesmo a se desinteressar de seus instrumentos clássicos de exercício do poder (Parlamento, partidos, imprensa, *lobbies*). Haverá mais "ditadura" que hegemonia: "a hegemonia será de uma parte do grupo social sobre o inteiro grupo, não deste sobre outras forças para potenciar o movimento, para radicalizá-lo" (GRAMSCI, 1999-2000, v. 5, p. 321-332).

O Estado, assim, dissocia-se da sociedade e torna-se forte o suficiente para controlar as manifestações sociais espontâneas. Hegemoniza o sistema político e prorroga a má organicidade da sociedade civil. Pode, desse modo, não só desenvolver mecanismos que neutralizam as tensões sociais, como até mesmo se antecipar a elas, com o que evidentemente reforça seu poder de controle e cooptação. Passa a ser através do particularismo do Estado e de uma forma instrumental do político que a coligação de classes e frações dominantes, modernas e tradicionais, encontra "o espaço e a oportunidade para a modernização [conservadora] e a imposição da revolução burguesa". Em decorrência dessa "contraditória realidade em que o avanço da modernização acentua uma forma do político cada vez mais precária, menos institucionalizada, menos previsível, mais coercitiva e menos consensual", a própria burguesia fica despreparada para ordenar democraticamente a sociedade e até mesmo para estruturar uma vontade política com vocação hegemônica (VIANNA, 1986, p. 22-23).

A centralidade do Estado produz inúmeras outras consequências significativas. Por um lado, dificulta a constituição de uma tradição democrática expressiva e inibe a formação de organizações políticas e sindicais representativas, autônomas e vigorosas. Por outro lado, destila uma cultura política condicionada pelo autoritarismo e termina por fazer do "transformismo" (Gramsci) uma regra na política, isto é, por incentivar que lideranças, partidos e movimentos potencialmente contrários ao sistema sejam atraídos e assimilados pelos sucessivos blocos de poder, terminando por se compor com eles. No caso do Brasil, por exemplo, foi sempre expressiva a capacidade de sedução do poder de Estado, invariavelmente utilizada pelas coalizões políticas que se constituíram ao longo da história. Embora o tipo "molecular" de transformismo – ou seja, para falar como Gramsci, aquele que se caracteriza pela cooptação individualizada de lideranças políticas oposicionistas – tenha sido a constante, na história brasileira não esteve ausente um segundo tipo, fundado na assimilação de inteiros grupos sociais, cujo maior exemplo pode ser encontrado no populismo (COUTINHO, 1999).

O longo fluxo da revolução passiva no Brasil não implicou, como se deduziria de uma aplicação mecânica do conceito, a ausência de movimentação social ou o total fechamento político. Ao contrário: sempre conviveu com a vigência de ideais e práticas liberais, com períodos de vida democrática e participação política não muito restrita (como entre 1945 e 1964) e, sobretudo, com a realização de eleições e o funcionamento de certos mecanismos de representação mesmo em momentos claramente ditatoriais (como entre 1968 e 1974). O autoritarismo se reproduziu de modo disfarçado, atenuado por um liberalismo sempre reiterado, pelo paternalismo estatal, por mecanismos de favor e pela competição eleitoral. Com isso, as eleições converteram-se em importante espaço de educação política popular e no centro das disputas políticas mais significativas.

A perspectiva analítica baseada nessa ideia de "modernização conservadora" combinada com "revolução passiva" e "via prussiana" marca presença em distintas escolas do pensamento social brasileiro. Em boa medida, esteve presente de modo latente no amplo esforço de explicação do Brasil, que amadureceu na segunda metade do século 20, ainda que com aparatos conceituais distintos (FERNANDES, 1975; FAORO, 1998). Difundiu-se, posteriormente, pela sociologia e pela ciência política praticadas a partir dos anos 1970 (VELHO, 1976; REIS, 1982; BRANDÃO, 1997).

Em todos os casos, buscou-se resgatar a particularidade da modernização capitalista brasileira, a dificuldade por ela demonstrada de romper com o passado e de se combinar com movimentos mais impetuosos de democratização. O objetivo era explicar de que modo a mudança capitalista brasileira – diferentemente da clássica via popular francesa ou da "via russa", mas também da "via prussiana" seguida pela Alemanha – obteve impulso não de movimentos políticos de caráter societal (empreendidos seja por massas organizadas, seja por *junkers* modernizantes), mas sim do protagonismo estatal, verdadeiro agente de uma revolução burguesa que se faz por meio de um moderado e conciliador ajuste de contas com o passado colonial. No Brasil, a evolução do capitalismo não foi precedida por nenhum vagalhão humanista, nem pela preocupação de fazer valer a cidadania ou fazer tremular as bandeiras da democracia política. Os movimentos nesse sentido foram sempre agitações superficiais, sem nenhum caráter verdadeiramente nacional e popular. Aqui, a burguesia se ligou às antigas classes dominantes, nasceu delas e operou no interior da economia retrógrada e fragmentada. Quando as transformações políticas se tornavam necessárias, elas foram feitas "pelo alto", mediante conciliações e concessões mútuas, sem qualquer participação social mais ampliada.

Como observou o autor que mais longe levou a exploração do conceito de revolução passiva como chave interpretativa da história brasileira, aqui o Estado funcionará como agente ativo do processo de modernização, base de uma "revolução burguesa que se realizava independentemente de uma hegemonia burguesa" – uma modernização que dispensou o liberalismo como sua visão de mundo e a forma mercantil como condição para a venda da força de trabalho. A singularidade do prussianismo, entre nós, estaria no "fato do setor agrário mais desenvolvido em termos capitalistas (o agroexportador) ter sido desalojado do poder pelo menos desenvolvido", o que se deveu à impossibilidade de aquele setor mais desenvolvido dirigir o processo de modernização, dado seu isolamento real e incontornável das demais classes, camadas e estratos sociais. Mas o domínio do aparelho do Estado por parte dessa elite "atrasada" no econômico vai lhe facultar um "percurso extremamente rápido no sentido da adoção de novos papéis econômicos, como o do empresário agrícola, do industrial ou do financista". E ainda: se a "revolução pelo alto" consiste em uma forma de induzir a modernização econômica através da intervenção política, ela também implica, de outro lado, uma "conservação" do sistema político, algo real e visível mesmo quando se consideram os sucessivos rearranjos nos lugares ocupados por seus diferentes protagonistas (VIANNA, 1999, p. 175-177).

A perspectiva teórica da modernização conservadora combinada com revolução passiva e via prussiana deixou evidente que o Estado, no Brasil, tem sido ao mesmo tempo modernizador e reprodutor do passado, gerenciador, digamos assim, de sucessivas conciliações entre interesses sociais mais conservadores (resistentes à mudança) e mais modernizadores, transferindo tal "desequilíbrio" para o conjunto da sociedade (da estrutura social à cultura e ao sistema político). Dentre outras coisas, ajuda a que se analise o desenvolvimento de forma abrangente, como processo historicamente determinado, para o que a análise da dimensão política e cultural mostra-se particularmente estratégica.

Ver: Corporativismo; Democracia; Elites; Estado; Hegemonia; Poder; Reforma Agrária; República/ Republicanismo

Referências Bibliográficas

BRANDÃO, G. M. *A esquerda positiva*. As duas almas do Partido Comunista - 1920-1964. São Paulo: Hucitec, 1997.

COUTINHO, C. N. *A democracia como valor universal e outros ensaios*. 2. ed. Rio de Janeiro: Salamandra, 1984.

______. *Gramsci*. Um estudo sobre seu pensamento político. Rio de Janeiro: Civilização Brasileira, 1999.

FAORO, R. *Os donos do poder:* formação do patronato político brasileiro. 13. ed. São Paulo: Globo, 1998. v. 2.

FERNANDES, F. *A revolução burguesa no Brasil*. Ensaio de interpretação sociológica. Rio de Janeiro: Zahar Editores, 1975.

GRAMSCI, A. *Cadernos do cárcere*. Rio de Janeiro: Civilização Brasileira, 1999-2000. v. 5.

GUIMARÃES, A. P. *Quatro séculos de latifúndio*. Rio de Janeiro: Paz e Terra, 1968.

KAGEYAMA, A. A questão agrária brasileira: interpretações clássicas. *Reforma Agrária*, Campinas, SP, v. 23, n. 3, p. 5-16, 1994.

KANOUSSI, D.; MENA, J. *La revolución pasiva*. Una lectura de los Cuadernos de la cárcel. Puebla: Universidad Autónoma de Puebla, 1985.

LENIN, V. I. *O programa agrário da social democracia na primeira revolução russa de 1905-1907*. Goiânia: Alternativa, 2002.

MOORE JR., B. *As origens sociais da ditadura e da democracia*. Senhores e camponeses na construção do mundo moderno. Trad. Maria Ludovina Couto. São Paulo: Martins Fontes, 1983.

PRADO JR., C. *A revolução brasileira*. São Paulo: Brasiliense, 2004.

RANGEL, I. *Questão agrária, industrialização e crise urbana no Brasil*. Porto Alegre: Editora UFRGS, 2000.

REIS, E. P. Elites Agrárias, *state-building* e autoritarismo. *Dados*, Rio de Janeiro, v. 25, n. 3, p. 331-348, 1982.

RIBEIRO, I. O. *Agricultura, democracia e socialismo*. Rio de Janeiro: Paz e Terra, 1988.

VELHO, O. G. *Capitalismo autoritário e campesinato*. São Paulo: Difel, 1976.

VIANNA, L. W. *Liberalismo e sindicato no Brasil*. 4. ed. rev. Belo Horizonte: Editora UFMG, 1999.

______. *A revolução passiva:* iberismo e americanismo no Brasil. Rio de Janeiro: Revan, 1997.

______. *Travessia:* da abertura à Constituinte. Rio de Janeiro: Livraria Taurus Editora, 1986.

Monitoramento

Laura da Veiga

A discussão sobre monitoramento e avaliação de programas e projetos, talvez por ocorrer na fronteira entre o âmbito acadêmico, o da gestão e o terreno mais propriamente político, ainda não alcançou consenso conceitual ou mesmo terminológico. As definições nesse campo envolvem sempre certo grau de arbitrariedade e devem ser relativizadas.

Uma breve retrospectiva sobre o desenvolvimento da área ilustra essa afirmação. Durante as décadas de 1950 e 1960, procedimentos de avaliação de programas passam a ser adotados de forma mais sistemática nos Estados Unidos, voltados para as áreas de educação, saúde e capacitação profissional. Posteriormente, programas de erradicação da pobreza nos anos 1960 e 1970 estimulam o novo campo temático e o aperfeiçoamento de técnicas de investigação social. Programas de reformas da administração pública no período pós-guerra, principalmente nos países anglo-saxônicos, com forte ênfase na eficiência e eficácia da ação governamental, também representam um movimento importante no campo da gestão, ampliando o iniciado na década de 1920 com a criação de agências públicas de auditoria interna.

No âmbito acadêmico, pode-se situar nos anos 1950 a consolidação de um novo campo de conhecimento nos EUA, voltado para análise de políticas públicas e de problemas sociais. A partir dos anos 1960, ampliam-se a produção bibliográfica, a sistematização de experiências e a criação de redes de especialistas em avaliação.

Na década de 1980, generaliza-se a utilização da avaliação na maioria dos países industrializados, lastreada pela codificação de procedimentos em manuais e revistas especializadas, elaborada por especialistas ou por organizações de cooperação internacional ou de financiamento. Paralelamente, tem-se a difusão de procedimentos de avaliação em países emergentes como Índia e Brasil, parcialmente fomentada por agências multilaterais de fomento ou por cláusulas de empréstimos internacionais.

O exame de parte dessa produção mostra a emergência de um modelo avaliativo, com algumas variações em torno de etapas e dos enfoques adotados. Esse modelo adota a lógica do "ciclo de formulação e avaliação de programas ou de projetos" (etapas discerníveis), técnicas para estabelecer a coerência interna, modelos de avaliação e critérios de avaliação (eficiência, eficácia, efetividade).

Contudo, o domínio do monitoramento permanece ambíguo: os objetivos e as técnicas são vagos e pouco codificados; às vezes é tratado como um tipo de avaliação (de processos ou de execução), outras como meros procedimentos administrativos de acompanhamento ou de fiscalização. Uma possibilidade seria entendê-lo como um conjunto de atividades, desenvolvido ao longo da execução de um projeto ou programa, para possibilitar acesso à "caixa-preta" da implementação.

Espera-se que políticas ou programas governamentais bem desenhados resultem na agregação de valor social para seus destinatários ou para solucionar uma situação-problema. Contudo, mesmo para intervenções tecnicamente bem planejadas, não há garantias de que a implementação corresponda ao planejado nem que esteja protegida de imprevistos ou de resultados não esperados. O monitoramento contínuo do processo, por um lado, e a avaliação periódica de resultados, por outro, são procedimentos centrais para saber se uma política, um programa ou um projeto estão sendo implementados de acordo com o planejado, se as populações-alvo estão recebendo os produtos ou serviços pretendidos e se os recursos alocados estão produzindo os resultados esperados (efetividade).

Em tese, o ciclo de formulação e avaliação de políticas públicas envolve cinco grandes etapas sucessivas, com mecanismos de retroalimentação: 1) diagnóstico (identificação do problema/carência, magnitude, causas e recursos); 2) formulação de alternativas e tomada de decisão (proposta de alternativas, estimativas de custo/benefício e viabilidade); 3) planejamento e desenho da intervenção (detalhamento do desenho; procedimentos e instrumentos de avaliação; definição de responsabilidades; planos de contingência); 4) implementação (gestão, execução e monitoramento das ações e dos resultados intermediários alcançados); e 5) avaliação da eficácia e da efetividade.

As atividades de monitoramento (às vezes tomadas como sinônimo de acompanhamento) e as de avaliação estão analiticamente conectadas, mas com fronteiras fluidas. Como argumenta Jannuzzi (2005, p. 155), "monitoramento e avaliação são processos analíticos organicamente articulados, sucedendo-se no tempo, com o propósito de subsidiar o gestor público com informações acerca do ritmo e da forma de implementação dos programas (indicadores de monitoramento) e dos resultados e efeitos almejados (indicadores de avaliação)".

Essa breve discussão permite sugerir uma distinção um pouco mais precisa entre monitoramento e a noção correlata de avaliação de processos. Na medida em que a distinção faça sentido, o monitoramento, como instrumento gerencial, focaliza os processos ligados à implementação tendo como referência o plano – ou seja, a pergunta é se e em que medida o programa ou projeto está sendo implementado conforme o planejado. De outro lado, a avaliação de processos incorpora a visão menos otimista sobre as possibilidades do planejamento e assume os supostos do diagnóstico e da formulação como hipóteses a serem testadas – e eventualmente reformuladas – em campo. Sendo assim, a avaliação de processos, como o monitoramento, centra-se nos processos da implementação. No entanto, a referência básica não é o plano, mas os resultados. Busca-se avaliar se e em que medida, o projeto ou programa, na forma como está sendo implementado, tende a produzir os resultados buscados e por quê.

Uma possibilidade é entender monitoramento como referido a atividades sistemáticas e regulares de acompanhamento contínuo da gestão e da execução, realizadas a partir de algum sistema de sinalizadores ou de indicadores para aferir se a execução está ocorrendo segundo o planejado e, ao mesmo tempo, identificar problemas que demandam correções de rumos ao longo do percurso. Portanto, a principal referência é que o monitoramento centra-se em procedimentos de verificação que ocorrem ao longo da implementação e se concentram nos processos de gestão e de execução, recorrendo a indicadores de insumos, produtos e de resultados intermediários.

Referidas ao monitoramento como atividade gerencial ou à avaliação (em geral e de processos, em particular), a disponibilidade de informações e a seleção de indicadores sensíveis, parcimoniosos e ajustados às ações previstas nos programas ou projetos, sempre são mencionados como recursos cruciais. Contudo, respostas adequadas a esse desafio envolvem decisões conceituais, metodológicas e operacionais nem sempre triviais (JANUZZI, 2005; BAMBERGER; RUGH; MABRY, 2006).

Os objetos de ação das políticas públicas, em geral, e das sociais, em particular, são fenômenos multidimensionais e multideterminados em que vários fatores podem estar presentes, mas com diferentes combinações, dificultando o estabelecimento de cadeias de causalidade. Similarmente, há evidências de que a gestão ou a execução podem enfrentar dificuldades e constrangimentos de várias ordens. Portanto, seja em função da incerteza sobre a cadeia de causalidade, no caso de avaliação de resultados e de impactos, seja em função de incertezas políticas, organizacionais e técnicas, no caso de monitoramento e avaliação de processos, sistemas de informação adequados e úteis dependem da seleção de indicadores ajustados à escala territorial e ao horizonte temporal do programa, assim como à disponibilidade de dados para os alimentar (JANNUZZI, 2005).

Um segundo ponto de controvérsias é a definição das fronteiras entre monitoramento e avaliação em contraposição às atividades de fiscalização ou de auditoria típicas da administração pública moderna ou de mecanismos institucionalizados de prestação de contas e de responsabilização dos agentes públicos (*accountability*) em termos mais gerais. Uma administração pública moderna e democrática deve prestar contas de suas ações à sociedade e operar obedecendo aos princípios da eficiência, da eficácia, da efetividade e da legalidade. Os resultados de atividades de monitoramento e de avaliação, assim como a disseminação de informações acessíveis e de fácil entendimento, são mecanismos importantes para ampliar a transparência das atividades dos agentes públicos. Órgãos de fiscalização e controle, assim como instâncias de controle social, seriam alguns dos usuários privilegiados da qualificação de resultados e impactos e sobre os procedimentos e recursos mobilizados para os alcançarem.

As discordâncias decorrem da falta de consenso sobre a demarcação de responsabilidades em setores da administração pública. No caso específico, os órgãos vinculados à avaliação e ao monitoramento percebem sua missão como a de analisar a gestão e os resultados alcançados, a qualidade dos serviços e a adequação dos recursos e processos adotados; já os da área de fiscalização e auditoria tendem a priorizar aderência e obediência a procedimentos formais e legais. Mas talvez como decorrência da institucionalização incompleta e recente de procedimentos sistemáticos de monitoramento e do predomínio, em alguns âmbitos da administração, do apego excessivo a procedimentos formais, a demarcação das fronteiras ainda está em curso, pelo menos no Brasil.

Ver: *Accountability;* Ciclo de Vida da Política Pública; Política Social

Referências Bibliográficas

ABRÚCIO, L. F.; LOUREIRO, M. R. Finanças públicas, democracia e *accountability*. In: BIDERMAN, C.; ARVATE, P. (Orgs.). *Economia do setor público no Brasil*. Rio de Janeiro: Campus, 2005.

BAMBERGER, M.; RUGH, J.; MABRY, L. *RealWorld evaluation:* working under budget, time, data, and political constraints. London: Sage, 2006.

CENEVIVA, R.; FARAH, M. F. S. O papel da avaliação como mecanismo de controle democrático da administração pública. In: GUEDES, A. M; FONSECA, F. (Orgs.). *Controle social da administração pública:* cenário, avanços e dilemas no Brasil. São Paulo: Editora Unesp, 2007.

JANNUZZI, P. M. Indicadores para diagnóstico, monitoramento e avaliação de programas sociais no Brasil. *Revista do Serviço Público*, Brasília, DF, v.56 n. 2, p. 137-160, abr./jun. 2005.

Movimentos Sociais

Rudá Ricci

O conceito de movimento social surgiu a partir de uma leitura conservadora e perplexa da emergência do mundo urbano-industrial, quando, em 1840, Lorenz Von Stein defendeu a necessidade de uma ciência da sociedade que se dedicasse ao estudo da movimentação social e, em especial, do movimento operário francês e do socialismo. O termo traduzia o estranhamento das instituições públicas e de alguns segmentos urbanos ante o acelerado processo de industrialização da Europa. A perplexidade acabou por definir um olhar sobre os movimentos sociais: eles reagiam ao sentimento de marginalização.

No decorrer do século 20, em particular a partir da configuração da estrutura burocrática estatal vinculada ao Estado de bem-estar, os movimentos sociais constituíram-se em sentido próprio. A natureza da organização burocrática fragmentou as demandas sociais, bem como as formas de expressão e o encaminhamento de demandas, em virtude da forte simbiose que se estabeleceu entre populações demandantes e agências estatais de atendimento social. Ao paradigma que vê os movimentos sociais como uma prática reativa, fundada no sentimento de marginalização e numa multiplicidade de carências e demandas específicas, somou-se o paradigma que os entende como uma prática corporativa, muitas vezes fundada no clientelismo.

Por isso, costuma-se associar ao estudo dos movimentos sociais o conceito mais preciso de metacorporativismo, em virtude da natureza funcional distinta entre os movimentos sociais e o aparelho estatal. Na literatura especializada, adota-se a distinção proposta por Schmitter (1974) entre corporativismo de Estado (onde as associações de interesse são dependentes e penetradas pelo Estado) e corporativismo societário (onde as associações são autônomas e penetram o Estado).

Sociólogos norte-americanos, fortemente influenciados pelo funcionalismo de Talcott Parsons, concentraram suas análises nas escolhas racionais, na mobilização de recursos e nos ciclos de protestos. A Escola de Chicago deu atenção à disfunção da ordem, retomando o conceito de anomia, elaborado por Émile Durkheim. Já os estudos europeus privilegiaram a identidade coletiva, o projeto e a cultura política. Mostraram-se mais sensíveis às abordagens neomarxistas e ao surgimento de novos atores e direitos sociais. Desse enfoque emergiria o conceito de "novos movimentos sociais", muito empregado nos anos 1990. Como observou Gohn (1997), em todas as vertentes um consenso se estabeleceu: movimentos sociais são fluídos, formados a partir de espaços não consolidados das estruturas e organizações sociais.

No Brasil, é possível identificar uma tentativa de conceituação a partir da década de 1980, que acabou por criar duas escolas de pensamento e pesquisas. Uma primeira, vinculada ao conceito de novos movimentos sociais (NMS), destacava as lutas sociais que se distinguiam da conformação teórica classista proposta pelo marxismo e se distanciavam de estruturas partidárias ou elites políticas. Daí surgiu um segundo conceito articulador, de autonomia, que assegurava aos NMS uma característica pluriclassista e independente de toda institucionalidade pública, quase sempre adotando estruturas horizontalizadas (pluripartidária ou apartidarizada) e processos de democracia direta para a tomada de decisões. Muitos autores, apoiados nos estudos de Felix Guatarri e Cornelius Castoriadis, passaram a valorizar os microprocessos políticos da vida cotidiana como elementos de coesão das novas mobilizações sociais, o que incentivou a emergência de estudos de antropologia política, análise de valores e subjetividade de redes sociais.

Originalmente, o conceito de "novos movimentos sociais" foi desenvolvido na Europa para descrever demandas pós-materialistas, ou seja, aquelas que vão além das demandas primárias de sobrevivência e não objetivam necessariamente uma ruptura com a ordem política dominante. O conceito afastava-se da tradição marxista clássica, que identificava a organização partidária e a luta pela mudança da ordem capitalista como superiores. Touraine (1977), um dos autores de referência dessa nova conceituação, sugeriu que os movimentos sociais seriam ações coletivas associadas à luta por interesses por mudanças na esfera social e cultural. Derivam fundamentalmente dos conflitos ao redor do controle dos modelos culturais, o que sugeriria que não deveriam ser a rigor chamados de movimentos societais (definidos por projetos globais, normalmente classistas, cuja interlocução são organizações políticas formais), mas sim de movimentos culturais.

Offe (1992, p. 181), por seu turno, sugeriu que a base social dos NMS seria a nova classe média (novos serviços e setor público), associados a segmentos da velha classe média e à parte dos agrupamentos sociais situados à margem do mercado de trabalho formal, o que os distinguiria da base operária da concepção marxista.

Estudos do Centro Brasileiro de Análise e Planejamento (Cebrap), em especial os desenvolvidos por Ruth Cardoso (1984), criticaram as limitações do comunitarismo anti-institucionalista dos novos movimentos sociais brasileiros. Embora muitas vezes apoiada nas proposições de Touraine e Offe, essa linha de pesquisa realinhava os movimentos sociais à sua necessária relação com o Estado nacional e à institucionalidade pública que garantia direitos e participação social na formatação de políticas públicas. Maria Hermínia Tavares de Almeida sugeriu que muitas organizações corporativas – alinhadas em alguns estudos como NMS – seriam instrumentos de *intermediação de interesses* e não de representação, na medida em que expressam interesses próprios e desempenham papel ativo na definição dos interesses de seus membros, assumindo o que a autora denomina de governo privado (ALMEIDA, 1995).

A sociologia brasileira não interpretou os movimentos sociais de modo homogêneo. Algumas vertentes os analisaram como sendo portadores de um impasse original e estrutural, que os impelia ao corporativismo, ao passo que outras os perceberam como germes de uma nova sociedade civil, instituinte de novos direitos e de uma nova engenharia pública (DAGNINO, 1994).

Recentes pesquisas identificam uma importante inflexão política no campo dos movimentos sociais. Na década de 1990, movimentos situados especialmente no meio rural passam a expressar uma prática política que supera os traços corporativos de épocas passadas. Tendo como base de articulação o território e não mais a carência específica, ampliam sua articulação social e incorporam populações residentes em grandes áreas. Significativamente, procuram estruturar uma nova institucionalidade pública, expressada em fóruns ou conselhos regionais de desenvolvimento, constituindo estruturas de financiamento autogerenciados e envolvendo as agências estatais em suas práticas enquanto aparelhos públicos e não mais como instituições de atendimento. As práticas, difusas, heterogêneas, muitas vezes diferenciam-se do que se convencionou denominar de parceria com o Estado, pois mantêm a direção sobre as políticas públicas desenvolvidas no território.

Diversos fatores impeliram as lideranças sociais para as agências sociais em busca de financiamento. As instituições governamentais são então definidas como interlocutoras privilegiadas das conquistas demandadas nos anos anteriores. Essa aproximação deveu-se, por um lado, aos instrumentos institucionais que criaram novas arenas de negociação e formulação de políticas públicas, tais como conselhos de gestão pública, conferências nacionais, câmaras setoriais e audiências públicas; e, por outro, à fragmentação social em curso e à queda de financiamento externo para organizações não governamentais e movimentos sociais a partir de meados daquela década.

A partir de então, os movimentos sociais passaram por visíveis mudanças. Sua ação se diferenciou progressivamente do modelo de organização política, chegando a se dissociar dos sistemas políticos tradicionais. No final da década de 1990, Alberto Melluci ressaltou a dimensão pessoal da vida social. Trata-se de um novo cenário, em que a crescente fragmentação, a multiplicidade dos sistemas, a democratização e a profusão de conhecimentos e informações fizeram com que os movimentos sociais se tornassem cada vez mais imprevisíveis. Há tendências analíticas que procuram interpretar essa nova situação mediante o conceito de redes sociais, que permitiria melhor compreensão das novas estruturas, fluidas e marcadas por um novo tipo de militância social espontânea e cada vez mais individualizada, com diferenciados graus de engajamento. Tais mudanças também requerem padrões inovadores de interpretação para as novas práticas de agregação social e novas formas de tomada de decisão e representação social.

Ver: Classes Sociais/Luta de Classes; Cultura Política; Democracia Deliberativa; Sociedade Civil

Referências Bibliográficas

ALMEIDA, M. H. T. Além do corporativismo: interesses organizados e democratização. In: SOLA, L.; PAULANI, L. (Orgs.). *Lições da década de 80*. São Paulo: Edusp, 1995.

CARDOSO, R. C. L. Movimentos sociais urbanos: balanço crítico. In: SORJ, B.; ALMEIDA, M. H. T. (Orgs.). *Sociedade e política no Brasil pós-64*. 2. ed. São Paulo: Brasiliense, 1984.

DAGNINO, E. (Org.). *Anos 90*: política e sociedade no Brasil. São Paulo: Brasiliense, 1994.

GOHN, M. G. *Teorias dos movimentos sociais:* paradigmas clássicos e contemporâneos. São Paulo: Loyola, 1997.

MELUCCI, A. *Acción colectiva, vida cotidiana y democracia*. México: El Colégio de México/Centro de Estúdios Sociológicos, 1999.

OFFE, C. *Capitalismo desorganizado*. São Paulo: Brasiliense, 1992.

SCHERER-WARREN, I. *Redes de movimentos sociais*. São Paulo: Loyola, 1996.

SCHMITTER, P. Still a century of corporatism? In: PIKE, F.; STRITCH, T. (Eds.). *The new corporatism*. Indiana: Notre Dame University Press, 1974.

TOURAINE, A. Movimentos sociais e ideologias nas sociedades dependentes. In: ALBUQUERQUE, J. A. G. (Org.). *Classes médias e política no Brasil*. Rio de Janeiro: Paz e Terra, 1977.

______. Os novos conflitos sociais: para evitar mal-entendidos. *Lua Nova: revista de cultura e política*, São Paulo, n. 17, p. 5-18, jun. 1989.

Mudança Climática

EDUARDO VIOLA

No último meio século, a combinação de crescimento da população mundial, consumo generalizado de energia fóssil, extraordinário aumento do consumo em países de renda alta e média e desenvolvimento tecnológico dentro de um paradigma carbono-intensivo tem sido a causa principal do processo de aquecimento global.

Segundo o Painel Internacional de Mudança Climática (IPCC), o aquecimento global de origem humana – existe também um fenômeno natural interglacial e de mais longa duração que é de importância marginal no aumento da temperatura do último século – é gerado pelas emissões de gases de efeito estufa que elevaram progressivamente a temperatura média da terra em aproximadamente 0,7°C, de 13,1°C para 13,8°C entre a primeira década do século 20 e a primeira década do século 21, com previsão de elevação de mais 2°C a 3°C até 2050, a continuar o atual padrão de emissões. Os principais gases de efeito estufa são:

- dióxido de carbono – gerado pela queima de combustíveis fósseis e desmatamento; o desmatamento é responsável por aproximadamente 20% do CO_2 emitido – com peso 75%;
- metano – gerado pela digestão do gado, pelos arrozais, pelos lixões e pelos reservatórios de hidroelétricas – com peso 15%;
- óxido nitroso – gerado principalmente pelos fertilizantes – com peso 9%. Aproximadamente 95% dos climatólogos concordam com o IPCC ou têm uma visão ainda mais grave sobre a mudança climática. Outros 5% deles discordam frontalmente do IPCC e consideram que o aquecimento global não tem origem antropogênica, sendo parte exclusivamente de um ciclo natural.

As principais manifestações das mudanças climáticas são os fenômenos climáticos extremos – ondas de calor e frio mais intensas e prolongadas, secas, inundações, tormentas e furacões mais severos – e a retração de geleiras das montanhas, do Ártico e da Antártida, com impacto sobre o nível médio do mar.

As emissões de gases de efeito estufa cresceram 3% ao ano na primeira década do século 21. Os principais países emissores em 2009 foram:

• China, responsável por 24% do total mundial (crescimento anual de 6%);

• EUA, com 20% das emissões totais (crescimento anual de 0,6%);

• União Europeia (27 países), com 15% do total (crescendo 0,4% ao ano);

• Índia, com 7% (crescimento anual de 8%);

• Rússia, com 5% (crescimento anual de 5%);

• Indonésia, com 4% (crescimento anual de 5%);

• Brasil, com 4% (crescendo 5% ao ano até 2004 e com redução de emissões a partir de 2005 devido à drástica e continuada queda do desmatamento na Amazônia);

• Japão, com 3% (crescimento anual de 0,3%).

Atualmente, o aquecimento global é um dos maiores desafios econômicos e políticos para a humanidade. Enfrentá-lo requer um aumento dramático da cooperação no sistema internacional. Por um lado, é necessário mitigar o aquecimento global para que ele se mantenha dentro dos parâmetros incrementais e não se torne perigoso, o que ocorreria caso o aumento na temperatura média da terra superasse dois graus, tendo 1900 como ano base. Por outro lado, é necessário adaptar-se a um grau moderado de mudança climática que já é irreversível. Para evitar a mudança climática perigosa seria necessário que as emissões de gases estufa no ano 2050 fossem aproximadamente 40% do ano 2000. É um desafio gigantesco, considerando que no ano 2009 as emissões foram 20% superiores às de 2000.

Nos anos prévios à Cúpula do Rio de Janeiro em 1992, foi-se criando um clima cultural favorável a medidas proativas com relação à mudança climática, que se prolongou até 1997. Já no fim da década de 1990, houve uma atenuação desse clima favorável devido a dois fatores: o impacto da tecnologia da informação, em revolução acelerada, sobre as expectativas de consumo; e a formação de um forte *lobby* contrário liderado por empresas de petróleo, eletricidade, cimento e automóveis. A forte onda global de expansão do movimento ambiental (particularmente de 1985 a 1997) baseou-se em um processo de crítica ao impacto da prosperidade econômica e do desenvolvimento científico e tecnológico sobre a qualidade ambiental. Essa atmosfera cultural mudou com o aumento da velocidade da revolução informacional na segunda metade da década de 1990, que gerou uma confiança crescente na capacidade da tecnologia de resolver os problemas criados por ela mesma. Simultaneamente, crescia de modo dramático o abismo tecnológico entre, de um lado, sociedades desenvolvidas e emergentes e, de outro, sociedades pobres. Além disso, a capacidade de criação de ambientes tecnológicos pelo uso generalizado de ar-condicionado, assim como de transporte e comunicações muito velozes, produziu no período 1998-2004 um novo ciclo de insensibilidade pós-ambientalista em relação à transformação da natureza pelo ser humano. A aceleração dramática da inovação tecnológica disseminou, nos países desenvolvidos, a impressão de que podiam proteger-se das consequências negativas da mudança climática. Esse processo foi agravado a partir dos atentados terroristas de 11 de setembro de 2001, que colocaram questões duras de sobrevivência e segurança imediata (a ameaça de atentados com perfil de terrorismo catastrófico) num lugar hipercentral do sistema internacional e deslocaram para posições marginais questões de longo prazo.

Desde 2005, uma série de eventos deu início a um novo período de percepção da ameaça da mudança climática: furacões mais frequentes e intensos nos EUA e países caribenhos, fortes incêndios em vastas áreas dos EUA e Austrália, mortes por ondas de calor na Europa, intensificação de tufões e tormentas no Japão, China, Filipinas e Indonésia, inundações ao lado de secas em Índia, Paquistão e África, e secas na Amazônia brasileira em 2005 e na Rússia em 2010.

Acompanhando esses eventos naturais, a opinião pública internacional de maior nível educacional foi impactada por vários acontecimentos de alta relevância:

- o lançamento, em setembro de 2006, do filme do ex-vice-presidente dos EUA, Al Gore – *Uma verdade inconveniente* – que transmite pedagogicamente o severo impacto de longo prazo do aquecimento global para nossa civilização;
- a publicação do *Relatório Stern* sobre o custo econômico da mudança climática, assumido oficialmente pelo governo britânico em 2006;
- a publicação, em fevereiro de 2007, do Quarto Relatório do Painel Internacional sobre Mudança Climática, que afirma que já praticamente não se pode ter qualquer dúvida acerca da origem antropogênica fundamental do aquecimento global e destaca ser esse fenômeno mais acelerado do que se avaliava previamente;
- a reunião do Conselho de Segurança da ONU em abril de 2007 para debater, pela primeira vez em sua história, o problema da mudança climática;
- a reunião de junho de 2007 do G8 na Alemanha, tendo como tema central a primeira proposta incisiva para mitigar o aquecimento global – feita pela União Europeia – na até agora curta e intensa história dos foros governamentais sobre essa questão;

• a concessão do Prêmio Nobel da Paz a Al Gore e ao Painel Intergovernamental de Mudança Climática (IPCC, na sigla em inglês) em outubro de 2007; e

• o difícil acordo atingido na 13ª Conferência das Partes da Convenção de Mudança Climática em dezembro de 2007 (em Bali, Indonésia), que implicou concessões mútuas nas posições dos grandes emissores de carbono, particularmente dos EUA e da China.

Os conflitos de interesses entre os países desenvolvidos, os emergentes e os pobres têm sido um dos fatores determinantes na dinâmica das negociações que envolvem o regime de mudança do clima. Nos países democráticos, existe forte diferenciação interna de interesses e de valores, e seus representantes governamentais adotam posições sintonizadas com as coalizões políticas que predominam de modo mais ou menos transitório no governo, e em particular na definição da política do país na arena da mudança climática. As alianças e os blocos que se conformam desde a Conferência do Rio de 1992 resultaram de complexas diferenciações, clivagens e de alinhamentos combinando as dimensões nacional, internacional e transnacional. O regime de mudança climática foi liderado pelos EUA e a União Europeia entre 1989 e 1991; pela União Europeia entre 1991 e 1995; pelos EUA, a União Europeia e Japão entre 1995 e 1997; pela União Europeia de 1998 a 2008; e, pela União Europeia, Japão, Coreia do Sul e parcialmente México e Brasil em 2009 e 2010.

A última Conferência das Partes realizada em Copenhague em dezembro de 2009 terminou com um relativo fracasso depois de dois dias de difíceis e confusas discussões entre os líderes das grandes e das médias potências climáticas, aos quais se juntaram diversos líderes de limitada relevância. Das três grandes potências climáticas, apenas uma, a União Europeia, assumiu posição clara de promover um acordo efetivo, enquanto as outras duas – EUA e China – mostraram-se resistentes.

O ano de 2009 alterou profundamente a economia política internacional da mudança climática. A herança de Kyoto, que deixava os EUA e os grandes países emergentes fora do constrangimento de carbono, se desintegrou. O Acordo de Copenhague é extremamente débil do ponto de vista jurídico, mas é quase universal do ponto de vista da limitação das emissões de carbono. É praticamente impossível que se avance no sentido de um novo tratado abrangente e juridicamente vinculante, antes que os EUA aprovem uma lei climática que obrigue a redução de emissões. Dada a dinâmica política atual, isso dificilmente acontecerá com o fortalecimento das posições conservadoras no Congresso.

As dimensões econômica e de segurança do sistema internacional têm impacto decisivo sobre a dimensão climática, e é necessário levá-las em conta prioritariamente em qualquer análise realista sobre o futuro da negociação climática. As tensões entre países superavitários e deficitários no comércio internacional, particularmente em relação à China, podem limitar ou mesmo parar os avanços de governança econômica global no G20 ocorridos em 2009 e 2010. O sistema internacional pode estar iniciando uma reversão da dinâmica de despolarização acontecida de 2008 a 2009. Caso predomine uma dinâmica de aumento moderado de conflito no sistema internacional nos próximos anos, isso será suficiente para que não exista avanço para um novo tratado internacional de clima, mesmo que seja aprovada uma lei climática consistente nos EUA em 2013.

Nesse contexto, a transição mundial para uma economia de baixo carbono será muito lenta, e um dos seus principais instrumentos internacionais será o estabelecimento de barreiras ao comércio de produtos intensivos em carbono. Caso predomine uma tendência de cooperação e continuidade da despolarização no sistema internacional nos próximos anos, é possível que a posição norte-americana mude de grande potência conservadora para grande potência reformista a partir de 2013. Nesse caso, seria possível que, em aliança com União Europeia, Japão, Coreia do Sul, Brasil e México, os EUA consigam "persuadir" China, Rússia e Índia a estabelecer picos de emissão e anos diferenciados de estabilização. Num sistema internacional no qual predomina a convergência, as forças mais globalmente responsáveis são favorecidas no sentido de controlar as emissões de carbono da China. Do ponto de vista da tecnologia do baixo carbono, existem alguns pequenos países que terão impacto mundial por serem muito avançados tecnologicamente: Israel, Taiwan, Singapura, Suíça e Noruega. A variável principal para aumentar a cooperação e produzir um acordo descarbonizante no sistema internacional é a flexibilização do direito de propriedade intelectual na área de tecnologias de baixo carbono.

Ver: Ambientalismo; Cidades Sustentáveis; Políticas Ambientais; Sociedade de Risco; Sustentabilidade

Referências Bibliográficas

ABRANCHES, S. *Copenhague, antes e depois*. Rio de Janeiro: Civilização Brasileira, 2010.

BANCO MUNDIAL. *Desenvolvimento e mudança climática:* relatório sobre o desenvolvimento mundial 2010. São Paulo: Editora Unesp, 2010.

FRIEDMAN, T. *Quente, plano e lotado:* os desafios de um novo mundo. Rio de Janeiro: Objetiva, 2010.

GORE, A. *Uma verdade inconveniente*. São Paulo: Editora Manole, 2007.

KEOHANE, R. O.; VICTOR, D. G. *The regime complex for climate change*. Cambridge: Belfer Center for Science and International Affairs, Harvard Kennedy School, 2010. (The Harvard Project on Climate Agreements Discussion Paper Series - Discussion Paper 10-33.)

VIOLA, E. *Impasses e perspectivas da negociação climática global e mudanças na posição brasileira*. Rio de Janeiro: Cindes - Centro de Estudos de Desenvolvimento e Integração, 2010. (Breves Cindes, n. 30.)

Mudança Social

Marco Aurélio Nogueira

Toda mudança (social ou organizacional) é acima de tudo desafio. É um desafio coletivo de ordem material, na medida em que implica o desenvolvimento e o deslocamento de forças (econômicas, políticas, sociais) encravadas na sociedade, repletas de interesses e aquisições de que não se deseja abrir mão porque formam o chão que estabiliza um dado modo de vida. E é um desafio psicológico de ordem espiritual, uma vez que exige o abandono de ideias, representações e imagens cristalizadas na cultura e nas consciências. Nessa segunda dimensão, expõe-se com grande dramaticidade o desafio de mudar, mostra-se o quanto a mudança impõe de risco, de medo, de insegurança, o quanto ela estimula o conservadorismo que existe nos seres humanos. Mudar é sempre uma forma de "tornar-se outro", encontrar uma nova identidade, viver um difícil e complexo processo de "des-identificação" e "re-identificação".

Toda mudança é árdua, em suma, porque os homens tendem sempre a não largar as categorias com que representam o mundo – categorias determinadas por circunstâncias históricas concretas, portanto socialmente necessárias. Sua práxis, impregnada de tradições, imagens e certezas, tende a resistir ao novo, ao desconhecido, ao não explicado. Os homens agarram-se, assim, ao modo como explicam o passado e o presente. Tendem a carregar tão somente uma visão mágica e ingênua do futuro, tempo que encarnaria ou a salvação ou a incerteza. Estão, portanto, muito mais propensos a legitimar o existente do que a criticá-lo. Enquanto não estabelecerem nexos racionais entre a insatisfação e um desenho razoável do futuro, legitimam o existente mesmo quando contra ele se revoltam. Entre as pessoas e a situação objetiva há sempre um filtro, uma "variante interveniente", a cultura, "constituída por todos os tipos de desejos, de esperanças e de outras ideias derivadas do passado", que "detém certas partes da situação objetiva e dá ênfase a outras". Donde, nas investigações a respeito da mudança, ser fundamental alcançar a explicação das molas que garantem a continuidade social (MOORE JR., 1983, p. 478). Do mesmo modo, deve-se dar devido relevo ao imaginário (um espaço simbólico no qual as mudanças ocorrem lentamente), cujos produtos e expressões são decisivos para a configuração da história. Daí a importância de se considerarem seriamente os processos de longa duração. Tanto a história das mentalidades quanto as teorias de longa duração dedicam-se precisamente a resgatar a dificuldade e a lentidão das mudanças.

A mudança não parte do zero: resulta sempre de um processo de transformações que nega e supera um *status quo ante*, configurando-se como produto da intervenção de um sujeito (uma geração) que "explora os materiais, os capitais e as forças de produção a ela transmitidas pelas gerações anteriores"; que, de um lado, "prossegue em condições completamente diferentes a atividade precedente, enquanto, de outro, modifica as circunstâncias anteriores através de uma atividade totalmente diversa", como escreveram Marx e Engels na *Ideologia alemã*. Nesse sentido, a mudança sempre retém e incorpora algo do passado. Mas qual parte do passado vem a ser incorporada, como se dá essa incorporação, e que peso específico tem ela na ordenação do presente e do futuro? Exatamente porque se faz sob tais indagações, a mudança impõe sempre uma reflexão sobre seu sentido, sobre os projetos (os sujeitos) que a orientam, sobre as forças que a impelem, bem como sobre seu ritmo e sua maturação. Sem isso, impossível compreender como se dá a passagem de uma situação a outra. Esse é o centro da temática da transição.

Cada processo de mudança equaciona a seu modo a dialética continuidade/ruptura, determinando o que será descartado, o que será preservado e o que será incorporado ao novo. Trata-se de um verdadeiro embate, cujo desfecho depende de circunstâncias concretas (das forças em luta, de seu grau de amadurecimento, de sua capacitação política, de seus projetos). Há passagens que se fazem sob o signo da ruptura: transições revolucionárias, explosivas, marcadas por uma descontinuidade de vastas proporções, capazes de ultrapassar com radicalidade o passado. Em outros casos, as transições transcorrem de modo processual, condicionadas em maior ou menor medida por compromissos com a velha ordem e pela assimilação de certas determinações do passado. Nesses casos, o processo pode ser mais ou menos conservador, mais ou menos marcado pela inércia, mais ou menos espasmódico, mas terá sempre como resultado um produto compósito: uma sociedade desigual, um Estado composto ou bifronte, uma situação organizacional mista – produtos atravessados pela contemporaneidade de tempos distintos, impregnados de interesses múltiplos ("novos" e "velhos") e que só podem coexistir na medida em que sejam entrelaçados por acordos e compromissos, disciplinados por um envolvente esforço de conciliação e assimilação. Inevitável que nessas estruturas partidas a ação seja errática, tortuosa, vacilante. Essas são "sociedades não funcionais", nas quais "as várias partes, ao invés de se ordenarem para um fim, se desarticulam; ao invés de se harmonizarem, se chocam uma contra a outra, se compondo e se recompondo de vários modos" (BOBBIO, 1977, p. 125).

Seja como for, em qualquer dos casos, importa muito saber da tensão que se manifesta entre processo e projeto, entre condições objetivas e construções subjetivas. Em outros termos, importa jogar luz sobre os sujeitos que fazem com que os processos ganhem sentido – sujeitos que, operando em condições por eles não escolhidas, lutam para imprimir o selo de seus interesses no curso das coisas, com o intuito de dirigi-lo ou de subsumi-lo a um dado ritmo e desfecho.

A diferenciação acima esboçada ajuda a analisar o tema da transição, na medida mesma em que facilita a apreensão da dialética continuidade/ruptura inevitavelmente presente nos processos de mudança. Pode-se afirmar, por exemplo, que rupturas revolucionárias se dão, regra geral, no bojo de processos históricos que conhecem grande sintonia entre os tempos da economia, os tempos da política, os tempos da sociedade e os tempos da cultura – processos redondos, "clássicos", em que a mudança é impulsionada por um movimento orgânico que não só relativiza bastante a reprodução do passado como também dá origem a uma estrutura global toda nova. Nesse padrão de desenvolvimento histórico, para falar de outro modo, a economia torna-se moderna ao mesmo tempo que a política, a sociedade e a cultura. Evolui-se assim com base em contradições que, ao se evidenciarem plenamente, promovem separações verdadeiramente abismais e revolucionam toda a organização social, mobilizando grandes massas de recursos humanos, políticos e institucionais.

Esses são países, para usar a bela imagem desenhada por Marx em um dos prólogos de *O capital*, "atormentados pelos vivos e também pelos mortos", oprimidos pelos "males modernos" e pelos "males herdados, originários de modos de produção arcaicos, caducos, com seu séquito de relações políticas e sociais contrárias ao espírito do tempo", países nos quais as partes vivas são tolhidas pelas partes mortas.

O Brasil inclui-se naquele grupo de sociedades marcadas pela falta de sintonia entre os tempos da economia, da política, da sociedade e da cultura, nas quais há uma capitulação diante do passado, que consegue se prolongar mediante múltiplas sedimentações e cristalizações de natureza econômica, política ou cultural. Evoluiu como nação e permaneceu atormentado pelos "males" do passado, sem ter conhecido uma história de rupturas revolucionárias. Modernizou-se de modo expressivo, mas não eliminou relações, estruturas e procedimentos de outro padrão, tradicional, em uma dinâmica que tem sido analisada como associada a um processo de modernização conservadora, no qual expressivos elementos do passado são assimilados, reconfigurados e tornados funcionais: "como não há ruptura definitiva com o passado, a cada passo este se reapresenta na cena histórica e cobra o seu preço" (FERNANDES, 1975, p. 202). Trata-

-se, para ficar em um exemplo fácil, do peso paralisante adquirido no curso do nosso capitalismo pelo latifúndio, capaz de resistir por décadas seja ao desenvolvimento nacionalista e popular de Vargas, seja à modernização autoritária do regime de 64, seja aos governos que se seguiram ao processo de redemocratização. A modernização se fez, também, de modo não democrático, sem participação popular e sob o comando do Estado, desdobrando-se quase sempre de modo a ser hegemonizada por interesses conservadores. Com isso, o país tornou-se partícipe de uma modernização sem modernidade, muito mais afeita ao desenvolvimento da racionalidade instrumental (modernização) – da previsibilidade, do cálculo e do controle – do que da racionalidade normativa (modernidade), que aponta para a autodeterminação política e a autonomia moral (LECHNER, 1990).

O tema da mudança e da transição ocupa lugar de destaque nas ciências sociais brasileiras. Para Florestan Fernandes, por exemplo, o interesse pelo estudo da mudança social é uma das razões de ser da ciência social, especialmente daquela que se dedica a captar o específico histórico, ou seja, a "romper com o resíduo naturalista implícito na ideia de que o regime de classes surge da mesma maneira, funciona do mesmo modo e produz os mesmos resultados onde quer que apareça" (FERNANDES, 1974, p. 26). Seu alvo, portanto, é o estudo das diversas manifestações e facetas do processo de formação e desenvolvimento das sociedades de classes marcadas pela dependência, que se afirmam em luta não contra uma "ordem feudal ameaçada e em desagregação", mas contra uma "ordem colonial em processo de crise e liquidação". No caso brasileiro, assim, desenrola-se uma "revolução burguesa de tipo especial", distante do modelo nacional-democrático e mais afinada com a categoria das transformações capitalistas conseguidas por vias autocráticas, posto que assentada sobre uma relação política com um Estado "suficientemente forte e dócil", que engendra o espaço político de que necessita a burguesia nacional para ter uma base de barganha com o exterior e, ao mesmo tempo, poder usar a articulação com o capital externo como fonte de aceleração do crescimento econômico ou de transição de uma fase para outra do capitalismo. Nesse caso, além do mais, "a mudança social é comprimida" e converte-se em um processo de "modernização dependente", no qual "as relações de classe sofrem interferências de padrões de tratamento que reproduzem o passado no presente". Com isso, o fluxo de mudança social não poderia surgir "insopitavelmente, como uma torrente volumosa e impetuosa, que abria seu caminho de modo inexorável": teria de ser "uma espécie de afluente, que desaguava em um rio velho, sinuoso e lerdo. À medida que se formassem novos afluentes e, em particular, à medida que os homens drenassem o velho rio e o retificassem, é que a contribuição da massa de água adquirida iria revelar todo o seu potencial" (FERNANDES, 1974, p. 28-30, 35, 41).

Tal fato exige, dentre outras coisas, que se conceda atenção ao problema da resistência à mudança, ou seja, aos movimentos que buscam promover a preservação de relações, instituições e estruturas anteriormente existentes, pois esses "fazem parte da autodefesa do setor arcaico". Com isso, a mudança social tem seus efeitos construtivos seriamente refreados, posto que monopolizados pelas classes dominantes. Donde a natureza excludente do processo: a mudança não beneficia nem incorpora a sociedade como um todo, mas apenas minorias privilegiadas. Com isso, passa a ficar submetida a controles mais ou menos seletivos e coercitivos, evidenciando claramente que a ordem social competitiva, sob o capitalismo dependente, não produz, por si mesma, as impulsões para a mudança e as impulsões concomitantes para o controle democrático da mudança, que são "requeridas pelas grandes transformações estruturais e históricas que ela mesma acarreta". Trata-se, em suma, de uma manifestação de "resistência sociopática à mudança", através da qual as classes sociais dominantes e suas elites desfrutam a ordem social competitiva, mas a convertem em uma ordem fechada às necessidades e às aspirações das demais classes. Tal ordem, enfim, confere a certas classes a probabilidade de desencadear "pressões de cima para baixo" e, ao mesmo tempo, de perverter ou impedir as manifestações compensatórias de "baixo para cima". Dadas as constantes transações entre "velhas" e "novas" oligarquias, entre grupos do passado e do presente, o Estado precisa se converter "numa verdadeira arena de conciliação dos interesses convergentes ou divergentes das classes possuidoras", passando a concentrar extraordinário poder (FERNANDES, 1974, p. 40-43, 45-47, 50-53).

Como processo de transformação que promoveu a integração da sociedade brasileira ao sistema capitalista de produção econômica e a generalização nela de uma "ordem social competitiva", a mudança social precisa ser historicamente compreendida. A ela se vincularam a implantação do industrialismo, a urbanização, a racionalização do Estado, a formação do mercado e a constituição de formas culturais propriamente modernas. Mas a história é ela própria mudança permanente, e desse ponto de vista os países se transformam e se reorganizam o tempo todo.

Tema particularmente importante, por isso, é o da mudança social que se afirma em uma ordem social atingida pela globalização capitalista e pela revolução tecnológica que se objetivam a partir das últimas décadas do século 20. Nesse caso, trata-se de considerar o fenômeno da mudança em uma época de mudanças aceleradas, frenéticas e não limitadas aos territórios nacionais.

Impulsionada pelos processos da globalização capitalista, a vida se acelerou: seu ritmo é proporcional à velocidade das mudanças tecnológicas, à quantidade de informações, deslocamentos e contatos, à "obrigação" que todos têm de viver *on-line* e "no mundo", participando dos problemas de todos, em tempo real. "Globalidade denomina o fato de que, daqui para frente, nada que venha a acontecer em nosso planeta será um fenômeno espacialmente delimitado, mas o inverso: que todas as descobertas, triunfos e catástrofes afetam todo o planeta, e que devemos redirecionar e reorganizar nossas vidas e nossas ações em torno do eixo global-local". Os meios de comunicação, ampliados radicalmente, possibilitam uma nova percepção dos problemas e dos conflitos, que passam a ser experimentados como gerais e comuns: a sociedade global se transforma numa "sociedade telespectadora" (BECK, 1999, p. 31, 163). Diluiu-se a imagem da aldeia global que McLuhan elaborou ainda nos anos 1960, embora a sensação de que se vive ou se deseja viver em uma "comunidade global" tenha se generalizado. O mundo assemelha-se bem mais a um supermercado ampliado, onde se troca tudo, sabe-se de tudo e consome-se uma inesgotável infinidade de bens (simbólicos, antes de tudo), mas onde se convive apenas em termos fugazes, de modo errático, virtual, no ciberespaço. A aceleração geral da vida, a compressão do tempo e dos espaços, além do mais, surpreendem e confundem, gerando dificuldades adicionais de adaptação, equilíbrio e recomposição.

O mundo globalizado complexifica-se rapidamente. A frenética mobilidade dos capitais, a financeirização e a transnacionalização das economias, a segmentação e a expansão da oferta de produtos, a rápida reconfiguração das profissões acarretam diferenciação social e fragmentação. Ainda que estejam mais ao alcance das mãos e sejam mais bem conhecidos, os circuitos ativos da vida social não ficaram mais compreensíveis, nem seus frutos são mais aproveitáveis. A humanidade é hoje muito mais equipada e informada, mas está soterrada pela angústia de ver metade de seus integrantes vivendo nas fronteiras da miséria, da fome, da pobreza, da exclusão. A mudança acelerada e a inovação tecnológica ininterrupta fazem com que tudo se evapore no ar com inédita velocidade, põem em xeque convicções, costumes, hábitos e comportamentos, embaralham as relações entre quantidade e qualidade. A técnica e a tecnologia tornam-se valores em si, geram um novo padrão produtivo, arrasam os parâmetros do emprego e causam impactos de vastas proporções no mundo das organizações, mexendo com suas hierarquias, seus procedimentos operacionais, suas relações internas.

O império do mercado, por sua vez, é avassalador. O capital opera como propulsor do processo de transnacionalização. Tudo se submete a ele, ao dinheiro, ao cálculo, aos valores econômicos. Sob seu comando, todas as áreas e regiões do mundo se integram ao sistema, em condições de flagrante injustiça e heteronomia. Vão assim perdendo pontos (ou deixando de ganhar) em termos de soberania e autodeterminação. A impetuosidade do mercado mundial faz com que a competição e a irracionalidade (o desperdício, o consumo supérfluo, a poluição, a desindustrialização, as turbulências financeiras) avancem para terrenos antes sequer cogitados.

Por extensão, os Estados nacionais perdem força e seus governos passam a viver entre crises de legitimação e dificuldades para regular, planejar e dirigir. Permanecem sendo Estados, mas se tornam tendencialmente "fracos", inoperantes e heterônomos, ajustando-se funcionalmente a uma ordem mundial dominada por conglomerados financeiros que operam com lógica pouco previsível e grande "irresponsabilidade". Os territórios, com suas populações, fogem do controle, problematizando ainda mais a soberania já abalada pela autonomia do financeiro em escala mundial. Tudo passa a ficar condicionado pela multiplicação e fragmentação dos interesses, pela ampliação frenética das demandas, por graves dificuldades de coordenação e direção, pela dúvida e a insegurança, pelo enfraquecimento das lealdades e o empobrecimento da convivência. As organizações, e particularmente as organizações públicas – nascidas e criadas nos tempos lentos da burocracia e dos controles estatais –, passam a ser assediadas por propostas reformadoras que atropelam suas especificidades e finalidades. São convidadas a trocar o burocrático pelo gerencial, o planejamento pelo empreendedorismo, a norma pela flexibilidade, a "lentidão" pela "velocidade", o cidadão pelo cliente, quase como em um processo de clonagem do que ocorre no mundo do mercado e das empresas privadas.

Ora por opção, mas quase sempre por imposição ou falta de opções, os governos são levados a abrir mão de fatias generosas de sua soberania, derivando para uma situação em que parecem governar menos e com mais dificuldades. Há insatisfação, temor e confusão entre os cidadãos, que ao mesmo tempo reiteram sua disposição de trocar a segurança e a ordem tradicionais por formas arriscadas de obtenção de prazer inesgotável. Risco e incerteza converteram-se em dados da vida. Os governos ficam obrigados, por sua vez, a alterar seus procedimentos e suas rotinas para atender, em tempo acelerado, às demandas crescentes dos governados, que se apresentam também em ritmo acelerado.

No horizonte, questões complexas despontam. Dada a vida atual e o ritmo adquirido pela mudança social, que caminhos são razoáveis para que se volte a pensar em termos de controle social, democracia política e emancipação? Estamos condenados à progressiva afirmação da tirania da técnica e das tecnologias, que tenderiam a nos dominar sempre mais, a modelar nossos modos de vida e nossas escolhas? Há o que fazer com elas, em um terreno ético superior? Como, em suma, projetar a emancipação – seja como autonomia, seja como prevalência da igualdade, seja como autodeterminação e liberdade – no atual, grande e terrível mundo de poucas fronteiras, pouco Estado e muita velocidade?

Ver: Classes Sociais/Luta de Classes; Coesão Social; Conflito Social; Consenso; Globalização; Modernização Conservadora; Reformismo

Referências Bibliográficas

BECK, U. *O que é globalização?* Equívocos do globalismo, respostas à globalização. São Paulo: Paz e Terra, 1999.

BOBBIO, N. *Política e cultura*. Torino: Einaudi, 1977.

FAORO, R. *Os donos do poder:* formação do patronato político brasileiro. 13. ed. São Paulo: Globo, 1998. 2v.

FERNANDES, F. *Mudanças sociais no Brasil*. Aspectos do desenvolvimento da sociedade brasileira. São Paulo: Difusão Europeia do Livro, 1974.

_______. *A revolução burguesa no Brasil*. Ensaio de interpretação sociológica. Rio de Janeiro: Zahar Editores, 1975.

LECHNER, N. A modernidade e a modernização são compatíveis? O desafio da democracia latino-americana. *Lua Nova. Revista de cultura e política*. São Paulo, n. 21, p. 73-86, set. 1990.

LOPES, J. R. B. *Desenvolvimento e mudança social:* formação da sociedade urbano-industrial no Brasil. São Paulo: Companhia Editora Nacional/Edusp, 1968.

MOORE JR., B. *As origens sociais da ditadura e da democracia:* senhores e camponeses na construção do mundo moderno. São Paulo: Martins Fontes, 1983.

Municipalização

MARIA LUIZA LEVI

Município é uma divisão territorial prevista na legislação brasileira que designa uma unidade administrativa com autonomia política e financeira. Municípios são territórios com governo próprio, ao qual competem determinadas responsabilidades com relação a legislar, fiscalizar, coletar tributos e prestar serviços de natureza pública.

A autonomia municipal constitui elemento singular do pacto federativo brasileiro, já que os países organizados como federações normalmente reconhecem apenas duas esferas de poder, uma central e outra regional, que eventualmente se subdivide em sub-regiões a ela subordinadas. No Brasil, com a Constituição de 1988, os municípios adquiriram *status* de entes federados, deixando de se subordinar a instâncias superiores e passando a figurar ao lado da União e dos Estados. No entanto, essa condição de unidade federada é limitada, já que os municípios não têm assento no Congresso Nacional, ao contrário dos Estados, que têm no Senado Federal seu espaço específico de representação na política nacional. Assim, a autonomia política dos municípios como unidades da Federação se limita ao atributo de governarem a si próprios.

A Constituição de 1988 incorporou uma série de mecanismos objetivando a descentralização do Estado e o fortalecimento dos poderes locais, como reação à centralização política e administrativa característica do período da ditadura militar vigente no Brasil entre 1964 e 1984. A nova carta recebeu a denominação de Constituição cidadã não somente por estabelecer uma série de direitos universais, mas também por atribuir mais poderes e responsabilidades aos municípios, sob a noção de que isso tenderia a aumentar a participação dos cidadãos na vida pública, condição essencial da consolidação do processo de abertura política e construção da democracia no país.

Dentre os mecanismos constitucionais que incentivaram a multiplicação dos municípios, destacam-se a ampliação das receitas das prefeituras, tanto próprias como de transferências da União e dos Estados, e o abrandamento das regras para a criação de novos municípios, que passou a depender apenas de critérios estabelecidos em lei estadual. Até então, o desmembramento de um município deveria preencher uma série de requisitos mínimos, relacionados, por exemplo, à sua população, sua participação na arrecadação estadual e sua distância em relação ao município de origem. Efetivamente, dos pouco mais de 5.500 municípios existentes, mais de 1.300 foram criados entre 1988 e 1996, ano em que uma nova norma, a Emenda Constitucional n. 15/96, acabou, na prática, interrompendo a tendência de emancipação municipal. Além de ter estabelecido a obrigatoriedade de consulta prévia às populações envolvidas via plebiscito e estudo de viabilidade do novo município publicado em forma de lei, a EC n. 15 determinou a necessidade de aprovação de uma lei complementar disciplinando o período em que um município poderia ser criado (em relação às eleições municipais), o que ainda não ocorreu.

Alguns autores veem a expansão do número de municípios que se seguiu à Constituição de 1988 como um processo de fragmentação territorial e proliferação de pequenas cidades sem condições autônomas de funcionamento. O fato é que o estabelecimento da fronteira entre as necessidades políticas e administrativas da população de determinado território e a real viabilidade de um governo local é uma questão complexa, que envolve vários aspectos. Por um lado, muitas cidades brasileiras são caracterizadas por grandes extensões territoriais, o que tende a dificultar o exercício das ações administrativas de suas prefeituras e a estruturação das políticas públicas. Além disso, o Brasil é caracterizado por enormes disparidades regionais, e a presença de um governo local pode contribuir para atenuar o baixo dinamismo econômico de determinada região. Por outro lado, entretanto, muitos dos novos municípios criados após a nova Constituição têm população extremamente reduzida e baixíssima capacidade de arrecadação, elementos que questionam a necessidade de sua existência, seja no que diz respeito à viabilidade de sua administração, seja com relação à efetivação de sua condição de ente federado autônomo.

A face mais importante do conceito de municipalização, porém, tem a ver com uma estratégia de transferência para as cidades da responsabilidade e dos recursos necessários para o pleno exercício das funções de coordenação, negociação, planejamento, acompanhamento, controle, avaliação e auditoria de uma série de serviços e políticas públicas que antes estavam sob responsabilidade federal ou estadual. Nesse sentido, a municipalização combina-se com o princípio da descentralização político-administrativa e com o fortalecimento da autonomia dos municípios, sustentando-se muitas vezes na ideia de que a localização dos serviços na esfera municipal faz com que eles fiquem mais próximos dos cidadãos, de seus problemas e de sua capacidade de controle e regulação. Em um país de grandes diversidades econômico-sociais, climáticas e culturais, como o Brasil, tal modalidade de descentralização cria condições para que os municípios assumam responsabilidades de gestão de acordo com as necessidades e características de suas populações, estimulando a fixação na esfera municipal de novas competências e capacidades político-institucionais.

Ao descentralizar recursos e competências, a Constituição de 1988 dotou o município de autonomia e de novas atribuições no plano da Federação. Os entes municipais tornaram-se responsáveis pela condução de diversas políticas públicas. Na área da saúde, por exemplo, estão legalmente obrigados a investir 15% do total de suas receitas. Encarregam-se do Programa Saúde da Família, da assistência aos partos naturais (parteiras e maternidades) e da distribuição de medicamentos de atenção básica, programas que se seguiram progressivamente à implantação do Sistema Único de Saúde (SUS). No que diz respeito à educação, o município deve necessariamente investir 25% de suas receitas. A Lei de Diretrizes e Bases da Educação Nacional (1996) atribuiu à instância municipal a garantia do acesso gratuito à Educação Infantil e ao Ensino Fundamental. Com a criação do Sistema Nacional do Meio Ambiente (Sisnama), o município também assumiu competências relacionadas à gestão ambiental. As municipalidades ficaram responsáveis por criar normas e critérios de controle e manutenção da qualidade do meio ambiente em seus territórios.

Alguns importantes programas de transferência de renda do governo federal, como o Bolsa Família, também possuem gestão municipalizada, fato que abre importante espaço para a criação de experiências locais inovadoras no combate à pobreza e na melhoria das condições de educação.

O processo de municipalização iniciado com a Constituição de 1988 recebeu importante reforço a partir dos anos 1990, quando várias políticas integrantes das chamadas "áreas sociais" foram organizadas sob a forma de subsistemas de proteção social. Em especial, as políticas nacionais de educação, saúde e assistência social foram formuladas prevendo funções-chave para os municípios, seja por meio de suas legislações "fundantes" – como a Lei de Diretrizes Básicas da Educação (Lei n. 9.394/96), a Lei n. 8.080/90, que disciplina a organização do SUS, e a Lei Orgânica da Assistência Social (Lei n. 8.742/93), que cria o Sistema Único de Assistência Social –, seja a partir de normas criadas no âmbito da União, associando a transferência de recursos financeiros federais à realização de determinadas ações voltadas à estruturação das políticas de cada subsistema. Nos últimos anos, as áreas do Ensino Fundamental e Atenção Básica à Saúde registraram avanços significativos em todo o Brasil, em grande medida em função do papel central reservado aos municípios.

Outra esfera específica de atuação dos governos municipais é a da política de desenvolvimento urbano, cujo instrumento fundamental é o Plano Diretor, obrigatório para os municípios com população acima de 20 mil habitantes, segundo a Constituição de 1988. Os mecanismos básicos para a execução da política urbana, regulamentados pelo Estatuto da Cidade (Lei n. 10.257/01), são o parcelamento, a edificação compulsória, o Imposto sobre a Propriedade Predial e Territorial Urbana (IPTU) progressivo, a desapropriação por interesse público ou por sanção e o usucapião urbano. São expedientes que permitem aos governos intervir em dimensões importantes, em especial nas áreas de habitação e ocupação do solo, com grande potencial para acentuar ou reduzir disparidades nas condições de vida das pessoas. O desafio dos municípios é mobilizar esses mecanismos para estruturar de forma adequada o desenvolvimento urbano e possibilitar a participação da população na gestão orçamentária e na elaboração do Plano Diretor, conforme previsto no Estatuto da Cidade.

Ver: Regulação Federal

Referências Bibliográficas

AFFONSO, R. B. A.; SILVA, P. L. B. (Orgs.). *Descentralização e políticas sociais*. São Paulo: Fundap. 1996.

AGENDA PÚBLICA - Agência de Análise e Cooperação em Políticas Públicas. *Guia para a municipalização dos objetivos do milênio.* Referências para a adaptação de indicadores e metas à realidade local. São Paulo: [s.n.], 2009. Disponível em: http://www.pmsg.rj.gov.br/compur/documentos/guia_de_municipalizacao_odm.pdf. Acesso em: 6 jul. 2012.

AZANHA, J. M. P. Uma ideia sobre a municipalização do ensino. *Estudos Avançados*, São Paulo, v. 5, n. 12, p. 61-68, 1991.

CAPISTRANO FILHO, D. *Da saúde e das cidades*. São Paulo: Hucitec, 1995.

FISCHER, T. (Org.). *Poder local:* governo e cidadania. Rio de Janeiro: Fundação Getulio Vargas, 1993.

VIANA, A. L. D. Novos riscos, a cidade e a intersetorialidade das políticas públicas. *Revista de Administração Pública*, Rio de Janeiro, v. 32, n. 2, p. 23-33, mar./abr. 1998.

n

Nação/Nacionalismo

Bernardo Ricupero

Duas são as principais concepções de nação que se enfrentam nas batalhas políticas: a nação entendida como contrato e a nação entendida como herança. Exemplo paradigmático do primeiro nacionalismo é a França; caso clássico do segundo nacionalismo é a Alemanha.

Nações como o Reino Unido, a França, os EUA e as nações latino-americanas nascem em um momento preciso: o da fundação de seus respectivos Estados. Nesse sentido, nação e Estado se confundem, sendo o nacionalismo primordialmente político. Portanto, no limite, todo homem ou mulher que se identifique com os princípios jurídicos da nação pode ser considerado britânico, francês, norte-americano, argentino ou brasileiro.

A Revolução Francesa vai particularmente longe na identificação da nação com um acordo voluntário entre aqueles que a compõem. No texto que funcionou, em 1789, como uma espécie de manifesto do terceiro estado, "O que é o terceiro estado", o Abade Sièyes define a nação como "um corpo de associados vivendo sob uma lei *comum,* e representado pela mesma *legislatura*". Isto é, a nação é vista como uma criação artificial, produto da vontade dos homens, e não como algo dado, que se tem de aceitar de antemão. Significativamente, a maneira de entender a nação de Sièyes é muito próxima do que os teóricos contratualistas dos séculos 17 e 18 entenderam como sociedade ou estado civil, criação artificial, fruto do livre acordo entre os indivíduos.

Quase cem anos depois, Ernest Renan, ainda sob impacto da perda das províncias da Alsácia e da Lorena para a Alemanha, faz questão de defender a concepção de nação francesa. Na sua famosa conferência, "O que é uma nação?", proclama seu orgulho por pertencer à nação que, por meio de sua Revolução, deixou claro que existe por decisão de seus cidadãos. Indo mais longe, Renan rejeita abstrações metafísicas, quase teológicas, para se entender a nação, defendendo, contra elas, que a nação seria "um plebiscito diário".

Diferente da França, na Alemanha a nação precede o Estado. Refletindo essa situação, certos intelectuais tiveram de definir o que seria a nação alemã antes da existência do Estado alemão, mediante a unificação de 38 antigos principados, ducados e bispados que faziam parte do Sacro Império Romano-Germânico. Desenvolveu-se, dessa forma, uma concepção cultural e mesmo étnica da nação. Muitos outros países, principalmente da Europa oriental e da Ásia, seguiram um caminho parecido para criar nações, estabelecendo o que alguns chamam de "nacionalismo do Leste".

J. H. Herder teve papel decisivo no desenvolvimento do nacionalismo cultural alemão. Ao contrapor-se às pretensões universalistas da Ilustração, enfatizou a língua como veículo da experiência particular de diferentes grupos humanos. A própria maneira de pensar, o que hoje chamamos visão de mundo, estaria condicionada pela forma como os homens se expressam. A partir daí, sugere que, para se compreender um grupo humano, deve-se proceder como quando se estuda uma língua, relacionando as partes ao todo e o todo às partes. O que possibilitaria uma compreensão desse grupo humano particular que é a nação seria a história, que tornaria o passado inteligível e sugeriria a orientação para o futuro.

Ou seja, Herder opõe ao mecanicismo das Luzes um modelo orgânico de explicação histórica. Assim, valoriza nas diferentes culturas especialmente o irregular e o único. Cada nação deveria ser entendida nos seus próprios termos, como um todo, mesmo que, de maneira mais profunda, estivessem interligadas. Mais tarde, J. C. Fichte, reagindo à invasão napoleônica, radicaliza o argumento, entendendo a nação alemã em termos exclusivistas e racistas. A disseminação de tal postura não deixou de produzir consequências trágicas, como demonstrou a história do século 20.

No terreno da teoria, prevalece, até pelo menos a década de 1930, uma visão perenialista da nação, como se ela fosse um dado da realidade, que remontaria a tempos imemoriais. Em orientação oposta, a chamada teoria modernista passa a defender que a nação seria uma construção recente, produto da ação deliberada dos homens.

O apogeu da teoria modernista da nação é atingido com a ideia de *nation building*, de grande popularidade no período de descolonização da Ásia e da África, época em que o funcionalismo também foi bastante popular nas ciências sociais. Nos anos 1960 e 1970, fala-se da nação como se falaria da construção de prédios e máquinas; ou seja, um produto da ação racional de elites políticas que dotariam suas sociedades de instituições similares às que "funcionariam" nos países de capitalismo avançado.

Mas mesmo hoje, os mais influentes teóricos do nacionalismo, Ernest Gellner e Benedict Anderson, identificam-se com a teoria modernista da nação.

Gellner vincula fortemente a nação com a industrialização. A sociedade industrial, com sua tendência de intensificar a divisão do trabalho, exigiria mão de obra altamente qualificada, que pode mudar facilmente de função. Estimular-se-iam, dessa forma, a educação e a disseminação da cultura erudita para a maior parte da população. Essa cultura se identificaria com a ideia de nação e, na maior parte dos casos, dependeria do Estado para existir, já que apenas uma instituição com sua dimensão pode manter um sistema de educação pública espalhado por todo o território nacional.

Anderson, por sua vez, enfatiza a importância do que chama de capitalismo de imprensa no surgimento da nação. A invenção da imprensa e a criação da indústria e mercado editorial preparariam o caminho para o surgimento de nações ao desalojarem o latim como língua utilizada pela classe culta europeia. A partir de então, as línguas vernaculares se tornaram dominantes, abrindo caminho para o aparecimento de grupos de letrados que se expressam não mais pelo uso do latim. No entanto, a língua vernacular apenas se populariza realmente quando começa a ser empregada na educação. Não por acaso apareceria, desde então, o fenômeno das nações.

Em uma outra orientação, a partir da década de 1980, com a intensificação da imigração para os países capitalistas centrais e o desenvolvimento da tecnologia de comunicações e transporte, a ideia de nações homogêneas começa a ser questionada. Demonstrando afinidade com a nova sensibilidade pós-moderna e sua preocupação com a natureza fragmentária dos fenômenos sociais e culturais, insiste-se no caráter multicultural das nações.

Na mesma época, começa-se também a questionar a tese modernista da novidade da nação, enfatizando-se a persistência no tempo de referências políticas e culturais mais antigas de que as nações continuam a fazer uso. Autores como Anthony Smith e John Armstrong chamam principalmente a atenção para o papel da etnicidade, que funcionaria em um sentido protonacional.

Em termos mais amplos, não é difícil notar que as teorias não deixam de guardar relação com as concepções políticas da nação. Em sentido mais específico há, por um lado, grande afinidade entre uma visão essencialista da nação e a identificação, de início alemã, da nação como uma comunidade orgânica. Por outro lado, existe afinidade análoga entre as teorias modernistas da nação, que enfatizam seu caráter construído e artificial, e a definição da nação, oriunda da Revolução Francesa, como um contrato entre seus membros.

As próprias concepções política e etnocultural da nação dificilmente se encontram em estado puro na realidade, normalmente ocorrendo a mescla delas em graus variados. Até porque o sentimento mais forte que aparece na ideia de nação é o de pertencer. Mais especificamente, a nação expressa um anseio pela permanência de laços comunitários em um contexto histórico em que prevalecem relações de tipo societário. Ou melhor, na relação entre Estado e nação, o primeiro, organização caracteristicamente racional, tem necessidade da legitimidade fornecida pela outra forma social, em que são dominantes os laços de afeto. Por outro lado, a maior parte das nações, mesmo quando não possui Estado, pretende ter sua existência política reconhecida mediante o estabelecimento da organização estatal.

É possível mesmo considerar que, entre o Estado e a sociedade civil, estabelece-se a nação como mediação ideológica que dá aos homens e mulheres a impressão de pertencerem a uma comunidade política maior. A nação parece ter uma função quase complementar; se, no capitalismo, entende-se o Estado como um organismo estranho aos indivíduos e a sociedade civil como um espaço em que prevalecem interesses egoístas, os membros de diferentes nações, ao se identificarem com os demais membros de sua nação, sentem-se como fazendo parte de uma espécie de "todo" coletivo. O apelo recorrente à nação se explica, assim, em boa medida, em razão de ela funcionar como uma forma de identidade ante a fragmentação da vida social e a exterioridade da vida política.

Ver: Estado; Identidade Social; Legitimidade; Reconhecimento; Representação

Referências Bibliográficas

ANDERSON, B. *Nação e comunidade nacional.* Trad. Lólio Lourenço de Oliveira. São Paulo: Ática, 1989.

BALAKRISHNAN, G. (Ed.). *Um mapa da questão nacional.* Trad. Vera Ribeiro. Rio de Janeiro: Contraponto, 2000.

BHABHA, H. K. (Ed.). *Nation and narration.* London: Routledge, 1995.

GELLNER, E. *Nação e nacionalismo.* Trad. Inês Vaz Pinto. Lisboa: Gradiva, 1993.

SMITH, A. *Nationalism and modernism.* London: Routledge, 1998.

Negociação

Sandra Inês Baraglio Granja

Prática exercida em todos os âmbitos da vida social, com diversas definições e compreensões. O termo foi associado, em princípio, ao setor de vendas, que o tornou popular ao oferecer cursos para melhoria de desempenhos no setor, com ênfase na troca, nos atos de dar e receber. Entretanto, a principal referência teórica se desenvolve com o Program On Negotiation (PON) da Harvard Law School, nos Estados Unidos, onde o desenvolvimento teórico e prático da ideia de negociação se consubstancia, com projetos específicos de pesquisa, consultoria e debates sobre as negociações realizadas no mundo, tanto as do setor privado quanto as do setor público. Para o PON, negociação é uma ciência que pode ser visitada por meio do arcabouço jurídico, da psicologia, da antropologia, da economia, do processo de governar, das artes e da educação.

A partir dessa amplitude de disciplinas que, ao longo do tempo, progressivamente, se incorporam à negociação, o termo se amplia e é associado atualmente: i) ao uso da informação; ii) ao poder de influenciar comportamentos; iii) ao processo vinculado ao relacionamento humano e à comunicação bilateral, à interação (estratégica ou potencialmente oportunista); iv) como ferramenta para dirimir conflito entre, pelos menos, dois interlocutores; v) como processo dialógico entre interlocutores com o propósito de atingir um acordo sustentável sobre diferentes ideias e necessidades, mesmo que haja posições divergentes inicialmente; vi) a uma atividade que pressupõe barganha; vii) à persuasão e ao convencimento entre interlocutores.

Por contemplar diversas definições e características, o conceito se encontra em contínuo aperfeiçoamento, incorporando gradativamente novos aspectos e dimensões, construídos a partir de novas percepções desses conteúdos.

Negociação também pode ser definida como a construção de melhor(es) alternativa(s) para cada um dos interlocutores, implicando a eventual conciliação de interesses, muitas vezes, conflitantes. Nessa construção, há interação de saberes referentes ao escopo do que será negociado, traduzindo-se em uma prática de alocação de decisões. A negociação pode prever a participação de múltiplos interlocutores, podendo relacionar a interdependência de interesses e decisões dos interlocutores que negociam, sejam políticas sociais ou de outra natureza. Essa eventual interdependência de interesses impulsiona ou não a motivação dos envolvidos em uma negociação, e mesmo posições conflitantes podem também convergir para interesses complementares em uma determinada situação negocial.

São diversos os modelos de negociação. Alguns modelos investem, primordialmente, nas relações entre as partes, ou seja, pressupõem que as relações profissionais e interpessoais são de fundamental importância para que as negociações avancem. O modelo mais difundido e prestigiado é o que adota a negociação como uma construção de consensos gradativos, de ganhos compartilhados, com soluções vantajosas, de forma a expandir e ampliar o escopo do benefício mútuo para todas as partes da negociação. Esse modelo está baseado na justiça e na democracia, objetivando garantir a confiança das partes e alguma cooperação entre elas. Também busca representar os interesses das partes, bem como construir alternativas em conjunto. Seu foco, portanto, está nos interesses, não nas posições dos interlocutores, proporcionando flexibilidade para obter acordos. Isso pressupõe construção de relações de longo prazo, não devendo ser um jogo de "soma zero".

Há concordância quanto à impossibilidade de se negociar sem compreender as posições, as razões e os interesses das partes. A preparação para a negociação é a fase que despenderia maior tempo, pois está fundamentada na Melhor Alternativa para um Acordo Negociado (Maan) ou, em inglês, *Best Alternative to a Negotiated Agreement* (Batna). O Batna é construído em quatro etapas: i) preparação; ii) criação de valor; iii) distribuição de valor; e iv) implementação e execução. O instrumento Batna é a base para calcular a decisão, fundamental para saber quais são as alternativas, caso a negociação não resulte em nada. Contém as aspirações, razões, posições e propostas para viabilizar um acordo.

Para que as partes expressem seus interesses convergentes ou divergentes, é necessário que haja diálogo, voz, comunicação, discurso e utilização de argumentos lógicos, potencialmente racionais pelos interlocutores, para o avanço da negociação. As negociações podem ter variações de complexidade, dependendo da situação que os interlocutores se dispõem inicialmente a enfrentar. Os resultados da negociação dependem das circunstâncias, do contexto, da interação dos interlocutores e de variáveis de outras negociações.

Na formulação do método Planejamento Estratégico Situacional, Matus atribuiu dimensão estratégica à negociação na gestão pública. Como se estivessem em um jogo de governo, os participantes precisam lidar, enfrentar ou cooperar entre si para vencer resistências, neutralizar adversários ou ganhar colaboração. Todo processo de governar estaria permeado por negociações nos diferentes níveis, de diversos tipos, estilos e com características, muitas vezes, tecnopolíticas. Duas dimensões podem ser enfatizadas: i) a compreensão de que o contexto social é essencial para o desenvolvimento da negociação no âmbito público; e ii) a ênfase na análise estratégica, como um momento no qual se aproveita a oportunidade de ações/atividades que se delineiam como viáveis para construir a viabilidade de ações/atividades inviáveis. É nesse eixo que a negociação passa a ter papel relevante no método de Matus, oferecendo perspectivas distintas sobre a negociação no setor público.

No campo prático organizacional, a teoria da negociação tem ofertado combinações de estratégias e táticas para se negociar. Uma estratégia mostra-se como um modo para avançar de situação em situação, em uma série de movimentos táticos, até alcançar o acordo, a meta ou uma situação-objetivo. As táticas são ações ou procedimentos utilizados para alcançar objetivos ou ações conduzidas sobre os recursos para que se atinjam as metas desejadas.

A negociação é encarada como uma forma democrática de tomada de decisão que permite construir cenários de possíveis acordos coletivos. Entretanto, depende da participação e do envolvimento das partes.

Por fim, a negociação faz parte do escopo da temática liderança que correlaciona os dois conteúdos como necessários e constitutivos das teorias organizacionais.

Ver: Conflito Social; Consenso

Referências Bibliográficas

DROR, Y. *A capacidade para governar* - informe ao Clube de Roma. Trad. Carolina Andrade. São Paulo: Edições Fundap, 1999.

MATUS, C. *Estratégias políticas:* Chimpanzé, Maquiavel e Gandhi. Trad. Giselda B. Sauveur. São Paulo: Edições Fundap, 1996.

SUSSKIND, L.; MCKEARNAN, S.; THOMAS-LARMER, J. *The consensus building handbook*. Thousand Oaks, CA: Sage Publishers, 1999.

SUSSKIND, L. et al. *Dealing with an angry public:* the mutual gains approach to resolving disputes. [s. l.]: Hardcover Free Press, 1996.

Neoinstitucionalismo

CRISTINA HELENA ALMEIDA DE CARVALHO

O neoinstitucionalismo não se desenvolveu como um arcabouço teórico unitário, mas tornou-se um ponto de encontro de estudiosos de diversas correntes nas ciências sociais como reação às perspectivas behavioristas, influentes na ciência política americana dos anos 1960 e 1970. Seu princípio fundamental baseia-se na constatação de que as instituições importam e devem ser centrais para análises dos processos políticos e sociais. Não há grandes postulados e teorias gerais, mas um ferramental analítico baseado em afirmações provisórias a serem testadas e alteradas desde os resultados de estudos históricos. A partir dos anos 1980, desenvolveram-se três vertentes do novo institucionalismo: a escolha racional, a vertente sociológica e a histórica. A distinção entre elas parte das respostas a duas questões centrais: como construir a relação entre instituição e comportamento? Como explicar o processo pelo qual as instituições surgem ou se modificam?

A primeira corrente teve origem nos estudos sobre o comportamento dos congressistas norte-americanos. Baseando-se na teoria da escolha racional, procuraram entender a existência de maiorias estáveis na votação de leis a despeito da multiplicidade de preferências e de questões envolvidas. A resposta foi encontrada nas instituições, ou seja, no modo pelo qual as regras e as comissões do Congresso estruturam as escolhas e as informações existentes. Com isso, essa vertente inspira-se na nova economia das instituições, em especial, no trabalho de North (1990) e Williamson (1985), que têm como suposto a importância dos direitos de propriedade, das rendas e dos custos de transação para o desenvolvimento e o funcionamento das instituições.

A partir dos anos 1990, os estudos direcionam-se à explicação de ampla diversidade de fenômenos políticos. Em que pesem as divergências entre os estudiosos do tema, há quatro elementos que caracterizam essa corrente. Em primeiro lugar, o uso de pressupostos comportamentais pelos quais os atores estão condicionados, tais como a existência de um conjunto determinado de preferências exógenas e o comportamento utilitário calcado na maximização da satisfação dessas preferências.

Em segundo lugar, consideram que a vida política é o reflexo de dilemas de ação coletiva, uma vez que a maximização das preferências individuais pode levar a um resultado subótimo para a coletividade, cujos exemplos clássicos são o dilema do prisioneiro e a tragédia dos bens comuns. Em terceiro lugar, o comportamento individual é determinado por um cálculo estratégico que leva em conta as expectativas do ator com relação ao comportamento provável dos demais, cuja interação é mediada pelas instituições. Por último, essa corrente teórica entende o processo de criação de instituições decorrente de acordo voluntário entre os atores interessados em prol daquelas que oferecem maiores benefícios.

O foco da segunda vertente do neoinstitucionalismo encontra-se na sociologia baseada na teoria das organizações, cujo trabalho clássico é de DiMaggio e Powell (1991). Em linhas gerais, parte-se da constatação de que as formas e os procedimentos institucionais usados nas organizações não são adotados apenas em virtude de serem mais eficazes, mas também são oriundos de práticas culturais. Um traço diferenciador dessa corrente está no uso de um conceito mais amplo de instituição que inclui tanto as regras, os procedimentos e as normas formais, quanto os sistemas simbólicos, os cognitivos e os modelos morais. A cultura é interpretada como uma rede de hábitos, símbolos e cenários que formatam modelos de comportamento. Os estudiosos dessa corrente entendem os indivíduos e as organizações como aqueles que procuram definir e exprimir suas identidades baseados em modelos socialmente apropriados. Portanto, as mudanças institucionais nas organizações apoiam-se em valores reconhecidos em um determinado contexto cultural.

A terceira vertente, denominada de neoinstitucionalista histórica, surgiu como reação às análises de grupos e estrutural-funcionalistas – cujo foco se concentrava nos indivíduos e na sociedade – para resgatar o papel do Estado nas políticas públicas. Nessa linha interpretativa, destacou-se a pesquisa de Skocpol (1985), cujo cerne consiste em colocar o Estado no lugar central para com isso compreender o fazer político e a mudança social, e que, de certo modo, rompeu com alguns dos mais fechados pressupostos deterministas sociais das correntes pluralistas, estrutural-funcionalistas e neomarxistas. No entanto, vale ressaltar que essa perspectiva não substituiu as explicações baseadas em classes ou grupos pelo determinismo estatal. Enquanto algumas teorias políticas buscam explicações baseadas em variáveis particulares – marxismo: classe; pluralismo: grupo de interesses – os históricos procuram focalizar suas análises na combinação e na interação entre inúmeras variáveis diferentes, a fim de refletir a complexidade das situações políticas reais.

As instituições são centrais no estudo da *politics* (política), não apenas pela importância do Estado como ator e autor de ações específicas, mas, acima de tudo, pela capacidade de interferir na cultura política, na estratégia dos atores e na produção da própria agenda de questões que serão objetos das *policies* (políticas). Dessa forma, desempenham o duplo papel de constranger as interações sociais e de alterar as preferências dos atores, uma vez que não apenas as estratégias, mas também os objetivos dos atores são moldados pelo contexto institucional. Em outras palavras, as preferências tornam-se endógenas, resultantes do contexto social e político.

A capacidade do Estado para fazer valer seus interesses está intrinsecamente vinculada a seu grau de autonomia em relação à sociedade, consagrado na literatura pelo conceito de insulamento. Em outras palavras, trata-se da capacidade dos funcionários estatais ou do aparato burocrático para formular e implementar políticas públicas de maneira mais ou menos autônoma e/ou distinta, consideradas as pressões dos atores sociais. O grau de insulamento tem como condicionantes a estrutura organizacional da máquina pública, a estabilidade e a consolidação das agências estatais e o maior controle do Legislativo sobre o Executivo, além da estrutura de relações e laços de poder entre, de um lado, os agentes presentes em uma determinada agência e, de outro, o nível central, as outras agências e o ambiente no qual elas estão inseridas. Portanto, a autonomia estatal não é uma característica estrutural do Estado capitalista, o que torna necessário o desenvolvimento de estudos históricos para cada sociedade e para cada processo de formação do Estado, a fim de identificar a autonomia em cada agência estatal em sua conjuntura específica.

Para a análise da implementação de uma determinada política, os neoinstitucionalistas históricos examinam a organização e os interesses do Estado, especificam a organização e os interesses dos grupos socioeconômicos e observam o relacionamento conflituoso entre os atores governamentais e sociais. No entanto, os adeptos dessa perspectiva teórica entendem que as relações de poder são assimétricas, ou seja, as instituições repartem o poder de maneira desigual entre os grupos sociais, assim como certos grupos ou interesses têm um acesso desproporcional ao processo de decisão.

Por fim, a vertente histórica destaca que na medida em que as políticas públicas são instituídas elas reestruturam, por sua vez, os processos políticos. A realimentação da política ocorre através de dois caminhos. Em primeiro lugar, em virtude dos esforços envidados pelos funcionários públicos para executar novas políticas usando novos arranjos ou aqueles já existentes, as políticas transformam-se e ampliam as capacidades do Estado. As possibilidades administrativas são alteradas e afetam as expectativas para a implementação política. Em segundo lugar, novas políticas abalam as identidades sociais, os objetivos e as capacidades dos grupos que lutam ou se aliam em torno da agenda política. Dessa forma, ao longo da *politics* (processo político), à medida que uma *policy* (política) é bem-sucedida, acentuam-se as capacidades estatais que podem promover seu futuro desenvolvimento e, especialmente, os grupos ou as alianças políticas são estimulados a defender a continuidade política e/ou sua expansão. Portanto, a inércia institucional está associada à *path dependence* [dependência da trajetória percorrida], segundo a qual as instituições são um dos principais fatores que mantêm um desenvolvimento histórico sobre um conjunto de trajetos.

É na análise do dinamismo que reside a flexibilidade da vertente histórica, a partir do momento que são incorporados dois elementos-chave – o conflito e a escolha – provenientes de alterações no contexto socioeconômico ou no equilíbrio de forças políticas, bem como em decorrência de mudanças exógenas ou por transformações nas próprias instituições.

Em suma, as três vertentes do neoinstitucionalismo contribuíram para o avanço na pesquisa a respeito da compreensão dos fenômenos políticos, distinguindo-se em dois aspectos centrais: relação entre instituições e comportamento e a origem das instituições. De acordo com as resenhas de Hall e Taylor (2003) e Immergut (1998), em que pesem as diferenças existentes, tornam-se necessárias a aproximação e a convergência desses aportes teóricos no sentido do fortalecimento da perspectiva analítica institucionalista.

Ver: Ação Coletiva; Instituições Políticas; Sistema Político

Referências Bibliográficas

DIMAGGIO, P. J.; POWELL, W. W. (Eds.). *The new institutionalism in organizational analysis*. Chicago: University of Chicago Press, 1991.

HALL, P. A.; TAYLOR, R. C. R. As três versões do neo-institucionalismo. *Lua Nova*, São Paulo, n. 58, p. 193-223, 2003.

IMMERGUT, E. M. The theorical core of the new institucionalism. *Politics & Society*, London, v. 26, n. 1, p. 5-34, mar. 1998.

NORTH, D. C. *Institutions, institutional change and economic performance*. New York: Cambridge University Press. 1990.

SKOCPOL, T. Bringing the state back in: strategies of analysis in current research. In: EVANS, P. B.; RUESCHEMEYER, D.; SKOCPOL, T. (Orgs.). *Bringing the state back in*. Cambridge: Cambridge University Press. 1985. p. 3-37.

WILLIAMSON, O. E. *The economic institutions of capitalism:* firms, markets, relational contracting. New York: The Free Press, 1985.

Nova Economia Política

José Maria F. J. da Silveira

O conjunto de trabalhos que gravitam em torno da ideia de economia política busca explicar a política econômica em seus temas principais: as políticas de interesse geral; as políticas que interessam a certos grupos específicos – como certas políticas redistributivas e assistenciais; a organização dos processos decisórios de interesse coletivo, como eleições e plebiscitos. Trata também de temas vitais para a economia, como políticas tributárias, credibilidade das instituições monetárias e políticas que implicam a relação entre gerações presentes e futuras, como as políticas previdenciárias. Fica evidente que essa área da ciência econômica dialoga diretamente com a ciência política e se destaca pela forma precisa com que estabelece a vinculação entre seus pilares teóricos, os escopos da análise e os instrumentos utilizados.

Seus estudos nutrem-se quase integralmente dos avanços recentes da teoria econômica, a partir dos desdobramentos do "teorema da impossibilidade" de Kenneth Arrow (segundo o qual a soma das racionalidades individuais não produz uma racionalidade coletiva) e das restrições apontadas por Gibbard e Satterthwaite à capacidade de sistemas de votação com mais de três candidatos para refletir as preferências dos votantes. Problemas como a presença do ditador (alguém que tem um pequeno poder para influenciar decisões dos votantes) ou a existência do voto estratégico têm relevância para a formulação e a implementação das políticas econômicas, sendo, portanto, um tema caro tanto aos cientistas políticos quanto aos economistas.

A coerência e clareza dos trabalhos desse grupo de economistas e cientistas políticos têm seu custo: a determinação do escopo da teoria afasta de discussões mais amplas e ambiciosas sobre relações de poder e principalmente sobre a constituição e mudanças (endógenas) das instituições no sistema econômico, social e político.

São três os pilares teórico-analíticos que guiam a abordagem da nova economia política (NEP):

a) a relação entre preferências individuais e instituições;

b) as distintas dimensões da competição eleitoral; e

c) a teoria da agência.

No que tange às preferências, a lógica é de se estabelecer um modelo simples como referência, mas que tenha um forte apelo intuitivo e que possa ser desdobrado à medida que situações mais complexas (e mais próximas da realidade) forem sendo adicionadas. O conceito fundamental é do "vencedor de Condorcet", retirado do coração da teoria dos votantes, que junta matemáticos, economistas e cientistas políticos. Formalmente, "o vencedor é definido como a política que bate qualquer outra política viável em uma votação em pares" (PERSSON; TABELLINI, 2000, p. 21). Todavia, restrições têm que ser impostas para que tal vencedor exista e com isso se possa definir a política a ser implantada.

O caso mais simples é o de uma política unidimensional em um processo de decisão em que a democracia é direta, o votante é sincero (logo, não está sujeito ao paradoxo de Condorcet, como explicam Persson e Tabellini, 2000) e tem-se uma agenda aberta – as alternativas são confrontadas par a par, e o número de rodadas não é previamente estabelecido. Nas situações analisadas em que tais pressupostos são válidos, é possível estabelecer uma correspondência entre a existência do vencedor e um ponto de "satisfação máxima" do votante médio.

Quando a dimensão da política é multidimensional – por exemplo, papel da taxação no equilíbrio orçamentário do governo e seus efeitos redistributivos –, procura-se projetá-la em um espaço unidimensional que distinga e separe os votantes em dois grupos. Trata-se de aplicar os desenvolvimentos da matemática para criar uma referência para verificação dos problemas de política propostos. Cabe também apontar que o recurso aos avanços da econometria é evidente: os meios para caracterizar os eleitores a partir de seus atributos individuais e agrupá-los são ferramentas para "checar" a ordenação de preferências e a possibilidade de identificar a política (ou o candidato) vencedor(a).

A condução da política econômica passa pela análise de mudanças fora dos períodos eleitorais, como aumentar tarifas ou mudar a forma de cobrança de tributos. Tal situação se aplica também nas decisões quanto a processos regulatórios que ocorrem dentro de uma legislatura. A não existência da eleição nesse caso demanda um enfoque distinto: assumir que existe uma estrutura para obter o resultado, o equilíbrio desejado e que essa reflete situações de interesse para a análise da NEP. Essa estrutura pode refletir o papel de distintos comitês, em diferentes instâncias, gerando um processo em sequência que afeta o resultado, mas que constitui um equilíbrio.

O segundo pilar está baseado no estudo da dinâmica eleitoral. De forma resumida, o estudo se baseia nas análises de situações pré-eleitorais, que podem envolver ou não o compromisso de manter as promessas de campanha, envolvendo eleitores cujo interesse é fundamentalmente econômico, não partidário. A forma de criar uma divisão entre votantes que gera uma maioria está relacionada ao peso dado à probabilidade de ocorrência de certas escolhas em relação a outras. O recurso à teoria da probabilidade aparece quando não seja válido inferir *a priori* uma ordenação monotônica de preferências entre votantes. Procura-se definir um diferencial de bem-estar associado a uma determinada política que em um jogo não cooperativo daria a vitória a determinado candidato, assumindo-se a presença de eleitores indecisos, que podem mudar o voto.

Modela-se não somente a partir das expectativas de bem-estar dos eleitores obtida com uma certa política, mas também do objetivo dos candidatos: ganhar a eleição, impor uma determinada agenda, obter rendas do processo. Há um efeito de retroalimentação importante: ao se estudar a disputa eleitoral, analisam-se quais políticas são mais importantes e significativas para o equilíbrio do processo. A discussão em torno da Guerra do Iraque na eleição do presidente Obama ou a frase "é a economia, estúpido" para explicar a reeleição do presidente Clinton ilustram bem esse ponto. Um exemplo ajuda a entender a lógica da análise: a atividade de influenciar políticos, institucionalizada em algumas sociedades como *lobbying*. A função do "lobista" é justamente afetar a probabilidade de que uma política favorável a seu grupo de interesse seja adotada. Os trabalhos de Dows (1957) e Wittmann (1977) são referências importantes para quem deseja se aprofundar no tema.

O problema é que nem sempre é correto supor que o compromisso pré-eleitoral será cumprido uma vez eleito o vencedor. Isso pode gerar instabilidade da política, uma vez percebido que rendas são apropriadas pelos políticos estabelecidos, o que torna ineficiente o papel estabilizador e corretor da competição eleitoral.

O terceiro pilar refere-se à crítica à capacidade de o equilíbrio eleitoral ser mantido *ex-post*, o que evitaria a apropriação de rendas e o abuso de poder pelo político ou burocrata estabelecido.

Quando não há garantia da implementação da política com que o vencedor estaria teoricamente comprometido, o recurso à teoria dos jogos e da agência aparece aqui de forma explícita: pode-se punir o político ou burocrata associado a certo desvio e essa possibilidade é antecipada pelos jogadores. Todavia, nem sempre é possível punir: há casos em que o conflito de interesses torna menos evidente a ocorrência do desvio. Situações de risco moral e de barganha associados a contratos incompletos passam a compor um campo de investigação que amplia o escopo da NEP.

Finalmente, pode-se "definir uma agenda", o que envolve assumir previamente que a certos grupos correspondem certas escolhas (por exemplo, quanto a temas polêmicos, como decidir sobre a repartição de gastos em saúde considerando políticas focalizadas). Coalizões emergem desse processo: a racionalidade está em encontrar aquela de menor custo e que maximize o resultado esperado. Superar a limitação imposta pela existência do vencedor e do votante médio abre espaço para avaliar o peso das preferências ideológicas e das motivações que afetam as barganhas *ex-post*.

Dada a natureza da teoria, é de esperar-se que a NEP atribua menor importância ao posicionamento militante. Muitos dos resultados previstos pela teoria são de que as forças centrípetas impostas pela existência do votante médio superem a ambição de uma determinada corrente em impor suas preferências.

Tal resultado é um bom indicador do peso que a racionalidade tem em relação ao calor da luta política, assumindo-se que os interesses econômicos são muito importantes antes e depois dos processos de escolha, seja em uma democracia representativa, seja em um sistema de governo pela representação direta dos distintos movimentos sociais. Entretanto, tal lacuna está sendo progressivamente reduzida nos trabalhos mais recentes, como em Alesina e Glaeser (2004); e Fraser e Gerstle (2005), que procuram teorizar sobre questões mais ambiciosas, como tratar de mecanismos de desenho alternativos para explicar diferenças entre regimes políticos e sua relação com desempenho econômico.

Reconhece-se que política e ideologia moldam instituições (e visões de mundo) que são guiadas pelos "ricos", e com isso a percepção clara de que sistemas baseados em organizações privadas conduzem a perdas sociais devido à criação de mecanismos de expropriação privada. Regimes comandados por tais instituições seriam tão prejudiciais ao bem-estar quanto aqueles baseados na expropriação por um Estado comandado por um pequeno grupo, um regime ditatorial. A ampliação do escopo da NEP conduz ao inevitável no campo da economia e da ciência política: tais respostas também têm que ser buscadas no conhecimento da história e das singularidades dos processos de formação das instituições nos países ou nos blocos de países.

Ver: Atores; Economia de Mercado; Economia Política; Estado

Referências Bibliográficas

ALESINA, A; GLEASER, E. *Fighting poverty in US and Europe*. A world of difference. Oxford: Oxford University Press, 2004.

DOWS, A. *An economic theory of democracy*. New York: Harper and Row, 1957.

FRASER, S.; GERSTLE, G. *Ruling America*: a history of wealth and power in a democracy. Cambridge: Harvard University Press, 2005.

PERSSON, T.; TABELLINI, G. *Political economics*: explaining economic policy. Cambridge: Mass MIT Press, 2000.

WITTMAN, D. Candidates with policy preference. *Journal of Economic Theory*, Michigan, n.14, p. 180-189, 1977.

O

Objetivos do Milênio

Ana Carolina Evangelista

Os Objetivos de Desenvolvimento do Milênio (ODM) são um conjunto de oito compromissos assumidos por todos os 191 Estados-membros da Organização das Nações Unidas (ONU), que analisaram os maiores problemas globais na passagem do milênio. Foram elaborados e firmados durante a Cúpula do milênio promovida pela ONU em 2000. Nessa ocasião, chefes de estado e de governo aprovaram a Declaração do milênio, principal documento de referência para a formulação dos Objetivos.

Trata-se de um elenco de oito macro-objetivos, com indicadores e metas correspondentes a serem atingidos pelos países até 2015, por intermédio de ações concretas dos governos e da sociedade. Esses objetivos traduzem, na realidade, a mais recente e importante iniciativa global, que pretende incentivar ações e criar condições, nos níveis nacional e mundial, para a promoção do desenvolvimento e a eliminação da pobreza. Buscam, em sua essência, satisfazer necessidades humanas e garantir direitos fundamentais para todos os habitantes do planeta.

Os oito macro-objetivos são: 1) erradicar a extrema pobreza e a fome; 2) atingir o ensino básico universal, de modo a garantir que até 2015 todas as crianças terminem um ciclo completo de ensino básico; 3) promover a igualdade entre os sexos e a autonomia das mulheres; 4) reduzir a mortalidade infantil; 5) melhorar a saúde materna, reduzindo a taxa de mortalidade materna e alcançando o acesso universal à saúde reprodutiva; 6) combater o HIV/Aids, a malária e outras doenças; 7) garantir a sustentabilidade ambiental; 8) estabelecer uma parceria mundial para o desenvolvimento.

O Programa das Nações Unidas para o Desenvolvimento (Pnud) é o órgão do sistema das Nações Unidas designado para coordenar as ações da campanha dos ODM no Brasil. No país, existem iniciativas que visam especificamente alcançar e monitorar as metas. Entre as principais, encontram-se o *Prêmio ODM Brasil*, iniciativa que incentiva e valoriza projetos e ações de governos municipais, da sociedade civil, do setor privado ou do meio acadêmico que contribuem para que se alcancem os ODM; o *Movimento Nacional pela Cidadania e Solidariedade*, criado em 2004 para conscientizar e mobilizar a sociedade civil e os governos para que, até 2015, sejam alcançados os ODM; e o *Acompanhamento Municipal dos ODM*, um portal que apresenta dados relacionados às metas do milênio em relação a cada um dos 5.564 municípios brasileiros.

Ver: Direitos Humanos; Indicadores de Desenvolvimento; Índice de Desenvolvimento Humano (IDH); Indicadores Sociais

Referências Bibliográficas

MOVIMENTO Nacional pela Cidadania e Solidariedade: http://www.nospodemos.org.br/. Acesso em: 3 ago. 2011.

NAÇÕES UNIDAS. *Declaração do Milênio*: Cimeira do Milênio Nova Iorque, 6-8 de Setembro de 2000. Lisboa: United Nations Information Centre. Aug. 2001.

RESOLUÇÃO da Assembleia Geral das Nações Unidas A/RES/55/2, 8 de Setembro de 2000. Disponível em: http://www.unric.org/html/portuguese/uninfo/DecdoMil.pdf. Acesso em: 3 ago. 2011.

PORTAL ODM: Acompanhamento Municipal dos ODMs: http://www.portalodm.com.br/. Acesso em: 3 ago. 2011.

PROGRAMA DAS NAÇÕES UNIDAS PARA O DESENVOLVIMENTO. Objetivos de Desenvolvimento do Milênio. Disponível em: http://www.pnud.org.br/odm/index.php. Acesso em: 3 ago. 2011.

Opinião Pública

Gustavo Venturi Junior

Helcimara de Souza Telles

Por *opinio* ou *doxa*, a tradição filosófica da Antiguidade à Idade Média entendia a *opinião* como uma crença ou ponto de vista sem garantia de validade; uma concepção incerta e mutável; um juízo ou convicção não demonstrável e, portanto, sempre distinta e até oposta à *verdade* ao alcance da filosofia e da ciência (*scientia* ou *episteme*).

Esse sentido de opinião como mero palpite chegou aos nossos dias. Mas o lugar da opinião, beneficiada por dois fenômenos pós-renascentistas de natureza diferente, mudou relativamente ao *status quo* da verdade. No plano da história do pensamento, a certeza da possibilidade de se atingirem verdades absolutas e necessárias sofreu uma crescente corrosão, desde a cisão e o confronto entre correntes empiristas e racionalistas que se seguiram ao declínio da escolástica medieval, logo sucedida por várias subdivisões, fusões e novas vertentes teóricas, cujo processo de relativização do conhecimento parece se acentuar até os dias de hoje. Pode-se considerar o atual prestígio das teorias pós-modernas que buscam reafirmar a crise da razão, decorrente da fragmentação do projeto iluminista formulado no século 18, como uma expressão da continuidade desse processo. O fato é que de Platão (427-347 a.C.) aos dias de hoje, a *opinião* não melhorou significativamente de posição, mas a ciência e a filosofia tiveram suas pretensões heurísticas rebaixadas, ao aproximar opinião e verdade.

A opinião pública tem sua gênese no capitalismo que, ao promover o desenvolvimento da ciência e de novas tecnologias comunicacionais – como o correio e a imprensa –, acaba por expandir e democratizar as informações. A burguesia era dotada de dinheiro e cultura, contudo desprovida do poder político. Contra o poder representado pela nobreza, defendia a publicidade e a democracia na esfera pública – entendida como um público constituído por indivíduos privados que se reuniam para construir uma opinião pública autônoma. Longe da influência dos poderes político e econômico, a opinião pública se sustentaria na racionalidade e no melhor argumento. Mas, com o surgimento do Parlamento, a esfera pública é institucionalizada como órgão do Estado. A contradição é a de que, se de um lado a burguesia defendia a liberdade, de outro a restringia, ao não consentir a participação de outros segmentos e o sufrágio universal.

No plano da realização da política, o advento do Estado moderno como instância de monopólio do poder e do uso legítimo da força, como corpo político independente e com burocracia própria, teve como contrapartida a formação de uma sociedade civil inicialmente destituída de representação política, mas palco dinâmico da articulação de uma burguesia emergente, cujos interesses econômicos dependiam do controle das políticas do governo. E assim, nesse espaço de uma sociedade civil de indivíduos livres – idealmente igualados por uma noção emergente de dignidade universal (que logo substituiria a noção de honra ainda prevalecente, reservada à nobreza) –, ocorrem dois movimentos simultâneos: de um lado, surge a consideração da opinião dos semelhantes, agregando ao sentido original de opinião o sentido de *reputação*; de outro, surge um público que se associa em torno de publicações, de clubes e salões, de um mercado e de partidos, formando correntes de opinião que se expressam publicamente, na defesa de seus interesses e pontos de vista.

A opinião pública é portanto o resultado de uma nova forma de sociabilidade focada no público, cuja gênese define a modernidade ocidental. A emergência do público presumiu a existência de amplas redes sociais, um caráter simbólico para a coesão interna e a presença de uma estrutura comunicacional que permitisse o fluxo das informações. A passagem de "opiniões do público" para a opinião pública, no decorrer dos séculos 17 e 18, marca a modernidade, mas traz ambiguidades, pois, se o conceito de opinião pública implica unidade (a opinião), sua caracterização como "pública" expressa a diversidade dos indivíduos e das suas opiniões. Como pública, tem a intenção de ser universal, racional e objetiva; mas, sendo igualmente opinião, é imbuída de subjetividades e valores.

No contexto do embate entre aristocracia e burguesia, entre os regimes absolutistas vigentes e as tendências democratizantes emergentes, nasce o sentido de sanção moral que a opinião pública carrega ainda hoje, como fonte de controle e legitimação do poder. Também naquele contexto já se podiam distinguir as duas acepções modernas do conceito de opinião pública: uma *fraca*, como agregado de opiniões difusas, de costumes, preferências e crenças não necessariamente manifestas, relacionada mais ao componente da reputação; outra *forte*, como expressão pública da vontade de grupos de interesse organizados, centrada na noção de opinião que se publiciza. Em sua origem, a acepção mais fraca trazia três diferenças em relação ao uso atual. A primeira é que não era acompanhada do adjetivo *pública*, pois com a passagem de opinião como juízo individual para juízo também alheio, o significado coletivo das opiniões já era evidente. A segunda diferença é que hoje se usa *opinião pública* não só na acepção forte, como expressão de grupos articulados, mas também em referência aos agregados de opiniões, crenças ou atitudes, cuja existência, antes apenas latente no campo dos costumes e suas expressões cotidianas, é tornada pública pelas chamadas pesquisas de opinião. Finalmente, se outrora essa opinião pública difusa referia-se apenas a fenômenos da esfera não pública, ou seja, à esfera civil, não política, dos costumes, hoje ela volta seu potencial de sanção moral também para a legitimação ou deslegitimação de poderes e agentes públicos, antes uma prerrogativa da opinião pública organizada. Muitas vezes as duas modalidades de opinião pública se expressam de forma coerente ou complementar, mas com frequência esses dois formatos da opinião pública competem entre si, estabelecendo uma disputa de legitimidade.

O dissenso sobre o lugar e a importância da opinião pública não é recente – estava presente já entre filósofos pré-iluministas e iluministas. Hobbes (1588-1679) condenava a opinião pública pelo risco de anarquia e corrupção que poderia introduzir em um Estado forte, no qual os súditos, em nome da paz social, deveriam abdicar de seus direitos. Locke (1632-1704) a enaltecia, equiparando a "lei da *opinião* ou *reputação*" às leis divina e civil, como as três regras morais, "em função das quais [os homens] julgam a retidão ou depravação de suas ações", sendo a lei da opinião ou reputação "a medida do vício e da virtude", tendo como critério o fato de que "em toda parte andam juntos virtude e louvor, vício e censura", e assim, "exceto o que tiver a sanção do respeito público, se denomina virtude". Rousseau (1712-1778) vê a opinião pública como expressão da soberania popular, como um momento de uma *vontade geral* indiferenciada, advogando a favor da censura. Já Kant (1724-1804) defende a opinião pública no sentido de dar "publicidade" à opinião, como livre uso público da razão, devendo ser dirigida tanto ao povo, como ao Estado, mediando assim a moral e a política, como espaço institucionalizado de promoção do debate público.

A opinião pública volta a ser desqualificada com Hegel (1770-1831), como puro fenômeno, expressão de uma generalidade formal e aparente, e com Marx (1818-1894), como falsa consciência ou ideologia que oculta, sob a ideia de expressão de um interesse *público* comum e indiferenciado, classes sociais portadoras de interesses e projetos históricos antagônicos. Partindo de enfoque oposto, o liberal Tocqueville (1805-1859) apontará os riscos de uma opinião pública majoritária, como tal dotada de "um império moral" com o potencial despótico de seduzir ou oprimir as minorias, ao mesmo tempo que enaltece "as opiniões", seja como componente dos costumes, que constituem "o único suporte real da democracia", seja enquanto "tribunal da opinião pública", diante do qual uma imprensa livre "força os homens públicos a comparecer".

Já na primeira metade do século 20, se por um lado a opinião pública recobra prestígio na combinação entre o avanço do sufrágio universal e o crescimento acentuado das sociedades industriais, por outro, o desenvolvimento de novas tecnologias de comunicação colocará sob suspeita a autenticidade das manifestações da opinião pública – seja em sua forma organizada, dada a capacidade manipuladora da propaganda (atestada de forma trágica pelo advento do nazifascismo), seja como opinião difusa, sob a forma de resultados de pesquisas de opinião. Em meados do século 20, Max Horkheimer, Theodor Adorno e Walter Benjamin, entre outros, irão apontar em sua *teoria crítica* o desaparecimento dos espaços públicos autônomos, pressupostos para a existência de uma opinião pública como livre expressão de uma sociedade articulada em torno de seus múltiplos interesses coletivos. O questionamento recai sobre os efeitos alienantes de uma indústria cultural que neutraliza o poder das criações intelectuais, uma vez tornadas mercadorias, concorrendo para a formação de um público de indivíduos atomizados, presas úteis de manipulações consumistas e outras nem sempre inofensivas.

A opinião pública foi constituída em uma realidade histórico-social pouco precisa. Por isso, persistem muitas controvérsias em relação ao conceito. Num sinóptico modelo ideal mas não consensual, a opinião pública passou a ser definida como aquela "construída de modo autônomo, através de debates públicos, formada com base em informações satisfatórias, sobre temas de interesses público e produzida por argumentos racionais e coerentes". No entanto, foram inúmeras as críticas em relação à existência de uma opinião pública "autônoma": a falta de competência do público para dirigir assuntos públicos; a ausência de aptidão do público para exercer o governo democrático; a tirania da maioria, o que pode resultar na prevalência de uma opinião medíocre; a susceptibilidade do público para ser persuadido por apelos emocionais e não racionais; o domínio das elites, que insere a possibilidade de domesticação das crenças das massas (PRICE, 1994). O debate foi incendiado por Bourdieu que, em "La opinión publique n'existe pas" (1984), questionou enfaticamente a fragilidade das pesquisas de opinião, que apresentariam premissas falaciosas: a suposição de que a produção da opinião estaria ao alcance de qualquer indivíduo e o fato de que o pesquisador impõe a problemática ao público, gerando um falso consenso. Mas, sobretudo, criticou o princípio de que as opiniões aferidas nas pesquisas possuem valores e influências semelhantes.

É possível que a aceleração das trocas simbólicas e a livre circulação de informações pelas redes virtuais resultem em maior resistência e construção de uma opinião pública mais autônoma, diante das múltiplas forças que concorrem para controlá-la. O fato é que a opinião pública em sua forma difusa, até mais que em suas expressões articuladas, desfruta hoje de enorme prestígio quando traduzida em resultados de pesquisas de opinião. Ao que parece, emprestando legitimidade do princípio do sufrágio universal – "cada pessoa, um voto" –, a pesquisa de opinião carrega uma presunção de igualdade ou de equivalência de direitos análoga. Mas, em quase meio milênio de história, o conceito de opinião pública só fez acumular controvérsias. Enquanto isso, ela própria tem renascido, seja articulada seja difusa, mas captável pelas pesquisas. E ora mais livre ora domesticada, a opinião pública vem construindo-se como um quinto poder cuja cumplicidade, nas sociedades democráticas, tem sido objeto de desejo crescente dos demais poderes.

Ver: Esfera Pública; *Marketing* Político; *Mass Media*

Referências Bibliográficas

ALMEIDA, J. *Marketing político, hegemonia e contra-hegemonia*. São Paulo: Xamã/Editora Fundação Perseu Abramo, 2002.

BOURDIEU, P. La opinión publique n'existe pas. In: ____. *Questions de sociologie*. Paris: Minuit, 1984. p. 222-235.

BRAUN, M.; STRAW, C. *Opinión pública*: una mirada desde América Latina. Buenos Aires: Emecé, 2009.

CRESPI, I. *El proceso de opinión pública*: cómo habla la gente. Barcelona: Ariel, 2000.

HABERMAS, J. *Mudança estrutural da esfera pública*. Rio de Janeiro: Tempo Brasileiro, 1984.

PRICE, V. *La opinión pública*: esfera pública y comunicación. Barcelona: Paidós, 1994.

TARDE, G. *La opinión y la multitud*. Taurus: Madrid, 1986.

VENTURI, G. Opinião pública, legislação eleitoral e democracia. In: BENEVIDES, M. V.; VANNUCHI, P.; KERCHE, F. (Orgs.). *Reforma política e cidadania*. São Paulo: Editora Fundação Perseu Abramo, 2003. p. 392-412.

Orçamento Participativo

Zander Navarro

Se o termo governança despontou na década de 1990, indicando uma perspectiva nova da governabilidade, agora envolvendo diferentes instituições, estruturas de autoridade e atores sociais, e não apenas o governo, a proposição e a implementação prática do Orçamento Participativo (OP) foram a inovação mais representativa daquele momento histórico. Trata-se de modelo de gestão orçamentária que se apresenta como uma "forma de rebalancear a articulação entre a democracia representativa e a democracia participativa" (AVRITZER; NAVARRO, 2003) ou, mais especificamente, é uma arquitetura social e política destinada a criar espaços de interação entre os cidadãos interessados em participar e a administração local, com o objetivo de decidir sobre a aplicação dos fundos públicos.

Estimulando o debate e a deliberação, em um dado território local, como o município, o modelo prevê que os cidadãos participantes tenham o poder de escolher suas prioridades, confrontá-las com outras escolhas e, sob critérios objetivos igualmente aprovados no âmbito desse experimento, ultimar a peça orçamentária do município. Implementado em uma sociedade desigual como a brasileira, a participação expressiva dos moradores de bairros mais pobres representaria também a possibilidade de que os recursos públicos pudessem ser alocados em benefício da população mais necessitada, constituindo gradualmente, dessa forma, uma virtuosa via de justiça redistributiva.

O OP nasceu em Porto Alegre, em 1989, e seu sucesso tornou a inovação conhecida nos anos seguintes, estimulando sua repetição em diversas cidades brasileiras, e também em outros países. O OP de Porto Alegre mantém-se até o presente, ainda que sob o impacto de conjunturas distintas (FEDOZZI, 2000). O mecanismo, que permite a convergência da sociedade com o governo, não discute o orçamento total, mas somente a parte relativa aos investimentos, e surgiu em razão de variados processos sociopolíticos oriundos de âmbitos diversos.

No plano internacional, naqueles anos, uma vaga conservadora manifestou-se nos esforços para reduzir a ação do Estado, promovendo a descentralização e a decorrente transferência de responsabilidades para níveis de governo subnacionais, ao mesmo tempo que uma onda democratizante promovia a participação social. Nesse emergente (e contraditório) ambiente político, diversas inovações de ação governamental foram fomentadas, pressupondo a presença ativa dos cidadãos, processo que encontrou eco no nascimento do OP.

No plano nacional, dois fatores adicionais contribuíram para lançar as raízes do OP. O primeiro foi a transição política iniciada no Brasil dos anos 1980, que favoreceu a rápida formação de associações de moradores em diversas capitais brasileiras. Tais associações floresceram e passaram a demandar mais ações dos governos municipais. No caso específico de Porto Alegre, que já ostentava uma tradição associativa que remonta à decada de 1950, uma federação de associações nascida nos anos 1980, a União das Associações de Moradores de Porto Alegre (Uampa) incluiu como uma de suas principais reivindicações a discussão sobre o orçamento municipal.

O segundo aspecto nacional decisivo decorre dos espaços de participação potenciais inscritos na Constituição de 1988, em vários de seus artigos. Dentre eles, destaca-se o art. 26, que sugere explicitamente a participação de associações da sociedade civil na formulação das políticas urbanas. À medida que os preceitos constitucionais foram regulamentados, concretizaram-se novos espaços participativos, estimulando a presença proativa dos cidadãos na governança das cidades.

Circunscrito à história de Porto Alegre, contudo, há outro fator decisivo: a eleição (em 1988) de uma aliança encabeçada pelo Partido dos Trabalhadores (PT). Sucederam-se quatro administrações lideradas pelo mesmo partido, que foram enraizando ainda mais fortemente o novo mecanismo decisório, tornando-o a marca registrada do governo local. Sobretudo a partir de meados dos anos 1990, com o visível sucesso da inovação, o OP se tornou mundialmente famoso, atraindo pesquisadores que o esmiuçaram. A cidade também recebeu delegações de outras municipalidades, com o objetivo de analisar as chances de sua replicação no Brasil e em outros países. No final daquela década, diversos outros municípios adotavam formas similares de OP (entre 140 a 170 municípios, segundo diferentes autores). A ideia também prosperou em alguns países (aproximadamente 40), embora nesse caso limitada pela estrutura tributária e decisória de cada um. Se tentada em países onde os municípios não decidem substancialmente sobre a alocação dos recursos ou não podem legislar sobre impostos, por exemplo, as possibilidades de êxito tornam-se menores. O contexto brasileiro apresenta maiores chances de sucesso comparativamente à maioria dos demais países, em função do grau de descentralização existente no país.

Tomando como base a experiência, pode-se dizer que o OP apresenta, no plano típico-ideal, quatro características essenciais (AVRITZER, 2006): a) tem uma forte faceta delegativa, oriunda da legitimidade do mandato do governante eleito, que transfere poder para o conjunto de cidadãos atraídos pela dinâmica do OP; b) nele são combinadas diferentes formas de representação, pois não existe apenas a democracia direta. Conselheiros são eleitos, os quais, posteriormente, decidirão sobre a proposta do orçamento. Além disso, a própria Câmara de Vereadores mantém seu poder final sobre a peça orçamentária; c) suas regras de funcionamento são discutidas e aprovadas pelos participantes, sendo aperfeiçoadas ao longo do tempo, o que faz com que o modelo contenha elementos de deliberação e autogestão; d) os atores envolvidos (da sociedade e do governo) podem "reverter prioridades" e alocar mais fundos públicos para as regiões mais pobres e com infraestrutura, serviços e equipamentos mais precários. Como resultado, o OP estimula a fixação de um eixo de justiça redistributiva no tocante à alocação de fundos públicos (MARQUETTI, 2003).

Na experiência de Porto Alegre, a cada ano, os delegados que integram o Conselho do Orçamento Participativo (COP) debatem e elaboram a matriz orçamentária do ano seguinte, contando para isso com o apoio de técnicos da prefeitura (sem direito a voto). A proposta é então submetida à Câmara de Vereadores. Na história do OP local, a Câmara quase sempre a chancelou formalmente, tornando a proposta do COP a peça orçamentária oficial. Com o passar dos anos, diversos aperfeiçoamentos foram feitos na mecânica anual do OP.

Como esperado, uma inovação complexa como o OP, que decide sobre investimentos muitas vezes em cidades com milhões de habitantes (como é o caso de Porto Alegre), gera diversos estudos e um intenso debate sobre muitos de seus aspectos. Hoje, há abundante bibliografia a respeito (FEDOZZI, 2000, 2002; WAMPLER, 2009; AVRITZER, 2006; AVRITZER; NAVARRO, 2003).

Sobre os inúmeros temas que ainda estimulam os debates, alguns mais amplos rebatem nas possibilidades políticas do OP (com repercussões na teoria democrática), enquanto outros analisam aspectos específicos do processo em si. Em anos mais recentes, pesquisadores também têm procurado compreender alguns gargalos e limites presentes nas experiências de OP, dentre os quais a dificuldade de manter a disposição participativa dos cidadãos e os riscos de instrumentalização política por parte dos Executivos municipais ou dos partidos no governo.

Como ilustração, pode-se citar alguns temas relevantes para averiguar o futuro dessa inovação. Primeiramente, a relação entre o OP e os partidos que comandam os governos locais, pois alguns autores julgam que se essa associação não existir com partidos progressistas e reformistas, nenhuma experiência mais relevante será posta em marcha. Outro tema fortemente debatido diz respeito às especificidades sociais de Porto Alegre, pois indicariam que a história associacional da cidade é um trunfo raramente compartilhado por outras municipalidades e, dessa forma, o OP dessa cidade dificilmente encontrará similitude ou o mesmo escopo em outros contextos. Um terceiro tema discute as chances de aprofundamento democrático estimuladas pelo OP, criando o que Fedozzi (2002), inspirando-se na matriz habermasiana, intitula de "esfera pública ativa de cogestão do fundo público municipal".

Tais temas, dentre muitos outros, vêm enriquecendo a literatura sobre essa importante inovação social dos anos 1990. Seus resultados, de diversos ângulos, e não apenas no tocante a uma efetiva justiça redistributiva, são promissores para a constituição de uma cidadania que prospere em uma pólis realmente democrática. É importante notar, contudo, que a inovação ganhou maior visibilidade e aceitação em tempo passado e, atualmente, suas virtualidades potenciais encontram mais ceticismo analítico entre os estudiosos.

Ver: Governo; Participação Política; Participação Popular; Representação; Sociedade Civil

Referências Bibliográficas

AVRITZER, L. New public spheres in Brazil: local democracy and deliberative politics. *International Journal of Urban and Regional Research*, Malden, MA, v. 30, n.3, p. 623-637, set. 2006.

AVRITZER, L.; NAVARRO, Z. (Orgs.). *A inovação democrática no Brasil:* o orçamento participativo. São Paulo: Cortez, 2003.

FEDOZZI, L. *Orçamento participativo:* a experiência de Porto Alegre. 3. ed. Porto Alegre: Tomo Editorial, 2002.

______. *O poder da aldeia:* gênese e história do orçamento participativo de Porto Alegre. Porto Alegre: Tomo Editorial, 2000.

MARQUETTI, A. Participação e redistribuição: o orçamento participativo em Porto Alegre. In: AVRITZER, L.; NAVARRO, Z. (Orgs.). *A inovação democrática no Brasil:* o orçamento participativo. São Paulo: Cortez, 2003. p. 129-156.

WAMPLER, B. *Participatory budgeting in Brazil:* contestation, cooperation, and accountability. Pennsylvania: Penn State University Press, 2009.

Orçamento Público

José Lucas Cordeiro

Maria Luiza Levi

O orçamento público é a expressão financeira dos recursos que um ente público prevê arrecadar durante determinado período e alocar em ações de governo. Trata-se de um instrumento que deriva diretamente da prerrogativa do Estado de tributar e realizar gastos, e que espelha decisões políticas, explicitando as ações a serem desenvolvidas pelos governos para o atendimento de demandas da sociedade.

O orçamento público evidencia a extensão em que políticas públicas são hierarquizadas pelos governantes, já que determinadas áreas de governo recebem mais recursos orçamentários do que outras. Além disso, constitui a base financeira de sua implementação, pois através da chamada *execução orçamentária* as receitas arrecadadas são direcionadas para financiar o pagamento daquilo que o Estado necessita adquirir para viabilizar a realização das políticas, como insumos, equipamentos e serviços, incluindo tanto aqueles contratos com terceiros como os prestados por funcionários públicos.

O primeiro registro histórico sobre as origens do orçamento público data de 1215, quando nobres ingleses se rebelaram contra os poderes excessivos do rei João Sem Terra (John Lackland) e passaram a exigir que a cobrança de tributos tivesse prévia aprovação do Conselho de Barões. Posteriormente, após a Revolução Gloriosa de 1688, que pôs fim ao absolutismo monárquico na Inglaterra, o Parlamento passou a exercer controles com relação à destinação dos impostos coletados. A partir da Independência Norte-Americana, em 1776, e da Revolução Francesa, em 1789, o uso do orçamento como instrumento de controle das finanças governamentais tornou-se norma na França e nos Estados Unidos.

No Brasil, o desenvolvimento da técnica orçamentária é relativamente recente e tem apoiado o controle sobre o uso dos recursos públicos, envolvendo tanto o monitoramento do Poder Legislativo sobre o Executivo como o deste último sobre as unidades que compõem o interior das estruturas governamentais. Também têm papel fundamental no processo de controle da utilização dos recursos públicos os Tribunais de Contas, o Ministério Público e, mais especificamente nas chamadas "áreas sociais", os conselhos gestores de composição paritária entre governo e sociedade civil.

O orçamento público deve obedecer a alguns princípios fundamentais: o princípio da *unidade*, ou seja, cada entidade de direito público deve possuir apenas um orçamento, fundamentado em uma única política orçamentária e estruturado uniformemente; o princípio da *universalidade*, que se refere à necessidade de que estejam incorporadas no orçamento as receitas e as despesas de todas as instituições públicas que compõem um governo; e o princípio da *anualidade*, que estabelece um período limitado de tempo para a estimativa de receita e a execução da despesa, ou seja, o orçamento deve compreender o período de um exercício, que corresponde ao ano fiscal.

Os elementos básicos do orçamento público no Brasil são regidos pela Constituição Federal, pela Lei n. 4.320 (17/3/1964) e pela Lei Complementar n. 101 (4/5/2000), ou Lei de Responsabilidade Fiscal. Esses expedientes regulam os três dispositivos legais que formam a base do processo de planejamento da ação governamental através do orçamento público, o *Plano Plurianual (PPA)*, a *Lei de Diretrizes Orçamentárias (LDO)* e a *Lei Orçamentária Anual (LOA)*.

O PPA é um instrumento de planejamento das ações de governo elaborado durante o primeiro ano de mandato do Executivo e tornado lei após apreciação do Legislativo para vigência durante os quatro anos seguintes. Assim, o primeiro ano de um governo é regido pelo PPA elaborado no mandato de seu antecessor, o que, de alguma forma, remete à continuidade das políticas ao longo dos diferentes governos.

A finalidade do PPA é estabelecer diretrizes, objetivos e metas de médio prazo para a administração pública, organizando as ações de governo por meio de um planejamento prévio, baseado na identificação de necessidades da sociedade e na avaliação quanto à capacidade de financiamento público das políticas.

A LDO, por sua vez, é uma lei anual que orienta a elaboração da proposta orçamentária para o ano seguinte. Ela prioriza os objetivos estabelecidos no PPA e especifica, dentre as metas quadrienais ali previstas, aquelas a serem atingidas no ano a que se refere o orçamento. Após a aprovação da Lei de Responsabilidade Fiscal, a LDO passou a ter o importante papel de especificar um compromisso dos governos quanto à economia de recursos para o pagamento das dívidas do Estado, as chamadas metas fiscais de resultado primário e nominal. A intenção dessa obrigatoriedade é fazer com que as previsões financeiras que embasam a ação de governo necessariamente incorporem o pagamento dos compromissos de dívida do ente federativo.

A LOA, que é a expressão mais concreta daquilo que normalmente se denomina orçamento público, estima a receita e fixa a despesa a ser realizada pelo governo, reiterando ou corrigindo as prioridades estabelecidas na LDO. Ao ser submetida à aprovação do Poder Legislativo, a LOA (assim como o PPA e a LDO) tende a receber emendas parlamentares que alteram seu escopo, podendo haver inclusão de novas ações ou supressão de recursos de ações integrantes da proposta orçamentária original. Ressalte-se, entretanto, que a LOA tem "caráter autorizativo", ou seja, trata-se de uma lei que apenas *autoriza* o Executivo a empreender as ações ali previstas. Assim, em princípio, a não execução de determinada obra ou serviço previstos no orçamento pode ser objeto de cobrança política, mas não é passível de sanção legal, a não ser em casos determinados por legislação específica.

O PPA, a LDO e a LOA são organizados por programas, sendo esse o elemento que garante a integração entre os três instrumentos de planejamento da ação governamental. Um programa é um conjunto articulado de ações desenvolvidas por um ou mais órgãos integrantes do governo para o alcance de determinado objetivo. Os programas têm determinado público-alvo, e sua criação deve estar ancorada em um diagnóstico sustentado por indicadores, cujo acompanhamento ao longo de sua execução permite mensurar até que ponto os objetivos estão sendo atingidos. As ações de um programa podem ter caráter continuado, como, por exemplo, a prestação de determinado serviço, ou podem ser de duração limitada, como uma obra. Em geral, as ações estão associadas a metas específicas, cujo cumprimento indica até que ponto o governo foi capaz de dar andamento às iniciativas necessárias ao alcance do objetivo do programa. A soma de recursos alocados para as diversas ações de um programa compõe o seu valor global.

Apesar de não haver disposição jurídica expressa, em princípio a lei orçamentária não estabelece despesas em valor superior às receitas previstas. A Constituição Federal admitiu contudo que eventuais diferenças entre receitas próprias e despesas sejam cobertas por receitas de operações de crédito (recursos provenientes de empréstimos contraídos pelo governo em instituições financeiras ou de venda de títulos ao mercado financeiro), desde que essas não excedam o montante das despesas de capital previstas na mesma lei. A intenção dessa regra é condicionar o uso de recursos de empréstimos aos investimentos, dada sua natureza eventual, impedindo sua destinação para despesas de caráter permanente, como o pagamento de pessoal e outros gastos administrativos.

A prática de fixação das despesas até o limite das receitas previstas garante apenas o equilíbrio orçamentário *a priori*. Isso porque o orçamento se baseia em uma *previsão* sobre o comportamento dos impostos, taxas e contribuições econômicas e sociais, principais itens que compõem a receita de um ente público, feita com base em hipóteses a respeito do comportamento da economia. Se a receita efetivamente arrecadada ao longo do ano se mostrar inferior à previsão inicial, o governo fica em princípio impossibilitado de executar o orçamento na sua totalidade, devendo, conforme determina a Lei de Responsabilidade Fiscal, proceder a cortes nas despesas programadas. Essa prática constitui o que se conhece por contingenciamento dos recursos orçamentários, que se refere ao retardamento ou à inexecução de parte da programação de despesa prevista na LOA, o que naturalmente impacta de forma negativa o cumprimento de objetivos anteriormente planejados. Se, ao contrário, a receita for superior à previsão inicial, o Executivo pode encaminhar ao Legislativo um projeto de lei solicitando autorização para incorporar e executar o excesso de arrecadação, explicitando as despesas a serem custeadas com os novos recursos. De qualquer forma, o princípio do equilíbrio orçamentário *a priori* estabelece a importante figura da "restrição orçamentária" na atividade de planejamento, o que obriga os governos a definirem prioridades na aplicação das receitas estimadas na presença de recursos escassos.

As discussões que deram origem à Constituição de 1988 enfatizaram a necessidade de que os orçamentos públicos segregassem os recursos do Sistema de Seguridade Social, que compreende as áreas da Previdência Social, da Saúde e da Assistência Social, daqueles partilhados pelas demais políticas públicas. A intenção era assegurar no âmbito da Seguridade Social as fontes de receitas específicas desse Sistema. Assim, por determinação constitucional, em todas as esferas de governo o orçamento público é dividido em:

• *orçamento fiscal,* que se refere aos poderes da União, do Estado e/ou do município, seus fundos, órgãos e entidades da administração direta e indireta, inclusive fundações instituídas e mantidas pelo poder público;

• *orçamento de investimentos* das empresas nas quais a União, Estado e/ou município, direta ou indiretamente, detenha a maioria do capital social com direito a voto;

• *orçamento da Seguridade Social,* que abrange todas as entidades e órgãos vinculados às áreas de Assistência Social, Saúde e Previdência Social, da administração direta ou indireta, bem como os fundos e as fundações instituídos e mantidos pelo poder público.

Essa divisão do orçamento em componentes separados não impediu, contudo, que parte das receitas especificamente criadas para financiar a Seguridade Social acabasse sendo destinada a outras esferas do gasto público.

Ver: Ajuste Fiscal; Financiamento

Referências Bibliográficas

ALBUQUERQUE, J.; GARSON, S.; VAINER, A. *Manual de elaboração:* passo a passo da elaboração do PPA para municípios. 2.ed. Brasília, DF: Ministério do Planejamento, Orçamento e Gestão, 2001.

CORDEIRO, J. L. *Heterogeneidade no trato orçamentário da política de assistência social nas três esferas de governo.* 2009. Tese (Doutorado em Serviço Social) - Pontifícia Universidade Católica de São Paulo, São Paulo, 2009.

GIACOMONI, J. *Orçamento público.* 12. ed. São Paulo: Atlas, 2003.

Organização Social (OS)

Ver: Contratualização

Organização da Sociedade Civil de Interesse Público (Oscip)

Ver: Contratualização

Organizações

Marcio Gomes de Sá

Foi o sociólogo alemão Ferdinand Tönnies (1855-1936) quem estabeleceu um critério de diferenciação bastante útil para delimitar o amplo universo das organizações. Em sua concepção, existiriam dois grupos principais de organização. O primeiro deles seria caracterizado pela necessidade social, que daria origem a associações e agrupamentos dos quais os membros de uma comunidade não podem escapar. O segundo englobaria as organizações que surgem pela vontade deliberada de seus idealizadores, com o objetivo de viabilizar o alcance de determinadas metas; nelas, a filiação é opcional e decidida pelos interessados. A conhecida observação de que "organizações são unidades sociais deliberadamente construídas para perseguir objetivos específicos" (ETZIONI, 1976) fornece uma síntese precisa do conceito.

As sociedades modernas, capitalistas e industriais, caracterizam-se pela prevalência daquele segundo grupo de organizações, que se propagam por toda a vida social (HEGEDÜS, 1996). Entre elas, "incluem-se as corporações, os exércitos, as escolas, os hospitais, as igrejas e as prisões; excluem-se as tribos, as classes, os grupos étnicos, os grupos de amigos e as famílias" (ETZIONI, 1976, p. 9-10). Praticamente tudo o que diz respeito ao mundo associativo – governos, autarquias, empresas públicas, sindicatos, partidos políticos, clubes, cooperativas – pode ser em boa medida incluído no campo das organizações.

Organizações implicam a presença de processos, relações e estruturas criadas e administradas por pessoas, tendo em vista determinadas metas e em resposta a certas necessidades. São associações coordenadas e controladas, que tendem a planejar suas ações e a ser dirigidas por um líder, uma diretoria ou um colegiado. Mobilizam e empregam recursos diversos – humanos, materiais, técnicos e tecnológicos, financeiros, políticos e intelectuais – que precisam ser sistematicamente projetados, obtidos, alocados e administrados. A gestão ou a administração dedica-se, assim, a organizar, planejar, coordenar e controlar pessoas e recursos, tendo em vista a realização de determinadas tarefas.

Organizações perseguem objetivos que, ao menos em princípio, podem ser atingidos com maior eficácia pela ação conjunta e harmoniosa de pessoas (GIBSON; IVANCEVICH; DONNELLY, 1981). Precisamente por isso, são norteadas por suas metas, por sua missão ou por seu propósito superior, que justificam sua existência e sua atuação, bem como fornecem orientações de sentido a seus integrantes. Organizações entram em crise ou funcionam de modo precário sempre que os objetivos particulares de seus membros não se distingam com clareza dos objetivos que as definem.

Organizações funcionam como ambientes culturais e existenciais, que constrangem, educam ou modelam os comportamentos e as ideias de seus integrantes. Interagem de modo permanente com ambientes externos, que determinam sua dinâmica e seu desempenho. Os contextos em que atuam têm a ver não somente com os grandes sistemas sociais – econômico, tecnológico, sociocultural, político, jurídico –, mas também com diversos outros elementos que se inserem, de forma mais ou menos ativa, em seu raio de atuação: clientes, usuários, fornecedores, concorrentes, associações de representação de interesses, órgãos de comunicação, dentre outros.

Usualmente, a teoria das organizações atribui particular consideração a cinco características básicas, comuns a todo tipo de organização: as pessoas que a integram, seu comportamento e seu modo de ser, a cultura organizacional, a estrutura de funcionamento e os processos de padronização, direção e tomada de decisões.

Tem-se como estabelecido que as organizações adotam estruturas de funcionamento em consonância com suas características e seus objetivos. Podem, por exemplo, pôr em prática uma estrutura funcional, na qual os funcionários têm um superior bem definido e as equipes são organizadas segundo determinados setores (finanças, recursos humanos, produção, tecnologia). Podem escolher uma estrutura por projetos, organizando-se em departamentos ou áreas que se remetem a um gerente. Podem ainda adotar uma estrutura de tipo matricial, mais flexível, na qual equipes multidisciplinares ou integradas por especialistas provenientes de diversas áreas funcionais são reunidas para realizar tarefas específicas e delimitadas no tempo.

As empresas são um tipo organizacional com larga prevalência na sociedade atual. Destinam-se a maximizar valor para seus proprietários e acionistas mediante a produção e distribuição de bens e serviços que respondam a certas necessidades sociais ou individuais. Diferenciam-se tanto pelo setor da economia em que estão inseridas, quanto pelo tamanho e pela escala geográfica em que atuam (empresas locais, regionais, nacionais ou multinacionais). Com a globalização econômica e a expansão do mercado capitalista, os princípios da gestão empresarial assumiram a condição de referência para os demais tipos organizacionais. Porém, apesar de hegemônicas, as empresas não são as únicas organizações dedicadas à atividade produtiva.

As organizações da sociedade civil fornecem um segundo tipo. Não desenvolvem atividades lucrativas e, de modo geral, vivem em função da busca de vínculos entre assistidos e financiadores, baseando seus discursos na tradição ou em determinadas causas às quais atribuem relevância social. Seus objetivos são específicos, repousando em geral na defesa de interesses de um conjunto particular de pessoas ou na ativação de causas de caráter mais geral, filantrópicas, altruísticas e políticas. Tais organizações são muitas vezes inseridas no chamado "terceiro setor", que abrangeria, conforme conhecida definição, uma vasta e heterogênea gama de organizações com certas características em comum: são formalmente constituídas, são separadas do governo, não visam a lucro nem distribuem lucros para seus diretores ou integrantes, são autoadministradas e contam com expressiva participação do voluntariado (SALAMON; ANHEIER, 1996).

As organizações públicas compõem um terceiro tipo. Suas finalidades vinculam-se aos objetivos, às formas e às políticas do Estado. São instituições envolvidas por excelência na administração e nas políticas públicas. Podem estar vinculadas à administração direta – setor estatal que se ocupa da execução das funções essenciais de governo – ou à administração indireta, responsável pela execução de políticas complementares ou mais específicas. Especialmente nesse segundo setor, costumam valer-se de contratos de gestão e de estratégias de terceirização, que podem proporcionar maior agilidade decisória e flexibilidade à ação gerencial e, nessa medida, facilitar o desempenho das atividades.

O universo organizacional não se limita evidentemente a esses três macrotipos. Ele é vasto e diversificado, incluindo até mesmo organizações informais e circunstanciais, de curta duração, caracterizadas pela fluidez e pela fugacidade. Podem ser mencionadas também as organizações criminosas, as organizações secretas, as organizações terroristas ou paramilitares, que muitas vezes atuam como verdadeiro poder paralelo no interior dos Estados, disputando com ele o monopólio da violência. Organismos internacionais como a Organização das Nações Unidas (ONU) e o Fundo Monetário Internacional (FMI) apresentam estrutura organizacional específica, tanto quanto os blocos econômicos como o Mercosul, a Alca e a Comunidade Europeia. Determinadas pelo desenvolvimento das tecnologias de informação e pela generalização dos processos em rede, certas modalidades de organizações virtuais tornaram-se bastante comuns. São também conhecidas como organizações em rede e têm caráter modular. Nelas, há pouca rigidez e reduzida formalização.

As organizações ilustram com clareza o modo mesmo como as sociedades humanas são estruturadas e funcionam. São um recurso decisivo da construção social e da vida coletiva: "Sem uma pluralidade de organizações complexas, não haveria qualquer possibilidade de desenvolvimento de civismo e de cidadania na medida em que, numa sociedade de larga escala, moderna e de massas, a maioria das pessoas só conseguem articular qualquer forma de interesses através da representação organizacional" (CLEGG, 1998).

Ver: Cultura Organizacional; Parcerias Público-Privadas (PPP); Terceiro Setor

Referências Bibliográficas

CLEGG, S. *Organizações modernas*. Oeiras, Portugal: Celta, 1998.

ETZIONI, A. *Organizações modernas*. 5 ed. São Paulo: Pioneira, 1976.

GIBSON, J. L.; IVANCEVICH, J. M.; DONNELLY JR., J. H. *Organizações:* comportamento, estrutura, processos. São Paulo: Atlas, 1981.

HEGEDÜS, A. Organização. In: OUTHWAITE, W.; BOTTOMORE, T. (Eds.). *Dicionário do pensamento social do século XX*. Rio de Janeiro: Jorge Zahar, 1996. p. 537-8.

SÁ, M. *Sobre organizações e sociedade*. Recife: Editora Universitária da UFPE, 2009.

SALAMON, L. M.; ANHEIER, H. K. *The emerging nonprofit sector*. Manchester: Manchester University, 1996.

SERVIÇO DE APOIO ÀS MICRO E PEQUENAS EMPRESAS DE MINAS GERAIS. *Fascículos da cultura da cooperação*. Disponível em: http://www.sebraemg.com.br/culturadacooperacao. Acesso em: 20 mar. 2008.

Organizações Não Governamentais (ONGs)

Carla Giani Martelli

As Organizações Não Governamentais (ONGs) não integram o Estado e nem estão diretamente ligadas ao seu aparato administrativo, ainda que muitas delas dependam de financiamentos públicos e atuem em consonância com políticas e agências governamentais. Suas atividades, de natureza não empresarial, estão majoritariamente voltadas para a esfera pública, visando em especial à prestação de serviços considerados relevantes para o desenvolvimento social. Costumam ser identificadas com entidades que, juridicamente constituídas sob a forma de fundação ou associação, sempre sem fins lucrativos, tenham compromisso com a construção da democracia participativa e com o fortalecimento dos movimentos sociais de caráter democrático.

As ONGs são habitualmente vistas como fazendo parte do chamado terceiro setor, sendo por vezes confundidas com ele. Algumas delas, porém, entendem que tal associação desvirtua seus objetivos de atuação, que integrariam com muito conforto o universo da sociedade civil. Frequentemente, também são confundidas com os movimentos sociais (o feminista, o ambientalista, o negro, o homossexual), a partir dos quais várias ONGs surgiram e ganharam projeção. Relacionam-se bastante com eles, compartilhando seus temas, demandas e campanhas. São vistas como sendo mais bem estruturadas que os movimentos sociais, pois dispõem de estrutura formal, recursos administrativos e funcionários. Além disso, agem por intermédio de projetos e contratos de trabalho, que lhes dão sustentação financeira e as obrigam a planejar atividades, cumprir metas e realizar programas preestabelecidos e financiados, estabilizando e profissionalizando seus integrantes (seus militantes).

As ONGs podem assumir importância e formatos bastante variados, em conformidade com quatro eixos definidores:

a) as causas que defendem, que podem variar entre a defesa da causa dos próprios integrantes da ONG (negros contra o racismo, mulheres contra o sexismo, gays contra a homofobia, por exemplo) e a causa de outros, tais como crianças em situação de rua (atualmente define-se como “em situação de risco ou de vulnerabilidade”), sem-teto, dependentes químicos, vítimas de abuso sexual ou excluídos da cidadania por pobreza ou ignorância;

b) o tamanho que adotam, que pode ser de alcance mundial, como o Greenpeace, por exemplo, ou limitar-se a pequenos grupos de pessoas organizadas em trabalhos comunitários. Mas tanto as pequenas como as grandes ONGs compartilham a característica de serem organizações que pretendem estar comprometidas com causas humanitárias e atuar para provocar mudanças nas condições de desigualdade e exclusão;

c) as formas como se movem no espaço público: muitas ONGs ganharam visibilidade pelo potencial de construção de redes, múltiplas e transversais, capazes de abranger espaços locais, regionais e globais, como também de incluir nessas redes desde organizações internacionais, como as do sistema ONU e certas agências de financiamento, até grupos marginalizados de bairros periféricos de grandes cidades. E é desse potencial de formação de redes que vem a maior ou menor capacidade das ONGs para canalizar fluxos de informações e permitir a sinergia e o reforço mútuo entre elas; e

d) a relação que constroem com a sociedade e/ou o Estado: na relação direta com a sociedade, as ONGs desenvolvem primordialmente projetos de empoderamento que, ou se dirigem a populações excluídas e em risco de marginalização com o propósito de fortalecer sua autoimagem e sua qualificação profissional, ou focalizam o treinamento de lideranças comunitárias para a defesa de interesses coletivos. Na relação com o Estado, muitas ONGs tornam-se suas parceiras na discussão, proposição e implementação de políticas públicas. Podem se constituir, também, importante espaço de treinamento da burocracia estatal via convênios com órgãos do Estado para treinar a burocracia nos temas dos direitos dos cidadãos. Podem ainda se relacionar com o Estado no que diz respeito à assessoria parlamentar, mantendo corpos de profissionais para acompanhar e pressionar políticos e partidos tendo em vista a aprovação de medidas de interesse dos cidadãos.

As ONGs ganharam visibilidade no Brasil a partir das últimas décadas do século 20, em sintonia com o cenário internacional marcado pela crise do *Welfare State*, pelo fim dos regimes comunistas do Leste Europeu e pelo crescimento de políticas neoliberais, acontecimentos que provocaram transformações na relação estado-mercado-sociedade civil. A reforma do Estado da década de 1990 reforçou ainda mais sua importância, na medida em que foram chamadas a colaborar na definição e condução de certas políticas públicas.

A força de várias ONGs pode ser medida pela incorporação, à agenda governamental, de temas que haviam ficado até então ausentes da discussão pública, como foi o caso dos direitos das mulheres. Não podem, porém, ser analisadas como se fossem substitutas dos partidos políticos, dos movimentos sociais e tampouco do próprio Estado, visto que suas ações privilegiam temas tópicos ou fragmentados e atingem a sociedade de forma limitada.

Há ainda dois outros problemas. Por dependerem de financiamentos públicos para viabilizar a continuidade de seus projetos, muitas ONGs têm vida errática ou fugaz, desaparecendo após certo tempo de atuação. A possibilidade de contar com linhas de financiamento, por outro lado, pode funcionar como incentivo para o surgimento de entidades de fachada, constituídas prioritariamente como meio de vida para seus integrantes ou mesmo para facilitar o repasse de recursos a determinados setores da sociedade. Ainda que não devam ser considerados como referidos à maioria das ONGs, tais problemas não podem ser ignorados.

Ver: Contratualização; Terceirização; Terceiro Setor; *Welfare State*

Referências Bibliográficas

ASSOCIAÇÃO BRASILEIRA DE ORGANIZAÇÕES NÃO GOVERNAMENTAIS. *O impacto social do trabalho das ONGs no Brasil*. São Paulo: ABONG, 1998.

BRESSER-PEREIRA, L. C.; GRAU, N. C. (Orgs.). *O público não estatal na reforma do estado*. Rio de Janeiro: Editora Fundação Getulio Vargas, 1999.

CARVALHO, N. V. *Autogestão:* o nascimento das ONGs. 2. ed. rev. São Paulo: Brasiliense, 1995.

GOHN, M. G. *Os sem-terra, ONGs e cidadania*. São Paulo: Cortez, 1997.

LANDIM, L. (Org.). *Ações em sociedade:* militância, caridade, assistência etc. Rio de Janeiro: Nau, 1998.

PINTO, C. R. J. As ONGs e a política no Brasil: presença de novos atores. *Dados - Revista de Ciências Sociais*, Rio de Janeiro, v. 49, n. 3, p. 651-613, 2006.

SALAMON, L. M. et al. *Dimensions of the nonprofit sector*. Baltimore: The Johns Hopkins Center for Civil Society Studies, 1999.

p

Pacto Social

Ver: Corporativismo

Parcerias Público-Privadas (PPP)

Margret Althuon

Mônica Landi

As parcerias entre a administração pública e os agentes privados são formas contratuais inovadoras que contemplam a realização de investimentos e a prestação de serviços de interesse da administração diretamente aos usuários ou à própria administração. Podem representar uma alternativa concreta à ampliação da capacidade de investimento e da oferta de serviços pelo setor público, em resposta às condicionantes públicas. Isso porque, além de exigir a inclusão de uma avaliação econômico-financeira que ateste a consistência do modelo de exploração proposto, os contratos preveem mecanismos de garantia por meio de instrumentos contratuais mais gerais. Esse modelo implica maior envolvimento das instituições nacionais e multilaterais de fomento, o que possibilita atenuar e/ou partilhar os riscos dos projetos, mediante a redução de custos e maior uniformidade dos formatos de contratação. Outro aspecto inovador refere-se às exigências em relação à qualidade dos serviços prestados, com a introdução até mesmo de cláusulas compulsórias para os concessionários, que trarão reflexos diretos na sua remuneração.

Deve-se registrar que essa forma contratual surgiu no Reino Unido, no início dos anos 1990, e teve como referência legal básica o *Private Finance Iniciative* (PSI), que contempla a modalidade de parceria em que a administração é a contratante e a usuária dos serviços, tendo como objeto não apenas os segmentos de infraestrutura. Esse arranjo institucional inglês experimentou, desde seu início, um gradativo processo de aprendizado, abrindo-se para a possibilidade de renegociação dos contratos iniciais com os financiadores, de modo a incluir até mesmo o compartilhamento dos lucros, superada a fase inicial de maior risco dos projetos.

No Brasil, as PPP foram introduzidas pela Lei n. 11.079/2004, como forma de flexibilizar os processos de contratação contemplados pela Lei de Licitações (n. 8.666/93), preservando, entretanto, os pressupostos de publicidade, isonomia e competição dos processos de escolha. Além disso, a nova lei procurou oferecer maior racionalidade econômica às modalidades jurídicas de contratação, de forma a compatibilizar os compromissos e riscos assumidos, no longo prazo, pelos parceiros público e privado envolvidos.

Essa legislação federal estabeleceu duas modalidades de contratos específicos de parceira, denominando-os de *concessão patrocinada* e *concessão administrativa*. Na primeira, o concessionário é remunerado pela tarifa cobrada aos usuários, que poderá ser complementada até o teto de 70% por contraprestação do poder público e, acima desse limite, com autorização legislativa. Ressalte-se que a concessão patrocinada deriva da lei de concessões (Lei n. 8.987/95), que já permitia ao concessionário ter outras fontes de receita além das tarifas, inclusive adicionais pagos pela administração pública, faltando apenas estabelecer um adequado sistema de garantias, introduzido pelo artigo 8º na Lei das PPP. Essa modalidade atende notadamente aos projetos nos setores de transportes e saneamento, que geram receitas tarifárias insuficientes para torná-los autossustentáveis e atrair investidores privados.

Já a concessão administrativa representa uma inovação ao flexibilizar a contratação de serviços pela administração, antes restrita ao contrato administrativo de serviços da Lei de Licitações (Lei n. 8.666/93), que impunha uma série de limitações, inibindo melhores serviços em condições mais vantajosas de preços. Esse tipo de concessão destina-se, direta ou indiretamente, à própria administração pública, por isso atende, em especial, aos projetos de construção e operação, por exemplo, de presídios e hospitais ou outras edificações de uso da administração.

É importante destacar que os contratos de PPP, em qualquer uma dessas modalidades, devem ser firmados com uma Sociedade de Propósito Específico (SPE), criada especialmente pelo parceiro privado para implantar e gerir o objeto da parceria. Seu prazo de vigência não poderá ser inferior a 5 anos e nem superior a 35 anos, e o concessionário deverá realizar investimentos em um valor mínimo (cerca de R$20 milhões) com recursos privados e somente será remunerado quando os serviços forem disponibilizados à administração pública.

Atraídos por essas modalidades inovadoras de concessão, os Estados e municípios brasileiros também buscaram formatar suas legislações específicas com o propósito de viabilizar projetos de infraestrutura e obras urbanas com parceiros privados, dadas as restrições impostas pela lei de responsabilidade fiscal e os limites de endividamento público. Os Estados de Minas Gerais, Bahia e São Paulo, por exemplo, tiveram suas leis de PPP aprovadas antes mesmo de lei federal. Os resultados advindos dessas iniciativas, todavia, são bastante diferenciados e ainda muito tímidos ante as perspectivas esperadas. A magnitude e o grau de complexidade desses projetos requerem um aprendizado ainda em curso no país.

Ver: Contratualização; Estatização/Desestatização

Referências Bibliográficas

DE PAULA, T. B. As Parcerias Público-Privadas como alternativa de expansão dos investimentos e serviços públicos. In: ARAÚJO, M. F. I.; BEIRA, L. (Orgs.). *Tópicos de economia paulista para gestores públicos*. São Paulo: Fundap, 2007. p. 219-243.

DI PIETRO, M. S. Z. *Parcerias na administração pública:* concessão, permissão, franquia, terceirização e outras formas. 2. ed. São Paulo: Atlas, 1997.

SUNDFELD, C. A. (Coord.). *Parcerias Público-Privadas*. São Paulo: Malheiros, 2005.

TALAMINI, E.; JUSTEN, M. S. (Orgs.). *Parcerias Público--Privadas:* um enfoque multidisciplinar. São Paulo: Revista dos Tribunais, 2005.

Participação Política

Marco Aurélio Nogueira

Visto muitas vezes como oposto à ideia de representação, o conceito de participação conheceu especial fortuna a partir das últimas décadas do século 20, refletindo modificações ocorridas na base das sociedades e pondo em relevo certas limitações da democracia representativa. Com longa história no pensamento político, a dicotomia participação/representação tem feito par e dado sustentação à dicotomia entre democracia representativa e democracia participativa, modelos que se distinguem precisamente pelo distinto papel que atribuem à participação: contida e eleitoral no primeiro caso, ampliada e radicalizada no segundo caso.

A questão de definir o lugar da participação na teoria democrática sempre teve grande relevância e ensejou múltiplas tentativas de resolução (PATEMAN, 1992). Tal relevância só fez crescer na medida em que aumentaram as expectativas sociais de defesa e conquista de direitos, multiplicaram-se os sujeitos sociais e evidenciaram-se algumas dificuldades operacionais e de legitimação do instituto da representação. A teoria democrática rompeu assim com parte substancial de suas tradições, em particular a que considerava que a energia participativa dos cidadãos não deveria ultrapassar certo patamar, de modo a não inviabilizar o método de escolha daqueles que tomam as decisões políticas. A teoria tradicional foi, em boa medida, posta em xeque, ainda que não tenha sido necessariamente descartada. Abriu-se uma fase de questionamento da ideia schumpeteriana de democracia – um arranjo institucional para se chegar a decisões políticas (SCHUMPETER, 1988) –, bem como das postulações típicas das teorias elitistas, tão bem expressas na conhecida formulação de Peter Bacharach (1967) de que o melhor modelo de democracia seria aquele em que a maioria dos cidadãos poderia obter o máximo de decisões favoráveis com um mínimo de investimento em termos de participação.

O conceito de participação consolidou-se e expandiu-se associado a um forte componente normativo ideológico e a uma grande elasticidade em termos de significação. Por mais que existam inúmeras tipologias dedicadas a especificar as diferentes categorias de participação – institucionalizada ou "movimentista", direta ou indireta, focada na decisão ou na expressão, efetiva ou simbólica –, o tema se repõe constantemente.

Ainda que se possa dizer que toda ação participativa é política, pois se faz tendo em vista o desejo de ser parte ou de tomar parte de um grupo, de nicho associativo ou de uma esfera social (TEIXEIRA, 2002, p. 27), nem toda participação tem como foco a interferência nos rumos de uma comunidade política ou de um Estado. Não há, porém, participação que não se oriente por algum tipo de relação com o poder – tanto com o poder de outros atores quanto com o de determinados centros organizacionais e decisórios. Quem participa almeja se afirmar diante de alguém, sobrepujar alguém, resolver algum problema ou postular a posse de bens e direitos, modificando sua distribuição. Vale-se, para tanto, de recursos (políticos, técnicos, financeiros, intelectuais) próprios ou disponíveis em alguns espaços comuns. Quem participa procura se projetar como sujeito que porta valores, interesses, aspirações e direitos: constrói assim uma identidade, formula uma "teoria" para si e traça um plano de ação. Pode pretender tão somente comunicar seus interesses e reivindicações ou privilegiar abertamente a modificação dos termos das relações de autoridade e dominação, olhar somente para si ou considerar a coletividade.

Se tomarmos como base o mundo moderno – o mundo da sociedade de classes, do capitalismo e do Estado democrático representativo –, podemos visualizar quatro grandes modalidades de participação, que têm coexistido e se combinado de diferentes maneiras, conforme as circunstâncias histórico-sociais concretas (NOGUEIRA, 2011). Tais modalidades expressam, também, diferentes graus da consciência política coletiva, correspondendo assim a maior ou menor maturidade, homogeneidade e organicidade dos grupos sociais.

Há, antes de tudo, uma participação de tipo assistencialista, de natureza filantrópica ou solidária. Trata-se de uma atividade universal, encontrável em todas as épocas, como extensão da natureza gregária e associativa do ser humano, e que se mostra particularmente relevante entre os segmentos sociais mais pobres e marginalizados (onde funciona como estratégia de sobrevivência) ou nos momentos históricos em que crescem a miséria e a falta de proteção. Práticas de auxílio mútuo e de mutirão, por exemplo, desenvolvem-se ao lado de ações filantrópicas de fundo benemérito ou religioso, visando diminuir o infortúnio, otimizar recursos comunitários ou grupais, aumentar a qualidade de vida, neutralizar conflitos ou resolver problemas.

Nas fases que precederam à afirmação dos direitos de cidadania, foi essa a modalidade dominante de participação. Ela também tende a predominar nos estágios de menor maturidade e organicidade dos grupos sociais ou de menor consciência política coletiva.

Uma segunda forma pode ser chamada de participação corporativa, e está dedicada à defesa de interesses específicos de determinados grupos sociais ou categorias profissionais. Trata-se de uma participação fechada em si, que se objetiva sobretudo com um propósito particular, em maior ou menor medida excludente: ganham apenas os que pertencem ao grupo ou à associação. Como se sabe, foi essa participação que esteve na origem do sindicalismo moderno. Sua importância é extraordinária, diretamente proporcional à força, ao relevo e à transparência que os interesses foram adquirindo na dinâmica social.

Tanto quanto a participação assistencialista, essa é uma modalidade universal de participação. Ambas, aliás, interpenetram-se intensamente, até mesmo porque estão articuladas de maneira estreita com problemas existenciais imediatos, práticos, concretos, quase sempre de fundo econômico. Integram uma espécie de dimensão pré-política da agregação moderna, na qual os grupos (classes, comunidades) reconhecem a necessidade de se unir para se defender ou para negociar em melhores condições os termos de sua "adesão" à sociedade moderna. São práticas, portanto, muito mais sintonizadas com o proletariado e as camadas subalternas do que com a burguesia, pois essa classe, ao menos até o século 19, considerava todo associativismo como uma ameaça à liberdade individual, à propriedade privada, à unidade nacional ou à ordem social.

A terceira modalidade de participação nos projeta para o campo político propriamente dito. Trata-se da participação eleitoral. Ela não visa somente à defesa de interesses particulares, mas interfere diretamente na governabilidade e tem efeitos que dizem respeito a toda a coletividade. Já há nela, portanto, uma consciência mais clara do poder político e das possibilidades de direcioná-lo ou reorganizá-lo. O cidadão, aqui, está muito mais encorpado e maduro, afirmando-se não apenas em relação a si próprio (direitos individuais, civis), mas também em relação aos outros (direitos políticos).

A participação eleitoral, porém, tem seus limites e não necessariamente produz impacto sobre o Estado, o poder político ou a dinâmica comunitária. Ela é, aliás, típica do contratualismo liberal, ainda que evidentemente não seja exclusiva dele. Está muito condicionada por atos e escolhas individuais, particulares, operando de modo muitas vezes episódico, flutuante, despojado de estratégias ou cálculos de longo prazo. O voto, além do mais, é inadequado como veículo de expressão das convicções cívicas mais exacerbadas, acabando por levar à invenção de "outras formas de manifestar aquelas convicções e exercer influência". Por mais que os rumos políticos de um país democrático resultem do voto, tal "método de combinar preferências" termina por limitar o envolvimento do cidadão. Trata-se de uma limitação inerente ao processo democrático; na medida em que constrange o "exercício da paixão política", pode acabar por "gerar decepção e, via de consequência, despolitização" (HIRSCHMANN, 1983, p. 119-120). Não há, portanto, como superestimar a participação eleitoral em abstrato, ou seja, sem que estejam definidos os critérios do sufrágio, o caráter do eleitorado, quem pode eleger e ser eleito, bem como o sistema eleitoral e o modo como se vota.

A participação política inclui, complementa e supera tanto a participação eleitoral, quanto a participação corporativa. Não colide com elas, nem as rejeita como algo "menor", muito ao contrário. O simples ato de votar sempre é, aliás, em maior ou menor medida, uma forma política de participação, do mesmo modo que uma ação em defesa de interesses. Além do mais, todo movimento coletivo, por mais "espontâneo" que seja, contém sempre elementos de direção consciente, de disciplina, ou seja, em alguma medida de política. A participação propriamente política, porém, realiza-se tendo em vista a comunidade política, a vida social em seu conjunto, ou seja, o Estado. O associativismo que dela deriva põe-se além do horizonte corporativo (ou assistencialista) e se projeta sobre o horizonte político geral da convivência estatal.

Ao participarem politicamente, as agregações buscam muito mais um diálogo com os "outros" do que sua própria afirmação ou seu reconhecimento como parte distinta, diferenciada, às vezes uma "seita" contraposta ao todo e às demais partes, e por isso mesmo dedicada a construir uma identidade e uma agenda próprias, particulares. A participação política é, assim, uma prática ético-política que tem a ver tanto com a questão do poder e da dominação, quanto com a questão do consenso e da hegemonia, tanto com a força quanto com o consentimento, tanto com o governo quanto com a convivência, em suma, tanto com os direitos de cidadania quanto com as obrigações cívicas. É mediante a participação política que a "vontade geral" – o pacto social – se objetiva, se recria e se fortalece. Por intermédio da participação política, indivíduos e grupos interferem para fazer com que diferenças e interesses se explicitem em um terreno comum organizado por leis e instituições, bem como para fazer com que o poder se democratize e seja compartilhado. É essa participação, em suma, que consolida, protege e dinamiza a cidadania e todos os variados direitos humanos. Justamente por isso, seus protagonistas centrais são os cidadãos, "que se distinguirão entre si não à base das categorias que representam, mas à base das diversas visões globalizantes dos problemas que conseguiram formar, visões globalizantes estas que cada um possui por pertencer não a esta ou àquela categoria, mas a este ou àquele movimento político" (BOBBIO, 2000, p. 63).

A participação política mostra-se, portanto, como uma participação de forte conteúdo cívico, relacionado à pólis. Seu alvo não é a conquista do poder, mas a criação de condições para afirmação de novas formas de poder que sejam capazes de pressionar o poder, os governos e os gestores com pleitos associados à cidadania. Nesse sentido, aproxima-se do que tem sido chamado de "participação cidadã", uma interação complexa e contraditória entre Estado, mercado e sociedade civil que se abre para novas formas de reivindicação, controle social e gestão. Com ela, fortalece-se a sociedade civil mediante "a assunção de deveres e responsabilidades políticas específicas, a criação e o exercício de direitos" e mediante "o controle social do Estado e do mercado segundo parâmetros definidos e negociados nos espaços públicos pelos diversos atores sociais e políticos". A ativação dessa forma de atuação articula demandas particulares com reivindicações coletivas mais gerais, combinando o uso de mecanismos institucionais com sociais e superando a dicotomia entre representação e participação (TEIXEIRA, 2002, p. 30-33).

Esse modo de conceber os tipos de participação permite considerar que, no mundo moderno, os grupos sociais seguem trajetórias em que se combinam diferentes graus de consciência política e atuação prática. No próprio plano econômico-corporativo, que de certo modo é basal, oscila-se entre uma consciência da solidariedade entre todos os membros do grupo e a consciência de que os próprios interesses de parte superam o círculo corporativo e podem ser adotados por outros grupos. Age-se e participa-se conforme essa oscilação. No plano estritamente político, por sua vez, tal dinâmica tende a se radicalizar, na medida em que se vai passando para a esfera das superestruturas complexas e as ideologias se transformam em "partido", lutam entre si e prevalecem umas sobre as outras, irradiando-se por toda a área social e dando origem assim a diferentes configurações de hegemonia entre os grupos sociais. Nesse momento, a participação põe-se inteiramente no campo do Estado, concebido não apenas como organismo de dominação, mas como comunidade política e como espaço em que se dá a coordenação concreta dos grupos dominantes com os grupos dominados.

Particularmente no Brasil, com a redemocratização e a promulgação da Constituição de 1988, bem como com as transformações sociais associadas à globalização, à reestruturação produtiva e à fixação de formas de vida em rede, multiplicaram-se as pressões e as experiências participativas, que se tornaram especialmente importantes no campo das políticas sociais. Formas de participação em conselhos (na Saúde e na Assistência Social, sobretudo) e em sistemas municipais de definição orçamentária (como o Orçamento Participativo) expandiram-se expressivamente, impondo a formação de uma ampla agenda de pesquisa e sugerindo o estabelecimento de novos paradigmas no campo da gestão pública.

Tal expansão fez com que crescessem as análises das formas de deliberação decorrentes dos modelos participativos e de suas efetivas implicações e consequências. Diversos pesquisadores buscaram compreender aquilo que se tornou o problema da efetividade das políticas referenciadas pela participação (DAGNINO; TATAGIBA, 2007; COELHO; NOBRE, 2004; PIRES, 2011). Com o avançar das experiências e das pesquisas na área, a participação e a gestão participativa passaram a ser abordadas de modo mais abrangente, com o que se ultrapassou o patamar em que prevalecia o elogio da participação como valor e as proclamações unilaterais das vantagens da gestão participativa.

Ver: Conselhos Gestores; Democracia Participativa; Estado; Orçamento Participativo; Partidos Políticos, Sociedade Civil

Referências Bibliográficas

BOBBIO, N. *O futuro da democracia*. Trad. Marco Aurélio Nogueira. 7. ed. rev. e ampl. São Paulo: Paz e Terra, 2000.

COELHO, V. S. P.; NOBRE, M. (Orgs.). *Participação e deliberação:* teoria democrática e experiências institucionais no Brasil contemporâneo. São Paulo: Editora 34, 2004.

DAGNINO, E.; TATAGIBA, L. *Democracia, sociedade civil e participação*. Chapecó, SC: Argos, 2007.

HIRSCHMANN, A. *De consumidor a cidadão:* atividades privadas e participação na vida pública. Trad. Marcelo M. Levy. São Paulo: Brasiliense, 1983.

NOGUEIRA, M. A. *Um estado para a sociedade civil:* temas éticos e políticos da gestão democrática. 3. ed. São Paulo: Cortez, 2011.

PATEMAN, C. *Participação e teoria democrática*. Rio de Janeiro: Paz e Terra, 1992.

PIRES, R. R. C. (Org.). *Efetividade das instituições participativas no Brasil:* estratégias de avaliação. Brasília, DF: IPEA, 2011.

RAICHELIS, R. *Esfera pública e conselhos de assistência social:* caminhos da construção democrática. São Paulo: Cortez, 1998.

SCHUMPETER, J. *Capitalismo, socialismo e democracia*. Trad. Sérgio Goes de Paula. Rio de Janeiro: Zahar, 1984.

TEIXEIRA, E. *O local e o global:* limites e desafios da participação cidadã. 3. ed. São Paulo: Cortez, 2002.

Participação Popular

Cristina Almeida Cunha Filgueiras

O substantivo *participação* pode significar participar de modo ativo ou apenas tomar parte, isto é, estar presente, porém sem uma atitude de maior envolvimento. Nas ciências sociais, como na vida social, as definições de participação não são unívocas, bem como é diferenciada dentre as teorias a relevância atribuída a esse fenômeno.

A expressão "participação popular" também é complexa. Em uma primeira acepção, ela diz respeito ao povo, tomado como o conjunto de cidadãos. Trata-se da participação dos cidadãos, reconhecidos como aqueles indivíduos que mantêm relação de direitos e deveres para com o Estado em um território estabelecido e com uma autoridade nacional definida. São perguntas importantes relacionadas à temática: quem pode participar? Como participar? A qual participação estamos nos referindo, à participação política ou à participação social?

Em uma segunda acepção, participação popular refere-se aos espaços e às formas como os segmentos mais carentes e com menos vantagens nas relações sociais se mobilizam para compensar vários tipos de desigualdade.

Independentemente de o adjetivo "popular" ser definido de modo amplo ou restrito, a participação é considerada como a capacidade que têm os cidadãos, individualmente ou como membros de organizações associativas, de influir em assuntos de interesse público. Contudo, são questionadas nas ciências sociais as hipóteses de uma relação virtuosa entre participação e bom governo, bem como de que existiria uma propensão natural dos cidadãos a participar desde que existam oportunidades. A ciência política e a sociologia problematizam o tema com indagações relativas à ação coletiva; à influência da cultura política de cada país, das instituições e do funcionamento do sistema político sobre a propensão dos cidadãos para participar em assuntos públicos; aos determinantes da participação popular em contextos de grande desigualdade social; e à relação entre participação e democracia.

Perguntas centrais na teoria da ação coletiva estão estreitamente relacionadas ao tema da participação. Essa abordagem tem por mérito demonstrar que a participação é um bem escasso. Por que o indivíduo participaria em assuntos públicos? Por que despenderia esforços em mobilização coletiva? Quão disposto está o cidadão em comprometer-se em temas de interesse coletivo? Mancur Olson, um dos precursores dessa análise, destaca que os recursos para participar (tempo, informação, capital humano, acesso a elementos de poder, condições materiais) estão desigualmente distribuídos na população. Por isso, o cálculo do custo de participar e dos resultados que poderão ser obtidos varia entre os segmentos sociais.

A participação tem proximidade com o que Albert Hirschman denomina *mecanismo de voz*, em sua análise de fenômenos sociais, organizacionais e políticos que permitem compreender o comportamento dos atores em relação à satisfação de suas necessidades e demandas. O mecanismo de voz pode incluir pedidos de esclarecimento, tentativas de influenciar os responsáveis pelos serviços prestados, reclamações e até protestos. Ainda que Hirschman se refira à conduta individual, esse comportamento por ele analisado tem relação com a participação associativa e com a disposição para formas coletivas, pois requer cidadãos informados, alertas, capazes de ação e vontade de influir na definição e em certa medida no controle dos serviços.

A existência de canais de participação popular é elemento essencial de um sistema democrático, sendo contraditório existir democracia sem participação. Porém, as características próprias de cada sistema democrático são essenciais para a atribuição de maior ou menor importância à participação dos cidadãos, bem como para a abertura de oportunidades para que esta ocorra.

Não há consenso na teoria política sobre a conexão entre participação e democracia. Na obra de Jean-Jacques Rousseau, clássico da teoria da democracia, esta é sinônimo de participação do povo e soberania popular. A mobilização e o protagonismo dos cidadãos na tomada de decisões são destacados pela valorização dada pelo autor à democracia direta e às assembleias. No entanto, importantes teóricos da democracia moderna se opõem à concepção rousseauniana e apontam uma contradição entre governabilidade democrática e participação política. Esses autores consideram o excesso de mobilização e demandas por parte dos cidadãos aos sistemas político e administrativo como ameaças à estabilidade democrática. Segundo essa visão, o ideal democrático seria o de restringir a participação dos cidadãos aos procedimentos de escolha dos governantes. A teoria elitista de democracia expressa por J. Schumpeter pondera que não é o povo ou o conjunto de cidadãos os portadores da racionalidade política. Ao contrário, são as elites políticas escolhidas pela massa de cidadãos, por serem os sujeitos capazes de tomada de decisões. Nas sociedades modernas complexas, a competição das elites pela conquista do poder político, obtido pelo voto dos cidadãos, é o mecanismo central do funcionamento da democracia. Nesse contexto, a participação não tem papel relevante, exceto a participação por meio do voto nas eleições. Dessa perspectiva, portanto, a mobilização social e a ação coletiva perdem importância e, inclusive, são vistas como potenciais desestabilizadores da democracia.

A teoria chamada pluralista (R. Dahl) se baseia na abordagem elitista, porém amplia a análise sobre o poder no sistema político, reconhecendo a existência de variadas arenas de poder e a importância de grupos representando distintos interesses e com variadas formas organizativas. Tais grupos disputam a possibilidade de participar nos processos decisórios e na liderança do sistema político. Também dessa perspectiva, o papel do cidadão comum é reduzido ao voto e sua participação deve ser restrita à escolha nas eleições das elites que o representarão.

As teorias deliberativas, por sua vez, enfatizam como elemento central da democracia a participação dos cidadãos na tomada de decisões. A participação é vista como um recurso fundamental para renovar as estruturas formais da democracia e superar o déficit de cidadania nas democracias representativas atribuído à autonomia da classe política. A expansão das propostas de participação dos cidadãos na gestão pública seria fruto também da crise da democracia representativa. Ademais, é uma possibilidade para solucionar desequilíbrios, ao permitir a presença, em arenas deliberativas, de grupos sociais cujos interesses são escassamente representados no sistema político. Segundo a perspectiva das teorias deliberativas, os elementos representativos e participativos da democracia não são excludentes e se encontram em tensão: há experiências que combinam representação e formas de democracia direta.

Outro fator relevante é a conexão entre procedimentos e participação. Esta última deve ser organizada por regras que garantam democracia, pluralidade e igualdade de condições para os diversos segmentos sociais e políticos. Regras complexas não podem coibir ou desestimular a participação e, em especial, não devem ser empecilho para a participação dos setores mais vulneráveis socialmente e com menor peso político. No entanto, visto que a participação em processos deliberativos requer capacidade de expressar razões (comunicação, diálogo e argumentação) e capacidade estratégica (articulação, negociação, parcerias e acordos), a diferença de recursos entre os atores é um potencial fator limitante. Surgem argumentos contrários à participação. Um deles é a possibilidade de formação de elites participativas que capturem os recursos, o que leva à reprodução de desigualdades e à persistência da exclusão dos setores sociais menos organizados. Outro argumento é o risco de cooptação e condução pelos governos e, assim, de limitar a expressão verdadeira da dinâmica social e de potenciais conflitos.

A existência ou ampliação da participação deliberativa na democracia exige duas condições básicas. De um lado, a vontade dos governos – por iniciativa própria ou em resposta a pressões – de criar oportunidades para o exercício da participação e de compartilhar poder. De outro, a existência de cidadãos interessados em participar, além de organizações sociais que utilizem tais oportunidades. Em sua forma mais desenvolvida, exige uma sociedade pluralista e democrática, um tecido associativo que una os indivíduos e grupos primários às instituições políticas.

A premissa de que a participação melhora a capacidade das instituições públicas para atender às necessidades da população considera condições do bom governo a existência de mecanismos de interação entre Estado e cidadãos e a manutenção de canais abertos de comunicação e relacionamento entre população e governantes. Tais recursos contribuiriam para que os governantes recebam informação, demandas e propostas relevantes da população. Contribuiriam, ainda, para a construção de confiança no governo, maior qualidade da democracia e fortalecimento da capacidade cívica e para o aumento da legitimidade de decisões e ações governamentais. A criação de instituições permeáveis à participação dos cidadãos nos temas de interesse público e nas etapas do ciclo de políticas públicas abre possibilidade de influir na determinação de cada uma das fases de formação da agenda, formulação e decisão de políticas, implementação e avaliação.

Muitos países possuem marcos jurídicos para a participação dos cidadãos. Em alguns deles – como é o caso do Brasil –, a Constituição estabelece ser um direito político do cidadão tomar parte nos processos políticos. Diante disso, são previstos diversos instrumentos, tais como plebiscitos, consultas populares e referendos, ou abrindo a possibilidade de criação através de outros recursos jurídicos que regulamentariam a criação de instâncias participativas, como os conselhos setoriais e temáticos em políticas públicas.

Há vantagens e riscos em institucionalizar-se a participação. A adoção de legislação não garante que a participação dos cidadãos ocorra de fato nem garante sua qualidade e seus resultados. Contudo, ela é um reconhecimento à importância da participação, fornece um marco normativo que garanta arranjos participativos e autonomia em relação à discricionariedade dos governantes.

A descentralização e os governos locais estão estreitamente associados à temática da participação. Motivos importantes são proximidade e relacionamento direto com os cidadãos. Cada vez mais os governos locais são encarregados diretos da entrega de bens e prestação de serviços públicos. Mas é no nível local que aparecem de modo mais destacado as restrições à participação, pois a possibilidade de intervir em variáveis importantes e fundamentais para o desenvolvimento pode ser mais restrita nesse âmbito e muitas decisões que afetam a vida local não são tomadas ali. Existe maior possibilidade de os cidadãos intervirem na discussão e definição das políticas e programas governamentais no âmbito local (a escola, o bairro, a cidade, a região), propondo soluções para problemas relativos à melhora de qualidade de vida e atuando no controle das ações governamentais.

A valorização do envolvimento dos cidadãos nas ações públicas como ingrediente necessário à boa governança pode estar relacionada ao entendimento da participação como um meio ou como um fim em si mesmo. Como meio, ou seja, estratégia para obter melhores resultados e maior eficiência nos projetos, contar com recursos da população e garantir sustentabilidade. Como fim em si mesmo, ou seja, condição da democracia, que a participação ao ser praticada fortalece a capacidade política da população e gera confiança entre governados e governantes, bem como entre os diversos setores sociais e políticos.

A caixa de ferramentas para a participação popular é variada e inclui: consulta; plebiscito; fóruns temáticos; mesas de trabalho; conselhos de políticas setoriais; representação de usuários em órgãos da administração; audiências públicas; conferências de políticas setoriais; assembleias; pesquisas participativas de avaliação do desempenho do governo em áreas específicas ou tema (ou serviços); fundos de financiamento de projetos propostos e executados pela população (fundos concursáveis; fundos sociais); orçamento participativo nas cidades; ouvidorias.

Novos tipos de participação surgiram devido à utilização de tecnologias de informação e comunicação como, por exemplo, as redes sociais e mecanismos de acesso direto a autoridades, provedores e *policy-makers*. Essas ferramentas se diferenciam em função de suas finalidades: informativas, consultivas, deliberativas ou de controle. Algumas aglutinam várias dentre essas atribuições.

Ver: Conselhos Gestores; Democracia Participativa; Estado; Orçamento Participativo; Partidos Políticos

Referências Bibliográficas

CUNILL GRAU, N. *Repensando o público através da sociedade*: novas formas de gestão pública e representação social. Trad. Carolina Andrade. Rio de Janeiro: Revan; Brasília, DF: ENAP, 1998.

DAHL, R. *Poliarquia:* participação e oposição. São Paulo: Edusp, 1997.

HIRSCHMAN, A. *Saída, voz e lealdade*. São Paulo: Perspectiva, 1973.

OLSON, M. *A lógica da ação coletiva*. São Paulo: Edusp, 1999.

SANTOS, B. S.; AVRITZER, L. Introdução: para ampliar o cânone democrático. In: SANTOS, B. S. (Org.). *Democratizar a democracia*: os caminhos da democracia participativa. Rio de Janeiro: Civilização Brasileira, 2002. p. 39-82.

SCHUMPETER, J. *Capitalismo, socialismo e democracia*. Trad. Sérgio Goes de Paula. Rio de Janeiro: Zahar, 1984.

Particularismo/ Universalismo

Gisela Silva Araújo

Os conceitos *particularismo* e *universalismo* surgiram cedo no inventário da tradição política ocidental. Forjados no âmbito da filosofia grega, foram apropriados nos séculos recentes para caracterizar tanto tipos sociais distintos – comunidades e sociedades – quanto políticas públicas – focalizadas ou de alcance geral. Ao longo de seu desenvolvimento, apresentaram duas faces, uma descritiva e outra prescritiva, fazendo com que entre os defensores das respectivas abordagens – particularista e universalista – existam contendas acerca de como *devem ser* estruturadas as formações sociais e as políticas públicas.

A origem das definições de particularismo e universalismo encontra-se na oposição que a filosofia platônico-socrática dirigiu à sofística, argumentando contra o relativismo das opiniões mediante a distinção entre o que é *por natureza* (*physis*) e o que existe por convenção, posto pelos homens (*thésis*). O primeiro termo – *physis* – reúne os aspectos sociais que são imutáveis tanto no tempo quanto no espaço. Já o segundo abrange as características que dependem da história e/ou do arbítrio humano, englobando os costumes e instituições que variam tanto *entre* os grupos sociais quanto *dentro* deles, e de época a época. A dicotomia, referindo-se ao mundo humano, contrapõe o que é *natural* ao que é *convencional*. Ainda que não se possa associar os termos *particularismo* e *universalismo* aos conceitos de *thésis* e *physis*, respectivamente, toda a vasta pesquisa filosófica que atravessou a Idade Média e chegou à época moderna sempre teve o debate grego como referência. *Particularismo e universalismo* mantiveram-se referidos a diferentes planos de relações sociais: o divino ou eterno, se considerarmos os escritos teológicos; o natural, que está conforme uma razão imutável no tempo e no espaço; o positivo, que se constitui a partir das deliberações de uma comunidade específica.

A partir dos séculos 17 e 18, o tema permanecerá vinculado ao direito – à definição das normas de convívio –, mas alcançará mais diretamente o campo da política. Autores conhecidos como jusnaturalistas – Hugo Grócio (1583-1645), Thomas Hobbes (1588-1679) e John Locke (1632-1704), por exemplo – trataram de distinguir o direito natural do direito positivo, utilizando, para tanto, diferentes argumentações. A questão que então se impunha era a da legitimação do poder político diante de uma sociedade que se diferenciava, cindida em interesses econômicos e valores religiosos e morais variados. As *comunidades* políticas, outrora tomadas como unidades dotadas de homogeneidade interna, transformavam-se em *sociedades*, constituídas por indivíduos com interesses e visões de mundo diferentes. Em que pesem todas diferenças específicas entre eles, os jusnaturalistas buscavam o fundamento da política num *estado de natureza* em que não haveria Estado político instituído. Como pensava Hobbes, sem uma tradição compartilhada que instituísse normas comuns, os homens entrariam em destruição mútua, e, diante desse perigo iminente, optariam por transferir todo seu poder a um homem artificial, o Estado, que determinaria o justo e o injusto através do direito positivo. O Estado tenderia, assim, a se tornar uma instituição política universal, adequável a qualquer sociedade, exatamente porque desconhece suas particularidades. Já para Locke, a unidade social estaria garantida *por natureza* e o Estado não precisaria concentrar todos os poderes para produzir a paz: ele será limitado em sua atuação, impedido de se imiscuir no que é natural – o direito à vida, liberdade e propriedade –, tendo a função de administrar a justiça de forma neutra contra os violadores daquela ordem. O liberalismo, forma final desse Estado, se propõe como modelo universal, mas depende da universalidade daquela *comunidade pacífica natural* e da extensão dessa visão de mundo a toda a humanidade.

O debate ocidental envolvendo os conceitos de *particularismo* e *universalismo* ganhará força com o Iluminismo do século 18 e com a reação tradicionalista, historicista e conservadora a ele.

A defesa da razão será vista pelos iluministas como elemento libertador do homem, o fator que, se espalhando no tempo e no espaço, produzirá a maturidade, a autonomia e a paz de toda a humanidade. A internalização do dever moral determina ações categóricas, tidas como necessárias em absoluto, não estando subordinada à condição, finalidade ou circunstância particular. Promovida dessa forma, a ação humana se transforma em lei universal. Na política, o domínio da razão gera liberdade.

Apesar das críticas que questionaram seus postulados fundamentais e consideraram que o utilitarismo e o racionalismo são interpretações equivocadas das atividades humanas, o Iluminismo se tornará paradigmático para os séculos seguintes. O tema passará então a ficar centrado na contraposição dos particularismos históricos e culturais ao universalismo racional. Irá se tornar cada vez mais explícito entre os pensadores ocidentais, marcando fatalmente a ciência social que nasce no século 19.

A sociologia procurou conciliar história e análise, recorrendo ao passado para explicar a mudança social intempestiva da época das revoluções racionalistas e liberais. Émile Durkheim (1858-1917) viu o processo de modernização pelo qual passava a Europa como uma longa transição das coletividades caracterizadas pela baixa divisão do trabalho para as sociedades complexas, diferenciadas, nas quais o processo de divisão e especialização do trabalho produziria *indivíduos*, tendentes à desagregação e ao conflito. O modelo *moderno* de sociedade tenderia progressivamente a recobrir toda a humanidade. As comunidades particularísticas dariam lugar a uma forma *universal*: os Estados-nação modernos compostos de indivíduos desagregados. Max Weber (1864-1920), por sua vez, dirá que a civilização ocidental cumprira uma trajetória de racionalização, resultante da combinação de várias ações humanas que, embora sem tal intenção, teriam resultado no *pluralismo* social. A economia capitalista faria da transação monetária e impessoal seu núcleo essencial, desconhecendo tradições e fronteiras político-jurídico-geográficas. As comunidades que se organizavam em torno de tradições particulares, portanto, foram instigadas a construir um ordenamento que pudesse se sobrepor a uma sociedade plural: esvaziaram as instituições das substâncias particulares – valores, tradições, interesses, religião – para abarcar todos os particularismos. Para Weber, essas instituições formais são potencialmente universais, já que podem, teoricamente, recobrir todas as diferentes manifestações humanas, embora as diversas comunidades resistam à destruição de suas formas de vida tradicionais.

Em meados do século 20, a oposição entre particularismo e universalismo ganhou dimensão jurídico-constitucional sistemática. O jurista e politólogo alemão Carl Schmitt (1888-1985) é um dos críticos do liberalismo que acusam a incapacidade do direito formal moderno de garantir a ordem social. Apenas dotando o Estado de uma homogeneidade social interna poder-se-ia definir a identidade particular que diferenciaria aquele agrupamento social dos seus inimigos – os que podem aniquilá-la em sua particularidade. A soberania do povo poderia então se realizar personificada na figura de um ditador constitucional. Schmitt chamou esse modelo de democracia substancial, na qual os *particularismos* são condição para a soberania moderna e não há ordem social universalizável. Hans Kelsen (1881-1973), de outro lado, entende que as sociedades que se estruturam em torno do pluralismo, tornando a liberdade um valor superior aos demais, encontram na ordem político-jurídica liberal, à moda kantiana, seu modelo adequado. O pluralismo se mantém mediante instituições políticas formais e impessoais, que garantem as liberdades privadas, a livre manifestação dos particularismos. Esses expressam-se mediante as liberdades públicas, garantidas por procedimentos que permitem a todos a participação nas decisões coletivas. Trata-se da democracia liberal, procedimental e representativa, adequada às sociedades plurais. Nesse caso, o direito se torna um instrumento de organização universal da conduta humana, capaz de produzir paz nas relações internacionais e ordem social nos Estados nacionais.

A avalanche universalizante do racionalismo ocidental, do Estado moderno formal, das relações impessoais e transfronteiriças do capitalismo conheceram reações, tanto com o nacionalismo e o substancialismo de alguns dos países do Ocidente – dramaticamente expressos nas duas Grandes Guerras –, quanto na resistência das sociedades do Oriente Médio, da África, da Ásia e também, em alguma medida, da América Latina. A teoria política recente recupera a tensão entre universalismo e particularismo no debate que opõe o liberalismo – não mais baseado numa ordem natural, mas como conjunto de princípios impessoais – ao comunitarismo, que advoga a legitimidade da afirmação da identidade particular de um grupo, pensado como comunidade. Embora sem se afastar do paradigma liberal ocidental de defesa dos direitos individuais, são importantes, por exemplo, as contribuições de John Rawls (1921-2002) em favor do liberalismo, e de Michael Walzer (1935-) e Charles Taylor (1948-) em defesa de posições mais afeitas ao substancialismo e à preservação do multiculturalismo no interior das sociedades liberais.

O neoliberalismo – que desestruturou as políticas públicas inclusivas do Estado de bem-estar social – trouxe, além de outras coisas, uma forte rejeição dos países desenvolvidos aos imigrantes, em geral em função da questão econômica, mas também motivado por um corte particularista – o nacionalismo. Tais grupos, agora pertencendo formal ou informalmente a sociedades exógenas, reclamam a possibilidade de inserção formal – numa afirmação do princípio de universalidade típica do mundo moderno – sem que sejam obrigados a negar e abandonar costumes particulares. O embate tem tido respostas múltiplas, em geral xenófobas, rechaçando o particular estrangeiro a uma condição subordinada econômica e culturalmente. A pátria do universalismo – o Ocidente –, diante das dificuldades econômicas das últimas décadas, tem reeditado o nacionalismo excludente do final do século 19 e início do 20, vedando aos estrangeiros a participação política, a atividade econômica e a própria permanência no território.

Universalismo e *particularismo* também protagonizam um embate acerca da formatação do Estado moderno ocidental. Inspirado numa teoria potencialmente universal e na crise do liberalismo, organizações e movimentos sociais levaram o Estado moderno a promover políticas públicas de inclusão, que pretendiam conferir a todos os cidadãos – sem distinção quanto a sua substância cultural, valorativa ou material – um conjunto igual de direitos. Durante os anos marcados pelo Estado de bem-estar social, implementaram-se políticas e programas que visavam dotar toda a população de direitos individuais e sociais, independentemente dos lugares particulares ocupados pelos indivíduos na sociedade. A crise desse modelo de Estado e a reação intelectual do neoliberalismo deram lugar a uma reformulação significativa nas políticas públicas: de estratégias de alcance universal, passaram elas a programas *focalizados*, buscando remédios para situações particulares de certos grupos sociais e não mais pretendendo prover toda a sociedade de direitos tendentes à igualização das condições de vida. Assim, em vez de redes únicas e universais de saúde e educação, constroem-se soluções especiais para a parcela da população mais carente daqueles serviços, o que, se em alguma medida atende às situações mais agudas, favorece a manutenção da desigualdade entre os grupos sociais no usufruto dos bens, serviços e direitos. O argumento em favor do particularismo nas políticas públicas é a escassez do recurso estatal para o investimento; o arrazoado contrário reforça que a questão é de princípio: existem recursos, e a coletividade deveria promover a igualdade através do Estado e de seus serviços públicos universais.

Ver: Cidadania; Direitos Humanos; Estado; Focalização; Igualdade; Soberania; *Welfare State*

Referências Bibliográficas

MARRAMAO, G. Paradojas del universalismo. *Sociedad*, Buenos Aires, n. 4, p. 25-38, 1994.

NOZICK, R. *Anarquia, Estado e utopia*. Rio de Janeiro: Jorge Zahar, 1991.

RAWLS, J. *Uma teoria da justiça*. São Paulo: Martins Fontes, 2002.

TAYLOR, C. *Multiculturalismo y la política del reconocimiento*. Princeton: Universidad de Princeton Press, 1992.

WALZER, M. *Esferas da justiça:* uma defesa do pluralismo e da igualdade. São Paulo: Martins Fontes, 2003.

Partidos Políticos

RACHEL MENEGUELLO

Partidos políticos são instituições que dizem respeito ao poder e à representação política. Como formas de organização de indivíduos associados para buscar o poder político, podem ser observados em vários e distintos contextos históricos. Mas até fins do século 19, partidos limitavam-se a organizações de "notáveis", conhecidas também como partidos de quadros, estabelecidas nos círculos das elites, em sistemas oligárquicos de concentração do poder político e social. Com o crescimento das sociedades democráticas de massa, constituiu-se um novo tipo de partido aberto a todos os cidadãos – o moderno partido de massas – em resposta às exigências de alargamento do sistema político dado pelo sufrágio eleitoral e os direitos de cidadania. É a esse partido que nos referimos aqui, uma instituição política do regime representativo, estabelecida no contexto do desenvolvimento da sociedade democrática. A essência da definição está na capacidade para representar interesses e influenciar decisões de governo, exercida mediante três funções principais:

- partidos atuam na mobilização e canalização de interesses, processos através dos quais, na competição eleitoral, integram clientelas, mobilizam eleitorados, dão amplitude aos interesses populares na política e estruturam demandas no sistema competitivo;

- partidos atuam nos processos de decisão e da gestão da sociedade e, para isso, realizam a conexão entre os cidadãos e os governos democráticos, realizam a articulação no Parlamento das questões que ocupam a arena pública, transformam demandas em questões de agenda de governos e influenciam os processos de elaboração de políticas públicas;
- finalmente, partidos são as instituições que selecionam e lançam candidatos aos cargos públicos, atuando de forma central no processo de recrutamento político.

Essa ampla caracterização é uma combinação de concepções teóricas produzidas pela literatura (EPSTEIN, 1967; PIZZORNO, 1981; MAIR, 1983; PANEBIANCO, 2005) e procura sistematizar a complexidade das formas de atuação dos partidos políticos. A dificuldade de elaborar-se uma única definição decorre das múltiplas formas que os partidos assumem na sua organização e funcionamento no decorrer de distintos processos políticos e sociais. De fato, em um esforço recente de reavaliar a adequação das tipologias partidárias existentes frente às formas contemporâneas de partidos, constituídas a partir de meados do século 20, e à diversidade de noções utilizadas pela literatura, Gunther e Diamond (2003) chegam a uma tipologia de 15 "espécies" de partidos baseada em três critérios (a natureza da organização, a orientação programática e o posicionamento frente ao sistema político).

Apesar dessa pluralidade, dois principais modelos de partido orientam as concepções desenvolvidas e traduzem as transformações da democracia representativa: o "partido de massas" e o "partido cartel".

Para boa parte dos autores que estudaram partidos políticos, o tipo ideal de partido moderno resulta do modelo de partido de massas inspirado na experiência partidária do socialismo das primeiras décadas do século 20, e racionalizado na tipologia de Duverger, constituída exclusivamente a partir da dimensão do partido como organização. O modelo clássico do partido de massas estabelece requisitos de formação e de funcionamento que definem o perfil da organização partidária segundo seus vínculos com a sociedade. Em oposição ao partido de quadros, o partido de massas emerge a partir das iniciativas de atores sociais e setores do eleitorado que buscam acesso ao Estado para transformar as políticas públicas segundo os interesses dos grupos que representa. Esse partido combina vínculos sociais fortes resultantes de mobilização social, uma clara definição ideológica que atua como o principal recurso organizativo e uma organização interna intensa, através da qual se estabelecem parâmetros de disciplina e coesão. Desse referencial derivam as noções de força e consolidação partidária, e deriva, igualmente, um *continuum* normativo de concepções sobre a natureza das organizações. Nesse *continuum*, os polos contrapõem a noção de partidos como expressão política de classe com raízes sólidas na estrutura social à noção de partidos entendidos como simples máquinas políticas criadas para atuar no terreno de oportunidades do mercado político. Tendo a concepção de partido de classe de inspiração socialista na base de um dos polos, na sua melhor tradução moderna encontrada em Cerroni (1980), e a versão elitista de organização política na base do polo oposto, marcada exemplarmente por Schumpeter (1984), e acompanhada pelo minimalismo instrumental de Schattschneider (1941), para quem a essência do partido é buscar e manter o poder, os parâmetros desse *continuum* tornaram-se referências para as principais abordagens que marcam os estudos sobre o desenvolvimento dos partidos sob o prisma da organização.

Sob esse enfoque desenvolveram-se dois principais tipos partidários derivados do modelo do partido de massas, ambos concebidos nos limites da sua relação com a sociedade: o *"catch-all party"* e o *partido profissional-eleitoral*. O primeiro, também conhecido como "partido-ônibus", concebido no contexto da ampliação dos sistemas políticos e dos eleitorados de massa do período pós-1945, resulta da pressão da sociedade de consumo e da consequente atenuação das divisões entre classes. Seu perfil e funcionamento são marcados pela drástica redução de conteúdo ideológico; pelo fortalecimento das cúpulas partidárias e a diminuição do papel dos filiados; e pelo processo de eleitoralização, que impôs a desenfatização dos vínculos a grupos específicos em favor do recrutamento amplo de eleitores e da agregação da mais ampla variedade de interesses sociais (KIRCHHEIMER, 1966).

O *partido profissional-eleitoral*, por sua vez, resulta de mudanças organizativas e reflete dois principais processos da sociedade contemporânea: as transformações no campo da representação e as novas condições de relacionamento entre o eleitor e o político, marcadas pela ação dominante dos meios de comunicação de massa, e as mudanças relacionadas ao sistema de estratificação social e suas imposições sobre a natureza política do eleitorado e seus interesses. Assim, esse partido caracteriza-se pela atuação central de profissionais especialistas; pela definição de vínculos frágeis com grupo sociais em detrimento do apelo ao eleitorado de opinião; o predomínio de representantes e direções personalizadas; o financiamento mediante grupos de interesses e recursos públicos, e a ênfase em "*issues*" e lideranças (PANEBIANCO, 2005 [1982], p. 514).

A mudança de parâmetros da análise partidária, pela introdução de um novo referencial – *o modelo de partido tipo cartel* – deu-se a partir do debate da valorização do Estado para a compreensão do desenvolvimento das organizações partidárias. Seu contexto de surgimento é o dos sistemas democráticos caracterizados pela interpenetração entre partidos e Estado, pela qual, ao mesmo tempo que estabelece um importante lócus de sustentação e legitimidade às organizações partidárias, modifica suas prioridades e suas funções. "[...] o conceito de partido cartel foi inicialmente proposto para dar atenção aos padrões de cooperação e competição entre partidos e para dar ênfase à influência do Estado sobre o desenvolvimento dos partidos" (KATZ; MAIR, 2009, p. 754).

Esse modelo deriva claramente da concepção de partido como organização política que tem a função principal de governar, que é também o que o distingue das demais organizações do sistema democrático (KATZ, 1987).

O contexto que acolhe o partido cartel é o da democracia de público, definido pela ampla indistinção dos principais partidos quanto às políticas propostas e pela erosão de seu papel representativo. Ao mesmo tempo, esse é o contexto de fortalecimento da penetração dos partidos no âmbito estatal, através do recrutamento político, nomeações e obtenção de cargos públicos.

O partido cartel atua na política a partir de parâmetros tecnocráticos e profissionais e, com isso, define as bases da competição entre partidos sob os referenciais da administração eficiente do sistema. A sua presença na dinâmica eleitoral reduz crescentemente o papel da competição interpartidária na apreensão das diferenças substantivas entre políticas públicas e dos processos de gestão da vida pública.

Finalmente, esse tipo de partido produziu mudanças importantes no perfil e no papel das organizações, sobretudo aquelas relacionadas às características de sua dependência organizacional vinculada aos membros, filiados e associações, para a dependência crescente de financiamento público e apoio do Estado. Com o acesso aos recursos públicos, os partidos tornaram-se objeto de regulação estatal, mediante a definição de leis que regulamentam seu funcionamento e organização, como a definição de sistemas de controle de filiação e de acesso aos recursos de mídia, centrais para a dinâmica da competição partidária.

Assim, de um tipo de organização de perfil voluntário, de caráter associativo e natureza privada, desenvolvida a partir de mobilizações sociais, os partidos tornaram-se crescentemente objetos de uma estrutura regulatória vinculados parcialmente ao Estado. A consequente perda de autonomia das organizações aprofundou o crescente afastamento dos partidos da sociedade, um processo deflagrado pela perda do monopólio da representação política e refletido na drástica diminuição do número de filiados observada a partir da década de 1990, na queda dos níveis de identificação partidária e na redução da participação eleitoral. Esses são processos que marcam as mudanças do perfil partidário no contexto atual dos governos representativos.

Ver: Atores; Participação Política; Sistemas Eleitorais; Sistemas Partidários

Referências Bibliográficas

CERRONI, U. *Teoria do partido político*. São Paulo: Livraria Editora Ciências Humanas, 1982.

DUVERGER, M. *Os partidos políticos*. Rio de Janeiro: Zahar/Brasília: Editora UnB, 1982.

EPSTEIN, L. *Political parties in Western democracies*. New York: Praeger, 1967.

GUNTHER, R.; DIAMOND, L. Species of political parties: a new typology. *Party Politics*, Washington, DC, v. 9, n. 2, p. 167-199, 2003.

KATZ, R. Party government: a rationalistic conception. In: CASTLES, F. G.; WILDENMANN, R. (Eds.). *Visions and realities of party government*. Berlin: De Gruyter, 1986.

KATZ, R.; MAIR, P. The cartel party thesis: a restatement. *Perspectives on Politics*, Cambridge, v. 7, n. 4, p.753-766, 2009.

______. Changing models of party organization and party democracy: the emergence of the cartel party. *Party Politics*, Washington, DC, v.1, n.1, p.5-28, 1995.

KIRCHHEIMER, O. The transformation of the Western European party systems. In: LAPALOMBARA, J.; WEINER, M. (Eds.). *Political parties and political pevelopment*. Princeton: Princeton University Press, 1966.

PANEBIANCO, A. *Modelos de partido, organização e poder nos partidos políticos*. São Paulo: Martins Fontes, 1982.

PIZZORNO, A. Interests and parties in pluralism. In: BERGER, S. (Org.). *Organizing interests in western europe*. Pluralism, corporatism and the transformation of politics. London: Sage, 1981.

SCHATTSCHNEIDER, E. E. *Party government*. New York: Holt, Rinehart and Winston, 1941.

SCHUMPETER, J. *Capitalismo, socialismo e democracia*. Trad. Sérgio Goes de Paula. Rio de Janeiro: Zahar, 1984.

Path Dependence

Eduardo Marques

O conceito de *path dependence*, ou dependência da trajetória, tenta capturar de forma mais específica o pleito analítico da literatura neoinstitucionalista de que a história importa para os fenômenos políticos. Em sentido óbvio, eventos que aconteceram anteriormente influenciam dinâmicas futuras, mas o preceito de que "a história importa" visa estabelecer um ponto muito mais preciso, especificando que em certos momentos se estabelecem eventos, decisões ou mudanças de curso importantes que tendem a gerar influências continuadas sobre a trajetória subsequente de eventos. Esses momentos foram denominados de "conjunturas críticas" e, com o passar do tempo, os futuros alternativos inicialmente possíveis ficam cada vez menos prováveis ou mais restritos. Conjunturas críticas podem ser pensadas teoricamente como pontos de convergência entre sequências causais em certos pontos no tempo (PIERSON, 2004).

As conjunturas críticas produzem seus efeitos continuados no tempo basicamente por dois mecanismos. Em primeiro lugar, pela criação de cadeias causais de outros eventos interconectados que, uma vez em ação, tendem a se manter independentemente do esforço original, no que Mahoney (2000) denominou de "sequências reativas".

Nesse caso, cada evento é ao mesmo tempo reação ao anterior e causa do subsequente, embora não esteja presente efeito de reforço, explicado adiante. Quanto mais cedo acontecem em uma trajetória histórica, maior o efeito potencial dos eventos sobre o que virá depois. Assim, pequenas alterações no início do processo podem gerar resultados muito diferentes com o correr do tempo, de forma compatível com os preceitos da teoria do caos, mostrando o grau elevado de imprevisibilidade presente nos processos históricos. A conjuntura crítica, nesse caso, corresponde a um evento de ruptura histórica, embora por vezes seja metodologicamente difícil determinar onde a cadeia de eventos realmente começou (MAHONEY, 2000).

O segundo mecanismo que explica o acúmulo de certa trajetória no tempo diz respeito à presença de processos de autorreforço, bastante comuns na política. Quem mais avançou na definição do conceito foi Paul Pierson (2004), utilizando a ideia de retornos crescentes. Partindo de uma interpretação da literatura econômica recente sobre inovações tecnológicas, em especial de Brian Arthur, o autor defendeu que processos *path dependent* envolvem mecanismos de autorreforço ou de *feedback* positivo. Na análise econômica, os retornos crescentes seriam explicados pelos grandes custos de implantação de uma nova tecnologia, pelos retornos crescentes advindos de efeitos de aprendizagem e de coordenação já acumulados, assim como pela presença de expectativas adaptativas da parte dos consumidores, que passariam a apostar nas tecnologias mais disseminadas. Para Pierson, quatro elementos tornariam o autorreforço especialmente importante na explicação da política: i) o papel central das ações coletivas e a elevada presença de bens públicos; ii) a elevada densidade de instituições, influenciando os resultados e moldando preferências; iii) as possibilidade de a autoridade política ser usada para reforçar assimetrias de poder, reduzindo a probabilidade de adoção de cursos de ação alternativos; e iv) a complexidade e a opacidade intrínsecas da política, influenciando o cálculo dos atores. Como resultado, a política seria marcada ao mesmo tempo por elevada inércia e grande contingência, dados os múltiplos equilíbrios possíveis, considerando a ocorrência de eventos em diferentes ordens e ritmos. O resultado de tais processos é muito interessante, pois cenários inicialmente marcados por contingência acabam por se apresentar trancados (*locked in*) em resultados específicos.

O destaque trazido pela ideia de *path dependence* é ao mesmo tempo analítico e metodológico, visto que estabelece um importante ponto para a defesa não apenas do estudo de sequências históricas como forma de capturar elementos importantes para a análise, mas também por destacar de maneira eloquente a importância da sequência dos eventos, questão não considerada quando os estudos se atêm à análise de variáveis (PIERSON; SKOCPOL, 1999). Nesse sentido, a compreensão das conjunturas críticas depende do estabelecimento de desenhos de pesquisa associados a comparações densas que discutam os detalhes, a ordem e a combinação de eventos, de forma bastante característica do preconizado pelo neoinstitucionalismo histórico.

Ver: Mudança Social; Neoinstitucionalismo

Referências Bibliográficas

MAHONEY, J. Path dependence in historical sociology. *Theory and society*, Netherlands, v.29, n. 4, p. 507-548, 2000.

PIERSON, P. *Politics in time:* history, institutions, and social analysis. New Jersey: Princeton University Press, 2004.

PIERSON, P.; SKOCPOL, T. Why history matters. *APSA-CP Newsletter*, Washington, DC, v. 10, n. 1, p. 29-31, 1999.

Patrimonialismo

Ana Rita Silva Sacramento

José Antonio G. de Pinho

Compreende-se por patrimonialismo um dos tipos primários da dominação tradicional, o qual se desenvolveu no fundamento do poder doméstico descentralizado, mediante a cessão de terras e, ocasionalmente, de utensílios a filhos ou outros dependentes da comunidade doméstica (WEBER, 1999, p. 238). A administração egípcia, cujo país apresentava quase o caráter de um único *oikos* (moradia, lar) gigantesco do faraó, é citada por Weber como um exemplo desse tipo de dominação. Tem-se, portanto, a indistinguibilidade entre os patrimônios privados e públicos como característica nuclear da administração patrimonialista.

É excessiva a abrangência da relação nesse tipo de dominação, cuja crença na legitimidade do senhor se baseia na tradição. No patrimonialismo, o preenchimento do quadro administrativo se orienta, em sua essência, por pessoas patrimonialmente ligadas ao senhor, tais como os membros do clã, escravos, funcionários domésticos, clientes, colonos e libertados. Entretanto, é possível que tal recrutamento ocorra também de forma extrapatrimonial, nesse caso, em virtude de relações de confiança, pacto de fidelidade e por funcionários livres que entram na relação de devoção ao senhor (WEBER, 1999). Favoritismo e personalismo são características intrínsecas das relações patrimoniais.

Weber utiliza tal termo para se referir à racionalidade de uma das formas de dominação tradicional, visto que, para ele, o sistema capitalista moderno exige outra forma de dominação, cuja racionalidade adota as regras legalmente instituídas, e não a tradição, como base para a legitimação da autoridade. Nesse sentido, a administração burocrática é, para Weber, a forma de exercer a dominação no capitalismo moderno. Contrariamente ao que ocorre na administração patrimonialista, a separação entre o território público e o privado, bem como a adoção do mérito e da impessoalidade como guias para a composição do quadro administrativo, caracterizam esse tipo de dominação.

Não obstante, o patrimonialismo não se limitou às sociedades tradicionais. Para Sorj (2001), por exemplo, é possível percebê-lo no contexto de sociedades urbanas, as quais, diferentemente das sociedades feudais e arcaicas analisadas por Weber, são portadoras de sistemas democráticos e jurídicos formais, onde se supõe a separação entre o poder político e econômico e as crenças nos direitos da cidadania. É nesse novo cenário que surge o "moderno patrimonialismo", uma estratégia utilizada por grupos sociais que, mesmo desprovidos da legitimidade baseada na tradição, se apropriam de recursos públicos para fins particulares. Essa forma de dominação se atualiza na medida em que interessa a grupos sociais específicos (SORJ, 2001, p. 14). As sociedades em geral foram patrimonialistas em seus primórdios, mas se transformaram principalmente à medida que o capitalismo as penetrava, tornando-se o modo de produção dominante. Existem, assim, sociedades modernas que ainda mantêm seus registros patrimonialistas, embora convivendo com elementos que caracterizam a modernidade.

O patrimonialismo tem longa história no contexto brasileiro. Atribui-se a Sérgio Buarque de Holanda, no livro *Raízes do Brasil*, de 1936, o pioneirismo do emprego de tal expressão para descrever a política brasileira. Nesse livro, Holanda reconhece a dificuldade de os detentores das posições públicas de responsabilidade compreenderem a básica distinção entre os domínios do privado e do público, uma vez que foram formados em ambiente onde predominava o tipo primitivo da família patriarcal. De forma contundente, Holanda afirma que para o funcionário patrimonial, escolhido, não pelo mérito, mas de acordo com a confiança pessoal, "a própria gestão política apresenta-se como assunto de seu interesse particular" (HOLANDA, 1995, p. 145-146).

Vários estudos do pensamento social brasileiro reconhecem o patrimonialismo como um legado dos colonizadores lusitanos. Raymundo Faoro, dentre outros, ao mapear a formação e evolução do Estado brasileiro até o governo Vargas, evidencia a persistência da estrutura patrimonial transplantada de Portugal para o Brasil. Na visão de Faoro, o patrimonialismo brasileiro se funda, portanto, no próprio ambiente estatal e é constituído pelo estamento, "uma camada social, que não representa a nação, mas que impera, rege e governa, em nome próprio, num círculo impermeável de comando" (FAORO, 1979, p. 733-737).

Simon Schwartzman também traz uma importante contribuição ao criar o conceito de neopatrimonialismo. Bebendo também em referencial weberiano, o autor caracteriza o Brasil entre aqueles que fizeram sua trajetória para a modernidade sem a realização de uma revolução burguesa. Esses países acabaram por conformar outro tipo de Estado, diferente da tradição ocidental fundamentalmente europeia e norte-americana. O autor reforça que essa visão não se assenta em uma perspectiva cultural, mas em um processo histórico específico que tem, assim, que ser conhecido e desvendado. O Brasil herdou um Estado patrimonial português e essa configuração não foi suficientemente mudada, permanecendo incólume aos processos de modernização. Nessa configuração, o Estado torna-se um ator central baseado em uma burocracia poderosa, pesada, ineficiente, pouco ágil, tendo a ela associada uma "sociedade civil" fraca, pouco articulada e alienada. O Estado se caracteriza pela apropriação de funções, órgãos e rendas públicas por setores privados, setores esses que, no entanto, permanecem subordinados e dependentes do poder estatal. Cria-se, assim, uma forte e histórica dependência de uma sociedade frágil em relação ao Estado, que distribui favores, empregos, subsídios, benefícios em geral.

O Estado patrimonialista no Brasil se constitui pelas burocracias e a chamada "classe política". O avanço do capitalismo, a urbanização, enfim, todo o processo de modernização, não têm sido capazes de modificar essa realidade. Se, por um lado, avançou o Brasil nessa modernização, ele não é, argumenta Schwartzman, nem um país industrial, nem um país tradicional, fato que leva o autor a cunhar o termo neopatrimonialismo para descrever e entender a situação brasileira, observando que isso não representa um resíduo a ser extinto com o processo de modernização, mas, sim, um tipo específico de dominação. Lembra ainda o autor que o entendimento de uma sociedade não se restringe à análise das mudanças em seu sistema econômico, mas, nos países onde o patrimonialismo ainda tem expressão, deve abarcar também o Estado com suas características próprias de exercer a dominação. Schwartzman reafirma sua construção teórica em dois momentos posteriores de republicação de sua obra, em 1986, quando o Brasil encerrava o ciclo militar iniciando uma nova redemocratização e, mais recentemente, em 2007. Nesse último momento, o autor é enfático ao expressar seu desânimo com a manutenção de fenômenos de corte tradicional e conservador, como o clientelismo, a perda do papel central dos partidos políticos bem como do sindicalismo e dos movimentos sociais. Em que pese a existência de partidos modernos e de uma sociedade que se modernizou pela complexidade alcançada, o que levou o Estado a ter que ser necessariamente mais eficiente e organizado, isso tudo não foi suficiente para mudar essencialmente a configuração do Estado, mantendo boa parte das antigas elites patrimonialistas e seu poder dentro do Estado.

Em obra mais recente sobre o tema, esse autor observa que o termo "patrimonialismo" vem associado, no presente, a "clientelismo" e "populismo", em oposição a formas mais modernas, democráticas e racionais da gestão pública. Lembra que sua visão está fundada no caudal weberiano, para quem, ao contrário do que se entende, as instituições sociais e políticas não são simplesmente traços culturais ou sistemas de valores, mas formas de vida estruturadas a partir de condições reais e concretas. O interesse de Weber residia fundamentalmente em entender por que as sociedades ocidentais modernas baseadas em um Estado racional, burocracias profissionalizadas, mercados capitalistas vingaram, e grandes civilizações do passado não mantiveram suas posições. Por outro lado, ao se olharem países como Índia e China, ao lado de outros que não descendem da base europeia tida como moderna, tais como, Brasil, Rússia, Coreia do Sul ou Venezuela, argumenta Schwartzman, não podem ser considerados sociedades tradicionais. Defende, assim, o autor, que essas sociedades não europeias se modernizaram por caminhos distintos do realizado pelas sociedades europeias. Podemos perceber nessa categorização de Schwartzman certa aproximação com o conceito de sociedades orientais e ocidentais de Gramsci, que, recorde-se, não corresponde a nenhum conceito geográfico. No caso, o primeiro toma como referência a Europa, certamente protestante, anglo-saxônica. E assim, podem-se ter sociedades "não europeias" mesmo que situadas geograficamente na Europa. O fundamental a reter aqui é que os países apontados, entre os quais o Brasil, se modernizaram em bases capitalistas, ainda que mantendo estruturas patrimonialistas. Desenvolveram-se, apesar do patrimonialismo.

Bernardo Sorj, também se valendo extensivamente do conceito de patrimonialismo para apreciação da realidade brasileira, avança no conhecimento da matéria, entendendo o termo como "a apropriação privada dos recursos do Estado, seja pelos políticos ou funcionários públicos, seja por setores privados" (SORJ, 2001, p. 13). Prossegue Sorj, lembrando que o patrimonialismo vai de encontro a um tipo ideal de sociedade liberal ou moderna, onde "as burocracias funcionam de acordo com regras universais e o governo expressa os projetos das representações políticas constituídas a partir da sociedade civil" (loc. cit.). Assim, se o patrimonialismo tem sido utilizado para retratar a realidade brasileira, pode-se entender que o Estado e a sociedade no Brasil afastam-se dessa configuração liberal ou moderna.

Sorj atribui papel central e decisivo ao patrimonialismo na explicação das mazelas sociais do Brasil contemporâneo. Diferencia duas fases do patrimonialismo. Uma primeira que chega até o final do século 19, assentada em duas instituições: "o poder local dos grandes proprietários de terra" ao lado de "um Estado central, com um sistema administrativo herdado da Colônia e do Império" (loc. cit. p. 14). Na segunda, um patrimonialismo de base urbana, resultante do processo de urbanização e da mudança das relações sociais no campo e corporificado nas "relações de imbricação entre os interesses dos grupos dominantes e o Estado", bem como na impunidade dos mais ricos e um sistema repressivo e jurídico usado contra os grupos mais pobres.

O traço distintivo do moderno patrimonialismo brasileiro está na sua "associação com uma extrema desigualdade social, a impunidade de suas elites e o abandono dos setores mais pobres da população" (loc. cit.). É através dessas características que "o patrimonialismo entra em conflito com uma sociedade que avançou no processo de individualização e integração dos valores de cidadania e de um Estado de bem-estar social" (loc. cit.). Nesse contexto, as causas da persistente desigualdade social deixam de ser atribuídas à "exploração do trabalho" sendo localizadas na incapacidade de o Estado cumprir suas funções de regulação, de fiscalização e de produção de infraestrutura. Para esse autor, "o patrimonialismo passa a ser percebido como a primeira fonte dos problemas sociais e como uma agressão aos valores da justiça, da igualdade e da convivência democrática" (loc. cit., p. 14).

Sorj também pondera que se o Brasil fosse simplesmente patrimonialista, "estaria condenado ao atraso" (loc. cit., p. 16). Convivendo com as forças patrimonialistas, um "Estado racionalizador", principalmente na área econômica, mas abandonando o combate às desigualdades sociais e o acesso à saúde e educação (loc. cit.), existe no Brasil e se expressa pela constituição de núcleos burocráticos modernos, altamente profissionalizados, ou seja, ao lado da base patrimonialista convive uma burocracia moderna, preparada e qualificada. Contudo, esse esforço de racionalização do Estado nunca abandonou o patrimonialismo, estando associado a ele, defende Sorj.

Pode-se então acrescentar que na estrutura política brasileira, marcada por modernidade e atraso, existe essa relação atávica entre uma burocracia weberiana, moderna e uma burocracia atrasada, patrimonialista, realidade difícil de romper. As camadas dirigentes bem como os políticos ainda se valem das posições conseguidas para cooptar apoios políticos através da distribuição de empregos públicos. Essa posição de Sorj se aproxima muito da postulada por Schwartzman da percepção do Brasil tanto como uma sociedade industrial, moderna como uma sociedade tradicional gerando uma situação de neopatrimonialismo.

A validade desse esquema para se compreender o Brasil tem sido questionada por Jessé de Souza (2009). Para ele, essa visão atribui a culpa de todas as mazelas brasileiras a um ente externo sobre o qual não temos qualquer responsabilidade. Ademais, para Souza (2009), o conceito de patrimonialismo, no esquema weberiano, é histórico, não podendo existir em sociedades que, como o Brasil, possui economia monetária avançada, política como esfera autônoma e vive sob o império da lei. Também Werneck Vianna mostra a existência de várias versões weberianas na interpretação do Brasil indicando uma "heterogeneidade na recepção brasileira de Weber", muito girando em torno do conceito de patrimonialismo. Até no fenômeno do populismo haveria uma influência weberiana "velada". O que as liga seria o conflito entre uma sociedade que se moderniza em cima de uma base tradicional, de forte *ethos* patrimonialista.

Como podemos ver, existe uma contenda teórica sobre a interpretação e a adequação do conceito de patrimonialismo à realidade brasileira, mostrando a pujança do fenômeno e sendo, ainda, portanto, uma questão aberta.

Ver: Administração Pública; Burocracia; República/Republicanismo

Referências Bibliográficas

FAORO, R. *Os donos do poder.* A formação do patronato brasileiro. 5. ed. Porto Alegre: Globo, 1979.

HOLANDA, S. B. *Raízes do Brasil.* São Paulo: Companhia das Letras, 1995.

SCHWARTZMAN, S. *Bases do autoritarismo brasileiro.* Rio de Janeiro: Campus, 2007.

SORJ, B. *A nova sociedade brasileira.* Rio de Janeiro: Jorge Zahar, 2001.

SOUZA, J. A tese do patrimonialismo. In: _____. *A ralé brasileira:* quem é e como vive. Belo Horizonte: Editora UFMG, 2009.

WEBER, M. *Economia e sociedade:* fundamentos da sociologia compreensiva. Trad. Regis Barbosa e Karen Elsabe Barbosa. Brasília: Editora UnB, 1999.

WERNECK VIANNA, L. *Weber e a interpretação do Brasil.* 1999. Disponível em: http://www.acessa.com/gramsci/?page=visualizar&id=85. Acesso em: 5 ago. 2010.

Planejamento

Vanya Sant'Anna

Pode-se reter o conceito básico de planejamento como sendo o conjunto dos atos e decisões pelos quais se define "onde se pretende chegar, o que deve ser feito, quando, como e em que sequência" (DRUCKER, 1969). Nessa acepção, o conceito está presente em qualquer instância, desde um pequeno departamento de uma organização até seu mais alto nível hierárquico. Pode ser aplicado a organizações econômicas, sociais e governamentais.

Historicamente, o embrião do conceito moderno de planejamento nasceu da formulação teórica da estratégia militar. É usual atribuir-se a Sun Tzu o enunciado dos princípios básicos do planejamento, que aparecia como voltado para a capacidade de conhecer o inimigo ("Aquele que conhece o inimigo e a si mesmo lutará cem batalhas sem perigo de derrota"). Também Clausewitz influenciou o desenvolvimento da ideia de planejamento, ao defender o princípio de que uma guerra somente poderia ser vencida com a compreensão precisa dos objetivos e da disponibilidade de meios, com o cálculo racional das capacidades e das oportunidades, e com o estabelecimento dos limites éticos ao uso da força.

Nas ciências sociais, o grande passo foi dado por Max Weber no início do século 20. O planejamento é a materialização do conceito de ação racional com relação a fins, por ele elaborado em sua sociologia da ação social. O sujeito da ação, considerando a existência do outro, escolhe entre fins alternativos o que pode lhe fornecer o melhor resultado. Ao mesmo tempo, escolhe os meios mais adequados para atingir esses fins. O conceito de ação racional com relação a fins é central em todas as técnicas de planejamento, como ferramenta de governo e das organizações da sociedade.

A passagem da estratégia militar para a governamental fez-se progressivamente ao longo da primeira metade do século 20. Diversos autores contribuíram para isso, do mesmo modo que foram muitos os que promoveram sua atualização. Para Dror (1999), por exemplo, a preocupação básica é que os governos sejam dotados de estruturas, valores, equipes e cultura para enfrentar os fortes desafios do século 21. As estruturas governamentais deveriam representar o Estado-maior do governante, que permitam a ele formatar o futuro das sociedades, uma vez que apenas o governo tem legitimidade para isso. Suas ideias influenciaram bastante os métodos de planejamento estratégico.

A crescente competitividade da economia de mercado tem sido fator de forte incremento no desenvolvimento de técnicas e ferramentas que permitem ao quadro dirigente das empresas a percepção de oportunidades e obstáculos a serem aproveitados ou evitados. Ao mesmo tempo, a visão estratégica dos negócios capacita esses dirigentes a bem conduzir a organização, integrando suas características internas às vicissitudes das relações que deve estabelecer com o ambiente externo.

A diversidade e os antagonismos que se entrecruzam na vida social cobram maior rigor às ações de governo. Esse, para merecer os qualificativos de moderno e democrático, deve estar corretamente informado das várias dimensões das demandas sociais, sejam elas explícitas ou não, e preparado para atuar no sentido de seu equacionamento e atendimento, ainda que de modo parcelado, no tempo ou no espaço.

A partir dos anos 1950, generaliza-se a ideia de que a elaboração de um plano é uma condição e uma exigência para um bom governo. Inicialmente, o planejamento se restringiu à elaboração de orçamento a partir de metas fixadas quase sempre de modo impositivo. Buscava-se a eficiência traduzida na adequação estrita de recursos financeiros e na realização de metas. Ou seja, em uma lógica linear, os governos estabeleciam metas sem compromisso com dados da realidade e sem preocupação com seus resultados e impactos. O desenvolvimento de novos métodos de planejamento, principalmente com a incorporação da variável *incerteza,* adicionou a preocupação com a eficiência ao planejamento governamental. Além da adequação entre recursos e produtos, na estrita ótica financeira, passou a existir a preocupação com a eficácia – adequação entre recursos, produtos, resultados.

Outra incorporação de grande magnitude no planejamento de ações governamentais e empresariais veio com a consideração do *outro.* Ou seja, considerar resistências, fraquezas e forças do outro, seja ele pessoa ou pessoas, tempos, espaços e oportunidades.

Com o desenvolvimento das sociedades modernas, tornou-se impossível ignorar a necessidade de planejar as ações de governo. Ainda que apenas na aparência, os governos têm planos. Mesmo que faltem eficiência, eficácia e efetividade, tornou-se obrigatório planejar. O planejamento aponta para um futuro desejado e que precisa ser alcançado para que a população encontre sentido na existência de governos. Com a afirmação da democracia como a forma mais aperfeiçoada de organização dos interesses sociais, as técnicas de planejamento se tornaram cada vez mais abertas à participação das partes envolvidas nas políticas de governo.

Com isso, ao planejamento se associou o qualificativo estratégico. Estratégia é um termo que não se origina na economia, nem na administração. Deriva do grego, da linguagem militar. Significa, aproximadamente, "aquilo que o general sabe fazer", ou seja, vencer os inimigos em uma batalha. Na medida em que a economia de mercado se apresenta, frequentemente, como um campo de batalha entre empresas concorrentes e todos buscam a vitória, ou pelo menos evitar a derrota, entende-se que a metáfora seja aplicada a uma maneira de se abordar a administração de empresas, ou seja, a gestão estratégica.

Na outra via, a adoção do planejamento estratégico pelos governos permitiu maior aproximação de suas ações com a realidade que se propõe a transformar. A consideração da existência de outros atores, das incertezas inerentes à vida em sociedade, e de que, para além dos resultados, seria preciso também olhar os impactos de uma dada ação de governo, acrescentou à eficiência e eficácia o conceito de efetividade.

O planejamento no Brasil, no âmbito governamental, tem uma história que apresenta boa densidade. As várias experiências do governo brasileiro podem ser elencadas como segue:

- 1947, Plano Salte (governo Dutra). Sigla composta das iniciais de Saúde, Alimentação, Transportes, Energia. No pós-guerra, elaborar um plano como esse foi pré-requisito do aporte de recursos dos EUA para a reconstrução das sociedades de economia capitalista que tiveram algum envolvimento na Segunda Guerra;
- 1951, Comissão Mista Brasil–EUA (governo Vargas). Vinculada ao plano norte-americano de ajuda aos países subdesenvolvidos nas áreas da Defesa, Saúde, Educação, Agricultura e Planejamento Econômico;
- 1952, criação do BNDE. Produto daquela Comissão, com o objetivo de fomentar a infraestrutura para o desenvolvimento dos setores público e privado;
- 1956, Plano de Metas (governo JK). Elaborado com base no relatório da Comissão Mista Brasil–EUA, a partir de estudos do grupo Cepal–BNDE. Representou a primeira tentativa de submeter o processo de desenvolvimento global do país à supervisão do poder público;
- 1967, Decreto-lei n. 200 (governo Castelo Branco). Organizou a orçamentação pública, instituiu a delegação de autoridade, a coordenação e controle na administração pública. Promoveu e expandiu a administração indireta;
- 1972, I PND (governo Médici). Instituído na fase do "milagre brasileiro", sua marca registrada foram os grandes programas de integração nacional e expansão de fronteiras. Seu símbolo foi a Transamazônica;
- 1975, II PND (governo Geisel). Com ênfase na garantia de insumos básicos para a economia, impulsionou o desenvolvimento dos polos petroquímicos e a construção de hidrelétricas como Itaipu, além de usinas nucleares e do programa do álcool;
- 1988, Reforma Constitucional (governo Sarney). Instituiu o Plano Plurianual (PPA) como principal instrumento de planejamento de médio prazo para o governo brasileiro. Na sequência, as reformas constitucionais dos Estados estenderam o conceito para o âmbito da administração pública estadual;
- 1996, PPA 1996-1999 (1º governo FHC). Introduziu novos conceitos como nova referência espacial – os eixos nacionais de desenvolvimento e os projetos estruturantes como meios de alcançar as transformações almejadas;
- 2000, PPA 2000-2003 (2º governo FHC). Introduziu a ideia de gestão por resultados, adotou o programa como unidade de gestão, a integração entre plano, orçamento e gestão, além

da implantação do gerenciamento e da avaliação de desempenho nos programas do governo federal;

• 2004, PPA 2004-2007 (1º governo Lula). Definiu cinco dimensões estratégicas (social, econômica, regional, ambiental e democrática) que representariam os objetivos a serem perseguidos, conjugados à dinamização do mercado de consumo de massa, ao aumento dos investimentos e à elevação da produtividade. O desenvolvimento seria viabilizado pela expansão competitiva das atividades que superariam a vulnerabilidade externa;

• 2007, PPA 2008-2011 (2º governo Lula). Organiza as ações de governo em três eixos: crescimento econômico, agenda social e educação de qualidade. Desdobra-se em um Plano de Aceleração do Crescimento (PAC), em uma agenda social com foco nas populações socialmente vulneráveis, prioritariamente com ações de transferência de renda e no Plano de Desenvolvimento da Educação (PDE).

Alguns métodos tornaram-se referência básica em termos de planejamento, funcionando genericamente como modelos. Os principais deles são mencionados a seguir.

O planejamento prescritivo é baseado em um processo de visão e concepção analítica, formal, matemática e conceitual. Suas principais premissas são:

• as estratégias devem resultar de um processo controlado e consciente de planejamento formal, decomposto em etapas distintas delineadas por listas de verificação e apoiadas em técnicas;

• a responsabilidade de todo o processo é do executivo principal, mas a de execução está com os planejadores;

• as estratégias surgem prontas do processo, devendo ser explicitadas para que possam ser detalhadas em objetivos, cálculos orçamentários e planos operacionais;

• planejamento de cenários como uma ferramenta do arsenal do estrategista;

• controle estratégico para manter a organização nos trilhos estratégicos pretendidos.

A escola do planejamento de característica formal, técnica e prescritiva acabou por perder o foco principal – os fins almejados – ao centrar-se nos meios utilizados. Suas técnicas, minimizando aspectos criativos, culturais e históricos das organizações e não perseguindo o comprometimento das gerências intermediárias, não beneficiam o engajamento e a participação.

O Enfoque do Quadro Lógico (QL), Logical Framework Approach (LFA), surgiu no contexto da cooperação internacional de apoio ao desenvolvimento. Foi elaborado em 1969 por consultores contratados pela Agência Americana para o Desenvolvimento Internacional (Usaid). Fundamentando-se em diversos métodos do Gerenciamento por Objetivos (APO), passou a ser adotado pela maioria dos órgãos internacionais de cooperação.

O Quadro Lógico é um instrumento utilizado para facilitar o processo de conceituação, desenho, execução e avaliação de projetos. Pode ser usado em todo o ciclo do projeto e deve ser elaborado de forma participativa; possui uma lógica vertical que clarifica a razão pela qual o projeto foi concebido e como será executado; a lógica horizontal explica como os resultados do projeto serão expressos de forma clara, realista e verificável. Suas características básicas são: apresentar a estrutura lógica de um projeto; ter foco nos resultados e não nas atividades; facilitar o monitoramento de alcance dos resultados e do uso prudente dos recursos; facilitar a elaboração de relatórios e documentos baseados nos resultados alcançados e nas lições aprendidas.

Nos anos 1980, a Cooperação Técnica Alemã (GTZ) constituiu um grupo de especialistas para que, com base na metodologia do Quadro Lógico, criasse uma metodologia de planejamento que se inserisse em um processo participativo de gestão de projetos de desenvolvimento. Nasceu assim o Planejamento de Projeto Orientado para Objetivos (Método Zopp), implantado em todos os projetos GTZ a partir de 1987. O Zopp é concebido como um processo contínuo, dentro do ciclo de vida de um projeto, e se constitui de duas grandes etapas que se sucedem de forma interligada e integrada. Na primeira etapa, são realizados os diagnósticos da situação existente, os prognósticos da situação futura, a análise dos envolvidos e a seleção da estratégia mais adequada a ser adotada na fase seguinte. Na segunda etapa, direcionada para a concepção do plano, busca-se sumarizar em uma matriz lógica toda a estratégia do projeto.

O método PES (Planejamento Estratégico Situacional), sistematizado originalmente pelo economista chileno Carlos Matus, diz respeito à gestão de governo, à arte de governar. O planejamento, nessa concepção, não é outra coisa senão a ciência e a arte de construir maior governabilidade aos nossos destinos, como pessoas, organizações ou países. Diz respeito a um conjunto de princípios teóricos, procedimentos metodológicos e técnicas de grupo que podem ser aplicados a qualquer tipo de organização social que persegue uma mudança situacional futura. O planejamento não trata apenas das decisões sobre o futuro, mas questiona principalmente qual é o futuro de nossas decisões. Não se trata de um rito burocrático ou de um conhecimento que possa ser revelado a alguns e não a outros, mas sim de uma capacidade pessoal e institucional de governar – que envolve, a um só tempo, perícia e arte de fazer política no sentido mais original desse termo. O processo de planejamento não substitui a perícia dos dirigentes, nem o carisma da liderança. Ao contrário, aumenta sua eficácia porque coloca esses aspectos a serviço de um projeto político coletivo.

Nesse modo de ver a política, o governo e o planejamento, ninguém detém o monopólio sobre o cálculo estratégico e sistemático sobre o futuro.

Nas últimas décadas do século 20, as empresas passaram a empregar, para resolver seus problemas técnico-econômicos, o planejamento estratégico, que compreende a análise racional das oportunidades oferecidas por meio dos pontos fortes e fracos das empresas e da escolha de um modo de compatibilizar a estratégica entre dois extremos, para que se possa satisfazer do melhor modo possível os objetivos da empresa. Ganhou corpo assim o *planejamento estratégico corporativo*, cuja essência é organizar, de maneira disciplinada, as maiores tarefas da empresa e encaminhá-las para manter uma eficiência operacional nos negócios e guiar a organização para um futuro melhor e inovador.

Ver: Administração Pública; Estado; Estatização/Desestatização; Regulação/Agências Reguladoras

Referências Bibliográficas

AGÊNCIA SUECA DE COOPERAÇÃO INTERNACIONAL PARA O DESENVOLVIMENTO. *Método do Quadro Lógico*. [S.l.],2003.

BOLAY, F. W. *O método Zopp ou Planejamento de Projeto Orientado por Objetivos*. Recife: GIZ, 1993.

CLAUSEWITZ, C. *Da guerra*. Trad. Teresa Barros Pinto Barroso. São Paulo: Martins Fontes/Brasília, DF: Editora UnB, 1979.

DROR, Y. *A capacidade para governar*: informe ao Clube de Roma. Trad. Carolina Andrade. Rev. téc. Giselda Barroso Sauveur. São Paulo: Fundap, 1999.

DRUCKER, P. *The age of discontinuity*. London: Heinemann, 1969.

KAPLAN, R. S.; NORTON, D. P. *A estratégia em ação:* balanced scorecard. Rio de Janeiro: Campus, 1997.

MATUS, C. *Política, planejamento e governo*. Brasília, DF: Ipea, 1993. 2v.

______. *Adeus, senhor presidente:* governantes governados. São Paulo: Fundap, 1996.

______. *Estratégias políticas:* Chimpanzé, Maquiavel e Ghandi. São Paulo: Fundap, 1996.

______. *O líder sem Estado-maior*. São Paulo: Fundap, 2000.

PORTER, M. *Competitive strategy*. New York: Free Press, 1980.

SUN TZU. *A arte da guerra*. [S.l.: s.n.],1993.

WEBER, M. *Economia e sociedade*: fundamentos da sociologia compreensiva. 3 ed. Brasília: Editora UnB, 1994. 2v.

Pobreza

Ver: Medidas de Pobreza

Poder

Marco Aurélio Nogueira

O poder é um tema clássico, que se torna sempre mais fascinante a cada nova abordagem, ainda que não fique necessariamente mais bem compreendido. Amado e odiado indistintamente, o poder perturba, leva pessoas à loucura, corrompe e alucina, mas também serve para que se promovam mudanças e para que multidões dispersas se organizem. O poder reprime, incomoda e prejudica, mas também acalenta, protege, incentiva e beneficia. Costuma ser utilizado tanto para conservar quanto para revolucionar, tanto para modificar situações quanto para preservar o *status quo*. É visto como instrumento e como fim último, como recurso e como meio de vida. Trata-se de um fenômeno integrado à vida, que se insinua nos discursos, nos relacionamentos, na atividade produtiva, nas lutas travadas para defender ideias ou interesses.

"É tendência geral de todos os homens um perpétuo e irrequieto desejo de poder, que cessa apenas com a morte", escreveu Thomas Hobbes no *Leviatã* (1651). Segundo ele, isso acontecia não porque os homens buscassem um prazer sempre mais intenso, mas sim porque percebiam que a conservação e a ampliação constante do poder eram essenciais para que se pudesse garantir o que já se tinha. Hobbes reiterava uma ideia anterior, que Maquiavel havia exposto em seus *Comentários sobre a primeira década de Tito Lívio* (1517): "a sede de poder é tão forte quanto a sede de vingança, se não for mais forte ainda".

Há muita *potência* na vida social, ainda que ela, na maioria das vezes, sequer seja usada, quer dizer, sequer se converta em ato, em poder efetivo. Todos os indivíduos a rigor têm potência suficiente para fazer coisas, mas nem todos podem fazer *certas* coisas. Nem toda potência pode ser exercida. A potência é genérica e imprecisa, virtual demais. O poder não: ele é potência que pode ser exercida. Para se converter em poder, a potência precisa acumular força e utilizar-se de diferentes recursos e expedientes. Não se trata de violência, mas de condições de efetivação, da possibilidade que um ator tem de impor sua vontade no interior de uma relação social, dobrando as eventuais resistências que a isso se anteponham.

O poder (*Macht*) existe quando um ator, valendo-se de determinados recursos, consegue fazer valer sua própria vontade, independentemente de qualquer oposição (Weber). Esse poder converte-se em dominação (*Herrschaft*) quando o ator consegue obter a obediência de certas pessoas a seus comandos. A questão dos recursos é aqui crucial. Uma coisa é dominar mediante o uso da lei, outra coisa é fazer isso apoiado na coerção. Tais coisas, porém, não são excludentes, e o mais comum é que o poder se valha tanto da lei quanto da coerção, tanto da simulação quanto da dissimulação, tanto da esperteza quanto da intimidação, tanto da força quanto da persuasão (Hobbes também distingue o *Dominio* – meios de coerção – da *Religio*, meios de persuasão).

Em *Massa e poder* (1960), o escritor búlgaro Elias Canetti observou que *poder* e *força* se distinguem de modo sutil e profundo. A força (*Gewalt*) é mais coercitiva e imediata que o poder (*Macht*). Se dispuser de mais tempo, a força tende a se transformar em poder, mas o poder assim instituído jamais deixa de recorrer à força, sobretudo em seus momentos críticos, nos quais se trata de decidir e de garantir o cumprimento de decisões. O poder, diz Canetti, "é mais universal e mais amplo: contém muito mais, e já não é tão dinâmico. É mais cerimonioso e possui até um certo grau de paciência". Poder associa-se a capacidade, não a atos imediatos de fazer.

O poder do homem sobre o homem é uma espécie de forma primária do poder, aquela que celebra a vitória do forte sobre o fraco, do superior sobre o inferior, do senhor sobre o escravo. Nesse sentido, expressa aquela desigualdade que Rousseau anteviu no *Discurso sobre a origem e os fundamentos da desigualdade*: a "desigualdade natural ou física", que assenta nas diferenças de idade, de saúde, das "forças do corpo e das qualidades do espírito e da alma". Como tal, difere da "desigualdade moral ou política", que depende de uma espécie de convenção, é "autorizada pelo consentimento dos homens" e se manifesta sob a forma dos vários privilégios de que gozam alguns em prejuízo de outros, como o de "serem mais ricos, mais poderosos e mais homenageados do que outros, ou ainda por fazerem-se obedecer por eles".

O poder político é o tema central da ciência política. Todo o empenho reflexivo dessa área do conhecimento concentra-se na análise de sua natureza, de sua lógica, dos mecanismos, procedimentos e ideias com que se conquista, se mantém, se perde, se usa e se organiza o poder.

Na vida comunitária, sobressaem-se inevitavelmente as dimensões da escolha e da decisão, tanto em termos individuais quanto em termos coletivos. O poder aqui, portanto, tem a ver com capacidade de escolher, de fazer opções. Quanto mais relevantes socialmente são as questões em relação às quais se escolhe ou se decide, mais nos aproximamos do *poder político*, isto é, do poder que, autorizado por uma coletividade, vale-se da lei e da força para tomar decisões e fazer com que sejam acatadas por todos.

A política não pode ser concebida dissociada do poder. Mesmo nas suas formas mais generosas – por exemplo, a da ação que busca emancipar, livrar pessoas da opressão, viabilizar a "boa sociedade" ou resistir a um governo tirânico –, a política é sempre uma atividade balizada pelo poder: por seu exercício, sua conquista, a oposição a ele ou sua derrubada.

O poder político vale-se de um "Estado" – isto é, de um aparato organizacional e de procedimentos legais que autorizam alguém a exercer a autoridade e a coagir – para cumprir suas finalidades. Detém a exclusividade do uso da força, o "monopólio da coerção física legítima", como falava Max Weber, ressaltando com grande ênfase que tal monopólio depende essencialmente da presença de um território controlado. Por isso, o Estado é o poder supremo – o poder soberano –, ao qual os membros de uma comunidade se subordinam. Como tal, porém, ele não é expressão pura da força, nem a força é exclusivamente constrição física. Restrições, vínculos e punições legais – a força da lei –, operações administrativas e providências institucionais também funcionam como decisivos recursos de poder.

Esse poder é, em princípio, consciente e intencional, no sentido de que se afirma mediante decisões tomadas deliberadamente, a partir de cálculos e ponderações e tendo em vista o alcance de fins previamente estabelecidos. Mas há muitos casos em que as condutas alheias são condicionadas por fatos ou eventos que não decorrem de decisões deliberadas, mas sim de consequências involuntárias de decisões não intencionais.

Muitas decisões políticas não são tomadas exclusivamente (nem predominantemente) por aqueles que ocupam as principais posições jurídicas e governamentais ou por aquelas forças políticas e partidárias que prevalecem em um dado sistema político. As circunstâncias muitas vezes impõem sua marca. As decisões tomadas por outros protagonistas interferem e podem condicionar os atos do poder. Muitas vezes um governo age porque a oposição o força a agir, ou porque a movimentação social exerce pressão suficiente para impeli-lo em uma ou outra direção.

Toda situação de poder convive com formas de autoridade, chefia e liderança. Muitas vezes, especialmente em sociedades dinâmicas, complexas e diferenciadas, a autoridade e a liderança tornam-se bem mais importantes do que a força ou os atributos de um cargo de comando.

Maneira usual de distinguir poder e autoridade é explorando a distinção entre *poder de fato* e *poder de direito.* A autoridade seria, nesse caso, o poder autorizado, ou seja, legítimo, na medida em que seu detentor o exerce respaldado por um conjunto de normas (escritas ou não) que estabelece quem, em dada comunidade ou associação, tem o direito de comandar e ter seus comandos obedecidos. É a posição de Norberto Bobbio, por exemplo: "a autorização transforma o simples poder em autoridade". Nessa concepção, o direito é o fator que justifica, institui e fundamenta o poder político, distinguindo-o das várias formas de poder de fato. A autoridade é o poder tutelado por algum tipo de lei. A referência a um princípio de legitimação é o que converte o poder de impor deveres em um direito e transforma a obediência em dever, fazendo com que uma relação desigual de força se converta em uma relação jurídica.

Por que os homens aceitam ser dominados mesmo quando não são ameaçados? Por que se submetem à autoridade de outro? Max Weber deu destaque não só aos meios externos (a coação física, as armas, os vários recursos de poder) que viabilizam a obediência dos dominados, mas sobretudo às "razões internas" que justificam a dominação, isto é, ao modo como os dominados entendem e aceitam a dominação. Chamou essas justificações, que tendem a se internalizar no imaginário e na consciência de governantes e governados, de "fundamentos da legitimidade". Seus três tipos puros de dominação legítima – o poder tradicional, o poder do carisma e o poder racional-legal – tornaram-se justamente famosos.

Weber sabia bem que, na realidade concreta, a obediência dos governados está condicionada por motivos "objetivos" bem claros, quase sempre ditados pelo medo, pelo interesse ou pela esperança de obter uma recompensa, uma vantagem futura. Mas acreditava que aqueles três "fundamentos da legitimidade" manifestavam-se de modo incontestável, ainda que não de forma pura e cristalina. Eles eram "tipos ideais".

Justamente por isso, não se encontrariam tipos puros na realidade efetiva da política e da dominação. No lugar deles, teríamos tipos mistos, que combinariam de maneira complexa e dinâmica certas características de um ou outro dos tipos puros. O próprio Weber sempre valorizou a força que a autoridade carismática demonstrava ter nas mais diversas situações, e particularmente nas sociedades modernas, onde prevaleceria uma legitimidade de tipo racional-legal. Chegou mesmo a pensar que o líder carismático, com todo seu "irracionalismo", poderia se converter na única força capaz de controlar a "enorme prepotência do segmento burocrático", expressão perfeita do poder racional. O carisma, os partidos políticos de massa e um parlamento atuante formariam a base do que Weber chamava de "democracia plebiscitária", um autêntico tipo misto de dominação.

Não é qualquer gesto dedicado a operar sobre os afetos e as motivações que merece aplauso. Ele precisa estar referenciado tanto pela história e pela cultura mais profunda da comunidade em questão, quanto por valores grandiosos, aquilo que muitos chamam de patrimônio ético-político da humanidade.

A adesão entusiasmada da maioria da população a uma ideia não indica que se trate de uma boa ideia ou de uma direção política meritória. O fato de que determinada classe social, representativa do que há de melhor em uma comunidade, identifique-se com um governo e dê a ele todo o apoio não comprova a justeza desse governo, nem o acerto de suas proposições. Um "governo popular" ou um "Estado da classe operária", por exemplo, não são bons somente porque se reportam aos trabalhadores ou à maioria do povo.

Nem sempre o que identificamos como poder político, ou como esfera da política em sentido estrito, tem efetivamente poder.

Em uma democracia, por exemplo, o poder está submetido a controles, limites e fiscalizações públicas, que o contêm. Nela, as decisões costumam nascer de consensos que se formam a partir de múltiplos acordos e negociações, em diferentes fóruns e a partir de distintos pontos de vista. Sociedades mais diferenciadas e complexas tendem a ser mais "poliárquicas" e plurais, isto é, a viver sob a influência recíproca de diversos núcleos de poder, que se controlam uns aos outros.

A "desconcentração" do poder também pode ocorrer como consequência de alterações que reduzem o grau de controle que as estruturas governamentais têm sobre o território ou sobre a movimentação das pessoas que são governadas. Quando um sistema político não pode mais contar com cidadãos "localizados" – isto é, fixados em seus locais de vida, moldando suas consciências e suas vontades a partir daí –, é evidente que ele perde poder, pois deixa de poder "controlar" seus integrantes. Quando os territórios são afetados por muitos fluxos (comerciais, de informação, culturais, políticos) ou sofrem os efeitos de decisões tomadas por diferentes atores ou protagonistas, ou quando simplesmente não podem ser objeto de decisões governamentais voluntárias e soberanas, ocorre um declínio em termos de poder: passa-se a viver sob os efeitos de uma rede de poderes cruzados, que se remetem uns aos outros.

O poder político perde poder quando alguns processos alteram os equilíbrios sociais e a relação das pessoas com o poder. É o que acontece hoje, quando a democratização se articula com uma forte individualização e com a generalização de uma cultura mercantil que leva os indivíduos a prezar ao máximo seus interesses e a investir tudo o que puderem em sua própria capacidade de se viabilizar na vida.

Em contextos de maior movimentação, liberdade de ação, comunicação e troca de informações, a vida se torna relativamente mais independente das decisões tomadas nas instâncias formais de governo, coordenação ou gestão. Difunde-se desse modo uma sensação de que Estado, governo e política funcionam na verdade como um ônus para a liberdade de iniciativa das pessoas e dos grupos, na melhor das hipóteses como um mal necessário, que deveria contar muito mais com a reprovação e a dúvida do que com a adesão ou o apoio.

A época atual, de globalização e radicalização da vida moderna, assiste ao entrelaçamento potencializado de processos que parecem minar a força do poder político. Temos ao mesmo tempo mais democracia e mais individualização, mais conectividade e mais "deslocalização". Vivemos cortados por processos novos, que estão a mudar e a complicar o modo mesmo como organizamos nossas atividades, nos relacionamos, pensamos e nos governamos. Não há como o fenômeno do poder – ou seja, da gestão, do governo, do Estado – permanecer imune a isso.

A situação é paradoxal. A democratização e a individualização modernas se expandiram expressivamente, do mesmo modo que a democracia parece consolidada como regime político, em que pesem falhas e sobressaltos. Grupos e indivíduos têm mais poder, mais direitos e mais liberdade para contestar a autoridade e fazer coisas, porém encontram-se em uma situação geral na qual se sentem oprimidos pela incerteza e pela insegurança. Não têm como visualizar com clareza a fonte dessa opressão e desse mal-estar, e vivem com a sensação de que os governantes, os chefes, os dirigentes não têm assim tanto poder, limitando-se muitas vezes a desempenhar papel decorativo, coadjuvante. O mercado e o capital são sempre mais poderosos, os Estados parecem sem força, cercados por um "sistema" que não conseguem controlar. Há um clima de crise de autoridade e de "desinstitucionalização", ao mesmo tempo que se abrem novos horizontes e novas possibilidades. O fenômeno do poder se complicou. Dilatou-se, ampliou-se, de certo modo se desmaterializou e se deslocalizou.

Nas complexas sociedades atuais, de modernidade radicalizada, parece difícil que se possa criar uma ordem justa e igualitária sem uma autoridade compartilhada por todos. A racionalidade instrumental que prevalece não é a única racionalidade. Pode-se antepor a ela formas mais criativas de razão crítica e de razão política: com as primeiras, as comunidades aprendem a pensar e a não aceitar aquilo que lhes é mostrado; com as segundas, aprendem a conviver, a organizar melhor suas diferenças, seus direitos e suas obrigações.

Em resumo, pode-se usar o poder contra o poder. Fazer da democracia um poder capaz de subjugar todos os poderes que oprimem. Negociar abertamente os termos do poder: o que será controlado, quem controlará, quem decidirá, como se formarão as decisões. Não faz muito sentido abrir mão da racionalidade e das técnicas de controle racional por temer o fortalecimento unilateral do poder racional. A fusão equilibrada de razão e política, de controle e emancipação, é a maior promessa do poder democrático.

Ver: Democracia; Estado; Pólis; República/Republicanismo

Referências Bibliográficas

BOBBIO, N. *Teoria geral da política:* a filosofia política e as lições dos clássicos. Org. Michelon Bovero. Trad. Daniela B. Versiani. Rio de Janeiro: Campus, 2000.

BOURDIEU, P. *O poder simbólico*. Trad. Fernando Tomaz. 3. ed. Rio de Janeiro: Bertrand Brasil, 2000.

CANETTI, E. *Massa e poder*. Trad. Sérgio Tellaroli. São Paulo: Companhia das Letras, 1995.

CASTELLS, M. *O poder da identidade*. Trad. Klauss Brandini Gerhardt. São Paulo: Paz e Terra, 1999.

DAHL, R. *Poliarquia:* participação e oposição. São Paulo: Edusp, 1997.

HOBBES, T. *Leviatã, ou matéria, forma e poder de um Estado eclesiástico e civil*. Trad. João Paulo Monteiro e Maria Beatriz Nizza da Silva. São Paulo: Editora Abril, 1974 (Os Pensadores).

LEBRUN, G. *O que é poder*. 14. ed. São Paulo: Brasiliense, 1994.

MAQUIAVEL, N. *Comentários sobre a primeira década de Tito Lívio*. Trad. Sérgio Bath. 3. ed. Brasília: Editora UnB, 1994.

NOGUEIRA, M. A. *Potência, limites e seduções do poder*. São Paulo: Editora Unesp, 2008.

WEBER, M. *Economia e sociedade:* fundamentos da sociologia compreensiva. 3. ed. Brasília: Editora UnB, 1994. 2 v.

Poder Democrático

MARCO AURÉLIO NOGUEIRA

Não se pode conceber o poder como algo inofensivo e angelical, nem como algo de que se possa abrir mão. O poder político é um recurso social, fator importante para que uma sociedade possa, por exemplo, definir e implementar políticas públicas que a tornem mais justa, produtiva e sustentável. Mas esse poder nem sempre se mantém nos limites do razoável e as comunidades precisam saber conviver com ele, para discipliná-lo e submetê-lo. Sempre há batalhas de ideias e disputas de poder nos agregados humanos: choques entre interesses e visões do mundo, esforço para conquistar mentes e corações, desejo de sobrepujar e de se destacar.

O poder democrático é o que melhor convive com isso. Ele se orienta mais pela busca do consenso que da coerção, mais pela construção de campos ideais que dirijam as pessoas do que pela dominação.

O poder democrático destina-se a tornar viável o governo do povo (a soberania popular) a partir de regras válidas para todos e de arranjos institucionais que facilitem tanto a livre competição política quanto a participação ampliada nos processos de tomada de decisões. Nele, a comunidade política se autogoverna e se autodetermina. A política democrática dispõe-se a criar condições – institucionais, políticas, culturais e associativas – para que os cidadãos controlem seus governos, participem deles e ponham em curso processos alargados de deliberação, de modo a que se viabilizem lutas e discussões públicas em torno do como viver, do como governar e do como conviver.

O projeto democrático só encontra plena viabilidade quando vivido e defendido pela sociedade que se organiza: pela *sociedade civil*. Nesse sentido, é categoricamente um *poder compartilhado*, que existe e funciona a partir de interações dinâmicas e de responsabilizações recíprocas entre governantes e governados. Trata-se de um poder de que se participa. Em uma situação democrática, todos participam e se fazem representar. Os representantes mantêm vínculos fortes com os representados. Representam-nos politicamente e por isso têm autonomia para decidir, mas não se descolam deles, nem viram as costas para eles. Os participantes, por sua vez, não apenas escolhem representantes e os fiscalizam, mas agem para interferir diretamente no circuito de tomada de decisões.

O poder democrático opera com maior "lentidão", pois, mais que mandar, decidir e impor, ele organiza a discussão e a deliberação. Sua meta é dar origem a consensos sustentáveis, não impor decisões. Recusa o decisionismo, a decisão a qualquer preço e no menor tempo possível. Por estar permanentemente aberto à participação de todos e à deliberação ampliada, o poder democrático depende de regras, procedimentos e valores. Trata-se de um poder dialógico. Cria condições para que todos – governantes e governados – procedam mediante o diálogo e de acordo com regras instituídas democraticamente, mesmo quando se luta por direitos e reivindicações ou contra os poderosos de uma dada situação. É um poder que reconhece e aceita seus limites.

O poder democrático é, assim, um poder educado. Primeiro de tudo, porque educa seu possuidor, ensinando-o a agir sem abuso da autoridade, a se submeter às regras vigentes, a ouvir e a repercutir as múltiplas vozes ambientais. Educa também aqueles que o enfrentam e que com ele convivem, ensinando-os a argumentar e a fundamentar suas postulações, a ver-se como parte de um todo, a dialogar até o limite do suportável, a aceitar que a conquista de reivindicações não decorre de argumentos de autoridade, mas sim da força dos argumentos, da persuasão e não da intimidação. A educação para a cidadania integra em lugar de destaque o conceito e as práticas da democracia.

O poder democrático é um poder racional e comunicativo. Nele, todos devem ter a possibilidade de usar a razão e o conhecimento para resolver conflitos e injustiças. Veta a conversão do saber em fonte de distinção, usurpação e opressão. Suas práticas são transparentes e abertas, seus dirigentes são dialógicos. Seus sujeitos estão postos na condição de poder saber. Têm direito à educação, à informação e à ciência, inserindo-se permanentemente em processos educacionais, cívicos.

A luta contra a opressão pressupõe uma relação com o poder: trata-se tanto de um ato contra o poder que oprime, como um ato de afirmação do poder de dizer não e de construir novas formas de relacionamento social. Um ato contra o monopólio de poder coativo e contra o abuso de poder e ao mesmo tempo um ato de desobediência, uma proclamação daquilo que se costuma chamar de "poder negativo".

Não é razoável que pensemos em "mudar o mundo sem tomar o poder", como diz em tom desafiador o cientista social John Holloway. Não é razoável, sobretudo se essa ideia significar "indiferença pelo poder". Mas também não é certo que precisemos do poder para mudar o mundo ou que só possamos mudar o mundo a partir do poder do Estado. Há muitas formas práticas de ação que não passam pelo poder e mudam o mundo. O poder não é somente "poder-sobre". E toda forma de poder (o político, o da técnica, o econômico, o ideológico) pode ser vigiada, submetida a outras vontades e a outras aspirações. Podemos controlar aquilo que nos controla.

No Estado democrático constitucional, republicano, o poder deve ser público e exercido em público. O poder é público porque não é privado, nem beneficia os interesses privados, sejam eles o do poderoso ou o de qualquer outro grupo da sociedade. Nele, porém, controles e vigilância não estão ausentes. Afinal, sempre será preciso defender a democracia e desarmar seus inimigos, aqueles que contra ela conspiram, os que agem para quebrar a lógica igualitária da competição democrática, as regras do jogo e as políticas de distribuição do poder, os que usam a prepotência e a violência para encurralar a deliberação democrática. Sempre será preciso garantir algum padrão de ordem pública e dar ao governo condições de governar. Também o governo democrático necessita de formas secretas e invisíveis de poder. É esse o caso, para citar o exemplo mais evidente, dos serviços de inteligência e informação, que atuam para coletar dados, organizar informações estratégicas, desenhar cenários futuros e prover o Estado de uma infinidade de instrumentos de mapeamento e monitoramento da realidade. Monitorar a realidade pode significar também intrometer-se na vida alheia, bisbilhotar arquivos, escutar conversas e grampear telefones, fotografar às escondidas, espionar. Os serviços secretos existem para conhecer fatos alheios sem se deixar conhecer, ou seja, agem nas sombras, sem serem vistos.

Ver: Democracia; Estado; Pólis; República/Republicanismo

Referências Bibliográficas

BAUMAN, Z. *Em busca da política*. Trad. Marcus Penchel. Rio de Janeiro: Jorge Zahar, 2000.

BOBBIO, N. *O futuro da democracia*. Trad. Marco Aurélio Nogueira. 7. ed. revista e ampl. São Paulo: Paz e Terra, 2000.

DAHL, R. *Prefácio à teoria democrática*. Trad. Ruy Jungmann. Rio de Janeiro: Zahar, 1989.

HOLLOWAY, J. *Mudar o mundo sem tomar o poder*. São Paulo: Boitempo, 2003.

NOGUEIRA, M. A. *Potência, limites e seduções do poder*. São Paulo: Editora Unesp, 2008.

Poder Executivo

Pedro Aníbal Drago
Sandra Souza Pinto

A palavra "executivo" está imediatamente associada à pessoa incumbida de efetivar as normas, os regulamentos e as decisões com as quais se imprime rumo e direção a uma dada organização. Poder Executivo, portanto, deve ser entendido como a estrutura ou o sistema institucional capacitado para levar a efeito, tornar concretas e efetivas as leis, as normas e os regulamentos em um dado âmbito associativo, e especialmente no espaço de uma sociedade historicamente constituída. O Poder Executivo do Estado moderno detém, em particular, a autoridade e a responsabilidade pela coordenação e pela gestão da burocracia estatal.

Em *A política*, Aristóteles (século 5 a.C.) sugeriu a separação dos poderes de quem faz as leis, de quem as executa e de quem as julga, cada qual controlando os outros dois. A forma completa desse princípio, no entanto, deu-se somente com o legado da política clássica liberal. Em *O espírito das leis* (1748), Montesquieu propôs a separação explícita dos três poderes como forma de organizar o Estado.

No regime democrático, o Executivo, um dos três poderes do Estado, é legítimo porque seu mandatário é eleito pela maioria da população tendo um mandato determinado para executar as promessas feitas em campanha eleitoral. O Poder Legislativo elabora as leis e o Executivo responde por sua tradução prática e zela pelo seu cumprimento.

A Constituição Federativa do Brasil (1988) estabelece os princípios da democracia e da separação de poderes. O artigo 1º preceitua que a Federação é constituída pela união indissolúvel dos Estados e Municípios e do Distrito Federal, constituindo-se em Estado democrático de direito, tendo como fundamentos a soberania, a cidadania e a dignidade da pessoa humana. Já o parágrafo único desse artigo afirma que todo poder emana do povo, que o exerce por meio de representantes eleitos. O artigo 2º, na sequência, indica os três poderes da União, o Legislativo, o Executivo e o Judiciário, e os qualifica como independentes e harmônicos entre si.

O Poder Executivo tem a função de executar as leis existentes e de colocar em prática novas leis segundo as necessidades do Estado e do povo. No Brasil, país de sistema presidencialista, o Executivo é representado, no nível nacional, pelo presidente da República, no nível estadual, pelo governador do Estado, e no nível municipal, pelo prefeito.

O presidente da República, como chefe de Estado, representa o povo e a nação e é o chefe das Forças Armadas. Ao tomar posse, compromete-se a manter, defender e cumprir a Constituição, observar as leis e promover o bem geral do povo, sustentar a união, a integridade territorial e a independência do Brasil.

Para levar a termo suas responsabilidades legais, o presidente da República, o governador e o prefeito nomeiam auxiliares para a administração pública: ministros, secretários e assessores, sem necessidade de consultar o Legislativo para isso.

O Poder Executivo executa o orçamento público elaborado em conjunto com o Poder Legislativo, cabendo-lhe aplicar os recursos orçamentários de acordo com a plataforma de governo explicitada no programa defendido durante as eleições.

O Poder Executivo pode tomar iniciativas na formulação e proposição de leis ou no estabelecimento de "medidas provisórias" que serão posteriormente examinadas, aprovadas ou vetadas pelo Poder Legislativo. Da mesma forma, o Executivo pode vetar a legislação que lhe é enviada para sanção, após aprovação pelo Legislativo.

Ver: Estado; Poder Judiciário; Poder Legislativo

Referências Bibliográficas

FIGUEIREDO, A. C.; LIMONGI, F. *Executivo e Legislativo na nova ordem constitucional*. Rio de Janeiro: FGV, 1999.

PEREIRA, C.; MUELLER, B. Uma teoria da preponderância do Poder Executivo. O sistema de comissões no Legislativo brasileiro. *Revista Brasileira de Ciências Sociais*, São Paulo, v. 15, n. 43, p. 45-67, jun. 2000.

VIANNA, L. W. *A democracia e os três poderes no Brasil*. Belo Horizonte: Editora UFMG, 2002.

Poder Judiciário

Maria Tereza Aina Sadek

A identidade, a definição e as características do Judiciário, bem como a extensão de sua presença na sociedade dependem fundamentalmente do modelo institucional democrático adotado por um país. Simplificadamente, dois padrões de democracia orientam os distintos arranjos institucionais: o constitucional e o republicano, ou, como preferem alguns analistas, o consociativo e o majoritário.

A cada um desses modelos corresponde um sistema de governo e um perfil de Judiciário. No primeiro caso, o arranjo é presidencialista e o Judiciário é concebido como um poder de Estado. No outro, o sistema é parlamentarista e a instituição judicial não é configurada com atributos de poder, mas como um serviço público encarregado de funções primordiais: dirimir conflitos e garantir direitos. O que confere estatuto de poder ao Judiciário no sistema presidencialista é sua possibilidade de exercer o controle da constitucionalidade de leis e atos normativos oriundos tanto do Poder Executivo como do Poder Legislativo. Ao lado dessa função, eminentemente política, cabe-lhe também a distribuição de justiça, a solução de conflitos e a garantia de direitos.

Além desses parâmetros relacionados ao padrão de democracia, a extensão da atuação do Judiciário encontra balizas no grau de constitucionalização da vida individual e coletiva. Textos constitucionais podem ser classificados segundo seu grau de detalhamento. Constituições mais genéricas tendem a estreitar o rol de possibilidades de situações passíveis de apelo e de intervenção do Judiciário, enquanto Constituições minuciosas ou programáticas tendem a ampliar os limites de situações passíveis de proteção e de intromissão do Judiciário.

O Judiciário, tal como o conhecemos hoje, é fruto da modernidade. A reação ao poder pessoal e ao arbítrio buscou respostas institucionais que viabilizassem uma organização estatal fundada em princípios contrapostos ao poder absoluto. O império da lei em oposição à vontade de um ou de poucos, a criação de limites às competências e à discricionariedade dos detentores do poder e a garantia de direitos aos cidadãos estão entre as principais soluções concebidas e gestadas no período.

Nesse contexto, o Judiciário foi criado como a instituição responsável pela aplicação da lei. A efetivação da justiça é a efetivação da lei. Não cabe a manifestação de preferências ou de casuísmos. Daí a célebre assertiva: o juiz é a boca da lei. A figura da deusa grega, Temis, estampa o símbolo mais conhecido da justiça. A divindade tem uma venda nos olhos, carrega em uma das mãos uma balança e na outra uma espada. A venda cobrindo os olhos significa a imparcialidade, o tratamento igual de todos perante a justiça, não vendo diferenças entre ricos e pobres, poderosos e humildes; a balança exprime o equilíbrio e a justeza das decisões orientadas pela lei; e a espada simboliza o poder, a força necessária para a efetivação de suas decisões.

A concepção moderna de justiça decorre do conceito de indivíduo, um ser dotado de direitos naturais. Na matriz individualista, o indivíduo antecede o Estado e a sociedade e nenhum atributo externo a ele tem força para predeterminar qualquer distinção social. A desigualdade e o poder ilimitado deixam de ser justificados como naturais ou como materializações de uma vontade extraterrena. Ao contrário, passam a ser vistos como decorrentes de arranjos sociais e políticos criados pelos próprios homens.

A percepção dos indivíduos como sujeitos autônomos, livres, iguais, portadores de direitos, exige que a administração da justiça seja feita por uma instituição pública independente. A prevalência da lei implica que as regras sejam universalizadas e que sua feitura e sua aplicação estejam em diferentes mãos.

Esses preceitos filosóficos embasaram uma nova arquitetura social e política, na qual o Judiciário aparece com a atribuição de aplicar as normas legais. A amplitude da lei e sua prevalência fornecem os limites da igualdade e, em consequência, indicam o significado e a extensão da cidadania. O reconhecimento da igualdade perante a lei traduz-se nas possibilidades de participar e de usufruir dos bens coletivos.

A realização dos direitos integrantes da cidadania depende fundamentalmente de um Judiciário autônomo, livre das ingerências das forças políticas e privadas. O direito de acesso à justiça é requisito primeiro, indispensável para a materialização de todos os demais direitos – civis, políticos e sociais.

O Judiciário, segundo tais parâmetros, representa uma força de emancipação. Trata-se da instituição pública responsável por garantir que os preceitos da igualdade estabelecidos formalmente prevaleçam na realidade, assim como que os desvios sejam punidos.

Tais qualidades, contudo, só se manifestam onde impera o Estado de direito, isto é, onde a lei tem valor universal e prepondere sobre o arbítrio.

Outra distinção diz respeito aos sistemas jurídicos adotados – *common law* e *statute law*. Os países que adotam o *common law* são regidos pela jurisprudência dos tribunais, por usos e costumes, ao passo que os que aplicam o sistema *statute law* orientam-se predominantemente por leis escritas.

Nas últimas décadas, a presença pública e o perfil do Judiciário foram alterados com o fortalecimento e a expansão do Estado de bem-estar social. A incorporação dos direitos sociais provocou modificações na instituição judicial, independentemente do sistema de governo e do sistema jurídico. Ainda que permaneçam diferenças, em todas as democracias ocidentais o Judiciário teve ampliadas sua margem de atuação e sua presença, passando a responder a mais atribuições e tornando-se coparticipante de políticas públicas.

Se considerarmos particularmente a situação brasileira, podemos verificar que o arranjo institucional presidencialista determinado pela Constituição de 1988 conferiu estatuto de poder ao Judiciário. Sua identidade foi modificada. Durante o regime militar, especialmente depois de 1969, o Judiciário não gozava nem de independência nem poderia ser considerado, de fato, um poder de Estado. Com a instauração da ordem democrática, o Judiciário passou da condição de mero aplicador das leis e dos códigos para a de um poder estatal, um agente político, cabendo-lhe controlar a constitucionalidade e arbitrar conflitos entre os poderes Executivo e Legislativo.

Ademais, a constitucionalização de ampla gama de direitos individuais e supraindividuais, além de ampliar a relação de matérias que não podem ser objeto de decisão política, alargou enormemente sua área de atuação. Em decorrência, o Judiciário – como intérprete da Constituição e das leis, imbuído da responsabilidade de resguardar os direitos e de assegurar o respeito ao ordenamento jurídico – foi alçado a uma posição de primeira grandeza.

Em tese, não há decisão, quer proferida pelo Executivo, quer aprovada pelo Legislativo, que não seja passível de apreciação judicial. Dessa forma, o Poder Judiciário constitui-se em um ator com capacidade de provocar impactos significativos no embate político, na elaboração de políticas públicas, bem como na sua execução.

No que se refere aos direitos, a Constituição de 1988 consagrou mudanças com efeitos na cidadania, na atuação do poder público e particularmente nas instituições de justiça. Além de incorporar os direitos individuais, propiciou um amplo reconhecimento dos direitos sociais; e, para a concretização desses direitos, fortaleceu os mecanismos jurídicos de tutela. Tais inovações exigem a atuação estatal, por meio de políticas públicas que objetivem a efetivação das prescrições constitucionais.

Segundo os preceitos legais, o poder público não pode se omitir. Dessa forma, o Poder Judiciário se afigura como uma arena de confrontos e contestações de políticas governamentais, bem como de decisões de maiorias legislativas. Os agentes políticos passaram a ter no Judiciário um interlocutor. A cidadania, por sua vez, teve significativamente estimulada a procura por soluções judiciais, graças à ampla constitucionalização de direitos e à democratização no acesso à justiça.

Do ponto de vista organizacional, o Poder Judiciário brasileiro é constituído de diversos órgãos. No ápice está o Supremo Tribunal Federal, que tem por função essencial zelar pelo cumprimento da Constituição. Em seguida, vem o Superior Tribunal de Justiça, a quem cabe manter a unidade de interpretação da legislação federal. No âmbito da União, atua a Justiça Federal, que inclui os Juizados Especiais Federais e as justiças especializadas: a Justiça do Trabalho, a Justiça Eleitoral e a Justiça Militar. Cabe às unidades da Federação organizar as Justiças estaduais, que abrangem os Juizados Especiais Cíveis e Criminais.

Vale ressaltar, por fim, que o Judiciário não é o único canal de realização da justiça. A Constituição de 1988 define como instituições essenciais à Justiça, conferindo-lhes atribuições, o Ministério Público, a Defensoria Pública, a Advocacia Pública e a Advocacia Privada. Essas entidades, ao lado de uma série de organizações sociais não governamentais, também atuam no sentido de assegurar direitos, muitas vezes solucionando conflitos a partir da conciliação e da mediação.

Ver: Judicialização da Política; Legalidade; Ministério Público; Poder Executivo; Poder Legislativo

Referências Bibliográficas

ARANTES, R. B. *Judiciário e política no Brasil*. São Paulo: Sumaré/FAPSP/Educ, 1997.

CAPPELLETI, M. *The Judicial Power in comparative perspective*. Oxford: Oxford University Press, 1989.

MENDES, G. F. *Jurisdição constitucional:* o controle abstrato de normas no Brasil e na Alemanha. Rio de Janeiro: Saraiva, 1996.

SADEK, M. T. Judiciário: mudanças e reformas. *Estudos Avançados*, São Paulo, v. 18, n. 51, p. 79-101, maio/ago. 2004.

VIANA, L. W. O terceiro poder na carta de 1988 e a tradição republicana: mudança e conservação. In: OLIVEN, R. G.; RIDENTI, M.; BRANDÃO, G. M. (Orgs.). *A Constituição de 1988 na vida brasileira*. São Paulo: Aderaldo & Rothschild/Anpocs, 2008.

Poder Legislativo

Marcia Teixeira de Souza

Os produtos históricos que hoje conhecemos como parlamentos, assembleias ou cortes resultaram da lenta, multissecular e conflituosa constituição e diferenciação interna das estruturas do Estado moderno, nas distintas versões nacionais construídas a partir da teoria liberal da divisão entre os poderes estatais. Essa diversidade de tradições e linguagens políticas mobilizadas para a construção do Poder Legislativo mantém estreita relação com as formas pelas quais as monarquias europeias passaram a compartilhar a autoridade real com um novo polo de poder, que se autoproclamava porta-voz da sociedade. Nesse sentido, ainda que seja verdadeiro que as dinâmicas e trajetórias nacionais foram decisivas no processo de autonomização do Poder Legislativo, há uma dimensão que é comum a todas as sociedades consideradas modernas: nelas, as funções do Poder Legislativo estão definitivamente relacionadas à elaboração e à chancela das leis que devem conferir legalidade e legitimidade ao sistema político no qual elas estão inseridas.

Modernamente, as macrofunções do Estado foram definidas a partir da teoria da divisão dos poderes, com ênfase nas dimensões executivas e legislativas, cujas relações de cooperação, conflito e capacidade de barganha variam de acordo com a prevalência de certos princípios e arranjos institucionais. Mas, se idealmente esses dois vetores do ato de governar, desde que depositados em instituições distintas, foram considerados decisivos para imprimir legitimidade aos governos, a complexidade mesma do exercício do poder, a magnitude da agenda e o predomínio das incertezas vêm abalando, de modo sistemático, as fronteiras entre essas duas funções dos Estados modernos.

Constituído pela reunião de representantes políticos eleitos pelos cidadãos aptos ao exercício do direito eleitoral, o Legislativo adquire importância política pelo fato de que deve representar o conjunto da população de um país. É a natureza da representação territorial que confere a esse poder a identificação com a nação, desde que asseguradas as precondições que condicionam uma efetiva competitividade entre os partidos postulantes ao exercício da representação política.

Nas estruturas originais desses nascentes organismos, prevalecia o princípio da representação estamental ou das ordens, que estruturava as sociedades pré-modernas. Ao rei competia a primazia de poder postular a si próprio como portador da unidade do reino. No entanto, na especificidade inglesa, já no século 13, mais do que se aterem à prosaica rotina administrativa, os parlamentos buscavam controlar a Coroa pela exigência de que temas decisivos – tais como medidas tributárias e alterações no escopo de estatutos e legislação – se tornassem também objetos de ampla discussão. Por outro lado, desprovida de uma burocracia e de um exército regular, a Coroa necessitava das classes privilegiadas para desempenhar as funções de administrar a justiça nos condados e de realizar a coleta de impostos. Essa mescla de polarização e cooperação, mesmo experimentando algumas conjunturas explosivas, acabaria por encontrar uma fórmula constitucional denominada "o rei no parlamento". O avanço nessa direção significou que o poder efetivo passaria a se localizar no parlamento, no qual a maioria dos representantes ficava responsável pela formação do gabinete, isto é, do Executivo, sem que se abrisse mão do reconhecimento simbólico da figura real.

Nesse sistema, a figura do primeiro-ministro tende a contar com a lealdade dos representantes de seu partido no parlamento, o que significa que a legislação necessária para estruturar as ações do governo, de iniciativa do gabinete, deve obter a chancela de sua aprovação. Entretanto, ao longo do século 20, à medida que a agenda pública se defronta com o crescimento da complexidade dos processos governativos, observa-se uma retração da soberania do Parlamento britânico; como de resto ocorre também em seus homólogos nas democracias representativas nas quais o Executivo já detém ou mesmo amplia sua primazia de propor leis. Nos ritos de procedimento legislativo do parlamento, o chamado instrumento estatutário permite ao governo promover políticas públicas sem a anuência prévia dos representantes. Além disso, a própria prerrogativa individual do parlamentar de iniciar determinada legislação vem sendo restringida na prática, já que as chances de se obter a aprovação de um projeto de lei, que não seja de origem governamental, são mínimas. A progressiva expansão da liderança do primeiro-ministro na proposição de políticas públicas, em detrimento da deliberação em conjunto com o gabinete, abre espaço para o que vem sendo nomeado de "presidencialização" do processo decisório.

Desprovido do peso de uma tradição tão marcante e inserido em outro sistema de governo, o Poder Legislativo da jovem democracia presidencialista brasileira, desde a Constituição de 1988, reconquistou as competências que lhe haviam sido suprimidas durante o regime de exceção. No entanto, os constituintes não restringiram as prerrogativas e o escopo de iniciativa de lei que estavam disponíveis ao Executivo na ordem constitucional anterior. Como compreendiam que a ação governativa deveria dispor de mecanismos institucionais para propor e coordenar políticas públicas essenciais para o país, consideraram que o Executivo deveria manter as condições necessárias para atingir esse fim. Já a dimensão constitutiva dos legislativos como um corpo coletivo fragmentado e diferenciado ao qual não há cerceamento ao direito individual de proposição de lei carrega consigo a seguinte implicação: a passagem de um altíssimo número de projetos por um processo decisório descentralizado que a um só tempo aprecia e seleciona as proposições que deverão prosseguir nas demais etapas desse circuito de tomada de decisão até, eventualmente, serem aprovadas na forma de lei. O direito individual do parlamentar de propor leis desloca o Legislativo da possibilidade de introduzi-las em nome da instituição, já que a possibilidade de iniciar proposições de lei é a lógica que orienta cada um dos parlamentares. De modo contrastante, os projetos de lei do Poder Executivo e do Poder Judiciário são apreciados pelo Legislativo como diretrizes que emanam de cada uma dessas instituições. Nessa condição, tramitam com mais celeridade, de modo que as proposições originárias do Poder Executivo contam com mecanismos regimentais, como a solicitação de urgência, que apressam ou mesmo comprimem o processo decisório no circuito parlamentar. Os líderes partidários, por sua vez, constituem peças-chave no processo legislativo por deterem o importante papel de conduzir os parlamentares na direção de um comportamento político que seja condizente com as estratégias dos partidos, bem como por desenvolverem as negociações necessárias para ajustar as proposições que deverão ser objeto de votação em plenário.

O sistema de comissões, composto das comissões permanentes e seus respectivos campos temáticos, ou áreas de atividade, consiste em uma resposta ao modo como o conjunto dos parlamentares atua no âmbito do Legislativo, isto é, sem nenhum tipo de autorrestrição à prerrogativa individual de proposição de lei. Essa forma de divisão de trabalho torna viável analisar os inúmeros pré-projetos redistribuídos pela mesa diretora que considera a relação entre a proposição e a jurisdição das treze comissões permanentes da Câmara dos Deputados. O desdobramento natural dessa rotina de trabalho seria a configuração de um espaço que deveria possibilitar a especialização nas diferentes áreas das políticas públicas, como ocorre com as comissões do Congresso norte-americano. No entanto, o desenvolvimento do repertório técnico das comissões permanentes vem ocorrendo em menor intensidade. Para além das distintas disposições societárias dos dois países, é possível destacar as dimensões organizativas que regulam o período de vigência das indicações dos membros nas comissões, já que sua composição deve ser alterada ao final de cada legislatura, isto é, a cada dois anos. Seus membros também estão sujeitos à remoção se os líderes partidários considerarem que as opções por determinadas políticas divergirem da linha partidária em matérias estratégicas. Além da rotatividade, a proibição da recondução para os cargos diretivos desses colegiados dificulta a criação de mecanismos que possam desencadear incentivos na perspectiva da especialização de núcleos formuladores de políticas públicas.

Nesse sentido, reitera-se o poder unilateral de propor políticas abrangentes e sistêmicas, garantindo assim a predominância do Executivo. A forma como está estruturado o processo decisório do Legislativo visa a adequá-lo para que dê prioridade às demandas de tramitação de projetos do Executivo. O controle sobre a pauta da atividade legislativa, bem como sobre seu ritmo, através da solicitação de urgência, constitui um dos principais mecanismos do ato de governar. A interferência do Legislativo nos projetos de lei introduzidos pelo Executivo consiste em uma forma reativa de proposição de emendas.

Mesmo assim, no que se refere às emendas ao orçamento, por exemplo, estas só podem incidir sobre o grupo de despesa relativo aos investimentos, já que os demais tipos de despesas – como, por exemplo, despesas de pessoal e encargos, serviço da dívida, transferências constitucionais e outras despesas correntes – respondem a gastos que não podem ser comprimidos. Desse modo, a alocação de recursos destinados à rubrica investimentos tende a ser reduzida, principalmente em momentos de compressão econômica.

As pesquisas empíricas têm demonstrado uma tendência que aponta para uma complementaridade entre as iniciativas do Legislativo e as prerrogativas do Executivo no que se refere a uma programação de alocação de recursos em políticas públicas. Isso indica que as relações de cooperação entre os dois poderes têm prevalecido, em detrimento da tese difundida pela literatura especializada de que os dois poderes deteriam agendas distintas que os colocariam permanentemente em rota de colisão.

Paradoxalmente, justamente essa ausência de um dualismo entre os poderes tem dificultado que as políticas públicas sejam objeto de amplo debate, no qual as demandas e os objetivos distintos pudessem ser argumentativamente justificados. Ou seja, uma relação entre os poderes marcada por uma lógica mais conflituosa poderia contribuir para se agregar mais valor à prática da democracia.

Ver: Democracia Representativa; Estado; Poder Executivo; Poder Judiciário

Referências Bibliográficas

BOGDANOR, V. Constitutional reform in Britain: the quiet revolution. *Annual Review of Political Science*, [S. l.], v. 8, p. 73-98, 2005.

CINTRA, A. O.; LACOMBE, M. B. A Câmara dos Deputados na nova república: a visão da Ciência Política. In: AVELAR, L.; CINTRA, A. O. (Orgs.). *Sistema político brasileiro*: uma introdução. Rio de Janeiro: Fundação Konrad Adenauer; São Paulo: Editora Unesp, 2007. p. 143-182.

FIGUEIREDO, C. A.; LIMONGI, F. *Política orçamentária no presidencialismo de coalizão*. Rio de Janeiro: FGV, 2008.

SARTORI, G. Nem presidencialismo nem parlamentarismo. *Novos Estudos Cebrap*, São Paulo, n. 35, p. 3-14, mar. 1993.

TORRES, C. B. *Figuras do Estado moderno*. São Paulo: Brasiliense, 1989.

Poder Local

TÂNIA MARIA DIEDERICHS FISCHER

Os poderes espacialmente localizados em territórios reais ou virtualizados expressam-se por múltiplas formas de gestão, produtos de ação individual ou coletiva e por políticas e estratégias de governo. Na convergência conceitual dos dois universos de significados (poder e local) há uma intersecção interdisciplinar. Os dois conceitos agregam diferentes tradições disciplinares (como a sociologia e a geografia, dentre outros) e perspectivas analíticas multirreferenciais.

A noção de poder é universal e estruturante do viver em coletividade desde o início da vida humana, tendo o poder um caráter relacional recíproco. O exercício do poder é um jogo de forças antagônicas em que há dominação eventual, mas que supõe margens de liberdade e conquista de fronteiras móveis e devassáveis.

O poder, que foi singularizado como a capacidade de obter resultados pela ação dos outros, na concepção de Max Weber e, na visão de Karl Marx, como dependente das relações de classes determinadas pelas condições gerais de dominação econômica, foi reconceituado múltiplas vezes. Tais releituras seguiram frequentemente direções contraditórias, que vão do funcionalismo tradicional ao radicalismo crítico, do culturalismo ao interacionismo e da totalidade à fragmentação, descontinuidade e polarização.

Qualquer relação entre atores e coletivos sociais não ocorre no vácuo. Todo o poder é localizado, espacial e temporalmente. Mudam as significações do local na medida em que lugares como regiões, cidades e bairros transformam-se em nós de redes globais e ambientes de fluxos entrecruzados de informações e comunicações, com imbricações entre espaços socioterritoriais e digitais, em escalas variadas.

Ratifica-se que o conceito de local contém duas ideias complementares em um sentido e antagônicas em outro. Se "o local" refere-se a um âmbito espacial delimitado, e pode ser identificado como base, território, microrregião e outras designações que sugerem constância e certa inércia, contém igualmente o sentido de espaço abstrato de relações sociais que se deseja privilegiar e, portanto, indica movimento e interação de grupos sociais que se articulam e se opõem em relação a interesses comuns.

O local retorna como conceito polar em relação ao global, sendo percebido como entorno, uma ambiência para o viver coletivo, mas também como herança e construção (SASSEN, 2010). A metáfora do local como uma lente possibilita visão compreensiva dos nós e das redes e dos fluxos, das diversidades, transescalares e dos fluxos das pequenas unidades. E, assim sendo, invariavelmente a análise do "local" remete ao estudo do poder como relação de forças, por meio das quais se processam as alianças e os confrontos entre atores sociais, bem como ao conceito de espaço delimitado e à formação de identidades e práticas políticas específicas. No entanto, se o espaço local tem fundamento territorial inegável, não se resume a ele, como, aliás, assinalam os geógrafos, ao nos dizerem das muitas maneiras de se construir os espaços, refutando fronteiras institucionais e reconstruindo-as em função de problemáticas adotadas.

A análise do poder só pode ser realizada considerando as forças por meio das quais se processam as alianças, os contratos e os confrontos entre os grupos sociais, em um espaço delimitado cuja identidade foi construída pela própria ação coletiva. O local é, portanto, uma configuração espacial e temporal percebida por um coletivo como uma escala menor de território mais amplo, qualquer que seja a sua dimensão nacional ou subnacional.

Os atores sociais agem nos territórios movidos por interesses e essa triangulação obedece a princípios de complexidade, pertencimento, identidade, mobilidade e imbricação. Com sentido contraditório, a imbricação e a mobilidade são dois movimentos intercomplementares, pois a velocidade dos fluxos de informações e transações depende do enraizamento positivo, em dado local; da articulação de poderes representados pelos diferentes níveis de governo, pela sociedade organizada e pelos aglomerados produtivos, empresariais e associativos.

Movimentos de aproximação, recuo e confronto criam zonas de incerteza em que há diversas possibilidades de ação coletiva mesmo quando alguns atores exercem o poder e outros a ele se submetem. Os novos sentidos do local dão ênfase às capacidades transformadoras dos recursos e das competências de múltiplas escalas de poder, mediadas por estratégias de gestão e por práticas de governos dos territórios (BOURDIN, 2001). Os poderes locais manifestam-se em, pelo menos, três dimensões:

- em espaços políticos e simbólicos, com produção de significados, valores e interesses;
- em espaços de produção e consumo de bens e serviços;
- em espaços de gestão, em que se colocam em prática as estratégias de mediação entre atores, instituições e escalas de poder para se atingir resultados.

O local é dinamizado por estratégias de coletivos sociais orientadas ao desenvolvimento, conceito polissêmico que compreende processos compartilhados e resultados atingidos, visões utópicas do mundo e regulações cruzadas. Nessa agenda que, conceptual e empiricamente, recicla mais uma vez o tema do desenvolvimento local, conformam-se interorganizações híbridas por natureza, articulando Estado, mercado e a sociedade mais ou menos organizada, não sem assimetrias, conflitos e colisões de interesses no espaço público. Governo local, empresas e organizações sociais articulam-se dentro de uma trama singular de interesses, criando modelos de ações coletivas, traduzidos em desenhos organizativos complexos, nos quais o poder flui diferentemente conforme a verticalização ou horizontalização das relações e a orientação mais competitiva ou cooperativa adotada.

No discurso oficial, o desenvolvimento local remete à combinação entre estabilidade e transformação, inovação e permanência, competitiva e solidariedade – sentidos esses contraditórios, que são manejados simultaneamente por interesses coletivos representados por gestores de processos em diversas escalas (FISCHER, 2002).

A gestão local faz um nexo entre os significados, valores e interesses e a produção de bens e serviços. Todos os territórios, portanto todos os locais, almejam o desenvolvimento, o que vai depender de estratégias de gestão compartilhada (ou de governança) e de bons governos (ou de governabilidade).

Para se entender os significados da gestão local, é necessário principalmente mapear o campo empírico. Verifica-se que no mesmo recorte local, seja uma cidade, uma região, um bairro, um espaço público, dentre muitos outros exemplos, existe uma convergência de interesses díspares como os governamentais, societários em suas diversas representações e escalas (como ONGs internacionais que atuam em microescalas territoriais), e os empresariais (como as redes de negócios globais).

Parcerias entre o público e o privado reconfiguram os papéis do Estado e as relações transfronteiriças entre Estado e sociedade, entre governos, empresas e outras instituições sociais criam novas plataformas que são as "ágoras" da contemporaneidade.

A gestão local orienta-se pelo desenvolvimento dos territórios geridos não apenas por uma instituição, mas por redes interinstitucionais, não apenas por uma organização, mas por organizações e pelas interconexões das múltiplas escalas de ação coletiva exacerbadas na contemporaneidade pelos processos transacionais e interdependência global entre atores, instituições e território. O gestor local, cuja atuação pode dar-se no governo, nas empresas ou organizações associativas e representativas da ambiência local, tem – além de competências de planejamento, organização, regulação e apresentação de resultados – a função de participar de interorganizações como conselhos, fóruns, pactos e parcerias público-privadas em ações, projetos e programas que constroem estratégias de governança para o desenvolvimento.

A gestão, como ato relacional que se estabelece entre pessoas em espaços e tempos delimitados, está por ser redefinida a partir das novas práticas transfronteiriças e transdisciplinares postas em evidência pelas sincronicidades e assincronias entre o local e o global, entre o individual e o societário.

Ver: Coronelismo; Gestão; Parcerias Público-Privadas; Poder; Regulação Federal

Referências Bibliográficas

BOURDIN, A. *A questão local*. Trad. Orlando dos Santos Reis. Rio de Janeiro: DP&A, 2001.

FISCHER, T. (Org.). *Gestão do desenvolvimento e poderes locais*: marcos teóricos e avaliação. Salvador: Casa da Qualidade, 2002.

SASSEN, S. *Sociologia da globalização*. Trad. Ronaldo Cataldo Costa. Porto Alegre: Artmed, 2010.

Poliarquia

Fernando Limongi

O emprego do termo por cientistas políticos pode ser atribuído a Robert Dahl. O cientista político norte-americano argumentou que democracia era termo muito carregado de conotações, sobretudo normativas, e apontaria para um ideal nunca alcançável ou realizável. Poliarquias seriam as democracias possíveis, o que poderia ser alcançado.

O uso do termo generalizou-se, mostrando a influência da obra de Dahl na ciência política. Segundo o próprio autor, o termo foi cunhado em 1953, quando da elaboração de *Politics, economics, and welfare*, publicado em coautoria com Charles Lindblom. Nas suas palavras, "estabelecemos que o termo poliarquia seria apropriado para realizar aproximações modernas à democracia" (2006, p. xviii).

A passagem é significativa. Mostra que o termo foi inventado com um olho no presente e na realidade. Essa é a característica que marcará e distinguirá a reflexão teórica de Robert Dahl: a preocupação de ajustar a reflexão teórica à realidade, à prática efetiva dos regimes que chamamos de democráticos no mundo moderno.

Em seu hoje clássico *Um prefácio à teoria democrática*, Dahl nota que uma teoria da democracia pode ser construída seguindo dois métodos distintos. No primeiro deles, definem-se alguns objetivos a serem alcançados e a democracia é definida como o processo governamental por meio do qual aqueles objetivos podem ser obtidos. Uma segunda alternativa, o método descritivo, consiste em isolar o conjunto de nações normalmente consideradas como democráticas para identificar suas características comuns e distintivas. Afinal, por que chamamos o país A de democrático e o B de não democrático? O que há de comum nos Estados Unidos e na Grã-Bretanha que nos permite chamá-los de democráticos? Por que todos concordamos que o Brasil entre 1964 e 1985 não pode ser chamado de democrático? Dahl dá ainda um segundo passo. Estabelecido o critério que nos permite distinguir poliarquias de não poliarquias no mundo real, podemos nos perguntar sobre as condições necessárias e suficientes para a emergência de regimes políticos classificados no primeiro grupo. Por que o país A vive sob uma poliarquia, enquanto o B não?

Os dois critérios, o normativo e o descritivo, não são mutuamente exclusivos. Antes o contrário. São complementares. Não há construção de uma teoria política sem o concurso de ambas as perspectivas. Ainda que assim seja, do ponto de vista da evolução da teoria política, a grande contribuição de Dahl vem da ênfase que confere ao segundo critério. Trata-se de uma verdadeira ruptura, uma abertura que permite conciliar a análise empírica com a teoria. A disseminação do uso do termo, o emprego de poliarquia como sinônimo de democracia, atesta a influência da perspectiva proposta por Dahl. Trata-se de uma nova forma de ver a democracia, uma forma que busca conciliar o ideal normativo com a realidade. A teoria desce à terra e ganha contornos descritivos e realistas.

A concisão analítica de Dahl e sua capacidade de dar contornos objetivos aos conceitos com que trabalha se mostra claramente na forma pela qual ele equaciona a análise da democratização, definindo-a como um processo de progressiva ampliação da competição e da participação política. Essa identificação da democratização com avanços nesses dois eixos – competição e participação – tornou-se clássica porque, dentre outras razões, ofereceu critérios claros e razoavelmente objetivos para uma classificação dos regimes políticos observados, permitindo definir sua maior ou menor proximidade do ideal democrático. Diante de um país qualquer, em um determinado ponto no tempo, é possível avaliá-lo de acordo com os dois eixos analíticos propostos e, com base nessa avaliação, classificá-lo como democrático ou não. Há limitações à competição política? Há parcelas expressivas da população às quais seja negado o direito de voto? Em caso de resposta afirmativa para qualquer das questões, o regime observado não é democrático.

A identificação da democracia com a ampliação do sufrágio é, por assim dizer, clássica. Conferir o mesmo peso à competição pelo poder talvez não seja. Na realidade, ainda que Dahl nunca chegue a afirmar isso, pode-se dizer que entre os dois eixos, sua ênfase recai antes sobre a contestação do que sobre a participação: "Dado um regime em que os opositores do governo não possam se organizar aberta e legalmente em partidos políticos para fazer-lhe oposição em eleições livres e idôneas, que condições favorecem ou impedem sua transformação num regime no qual isto seja possível?".

A ênfase na competição política talvez decorra do fato de a extensão do sufrágio ter deixado de ser problema na segunda metade do século 20. Ou seja, o elemento que passou a diferenciar as poliarquias das não poliarquias, nesse período, a característica distintiva dos regimes do primeiro grupo, passou a ser a presença da competição eleitoral efetiva pelo poder. Não basta ampliar a participação, como tampouco é suficiente ter eleições. Há regimes que chamamos de autoritários em que os dois elementos estão presentes. O Brasil do período militar é um bom exemplo da presença dessas duas características em um regime não poliárquico. O exemplo serve para deixar claro que a presença de competição implica a possibilidade de que a oposição chegue ao poder por meios eleitorais. Que tenha chances de ganhar a eleição e que, caso as vença, os resultados sejam respeitados, garantindo assim que os vencedores do pleito assumam o poder. Outros autores, trabalhando nessa mesma tradição, tornaram o critério ainda mais claro e operacional: democracias são regimes em que detentores do poder perdem eleições e deixam o poder em função desses resultados.

Definida dessa forma, podemos passar à questão seguinte, qual seja, a de se saber em que condições a contestação pelo poder pode tornar-se rotineira. Na *Poliarquia* de Dahl, podemos encontrar duas respostas, não incompatíveis entre si, mas que, com certeza, pelo menos para o leitor atual, abrem perspectivas diversas para responder à indagação.

A primeira resposta, a mais identificada usualmente com a obra do próprio Dahl, remete ao pluralismo social como condição necessária para a tolerância política. Mais especificamente, a sorte da democracia é dada pela distribuição de recursos econômicos, ideológicos e de coerção pelos diferentes grupos sociais. Sociedades podem ser mais ou menos plurais de acordo com essa distribuição.

Em sociedades plurais, nenhum grupo social teria acesso exclusivo a qualquer dos recursos de poder, isto é, nenhum grupo social poderia garantir sua preponderância sobre os demais. Pelo contrário. O resultado seria a neutralização recíproca dos grupos em conflito. Em outras palavras, Dahl e a escola pluralista a que ele se filia creditam a preservação da liberdade política à sobrevivência e à contraposição de inúmeros poderes sociais independentes.

As chances da democracia, portanto, dependeriam do grau de pluralismo da sociedade. Esse, por seu turno, independeria do processo histórico de desenvolvimento. A maioria dos países hoje desenvolvidos seriam sociedades pluralistas no século 19 e, por isso mesmo, teria sido possível que países como Inglaterra, Estados Unidos, Suécia tenham se tornado democráticos antes de se tornarem modernos. Alemanha, Itália e Japão no século 19, por seu turno, estariam longe de ser plurais. O mesmo critério – o grau de pluralismo societal – é aplicado aos países subdesenvolvidos, explicando assim casos raros como o da Costa Rica. Isto é, não haveria uma incompatibilidade intrínseca entre democracia e subdesenvolvimento. Da mesma forma, nada impediria que esses países se desenvolvessem e/ou adotassem governos democráticos com sucesso. Nesses termos, o pluralismo se constitui em explicação alternativa à teoria da modernização. Contudo, Dahl afirma que o desenvolvimento econômico contribui para aumentar o grau de pluralismo societal e o pluralismo acaba por diluir-se na teoria da modernização.

Em suas origens, em Tocqueville por exemplo, o pluralismo enaltece a presença de corpos intermediários, vistos como obstáculos capazes de barrar e limitar o poder político concentrado nas mãos do soberano. Para que a liberdade seja preservada, grupos com poder próprio podem obstar o fortalecimento do poder central. Onde esses grupos são destruídos, o soberano não encontraria limites às suas pretensões e a liberdade estaria ameaçada. Assim, a modernização terá efeitos radicalmente inversos para a democracia conforme acarrete ou não a destruição dos grupos sociais intermediários. Nesses termos, sociedades plurais são contrapostas à sociedade de massa, o destino dos Estados Unidos contraposto ao da Alemanha. E na atualização e acomodação do pluralismo às sociedades modernas, importa se os indivíduos são ou não expostos à pressão cruzada. Em geral, portanto, conciliar pluralismo e teoria da modernização pede uma série de mediações e adaptações.

O pluralismo aliado à visão realista do mundo político leva Dahl a formular uma explicação que antecipa em muitos anos a chegada da escola da escolha racional à ciência política. Para ele, a existência da competição política é fruto de um cálculo de custos e benefícios feito por atores políticos em conflito. O ponto de partida dessa formulação é a premissa de que todo e qualquer grupo político prefere reprimir a tolerar seus adversários. A questão está em saber se tem forças para tanto, se é vantajoso fazê-lo. A oposição será tolerada pela situação quando custar menos à situação fazê-lo do que aceitar o risco de perder o poder em eleições livres. Da mesma forma, a oposição aceita participar da competição eleitoral quando o custo a ela é menor que a conquista do poder por meios revolucionários. Nesses termos, retornando ao pluralismo, temos que a democracia se sustenta a partir de um equilíbrio de forças, isto é, quando nenhum grupo social está em condições de eliminar os demais.

Contudo, tal perspectiva abre a possibilidade de se pensar a democracia como produto dos cálculos racionais de atores políticos inseridos em uma relação estratégica. Essa formulação representa um forte golpe em explicações culturalistas. Por exemplo, a manutenção da democracia não depende da adesão prévia dos atores sociais a determinados valores, isto é, não depende da adesão prévia a um conjunto de valores ou regras. A democracia não pede democratas.

A adesão às regras da competição, à tolerância política, é circunstancial, contingente. Se possível, todo e qualquer grupo político preferiria suprimir seus opositores. Não o faz porque não está em condições de fazê-lo. O que sustenta a democracia, nesses termos, é um duplo equilíbrio. Equilíbrio de forças, por um lado. De outro, um equilíbrio como o entendido pela moderna teoria econômica, como o resultado estável da interação entre atores racionais adotando a melhor estratégia disponível dado que os demais fazem o mesmo.

Mais do que anunciar a chegada da escola da escolha racional à ciência política, essa formulação deve ser saudada pela abertura que representa para os analistas interessados em estudar processos de democratização. Em lugar do determinismo típico das explicações macroestruturais, o quadro explicativo passa a conter atores políticos e suas escolhas. Atores políticos tomam decisões, antecipam as consequências de seus atos, escolhem instituições políticas; em uma palavra, agem politicamente. E a maneira como atuam desempenha um papel decisivo na obtenção e na manutenção da democracia.

Robert Dahl marcou de maneira decisiva nossa forma de entender as democracias contemporâneas. A incorporação do termo poliarquia às discussões acadêmicas e mesmo não acadêmicas sobre a democracia é uma prova da influência da sua contribuição para a forma como pensamos os regimes políticos contemporâneos. Com o tempo, o emprego do termo foi caindo em desuso. Hoje, já não é tão comum empregar o termo poliarquia como sinônimo de democracia. Contudo, esse uso menos frequente do termo, paradoxalmente, é uma prova da influência de Dahl. Já não precisamos da distinção, porque a vinculação entre o normativo e o descritivo se impôs. Hoje, quando usamos o termo democracia, usamos com o sentido que Dahl atribuiu à poliarquia.

Ver: Ação Coletiva; Arena Política; Democracia; Elites; Poder

Referências Bibliográficas

DAHL, R. A. *Poliarquia:* participação e oposição. Trad. Celso Mauro Paciornik. São Paulo: Edusp, 1997.

______. *Um prefácio à teoria democrática*. Trad. Ruy Jungmann. Rio de Janeiro: Jorge Zahar, 1989.

______. *Análise política moderna*. 2. ed. Trad. Sérgio Bath. Brasília: Editora UnB, 1988.

DAHL, R. A.; LINDBLOM C. E. *Politics, economics, and welfare*: planning and politic - economic systems resolved into basic social processes. New York: Harper, 1953.

Pólis

Marco Aurélio Nogueira

Raiz de inúmeros conceitos e palavras, a expressão pólis remete de forma imediata à ideia de cidade, não somente no sentido urbano e espacial, mas sobretudo no sentido de comunidade organizada, de comunidade política, na qual os cidadãos são os personagens centrais.

Em termos históricos, a pólis identifica-se com as cidades-estado da Grécia antiga. Esparta, Atenas, Corinto e Troia, dentre outras, tinham organização política e militar própria, eram autônomas e autossuficientes, o que lhes possibilitava serem independentes umas das outras. Imaginava-se ainda que as cidades-estado fossem também o lugar por excelência da vida civilizada, *locus* em que os homens poderiam exibir o melhor de si e caminhar rumo à construção de uma ordem social justa e livre.

Não é por acaso que a palavra grega *politikós*, com a qual se designa tudo aquilo que é próprio da política (*politiké*), significa também polido, cortês, delicado. Do mesmo modo, o termo grego pólis, de onde vem política, se estende no latim *civitas* e *urbe*, de onde vêm civil e urbano, que tanto dizem respeito a cidade quanto a urbanidade, civilidade, cortesia, afabilidade. Nem mesmo a palavra polícia (do grego *politeia* e do latim *politia*) escapa dessa raiz: tem a ver não tanto com repressão, como pensamos hoje, mas com a atividade administrativa dedicada a tutelar e proteger a coletividade e suas partes.

A pólis é, nesse sentido, um corpo em constante processo de constituição e instituição. O *demos* – ou seja, a parcela politicamente ativa da população, os cidadãos qualificados para deliberar em assembleias – "continua a modificar as regras que conformam sua vida", em um movimento de autoinstituição explícita, cujo "significado fundamental é a autonomia: nós estabelecemos nossas próprias leis". Proclamando-se soberano, o coletivo dos cidadãos governa-se a si mesmo, procedendo pelo critério da igualdade política, da igual repartição da atividade e do poder entre todos os homens livres. "A igualdade dos cidadãos é naturalmente igualdade em relação à lei (isonomia), porém, no fundo, é bem mais que isso. Ela não se resume na outorga de 'direitos' iguais passivos, mas consiste na participação geral ativa nos negócios públicos. Essa participação não é deixada ao acaso mas é, ao contrário, ativamente encorajada pelas regras formais, bem como pelo *ethos* da pólis" (CASTORIADIS, 1987).

Pode-se, portanto, dizer que o conceito grego de pólis está na origem do modo como se passou a pensar a política. Foi na Grécia clássica que nasceu "o verdadeiro interesse pelos outros" e a disposição de desenvolver uma "atitude crítica e interrogadora frente às instituições". Foram os gregos que projetaram na história a questão de saber "o que deve ser realizado pela instituição da sociedade" e que associaram o objetivo da pólis à "criação de seres humanos vivendo com a beleza, vivendo com a sabedoria e amando o bem comum". A Grécia é, assim, "o *locus* social-histórico onde foram criadas a democracia e a filosofia e onde se encontram, por conseguinte, nossas próprias origens. Na medida em que o sentido e as potencialidades dessa criação não estejam esgotados, a Grécia é para nós um gérmen: nem um modelo, nem um espécime entre outros, mas um gérmen" (CASTORIADIS, 1987).

Há na pólis grega muitos elementos de democracia direta. Incentivada e garantida, a participação política realizava-se, sobretudo, na *ekklesía*, a Assembleia do Povo, que legislava e governava, funcionando assim como corpo soberano efetivo. Nela, os cidadãos tinham o direito de usar a palavra, suas intervenções tinham idêntico peso e a franqueza era uma exigência moral. Participava-se também nos tribunais, onde não havia juízes profissionais, mas júris, sendo os jurados escolhidos por sorteio.

Naquela concepção, a representação não vigorava como critério permanente ou central. O corpo soberano estava composto pela totalidade das pessoas envolvidas. Nela não havia "especialistas" em assuntos políticos. A sabedoria política pertencia à comunidade política. Por fim, a pólis grega não era propriamente um Estado na concepção moderna. "A ideia de um Estado, isto é, de uma instituição distinta e separada do corpo de cidadãos, teria sido incompreensível para um grego." Um aparelho técnico-administrativo evidentemente existia, mas não assumia nenhuma função política (CASTORIADIS, 1987).

Na sua *Política*, um dos maiores textos da Grécia clássica, Aristóteles vinculou a política à virtude. A condição do homem seria a de ser social: comunicar-se e conviver. Ele é o "único animal que tem o dom da palavra", o único a "ter noção do bem e do mal, da justiça e da injustiça" e, por isso, o único que pode almejar uma existência feliz e virtuosa. Um *Zoon politikon*, um animal político, precisamente, que só pode existir no seio de uma cidade, de uma pólis, de uma comunidade organizada: "aquele que não tem cidade, nem Estado, ou é muito mau ou muito bom, ou é subumano ou super-humano". Com isso, Aristóteles associava a política à coletividade dos homens, à cidade (pólis), produto de cidadãos dotados de educação e disposição para estabelecer regras e leis destinadas a disseminar justiça, liberdade, igualdade, princípios básicos da ordem em uma sociedade política. Virtude, em suma.

Esse modo de conceber e praticar a política tem em seu centro a educação dos cidadãos: um esforço permanente para fazer com que todos aprendam a valorizar o diálogo e o alcance de consensos como meio de resolver conflitos, organizar e viver a vida. A ideia grega de política explora ao máximo a natureza eminentemente política, comunitária, dialógica, comunicativa, do homem (ARENDT, 1981). Como tal, ela não tem como se afirmar sem se unir à perspectiva da *Paideia*, ou seja, daquele processo contínuo dedicado à formação integral do homem. Educação para a cidadania. Só na pólis, afinal, "podemos encontrar aquilo que abrange todas as esferas da vida espiritual e humana e determina de modo decisivo sua estrutura" (JAEGER, 1994).

A *Paideia* era o requisito dinâmico da ágora, a praça onde se exerciam as virtudes públicas: a convivência, a discussão, a deliberação. O espaço da participação democrática exigia a aceitação da perspectiva de que todos os que nele adentram são corresponsáveis pelas decisões e pela discussão dos problemas comuns. Tratava-se precisamente do processo de formação do cidadão, aquele membro da comunidade que, nas palavras de Aristóteles, "deve ter os conhecimentos e a capacidade indispensáveis tanto para governar quanto para ser governado". O cidadão, em suma, não derivava de uma imposição da natureza, da força ou do direito, mas era produto de um processo educacional, de uma construção consciente. O cidadão educado era ao mesmo tempo um educador.

A partir dessa concepção, a política passou a poder ser vista não somente como atividade imediatamente associada ao poder e à força, mas como um conjunto de práticas e predisposições culturais dedicadas a construir vida coletiva. Assim, ela solicita que grupos e indivíduos saiam de si mesmos, moderem-se, ponham-se da perspectiva dos demais. Seu propósito é criar as condições para que se passe da defesa dos interesses particulares para a construção e a defesa do interesse geral.

A política derivada da ideia de pólis auxilia-nos a integrar desejos, vontades e interesses em uma convivência coletiva. Oferece-nos mais chances de domesticar a autoridade, a arrogância, o poder. Dá-nos a possibilidade de admitir e reconhecer o conflito, de conviver pacificamente com ele, pois nos oferece uma trilha por onde fazer com que o conflito produza energia positiva, construa, em vez de paralisar ou destruir. Sua maior promessa é fundamentar uma sociabilidade solidária e democrática, na qual todos possam coexistir como sujeitos.

Essa ideia de política exacerba o ideal de vida coletiva. Concentra-se na busca do bem comum, no aproveitamento civilizado do conflito e da diferença, na valorização do diálogo, do consenso e da comunicação, na defesa da crítica e da participação, da transparência e da integridade, em uma operação que aposta na inesgotável capacidade criativa dos homens. Exatamente por isso, ela tende a se acomodar com dificuldade em épocas nas quais o individualismo encrespa e se expande. Nas sociedades típicas do início do século 21, por exemplo, a defesa do indivíduo nem sempre se afirma como valorização da liberdade individual ou como reação contra poderes e constrangimentos externos a ele, mas sim como uma declaração de ruptura, de desinteresse pelo convívio comunitário. É um individualismo de tipo egocêntrico, fechado em si e muitas vezes hostil à comunidade política. Inevitável que, nesse contexto, a política perca pontos.

A política centrada nos cidadãos não é somente fenômeno de massa: está aberta para o talento e as virtudes associadas a lideranças pessoais expressivas. Nela, os indivíduos talentosos certamente contam e podem desempenhar papel preeminente. Essa forma de política, porém, não tem como eliminar por completo nem a liderança carismática, nem o fenômeno do "cesarismo" ou do populismo. No fundo, tem sempre de aprender a conviver com tais riscos e a desarmá-los. Sua principal vantagem é poder seguir uma dialética todo/partes que tende a atenuar o risco de uma liderança que se autorreferencie, descole de suas bases e as utilize para fins escusos. Mediante o prevalecimento do debate público e da participação democrática, os cidadãos têm como interferir em suas comunidades e deliberar a respeito de temas e problemas que não podem, nem devem, ser resolvidos tecnicamente, a partir da imposição desta ou daquela verdade, desta ou daquela autoridade.

Ver: Democracia; Poder Democrático; República/ Republicanismo

Referências Bibliográficas

ARENDT, H. *A condição humana*. Trad. Roberto Raposo. Rio de Janeiro: Forense Universitária/Salamandra; São Paulo: Edusp, 1981.

ARISTÓTELES. *Política*. Trad. Mário da Gama Kury. Brasília: Editora UnB, 1985.

CASTORIADIS, C. *As encruzilhadas do labirinto, II*. Trad. José Oscar de Almeida Marques. São Paulo: Paz e Terra, 1987.

JAEGER, W. *Paideia:* a formação do homem grego. Trad. Artur M. Parreira. 3. ed. São Paulo: Martins Fontes, 1994.

NOGUEIRA, M. A. *Em defesa da política*. 2. ed. São Paulo: Editora Senac, 2005.

WOLF, F. *Aristóteles e a política*. Trad. Thereza Stummer e Lygia Watanabe. São Paulo: Discurso Editorial, 1999.

Política Assistencial

VIRGÍNIA GUILHON

Na história, as sociedades sempre organizaram formas de assistência ao outro: pobres, doentes, incapazes de várias naturezas, enfim, os considerados em relação de dependência no atendimento de suas necessidades. Condicionantes econômico-sociais, políticos e culturais que produzem condições diferenciadas de exposição e de enfrentamento dos riscos inerentes à vida natural ou social (velhice, doença, infortúnio, privações) determinaram sistematicamente os critérios de reconhecimento dos infortunados e das situações de dependência merecedoras de atendimento, a definição dos beneméritos e a organização das formas de assistência social. Mesmo motivadas pela necessidade de atenuar as situações de necessidades, tais ações de proteção visam historicamente neutralizar possíveis situações de conflito, como medidas de controle estabelecidas pela classe hegemônica e pela autoridade política.

Nessa direção, quando assumida pelo Estado no decorrer da lenta substituição da ordem feudal pela capitalista – a qual foi seguida de generalizada miséria, tornando a caridade cristã insuficiente para responder ao crescente percentual de "desafortunados" e às possíveis desordens que poderiam advir desse processo –, a assistência inseriu-se em um complexo processo de relações de poder que refletem os interesses hegemônicos e permitem a manutenção do poder econômico e político sintetizado no Estado.

Para tanto, estabeleceu uma institucionalidade que reprimia e punia os considerados "pobres válidos para o trabalho" e simultaneamente relacionava-se com os "pobres inválidos" (merecedores de assistência) com as mesmas noções que marcaram seu processo histórico. Este mostra que, inicialmente, a assistência se apresentava como parte das funções das próprias famílias e dos grupos mais próximos, imprimindo a essa atividade um caráter incipiente e rudimentar, eivado de motivações de cunho subjetivo. Nas sociedades ocidentais, sob a ideologia cristã, esse ato de solidariedade ao outro (práticas de ajuda e de apoio) tornou-se expressão de benemerência ao próximo e força moral de conduta, materializando-se em instituições de caridade, tanto religiosas quanto leigas, conformadas historicamente por grupos filantrópicos e religiosos. O Estado não só se apropriou da assistência como campo de prática moralizadora, como também canalizou e direcionou esses antigos esforços de solidariedade, transformando a assistência em "caridade" oficial, na forma de assistência pública, tendo como alvo a pobreza, vista a partir da concepção segundo a qual suas causas devem ser buscadas nas disposições morais dos pobres, sendo passíveis de correção.

O avanço do processo de industrialização e a sedimentação do capitalismo como relação social hegemônica subvertem essa concepção ao evidenciar que é a própria sociedade que produz prejuízos regulares que independem da boa ou da má conduta dos indivíduos, exigindo reparação coletiva, social. Assim, a pobreza passa a ser vista como consequência da lógica do capitalismo e do tipo de sociedade que ele engendra. A causa dos males, sendo social, qualifica a nomeação do direito social.

Nesse contexto, a concepção de assistência social também sofre inflexão, inserindo-se nos esquemas de proteção do Estado de bem-estar social como dever do Estado e direito do cidadão. Juntamente com as chamadas políticas de pleno emprego que buscavam garantir trabalho e renda ao conjunto da população, os Estados desenvolvidos, no pós-Segunda Guerra, estabeleceram esquemas complementares de promoção e afirmação de direitos que exerciam função auxiliar e compensatória para atuar sobre problemas momentâneos e localizados, reconhecendo o caráter seletivo inerente ao funcionamento do mercado de trabalho e das sociedades fundadas no capital.

Em que pesem os avanços, a assistência social, em razão de sua herança histórica, ainda hoje é vista como ato subjetivo, motivado por valores de ordem moral. Na área governamental, sobretudo no Brasil, essa concepção redunda em ações emergenciais, assistemáticas, sem continuidade no tempo e sem organização, para as quais não há previsibilidade de recursos, já que elas são entendidas como orientadas fundamentalmente pela boa vontade dos seus executores.

Por outro lado, apesar da sua persistência no tempo e da amplitude de sua atuação, a assistência não conta com contribuições teóricas consistentes ou com precisão conceitual e político-estratégica. Ela vem sendo secundarizada, não só no que diz respeito à sua delimitação como objeto científico, mas também em relação ao seu lugar nos esquemas de proteção social pública.

Assim, a assistência social como política pública vem sendo demarcada por noções nebulosas e mesmo distorcidas que a definem muito mais como uma não política social. Seus beneficiários são vistos não como sujeitos de direitos, mas como carentes, precários, necessitados, incapazes de prover a reprodução da sua existência, ou seja, como não cidadãos. A assistência, nesse caso, é um antidireito que estigmatiza e humilha quem dela necessita.

Além disso, não se confere à assistência um campo próprio, pois sua existência só é justificada ou pelas falhas do mercado (mas desde que não fira a ética do trabalho, nem estimule o parasitismo dos pobres) ou pelas imperfeições das demais políticas sociais e econômicas – saúde, educação, previdência, habitação, trabalho e renda etc. – as quais, se funcionassem a contento, a tornariam desnecessária.

Assim, não por acaso se observa forte resistência ao que é propugnado pela Constituição de 1988, orientada no sentido de colocar a assistência como área valorizada de política pública em contraposição às características de filantropia e de benevolência que marcaram seu nascimento e desenvolvimento histórico. Nessa Constituição, a assistência compõe o campo da Seguridade Social, em conjunto com a Saúde e a Previdência Social, inovando conceitualmente o campo da política social como conjunto integrado de ações instituídas como dever do Estado e direito do cidadão.

Como eixo constitutivo da Seguridade Social, a assistência destina-se a quem dela necessitar, concretizando a dimensão distributiva da Seguridade Social, diferentemente da Previdência, definida pela sua exigência contributiva. Ela é, portanto, uma política particular que se caracteriza por ser genérica na atenção, mas específica nos destinatários. Mesmo não sendo universal como a política de Saúde, assume função universalizadora ao inserir e garantir direitos e políticas muitas vezes negadas a seus destinatários.

Por ser uma política social, a assistência social incorpora a característica da racionalidade, constituindo-se em um conjunto articulado, mesmo que conflituoso, de decisões, baseado em informações sustentadas em estudos e pesquisas que permitem a formulação de planos de intervenção, tendo em vista o enfrentamento das necessidades sociais. Esse é seu compromisso ético: atender às necessidades sociais, ao mesmo tempo que busca garantir ou prover as condições básicas para que seus beneficiários possam exercitar suas capacidades. Por isso, não se restringe à provisão de bens materiais, mas procura também garantir o acesso à informação, à convivência familiar e comunitária, às oportunidades de desenvolvimento intelectual e político, em síntese, visa à autonomia dos seus destinatários (PEREIRA, 2008a).

Como expressão de direitos sociais, regidos pelo princípio da igualdade e da justiça social, a política assistencial "consiste em prover e fazer o que for devido ao cidadão que, como tal, se converte em credor e titular legítimo desse atendimento" (PEREIRA, 2008b, p. 221).

A política de assistência social insere-se em uma perspectiva de desmercadorização: pela gratuidade dos seus benefícios e serviços e por não estar o usufruto dos seus benefícios condicionado a nenhum cálculo contratual, atuarial ou contábil. Assim, ela é gratuita e não contributiva, não tendo nenhum valor mercantil.

Isso posto, Pereira (2008b, p.225-226) assim define a política de assistência social: "[...] política de seguridade social que visa, de forma gratuita e desmercadorizada, contribuir para a melhoria das condições de vida e de

cidadania da população mediante três procedimentos básicos:
a) provimento público de benefícios e serviços básicos como direito de todos;
b) inclusão no circuito de bens, serviços e direitos de segmentos sociais situados à margem desses frutos do progresso;
c) manutenção da inclusão supracitada e estímulo ao acesso a patamares mais elevados de vida e de cidadania, mediante desenvolvimento de ações integradas no âmbito das políticas públicas."

Tais reflexões colocam elementos para uma reconceituação da política de assistência social que tenha como funções resgatar e concretizar direitos, inserindo e mantendo grandes parcelas da população no circuito do conjunto das oportunidades sociais de forma a promover, prevenir e proteger. Nesse raciocínio, tornam-se seus destinatários aqueles que estejam, temporária ou permanentemente, em condições de inserção social em padrão inferior àquele considerado socialmente satisfatório (alvo de ação resgatadora de direitos) e aqueles em risco de decair desse patamar, ou mesmo sem condições de ultrapassá-lo (alvo de ação preventiva).

Essas reflexões revelam que já há, no Brasil, significativo avanço conceitual e prático no campo da assistência, sobretudo com a Lei Orgânica da Assistência Social (Loas) e o Sistema Único de Assistência Social (Suas); porém, superar concretamente as tradicionais e conservadoras concepções ainda presentes nessa área constitui grande desafio para os que defendem o avanço dos direitos sociais no país.

Ver: Assistencialismo; Cidadania; Exclusão Social

Referências bibliográficas

BOSCHETTI, I. *Assistência social no Brasil:* um direito entre originalidade e conservadorismo. Brasília: Gesst/Ser/UnB, 2001.

PEREIRA, P. A. Sobre a política de assistência social no Brasil. In: BRAVO, M. I.; PEREIRA, P. A. (Orgs.). *Política social e democracia*. São Paulo: Cortez; Rio de Janeiro: UFRJ, 2008a.

______. *Política social*: temas e questões. São Paulo: Cortez, 2008b.

SPOSATI, A. O. et al. *Assistência na trajetória das políticas sociais brasileiras*. São Paulo: Cortez, 1989.

VIANA, A. L. A.; LECOVITZ, E. Proteção social: introduzindo o debate. In: VIANA, A. L. A.; ELIAS, P. E. M.; IBAÑEZ, N. (Orgs.). *Proteção social* - dilemas e desafios. São Paulo: Hucitec, 2005.

Política Científica e Tecnológica

Sérgio Salles-Filho

A Política Científica e Tecnológica (PCT) refere-se ao planejamento, formulação, implementação e avaliação de resultados e impactos de medidas de estímulo ao desenvolvimento científico e tecnológico em âmbitos nacional, internacional, regional ou local. É normalmente proposta por governos em ação isolada ou em cooperação com outros segmentos da sociedade, incluindo-se a academia, os centros de pesquisa e desenvolvimento, empresas e associações de empresas, representações não governamentais, ou mesmo indivíduos.

A PCT surgiu como consequência da participação sistemática e múltipla da ciência na rotina das pessoas, protagonizando mudanças na vida dos indivíduos e das organizações. Quando isso ocorreu, os rumos do progresso científico e tecnológico passaram a fazer parte das preocupações de governos, organizações militares, empresas e demais instituições sociais.

Historicamente, a incorporação do conhecimento científico à produção e a profissionalização da ciência (o surgimento da profissão do pesquisador científico) estruturaram-se na segunda metade do século 19 e emergiram com força na Segunda Revolução Industrial. O aparecimento de indústrias baseadas na ciência no último quartil do século 19, como a química e a elétrica e, posteriormente, a de comunicações e a automobilística, ampliaram o interesse pelos extraordinários impactos econômicos da ciência.

Apesar de a ciência e seus desdobramentos tecnológicos terem sido protagonistas da Segunda Revolução Industrial e de terem transformado o mundo alavancando novas potências industriais, o interesse governamental no desenho de políticas exclusivas para ciência e tecnologia (C&T) ficaria relativamente restrito até a Segunda Guerra Mundial, quando um evento essencial na história moderna mudou fortemente a visão e a expectativa da sociedade em relação à ciência. A transformação do conhecimento teórico sobre energia nuclear em um artefato bélico de proporções inauditas mudou o mundo e mudou o papel da ciência na sociedade.

Dos artigos científicos à detonação da primeira bomba nuclear foram apenas dois anos. Esse fato, extraordinário em todos os sentidos, colocou o tema da política científica e tecnológica definitivamente nas agendas das políticas públicas. A vinculação entre Estado e ciência ficou mais estreita e direta. As organizações científicas proliferaram, sociedades para o progresso da ciência surgiram e políticas de fomento à produção e uso do conhecimento científico prosperaram.

É sintomático que, nos EUA, em 1940, o gasto público com ciência e tecnologia se concentrasse majoritariamente na área agrícola (cerca de 40% de todo o gasto do governo federal com ciência) e na área de saúde pública. Após a entrada do país na Segunda Guerra, essa situação mudou completamente, ganhando espaço o investimento público para Defesa: física, química, engenharias, matemática ganham espaço em termos de recursos e também de atenção quanto aos seus possíveis rumos.

Nesse momento, questões relacionadas ao futuro da ciência e aos seus impactos sobre a sociedade passam a frequentar a pauta de formuladores de políticas, empresários e segmentos da sociedade organizada. Além do efeito econômico do progresso científico, já demonstrado na virada do século 19 para o 20, e da importância da pesquisa científica para a ocupação do território, para a produção de alimentos e a erradicação de epidemias e endemias, o fator estratégico militar ganhou evidência e deu impulso à formulação de políticas para ciência e tecnologia.

Na sequência do pós-Segunda Guerra, o mundo experimentou eventos relacionados ao progresso científico e tecnológico que deram visibilidade à questão do controle social da ciência. O caso dos pesticidas desenvolvidos na Segunda Guerra, tais como os organoclorados BHC e DDT, com seus efeitos nocivos à saúde e ao ambiente, o caso de novos medicamentos com efeitos colaterais terríveis e não detectados a tempo, assim como o caso dos efeitos da energia nuclear na saúde dos indivíduos, deram força ao debate sobre a importância da ciência no dia a dia das pessoas.

Desde então, as chamadas políticas científicas e tecnológicas generalizaram-se nos países e ganharam diferentes dimensões. Dentre elas, cinco são as mais evidentes.

A primeira dimensão é a da institucionalização da PCT nas estruturas de governo, por meio da criação de entidades nacionais que se ocupam das políticas oficiais para C&T. Evidentemente, ao longo do tempo os países foram criando e diversificando suas instâncias de apoio a C&T. Ainda que os conselhos nacionais de pesquisa representem bem o início desse movimento, a institucionalização das instâncias de planejamento e execução de políticas e programas levou à criação de várias organizações em diversos níveis de governo.

A segunda dimensão, que complementa a primeira, é a do fomento, por meio da criação de programas e fundos voltados à promoção de C&T. Quase sempre, esses fundos e programas têm aportes governamentais substantivos que representam em média metade de todo esforço de pesquisa de boa parte dos países desenvolvidos e chegam a 90% nos países em desenvolvimento. São esses fundos e programas que viabilizam a implantação das ações definidas nas políticas de C&T.

A terceira dimensão é a da prioridade, que indica em que, onde e como o recurso será aplicado. A definição das prioridades do desenvolvimento científico e tecnológico é um tema permanente da PCT, que polariza e ao mesmo tempo cria convergências na direção e no sentido dos investimentos em C&T. Nesse tema reside boa parte do debate sobre os rumos da PCT, justamente porque é tendo-o como referência que são tomadas as decisões sobre o futuro da produção e do uso do conhecimento científico.

A quarta dimensão é a da avaliação de impactos (*technological assessment*, no jargão em inglês). Justamente por causa dos efeitos verificados e esperados e pela necessidade de reduzir efeitos negativos e ampliar os positivos, o tema da avaliação de impacto faz parte da PCT. Assim, conhecer os possíveis impactos negativos de um novo conhecimento ou tecnologia é tão importante quanto conhecer os possíveis impactos positivos no crescimento econômico. Tecnologia pode resolver antigos problemas e criar novos, por exemplo, nos campos da saúde, do trabalho, da distribuição de renda, do crescimento agrícola e industrial etc. A articulação entre avaliação, institucionalização, fomento e priorização é um elemento natural da organização da PCT. Quanto mais sistemática a avaliação, seja *ex-ante*, seja *ex-post*, maior tende a ser o controle social da C&T

A quinta dimensão é a da gestão. Políticas de C&T exigem mecanismos de planejamento e de gestão específicos para que sejam implementadas com sucesso. Assim, a PCT engendrou o desenvolvimento de métodos e práticas de gestão, criando competências específicas no tema.

Para que essas cinco dimensões da PCT estejam presentes é necessária uma visão interdisciplinar, que reúna não apenas as áreas científicas *stricto sensu* (física, química, biologia, medicina, engenharias etc.), como outras áreas do conhecimento que trazem conceitos, ferramentas e métodos úteis para o estudo da PCT, tais como a economia, a administração, a sociologia e a filosofia, dentre outras. Como consequência, o estudo das políticas de ciência e tecnologia criou um campo próprio, genericamente conhecido como estudos sociais da ciência e da tecnologia.

Esse campo próprio do conhecimento vem, desde os anos 1970, evoluindo em sua natureza interdisciplinar e alimentando os órgãos de governo e as empresas na definição, implantação e acompanhamento das políticas e estratégias de desenvolvimento científico e tecnológico.

A partir do início dos anos 1990, muitos países acrescentaram a letra "i", de inovação, ao acrônimo PCT, hoje conhecido como PCTI, ou política de ciência, tecnologia e inovação.

Essa mudança teve um sentido claro: não bastava mais que as políticas de C&T se limitassem aos mundos da ciência e da tecnologia, elas precisavam ir além e levar o conhecimento científico e tecnológico ao *status* de conhecimento em uso (novos produtos, novos processos, novos serviços), ou, mais simplificadamente, inovação.

A inovação entrou formalmente nas políticas de C&T em meados dos anos 1990, quando a União Europeia passou a adotar o conceito de sistemas nacionais de inovação como instrumento de desenvolvimento econômico e social. Esses Sistemas de Inovação seriam justamente a indicação de que as políticas de C&T deveriam se desenvolver integradas a outras políticas, como a industrial, a agrícola, a educacional, a de saúde etc.

No Brasil, desde o final da década de 1990, as políticas de C&T passaram a ser políticas de C&T&I, nas quais a inovação, que é o uso pela sociedade de novo conhecimento científico e tecnológico, passa a ocupar um espaço importante de aproximação das diferentes políticas públicas do país.

A consequência maior disso é que ocorre um processo de ampliação das diretrizes de desenvolvimento científico e tecnológico principalmente porque essas diretrizes agora têm objetivos que, além de visar à produção de conhecimento e tecnologia, vão na direção do desenvolvimento econômico e social.

Ver: Desenvolvimentismo; Desenvolvimento; Planejamento

Referências Bibliográficas

BAIARDI, A. *Sociedade e Estado no apoio à ciência e à tecnologia:* uma análise histórica. São Paulo: Hucitec, 1996.

BAUMGARTEN, M. *Conhecimento e sustentabilidade:* políticas de ciência, tecnologia e inovação no Brasil contemporâneo. Porto Alegre: UFRGS/Sulina, 2008.

DAGNINO, R. *Ciência e tecnologia no Brasil:* o processo decisório e a comunidade de pesquisa. Campinas,SP: Editora Unicamp, 2007.

HERRERA, A. et al. *Las nuevas tecnologías y el futuro de América Latina:* riesgo y oportunidad. México, D.F.: Siglo XXI, 1994.

ORGANIZAÇÃO DOS ESTADOS AMERICANOS (OEA). *Ciência, tecnologia, engenharia e inovação para o desenvolvimento:* uma visão para as Américas no século XXI. Trad. Maria Helena Rangel Geordeane. 2. ed. Washington, DC, 2005.

SALLES-FILHO, S.; BONACELLI, M. B. M. Trends in the organization of public research organizations: lessons from the Brazilian case. *Science & Public Policy*, Oxford, v. 37, n. 3, p. 193-204, 2010.

SALLES-FILHO, S.; GONÇALVES, C. S.; MELLO, L. C. P. *Livro verde de ciência e tecnologia e inovação*. Brasília, DF: Academia Brasileira de Ciências, 2001.

VARGAS, M. (Org.). *História da técnica e da tecnologia no Brasil*. São Paulo: Editora Unesp/Centro Estadual de Educação Tecnológica Paula Souza, 1994.

VIOTTI, E. B.; MACEDO, M. de M. (Org.). *Indicadores de ciência, tecnologia e inovação no Brasil*. Campinas, SP: Editora Unicamp, 2003.

Política Cultural

João Batista de Andrade

Cultura é um terreno amplo, no qual circulam agentes variados e múltiplos interesses, desde o simples artesão, o estudante e o intelectual isolado em suas formulações e pesquisas, até o mais complexo sistema de geração de novas tecnologias. Tornou-se terreno particularmente complexo com o explosivo crescimento do sistema de telecomunicações, estruturado hoje de forma monopolista e que movimenta imensos interesses econômicos em acirrada disputa pelos mercados em todo o planeta.

Embora "cultura" seja um conceito amplo, convenciona-se chamar de "política cultural" as diretrizes mais voltadas para a produção artística. O universo da produção científica, por exemplo, é tratado pelo sistema de ensino e por políticas próprias da área científica. Há quem defenda que deveriam ser incluídos em uma "política cultural" os chamados setores criativos, como a moda, por exemplo, com fortes interesses empresariais e de mercado. Porém, ao menos por enquanto, essa polêmica inclusão ainda não se deu.

Falar em política cultural é referir-se a uma etapa avançada do capitalismo e do domínio do mercado sobre as mais diversas atividades humanas. É considerar a fragilidade da cultura diante das exigências desse mercado, problema que levou os mais diversos Estados a criar formas de apoio à produção cultural. Antes, o exercício do pensar e do criar era feito de forma diletante, depois passou a se profissionalizar e a ter como patrocinadores as autoridades maiores dos regimes feudais, as monarquias com suas cortes que necessitavam então do brilho de seus artistas. No capitalismo, o "príncipe" passará a ser o próprio Estado.

A ação estatal dá-se de forma complexa, ora aprisionando os criadores aos interesses políticos e sociais dos poderosos, ora desenvolvendo-se em franco conflito com os criadores. Governantes sempre puderam usar da forma tradicional de repressão a pensamentos novos: a prisão, a tortura, a morte, o exílio. Mas a dependência da cultura também forneceu aos governantes uma nova arma: o patrocínio. Sem o patrocínio, o mundo da produção cultural pena para existir e em muitos casos sucumbe à subserviência, ao medo ou à incapacidade de atender ao mercado.

Ser patrocinado – ideia que vale tanto para o patrocinador privado quanto para o estatal – põe o criador diante de muitos dilemas. Ele não pode contrariar o mecenas, nem destruir sua criação a ponto de negá-la para sobreviver. O resultado desse desconforto, no entanto, não é apenas negativo: carrega a criação cultural de ambiguidades, que muitas vezes a enriquecem. O criador, no mundo da cultura, vive o desafio de ser criador, crítico e também necessário ao mecenas. É a visão de que a cultura, em boa parte, vive nas dobras do poder, em seus cochilos, paradoxos e contradições.

Uma política cultural será tão mais consistente, democrática e pluralista quanto mais se fundamentar na compreensão política que governantes e políticos tiverem de que o desenvolvimento cultural é importante para o país e para seu povo, uma importância que vai além das visões setoriais e corporativas dos diversos setores da atividade cultural, embora as inclua.

Nesses setores, é comum o exercício da luta por melhores condições para o exercício das atividades criadoras, mas os discursos muito raramente escapam ao tom particularista e setorizado. O mérito das "políticas culturais corporativas" é expor as questões específicas e exibir a realidade setorial da produção. Cabe ao mundo da política, aos governantes, saber jogar com essa política como um dado setorial concreto, não como um todo cultural à parte.

Assim, antes de perguntar aos cineastas, por exemplo, quais são suas reivindicações e demandas, é preciso assumir a necessidade da existência de um cinema nacional, como exercício de liberdade de expressão, como exercício da criatividade nacional e como atividade econômica específica. Reconhece-se, com isso, que uma política cultural deve ser traçada não exatamente para os artistas, mas para o país, para o conjunto do povo. A ideia da existência, da permanência e do fortalecimento de um cinema nacional precisa ser formulada tendo-se em vista a questão política e cultural do país, o desenvolvimento de potencialidades criativas de um povo, a ocupação de mercados, a geração de empregos, o confronto internacional entre culturas, a defesa da diversidade de expressões culturais audiovisuais.

Um dos grandes dilemas de muitas políticas culturais tem a ver com o oportunismo com que políticos ouvem os setores profissionais da cultura. Muitas vezes a atividade cultural acaba por ser cooptada pelo mundo da política e a política é aprisionada pela lógica do atendimento assistencialista. Trata-se de uma distorção que favorece o pior lado da política e denigre a atividade cultural, possibilitando que políticos e governantes valham-se dessa cooptação para se sobrepor ao setor, colocando a atividade cultural como dependente, manipulada e aprisionada pelo poder.

Antes de se preocupar com atender às necessidades práticas de atores, escritores, cineastas, músicos, artesãos, é preciso então formular uma política cultural geral, para que dentro dela estejam contidas essas necessidades passadas pelo crivo da visão nacional e democrática da questão cultural. De um lado, é preciso que a atividade incentivada tenha uma existência concreta na sociedade (ou ao menos a possibilidade real de existir) e que fique claro que a ação incentivadora será indispensável para seu desenvolvimento. Aqui, como no reverso da medalha, é preciso também focar o mercado. Pois se o mercado aparece primeiro como vilão da criação artística, é ele que vai, depois, em boa parte (não toda) legitimar essa produção, seja pela aceitação, pelo sucesso, seja pelo que deixa plantado na sociedade como exemplo de novas propostas ainda não consumíveis. De outro lado, há que se medir a intensidade do apoio estatal, para que não se cultive a dependência excessiva, aquilo que costuma ser chamado de "financiamento do fracasso" ou "empreguismo cultural".

Formuladores de política cultural e criadores precisam levar na devida conta que todo incentivo estatal é feito sem que o governante possa julgar-se dono da criação incentivada. Pois aqui está uma questão também colocada pela modernidade: a defesa da autonomia da criação artística e da pesquisa perante o mercado e perante o Estado, principal apoiador. É fundamental o preceito de que o Estado, ao incentivar a produção cultural, deve abster-se de induzir e de julgar os rumos dessa produção, tarefa que cabe à sociedade.

As políticas culturais modernas preocupam-se certamente com a cultura passada, aquela cujas expressões se cristalizaram em bens materiais ou "imateriais" e que merecem ser preservadas apesar do processo antropofágico da própria produção cultural, isto é, do caráter de superação do velho e de sua absorção na criação do novo com maior ou menor aparente negação. Uma política cultural positiva deve ocupar-se dessa questão e procurar ter a medida certa de seu significado como passado, como memória, como exemplo, como indagação aos ancestrais. O risco, que absolutamente não deve levar ao abandono preservacionista, é que a cultura do passado se torne um fetiche e não fato e transição, com suas épocas determinadas. Caso isso aconteça, o passado se transforma em algo que ficou lá atrás, inatingível e impositivo, portanto, em algo não assimilado criticamente.

Em se tratando de política de Estado, a política cultural exige sua própria burocracia, seus organismos de gestão e ação, assim como suas verbas, suas leis, seus editais, seus critérios de incentivo e controle. Nesse terreno, enfrentam-se os interesses de indivíduos e grupos da criação artística. Cabe então ao Estado funcionar como fator de mediação e regulação, construindo consensos entre os diversos setores sem perder a visão mais complexa da questão, de modo a que se incorporem inteligente e equilibradamente todos os elementos associados a povo, mercado, memória, diversidade, qualidade e sustentabilidade. Uma boa política cultural deve ser boa para os criadores, para a população, para o país e sempre que possível para o mundo.

Ver: Capital Social; Consenso; Hegemonia; Identidade Social; Igualdade; Nação/Nacionalismo; Políticas de Educação

Referências Bibliográficas

BOMENY, H. *Os intelectuais da cultura*. Rio de Janeiro: Jorge Zahar, 2003.

BOTELHO, I. Dimensões da cultura e políticas públicas. *São Paulo em Perspectiva*, São Paulo, v. 15, n. 2, p. 73-83, abr./ jun. 2001.

BRANT, L. (Org.). *Políticas culturais*. São Paulo: Manole, 2003.

CALABRE, L. (Org.). *Políticas culturais:* diálogo indispensável. Rio de Janeiro: Edições Casa de Rui Barbosa, 2005.

COELHO, T. *Dicionário crítico de política cultural*. São Paulo: Fapesp/Iluminuras, 1997.

FEIJÓ, M. C. *O que é política cultural*. São Paulo: Brasiliense, 1983.

RUBIM, L. (Org.). *Organização e produção da cultura*. Salvador: Edufba, 2005.

Política de Emprego

AMILTON MORETTO

Pode-se definir "política de emprego" como um campo das políticas públicas destinadas a intervir no funcionamento do mercado de trabalho. Essa definição permite duas acepções. No primeiro caso, diz respeito a todas as ações do setor público por meio dos instrumentos de política econômica (fiscal, cambial, monetária etc.), de ciência e tecnologia, de desenvolvimento regional e de proteção social que tenham impacto sobre a demanda de trabalhadores em termos quantitativos ou qualitativos. Essa acepção confere um sentido amplo para a expressão política de emprego, cujas ações atuam fundamentalmente sobre a geração dos postos de trabalho e a qualidade dos empregos existentes.

Numa acepção mais estrita, a expressão diz respeito às ações focadas na proteção ao trabalhador e na oferta de mão de obra, visando corrigir os desequilíbrios do mercado de trabalho e melhorar seu funcionamento. Nesse sentido, os instrumentos de políticas utilizados procuram facilitar o ajustamento e a adequação entre a oferta e a demanda de trabalhadores por meio dos programas de intermediação de mão de obra do Serviço Público de Emprego e de qualificação e formação profissionais. Somam-se a essas políticas a proteção ao trabalhador desempregado propiciada pelo seguro-desemprego e as ações de regulação do trabalho que normatizam as relações e condições de trabalho e fiscalizam o seu cumprimento, reduzindo as assimetrias de poder entre o trabalhador e o empregador, assim como estabelecendo um padrão mínimo para as relações de emprego. Essas ações compõem o conjunto de políticas que permite a administração e a coordenação do trabalho pelo Estado e são mais bem definidas como políticas de mercado de trabalho (*labour market policies*).

Era essa a compreensão predominante entre os governantes nos países de industrialização avançada, sobretudo da Europa ocidental, que permitiu a constituição dos chamados Estados de bem-estar social (*Welfare States*). A preocupação com uma política de emprego ganhou importância na condução da economia a partir da experiência de desemprego "em massa" vivida nos países industrializados, ao longo da década de 1930, em decorrência da crise mundial após a quebra da Bolsa de Nova Iorque em outubro de 1929 e os desdobramentos sociais e políticos que culminaram na Segunda Guerra Mundial.

Em termos teóricos, foi a publicação em 1936 da *Teoria geral do emprego, da moeda e do lucro*, de John Maynard Keynes, que forneceu os elementos para sua implementação. Em linhas gerais, essa obra inverteu os pressupostos da economia tradicional ao defender que o nível de emprego em uma economia capitalista industrial era resultado das decisões de gasto dos agentes econômicos (indivíduos, empresas) em consumo e investimento. Assim, sempre que houvesse risco de desemprego, caberia ao Estado estimular o investimento privado e realizar gastos públicos para manter a economia funcionando próximo ao nível de pleno emprego. Em outras palavras, Keynes propõe que o Estado tenha uma participação ativa na regulação das atividades econômicas, visando o mercado de trabalho.

As ideias de Keynes e a experiência dos anos 1930 e da guerra marcaram profundamente uma geração dos homens públicos das nações desenvolvidas, especialmente da Europa. Dentre esses, destaca-se William Beveridge. Sua experiência na introdução do seguro-desemprego e do serviço público de emprego na Grã-Bretanha e sua preocupação com o desemprego levaram-no a coordenar um estudo cuja publicação em livro tornou-se um marco da política econômica do pós-guerra: *Full employment in a free society* (1944). Ali ele define a noção de uma "política de pleno emprego" como sendo a geração de um número de novos postos de trabalho superior ao aumento do número de indivíduos em busca de emprego.

Tal concepção considera o desemprego como parte constituinte do funcionamento do mercado de trabalho e entende que o trabalhador deve ter oportunidade de migrar de um emprego para outro com melhor remuneração e melhores condições de trabalho. Contudo, defende-se que esse desemprego seja de curta duração e que, durante esse período, seja assegurado ao trabalhador um rendimento suficiente para que ele mantenha a sua condição de vida e a de sua família enquanto busca um novo emprego condizente com suas expectativas e adequado à sua qualificação.

Nessa abordagem, a política de emprego corresponde a um conjunto de políticas, instituições e instrumentos capazes de garantir um nível de demanda agregada suficiente para que o ritmo de crescimento da economia gere os postos de trabalhos necessários, incorporando o aumento da produtividade para absorver o crescimento da população economicamente ativa. Para tanto, espera-se que o Estado nacional assuma a coordenação econômica, construindo um ambiente de estímulo ao investimento privado e investindo em áreas de pouco interesse ou estratégicas para a sociedade.

Ao lado das ações mais estruturantes da economia, são previstas ações voltadas à "sintonia fina" do mercado de trabalho. Enquanto a política de emprego responderia pela geração de postos de trabalho, outro conjunto de políticas, instituições e instrumentos seria contemplado para viabilizar que os postos de trabalho gerados fossem rapidamente preenchidos pelos indivíduos que estavam procurando emprego. Considera-se importante que essas novas vagas sejam preenchidas por pessoas com o perfil adequado, viabilizando a permanência do trabalhador no emprego e contribuindo para o crescimento da produtividade.

A compreensão das políticas de pleno emprego dos Estados de bem-estar social mudou com o esgotamento do modelo de desenvolvimento do pós-guerra, a inflação e o ressurgimento do desemprego de massa. Ganhou força então o ideário conservador, abandonando-se o compromisso do pleno emprego. A partir de então, as políticas de mercado de trabalho, cujo papel era complementar, passam a ter proeminência no enfrentamento do desemprego. Além disso, essas ações passam a ser classificadas em políticas passivas e políticas ativas (*active and passive labour market policies*).

As ditas políticas ativas de mercado de trabalho são aquelas consideradas capazes de melhorar o funcionamento do mercado de trabalho e reduzir o desemprego, dinamizando a "empregabilidade" dos trabalhadores. Dentre tais ações, pode-se destacar a formação e qualificação profissional e o empreendedorismo (*self-employment*). Essas políticas de "ativação" passam a ser estimuladas especialmente pela Organização para a Cooperação e o Desenvolvimento Econômico (OCDE), em detrimento das chamadas passivas.

As chamadas políticas passivas são as medidas que atuam reduzindo a oferta de trabalho, seja por retirar o trabalhador antecipadamente da vida ativa (aposentadorias antecipadas, por exemplo) ou por retardar seu reingresso em um posto de trabalho (como é o caso do seguro-desemprego). O que antes era visto como proteção ao trabalhador, isto é, proteção da renda no momento de desemprego, passou a ser apontado como instrumento de desincentivo ao trabalho. Assim, o trabalhador, ao receber um benefício que repunha parte de sua antiga remuneração por um longo período, ficava acomodado na situação de desemprego. O resultado era a ampliação do tempo de desemprego e a desatualização de suas habilidades e sua qualificação profissional, dificultando sua reentrada em novo emprego. Nesse caso, passou-se a defender a "ativação" dessas políticas, restringindo o tempo de recebimento do benefício do seguro-desemprego, reduzindo seu valor e estabelecendo um número fixo de propostas de emprego passíveis de recusa pelo desempregado sem que ele perca o direito ao benefício. Ao mesmo tempo, procurou-se criar mecanismos de estímulo à procura de emprego e seu acompanhamento.

O conceito de política de mercado de trabalho ativa não é consensual entre os organismos internacionais. A Organização Internacional do Trabalho (OIT), por exemplo, advoga que tal política seja capaz de garantir trabalho aos que estejam disponíveis e aos que procuram ocupação. Ainda assim, houve uma inflexão na concepção do papel desempenhado por uma política de emprego: não mais garantir que todos tenham empregos, mas sim garantir que todos tenham condições de participar do mercado de trabalho, mesmo que sob forma precária.

Essa "segunda geração" das políticas de emprego adotada nos países de industrialização avançada também foi recomendada aos países em desenvolvimento, mas foi adotada de forma bastante heterogênea, pois nem todos possuem políticas de mercado de trabalho institucionalizadas. No caso brasileiro, esse conjunto de políticas foi implementado de maneira fragmentada e sua operacionalização sistemática data de meados dos anos 1990, após a criação de um fundo para financiar o seguro-desemprego.

Em 2006, criou-se o Sistema Público de Emprego, Trabalho e Renda, com o objetivo de reordenar o conjunto das políticas de mercado de trabalho no Brasil. Essa iniciativa teve como pressuposto estabelecer os limites entre a política setorial e as políticas macroeconômicas. Enquanto estas últimas respondem pelo nível de emprego, as políticas de mercado de trabalho são recolocadas como instrumentos complementares e de ação restrita, cujo papel é melhorar as condições de estruturação e funcionamento do mercado de trabalho. Destaca-se também a intenção de incorporar as especificidades do mercado de trabalho brasileiro, cuja característica marcante é a inserção precária de parcela expressiva dos trabalhadores, visando implementar ações que permitam a transição desse trabalhador para um emprego regular ou possibilitar o fortalecimento e a estruturação do trabalho por conta própria, incorporando os trabalhadores em situação mais vulnerável no sistema de proteção social.

Ver: Desenvolvimento; Planejamento

Referências Bibliográficas

AZEREDO, B. *Políticas públicas de emprego*: a experiência brasileira. São Paulo: Associação Brasileira de Estudos do Trabalho - Abet, 1998.

MORETTO, A. J. *O sistema público de emprego no Brasil*: uma construção inacabada. São Paulo: LTr, 2009.

MINISTÉRIO DO TRABALHO E DO EMPREGO. *II Congresso Nacional*: Sistema Público de Emprego, Trabalho e Renda. São Paulo: MTE/Codefat/Fonset, 2005.

ORGANIZATION FOR ECONOMIC CO-OPERATION AND DEVELOPMENT. *The OECD jobs study*: facts, analyses, strategies. Paris: Organization for Economic Co-operation and Development, 1994.

THUY, P.; HANSEN, E.; PRICE, D. *El servicio público de empleo en un mercado de trabajo cambiante*. Madrid: Ministério de Trabajo y Assuntos Sociales, 2001 (Colección Informes OIT n. 55).

Política de Esporte

Marcelo Weishaupt Proni

Quando a Unesco adotou a Carta Internacional de Educação Física e Esporte, em 1978, enfatizando a importância do esporte para o desenvolvimento integral do ser humano, a promoção de hábitos sociais saudáveis e o entendimento entre os povos, a maioria dos Estados que compõem as Nações Unidas já contava com programas de estímulo ao esporte escolar e recreativo e implementava ações de incentivo ao desenvolvimento do esporte de alto rendimento. Contudo, em poucos países a prática esportiva havia sido alçada à condição de um direito fundamental para todos, o que implica reconhecer que é incumbência do governo propiciar instalações, equipamentos e facilidades para que qualquer pessoa possa praticar uma atividade esportiva. Desde então, houve muitos avanços nessa área.

O escopo de uma "política de esporte" no mundo contemporâneo vai muito além de um conjunto de intervenções esporádicas ou ações descontínuas, destinadas a viabilizar a realização de eventos esportivos, custear o treinamento de equipes, atender demandas sociais pontuais ou divulgar os benefícios da prática esportiva. A política pública nessa área engloba, atualmente, estruturas administrativas perenes, planejamento estratégico de ações prioritárias, mecanismos institucionalizados de financiamento e avaliação de programas, diretrizes e códigos compartilhados por todos os atores sociais que compõem esse campo.

Nos países considerados mais avançados em termos de desenvolvimento esportivo, há complexos sistemas coordenados ou regulamentados por autoridades públicas, com maior ou menor grau de coesão institucional, que estabelecem um ordenamento para o funcionamento das entidades esportivas, valorizam facetas da cultura esportiva, proporcionam condições para a prática esportiva em diferentes âmbitos e criam sinergias entre o esporte escolar, o esporte de lazer e o esporte de alto rendimento. A maioria desses sistemas se baseia na premissa de que "quanto maior a base da pirâmide, maior o topo".

Existem modelos diferentes de sistemas esportivos, podendo haver variações significativas no que se refere à extensão do arcabouço normativo, ao papel do Estado, à autonomia dos clubes e ligas, à hierarquização das instâncias decisórias e operacionais, às fontes de financiamento, à relação entre as estruturas públicas e privadas e à articulação com o sistema de ensino formal. Essas diferenças se refletem nas políticas de esporte observadas em países como os Estados Unidos, onde a ação do Estado é restrita e fragmentada, concentrando-se no estímulo à prática entre os jovens e na regulamentação da oferta de serviços esportivos; Cuba, onde o desenvolvimento do esporte é totalmente promovido pelo Estado, cuja atuação abrange a iniciação esportiva, o esporte comunitário e o esporte olímpico; e Austrália, onde o poder público tem papel fundamental (com distribuição de competências entre as três esferas de governo), mas resguardando a autonomia do setor privado. Nesse sentido, é importante notar que as diferenças nacionais em termos de regime político, sistema de governo e cultura política influenciam tanto o formato e funcionamento do sistema esportivo nacional como o caráter das políticas de esporte.

Estudos no campo das políticas públicas de esporte têm examinado inúmeros aspectos, tais como: 1) a hierarquia de prioridades e objetivos (incluindo a variedade, a abrangência e o alcance dos programas); 2) o grau de centralização ou descentralização das políticas (em especial a concentração ou dispersão do poder decisório); 3) o grau de convergência ou divergência entre os programas e as demandas sociais (inclusive a existência de conflitos de interesses); 4) as relações entre o Poder Executivo e o Legislativo (em particular a capacidade dos parlamentares para influenciar no desenho das políticas); 5) o caráter corporativista ou pluralista na representação dos interesses (inclusive a presença de coalizões e lobistas); 6) o volume do gasto público na promoção do esporte (referente aos três níveis de governo); 7) a diversidade e eficácia dos instrumentos de regulação de uma ampla gama de atividades relacionadas com o esporte (seja por meio de legislação ou de agências específicas); 8) a emergência de novos atores nesse campo político (ou a diversidade dos *stakeholders*); 9) o grau de mercantilização ou desmercantilização do acesso aos bens e serviços esportivos (inclusive a participação do terceiro setor no atendimento das demandas); e 10) a maior ou menor ênfase na inclusão social (programas dirigidos para grupos desfavorecidos).

Ao comparar quatro experiências nacionais, Bergsgard et al. (2007) propõem uma abordagem para as políticas de esporte que toma como inspiração a tipologia de Esping-Andersen para diferentes regimes de *Welfare State*. Na Inglaterra, a política de esporte caracteriza-se por ter um escopo mais limitado; ainda que controlado pelo Estado, o governo local tem um papel secundário e predomina um elevado grau de mercantilização do esporte. Na Noruega, a política de esporte assume um caráter mais abrangente; embora menos dominado pelo Estado, o governo local deve desempenhar um papel importante, as associações esportivas voluntárias exercem uma função fundamental e prevalece um baixo grau de mercantilização. Por sua vez, na Alemanha, o protagonismo na política de esporte fica por conta do governo federal, mas as associações esportivas voluntárias também desempenham um papel importante e prevalece um grau intermediário de mercantilização do esporte. E no Canadá a política pública de esporte apresenta um escopo limitado, o poder decisório está descentralizado (nas províncias e no governo local) e predomina um elevado grau de mercantilização.

Há diferenças nacionais significativas no grau de articulação da rede de políticas de esporte com as políticas públicas desenvolvidas em outras áreas sociais. Hoye, Nicholson e Houlihan (2010) argumentam que, em geral, o esporte ocupa um lugar secundário na agenda pública: embora muitos governos enfatizem que as políticas no esporte podem contribuir para objetivos definidos no campo da educação, da saúde e da assistência, por exemplo, a racionalidade técnica que norteia as prerrogativas na distribuição de recursos expressa claramente sua posição subordinada.

Segundo estudo produzido pelo Grupo Vocasport, na Europa, podem ser identificados quatro paradigmas de políticas públicas na área do esporte, com distintos arranjos institucionais do sistema esportivo. França, Espanha e Portugal são exemplos de países que adotam uma "configuração burocrática", na qual há um elevado grau de regulação estatal, as associações esportivas estão submetidas a diretrizes nacionais e o setor privado tem baixa participação na implementação das políticas de esporte. O Reino Unido é exemplo de uma "configuração empresarial", na qual as forças de mercado adquirem lugar importante na regulação do sistema, cabendo às autoridades públicas providenciar condições básicas e facilitar a interação entre os agentes que ofertam e os que demandam atividades esportivas. Alemanha, Itália e Suécia são exemplos de "configuração missionária" (ou voluntária), na qual o Estado delega muitas responsabilidades para as associações esportivas do terceiro setor, que atuam com grande autonomia, enquanto as empresas do setor privado atuam nas franjas do sistema. E a Holanda é exemplo de um sistema com "configuração social", que se caracteriza pela presença de parceiros sociais num sistema multifacetado, no qual existe alto grau de colaboração entre representantes do setor público, do terceiro setor e do setor privado e as políticas de esporte priorizam benefícios para a coletividade como um todo.

Houlihan esclarece que essa tipologia contrapõe traços estruturais representados em dois eixos perpendiculares. O primeiro é o papel do Estado: num polo, centralização das decisões e governo assumindo o controle dos programas; no outro polo, descentralização e presença de parcerias na execução das ações. O segundo se refere à diretriz dominante da política de esporte: de um lado, foco na tradição, na sustentabilidade dos programas e na legitimidade social; de outro, foco na introdução de inovações e na competitividade do sistema esportivo.

Por melhor que seja uma tipologia, pode ser difícil classificar um sistema esportivo nacional, uma vez que pode apresentar uma configuração híbrida e combinar traços aparentemente dicotômicos. Além disso, podem ocorrer mudanças ao longo do tempo, que impliquem uma reconfiguração do sistema numa outra direção.

No Brasil, houve uma clara inflexão após 1988, quando a Constituição Federal (art. 217) passou a se referir ao esporte como um direito social, e em especial a partir da Lei n. 8.672/93 ("Lei Zico"), que procurou superar a tutela estatal e instituiu um novo ordenamento no campo esportivo por meio da formação do Sistema Brasileiro do Desporto, da redefinição do mecanismo de elaboração e execução da Política Nacional do Desporto e da criação de um fundo público para financiar o desenvolvimento do esporte. Por sua vez, a Lei n. 9.615/98 ("Lei Pelé") procurou descentralizar o poder e ampliar a autonomia das entidades esportivas, assim como aprimorar a regulamentação para o esporte profissional.

As mudanças introduzidas resultaram num sistema esportivo de configuração híbrida, com a combinação entre um vetor burocrático (extensa regulamentação, mas baixa capacidade de controle), um vetor social (programas destinados a segmentos desfavorecidos, mas com sérias limitações orçamentárias), um vetor missionário (protagonismo do terceiro setor, mas com dependência de recursos públicos) e um vetor empresarial (importância da lógica mercantil na oferta esportiva, mas num contexto de baixa renda *per capita*).

Em 2004, a instalação da I Conferência Nacional de Esporte representou um novo marco, no sentido de democratizar o processo de elaboração da Política Nacional de Esporte e começar a construção de um Sistema Nacional de Esporte e Lazer. Em 2006, a II Conferência definiu que se trata de um sistema aberto, plural e descentralizado, capaz de articular instituições, entidades e organizações esportivas – públicas, privadas e do terceiro setor – que oferecem condições para a prática esportiva em âmbito municipal, estadual ou federal, assim como representantes dos profissionais da área e de usuários. Foram estabelecidos quatro eixos estruturantes: i) estrutura (organização, agentes e competências); ii) recursos humanos e formação; iii) gestão e controle social; e iv) financiamento. Em 2010, a III Conferência priorizou a formulação do Plano Decenal de Esporte e Lazer, cujo propósito foi estabelecer metas e ações para um desenvolvimento esportivo consistente.

Por ser uma construção política em moldes democráticos, o sistema esportivo brasileiro contém entidades e sujeitos que se pautam em lógicas distintas, muitas vezes divergentes, o que pode prejudicar a articulação de ações e se expressar na disputa por recursos e privilégios. Há uma preocupação evidente com a inclusão social e o respeito à diversidade – vitais para a promoção da cidadania –, mas enormes desigualdades econômicas, sociais e regionais tornam difícil contemplar o amplo conjunto de demandas existentes. Embora países como França, Alemanha, Holanda e Austrália possam servir de inspiração, as especificidades nacionais impedem que modelos sejam copiados. A política pública nesse campo se defronta, no Brasil e em vários países, com o desafio de encontrar uma via própria de transformação social.

Ver: Política Social

Referências Bibliográficas

BERGSGARD, N. A. et al. *Sport policy*: a comparative analysis of stability and change. Oxford: Elsevier, 2007.

BRASIL. MINISTÉRIO DO ESPORTE. *Esporte e lazer: políticas de Estado*. Brasília: Ministério do Esporte, 2009. (Caderno I: Esporte, Lazer e Desenvolvimento Humano; Caderno II: Construindo o Sistema Nacional de Esporte e Lazer.)

EUROPEAN COMMISSION. *White paper on sport*. Brussels: Commission of the European Communities, 2007.

HENRY, I. European models of sport: governance, organisational change and sports policy in the EU. *Hitotsubashi Journal of Arts and Sciences*, Tokyo, n.50, pp.41-52, 2009.

HOULIHAN, B. Public sector sport policy: developing a framework for analysis. *International Review for the Sociology of Sport*, London, n.40, pp.163-185, 2005.

HOYE, R.; NICHOLSON, M.; HOULIHAN, B. *Sport and policy*: issues and analysis. Oxford: Elsevier, 2010.

VOCASPORT. *Vocational education and training in the field of sport in the European Union:* situation, trends and outlook. Lyon: European Observatories of Sport and Employment, 2004.

Política de Infraestrutura

Waldomiro Pecht

Quando abordamos a questão da infraestrutura no âmbito de políticas públicas, estamos nos referindo a áreas de atuação do setor público relacionadas com determinados serviços considerados essenciais tanto para a produção e circulação das mercadorias, como de pessoas e de informação.

A infraestrutura estaria, portanto, em uma primeira aproximação, circunscrita aos setores de transportes, energia e telecomunicações. Essa foi a concepção que durante muito tempo predominou, principalmente entre as instituições internacionais de fomento, em suas decisões de alocar recursos com vistas a viabilizar planos de desenvolvimento. Entretanto, observou-se um alargamento do conceito e muitos trabalhos passaram a considerar como parte integrante da infraestrutura o saneamento básico e a construção civil de equipamentos sociais (edifícios escolares e hospitais, dentre outros). A inclusão desses setores levou a separar o conjunto da infraestrutura em dois segmentos: o da chamada infraestrutura econômica básica (transportes, energia e telecomunicações) e o da infraestrutura social (saneamento e construção civil de equipamentos sociais). É usual também distinguir, na área de transportes, um segmento tipicamente de infraestrutura social, como é o caso do transporte urbano de passageiros (linhas de metrô, ônibus etc.). Quanto ao setor da habitação, em geral ele não é considerado como fazendo parte da infraestrutura, ainda que em termos de política pública frequentemente apareça combinado ou próximo ao setor de saneamento.

Por sua importância para a atividade econômica e o bem-estar social, todas as atividades relacionadas com a infraestrutura sempre foram objeto de ativa presença do setor público estatal. Quer como investidor direto, construindo estradas, portos e usinas geradoras de energia, quer realizando concessões para que investidores privados o façam, o Estado sempre está presente. Cabe a ele não apenas autorizar, acompanhar e fiscalizar a construção e manutenção nesses empreendimentos, mas também regular toda a prestação dos serviços associados ao uso dessa infraestrutura física.

A presença do setor estatal na área como produtor direto ou associado, investidor, financiador e regulador é reforçada pelo perfil dos negócios relacionados com as atividades de infraestrutura. Com efeito, trata-se de projetos que exigem geralmente elevados montantes de recursos financeiros – nem sempre disponíveis fora do setor estatal –, demandam longos períodos de maturação e apresentam muita economia de escala. Em resumo, tendem a se constituir como organizações que desfrutam ou virão a desfrutar de posições monopolísticas no mercado.

Em todo caso, a profundidade e a forma como ocorrerá a presença do setor estatal na área de infraestrutura em determinado país estará condicionada, de fato, ao nível de desenvolvimento já alcançado pela economia, a seus objetivos e metas de crescimento e ao perfil das ideologias predominantes com sua natureza mais ou menos estatizante.

Cabe também assinalar que, dependendo de como esteja estruturado o Estado nacional, a ação do poder público em termos de política de infraestrutura pode estar associada a diferentes instâncias de governo. No caso do Brasil, por exemplo, onde a Constituição Federal reconhece três níveis de governo (federal, estadual e municipal) – com quatro entes federativos (União, Estados, Municípios e um Distrito Federal) –, as atividades relacionadas à infraestrutura estão distribuídas respeitando competências definidas constitucionalmente para cada nível de governo, sendo ao Distrito Federal reservadas competências atribuídas a Estados e municípios.

Em termos da ação dos governos, ou seja, em termos da política pública, trabalhar com um conceito definido de infraestrutura torna-se importante na decisão sobre a locação de recursos e suas fontes de financiamentos, assim como na escolha dos modelos de gestão a serem utilizados. Quanto aos modelos de gestão, a prática indica uma ampla gama de opções, que vai da administração pública direta, autarquias, fundações, empresas estatais ou mistas, até novos arranjos institucionais como as participações público-privadas (PPP), passando ainda por organizações ou empresas totalmente não estatais, mas que operam sob acompanhamento e fiscalização do Estado. Aliás, um tópico que aflora com a maior presença do setor não estatal na área de infraestrutura é o papel das agências reguladoras. Elas devem atuar para garantir uma adequada política tarifária, a qualidade dos serviços prestados à sociedade e o fluxo necessário de investimentos. Nesse sentido, é clara a percepção de que, quanto mais forte a participação de organizações privadas na área de infraestrutura, maior o papel a ser desempenhado pelas agências reguladoras.

No Brasil, por exemplo, acompanhando o intenso processo de privatização nos anos 1990, foram criadas na área de infraestrutura, a partir de 1996, as seguintes agências federais: Aneel (setor de energia elétrica), Anatel (telecomunicações), ANP (petróleo), ANA (água), ANTT (transportes terrestres), Antaq (transportes aquaviários), Anac (aviação civil). Estados e municípios também criaram agências, multiplicando o número de entidades reguladoras no cenário nacional.

Quanto aos segmentos de infraestrutura considerados mais recentemente como parte dos programas governamentais, o governo brasileiro, ao definir através do Programa de Aceleração do Crescimento (PAC) suas ações para o período 2007-2010, organizou-as em três eixos: infraestrutura logística, envolvendo a construção e a ampliação de rodovias, ferrovias, portos, aeroportos e hidrovias; infraestrutura energética, correspondendo a geração e transmissão de energia elétrica, produção, exploração e transporte de petróleo, gás natural e combustíveis renováveis; e infraestrutura social e urbana, englobando saneamento, habitação, metrôs, trens urbanos, universalização do Programa Luz para Todos e recursos hídricos. Quanto ao peso de cada segmento nessa fase do desenvolvimento brasileiro, um indicativo a ser observado seria o montante dos recursos previstos para investimentos. No período 2007-2010, foram previstos: para a infraestrutura logística, R$58,3 bilhões; para a energética, R$274,8 bilhões; e para a social e urbana, R$170,8 bilhões. O Banco Nacional de Desenvolvimento Econômico (BNDES), por sua vez, quando especifica sua atuação na área de infraestrutura, assinala os seguintes segmentos:

- energia elétrica – apoio à expansão e à modernização do setor, de forma a garantir o suprimento de energia elétrica com qualidade, segurança e tarifas mais baixas. Busca-se também o incremento das fontes alternativas de energia.
- energias alternativas – apoio a projetos de bioeletricidade, biodiesel,

bioetanol, energia eólica, energia solar, pequenas centrais hidrelétricas e outras energias alternativas.

• petróleo e gás natural – apoio a projetos que visem ao aumento da produção nacional, de modo a assegurar a oferta de combustíveis no mercado doméstico, contribuindo para o desenvolvimento do mercado, inclusive em atividades em novas fronteiras exploratórias de gás natural, na promoção de biocombustíveis e na diversificação da matriz energética. O BNDES apoia investimentos que contribuam para o desenvolvimento de toda a cadeia produtiva do setor de petróleo e gás.

• logística – apoio a investimentos na infraestrutura logística e de transportes, englobando os setores rodoviário, ferroviário, portuário e aéreo. O BNDES oferece linhas de apoio específicas a projetos que buscam solucionar gargalos logísticos de contornos de cidades e acessos a portos. Outra prioridade são os investimentos em infraestrutura de transporte ferroviário de cargas nas regiões Norte e Nordeste.

• telecomunicações – apoio a investimentos em obras, instalações, serviços e equipamentos, com o objetivo de estimular a demanda por equipamentos e *software* fornecidos pela indústria local, fomentar o desenvolvimento tecnológico no país e promover a universalização dos serviços de telecomunicações.

Ver: Desenvolvimento; Planejamento

Referências Bibliográficas

BANCO MUNDIAL. *Como revitalizar os investimentos em infraestrutura no Brasil:* políticas públicas para uma melhor participação do setor privado. Washington, DC. Relatório n. 36624-BR, v. 1, nov. 2007.

BANCO NACIONAL DE DESENVOLVIMENTO ECONÔMICO E SOCIAL (BNDES). *Áreas de atuação*. Disponível em: www.bndes.gov.br. Acesso em: 17 set. 2010.

FRISCHTAK, C. R. O investimento em infraestrutura no Brasil: histórico recente e perspectivas. *Pesquisa e Planejamento Econômico*, Brasília, v.38, n.2, p. 307-348, 2008.

MINISTÉRIO DO PLANEJAMENTO. Orçamento e gestão - planejamento e investimentos. Disponível em: www.planejamento.gov.br.

PAC, Programa de Aceleração do Crescimento, 2007-2010, Governo Federal, Brasília, 22 de janeiro, 2007.

Política de Salário Mínimo

Anselmo Luis dos Santos

As primeiras iniciativas que caminharam na perspectiva da criação do salário mínimo ocorreram no final do século 19, na Nova Zelândia (1894) e na Austrália (1896). Dentre os outros 13 países que trilharam esse caminho antes do Brasil, entre 1905 e 1934, encontram-se majoritariamente países de capitalismo avançado, desenvolvidos e/ou europeus: Estados Unidos, Inglaterra, França, Canadá, Noruega, Áustria, República Tcheca, Alemanha, Espanha e Bélgica. Fora dessas condições, somente três países – e latino-americanos –, introduziram regulamentações anteriores às brasileiras (México, Costa Rica e Cuba). No Brasil, as primeiras iniciativas legais em torno da regulamentação do salário mínimo aconteceram em 1936 e em 1938, o qual teve seu valor fixado em lei em 1940, no governo Vargas. Atualmente, mais de uma centena de países ratificaram pelo menos uma das Convenções da OIT – que tratam dos métodos de fixação do salário mínimo (n. 26) e de sua fixação e implementação (n. 131).

A política de salário mínimo é uma das mais importantes políticas que visam combater a pobreza, reduzir as desigualdades de rendimentos e sociais e estruturar o mundo do trabalho e das sociedades. Historicamente, as motivações que levaram à regulação dos salários, em geral, e do salário mínimo, em particular, estavam associadas aos objetivos de superação das mencionadas questões sociais e trabalhistas e das tensões sociais e conflitos trabalhistas delas resultantes. Ainda no final do século 19 e nas primeiras décadas do século 20, parcela expressiva dos trabalhadores dos países de capitalismo avançado vivia e morria em condições de fome e extrema pobreza, geradas pelo simples funcionamento dos mecanismos de mercado e da pura lógica capitalista. Com o salário mínimo visava-se também impor limites à exploração do trabalho, em um contexto em que as transformações provocadas pelo desenvolvimento capitalista promoviam a expulsão dos trabalhadores da terra, criando exércitos de força de trabalho excedente – desempregada e/ou subempregada – suficientes para provocar pressões permanentes de rebaixamento de salários para amplos segmentos da população.

No capitalismo, a inserção do trabalhador no mercado de trabalho se dá em condições desfavoráveis, subordinada, no assimétrico processo de contratação. Nele, os capitalistas apresentam-se com o maior poder que a propriedade do capital lhes confere para definir as condições contratuais, normalmente de forma muito desfavorável ao trabalhador, aos seus salários e às demais condições de trabalho.

Ao longo de sua história, o salário mínimo foi cumprindo papel cada vez mais importante, aproximando-se dos objetivos propostos por seus idealizadores, mostrando em vários países a sua eficácia. Emblemático, nesse sentido, foi o papel que ele cumpriu, especialmente em diversos países europeus e desenvolvidos nos 30 anos do pós-Segunda Guerra Mundial. Expressivos aumentos do mínimo foram fundamentais para o sucesso das políticas sociais e trabalhistas, que praticamente erradicaram a pobreza, reduziram substancialmente as desigualdades de rendimentos entre diferentes categorias, setores, ramos de atividade e regiões com diferentes níveis de produtividade e desenvolvimento. Tal política também promoveu a distribuição dos enormes ganhos de produtividade, alcançados nesse período de prosperidade econômica, ao conjunto dos trabalhadores e aos segmentos mais fragilizados (pela reduzida organização sindical, pela qualificação profissional insuficiente, por sofrerem discriminação de gênero, etnia, raça, nacionalidade, religião, ou serem portadores de determinadas deficiências físicas e necessidades especiais etc.).

A eficácia da política do mínimo no Brasil somente não foi maior em função da redução de seu valor real, naquele longo período de cerca de 45 anos, provocada pela crise econômica dos anos 1960, pelas políticas de arrocho salarial do regime militar, pela aceleração inflacionária e pelo reduzido crescimento econômico dos anos 1980 e 1990. Com isso, o valor real do mínimo, em 1995, representava apenas 20% do maior valor já alcançado, em 1957, segundo dados do Dieese. A reduzida inflação e uma conformação política mais favorável à recuperação do baixíssimo valor do salário mínimo contribuíram para que seu poder de compra fosse aumentado em 86% no período 1996-2010. Entretanto, o movimento de aumento desse período deve ser visto apenas como uma recuperação do valor real histórico do salário mínimo, já que em 2010 ele representava apenas 37,2% do maior valor real histórico alcançado em 1957 – no período do Plano de Metas de Juscelino Kubitschek, de uma grande política de industrialização, da luta para fazer as transformações de "50 anos em 5". Apesar de significar uma avançada medida para um país como o Brasil, que estabeleceu um salário mínimo comparativamente 10% maior do que o salário médio do setor industrial em 1940 – em um contexto de elevado crescimento econômico e de profundas transformações e melhorias na estrutura produtiva e ocupacional –, sua evolução nos anos 1940 não apresentou efeitos muito positivos, pois entre 1943 e 1951 o valor real do salário mínimo foi corroído pela inflação e pela ausência de correções. Ao contrário, nos anos 1950, no segundo governo Vargas e no de Juscelino Kubitschek, o salário mínimo voltou a ser valorizado, com expressivos ganhos reais, alcançando seus maiores valores históricos no período 1957-1960, movimento que contribuiu de forma decisiva para a melhoria das condições de vida de parcela dos trabalhadores e para a redução das desigualdades dos rendimentos do trabalho.

Com isso, podemos exemplificar o fato de que a maior eficácia do salário mínimo está associada à política de fixar seu valor em um patamar maior do que o que seria definido pelo mercado. Com a ditadura militar, o salário mínimo teve seu valor fortemente reduzido, mesmo em um período de elevado potencial de aumento dos salários de base dado pelo enorme crescimento da economia, da renda *per capita* e da produtividade, entre 1967 e 1980. Essa tendência se manteve até 1995, com a crise da dívida externa dos anos 1980, a aceleração inflacionária e as reduzidas taxas de crescimento econômico. Diante de um longo período de queda, a recuperação do valor real do salário mínimo passou a apresentar-se como uma difícil tarefa e cuja viabilidade exigia tempo. Elevados aumentos reais em curtos períodos de tempo tornaram-se politicamente inviáveis e economicamente problemáticos, principalmente pelos seus prováveis impactos sobre a situação fiscal dos municípios, sobre a folha salarial das micro e pequenas empresas e sobre a inflação. E também porque até mesmo aumentos modestos e periódicos sofreram a resistência dos interesses acomodados em torno de um padrão de baixos salários, e contrários à ampliação dos gastos públicos – que preferem tê-los assegurados para o pagamento de juros da dívida pública ao sistema financeiro e aos seus ricos aplicadores.

Ver: Direitos Sociais; Garantia de Renda; Política Econômica; *Welfare State*

Referências bibliográficas

BALTAR, P. E.; DEDECCA, C. S.; KREIN, D. J. (Orgs.). *Salário mínimo e desenvolvimento*. Campinas: IE/Unicamp, 2005.

INTERNATIONAL LABOUR OFFICE. *Minimum wage in Latin America*. Geneve, 1954.

MEDEIROS, C. A. Salário mínimo e desenvolvimento econômico. In: BALTAR, P. E.; DEDECCA, C. S.; KREIN, D. J. (Orgs.). *Salário mínimo e desenvolvimento*. Campinas: IE/Unicamp, 2005. p. 13-26.

POCHMANN, M. *Política do trabalho e de garantia de renda no capitalismo em mudança*: um estudo sobre as experiências da França, da Inglaterra, da Itália e do Brasil desde o segundo pós-guerra aos dias de hoje. São Paulo: LTr, 1995.

SANTOS, A.; GIMENEZ, D. M. Política de salário mínimo e as finanças públicas no Brasil. In: BALTAR, P. E.; DEDECCA, C. S.; KREIN, D. J. (Orgs.). *Salário mínimo e desenvolvimento*. Campinas: IE/Unicamp, 2005. p. 91-106.

SOUZA, P. R.; BALTAR, P. E. Salário mínimo e a taxa de salário na economia brasileira. *Pesquisa e Planejamento Econômico*. Rio de Janeiro, v. 9, n. 3, p. 629-659, dez. 1979.

Política de Saúde

ROBERTO PASSOS NOGUEIRA

A saúde ocupa posição singular do ponto de vista dos critérios das políticas públicas que buscam uma justiça distributiva, porque constitui um bem imaterial, da mesma maneira que a liberdade e a igualdade. Mas é evidente que a preservação e a recuperação da saúde dependem da disponibilidade e da qualidade de diversos bens materiais e serviços: o emprego, o saneamento, a educação, os serviços ambulatoriais e hospitalares etc. Esses bens e serviços concorrem para a saúde, mas a saúde em si mesma não é algo que resulte de sua somatória ou combinação.

Com efeito, o significado da saúde só pode ser compreendido e avaliado de acordo com determinados fundamentos filosóficos. Na Grécia antiga, nos tempos de Hipócrates, existia uma compreensão naturalista da saúde, na medida em que essa era considerada como um equilíbrio entre os componentes da natureza, da qual o homem fazia parte. Mas a compreensão moderna é essencialmente social. Com forte influência das correntes utilitaristas, a partir do século 19, a saúde passou a ser entendida como algo equiparável à noção de bem-estar. E, no século 20, integrou-se a um conjunto de garantias de meios de subsistência e, portanto, de proteção social, que veio a ser conhecida sob as denominações de seguridade social e de Estado de bem-estar.

Na compreensão grega antiga, a saúde e a enfermidade eram conceituadas como um estado de coisas da natureza (*physis*). De certo modo, essa ideia ainda persiste no âmbito da saúde individual, ou seja, na medicina, na qual a saúde é vista como a normalidade dos elementos anatômicos e das funções orgânicas que, coincidentemente, são denominadas de *fisiológicas*. Mas esse tipo de entendimento naturalista da medicina clínica deixou de ser seguido pelas correntes da medicina social que desde a revolução democrata de 1848, na França, propugnavam pela melhoria das condições de vida e saúde dos trabalhadores e dos excluídos. Ao longo do século 20, a interpretação da determinação social da saúde e da enfermidade incluiu teorias produzidas pelas correntes políticas liberais, social-democratas e marxistas.

A saúde desde então foi então examinada, ética e juridicamente, em termos das condições sociais de vida da população e de suas necessidades socialmente criadas; portanto, não mais como parte da natureza, mas como algo inteiramente humano, no sentido de exprimir as condições subjetivas e objetivas da vida em sociedade. Por certo, a noção de bem-estar serviu adequadamente para exprimir o aspecto sadio dessas condições, noção que foi propagada na definição dada pela OMS em 1946: "saúde é um estado de completo bem-estar físico, mental e social e não meramente a ausência de doença ou enfermidade".

Assim, as correntes filosóficas atualmente envolvidas na discussão ética, política e jurídica da saúde mantêm um ponto de convergência entre elas: admitem que a saúde deva ser considerada como uma condição social e não como parte de uma dimensão natural. E por mais que divirjam entre si sobre como essa condição deve ser alcançada e mantida pelo uso dos recursos sociais, entendem que a saúde é determinada pelo modo de organização da sociedade.

Ao longo dos séculos 19 e 20, o confronto ético-político no campo das questões da justiça distributiva deu-se entre três correntes de pensamento filosófico: o utilitarismo (orientado pela busca da maximização da utilidade individual e coletiva), o racionalismo transcendental kantiano (como obediência às regras racionais de conduta, que são imperativas e excluem a noção de utilidade) e o marxismo (cuja moral básica é o ideal histórico do fim de toda exploração do homem pelo homem). Por sua vez, a moral tradicional cristã (baseada no desenvolvimento da autonomia, solidariedade e subsidiaridade como princípios peculiares à ação da pessoa, do núcleo familiar e das pequenas comunidades) situou-se de maneira relativamente marginal a esse confronto, mas desfrutou de papel relevante nos países da Europa Ocidental e, especialmente, na Itália.

No século 19, foi a vertente utilitarista do liberalismo inglês, associada aos nomes de Bentham, Mills e Sidgwick que se constituiu no ponto de referência para o debate ético-político em torno dos objetivos de uma ação pública em prol da saúde da população. A necessidade de melhorar as condições materiais de vida dos trabalhadores e de toda a população era algo igualmente defendido pelo marxismo. Contudo, para o marxismo ortodoxo, a questão das condições de vida dos trabalhadores não era algo suscetível de ser resolvido pelo aperfeiçoamento da justiça e da melhoria das condições de vida, mas, sim, pela mudança das relações de produção.

O debate acerca da efetividade das regras e medidas de justiça social em contraposição à meta de mudança do modo de produção levou a que se tomasse cada vez mais a saúde não como bem natural, mas como um bem social. Quanto a isso, não se poderia contar com a contribuição da ciência médica tradicional que, em seu âmbito de estudo estritamente biológico, costuma tomar a saúde como sendo a ausência de doença ou, ainda, como a normalidade estatisticamente determinada das funções fisiológicas e de seus componentes. A dimensão da saúde como bem social iria requerer outra linguagem que não era aquela falada nas escolas de formação de médicos e outros profissionais da área.

O reformismo social-democrata do século 20 aliou-se aos liberais para encaminhar, sobretudo no âmbito legislativo, medidas de melhorias das condições de vida da população. A culminância desses movimentos ocorreu após a Segunda Grande Guerra, por ocasião da constituição do Estado de bem-estar em alguns países europeus. Mas não se pode ignorar que alguns dos princípios do utilitarismo de cunho liberal favoreceram a compreensão ampla da saúde, para além do plano físico da ausência ou presença de enfermidade, o que bem se afina com o conceito de bem-estar social que foi adotado a partir do final da Segunda Grande Guerra.

Um objetivo importante do estudo das políticas de saúde está em identificar sua conformação e mudança de acordo com os contextos históricos das relações entre Estado e sociedade. O

Estado não é o único ator envolvido na formulação e cumprimento das políticas de saúde, mas certamente é uma instituição indispensável para validá-las e dar-lhes vigência, qualquer que seja o contexto considerado.

O poder impositivo do Estado e o matiz autoritário da intervenção estatal podem ser verificados ao longo de toda a história das políticas de saúde pública, especialmente no seu nascedouro. De fato, como foi evidenciado por George Rosen e Michel Foucault, só se pode falar com propriedade de políticas de saúde pública ou de medicina social, a partir da emergência do Estado e, especialmente, do Estado absolutista na Europa dos séculos 18 e 19.

Quanto ao Brasil, o marco pioneiro das políticas de saúde pública no Brasil foi estabelecido por Oswaldo Cruz no início do século 20, através das campanhas de vacinação obrigatória contra varíola no Rio de Janeiro que despertaram grande reação popular. As campanhas foram realizadas sob o governo de Rodrigues Alves, notabilizado por seu projeto de modernização urbana através de expedientes autocráticos que expulsaram a população pobre para os morros e periferia da cidade. Por outro lado, durante a maior parte desse século, o combate às endemias rurais foi realizado em moldes militares através da ação de milhares de guardas sanitários espalhados nas regiões mais carentes do país.

Mas, a partir das últimas décadas do século 20, as políticas de interesse para a saúde pública passaram a se caracterizar, ao contrário, por invocarem a participação da população e do indivíduo em sua efetivação. Ao lado do papel exercido pelo Estado, aparece o protagonismo da sociedade civil e de suas instituições, bem como dos meios de comunicação. Isso acontece não só em função do envolvimento de entidades privadas lucrativas e não lucrativas com os serviços ou as questões do direito à saúde, mas também devido ao surgimento das políticas de promoção da saúde, com seu caráter socialmente difuso, dependente de leis e ações patrocinadas diretamente pelo Estado, mas também de informações divulgadas pela mídia e até pela publicidade das indústrias e das empresas de serviços. Nesse contexto histórico, a política de promoção da saúde encetada pelo Estado ganha consonância e sustentação na "moral da saúde" adotada pela sociedade contemporânea, que atribui grande valor ao objetivo de se alcançar um "corpo saudável" e um "estilo de vida saudável".

As políticas de saúde mudam seu conteúdo, método e significado moral ao longo dessa transição histórica, quando deixam de ser uma mera obrigação, imposta em nome do bem-estar coletivo e passam a se conformar com aquilo que os cidadãos anseiam com base em seus próprios valores. Contudo, embora haja adesão e contribuição espontânea para o cumprimento dos objetivos das políticas de promoção da saúde, o caráter impositivo e restritivo da liberdade individual transparece muitas vezes em algumas políticas desse tipo, o que pode ser constatado, por exemplo, na aplicação das leis de combate ao fumo em lugares públicos.

Consequência adicional dessa evolução histórica é que ela tende a apagar os limites tradicionais criados no século 19 entre saúde pública e saúde individual. Em muitos países, a mudança do sistema de saúde veio em reforço dessa tendência a unir as dimensões coletivas e individuais da saúde. No Brasil, o estabelecimento do Sistema Único de Saúde (SUS) pela Constituição de 1998 certamente contribuiu em muito para apagar tais limites, que eram bem visíveis até os anos 1980, quando se tinha, de um lado, as entidades de assistência médica previdenciária, e, de outro, as entidades vinculadas ao Ministério da Saúde e secretarias de Saúde dos Estados e municípios. Com efeito, uma rígida linha divisória entre ações de interesse coletivo e o atendimento médico individualizado foi tardiamente estatuída, em 1975, através da Lei do Sistema Nacional de Saúde.

Portanto, qualquer definição eventual do que seja política de saúde tem que estar em sintonia com essas mudanças das relações entre Estado e sociedade e na estrutura e funções do sistema de saúde. A definição aqui proposta tentativamente é a seguinte:

É o conjunto de ações encetadas pelo Estado e pelas instituições da sociedade com vistas a responder a questões relativas: 1) às condições de saúde individuais e coletivas, e 2) à produção, distribuição, regulação e gestão de bens e serviços que afetam tais condições.

Essa conceituação preliminar é fruto de uma crítica à perspectiva usual do planejamento, que muitas vezes presume, tecnocraticamente, que as políticas de saúde respondem diretamente a certas condições objetivas de saúde e a seus determinantes (como uma ação diretiva de saúde, *health policy*). O que é pressuposto aqui, ao contrário, é a mediação através da dimensão propriamente política de certas questões que clamam por decisão. Para que seja alvo de uma política, a condição de saúde ou a função de produção, regulação etc. deve antes aparecer como uma questão política relevante para os dirigentes da instituição.

Estando voltada a uma questão dessa natureza, a política de saúde (no sentido de *health politics*) transcende muitas vezes os objetivos do campo da saúde. Por exemplo, as epidemias de varíola no Rio de Janeiro do início do século 20 tornaram-se uma questão para a Velha República não só pelo número de mortes que ocasionava, mas também pelas repercussões para o comércio que se realizava através desse que era o principal porto do país. Mas a questão pode referir-se igualmente às demandas e aos movimentos civis. Assim, a política que se expressou pelo delineamento constitucional do SUS respondeu a uma questão que se estabeleceu para os constituintes através do Movimento da Reforma Sanitária dos anos 1980. Mais recentemente, a vacinação contra o vírus da gripe A1N1 respondeu não só a uma conjuntura de risco de pandemia e diante da qual o Brasil mantinha compromissos internacionais, mas igualmente à condição de quase pânico que se instalou na população por motivos ainda não bem compreendidos.

De maneira simplificada e sem maiores detalhamentos, as polícias de saúde no Brasil podem ser descritas como dirigidas a cinco conjuntos de questões relevantes:

- as questões sistêmicas do SUS – referidas às normas, financiamento e gestão (abrangendo os recursos humanos) das organizações públicas do SUS e do componente privado que atua em forma complementar;
- as questões regulatórias do sistema suplementar – referidas às normas, financiamento e controle do sistema suplementar de saúde (mercado de planos e seguros privados);
- as questões regulatórias dos bens, serviços e ambientes que afetam a saúde (vigilância sanitária em sentido amplo);
- as questões de integração com outras políticas sociais (educação, previdência, assistência social etc.);
- as questões das políticas de áreas temáticas (saúde mental, da mulher, da criança, do negro, controle da Aids etc.).

Em contrapartida a esses cinco conjuntos de políticas de saúde, observa-se atualmente, no Brasil, o surgimento de uma questão que extrapola o campo de competência dos gestores da saúde. Trata-se da tendência às formas judiciais de intervenção do Estado. Nesse caso, está envolvida não uma judicialização das políticas de saúde, como às vezes é denominada, mas uma judicialização da provisão pública de bens e serviços de saúde em consonância com as políticas vigentes, atendendo a pleitos legais apresentados pelos cidadãos. De qualquer modo, o Judiciário tem emergido em anos recentes como um ator importante no processo de cumprimento das políticas de saúde.

Ver: Exclusão Social; Política Social; Reforma Sanitária; Risco Epidemiológico

Referências Bibliográficas

FOUCAULT, M. O nascimento da medicina social. In:____. *Microfísica do poder*. Trad. Roberto Machado. Rio de Janeiro: Graal, 1979.

KENT, B. Addressing the theoretical, practical and ethical challenges inherent in prospective health policy analysis. *Health Policy and Planning*, Oxford, v.23, n.5, p. 351-360, 2008.

PAIM, J. S.; TEIXEIRA, C. F. Política, planejamento e gestão em saúde: balanço do estado da arte. *Revista de Saúde Pública*, São Paulo, v.40, n. esp., p. 73-78, 2006.

ROSEN, G. *Da polícia médica à medicina social*. Rio de Janeiro: Graal, 1980.

WALT, G. et al. "Doing" health policy analysis: methodological and conceptual reflections and challenges. *Health Policy and Planning*, Oxford, v. 23, n.5, p. 308-317, 2008.

Política de Segurança Pública

LUIZ EDUARDO SOARES

Uma política pública é um modelo prescritivo e prospectivo de decisões articuladas, capaz de descrever um conjunto sistemático de ações, simultâneas e sucessivas, a serem empreendidas (ou já em curso) por uma agência pública (ou uma rede de agências públicas) e executadas em consonância com os marcos legais vigentes, visando à realização de metas definidas em conformidade com mandamentos constitucionais e interpretações legítimas do interesse comum, valendo-se da mobilização de recursos humanos e materiais, e de mecanismos institucionais disponíveis em seu âmbito de autoridade, e/ou passíveis de acesso por intermédio de parcerias ou acordos cooperativos. Nesse sentido, não há política pública senão no âmbito do Estado democrático de direito, em que a Justiça toma a equidade como bússola, na qual há pluralismo e reina a liberdade, a despeito dos inevitáveis limites e de todas as contradições.

No caso específico da segurança pública, esse entendimento é essencial: dele devemos extrair a definição da política de segurança, a qual não passa de um conceito dependente.

A segurança pública propõe-se a criar condições que concorram para que se universalize a expectativa de que as leis serão cumpridas e os direitos respeitados, sobretudo os fundamentais, como o direito à vida, à incolumidade física e moral e às liberdades. Tais metas estão fixadas constitucionalmente e inscritas na razão de ser do Estado, pois não há direito ou legalidade sem garantias de que as normas serão aplicadas (no limite, pelo uso comedido da força, na medida proporcional e necessária, em cada circunstância, para que se atualizem as mencionadas garantias). Tampouco há Estado e direito sem a difusão hegemônica da expectativa de que as leis serão respeitadas, de tal modo que a proscrição de condutas funcione também como orientação prescritiva e, por esse motivo, a considerar-se a efetividade normativa, também exerça o papel de mapa prospectivo, graças ao qual se amplie a previsibilidade do comportamento individual e coletivo (ou, pelo menos, se reduza a incerteza), estabilizando-se expectativas positivas e generalizadas sobre a cooperação e a sociabilidade, em suas múltiplas esferas.

Dado que as decisões individuais e sociais dependem do que se espera dos outros e de suas decisões, o declínio da incerteza implica redução da sensação de insegurança, e acaba promovendo a confirmação das expectativas positivas, instaurando, assim, o que os sociólogos denominam "profecias que se autocumprem" – no caso, profecias positivas ou virtuosas. Ou seja, posto que a maioria espera que as coisas ocorram de um modo conhecido, seguindo determinado padrão, obedecendo certa regularidade, cada um tenderá a reger-se por essa expectativa, fazendo a sua parte de acordo com as regras do jogo e contribuindo para que a previsão se confirme – e ela se confirma não porque estivesse certa, mas porque a maioria acreditou que ela estivesse certa.

A mera existência de um conjunto de agências públicas (inscritas no campo que chamamos segurança pública) às quais a Constituição federal atribui autoridade para usar a força – nos limites legais e, vale insistir, apenas em condições muito específicas, em que os direitos individuais ou coletivos estejam em risco de serem desrespeitados ou seja lícito supô-lo – representa uma sinalização estruturante de expectativas, bem como de decisões e linhas de ação, individuais e sociais. Mais importante para a efetividade das agências coercitivas não é a força, mas a possibilidade de empregá-la, legitimamente. Mais uma vez, o ingrediente fundamental é a virtualidade enquanto regulador de expectativas. Em outras palavras, quão mais positiva for a imagem das referidas agências estatais, relativamente a seu histórico de fidelidade às leis e de respeito à cidadania, e, portanto, à sua capacidade de cumprir seu dever institucional, menor será a sensação de insegurança e melhores tenderão a ser os resultados de suas ações.

Podemos então chegar à seguinte formulação: política de segurança é um modelo de orientação para decisões articuladas que devem desencadear um conjunto sistemático de ações a serem empreendidas pelas polícias e pelas demais agências que funcionam sob a autoridade da Secretaria de Segurança Pública, as quais serão executadas em consonância com os marcos legais vigentes, visando a efetivação prática, tão plena quanto possível, da garantia constitucional de acesso universal e equitativo dos cidadãos a seus direitos individuais e coletivos, valendo-se também, para a realização desse objetivo, da mobilização de parcerias ou acordos cooperativos com outros órgãos governamentais e atores da sociedades civil, sem abdicação de suas responsabilidades exclusivas.

O ponto-chave é a identificação da finalidade das instituições da segurança pública, sob o Estado democrático de direito, ordenado em conformidade com as declarações internacionais dos direitos humanos, das quais o Brasil é signatário. Da finalidade derivam-se as prioridades que devem hierarquizar as metas a atingir. A finalidade da segurança manifesta-se sem sombras quando se compreende que ela se confunde com o fim precípuo do Estado, e quando se depreende que as qualificações que dão conteúdos específicos à finalidade inscrevem-se na matriz da ideia mesma do direito e de seu caráter democrático. A finalidade da política de segurança é fazer com que as instituições do Estado, criadas com esse objetivo, cumpram seu mandato constitucional e tornem efetivos (isto é, realmente praticados) os compromissos fundamentais – isto é, a afirmação de direitos, que apenas se realizam com o complemento de suas garantias. Esses compromissos são aqueles assumidos pela nação no contrato social que a Constituição expressa.

Em outras palavras, cabe às polícias e aos órgãos da segurança pública zelar pelo respeito aos direitos dos cidadãos, sobretudo os fundamentais – entre eles e com destaque, a vida, a liberdade, a incolumidade física e moral, a dignidade humana. Na medida em que a finalidade e suas derivações sejam observadas, em escala satisfatória, instala-se o ciclo virtuoso da estabilização generalizada de expectativas positivas – expectativas quanto ao respeito às regras do jogo que regem a sociabilidade, no cotidiano dos cidadãos.

A política de segurança tem como objetivo viabilizar o cumprimento da finalidade que é imanente às instituições da segurança pública, no âmbito de um Estado democrático de direito comprometido com os direitos humanos. Para isso, deve orientar decisões, em níveis diversos, de forma articulada e tanto quanto possível sistêmica, para que, em sua prática, as referidas instituições realizem o dever elementar que justifica sua existência. A finalidade, vale reiterar, determina prioridades e aponta as metas e sua hierarquia: proteger a vida, preservar as condições para o exercício dos direitos fundamentais. Traduzindo em metas: deter os homicídios e os demais crimes letais, em particular os intencionais – deter significa, idealmente, reduzir a zero, mas, em cada contexto, pode adquirir apenas o sentido de controlar ou diminuir, progressivamente.

Nesses termos, já que o bem prioritário a ser preservado é a vida, eliminam-se de imediato ações, métodos ou táticas policiais que a coloquem em risco, em benefício da realização de qualquer outra meta secundária, como prender suspeitos. A vida de um suspeito só poderia ser colocada em risco pela polícia se ele ou ela estiver colocando em risco a vida de um policial ou de um terceiro. Note-se que esse postulado é simultaneamente um objetivo e um preceito normativo elementar, a definir os limites e as condições da própria autoridade policial.

A política de segurança, em suma, é responsável por fazer as peças funcionarem de modo a cumprirem suas finalidades e as metas derivadas. Parece fácil, agora, mas, de novo, não é. As situações locais em que atuam as polícias e as demais agências variam, assim como serão diferentes os caminhos e os meios pelos quais os objetivos serão alcançados. Até o grau em que a finalidade se realizará dependerá de circunstâncias variáveis. Por isso, um predicado básico da política de segurança é seu realismo, ou seja, sua competência para diagnosticar os desafios que têm pela frente, as virtudes e os defeitos das instituições e de seus servidores, os recursos materiais e humanos, gerenciais, institucionais, cognitivos, tecnológicos e legais disponíveis. A política de segurança digna desse nome deve estipular metas atingíveis e apresentar com transparência para a sociedade as condições que, alteradas, tornariam eventualmente possíveis objetivos mais ambiciosos e, portanto, mais próximos da finalidade. Essa contribuição seria importante tanto para justificar as limitações da política adotada, quanto para alertar a sociedade sobre a necessidade de transformações que escapem ao âmbito de responsabilidade de uma política governamental. Por exemplo, transformações subordinadas à autoridade do Poder Legislativo.

Consequentemente, uma política de segurança precisará sempre responder a algumas perguntas.

1) Com que meios contará, para ser implementada, a política a ser formulada? Meios, nesse caso, dizem respeito não só ao orçamento disponível para custeio e investimento, nem apenas aos contingentes policiais civis e militares, e seus instrumentos de trabalho – se tomarmos como referência os executivos estaduais em vez da União ou das prefeituras. Muito mais que isso, a resposta tem de esclarecer qual a qualidade da formação dos policiais, para que se identifiquem os treinamentos e a educação complementar que terão de ser incluídos na política de segurança a ser formulada. Sobretudo, será preciso saber quais são os mecanismos de gestão com os quais opera cada polícia e cada agência governamental pertinente: há tecnologia e pessoal especificamente preparado, com posições institucionais definidas e rotinas fixadas, dedicados a obter, organizar, analisar e transmitir (idealmente em tempo real) às instâncias apropriadas dados criminais e informações relevantes para que os diagnósticos sejam corrigidos continuamente, alimentando e ajustando o planejamento? Se a resposta for negativa, a política a ser construída terá de incluir a criação das condições inexistentes, não na extensão e no formato ideais, mas no espaço de liberdade conferida pelo marco legal em vigor.

O planejamento pode ser realizado com os detalhes adequados, com sensibilidade para as especificidades locais? Há condições para que um planejamento integrado se realize e seja aplicado, coordenadamente, pelas duas polícias estaduais? Há condições institucionais para que se promova, na prática, a integração sistêmica entre as duas polícias e o respeito à autonomia das diversas unidades no interior de cada uma das polícias, valorizando-se, ao mesmo tempo, a plasticidade das situações locais que exigem descentralização e iniciativas ágeis e autônomas? Estão disponíveis critérios e métodos de avaliação das ações empreendidas para que os erros sejam identificados e sirvam ao monitoramento corretivo de todo o planejamento? Há recursos tecnológicos e humanos, além de funções, rotinas e profissionais treinados, para que se garanta que a identificação do erro não se esgote em uma constatação burocrática e seja de fato incorporada ao sistema, corrigindo as linhas de ação previamente adotadas? Existem mecanismos eficientes e autônomos de controle externo? As metas que serão estabelecidas para a política estão de acordo com as finalidades e a hierarquia que ela determina? São realistas, isto é, são realizáveis? Há meios de avaliar a própria política de segurança? Há meios e mecanismos institucionais que tornem possível a ampliação do âmbito de abrangência dessa política para que esforços intersetoriais do governo, em colaboração com a sociedade, proporcionem a articulação dos trabalhos policiais com programas de prevenção da violência?

2) No âmbito territorial sob responsabilidade das instituições que agirão de acordo com as orientações que ora se definem, quais as mais graves e mais frequentes ameaças aos direitos individuais e coletivos? Ou: quais os crimes mais graves e violentos? Quais os que têm maior capacidade de gerar efeitos em escala, expandindo os danos causados e os intensificando? Onde e quando têm ocorrido com mais frequência? Quais são as vítimas usuais e potenciais? Em que dinâmicas de reprodução essas práticas se inserem? Se o diagnóstico não encontra dados suficientemente qualificados, parte das metas da política que se está elaborando terá de reverter as razões pelas quais os dados são precários. Dentre as metas será incluída a geração de condições para que uma gestão do conhecimento eficiente se viabilize, de forma a que sejam possíveis diagnósticos e seguidamente atualizados, com elevado nível de precisão e desagregação.

3) Considerando-se a complexidade dos fenômenos que ameaçam a segurança, os quais envolvem processos individuais e sociais que se dão em múltiplas dimensões, o diagnóstico deverá contemplar outras perguntas, distantes do horizonte policial e da justiça criminal. Para propor essas indagações e ajudar a encaminhar as respostas, profissionais de distintas formações disciplinares são necessários. As perguntas dizem respeito a elementos culturais, urbanos, socioeconômicos, psicológicos e intersubjetivos.

A formulação do mapa das orientações é a etapa criativa e por isso mesmo depende da imaginação – educada pelo estudo cuidadoso e comparativo de experiências nacionais e internacionais, e plantada na terra firme pelo exame minucioso realizado na etapa do diagnóstico –, que concebe e prefigura intervenções em níveis os mais diferentes. Prefigurar mundos possíveis ou arranjos alternativos da realidade remete a uma forma de legitimidade intelectual vacilante, que repousa na força persuasiva dos argumentos. Mais do que nunca trata-se do exercício da razão argumentativa, sempre precária. Previsões sociais, por definição, não encontram amparo em evidências empíricas e comprovações metódicas.

Qualquer política pública de segurança consistente destina-se a intervir no real (o real socialmente construído, formado por comportamentos, interações, sentimentos, interpretações, projeções e expectativas), aumentando a segurança ou reduzindo a insegurança. Por isso mesmo, tem de ter plasticidade, abertura permanente a mudanças adaptativas, ou seja, embutir em sua lógica mecanismos para a absorção do imprevisível e a flexibilidade necessária para acolhê-lo e moldar-se a ele, transformando-o em energia construtiva.

Ver: Segurança Cidadã

Referências Bibliográficas

ADORNO, S. Crise no sistema de justiça criminal. *Ciência e Cultura. Revista da Sociedade Brasileira para o Progresso da Ciência*. São Paulo, ano 54, n. 1, p. 50-51, jul.-set. 2002.

BEATO, F. C. C. *Políticas públicas de segurança*: equidade, eficiência e accountability. Belo Horizonte: Crisp-UFMG, 2001.

BENGOCHEA, J. L. P. et al. A transição de uma polícia de controle para uma polícia cidadã. *São Paulo em Perspectiva*, São Paulo, v.18, n.1, p. 119-131, mar. 2004.

SILVA, L. A. M.; LEITE, M. P. Violência, crime e polícia: o que os favelados dizem quando falam desses temas? *Sociedade e Estado*, Brasília, v.22, n.3, dez. 2007, p. 545-591.

SOARES, L. E. Novas políticas de segurança pública. *Estudos Avançados*, v.17, n.47, p. 75-96, 2003.

______. A Política Nacional de Segurança Pública: histórico, dilemas e perspectivas. *Estudos Avançados*, v.21, n. 61, dez. 2007, p. 77-97.

ZALUAR, A. Democratização inacabada: fracasso da segurança pública. *Estudos Avançados*, v.21, n. 61, dez. 2007, p. 31-49.

Política Econômica

Geraldo Di Giovanni

Simone Silva de Deos

Se procurarmos o significado da expressão "política econômica" nos manuais de políticas públicas, certamente encontraremos uma definição "técnica" que tratará do desenvolvimento de programas específicos e intervenções do poder público que procuram afetar as condições econômicas de uma nação. Tais condições devem ser consideradas, em um primeiro momento, em um plano mais geral, tendo em vista as características e as diferenças entre as nações do ponto de vista econômico, isto é, do nível de produto ou renda. Seus objetivos amplos, conforme os manuais, estão sempre voltados para o controle dos rendimentos (política salarial), das condições da moeda (política monetária), das transações econômicas internacionais (política comercial), do controle do valor da moeda nacional diante de padrões monetários externos (política cambial), e do controle da arrecadação e do gasto público (política fiscal).

Para tanto, o poder público mobiliza um conjunto de instrumentos de natureza variada que, por imposição ou indução, procura direcionar as atividades econômicas para objetivos previamente traçados. Os governos utilizam, assim, instrumentos de regulação, recursos de natureza legal, constitucional ou infraconstitucional, normas específicas, bem como portarias e instruções. Utilizam, também, recursos institucionais, como, por exemplo, as agências reguladoras, o sistema bancário (público e privado) e segmentos do sistema produtivo (público e privado). Com a finalidade de construir consensos, recursos políticos também são utilizados. Assim, na legitimação das medidas de política econômica, pode participar um conjunto amplo de atores: partidos políticos, bases parlamentares de apoio, sindicatos e instituições de classe, bem como, em alguns casos, o Judiciário.

Mas a simples definição do escopo, dos objetivos e dos instrumentos de política econômica não é suficiente para entender toda sua complexidade.

Em primeiro lugar, é necessário frisar que a política econômica sob o capitalismo ganha uma dinâmica especial, dada a natureza desse modo de produção, em que os agentes econômicos, individuais ou coletivos, são privados e possuem grande autonomia para suas ações.

Em segundo lugar, tais agentes são portadores de interesses próprios que, por vezes, os coloca em oposição e contradição relativamente aos demais, o que significa que as políticas econômicas situam-se em um campo de alta propensão ao conflito. Nesse sentido, a política econômica configura um conjunto de ações dos Estados capitalistas que tem a finalidade de coordenar as decisões econômicas privadas (BELLUZZO, 2011).

Em terceiro lugar, em que pese o fato de a economia capitalista ser hoje uma economia mais integrada do que foi até os anos 1980, o capitalismo sempre foi um modo de produção internacionalizado, sob o qual nenhuma economia nacional foi autônoma ou isolada e no qual, em geral, pelo menos nos países periféricos, as políticas econômicas foram majoritariamente modeladas de fora para dentro. Esse aspecto se acentuou nas últimas três décadas, no período da chamada globalização da economia mundial, durante o qual a grande maioria dos Estados nacionais teve forte redução em sua capacidade de regulação das economias.

Assim, as políticas econômicas nacionais revelam sempre uma dupla face: de um lado, resultam das histórias política e econômica dos países, no sentido de que são respostas do poder público às situações e às necessidades locais; e, de outro, respondem também a determinações e estímulos emanados da economia capitalista mundial, oriundos particularmente dos países ou blocos hegemônicos, capazes de impor práticas e modelos aos Estados-nação mais dependentes. Assim ocorreu nos últimos 150 anos.

Costuma-se dizer que, no período liberal, que vai aproximadamente de meados do século 19 até a quebra da Bolsa de Nova York, em 1929, a política econômica estava praticamente reduzida à política monetária, e essa, voltada à manutenção do padrão-ouro, a partir da sua generalização nos anos 1870. Dedicava-se, portanto, a defender o valor externo e interno da moeda. Assim, uma atuação com outro objetivo seria episódica e restrita a situações de crise, constituindo um modelo de intervenção absolutamente coerente com a ideologia liberal. Nesse modelo, a política fiscal, se existisse, deveria estar confinada ao mandamento do equilíbrio orçamentário – uma cláusula pétrea daquilo que se pensava como política econômica no período. A convicção sobre esses mandamentos era de tal ordem que mesmo os partidos trabalhistas da Inglaterra, em situações de crises de liquidez e de desemprego, mantiveram o apego a essa norma.

Os anos 1920, porém, já configuravam uma transição longa, que corresponde ao que Karl Polanyi chamou de "crise do mercado autorregulado", coma tentativa de retorno ao padrão-ouro, crescimento baixo, desemprego elevado, bem como com episódios de hiperinflação. Ficava paulatinamente mais claro que a economia mudava para outro regime e que o paradigma liberal começava a perder sua eficácia.

Um fato novo também deve ser registrado no período: a emergência das classes trabalhadoras como atores políticos importantes, especialmente pela sua organização em partidos socialistas, trabalhistas e em sindicatos. Começava a ficar evidente a importância de outras dimensões da política econômica, e a preocupação também se dirige a questões como o desemprego, que passou a ser visto como decorrente do funcionamento normal da economia, e não como uma situação voluntária, fruto da vagabundagem ou da preguiça do trabalhador, noção embutida no credo liberal. Em outras palavras, ficava claro que a autorregulação era incapaz de trazer soluções para problemas progressivamente mais importantes, tais como o desemprego, à medida que o capitalismo se aprofundava – no sentido de que as massas de capital envolvidas cresciam e que a tecnologia tornava-se mais complexa – e se alastrava geograficamente.

Com a Grande Depressão, começou uma verdadeira batalha gerada pela adoção de políticas econômicas de cunho protecionista, que respondiam às grandes transformações do capitalismo, com aumento de competitividade e consequente queda de preços, bem como aos próprios efeitos da crise. Mesmo a Inglaterra, profundamente atingida pela Depressão, teve de editar medidas nesse sentido. Também nos Estados Unidos o papel do Estado foi sempre importante para permitir a liberdade dos ditos "barões ladrões". Desse ponto de vista, o Estado norte-americano era plutocrático. Por trás da fachada liberal, havia experiências práticas marcadas por diversos graus de intervenção estatal. Isso mostra que, no período do liberalismo, os Estados nacionais praticavam políticas econômicas que consideravam as questões próprias de cada país, procurando articular – ainda que de forma precária – as questões econômicas aos problemas sociais e políticos que enfrentavam, como o fez a Alemanha de Bismarck, com a adoção de uma política protecionista.

Assim, é preciso ter em mente a diferença entre a política econômica que está nos manuais convencionais de economia, e aquela que de fato é executada e está no texto dos historiadores, dos economistas políticos e daqueles que fazem análises institucionais do *big business*. A forma estereotipada como os liberais definiram as políticas econômicas, vendo-as como exclusivamente voltadas para a proteção do valor da moeda, não resistiu aos fatos, pois a evidência histórica demonstrou que se tratava de um processo muito mais complexo do que a ideologia liberal fazia crer.

O entreguerras correspondeu a um período de turbulência econômica, política e social, no qual o único país que conseguiu manter crescimento em um período mais longo foram os Estados Unidos. Os outros ou tiveram baixo crescimento, ou cederam à hiperinflação, ou experimentaram transformações políticas e econômicas radicais. Não há dúvida de que, excluída a experiência soviética, que era de outra natureza, a experiência mais bem-sucedida desse período foi a do nazismo, que recuperou rapidamente a economia – o próprio Keynes reconheceu que a política mais próxima às suas recomendações foi a de Hjalmar Schacht, ministro da Economia do Terceiro Reich. Schacht montou o sistema alemão de relações internacionais de troca, sobretudo com os países do Leste Europeu (sistema que inspirou a proposta de Keynes em Bretton Woods, ao fim da Segunda Guerra), e centralizou as decisões fiscais e monetárias, construindo instâncias de geração de demanda e de investimento para a economia. Essa foi uma intervenção brutal, sem precedentes, acompanhada de uma crítica ao Estado liberal.

Ninguém passou incólume por essa experiência, e a ascensão do keynesianismo após a Segunda Grande Guerra deu-se porque já não era mais possível retornar ao modelo liberal e ao padrão-ouro. Nesse contexto, organizou-se um sistema que pudesse escapar daquela situação em que as relações de comércio internacional fossem totalmente deterioradas pelas desvalorizações competitivas, e ficava claro que não era possível ter uma coordenação internacional sem a coordenação do Estado nos planos interno e externo. O sistema Bretton Woods, liderado pelos Estados Unidos, buscou implementar e gerenciar uma ordem internacional negociada, estabelecendo uma estrutura monetária e financeira articulada às relações comerciais.

Se, por um lado, pode-se dizer que Keynes "perdeu" nesse contexto, uma vez que sua proposta de arquitetura das relações econômicas internacionais não foi acatada, deve-se, por outro lado, apontar que ele "ganhou", no sentido de que Bretton Woods nasceu com a preocupação de dar liberdade às políticas econômicas nacionais, que não mais precisavam ser deflacionistas. Assim, viria à tona uma ideia forte de que era inescapável uma participação decisiva e orgânica do Estado na definição e na gestão da economia capitalista.

Keynes fez, de fato, uma revolução teórica radical. Definiu quatro pontos centrais que, embora não tendo sido seguidos integralmente pelos Estados, marcaram a história e as políticas econômicas desse período do capitalismo.

O primeiro foi a socialização do investimento, no sentido de que o Estado precisaria ser capaz de orientar e/ou coordenar o investimento privado para impedir grandes flutuações econômicas em um contexto em que o cálculo capitalista está sujeito à incerteza radical.

O segundo foi a chamada "eutanásia do rentista", isto é, a abolição da escassez artificial do capital. No entender de Keynes, depois que os sistemas bancários modernos se desenvolveram, não havia razão para essa escassez. Os bancos, como "agentes livres", podem criar crédito para financiar o investimento independentemente de poupança prévia.

A terceira prescrição de Keynes foi a criação de um sistema fiscal redistributivo. E o quarto ponto foi um sistema de provimento de liquidez internacional, para impedir crises do balanço de pagamentos como havia ocorrido sistematicamente, sobretudo depois da desregulamentação financeira.

No período que se segue aos acordos de Bretton Woods – chamado de "os anos Trinta gloriosos" –, esses princípios foram executados em parte, com variações de país para país. No modelo keynesiano, os Estados nacionais passaram a ter diversas opções de regulação interna de suas economias. Em muitos países, havia sistemas de negociação coletiva de salários. As economias nacionais eram defendidas por taxas de câmbio fixas, mas ajustáveis, e só muito lentamente foram derrubadas as barreiras tarifárias. Ao mesmo tempo, os gastos governamentais, e consequentemente a carga tributária, subiram muito. A correlação entre gasto público e investimento privado era, portanto, muito clara no auge desse regime. Isso tinha a ver com o momento da reconstrução europeia, e com o fato de os Estados Unidos terem funcionado como uma economia residual, ou seja, como "compradores de última instância"; abrindo sua economia para as importações, tanto de europeus quanto de japoneses, coreanos e brasileiros.

A supremacia da visão de Keynes, senão nas questões tópicas, na consolidação dessa visão geral de intervenção do Estado na economia, foi acompanhada pela construção do Estado de bem-estar social, cuja formulação nasceu em vários lugares. Contudo, o arranjo keynesiano começou a se desgastar no final dos anos 1960, prenunciando uma nova e complexa etapa no âmbito das políticas econômicas. A orientação que progressivamente a ele se contrapôs e prevaleceu foi o neoliberalismo, que, na verdade, não é uma volta ao liberalismo anterior, mas uma reordenação das relações de poder dentro dos Estados nacionais. É uma captura do Estado, e não uma "retirada" do Estado. Isso no sentido de que o Estado continua interferindo como agente da competitividade dos grandes blocos de capital, enquanto há um abandono crescente das práticas e políticas do Estado de bem-estar.

A grande mudança que ocorreu no último quartel do século 20 foi a liberalização financeira. A resposta que se deu à crise do keynesianismo, a partir dos anos 1970, foi liberalizar a ação dos agentes econômicos, mas não nos termos dos cânones do liberalismo clássico. O avanço liberal fez retroceder a propriedade pública, alimentando privatizações, e desregulamentou o sistema financeiro, segundo a ideia de que seria preciso dar liberdade para que o mercado alocasse os recursos, com base nas chamadas teorias dos mercados eficientes.

Assistiu-se, assim, às propostas de liberalização e flexibilização dos mercados de trabalho, seguindo a interpretação de que o corporativismo e a ação do Estado os haviam enrijecido, e que era necessário desestruturá-los para ganhar eficiência e, o que não era dito, para competir em uma economia mundial em que a concorrência aumentava. Os sistemas empresariais estavam deslocando sua produção, e se o aumento da concorrência não era totalmente evidente em um primeiro momento, posteriormente ele ficou muito claro, com o surgimento, na cena mundial, dos chamados Tigres Asiáticos e, posteriormente, da China.

Da crítica do Estado de bem-estar, que pode ser considerado um Estado que reflete valores ético-políticos (tais como certa concepção de direitos e de solidariedade social), resulta uma tentativa de solução da crise atual, que prega que os processos de decisão não devem considerar suas consequências sociais, noção que se concretiza no princípio da austeridade a qualquer custo.

Assim, as políticas econômicas dos Estados nacionais funcionam agora como instrumentos para a valorização do capital, produzindo o paradoxo de que, ao fazerem isso, geraram efeitos negativos dentro de seus próprios territórios, de que são ótimos exemplos a perda de legitimidade social e o objetivo do bem-estar social. Cada Estado-nação e, ao mesmo tempo, seus governos, tornam-se prisioneiros da finança e da grande empresa, que são agentes privados com interesses próprios e imbricados. Assim, os critérios de avaliação da atividade econômica passam a fundar-se nas ideias de austeridade fiscal, de eficiência econômica, de aumento de competitividade, e na obsessão pela maior produtividade, as quais orientam as políticas econômicas independentemente de suas consequências sociais e morais.

Ver: Economia de Mercado; Economia Política; Financiamento; Fundo Público; Mercado; Nova Economia Política

Referências Bibliográficas

ABREU, M. P. *A ordem do progresso:* 100 anos de política econômica 1889-1989. Rio de Janeiro: Campus, 1992.

ACOCELLA, N. *The foundations of economic policy:* values and techniques. Cambridge: Cambridge University Press, 1988.

BELLUZZO, L. G. M. Dinheiro e as transfigurações da riqueza. In: TAVARES, M. C.; FIORI, J. L. *Poder e dinheiro.* Petrópolis: Vozes, 1997.

______. A ordem natural da economia política. *Carta Maior(online)*, São Paulo, 18 out. 2011. Disponível em: http://www.cartamaior.com.br/templates/materiaImprimir.cfm?materia_id=18727. Acesso em: jul. 2012.

______. As transformações da economia capitalista no pós-guerra e a origem dos desequilíbrios globais. *Política Econômica em Foco*, Campinas, SP, n. 7, p. 24-41, nov. 2005/abr. 2006.

GÉNÉREUX, J. *Introdução à política econômica.* Lisboa: Editorial Estampa, 1995.

KEYNES, J. M. *A teoria geral do emprego, do juro e da moeda.* Trad. Mário Ribeiro da Cruz. São Paulo: Abril Cultural, 1983.

KRAFT, M. E.; FURLONG. S. R. *Public policy:* politics, analysis and alternatives. 3. ed. Washington, DC: CQ Press, 2010.

Política Externa

Clodoaldo Bueno

Política exterior (ou *externa*) reúne as ações de um determinado Estado em relação ao contexto externo tendo em vista a consecução de objetivos nacionais nos seus aspectos políticos, econômicos e culturais. Trata-se de uma política de Estado e, portanto, envolve as relações com outros Estados e com os organismos multilaterais regionais e mundiais. A política externa faz parte de um todo mais amplo, pois é a face externa e integrada à política geral do Estado destinada a alcançar objetivos internos relacionados ao progresso econômico e ao bem-estar de sua população.

Os objetivos de uma política exterior, portanto, compreendem a preservação da segurança, independência, soberania e integridade nacionais; defesa da honra, dignidade e brio nacionais;

defesa intransigente do interesse nacional; e defesa dos direitos e bens dos seus cidadãos no exterior. Fazem parte dela, ainda, o trabalho em prol da manutenção da paz e da amizade com todas as nações a fim de manter o país afastado de conflitos, além da contribuição em favor da paz e da cooperação internacionais. Em complemento a esses objetivos, está o prestígio de valores universais como a democracia representativa e os direitos humanos.

Embora a política externa não comporte súbitas mudanças de rumo, sobretudo em razão da coerção exercida pelo contexto externo (até porque a sociedade internacional é anárquica no sentido de não possuir autoridade central sobre o conjunto dos Estados independentes entre si), a cúpula dos Estados pode alterar sua condução consoante visão própria que novos donos do poder venham a ter a respeito do interesse nacional, bem como das afinidades e hostilidades do país (ARON, 1979). As estratégias de uma unidade política nacional variam, portanto, conforme mudam os detentores da cúpula do sistema político, até porque provocam alterações na forma de selecionar as pessoas que exercem autoridade sobre a estrutura administrativa, a formulação e a condução das políticas relacionadas ao exterior. Novos mandatários têm, normalmente, visão própria do mundo e da sociedade a que pertencem e, portanto, modo próprio de ver as relações internacionais e de reagir às pressões internas ou externas.

Os termos *política internacional* e *política mundial*, muitas vezes utilizados como sinônimos, referem-se ao sistema internacional considerado como um conjunto de relações entre atores sujeitos a modos de regulação (MERLE, 1981). Não se aplicam, portanto, a um determinado país especificamente. É frequente o sistema internacional aparecer na imprensa com a denominação de concerto internacional, em sentido mais restritivo. Já o termo *relações internacionais* possui significado mais abrangente, pois comporta interações entre atores estatais e não estatais (como são as organizações supranacionais ou não governamentais de caráter político ou cultural) e envolve, portanto, o conjunto de fluxos que atravessam fronteiras nacionais, independentemente de sua natureza. Assim, as análises sobre qualquer assunto que transcenda a esfera nacional, bem como e nomeadamente as que se processam pelos ministérios das relações exteriores ou órgãos equivalentes, abrigam-se sob a rubrica *relações internacionais*. Há os que preferem o uso do termo *estudos internacionais*, sobretudo os franceses, para incorporar, além das tradicionais relações entre os Estados, os estudos jurídicos comparados, os geográficos, antropológicos, econômicos, culturais e o sistema internacional como tal.

Isso remete à primazia do Estado na condução da política externa. Para autores clássicos, o Estado está no centro das relações internacionais. Povos e indivíduos, intercâmbio de produtos, serviços, ideias, influência de formas de civilização não podem ser vistos de modo isolado das relações que se processam ao nível dos Estados, pois eles, no mais das vezes, é que regulam, limitam ou orientam tais relações. Assim, o "estudo das relações internacionais aplica-se principalmente a analisar e a explicar as relações entre comunidades políticas organizadas no âmbito de um território, a saber, entre os Estados" (RENOUVIN; DUROSELLE, 1967).

A centralidade do Estado no sistema internacional não implica desconsiderar o papel de outros atores importantes, como organizações intergovernamentais, forças transnacionais, organizações não governamentais e grandes corporações multinacionais. Isso traz como decorrência a necessidade de que se separe a *história das relações internacionais* da *história diplomática* ou as relações internacionais da diplomacia, caso se esteja falando do presente. A história diplomática (que se ocupa das ações entre governos) é indispensável, mas não fornece as explicações que precisam ser buscadas em níveis mais profundos, subjacentes aos eventos políticos, naqueles em que estão as condições geográficas, os movimentos (e pressões) demográficos, os interesses econômicos e financeiros, os traços da mentalidade coletiva, as ideologias e as grandes correntes de sentimento. Essas são as "forças profundas" que fazem parte do quadro das relações entre os grupos humanos e atuam juntamente com as injunções do tempo presente. O reconhecimento dessas forças e, por consequência, das limitações que impõem, não descarta a importância do papel exercido pelo homem de Estado que com elas interage, tanto recebendo quanto exercendo influência sobre seu ambiente.

Ao introduzirem e valorizarem tais forças, certos estudos distinguiram uma história das relações internacionais e uma história diplomática. Partidários da singularidade do processo histórico, Renouvin e Duroselle e seguidores repulsaram as posições dos teóricos mecanicistas, que minimizam a ação do homem de Estado, e reiteraram a necessidade de se levar em alta linha de conta as concepções pessoais, os métodos e as relações sentimentais do estadista. Mantiveram-se também fieis à concepção, própria do historiador, segundo a qual os fatos e os processos são singulares e não se repetem, com o que as análises devem ser elaboradas caso a caso, pois os móveis da ação variam conforme a época e o lugar, ora predominando os fatores econômicos, ora os políticos, ora os geográficos. Geralmente tais fatores não aparecem isolados, mas urdidos de tal maneira que não há como o analista estabelecer uma hierarquia entre eles ou privilegiar um sobre os demais. Não é possível alçar grandes voos teóricos sem lastro empírico que os embase.

As relações internacionais de determinado país não são processadas somente por seus órgãos tradicionais, que são os ministérios das relações exteriores ou equivalentes com outras designações (por exemplo, o Departamento de Estado nos Estados Unidos da América). Tais relações diluem-se entre outros organismos ou repartições, dependendo do grau de complexidade da inserção internacional do país. Questões de natureza fiscal ou financeira (taxa de câmbio, comércio exterior, conta-corrente nacional, subsídios industriais, intercâmbio cultural e turismo, por exemplo) são encaminhadas pelos ministérios respectivos em contato ou colaboração com interessados que estão fora do aparelho do Estado, tais como os representantes de agentes econômicos. Os ministérios das relações exteriores no mundo globalizado não mais conseguem abranger, encaminhar e processar todas as ações relacionadas ao exterior, ou que nele tenham efeitos, devido ao volume, à diversidade e à complexidade dos assuntos, bem como à imensidão de informações de natureza e procedência as mais diversas.

No Brasil, ao Ministério das Relações Exteriores (MRE) compete implementar a política externa e, por isso, incumbe-lhe a tarefa de síntese, isto é, o estabelecimento da coerência entre as políticas e as estratégias oriundas de outros ministérios e organismos no que se referem ao exterior, bem como apoiá-las (por exemplo, o aplainamento de barreiras políticas externas ao comércio e ao fluxo de capitais), dar o tom e indicar o rumo geral das ações do país no sistema internacional. O MRE é um dos agentes do Poder Executivo encarregados de pôr em marcha as estratégias de longo prazo e preservar os objetivos nacionais permanentes.

No Brasil, a política externa é, constitucionalmente, exercida pelo Poder Executivo, mas compete exclusivamente ao Congresso Nacional, no que a ela se refere, "resolver definitivamente sobre tratados, acordos ou atos internacionais que acarretem encargos ou compromissos gravosos ao patrimônio nacional" (artigo 4º, I), bem como autorizar o presidente da República a declarar a guerra e a paz, e permitir o trânsito de forças estrangeiras no país. Mesmo com a necessidade de referendo do Congresso Nacional em praticamente tudo o que refere à política externa, o Poder Executivo tem meios e margem de movimentos para alterar os rumos da política externa, caso disponha de maioria parlamentar.

No Brasil ainda há carência de pesquisa básica no campo das relações internacionais, sobretudo sobre os países que fazem parte do nosso entorno geográfico. Antes de negociar com o "outro", é preciso conhecê-lo, nomeadamente seu passado. Isso vale tanto para o historiador quanto para o analista do presente ou o estrategista do Estado e os profissionais que o assessoram.

Ver: Atores; Estado; Nação/Nacionalismo; Políticas Territoriais; Sistema Político; Soberania

Referências Bibliográficas

ARON, R. *Paz e guerra entre as nações*. Trad. Sérgio Bath. Brasília: Editora UnB, 1979.

DEUTSCH, C. W. *El análisis de las relaciones internacionales*. Trad. Eduardo J. Prieto. Buenos Aires: Paidós, 1970.

HOFFMANN, S. H. *Teorias contemporaneas sobre las relaciones internacionales*. Trad. M. D. Lopez Martinez. Madrid: Tecnos, 1963.

MEDINA, M. *La teoria de las relaciones internacionales*. Madrid: Seminarios e Ediciones, 1973.

MERLE, M. *Sociologia das relações internacionais*. Trad. Ivonne Jean. Brasília: Editora UnB, 1981.

RENOUVIN, P.; DUROSELLE, J-B. *Introdução à história das relações internacionais*. Trad. Hélio de Souza. São Paulo: Difusão Europeia, 1967.

Política Fiscal

Amir Antonio Khair

A política fiscal pode ser conceituada como o conjunto de decisões estratégicas e medidas adotadas pelo governo, para a distribuição dos recursos que arrecada dos cidadãos em forma de impostos e taxas, com objetivos voltados para o desenvolvimento econômico e social do país. Expressa-se e organiza-se pela formulação das receitas e despesas públicas.

A política fiscal pode manifestar-se nas receitas, ao visar adequar os tributos à capacidade econômica dos contribuintes ou, ao contrário, distribuir a carga tributária beneficiando as camadas de maior renda. Nas despesas, manifesta-se ao priorizar, com maior ou menor peso, programas voltados para o atendimento aos déficits sociais, ou ao transferir recursos para satisfazer os interesses do capital.

Sob o aspecto macroeconômico, pode representar decisões para dosar a evolução do crescimento econômico do país. Em épocas de crise, a exemplo da ocorrida em 2008, que teve como epicentro o sistema financeiro dos Estados Unidos, os governos atuaram de forma contracíclica, fazendo déficits fiscais para estimular o consumo, a produção e os investimentos.

Sob o aspecto da denominada responsabilidade fiscal, a política fiscal deve buscar o equilíbrio entre as receitas e despesas acompanhando e gerenciando o seu nível e a sua evolução.

As receitas dependem fundamentalmente da atividade econômica e da eficiência das máquinas fazendárias. Níveis mais elevados de crescimento econômico permitem lucros e massa salarial superiores ao crescimento do Produto Interno Bruto (PIB), e o governo arrecada proporcionalmente a essas bases de tributação. Além disso, com níveis mais elevados de crescimento do PIB, reduzem-se a inadimplência e a sonegação, em geral, elevadas.

As despesas subdividem-se entre custeio, investimentos e juros. As duas primeiras estão comumente aquém das necessidades para atender aos elevados déficits sociais e de infraestrutura, sobretudo nos países emergentes. As despesas com juros dependem do nível das taxas de juros da dívida pública. No caso brasileiro, há vários anos, a taxa básica de juros é a mais alta do mundo, o que eleva o endividamento do governo. O órgão responsável por definir a taxa básica de juros denominada Sistema Especial de Liquidação e Custódia (Selic) é o Banco Central. No período de 1995 a 2009, a despesa com juros atingiu em média por ano 7,5% do PIB.

São várias as concepções que orientam a formulação de uma política fiscal. De modo geral, podemos identificar uma visão que combate o crescimento das despesas públicas e distingue despesas de custeio (pessoal, material de consumo e serviços de terceiros), das despesas com investimentos, advogando que o excesso de despesas de custeio impede que sobrem recursos para os investimentos em infraestrutura. As despesas com a área social respondem pela maior parte das despesas de custeio.

Nessa ótica, as despesas de custeio são consideradas de baixa qualidade, pois tornam-se continuadas, permanentes e não são passíveis de redução. Os investimentos encerram os seus efeitos sobre a despesa, uma vez concluídos, sendo assim de melhor qualidade, por não causar problemas fiscais futuros.

No entanto, os investimentos exigem recursos para a sua manutenção e se depreciam com o tempo. Para o funcionamento de bens públicos geradores de serviços, são necessárias despesas com pessoal, materiais de consumo e serviços de terceiros, além de pagamentos de juros, pois parte dos investimentos é feita normalmente com empréstimos.

A redução de despesas de custeio possibilitaria que se alcancem elevados superávits primários (receitas *menos* despesas, exclusive juros), como melhor arma para reduzir a taxa básica de juros. Nessa perspectiva, pode sinalizar ao mercado financeiro o controle do déficit fiscal e a redução da relação entre a dívida e o PIB, um dos principais termômetros da solvência do país.

A redução dessas despesas ocorreria, especialmente, com o funcionalismo, por reforma no Regime Geral da Previdência Social, além da redução na aplicação de recursos em outras políticas sociais que respondem diretamente à maioria da população e que promovem equidade, segurança e bem-estar social.

Exemplos dessas propostas estão no estabelecimento e/ou elevação da idade mínima para aposentadoria, contenção nos reajustes do salário mínimo, a desvinculação do piso previdenciário do salário mínimo, a redução do número de servidores públicos e a contenção dos reajustes salariais.

Subjacente a essa visão, está a interpretação acerca da função do Estado e de sua incapacidade para a gestão de recursos. Assim, quanto menor a despesa com o aparelho do Estado, mais recursos sobrarão para o setor privado desenvolver suas atividades. Trata-se de uma visão minimalista do Estado, não apenas em seu tamanho, mas também em sua interferência na vida econômica e social.

Outras concepções sobre a política fiscal defendem que o Estado deve regular a economia, redistribuir renda, atacar o déficit social e de infraestrutura e ter os recursos necessários para cumprir as obrigações que lhe são atribuídas pela sociedade mediante a Constituição, com níveis adequados e necessários de pessoal e de recursos.

Nessa linha de pensamento, não se considera a oposição entre despesas de custeio e de investimentos, por cumprirem funções distintas, complementares e necessárias. As despesas de custeio podem cumprir a função de redistribuir recursos e desenvolver medidas para reduzir desigualdades sociais, econômicas e culturais. Além disso, ao estimular o consumo, ativam a economia e contribuem para aumentar a arrecadação pública. Os investimentos atendem às necessidades de ampliar a oferta de equipamentos públicos e de melhorar a infraestrutura.

Os que advogam essa posição apresentam uma visão mais abrangente do resultado fiscal, ao considerar, além das despesas, as receitas públicas e, na essência, opõem-se a redução de direitos, tais como, benefícios da seguridade social garantidos pela Constituição Federal de 1988, favoráveis, portanto, à sua consolidação e expansão para a redução das desigualdades e progressão dos níveis de bem-estar social.

Quanto à manutenção de elevados superávits primários para reduzir a taxa básica de juros, pode-se propor a redução dessa taxa, para permitir menor despesa do governo com juros e, portanto, menor necessidade de resultados primários. Assim, a adequação fiscal depende também da política monetária que, no caso brasileiro, deveria operar com taxas de juros ao nível internacional, como importante componente para a saúde das finanças públicas.

Embora o debate sobre a política fiscal seja complexo, há uma confluência de posições acerca da necessidade de racionalização de despesas e da eliminação de desperdícios.

Um dos termômetros das contas públicas é o resultado nominal (resultado primário *menos* os juros). Ignorar os juros como despesa pública, posição típica de análises conservadoras, é um equívoco conceitual que não leva em conta o peso dos juros como um dos maiores componentes da despesa pública no Brasil.

O outro termômetro é o nível e a evolução da relação entre a dívida e o PIB. Essa relação depende do resultado nominal e cai com a redução da taxa de juros e com o crescimento econômico.

Numa sociedade democrática, o Estado deve atender ao que lhe é determinado constitucionalmente, tanto em termos de regulação e participação na atividade econômica e financeira, quanto em termos de investimentos e de prestação de serviços de educação, saúde, previdência, assistência social, segurança pública e demais políticas públicas – que devem contar com recursos necessários para o cumprimento dos objetivos de desenvolvimento nacional com redução de desigualdades sociais e regionais e com a progressão do bem-estar da população.

Ver: Carga Tributária; Economia de Mercado; Estabilidade Monetária; Estado; Governo; Lei de Responsabilidade Fiscal (LRF); Responsabilidade Fiscal

Referências Bibliográficas

BRASIL. Conselho de Desenvolvimento Econômico e Social. *Indicadores de equidade do Sistema Tributário Nacional*. Brasília, DF, jun. 2009. (Relatório de Observação n. 1). Disponível em: http://www.cdes.gov.br/conteudo/6808/publicacoes-do-cdes.html. Acesso em: 14 set. 2011.

FAGNANI, E.; HENRIQUE, W.; LÚCIO, C. G. (Orgs.). *Previdência Social*: como incluir os excluídos? Uma agenda voltada para o desenvolvimento econômico com distribuição de renda. São Paulo: LTr, 2008.

INSTITUTO DE PESQUISA ECONÔMICA APLICADA. *Receita pública*: quem paga e como se gasta no Brasil. Brasília, DF, 2009. (Comunicado da Presidência n. 22). Disponível em: www.ipea.gov.br/sites/000/2/pdf/comunicado_da_presidencia_n22.pdf. Acesso em: 14 set. 2011.

KHAIR, A. Caminhos para o desenvolvimento - uma visão estratégica. In: SICSÚ, J.; CASTELAR, A. (Orgs.). *Sociedade e economia*: estratégias de crescimento e desenvolvimento. Brasília, DF: Ipea, 2009.

KHAIR, A.; VIGNOLI, F. H. *Manual de orientação para crescimento da receita própria municipal*. 2. ed. São Paulo: EAESP-FGV, 2001. (Lei de Responsabilidade Fiscal). Disponível em: http://www.bndes.gov.br/SiteBNDES/export/sites/default/bndes_pt/Galerias/Arquivos/bf_bancos/e0001658.pdf. Acesso em: 16 set. 2011.

LUQUE, C. A. A complexa realidade dos orçamentos públicos. *Boletim de Informações FIPE*, São Paulo, n. 353, p. 9-12. Disponível em: http://www.fipe.org.br/publicacoes/dowloads/bif/2010/2_bif353.pdf. Acesso em: 14 set. 2011.

SUPLICY, E. M. Programa Fome Zero do presidente Lula e as perspectivas da renda básica de cidadania no Brasil. *Saúde e Sociedade*, São Paulo, v.12, n.1, p. 61-71, jan./jul. 2003.

Política Habitacional

EDUARDO FAGNANI

A política habitacional é um dos campos mais complexos do planejamento governamental. Implica estimar a demanda presente e futura, controlar os problemas físicos da produção, regular a oferta e a procura, e assegurar preço final que a população possa pagar. Mudanças na estrutura social (demografia, composição etária, renda, mobilidade geográfica etc.) desafiam o planejador. A moradia é um bem projetado para toda uma vida. O investimento inicial é superior ao que a maior parte dos consumidores pode pagar. Eles precisam tomar capitais emprestados que serão amortizados durante a vida ativa. O planejamento também deve considerar a liberdade do indivíduo, os direitos de propriedade e os princípios de justiça social.

Essa complexidade também se reflete na multiplicidade de atores envolvidos na promoção da moradia: governos (municipais, estaduais e federal), empresários, bancos, movimento sociais, "sem-tetos" e moradores em construções sub-humanas. O mesmo ocorre quanto à diversidade da clientela e suas necessidades singulares: classe média, "sem-teto", moradores em favelas, cortiço, áreas de risco, áreas de mananciais, comunidades quilombolas e indígenas. Cada situação requer o desenho de política específica: moradia para classe média, regularização fundiária, urbanização de favelas, remoção de áreas de risco, atuação em áreas centrais (cortiços e "vazios" urbanos), produção habitacional (mutirão associativo e produção empresarial), aluguel social, atuação em área de proteção ambiental e atendimento às comunidades com cultura e costumes próprios (quilombolas e indígenas).

Em função dessa enorme complexidade, algumas correntes de pensamento defendem que o Estado tem papel central na promoção do bem-estar dos mais pobres. A "habitação social" atuaria como mecanismo de distribuição indireta da renda. Outras correntes defendem que o mercado é mais eficiente e que os governos deveriam intervir o menos possível.

Durante os "anos gloriosos" de capitalismo regulado (1945-1975), prevaleceu a visão de que o provimento da "habitação social" pelo Estado era crucial. A política habitacional emerge no final do século 19 para acolher os deserdados que viviam em moradias sub-humanas nas zonas urbanas na Europa e nos Estados Unidos. Essa situação foi agravada na primeira metade do século 20, com a Primeira Guerra Mundial e a Crise de 1929.

Nos Estados Unidos, com a Grande Depressão, muitos proprietários de imóveis não conseguiam pagar suas hipotecas. O governo Roosevelt criou programas e instituições que estabeleceram um novo sistema de financiamento que subsidiava a "habitação social". O *New Deal* contemplava a construção de moradias públicas baratas e a criação da Autoridade de Habitação, que subsidiou aluguéis para famílias de baixa renda. Ela também viabilizou empréstimos de longo prazo para agências locais que assumiram parte do custo de renovação de áreas degradadas e de construção e manutenção de habitação de interesse social.

Na Europa, a política habitacional, ensaiada desde o final do século 19, foi impulsionada após a Segunda Guerra Mundial. A construção imobiliária cessou durante o conflito e milhares de unidades foram destruídas. A partir de 1945, a prosperidade da reconstrução do pós-guerra elevou o valor dos terrenos e o custo das construções. A situação era agravada pela industrialização e o consequente êxodo rural.

A expansão dos regimes de Estado de bem-estar social ampliou a visão de que cabia ao Estado enfrentar essa chaga social. A moradia digna passou a ser vista como direito humano universal e percebida como parte integrante das condições de vida e de saúde necessárias para o trabalho. Era preciso assegurar moradias (próprias ou alugadas) a preços acessíveis aos desfavorecidos. A provisão era subsidiada pelo Estado (empréstimos a juros baixos, deduções de impostos, regulamentação de aluguéis, abonos-aluguéis), não importando se o empreendimento era público ou privado. Foi incentivada a criação de sociedades de habitação, cooperativas, empresas de economia mista e empresas privadas que ofertavam moradias (próprias ou alugadas) a baixo custo. São exemplares os modelos seguidos pela Suécia e França, difundidos para outros países.

A partir de meados dos anos de 1970, o conceito de "habitação social" perdeu vigor. Com a hegemonia da agenda liberal, o Estado deixou de atuar diretamente na provisão de moradias. A mercantilização e o uso da habitação como ativo de investimento frearam a visão predominante da moradia como direito humano. Ganhou força a visão de que o mercado era mais racional e eficiente. Os Estados empenharam-se em criar ambiente propício para atrair capital internacional e local para investimentos em operações imobiliárias. Reduziu-se a construção de moradias acessíveis aos pobres e vulneráveis. A questão habitacional agravou-se em todos os países, especialmente aqueles de capitalismo tardio.

A crise financeira mundial de 2008, desencadeada pelo colapso das hipotecas *subprime* nos Estados Unidos, revelou os limites do mercado e da opção liberal.

No Brasil, as preocupações com a política habitacional emergem a partir de 1930. As Caixas de Aposentadoria e Pensão e os Institutos de Aposentadoria e Pensões passaram a desenvolver programas para seus associados. Em 1946, foi criada a Fundação da Casa Popular, primeiro órgão nacional voltado a prover habitação para a população de baixo poder aquisitivo. A partir da década de 1950, o debate sobre o tema ganha vigor em virtude da industrialização e da urbanização acelerada. Destacam-se as propostas de criação do Banco Hipotecário (1953) e do Instituto Brasileiro de Habitação (1961).

Com o golpe militar de 1964, foi criado o Banco Nacional de Habitação (BNH), responsável pela Política Nacional de Habitação. O Sistema Financeiro da Habitação (SFH) só começaria a assumir sua configuração definitiva a partir de 1968, após a instituição do FGTS, da correção monetária, da Caderneta de Poupança e do Sistema Brasileiro de Poupança e Empréstimo (SBPE). Seu objetivo precípuo não era construir casas para pobres, mas impulsionar a indústria da construção civil. Desde então, predomina a opção pela "casa própria". O "sonho" de ser proprietário sempre foi alimentado pelos planejadores.

Banco visa ao lucro e o BNH voltou-se para "aplicações" rentáveis. A partir de 1968, direcionou-se para famílias de média e alta renda. Já no final da década de 1960, o "sonho da casa própria" esvaiu-se para os pobres. Entre 1974 e 1979, houve uma tentativa de reformulação, reorientando a ação pública para as famílias de menor renda. Essa tentativa caiu por terra entre 1979 e 1984. O SFH foi duramente atingido pela recessão econômica e suas consequências na desorganização do trabalho. A crise restringiu as possibilidades da ação governamental e amplificou os desequilíbrios financeiros decorrentes do subsídio ilimitado para as camadas de maior renda. O "sonho" virou "pesadelo".

O governo da Nova República (1985-1990) se comprometeu com a reforma estrutural da política. Inspirada na palavra de ordem "tudo pelo social", foi instituído, em 1985, por ato da Presidência da República, o Grupo de Trabalhos de Reformulação do Sistema Financeiro da Habitação, que realizou diagnóstico e apresentou recomendações de mudanças. Uma delas foi a transformação do BNH em Banco Nacional de Desenvolvimento Urbano (BNDU) e a ampliação da utilização de recursos subsidiados. Entretanto, o governo José Sarney desconsiderou essas recomendações que emergiram de ato de sua iniciativa. Em 1986 extinguiu o BNH e transferiu suas funções para a Caixa Econômica Federal (CEF). Criou uma situação institucional marcada por duplicidade, pulverização e paralisia decisória. O espólio do BNH foi distribuído entre a CEF, o Conselho Monetário Nacional, o Banco Central e o Ministério do Desenvolvimento Urbano. Posteriormente, a crise institucional foi agravada. A partir de 1987, implantou-se um caótico processo de transferências de instituições entre distintos ministérios.

No governo Fernando Collor de Mello (1990-1992), esse processo de estiolamento teve continuidade. É emblemática a decisão do Conselho Curador do FGTS (1992) de suspender, por tempo indeterminado, as aplicações do FGTS. Collor havia comprometido recursos muito acima das possibilidades financeiras do fundo. Na gestão Itamar Franco (1993-1994), a decisão do Conselho Curador foi mantida e perdurou até o final de 1995.

Na primeira gestão de Fernando Henrique Cardoso (1995-1998), foram feitas novas tentativas de reformulação. Criou-se a Secretaria de Política Urbana (Sepurb), responsável pela política urbana. A agência formulou nova Política Nacional de Habitação, ancorada nos princípios da Segunda Conferência Mundial dos Assentamentos Humanos

(Istambul, Turquia). Outra mudança positiva foi condicionar os repasses financeiros federais aos Estados à constituição de "Instâncias Colegiadas" de caráter paritário (representantes de municípios e sociedade civil). Nesses ensaios, alguns programas foram reformulados e novas ações foram instituídas.

No segundo mandato do presidente Fernando Henrique Cardoso (1998-2002), as "Instâncias Colegiadas" foram extintas e a Sepurb foi substituída pela Secretaria Nacional de Desenvolvimento Urbano (posteriormente essa agência foi transformada em Secretaria Especial de Políticas Urbanas). Foi iniciada nova fase de estudos visando redefinir, mais uma vez, a política habitacional. Todavia, a política econômica continuava a limitar o alcance dessa política. Primeiro, por seus efeitos desagregadores do mercado de trabalho. Segundo, pelas restrições fiscais. A reduzida utilização de recursos fiscais subsidiados para a baixa renda e a pouca margem de endividamento dos Estados e municípios foram alguns dos entraves observados. A ação do governo continuou apresentando reduzida capacidade de redistribuição de renda.

No primeiro mandato do presidente Luiz Inácio "Lula" da Silva (2003-2006), ocorrem novas tentativas de reorganização. Foi criado o Sistema Nacional de Habitação, dividido nos subsistemas voltados para o "mercado" e para a "habitação popular". Nesse caso, foi instituído o Sistema Nacional de Habitação de Interesse Social (SNHIS) e o Fundo Nacional de Habitação de Interesse Social (FNHIS), formado com recursos fiscais do Orçamento Geral da União (OGU) para subsidiar as ações voltadas para as famílias com renda mensal de até três salários mínimos. Todavia, na prática, a "habitação social" continuou a ter alcance reduzido, dados os parcos recursos do OGU repassados para o FNHIS.

Entre 2007 e 2010, houve maior articulação entre a política econômica e a política habitacional. Destaca-se a decisão da área econômica de ampliar a capacidade de endividamento de Estados e municípios para a contratação de operações de crédito voltadas à habitação popular. Da mesma forma, foram adotadas medidas de desoneração tributária, que estimularam o setor da construção civil. Essas medidas foram fundamentais para viabilizar o Programa de Aceleração do Crescimento (PAC). O PAC Habitação, lançado em 2007, veio reforçar os instrumentos de política habitacional. Como medida anticíclica visando a enfrentar a crise financeira internacional de 1988, foi lançado o programa "Minha Casa, Minha Vida". Houve inequívoco aumento do patamar de investimentos no setor. Todavia, mais uma vez, parcela reduzida desse montante foi destinada aos extratos de menor renda.

Finalmente, o governo da presidenta Dilma Rousseff, iniciado em 2011, segue os rumos trilhados pelo antecessor.

Em suma, o Brasil nunca contou com efetiva Política Nacional de Habitação Popular que fosse portadora de recursos financeiros e institucionais compatíveis com os problemas estruturais e crônicos agravados desde meados do século passado. O ponto em comum da experiência da ditadura militar e dos governos democráticos (1985-2012) é que as sucessivas políticas se mostraram inacessíveis às famílias situadas nas classes de rendimento mensal familiar *per capita* inferior ou igual a três salários mínimos. A gravidade dessa constatação é evidente se considerarmos que mais de 80% das famílias brasileiras auferem rendimento mensal familiar *per capita* igual ou abaixo de três salários mínimos. Da mesma forma, note-se que 84% do déficit habitacional existente no país diz respeito às famílias situadas nessa faixa de rendimento. Essa crônica incapacidade é percebida pela ausência de arranjo institucional baseado na cooperação entre esferas de governo e pela reduzida utilização de recursos subsidiados dos três níveis de governo. Prevaleceu – e ainda prevalece – o uso de fontes de financiamento presididas pela lógica do retorno financeiro.

Ver: Desenvolvimento; Planejamento

Referências Bibliográficas

ANDRADE, L. A; AZEVEDO, S. *Habitação e poder*: da Fundação da Casa Popular ao Banco Nacional de Habitação. Rio de Janeiro: Zahar, 1981.

ARRETCHE, M. Política habitacional entre 1986 e 1994. In: ARRETCHE, M.; RODRIGUES, V. (Orgs.). *Descentralização das políticas públicas no Estado de São Paulo*. São Paulo: Fundap/Fapesp; Brasília: Ipea, 1998.

AZEVEDO, S. Vinte e dois anos de política de habitação popular (1964-86): criação, trajetória e extinção do BNH. *Revista de Administração Pública*, Rio de Janeiro, n. 22, n.4, p. 107-119, out.-dez. 1988.

CHERKEZIAN, H.; BOLAFFI, G. Os caminhos do mal-estar social: habitação e urbanismo no Brasil. *Novos Estudos Cebrap*, São Paulo, n. 50, p. 125-147, mar. 1998.

FAGNANI, E. *Política social no Brasil (1964-2002)*: entre a cidadania e a caridade. 2005. 605f. Tese (Doutorado em Ciências Econômicas)- Instituto de Economia, Universidade de Campinas, Campinas, SP, 2005.

______. População e bem-estar social: 40 anos de ausência de política nacional de habitação popular (1964-2002). *MultiCiência: população, bem-estar e tecnologia*, Campinas, SP, n.6, maio 2006.

MARICATO, E. O Ministério das Cidades e a política nacional de desenvolvimento urbano. *Políticas Sociais: Acompanhamento e Análise*, Brasília, DF, n. 12, p. 211-220, fev. 2006.

MARSHALL, T. H. *Política social*. Rio de Janeiro: Zahar, 1965.

ROLNIK. R. *Promoção e proteção de todos os direitos humanos, civis, políticos, econômicos, sociais e culturais, inclusive o direito ao desenvolvimento*. New York: ONU, 2009. Disponível em: http://raquelrolnik.files.wordpress.com/2010/05/relatorio_crise_portugues.pdf. Acesso em: 14 ago. 2012.

Política Indigenista

Lucia Helena Vitalli Rangel

O conceito de "política indigenista" incorporou-se ao léxico das políticas públicas depois do I Congresso Indigenista Interamericano realizado no México, em 1940, no qual foram estabelecidos princípios e metas a serem transformadas em políticas pelos Estados americanos em relação às populações indígenas. Em um plano mais geral, a política indigenista é orientada pelo indigenismo, conjunto de princípios estabelecidos a partir do contato dos povos indígenas com a sociedade nacional.

Apesar dessa origem recente, desde o início da colonização do subcontinente latino-americano foram formulados preceitos e diretrizes para regrar as ações e regulamentar as relações com os povos habitantes dos territórios incorporados ao movimento de expansão colonial de Portugal e Espanha. Em todo o continente formularam-se regras, em diversas modulações, conforme a época e os interesses políticos e econômicos em questão. Na maior parte do tempo, os diferentes indivíduos pertencentes às inúmeras nações que habitavam a região foram sendo tratados a partir de uma redução: todos eram "índios" para os colonizadores.

No Brasil em particular, desde o século 16 existiram instrumentos legais que procuraram definir e propor uma política para os índios, quase sempre referenciados pela discussão a respeito da legitimidade de seu direito ao domínio soberano sobre suas terras. A política indigenista deve, pois, ser compreendida como uma construção que atravessa as três grandes fases da história do Brasil, a Colônia, o Império e a República.

Duas constantes marcaram as relações entre os colonizadores e os povos indígenas no Brasil: uma forma de relacionamento mais ou menos pacífica, adotada quando o empreendimento colonial dependia do recrutamento da mão de obra indígena para sua realização, e uma forma de relacionamento marcado pela violência explícita, quando se tratava de expropriação de terras para dar lugar ao empreendimento que priorizava a utilização de mão de obra escrava, especialmente aquela traficada em África. A lavoura extensiva de cana-de-açúcar no Nordeste e o extrativismo aurífero de Minas Gerais são os casos mais sangrentos da expulsão de povos de seus territórios originários, incluindo uma série de decretos de guerras justas por parte dos sucessivos reis de Portugal.

A legislação e a política indigenista do período colonial foram consideradas pelos estudiosos do assunto como contraditórias, oscilantes e hipócritas. Composta de um conjunto volumoso de cartas régias, regimentos, decretos e alvarás, a política para os indígenas os dividiu entre homens livres, "aldeados e aliados" e escravos. Incluíam-se dentre estes últimos os povos hostis, antropófagos, que não se rendiam à conversão, praticavam hostilidades e quebravam pactos celebrados. Contra eles foram desencadeadas as "guerras justas", cujo desfecho era a escravidão legal.

Ao longo do século 19, duas posições se confrontam em relação aos indígenas: uma agregava os adeptos do tratamento brando, outra agregava os adeptos do tratamento violento. D. João VI, adepto desta última, desencadeou guerra contra os genericamente chamados "botocudos" para liberar a colonização do Rio Doce no Espírito Santo e dos campos de Guarapuava no Paraná. Dentre os adeptos do tratamento brando estava José Bonifácio, cuja proposição foi debatida na Constituinte de 1823. Sua tese situava a questão indígena no projeto político nacional, com vistas à inclusão social da população indígena, misturando-a com a população livre e incorporando-a ao povo que se almejava criar. Assim, propugnava a justiça de tratamento e o reconhecimento das violências cometidas contra os indígenas, optando pela compra de suas terras em substituição à usurpação direta. A recomendação de se aplicarem meios brandos e persuasivos passa a revestir o discurso oficial, mais no sentido retórico do que como regra de atuação. Em algumas províncias ainda foram feitas guerras e investidas violentas contra os indígenas, principalmente os considerados "bravos" em contraposição aos "domésticos". A "domesticação dos índios" era feita através dos aldeamentos, em nada diferentes dos séculos anteriores, cuja semântica indicava a mesma polarização entre aliados e inimigos, os bons e os "animais errantes".

A grande questão que transpassa o século 19 é a questão da terra, tanto do ponto de vista da expansão das fronteiras do Império, quanto da restrição do acesso à propriedade fundiária nas regiões mais antigas. Mesmo assim, aos povos indígenas foram reconhecidos seus direitos de primazia sobre as terras que ocupavam. Em diversas situações, ao longo do século, esse direito foi reconhecido e quando a Lei de Terras foi promulgada, em 1850, ficou claro que as terras indígenas não poderiam ser consideradas devolutas e não necessitariam legitimação. Entretanto, o direito às terras foi burlado de diversas maneiras, a mais comum mediante a redução do tamanho dos aldeamentos e o confinamento territorial. Depois da Lei de Terras passou-se também a desqualificar o modo de vida indígena em função da conversão e da adoção de hábitos "civilizados". Inúmeras aldeias foram extintas. A disputa pelas terras de aldeamentos ou de aldeias extintas recrudesceu em muitos lugares, especialmente no Nordeste.

As disputas pela utilização da mão de obra indígena também foram objeto de regulamentação. O debate mais acirrado aconteceu no Parlamento imperial, na década de 1840, quando se decidiu pela oficialização da imigração de estrangeiros para abastecimento de mão de obra. Os deputados da região Norte, onde a população indígena era numerosa, colocavam-se contrariamente ao estímulo imigratório. Os deputados das regiões Sudeste e Sul eram favoráveis, pois seria esta uma forma eficaz de transitar em direção ao fim da escravidão.

Ao final do século 19, uma série de questões afeta o cenário nacional do ponto de vista geopolítico, tal como a proteção das fronteiras a oeste e a expansão econômica para cultivo de café e cacau. A construção das estradas de ferro e a implantação das linhas telegráficas foram dois fatores estratégicos para possibilitar a comunicação e o transporte. Ao longo dessas vias, a férrea e a telegráfica, que muitas vezes coincidiam com a implantação de fazendas de grande porte, muitos povos indígenas foram atingidos com violência. Cidades como São Paulo, Vitória, Ilhéus e Blumenau estavam mobilizadas pelo noticiário a respeito dos conflitos sangrentos e formou-se, assim, uma forte opinião anti-indígena. Contraditoriamente, em alguns círculos citadinos e intelectuais, os indígenas são os personagens idílicos de romances e poemas, representando o ancestral generoso e longínquo a ser protegido.

Em meio aos conflitos e às chacinas, a opinião pública internacional empenhou-se em campanha denunciatória. A opção da República foi a criação do Serviço de Proteção ao Índio e Localização de Trabalhadores Nacionais (SPI), em 1910, concebido e dirigido por Cândido Mariano da Silva Rondon, oficial do Exército de formação positivista, que estabelecera relações pacíficas com os povos indígenas que conhecera quando encarregado da implantação das linhas telegráficas em diferentes regiões do país. O Decreto n. 9.214, de 15 de dezembro de 1911, instituiu oficialmente a política indigenista republicana. O lema de Rondon – "Morrer se preciso for, matar nunca" – conduziu os trabalhos de "pacificação de tribos hostis". A proposta do SPI estatuiu o direito dos indígenas de serem respeitados como povos, com suas línguas, suas crenças e seus modos de vida ancestrais e que só lentamente poderiam mudar. A proteção seria feita em seus próprios territórios e ficaria proibido o desmembramento das famílias.

A perspectiva positivista/evolucionista orientou uma concepção bastante peculiar, por sinal presente até os dias atuais: respeitar-se-iam os hábitos, costumes, valores e mentalidade dos povos, tendo como meta exclusivamente o oferecimento aos indígenas de incentivos para que melhorassem suas condições de vida mediante a introdução de instrumentos de trabalho, de tecidos para roupas, do sal, da gordura, dos utensílios de ferro e de habitações. O eixo dessas intervenções concentrava-se bastante no estímulo ao trabalho e ao desenvolvimento de atividades produtivas, por meio da educação e treinamento dos índios e de seus filhos. Disso tudo resultaria um "índio melhor", pronto para ser integrado na sociedade nacional.

O objetivo integracionista da política indigenista republicana implicou a demarcação de terras diminutas, pois o indígena foi concebido como categoria social transitória, que deixaria de existir voluntariamente, conforme fosse assimilando os hábitos da sociedade brasileira. Assim, para que pudesse ter terra, passou a ser tutelado da União, pois a terra só se adquire através da compra; a terra indígena é propriedade do Estado, que confere a ocupação coletiva de uma terra que não pode ser alienada.

Em 1967, uma série de denúncias de corrupção e abusos motivou a extinção do SPI e, em 1969, foi criada a Fundação Nacional do Índio (Funai). Pouco depois, aprovou-se o Estatuto do Índio, Lei n. 6.001, de 19 de dezembro de 1973, que passou a considerar a população indígena em função dos graus de integração à comunidade nacional: isolados, em vias de integração e integrados. Enquanto não integrados, os indígenas estavam sujeitos ao regime tutelar, exercido pela União através do órgão indigenista oficial, a Funai.

A partir da década de 1970, os povos indígenas começam a se organizar e formam um Movimento Indígena consistente. Até essa época, o regime tutelar, recrudescido no período da ditadura militar, impedia o direito de ir e vir; para deixar a reserva, era preciso uma autorização por escrito do chefe de posto. Conforme a solicitação, ela era negada, especialmente se fosse para ir a uma reunião política. Nas aldeias, somente os candidatos eleitorais eram autorizados a fazer política. Com o fortalecimento do movimento indígena o cerco foi rompido.

Até 1988, a política indigenista brasileira esteva centrada nas atividades voltadas à incorporação dos índios à comunidade nacional, princípio indigenista presente nas Constituições de 1934, 1946, 1967 e 1969. A Constituição de 1988 suprimiu essa diretriz, reconhecendo aos índios sua organização social, costumes, línguas, crenças e tradições e os direitos originários sobre as terras que tradicionalmente ocupam.

Os índios também ampliaram sua cidadania. Tornaram-se parte legítima para ingressar em juízo em defesa de seus direitos e interesses. O principal objetivo da política indigenista passou então a privilegiar a preservação das culturas indígenas, mediante a garantia de suas terras e o desenvolvimento de atividades educacionais e sanitárias.

Os povos indígenas tiveram participação ativa na Constituinte e obtiveram o reconhecimento de seus direitos na Constituição Federal de 1988. O art. 231 reconhece aos índios "sua organização social, costumes, línguas, crenças e tradições, e os direitos originários sobre as terras que tradicionalmente ocupam, competindo à União demarcá-las, proteger e fazer respeitar todos os seus bens". No §1º desse artigo, estabeleceu-se que "são terras tradicionalmente ocupadas pelos índios as por eles habitadas em caráter permanente, as utilizadas para suas atividades produtivas, as imprescindíveis à preservação dos recursos ambientais necessários a seu bem-estar e as necessárias a sua reprodução física e cultural, segundo seus usos, costumes e tradições". Tais terras passaram a ser "inalienáveis e indisponíveis, e os direitos sobre elas, imprescritíveis". Além disso, a Constituição garantiu aos índios o direito de educação escolar bilíngue e diferenciada, bem como o exercício da medicina tradicional.

Atualmente, está em pleno exercício o Conselho Nacional dos Povos Indígenas (CNPI), encarregado de estabelecer as diretrizes da política indigenista, no qual a representação indígena é majoritária, além de representantes de entidades civis, de diversos ministérios e da Funai.

O conceito de "política indigenista" tem, hoje, uma face oficial, referida às ações governamentais explícitas, e uma face nativa, dirigida pelos próprios indígenas. Em sintonia com a ampliação da cidadania e a democratização do país, os próprios povos indígenas passaram a ser progressivamente os agentes principais das políticas a eles direcionadas. Também atuam nesse campo diversos outros segmentos, especialmente organizações não governamentais (ONGs) e organizações religiosas católicas e protestantes. A política indigenista oficial tem sido sempre mais formulada e implementada por parcerias formais estabelecidas entre setores governamentais, organizações indígenas, organizações não governamentais e missões religiosas.

Referências Bibliográficas

CUNHA, M. C. (Org.). *História dos índios no Brasil*. São Paulo: Companhia das Letras/Secretaria Municipal de Cultura/Fapesp, 1992.

LACERDA, R. *Os povos indígenas e a constituinte-1987/1988*. Brasília, DF: Conselho Indigenista Missionário, 2008.

MOREIRA NETO, C. A. *Índios da Amazônia, de maioria a minoria (1750-1850)*. Petrópolis, RJ: Vozes, 1988.

RIBEIRO, D. *Os índios e a civilização*. Petrópolis, RJ: Vozes, 1977.

Política Social

Alessandro Ortuso

Geraldo Di Giovanni

Na história do pensamento social, o conceito de política social tem um caráter evolutivo. Define-se em razão de seus componentes históricos e faz referência às formas de proteção social desenvolvidas a partir da segunda metade do século 19, embora possa por vezes ser aplicado a períodos anteriores. O que é importante, no entanto, é que a política social está sempre referida a um conceito mais amplo, de sistema de proteção social, entendido basicamente como um conjunto de formas – às vezes mais, às vezes menos institucionalizadas – que as sociedades constituem para proteger parte ou a totalidade de seus membros.

"Tais sistemas decorrem de certas vicissitudes da vida natural ou social, tais como a velhice, a doença, o infortúnio ou as privações. Incluo nesse conceito também tanto as formas seletivas de distribuição e redistribuição de bens materiais (como a comida e o dinheiro), quanto de bens culturais (como os saberes), que permitirão a sobrevivência e a integração, sob várias formas, na vida social. Incluo, ainda, os princípios reguladores e as normas que, com o intuito de proteção, fazem parte da vida das coletividades" (DI GIOVANNI, 1998, p. 10).

De alguma maneira, seja por meio de instituições não especializadas, seja daquelas com alto grau de institucionalização, as sociedades humanas, mesmo as que apresentam estruturas sociais muito simples, desenvolvem sistemas de proteção social. Por exemplo, em muitas sociedades tribais, a proteção social tem suas bases na família ou no clã, que assume dentre outras funções aquela de proteger seus membros em caso de doença, velhice ou infortúnios. Parece existir uma tendência que faz com que, quanto mais complexa a sociedade, mais especializadas sejam suas instituições, dentre elas as de proteção social.

Aqueles que podem ser chamados de modernos sistemas de proteção são os que surgiram depois da unificação e da revolução industrial capitalista vivenciada na Alemanha de Bismarck, nos anos 1870 e 1880, e que em um período de 30 anos – entre 1885 e 1915 – espalharam-se pela Europa. Entretanto, suas origens mais remotas estão ligadas a formas antigas de proteção, distantes da ação dos Estados e que tinham seu foco na questão da pobreza. Norteavam esse tipo de ação formas baseadas na tradição, segundo princípios cristãos de caridade e de fraternidade. Quase como exceções estavam as formas de proteção engendradas nas corporações de ofício, que proviam, de alguma forma, apoio aos membros que porventura se vissem desvalidos. Apenas na Inglaterra havia algo nitidamente excepcional, já que desde 1573 foi introduzida uma taxa sobre a propriedade fundiária, utilizada para um sistema de assistência aos pobres, sob o controle do Estado. Mais tarde, em 1793, foram regulamentadas nesse país as atividades das associações de assistência mútua, que se disseminariam por toda a Europa no século seguinte.

Mas, de modo geral, podemos dizer que "a assistência aos pobres se baseava em intervenções ocasionais, residuais e discrecionais, que eram consideradas como 'benemerência' que se concedia às pessoas quase sempre consideradas sem mérito e, assim sendo, comportavam marginalização política e civil dos beneficiários; enfim, a assistência era feita segundo modalidades institucionais indiferenciadas e sobre base prevalentemente local" (FERRERA, 1984).

Na medida em que os Estados modernos foram paulatinamente incorporando a proteção social como uma de suas funções mais importantes, tiveram de levá-la além da pobreza. Passaram a desenvolver intervenções fortemente orientadas pelos conflitos sociais e pelas transformações da realidade econômica ocorridos do final do século 19 e no início do século 20 – pano de fundo para o processo que Thomas Humphrey Marshall descreveu como sendo o desenvolvimento do componente *social* da cidadania. Tais intervenções passam a ser então caracterizadas como políticas sociais. A política social foi definida pelo próprio Marshall como um termo usado para referir-se às políticas de governo que procuram ter impacto direto no bem-estar dos cidadãos por meio da provisão de serviços e renda. Seu núcleo central consiste, portanto, na seguridade social, assistência pública, saúde e serviços de bem-estar, e moradia (TITMUSS, 2008, p. 145).

Em outras palavras, todo esse processo pode ser configurado como a incorporação, por parte dos Estados nacionais, da proteção social como função perene e institucionalizada, cujo exercício se materializou na formulação e na implementação das políticas sociais. Por outro lado, mesmo quando o Estado não assume papel típica e universalmente provedor, ele intervém no campo da política social ao regular, incentivar e mesmo coibir as ações – seja das instituições privadas mercantis, seja das privadas tradicionais não mercantis – no campo da proteção social.

Os grandes sistemas de proteção social modernos são, na verdade, sistemas de políticas sociais que apresentam características próprias, diferentes graus de integração e diversos potenciais de proteção aos seus cidadãos, dependendo do país e do momento histórico. Mais recentemente, as políticas sociais assim constituídas têm sido os alicerces daquelas formas de proteção social que floresceram na Europa, em quase todas as modernas democracias, no período posterior à Segunda Guerra Mundial, e que ficaram conhecidas como *Welfare States*.

Seu advento comportou significativo aumento do volume de intervenções do Estado na vida das sociedades e, por uma série de fatores de natureza econômica, política, social e cultural, o grande fluxo dessas intervenções – dessas políticas públicas – dirigiu-se à proteção social dos cidadãos, consagrando a expressão "política social". Com isso, passou-se a entender-se por essa expressão o conjunto das políticas públicas voltadas para o campo da proteção social, em um sentido lato.

Tais políticas cobrem, de fato, uma vasta gama de diretivas – endereçadas ao conjunto da sociedade e não só aos segmentos desvalidos. Assim, é possível encontrar nesse campo ações em matéria de previdência e seguridade social, emprego e renda, educação, saúde e assistência social, que têm como beneficiários o conjunto das populações, ou então intervenções dirigidas para categorias especiais, como gêneros, faixas etárias específicas, consumidores ou grupos vulneráveis ou em situação de risco de qualquer natureza.

Mais recentemente, tem ocorrido uma identificação entre as ideias de política social e de política assistencial, ou seja, uma circunscrição da política social ao campo das políticas *para os pobres*. Já de saída esse reducionismo traz no seu bojo um princípio de fragmentação institucional para o campo da proteção social. Essa posição reflete, em grande parte, o conjunto das receitas neoliberais para a gestão das políticas econômicas e sociais no mundo ocidental. Assim entendidas, as ações de política social relativas aos demais campos da proteção social deixariam de ser campos prioritários para a intervenção estatal, ficando, portanto, liberadas para comportar processos de mercantilização ou, na melhor das hipóteses, passar para o encargo de instituições privadas não lucrativas.

Pensar o conjunto das políticas sociais significa também entendê-las não apenas como um epifenômeno, como algo derivado das ações econômicas, mas na sua importância econômica na atualidade. Isso implica reconhecer seu papel gerador de emprego e renda, de oferta de serviços e de consumidor de insumos já efetivamente dimensionado, que faz dele um importantíssimo ramo da divisão social do trabalho nas sociedades contemporâneas.

Ver: Assistencialismo; Desenvolvimento; Exclusão Social; Planejamento; Solidariedade Social; *Welfare State*

Referências Bibliográficas

ALBER, J. *Dalla carità allo stato sociale*. Bologna: Il Mulino, 1987.

DI GIOVANNI, G. Sistemas de proteção social - uma introdução conceitual. In: OLIVEIRA, M. (Org.). *Reforma do Estado & políticas de emprego no Brasil*. Campinas: Instituto de Economia, Unicamp, 1998.

FERRERA, M. *Il Welfare state in Itália*. Sviluppo e crise in prospettiva comparata. Bologna: Il Mulino, 1984.

FLORA, P.; HEIDENHEIMER, A. S. *Lo sviluppo del welfare state in Europa e in America*. Bologna: Il Mulino, 1981.

MARSHALL, T. H. Cidadania e classe social. In: ______. *Cidadania, classe social e status*. Rio de Janeiro: Zahar, 1967.

TITMUSS, R. M. What is social policy? (1974). In: LEIBFRIED, S.; MAU, S. (Eds.). *Welfare States*: construction, deconstruction, reconstruction. Gloucester, UK: Edward Elgar, 2008. v.1: Analytical approaches, p. 138-147.

Políticas Agrícolas

Antônio Márcio Buainain

Hildo Meireiles de Souza Filho

Em termos gerais, políticas agrícolas são instrumentos com os quais os governos intervêm nas condições gerais e específicas de produção e distribuição de produtos agropecuários. Por que precisamos delas? A agricultura ocupa lugar e tem papel estratégico para o desenvolvimento das sociedades em geral, em particular para a estabilidade econômica, política, social e para a segurança alimentar, que atribuem à agricultura um caráter quase público. Além disso, a agricultura tem especificidades que condicionam seu funcionamento e que têm implicações que não podem ser reguladas pelos mercados. A mais importante especificidade é a dependência da natureza. Apesar de todo o avanço da ciência, a maioria das atividades agropecuárias continuam sujeitas a ciclos naturais que definem o momento para a preparação do solo, plantio, tratos e colheita etc. A dependência da natureza torna os resultados das atividades mais incertos, já que sujeitos a variações climáticas de difícil controle e a um processo de produção relativamente rígido. Essa rigidez dificulta ajustes e respostas rápidas às flutuações da economia. Por si só, a dependência da agricultura em relação a fatores climáticos, ecológicos e biológicos seria suficiente para justificar a necessidade de políticas específicas para o setor.

Tradicionalmente, o campo da política agrícola era definido pela provisão de serviços financeiros (principalmente o crédito especial), serviços de assistência técnica e extensão rural e políticas de comercialização, principalmente a definição de preços mínimos de garantia para os produtores, de preços-teto para os consumidores e da manutenção de estoques reguladores de produtos agropecuários. A partir dos anos 1980, o campo de atuação das políticas agrícolas se estreitou e ao mesmo tempo se alargou: se estreitou devido às mudanças de concepção e às boas práticas que já não recomendam intervenções *ad hoc* e artificiais nos mercados, como a administração de preços ou a fixação insustentável de margens de comercialização; e se alargou devido à crescente integração da produção agropecuária a cadeias produtivas mais complexas e à forte incidência de fatores e variáveis "extrassetoriais" sobre o funcionamento e o desempenho da agricultura, tais como condições e legislação sanitária e ambiental, relações de trabalho, segurança dos alimentos e inovação tecnológica. Nesse sentido, mais que intervir em mercados, as políticas agrícolas contemporâneas buscam definir estratégias e criar condições gerais adequadas para o desenvolvimento sustentável do setor.

A maioria das políticas agrícolas tem como objetivo principal assegurar aos agricultores uma renda mais alta e mais estável do que aquela resultante do livre funcionamento do mercado; promover o desenvolvimento local; estabilizar os preços ao consumidor e, sobretudo, garantir a segurança alimentar e promover a competitividade econômica e o bem-estar social. Nesse sentido, a política agrícola deveria incentivar as transformações estruturais, promover eficiência, competitividade, sustentabilidade ambiental e equidade no setor.

As principais políticas agrícolas são as de preço para produtos e insumos, a política de comercialização e a política de crédito. Há ainda políticas de comércio exterior e de gastos do governo voltadas especificamente para o setor agrícola.

A política de preços é uma das mais importantes para o setor agrícola. Implica intervenções diretas ou indiretas do governo nos mercados de produtos e insumos, que afetam as rendas dos produtores e consumidores e não estão livres de controvérsia: alguns sustentam a real necessidade da intervenção governamental na formação dos preços e das rendas agrícolas; outros consideram mais importante intervir nas condições estruturais que explicam as distorções e o mau funcionamento dos mercados. O formulador da política de preços agrícolas enfrenta o dilema dos preços. Por um lado, os produtores desejam preços altos para se verem estimulados a desenvolver a produção agrícola. Por outro, os consumidores desejam preços baixos para proteger sua segurança alimentar ou seu nível de renda. O dilema encontra-se entre fomentar a produção agrícola e ao mesmo tempo proteger os compradores mais pobres de alimentos. Uma solução para o dilema é o aumento da produtividade, com a difusão de tecnologias e sistemas de produção capazes de reduzir os custos de produção de alimentos e matérias-primas. Essa solução depende de investimentos em desenvolvimento e difusão de tecnologias e sistemas de gestão. Trata-se de uma política de longo prazo, que não se alcança de um ano para outro. Ou seja, o dilema é resolvido, mas no longo prazo. Outra possibilidade é o aumento da eficiência nos mecanismos de comercialização, de tal forma a reduzir as margens de comercialização dos produtos agrícolas. Para reduzi-la, são necessários investimentos em infraestrutura de transporte e armazenamento, em serviços de apoio e o desenvolvimento de mecanismos de mercado (como a bolsa de mercadorias e sistemas de informações). Os resultados não são alcançados no curto prazo, daí ser essa uma solução de médio prazo para o dilema dos preços.

Os objetivos da política de comercialização situam-se em vários âmbitos: redução das margens de comercialização; proteção aos pequenos produtores ante os intermediários privados monopolistas; assegurar aos consumidores provisão suficiente de alimentos básicos ao menor custo possível; fornecer apoio complementar aos produtores para aumentar a qualidade e a quantidade de seu produto. A instrumentação da política comercial pode apoiar-se em organismos estatais e na participação do setor privado. Existem dois instrumentos de estabilização dos preços. O primeiro é a fixação de preços oficiais ao produtor e ao consumidor e supõe a existência de estoques reguladores que permitam controlar as variações sazonais; o segundo, mais característico dos países desenvolvidos, são os pagamentos compensatórios para estabilizar as flutuações da renda provocadas pela instabilidade dos preços internacionais. Pode ser acompanhado do funcionamento de mercados de futuros.

O crédito rural é um serviço essencial para apoiar o desenvolvimento da produção agropecuária. Em muitos países a oferta de crédito para a agricultura continua sujeita à intervenção governamental. Programas de crédito são criados com objetivo de garantir um fluxo de recursos em quantidade adequada às necessidades e às potencialidades do setor e em condições de pagamento que sejam compatíveis com as especificidades, os riscos da atividade e com o nível de pobreza de muitos produtores rurais. De uma parte, os bancos, particularmente os privados, não têm experiência no relacionamento com esse público, não dispõem de tecnologia creditícia adequada e não dominam a avaliação de riscos envolvidos nos financiamentos agropecuários. De outra parte, parcela dos próprios produtores têm dificuldade para se adequar às exigências e aos padrões envolvidos nas operações de crédito, principalmente em relação às garantias solicitadas pelas instituições financeiras. O desafio do desenho e da implementação de políticas de financiamento rural é justamente harmonizar os interesses das instituições financeiras e dos produtores rurais. Para tanto, "condições especiais" podem ser necessárias, mas não podem ser confundidas com os pesados subsídios do passado, nem podem traduzir-se em políticas e programas insustentáveis do ponto de vista financeiro e ineficazes do ponto de vista dos produtores rurais.

Os recursos de crédito rural possuem três finalidades ou linhas de financiamento: investimento, capital de giro ou custeio e comercialização. Em alguns poucos países, como o Brasil, os produtores contam ainda com linhas especiais de crédito destinadas à aquisição de terras (crédito fundiário). Além do adequado equilíbrio entre disponibilidade de recursos para investimento e custeio, o desenho de um programa de crédito para a agricultura deve atentar também para as variáveis básicas que definirão as condições do financiamento. Duas variáveis são de extrema importância: o prazo para pagamento e o custo do crédito para o tomador. As condições de financiamento não podem ser duras a ponto de inibir o acesso ao crédito e a própria geração de renda para o produtor, mas também não podem ser frouxas a ponto de criar ineficiências e desperdício de recursos públicos. Cabe, portanto, criar uma tecnologia de crédito que seja capaz de superar esse problema. Uma tecnologia de crédito cobre todo o escopo de atividades de uma instituição que oferece empréstimos e determina a seleção dos clientes, os tipos de empréstimos ofertados, os montantes e os prazos dos empréstimos e a forma em que se assegurará o pagamento dos mesmos, assim como o acompanhamento e a recuperação dos créditos. A tecnologia de crédito é usada para resolver os problemas de informação, incentivos e execução dos contratos que surgem quando ocorre uma transação creditícia.

Ver: Desenvolvimentismo; Modernização Conservadora; Reforma Agrária; Territorialidade

Referências Bibliográficas

BUAINAIN, A. M.; SOUZA FILHO, H. M. A política agrícola no Brasil: evolução e principais instrumentos. In: BATALHA, M. O. (Coord.). *Gestão agroindustrial.* 4. ed. São Paulo: Atlas, 2007. v. 2.

BUAINAIN, A. M.; GONZÁLEZ, M. G.; SOUZA FILHO, H. M. *Alternativas de financiamento agropecuário*: experiências no Brasil e na América Latina. Brasília, DF: IICA; São Paulo: Editora Unicamp, 2007.

FOOD AND AGRICULTURE ORGANIZATION. *Macroeconomía y políticas agrícolas:* una guia metodológica. Roma: FAO, 1995. (Materiales de capacitación para la planificación agrícola, 39-TMAP 39).

Políticas Ambientais

RICARDO ABRAMOVAY

Políticas ambientais são os instrumentos com os quais governos, associações, empresas e grupos de empresas interferem deliberadamente nos mercados e na maneira como se usam os recursos produtivos, com o objetivo de reduzir os impactos negativos das atividades humanas sobre os serviços que lhes são oferecidos pelos ecossistemas.

Nenhum agrupamento humano pode existir sem regras explícitas ou implícitas com base nas quais se organizam práticas de produção, armazenagem, circulação, preservação de bens e disposição dos detritos inerentes à reprodução social. Mas a expressão "políticas ambientais" não se confunde com esses sistemas gerais que regulam a própria relação entre sociedades humanas e mundo natural. Ela é bem mais recente e está ligada à urbanização, ao crescimento econômico acelerado (particularmente o industrial) e, de forma especial, à petroquímica.

Até 1970, na visão da esmagadora maioria do setor privado, o tema da poluição industrial, por exemplo, só se tornava relevante quando ocorriam acidentes. E a abordagem para enfrentar esses eventos apoiava-se nas habilidades dos engenheiros e dos químicos das próprias indústrias. Ainda que em alguns países houvesse, de longa data, leis referentes à proteção de florestas ou das águas, governos e movimentos sociais não se envolviam com a maneira de a indústria organizar suas práticas produtivas. Problemas ambientais eram vistos como episódios isolados, para cuja resolução um tratamento técnico competente deveria bastar. É verdade que o movimento de opinião pública que levou à organização do Food and Drugs Administration, em 1930, já foi uma manifestação bem clara de política ambiental, mas sem o alcance que adquire a partir dos anos 1970.

A publicação, nos Estados Unidos, de *Primavera silenciosa*, de Rachel Carson, em 1962, é o mais importante marco cultural de mudança nesse ambiente. O livro denuncia os perigos do uso indiscriminado de agrotóxicos. Seu amplo sucesso, bem como os movimentos sociais que se formam a partir de vários acidentes industriais, contribui para a formação da Environmental Protection Agency (EPA) em dezembro de 1970, nos Estados Unidos. Foi imensa a influência da EPA no estabelecimento de regras de uso dos recursos naturais por parte de governos nacionais em todo o mundo. Em junho de 1972, a primeira Conferência das Nações Unidas sobre o Meio Ambiente Humano, em Estocolmo, reúne 113 países e lança um forte alerta quanto ao perigo que a destruição dos ecossistemas representa para a humanidade.

A criação da EPA e a Conferência de Estocolmo são apenas dois dentre inúmeros eventos que contribuem para a formação de agências ambientais em vários países. No Brasil, em 1973, é criada a Secretaria Especial do Meio Ambiente e, em 1981, o Conselho Nacional do Meio Ambiente, órgão não apenas consultivo, mas deliberativo, cujo papel até hoje é fundamental.

Além da ampliação de um corpo técnico governamental voltado ao tema, os movimentos sociais também aprofundam seus conhecimentos sobre os impactos das atividades econômicas nos ecossistemas. No interior das indústrias são fortalecidas equipes capazes de dar respostas concretas às exigências legais. Mais que isso: se, durante os anos 1970 e 1980, o setor privado tendia a uma posição puramente reativa às demandas dos movimentos sociais e às exigências dos governos, isso se altera a partir de então, e uma relação não destrutiva com os ecossistemas, aos poucos (e de forma certamente parcial e incompleta), torna-se parâmetro importante de avaliação dos comportamentos empresariais, sobretudo desde os anos 1990.

Após a Rio-92 (quando se realiza a II Conferência das Nações Unidas sobre Meio Ambiente e Desenvolvimento) é criado o Conselho Mundial Empresarial do Desenvolvimento Sustentável, que reúne 200 grandes empresas de vários países. Esse é apenas um exemplo de uma tendência importante para compreender as políticas ambientais: mais do que um conjunto de organizações e leis restritas ao âmbito governamental, elas resultam de um processo cooperativo formado pelas pressões da sociedade civil, por novas formas de governança privada e pelas agências estatais. Além de mudanças nas leis ou nas regras referentes ao uso de recursos naturais, esse processo conduz a uma transformação decisiva na própria inovação tecnológica contemporânea, voltada, cada vez mais, para reduzir o consumo de materiais e energia em que se baseiam os processos produtivos, bem como as emissões (de poluentes e de gases de efeito estufa) que dele resultam.

As políticas ambientais são um conjunto de dispositivos resultantes do aprendizado social decorrente desse movimento e compõem-se de duas modalidades básicas de intervenção.

A primeira é conhecida como de "comando e controle" e consiste em restrições legais quanto ao comportamento dos agentes econômicos a respeito da emissão de poluentes, de ruídos ou da disposição de detritos. Há dois problemas com os métodos de comando e controle. Em primeiro lugar, eles só são eficientes caso os agentes econômicos (empresas, indivíduos e o próprio governo) respeitem a determinação legal, o que supõe não só força de exigir o cumprimento da lei por parte do Estado, mas também a aceitação social de que a exigência em questão é legítima. No caso do Código Florestal brasileiro, por exemplo, são inúmeras as ocasiões em que essa dupla condição está ausente.

O segundo problema das políticas ambientais de comando e controle é que nem sempre a proibição é a maneira mais eficiente de promover o uso adequado dos recursos. Quando se diz, por exemplo, que é necessário reduzir em 40% as emissões de poluentes industriais em determinada área, é provável que haja indústrias que estão próximas ou ultrapassaram esse objetivo e outras que se encontram muito aquém da meta. Impor os mesmos objetivos de redução de poluentes a indústrias que emitem em graus muito diferentes é ineficiente.

É por isso que existem vários outros métodos com base nos quais são oferecidos incentivos econômicos para que os agentes econômicos individuais adotem metas formuladas socialmente, seja por governos, seja, de forma cada vez mais frequente, pelas próprias organizações empresariais e da sociedade civil.

Dentre esses métodos estão, em primeiro lugar, impostos e subsídios. Impostos ambientais têm a missão de revelar nos preços um conjunto de custos pelos quais, até então, o agente econômico privado não respondia. A emissão de poluentes atmosféricos, de efluentes na água ou a destruição de um ecossistema florestal trazem custos para a sociedade e a natureza, que não entram habitualmente nas contas das empresas, por não corresponderem a algo pelo qual elas pagam. O objetivo dos impostos ambientais não é aumentar a arrecadação do Tesouro Público e sim estimular que as empresas adotem inovações tecnológicas que lhes permitam, o quanto antes, reduzir os danos e, portanto, pagar menos impostos. A ideia central dos impostos ambientais é que se taxem os males e não os bens, ou seja, a poluição e não, por exemplo, o emprego. A maior dificuldade para levar isso adiante é que, para os governos, é mais fácil obter receita com impostos sobre, por exemplo, a folha de pagamento, do que montar uma estrutura que penalize as emissões de poluentes.

Da mesma forma, podem existir subsídios para os que evitam a destruição ou até pagamentos pela prestação de serviços ambientais, como no caso de agricultores que deixam de desmatar (ou seja, optam por aproveitar uma oportunidade de ganho econômico) e preservam áreas essenciais na oferta de água de boa qualidade.

É frequente também a adoção de negociações entre os próprios agentes econômicos, para que sejam alcançados objetivos socioambientais: é o caso, por exemplo, das bacias aéreas de São Paulo, em que uma indústria que emite poluentes só pode se instalar se adquirir créditos de indústrias que estão deixando de poluir em função das inovações tecnológicas que promovem. Nesse caso, como o custo de poluir será alto, a tendência é que acabem implantando-se na área em questão apenas indústrias menos danosas que as anteriormente instaladas. Esse mecanismo é usado especialmente na União Europeia: a autoridade fixa um teto e determina assim a quantidade de gases de efeito estufa (causadores do aquecimento global) que as indústrias podem emitir: as que conseguem inovar mais rapidamente (e, portanto, emitir menos) vendem seus direitos àquelas que continuam em padrões produtivos comprometedores do equilíbrio climático.

É importante citar, por fim, dois desafios básicos para as políticas ambientais. O primeiro, particularmente preocupante no caso brasileiro, é que a regulação vem de diversos órgãos governamentais, aumentando a incerteza jurídica e econômica dos agentes privados. Para as empresas, pior que uma lei dura ou impostos altos é a insegurança quanto aos requisitos necessários para levar adiante uma iniciativa, suas formas de controle e de prestação de contas.

O segundo é mais difícil: por vezes, políticas voltadas para resolver algum problema tópico, mesmo que importante, abrem caminho a consequências desastrosas. Quando, por exemplo, estimula-se a produção de automóveis menos emissores de gases de efeito estufa, mas cuja circulação vai tornar ainda mais caótico o trânsito das grandes cidades, não se pode dizer que houve real ganho para a sociedade. Da mesma forma, políticas positivas e corretas que levam a menor consumo de energia e de materiais por unidade de produto acabam sendo mais que contrabalançadas pelo aumento geral no consumo dos indivíduos e das empresas. Cada unidade de dólar ou de euro produzida hoje no mundo contém um terço menos de matérias-primas que há três décadas. No entanto, nesse mesmo período, apesar desse inegável progresso, aumenta 50% o montante daquilo que se extrai da superfície da terra para produzir bens e serviços. Esse é apenas um exemplo do fato de que políticas ambientais, como formas de corrigir distorções tópicas do processo de crescimento econômico, são extremamente insuficientes: na verdade, é necessário alterar os próprios padrões de crescimento econômico para que um de seus parâmetros básicos de desempenho venha a ser a relação entre a satisfação das necessidades humanas e o estado dos ecossistemas, o que só pode ser alcançado por formas de planejamento do setor privado e público norteadas desde o início por uma estratégia socioambiental.

Ver: Ambientalismo; Indicadores de Desenvolvimento; Índice de Desenvolvimento Humano (IDH); Sustentabilidade

Referências Bibliográficas

ABRAMOVAY, R. (Org.). *Construindo a ciência ambiental*. São Paulo: Annablume, 2002.

BREDARIOL, C.; VIEIRA, L. *Cidadania e política ambiental*. Rio de Janeiro: Record, 2006.

CARSON, R. *Primavera silenciosa*. São Paulo: Gaia, 2010.

FERREIRA, L. C. *A questão ambiental:* sustentabilidade e políticas públicas no Brasil. São Paulo: Boitempo, 2003.

LITTLE, P. E. (Org.). *Políticas ambientais no Brasil:* análises, instrumentos e experiências. São Paulo: Peirópolis; Brasília, DF: Iieb, 2003.

RIBEIRO, W. (Org.). *Patrimônio ambiental brasileiro*. São Paulo: Edusp/Imesp, 2004.

Políticas de Comunicação

Dênis de Moraes

Políticas de comunicação dizem respeito a ações e iniciativas de instituições estatais de todo tipo que, de acordo com as concepções e legitimações de cada sociedade e de contextos históricos específicos, orientam e influenciam os processos de criação, produção, difusão e consumo de produtos comunicativos e culturais, em diferentes sistemas, plataformas, suportes, meios, redes e tecnologias. Na atualidade, políticas de comunicação também podem ser associadas a proposições e práticas de segmentos da sociedade civil e do setor privado.

Os marcos modernos das políticas de comunicação relacionam-se aos objetivos nacionais perseguidos pelos Estados ao longo dos séculos 19 e 20, quase sempre como respostas à inovação contínua das tecnologias de comunicação. O papel do Estado foi essencial no desenvolvimento do telégrafo, das telecomunicações, do cinema, do rádio e da televisão. À medida que essas indústrias foram-se consolidando, a atuação estatal tornou-se determinante para a configuração de direitos, regulamentações e restrições.

Dada a correlação de forças vigente em cada conjuntura, as políticas oscilaram e oscilam entre a defesa do interesse público e as exigências de rentabilidade das empresas privadas. A despeito do movimento pendular entre os valores sociais e as ambições mercantis, historicamente é em nome do interesse nacional que se reconhece e se legitima a intervenção do Estado para ordenar e harmonizar os mercados constituídos por novos meios de comunicação e redes de distribuição de conteúdos. Essa intervenção geralmente engloba a fixação de normas, estratégias e práticas de organização, regulação, gestão, financiamento, formulação de planos e condições competitivas.

Nas décadas de 1980 e 1990, sob a égide da globalização capitalista e da internacionalização dos mercados financeiros, as políticas neoliberais de desregulamentação, desestatização e privatização enfraqueceram a interferência do Estado em áreas estratégicas e na promoção de políticas sociais. Durante o período, o Estado se afastou deliberadamente ou encontrou obstáculos para estabelecer os princípios de interesse geral que deveriam condicionar as mutações comunicacionais no cenário digital. Com isso, as metas empresariais preponderaram nas regras básicas da convergência tecnológica entre mídia, telecomunicações e informática. O discurso dominante passou a rotular como intromissão indevida do Estado a formulação de diretrizes para a expansão das tecnologias de conexão e transmissão (satélite, cabo, redes infoeletrônicas), sob a justificativa de que cabia ao mercado autorregular-se.

A adesão dos governos de inúmeros países ao ideário neoliberal gerou uma série de distorções. As políticas públicas de comunicação revelaram-se escassas e insuficientes, e os controles monopólicos e oligopólicos foram favorecidos por legislações omissas ou complacentes. A privatização desenfreada acentuou a concentração (de propriedade, de capitais, de meios tecnológicos, de domínios setoriais) das indústrias de informação e entretenimento nas mãos de um reduzido número de corporações nacionais e transnacionais, com alianças estratégicas e influências em todos os continentes.

Nos últimos anos, diante dos indícios de crise do neoliberalismo, têm sido retomadas, no âmbito da sociedade civil, as reivindicações por uma participação mais ativa do Estado na reestruturação e na regulação de atividades essenciais, explicitando o que deve ser público e o que pode ser privado. No que se refere aos sistemas comunicacionais, trata-se de discutir e encaminhar medidas que assegurem uma distribuição equitativa entre três instâncias: o Estado (para assegurar um serviço público de qualidade), o setor privado (com fins lucrativos e responsabilidades sociais) e a área social (movimentos comunitários, étnicos e de gênero, universidades, sindicatos, associações profissionais etc.).

Amplia-se o entendimento de que o Estado é a única instituição que pode garantir o exercício da comunicação como direito humano e a defesa da diversidade informativa e cultural, como elementos fundamentais para a afirmação da cidadania. Nesse sentido, e considerando as complexidades envolvidas, o que se almeja, nos raios de influência estatal, é renovar leis e marcos regulatórios para radiodifusão, infoeletrônica e telecomunicações; revitalizar a comunicação pública; estimular mídias alternativas; e apoiar a produção audiovisual independente, dentre outras providências. Ou seja, eleger ações que beneficiem difusões descentralizadas, participativas e diversificadas.

A orientação das políticas públicas no sentido de salvaguardar o pluralismo, as identidades e tradições culturais e a produção simbólica não mercantilizada enfrenta resistências por parte dos grupos midiáticos, sob o argumento de que poderia haver supostos riscos à liberdade de expressão. Na maioria das vezes, esses grupos procuram impugnar iniciativas que afetem suas conveniências econômicas e políticas. O conflito entre anseios públicos e expectativas privadas põe em evidência as dificuldades para se alcançarem objetivos consensuais e, ao mesmo tempo, sublinha a necessidade de o Estado, como espaço institucional ético-político, definir o papel e os limites do mercado e promover a democratização dos acessos e usufrutos da informação, do conhecimento, da tecnologia e da cultura.

Ver: *Mass Media*; Mídias Sociais

Referências Bibliográficas

BUSTAMANTE, E. Políticas de comunicación y cultura: nuevas necesidades estratégicas. In: BOLAÑO, C. R. S.; MASTRINI, G.; SIERRA, F. (Orgs.). *Economía política, comunicación y conocimiento:* una perspectiva crítica latinoamericana. Buenos Aires: La Crujía, 2005.

MCCHESNEY, R. W. *Communication revolution:* critical junctures and the future of media. New York: New Press, 2007.

MORAES, D. *A batalha da mídia:* governos progressistas e políticas de comunicação na América Latina e outros ensaios. Rio de Janeiro: Pão e Rosas, 2009.

MURCIANO, M. Las políticas de comunicación ante los retos del milenio: pluralismo, diversidad cultural, desarrollo económico y tecnológico y bienestar social. *Zer. Revista de Estudios de Comunicación*, Bilbao, v. 11, n. 20, p. 371-398, 2006.

Políticas de Educação

Rose Neubauer

É muito recente na história da humanidade a noção de políticas de educação envolvendo complexos sistemas nacionais de ensino (com dezenas de milhões de alunos em salas de aula, jornadas escolares e currículos claramente definidos) e com características de: *universalidade* (oferta de determinados níveis de ensino para todos os cidadãos); *obrigatoriedade* (para as faixas etárias e/ou nível de conhecimento determinados socialmente); e *presença e atuação do Estado na garantia do financiamento*, público e/ou privado (existência de recursos para cumprir a obrigatoriedade e universalidade compulsórias).

Até o final do século 18, independente das leis e propostas educacionais de diferentes países, a oferta de educação era precária, e poucos tinham acesso à educação formal. Marcílio (2005), em estudo sobre a história da educação, assim parafraseia o historiador Carlo Cipolla para observar que, "durante milênios, a arte de escrever e ler foi monopólio exclusivo de pequenas elites. Até 1750, no começo da revolução industrial, havia transcorrido mais de 6 mil anos desde a primeira e rudimentar aparição da arte de escrever. No entanto, mais de 90% da população mundial seguia submersa na ignorância da escrita".

A Revolução Francesa e seu enorme impacto no contexto mundial do século 19 irá definir o perfil de escola e o papel do Estado na universalização do direito à educação, presente até os dias atuais. Para os seus líderes, o instrumento por excelência para garantir a igualdade, a liberdade e a fraternidade – princípios da Revolução Francesa – era a instrução. Dessa forma, consideravam imprescindível a existência de uma escola a serviço da nação e administrada pelo poder público. Responsável pela integração nacional, agora republicana, eles propõem que a escola deveria ser universal e gratuita. Publicações do período clamam por instrução popular, pública e gratuita, a todos os cidadãos (universal) e atribuem ao Estado o dever de ensinar e prover escolas.

Entretanto, será a Revolução Industrial, iniciada na Inglaterra no século 18, sua expansão de forma acelerada por vários países europeus, seguida do crescente processo de urbanização e crescimento do proletariado no século 19, que criará as condições concretas para as lutas e conquistas sociais que defendem a existência de escolas de ensino primário públicas, obrigatórias e leigas, e sua posterior extensão a toda a população, ou seja, torná-las universais.

A luta por esse modelo de escola fundamental marcará o século 19, que se encerrará com um modelo dual de sistemas de ensino, não integrados, que prevalece até a Primeira Guerra Mundial: o ensino elementar, de caráter universal; o secundário, mais seletivo, buscando formar, separadamente, jovens destinados às posições dirigentes; e o profissional e pedagógico para os filhos das camadas mais pobres da população.

O Brasil, assim como o resto do mundo, entrará no século 20 com uma enorme massa de analfabetos e sistemas de ensino seletivos, não inclusivos, pouco democráticos, a maioria atendendo a pequenas parcelas da população, ou seja, verdadeiros obeliscos educacionais.

É possível afirmar que entre a Revolução Francesa e a Americana do final do século 18, a crescente urbanização decorrente da Revolução Industrial e o surgimento do Estado de bem-estar social, no início do século 20, de natureza social-democrata, haverá um processo de consolidação do que consensualmente passa a ser definido como direitos e garantias universais da cidadania, dentre os quais estará incluído o direito à instrução.

Essa consolidação não pressupõe a concretização de todos os direitos propostos e, no caso específico da educação, a universalização e a obrigatoriedade da oferta de um número cada vez maior de anos e níveis de escolaridade, assim como o aumento da jornada diária dos alunos na escola, vêm tornando longo o caminho a ser percorrido.

Documentos elaborados em diversas reuniões e conferências internacionais sobre educação, patrocinadas por organismos das Nações Unidas entre o final da Segunda Guerra Mundial e o final do século 20, enfatizam a necessidade de formação plena da criança e do jovem como cidadão consequente e responsável. Neles, a educação é considerada elemento essencial para a melhoria dos padrões de emprego, saúde e a construção de sociedades mais democráticas e com maior justiça social. Eles irão influenciar sobremaneira a decisão dos países sobre políticas educacionais a serem adotadas e propiciar o aparecimento de legislação que transforma seus postulados em direitos e garantias reais e possibilita a defesa dos mesmos pela sociedade.

Como decorrência desse processo, a educação, considerada um dos direitos humanos básicos, será contemplada na maioria das constituições dos países e regulamentada por leis ordinárias que abrangem a gestão e o financiamento do ensino. Assim, as políticas de educação acabam propondo prioridades, princípios, objetivos, normas e diretrizes delineadas em documentos legais. No Brasil, por exemplo, além da garantia de educação obrigatória presente nas constituições desde o início da sua Independência, os sistemas de ensino são organizados por lei nacional única, as Diretrizes e Bases da Educação, que surgem a partir dos anos 1960, e têm norteado as políticas educacionais e estabelecido formas de financiamento, níveis de ensino, gestão e atribuição de responsabilidades dos diferentes entes federados, assim como a formação e os processos de seleção dos quadros docentes.

Nesse processo, o Estado será obrigado a fazer escolhas de atuação nas diferentes áreas sociais, ou seja, propor uma agenda especificando como, quando e onde irá atuar, devendo ainda negociar e intermediar os conflitos decorrentes da presença de diferentes grupos de interesses envolvidos com a política proposta. Por exemplo, a disputa por recursos públicos para o ensino privado, leigo ou religioso tem sido historicamente um ponto de conflito nas políticas educacionais em vários países, dentre os quais o Brasil.

Os conflitos enfrentados pelas políticas sociais têm-se concentrado, em geral, nas prioridades a serem estabelecidas, na definição dos agentes responsáveis pela oferta e no estabelecimento daqueles a serem por elas beneficiados. Em educação, isso tem ocorrido sistematicamente na definição da universalidade e na garantia de oferta estatal dos diferentes níveis de ensino. A presença, desde o início do século passado, de organizações internacionais de proteção à criança determinou políticas que deram prioridade à ampliação da obrigatoriedade de oferta universal para as faixas escolares mais jovens. No Brasil, por exemplo, os quatro ou cinco anos de ensino primário obrigatório de meados do século passado estenderam-se para oito anos ou mais a partir dos anos 1970. Seguindo as tendências mundiais, o país caminhou para a inclusão da educação infantil.

A obrigatoriedade de oferta universal implicou que o Estado financiasse os níveis iniciais de ensino em detrimento de investimentos na educação dos jovens e no ensino superior que, em vários países, é ofertado majoritariamente pela iniciativa privada. No caso brasileiro, essa opção redundou em precária formação no ensino médio, com ausência de profissionalização para o mercado de trabalho, e em sérios conflitos pelo acesso ao ensino superior. Tais conflitos levaram o Estado a tomar a decisão de tornar a iniciativa privada o principal agente da oferta desse nível de ensino, o que resultou em crescimento significativo a partir dos anos 1970, com ônus para a crescente classe média, principal responsável por sua demanda.

As políticas de educação presentes no século passado e na primeira década do século atual serão marcadas pela intervenção centralizadora do Estado, ou seja, ele sempre será o principal protagonista dessas políticas.

As políticas públicas educacionais de intervenção centralizada ocorrem na maioria dos países desde o final da Primeira Guerra Mundial. Compuseram um padrão de grande relevância na maioria dos países, o que pode ser explicado pela importância atribuída à educação como variável estratégica, devido à necessária reconstrução social do pós-guerra; ao combate ao caos e à miséria pós-recessão dos anos 1930; à retomada do desenvolvimento econômico; à integração de alguns países ao modelo proposto pelo Estado de bem-estar social; e, inclusive, à competição ideológica estabelecida, depois dos anos 1950, pelos países envolvidos no conflito da Guerra Fria.

Nas políticas educacionais de intervenção centralizada, o Estado determina a agenda, prioriza os diferentes níveis de ensino, define seus beneficiários e os responsáveis pela oferta dos mesmos, assim como a forma de participação dos diferentes agentes no financiamento e na gestão da educação. Na maioria das vezes, assume ou define as instâncias públicas responsáveis pelo atendimento universal e as formas de financiamento dos níveis de ensino considerados obrigatórios. No Brasil, as políticas de intervenção centralizada em educação ocorrem persistentemente do final dos anos 1930 até os anos 1980.

Em 1971, o governo ditatorial instalado no país desde 1964 promulga nova Lei de Diretrizes e Bases da Educação (LDB), a Lei n. 5.692, de 1971, documento formulado por um pequeno grupo de educadores, ou seja, sem participação e discussão com diferentes setores da sociedade. Delibera, portanto, de forma autoritária, com autonomia e total sentido de suficiência, estender de imediato a obrigatoriedade escolar inicial para oito anos – sem consulta ou aprovação dos Estados e municípios, principais responsáveis pela oferta e financiamento desse nível de ensino. Preocupado em preparar o país para um salto de desenvolvimento econômico e extinguir os movimentos estudantis pela ampliação da oferta do ensino universitário, decide eliminar a dualidade do ensino médio e torná-lo obrigatoriamente profissionalizante, independentemente da inexistência de equipamentos, estrutura física, recursos humanos e currículos adequados, o que concorre para a desarticulação e desempenho sofrível desse nível de ensino.

As políticas de educação centralizadoras desse período têm fortes traços de clientelismo, uso dos recursos da educação para garantir alianças com a classe política e grupos empresariais (construção de escolas, universalização da merenda, aumento substantivo da distribuição de livros didáticos) e refletem a democracia incipiente instalada durante o século 20, com partidos políticos frágeis e uma sociedade civil alijada de participação ativa na discussão da administração pública, cujos serviços eram considerados mais benefícios do que direitos.

O Brasil chegará à década de 1980 com indicadores perversos de seletividade educacional, altas taxas de reprovação e evasão escolar e sem universalização da escolaridade fundamental obrigatória. Descumpriam-se assim as propostas assumidas pelo país nos encontros internacionais de garantia de acesso e permanência com sucesso de todas as crianças na escola até o final da década de 1970.

A partir das décadas finais do século 20, pode-se dizer que a política educacional passará a integrar o que se tem denominado de "políticas sociais de segunda geração", caracterizadas pela oferta pública universal descentralizada (FRANCO, 2003). O Estado continua a ser o grande protagonista e os programas universais ainda são concebidos e executados pelo governo central e de forma indiferenciada. Entretanto, ocorrerá de maneira geral em vários países um processo de modernização e reforma das instituições públicas que buscará eliminar a intermediação de partidos políticos, do clientelismo e do assistencialismo no financiamento e prestação dos serviços públicos, cuja oferta universal passa a ser considerada direito do cidadão e dever do Estado. Dessa forma, instala-se um consenso social sobre a necessidade de monitoramento e avaliação dos serviços públicos ofertados que ocorrerão em função da cobrança de vários setores, inclusive das instituições internacionais, por eficiência e eficácia das políticas educacionais desencadeadas.

As políticas públicas em educação irão assumir cada vez mais esse perfil, inclusive devido aos requisitos exigidos pelos programas financiados por agências internacionais na área. Inicia-se um processo de profissionalização das carreiras docentes e burocráticas dos ministérios e secretarias de educação e de aperfeiçoamento e modernização da gestão tanto das escolas como dos órgãos responsáveis pela administração da educação, de modo a permitir melhor controle dos gastos na área, com o objetivo de eliminar, ao máximo, influências político-partidárias e clientelistas. Estimula-se uma cultura de avaliação tanto do desempenho dos alunos como do desempenho dos professores. Há investimentos significativos e formação de quadros para aperfeiçoamento e desenvolvimento de instituições responsáveis pela elaboração de provas e de indicadores complexos de avaliação do desempenho do sistema – resultados da aprendizagem, reprovação, evasão, fluxo escolar – como forma de prestação de contas à sociedade sobre o acerto ou não das ações desencadeadas e para eventuais mudanças de rumo.

No caso específico do Brasil, o processo de retomada da democracia política possibilitou uma nova Constituição (1988) e a ampla discussão, com os vários setores envolvidos, de uma nova Lei de Diretrizes e Bases da Educação, que tramitou pelo Congresso Nacional durante oito anos e foi promulgada em 1996 (Lei n. 9.394), após receber dezenas de emendas e várias inovações, dentre elas a incorporação do ensino médio (antigo ensino secundário) como parte do ensino básico obrigatório, agora não mais como um curso de preparação para o ensino superior, mas de formação do jovem para o exercício da cidadania.

A União continuará sendo a principal protagonista na definição da agenda da política educacional, isto é, de como, quando e de que forma será cumprida a universalidade dos níveis obrigatórios, mas o faz buscando consenso e diálogo com outros agentes envolvidos: organizações internacionais, entidades de classe, organizações de proteção à criança, sociedade civil organizada e novos parceiros, como o Ministério Público.

A busca por eliminar a influência dos partidos e outras formas de corporativismo será fortemente marcada nos anos 1990 pela obrigatoriedade dos concursos públicos para acesso e ingresso na carreira do magistério público, pela presença dos órgãos da administração pública na nova LDB de 1996 e pela criação do Fundo de Desenvolvimento e Valorização do Ensino Fundamental (Fundef), em 1998, que garantia a redistribuição de percentual da receita de impostos de Estados e municípios para as instâncias responsáveis pela oferta do ensino fundamental proporcionalmente ao do número de alunos atendidos. Era uma medida de justiça social aos municípios pobres que arcavam em vários casos com grande quantidade de alunos e insuficientes recursos. O Fundef também resultou em um instrumento de estímulo à descentralização e busca de parcerias responsáveis com os municípios na tarefa de oferta por educação. Pela primeira vez, a política pública tinha coerência sobre atribuição de responsabilidade dos entes federados e garantia de recursos. À União caberia complementar os recursos de Estados e municípios cujo valor *per capita* por aluno não atingisse o mínimo por ela estipulado.

Sistemas estaduais e nacional responsáveis pela avaliação do rendimento escolar, das estatísticas educacionais e do fluxo escolar são organizados e os resultados propiciam o desencadeamento de medidas de correção de fluxo (classes de aceleração) e propostas de reforço escolar com o objetivo de apresentar à sociedade e à comunidade internacional o alcance ou não das metas propostas de melhoria da permanência e garantia de acesso.

O direcionamento recente da política educacional parece hoje indicar que ela se insere na "terceira geração de políticas públicas", sugerida por Franco (2003). Essa geração de políticas pressupõe o papel insubstituível, mas não suficiente, do Estado, e a presença de parcerias entre diferentes setores da sociedade (governo, empresários, organizações não governamentais). Política pública deixa de ser sinônimo de governo, pois existe uma esfera pública não governamental constituída e administrada por agentes da sociedade civil, mas com caráter público.

Essa terceira geração de políticas educacionais tem-se delineado e ocorrido em alguns países desde o final dos anos 1990. Tem-se revelado bastante complexa, com presença tímida da sociedade civil e forte resistência de vários setores profissionais da área da educação. Experiências de parceria entre o Estado e instituições da sociedade civil, tais como as das *charters schools* dos Estados Unidos, com programas claramente definidos, grande volume de recursos envolvidos e sistemáticas de avaliação, assim como os programas com escolas privadas de excelente rendimento escolar para atendimento de populações pobres implementados pelo governo da Colômbia, são exemplos de parcerias de sucesso, com regras e metas bem definidas para promover o desenvolvimento da educação, principalmente com populações de alto risco. Há estímulo e investimento do Estado, caracteriza-se como prestação de serviço público, mas não é um serviço governamental.

No caso específico do Brasil, embora o tema das parcerias na área da educação tenha recebido grande destaque a partir dos anos 1980, nunca se tornou um programa de fato. Há experiências, principalmente na educação infantil e creches, devido à forte demanda por esse nível de ensino, decorrentes de medidas legais acionadas contra a administração pública por agentes responsabilizados pela proteção à criança e organizações internacionais. Nem o governo nem a sociedade civil foram capazes ou tiveram vontade política para organizar e implementar um amplo projeto de política educacional com esse perfil.

Na última década, surgem e se fortalecem diferentes grupos da sociedade civil que operam como observadores críticos das avaliações do desempenho escolar e das estatísticas educacionais elaboradas pelos órgãos governamentais ou por instituições privadas. Além disso, ocorre uma multiplicação de programas patrocinados por grandes e médias empresas em escolas públicas do país, com o objetivo de oferecer-lhes diferentes subsídios à melhoria da qualidade do ensino. Entretanto, essas ações estão longe de constituírem uma política de educação de terceira geração na qual Estado, sociedade civil e setores empresarias constroem um projeto comum, planejado e sistemático com o objetivo de promoção do desenvolvimento social.

Ver: Desenvolvimento; Escola Pública; Planejamento

Referências Bibliográficas

FRANCO, A. Três gerações de políticas sociais. 2003. Disponível em: http://www.eagora.org.br/arquivo/Trs-geraes-de-polticas-sociais. Acesso em: maio 2012.

HUIDOBRO, E. G. (Ed.). *Políticas educativas y equidad, reflexiones del Seminario Internacional*. Santiago do Chile, out., 2004. Disponível em: http://unesdoc.unesco.org/images/0014/001476/147636s.pdf. Acesso em: 18 jul. 2012.

INSTITUTO DE ESTUDOS E PESQUISAS EDUCACIONAIS ANÍSIO TEIXEIRA. *Educação para todos:* avaliação da década. Brasília: MEC/Inep, 2000.

MARCÍLIO, M. L. *História da escola em São Paulo e no Brasil*. São Paulo: Imesp/Instituto Fernand Braudel, 2005.

MELLO, G. N. Políticas públicas em educação. *Estudos Avançados USP*, São Paulo, v. 5, n.13, p. 7-47, set./dez. 1991.

MELLO, G. N.; SILVA, R. N. A gestão e a autonomia da escola nas novas propostas de políticas educativas para a América Latina. *Estudos Avançados USP*, São Paulo, v. 5, n. 12, p. 45-60, maio/ago. 1991.

NEUBAUER, R.; SILVEIRA, G. T. Quais caminhos perseguir? A gestão dos sistemas educacionais - um amplo debate. In: SCHWARTZMAN, S. (Ed.). *Políticas educacionais e coesão social:* uma agenda latino-americana. Rio de Janeiro: Elsevier; São Paulo: IFCH, 2009.

SILVEIRA, E. C. C. O espaço das Conferências Internacionais de Educação (CIEs) da OIE-Unesco e o processo de políticas públicas educativas. *Revista Brasileira de Estudos Pedagógicos*, Brasília, DF, v. 80, n. 196, p. 440-450, set./dez.1999.

Políticas de Inclusão Digital

Sergio Amadeu da Silveira

A ideia de formular e executar políticas públicas de inclusão digital vem da percepção da existência de um cenário de exclusão digital. O sociólogo Manuel Castells, um dos principais pesquisadores da sociedade informacional, defende que "a centralidade da internet em muitas áreas da atividade social, econômica e política equivale à marginalidade para aqueles que não têm acesso a ela, ou têm apenas um acesso limitado, bem como para os que são incapazes de usá-la eficazmente" (2003, p. 203).

Na literatura internacional, a expressão mais comumente empregada para tratar desse fenômeno tem sido *digital divide,* que pode ser traduzida como "brecha digital" ou "divisão digital". Trata-se da constatação da existência de desigualdade no acesso e no uso das tecnologias da informação e comunicação. Durante os anos 1990, também foi muito popular a expressão *apartheid digital,* que diz respeito à separação entre países e segmentos sociais ricos dos pobres no usufruto dos benefícios da sociedade da informação. O *Livro verde da sociedade da informação no Brasil,* lançado pelo Ministério da Ciência e Tecnologia em setembro de 2000, falava de divisão digital e de universalização do acesso à internet. Todavia, a partir de 2001, disseminou-se a expressão "exclusão digital", devido à grande força, nos anos 1990, do conceito de exclusão social para tratar da realidade brasileira de extrema desigualdade e concentração de renda.

Podem-se destacar alguns elementos constituintes de um cenário de exclusão digital. Primeiro, as tecnologias de informação ampliam a capacidade de processar, armazenar, organizar, manipular e distribuir informações, ou seja, são tecnologias da inteligência que aumentam nossa capacidade de converter informação em conhecimento. Segundo, os fatores sociais e econômicos são os principais entraves para que os segmentos mais pauperizados da população tenham acesso às tecnologias da informação. Terceiro, esse cenário não é natural, mas histórico; e pode prejudicar o potencial de desenvolvimento humano e econômico do conjunto das sociedades que não se organizam para superar tais desigualdades de acesso às redes digitais. Quarto, o acesso à internet está relacionado ao direito humano fundamental à comunicação, portanto, parte constitutiva da cidadania em uma sociedade informacional.

Todavia, existem importantes críticas à noção de exclusão digital. Pierre Levy (1999) afirma que quando uma nova tecnologia surge, ela imediatamente fabrica seus excluídos. Ele está entre os pesquisadores que consideram as forças de mercado os principais propulsores da inclusão digital, principalmente a partir do crescente barateamento dos computadores e da queda dos custos de conectividade. Tal percepção desconsidera a diferença na velocidade de inserção nas redes dos segmentos mais pobres em relação aos segmentos mais abastados. Também descarta a hipótese de que as redes digitais podem apoiar políticas de superação das condições de reprodução da miséria.

De outro ponto de vista, Mark Warschauer, professor da Universidade da Califórnia, considera que o objetivo de utilização das tecnologias da informação e comunicação em grupos marginalizados não é a superação da exclusão digital, mas a promoção de um processo de inclusão social. Sua preocupação central é a de usar as tecnologias para o desenvolvimento econômico e para ampliar a empregabilidade dos mais pobres, sem dar atenção às implicações das tecnologias para assegurar o direito humano à comunicação.

É fundamental realçar que os projetos de inclusão digital são bastante distintos e guardam relação direta com a concepção que os gestores públicos têm sobre a inclusão/exclusão digital. Na última década do século 20, ganha força a ideia da alfabetização tecnológica e a importância de democratizar o uso dos computadores em entidades da sociedade civil. Simultaneamente, diversos setores da burocracia, influenciados pelos avanços tecnológicos dos países ricos, importaram os modelos de construção de governos eletrônicos para modernizar a ação estatal, disponibilizando serviços *online*, além de ampliar as possibilidades de transparência das instituições do Estado.

No início do século 21, duas experiências mais estruturadas se constituem como marcos de política pública de inclusão digital: o governo do Estado de São Paulo lança o projeto Infocentro; e a Prefeitura de São Paulo cria o projeto Telecentros de Inclusão Digital. Ambos consistiam na organização de espaços com computadores conectados à internet que assegurassem o acesso gratuito à população e facilitassem o desenvolvimento de habilidades para navegar na rede e para usar *softwares* básicos. Os Infocentros eram instalados em associações comunitárias e os Telecentros ocupavam prédios públicos abandonados ou subutilizados localizados em áreas de baixo Índice de Desenvolvimento Humano (IDH).

Quatro grandes debates permearam esta fase inicial: 1) o papel do Estado, das organizações da sociedade civil e do mercado no planejamento e execução de uma política de inclusão digital; 2) como garantir a manutenção dos espaços e equipamentos; 3) a opção tecnológica pelos *softwares* livres; 4) se as unidades de inclusão deveriam se concentrar em atividades voltadas à educação e à formação para o trabalho, ou se deveriam garantir a liberdade de uso dos equipamentos e o direito ao lazer.

A partir de 2003, na gestão do presidente Luiz Inácio Lula da Silva, é possível observar a emergência de uma nova dinâmica, com a proposição de uma política digital para os movimentos culturais. A questão da produção de conteúdos ganhou destaque junto com a disseminação dos Pontos de Cultura. As entidades, movimentos e produtores culturais puderam concorrer a editais para receber recursos para realizar suas atividades e também digitalizar sua produção simbólica. Essas ações reforçaram a existência de uma cultura digital e destacaram a importância do ideário da metarreciclagem, das práticas recombinantes e da necessidade de plataformas abertas de produção de conteúdos.

O Gesac, Governo Eletrônico – Serviços de Atendimento ao Cidadão, lançado no último ano do governo Fernando Henrique Cardoso, visava dispor de um ou dois computadores conectados por satélite para popularizar o acesso aos serviços federais *online* em milhares de locais. Na gestão do presidente Lula, o Gesac foi reformulado, e a conexão por satélite foi utilizada para permitir o acesso de diversas entidades, escolas, postos do Exército. O Gesac demonstrava a existência de uma grande demanda pela conectividade e uma grande ausência de infraestrutura de banda larga nas periferias das grandes cidades e nas regiões mais carentes do país.

No processo de privatização das telecomunicações no Brasil, a questão da universalização do acesso focalizou apenas a telefonia fixa. Em 2000, foi criado o Fust, Fundo de Universalização das Telecomunicações, com recursos originados de uma cobrança mensal de 1% da receita operacional bruta das prestadoras de serviços de telecomunicações. Com a crescente demanda pela conexão de dados, as forças políticas e as corporações de telecomunicação perceberam a importância do fundo para a inclusão digital e entraram em disputa pela definição do modelo que deveria ser utilizado para gastar os recursos. Os contenciosos paralisaram a utilização do fundo, que passou a ser um montante importante para a realização de superávits primários nas contas públicas do país.

Enquanto ficava cada vez mais evidente a necessidade de a infraestrutura de banda larga chegar a todos os municípios e regiões do país como elemento essencial de uma política de inclusão digital, diversos municípios passaram a oferecer conexão sem fio para todos os habitantes. A Prefeitura de Piraí, no Rio de Janeiro, no final dos anos 1990, passou a distribuir conexão gratuita de banda larga para seus moradores, que até então só poderiam acessar a internet por conexão discada. Nos anos 2000, cidades como Sud Menucci (SP), Tapira (MG) e Quissamã (RJ), utilizando tecnologias sem fio, mostraram que a conectividade gratuita ou de baixo custo pode incentivar enormemente o uso da rede mundial de computadores pelos segmentos mais pauperizados.

A partir de 2005, com a organização de pesquisas sobre o acesso e o uso das tecnologias da informação e comunicação pelo Comitê Gestor da Internet no Brasil (CGI.br), foi ficando evidente que os programas públicos de inclusão tinham impacto menor do que as *lan houses*, micros e pequenos empreendimentos de acesso pago à internet. Em 2007, a pesquisa do CGI.br constatou que 45% dos brasileiros e 63% das pessoas dos segmentos D/E que já haviam acessado a internet o faziam de *lan houses*. Com a política de incentivo à compra financiada de computadores, a partir de 2006, inaugurou-se uma nova face da política pública de inclusão digital que passava pelo incentivo à conexão residencial, o que teve uma grande repercussão no mercado, fazendo que o computador fosse o eletroeletrônico mais adquirido no país já em 2008.

Apesar das diversas proposições sobre quais os componentes de uma política de inclusão digital, a infraestrutura de banda larga (conexão de alta velocidade) é vital para a existência de projetos coletivos e comunitários de uso das redes informacionais. Por isso, o Plano Nacional de Banda Larga é estratégico e extremamente polêmico, pois remete ao debate sobre qual o equilíbrio entre a ação do Estado, as forças do mercado e as iniciativas da sociedade civil para a inclusão digital. É empiricamente constatável que as operadoras de telecomunicações, durante os dez primeiros anos do século 21, não foram capazes de implantar uma infraestrutura de banda larga em todo o território nacional. Conforme o modelo de negócio e remuneração implantado no Brasil, não havia interesse das operadoras em levar conectividade onde não havia renda para pagar a conexão.

Ver: Cultura Tecnológica; Democracia Digital

Referências Bibliográficas

CASSINO, J.; SILVEIRA, S. A. (Org.). *Software livre e inclusão digital*. São Paulo: Conrad, 2003.

CASTELLS, M. *A Galáxia da internet: reflexões sobre a internet, os negócios e a sociedade*. Rio de Janeiro: Jorge Zahar, 2003.

HETKOWSKI, T. M. (Org.). *Políticas públicas & inclusão digital*. Salvador: Edufba, 2008.

LEVY, P. *Cibercultura*. São Paulo: Editora 34, 1999.

PESQUISA sobre o uso das Tecnologias da Informação e da Comunicação no Brasil: TIC domicílios e Usuários. São Paulo: Comitê Gestor da Internet no Brasil, 2006/2007/2008/2009. Disponível em: http://www.cetic.br/usuarios/tic/index.htm. Acesso em: 4 dez. 2010.

TAKAHASHI, T. *Sociedade da informação no Brasil:* livro verde. Brasília: Ministério da Ciência e da Tecnologia, 2000.

WARSCHAUER, M. *Tecnologia e inclusão social:* a exclusão digital em debate. São Paulo: Senac, 2006.

WI: Journal of Mobile Media. (online) Summer 2009. Disponível em: http://wi.hexagram.ca/cat=47. Acesso em: 4 dez. 2010.

Políticas para a Infância e Adolescência

Maria Guiomar da Cunha Frota

Políticas públicas para a infância e a adolescência são aquelas elaboradas no âmbito da esfera pública com o objetivo de concretizar direitos legalmente firmados e que têm a criança e o adolescente como titulares. As primeiras legislações e políticas públicas destinadas à infância surgiram, em diversos países ocidentais, entre o final do século 19 e o início do século 20, como consequência principalmente da intensa exploração do trabalho infantil decorrente da Revolução Industrial. Na América Latina, por exemplo, os primeiros artigos constitucionais relativos à criança tratavam em sua maioria da regulamentação da jornada de trabalho dos menores de idade, conforme se constata nas constituições da Bolívia (1878), do Brasil (1891), do Equador (1906) e do Uruguai (1918). No período anterior, eram principalmente as organizações religiosas que prestavam assistência à infância em estado de abandono ou de pobreza, mas essas atuavam de modo irregular e suas práticas não podem ser compreendidas como políticas públicas no sentido atual do termo.

As políticas públicas e as práticas institucionais destinadas à criança, instituídas na passagem do século 19 para o século 20, eram norteadas pela doutrina jurídica da situação irregular. O eixo central da doutrina era o controle social do Estado sobre parcela da infância pertencente a famílias pobres e considerada como abandonada material ou moralmente. Em nome da proteção da criança e da sociedade, as leis davam aos juízes, especialmente, o poder de intervir na vida das famílias pobres, consideradas como incapazes de se responsabilizar por seus filhos e de determinar o destino de suas crianças e jovens. Para efetivar o poder absoluto dos juízes, foram instituídos os tribunais de menores, primeiro nos Estados Unidos da América em 1899 e, sucessivamente, na Inglaterra (1905), Alemanha (1908), Hungria e Portugal (1911), França (1912), Japão (1922), Espanha (1924) e México (1927). Na América Latina, os tribunais foram legalmente criados na Argentina, em 1921; no Brasil, em 1923; e no Chile, em 1928, mas, em muitos países, esses tribunais não foram efetivamente implantados, permanecendo na prática o encarceramento junto com os adultos.

No período pós-Segunda Guerra Mundial, esse quadro começou a se alterar à medida que se disseminaram os princípios da doutrina da proteção integral que concebe a criança como sujeito de direito e não mais como objeto de tutela. Essa doutrina foi introduzida com a Declaração Universal dos Direitos da Criança (1959) e consolidada na Convenção sobre os Direitos da Criança, aprovada pela Assembleia Geral das Nações Unidas em 1989. A Convenção foi ratificada por todos os países pertencentes à Organização das Nações Unidas, com a exceção dos EUA, e têm como princípios norteadores: a) a não discriminação – os direitos devem ser respeitados e assegurados a todas as crianças sob jurisdição do Estado sem qualquer discriminação; b) o interesse superior da criança – devem prevalecer em todas as práticas levadas a efeito por instituições públicas e privadas os interesses da criança; c) a participação e livre expressão da criança – a criança deve ser ouvida principalmente em processos administrativos nos quais se encontra envolvida; d) a obrigação de implementar – o Estado membro deve adotar todas as medidas administrativas e jurídicas para implementar os direitos previstos.

Na América Latina, todos os países, com a exceção do Chile e de Cuba, instituíram leis de proteção integral, baseadas na concepção da criança como sujeito de direitos, conforme dados da organização Siteal (2009). Em cinco países, as leis foram elaboradas na década de 1990 – Brasil, Panamá, Honduras, Nicarágua e Costa Rica – em 12 países, entre 2000 e 2009 – Peru, México, Bolívia, Venezuela, Paraguai, Guatemala, República Dominicana, Equador, Uruguai, Argentina, Colômbia e El Salvador.

As políticas públicas para a infância podem, portanto, ser distinguidas e agrupadas em duas categorias: a) políticas tutelares e assistencialistas, baseadas na doutrina da situação irregular; e b) políticas garantistas, baseadas na doutrina da proteção integral. A diferença central é que as primeiras vinculam as práticas públicas à ideia de controle social sobre a infância pobre, ao passo que as segundas estabelecem políticas destinadas a implementar direitos da criança e do adolescente previstos em constituições e leis de proteção.

No Brasil, o primeiro código de menores, o Código de Menores Mello Mattos, foi instituído em 1927 e era destinado aos menores de 18 anos de idade, em "situação irregular", ou seja, aos delinquentes e aos abandonados moral ou materialmente. O destino dos "menores abandonados ou delinquentes" era decidido pelos juízes que, na prática, recorrentemente determinavam o encaminhamento para instituições correcionais.

A partir da implantação do regime autoritário, em 1964, a política de atendimento à infância e à adolescência passou a ser regulamentada por dois documentos legais: a *Política do Bem-estar do Menor* (PNBEM, Lei 4.513/64) e posteriormente o *Código de Menores* (Lei 6.697/79). A PNBEM era definida por um órgão central, a Fundação Nacional do Bem-estar do Menor (Funabem) e executada nos Estados pelas Fundações Estaduais do Bem-estar do Menor (Febem). O propósito oficial original da PNBEM era o de enfatizar as práticas assistenciais em detrimento das punitivas, mas, na realidade, o que ocorreu foi a manutenção da orientação correcional-repressiva, verificada na opção frequente pela internação entre os Juizados de Menores.

O Código de Menores e a PNBEM foram revogados a partir da promulgação da Constituição Federal de 1988 e do Estatuto da Criança e do Adolescente aprovado pelo Congresso

Nacional, em junho de 1990. Essa transformação na legislação foi resultante, principalmente, de um amplo processo de mobilização de entidades não governamentais e governamentais insatisfeitas com as leis e com o tratamento institucional pautados na referida doutrina da situação irregular.

O Estatuto da Criança e do Adolescente compõe-se de dois livros. O Livro I estabelece os direitos fundamentais (educação, saúde, convivência familiar e comunitária, cultura, lazer e proteção no trabalho) que são dirigidos a todas as crianças e adolescentes, sem exclusão de qualquer natureza. O poder público é indicado como o principal responsável por efetivar os direitos previstos, mediante a implementação de políticas públicas sociais. No caso de serviços prestados por estabelecimentos privados, também são determinadas as obrigações que devem ser cumpridas. O Livro II normatiza a política de atendimento destinada a crianças e adolescentes em situação de risco pessoal e social, em razão de sua conduta ou da ação ou omissão dos pais, da sociedade e do Estado. Para tal, define as medidas, as políticas a serem mobilizadas e o papel das instituições e entidades governamentais e não governamentais.

As medidas estabelecidas são:

- medidas específicas de proteção – destinadas às crianças e adolescentes que tenham seus direitos violados e às crianças que cometeram algum tipo de infração, pois a elas não podem ser atribuídas medidas socioeducativas;
- medidas socioeducativas – destinadas ao adolescente suspeito de praticar ato infracional; e
- medidas pertinentes aos pais e responsáveis – quando esses não cumprem seus deveres em relação aos direitos da criança e do adolescente.

As diretrizes estabelecidas são:

- a municipalização do atendimento;
- a criação de conselhos municipais, estaduais e nacional de defesa dos direitos com participação popular paritária, poder deliberativo e controlador de ações em todos os níveis e dotados fundos de recursos próprios; e
- a integração dos órgãos destinados ao atendimento do adolescente autor de infração penal.

As políticas públicas de atendimento estabelecidas são:

- políticas sociais básicas para garantir a universalização do direito à saúde, à educação, ao esporte, ao lazer e à convivência familiar e comunitária;
- políticas e programas de assistência social em caráter supletivo necessários à viabilização e à execução das medidas de proteção e socioeducativas, incluindo serviços especiais de atendimento médico e psicossocial às vítimas de qualquer forma de violência e serviços de identificação e proteção jurídico-social; e

• políticas de proteção jurídico-social, para garantir o cumprimento adequado das medidas socioeducativas.

A análise do caso brasileiro ilustra claramente a passagem de uma concepção de política pública tutelar, corretiva e assistencial para a infância, vigente entre 1927 e 1988, para uma política garantista, introduzida a partir da Constituição de 1988 e orientada pela concepção da criança como sujeito de direitos.

Ver: Família/Familismo; Políticas de Educação

Referências Bibliográficas

BRASIL. Lei n. 8.069, de 13 de julho de 1990. Dispõe sobre o Estatuto da Criança e do Adolescente e dá outras providências. *Diário Oficial [da] República Federativa do Brasil*, Brasília, DF, 16 jul. 1990 e retificado no *DOU* de 27 set. 1990.

COSTA, A. C.; MENDEZ, E. *Das necessidades aos direitos*. São Paulo: Malheiros, 1994.

FROTA, M. G. C. A cidadania da infância e da adolescência: da situação irregular à proteção integral. In: CARVALHO, A. *Políticas públicas*. Belo Horizonte: Editora UFMG, 2002.

______. A convenção dos direitos da criança e os desafios para a sua implementação nos países sul-americanos. *Revista de Observatório de Desenvolvimento dos Objetivos do Milênio de Belo Horizonte*, Belo Horizonte, v.1, n.1, p. 93-106, nov. 2008.

SITEAL. *Primera infancia en América Latina*: la situación actual y las respuestas desde el Estado. Informe sobre tendencias sociales y educativas en América Latina 2009. Coordinación Néstor López. Texto Lilia Alonso, Silvina Corbetta, Vanesa D'Alessandre, Néstor López y Lilia Toranzos. Buenos Aires: Iipe-Unesco; Madrid: OEI, 2009. Disponível em: http://www.siteal.iipe-oei.org/informe/228/informe-2009.

Políticas Territoriais

Wanderley Messias da Costa

Nas sociedades organizadas sob a forma de Estado nacional, o território representa, ao mesmo tempo, uma construção histórica particular, um conjunto de atributos materiais e imateriais inerentes à sua identidade e uma precondição para sua existência, sobrevivência e desenvolvimento. Apreendendo-o em sua dimensão universal no contexto dos Estados nacionais modernos, o território é base material primordial, componente importante da sua representação simbólica e fundamento geopolítico e jurídico da sua soberania na ordem mundial.

Ao conceber a relação sociedade-território por essa sua natureza complexa e de múltiplos significados, pode-se definir política territorial como a modalidade de política pública formulada e aplicada com o objetivo explícito de promover mudanças na estrutura – ou na configuração – territorial de um país, região, província, Estado e município, ou mesmo em escalas que extrapolam o espaço nacional. Dada sua natureza peculiar, tal tipo de intervenção tem a característica de desenvolver-se de forma transversal ou integradora, isto é, para além das políticas setoriais (ou pontuais) e por isso deve ser entendido como um dos mais importantes instrumentos do planejamento estratégico nacional.

Tradicionalmente, as políticas territoriais têm sido reduzidas ao âmbito restrito dos planos regionais de desenvolvimento, isto é, como parte da atividade planejadora do Estado voltada para escalas regionais específicas, resultando comumente em programas especiais aplicados de modo geral no combate às desigualdades ou disparidades regionais. Mas as políticas territoriais extrapolam essa noção e abrangem toda e qualquer atividade estatal que implique, simultaneamente, uma dada concepção do espaço nacional, uma estratégia de desenvolvimento e de intervenção no nível da estrutura territorial e, por fim, a adoção de mecanismos concretos capazes de viabilizar essas políticas.

Nesse sentido, são considerados políticas territoriais os planos nacionais de segurança e defesa, as políticas nacionais de ordenamento do território, políticas de desenvolvimento regional, políticas ambientais, programas de zoneamento ecológico-econômico e planos diretores municipais. Vale mencionar também que com a intensificação dos processos de cooperação e integração regional em curso, estão sendo aplicadas políticas territoriais nas escalas transfronteiriças ou supranacionais. No caso da União Europeia, por exemplo, seu sistema de governança dispõe de um conjunto de políticas e programas desse tipo que têm sido projetados especificamente para essa nova escala (uma região transnacional) isto é, a Europa com os seus 27 países-membros. Há experiência semelhante na América do Sul, onde o mais emblemático programa dessa nova escala das políticas territoriais é a Iniciativa para a Integração da Infraestrutura Sul-Americana (Iirsa), lançado em setembro de 2000 por todos os países da região.

Em países de dimensões continentais como o Brasil, a experiência tem demonstrado que a atuação do Estado nacional é imprescindível no processo de ordenamento territorial como componente importante do desenvolvimento em geral. Por isso a trajetória da formação territorial brasileira é plena de experiências nesse tipo de política pública e, dentre elas, aquelas especificamente voltadas para atingir determinados objetivos, tais como os de zoneamento em diversas escalas, por exemplo.

Como resultado geral do longo período de atuação do Estado, transformaram-se profundamente a sociedade, a política, a economia e, ao mesmo tempo, o território nacional. É preciso reconhecer, contudo, que parte do que observamos hoje na realidade brasileira, com relação a essa acelerada modernização, expressa também os impactos de mudanças importantes na economia mundial e nacional, sobretudo nas duas últimas décadas, nas quais as chamadas forças de mercado têm desempenhado papel decisivo. É por isso que já se pode cogitar da existência de vetores impulsionados por capitais privados afetando diretamente a configuração do território nas escalas locais e regionais.

O que podemos considerar como sendo a *fase heroica* das políticas nacionais é particularmente observável durante o meio século entre 1930 e 1980, em que o Estado assumiu abertamente o desafio do desenvolvimento nacional e, ao mesmo tempo, a construção da chamada *unidade nacional*. Sob esse aspecto, deve-se admitir que grandes projetos nacionais puderam de algum modo concretizar-se. Dentre eles, destaquem-se a industrialização – e a urbanização a ela associada – a modernização do campo e, no limite, um macroprocesso de integração nacional (antiga aspiração desde o Império), tanto em relação à formação de um mercado nacional, quanto especificamente territorial.

Nessa lógica, a ocupação do território a partir de empreendedores individuais e empresariais ocorreu de modo geral segundo estratégias no mais das vezes institucionais, ou mais propriamente geopolíticas. A força desse processo era tal que acabou por se firmar no imaginário da sociedade a ideia de que assuntos territoriais, pela sua relevância, seriam da exclusiva competência do Estado nacional. Mais que isso, e por constituírem questão eminentemente estratégica, os assuntos territoriais nacionais pertenceriam naturalmente à esfera dos aparelhos militares.

De modo geral, entretanto, a tendência dominante na atualidade é que em sociedades complexas, democráticas e federativas, como a brasileira, as relações com o território tendem a ser mediatizadas por uma multiplicidade de significados e formas de valorização e de expressão. Em outros termos, com a evolução histórica e estruturas sociais, políticas, econômicas e culturais de maior complexidade, foi reduzida drasticamente a bilateralidade original da relação Estado-território. As novas estruturas e práticas políticas tendem a introduzir uma linha (ou um campo) de tensão entre, de um lado, os objetivos estratégicos primordiais que pouco se alteraram no imaginário e nas práticas dos governantes dos Estados nacionais (proteção, defesa, coesão, controle etc.) e, de outro, as legítimas aspirações das comunidades regionais e locais ou, em outros termos, das unidades subnacionais, como as províncias, estados, municípios, comunas, condados, distritos e subdistritos. Em síntese, é preciso debruçar-se não apenas sobre os temas do território nacional, mas também sobre aqueles relacionados às territorialidades e às identidades territoriais como expressões legítimas das lutas políticas, ou mais propriamente, das lutas político-territoriais da sociedade em suas diversas escalas.

Nesse sentido, em sociedades democráticas e federativas padece de irrefreável obsolescência a antiga concepção (ou obsessão) que assumia as políticas territoriais como componente fundamental de estratégia direcionada para obter uma coesão territorial-nacional de inspiração francamente *ratzeliana*, isto é, um conjunto de redes e malhas de controle hierarquizado, rígido e unidirecional do Estado no território, operando mediante um sistema político estruturado para gravitar em torno do poder central. Reduziu-se, portanto, a capacidade dos Estados para formularem as suas estratégias de desenvolvimento ou de defesa nacionais, de estabelecerem e operarem as suas próprias logísticas de controle e gestão, de promoverem o seu ordenamento e de controlarem, conservarem e explorarem o território segundo os seus exclusivos interesses.

A contracorrente atual nesse caso é que as políticas públicas territoriais na escala nacional apresentam acentuada tendência à fragmentação, isto é, correspondem, de um lado, à crescente especialização (e competição) dos aparelhos do Estado e à setorização dos planos, programas e projetos e, de outro, elas sucumbem no mais das vezes diante da variedade das demandas frequentemente conflitantes, geradas atualmente pelos novos e poderosos fluxos internacionais e nacionais globalizados (de capitais, bens, serviços e informações). Como resultado geral, diminuiu drasticamente nesse cenário a eficácia das macropolíticas de maior envergadura e complexidade, tais como os programas nacionais de "zoneamento ecológico-econômico", as "políticas nacionais integradas" ou os "planos nacionais de desenvolvimento", a exemplo da experiência dos "Eixos Nacionais de Desenvolvimento" de meados dos anos 1990.

Encontra-se em curso um movimento de diferenciação interna de largo espectro, cujos vetores que o impulsionam são de natureza multidirecional e, em grande medida, relacionados aos usos divergentes, competitivos e conflituosos dos lugares e das suas potencialidades intrínsecas (recursos naturais, posição na rede de fluxos, infraestrutura e outras), bem como às migrações dos capitais produtivos (principalmente os industriais) nas escalas intrametropolitanas, intermunicipais, interestaduais e interregionais. Como corolário, associa-se também a esse movimento a generalização de um mosaico de desigualdades socioespaciais e, dessa feita, rebatidas em todas as escalas de referência, isto é, no interior das regiões, dos Estados, das metrópoles e dos centros urbanos de todos os portes.

Com o indiscutível fortalecimento dos Estados e municípios, decresce consideravelmente o poder da União como indutora e coordenadora exclusiva das estratégias e políticas de alcance nacional. E isso ocorre não apenas porque lhe faltam os recursos materiais e financeiros de que dispunha no passado, mas, especialmente, porque, nas atuais circunstâncias, o governo central carece de reservas de poder e de legitimidade política para atribuir-se esse papel.

Visto de outro ângulo, faltam-lhe também os instrumentos finos de identificação, de análise e de ação que lhe assegurem padrões mínimos de eficácia quando desafiado a perscrutar os novos movimentos e circuitos *capilarizados* que se ocultam, agora, nas escalas espaciais das novas territorialidades sob o controle, a coordenação e as formas diversas de gestão dos entes federados subnacionais no exercício legítimo das suas autonomias.

Apesar desse quadro contemporâneo de erosão do poder do Estado nacional soberano, persiste a expectativa geral de que um pensamento e uma ação de natureza estratégica e situados no topo das políticas territoriais, ou uma política nacional de ordenamento do território é necessariamente uma iniciativa e um exercício que devem ser liderados pelo governo central. Por isso mesmo, trata-se de missão que requer uma determinada e incontornável *puissance* do Estado nacional que deve ser, ao mesmo tempo, coordenada, eficiente e exercida nos quadros definidos pelo ordenamento jurídico constitucional de um regime democrático.

O imperativo de manter, por exemplo, o ordenamento territorial na esfera de um pensamento e de uma prática que expõem um determinado "olhar do governo central" sobre a sociedade e o território repousa, sobretudo, na evidência de que as escalas dos movimentos hegemônicos que atualmente impactam as nações e as suas regiões tornaram-se reconhecidamente mundiais, regionais transfronteiriços e – ainda relevantes sob muitos aspectos – especificamente nacionais. Nessas circunstâncias, portanto, é imprescindível que um eventual esforço de ordenamento do território constitua ainda tarefa precípua do Estado, e que envolva uma reflexão organizada e concentrada dos intelectuais e dos quadros técnicos em geral do país que se têm engajado nesse debate nos últimos anos.

Dessa perspectiva, em suma, é preciso reconhecer que formular e aplicar políticas territoriais na atual conjuntura requer como pressuposto ampliar o foco e as escalas de análise e identificar a forma como os macrovetores se *capilarizam* nos infindáveis circuitos espaciais. Ao mesmo tempo, conceber essa crescente complexidade como associada à democratização, à acelerada urbanização e à mudança da base técnica produtiva do país, destacando-as como as vigorosas forças motrizes que impulsionam a especialização, a diferenciação, a flexibilidade e o novo significado dos territórios, regiões e lugares.

Ver: Soberania; Territorialidade

Referências Bibliográficas

BECKER, B. K.; COSTA, F. A.; COSTA, W. M. (Orgs.). *Um projeto para a Amazônia no século 21*: desafios e contribuições. Brasília, DF: Centro de Gestão e Estudos Estratégicos, 2009. 426 p.

COSTA, W. M. *O Estado e as políticas territoriais no Brasil*. São Paulo: Contexto, 1988.

______. *Geografia política e geopolítica*: discursos sobre o território e o poder. São Paulo: Hucitec/Edusp, 1992.

______. Ordenamento territorial e Amazônia: vinte anos de experiências de zoneamento ecológico-econômico. In: BATISTELLA, M.; MORAN, E.; ALVES, D. (Orgs.). *Amazônia*: natureza e sociedade em transformação. São Paulo: Edusp, 2008. p. 241-274.

RÜCKERT, A. A. *Reforma do Estado e tendências de reestruturação territorial*: cenários contemporâneos no Rio Grande do Sul. 2002. Tese (Doutorado em Geografia Humana) - Faculdade de Filosofia, Letras e Ciências Humanas, Universidade de São Paulo, São Paulo, 2002.

Populismo

Marco Aurélio Nogueira

Visto do ângulo teórico, o conceito de populismo (derivado da palavra latina *populus*, povo) tem múltiplos significados e está cercado por muitas imprecisões. Normalmente, é empregado como expressão de posturas políticas ou administrativas negativas, avessas a procedimentos legais, à racionalidade técnica em termos de gestão pública e aos mecanismos de representação e intermediação de interesses. Nesse significado, configura as práticas e atitudes dedicadas a cortejar massas de eleitores ou de cidadãos (pensados como sendo o "povo") sem a devida consideração dos espaços institucionais e das organizações político-partidárias e tendo como implicação a valorização da pessoa de um líder.

O senso comum invariavelmente define o populismo como ato político fundado no relacionamento pessoal de um líder com um agregado de pessoas, em que a demagogia se afirmaria por sobre a ignorância popular. Nessa acepção, o líder populista não estaria no terreno da política propriamente dita e suas ações seriam por definição desqualificadas. Em uma visão algo mais elaborada, o populista é uma liderança de tipo carismático que consegue estabelecer vínculos diretos com massas populares e mobilizá-las em nome de reformas sociais, operação que terminaria por facilitar a integração de seus seguidores às respectivas sociedades nacionais.

A literatura especializada, como seria de se esperar, contesta esse entendimento. Não aceita, acima de tudo, que o populismo seja retirado da esfera da política e passe a ser interpretado como mero reflexo do oportunismo de lideranças carismáticas desejosas de reproduzir sua dominação ou como expressão pura e simples do despreparo político ou do irracionalismo das massas. Construiu-se assim uma conceituação que vê o fenômeno como parte integrante do processo de emergência e de integração política das massas, com seus limites e suas características particulares.

Muitos estudiosos observaram que, nos esquemas explicativos adotados pelas ciências sociais, o populismo tem "caráter ambíguo, constituindo a um só tempo manipulação e satisfação das classes populares". Pode surgir e se manter como alternativa política viável enquanto for capaz de "satisfazer, de forma real, a aspectos do interesse das classes populares" (DEBERT, 1979). Mostra-se como um mecanismo que manipula em alguma medida as classes, uma vez que acena sempre com a possibilidade de atender às suas aspirações, refreando assim sua disposição para participar de forma independente e autônoma da vida política.

Historicamente, o conceito surgiu para qualificar estilos de liderança que se reportavam de forma sistemática ao povo, projetando-o como principal critério de ação política. Foi assim empregado na Rússia na segunda metade do século 19, por exemplo, época em que os populistas constituíam uma corrente política expressiva (os *narodniks*, "amigos do povo"), contrária ao absolutismo czarista e fortemente empenhada na luta pela distribuição de terras aos camponeses. Os populistas russos não aceitavam que grandes coletividades ou massas pudessem ter ação política eficiente, que deveria estar concentrada no protagonismo de grandes personalidades e na busca do "povo" desorganizado. Mais ou menos na mesma época, constituiu-se nos Estados Unidos o People's Party, integrado basicamente por pequenos proprietários do meio-oeste endividados. Defendiam os *farmers* contra o que identificavam como sendo a oligarquia financeira.

Diferentemente do que ocorreu na Rússia e nos Estados Unidos, o uso da expressão generalizou-se na América Latina de forma dominantemente negativa, constituindo-se como pedra angular de inúmeras teorias referenciadas em maior ou menor grau pela sociologia da modernização (GERMANI, 1973; WEFFORT, 1978) e dedicadas a analisar os padrões de desenvolvimento econômico e os fenômenos políticos relacionados à emergência das massas urbanas no processo de industrialização e urbanização. Em linhas gerais, essas teorizações sustentam que, com o desenvolvimento, importantes setores sociais se libertariam das estruturas de dominação tradicionais, de base agrária, e se deslocariam para as cidades, nas quais seriam inseridos em novas estruturas políticas e associativas (sindicatos, em especial). Nas novas circunstâncias, serviriam de base operacional para lideranças de tipo carismático que, agindo no vazio relativo de instituições consolidadas de democracia representativa, estabeleceriam relações políticas privilegiadas com as novas massas urbanas, valendo-se ou não de suas associações. O populismo seria, assim, uma forma imperfeita de representação política, nascendo e crescendo como subproduto inevitável de uma modernização igualmente imperfeita.

No Brasil, o fenômeno foi associado ao processo aberto pela Revolução de 1930, que encerrou a República Velha inaugurada em 1889 e deu início ao longo ciclo político demarcado pela figura de Getulio Vargas. Na sociologia política e na historiografia que procuraram estudar tal ciclo, o populismo aparece como "expressão espontânea da emergência das massas e traduz, de maneira imediata, as aspirações populares nas diversas regiões onde o processo de urbanização se intensifica" e, também, como "uma forma popular de exaltação de uma pessoa na qual esta aparece como a imagem desejada para o Estado. É uma pobre ideologia que revela claramente a ausência total de perspectivas para o conjunto da sociedade" (WEFFORT, 1978, p. 37-39). Nesse sentido, evolui como fenômeno político eminente urbano e tendo muitos pontos de contato com o nacionalismo, ainda que sem se confundir com ele. Por outro lado, distingue-se claramente do coronelismo: ao passo que este expressa um compromisso entre o poder público e o poder privado do proprietário de terras, o populismo é um modo de exaltar o poder público e de transferir para o Estado a realização das expectativas sociais, fazendo com que o compromisso entre as classes sociais passasse a ser sancionado pelo Estado.

O populismo também foi interpretado como "uma estratégia política de desenvolvimento econômico" que teria prevalecido, *grosso modo*, entre 1930 e 1964, época em que se processa a transição para a economia industrial e que é "simbolizada pela política de massas como padrão de organização política e sustentação de um novo estilo de poder". Tal política de massas seria assim o "fundamento da democracia populista" e do "padrão getuliano de ação política", fenômenos que teriam entrado em colapso com o golpe de Estado de 1964 juntamente com a perspectiva de um desenvolvimento econômico mais autônomo (IANNI, 1968).

As abordagens tradicionais do populismo ressaltaram aspectos importantes do processo político brasileiro. Ainda que muitas delas tenham ressaltado o componente de manipulação que retiraria protagonismo político das massas urbanas, nem sempre se deixou de reconhecer que a atuação das lideranças populistas esteve sustentada pelo cotidiano e pela cultura política dos trabalhadores, bem como por suas organizações sindicais e partidárias (GOMES, 2005). Por essa via, pôde ser reconhecido o papel desempenhado pelas classes populares, em particular o proletariado industrial, base do que veio a ser o bloco social e das alianças que deram sustentação ao nacional-desenvolvimentismo. O sufrágio eleitoral teve, sobretudo após 1945, importância decisiva nessa expansão da presença política das massas populares. A "revolução democrática" que então se inicia, porém, encontrou limites e bloqueios que impossibilitaram sua expansão. Articulados por procedimentos populistas e pelo elevado grau de personalização do poder governamental, o protagonismo das massas e as alianças de classes por ele impulsionadas não trouxeram consigo nem o fortalecimento dos partidos políticos, nem o aprofundamento e a consolidação da democracia representativa. Acabaram por viabilizar certa participação popular sem abalar o poder das classes dominantes e, sobretudo, sem democratizar de forma consistente o Estado.

Seja como for, as massas passaram a participar nas decisões políticas e na formulação da agenda do desenvolvimento nacional, tornando-se elemento decisivo para a expansão do setor industrial. Alcançaram, com isso, conquistas sociais importantes (salário mínimo, consolidação das leis do trabalho, estatuto do trabalhador rural), mas foram também projetadas para a órbita estatal e perderam capacidade de ação autônoma, graças sobretudo à vigência de determinados mecanismos associados à "estatização" do movimento sindical (vínculos com o Ministério do Trabalho, imposto sindical). Também contribuiu para essa situação a origem predominantemente rural da classe operária, que teria dificultado seu amadurecimento político e sua assimilação pelos mecanismos da democracia representativa. Em decorrência desses fatores, a esquerda brasileira não encontrou condições favoráveis para atuar no sentido de "transformar a política de massas em luta de classes" (IANNI, 1968).

Em que pese ter sido encapsulado pelas abordagens pioneiras no período que se encerrou em 1964, o populismo permaneceu no centro do debate, sendo invariavelmente empregado para qualificar líderes, posturas e movimentos bastante distintos entre si, o que fez com que parte da literatura mais especializada passasse a vê-lo como um conceito problemático. Apesar disso, continua tendo largo curso nas análises políticas e sociológicas e não desapareceu, como fato (como estilo de liderança ou de ação governamental), do contexto latino-americano.

Na visão de Laclau (2006), um dos mais contundentes críticos das formulações tradicionais, o populismo não tem uma unidade de referência nem delimitação clara, sendo bem mais uma lógica social cujos efeitos atravessam uma variedade de fenômenos: trata-se simplesmente de "um modo de construir o político", ligando-se portanto aos temas das identidades coletivas, das representações e da hegemonia. Dividindo a sociedade em campos opostos (o "povo" *versus* as "elites" ou as "oligarquias", por exemplo) e operando mediante símbolos discursivos aleatórios (o líder, a nação, os desprotegidos), a lógica populista não somente simplificaria o processo político, como também forneceria recursos para diferentes tipos de movimentos políticos e posturas ideológicas. A elasticidade do termo articula-se com o caráter normativo e arbitrário de seu emprego, único ponto que parece aproximar as inúmeras e distintas interpretações dos fenômenos populistas (LACLAU, 2006).

A partir do fim do século 20, em sintonia com a emergência de sociedades mais fragmentadas e individualizadas, da globalização e da crise do Estado, passou-se a falar em renascimento do populismo, como se o antigo fenômeno tivesse encontrado condições de se adaptar às novas circunstâncias político-sociais que tipificam o capitalismo contemporâneo. Formas e estilos neopopulistas têm sido associados a governantes ou movimentos que têm como terreno comum a interpelação de massas populares sem a intermediação de partidos ou do Poder Legislativo. Diferentemente, porém, do populismo "clássico", essas novas formas de liderança e poder político não se caracterizam pela preocupação de promover a organização da classe trabalhadora a partir do Estado, mas sim em atender a certas demandas e expectativas mediante a utilização de políticas ou medidas de caráter assistencialista, muitas vezes associadas a procedimentos que se aproximam do culto à personalidade. O neopopulismo flutua sobre ideologias e classes sociais, pode ser de "esquerda" ou de "direita", socialista ou conservador, assumindo formas bastante diferenciadas. Em certa medida, e paradoxalmente, depende da reiteração da desigualdade social, já que busca promover a integração passiva dos setores subalternos ou populares, relegando sua participação política efetiva ao terreno simbólico, ativado graças ao emprego, pelo líder, de efeitos retóricos e passionais, regra geral associados à personalização do processo de tomada de decisões. Para tanto, os recursos de comunicação e o acesso à mídia são de particular importância para o alcance do público a ser interpelado, fato que levou alguns autores a falar em "populismo midiático" (ECO, 2007).

Esse novo padrão de populismo segue parâmetros que vêm sendo diagnosticados como típicos das democracias contemporâneas, ainda que não as dominem por completo. Está demarcado por claros componentes pragmáticos, refratários a ideologias e fortemente personalistas, que dão origem a estilos de conduta política em que o líder busca maximizar todos os recursos de poder disponíveis (votos, sobretudo), sem contemplar de forma particular seus partidos ou seus alinhamentos ideológicos.

A reiteração de práticas e discursos (neo)populistas atinge negativamente os circuitos políticos da sociedade. Enfraquece as instituições de representação e intermediação políticas e incentiva os cidadãos a abandoná-las, aprofundando assim a crise da política e a "despolitização" dos cidadãos. Ao mesmo tempo, ao acenar com rápidas soluções para os problemas sociais e com a promoção dos mais pobres, amplia os riscos de frustração e decepção social, que invariavelmente terminarão por ser canalizados contra o sistema representativo, os parlamentares e os partidos políticos. Por fim, graças à tendência "distributivista" que adotam no plano salarial, as práticas (neo)populistas contribuem para retirar racionalidade das políticas públicas e elevar artificialmente os gastos estatais.

O fato é que manifestações populistas ou neopopulistas estão entranhadas em boa parte dos sistemas políticos contemporâneos, ocupando lugar de destaque no universo latino-americano. Nem sequer o ciclo de democratização e de governos de esquerda que se espalhou pelo subcontinente pôde conter a reprodução do fenômeno (NATANSON, 2008).

A dificuldade que têm tido os sistemas políticos, as esquerdas e os partidos democráticos de decifrar os novos termos do jogo político-social impulsionado pelas transformações sociais, pela emergência da sociedade em rede e pela globalização pode ser vista como um importante fator que impulsiona e dá sobrevida ao (neo)populismo. Particularmente na América Latina e no Brasil, ele também se alimenta da fragmentação social e da existência de grandes contingentes populacionais em condição de pobreza e desejosos de encontrar respostas para suas reivindicações. A nova fase do capitalismo, além de dificultar a ascensão social desses contingentes, também produz desemprego e amplia as áreas de trabalho informal, agravando o quadro social e criando, assim, novos estímulos ao populismo.

Ver: Democracia; Democracia Representativa; Estado; Liderança; Participação Política; Representação

Referências Bibliográficas

DEBERT, G. *Ideologia e populismo:* Adhemar de Barros, Miguel Arraes, Carlos Lacerda, Leonel Brizola. São Paulo: Tao, 1979.

ECO, U. *A passo di gambero.* Guerre calde e populismo mediatico. Roma: Bompiani, 2007.

FERREIRA, J. (Org.). *O populismo e sua história:* debate e crítica. Rio de Janeiro: Civilização Brasileira, 2001.

GERMANI, G. *Política e sociedade numa época de transição*: da sociedade tradicional à sociedade de massas. São Paulo: Mestre Jou, 1973.

GOMES, A. C. *A invenção do trabalhismo.* Rio de Janeiro: Editora FGV, 2005.

IANNI, O. *O colapso do populismo no Brasil.* Rio de Janeiro: Civilização Brasileira, 1968.

LACLAU, E. *La razón populista.* México: FCE, 2006.

NATANSON, J. *La nueva izquierda:* triunfos y derrotas de los gobiernos de Argentina, Brasil, Bolivia, Venezuela, Chile, Uruguay y Ecuador. Buenos Aires: Debate, 2008.

WEFFORT, F. *O populismo na política brasileira.* Rio de Janeiro: Paz e Terra, 1978.

Presidencialismo de Coalizão

CLÁUDIO GONÇALVES COUTO

Deve-se a Sérgio Abranches (1988) a noção de presidencialismo de coalizão, que descreveria, segundo ele, uma incomum combinação institucional presente no sistema de governo brasileiro. "Apenas uma característica, associada à experiência brasileira, ressalta como uma singularidade: o Brasil é o único país que, além de combinar a proporcionalidade, o multipartidarismo e o 'presidencialismo imperial', organiza o Executivo com base em grandes coalizões. A esse traço peculiar da institucionalidade concreta brasileira chamarei, à falta de melhor nome, 'presidencialismo de coalizão'" (ABRANCHES, 1988, p. 21-22).

Essa combinação institucional não seria mero fruto da criatividade de nossos legisladores, mas expressaria a heterogeneidade da sociedade brasileira, que segundo Abranches (1988, p. 21) "é plural, movida por clivagens subjacentes pronunciadas e que não se resumem apenas à dimensão das classes sociais; têm importantes componentes socioculturais e regionais". Se algumas dessas clivagens se fazem expressar na diversidade dos partidos, outras correspondem à estrutura federativa. Por essa razão, as coalizões se formariam com base em dois eixos, o partidário e o regional, tanto para a democracia que vigorou entre 1946 e 1964, quanto para a que se iniciou com a Nova República (1985).

A necessidade de incorporar ao governo a representação regional seria um dos fatores a explicar a formação de "grandes coalizões", que ultrapassam a maioria estrita dos votos parlamentares. O outro fator teria a ver com a presença de políticas públicas ordinárias em nossas cartas constitucionais: "Adicionando-se à equação os efeitos políticos de nossa tradição constitucional, de constituições extensas, que extravasam o campo dos direitos fundamentais para incorporar privilégios e prerrogativas particulares, bem como questões substantivas, compreende-se que, mesmo no eixo partidário parlamentar, torna-se necessário que o governo procure controlar pelo menos a maioria qualificada que lhe permita bloquear ou promover mudanças constitucionais" (ABRANCHES, 1988, p. 22).

Por fim, o presidencialismo de coalizão seria um arcabouço institucional "caracterizado pela instabilidade" e pelo "alto risco", sustentando-se no "desempenho corrente do governo e na sua disposição de respeitar estritamente os pontos ideológicos ou programáticos considerados inegociáveis" (ABRANCHES, 1988, p. 27). Entretanto, não seria inadequado ou fadado à instabilidade crônica, pois responderia "à específica dinâmica social do país". Nem o parlamentarismo, nem a representação majoritária, seriam alternativas melhores.

Finalizado quando ainda se desenrolava a elaboração da Constituição de 1988, o artigo de Abranches tinha como referência empírica principal o presidencialismo da Constituição de 1946. Ainda assim, antevia que esse modelo institucional continuaria a vigorar na nova democracia inaugurada em 1985 e que sua operação seria similar à vigente na experiência democrática anterior.

Seu otimismo quanto à viabilidade do sistema não era compartilhado pelos analistas mais influentes no debate institucional da segunda metade dos anos 1980 e início dos anos 1990, para quem o modelo institucional brasileiro era fadado à ingovernabilidade, justificando-se sua substituição por um sistema de governo parlamentarista e por sistemas eleitoral e partidário de tipo majoritário. A ingovernabilidade dever-se-ia ao fato de que todos aqueles traços institucionais que caracterizam o presidencialismo de coalizão confeririam a nosso sistema político uma demasiada fragmentação do poder decisório, típica do modelo democrático consensual, sem que a sociedade brasileira fosse ela mesma tão heterogênea ao ponto de requerer tal modelo (LAMOUNIER, 1995).

Essa inadequação do presidencialismo de coalizão era apontada pelos críticos como a principal razão pela qual os governos brasileiros do período pós-autoritário não se mostravam capazes de debelar a crise econômica crônica. Segundo Mainwaring (1997, p. 91), "entre 1985 e 1994, a combinação de uma fragmentação extrema do sistema partidário, fracas disciplina e fidelidade partidária, presidencialismo e federalismo robusto impediram os governos democráticos de obter a estabilização e as reformas do Estado. Esses aspectos institucionais limitam o grau em que os presidentes podem implementar grandes reformas. Essa característica pode geralmente não ser uma fatalidade, mas num contexto de necessidade premente de estabilização e reforma do Estado, ela se mostrou como tal. Como os presidentes careciam de apoio seguro no Congresso e com os governadores, era difícil implementar grandes mudanças nas políticas nessas duas áreas. Os amplos poderes presidenciais compensavam apenas parcialmente a fragmentação criada pelos outros arranjos institucionais. As dificuldades dessa combinação institucional se refletiam menos nas medidas que o Congresso vetava do que na incapacidade dos presidentes em ganhar apoio para a implementação de suas próprias agendas de uma forma coerente. Os presidentes raramente sofreram derrotas acachapantes no Congresso, mas este não aprovou medidas por eles desejadas ou o fez apenas a um alto custo para os presidentes".

Desse ponto de vista, e exemplificando, quando um presidente mostrava-se mais bem-sucedido na consecução de sua agenda, inclusive emendando a Constituição, como foi o caso de Fernando Henrique Cardoso, isso era tratado como uma excepcionalidade. Entendia-se que seu sucesso se devia não a características intrínsecas ao sistema institucional, mas a fatores meramente contextuais. Exemplos deles seriam a profundidade alcançada pela crise econômica (que forçaria os atores políticos a cooperar), o consenso ideológico pós-Guerra Fria (em torno do neoliberalismo), a *virtù* do presidente (que seria um líder melhor que seus predecessores) e o medo das elites políticas da eleição de um esquerdista como Lula (MAINWARING, 1997, p. 104-105). Portanto, superada a excepcionalidade das condições contextuais, seria de se esperar que o presidencialismo de coalizão voltasse a provocar a ingovernabilidade, devido a seu caráter inerentemente impróprio.

Esse saber convencional sobre o funcionamento do sistema de governo brasileiro sofreu completa revisão após os estudos de Figueiredo e Limongi (1999), que demonstraram que as instituições políticas funcionavam muito melhor do que se acreditava anteriormente. Segundo esses autores, os partidos são altamente disciplinados no Congresso; o Poder Executivo logra altíssima taxa de sucesso na aprovação de suas iniciativas legislativas e predomina largamente no total da produção congressual; o uso do poder de decreto com força de lei, por meio das medidas provisórias, conta com a anuência da maioria parlamentar, que delega poder legislativo ao Executivo, mas é capaz de obstaculizar decisões indesejadas.

As razões para esse quadro estão nas prerrogativas constitucionais do Poder Executivo (que possui poderes legislativos e é capaz de definir a agenda do Congresso) e na organização interna do Parlamento (altamente centralizada nos líderes partidários). O presidente "conta com os meios para induzir os parlamentares à cooperação", enquanto os parlamentares, individualmente, "não encontram arcabouço institucional próprio para perseguir interesses particularistas" (FIGUEIREDO; LIMONGI, 1999, p. 22-23), de modo que a melhor estratégia que podem perseguir para a obtenção de recursos é a de votar disciplinadamente, sendo assim premiados por sua cooperação. Para os partidos (considerados coletivamente), a melhor estratégia também é a cooperação com o Executivo e, portanto, o ingresso na aliança presidencial: "temendo perder acesso a qualquer benefício do governo, os partidos são levados a moderar suas demandas para vir a fazer parte da coalizão majoritária. O presidente tem a vantagem da proposição: como ele monopoliza o acesso aos recursos públicos, pode tirar vantagens estratégicas desse controle" (loc. cit. p. 36).

O presidencialismo de coalizão não é somente um sistema de governo em que, devido ao multipartidarismo, o chefe do Executivo se vê obrigado a construir alianças parlamentares amplas. Após a Constituição de 1988, também passou a ser um padrão de relacionamento entre os poderes, no qual as prerrogativas institucionais do presidente da República, por um lado, e dos líderes partidários congressuais, por outro, propiciam o interesse de aderir ao governo e uma alta disciplina partidária nas votações legislativas.

Isso faz com que a ingovernabilidade, tão propalada no início do período democrático pós-1985, simplesmente não se verifique.

Ademais, o presidencialismo de coalizão atual mostra um funcionamento radicalmente distinto do vigente antes de 1964, pois o presidente tornou-se institucionalmente muito mais poderoso e os trabalhos parlamentares bem mais centralizados nos líderes de bancada. Isso faz com que a disciplina partidária, a taxa de sucesso do Executivo na aprovação de leis de seu interesse e sua predominância no total da produção legislativa sejam bem mais elevados hoje (FIGUEIREDO; LIMONGI, 2007). Desse modo, o atual presidencialismo de coalizão não é o mesmo que Abranches verificou em seu estudo – embora algumas de suas características formais tenham permanecido inalteradas.

Poder-se-ia, contudo, temer um risco oposto ao da ingovernabilidade: um Executivo fortíssimo e incontrolável. Mas também isso não ocorre. Como o presidente depende de uma coalizão multipartidária, qualquer tentativa sua de ultrapassar os limites do que é aceitável pelos diversos parceiros passa a ser sancionável pela perda da maioria – tanto pontualmente, ao derrotar-se uma proposição legislativa, quanto definitivamente, pela defecção da coalizão. A própria delegação de poderes legislativos ao Executivo se dá nesses termos e o fato de as coalizões serem amplas e tenderem a congregar partidos de amplo espectro ideológico faz com que o presidencialismo de coalizão seja um arcabouço institucional fomentador da moderação política. Afinal, qualquer extremismo ideológico tende a ser limitado na medida em que não for aceitável pelos demais parceiros.

Um aspecto ainda pouco estudado acerca do funcionamento desse sistema, contudo, são seus custos. A construção das coalizões se baseia principalmente na partilha de cargos públicos (e não só os de alta direção política, como os postos de ministro). Num contexto em que há um grande número de cargos na burocracia de Estado disponíveis para negociação política, a construção da coalizão pode se mostrar contrária a critérios meritocráticos e republicanos de ocupação dos empregos públicos, comprometendo a eficiência do governo e a probidade administrativa. Ou seja, a governabilidade parece ser assegurada não só com base na centralização do poder no Executivo e nos líderes partidários, mas também à custa do universalismo de procedimentos e do trato eficiente dos recursos públicos.

Ver: Democracia; Estado; Legitimidade; Poder Executivo; Poder Legislativo; Sistemas Eleitorais; Sistemas Partidários; Sistema Político

Referências Bibliográficas

ABRANCHES, S. H. H. Presidencialismo de coalizão: o dilema institucional brasileiro. *Dados: Revista de Ciências Sociais*, Rio de Janeiro, v. 31, n. 1. p. 5-38, 1988.

FIGUEIREDO, A. C.; LIMONGI, F. *Executivo e Legislativo na nova ordem constitucional*. Rio de Janeiro: Editora FGV, 1999.

______. Instituições políticas e governabilidade: desempenho do governo e apoio legislativo na democracia brasileira. In: MELO, C. R.; SÁEZ, M. A. (Orgs.). *A democracia brasileira:* balanço e perspectivas para o século 21. Belo Horizonte: UFMG, 2007.

LAMOUNIER, B. *A democracia brasileira no limiar do século 21*. São Paulo: Fundação Konrad-Adenauer, 1995.

MAINWARING, S. Multipartism, robust federalism, and presidentialism in Brazil. In: MAINWARING, S.; SHUGART, M. S. *Presidentialism and democracy in Latin America*. Cambridge: Cambridge University Press, 1997.

Privatização

Ver: Estatização/Desestatização

Proteção Social

SONIA MIRIAM DRAIBE

O conceito é complexo e envolve discrepâncias acerca de sua extensão e compreensão. As discordâncias dizem respeito às políticas sociais setoriais que integram a proteção social, assim como às dimensões pertinentes a sua análise. Se o conceito inicialmente designava a proteção aos riscos diretamente relacionados à condição salarial, cobertos então pelos benefícios previdenciários, assistenciais e de saúde, passou a designar também os novos riscos sociais impostos tanto pela urbanização e pelas mudanças demográficas, quanto pela elevação do patamar mínimo de bem-estar que as sociedades almejam para seus cidadãos (DRAIBE; AURELIANO, 1989).

É possível acompanhar, na história, tal alargamento do conceito através dos conjuntos de políticas sociais que, a cada momento, foram por ele abrangidas. Da referência estrita ao seguro social (previdência social), ampliou-se para uma concepção mais abrangente de seguridade social (previdência, incluindo pensões e auxílios individuais e familiares; saúde e assistência social) e, da segunda metade do século 20 em diante, passou a incluir também a educação (publicamente financiada), programas relativos ao trabalho (treinamento, serviços e promoção do emprego) e habitação (subsídios e auxílios). Nessa mais ampla acepção, a proteção social inclui serviços sociais públicos e privados, em especial aqueles que contribuem para a formação do capital humano, tais como a educação, a saúde, a infraestrutura sanitária, o desenvolvimento dos recursos e capacidades locais que afetam diretamente a vida das pessoas. Trata-se aqui de um conceito de proteção social universal, definida no campo da promoção dos direitos e do desenvolvimento humano, da igualdade e da democracia (DRAIBE, 2007).

É certo que aquela trajetória de alargamento não ocorreu de modo linear e contínuo, nem a concepção mais abrangente de proteção social tornou-se hegemônica até hoje. Ao contrário.

Dos anos 1980 em diante, o conceito de proteção social regride a concepções mais estreitas, equivalentes à "rede social", uma mera tecnologia social desenhada para atender à população pobre nos períodos de crise ou de fortes ajustamentos fiscais. Na sua acepção mais simplista, tal rede seria constituída por um conjunto de programas necessários à subsistência da população mais vulnerável (programas alimentares; transferências monetárias diretas; programas materno-infantil; saúde pública primária, principalmente na zona rural; e, enfim, programas de emprego de emergência). Versões contemporâneas concebem as *social safety nets* como o conjunto de programas (transferências monetárias, subsídios, isenções, material escolar, programas de alimentação) que, em situações de choque ou crise econômica, evitariam que as famílias pobres resvalassem para níveis ainda mais acentuados de pobreza. Em outras vertentes, a proteção social é entendida como o conjunto de programas que ampliam as oportunidades dos grupos pobres de escapar da pobreza, aumentando suas capacidades e recursos para melhor enfrentarem os riscos e obterem mais altos retornos pelos seus investimentos em capital humano.

Mais recentemente, a Organização Internacional do Trabalho vem disseminando a estratégia de um "piso básico de proteção social" ou piso social básico, uma espécie de compromisso de cada pais em oferecer aos seus cidadãos, independentemente de contribuição, uma cesta de bens e serviços, constituída basicamente por serviços públicos essenciais (de saúde, por exemplo); programas sociais, com transferência de renda, direcionados a crianças e suas famílias; benefícios assistenciais para pobres e desempregados; manutenção de políticas de garantia de renda para idosos, viúvos, órfãos e inválidos (OIT, 2011).

Situações de baixo crescimento, crises e desemprego exigem programas emergenciais, seguramente, e a estratégia proposta pela OIT pretende corretamente garantir que ninguém fique fora da proteção, nestas circunstâncias. Ainda assim, este é um conceito redutivo, que não substitui de modo algum o conceito amplo de proteção social aqui tratado.

Ver: Coesão Social; Financiamento; Financiamento e Gasto; Provisão Social; Sistemas Nacionais de Proteção Social; *Welfare State*

Referências Bibliográficas

DRAIBE, S. M.; AURELIANO, L. A especificidade do *Welfare State* Brasileiro. In: DAIN, S. (Coord.). *A política social em tempo de crise, economia e desenvolvimento*. v.3. Brasília: MPAS/Cepal, 1989.

DRAIBE, S. M. Estado de bem-estar, desenvolvimento econômico e cidadania: algumas lições da literatura contemporânea. In: HOCHMAN, G.; ARRETCHE, M.; MARQUES, E. (Orgs.). *Políticas Públicas no Brasil*. Rio de Janeiro: Fiocruz, 2007. p. 23-64

OIT. *Social protection floor for a fair and inclusive globalization*. Report of the Social Protection Floor Advisory Group. Chaired by Michelle Bachelet. Disponível em: http://www.ilo.org/global/publications/ilo-bookstore/order-online/books/WCMS_165750/lang--en/index.htm. Acesso em: 12 maio 2012.

Provisão Social

Sonia Miriam Draibe

As políticas sociais materializam-se em diferentes tipos de "produtos": *bens sociais,* por exemplo, a habitação; *serviços sociais,* por exemplo, a educação e a atenção à saúde; *transferências monetárias,* por exemplo, as pensões, os auxílios assistenciais, as transferências diretas a grupos pobres; *subsídios* com finalidades sociais, por exemplo, as isenções de impostos ou as reduções de preços (subvencionados pelo Estado).

A *provisão social,* aqui entendida como o conjunto de bens e serviços sociais, incluindo as transferências monetárias, ofertados em um dado momento do tempo, resulta de políticas originadas tipicamente em quatro setores: o Estado, o setor privado, o "terceiro setor" (associações caritativas ou filantrópicas, entidades assistenciais ou as contemporâneas organizações não governamentais) e as famílias.

A *composição da provisão social,* então, indica a participação relativa de cada um daqueles setores, a qual variou na história dos Estados de bem-estar social, assim como entre os mesmos, de acordo com os regimes de bem-estar que os caracterizam.

Também a *apropriação social,* ou o consumo dos bens e serviços sociais, se dá de modo diferenciado, seja pela natureza das políticas, seja principalmente pela relação contratual que as rege. É essa relação que identifica aqueles que têm direito ao beneficio, ou que estão credenciados ao mesmo (*entitlement*). Assim, políticas como educação e saúde básica são em geral universais, seu acesso sendo um direito do cidadão, independentemente de qualquer condição. Políticas de base contributiva, como a previdência social, supõem contribuição prévia, seus benefícios podendo ser apropriados (como contrapartida) pelos segurados, ou seja, aqueles que nela se inscreveram e para ela contribuíram regularmente (e suas famílias, conforme o beneficio). Políticas assistenciais são focalizadas e apropriadas por grupos vulneráveis, sem exigência de contribuição, mas, em geral, sob a exigência de comprovação de renda ou necessidade (teste de meios).

Ver: Financiamento e Gasto; Proteção Social; Sistemas Nacionais de Proteção Social; *Welfare State*

Publicização

Luiz Eduardo Wanderley

A publicização compreende o conjunto de ações, individuais e coletivas, que se direcionam para a construção de institucionalidades. Ela implica a criação de espaços públicos e de processos que impregnem toda a sociedade, os quais são conduzidos pela correlação de forças políticas estabelecida entre as classes e os setores sociais, mobilizando novas formas de articulação entre Estado e sociedade civil. A publicização mobiliza tanto espaços de representação, interlocução e negociação, quanto de conflitos.

Em sua construção mundial, de longa duração, houve uma interpenetração do público e do privado, ora pela publicização do privado, ora pela privatização do público. Para alguns a interrelação dessas duas tendências assinala a decadência da sua função política, pois impede que os fatos tornados públicos sejam submetidos ao controle por um público crítico.

Os atributos centrais dessa publicização, referidos substantivamente ao sentido de público, podem ser assim apresentados:

1) universalidade – todos devem estar incluídos na coisa pública e nas políticas públicas (educação, saúde, habitação, saneamento, transporte etc.), nas esferas federal, estadual e municipal;

2) visibilidade social, transparência – supõe publicidade e fidedignidade das informações, que devem orientar todas as deliberações nos espaços públicos de representação e participação;

3) controle social – acesso aos processos que informem decisões da sociedade política e viabilizem a participação da sociedade civil na formulação e avaliação das regras que balizam as negociações e arbitragens entre os interesses em jogo, propiciando a fiscalização das decisões e práticas segundo critérios pactuados;

4) democratização – da sociedade política e da sociedade civil, envolvendo a instância político-institucional da democracia representativa e as instâncias da democracia econômica, social e cultural;

5) cultura cívica – a ser construída no pensamento e nas práticas dos cidadãos, em todos os momentos da vida social, para que reconheçam seus direitos e deveres, a responsabilidade pelo outro, o compromisso social, a solidariedade;

6) sustentabilidade – assegurar a existência e o funcionamento das instituições, com recursos próprios ou de outras fontes num fluxo estável de financiamento público e privado.

O público não se reduz ao estatal, pois supera o paradigma tecnocrático dominante, considerando a natureza ética da política, a responsabilidade pública dos decisores, a explicitação dos conflitos e a viabilização de consensos.

O conceito de publicização tem significado normativo, que remete ao interesse de todos e ao reconhecimento do direito de todos à participação na coisa pública, o que interpela o Estado e a sociedade civil. Deve levar em conta os tempos e os espaços em que o público pode ser realizado. Concretiza o público como espaço da solidariedade, da igualdade, da participação, da diversidade, da liberdade, da justiça. Supõe a criação e o desenvolvimento de uma cultura política que institua a alteridade, a sociedade dotada de representação ativa e protagonismo. Deve superar o modelo tradicional do direito que distingue e separa as noções de público e privado.

Os obstáculos para uma efetiva publicização são históricos, estruturais e evidentes: autoritarismo, fisiologismo, paternalismo, burocratismo, corrupção institucionalizada, descontentamentos com a atuação negativa de parlamentos e partidos políticos, privatização das políticas públicas potencializada pela globalização, dentre outros, o que exige reformas profundas – ou que são inexistentes ou já elaboradas, mas enfrentando enormes adversidades para a sua implementação. Por outro lado, têm sido conseguidas algumas conquistas, quase sempre por pressões de "baixo para cima". Exemplos disso são as reformas constitucionais na América Latina. No Brasil, na criação e execução de políticas públicas adequadas e relevantes, ressaltou-se a defesa de uma cidadania ativa, de uma democracia participativa, da justiça social, dos direitos humanos; que foram conduzidas por movimentos sociais, ONGs, pastorais sociais e por alguns governantes e administradores públicos; e foram geradas iniciativas e práticas construtoras da publicização, dentre as quais: Estatuto da Cidade, Plano Diretor, Lei Orgânica dos municípios, Conselhos Gestores, economia solidária, multiculturalismo, Orçamento Participativo, redes e fóruns, locais, regionais, e mesmo internacionais, a participação em referendos, plebiscitos e iniciativa popular.

Um debate polêmico diz respeito à conceituação de público não estatal, envolvendo, sobretudo, as relações entre o econômico e o político, em universidades, hospitais, museus, centros de pesquisa, teatros, orquestras etc. Seu uso se fortaleceu em iniciativas tomadas pelo chamado terceiro setor, que defende a presença de segmentos empresariais na concretização de políticas públicas; em ONGs e movimentos sociais organizados que buscam romper com a atribuição exclusiva da vida social ao mercado ou ao Estado; em propostas de reforma do Estado, buscando vencer o formato burocrático clássico. A publicização deriva das noções e dos significados das formas de propriedade: privada (clássica no liberalismo e reforçada no neoliberalismo, voltada ao lucro); coletiva (defendida no modelo socialista e por organizações sindicais, principalmente); corporativa (sem fins lucrativos, mas orientada por interesses de setores, grupos e corporações); estatal (que se junge ao poder do Estado e se vincula a seu aparato, considerada em princípio como pública); a comunitária ou autogestionária (em que uma determinada associação organiza-se de modo a que todos os integrantes sejam proprietários e gestores). A propriedade pública não estatal não teria fins lucrativos, estaria voltada para o interesse público e seria regida pelo direito privado. Uma noção básica advém da noção de *propriedade social*, constante da Carta Constitucional de 1988 e também defendida pela Doutrina Social da Igreja Católica.

Nas reformas do Estado, primordialmente ancoradas em mudanças na administração pública, os projetos, genericamente, propõem critérios originados do modelo de "qualidade total", introduzindo critérios gerenciais de eficiência, competitividade e flexibilidade, típicos das empresas capitalistas. Na crítica a essa concepção, uma tese central é que se deve considerar imperativo em sua concepção o significado de público, incorporando e articulando necessariamente os atributos centrais da publicização. Fora desse quadro, seu entendimento fica deslocado ou muito limitado.

No caso brasileiro, a propriedade pública não estatal foi configurada nas denominadas instituições filantrópicas e nas Organizações da Sociedade Civil de Interesse Público (Oscips), que mantêm o caráter privado e podem receber recursos públicos (experiência existente em alguns países). A recepção de recursos públicos requer salvaguardas baseadas no controle social e na transparência da utilização desses recursos, para evitar seu uso escuso. As instituições competentes e sérias mantêm conselhos fiscais, que analisam os orçamentos e dão publicidade às aplicações feitas. Alguns sustentam o imperativo de que, além da legislação pertinente, seu uso deve ser avaliado por órgãos públicos (Tribunal de Contas) e de modo democrático por todos os que compõem a instituição agraciada, pelos usuários e pela opinião pública.

Ver: Democracia; Estado; Sociedade Civil; Terceiro Setor

Referências Bibliográficas

BRESSER-PEREIRA, L. C.; CUNNIL GRAU, N. (Orgs.). *O público não estatal na reforma do Estado*. Rio de Janeiro: FGV/Clad, 1999.

CUNNIL GRAU, N. *Repensando lo público a través de la sociedad:* nuevas formas de gestión pública y representación social. Caracas: Nueva Sociedad, 1997.

HABERMAS, J. *Mudança estrutural da esfera pública*. Rio de Janeiro: Tempo Brasileiro, 1984.

WANDERLEY, L. E. Gestão pública. In: WANDERLEY, L.E.; RAICHELIS, R. (Orgs.). *A cidade de São Paulo:* relações internacionais e gestão pública. São Paulo: Educ, 2009.

q

Qualidade na Administração Pública

Cláudio Cintrão Forghieri

A qualidade na administração pública é doutrina de gestão que estabelece a adequada satisfação do cidadão como objetivo maior para uma organização na prestação dos serviços públicos. Com esse foco, a metodologia adotada analisa os processos de trabalho com vistas a identificar oportunidades de melhoria a partir das melhores práticas existentes e das possibilidades de inovação, observados os valores éticos de respeito ao cidadão e ao servidor público. A doutrina é relevante para o êxito das políticas públicas, dado que está voltada aos efeitos finais da atuação das organizações no seu relacionamento com a sociedade.

O conceito de qualidade passou a ser enfatizado como elemento essencial na gestão das organizações a partir dos anos 1930, por certos engenheiros nos Estados Unidos da América (LONGO, 1996). Ao final da Segunda Guerra Mundial, consultores norte-americanos levaram o conceito e suas práticas para a gestão de indústrias japonesas, com grande sucesso. Desde então, a chamada gestão pela qualidade vem-se disseminando pelo mundo, nas empresas privadas e organizações públicas, com grande impacto também no Brasil desde os anos 1980.

Na sua concepção original, a gestão de empresas focada na qualidade, também conhecida como gestão pela qualidade total, apresenta quatro pontos básicos: foco no cliente; trabalho em equipe; decisões baseadas em fatos e dados; e busca constante da solução de problemas e eliminação de erros. A implantação dessa metodologia atualmente ocorre ao longo de oito eixos (VIDAL, 2003): a) formular uma visão de qualidade; b) engajar a alta gerência no processo; c) enfatizar as necessidades do consumidor; d) desenvolver objetivos por meio de plano de ação; e) capacitar os envolvidos no processo; f) ampliar o poder funcional dos empregados; g) reconhecer e premiar empregados pelos resultados; h) estabelecer a melhoria contínua como desafio permanente.

Os resultados positivos alcançados pela gestão pela qualidade nas empresas privadas motivaram também o setor público, em muitos países, a incorporar aquelas práticas de gestão. Tal é a experiência nos EUA, Ásia, Europa e também no Brasil (SARMENTO; SILVA, 2006; SHAROV, 2006).

Certas particularidades da administração pública com relação à gestão privada, no entanto, devem ser observadas para a adequada aplicação ao setor público de conceitos da gestão pela qualidade total, dado que, enquanto o setor privado busca essencialmente o lucro, o setor público busca prestar serviços à sociedade voltados ao bem-

-estar comum. De outra parte, o setor privado é remunerado pelo preço dos serviços e produtos oferecidos, ao passo que o setor público, na maior parte dos casos, custeia a produção de seus serviços mediante recursos fiscais presentes no orçamento público. Finalmente, a qualidade no setor privado é buscada como requisito para a competitividade empresarial, enquanto no setor público a qualidade é requisito para o adequado atendimento dos cidadãos, ao menor custo possível.

O ponto central de adaptação da gestão da qualidade aplicada no setor privado para o setor público, portanto, diz respeito à substituição do conceito restrito de cliente-consumidor pelo conceito amplo de cidadão, com todas as implicações políticas e sociais decorrentes (LÖFFLER, 2009).

Em 1990, o governo federal do Brasil instituiu o Programa Brasileiro da Qualidade e Produtividade (PBQP), voltado prioritariamente para o setor privado, mas envolvendo também o setor público. A partir de 1996, com a criação do Programa da Qualidade e Participação na Administração Pública (PQPAP), o governo federal brasileiro enfatizou o setor público nesse processo (BRASIL, 1997).

A instituição, em 1998, do Prêmio Qualidade no Governo Federal (PQGF) estimulou o programa, reforçando a relação entre qualidade e cidadania. Analogamente, Estados e municípios instituíram prêmios de gestão, incentivando a inovação e a ênfase no atendimento dos cidadãos, como o Prêmio Governador Mario Covas, instituído em 2004 no Estado de São Paulo.

A gestão pela qualidade na administração pública no Brasil, segundo a ótica do governo federal, compartilhada por Estados e municípios, segue atualmente certos princípios próprios a essa realidade, a saber: 1) foco na satisfação do cidadão; 2) amplo envolvimento dos servidores; 3) gestão participativa; 4) gestão por processos; 5) valorização do servidor; 6) constância de propósitos dos dirigentes; 7) melhoria contínua, redução de custos e busca da inovação; e 8) esforço permanente pela eliminação de erros.

A gestão por processos é reforçada nesse contexto pelas numerosas iniciativas, em todo o mundo, voltadas à certificação de processos no setor privado e no setor público, por meio de agências independentes, observando, por exemplo, os padrões da International Standards Organization (ISO), de modo a atestar a qualidade dos processos focados e a obter compromisso permanente dos gestores quanto aos requisitos de qualidade estabelecidos.

Do enfoque estratégico, a gestão pela qualidade no setor público do Brasil visa, em conclusão, a benefícios para toda a sociedade, dado que pretende alcançar: os cidadãos, pela melhoria dos serviços públicos e da qualidade de vida; o setor produtivo, pelo desenvolvimento da infraestrutura do país; os servidores públicos, pelas melhores condições de trabalho, participação e reconhecimento; e os órgãos públicos, pelo reconhecimento da própria sociedade pelos serviços prestados (BRASIL, 1997).

A gestão pela qualidade na administração pública, no Brasil e no mundo, é hoje prática bastante disseminada e aceita como requisito para o adequado atendimento das necessidades dos cidadãos, dado que pressupõe otimizar o uso dos recursos públicos mediante a adoção das melhores práticas de gestão, dos melhores processos e tecnologias de produção (*benchmarks*), voltados ao atendimento das legítimas necessidades públicas.

Mas os impactos da gestão pela qualidade nos serviços públicos vão bem além das necessidades imediatas atendidas, dado que contribuem também para aprimorar as características de competitividade de um país, pela melhoria da eficiência e da eficácia dos serviços públicos, reforçando também as bases de sua democracia, pelo envolvimento maior dos cidadãos na definição e avaliação desses serviços (CANNAC, 2004).

Novas dimensões vêm sendo incorporadas ao ambiente da qualidade no setor público no Brasil, como a transparência no uso dos recursos públicos e a ampla divulgação de informações acerca da gestão pública à sociedade. A discussão sobre a qualidade no setor público não deve despolitizar o tema da gestão pública, priorizando apenas a racionalidade da qualidade, em detrimento do tratamento dos principais conflitos sociais e econômicos, processo fundamental para a construção e a implementação de políticas públicas legítimas.

Ver: Administração Pública; Gestão Participativa; Gestão Pública/Gestão Privada

Referências Bibliográficas

BRASIL. Ministério da Administração Federal e Reforma do Estado (MARE). *Programa da qualidade e participação na administração pública*. Brasília, 1997. (Cadernos MARE da Reforma do Estado, 4).

CANNAC, Y. *La qualité des services publics*. Paris: La Documentation Française, 2004. (Bibliothèque des Rapports Publics).

LÖFFLER, E. Improving the quality of public services: putting the citizens at the centre of administrative action. In: Conference on Public Admnistration Reform and European Integration, Budva, Montenegro, 2009. Disponível em: http://www.oecd.org/dataoecd/46/53/42750718.pdf. Acesso em: 18 jul. 2012.

LONGO, R. M. J. *Gestão da qualidade:* evolução histórica, conceitos básicos e aplicação na educação. Brasília: Ipea, 1996.

VIDAL, J. E. S. *Levantamento histórico da temática da qualidade:* um registro de estudos e propostas dirigidas às organizações empresariais e à administração pública. Recife: Fundação Joaquim Nabuco, 2003.

SARMENTO, M.; SILVA, N. A. A qualidade na administração pública, uma necessidade urgente nos serviços públicos. *Revista Militar*, Lisboa, n. 2451, abr. 2006.

SHAROV, A. Administrative reform in Russia: improving quality of public services. In: Quality Conference for Public Administration , 4, Tampere, Finlândia, 2006.

r

Racialização

Lilia Moritz Schwarcz

A história desse termo, bem como sua aplicação a políticas públicas estatais ou mesmo seu manejo por parte de movimentos sociais, apresenta perspectiva paradoxal. Por um lado, não há como pensar na história da expressão antes do surgimento do próprio conceito. A primeira vez que tal tipo de classificação apareceu de maneira explícita, e referindo-se à humanidade, foi na obra de François Bernier, datada de 1684 e intitulada *Nouvelle division de la terre par les différents espèces ou races qui l'habitent* [Nova divisão da terra pelas diferentes espécies ou raças que a habitam]. Bernier não oferecia, porém, delimitações biológicas rígidas a demarcar os diferentes grupos, uma vez que eram antes os costumes e práticas que ordenavam tal divisão. Foi sobretudo no século 19 que tal conceito ganhou carga mais determinística e até concreta, quando passou a vincular aspectos externos e fenotípicos – tais como: cor de pele; formato de olhos; lábios e nariz; tamanho de crânios; tipos de cabelos – a características internas: morais e intelectuais. Vários pensadores dedicaram-se, então, a estudar "as raças humanas" e sua presença desigual em diferentes partes do mundo, mas dentre eles destacam-se os naturalistas Johann Friedrich Blumenbach e sobretudo Georges Cuvier, que ficou conhecido como o pai do conceito. O suposto era que certas características ontológicas e rígidas determinariam a existência entre os homens de diferenças tão estáveis e duradouras como aquelas presentes entre espécies do mundo dos animais.

As populações brasileiras ganhariam, inclusive, papel destacado nesse debate Oitocentista, uma vez que por aqui, segundo o viajante Louis Agassiz, por exemplo, estaria a infância da humanidade (presente entre os indígenas e particularmente entre os botocudos), mas também os grupos mais degenerados. Isso porque data desse contexto a voga das teorias raciais, que surgem umbilicalmente ligadas à antropologia criminal, de Cesare Lombroso, e à frenologia. A base da primeira ciência era que determinadas características físicas e morais – os estigmas – poderiam levar ao criminoso antes mesmo que ele imaginasse praticar tal ato. Além do mais, acreditava-se que muito pior do que as raças puras eram as mestiçadas, as quais herdariam defeitos das duas raças. Um grande representante desse grupo foi o médico Nina Rodrigues, que ajuizava caber ao profissional de saúde legislar sobre o Código Penal de 1890, já que o criminoso não passava de doente regredido. Já o segundo modelo, a frenologia, partia da noção de que a mensuração do formato e tamanho dos crânios poderia levar a conclusões abrangentes acerca do estado de desenvolvimento de determinadas populações. O importante é que todos esses modelos partiam da certeza de que era possível, a partir da biologia e de propriedades consideradas naturais, avaliar os potenciais dos homens e da humanidade. Inimigos do livre-arbítrio e dos ganhos que vinham com as noções de igualdade e cidadania, esses teóricos propunham o oposto: a intervenção pública, a coerção e o impedimento das liberdades individuais. Na verdade, o indivíduo pouco valia; interessava mais o grupo a que se pertencia.

Mas vamos ao outro lado. É fato que tal conceito de raça passou, já nos anos 1930, por sérias críticas que deslegitimaram seu uso social ou biológico. Cientistas demonstraram como esse não passa de conceito estatístico e que não garante qualquer regularidade ou norma taxionômica. Além do mais, analistas sociais comprovaram como o conceito fora usado pelo imperialismo expansionista e, depois, pelos regimes coloniais, com o objetivo de explicar a exclusão e naturalizar diferenças sociais, transformando-as em realidades biológicas; portanto irrevogáveis. Hoje se tem certeza de que tal definição de raça é uma construção social, muitas vezes acionada na conformação de identidades nacionais, ou, para seu reverso: a aplicação de políticas sociais discriminatórias.

Foi a partir dos anos 1870 que se percebeu uma primeira "racialização" das relações sociais. Ou seja, diante da certeza determinística sobre as variações entre as raças, aplicaram-se políticas concernentes, que foram da eugenia (em sua tradução literal: "boa raça") a práticas de intervenção e controle. Apoiando-se numa concepção alargada de doença – que incluía não só *doentes físicos*, mas também *mentais e morais* –, insistiam os médicos higienistas em uma primazia de sua atividade ante a vontade do indivíduo e em nome dos desígnios da coletividade. Em nome dessas medidas firmou-se o *apartheid social* na África do Sul, adotaram-se medidas de controle de casamentos mistos, ou, para lembrarmos do limite moral máximo, introduziram-se práticas de extermínio, como as implementadas pela Alemanha de Hitler.

Sabemos das consequências de tais "certezas" e de suas repercussões; todas nefastas. A filósofa Hannah Arendt, em seu livro *Origens do totalitarismo*, mostrou como essas eram teorias de grupo, por oposição ao voluntarismo do indivíduo e a sua capacidade de atuação. O mesmo fez o etnólogo Claude Lévi-Strauss, que em *Raça e ciência*, e logo após a abertura dos campos de concentração, concluiu que era preciso diferenciar os homens sem hierarquizá-los, ou submetê-los a critérios estanques e exteriores. Isto é, observar a diversidade cultural e descrever os "outros" não deve levar a que se classifiquem pejorativamente aqueles que não correspondem à nossa própria realidade social. Provoca Lévi-Strauss: "bárbaro é aquele que acredita na barbárie".

O fantasma dessas modalidades autoritárias de atuação estatal, que usam da biologia e de uma "falsa medida", como tão bem definiu o socioneurologista Stephen Jay Gould, ainda assusta e pede para que, uma vez na vida, aprendamos com erros do passado. Não obstante, na mesma medida e proporção, temos observado o crescimento de novas políticas de racialização. Na verdade, "raça" tem estado novamente na agenda do dia, quando se pede por ressarcimentos históricos de ex-populações escravas ou perseguidas no passado. Mas é preciso perguntar sobre as especificidades dessas "novas racializações" e acerca das (igualmente novas) implicações. Por uma parte, não se desconhecem os ganhos da biologia e da genética, que colocaram abaixo o conceito e sua validade científica. Vale a pena repetir que para a biologia contemporânea não existem "raças", ainda que persista uma concepção "racista" dos homens, que coloca na natureza e no corpo diferenças e desigualdades que são geradas pela sociedade e não por características inatas.

Também não se pode esquecer que raça, assim como gênero, idade, região e classe são marcadores sociais de diferença, que se relacionam por meio de regras e convenções, e de forma sempre articulada. Conforme diz o antropólogo Peter Fry, "nada é constante; o sentido nunca é universal, mas sim atribuído por sistemas culturais em situações concretas". Raça é pois uma categoria classificatória; uma construção local, histórica e cultural, que tanto pertence à ordem das representações sociais – como os símbolos, mitos e fantasias –, quanto exerce influência real no mundo, por meio da produção e reprodução de identidades coletivas e de hierarquias sociais. O importante é que, pensados dessa maneira, marcadores sociais não só refletem como são grandes produtores de realidades. Pensar dessa maneira implica "levar a sério" essa produção moderna da categoria de raça e sua persistência, até os dias de hoje, como mito social operante e como base para a construção de tipos de diferença entre as pessoas; isto a despeito de toda a argumentação e de toda desconstrução científica contemporânea.

Conceber raça como categoria articulada e operante de maneira pragmática leva, assim, não apenas ao esforço de desnaturalizar e contextualizar categorias sociais e culturais, dando voz ao modelo clássico de uma antropologia social de base universalista, que recusa correlações fixas entre características físicas e atributos morais e intelectuais, como também a questionar definições estreitas dessas categorias, muitas vezes vinculadas à agenda política do momento. Mas, implica também reconhecer que conceitos impõem-se à realidade e, despidos de seu sentido original, ganham novas e inesperadas aplicações. Seria possível, pois, retomar a noção de racialização a partir de outra perspectiva. Não como uma tentativa determinista de regular raças, mas antes como um conceito político, mobilizado politicamente. Grupos negociam e agenciam sua situação, e acionar a cor ou determinadas histórias permite recuperar, por meio da agenda política, processos discriminatórios, nada democráticos ou universais.

Para concluir: usar a ideia de racialização como devedora de sua base biológica significa incorrer nos mesmos deslizes teóricos, semânticos e pragmáticos das políticas que marcaram os anos 1870 a 1930 no Brasil, ou que legitimaram o nazismo estatal na Alemanha. Diferente, porém, é o uso ressemantizado do conceito, quando se pensa em "raça social". Nesse caso, trata-se de despir a biologia e vestir a cultura e a sociedade, mostrando como termos passam por leituras sociais e ganham assim novas traduções. Diz Lampedusa que todo "tradutor é um traidor". Resta pensar em que tipo de traição se está falando, ao voltar ou recuperar a ideia de racialização.

Ver: Direitos Humanos; Estratificação Social; Igualdade; Identidade Social; Política Social

Referências Bibliográficas

ARENDT, H. *Origens do totalitarismo*. Trad. Roberto Raposo. São Paulo: Companhia das Letras, 1989.

CORREA, M. (Org.). Apresentação. *Cadernos Pagu: Cara, Cor, Corpo*, Campinas, SP, n. 23, p. 7-9, 2004.

FRY, P. *A persistência da raça:* estudos antropológicos sobre o Brasil e a África Austral. Rio de Janeiro: Civilização Brasileira, 2005.

LÉVI-STRAUSS, C. *Raça e história*. Lisboa: Presença, 2004. 103 p. (Universidade hoje, 14.)

SCHWARCZ, L. M. *Espetáculo das raças*. São Paulo: Companhia das Letras, 1998.

STOLCKE, V. Sexo está para gênero assim como raça para etnicidade? *Revista Estudos Afro-Asiáticos*, Rio de Janeiro, n. 20, p. 101-119, jun. 1991.

Reconhecimento

PATRÍCIA MATTOS

O tema do reconhecimento ocupa hoje posição central nos esforços para a elaboração de uma teoria crítica da sociedade contemporânea e a compreensão da atual dinâmica das relações e dos conflitos sociais. Impulsionada por movimentos sociais diversificados, a luta pelo reconhecimento de identidades coletivas tem-se traduzido em crescentes demandas por políticas de ação afirmativa que colocam uma série de desafios para as democracias liberais.

A ideia fundamental que unifica as propostas dos principais autores dedicados ao tema é a percepção do filósofo alemão G. W. F. Hegel (1770-1831) de que a luta por respeito e reconhecimento é o motor último dos conflitos sociais. Para ele, o progressivo desenvolvimento dos indivíduos estaria determinado por relações de reconhecimento mútuo. Como o processo é conflituoso, pois autonomia pressupõe também relações de dependência, Hegel desenvolveu uma "gramática" dos conflitos típicos experimentados pelo indivíduo na busca de afirmação.

Axel Honneth e Charles Taylor, dois dos maiores teóricos atuais da questão, farão uma leitura original da teoria do reconhecimento de Hegel a partir da ideia básica de que os indivíduos e grupos só podem formar suas identidades quando elas forem reconhecidas intersubjetivamente pelos demais nas relações sociais, nas práticas e nas instituições de uma comunidade.

Taylor (1997) reconstrói a genealogia das fontes morais que estão por trás da noção de individualismo. Sua preocupação é mostrar como, nas práticas sociais modernas, estão inscritas certas concepções de bem e certas fontes morais que ganharam eficácia, ao mesmo tempo que se foram convertendo em fatos "naturais" e, desse modo, "apagadas". No campo da política, o tema do reconhecimento será de suma importância para a defesa da necessidade de o Estado democrático reconhecer e valorizar as minorias, garantindo-lhes sobrevivência e afirmação.

Honneth, ao contrário de Taylor, defenderá uma concepção mais "formal" da eticidade, ou seja, daquele conjunto de práticas e valores, vínculos éticos e instituições que formam a estrutura de interações entre os sujeitos (sustentada por algum tipo de reconhecimento recíproco) que permite a autonomia moral e a autorrealização de cada um, conciliando, assim, liberdade individual e valores comunitários. Para ele, as experiências afetivas de não reconhecimento produzem sofrimento e humilhação, e nessa medida dificultam ou bloqueiam ações de crítica e emancipação social. Ao discutir a dialética dos conflitos sociais na modernidade, Honneth observa que a busca individual e/ou grupal por diversas formas de realização convive com um horizonte moral que estabelece padrões dominantes de reconhecimento que terminam por fixar e muitas vezes perpetuar relações de não reconhecimento para diferentes grupos e indivíduos, cujas necessidades não são ainda reconhecidas.

Nancy Fraser (2003), por sua vez, compreenderá o reconhecimento como uma questão essencialmente de justiça. Seu ponto de partida é a dinâmica dos novos movimentos sociais diante das injustiças econômicas e culturais que se reproduzem no capitalismo e são muitas vezes convertidas em fatos "naturais". Ao insistirem no reconhecimento de identidades coletivas, esses movimentos denunciam que alguns indivíduos, em virtude de suas especificidades e singularidades de cultura, etnia, gênero, raça ou escolha sexual, podem sofrer diversas formas de opressão, discriminação e estereotipação, ficando, assim, impossibilitados de participar em igualdade de condições, oportunidades e chances no mercado de trabalho, na esfera pública, nas arenas de representação política, enfim, nas principais instituições modernas. No léxico das políticas públicas, isso se converte em luta pela criação de cotas e por políticas de ação afirmativa que objetivam corrigir desigualdades sociais historicamente construídas e garantir aos grupos discriminados a possibilidade de "participação paritária" nas principais instituições, buscando combater tanto as injustiças econômicas quanto as injustiças culturais sofridas por eles.

A eficácia e o alcance das políticas de ação afirmativa têm sido alvo de inúmeras críticas e discussões no campo acadêmico e no campo político. Charles Taylor, por exemplo, afirma que as ações afirmativas têm alcance limitado à dimensão da redistribuição de renda e, portanto, não tocam no aspecto principal da discriminação – a necessidade de reconhecimento do igual valor das diferentes culturas, etnias e gêneros. Como a identidade é moldada, em grande parte, pelo reconhecimento ou pela ausência dele, uma pessoa pode sofrer uma distorção em relação à autoimagem, se a sociedade ao redor não reconhecer suas capacidades e propriedades. Nesse sentido, a imagem depreciativa de povos e comunidades torna-se uma poderosa forma de opressão.

A política do reconhecimento confronta-se assim, inevitavelmente, com o problema de saber como conciliar direitos individuais e direitos coletivos. As ações afirmativas se legitimam, ainda que não sem controvérsias, a partir da acusação feita pelos grupos excluídos de que a igualdade formal não tem eficácia. Tais grupos salientam que isso perpetua e encobre e, portanto, legitima uma desigualdade substantiva que, por sua vez, termina por impedir que a própria igualdade formal seja efetivada nas práticas institucionais e sociais.

O objetivo de Taylor é evidenciar que o liberalismo não é eticamente neutro; ou seja, interfere ativamente nas concepções do que seja uma "boa vida" ou uma "boa sociedade", do que é certo ou errado, bom ou mau. É preciso reinterpretar os valores que alicerçam a tradição liberal para indicar, desse modo, os vínculos entre autonomia individual e autonomia pública. Ao rejeitar a neutralidade ética do Estado de direito, Taylor propõe que o Estado fomente determinadas concepções de "boa vida". Posiciona-se a favor das políticas multiculturalistas sob a alegação de que o não reconhecimento ou qualquer forma de menosprezo de identidades culturais acaba por contribuir para a formação de autoimagens depreciativas pelos indivíduos. Ao não ter reconhecidas suas capacidades e seus atributos, o indivíduo interioriza a inferioridade e fica assim desestimulado ou impedido de participar de forma efetiva na esfera pública.

Para Jürgen Habermas (2002), porém, Taylor faz uma leitura reducionista do significado dos princípios do Estado de direito, acreditando que esse Estado possibilita a conciliação entre fins individuais e fins coletivos. Existiria uma ligação intrínseca entre direito e democracia que permitiria assegurar, ao mesmo tempo, a autonomia pública e privada. Com sua teoria procedimentalista da democracia, Habermas sustenta que a razão prática não está baseada nem nos direitos universais do homem nem na eticidade concreta de uma comunidade, mas restringe-se a regras discursivas e formas argumentativas que retiram seu teor normativo do entendimento mútuo. O universalismo dos princípios jurídicos reflete-se em um consenso procedimental que precisa estar circunscrito ao contexto de uma cultura política sempre aberta à tematização e à crítica, cuja realização depende das regras que garantem a igualdade de participação na esfera pública, de forma que a participação não seja coordenada de acordo com os imperativos do dinheiro e do poder, típicos da lógica instrumental.

Ver: Exclusão Social; Estratificação Social; Identidade Social; Igualdade; Individualização/Individuação; Sociedade Civil

Referências Bibliográficas

FRASER, N.; HONNETH, A. *Redistribution or recognition?* A political-philosophical exchange. Trad. Joel Golb, James Ingram, and Christiane Wilke. London/New York: Verso, 2003.

HABERMAS, J. A luta por reconhecimento no Estado democrático de direito. In: ______. *A inclusão do outro*. São Paulo: Loyola, 2002.

HONNETH, A. *Luta por reconhecimento:* a gramática moral dos conflitos sociais. São Paulo: Ed. 34, 2003.

MATTOS, P. *A sociologia política do reconhecimento:* as contribuições de Charles Taylor, Axel Honneth e Nancy Fraser. São Paulo: Annablume, 2006.

TAYLOR, C. *As fontes do self:* a construção da identidade moderna. São Paulo: Loyola, 1997.

Recursos de Poder

Pedro Luiz Barros Silva

Para formular o conceito de "recursos de poder" é preciso recorrer a outros conceitos já consagrados na ciência política, especialmente aqueles referentes ao estudo da dinâmica dos sistemas políticos e à análise de políticas públicas.

Em primeiro lugar, a definição de recursos de poder diz respeito ao funcionamento do Estado em suas relações internas (entre as organizações do Poder Executivo nos diferentes níveis de governo e áreas setoriais de atuação) e entre as relações deste com os outros poderes da República. Essa delimitação não significa ignorar ou minimizar os recursos de poder das organizações privadas; é feita tão somente para buscar um significado do conceito em sua definição mais abrangente.

Em segundo lugar, o caráter mais ou menos centralizado da forma de organização do complexo estatal, resultante da história administrativa de construção do Estado moderno, em cada formação social, pode favorecer ou obstaculizar a formação de agendas e de arenas decisórias setoriais nas quais, por definição, podem estar incluídos ou excluídos segmentos importantes da sociedade: por exemplo, atores sindicais, parlamentares ligados a projetos de direção política contrários ou favoráveis ao projeto da coalizão governante e a própria burocracia estatal ligada às camadas subalternas dessa mesma sociedade.

Em outras palavras, o regime político que vigora – ditaduras, situações autoritárias ou democráticas – ou ainda regimes presidencialistas, monarquias parlamentares ou parlamentarismos de outra espécie determinam agendas e arenas decisórias distintas e que afetam a natureza dos recursos de poder disponíveis aos atores políticos.

Dependendo do tipo de trajetória histórica de cada formação social e das escolhas vinculantes (*path dependants*) já realizadas, podem-se originar instituições e regras de representação dos interesses, novas ou já consolidadas, que afetam a distribuição desses recursos de poder que aqui se procura definir. Por exemplo, em uma situação autoritária tendem a ser privilegiados o poder de influência e os interesses da parcela da burocracia alinhada com a coalizão que governa, dos políticos e parlamentares que se alinharam ao governo e dos prestadores de serviço que dão suporte a esse tipo de regime. Os usuários dos serviços estatais ou seus beneficiários raramente conseguem organizar qualquer forma autônoma de representação, transformando-se, durante o período de vigência desse tipo de regime político, em objeto passivo de decisões tomadas a sua completa revelia.

Nesse contexto de centralização e exclusão do processo decisório – que marca os regimes de força –, a predominância de uma racionalidade, ou de formas de dominação, determina uma distribuição desigual dos recursos de poder e, portanto, da formação da agenda estatal (*agenda-setting process*) e das regras e condições de acesso às arenas decisórias setoriais. Isso sem falar no próprio formato das instituições de representação dos interesses dos diferentes grupos sociais.

Situação diametralmente oposta ocorre em regimes democráticos consolidados e com forte grau de participação dos Poderes Legislativo e Judiciário, bem como das organizações de representação política societal.

Isso posto, pode-se definir recursos de poder como a forma pela qual os diferentes grupos políticos – estatais ou societais – usam sua capacidade política de ação e uma gama diferenciada de recursos para influenciar a formação da agenda do Estado e para participar das arenas decisórias voltadas a definir a direção do projeto de direção política da coalizão governante, de modo a viabilizar a concretização de seus interesses políticos, econômicos e sociais.

Partindo dessa definição, pode-se afirmar que as regras de representação dos interesses, em uma situação autoritária ou democrática, determinam as regras de distribuição dos recursos de poder em cada sociedade, podendo privilegiar o poder de influência e os interesses de grupos muito distintos, agendas e arenas decisórias mais ou menos excludentes e, finalmente, o acesso a recursos de poder mais ou menos equânimes.

Contextos de centralização e exclusão do processo decisório, ou seu inverso, a predominância de uma racionalidade técnica a conduzir a estratégia de intervenção estatal, de forma a viabilizar o fenômeno conhecido como insulamento burocrático, ou ainda a forte participação popular por meio de suas organizações e instituições de representação de interesses (partidos, sindicatos, movimentos sociais) marcam o contexto de nossa discussão acerca dos recursos de poder. Sua distribuição e utilização, nesse sentido, não são neutras e estão sempre a serviço de um projeto de dominação e direção política dos modernos Estados-nação.

Os recursos de poder dos atores políticos que conseguem integrar e interagir nas arenas decisórias do complexo estatal podem ser analisados a partir de três dimensões principais, a saber:

1) áreas específicas onde atuam. As diferenças setoriais são, nesse caso, cruciais. Áreas econômicas ou sociais, por exemplo, possuem dinâmicas, agendas, atores e recursos completamente diferenciados. Perceber essas diferenças é um dos elementos centrais para uma análise consistente dos recursos de poder dos atores, as regras do processo decisório e, finalmente, quem serão os perdedores e os ganhadores;

2) capacidade de ação, definida pelo tipo e importância dos recursos de que cada ator dispõe e que podem estar associados a pessoas, grupos ou organizações. São eles:

a) recursos institucionais – aqueles decorrentes de suas atribuições ou direitos formais, tal como definido em leis, normas e outros diplomas legais, como contratos, concessões etc., proporcionando o controle de uma jurisdição ou de um serviço;

b) recursos tecnológicos – aqueles decorrentes do domínio de um saber específico, que permite o controle de um processo de trabalho ou de uma base técnica específica, garantindo uma posição diferencial do ator diante de seus concorrentes;

c) recursos gerenciais – aqueles decorrentes da experiência, da tecnologia gerencial ou do domínio de determinado processo de operação que proporcionam a capacidade de viabilizar alternativas que envolvem a gestão de produtos, serviços ou programas e projetos complexos;

d) recursos financeiros – aqueles que proporcionam capacidade autônoma de geração de recursos ou de controle sobre fontes específicas de financiamento público ou privado; e

e) recursos político-ideológicos – aqueles que possibilitam a determinado ator mobilizar suportes particulares relevantes, ou a opinião pública. Essa última é frequentemente mobilizada através da mídia;

3) direção da ação dos atores na arena decisória ou, em outras palavras, a associação da capacidade de ação de cada ator a um conjunto de alternativas políticas diante das quais ele se posiciona, para a concretização de determinados objetivos.

A escolha dessas dimensões permite-nos selecionar para a análise os atores que objetivamente possuem influência, quer no plano intelectual, quer no plano do poder real, no processo decisório, podendo assumir posições de condução hegemônica em um setor ou área de política (MULLER, 1990).

As áreas de atuação dos atores significam, nesse caso, mais do que uma simples setorialização administrativa. Elas definem, dada a especificidade do complexo estatal, a forma predominante de organização dos interesses e os objetivos dos mesmos. A fragmentação do aparato estatal e a constituição de conexões burocráticas, como forma predominante de representação de interesses em períodos autoritários, fazem com que os atores e as arenas decisórias se organizem à semelhança da estrutura burocrática estatal. Na vigência de regimes democráticos consolidados, a dinâmica é bastante distinta, dada a capacidade de atores com poucos recursos funcionarem com poder de veto (*veto players*), o que transforma de maneira radical o contexto do processo decisório e a estratégia do governo, da oposição e de outros grupos de interesse.

A capacidade de ação dos atores deve ser analisada no âmbito de cada arena setorial do complexo estatal e de suas ligações com a sociedade. O exame da disponibilidade integral de recursos e de sua importância estratégica para o processo decisório em questão só pode ser feito desse modo. Esse procedimento torna-se necessário para estabelecer o nível de recursos (alto, médio ou baixo) de cada ator, em função da questão (*issue*) que irá requerer seu posicionamento concreto, nesse caso, a tentativa de reforma do perfil de intervenção prevalecente. recursos de poder não se materializam nem na teoria, nem no vácuo do poder de Estado.

A direção da ação delimita um "campo de forças" no qual se definem as formas de interação possíveis entre os atores participantes de cada arena setorial, sempre que um determinado *issue* é objeto de disputa. De forma simplificada, podemos indicar os principais tipos de direção dos atores diante de tentativas de influenciar e se beneficiar do perfil de intervenção nas arenas setoriais do complexo estatal:

1) cooperação – direção da ação adotada pelos atores com alta quantidade de recursos estratégicos para definir em seu favor o processo decisório na área específica em que atuam.

Em síntese, são atores com valores favoráveis às iniciativas de intervenção em disputa e dispostos a utilizar seus recursos de poder para viabilizar seus interesses;

2) oposição – direção de ação adotada pelos atores com alta quantidade de recursos estratégicos para interferir no processo decisório na área específica em que atuam e com valores e recursos para atuar como *veto players*;

3) conformidade – direção da ação adotada pelos atores com baixa quantidade de recursos estratégicos para interferir no processo decisório na área específica em que atuam, ainda que possuam valores favoráveis às iniciativas em debate e disputa;

4) desinteresse – direção de ação adotada pelos atores com baixa quantidade de recursos estratégicos para interferir no processo decisório na área específica em que atuam e com valores contrários às questões em jogo, mas pouco dispostos a se antagonizar com o governo ou com outros grupos de interesse. Isso ocorre porque esses atores não percebem uma compensação (*trade-off*) favorável entre a utilização de seu poucos recursos e os benefícios que podem ser obtidos.

No caso brasileiro, e mesmo na literatura internacional, uma constatação aparece de forma recorrente, especialmente em nações que, por força de sua história, podem ser enquadradas naquilo que se conceitua como presidencialismo de coalizão (ABRANCHES, 1988). A resultante mais comum nesse tipo de dinâmica institucional dessa constelação de atores, de importância e capacidade de ação extremamente diferenciadas, com interesses marcados por um forte particularismo no que diz respeito ao funcionamento da máquina estatal, mesmo quando se analisa de forma isolada o comportamento da burocracia, parece apontar para uma consequência única: as ações do complexo estatal e a natureza das políticas públicas daí decorrentes, considerando-se sua trajetória histórica, através de seus programas de ação e da forma de organização de sua estrutura operacional, passam a responder a diversas demandas que, quando compatibilizadas, determinam o afastamento progressivo do Estado de sua razão principal de existência – o cidadão-usuário.

Ver: *Agenda-Setting*; Atores; Arena Política; Poder

Referências Bibliográficas

ABRANCHES, S. *Presidencialismo de coalizão:* o dilema institucional brasileiro. Rio de Janeiro: Iuperj, 1988.

KINGDON, J. W. *Agendas, alternatives and public policies.* New York: Longman, 2003.

LOWI, T. J. American business, public policy, case-studies and political theory. *World Politics*, Princeton, v. 16, n. 4, p. 677-715, jul. 1964.

MULLER, P. *Les politiques publiques*. Paris: PUF, 1990.

PIERSON, P. *Politics in time:* history, institutions and social analysis. Princeton: Princeton University Press, 2004.

TSEBELIS, G. *Veto players:* how political institutions work. Princeton: Princeton University Press, 2002.

Redes e Comunidades de Políticas

Eduardo Marques

A expressão "redes de políticas públicas" diz respeito, na análise das ações do Estado, aos padrões de interação formal e informal entre atores políticos estatais e não estatais. Para a maior parte dos autores, o início da preocupação com esses padrões data dos anos 1970.

O primeiro autor a chamar a atenção para o problema foi Hugh Heclo (1978), que discordava de que a produção de políticas ocorresse centrada em atores singulares, que tomariam decisões de forma autárquica e isolada. Em sentido mais específico, criticava a ideia de que o padrão de intermediação de interesses presente nas políticas ocorresse mediante os chamados "triângulos de ferro" (*iron triangles*) ou "subgovernos", quer dizer, associações de interesses relativamente estáveis entre parlamentares interessados em enviar políticas clientelistas para suas bases territoriais ou beneficiar grupos de interesse específicos, burocratas interessados em expandir políticas como forma de expandir seu poder, e eleitores ou grupos de interesse ansiosos por receber benefícios particularistas. Heclo afirmou que essa interpretação seria incompleta e equivocada, defendendo que a produção de políticas ocorreria mediante redes entre um conjunto maior de atores envolvidos com cada política ou dela demandantes, estatais e não estatais, frouxamente conectados por vínculos instrumentais e não instrumentais, mas também associados à comunhão de visões do setor de política e mobilizados em torno de um assunto específico, razão pela qual as denominou *issue networks*.

Esse argumento foi estendido e ampliado posteriormente por autores como Hjern e Porter (1981). Para eles, o mesmo problema associado ao caráter múltiplo dos decisores surgiria na implementação de políticas, constituindo "estruturas de implementação" que envolveriam burocracias governamentais e atores do mercado ligados por tipos diversos de relação. Tais estruturas seriam importantes em todas as fases do ciclo de políticas. A unidade de análise das políticas, consequentemente, não poderia corresponder às organizações isoladamente, mas ao conjunto delas em relação. Nesse conjunto, as relações de autoridade oriundas de estruturas formais seriam menos relevantes do que a constante dinâmica e a mudança de composição dos participantes. A entrada e saída dos atores seria produto tanto da troca de benefícios mútuos entre participantes quanto da coerção ou indução de certos atores. Cada estrutura de implementação teria suas formas próprias de coordenação interna e com as demais, assim como grau de coesão específico.

Na década seguinte, essa ideia foi aplicada amplamente ao estudo das políticas, importando os conceitos e ferramentas da análise de redes sociais já desenvolvidos ao longo dos anos 1970 em estudos sobre outros temas. A análise de redes sociais parte do princípio de que são as relações entre entidades – indivíduos, organizações e grupos sociais variados – que conformam a sociedade, razão pela qual as próprias entidades não podem ser pensadas fora de tais relações. Essa ideia está presente nos clássicos das ciências sociais, mas foi se tornando crescentemente lateral ao longo do desenvolvimento dos diversos paradigmas disciplinares, que trouxeram para o centro das preocupações tanto as dimensões macroestruturais quanto as decisões e os atributos dos indivíduos. De forma a solucionar essa lacuna, o estudo dos mais variados fenômenos sociais ganharia ao incorporar os padrões de relação entre atores de diversos tipos em constante transformação, resultando em um estruturalismo *a posteriori*, no qual a estrutura seria um problema empírico em vez de um pressuposto teórico, como em vertentes estruturalistas anteriores.

No caso específico das políticas públicas, isso permite incorporar nas análises um conjunto amplo de atores localizados dentro e fora do Estado, sem ser necessário preestabelecer as fronteiras entre esses dois campos, assim como quais os tipos de atores a considerar. Além disso, as redes permitem incluir simultaneamente nas análises vínculos formais e informais de vários tipos.

Ao menos duas linhas de análise importam aqui. Um primeiro conjunto de estudos explora as redes de políticas públicas (*policy networks*). Para esses autores, o desenvolvimento das políticas seria influenciado por interações entre entidades públicas, privadas, indivíduos e grupos no interior de setores de políticas tematizados como "domínios de política" (*policy domains*), que corresponderiam a campos de política pública compostos de organizações formais identificadas pelo reconhecimento mútuo de relevância e pela mobilização para formular, defender e realizar ações no interior de um dado domínio. Ao longo das décadas de 1980 e 1990, inúmeros estudos foram desenvolvidos sobre políticas públicas considerando esse quadro conceitual, sendo o de Laumman e Knoke (1987) um dos mais proeminentes.

Um segundo conjunto agrega, de forma parcialmente articulada com o primeiro, estudos sobre elites políticas e econômicas. Estudando a estrutura do mundo dos negócios em vários países, diversos autores demonstraram que as entidades privadas estão intensamente conectadas entre si, tanto por padrões de superposição em suas diretorias e por entrecruzamentos de propriedades, quanto por relações pessoais de vários tipos, inclusive amizade. Esses mesmos padrões de relacionamento conectariam tais atores com organizações governamentais de diversas formas, explicando as conexões entre interesses privados e a produção de políticas, como em Heinz et al. (1993).

O debate internacional sobre as redes de políticas públicas representou um grande avanço para o entendimento da importância da interdependência entre atores na produção de políticas públicas. Entretanto, como tal literatura apresenta fortes traços da tradição pluralista, os estudos consideraram apenas vínculos entre organizações, desprezando conexões entre indivíduos, assim como centrando o foco em relações construídas intencionalmente. Esses problemas de ênfase se evidenciam claramente quando a perspectiva é aplicada a casos como o brasileiro, marcados por baixa institucionalização do Estado e pela presença importante de relações pessoais conectando atores de vários tipos. Ao adaptar a metodologia de análise de redes para o estudo de políticas públicas no Brasil, estudos como o de Marques (2009) criticaram justamente essa ênfase em relações formais e organizacionais, assim como a baixa centralidade do Estado em si nas análises da literatura internacional. Para o estudo das políticas no país, seria necessário deslocar a ênfase, incorporando não só vínculos organizacionais e orientados a fins, mas também laços não intencionais construídos entre indivíduos em outros momentos do tempo.

As redes de políticas, nesse sentido, seriam apenas parte de redes sociais mais amplas envolvendo entidades dentro e fora do Estado conectadas por vínculos de naturezas variadas, conformando um tecido relacional relativamente estável. A presença desse tecido influenciaria os conflitos políticos ocorridos no interior do Estado, já que os atores mobilizariam ferramentas de poder associadas às posições relativas que ocupam. Além disso, o tecido mediaria a permeabilidade do Estado a atores localizados na sociedade e no mercado, especificando os padrões de intermediação de interesses presentes em cada política.

Ver: Atores; Burocracia; Instituições Políticas; Organizações; Redes Sociais; Sistema Político

Referências Bibliográficas

HECLO, H. Issue networks and the executive establishment. In: KING, A. (Org.). *The new American political system*. Washington, DC: American Institute for Public Policy Research, 1978.

HEINZ, J. et al. *The hollow core:* private interests in national policy making. Cambridge: Harvard University Press, 1993.

HJERN, B.; PORTER, D. Implementation structures: a new unit of administrative analysis. *Organization Studies*, Thousand Oaks, CA, n. 2, p. 211-227, 1981.

LAUMMAN, E.; KNOKE, D. *The organizational State:* social choice in the national policy domains. Madison: University of Wisconsin Press, 1987.

MARQUES, E. Social networks and power in the Brazilian State: learning from urban policies. In: CONFERÊNCIA DA IPSA, 21, Santiago de Chile, 2009. *CD-Rom*, Montreal, International Political Science Association, 2009.

Redes Sociais

Maíra Baumgarten

A palavra "rede" vem do latim *rete* e, na linguagem corrente, refere-se a um entrelaçamento de fios, com aberturas regulares fixadas por nós e formando um tecido, uma teia. A história de seus usos pode ser rastreada a partir do século 17, mas o conceito, de fato, relaciona-se a aplicações que acompanham a humanidade desde o seu início, como a pesca. Ao longo do tempo, a expressão ganhou dimensão abstrata, que lhe permitiu entrar em variados domínios além daqueles associados a objetos físicos, passando a designar uma quantidade de pontos, concretos ou virtuais, interligados por relações de diversos tipos. A partir do século 20, a ideia de *rede* assume importância crescente, passando a representar o comportamento de inúmeros sistemas complexos.

Atualmente, o termo goza de grande popularidade e é mencionado tanto nas práticas quanto nos debates que envolvem natureza, sociedade, Estado, mercado, conhecimento e informação, território, dentre outros temas. As razões desse sucesso são, por um lado, o desenvolvimento sem precedentes das comunicações, que viabiliza e facilita as conexões, e, por outro lado, a valorização das relações entre pessoas em comparação com as relações entre as pessoas e as coisas (PORTUGAL, 2007).

A noção de *rede* está presente nas diferentes áreas e disciplinas científicas e tecnológicas, e seus usos e sentidos estão articulados aos distintos pressupostos teórico-metodológicos que lhes são subjacentes. Nas ciências sociais, sua utilização contempla certa diversidade, sendo, de forma geral, um campo de interdisciplinaridade e/ou transdisciplinaridade. A concepção de *rede* aponta soluções para problemas teóricos e empíricos que os quadros teóricos tradicionais não são capazes de iluminar, principalmente devido ao seu reducionismo intrínseco, fundamento do paradigma da ciência moderna.

A conjuntura de crise sistêmica do terço final do século 20 se fez acompanhar por reordenamentos econômicos, reestruturações de relações sociais e individuais e novas perspectivas sobre a natureza e a sociedade. Uma distinta forma de relação entre economia, Estado e sociedade emergiu das estratégias de resposta à crise, sintetizadas na financeirização da economia, no fortalecimento dos mercados ante os Estados e na utilização intensiva de conhecimento e informação. A ordem social resultante tem como fundamento a mercantilização generalizada, a destruição de estruturas coletivas e o culto ao indivíduo autorregulado e autossuficiente. Nesse contexto, as categorias indivíduo e sociedade emergem a partir de novos enfoques, e cresce a importância da elaboração de um pensamento complexo sobre a realidade social.

De forma geral, as teorias sociais hegemônicas trataram de modo dualista a relação indivíduo/sociedade ou ação/estrutura. As contribuições das análises de redes estão articuladas a dois dos principais debates da tradição sociológica: a relação entre estrutura social e ação individual e o papel das análises micro na construção do macrossocial.

A insatisfação com o modelo estrutural-funcionalista clássico e com sua incapacidade de lidar com a complexidade social está na base da utilização do conceito de *rede social*. No entanto, diversas interpretações e desenvolvimentos em distintas direções envolvem essa noção. Em sua gênese encontram-se duas correntes principais: uma europeia (britânica), que empreende uma análise situacional de grupos restritos, e outra predominantemente americana que, no quadro de uma abordagem estrutural, prende-se ao desenvolvimento da análise quantitativa (PORTUGAL, 2007). Nessa tradição, o estudo das redes segue, por um lado, uma linha formalista (herdeira de Simmel) que se concentra na morfologia das redes e no seu impacto nos comportamentos (LEINHARDT, 1977) e, por outro lado, a vertente estruturalista, que define a relação como unidade básica da estrutura social (WELLMAN; BERKOWITZ, 1991).

O estudo das redes busca saídas para a armadilha de tomar como ponto de partida da investigação ou um conjunto de unidades independentes (indivíduos), ou a estrutura que resulta de sua interação. Sua proposta é investigar o conjunto de relações que interliga os elementos de uma dada estrutura social. A análise das redes fornece uma explicação do comportamento social baseada em modelos de interação entre atores sociais. Essa abordagem permite estudar o modo como os indivíduos são condicionados pelo tecido social que os envolve, mas, também, o modo pelo qual eles o usam e modificam de acordo com seus interesses (PORTUGAL, 2007).

Demandas práticas de novas metodologias de intervenção social, de outras formas de participação e de mobilizações coletivas colocam em questão a teoria social e sua capacidade explicativa. O objeto *redes sociais* expressa a complexificação da teoria, um novo olhar, a preocupação de explicar o fato social a partir de uma injunção coletiva que se impõe às vontades individuais (MARTINS, 2008).

A noção, entretanto, ainda se encontra impregnada por ambiguidades, notadamente no que se refere à natureza sociológica da rede social. A principal ambiguidade retoma um dilema clássico da sociologia, como aponta Martins (2008, p. 12): "rede social é um sistema de ação produzido por uma articulação racional e desejada entre os atores envolvidos no fenômeno social em foco ou [...] tem a ver com um sistema complexo supraindividual, diferente dos indivíduos que dela fazem parte, impondo-se sobre as vontades individuais?". As principais abordagens que polarizam esse debate são a individualista e a holista.

As abordagens holistas preocupam-se em localizar as estruturas profundas subjacentes dos sistemas sociais, minimizando a liberdade relativa dos atores na organização do sistema social. Nas perspectivas individualistas, por sua vez, as determinações estruturais e coletivas ficam em segundo plano e a noção de rede social tende a refletir a ação estratégica de um indivíduo ou grupo de indivíduos com vistas à sobrevivência no meio social (GRANOVETTER, 1983).

Essas ambiguidades refletem as dificuldades do pensamento sociológico em prescindir da perspectiva dual e simplificadora da realidade social, que reflete a reificação dos objetos sociais, notadamente as instituições sociais, em face do ser humano responsável por sua criação (MARTINS, 2008).

Diversos autores têm buscado superar o enfoque causalista e dualista, desenvolvendo pontos de vista pluridimensionais que incorporam as ideias de "paradoxo" e de totalidade, que permitem enfatizar as múltiplas determinações do fato social, a variedade contraditória das motivações humanas. Essas abordagens apresentam a ação e a estrutura como elementos constitutivos (apesar de opostos) de um movimento incessante e ambivalente de trocas de objetos materiais e simbólicos em circulação na vida social e que resultam na criação de novos lugares (estruturas) e novas identificações (ações) (MARTINS, 2008).

Inúmeros conceitos estão presentes na teoria das *redes sociais* ou estão com ela articulados. As "redes sociotécnicas" (LATOUR, 2005) agregam indivíduos e instituições e tratam das relações de poder e dos processos de "tradução" (negociações, cálculos, atos de persuasão pelos quais um ator obtém autoridade para falar ou agir em nome de outro) que se estabelecem entre eles. Os atores são redes e o não humano também está integrado a redes.

Com o intuito de superar a dicotomia entre indivíduo e sociedade, Norbert Elias (1994) propõe os conceitos de "dependência", "interdependência" e "rede de funções", demonstrando que um processo interativo mais amplo articula as ideias de indivíduo e sociedade. Para Elias (1994, p. 34, 21), o desafio é compreender como se dá a relação da parte com o todo. A ideia de uma rede em constante movimento explicaria adequadamente a dinâmica das relações humanas que não podem ser reduzidas nem à liberdade individual nem apenas ao constrangimento das estruturas. A mesma noção de complexidade em que o todo está na parte e a parte no todo pode ser encontrada nos escritos de Edgar Morin (1997), que aponta como missão da ciência a incorporação da desordem em suas teorias.

A perspectiva das redes, fundada no pensamento complexo, permite focar a atenção no comportamento individual sem perder de vista sua inserção nas estruturas sociais, bem como possibilita analisar o espaço relacional, seus movimentos e o conteúdo desses movimentos. Forma e conteúdo da relação se encontram em um mesmo momento da análise, e o trabalho dos atores se torna visível e descritível. Uma das mais importantes potencialidades analíticas do conceito é que ele permite pensar a ação e a estrutura como interdependentes e complementares (LATOUR, 2005; PORTUGAL, 2007). Ao mesmo tempo, parece ser uma alternativa viável para desconstruir as dicotomias produzidas pela ciência moderna.

A ideia de rede social permite melhor compreender a complexa realidade presente. Coloca-se como alternativa teórica aos conceitos dualistas e também surge, ela própria, como espaço de novas práticas em um momento histórico em que a articulação política e institucional de coletividades e grupos sociais se dá na vida cotidiana, nas interações entre indivíduos, em redes. Como manifestação concreta das trocas sociais, as redes sociais podem ser produtoras de solidariedade, de capital social, de dádivas e reciprocidades.

Pelo lado da prática, o conceito de redes sociais vem se demonstrando estratégico não só para implementar "novas metodologias de intervenção social", modalidades de práticas sociais e políticas relacionadas à construção de "esferas públicas democráticas", como também para ampliar as possibilidades de promover políticas de inserção e de participação social (MARTINS, 2008). O estudo do tema possibilita, ainda, investigar os impactos que as redes sociais produzem sobre os padrões de regulação das políticas públicas, bem como a permeabilidade dos sistemas estatais à participação dos cidadãos. Trata-se de uma teoria que tem potencialidade para ser um elemento mediador da construção de políticas públicas a partir de teias coletivas, solidárias e interativas.

Ver: Atores; Capital Social; Movimentos Sociais; Opinião Pública; Sociedade Civil

Referências Bibliográficas

ELIAS, N. *A sociedade dos indivíduos*. Rio de Janeiro: Jorge Zahar, 1994.

GRANOVETTER, M. The strength of week ties: a network theory revisited. In: COLLINS, R. (Ed.). *Sociology theory*. San Francisco: Jossey-Bass, 1983.

LATOUR, B. *Reassembling the social:* an introduction to actor--network theory. Oxford: Oxford University Press, 2005.

LEINHARDT, S. (Org.). *Social networks*: a developing paradigm. New York: Academic Press, 1977.

MARTINS, P. As redes sociais, o sistema da dádiva e o paradoxo sociológico In: *REDES Sociais e Saúde*. Recife: UFPE, 2008.

MORIN, E. Sur la transdisciplinarité. *La revue du MAUSS semestrielle:* disciplinarité, inter et transdisciplinarité, Paris, n. 10, p. 21, 1997.

PORTUGAL, S. *Contributos para uma discussão do conceito de rede na teoria sociológica*. Coimbra: Centro de Estudos Sociais, 2007.

WELLMAN, B.; BERKOWITZ, S. D. (Eds.). *Social structures:* a network approach. Cambridge: Cambridge University Press, 1991.

Reforma Administrativa

Luís Fernando Milan

Mônica Maia Bonel Maluf

Introduzida no léxico contemporâneo no decorrer das últimas décadas do século 20, a expressão "reforma administrativa" refere-se a um conjunto de políticas orientadas para readequar ou modificar modelos de gestão no setor público, tendo em vista a melhoria do desempenho do aparato burocrático do Estado. A necessidade de transpor problemas de eficácia, eficiência e efetividade das atividades estatais impulsiona os diferentes governos a esse movimento de reformulação e implantação de novas políticas para modernizar a administração pública.

É importante distinguir, em primeiro lugar, as noções de reforma administrativa e reforma do Estado, dada a multiplicidade de significados e denominações encontrada na literatura sobre o tema, assim como no conjunto das ações e políticas reformadoras, quando analisadas experiências concretas de reformas.

Na literatura mais recente, o significado do termo "reforma do Estado" é geralmente atribuído mais à dimensão instrumental, ou seja, às mudanças na estrutura e no funcionamento da administração pública, do que à dimensão política. Porém, outras abordagens consideram que o termo "reforma do Estado" ou "reforma política" implica um processo complexo, que pressupõe mudanças profundas e definições em relação ao caráter e ao papel do Estado, às estratégias e aos processos de implantação de um novo modelo de Estado. Tais mudanças devem contemplar três dimensões: 1) *institucional-legal*, que implica a necessidade de alterações de ordem constitucional e na legislação corrente; 2) *cultural/organizacional*, que implica a proposição de novos padrões organizacionais e de comportamento; e 3) *gerencial/gestão*, que caracteriza mais especificamente a noção de reforma administrativa, pois consiste na introdução de novos princípios e técnicas de administração, voltados para a reestruturação e a melhoria do desempenho das organizações públicas (MARINI, 1996). Para alguns estudiosos, a dimensão política é fundamental, uma vez que se vincula "às capacidades societais, às filosofias e aos estilos de governo, às relações Estado/sociedade, aos valores públicos e democráticos, à consistência ética da política e de suas instituições" (NOGUEIRA, 2004).

Entretanto, reformas administrativas (ou gerenciais, ou de gestão pública, ou de modernização etc.) muitas vezes envolvem princípios, dimensões e estratégias que implicam alterações tão profundas nas instituições políticas, administrativas e econômicas que contribuem para mudanças significativas no papel do Estado.

O Brasil, ao longo dos últimos 80 anos, apresentou inúmeras tentativas de reformas administrativas, com ênfases, amplitudes e resultados bastante distintos. Segundo Gaetani (2005), alguns vetores estão sempre presentes nas propostas de reforma administrativa, em combinações e pesos variáveis conforme o contexto. Seus aspectos positivos e negativos podem influenciar em maior ou menor medida a condução das mudanças conforme os interesses em pauta, os atores envolvidos e os arranjos possíveis e realizados. Seriam eles: o vetor fiscal, que apresenta como eixo a eficiência e é representado tradicionalmente pela área econômica; o vetor gerencial (que abrange as ideias do gerencialismo, mais especificamente da nova gestão pública), que busca transpor "técnicas e metodologias do setor privado para o público"; o vetor corporativo, cujas proposições estão vinculadas aos interesses de corporações do setor público, com destaque para sindicatos e entidades de classe e agrupamentos profissionais; e o vetor meritocrático, em que se destacam as preocupações com a profissionalização da burocracia, com o mérito na organização das carreiras e o controle burocrático sobre o uso de recursos públicos (GAETANI, 2005).

As reformas dos anos 1934-1937, com o Estado Novo, a reforma administrativa desencadeada pelo Decreto-lei n. 200/1967 e a Reforma Gerencial de 1995 constituem os grandes marcos reformadores no contexto da administração pública brasileira (REZENDE, 2002).

No governo Vargas, entre 1934 e 1937, pode-se observar a primeira grande reforma administrativa. Uma das características mais marcantes desse período foi a ênfase na reforma dos meios, atividades e paradigmas da administração geral, mais do que nas dos próprios fins ou nas atividades substantivas.

A Constituição de 1937 previa a criação de um departamento incumbido de organizar os órgãos do Estado para o aperfeiçoamento da máquina pública e de elaborar a proposta orçamentária e prestar assessoria ao governo. O Decreto-lei n. 579/1938 criou o Departamento Administrativo do Serviço Público (Dasp), cumprindo as exigências constitucionais. As atribuições do Departamento estavam focadas na realização de estudos detalhados de repartições e estabelecimentos públicos para determinar as modificações a serem feitas em campos como dotação orçamentária, distribuição, processos de trabalho e relações entre os órgãos e com o público. Também estavam no âmbito de suas atribuições fiscalizar a execução do orçamento juntamente com o presidente da República, organizar concursos públicos para cargos federais do Poder Executivo, aperfeiçoar servidores civis da União e fixar padrões para o serviço público.

Tratava-se, pois, de uma reforma que adotava como modelo o que se praticava como teoria administrativa nos países mais desenvolvidos. Em suma, uma expressiva reforma modernizadora, inspirada nas melhores fontes disponíveis à época, ou seja, em um modelo taylorista/fayoliano/weberiano (WAHRLICH, 1984).

O modelo de administração implantado pelo Dasp praticamente desapareceu a partir de 1964. Durante o regime militar, a administração pública passou por diversas transformações. Três aspectos podem ser ressaltados: a ampliação da função econômica do Estado com a criação de várias empresas estatais, a facilidade de implantação de políticas – em decorrência da natureza autoritária do regime – e o aprofundamento da divisão da administração pública, que distinguiu claramente a administração direta (exercida por órgãos diretamente subordinados aos ministérios) da indireta (formada por autarquias, fundações, empresas públicas e sociedades de economia mista).

Em 1964, o governo Castello Branco instituiu comissão especial (Comestra), presidida pelo ministro extraordinário para o Planejamento e Coordenação, Roberto Campos, para cuidar de assuntos relacionados à reforma administrativa. A Comissão tratou de rever todas as propostas existentes desde o governo Kubitschek, tendo, inclusive, retirado projetos de lei em tramitação no Congresso. Ao final de 36 meses de trabalho, apresentou um anteprojeto que se transformou no Decreto-lei n. 200/1967, focado na organização da orçamentação pública, na coordenação e no controle da administração pública, na promoção e expansão da administração indireta e na instituição da delegação de autoridade. Embora uma nova Constituição tivesse sido promulgada um mês antes, Castello Branco baseou-se, ainda, nos poderes extraordinários conferidos pelo Ato Institucional n. 4, de 7/12/1966, para editar o decreto (SANTOS, 1997).

Os cinco princípios mais importantes que nortearam essa reforma foram: 1) planejamento, descentralização, delegação de autoridade, coordenação e controle; 2) expansão das empresas estatais, de órgãos independentes (fundações) e semi-independentes (autarquias); 3) fortalecimento e expansão do sistema de mérito; 4) diretrizes gerais para um novo plano de classificação de cargos; 5) reagrupamento de departamentos, divisões e serviços em 16 ministérios (WARLICH, 1984).

Em 1985, o governo José Sarney recria o Ministério Extraordinário para Assuntos de Administração e, com ele, a Comissão Geral do Plano de Reforma Administrativa. Tornam-se então objetivos reformadores a modernização da administração pública, a adequação do serviço público a padrões de eficiência que dessem suporte aos planos de governo e a eficiência na prestação de serviços públicos ao cidadão. Tais objetivos estavam estruturados em três princípios básicos: a racionalização das estruturas administrativas, a política de recursos humanos e a contenção dos gastos públicos.

Dez anos depois, a reforma administrativa foi o ícone do primeiro governo Fernando Henrique Cardoso (1995-1998). Capitaneada por Luiz Carlos Bresser-Pereira à frente do recém-criado Ministério da Administração Federal e da Reforma do Estado (Mare), a chamada reforma gerencial teve como instrumento básico o Plano Diretor da Reforma do Aparelho do Estado, aprovado em setembro de 1995, que visava à reestruturação do aparelho do Estado e da cultura burocrática. O chamado modelo de administração pública gerencial adotaria então, como princípios: a) foco do Estado no cidadão; b) foco nos resultados (alcance de objetivos); c) flexibilidade administrativa; d) mecanismos de prestação de contas à sociedade; e) valorização do servidor.

No final de 1998, o Mare foi fundido com o Ministério do Planejamento, visando a vincular o orçamento com a reforma gerencial, tornando-a mais rápida e efetiva. Formou-se assim o Ministério do Orçamento e Gestão. Segundo Bresser-Pereira, nos primeiros quatro anos do governo FHC, a implementação da reforma dependia apenas de persuasão, o que podia ser realizado pelo Mare. Nos quatro anos seguintes, a persuasão deveria ser acompanhada de autoridade executiva, da qual somente o Ministério do Orçamento e Gestão poderia dispor (BRESSER-PEREIRA, 1999). Entretanto, outras análises apontam que essa mudança evidenciou um redirecionamento da reforma.

Analisadas ao longo do tempo, as tentativas de reforma administrativa integram um processo inevitavelmente inconcluso, aberto e bastante influenciado pelas diferentes conjunturas políticas, pelas agendas públicas e pelos estilos de governo. Algumas propostas mostraram-se mais bem-sucedidas do que outras ou foram mais espetaculares, mais interessadas em obter repercussão política do que em promover alterações efetivas nas práticas públicas de gestão. Sob o mesmo rótulo de "reforma administrativa", abrigam-se intervenções de distinto alcance e variada concepção, ora mais interessadas em racionalização de custos (orçamentos, servidores, órgãos), ora voltadas para a alteração de processos e procedimentos, ora simplesmente dedicadas a promover ajustes reducionistas na estrutura da administração. Há reformas que se voltam para a gestão de pessoas e a valorização dos trabalhadores, e reformas que os elegem como responsáveis pela ineficiência geral ou localizada. Algumas abrem mais espaços para o mercado e são mais quantitativas, outras se concentram no fortalecimento do Estado e são mais qualitativas.

Por essas vias, o tema permanece na pauta das sociedades atuais.

Ver: Administração Pública; Burocracia; Gerencialismo; Reforma do Estado; Reforma Política

Referências Bibliográficas

BRESSER-PEREIRA, L. C. Reflexões sobre a reforma gerencial brasileira de 1995. *Revista do Serviço Público*, Brasília, v. 50, n. 4, p. 5-29, 1999.

______. *Reforma do Estado para a cidadania*. São Paulo: Editora 34, 1998.

GAETANI, F. Estratégia e gestão de mudanças nas políticas de gestão pública. In: LEVY, E.; DRAGO, P. A. (Orgs.). *Gestão pública no Brasil contemporâneo*. São Paulo: Edições Fundap, 2005. p. 57-69.

MARCELINO, G. F. Administração pública brasileira: evolução, situação atual e perspectivas futuras. *Revista do Serviço Público*, Brasília, DF, v. 117, n. 2, p. 105-115, set.-dez. 1989.

MARINI, C. M. Crise e reforma do Estado: uma questão de cidadania e valorização do servidor. *Revista do Serviço Público*, Brasília, DF, v. 120, n. 3, p. 5-34, set.-dez. 1996.

MARTINS, H. F. Administração para o desenvolvimento: a relevância em busca da disciplina. In: LEVY, E.; DRAGO, P. A. (Orgs.). *Gestão pública no Brasil contemporâneo*. São Paulo: Edições Fundap, 2005. p. 40-56.

NOGUEIRA, M. A. *Um Estado para a sociedade civil:* temas éticos e políticos da gestão democrática. São Paulo: Cortez, 2004.

REZENDE, F. C. Razões da crise de implementação do Estado gerencial: desempenho versus ajuste fiscal. *Revista de Sociologia e Política*, Curitiba, n. 19, p. 111- 121, nov. 2002.

SANTOS, L. A. *Reforma administrativa no contexto da democracia*. Brasília: Diap, 1997.

WAHRLICH, B. A reforma administrativa no Brasil: experiência anterior, situação atual e perspectivas - uma apreciação geral. *Revista de Administração Pública*, Rio de Janeiro, v. 18, n. 1, p. 49-59, jan./mar. 1984.

Reforma Agrária

ZANDER NAVARRO

Conflitos sociais decorrentes do controle e uso da terra para fins produtivos registram antecedentes remotos. Não poderia ser diferente nas sociedades do passado, nas quais a agricultura era a principal atividade econômica e modo de vida. Sendo a terra um recurso finito, a redistribuição despontou como tema político somente quando o acesso à terra foi bloqueado e não havia mais fronteiras de expansão, a sobrevivência dos grupos rurais passando a depender de decisões daqueles que controlavam o patrimônio fundiário. Por essa razão a reforma agrária, como ação estatal, somente surgiu na agenda política quando constituídos os Estados, seja nas civilizações de outrora ou, então, e sobretudo, no período moderno.

Não surpreende que o tema tenha surgido com desenvoltura em meados do século passado, coincidindo com a descolonização e a formação de novas nações independentes (BINSWANGER; DEININGER, 2009). Mas foi tema igualmente impulsionado pela multiplicação de movimentos revolucionários de esquerda que combatiam o poder dos grandes proprietários de terra. Quando combinados, ao derrubarem a velha ordem, impuseram sempre a reforma agrária, como na China ou em Cuba, dentre outros países (WOLF, 1984). Naquele período, movidos por uma ótica reformista ou revolucionária, difundiu-se uma interpretação acerca dos impactos socioeconômicos e políticos negativos derivados da concentração da terra em poucas mãos.

Especialmente a partir dos anos 1950 até a década de 1970, esse foi o primeiro período, o mais importante, e talvez o único, na história internacional da reforma agrária, ainda que ações de vulto tenham ocorrido anteriormente, como o processo expropriatório que se seguiu à Revolução Mexicana de 1910, por exemplo, ou o caso, ainda mais emblemático, da Revolução Russa. Embora sob lógicas muito distintas, como no caso do Japão, onde foi imposta pelos vencedores da guerra, ou quando foi realizada quase silenciosamente, como na Malásia e em outros países asiáticos, o grande teatro da reforma agrária foi, no entanto, a América Latina, embora com resultados modestos. Em quase todos os casos de reformas realizadas naqueles anos, ou pelo menos iniciadas, alguns vetores políticos estiveram presentes na origem, da formação de governos autoritários derivados de golpes de Estado à presença de forças políticas de esquerda, as quais demandavam a redistribuição da propriedade da terra como pressuposto para a emancipação social dos camponeses pobres. No caso latino-americano, um fator recorrente durante esse período ascendente do tema foi também a justificativa de ser essa uma política dinamizadora do mercado interno, tese elaborada muitas vezes com sofisticação por diversos autores. O pensamento cepalino, nas décadas de 1950 e 1960, foi igualmente influente no continente, para sustentar teoricamente as propostas de reforma agrária que então vicejaram, as quais romperiam o "dualismo estrutural" que se julgava existir. Específico da região, é também necessário citar o papel da Revolução Cubana, evento que estimulou alguns governos latino-americanos a avaliar a reforma agrária como fator de amortecimento social em sociedades muito desiguais. Movidos por um ou mais desses fatores, dentre outros, ocorreram diversas iniciativas, algumas rapidamente abortadas, da Bolívia (1953) ao Peru (1966), do Chile (a partir de meados dos anos 1960) a Cuba (1959).

No Brasil, mesmo que a necessidade de transformar a estrutura fundiária tenha sido defendida por muitos ainda no século 19, o tema só emergiu vigorosamente a partir da segunda metade da década de 1950, inflamando os debates que anteciparam o golpe militar de 1964. Naquele primeiro período, as reivindicações de assalariados rurais, em algumas regiões, e o fenômeno, especialmente nordestino, das Ligas Camponesas trouxeram a lume o tema e, pela primeira vez, a demanda ocupou a agenda nacional. Contudo, não prosperou sob o impacto do golpe de 1964. Embora nenhuma ação tenha sido implementada, as pressões políticas, no entanto, fizeram nascer naquele mesmo ano o Estatuto da Terra (Lei n. 4.504), que instituiu diversas categorias descritivas que ainda são usadas, como o módulo rural e os tipos de imóveis rurais (minifúndios, empresas rurais e latifúndios). Além disso, o Estatuto detalhou minuciosamente a lógica de implementação dessa ação governamental (SILVA, 1996). Mas seus preceitos não vingaram e, durante o ciclo militar, apenas 77 mil famílias foram assentadas, normalmente em situações episódicas de maior tensão social.

Com a redemocratização, o tema retornou à cena, embora já tivesse reaparecido no final dos anos 1970, por força, em especial, de ações realizadas pelo movimento sindical de trabalhadores rurais. Em janeiro de 1984, foi formado o Movimento dos Trabalhadores Rurais Sem Terra (MST) e, assim, outro ator político também passou a demandar a reforma agrária. Durante o processo constituinte (1987-1988), intensos esforços foram operados para tirar a reforma agrária do papel. Pouco foi feito, contudo, durante os governos Sarney, Collor e o breve período de Itamar Franco, quando foram assentadas 140 mil famílias, ainda que novas leis facilitassem sua aplicação, como a transformação em preceito constitucional da função social da terra. Foi apenas a partir do primeiro mandato de Fernando Henrique Cardoso que, de fato, o tema ressurgiu, repercutindo a onda democratizante daqueles anos, a abertura propiciada pelo governo federal, e, sem dúvida, as pressões realizadas pelo MST e pela Contag. Assim foi iniciado o segundo capítulo dessa política na história brasileira, o qual persiste até os nossos dias.

Durante os quatro mandatos presidenciais entre 1994 e 2010 foi ampla a ação governamental, e aproximadamente um milhão de famílias foram assentadas até o final de 2009, de acordo com dados oficiais. Uma área estimada em 84 milhões de hectares foi arrecadada para a reforma agrária, o equivalente a 1,5 vez o tamanho da França. Sua magnitude pode ser evidenciada quando se registra que é área praticamente igual à de toda a área plantada da agricultura brasileira fora do programa. Além disto, os assentamentos (8.562, até o final de 2009) se espalharam pelo país, e a realidade da reforma agrária, que fora tema tão candente no passado, aos poucos se tornou rotineira e menos conflituosa. Esse arrefecimento também reflete a redução da influência dos grandes proprietários de terra, em face da radical transformação da estrutura econômica do país.

Recentemente, a reforma agrária brasileira parece estar encontrando crescentes impasses. O mecanismo da desapropriação se torna cada vez menos usado (diante de impedimentos legais) e o governo federal tem recorrido com frequência à aquisição de imóveis, especialmente nos estados do Norte. Entre 1995 e 2008, um em cada quatro dos imóveis destinados à reforma agrária foi arrecadado em apenas dois estados, o Maranhão e o Pará. Dessa maneira, a reforma agrária brasileira vem se tornando uma ação regional e, tecnicamente falando, passou a ser política principalmente de compra de terras para a formação de novos assentamentos rurais. Além disto, contida pela urbanização, a demanda social efetiva vem diminuindo a cada ano. Dessa forma, é improvável que tal política se mantenha por muitos anos.

Os resultados dos anos recentes de expansão dessa política, em larga medida, são ainda insuficientemente conhecidos. Diversos estudos foram realizados sobre assentamentos. A maioria deles é pontual, e apesar de alguns estudos terem maior ambição analítica, inexiste um quadro analítico mais completo. Com isso, os efeitos positivos, do ponto de vista redistributivo (VEIGA, 1994), da reforma agrária são incertos, pois ainda não foram estudados. Não se conhecem dados abrangentes sobre os níveis de renda, o uso da terra, a inserção mercantil ou o estado geral das famílias rurais assentadas.

Por fim, é relevante citar que a reforma agrária, na história, quase sempre ocorreu sob regimes autoritários, por ser uma transferência de direitos de propriedade forçada e irrecorrível. Com as ondas democratizantes do período contemporâneo, é ato de força que passou a encontrar dificuldades políticas crescentes. Dessa forma, o conjunto desses fatores faz a reforma agrária, cada vez mais, uma política pública do passado. Persistem, contudo, diversos esforços destinados a divisar um segundo momento na história internacional da reforma agrária (AKRAM-LODHI et al., 2007). Mas é duvidoso que ocorra, senão regionalmente, como em partes da África subsaariana ou em alguns países do sul da Ásia, pois entramos em uma era na qual a maior parte das razões originárias para a implementação dessa política deixou de existir.

Ver: Conflito Social; Desenvolvimentismo; Modernização Conservadora; Políticas Agrícolas; Territorialidade

Referências Bibliográficas

AKRAM-LODHI, A. H. et al. (Orgs.). *Land, poverty and livelihoods in an era of globalization.* Perspectives from developing and transition countries. London: Routledge, 2007.

BINSWANGER-MKHIZE, H.; DEININGER, K. History of land concentration and redistributive land reforms. In: BINSWANGER, H. et al. (Orgs.). *Land redistribution.* Towards a common vision. Washington: The World Bank, 2009, p. 45-86.

NAVARRO, Z. Expropriating land in Brazil: principles and practices. In: BINSWANGER, H. et al. (Org.). *Land redistribution.* Towards a common vision. Washington: The World Bank, 2009, p. 267-289.

SILVA, J. G. *A reforma agrária brasileira na virada do milênio.* Campinas: Edição Abra (Associação Brasileira de Reforma Agrária), 1996.

VEIGA, J. E. Fundamentos do agrorreformismo. In: STÉDILE, J. P. (Org.). *A questão agrária hoje.* Porto Alegre: Editora da Universidade (UFRGS), 1994.

WOLF, E. *Guerras camponesas do Século XX.* São Paulo: Global, 1984.

Reforma do Estado

Valeriano Mendes Ferreira Costa

O termo "reforma do Estado" refere-se a um conjunto de mudanças que alteram a forma de organização e de funcionamento de um Estado, conduzidas por um governo ou uma série de governos no decorrer de um período mais ou menos longo. São mudanças que podem alcançar a organização política do Estado (de monarquia para república, de parlamentarismo para presidencialismo ou vice-versa), passando pela estrutura administrativa (centralização ou descentralização, estatização ou privatização), ou limitar-se a mudanças nos modelos de gestão do aparelho administrativo. O uso mais frequente e adequado do termo, no entanto, remete às mudanças na estrutura e no funcionamento da administração pública, reservando o termo "reforma política" para as mudanças na forma do Estado, do regime político e dos sistemas partidário e eleitoral.

Quando Max Weber formulou o conceito de burocracia entre fins do século 19 e início do século 20, o processo de consolidação das administrações públicas profissionais já se encontrava bastante avançado nos Estados capitalistas centrais. Os primeiros processos de reforma do Estado estão associados aos movimentos de modernização econômica de Estados capitalistas "retardatários" em relação à Grã-Bretanha, como a França napoleônica e a Prússia (depois Alemanha), na primeira metade do século 19, seguidos pelo Japão (Revolução Meiji, 1868) e Estados Unidos (a Lei Pendleton de 1883, que cria o Serviço Civil).

O auge da primeira onda de reforma do Estado ocorreu entre 1930 e 1960, como resposta à grande crise de 1929. A primeira crise global do capitalismo foi interpretada como um fracasso da ideologia liberal (*laissez-faire*) que predominava nos países capitalistas até o fim dos anos 1920 e favoreceu o processo de expansão das burocracias públicas, intimamente associadas ao aumento da intervenção estatal na economia (keynesianismo) e na construção do que viria a ser conhecido como Estado de bem-estar (*Welfare State*), após a Segunda Guerra Mundial (1939-1945).

Não é mera coincidência que, nesse período, emerge e se consolida uma "ciência da administração" (Taylor, Fayol, Mayo) que se desdobra posteriormente em seus ramos público e privado. Fortemente baseadas na teoria weberiana da burocracia, as propostas de reforma do Estado eram orientadas para o aprofundamento da racionalização, formalização e verticalização do aparelho burocrático público, visando a maior eficiência e, supostamente, eficácia da ação governamental. A abordagem racionalista foi aplicada de forma sistemática na reforma do Estado norte-americano durante o New Deal, a partir de 1933. Esse período de reformas ampliou bastante tanto o tamanho do aparelho burocrático do governo federal quanto os instrumentos legais e administrativos de intervenção econômica e social. Na Europa, o processo de expansão da burocracia acelerou-se após a Segunda Guerra Mundial, associado à consolidação das políticas econômicas de orientação keynesiana e à formação dos Estados de bem-estar social.

Os primeiros sinais de esgotamento desse longo ciclo de expansão do Estado burocrático intervencionista aparecem nos anos 1960 com o fenômeno da "estagflação" (estagnação com inflação), logo associado a uma suposta crise fiscal dos Estados capitalistas centrais. Essa crise seria explicada pelos herdeiros do pensamento econômico neoclássico (especialmente pelo economista norte-americano Milton Friedman) como resultado do crescimento excessivo dos gastos públicos, assim como das burocracias públicas, responsáveis por sua gestão. Em uma abordagem mais política, teve grande impacto a publicação do relatório da Comissão Trilateral (publicado em 1975 por Michel Crozier, Samuel Huntington e Joji Watanuki) sobre a "crise da democracia", que estaria atingindo especialmente os países capitalistas maduros. Dentre suas principais conclusões, o relatório apontava para a sobrecarga de demandas da sociedade sobre o Estado. Dentre as soluções para a crise destacava-se a proposta de redução das burocracias públicas, dos instrumentos de regulação da economia e dos gastos sociais.

É nesse contexto histórico que o termo "reforma do Estado" retorna ao centro da agenda política internacional, no final dos anos 1970, com a emergência de coalizões de forças políticas de orientação neoliberal, nos governos de Margaret Thatcher, primeira-ministra da Grã-Bretanha (1979-1990), e de Ronald Reagan, presidente dos Estados Unidos (1980-1989).

O Estado burocrático e intervencionista, que havia sido considerado agente fundamental da fase de prosperidade das economias capitalistas, centrais e periféricas, passa a ser, agora, visto como o principal obstáculo para a retomada do crescimento econômico internacional. Eventos como a crise do petróleo (1973 e 1979) e a crise da dívida dos países em desenvolvimento (1982) aceleraram o processo de mudança na percepção da opinião das elites econômicas e políticas, no sentido de que apenas uma radical reforma dos Estados capitalistas centrais poderia reverter a situação.

O clímax desse processo foi simbolizado pelas conclusões de um seminário organizado por John Williamson em 1989, cujos dez pontos destacados em artigo posterior ("What Washington means by policy reform", 1990) ficaram conhecidos como "Consenso de Washington". Dentre suas recomendações, destacavam-se as propostas de racionalização dos gastos públicos, liberalização do comércio internacional, desregulamentação da economia e privatização de empresas estatais.

Embora as reformas neoliberais tenham sido inicialmente implantadas pelos países centrais ao longo dos anos 1980 e 1990, balanços recentes mostraram que o sucesso do que a literatura chamou de primeira geração de reformas (ajuste fiscal, liberalização comercial, privatização e desregulamentação econômica) deve ser visto com cautela.

Depois de quase duas décadas de reformas, os resultados não apontaram para a constituição de um Estado mínimo, mas para alterações que não implicaram, necessariamente, a redução linear dos gastos públicos e da burocracia estatal. Como mostrou o relatório do Banco Mundial, *O Estado num mundo em transformação* (1997), as mudanças mais significativas foram na forma da intervenção e na distribuição dos gastos públicos. Onde as reformas neoliberais tiveram maior impacto, como na América Latina (especialmente na Argentina, no Chile e no Peru), os balanços foram mais negativos que positivos. Por outro lado, nos países de capitalismo maduro, os resultados foram muito heterogêneos. Em países de tradição estatal mais sólida, como a França, a Alemanha e os países nórdicos, não houve redução do Estado, mas realocação de gastos e inovações gerenciais.

Na primeira metade dos anos 1990, formulou-se a hipótese de que as reformas neoliberais seriam insuficientes, sendo necessária uma segunda geração de reformas orientadas para a capacitação institucional e administrativa das burocracias públicas, visando aumentar a eficiência e a eficácia do Estado. A segunda onda reformadora deveria então incluir: profissionalização das burocracias (seleções meritocráticas, estruturação de carreiras, melhores salários); descentralização fiscal e administrativa; capacitação da burocracia para o planejamento, gestão e controle dos gastos públicos; criação de sistemas de regulação dos setores privatizados e inovações voltadas para a parceria entre Estado, mercado e sociedade civil. Esse conjunto de propostas recebeu a denominação genérica de nova gestão pública (*New Public Management*).

Diferentemente da maioria dos países em desenvolvimento, as reformas neoliberais no Brasil começaram mais tarde e tiveram impactos menos negativos do que em países como a Argentina, o Peru e a Venezuela, por exemplo. Para entender melhor esse processo, deve-se voltar ao primeiro movimento de reformas modernizantes, entre os anos 1930 e 1960.

O Brasil passou por dois ciclos reformistas nesse período: a reforma administrativa conduzida pelo Departamento de Administração do Serviço Público (Dasp) a partir de 1938, iniciando a construção de uma burocracia profissional; e a reforma administrativa consubstanciada no Decreto-lei n. 200, de 1967, que visava aprofundar a profissionalização da administração pública federal, mas enfatizando a competência gerencial e a desconcentração de responsabilidade da administração direta. Cabe notar que as duas reformas ficaram inconclusas.

Quando se projeta o ciclo de reformas neoliberais no início dos anos 1980, o Brasil estava envolvido com o fim da ditadura militar. Além disso, o país foi intensamente atingido pela crise da dívida, a partir de 1982, que se desdobrou em uma crise fiscal do Estado desenvolvimentista.

As reformas neoliberais da primeira geração (liberalização comercial, demissão de funcionários públicos e privatização) começaram a ser implantadas no início do governo Collor de Mello (1990-1992), mas foram interrompidas após a crise do *impeachment* do presidente e durante o governo Itamar Franco. O fato é que o país só alcançou estabilidade política e econômica a partir de 1994, com o sucesso relativo do Plano Real, e somente a partir de 1995, com a posse de Fernando Henrique Cardoso, foi possível incluir na agenda do governo o tema da reforma administrativa.

O governo Fernando Henrique Cardoso teve de administrar duas agendas de reforma ao mesmo tempo: as da primeira geração, abandonadas pelos governos Collor e Itamar, e as de segunda geração, voltadas para a melhoria da capacidade gerencial da administração pública. O resultado foi uma divisão de tarefas entre o Ministério da Fazenda e a Casa Civil, de um lado, cuidando do ajuste fiscal e da privatização, e de outro o recém-criado Ministério da Administração e Reforma do Estado (Mare), liderado por Luís Carlos Bresser-Pereira, responsável pela elaboração do Plano Diretor de Reforma do Aparelho de Estado (1995), que apontava a necessidade de uma reforma de orientação gerencial que enfrentasse as deficiências da administração pública burocrática.

Como a agenda central do governo foi desde o início o ajuste fiscal, incluindo a privatização das empresas estatais (principalmente siderurgia, telefonia e energia elétrica), as reformas gerenciais não foram efetivamente apoiadas pelo governo. O modelo proposto pelo Mare foi incorporado à Constituição Federal pela Emenda Constitucional n. 19, em 1998, mas muito pouco do que previa saiu do papel. A possibilidade de demissão por baixo desempenho não foi regulamentada; as agências executivas, autônomas em relação aos ministérios, mas vinculadas por meio de contratos de gestão, também não se efetivaram; a "publicização" das atividades não exclusivas de Estado (educação, saúde, ciência, tecnologia e cultura) não foram transferidas para as organizações sociais, e ainda hoje são questionadas.

As reformas do período FHC (1995-2002) concentraram-se na recuperação da capacidade fiscal do Estado e na estabilização monetária, sendo incapazes de implantar as reformas de segunda geração. Isso se refletiu na baixa capacidade de crescimento econômico. No período presidencial de Luiz Inácio Lula da Silva (2003-2010), a agenda reformadora foi deixada em segundo plano, sendo substituída por uma agenda de desenvolvimento econômico e social, apesar da baixa capacidade de coordenação e gestão da burocracia pública.

Embora uma ampla agenda de reformas administrativas tenha sido proposta entre 2003 e 2010, ela foi implantada de forma muito parcial e fragmentada. Além disso, outras agendas reformistas não subordinadas à orientação neoliberal ou gerencial também foram propostas e parcialmente incorporadas ao arcabouço jurídico do país. Dentre elas, a universalização do modelo de burocracia meritocrática weberiana, por meio dos concursos públicos e da criação de carreiras de Estado; a universalização de um sistema de bem-estar social (Previdência Pública, Sistema Único de Saúde; Sistema Único de Assistência Social; Sistema Nacional de Educação); a criação de um sistema de instituições que estimulam experiência de participação direta na deliberação e gestão de políticas públicas, como as Conferências Nacionais, os Conselhos Nacionais, Estaduais e Municipais de gestão de políticas públicas.

Um dos grandes desafios atuais é a construção de coalizões políticas que articulem essas agendas no interior de um novo ciclo de reformas do Estado.

Ver: Administração Pública; Burocracia; Estado; Reforma Administrativa; Reforma Política; Sistemas de Governo

Referências Bibliográficas

ABRUCIO, F. *O impacto do modelo gerencial na administração pública:* um breve estudo sobre a experiência internacional recente. Brasília, DF: Enap, 1997.

______. Trajetória recente da gestão pública brasileira: um balanço crítico e a renovação da agenda de reformas. *Revista de Administração Pública*, Rio de Janeiro, v. 41, p. 67-86, 2007. Número especial.

BANCO MUNDIAL. *Relatório sobre o desenvolvimento mundial 1997.* O Estado num mundo em transformação. Washington: World Bank, 1997.

BRASIL. Presidência da República. Câmara da Reforma do Estado. *Plano Diretor da Reforma do Aparelho de Estado.* Brasília, DF, 1995.

BRASIL. Ministério do Planejamento, Orçamento e Gestão. Secretaria de Gestão. *Balanço da Reforma do Estado no Brasil:* a nova gestão publica. Brasília, DF, 2002. (Coleção Gestão Pública.)

Reforma Política

Bolívar Lamounier

O conceito de "reforma política" diz respeito a alterações institucionais implantadas deliberadamente por um governo, uma aliança partidária dominante ou por consenso, com o objetivo de modificar a estratificação de poder entre as forças políticas em presença, excluir algumas delas (ou incluir novas), mudar procedimentos ou contornos geográficos relevantes para a competição eleitoral e assim por diante.

Quanto aos meios utilizados para tornar viável a implantação de uma reforma, o critério mais importante é com certeza o grau de coerção empregado. Esquematicamente, podemos colocá-los num *continuum* que tenha numa ponta o grau zero de coerção (caso de reformas implantadas por consenso) até um grau muito elevado, quando as reformas são impostas de maneira unilateral, portanto com recurso potencial ou efetivo à força. Observe-se, no entanto, que reformas impostas pela força geralmente envolvem contradição com objetivos propriamente "políticos".

Para bem delimitar o conceito, convém frisar que estamos falando de alterações institucionais adotadas de forma deliberada, com vistas à consecução de determinados objetivos. Assim entendido, o conceito de reforma política nada tem a ver com o de revolução, mesmo admitindo que alguma reforma possa ter efeitos revolucionários e que revoluções sempre alteram processos políticos.

Alterações *institucionais* são por definição aquelas que requerem medidas legislativas – emendas constitucionais, leis ou meros decretos. Essa condição exclui mudanças políticas não propostas de maneira explícita e formal, por exemplo as que eventualmente decorram de resultados eleitorais, de recomposições nas alianças partidárias, do aumento (ou diminuição) da base de apoio de determinado governo ou, no limite, de trocas no comando de um ou mais partidos. Tampouco faz sentido aplicar a expressão "reforma política" a consequências indiretas ou não antecipadas de medidas adotadas com objetivos completamente distintos; cabem aqui como exemplo certos efeitos políticos que costumam ser produzidos pela privatização de estatais industriais ou financeiras.

Existem numerosos casos limítrofes, nos quais a delimitação do conceito pode ser posta severamente à prova. Um dos mais importantes ocorre em países federativos. Considere-se, no caso brasileiro, a transformação dos cinco territórios em estados, efetivada pela Constituição de 1988. Dependendo do ângulo que se tome, essa decisão pode ou não ter sido uma reforma política. Por um lado, os objetivos explicitamente visados foram diversos e com certeza foram mais amplos que os acima mencionados como típicos de reformas políticas. Por outro, tendo os estados um número mínimo constitucionalmente assegurado de oito deputados federais e três senadores, fica difícil considerar "apenas" federativo o impacto de tal medida.

É no geral acertada a suposição de que reformas políticas são criações do mundo moderno, especificamente do Estado liberal-representativo. Mas o caso de Roma deve ser mencionado, tendo em vista a importância de seu arcabouço institucional e a consciência, em alguns momentos, da necessidade de reformá-lo. No conturbado início do primeiro século a.C., empenhado em abdicar do poder que concentrara em suas mãos, Lucius Cornelius Sulla tentou recolocar o Senado no papel de poder-chave que desempenhara durante a maior parte do período republicano. Por meio de um amplo pacote legislativo, tratou de limitar as prerrogativas dos tribunos do povo (*tribuni plebis*), exigir experiência prévia em ocupações de nível alto para o acesso a cargos administrativos e judiciais importantes e condicionar a recondução a tais cargos ao cumprimento de um intervalo de dez anos. Apesar de bem concebidas, tais reformas revelaram-se insuficientes para evitar a crise do regime republicano, que desembocaria na guerra civil e na transição ao principado, com a ascensão de Otávio.

Saltando para o século 19, cumpre mencionar as reformas britânicas de 1832 e 1867, que aumentaram de maneira expressiva o eleitorado e fincaram as bases para o desenvolvimento naquele país do moderno sistema de partidos.

Da mesma forma, no segundo pós-guerra, numerosas reformas foram realizadas, devendo-se destacar a implantada em 1949 pela República Federal da Alemanha (que incluiu o "voto distrital misto", cf. *infra*) e a de 1958-1961, pela França gaullista, pilar do sistema de governo ainda vigente no país.

No caso do Brasil, realizaram-se desde a Independência diversas reformas políticas, com bastante sucesso na maioria dos casos. A própria Constituição de 1824 pode ser entendida nesses termos, uma vez que seu objetivo foi edificar um sistema político de índole liberal, liquidando por conseguinte o que restava da tirania absolutista do período colonial. O novo edifício político, moldado na teoria liberal, começou a funcionar já em 1826, com a implantação do Poder Legislativo nacional. Em 1831, os liberais aprovam legislação fortemente inclinada no sentido da descentralização, experiência revertida nove anos depois, através das leis conhecidas como "regressistas". Nessa mesma conjuntura, visando a pôr fim aos graves conflitos do período regencial, o Parlamento aprova uma das reformas mais importantes da história brasileira: a antecipação da maioridade de D. Pedro II, que à época contava apenas 15 anos de idade, permitindo-lhe assumir de imediato o comando do Estado. Em 1847, a criação do cargo de presidente do Conselho de Ministros institui o sistema parlamentarista de governo, que permaneceria até a Proclamação da República.

Passando para o século 20, é imprescindível mencionar as reformas adotadas logo após a Revolução de 1930, como o Código Eleitoral de 1932, primeira versão do sistema eleitoral até hoje vigente; a criação da Justiça Eleitoral; e a adoção do voto secreto e do voto feminino, à época inexistente em vários países da Europa.

Um caso sujeito a interpretações conflitantes é o do parlamentarismo instituído em 1961. A renúncia do presidente Jânio Quadros em agosto daquele ano deixou o país na iminência de um golpe militar, em vista do veto anteposto pelas Forças Armadas à posse do vice, João Goulart. O recurso ao parlamentarismo resultou de uma negociação pela qual as prerrogativas da presidência seriam reduzidas, cabendo a um primeiro-ministro a condução do Poder Executivo. O próprio ato adicional que estabeleceu o parlamentarismo previa a realização em 1965 de um plebiscito para confirmar ou não a adoção definitiva do sistema. Uma vez empossado, Jango trabalhou politicamente para recuperar a plenitude dos poderes presidenciais, ou seja, para antecipar o plebiscito e revogar o parlamentarismo. Realizado em janeiro de 1963, o plebiscito efetivamente determinou o encerramento da experiência parlamentarista. A essa altura, porém, a crise econômica e política se aprofundara bastante, arrastando o país para o golpe militar de 1964.

Com o encerramento do ciclo militar em 1985, diversas medidas políticas importantes foram imediatamente aprovadas, dentre elas o fim do bipartidarismo compulsório, o estabelecimento de um sistema de ampla liberdade partidária e a extensão do direito de voto ao analfabeto. No biênio 1987-1988, o Congresso Constituinte acolheu novas medidas de reforma política, dentre as quais a redução para 16 anos do direito de voto, em caráter facultativo para a faixa de 16-18 anos, e a possibilidade da participação direta dos eleitores no processo legislativo mediante três instrumentos: a iniciativa popular, o plebiscito e o referendo.

Em termos institucionais, o fato de maior destaque do período constituinte foi porém a contraposição, no que tocava ao sistema de governo, entre parlamentaristas e presidencialistas. Os primeiros, no entanto, propunham um semiparlamentarismo semelhante ao francês, com um presidente escolhido pelos eleitores em pleito direto, e não um modelo mais "puro" (o alemão, por exemplo), com eleição indireta do chefe de Estado. Em sua maioria, os adeptos do presidencialismo propugnavam pela manutenção de todos os mecanismos institucionais vigentes; os parlamentaristas propunham modificações, a mais importante delas sendo a substituição do sistema eleitoral vigente pelo chamado "voto distrital misto".

Derrotado na Constituinte, o parlamentarismo o seria igualmente no plebiscito de 1993, com o que o eixo dos debates sobre reforma política passou a ser a reforma do sistema eleitoral.

Em janeiro de 1997, o Congresso aprovou emenda constitucional admitindo pela primeira vez a reeleição do presidente da República, dos governadores estaduais e dos prefeitos em municípios com mais de 200 mil habitantes.

Ao abrir-se a segunda década do século 21, parece existir amplo consenso quanto aos problemas político-institucionais que aguardam equacionamento no Brasil. O mais candente é sem dúvida a corrupção, como o comprova a forte receptividade da lei da "ficha limpa" pela opinião pública. Outro foco de preocupação é o descrédito do Congresso Nacional, devido a uma série de problemas, alguns reais e outros imaginários. Em terceiro lugar, a questão da representatividade, ou seja, a distância e a debilidade dos vínculos verticais entre representados e representantes. Essa formulação tem uma extensa área comum com as duas anteriores; no essencial, o que ela indica é a necessidade de melhorar a inteligibilidade do processo político e das políticas públicas para o eleitor, o que presumivelmente lhe dará uma sensação subjetiva de maior eficácia no exercício do voto e na participação política de modo geral.

Atualmente, o foco das ideias de reforma é sobretudo o sistema eleitoral, ou seja, o conjunto de mecanismos mediante os quais os votos depositados nas urnas a cada quatro anos são convertidos na distribuição das cadeiras legislativas entre os partidos políticos.

As alternativas em debate podem ser reduzidas a três posições básicas. *A primeira alternativa é manter o sistema atualmente em vigor.* Trata-se de um sistema proporcional: na distribuição das cadeiras, cada partido obtém um percentual tão próximo quanto possível do percentual que lhe tenha cabido na distribuição dos votos populares. Um defeito notório de tal sistema é o estímulo à proliferação de partidos que ele traz embutido. Acrescente-se que o próprio princípio proporcional, em tese louvável, é prejudicado no caso brasileiro pela forte *desproporção* decorrente do mínimo de 8 e do máximo de 70 deputados federais por Estado. A favor do sistema vigente, podem-se invocar dois pontos. Primeiro, o fato de estar em operação há muito tempo; afinal toda reforma envolve custos, tanto financeiros e administrativos quanto de aprendizagem por parte dos eleitores. Segundo, a simplicidade associada ao funcionamento idêntico do sistema nos três níveis da federação, ou seja, na eleição dos deputados federais e estaduais e na dos vereadores.

A segunda alternativa seria implantar um sistema "distrital" puro, segundo o modelo norte-americano ou inglês. O adjetivo "distrital" faz referência à divisão geográfica do eleitorado em circunscrições menores, mas esse não é o ponto essencial da questão. Fundamental nesse modelo é o fato de basear-se no princípio *majoritário*, e não no proporcional. Tomando como exemplo as eleições para a Câmara Federal, cada estado seria dividido em tantos distritos quantas as vagas a preencher (em São Paulo, por exemplo, seriam 70 distritos, cada um elegendo um deputado). Cada partido apresentaria um (e somente um) candidato por distrito, com a vaga cabendo àquele que obtiver a maioria simples dos votos. Os votos dados ao outro ou aos outros candidatos não produziriam efeito algum: seriam, por assim dizer, esterilizados. Do ponto de vista da força legislativa, o que importa é portanto o número de distritos nos quais determinado partido sai vencedor, não o percentual da votação popular que ele haja granjeado.

No sistema distrital puro, a eleição de deputados assemelha-se à de prefeitos: é mais simples e polarizada, até porque envolve um pequeno número de candidatos, em vez das centenas que, pelo sistema vigente, aparecem por alguns segundos no horário eleitoral gratuito. Isso significa uma redução drástica do *custo da informação* para o eleitor. Custo da informação menor, maior incentivo a participar, portanto participação *potencialmente* mais alta.

A terceira alternativa seria a implantação do "voto distrital misto", vale dizer, do modelo alemão. Denominação leiga, a expressão "distrital misto" mais prejudica que ajuda a compreensão do sistema. Aqui se trata de um sistema *proporcional*: da mesma família do sistema brasileiro, portanto, e não da família majoritária, à qual pertence o sistema norte-americano. A semelhança com este último, no caso alemão, é que as cadeiras são preenchidas segundo uma combinação de critérios: metade por eleições distrital-majoritárias e metade por listas partidárias "fechadas" (pré-hierarquizadas pelos partidos).

Para operar esse sistema, cada eleitor tem *dois votos*. Com o primeiro ele sufraga a lista do partido de sua preferência; com o segundo, o seu candidato na eleição majoritária, ou seja, em seu distrito. A proporcionalidade no nível macro é assegurada pela alocação das cadeiras legislativas entre os partidos com base no primeiro voto (aquele dado à lista partidária). Essa é a cifra utilizada para se determinar a quantas cadeiras os diferentes partidos terão direito. Dessa forma, as vagas são distribuídas aos partidos de maneira rigorosamente proporcional aos "primeiros votos" que hajam recebido. Mas como se dará o preenchimento das vagas? Quais são os candidatos individualmente eleitos? A regra é dar prioridade aos candidatos majoritários, quer dizer, os vencedores das eleições distritais. Se um determinado partido elege nos distritos um número menor que o de vagas a que tem direito, a diferença ele completará com os primeiros nomes de sua lista. Conhecido popularmente como "distrital misto", na Alemanha esse sistema é designado como "voto proporcional personalizado". Trata-se, como se vê, de uma fórmula engenhosa, concebida para assegurar as vantagens do voto distrital puro no nível local, sem abrir mão da proporcionalidade interpartidária no nível nacional.

Por toda parte, o debate sobre reformas políticas costuma ser contaminado por dois equívocos simétricos. Os que as defendem tendem a vendê-

-las como panaceias. Raramente indicam com precisão os problemas que esperam resolver e os problemas colaterais que suas propostas podem acarretar. No polo contrário, os que a elas se opõem geralmente as pintam como inócuas, inviáveis ou perigosas para a estabilidade. Mas o que sabemos com certeza é que cada caso é um caso. A história registra numerosos casos de reforma, alguns muito bem-sucedidos, outros nem tanto.

Ver: Democracia Representativa; Partidos Políticos; Reforma do Estado; Representação; Sistemas de Governo; Sistemas Eleitorais; Sistema Político

Referências Bibliográficas

CINTRA, A. O.; LACOMBE, M. A Câmara dos Deputados na Nova República: a visão da ciência política. In: AVELAR, L.; CINTRA, A. O *sistema político brasileiro:* uma introdução. Rio de Janeiro: Fundação Konrad Adenauer, 2004.

LAMOUNIER, B. *Da Independência a Lula:* dois séculos de política brasileira. São Paulo: Augurium, 2005.

MARSHALL, T. H. Citizenship and social class [1950]. In: MARSHALL, T. H.; BOTTOMORE, T. *Citizenship and social class*. London: Pluto Press, 1992.

Reforma Previdenciária

Sonia Fleury

O termo "reforma previdenciária" tem sido recentemente associado às diferentes medidas aplicadas, em vários países do mundo, com vistas a assegurar a viabilidade financeira dos sistemas de aposentadorias e pensões, seja por meio da redução dos custos, seja por meio do aumento das contribuições ou do acréscimo de condições mínimas de elegibilidade para acesso aos benefícios.

Desde o final do século 20, ficou conhecido como crise do Estado de bem-estar social (*Welfare State*) o fenômeno relacionado às dificuldades de sustentabilidade financeira dos sistemas de proteção social construídos a partir do final do século 19 nos países europeus, cuja cobertura e padrão de benefícios sofrera, desde sua origem, um contínuo processo de expansão. O núcleo central dos sistemas de proteção social constituiu-se nos benefícios previdenciários – principalmente aposentadorias e pensões – a que os trabalhadores tiveram acesso por meio de contribuições diretas de empregados e empregadores com base na folha de salários, ou indiretas, por meio de recursos fiscais.

A criação dos Estados de bem-estar permitiu o desenvolvimento de um círculo virtuoso do capitalismo, conhecido como capitalismo organizado, no qual o Estado, por meio de políticas públicas, passou a atuar de forma decisiva na regulação do trabalho e na garantia da proteção social. Foram criados mecanismos distributivos que reduziram as desigualdades geradas pelo mercado e que, ao final, contribuíram para aumentar o consumo de massas. O fenômeno esteve associado ao surgimento da democracia de massas e permitiu transferir os conflitos produtivos para a esfera redistributiva, na qual puderam ser politicamente equacionados, de forma a criar condições para geração de amplos consensos que embasaram a estabilidade institucional e a governabilidade democrática.

A crise da economia capitalista no último quarto do século 20 fez-se acompanhar da crise do Estado de bem-estar social, que teve seus fundamentos duramente afetados pela redução da atividade econômica e por mudanças na esfera da produção. A crise econômica provocou importantes transformações na produção. Houve redução de postos de trabalho e da massa salarial, além de flexibilização das relações de trabalho com trajetórias trabalhistas frequentemente interrompidas. Introduziram-se medidas para enfrentar o déficit público, como a redução da intervenção do Estado e o corte de gastos públicos, o que afetou a capacidade de expansão e manutenção de políticas sociais. Do ponto de vista sociocultural, aumentaram o individualismo e o consumismo, com a consequente perda de vínculos solidários. Todos esses foram fatores que minaram as bases do sistema previdenciário e do Estado de bem-estar social.

Por outro lado, o amadurecimento dos sistemas de proteção social e as mudanças demográficas foram responsáveis pelo aumento dos gastos previdenciários com uma população cada vez mais idosa, enquanto escasseavam os jovens que pudessem ingressar no mercado de trabalho e arcar com os ônus dessa fatura intergeracional. Em decorrência, o sistema previdenciário passou a ser visto como um dos grandes responsáveis pelo crescente déficit público, desestabilizando as fragilizadas economias em crise e onerando o Estado com uma carga considerada insustentável.

A crise do Estado de bem-estar social construído pela social-democracia europeia fez, portanto, com que algumas mudanças fossem implementadas, caracterizando as reformas previdenciárias mais recentes. A crise de sustentabilidade com recorrente déficit financeiro foi identificada como derivada do amadurecimento dos sistemas de proteção em função da expansão da cobertura, da ampliação do padrão de benefícios, e, em especial, da transição demográfica – com redução do número de jovens em relação ao de idosos e, consequentemente, com alteração desfavorável da razão entre contribuintes e beneficiários.

As medidas reformadoras adotadas buscaram basicamente enfrentar esse problema financeiro. Outros pontos críticos também foram identificados, como a burocratização da proteção social – que impessoaliza a atenção e reforça a centralização –, e o protecionismo estatal, que gera desestímulo ao trabalho.

Nos países em desenvolvimento também houve forte apelo para reformas previdenciárias, com a pressão exercida sobre os governos por parte dos organismos de cooperação internacional, considerando a necessidade de redução do déficit fiscal e estabilização da moeda depois de longo período de espiral inflacionária. No entanto, apesar da utilização dos mesmos argumentos alegados para a reforma dos sistemas previdenciários em países desenvolvidos, as características dos problemas apresentados nos países em desenvolvimento são bastante distintas.

Em primeiro lugar, os sistemas previdenciários desses países, como os da América Latina, ainda que em alguns casos tenham tido implantação pioneira, caracterizaram-se por ser, desde sempre, altamente excludentes, apresentando baixa cobertura e elevado índice de exclusão previdenciária. Em segundo lugar, estruturaram-se como sistemas bastante estratificados, com um padrão de benefícios que, em vez de atenuar as desigualdades impostas pelo mercado, terminava por acentuá-las. Refletiram, portanto, a prevalência de políticas sociais altamente regressivas. Finalmente, as mudanças na razão entre contribuintes e beneficiários, ainda que tenham apresentado a mesma tendência decrescente, foram até o momento consequência mais da informalidade no mercado de trabalho do que de uma transição epidemiológica.

Por essas razões, a democratização das sociedades latino-americanas trouxe para a agenda política as demandas por aumento da cobertura previdenciária, melhoria do padrão de benefícios e redução das iniquidades. Também fizeram parte das demandas de reforma a melhoria da gestão, o aumento da transparência e do controle social, com o decorrente controle da evasão das contribuições. Todas essas demandas somaram-se à já mencionada redução do gasto público com benefícios previdenciários, embora o déficit fiscal na região seja fortemente atrelado ao oneroso pagamento dos juros da dívida pública.

Portanto, houve nos países latino-americanos demandas reformadoras em direção contraditória, umas implicando aumento do gasto público para ampliar a inclusão previdenciária, e outras atribuindo à previdência responsabilidade pelo déficit fiscal. Essas últimas, no entanto, foram as principais razões alegadas pelos governos nacionais para desencadear um conjunto de medidas que ficou mundialmente conhecido pelo nome genérico de "reforma previdenciária".

Para os estudiosos, o conceito de reforma previdenciária pode ser diferenciado a partir do tipo de resposta dada pelos governos à crise de financiamento dos sistemas de aposentadoria e pensões, desde que esse fato passou a ser uma das principais preocupações no campo das políticas públicas. Para Carmelo Mesa-Lago, por exemplo, as reformas previdenciárias devem ser divididas em estruturais e não estruturais. Por reformas estruturais, entendem-se as reformas que alteram o padrão de proteção social anteriormente existente, enquanto as reformas não estruturais dizem respeito a ajustes e mudanças de natureza incremental, dentro do mesmo modelo anterior. Assim, a mudança de um sistema público para um sistema privado de seguros seria uma reforma estrutural, ao passo que o aumento das alíquotas de contribuição e da idade para aposentadoria representaria uma reforma do tipo incremental, pois se daria dentro do mesmo modelo.

O estudo de Mesa-Lago e Bertranou (1998) estabelece sete dicotomias para distinguir dois tipos polares de reformas, atribuindo um deles à Organização Internacional do Trabalho (OIT) e à Associação Internacional de Seguridade Social (Aiss), e o outro ao Banco Mundial e ao Fundo Monetário Internacional (FMI).

No primeiro modelo, defendido pela OIT e Aiss, o objetivo é social. O regime financeiro propugnado é de repartição ou capitalização parcial coletiva; as contribuições não são definidas, mas os benefícios sim; a administração é pública, o que a torna mais permeável a injunções políticas. Trata-se, portanto, de uma reforma não estrutural. Já o segundo modelo, defendido pelo Banco Mundial e FMI, tem objetivos econômicos. O regime financeiro é de capitalização plena e individual; as contribuições são definidas, mas os benefícios não; a administração é privada e imune à ingerência política. Portanto, trata-se de um tipo de reforma estrutural.

O que está embutido nessa discussão é a mudança ou não de um dado modelo ou padrão de proteção social na área previdenciária. Para que se entendam as reformas é necessário compreender que o sistema de proteção social, no que diz respeito aos tradicionais benefícios previdenciários – aposentadorias e pensões –, estrutura-se em diferentes padrões. Tais padrões referem-se a um conjunto de variáveis que tendem a associar-se, formando um conglomerado específico que é reconhecido como um dos tipos de proteção, do qual decorrem as políticas públicas nesse setor.

Os diferentes modelos desenvolvidos historicamente podem ser entendidos a partir das modalidades de proteção social adotadas, que proveem os critérios de organização dos sistemas e de incorporação das demandas sociais, por meio de uma institucionalidade específica. Assim, encontramos as seguintes modalidades da proteção social (FLEURY, 1994): a assistência social, o seguro social e a seguridade social. Em cada um deles variarão as concepções que dão origem às políticas sociais e a suas instituições; mais importante ainda será seu impacto na construção da própria sociedade.

Na primeira modalidade, de assistência social, a proteção social é subsidiária das medidas de autoproteção via mercado, e a intervenção estatal deve ser dirigida exclusivamente aos grupos mais vulneráveis, através de programas de focalização. No segundo caso, do seguro social, o eixo central é a proteção dada ao grupo corporativo, de forma a assegurar a manutenção das mesmas condições socioeconômicas em situações de risco. Já no caso da seguridade social, os benefícios são considerados como direitos sociais e fazem parte da pauta da cidadania, dando origem aos sistemas universais de proteção social. Cada um desses modelos também varia de acordo com seus formatos organizacionais e de financiamento, estabelecendo diferentes relações entre Estado, mercado e comunidade, que se traduzem em uma cidadania invertida (FLEURY, 1994) na assistência, uma cidadania regulada pela condição de trabalho (SANTOS, 1979) no seguro social e uma cidadania universal na seguridade social.

As reformas previdenciárias tenderam a ocorrer no bojo do movimento mais geral de reforma do Estado, e foram influenciadas pelos mesmos princípios que propugnavam a separação das funções precipuamente estatais daquelas que deveriam ser atribuídas ao mercado, bem como a introdução de mecanismos de mercado ou quase-mercado que pudessem assegurar o desempenho estatal. O fluxo dos recursos deveria seguir a demanda e não a oferta, para manter a competição entre os entes participantes da proteção social.

No caso das reformas previdenciárias, encontramos forte ênfase na redução do encargo estatal na proteção social, buscando repassar ao mercado boa parte dessas atribuições. Para tanto, foram identificadas funções diferenciadas – a redistribuição, o cosseguro e a poupança –, sendo a redistribuição uma função estatal a caracterizar um pilar público da previdência; o cosseguro ou seguro coletivo obrigatório dos trabalhadores com capacidade contributiva caracterizando o segundo pilar de gestão pública ou privada; e a poupança definindo o seguro voluntário, ou pilar de mercado. Assim, ao Estado ficaria reservada a função precípua de proteger os grupos mais vulneráveis, por meio de políticas focalizadas. No entanto, a expansão do movimento de democratização buscou universalizar os sistemas de proteção social e desvincular os benefícios das contribuições pretéritas.

Um exemplo do primeiro caso encontra-se na reforma previdenciária do Chile, a partir de 1980, que criou um sistema de seguro privado, com empresas competitivas, para os trabalhadores com capacidade contributiva, ao passo que o Estado ficou responsável por aqueles que não tinham capacidade de contribuição. Esse *modelo dual* (FLEURY, 2001) de reforma implicou a construção de dois sistemas de proteção paralelos, um de mercado e outro estatal. Além disso, requereu a individualização das contribuições em contas particulares, com contribuições definidas e benefícios que dependerão do processo de acumulação. A individualização dos riscos terminou com os mecanismos de solidariedade próprios do seguro social. As consequências foram o aumento da iniquidade e a seleção adversa da população por parte das empresas de seguro.

Um exemplo de reforma baseada em um *modelo universal* é o que derivou da democratização no Brasil e tomou corpo com a Constituição Federal de 1988, na qual se assume que a sociedade como um todo deve contribuir para a manutenção de políticas que tendam à universalização da seguridade social. No caso das aposentadorias e pensões, o estabelecimento de um piso para os benefícios igual ao salário mínimo e medidas diferenciais de financiamento para inclusão das aposentadorias rurais se somaram à criação de um benefício assistencial (Benefício de Prestação Continuada), a ser concedido aos idosos e deficientes carentes de recursos.

Um terceiro tipo de reforma adotou um *modelo plural* e foi implantado na Colômbia nos anos 1990 (FLEURY, 2001). Esse modelo procurou combinar os princípios inerentes à competição do mercado com os de solidariedade, típicos da proteção estatal. Assim, foram criadas empresas asseguradoras privadas e competitivas nos moldes da reforma do Chile, mas que receberiam apenas um valor *per capita* por assegurado a ela vinculado, repassando o restante ao fundo de compensação. Dessa forma, pretendia-se evitar a seleção adversa ocorrida no Chile e assegurar maior solidariedade ao sistema com uma intervenção estatal no manejo dos fundos, para prover a inclusão subsidiada, e na regulação do mercado.

Ao verificar as diferentes respostas possíveis à necessidade de reforma previdenciária, ganha consistência a hipótese formulada por um dos grandes estudiosos do tema, Esping-Andersen (1995), que valoriza os legados institucionais com suas características sistêmicas e os grupos de interesses a eles vinculados como sendo a base para a explicação dos caminhos e mecanismos de reforma.

Ver: Estado; Seguro Social; *Welfare State*

Referências Bibliográficas

ESPING-ANDERSEN, G. O futuro do *Welfare State* na nova ordem mundial. *Lua Nova*, São Paulo, n. 35, p. 73-111, 1995.

FLEURY, S. Dual, universal or plural? Health care models and issues in Latin America: Chile, Brazil and Colombia. In: MOLINA, C. G.; ARCO, J. N. (Eds.). *Health services in Latin America and Asia*. Washington: Inter-American Institute for Social Development, 2001. p. 3-36.

______. *Estado sem cidadãos*. Rio de Janeiro: Fiocruz, 1994.

MESA-LAGO, C.; BERTRANOU, F. *Manual de economía de la seguridad social en America Latina*. Uruguay: Claeh, 1998.

SANTOS, W. G. *Cidadania e justiça*. 3. ed. Rio de Janeiro: Campus, 1979.

Reforma Sanitária

Amélia Cohn

Os processos de reforma na área da saúde são fruto de dinâmicas históricas as mais diversas. As próprias reformas apresentam características muito distintas, de maior ou menor radicalidade, seja no que diz respeito à sua organização institucional, seja quanto à sua extensão e a seus objetivos no interior das redes de proteção social existentes nos diferentes países.

Grosso modo, podem-se caracterizar as reformas da saúde em dois grandes tipos, já classicamente sacramentados pela literatura sobre o tema: as reformas tipo *big bang*, isto é, aquelas que representam mudanças mais radicais no padrão e no perfil do sistema de saúde do país, e as *reformas incrementais*, isto é, aquelas que buscam sucessivas "reformas dentro da reforma" com o objetivo de aperfeiçoar um perfil e um padrão já dado e/ou conquistado de organização e extensão do setor da saúde. É frequente que o segundo tipo de reforma suceda o primeiro, em um processo de conquistas progressivas de um modelo de sistema de saúde.

Quanto aos processos sociais e políticos que lhe dão suporte, não existe a possibilidade de classificações que permitam apreender as especificidades de cada experiência histórica. Mas alguns fatores permitem desvendar as tendências e características presentes em cada um deles. O primeiro fator a ser destacado é como o projeto de reforma da saúde se articula – ou não – com a proposta de um sistema de proteção social, e se esse tem como base o modelo de seguridade social ou o de seguro social. Nesse caso, por exemplo, o Brasil se destaca por ter sua reforma sanitária como parte de um modelo de seguridade social, inscrito na Constituição Federal de 1988. Quando essa articulação está ausente, o sentido da reforma da saúde muda, alterando sua relação com a agenda dos direitos sociais. É o caso, por exemplo, das reformas atuais na Colômbia, em que o modelo vigente é o do seguro da saúde, o que se traduz em uma reforma com o objetivo de levar o Estado a ofertar um pacote básico de serviços de saúde para os segmentos de baixa renda – assim mesmo para algumas faixas de renda com copagamento – e ficando o restante da população à mercê do mercado.

Outro fator importante é se o projeto de reforma sanitária tem ou não enraizamento na sociedade. Aqui ganham destaque as reformas que têm origem no Estado, com baixa participação popular, e aquelas que têm origem na sociedade. Se a origem está no Estado, importa saber se se localiza no nível central ou local: a reforma italiana do século passado, que em grande parte serviu de modelo para a experiência brasileira, teve origem nos governos locais e contou com expressiva mobilização social, e nesse sentido foi realizada "de baixo para cima". Já a recente reforma norte-americana teve origem no seio de um governo federal recém-instaurado, que mobilizou a sociedade e a pressão sobre o Congresso Nacional para sua aprovação. A saúde, pelo que se depreende das distintas experiências históricas, tem poder de mobilização social, mas pouco poder de fomentar a organização da sociedade e, sobretudo, de manter a mobilização em prol de reformas universalizantes da saúde.

Podem ser destacadas três tendências de reforma sanitária na atualidade. A primeira inspira-se nos princípios neoliberais e trata de desconstruir os modelos universalizantes de sistemas de saúde – como no caso da Inglaterra de Margaret Thatcher –, conquistados a partir de meados do século 20. A segunda postula a reforma administrativa do Estado, de acordo com os moldes de um Estado gerencial, e traz para o interior do setor público de prestação de serviços a racionalidade do mercado (no geral, essa faz parte da anterior). A terceira, atualmente minoritária, postula a saúde como direito universal e, portanto, como de responsabilidade do Estado e pertinente à esfera pública.

O perfil das reformas da saúde está estreitamente vinculado à infraestrutura de serviços de saúde existentes, sua composição em termos de serviços públicos e privados e, portanto, aos interesses econômicos aí envolvidos. O que definirá em grande parte o perfil mais privatizante ou mais universalizante das reformas será a capacidade de mobilização da sociedade, sua consciência da saúde como direito e não como bem de consumo.

Ver: Política de Saúde; Risco Epidemiológico; Seguridade Social

Referências Bibliográficas

ALMEIDA, C. M. Reforma do Estado e reforma de sistemas de saúde: experiências internacionais e tendências de mudanças. *Ciência & Saúde Coletiva*, Rio de Janeiro, v. 4, n. 2, p. 263-286, 1999.

COHN, A.; VIANA, A. L. D.; OCKÉ-REIS, C. O. Configurações do sistema de saúde brasileiro: 20 anos de SUS. *Revista de Política, Planejamento e Gestão em Saúde*, Rio de Janeiro, v. 1, n. 1, p. 57-69, 2010.

GERSCHMAN, S. La reforma del Estado, de las políticas sociales y de salud. Un balance de fin del milenio. *Cadernos de Saúde Pública*, Rio de Janeiro, v. 15, n. 2, p. 293-302, 1999.

VIANA, A. L. D.; DAL POZ, M. R. A reforma do sistema de saúde no Brasil e o Programa Saúde da Família. *Physis*, Rio de Janeiro, v. 15, p. 225-264, 2005. Suplemento.

Reformismo

Caetano E. Pereira de Araújo

Termo originado ao final do século 19, no movimento socialista europeu, a respeito da transição das sociedades capitalistas para o socialismo. Foi utilizado para nomear aqueles que defendiam a mudança gradual do sistema por meio da participação nas instituições políticas da democracia representativa. Reformismo designa, portanto, um dos lados desse debate e opõe-se a posições simétricas e inversas autodenominadas revolucionárias.

Nesse sentido estrito, o termo é datado. O debate, que envolveu anarquistas, possibilistas e marxistas, ortodoxos e revisionistas, perdurou da fundação da Segunda Internacional, em 1889, até a criação da Internacional Comunista, em 1919. No entanto, reformistas e revolucionaristas continuaram a confrontar-se, em diferentes versões, ao longo do século 20. No sentido mais amplo, portanto, o termo engloba todas as posições de esquerda que postulam a mudança do capitalismo nos marcos da legalidade democrática.

O cerne da divergência não se localizou, no primeiro momento, no objetivo geral do movimento, uma vez que havia relativo consenso a respeito do caráter do socialismo. Foram privilegiados os meios necessários para alcançá-lo, e a divergência transparece nas respostas dadas a três questões centrais de sua agenda. Em primeiro lugar, o papel do voto na luta dos trabalhadores. Em segundo lugar, a identidade dos agentes da mudança: os operários ou o conjunto de classes e frações nela interessados. Em terceiro lugar, o tempo e a forma do processo. A mudança é possível mediante a conquista acumulativa de reformas parciais no sistema, ou exige a preparação de um momento singular de ruptura radical?

Os reformistas optaram pela participação institucional, por políticas de apelo mais popular que classista e pela estratégia de reformas acumulativas. Os revolucionaristas, por sua vez, enfatizaram as diferentes formas de ação direta em detrimento do voto, políticas classistas antes que populares, e concentraram sua estratégia na preparação de um momento favorável à ruptura, uma conjuntura revolucionária.

O argumento revolucionarista fundava-se em teses clássicas do movimento, apresentadas com maior clareza por Marx e Engels: crises cíclicas, tendência à concentração dos capitais, simplificação da estrutura de classes, pauperização dos trabalhadores. Nessas condições, a injustiça e irracionalidade do sistema capitalista ganhariam rapidamente a consciência dos explorados. Uma vez que o voto era direito dos mais ricos, bloqueava-se o caminho institucional de mudança e restava a insurreição, a ser iniciada com a ocupação das ruas, como nas revoluções de 1848 e na Comuna de Paris, em 1870.

As propostas reformistas, por sua vez, procuraram apoio na crítica a essas teses, elaboradas por autores preocupados em atualizar a teoria marxista à luz das mudanças observadas no capitalismo. Segundo E. Bernstein, expoente dessa tendência, os dados comprovavam a insuficiência de algumas das hipóteses marxistas, em particular as tendências à simplificação da estrutura de classes e à pauperização dos trabalhadores.

A decisão mais importante foi a participação no processo eleitoral. Os socialistas transitaram do uso instrumental das eleições, com objetivos de propaganda e recrutamento, à aceitação integral das regras do jogo, com a participação em alianças nos segundos turnos, na partilha de cargos nas câmaras, em coalizões governamentais e, finalmente, assumindo a chefia desses governos de coalizão.

A participação eleitoral levou à adoção progressiva de políticas populares em detrimento de políticas classistas. Durante algum tempo, a tensão entre essas duas diretrizes foi mascarada pela expectativa, avalizada pela teoria, do crescimento ininterrupto da população operária, que viria a constituir a esmagadora maioria da população.

A participação operária no conjunto da população e o voto socialista cresceram, efetivamente, até a década de 1920. A partir daí, com a expansão do setor de serviços, a população operária começou a declinar e, em três décadas, passou de 40% a 20% da população total. Entre um e outro momento, os partidos reformistas transitaram das políticas classistas para as políticas populares, nas quais operários passaram a ser interpelados como cidadãos e suas reivindicações atendidas na condição de consumidores e usuários de políticas públicas.

Finalmente, a questão da transição. Com a conquista do sufrágio universal e a expectativa da maioria operária, formou-se a convicção da possibilidade de substituir por partes o capitalismo. O argumento de base, redivivo em todas as versões posteriores do reformismo, é simples. A democracia tem o dom de interromper o processo cotidiano de transformação de poder econômico em poder político e até de revertê-lo. A política, na qual o direito de voto é igual para todos, pode impor condições ao mercado, em que o poder decisório é proporcional à propriedade e à renda. Capitalistas devem submeter-se e incorporar em seu cálculo econômico exigências dos trabalhadores aceitas pela maioria e convertidas em lei.

O processo tenderia à retroalimentação constante, de modo que os ganhos dos trabalhadores seriam cumulativos, até o ponto em que a propriedade formal dos meios de produção perderia significação em termos de capacidade de decisão. Nas palavras do líder socialista francês Jean Jaurès, a transição para a nova sociedade seria lenta, inexorável e imperceptível, como a passagem de um navio pela linha do Equador.

Em sua primeira fase, a social-democracia reformista partilhava com os revolucionaristas a ideia geral de socialismo: o fim da propriedade privada, raiz da injustiça e irracionalidade inerentes ao sistema capitalista. A mudança seria gradual, acumulativa, institucional, porém em algum momento haveria um processo massivo de nacionalização das empresas. Até lá, socialistas na chefia de governos de coalizão, ainda minoritários, dispunham de duas alternativas. A primeira, propor a nacionalização das empresas a título pedagógico, como fez um governo liderado pelos sociais-democratas noruegueses, que durou apenas três dias. A segunda, usar o governo para promover mudanças pequenas aceitas pelos demais partidos, de interesse dos trabalhadores, foi seguida por todos os partidos reformistas que chegaram ao governo no período, dos sociais-democratas escandinavos aos trabalhistas britânicos.

A social-democracia não dispunha então de uma teoria econômica própria. Partilhava com os demais partidos a crença no padrão-ouro e na necessidade do equilíbrio orçamentário, variáveis consideradas no momento de modular as reivindicações salariais, que não deveriam afetar o investimento e, portanto, o emprego futuro. Seu traço diferencial estava na parcialidade distributiva em favor dos trabalhadores, seja diretamente seja na condição de cidadãos pobres, usuários de políticas públicas. As políticas típicas de um governo social-democrata da época foram a limitação da jornada de trabalho, o salário mínimo, a instituição do seguro-desemprego, políticas habitacionais populares e a tributação progressiva sobre a renda e a herança.

O quadro muda na sequência da Crise de 1929. Uma série de políticas anticíclicas passa a ser implementada em vários países. Seu fundamento teórico foi formulado por Keynes e o caso mais conhecido é o New Deal norte-americano, embora na mesma época políticas semelhantes tenham sido empregadas pelos governos socialistas da Noruega, Suécia e França.

Na verdade, a atribuição ao Estado do gerenciamento do nível da demanda, seja por meio de políticas de pleno emprego, seja mediante gasto público de qualquer espécie, criou um novo paradigma para a social-democracia. Primeiro, por defender a coincidência de interesses entre o bem-estar dos trabalhadores e a população como um todo. Segundo, por reconhecer no Estado uma capacidade de gestão capaz de prevenir tanto as crises cíclicas do capitalismo quanto as sequelas sociais do sistema. Na vigência do Estado de bem-estar social, a nacionalização deixou de ser necessária, uma vez que a ação estatal induziria os capitalistas a agirem como servidores da coletividade. O capitalismo, em vez de abolido, poderia ser domesticado.

O novo modelo sustentava-se em três pilares. Em primeiro lugar, a presença do Estado como agente econômico, provedor de insumos fundamentais para a economia, como energia, aço e transportes, a preços convenientes. Em segundo lugar, a promoção de políticas anticíclicas de prevenção e regulação de crises econômicas. Em terceiro lugar, a construção de uma rede de proteção social, com a pretensão de garantir a segurança econômica do trabalhador do berço ao túmulo. Integravam essa rede as políticas de saúde, previdência, assistência social, habitação, transporte, educação e todas aquelas necessárias ao atendimento de uma terceira geração de direitos posterior aos direitos civis e políticos, os direitos sociais.

No modelo, o Estado garante o lucro dos empresários e a segurança dos cidadãos, os empresários garantem o emprego e o salário, e os trabalhadores, ao legitimar o sistema por meio do voto, garantem a ordem. Iniciado na década de 1930, o novo modelo expandiu-se e consolidou-se depois de 1945 e perdurou sem maiores problemas até o final da década de 1970.

Ocorreu então outro momento de ruptura. A derrota trabalhista no Reino Unido em 1979, a vitória e posterior correção de rumos dos socialistas franceses em 1981, bem como a vitória do PSOE na Espanha, em 1982, demonstraram a falência do modelo. Em condições de globalização, a garantia pública do lucro privado perdeu eficácia e a mobilidade de capitais solapou o pleno emprego. Alternativas encontram-se em gestação, mas a experiência recente do socialismo europeu e de seus similares latino-americanos, como a Concertación chilena e o Frente Amplio uruguaio, confirma o diagnóstico: políticas de equidade devem conviver com a redução do Estado produtor de bens e a repactuação dos direitos sociais.

Ver: Classes Sociais/Luta de Classes; Democracia Representativa; Mudança Social; Social-Democracia; Socialismo

Referências Bibliográficas

GIDDENS, A. *A terceira via*. São Paulo: Record, 2005.

PRZEWORSKI, A. *Capitalismo e social-democracia*. São Paulo: Companhia das Letras, 1989.

VACCA, G. *Por um novo reformismo*. Brasília: Fundação Astrojildo Pereira; Rio de Janeiro: Editora Contraponto, 2009.

Regulação/Agências Reguladoras

Alketa Peci

Regulação é um conceito controverso, que reflete não apenas diversas posições conceituais e ideológicas, mas também sistemas políticos e de governança que variam de um país para outro.

No sentido mais amplo da palavra, regulação inclui o controle, pelo governo, do comportamento de entidades, como empresas, indivíduos ou diversos níveis governamentais (FOREMAN, 2001). Para Hood et al. (1999), trata-se de empregar a autoridade pública na elaboração e aplicação de regras e padrões, para empresas, cidadãos e entidades governamentais, sendo assim função do Estado. Essa perspectiva, inspirada em concepções formais e legais, concentra-se principalmente na construção e aplicação da regra e considera a regulação como parte indissociável do papel do Estado, aproximando-a do próprio conceito de políticas públicas (MINOGUE, 2005).

Outra concepção de regulação, dominante na literatura econômica, relaciona-a com a criação de condições para o funcionamento eficiente dos mercados. Nesse caso, a regulação refere-se ao uso do poder coercitivo do Estado para modificar decisões empresariais relativas a precificação, barreiras de entrada, produção, investimentos ou outros aspectos relacionados aos produtos (ROSE, 2001).

A partir dessa concepção, a regulação pode ser utilizada para: 1) controlar a entrada num dado mercado; 2) estabelecer as tarifas cobradas ao usuário, no caso dos serviços públicos de infraestrutura caracterizados como monopólios naturais (ex. energia elétrica); 3) limitar as práticas competitivas utilizadas pelas empresas por meio de leis de defesa da concorrência; e 4) melhorar a qualidade de determinadas práticas de trabalhos ou produtos, visando alcançar objetivos maiores tais como a defesa da saúde ou do meio ambiente.

Existe longo debate teórico na literatura acadêmica acerca dos benefícios ou problemas decorrentes da regulação, com defensores das duas abordagens.

Todos os governos regulam, mas as estruturas e a cultura política regulatórias diferem substancialmente de um país para outro. Os Estados Unidos, embora tenham servido de inspiração para as reformas regulatórias adotadas a partir da década de 1980 em países como o Reino Unido, apresentam especificidades importantes nesse campo.

Em termos históricos, a regulação surge no contexto norte-americano acompanhando a proliferação das atividades administrativas do Estado (PECI, 2007a). Seria difícil distinguir, nas primeiras entidades independentes instituídas no final do século 19, a função regulatória de outras funções administrativas. A primeira agência regulatória foi criada em 1887 com o objetivo de regular as ferrovias norte-americanas – a Interstate Commerce Comission (ICC). A ICC foi estabelecida como consequência da crescente indignação do público contra as práticas de abuso nas ferrovias. No entanto, seus poderes de *enforcement* foram expandidos no decorrer do governo Roosevelt. Os poderes impositórios da Comissão, assim como sua competência para determinar as taxas de retorno adequadas para as tarifas, foram progressivamente ampliados por meio de novas leis, baseadas em interpretações mais abrangentes, pela Suprema Corte, da Cláusula de Comércio presente na Constituição norte-americana.

A consolidação da regulação nos EUA coincide com a Grande Depressão dos anos 1930 e é influenciada pelo peso crescente das teorias econômicas keynesianas. Para muitos, a crise dos anos 1930 foi consequência direta da competição acirrada. Paralelamente, a influência do keynesianismo fortaleceu a convicção de que a regulação, como intervenção do Estado na economia, pode aliviar os efeitos dessa competição vista como "excessiva". Consequentemente, a visão mais favorável em relação à regulação presente nos EUA a partir do início do século 20 levou à criação e ao crescimento das estruturas governamentais criadas com essa finalidade.

Foi a partir de 1960 que a regulação cresceu na maioria dos setores, em decorrência dos esforços do governo federal e dos governos estaduais norte-americanos para controlar preços e a entrada de mercado nos principais setores de serviços públicos. As agências federais regulavam aspectos interestaduais de ferrovias, rodovias, aviação, telecomunicações, energia elétrica, televisão, gás natural, enquanto os governos estaduais regulavam as partes intraestaduais desses mesmos setores, estabelecendo assim um sistema descentralizado e compartilhado de funções regulatórias (BREYER, 1982).

O caráter intervencionista associado ao papel regulatório do Estado também inspirou, na contramão, as reformas relacionadas às entidades reguladoras. A onda neoliberal presente nas políticas governamentais a partir dos anos 1980, com o governo Ronald Reagan, associou a regulação à intervenção. A desregulamentação apresentou-se como um dos principais objetivos da reforma, marcando a extinção de diferentes agências reguladoras (como a ICC), a preferência para as regras do mercado e o desmantelamento dos marcos regulatórios existentes no país.

Novas teorias e ideologias ganharam poder e propagou-se a crítica da regulação e das estruturas regulatórias. Uma das mais conhecidas dessas críticas encontra-se no trabalho de Stigler (1975), que investiga uma intrigante pergunta: até que ponto os reguladores regulam? De acordo com o autor, a regulação não beneficia o consumidor, uma vez que torna mais difícil a concorrência e impede as liberdades individuais.

A análise histórica evidencia que a regulação se fez presente no contexto americano de forma cíclica, caracterizada por diferentes graus de intervenção regulatória. Dessa forma, distinguir a regulação do domínio inteiro da atividade governamental torna-se uma tarefa difícil e controversa (BREYER, 1982; WILSON, 1980). A intervenção do Estado norte-americano sempre se resumiu à regulação, no sentido mais amplo da palavra. As estratégias de reforma, dependendo das linhas políticas e ideologias, resumem-se, na sua grande maioria, a graus maiores ou menores de regulamentação (ou desregulamentação) e maior ou menor presença de estruturas burocráticas criadas para estes fins. Reformar o Estado significa ampliar ou reduzir suas funções regulatórias e as entidades instituídas para tais fins.

No Brasil, a retomada do discurso em torno da regulação tem suas raízes num dos principais vértices do processo de reforma do Estado, a desestatização, e é geralmente relacionada com a concepção econômica do termo. Durante os anos 1990, a estratégia de desestatização e privatização entrou com grande força na agenda pública e modificou substancialmente o perfil da economia brasileira, até então caracterizada pela predominância da intervenção direta ou indireta estatal em vários setores de infraestrutura e industriais. A entrada de empresas privadas nesses setores transferiu o eixo do padrão de produção e acumulação para o setor privado, evidenciando a necessidade de modificar o papel do Estado, que deveria passar de produtor e interventor direto na vida econômica para um papel regulador (PECI, 2007b).

Acompanhando a experiência internacional, o Brasil optou por criar agências reguladoras, de natureza independente, em vários setores da economia. Todavia, tal criação não resultou de uma discussão prévia dos conceitos básicos do modelo de regulação. O processo foi impulsionado pelas diretrizes do Banco Mundial e buscou inspiração em diversas experiências internacionais, especialmente do Reino Unido. Entretanto, boa parte das agências foi criada após a desestatização de vários importantes setores da economia, como os de energia elétrica e transportes.

A primeira referência às agências reguladoras surgiu no Plano Diretor da Reforma do Aparelho de Estado, idealizado pelo Ministério de Administração e Reforma do Estado (MARE, 1995). O documento apresentava estratégias que visavam a enfrentar os principais obstáculos à implementação de um aparelho de Estado moderno e eficiente. Paralelamente, baseava-se no diagnóstico de que existia uma crise do Estado – que se manifestava em seus aspectos fiscais, patrimoniais e gerenciais –, questionava o próprio papel do Estado nesse contexto de crise e propunha um conjunto de medidas de cunho administrativo-gerencial, baseado na premissa de que as instituições públicas devem tornar-se mais "parecidas" com o mercado.

De acordo com o Plano Diretor, seria importante distinguir três níveis de atividades do Estado: o núcleo estratégico (ao qual incumbe a formulação das políticas públicas), as atividades exclusivamente estatais (desempenhadas pelas agências autônomas) e os serviços não exclusivos (desempenhados pelas organizações sociais). Como Costa (1999) destaca, as "agências autônomas" caracterizam dois tipos diferentes de entes públicos: as agências executivas e as agências reguladoras em questão. As primeiras dizem respeito a uma estratégia de flexibilização da gestão de organismos responsáveis por funções exclusivamente estatais. Quanto às agências reguladoras, referem-se a uma ação mais efetiva do Estado na regulação dos serviços públicos concedidos e de áreas econômicas importantes para o país, como no caso do petróleo.

As primeiras agências reguladoras foram criadas no período 1995-1998, em importantes setores de infraestrutura, como a Agência Nacional de Energia Elétrica (Aneel), Agência Nacional de Telecomunicações (Anatel) e a Agência Nacional de Petróleo (ANP). A seguir, a regulação expandiu-se para a área social, criando-se, em 1999-2000, a Agência Nacional de Vigilância Sanitária (Anvisa), a Agência Nacional de Saúde Suplementar (ANS) e a Agência Nacional de Água (ANA). Durante o período 2001-2002, foram criadas a Agência Nacional do Cinema (Ancine), a Agência Nacional de Transportes Terrestres (ANTT) e a Agência Nacional de Transportes Aquaviários (Antaq). Mais recententemente, destaca-se a criação da Agência Nacional de Aviação Civil (Anac).

O avanço da reforma regulatória é mais visível quando se considera que, a partir de 1997, as agências começam a proliferar também nos níveis estadual e municipal. A Agência Estadual de Regulação dos Serviços Públicos Delegados do Rio Grande do Sul (Agergs), a Comissão de Serviços Públicos de Energia (CSPE-SP) e a Agência de Regulação de Serviços Públicos de Energia, Transportes e Comunicação da Bahia (Agerba) são apenas algumas das agências criadas no nível estadual, exemplificando a tendência de estabelecimento de entes regulatórios nos Estados. Quanto aos municípios, também se envolveram nessa mesma trajetória, criando agências reguladoras em áreas como saneamento básico e transportes urbanos.

Ver: Agências; Economia de Mercado ; *Enforcement*; Estado; Mercado

Referências Bibliográficas

BREYER, S. G. *Regulation and its reform*. Cambridge, Mass.: Harvard University Press, 1982.

COSTA, F. L. Reforma do Estado: restrições e escapismos no funcionamento das agências autônomas. *Revista de Administração Pública*, Rio de Janeiro, v. 33, n. 2, p. 191-199, mar./abr. 1999.

FOREMAN, C. H. Regulatory agencies. In: SMELSER, N. J.; WRIGHT, J.; BALTES, P. B. *International encyclopedia of the social & behavioral sciences*. [S.l.]: Elsevier, 2001.

HOOD, C. et al. *Regulation inside government:* waste--watchers, quality police, and sleaze-busters. Oxford: Oxford University Press, 1999.

MINOGUE, M. *Apples and oranges:* problems in the analysis of comparative regulatory governance. Manchester: University of Manchester, 2005. (CRC Working Paper Series, 94.)

PECI, A. Regulação comparativa: uma (des)construção dos modelos regulatórios. In:______. *Regulação no Brasil:* desenho, governança, avaliação. São Paulo: Atlas, 2007a. p. 72-92.

______. A reforma regulatória nos anos 90: uma reflexão crítica à luz do modelo de Kleber Nascimento. *Revista de Administração Contemporânea - RAC*, Curitiba, v. 11, n.1, p. 11-30, 2007b.

ROSE, N. L. Political economy of regulation. In: SMELSER, N. J.; WRIGHT, J.; BALTES, P. B. *International encyclopedia of the Social & behavioral sciences*. [S.l.]: Elsevier, 2001.

STIGLER, G. J. *The citizen and the State:* essays on regulation. Chicago: University of Chicago Press, 1975.

WILSON, J. Q. *The politics of regulation*. New York: Basic Books, 1980.

Regulação Federal

Daniel Arias Vazquez

Limites de gasto e de endividamento, vinculação de receitas, fundos cativos e transferências condicionadas são exemplos de mecanismos institucionais criados pelo governo federal para estimular os governos executores das políticas a adotarem ações formuladas centralmente, e, ao mesmo tempo, são formas de coordenação para impor o compromisso com o ajuste, prioridades de gasto e um padrão nacional para a oferta descentralizada.

O termo "regulação" provém das análises institucionalistas (*new-institucionalism theory*) que condicionam o alcance dos resultados esperados à criação de regras que orientam e dão forma às relações entre os agentes, ajudando-os a formular expectativas sobre o comportamento dos demais (WEAVER; ROCKMAN, 1993). Tais instituições embutem incentivos positivos (prêmios) e negativos (punições) que afetam as decisões dos agentes econômicos, fornecendo condições necessárias para o funcionamento minimamente eficiente de mercados (STIGLITZ, 2002).

A definição acima pode ser facilmente adaptada para explicitar a importância das instituições para a coordenação federativa, pois elas ditam regras e colocam incentivos que condicionam a decisão dos governantes locais em direção a um comportamento esperado, convergente às diretrizes da política econômica (TER-MINASSIAN, 1997) e da estratégia social (SOUZA, 2002), definidas centralmente.

No Brasil, a aprovação de matérias que afetam a autonomia dos governos subnacionais no Congresso Nacional teve como justificativa, pelo lado econômico, a necessidade de as esferas menores de governos colaborarem para que se alcancem as metas de superávit primário e da relação dívida/PIB para o setor público consolidado, já que essas esferas respondem por mais de 40% do gasto público no Brasil; pelo lado social, tampouco seria possível avançar nos indicadores sociais sem a colaboração dos governos subnacionais que, além de responsáveis pela execução das políticas de educação, saúde e assistência social, precisavam aumentar a parcela de recursos estaduais e municipais destinada a essas áreas, a fim de ampliar a cobertura e a qualidade dos serviços sociais prestados.

As reformas institucionais, implantadas a partir de 1995, provocaram mudanças no *status quo* federativo e na prática das relações intergovernamentais que resultaram na ampliação da capacidade de regulação da União sobre as políticas executadas por estados e municípios (MELO, 2005). No entanto, longe de representar uma ruptura com o arranjo federativo definido em 1988, as reformas implementadas regulamentaram dispositivos já estabelecidos no texto constitucional, como no caso das finanças públicas, ou surgiram de emendas constitucionais que visavam consolidar princípios constitucionais, como a efetiva descentralização das políticas de saúde e educação (ARRETCHE, 2009).

A implementação da regulação federal exigiu que se construíssem estratégias diferenciadas, com o intuito de garantir a ampliação da eficácia das mesmas e a adesão dos governos subnacionais envolvidos (VAZQUEZ, 2010). Para cada tipo de política, foram consideradas as especificidades e a participação de cada esfera de governo na oferta e no financiamento das políticas em reforma, ou seja, o legado da política influenciou a formulação da estratégia mais adequada, pois só assim seria possível gerar os incentivos corretos para obter dos governos locais o comportamento esperado.

O primeiro passo, portanto, foi definir o grau de mudança necessário no aparato legal para a implantação dos novos mecanismos de regulação:

- Emendas Constitucionais (EC) foram necessárias para vincular receitas disponíveis aos governos subnacionais ou para alterar o padrão de financiamento das políticas descentralizadas, quando são custeadas basicamente por recursos próprios dos governos estaduais e municipais;
- Leis Complementares foram elaboradas para regulamentar matérias já presentes no texto constitucional;
- Portarias e Normas ministeriais foram editadas para definir um padrão nacional de execução das políticas descentralizadas, as quais eram financiadas em boa medida por recursos transferidos pelo governo federal

O segundo passo foi definir os instrumentos de coordenação federativa e os incentivos colocados para a adesão dos governos locais, os quais devem ser adequados ao tipo e às características da política em análise. Dentre esses mecanismos, destacam-se quatro tipos:

- Vinculação de receitas, com o intuito de direcionar recursos descentralizados para áreas definidas como prioritárias. Consequentemente, o gasto dos governos subnacionais passa a depender menos das decisões dos governantes, os quais estão constitucionalmente obrigados a aplicar, por exemplo, 25% de suas receitas em educação e 15% em saúde;
- Regras e Punições impostas por legislação federal que estabelecem limites de gasto (com pessoal, por exemplo) e tetos de endividamento, afetando também a autonomia das esferas menores de governo na alocação dos recursos, estabelecendo também punições em caso de descumprimento. É o caso da Lei de Responsabilidade Fiscal (LRF), que disciplina as finanças públicas das três esferas de governo;

• Fundos multigovernamentais são compostos de receitas das três esferas de governo, cujos recursos são destinados ao financiamento de programas sociais executados localmente, a partir da disponibilização de receitas em proporção à oferta desses programas pelos estados e, principalmente, pelos municípios, a partir de critérios próprios da política (oferta). Esse mecanismo foi adotado no financiamento da educação no Brasil com a criação do Fundef e, posteriormente, com o Fundeb;

• Transferências condicionadas preveem repasses federais vinculados à oferta por parte dos governos estaduais e municipais de programas definidos como prioritários, estimulando a oferta descentralizada desses programas, sob diretrizes definidas centralmente. Essa estratégia é utilizada principalmente no financiamento das políticas de saúde e assistência social no Brasil, cujo financiamento é em boa parte feito com repasses da União (via transferências do SUS/SUAS), mas os programas são executados localmente.

Diante das especificidades de cada política e dos diferentes arranjos institucionais utilizados, cabe verificar a eficácia dos diferentes mecanismos de regulação em obter a adesão dos governos subnacionais e no alcance dos resultados esperados em cada política regulada. No caso brasileiro, constatou-se que a LRF garantiu um equilíbrio fiscal e que foram registrados avanços significativos em relação à ampliação da oferta de matrículas de ensino fundamental após a introdução do Fundef; e na produção de ações de atenção básica de saúde, com redução das desigualdades na cobertura e no financiamento dessas políticas (VAZQUEZ, 2010).

A regulação federal introduzida pelas reformas nas instituições orçamentárias e nos desenhos das políticas sociais exige uma reinterpretação do federalismo brasileiro que – apesar do *status* de ente federado autônomo concedido aos municípios e da elevada participação das esferas subnacionais no gasto público após a promulgação da Carta de 1988 – possui governo central forte, capaz de influenciar as decisões alocativas dos governos locais por meio de regras definidas centralmente, as quais estabelecem um padrão nacional de atuação descentralizada.

Ver: Agências; Economia de Mercado; Estado; Mercado; Reforma do Estado

Referências Bibliográficas

ARRETCHE, M. Continuidades e descontinuidades da Federação brasileira: de como 1988 facilitou 1995. *Dados - Revista Brasileira de Ciências Sociais*, Rio de Janeiro, v. 52, n. 2, p. 377-423, jun. 2009.

MELO, M. A. O sucesso inesperado das reformas de segunda geração: federalismo, reformas constitucionais e política social. *Dados - Revista Brasileira de Ciências Sociais*, Rio de Janeiro, v. 48, n. 4, p. 445-489, dez. 2005.

SOUZA, C. Brazil: the prospects of a center-constraining federation in a fragmented polity. *Publius. The Journal of Federalism*, Oxford, v. 32, n. 2, p. 23-48, mar. 2002.

STIGLITZ, J. E. *A globalização e seus malefícios*. São Paulo: Futura, 2002.

TER-MINASSIAN, T. *Fiscal federalism in theory and pratice*. Washington: IMF, 1997.

VAZQUEZ, D. A. *A regulação federal como mecanismo de ajuste*: uma análise da lei fiscal e do financiamento das políticas de educação e saúde. Tese (Doutorado em Desenvolvimento Econômico) - Universidade Estadual de Campinas, Campinas, 2010.

WEAVER, R. K.; ROCKMAN, B. A. *Do institutions matter?* Washington: Brookings Institution, 1993.

Relativismo Social e Cultural

Lilia Moritz Schwarcz

Anotar a existência da diferença social e não transformá-la em sinônimo de inferioridade ou falta de algo foi sempre um problema para a humanidade. Gregos e romanos chamaram de bárbaros todos aqueles que não eram eles mesmos; tratavam-se de "outros", fossem eles quem fossem e de onde viessem. O catolicismo religioso, que dominou a civilização ocidental durante o período medieval, cunhou novo termo para dar conta daqueles que escapavam a seu jugo: chamou de hereges os que não professavam sua fé e tentou assim converter a todos. Processo semelhante ocorreu no contexto da descoberta da América. Nesse momento em que se descobria uma nova humanidade e em que se discutia se teriam esses nativos alma ou não, novos nomes e termos passaram a fazer parte dessa cartografia de adjetivos: primitivos, polígamos e canibais eram eles, "com certeza".

O importante é constatar que fomos sempre, e somos, muito etnocêntricos, no sentido de que só conseguimos julgar os outros a partir de nossos próprios valores e convenções. Mas se a constatação da diferença é antiga, foi no século 19 que se criou uma escola de pensamento, que logo se converteu em verdadeiro paradigma de época, a lidar e fazer ciência a partir dessa visão etnocêntrica. O evolucionismo social, que consagrou autores como Morgan, Tylor e Fraser, representou o auge dessa perspectiva, ao dividir a humanidade em superiores e inferiores, e apostar que ela se desenvolvia por etapas fixas, tendo sempre a Europa no seu cume e projeção. É desse contexto, também, o suposto de que o progresso era obrigatório e único e que estávamos todos condenados a ele. O modelo era não só ocidental, como pressupunha um só processo de desenvolvimento e organização biológica, cultural e social igualmente europeu.

Foi com o objetivo de se opor, fortemente, a esse modelo que se criou uma nova escola, já no século 20, denominada de culturalismo norte-americano. Um de seus pilares estava alocado, justamente, no conceito de relativismo cultural, e no suposto de que culturas criavam valores, linguagens e modos de vida em tudo variados e nem por isso valorativamente desiguais. O pai fundador dessa escola foi Franz Boas, que de alguma maneira deu início à nova tradição, sendo conhecido o debate público que entabulou com W. Mason, um evolucionista convicto. Mason partia do suposto de que seria possível, tendo como base o momento atual, imaginar o passado e diferenciá-lo em etapas distintas de evolução. Seu método consistia em considerar que, diante de efeitos semelhantes (que era o que se podia analisar no presente), poder-se-iam prever mesmas causas. Explicava ele, por exemplo, que povos que usavam máscaras (e apresentavam os mesmos "efeitos") deveriam responder a uma mesma "causa" (isto é, pertenceriam ao mesmo estágio de desenvolvimento). Já Boas inverteria os termos da equação, ao dizer que mesmos efeitos poderiam e deveriam ter causas diferentes e vice-versa. Estava assim fundada a noção de relatividade social e, sobretudo, cultural.

O próprio Franz Boas, originalmente um físico alemão, defendeu tese sobre a coloração da água, e mostrou como ela mudava sob efeito da luz do sol, do clima e de outros variantes. Seus discípulos dariam continuidade aos argumentos. Margareth Mead, por exemplo, escreveu o livro *Sexo e temperamento* em 1935, quando demonstrou como diferentes povos pensavam no matrimônio, nas relações de gênero e na própria maternidade de maneiras em tudo distintas. A antropóloga entrou assim no coração da moral vitoriana, mostrando como até mesmo a sexualidade não poderia ser definida como um dado da natureza; era antes uma construção social e cultural. Ruth Benedict, outra discípula dileta, publicou *Padrões de cultura* em 1934, com o objetivo de mostrar como cada sociedade carregava suas próprias regras morais. Em 1946, escreveria *O crisântemo e a espada* quando, em pleno período de guerra, explicou como os japoneses tinham outras concepções sobre vida, morte, velhice. Se a obra servia para melhor entender, e mesmo dominar, os inimigos do Eixo, por outra parte alertava sobre diferenças culturais fundamentais que não seriam transpostas por efeito do progresso, da urbanização ou da industrialização ocidental.

O conjunto das obras também funcionava como um alerta contra o racismo e suas decorrências funestas. Não há como esquecer que, a essas alturas, andávamos no período de guerras e logo os campos seriam abertos, revelando as potencialidades destruidoras de políticas sociais pautadas em dados essenciais e ontológicos, como raças. O etnólogo francês Claude Lévi-Strauss tomaria parte ativa nessa "verdadeira cruzada cultural", ao publicar, em 1952, *Raça e história* e analisar como as culturas eram relativas entre si. As culturas não eram reféns, pois, de sua constituição biológica; ao contrário, construíam contextual e historicamente suas próprias especificidades.

A antropologia cultural nascia nesse momento, revelando como a humanidade era, de fato, diferente. A disciplina retomava, ainda, as máximas da Ilustração francesa. Afinal, fora Montaigne quem em pleno século 16 concluíra que "a humanidade era vária". Em *Os canibais*, de 1580, defendia ele, de maneira absolutamente premonitória, uma noção relativa da humanidade do Novo Mundo. Pautado pelas guerras de religião, que assolavam a Europa naquela época, o filósofo francês fez de seu texto um exercício de relatividade, quando encontrou mais lógica na maneira como os Tupinambás realizavam a guerra do que nos hábitos ocidentais. Não via "nada de bárbaro ou selvagem no que dizem daqueles povos", pois na verdade "cada qual considera bárbaro o que não pratica em sua terra". As palavras do pensador evidenciavam de que maneira a alteridade apresentada por aqueles homens punha em xeque as próprias certezas arraigadas do momento.

Esse tipo de concepção ganharia força no século 20, a partir de uma noção dinâmica do conceito de cultura e da certeza de que culturas são sempre vivas, estão a todo momento em movimento e comportam-se de maneira em tudo avessa a prisões de qualquer ordem. Ademais, não existiria nenhuma correlação entre cultura e raça, sendo esse um conceito criticado pela biologia e considerado apenas efeito estatístico.

Encontramo-nos, portanto, entre dois movimentos. Defender a diferença absoluta já levou a racismos de toda ordem. Mas o absoluto relativismo também assusta, e muito. Não poucos intelectuais têm se oposto a esse movimento, alegando que existem limites morais para tanta ponderação. O importante é que o relativismo foi fundamental na construção de vários movimentos sociais de defesa de minorias, está na base de políticas de autoestima de grupos marginalizados ou minoritários, assim como animou o surgimento de uma disciplina como a antropologia social. Na base dessa área está Merleau-Ponty, que certa vez a definiu como "a maneira de pensar quando o objeto é outro e exige nossa própria transformação".

Compreender o outro, de maneira relativa, não significa torná-lo exótico e diferente; implica estranhar a si próprio e sair assim transformado dessa relação. Esse tipo de filosofia levaria a evitar tantas certezas em nome das quais criamos uma espécie de segunda natureza, recoberta pela cultura. Como afirmou certa vez o antropólogo norte-americano Clifford Geertz, "se quiséssemos verdades caseiras deveríamos ter ficado em casa".

Ver: Coesão Social; Igualdade

Referências Bibliográficas

BOAS, F. *Antropologia cultural*. Rio de Janeiro: Zahar, 2004.

GEERTZ, C. Anti anti-relativismo. In: ______. *Nova luz sobre a antropologia*. Rio de Janeiro: Jorge Zahar, 2001.

LÉVI-STRAUSS, C. *Raça e história*. São Paulo: Martins Fontes, 1975.

MERLEAU-PONTY, M. *De Mauss a Claude Lévi-Strauss*. São Paulo: Abril Cultural, 1984. p. 199-200.

Renda Mínima

LUCIANA DE BARROS JACCOUD

A proposta de garantia de acesso a uma renda mínima para as pessoas ou famílias em situação de pobreza ou necessidade está há longo tempo presente no debate social, inspirando um amplo e diversificado conjunto de experiências e programas. O termo remete a políticas públicas que visam garantir o acesso a recurso monetário para aqueles que não tenham renda suficiente para suprir suas necessidades essenciais. É assim um instrumento de luta contra a pobreza, e seus benefícios, de natureza não contributiva, seriam financiados por impostos gerais e operados sob o princípio da solidariedade. Os programas de renda mínima se distinguem das políticas de seguro social não apenas porque independem da existência de cotizações prévias a um fundo público, como também pelo fato de não buscarem assegurar a proteção contra os riscos sociais.

A operacionalização do princípio da renda mínima pode ser encontrada já na Inglaterra, com a adoção da Lei Speenhamland, de 1775, que modificou as formas de proteção social adotadas naquele país desde a chamada "Lei dos Pobres" (1536), estabeleceu um piso mínimo de renda associado ao preço do pão e determinou a complementação salarial pelo poder público para os que estivessem abaixo daquele piso. Tal sistema, objeto de avaliações controversas, acabou abolido em 1834. Mas os programas de renda mínima reapareceram no século 20. Visavam, em um primeiro momento, responder sobretudo a situações específicas de pobreza associada a vulnerabilidades – como nos casos da velhice, da infância e da deficiência. Nas últimas décadas do século 20 tais programas ganharam novo impulso, voltando-se para populações em idade ativa, quer privadas do trabalho, quer com rendas do trabalho insuficientes em face da definição de certas necessidades consideradas básicas.

Os programas de renda mínima expandiram-se dotados de uma efetiva diversidade. Nos países da Europa, três são os dispositivos de renda mínima mais frequentes: a renda mínima para idosos, a garantia de renda para pessoas com deficiência e a renda mínima garantida, voltada a adultos ou a famílias em situação de pobreza. Em 2005, enquanto na França eram encontrados nove programas de renda mínima, a Finlândia operava apenas um. Mesmo comparando programas similares, as características são frequentemente variáveis nos diferentes contextos nacionais. Em alguns países são efetivados como direito individual; em outros, como direito familiar. No caso dos programas de renda mínima garantida, na maioria dos países sua duração é ilimitada, mas em alguns, como na Itália ou Espanha, a renovação deve ser demandada anualmente. Os valores dos benefícios, os índices de indexação do benefício e a idade mínima de acesso são outras características que sofrem grande variação (HORUSITZKZ et al., 2006).

A heterogeneidade observada entre os formatos, mas sobretudo entre os objetivos dos programas de renda mínima, reflete largamente as características gerais dos sistemas de proteção social (GROULX, 2005). Em modelos assentados sobre um forte pilar de seguro social – sistemas ditos bismarckianos –, os programas de renda mínima visam, em grande medida, atender às insuficiências de cobertura dos programas contributivos. Nos sistemas baseados em amplos programas universais, os programas de renda mínima têm papel distinto. Nos países nórdicos, a limitada atuação dos programas de renda mínima está relacionada à existência de uma ampla cobertura dos programas de garantia de renda, sejam contributivos ou não contributivos. Assim, a inexistência de um programa de renda mínima para idosos na Dinamarca e na Finlândia explica-se pelo fato de o sistema previdenciário contar, como seu primeiro pilar, com um benefício universal não condicionado aos patamares de renda dos beneficiários. Nos países de tendência liberal, como a Inglaterra, um patamar de proteção aos mais pobres é garantido na forma de renda mínima, mas seus valores limitados reduzem o impacto desses programas. De fato, as experiências de renda mínima permitem identificar os programas cujos objetivos voltam-se para o combate à pobreza absoluta e a garantia de mínimos considerados vitais, e os programas que visam reduzir as desigualdades de renda e cujo valor do benefício é geralmente mais expressivo, tendo como referência o conceito de pobreza relativa.

A ampliação dos programas de renda mínima que objetivam beneficiar as pessoas em idade ativa vem trazendo novas perspectivas para os sistemas de proteção social. Esses programas têm buscado responder aos novos desafios do mercado de trabalho nos países desenvolvidos, afetados, desde os anos 1980, por altas taxas de desemprego de longa duração, assim como de trabalho parcial e de curta duração. Os mínimos voltados às pessoas aptas ao trabalho têm sido acompanhados, em número crescente de países, de dispositivos de inserção no mercado de trabalho. Esse movimento, denominado "ativação" da proteção social, teria como objetivo a redução da dependência, a promoção da autonomia e a ampliação das oportunidades para a população em idade ativa. As políticas de ativação vêm sendo acusadas de restringir direitos e propiciar a inserção precária no mercado de trabalho. As análises dessas reformas têm apontado, entretanto, para a complexidade das experiências, com distintas trajetórias no esforço de integração entre os programas de renda mínima e as políticas de emprego e renda (BARBIER, 2004).

Nos países da América Latina, marcados por sistemas de proteção social largamente assentados no seguro social, o desenvolvimento de programas de renda mínima passou a ser frequente a partir da década de 1990. Nessa região, observa-se a expansão de programas de renda mínima condicionada, também chamados programas de transferência de renda condicionada. Esses programas, focalizados nos segmentos mais pobres da população, são associados ao cumprimento de contrapartidas pelas famílias beneficiárias. Pretendem não apenas garantir o atendimento das necessidades básicas por meio de um aporte de renda, mas também estimular o desenvolvimento das capacidades e dos ativos das famílias pobres, visando à superação de sua condição de pobreza.

Outras propostas no campo da renda mínima vêm ganhando destaque no debate internacional, devendo ser lembradas a do Imposto de Renda Negativo e a da Renda Básica de Cidadania, que têm em Friedman e Van Parijis, respectivamente, seus mais conhecidos formuladores. Sem escopo universal, programas de Imposto de Renda Negativo vêm sendo implementados em vários países – Estados Unidos (1975), Inglaterra (1999) ou França (2001), em benefício de famílias cujas rendas advindas do trabalho se mostram excessivamente baixas. Para seus defensores, tais programas evitam os incentivos perversos dos demais programas de renda mínima, estimulando os pobres a ajudarem a si próprios e promovendo sua inserção no mercado de trabalho. A Renda Básica de Cidadania (*Basic Income*), por sua vez, pretenderia garantir o acesso a um benefício universal, pago individualmente e sem nenhuma forma de contrapartida a ela associada. Implementado apenas no Alasca, o programa garantiria o acesso ao benefício independentemente do nível de renda, da capacidade para o exercício do trabalho ou da inserção no mercado de trabalho. A Renda Básica de Cidadania poderia ou não estar associada à adoção de uma renda monetária única, que substituiria as diferentes modalidades de programas de renda mínima ou mesmo de garantia de renda existentes em um país. Mas, para seus defensores, efetivaria a condição de cidadania, superando a estigmatização e as armadilhas que caracterizariam outros programas de renda mínima, assegurando a emancipacão dos cidadãos do estado de necessidade.

Ver: Cidadão/Cidadania; Garantia de Renda; Estado; Política Social; Risco Social; Seguro Social; Seguridade Social; *Welfare State*

Referências Bibliográficas

BARBIER, J-C. Systems of social protection in Europe: two contrasted paths to activation, and maybe a third. In: LIND, J.; KNUDSEN, H.; JORGENSEN, H. (Eds.). *Labour and employment regulation in Europe*. Brussels: PIE-Peter Lang, 2004.

FRIEDMAN, M. *Capitalismo e liberdade*. São Paulo: Arte Nova, 1977.

GROULX, L-H. *Revenu minimum garanti*: comparaison internationale, analyses et débats. Montreal: Presses de l'Université du Québec, 2005.

HORUSITZKY, P.; JULIENNE, K.; LELIÈVRE, M. *Un panorama des minima sociaux en Europe*. Paris: Drees, 2006. (Serie Études et Résultats, 464.)

VANDERBORGHT, Y.; VAN PARIJIS, P. *Renda básica de cidadania*: fundamentos éticos e econômicos. Rio de Janeiro: Civilização Brasileira, 2006.

Representação

RENATO JANINE RIBEIRO

Representar é tornar presente o ausente, falando ou agindo em nome dele. Em certos casos, como na Justiça, o representado até pode estar presente, mas só o advogado – seu procurador – fala por ele. A representação pode ocorrer em juízo, na política, nos negócios e até na linguagem, porque uma palavra – "mesa, *table*, *Tafel*" – representa um conteúdo mental, que nos casos mencionados é, em português e espanhol, em inglês e francês, em alemão, o mesmo.

Aqui nos interessa essencialmente a representação em sentido político.

Distingamos dois tipos de representação. Na primeira, um representa um. Se não puder ir à reunião do condomínio, autorizarei alguém de minha confiança a votar por mim. Na verdade, essa pessoa pode até comparecer com procurações de vários moradores, mas o fato é que ela representa, um por um, gente que compartilha seus valores. O exemplo mais simples é quando uma pessoa delega a outra uma tarefa única, que cumprirá em seu nome: por exemplo, o vestibulando que sai de férias e deixa ao pai um documento para que ele o matricule no curso em que for aprovado. Nesses casos, sempre se espera que o representante seja fiel ao representado. Contudo, esse é um dos problemas mais cruciais da democracia representativa: a impossibilidade de assegurar – ou porque mudaram as circunstâncias, ou porque o governo atrai com seu poder parte dos opositores – a fidelidade dos eleitos a seus eleitores.

A outra ideia de representação é bem mais complexa. Nela, as vontades *divergentes* de muitas pessoas se fazem representar por uma só voz. O plural é reduzido ao singular, o diferente ao único. Em nosso exemplo da assembleia condominial, pode um condômino trazer quatro procurações, e outro seis, mas o importante não é o confronto de seis contra quatro, e sim o fato de que, desse enfrentamento, sairá uma decisão única do condomínio. No caso anterior, o representante era quase um decalque do representado. Aqui, um processo mais sofisticado de representação faz que de vontades opostas das partes surja uma vontade única do todo. No exemplo, a vontade única do condomínio será a da maioria – que deixa de ser a vontade de apenas seis, para tornar-se a vontade do coletivo.

Não foi nada fácil gerar essa forma mais complexa de representação. Aparentemente, seu desenvolvimento é medieval. Teríamos tido, nos primeiros séculos da Idade Média, a ficção da unanimidade. Para que o colegiado de uma catedral ou diocese, ou uma assembleia de nobres ou plebeus, tomasse uma decisão, fingia-se que havia sido adotada por todos. Segundo o historiador Gaines Post, porém, diante do fato inarredável de que há divergências, com o passar do tempo se começa a dizer que a decisão foi da *maior et sanior pars*, da parte maior e mais saudável (ou sã). A expressão é rica em ambiguidade: a parte maior é fácil de identificar, mas é o caráter mais são que fundamenta o resultado. A quantidade é evidente e incontestável, mas o que legitima é a qualidade, sempre difícil de determinar. Em outras palavras, é possível que inicialmente o principal fosse a posição da parte *sanior*, mas que com o passar do tempo se transferisse a decisão para a parte *maior*: isso mostra que não era nada óbvio, para nossos antepassados, que a decisão da maioria bastasse para atar a minoria.

Temos aqui um princípio que será importante nas democracias. Um valor democrático fundamental é que o derrotado, ao aceitar participar do jogo eleitoral, aceitou suas regras e portanto acata o resultado das urnas – sob a condição, é óbvio, de que o vitorioso também tenha seguido o que foi convencionado. Mas não se trata apenas de um jogo. Quem enfatiza as regras do jogo, na democracia, são os que a entendem como um procedimento. Mas, antes de chegar a isso, é preciso uma estrutura mental que implique que o vitorioso represente todos, inclusive os perdedores.

Como ficam, neste contexto, a democracia direta e a representativa? É praxe os estudiosos da política louvarem a democracia ateniense por ela ser direta, isto é, por todos os cidadãos terem o direito de deliberar na praça em que as coisas se decidiam, a *ágora*. Seu empenho nisso era tal que, segundo o historiador Moses Finley, chegavam a ocorrer 40 assembleias por ano, uma a cada mais ou menos nove dias. Ao contrário, a modernidade pratica a democracia representativa, em que não vamos pessoalmente à praça, mas elegemos representantes para decidir em nosso nome. Há várias razões para isso, inclusive o tamanho de nossos países e a impossibilidade prática de juntar num único lugar a população inteira, mas o fator principal é a importância maior que damos à vida privada, em detrimento da pública, como observou, em 1819, o pensador franco-suíço Benjamin Constant. Mas a democracia moderna é representativa somente no primeiro sentido que definimos acima: cada um que vota no Parlamento, hoje, o faz em nome de milhares de ausentes. Contudo, se passamos ao segundo sentido de representação, a decisão do Parlamento ou a do eleitorado inclui tanto os votos favoráveis quanto os desfavoráveis. Dessa dessemelhança por vezes extrema sai uma única vontade, que representa o conjunto da sociedade ou, pelo menos, o da assembleia em questão.

Obviamente, porém, a decisão desse coletivo só vale nos limites em que ele legalmente representa os seus membros. A assembleia do condomínio pode deliberar sobre a ocupação das áreas comuns no prédio, mas não pode proibir pessoas não casadas de dividir o mesmo teto: isso fugiria a sua competência. Da Câmara dos Comuns britânica, dizia-se no século 19 que podia tudo, menos transformar um homem em mulher; com isso, significava-se que o único limite a sua competência era a própria natureza humana, não podendo ela fazer algo que, à época, se reputava impossível. Tirando isso, era soberana em tudo. Mas, normalmente, os coletivos podem deliberar num âmbito limitado e mutável. Por exemplo, nos últimos anos a Justiça derrubou certas normas condominiais que proibiam a presença de animais domésticos nos apartamentos: o que antes pertencia à jurisdição do condomínio se tornou matéria de direito pessoal.

De todo modo, na decisão pela maioria que se torna vontade de todos, o pressuposto é o que os medievais teorizaram com o nome de *persona ficta*, pessoa fictícia. Na Idade Média, basicamente se consideram *personae fictae* o que nós chamamos de Estado e a Igreja (com, claro, dioceses, abadias etc.). É por isso que o capítulo de uma catedral pode deliberar pela sua *maior et sanior pars*. A pessoa fictícia precisa ser credenciada pelo poder público e seu número é baixíssimo nesse período; mas o importante é que uma pessoa artificial se constitua, detentora de direitos e de obrigações. Comparando com a moderna pessoa jurídica, diríamos que essa também deve ser constituída segundo a lei, mas chega ao número de dezenas de milhões, abrange empresas e organizações não governamentais, e o papel do Estado é apenas referendar sua criação, não é criá-las uma a uma.

Pessoas fictícias assim decidem, geralmente, pelo voto da maioria. Por isso, elas se tornam – modernamente – ligadas à democracia. No capítulo da catedral, votavam alguns. A decisão pela maioria já existia, mas essa maioria não era de todos: a sua "membrezia" (*membership*) era limitada. Nos últimos dois séculos e meio, porém, a representação se soma à igualdade, para determinar que todos tenham direito a participar da deliberação. Somos todos iguais em direito, mesmo que não o sejamos de fato. É precisamente o fato de sermos diferentes naquilo que somos – homens ou mulheres, negros ou brancos, de direita ou esquerda – que permite uma decisão democrática, na qual as diferenças são ouvidas para depois, mais ou menos consideradas, chegar-se a uma definição majoritária da vontade.

Há pelo menos mais um aspecto da representação que merece ser considerado ao pensarmos em políticas públicas: o teatral. Na segunda metade do século 20, uma série de estudiosos, frequentemente retomando a experiência de corte que houve no Antigo Regime e em especial na Versalhes de Luís XIV, dedicou-se a pensar a vida pública e política como um espetáculo. Não se tratava apenas de entender melhor um passado em que reis e cortesãos se pavoneavam, mas de utilizar os modelos da sociedade pré-revolucionária do século 18 para estudar, na atual, primeiro, a política que hoje chamamos do marketing eleitoral e político, segundo, a cultura das celebridades. Portanto, a representação teatral em nossa "sociedade do espetáculo" (termo celebrizado por Guy Debord) abrange tanto a esfera das decisões políticas, que recentemente chegou ao apogeu com os marqueteiros de Clinton e Tony Blair, quanto o crescente fenômeno social de pessoas cuja intimidade (ou o que passa por ela) fascina o público, como sucede com artistas mas, também, com quem se torna célebre só por aparecer num show ou, mesmo, concorrer a um prêmio que é... a própria celebridade. O problema, no primeiro caso, é que a democracia, como voz do povo, é manipulada pela publicidade, reduzindo o debate político; no segundo, que os laços sociais são postos em risco devido a um anseio pela opinião do outro.

Ver: Atores; Democracia; Democracia Representativa; Estado; Igualdade; Sistemas Eleitorais

Referências Bibliográficas

BURKE, P. *A fabricação do rei:* a construção da imagem pública de Luís XIV. Rio de Janeiro: Zahar, 1994.

CONSTANT, B. Da liberdade dos antigos comparada à dos modernos. *Revista de Filosofia Política*, Porto Alegre, n. 2, p. 9-25, 1985.

DEBORD, G. *A sociedade do espetáculo*. Rio de Janeiro: Contraponto, 1998.

ELIAS, N. *Sociedade de corte*. Rio de Janeiro: Jorge Zahar, 2001.

FINLEY, M. *Democracia antiga e moderna*. Rio de Janeiro: Graal, 1988.

POST, G. A romano-canonical maxim, 'Quod Omnes Tangit'. In: BRACTON. *Traditio:* studies in Ancient and Medieval History, Thought, and Religion, New York, v. 4, p.197-251, 1946.

______. Plena potestas and consent in medieval assemblies - a study in romano-canonical procedure and the rise of representation, 1150-1325. *Traditio:* studies in Ancient and Medieval History, Thought, and Religion. New York, v. 1, p.355-408, 1943.

República/Republicanismo

Renato Lessa

Em um marco estritamente institucionalista, pode-se dizer que república é uma forma de governo que se distingue da forma monárquica. Tal distinção deve-se ao fato de que o fundamento do poder nas repúblicas não está associado a governo unipessoal e à sucessão dinástica, tal como nas monarquias, invariavelmente governadas por casas reais. Ainda que, ao longo do século 20 – e mesmo no início do 21 – o termo "república" tenha sido utilizado na autodenominação de regimes políticos autoritários, de modo geral a ideia contemporânea de república aproxima-se da de democracia, posto que está associada à soberania popular, exercida por meio da participação em eleições regulares, livres, competitivas e extensivas a todos os postos politicamente relevantes. A tais traços devem ser acrescentadas a distinção e a separação entre teologia e política.

A ideia de república como forma de governo que se constitui como negação da forma monárquica ganhou consistência a partir da emergência das duas revoluções republicanas modernas, em fins do século 18. Embora suas origens, durações e efeitos tenham sido distintos, tanto a Revolução Americana (1776) como a Revolução Francesa (1789) tiveram imenso papel na afirmação de uma forma de governo diversa da tradição monárquica europeia. A recusa norte-americana ao governo despótico – presente de modo inequívoco na reflexão dos *founding fathers* – acabou por eliminar a monarquia como alternativa institucional para o novo país, fundado a partir da vitória na guerra de independência frente aos ingleses. No caso francês, a recusa das práticas institucionais do Antigo Regime, defendida tanto por moderados como por radicais, acabou por conduzir à república, ainda que essa tenha sido suprimida sob Napoleão e pela Restauração que se lhe seguiu.

Durante o século 19, tanto na Europa quanto nas antigas periferias coloniais – América do Sul, por exemplo –, vários movimentos democratizantes ou de libertação nacional evocaram a forma republicana, sempre na chave de repúdio à forma monárquica de governo unipessoal com fundamento dinástico. As revoluções europeias de 1830 e 1848, assim como os movimentos nacionais na América Espanhola, estruturaram-se em torno de ideais republicanos, cujo núcleo invariavelmente gravitava em torno da necessidade de afirmar o princípio da soberania popular.

A própria experiência brasileira, tardia com relação à da América do Sul, teve nesse traço um aspecto importante. Entre nós, a defesa da república, durante o século 19, caracterizou-se menos pela defesa de um programa claro de reforma para a sociedade e a política e mais pela simples negação do governo monárquico e pessoal de d. Pedro II. A primeira década republicana no Brasil foi marcada por forte instabilidade e por intensa disputa a respeito do que deveria significar um regime republicano. Coube ao governo do paulista Campos Salles (1898-1902) estabelecer as bases do regime, que vigoraram até 1930.

A chave conceitual que opõe república a monarquia como formas de governo está, no entanto, longe de resumir os significados possíveis da ideia de república. A discussão clássica, por exemplo, aproximava a ideia grega de *politeia* ao conceito romano de *res publica*. Com efeito, de Aristóteles a Cícero, os termos grego e romano designam mais uma forma de vida pública e coletiva do que um regime político em sentido restrito. O significado de tal forma de vida foi considerado por diversos pensadores modernos, em uma linhagem que conecta, por exemplo, Maquiavel, no século 16, a Montesquieu, David Hume, James Madison e Imannuel Kant, no século 18.

Para essa linhagem de pensadores, república é, antes de tudo, uma forma social, cuja caracterização exige mais do que a descrição de formas institucionais e mecanismos de governo. Maquiavel, ao se reportar à experiência da república romana, a apresenta como regime a um só tempo garantidor das liberdades públicas e fundado em um forte sentido de virtude e envolvimento cívicos. Montesquieu, no século 18, sobretudo em seu *Espírito das leis*, recepcionou essa longa tradição. Para ele, a república pode ser definida como uma forma social, marcada por uma combinação complexa de traços: território pequeno, homogeneidade social e cultural e presença de forte espírito cívico, caracterizado pelo predomínio de considerações de caráter público sobre as agendas privadas dos cidadãos. Para ele, as relações entre república e democracia não são necessárias: além de democráticas, as repúblicas podem ser aristocráticas. No primeiro dos casos, todo o corpo do povo governa, no segundo apenas uma parte, reconhecida como a melhor. O que caracteriza a república em qualquer daquelas alternativas é o princípio que a move, a virtude, que pode ser traduzida como um alto grau de envolvimento dos cidadãos em questões de natureza pública, tomadas como referências mais dignas do que o plano dos interesses privados e pessoais.

Em ângulo distinto, David Hume, em seus *Ensaios morais, políticos e literários*, opôs as repúblicas a sistemas despóticos, fundados no domínio pessoal e em idiossincrasias dos governantes. Para ele, a oposição entre as duas formas emerge do fato de que o fundamento da república é o domínio da lei e da regularidade institucional. A seu juízo, as qualidades morais dos governantes e dos cidadãos não seriam tão relevantes quanto a qualidade das leis e do quadro institucional. No caso de governos pessoais, e não republicanos, as qualidades pessoais dos monarcas, ao contrário, fariam imensa diferença. A abordagem de Hume, por não insistir tanto no tema da virtude cívica e individual, inspirou o tratamento que viria a ser dado, pouco tempo depois, pelos fundadores da república norte-americana ao tema republicano.

Com efeito, James Madison, o principal intelectual público da Revolução Americana, procurou desvincular o tema da república do da necessidade de uma virtude cívica incomum por parte dos cidadãos. Para tal, redefiniu a ideia clássica de república, e a associou ao que definiu como o "esquema da representação", cuja presença a torna um regime que não se confunde com a ideia clássica de democracia, fundada no exercício direto do poder pela multidão.

Para Madison, a república, já agora representativa, também não se limita a uma forma de governo. Ela está associada a uma forma social marcada pela heterogeneidade dos interesses sociais, pelo individualismo e por intenso faccionalismo. A ideia tradicional de república, associada a territórios pequenos e a população homogênea, cede lugar ao gigantismo territorial e à complexidade do tecido social. Nesse novo enquadramento, o interesse público dependerá da escolha regular de representantes, dotados de maior discernimento do que os indivíduos, movidos por seus apetites privados. O princípio da representação, como filtro de energias democráticas perturbadoras, e um arranjo institucional no qual todo poder político é posto sob controle de outro poder – na chave aberta por Montesquieu, em *O espírito das leis* – definem o núcleo do republicanismo à americana.

Coube a Immanuel Kant, ainda no século 18, fixar os fundamentos da moderna tradição republicana. Seu argumento contrapôs-se a uma ideia de poder político pensado como domínio paternal (*imperium paternale*). Sua referência, para fins de exercer a crítica, foi o filósofo Leibiniz, para quem o Estado deveria garantir que os cidadãos estejam satisfeitos e tranquilos de ânimo, que sejam moderados (capazes de dominar suas paixões), que sejam devotos, bonitos de corpo, ágeis e ao mesmo tempo robustos, que disponham dos meios necessários à vida. De acordo com Norberto Bobbio, para Leibiniz o Estado deveria ser "mestre, sacerdote, empresário econômico, treinador esportivo, moralista, pedagogo, confessor e comerciante". Kant, ao contrário, apresenta a defesa de um Estado fundado na liberdade. O *imperium paternale* supõe que os súditos sejam filhos menores, incapazes da distinção entre o que é útil e prejudicial, o que os torna passivos diante da suposta benevolência estatal. Para Kant, em suma, o *imperium paternale* é o pior despotismo que se pode imaginar.

Sob tal *imperium*, a distinção entre bom e mau governo cola-se à figura do soberano-pai: é bom o governo do príncipe bom, mau o do príncipe mau. Em outros termos, não há critério formal – ou seja, de ordem geral e universal – capaz de distinguir um tipo de governo de outro: sua bondade e sua maldade decorrem de atributos pessoais do governante. Nessa chave, a república aparece mais como exercício das virtudes públicas do que fundada em bons arranjos legais e institucionais. É o tema do Estado de direito, e de sua necessária universalidade – a liberdade segundo leis universais – que aparece como fundamento necessário para o governo não despótico.

A retomada recente do interesse pelo tema da república, no século 20, pode ser percebida como reação a se pensar a democracia como mero cumprimento das regras formais que regulam a competição política. O republicanismo contemporâneo – presente em autores como Philip Pettit e, entre nós, Luiz Werneck Vianna, Newton Bignotto e Sergio Cardoso – tem por meta a reintrodução dos valores da qualidade da vida pública. Nesse sentido, o republicanismo pode ser pensado tanto como um acréscimo à (e não supressão da) defesa liberal da liberdade individual e da garantia de direitos, quanto como um acréscimo aos procedimentos majoritários e rotineiros da democracia contemporânea. Ao reintroduzir o tema da qualificação do espaço público, o republicanismo contemporâneo, mais do que propugnar por reformas institucionais, aposta nas possibilidades de reativação das virtudes cívicas.

Ver: Autoridade/Autoritarismo; Cidadão/Cidadania; Democracia; Estado; Governo; Poder; Pólis; Representação

Referências Bibliográficas

BIGNOTTO, N. *Origens do republicanismo moderno*. Belo Horizonte: UFMG, 2001.

______. (Org.). *Pensar a República*. Belo Horizonte: UFMG, 2000.

CARDOSO, S. (Org.). *Retorno ao republicanismo*. Belo Horizonte: UFMG, 2004.

INSTITUTO DE PESQUISA ECONÔMICA APLICADA. *Estado, instituições e democracia:* república. Brasília, DF: Ipea, 2010.

PETTIT, P. *Republicanism:* a theory of freedom and government. Oxford: Oxford University Press, 1997.

VIANNA, L. W. *Esquerda brasileira e tradição republicana*. Rio de Janeiro: Revan, 2006.

Responsabilidade Fiscal

AMIR ANTONIO KHAIR

A responsabilidade fiscal pode ser conceituada como a ação do poder público para obter o equilíbrio entre as receitas que arrecada e as despesas que executa. Caso as despesas superem o valor da receita, faz-se necessário obter recursos extras via empréstimos ou então postergar ou deixar de pagar compromissos contratados.

No caso de contrair empréstimos, os governos ampliam suas despesas com juros e amortizações, necessitando de mais arrecadação ou de redução de suas despesas. Na situação contrária, a sobra de recursos poderá ser usada futuramente.

As receitas públicas provêm de: a) tributos constituídos por impostos, contribuições e taxas; b) doações; c) tarifas por serviços prestados; d) venda de patrimônio; e) receitas financeiras provenientes de aplicações de suas disponibilidades de caixa. A maior parte provém dos impostos, que incidem sobre a produção, o consumo, a renda e o patrimônio. No caso do Brasil, o Imposto sobre Produtos Industrializados (IPI) incide sobre a produção. O Imposto sobre a Circulação de Mercadorias e Serviços de Transporte Interestadual, Intermunicipal e de Comunicação (ICMS) incide sobre o consumo. O Imposto de Renda incide sobre os salários e os lucros das empresas. O Imposto sobre a Propriedade Predial e Territorial Urbana (IPTU) incide sobre o valor dos imóveis.

As despesas públicas compreendem: pagamento de servidores públicos – salários, adicionais, benefícios e encargos sociais; serviços de terceiros; materiais de consumo; transferências de recursos para órgãos públicos e entidades privadas; juros; amortizações de empréstimos; investimentos com obras, equipamentos e materiais permanentes; inversões financeiras e transferências de capital.

Pode-se considerar que a responsabilidade fiscal não se restringe somente ao equilíbrio das contas públicas, mas alcança especialmente a forma e o conteúdo das receitas e despesas. Ou seja, o governante pode dosar as receitas públicas procurando adequá-las à capacidade econômica dos contribuintes, bem como optar pela distribuição das despesas de modo a atingir a maioria da população que recorre aos bens e serviços públicos.

A gestão fiscal responsável implica, portanto, o caráter da política fiscal quanto à distribuição de recursos para promover equidade social e justiça fiscal, além do equilíbrio nas contas públicas, evitando práticas de endividamento e de rombos nas finanças públicas.

Dessa forma, a responsabilidade fiscal deve ir além da origem e da aplicação bem administrada de recursos provenientes da população, que a ela devem retornar sob a forma de prestação de serviços públicos. A responsabilidade fiscal implica executar as despesas públicas de forma eficiente, eficaz e efetiva.

O planejamento integra a responsabilidade fiscal, o que remete a ações do Executivo, em todos os níveis, de acordo com as prioridades estabelecidas pelo orçamento anual e leis que determinam metas e ações plurianuais.

Mais efetivo será o planejamento e sua execução se as prioridades de governo atenderem necessidades e compromissos assumidos perante os eleitores, decorrentes de debates democráticos de propostas e do acompanhamento de sua implementação. Isso pressupõe outro componente fundamental da responsabilidade fiscal, que é a transparência e a prestação de contas da execução das atividades de governo, com acesso a todos (*accountability*).

A informação publicamente disponibilizada permite que a sociedade exerça maior controle sobre as políticas públicas, componente fundamental da responsabilidade fiscal.

No complexo debate sobre a responsabilidade fiscal comparecem diferentes pensamentos, interesses e posições, sobretudo acerca das funções e do tamanho do Estado e que orientam decisões no tratamento das contas públicas.

É preciso considerar, no entanto, que o equilíbrio entre receitas e despesas não é apenas uma equação matemática, mas a ponderação e a escolha política de prioridades para que a população usufrua de direitos que somente o Estado é capaz de garantir, segundo competências constitucionalmente definidas.

Sob o aspecto macroeconômico existem situações nas quais é rompido o equilíbrio fiscal, como no caso de crises econômicas ou financeiras em que o setor privado se vê forçado a reduzir suas atividades. Como exemplo, pode-se citar a crise de 2008 desencadeada nos Estados Unidos, quando o Estado atuou de forma contracíclica e socorreu empresas que iriam quebrar, especialmente as do setor financeiro, que se haviam desenvolvido apoiadas na crença neoliberal da racionalidade do mercado.

Nessas situações, medidas de responsabilidade fiscal devem atuar no sentido de fazer recair sobre os causadores da crise o pagamento dos ônus gerados ao Estado. Por outro lado, em ocasiões de expansão econômica, nas quais pode ocorrer sobra de recursos, pode ser aconselhável separar uma parte em fundo próprio para ser usado em situações adversas, quando a economia for afetada por alguma crise econômica e/ou financeira. Nessas ocasiões, a atividade econômica se reduz e, com ela, a arrecadação pública.

No debate e nas proposições acerca da responsabilidade fiscal, também existem visões diferenciadas que opõem despesas de custeio e despesas de investimentos, as primeiras interpretadas como gasto excessivo a ser restringido, as segundas como prioridades que, uma vez realizadas, possibilitariam melhor equilíbrio fiscal. Além disso, tais despesas seriam geradoras de desenvolvimento, ao permitir ao setor privado expandir-se.

Outros advogam a não oposição entre os dois tipos de despesas, necessárias para o cumprimento da função pública, especialmente no que se refere ao desenvolvimento de políticas promotoras de bem-estar e equidade.

Ambas as despesas cumprem funções distintas, complementares e necessárias. As despesas de custeio podem cumprir a função de redistribuir recursos e desenvolver medidas para reduzir desigualdades sociais, econômicas e culturais. Além disso, ao estimular o consumo ativam a economia e contribuem para aumentar a arrecadação pública. As despesas com investimentos atendem às necessidades de ampliar a oferta de equipamentos públicos e de melhorar a infraestrutura.

Na realidade, o investimento cria despesas de custeio permanente, seja para a operação, seja para a manutenção decorrente de sua depreciação, a exemplo do funcionamento de uma escola, de uma unidade de saúde ou de um hospital.

Ver: *Accountability*; Ajuste Fiscal; Economia de Mercado; Orçamento Participativo

Referências Bibliográficas

AFONSO, J. R. Responsabilidade fiscal - a agenda incompleta. In: LEVY, E.; DRAGO, P. A. (Orgs.). *Gestão pública no Brasil contemporâneo*. São Paulo: Edições Fundap, 2005. p. 185-197.

BAHIA. Secretaria da Fazenda. Superintendência de Administração Financeira. *Parâmetros para uma gestão fiscal responsável*: Lei de Responsabilidade Fiscal. Lei Complementar n. 101 de 4 de maio de 2000. Salvador, 2000. Disponível em: www.sefaz.ba.gov.br/especiais/gestao/param.pdf. Acesso em: 08 ago. 2011.

Responsabilidade Social Empresarial (RSE)

NATHALIE BEGHIN

Não se encontra na literatura uma definição clara e consensuada sobre a noção de Responsabilidade Social Empresarial (RSE). Existe, entretanto, uma série de requisitos comuns ao conjunto de enunciados que circulam. Entende-se, por exemplo, que empresas que desejam ser socialmente responsáveis precisam: 1) seguir a legislação em todas as áreas; 2) apresentar desempenho responsável na área ambiental e diminuir a emissão de gases de efeito estufa; 3) desenvolver projetos sociais, especialmente junto àquelas comunidades que são afetadas pelas atividades empresariais (essa linha de ação também é chamada de Investimento Social Privado, ISP, ou, ainda, de Filantropia Empresarial); 4) respeitar os empregados e seus familiares; 5) ser transparente em suas ações; 6) manter diálogo com os *stakeholders*, ou partes interessadas, que são quaisquer organizações ou indivíduos legitimamente interessados nas ações das empresas, tais como empregados, acionistas, clientes, governos, comunidades direta e indiretamente afetadas pelos negócios, fornecedores e meio ambiente.

O envolvimento das empresas em questões que vão além de seus negócios não tem nada de novo: é só lembrar, por exemplo, as medidas tomadas em favor dos empregados pelo empresário galês Robert Owen em suas fábricas no início do século 19 (melhoria das condições de trabalho e de moradia, promoção da educação e do cooperativismo, dentre outras). Entretanto, foi somente a partir da segunda metade do século 20 que a ideia de responsabilidade social empresarial ganhou corpo, graças, sobretudo, ao grande número de violações conhecidas a direitos humanos praticadas por grandes corporações. Soma-se a isso a atuação de organizações da sociedade civil, especialmente americanas e europeias, em prol da ampliação e da efetivação da cidadania, fato que influenciou, de forma direta e indireta, a prática e o discurso de muitos empresários daqueles países. As lutas dos movimentos pela paz, contra o racismo e o sexismo nos Estados Unidos, bem como o movimento de Maio de 1968, na França, também contribuíram para que as empresas passassem a se preocupar com sua imagem.

A partir dos anos 1970, como forma de se contrapor aos abusos das grandes corporações, organismos multilaterais (Organização das Nações Unidas, ONU; Organização para a Cooperação e o Desenvolvimento Econômico, OCDE; e União Europeia, UE) desenvolveram mecanismos de adesão voluntária que tinham por objetivo estabelecer balanços mais equilibrados entre direitos de propriedade e obrigações referentes a questões trabalhistas, sociais e ambientais. Para tentar escapar desses mecanismos, mesmo sendo de adesão voluntária, as transnacionais e suas associações não somente os ignoraram como, em muitos casos, boicotaram sua implementação. E mais: buscando apresentar alternativas mais condizentes com seus interesses, as empresas deram início, a partir de 1980, à implementação de instrumentos de regulação privada, a exemplo de códigos de conduta, balanços sociais e as chamadas iniciativas de múltiplas partes interessadas (selos, certificações, diálogos, mesas-redondas, indicadores de monitoramento, dentre outras).

O discurso da RSE articula-se em torno de princípios da regulação privada e de abordagens voluntárias. Seus defensores alegam que, diante do crescimento da liberdade de ação das empresas, aumenta seu nível de responsabilidade em relação aos diferentes atores direta ou indiretamente afetados por elas. Defendem, portanto, que, para além das questões econômicas e financeiras, de qualidade do produto e de satisfação do cliente, as empresas devem igualmente preocupar-se com problemas sociais, ambientais e, mais recentemente, climáticos. Em um mundo cada vez mais globalizado, complexo e dinâmico, as empresas, especialmente as transnacionais, devem desempenhar papel proativo, mantendo diálogo com outros setores da sociedade. O discurso ancora-se, ainda, na ideia de "ganha-ganha", pois argumenta que toda a sociedade terminará por se beneficiar dos resultados obtidos com a atuação de empresas socialmente responsáveis. Nesse sentido, alguns defensores da RSE recorrem à noção de "cidadania empresarial" como forma de expressar esse novo pacto que se estabelece entre empresas e indivíduos, em oposição ao contrato típico do Estado social no qual a relação entre os indivíduos e o poder público delimitava os contornos da cidadania, estabelecendo obrigações e deveres para ambos.

O movimento da responsabilidade social empresarial, apesar de sua rápida expansão, tem recebido severas críticas oriundas de diversos setores, tanto do mundo empresarial e acadêmico de estirpe liberal, quanto de organizações não governamentais, da academia e da própria ONU.

A principal objeção dos adversários liberais, liderados pelo economista norte-americano Milton Friedman, refere-se à razão de ser de uma empresa privada, que, segundo alegam, não se pode tornar instituição com fins definidos por uma moralidade além da que figura no mundo dos negócios. Em uma empresa capitalista, produtividade e eficiência são meios para a obtenção do lucro, finalidade principal; acrescentar injunções éticas a essa finalidade pode, em diferentes situações, comprometê-la ou mesmo inviabilizá-la.

Já no meio acadêmico, na vida sindical e em organizações da sociedade civil do chamado campo democrático, entende-se, *grosso modo*, que o movimento da responsabilidade social empresarial se insere num contexto maior, qual seja, o da ideologia neoliberal que busca dar suas próprias respostas às mazelas sociais que ela mesma produz. Os ideólogos do neoliberalismo sabem que o mercado autorregulável, deixado a esmo, resulta na aniquilação da sociedade e, portanto, desenvolvem estratégias de intervenção para conjugar o perigo de desordem provocado pela pobreza, pela exclusão social e pelos impactos ambientais e climáticos que emergem da reestruturação produtiva oriunda da globalização da economia. Tais estratégias de intervenção operariam sem se contrapor à lógica do mercado e retirando da arena política os conflitos distributivos e a demanda coletiva por cidadania e igualdade. O neoliberalismo forneceria assim as bases morais de uma solidariedade que enfrente a nova questão social, "governando" ou "regulando" a pobreza. Os modos de intervenção buscariam, antes de tudo, garantir a estabilidade social mediante a construção de uma sociabilidade que substitua a solidariedade coletiva (materializada nos direitos) por laços sociais de outro tipo, capazes de ligar o interesse particular ao interesse geral fora do âmbito do Estado social. Essa nova sociabilidade seria de cunho moral e se ancoraria na ideia de responsabilidade social.

As medidas de intervenção implementadas pelas empresas por esse prisma transformam-se em novas variáveis dos negócios. Com o intuito de reforçar os espaços privados, delega-se ao consumidor a tarefa de exercer algum "controle social" e transfere-se para organizações da sociedade não mercantil a atribuição de executar as ações. Tais formas de intervenção contribuem para dissolver os espaços de deliberação pública e para consolidar a ideia da desnecessidade do público. O movimento da responsabilidade social empresarial instrumentaliza e se apropria de valores circulantes na sociedade, tais como cidadania, solidariedade, cooperação, sustentabilidade e participação para legitimar, de um lado, o desmanche das referências públicas próprias da cidadania social e a manutenção de uma ação social tutelar e, de outro, seu silêncio quanto a suas responsabilidades nas causas que produzem a exclusão (i.é, desemprego, desregulamentação das relações de trabalho, salários aviltantes, trabalho infantil, evasão de impostos e contribuições sociais, destruição do meio ambiente e contribuição ao aquecimento global). Ademais, o movimento enfraquece as classes trabalhadoras: por meio de práticas de responsabilidade social busca-se fazer com que o trabalhador, chamado de "colaborador", "se afeiçoe" à empresa, diluindo-se assim os conflitos capital/trabalho.

A responsabilidade social empresarial, mesmo contribuindo para melhorar as condições de vida de algumas parcelas da população, não transforma os excluídos em cidadãos: apenas os assiste, tornando-os dependentes da atuação privada que, por seu turno, depende das flutuações e dos interesses dos empresários. As consequências dessa operação de privatização do público sem a correspondente publicização do privado, que é o Estado social, contribuem para dramatizar a questão social e aumentar a pobreza política. Como movimento de "moralização" praticado por elites, falta-lhe precisamente aquilo que os direitos sociais legalmente garantidos pelo contrato social asseguram, mesmo quando esvaziados: um espaço público real, comum a todos, no qual a crítica e o dissenso organizado dos excluídos pode se instalar na demanda por direitos.

Ver: Cidadão/Cidadania; Coesão Social; Exclusão Social; Igualdade; Política Social; Sociedade Civil; Sustentabilidade; *Stakeholders*

Referências Bibliográficas

BEGHIN, N. *A filantropia empresarial:* nem caridade, nem direito. São Paulo: Cortez, 2005. (Coleção Questões da Nossa Época, 122.)

______. *Parcerias e pobreza no Brasil*: as contradições dos arranjos realizados entre entidades governamentais e empresas privadas para combater a pobreza no Brasil dos últimos 20 anos. 2009. Tese (Doutorado em Políticas Sociais) - Universidade de Brasília, Brasília, DF, agosto de 2009.

BENDELL, J. *Barricades and boardrooms*: a contemporary history of the corporate accountability movement. Geneva: Unrisd, jun. 2004. (Technology, Business and Society Programme: Paper n. 13.)

LIPSCHUTZ, R. D. *Regulation for the rest of us?* Global social activism, corporate citizenship, and the disappearance of the political, 2003. Disponível em: http://repositories.cdlib.org/cgirs/CGIRS-2003-1. Acesso em: 30 abr. 2008.

NOGUEIRA, M. A. Sociedade civil, entre o político-estatal e o universo gerencial. *Revista Brasileira de Ciências Sociais*, São Paulo, v. 18, n. 52, p. 185-202, abr. 2003.

PAOLI, M. C. Empresas e responsabilidade social: os enredamentos da cidadania no Brasil. In: SANTOS, B. S. (Org.). *Democratizar a democracia*: os caminhos da democracia participava. Rio de Janeiro: Civilização Brasileira, 2002.

UTTING, P. *Responsabilidad social y regulación de las empresas*. Geneva: Unrisd, 2005. (Unrisd Investigación y política - Síntesis, 1.)

ZUBIZARRETA, J. H. *Las empresas transnacionales frente a los derechos humanos*: historia de una asimetría normativa. De la responsabilidad social corporativa a las redes contra hegemónicas transnacionales. Madrid: Omal; Bilbao: Hegoa, 2009.

Responsiveness

LUCIO R. RENNÓ

A expressão *responsiveness*, de difícil e controvertida tradução em português, diz respeito basicamente à capacidade que pessoas ou instituições têm de reagir com rapidez a circunstâncias ou eventos que os constrangem ou desafiam. Aproxima-se bastante da ideia de receptividade, de capacidade de recepcionar e absorver pressões, modificações e demandas.

Segundo Powell (2004, p. 62), um governo democrático é "responsivo" quando implementa políticas que os cidadãos querem. Ao definir *responsiveness* dessa forma tão simples, fica claro que sua análise exige, obrigatoriamente, a identificação de alguns fatores-chave, que são importantes para que se avaliem o funcionamento das instituições e sua capacidade de assegurar resposta ao sistema.

Primeiro, é preciso identificar o que os cidadãos querem. É necessário, assim, identificar as preferências dos cidadãos e como passam do nível individual para o agregado, representando interesses de coletividades. Segundo, é preciso analisar como essas preferências adentram o sistema político e são debatidas no seio do processo decisório. Nesse momento, disserta-se especificamente sobre como votos são traduzidos em assentos, na discussão clássica sobre formação de governos (COX, 1997). Por último, é importante verificar qual a semelhança entre o produto final do processo decisório e os interesses originais dos cidadãos.

O debate sobre *responsiveness* se aproxima da discussão sobre representação de interesses, que lida com questões muito similares. Na verdade, a discussão sobre "responsividade" e representação de interesses é longa e perpassa diversos estudos importantes da ciência política (PITKIN, 1967; PRZWORSKI; STOKES; MANIN, 1999; STOKES, 2001). Por exemplo, para Przeworski, Stokes e Manin (1999) e Stokes (2001), *responsiveness* refere-se à capacidade de resposta dos políticos e dos sistemas políticos às demandas por distribuição e redistribuição vindas da sociedade. Um sistema seria mais "responsivo" quando retornasse ao eleitor exatamente o que ele expressou por meio do voto ou da comunicação de seus interesses aos representantes durante o exercício de seus mandatos, mediante, por exemplo, a prática do *lobby*. Mas "responsividade" não equivale plenamente ao processo, mais complexo, de representação política. Uma situação de "responsividade" perfeita, por exemplo, pode levar à ineficiência administrativa e à irresponsabilidade fiscal. Ou seja, para responder a todas as demandas de todos os setores da sociedade, o sistema político deveria ter recursos infinitos, o que está muito longe da realidade de qualquer país, principalmente nos mercados emergentes e nos países subdesenvolvidos. Portanto, regimes políticos jamais serão completamente "responsivos". Se pudessem sê-lo, fatalmente incorreriam em irresponsabilidade fiscal ou na distorção dos interesses dos eleitores no longo prazo, resultando em falhas no processo de representação.

Representação de interesses engloba uma variedade de ações que vão além da questão da responsividade. Abarca também decisões sobre responsabilidade acerca de questões fiscais por parte dos governantes e refere-se, em grande medida, à capacidade dos governantes para conseguir explicar aos eleitores por que tomaram certas decisões, mesmo que contrárias a seus interesses iniciais (STOKES, 2001). Dessa forma, o não cumprimento de promessas de campanha pode não significar uma ruptura do processo de representação, se o político eleito puder justificar suas escolhas e indicar que elas vão ao encontro dos interesses dos eleitores, mesmo que eles não saibam de antemão. Ou seja, há também um componente inegável de comunicação entre eleitor e eleito que perpassa a ideia de representação.

Powell (2004, p. 67) reconhece a existência de contradições e disparidades entre os conceitos de "responsividade" e representação de interesses, ao indicar, exatamente, os pontos defendidos por Stokes como problemáticos. No entanto, a única tentativa de conciliação que faz entre esses dois conceitos é que *responsiveness* "não é a única virtude pública". Essa posição, contudo, parece insuficiente para avaliar quando "responsividade" e representação de interesses podem não estar em contradição.

Aqui vemos o processo de *responsiveness* como um dos componentes da representação de interesses, podendo-se admitir que ocorram quebras nesse processo sem que haja rupturas na representação de interesses. Por outro lado, a busca pela "responsividade" perfeita – responder a todas as demandas de todos os setores do eleitorado – é inviável em qualquer sistema político. Isso se torna ainda mais agudo nas situações em que os recursos são escassos e as demandas estão em competição. É preciso ter em mente outra questão: a quem, a quais interesses, o governo é mais responsivo? Entram na questão, assim, discussões sobre quais são os instrumentos e os recursos que os diferentes grupos sociais têm para pressionar o governo – para fazer *lobby* – e se infiltrar no Estado, levando mais ganhos para os setores dos quais fazem parte.

Há momentos em que as respostas às demandas dos eleitores, que estão na essência do processo de "responsividade", não acarretam, necessariamente, rupturas no processo de representação de interesses, atuando no sentido oposto, ou seja, fortalecendo-o. Isso tende a ocorrer principalmente após a estabilização econômica de um país e quando a preocupação central dos políticos passa a ser a promoção do crescimento econômico e o investimento em infraestrutura e no combate à desigualdade. Em tais momentos, quando as demandas por distribuição e redistribuição passam a ser centrais para os eleitores e não levam necessariamente à irresponsabilidade fiscal, "responsividade" e representação de interesses caminham de mãos dadas.

A *responsiveness* pode ser, assim, tratada como uma das formas em que o processo de representação de interesses se desenrola.

Ver: *Accountability*; Agenda Pública e Midiática; Democracia; Estado; Governo; Opinião Pública; Representação; Sistema Político; Sociedade Civil

Referências Bibliográficas

COX, G. *Making votes count:* strategic coordination in the world's electoral systems. Cambridge: Cambridge University Press, 1997.

PITKIN, H. *The concept of representation*. Berkeley: University of California Press, 1967.

POWELL, G. B. The chain of responsiveness. In: DIAMOND, L.; MORLINO, L. (Eds.). *Assessing the quality of democracy*. Baltimore: The John Hopkins University Press, 2004.

PRZEWORSKI, A.; STOKES, S.; MANIN, B. *Democracy, accountability, and representation*. Cambridge: Cambridge University Press, 1999.

RENNÓ, L. Reforma política: consensos necessários e improváveis. In: MELO, C. R.; ALCÂNTARA, M. (Eds.). *A democracia brasileira:* balanço e perspectivas para o século 21. Belo Horizonte: UFMG, 2007. p. 423-452.

STOKES, S. *Mandates and democracy:* neoliberalism by surprise in Latin America. Cambridge: Cambridge University Press, 2001.

Revolução Passiva

Ver: Modernização Conservadora

Risco Epidemiológico

Amélia Cohn

A primeira referência de que se tem notícia sobre a introdução do conceito de *risco* na epidemiologia data do início do século 20, em artigo publicado pela prestigiosa revista *Lancet*. Trata-se de estudo referente à epidemiologia experimental realizado com ratos em laboratório. Poucos anos depois, o conceito de risco foi utilizado em estudo, agora em humanos, sobre mortalidade materna. No final da década de 1920, introduziu-se o conceito de *risco relativo* voltado a indicadores comparativos de associação. Mas somente em 1933 o conceito de risco assume inteiramente na epidemiologia seu caráter instrumental analítico. Como era corrente até então, também dessa vez tendo em vista uma doença infectocontagiosa, a tuberculose pulmonar.

Como a epidemiologia tem por preocupação fundamental o estudo da distribuição, temporalidade e determinantes dos distintos estados de saúde, doença e/ou agravos relacionados a grupos populacionais específicos, seu objetivo último é, a partir do conhecimento produzido, possibilitar a criação e a implantação – por meio de políticas públicas – de ações que permitam o controle dos problemas de saúde por ela detectados.

Com esse objetivo central – o de ser uma área de conhecimento voltada a intervenções na realidade – é que o conceito de risco epidemiológico foi introduzido para viabilizar a operacionalização do estabelecimento de relações de causalidades no processo saúde-doença-cuidado.

Foi por meio da consolidação do conceito de risco no interior da epidemiologia que essa ganhou o estatuto de ciência. Por focar a busca de associações entre fatores e efeitos, o conceito passou então a ser incorporado pelos estudos das demais áreas da medicina. Assim, são frequentes as análises de associações entre fenômenos inerentes ao processo saúde-doença-cuidado em que se busca estabelecer relações causais, valendo-se da abordagem do risco (epidemiológico). Por exemplo: são frequentes estudos que buscam associações de causalidade entre doenças cardiovasculares e determinadas características do comportamento individual das pessoas, ou determinadas características de natureza biológica *stricto sensu*.

Do ponto de vista das políticas públicas, o conceito derivado de *fatores de risco* permite maior aproximação operacional entre diagnóstico de uma situação de saúde e intervenção sobre a realidade. Isso porque *fatores de risco* se traduzem em variáveis sociais ou biológicas que, uma vez presentes em determinados indivíduos ou grupo de pessoas, aumentam ou diminuem a probabilidade de incidência de uma dada doença ou agravo à saúde de seus membros. Eles são identificados, portanto, como determinados fenômenos – sociais, genéticos, comportamentais – que uma vez presentes expõem, em situações específicas e em uma relação de causalidade, determinados indivíduos ou grupos de indivíduos a maior ou menor probabilidade de ocorrência de uma doença específica. Fatores de risco, portanto, consistem em um conceito que permite cobrir, por meio de seleções sucessivas para sua eleição, determinados fenômenos que, por hipótese, estariam associados a maior probabilidade de ocorrência de determinadas morbidades. Traduzem-se, nesse sentido, quando não selecionadas variáveis de natureza biológica, em determinações sociais dos "eventos da vida", tidos como aqueles que ocorrem regularmente em populações vivendo em dadas situações que lhes são comuns.

Daí derivam conceitos como o de *grupo de risco* e *situação de risco*, o primeiro referindo-se a determinados grupos populacionais que apresentam processos sociais específicos (como, por exemplo, no caso de comportamentos de risco) e o segundo a determinados grupos populacionais não mais identificados como tais, do ponto de vista do risco, mas que ainda assim apresentam características que expõem esses indivíduos a uma potencialmente maior probabilidade de adoecer. Constituem bons exemplos disso as relações entre homossexualidade e Aids (atualmente homossexuais não são mais tidos como grupo de risco, mas como apresentando uma situação de risco), ou entre fumantes e doença cardíaca. Dessa perspectiva, nos estudos epidemiológicos de risco, ao se buscar estabelecer associações que mostrem o impacto de determinados processos mais gerais de uma coletividade sobre a saúde-doença-cuidado, acaba por ganhar destaque a dimensão do indivíduo vivendo *em determinadas situações [de risco]*.

O cálculo de risco, obtido por meio de métodos e técnicas da epidemiologia, também é aplicado com relação à eficiência dos diagnósticos médicos, prognósticos, tratamentos, medidas de prevenção e inclusive custos dos procedimentos médicos.

Ver: Política de Saúde; Vulnerabilidade

Referências Bibliográficas

ALMEIDA FILHO, N.; COUTINHO, D. Causalidade, contingência, complexidade: o futuro do conceito de risco. *Physis*, Rio de Janeiro, v. 17, n. 1, p. 95-137, abr. 2007.

ALMEIDA FILHO, N.; CASTIEL, L. D.; AYRES, J. R. C. M. Riesgo: concepto básico de la epidemiologia. *Revista Salud Colectiva*, Buenos Aires, v. 5, n. 3, p. 323-334, 2009.

AYRES, J. R. C. M. *Sobre o risco:* para compreender a epidemiologia. São Paulo: Hucitec, 1997.

Risco Social

LUCIANA DE BARROS JACCOUD

Consideram-se risco social as situações que, independentemente da vontade do trabalhador, impossibilitam, temporária ou definitivamente, o exercício do trabalho e a obtenção da renda ali originada. Expressando vulnerabilidades marcantes no âmbito das sociedades salariais, o risco social tem como característica básica ser um evento em larga medida aleatório, mas estatisticamente previsível. Para proteger os trabalhadores de riscos sociais; tais como os acidentes de trabalho, a doença, a invalidez, o desemprego involuntário, a maternidade ou a velhice, as políticas de seguro social instituíram uma forma inovadora de solidariedade social. Elas operam uma vinculação, mesmo que indireta, entre trabalhadores e aposentados, empregados e desempregados, ativos e doentes, pobres e ricos, a partir da constituição de fundos públicos e de regras estáveis e garantidas de acesso, visando à proteção dos riscos sociais.

O conceito do risco social permitiu a constituição das políticas de seguro social e assentou as bases para a intervenção abrangente dos modernos sistemas de proteção social. Os riscos sociais representaram, assim, uma nova racionalidade capaz de ancorar o princípio da ampla intervenção do Estado no social. Permitiram que se efetivasse a ruptura com a interpretação liberal, largamente dominante até o século 19, e que reconhecia tão somente no diagrama da responsabilidade individual o patamar legítimo de enfrentamento aos riscos da existência. Com o conceito de risco social, contorna-se o debate sobre em que medida os infortúnios se devem aos desvios morais ou de conduta dos indivíduos (EWALD, 1986; 1996). Mais do que isso, com o reconhecimento dos riscos coletivos vinculados ao trabalho assalariado, é a própria concepção da solidariedade social que se altera. Se antes a legitimidade da ação pública se encontrava limitada aos segmentos inválidos e miseráveis da população (CASTEL, 1998), a partir de então é diante dos trabalhadores que se reconhece a necessidade da intervenção e, mais do que isso, a responsabilidade do Estado. É efetivado um pilar de segurança e proteção social até então passível de ser garantido apenas pelo exercício do trabalho e pelo acesso à propriedade privada. E a institucionalização da garantia de proteção aos riscos sociais estabelece um regime de direitos, dando acesso a um fundo público e aos benefícios monetários previstos, sem restringir a autonomia do indivíduo ou subordiná-lo à esfera dos favores.

Com o alargamento dos conceitos de solidariedade e cidadania social observado na segunda metade do século 20, o debate sobre os riscos sociais passou a ser realizado em um contexto mais amplo, referido às demandas de universalização dos sistemas de proteção social. Ao lado do reconhecimento da vulnerabilidade específica do trabalhador e da necessidade de proteger os riscos ligados ao exercício do trabalho, foi sendo afirmado o direito de todos os cidadãos à proteção social. Alguns países instituíram programas de renda mínima de diferentes modalidades, enquanto outros expandiram a cobertura do seguro obrigatório, visando a sua universalização. Em países de forte tradição securitária, como a França, o conceito de risco social foi flexibilizado para poder acolher novos patamares de proteção, como no caso dos benefícios voltados a famílias (DAMON, 2007). Ao mesmo tempo que se expandiu a cobertura, ampliaram-se os esforços para valorizar os benefícios, permitindo a melhora das condições de vida dos beneficiários.

No final do século, diante da nova conjuntura política e econômica, os riscos sociais passaram a ser questionados como conceitos organizadores da proteção social, em especial no campo da garantia de renda. Os riscos sociais clássicos, com perfis temporários e indenizáveis (como, por exemplo, o desemprego de curta duração ou os acidentes de trabalho) estariam sendo substituídos por novos riscos sociais: desemprego de longa duração, inserção precária no mercado de trabalho e as novas formas de pobreza. Nesse novo contexto, o risco social não mais se afirmaria como categoria relevante para a organização da proteção social. Para muitos analistas, vulnerabilidade e exclusão social estariam impondo-se como problemas sociais de primeira dimensão. Ao mesmo tempo, se assistiria à falência das identidades e trajetórias coletivas e à crescente relevância dos percursos individuais, impondo a necessidade de novas abordagens, diversas da abordagem unificadora voltada à gestão e à proteção aos riscos sociais. A nova dinâmica social e econômica demandaria uma solidariedade de natureza mais política, e a ampliação da relação de reciprocidade entre o cidadão-sociedade e a instituição de contrapartidas (ROSANVALLON, 1998).

O questionamento do risco social como conceito relevante na atualidade também vem sendo feito no âmbito da análise sociológica da modernidade, que destaca a modernidade como uma cultura do risco. De um lado, pelo fato de que, na modernidade, o futuro é um objeto permanente de construção, fazendo com que a oportunidade e o risco estejam no centro da ação reflexiva dos indivíduos (GIDDENS, 2002). De outro, pelo fato de que, ao lado da individualização das trajetórias profissionais, fenômenos novos e de grande envergadura, tais como os riscos ambientais, tecnológicos ou econômicos em escala mundial, passam a ser enfrentados pelas atuais gerações (BECK, 2010). Nesse contexto de riscos ampliados e estratégicos, os riscos sociais perderiam magnitude e relevância.

Para outros analistas, contudo, a incapacidade do trabalhador em prover a própria sobrevivência e independência social ainda permanece como problema maior da sociedade, reforçando a necessidade de assegurar proteções em torno dos riscos sociais. Castel (2003) destaca que o inchaço produzido na noção de risco tem o efeito de dissolver as possibilidades de organização de uma proteção social coletiva. Dessa perspectiva, a individualização dos percursos profissionais estaria sendo acompanhada por uma demanda por maior responsabilização do indivíduo ante situações geradoras de insegurança. Mas a tendência seria de se ampliarem as diferenças sociais em um contexto de dinâmica competitiva, em que as distintas capacidades dos indivíduos e grupos sociais em mobilizar recursos e apoios introduzem novas clivagens sociais. Para aqueles que não estarão entre os ganhadores desse processo de ampliação contínua da eficiência e do desempenho, a proteção individual não se apresentará como uma possibilidade concreta. Seria ainda no contexto das proteções coletivas que as sociedades modernas poderiam enfrentar não só o desafio da proteção social como o da coesão social.

Ver: Coesão Social; Política de Saúde; Política Social; Seguridade Social; Vulnerabilidade

Referências Bibliográficas

BECK, U. *Sociedade de risco* - rumo a uma outra modernidade. São Paulo: Editora 34, 2010.

CASTEL, R. *As metamorfoses da questão social.* Petrópolis: Vozes, 1998.

______. *L'insécurité sociale.* Paris: Seuil, 2003.

DAMON, J. Les politiques familiales en enjeaux . In: PAUGAM, S. *Repenser la solidarité.* Paris: PUF, 2007.

EWALD, F. *Histoire de l'etat providence.* Paris: Grasset, 1996. [1ª edição 1986].

GIDDENS, A. *Modernidade e identidade.* Rio de Janeiro: Zahar, 2002.

ROSANVALLON, P. *A nova questão social: repensando o Estado previdência.* Brasília: Instituto Teotônio Vilela, 1998.

Riscos Tecnológicos

Carlos Machado de Freitas

Ao longo da história da humanidade, fomos cunhando ferramentas que nos permitissem modificar a natureza em nosso favor, bem como palavras e termos que nos possibilitassem descrever e compreender o mundo ao nosso redor. Os riscos tecnológicos conjugam esses dois universos de ferramentas, as concretas e as abstratas.

As tecnologias representam o universo das ferramentas concretas. Incluem ferramentas que, no passado distante, serviam para caçar e arar a terra, bem como processos contemporâneos para produzir energia de origem fóssil (carvão, petróleo) e nuclear, por exemplo, ou produtos (plásticos, agrotóxicos, medicamentos, gasolina etc.) a partir de elementos encontrados na natureza.

Já o termo *riscos*, que conhecemos na atualidade, é mais recente. Surgiu com o processo de constituição das sociedades contemporâneas a partir do final do Renascimento e início das revoluções científicas, quando ocorreram intensas transformações sociais e culturais associadas ao forte impulso nas ciências e nas técnicas, às grandes navegações e à ampliação e ao fortalecimento do poder político e econômico de uma nascente burguesia. Deriva da palavra italiana *riscare*, cujo significado original era navegar entre rochedos perigosos. Desde sua origem, refere-se à possibilidade de prever determinadas situações ou eventos futuros, os quais costumam ser computados matematicamente. O termo *riscos* surge como uma ferramenta abstrata que expressa sociedades propensas às mudanças, que desejam determinar seu próprio futuro em vez de confiá-lo à religião, à tradição ou aos caprichos da natureza.

A expressão *riscos tecnológicos* constitui a conjugação de dois universos (o concreto e o abstrato) e de diferentes processos históricos, de modo a nos permitir, a partir dos anos 1960, compreender, expressar e intervir em um mundo que para muitos se tornava cada vez mais perigoso. Vários fatores contribuíram para conjugar riscos e tecnologias como um termo contemporâneo.

Por um lado, as mudanças na própria natureza dos riscos. As doenças não são mais causadas somente por parasitas ou bactérias presentes na natureza, mas também por elementos produzidos pelo próprio homem. Exemplo disso está no livro *Primavera silenciosa,* de Rachel Carlson, publicado em 1962. Nele, a autora demonstrava como os *habitats* naturais e as espécies animais vinham sendo ameaçados pelos modernos produtos e processos industriais envolvendo substâncias químicas, que penetravam também o corpo dos humanos, gerando riscos de doenças e mortes. Por outro lado, além dos novos riscos produzidos pelos homens, de origem química, radioativa e mesmo biológica (caso dos organismos geneticamente modificados), temos também o rápido e intenso crescimento na quantidade desses riscos, que passaram a fazer parte do cotidiano de bilhões de pessoas, em casa, nas ruas e nos ambientes de trabalho; nos alimentos, nas águas, nos solos e no ar. Alguns são de escala global, como o buraco na camada de ozônio, o aquecimento do planeta e as chuvas ácidas. Outros, ainda muito pouco conhecidos, em escala atômica, como é o caso das nanotecnologias.

Essas mudanças qualitativas e quantitativas dos riscos tecnológicos foram acompanhadas de três movimentos importantes, que desafiam as questões relacionadas aos riscos tecnológicos na atualidade.

Primeiro, o desenvolvimento dos testes de laboratório ou de modelagens e simulações que possibilitaram avanços na habilidade dos cientistas e técnicos em identificar, medir ou até mesmo tentar prever riscos invisíveis aos nossos órgãos sensoriais em quantidades muito pequenas, como partes por trilhão (PPT), ou mesmo mudanças em escala global, como as relacionadas ao clima.

Segundo, uma presença cada vez maior de processos decisórios sobre produtos ou processos tecnológicos em que são exigidas análises técnico-científicas e, com isso, a ampliação do papel dos órgãos governamentais. Ministérios e secretarias do Poder Executivo, deputados e vereadores no Poder Legislativo, juízes, promotores e advogados no Poder Judiciário passam a ter cada vez mais em sua pauta de trabalho temas relacionados aos riscos tecnológicos. Alimentos geneticamente modificados, radiações de antenas de celulares e áreas contaminadas com resíduos químicos são apenas alguns exemplos.

Terceiro, desde a década de 1970, foi crescente o número de atores políticos tradicionais, como partidos políticos e sindicatos, e de novos atores políticos, como organizações não governamentais (ONGs) ou movimentos sociais relacionados à justiça ou ao racismo ambiental, que procuravam participar cada vez mais nos processos decisórios envolvendo riscos tecnológicos. Com a massificação dos meios de comunicação, principalmente da televisão, acompanhada de imagens sobre danos e catástrofes ambientais, doenças e mortes provocadas por riscos tecnológicos, ocorreu um aumento do interesse e da preocupação do público geral, demandando cada vez mais proteção e segurança. Isso contribuiu para tornar cada vez mais politizadas as atividades de avaliação, regulação e gerenciamento de riscos à saúde, à segurança e ao meio ambiente, com intensa participação de diversos atores sociais, representando interesses de corporações, de trabalhadores, de ambientalistas, de moradores, de organizações científicas, dentre outros. O crescimento desses grupos equivale ao processo de sofisticação técnica e científica de seus modos de operação.

Tais riscos tecnológicos passaram a ocupar cada vez mais a pauta dos diversos atores políticos em nossa sociedade, assim como dos meios de comunicação, tornando públicos não só eventos ou situações que envolvem riscos, mas também as incertezas e as discordâncias entre os especialistas sobre as causas, as consequências e o que fazer para oferecer segurança e proteção às pessoas e ao meio ambiente. Tudo isso contribuiu para alterar o modelo clássico de processos decisórios e regulamentação, baseado no privilegiamento da participação de apenas dois atores: governos e empresas. Iniciou-se o processo de constituição e fortalecimento de um modelo baseado na participação de outros atores, incluindo aqueles que se vinham conscientizando tanto dos perigos associados aos riscos tecnológicos, quanto de seu peso nos processos decisórios acerca dos mesmos. Vão se alterando assim as relações de poder e o processo de formação de consenso para o estabelecimento de padrões de segurança e aceitabilidade de riscos.

Ao representar novos desafios para nossa sociedade, os riscos tecnológicos contribuíram para uma série de mudanças sociais e políticas no mundo contemporâneo, incluindo o surgimento de novos atores políticos que procuram cada vez mais participar dos processos decisórios. Seus impactos e as incertezas científicas que os cercam provocam efeitos importantes no nível local e global. Permitem-nos perceber melhor a realidade e organizar os fatos a ela pertinentes, com implicações, nem sempre visíveis, nos processos decisórios acerca de políticas públicas e de justiça social e ambiental: quem se deve proteger de determinados riscos, em que lugares e territórios, a que custo e deixando de lado que alternativas.

Ver: Políticas Ambientais; Vulnerabilidade

Referências Bibliográficas

BECK, U. *Sociedade de risco* - rumo a uma outra modernidade. São Paulo: Editora 34, 2010.

DE MARCHI, B. Social and cultural factors influencing environmental Policy. In: FACHETTI, S.; PITEA, D. (Orgs.). *Chemistry and environment legislation, methodologies and applications*. Amsterdam: Dluwer Academic Publishers, 1995. p. 35-44.

FIORINO, D. J. Technical and democratic values. *Risk Analysis*, n.9, p. 293-299, 1989.

FREUDENBURG, W. R. Public responses to technological risks: toward a sociological perspective. *The Sociological Quarterly*, Iowa, n. 33, p. 389-412, 1992.

S

Segurança Cidadã

José Vicente Tavares dos Santos

A segurança tem sido concebida como segurança pública, equivalente à segurança do Estado e das classes dominantes, sinônimo de uma "razão de Estado" enquanto um dos elementos da construção do Estado moderno. Pouco se fala, porém, da outra dimensão originária, as "polícias", políticas públicas que cuidavam das várias dimensões da vida social, inclusive do direito à vida das populações.

Na América Latina, a segurança pública foi, geralmente, deixada nas mãos dos policiais, os governos não demonstrando interesse em se imiscuir nesses assuntos. Desde que as forças policiais mantivessem a separação entre os "homens do bem" e os "homens do mal", poderiam reger autonomamente suas organizações, elaborar suas próprias doutrinas, administrar seu ensino e definir as suas modalidades de trabalho policial, incluindo o recurso à violência, legal e legítima. Porém, se necessário, havia uma leniência quanto ao exercício da violência ilegal e ilegítima, cunhando uma brutalidade policial, em geral social e etnicamente seletiva.

Com a consolidação dos direitos sociais, as reivindicações por direitos civis e políticos, ainda não efetivados, começam a aparecer, desde as primeiras manifestações dos negros dos Estados Unidos até a rebelião de jovens de Maio de 1968.

Naqueles tempos, às denúncias da discricionariedade da violência policial foi agregada a indignação com as práticas de corrupção, ambos configurando uma crise das polícias nos Estados Unidos e em outros países europeus. Nos países da América Latina que passaram a viver os processos de democratização, a partir da década de 1980, aumentou o clamor pela verdade acerca das práticas de torturas e humilhações contra os presos políticos durante as diversas ditaduras militares do continente e do Caribe, da Argentina ao Brasil e ao Chile, passando por tantos outros regimes violadores dos direitos humanos.

Desde então, assistem-se a profundas transformações nas sociedades contemporâneas, configuradas por novas formas do social, novos agentes e diferenciadas representações sociais. Não por outras razões, a década de 1990 foi marcada por uma sucessão de reuniões internacionais dedicadas à questão das violências e da segurança pública. Desde a Conferência Mundial dos Direitos Humanos da ONU, em Viena, em 1993, pode-se localizar mais de cinquenta reuniões mundiais nas quais a questão da crise da polícia e da atuação policial foi discutida. Essa época de mundialização das conflitualidades estaria assim marcada pela expansão da produção industrial, pelo avanço do capital especulativo, pela pós-modernidade como forma cultural, pela revolução das tecnologias da informação e pela crise social mundial.

Os fenômenos e os enigmas da violência adquiriram outros contornos e outras dimensões espaçotemporal, ao passo que o conceito de campo do controle social permite analisar a genealogia de seus elementos discursivos e não discursivos. Há uma violência difusa na sociedade contemporânea, compreendendo diferentes processos de conflitualidade social, contraditórios e conflitivos. Torna-se assim indispensável reforçar a discussão política sobre o controle social.

As concepções do crime passam hoje por grandes metamorfoses, o individualismo combina-se com a privação relativa, conformando a vulnerabilidade social, a pobreza e a miséria. Vivenciamos a sociedade normalizadora e regulatória, efeito de tecnologias de poder centradas na vida, de um Estado orientado para o "controle social penal", com um processo de criminalização dos pequenos ilegalismos e dos movimentos sociais. Tal processo de dissolução das estruturas do bem-estar social resultou em uma ruptura dos controles sociais, formais e informais, substituídos na esfera da socialização pelos meios de comunicação.

Nesse quadro, as Nações Unidas apresentaram o conceito de segurança humana, em 1994, para sublinhar o acesso aos direitos humanos individuais: "A segurança das pessoas de todo o mundo está interligada, como os fluxos mundiais de bens, serviços, capitais, pessoas e imagens fazem ressaltar. A liberalização e a democratização políticas oferecem novas oportunidades, mas também criaram novas vulnerabilidades, como a instabilidade política e econômica e os conflitos no seio dos Estados".

Devido à complexidade das formas de violência e ao aumento do sentimento coletivo de insegurança, o Estado, mesmo permanecendo como o principal responsável pela segurança pública, passa a ser acompanhado por novos atores sociais nesse campo. Inicia-se uma mudança de paradigma: "A atenção deve deixar de incidir apenas no Estado para passar a incluir a segurança das pessoas, a segurança humana". Os direitos humanos e as liberdades vitais passam então a ser valorizados.

Para garantir a segurança humana, uma série de medidas precisaria ser efetivada pelos Estados: proteção das pessoas em situações de conflito violento; proteção e autonomização das pessoas "em movimento", dos migrantes; proteção e autonomização das pessoas em situações posteriores a conflitos; combate à insegurança econômica e à pobreza extrema; políticas que destaquem a educação e a socialização de conhecimentos, competências e valores como elementos da segurança humana.

A ONU vem estimulando a construção de redes de atores públicos e da sociedade civil a fim de elaborar normas, empreender atividades integradas e acompanhar os progressos na efetivação da segurança humana no mundo. No Brasil, houve expressivo movimento nesse sentido, com vários programas:

no primeiro mandato de Fernando Henrique Cardoso (1995-1998), o I Programa Nacional de Direitos Humanos (1995-1996) e, em seu segundo mandato (1999-2002), o II Programa Nacional de Direitos Humanos (2000) e o I Plano Nacional de Segurança Pública (2000); no primeiro Governo de Luiz Inácio Lula da Silva (2003-2005), o Susp (Sistema Unificado de Segurança Pública), em 2003, e em seu segundo governo (2006-2010), o Pronasci (Programa Nacional de Segurança Pública com Cidadania).

A partir de então, o Ministério da Justiça passou a adotar a seguinte concepção: "A Segurança Pública é uma atividade pertinente aos órgãos estatais e à comunidade como um todo, realizada com o fito de proteger a cidadania, prevenindo e controlando manifestações da criminalidade e da violência, efetivas ou potenciais, garantindo o exercício pleno da cidadania nos limites da lei" (BRASIL, 2011). A novidade advém de uma perspectiva sistêmica, expressa na interação permanente dos diversos órgãos públicos interessados e entre eles e a sociedade civil organizada.

O desenvolvimento da noção de segurança cidadã supõe a construção de um controle social formal e informal, não violento e transcultural, preocupado com as práticas de si, emancipatórias, dos grupos e conjuntos dos cidadãos e cidadãs em suas vidas cotidianas. A concepção de segurança cidadã supõe um ofício orientado pelo multiculturalismo, pelo respeito à diferença e pelo reconhecimento da diversidade social. As tecnologias policiais, desde a investigação criminal até o policiamento ostensivo, devem orientar-se pela garantia da dignidade humana, incluindo a ênfase na mediação de conflitos. Supõe, ainda, o amplo acesso à Justiça, os procedimentos judiciais sem morosidade, as penas alternativas e a humanização dos estabelecimentos prisionais, cujo objetivo deveria voltar a ser a ressocialização daqueles que passaram pelas prisões. A atitude dos agentes estatais em um processo de segurança cidadã precisa ser guiada pela ação comunicativa e pelo reconhecimento dos direitos e da dignidade de todos os cidadãos e cidadãs.

A construção de uma segurança cidadã ocorre em vários países do mundo. Descortinam-se experiências inovadoras, díspares e dispersas, tanto nas instituições informais de socialização – a família, a escola, as associações locais, os meios de comunicação – quanto nas organizações do controle social formal – as polícias, o sistema judiciário, as instituições prisionais – orientadas pelos valores de uma dignidade humana emancipatória.

Ver: Política de Segurança Pública

Referências Bibliográficas

ADORNO, S. A criminalidade urbana violenta no Brasil: um recorte temático. *BIB-Boletim Informativo e Bibliográfico de Ciências Sociais*, Rio de Janeiro, n. 35, p. 3-24, 1993.

BARREIRA, C. *Cotidiano despedaçado*: cenas de uma violência difusa. Campinas: Pontes, 2008.

BRASIL. Ministério da Justiça. Secretaria Nacional de Segurança Pública (Senasp), 2011. Disponível em: http://www.justica.gov.br/central-de-conteudo/seguranca-publica/central-de-conteudo-seguranca-publica

BRICEÑO-LEÓN, R. (Org.). *Violencia, sociedad y justicia en América Latina*. Buenos Aires: Clacso, 2002.

LIMA, R. K.; MISSE, M.; MIRANDA, A. P. M. Violência, criminalidade, segurança pública e justiça criminal no Brasil: uma bibliografia. *BIB-Revista Brasileira de Informação Bibliográfica em Ciências Sociais*, Rio de Janeiro, n. 50, p. 45-123, 2000.

MISSE, M. *Crime e violência no Brasil contemporâneo*. Rio de Janeiro: Lúmen Júris, 2006.

PORTO, M. S. G. *Sociologia da violência*: do conceito às representações sociais. Brasília: Francis, 2010.

SANTOS, J. V. T. (Org.). *Violências em tempo de globalização*. São Paulo: Hucitec, 1999.

______. Violências, lutas sociais e democracia na América Latina. In: CONGRESSO DA ALAS - ASSOCIAÇÃO LATINO-AMERICANA DE SOCIOLOGIA, 25, 2009, Porto Alegre: UFRGS, 2009.

WIEVIORKA, M. *La violence*: voix et regards. Paris: Balland, 2004.

ZALUAR, A. *Integração perversa*: pobreza e tráfico de drogas. Rio de Janeiro: FGV, 2004.

Seguridade Social

Maria Lúcia Teixeira Werneck Vianna

A Constituição Brasileira de 1988 define seguridade social como "um conjunto integrado de ações de iniciativa dos poderes públicos e da sociedade, destinadas a assegurar os direitos relativos à saúde, à previdência e à assistência social". Sem existência formal na língua portuguesa até então, o termo seguridade social já era, contudo, bastante utilizado em textos de autores nacionais e nas traduções de obras estrangeiras sobre o tema das políticas sociais.

Como estrita manifestação verbal, a definição constitucional no Brasil não difere muito das que se encontram em documentos da Organização Internacional do Trabalho (OIT), da Organização para Cooperação e Desenvolvimento Econômico (OCDE) e de outros organismos internacionais que, a partir de meados do século 20, passaram a fazer uso frequente do termo. Em geral indicando uma forma de atuação estatal para garantir renda e propiciar acesso à assistência médica, o conceito vem, em tais documentos, também regularmente acompanhado de menção à variedade de formatos que, como prática, pode assumir. Uma sucinta retrospectiva de sua utilização ajuda a entender porque, no caso, o léxico não é suficiente para imprimir-lhe rigor conceitual.

Segundo a Associação Internacional de Seguridade Social (AISS – http://www.issa.int), a expressão *seguridade social* ingressou no vocabulário corrente em 1935, quando, sob a presidência de Franklin Roosevelt, foi promulgada nos Estados Unidos a Lei da Seguridade Social. A lei apenas tornava obrigatório um esquema contributivo de aposentadorias para os trabalhadores com mais de 65 anos, possibilitava a implementação de programas federais para enfrentar o desemprego e oferecia incentivos aos estados para a implantação de outros auxílios. Significou, porém, uma inflexão na forma pela qual o Estado norte-americano se posicionava ante as questões sociais. A terminologia utilizada – *social security* – combinava, conforme a justificativa contida na proposta presidencial enviada ao Congresso, a ideia de segurança econômica, crucial naquele momento de crise do capitalismo mundial, com a do seguro social, que, vigente em boa parte dos países europeus, era ainda desconhecida dos norte-americanos.

Na Europa, seguros compulsórios estatuídos legalmente, administrados pelo Estado e financiados por contribuições de empregados e empregadores, cobriam, desde a década de 1880, riscos consequentes à perda, definitiva ou provisória, da capacidade laboral por parte dos trabalhadores industriais: idade avançada, morte, invalidez, doença, maternidade e acidentes de trabalho. O primeiro país a adotar os seguros sociais como política pública foi a Alemanha, em 1883, por iniciativa de Otto von Bismarck. Em 1935, 34 nações dispunham de tais institutos.

Durante a Segunda Guerra Mundial, o governo britânico deu início a uma reforma dos seguros sociais na Inglaterra, incumbindo William Beveridge, economista reconhecido por seu envolvimento acadêmico e político com o tema do trabalho, de coordenar um amplo estudo sobre seguros e serviços sociais. A investigação resultou na publicação, em 1942, do *Relatório ao Parlamento sobre seguro social e serviços afins* (*Report to Parliament on social insurance and allied services*) que serviu de base, com suas recomendações, não só para a Lei da Seguridade Social, aprovada pelo Parlamento inglês em 1946, como para as reformas operadas em vários países europeus após a guerra.

A proposta de Beveridge estava fundamentada em dois princípios, considerados basilares de uma nova concepção de proteção social. O princípio da unidade tinha por metas a unificação das múltiplas instâncias de gestão dos seguros sociais e a homogeneização das prestações básicas. Universalidade, o outro princípio, dizia respeito à cobertura – todos os indivíduos – e ao escopo da proteção – todas as necessidades essenciais. A grande novidade, todavia, consistiu na associação que o *Relatório* estabeleceu entre proteção social e desenvolvimento econômico. Políticas econômicas inspiradas na teoria keynesiana e, sobretudo, medidas para assegurar o pleno emprego configuraram, em conjunto com a seguridade social, o arcabouço do Estado de bem-estar social que se consolida com o término do conflito mundial em 1945.

O breve histórico acima ilumina algumas características do conceito de seguridade social, cuja imprecisão é assinalada por inúmeros autores. A primeira delas reside na proximidade que tem com termos afins: seguro social, proteção social, Estado de bem-estar social. Não é raro vê-los usados como sinônimos. A fluidez das fronteiras entre esses conceitos deve-se, em parte, ao fato de que, na realidade, arranjos de políticas sociais guardam especificidades nacionais e em parte, também, ao sentido que diferentes línguas conferem a certas palavras. Assim, um outro traço que reforça a imprecisão do conceito consiste no objeto ao qual ele se refere: um conjunto variável de programas e serviços sociais, bem como uma visão histórica e culturalmente determinada de proteção social.

Beveridge, no *Relatório*, utiliza indiscriminadamente os termos seguro (*insurance*) e seguridade (*security*), porque a semântica inglesa não atribui contraste agudo entre os mesmos. Entretanto, os princípios em que fundamentou sua proposta de reforma tornaram-na emblemática de mudança. No entendimento de muitos autores o *Relatório Beveridge* deu partida a uma reformulação profunda dos direitos sociais do cidadão no Estado moderno, influenciando a concepção de seguridade em todo o mundo. Nessa concepção, o elemento sistema – um sistema público integrado de políticas – e o objetivo da universalidade adquiriram centralidade. Não à toa, o conceito de seguridade social se associou à emergência dos Estados de bem-estar, fenômeno que passou a ocupar lugar de destaque na agenda dos cientistas sociais.

Com efeito, a literatura especializada dedicou mais afinco ao estatuto teórico da noção mais abrangente de Estado de bem-estar – bem como a classificar as diferentes modalidades nacionais de sua viabilização – do que a elucidar o sentido concreto da ideia de seguridade social. Apesar de menos contemplado por abordagens teóricas divergentes, é possível detectar, *grosso modo*, duas vias pelas quais os estudiosos compreendem o conceito de seguridade social e o associam à necessidade, inerente a qualquer sociedade, de proteger-se contra ameaças de esgarçamento do tecido social.

Numa, o uso da expressão aponta para uma concepção valorativa de proteção social, baseada no suposto de que a cidadania implica, além dos direitos civis e políticos, o "elemento social que se refere a tudo o que vai desde o direito a um mínimo de bem-estar econômico e segurança, ao direito de participar, por completo, na herança social e levar a vida de ser civilizado, de acordo com os padrões que prevalecem na sociedade" (MARSHALL, 1967). *Proteção social*, portanto, é entendida como garantia de direitos sociais a todos os cidadãos, e *seguridade social*, concebida normativamente como um sistema de políticas sociais capaz de proporcioná-la. Vários autores, sobretudo europeus, reiteram essa concepção do termo, sublinhando que seu aparecimento, nos anos 1940, marcou clara oposição à noção de seguro social dominante nas primeiras décadas do século 20. Para Robert Castel, por exemplo, a seguridade social, ao superar a lógica liberal dos seguros sociais, possui a potencialidade de transmutar-se em "propriedade social", constituindo mecanismo de promoção da igualdade e da cidadania. No Brasil, o termo previdência social, que não tem tradução literal em várias outras línguas, é usado como análogo à noção de seguro social.

Identificada assim como "paradigma europeu de vida em sociedade", expressando "cobertura universal como direito de cidadania", a seguridade social representa uma referência abstrata, que permite, no entanto, discernir sistemas de proteção mais institucionalizados e redistributivos, e sistemas predominantemente assistencialistas ou securitários. Cobertura ampla, acesso generalizado, altos aportes de recursos fiscais, gestão pública unificada, prestações razoavelmente homogêneas são aspectos de tal conceituação de seguridade, malgrado o reconhecimento de que somente alguns esquemas – e em alguns países – exibem todos esses atributos.

O segundo tipo de entendimento da seguridade social é aquele que procura demarcar empiricamente o conceito. A definição exemplar se encontra na publicação *Social Security Programs Throughout the World* (Programas de Seguridade Social em todo o Mundo), relatório bianual produzido pela Administração da Seguridade Social, órgão do governo norte-americano, que, em parceria com a AISS, sumariza os esquemas de proteção social em cerca de 150 países, atualizando as informações por meio de permanente investigação (www.ssa.gov/policy/docs/progdesc/ssptw). Ali, o conceito é empregado para indicar os programas estabelecidos em âmbito governamental que salvaguardam os indivíduos em situações de interrupção ou perda da capacidade de auferir rendimentos do trabalho e/ou quando certos gastos (decorrentes de casamento, nascimento ou morte) diminuem seu poder aquisitivo. A AISS, em seu estatuto, define a seguridade de maneira semelhante, incluindo ainda, entre os programas abrigados sob a terminologia, a assistência social, os regimes de prestações mutualistas e os fundos (privados) de previdência.

Esse tipo de abordagem possibilita comparações concisas e objetivas. Termos técnicos compõem um vocabulário aplicável a qualquer sistema, ainda que se admita a diversidade de usos nacionais dos mesmos. Assim, entende-se *proteção social* como o provimento à população (ou a segmentos dela) de certos tipos de garantias legais, e *seguridade social* como o arranjo institucional de medidas para assegurá-lo. Um conjunto de medidas tem por finalidade a reposição da renda perdida (os chamados programas de manutenção de renda) em casos especificados: velhice, invalidez e morte; doença e maternidade; acidentes de trabalho; desemprego. Outro conjunto de medidas visa ao financiamento ou à oferta direta de serviços (designados como benefícios em espécie): hospitalização, atenção médica e reabilitação. Um terceiro inclui auxílios para famílias com crianças. O acesso a esses benefícios, tanto aos monetários quanto aos demais, pode ser universal, vinculado ao emprego, ou seletivo, mediante teste de meios.

Apesar da multiplicidade de desenhos que pode assumir como prática institucionalizada, a seguridade social é modalidade de intervenção estatal inconteste na atualidade. Ademais, não obstante sua imprecisão quando usada como instrumento analítico, há algumas convergências no trato do conceito. Seja numa visão normativa, que relaciona seguridade com direitos de cidadania e igualdade, seja numa visão descritiva e empírica, a seguridade implica: 1) a noção de sistema (um conjunto articulado de políticas) financiado por receitas diversas; e 2) o reconhecimento de que, não se restringindo ao seguro ou à assistência, comporta prestações contributivas e não contributivas.

As divergências se manifestam com relação ao princípio da universalidade. Marca do modelo beveridgeano, esse princípio foi central na implantação dos sistemas de seguridade em outros países europeus, mesmo naqueles que não adotaram o dito modelo; os sistemas universais de saúde e complementação de renda para famílias com crianças são as formas mais visíveis de sua concretização. A universalidade, porém, não é característica relevante da definição que aparece nos documentos que descrevem sistemas. Recentemente tornou-se, inclusive, objeto de debates no contexto das transformações operadas a partir dos anos 1980, envolvendo, além dos tradicionais, outros atores internacionais como o Banco Mundial e a Comissão Econômica para a América Latina e o Caribe (Cepal).

No Brasil, a concepção de seguridade inscrita na Constituição Federal de 1988 se assemelha ao modelo europeu. O artigo 194, do capítulo II (Da Seguridade Social) do Título VIII (da Ordem Social) estabelece como princípios que deveriam orientar a sua operacionalização: universalidade e equivalência dos benefícios; seletividade e distributividade das prestações; irredutibilidade do valor dos benefícios (nenhum benefício pode ser inferior a um salário mínimo); diversidade das bases de financiamento; e caráter democrático e descentralizado da administração. Contudo, a legislação infraconstitucional que regulamentou os preceitos da Carta não logrou dar substantividade ao conceito. Leis específicas fixaram separadamente as diretrizes das áreas incluídas na seguridade. Essas áreas se institucionalizaram em burocracias ministeriais próprias e as volumosas receitas previstas para o financiamento do sistema como um todo foram alocadas de forma segmentada. De todo modo, a permanência da expressão na letra da Lei Maior preserva o caráter redistributivo do sistema brasileiro, consignado, sobretudo, pela conjugação de benefícios contributivos e não contributivos, como de resto ocorre em muitos outros países nos quais a seguridade social proporciona efetivamente proteção social.

Ver: Cidadão/Cidadania; Democracia; Estado; Garantia de Renda; Igualdade; Política Social; Política de Saúde; Risco Social; *Welfare State*

Referências Bibliográficas

BOSCHETTI, I. Implicações da reforma da previdência na seguridade social brasileira. *Psicologia & Sociedade*, Belo Horizonte, v.15, n. 1, p.57-96, jan./jun. 2003.

CASTEL, R. *As metamorfoses da questão social*. 2. ed. Petrópolis: Vozes 1999.

FLEURY, S. M. T. *Estado sem cidadãos*: seguridade social na América Latina. Rio de Janeiro: Fiocruz, 1994.

MARSHALL, T. S. *Cidadania, classe social e status*. Rio de Janeiro: Zahar, 1967.

VIANNA, M. L. T. W. *A americanização (perversa) da seguridade social no Brasil*: estratégias de bem-estar e políticas públicas. Rio de Janeiro: Revan, 1998.

Seguro Social

LUCIANA DE BARROS JACCOUD

A expressão *seguro social* refere-se a uma forma pública de proteção social que se baseia nas técnicas privadas de seguro. Institui uma reserva de recursos comum, financiada por contribuição dos trabalhadores, das empresas e contando com a participação do Estado. Tal reserva, organizada na forma de um fundo público, garante o acesso dos trabalhadores a uma renda de substituição nos casos de impossibilidade de exercício do trabalho por ocorrência de situações reconhecidas como riscos sociais, tais como doença, invalidez, velhice, maternidade ou desemprego involuntário.

A rápida expansão da política de seguro social entre fins do século 19 e início do século 20 decorreu da progressiva aceitação da necessidade de enfrentamento da pobreza trabalhadora num contexto de profundas transformações no mundo do trabalho. Ampliava-se o reconhecimento de que a sociedade salarial expunha os trabalhadores a riscos de empobrecimento e mesmo de sobrevivência em situações nas quais, independentemente de sua vontade, o exercício do trabalho torna-se uma impossibilidade. E foi em torno da ideia de risco social que se legitimou uma nova forma de intervenção do Estado no campo social. Tratados como fenômenos sociais e como parte da normalidade da vida laboral, os riscos sociais suscitaram a organização de uma nova solidariedade, dando lugar à emergência de instituições públicas específicas, voltadas à operacionalização do seguro social. O seguro social representou, assim, uma ruptura, permitindo a institucionalização da proteção social como função pública e responsabilidade do Estado, e instituindo um direito social.

Dessa forma, se o seguro social tem pontos em comum com o seguro privado (principalmente a característica de repartir entre um grupo o custo de um risco passível de cálculo), ele mantém, face àquele, expressivas diferenças. São características específicas do seguro social o fato de ser obrigatório, de ter as regras de seu funcionamento asseguradas em lei e de estar sob controle direto do Estado. Mas, sobretudo, o seguro social se distingue do seguro privado por não associar o valor das contribuições a uma avaliação do risco coberto, mas sim a um percentual dos salários (MERRIEN et al., 2005). Ao estabelecer uma obrigação pública de proteção e instituir uma limitada associação entre as contribuições efetivadas e os benefícios recebidos, as políticas de seguro social assentam-se na exigência de aportes de recursos públicos e de um efetivo movimento distributivo. O seguro social é baseado em considerações sociais e não apenas individuais. Nesse sentido, não é possível ao Estado, como segurador, rejeitar ou diferenciar os possíveis segurados em função de suas características particulares e propensão aos riscos. Da mesma forma, no caso dos serviços de saúde organizados a partir do seguro social, o acesso não encontra limitações relacionadas ao valor das cotizações efetivadas pelo trabalhador. Esse é o campo próprio da proteção social.

As políticas de seguro social, como é o caso da Previdência Social no Brasil, permanecem como pilares centrais dos sistemas de proteção social contemporâneos. Contudo, seu papel foi relativizado na segunda metade do século 20, em especial nos países desenvolvidos. O esforço de generalização da proteção social a todos os cidadãos levado a cabo após a Segunda Grande Guerra se refletiu, no campo da garantia de renda, na implementação de benefícios monetários não contributivos, em especial os dirigidos para crianças e famílias. Sob a influência das proposições apresentadas aos ingleses por Beveridge em seus famosos relatórios de 1942 e 1944, vários países adotaram benefícios universais e em valores uniformes face a alguns riscos sociais. Ao lado do esforço em prol da universalização, ampliaram-se ainda os objetivos dos sistemas de proteção social, incluindo padrões crescentes de bem-estar social.

Mais recentemente, e com ênfase a partir da década de 1990, as políticas de seguro social vêm sofrendo críticas que, dessa vez, apontam não seu caráter restritivo, mas seus efeitos perversos. Ao final do século 20, as tendências observadas no mundo do trabalho, apontando para uma expansão mais restrita do assalariamento e para uma expansão expressiva das taxas de desemprego e de trabalho precário, vêm alimentando o debate e dando suporte a novas análises. De um lado, o ciclo de vida instituído na sociedade industrial fordista e organizado em três fases etárias, estaria se transformando (GUILLEMARD, 2008). De outro, a própria noção de risco social estaria perdendo densidade com a emergência de novos riscos, em especial o relacionado à instabilidade da trajetória profissional (ROSANVALLON, 1998). As políticas centradas no combate à pobreza e à exclusão estariam respondendo a demandas por formas inovadoras de proteção social para as quais os benefícios contributivos operados pelo seguro social cada vez teriam menos a contribuir.

Esse debate está longe de superado. Para muitos autores e analistas, mesmo com as mudanças observadas no mercado de trabalho, o seguro social ainda se mantém como um pilar incontornável dos sistemas de proteção social, a ser articulado a novos direitos sociais, desvinculados de contribuições prévias. Segundo essa ótica, será pela via da afirmação do direito social, e pela revalorização do trabalho – e não por sua relativização – e das proteções a ele associadas que a coesão social poderá ser garantida nas sociedades modernas (CASTEL, 1998 e 2009).

Ver: Cidadão/Cidadania; Democracia; Garantia de Renda; Estado; Política Social; Renda Mínima; Risco Social; *Welfare State*

Referências Bibliográficas

BARBIER, J-C. Peut on parler d'activation de la protection sociale en Europe? *Revue Française de Sociologie*, Paris, v. 43, n. 2, p. 307-332, abr./jun. 2002.

CASTEL, R. *As metamorfoses da questão social*. Petrópolis: Vozes, 1998.

______. *La montée des incertitudes*. Paris: Seuil, 2009.

ESPING-ANDERSEN, G. *The three worlds of welfare capitalism*. Princeton: Princeton University Press, 1990.

GIDDENS, A. *The third way*: the renewal of social democracy. Cambridge: Polity Press, 1998.

GUILLEMARD, A-M. (Org.). *Où va la protection sociale*. Paris: PUF, 2008.

MERRIEN, F. X.; PARCHET, R.; KERNEN, A. *L'État social:* une perspective internationale. Paris: Armand Colin, 2005.

ROSANVALLON, P. *A nova questão social:* repensando o Estado previdência. Brasília-DF: Instituto Teotonio Vilela, 1998.

Servidores Públicos

Clovis Bueno de Azevedo

São muitas as designações atribuídas aos trabalhadores do setor público-estatal no Brasil.

De acordo com a terminologia jurídica, ou do direito administrativo, denominam-se agentes públicos o conjunto de pessoas que exercem funções estatais ou da administração pública.

Os agentes públicos se dividem em agentes políticos, agentes honoríficos e agentes administrativos.

Os agentes políticos têm com o Estado (com a administração pública) uma relação de natureza política ou institucional. Trata-se das pessoas eleitas para os cargos políticos, assim como dos membros do primeiro escalão, nos Poderes Executivo, Legislativo e Judiciário (em caráter mais amplo, dentre elas se incluem os membros da cúpula dos Tribunais de Contas e do Ministério Público). São os gestores do setor público. Os agentes políticos não se enquadram, então, propriamente, na condição de trabalhadores públicos, ou das pessoas a serem geridas no setor público.

Os agentes honoríficos são as pessoas que exercem funções públicas em caráter transitório ou provisório, tais como jurados ou mesários.

Finalmente, são agentes administrativos aqueles que, analogicamente à condição dos empregados privados (ou à semelhança da relação empregatícia), prestam serviços profissionais ao Estado (à administração pública) pessoalmente, mediante remuneração, em caráter continuado, permanente, por meio de um vínculo de dependência e subordinação. Os agentes administrativos são os recursos humanos da administração pública. São eles as pessoas do setor público a serem geridas. São eles os trabalhadores públicos.

Os trabalhadores públicos podem ser classificados com base em três critérios: o regime jurídico a que estão submetidos, o tipo de organização a que se vinculam e a forma de ingresso na administração pública.

De acordo com o regime jurídico, dividem-se em: trabalhadores estatutários, trabalhadores celetistas e trabalhadores submetidos a regime especial. De acordo com o tipo de organização a que se vinculam, há: trabalhadores dos órgãos da administração direta; trabalhadores das autarquias e fundações; e trabalhadores das empresas públicas e das sociedades de economia mista. De acordo com a forma de ingresso, dividem-se em: trabalhadores concursados, trabalhadores que exercem postos em comissão (ou de confiança) e trabalhadores admitidos em caráter temporário.

A par dessa classificação, temos no Brasil as seguintes expressões para denominar os agentes administrativos (ou trabalhadores públicos): funcionários públicos, servidores públicos e empregados públicos.

Funcionário público, no linguajar ou no senso comum, refere-se a todo e qualquer trabalhador da administração pública (no Código Penal aplica-se até mesmo a dirigentes públicos), inclusive aos trabalhadores da administração indireta. Equivale, nessa perspectiva ampla, a todo e qualquer funcionário, servidor, ou empregado do Estado.

Em sentido rigoroso, todavia, a expressão se refere exclusivamente aos trabalhadores da administração direta submetidos ao regime estatutário. Apenas os trabalhadores que satisfazem essas duas condições podem ser denominados funcionários públicos. Todos os demais trabalhadores públicos, seja por não pertencerem à administração direta, seja por não se submeterem ao regime estatutário, não são funcionários públicos, mas servidores públicos ou empregados públicos, conforme o caso. Os funcionários públicos sempre ocupam cargos e se dividem em duas categorias. Exercem cargos efetivos, quando ingressam por concurso público; ou exercem cargos em comissão (de confiança, para os quais não se exige concurso). Não há funcionários públicos, nem tampouco trabalhadores estatutários, admitidos em caráter temporário.

Servidores públicos são todos os trabalhadores da administração direta, das autarquias ou das fundações, independentemente do regime jurídico (estatutário, especial ou celetista) ou da forma de ingresso (por concurso, para posto de confiança ou para trabalho temporário). Serão também funcionários públicos se pertencerem à administração direta e estiverem submetidos ao regime estatutário. Serão também empregados públicos se o regime jurídico for o celetista. Serão somente servidores públicos (mas não funcionários) se o regime jurídico for o estatutário, mas não pertencerem à administração direta. Nesse caso, tampouco serão empregados públicos, por não se submeterem à CLT.

Empregados públicos, por fim, são os trabalhadores submetidos ao regime celetista, o da Consolidação das Leis do Trabalho (CLT), independentemente da forma de ingresso (se por concurso público, se para posto de confiança, ou por vínculo temporário), quer trabalhem nos órgãos da administração direta, quer seja nas entidades da administração indireta. Exercem empregos públicos. Não são, portanto, jamais, funcionários públicos, pois estes exercem cargos e se submetem ao regime estatutário. Empregados públicos serão também servidores públicos quando pertencerem a autarquias ou fundações. São apenas empregados públicos (não funcionários, nem tampouco servidores) os trabalhadores das empresas públicas e das sociedades de economia mista. Os trabalhadores dessas organizações obrigatoriamente submetem-se a regime celetista.

A expressão clássica e original – adotada pela primeira vez na Constituição Republicana de 1891 e consolidada nas Constituições de 1934 e 1937 – é funcionário público. Foi cunhada quando não havia – ou era sem importância – a administração indireta e quando se presumia que apenas o regime estatutário, por ser de natureza pública, fazia sentido como regime jurídico para os trabalhadores das organizações estatais. Para a esfera privada, principalmente a partir de década de 1940, ficariam reservadas a CLT e a expressão empregados.

Com o surgimento e ampliação da administração indireta, inicialmente por intermédio de autarquias e depois das fundações, surge a expressão servidor público, para se referir aos trabalhadores dessas entidades. Mesmo sendo trabalhadores estatutários, tratava-se de servidores e não de funcionários públicos.

A mesma expressão, servidor público, inaugurada na Constituição de 1946, passou também a ser utilizada para se referir aos muitos trabalhadores da administração direta recorrentemente contratados sem concurso: de um lado, trabalhadores horistas, diaristas, ou extranumerários, admitidos para tarefas simples ou braçais; ou ainda para designar os trabalhadores teoricamente temporários, mas que no mais das vezes (de modo irregular) permaneciam indefinidamente na administração pública. Todos esses trabalhadores não pertenciam aos quadros de carreira da administração pública, ficando em uma condição de segunda classe, sem boa parte dos direitos dos funcionários públicos.

Com o surgimento e expansão, a partir da década de 1960, das empresas estatais – empresas públicas e sociedades de economia mista –, retornou a expressão empregados (públicos), posto que, tal qual os empregados privados, os trabalhadores dessas entidades se submetem ao regime da CLT. A expressão firmou-se igualmente pelo fato de que, a partir da década de 1970, grande parte dos trabalhadores públicos no país, inclusive na administração direta, passou a ser contratada não mais pelo regime estatutário, mas pela CLT, para fugir seja do concurso público, seja da estabilidade. O suposto, ou a alegação, era que o modelo estatutário e os princípios clássicos do direito administrativo impediriam uma administração pública eficiente, inclusive quanto à gestão de pessoas.

A Constituição Federal (CF) de 1988 trouxe uma reviravolta. A denominação funcionário público foi abandonada, não por conta de preferência por modelos privados, posto que os princípios da administração pública foram expressamente (re)afirmados e estendidos para toda a administração pública (inclusive para as estatais), mas em decorrência de naquela ocasião ter sido determinado que houvesse um Regime Jurídico Único (RJU) para os trabalhadores da administração direta, das autarquias e das fundações. A partir de então, haveria apenas as expressões servidor público e empregado público.

Nos termos da CF/1988, a expressão funcionário público teria perdido sentido na medida em que, doravante, os trabalhadores da administração direta, os autárquicos e os fundacionais estariam todos submetidos ao mesmo regime jurídico (o RJU). Não mais haveria razão para diferenciar os funcionários públicos (trabalhadores estatutários da administração direta) desses outros trabalhadores públicos não submetidos ao regime estatutário, ou não pertencentes à administração direta. Daí em diante, os trabalhadores da administração direta, das autarquias e das fundações seriam todos denominados servidores públicos.

Para alguns, esse regime jurídico único poderia ser tanto o celetista quanto o estatutário, desde que fosse o mesmo para o conjunto desses trabalhadores. Mas, para outros, esse regime, além de único, teria de ser forçosamente o estatutário, na medida em que a administração direta, as autarquias e as fundações estariam submetidas aos princípios do direito público, ao passo que a CLT seria o regime jurídico típico das organizações privadas. Enquanto alguns interpretaram essas mudanças como um avanço republicano, outros a consideraram um retrocesso burocrático.

A exigência do RJU foi retirada da CF, dez anos depois, pela Emenda Constitucional (EC) 19, de 1998, conhecida como a Emenda da Reforma da Administração Pública. Tratou-se de uma reação à Constituição de 1988, um esforço para trazer princípios privados para a gestão pública e para a gestão de pessoas. Mas o RJU a ela retornou, embora em caráter liminar, em 2008, por decisão do Supremo Tribunal Federal (STF), em face de uma ação direta de inconstitucionalidade contra a EC-19. Desde então, não há decisão definitiva do STF a esse respeito, o que deixa também em suspenso o sentido de abandonar, ou a necessidade de se retomar a expressão funcionário público.

A questão fundamental, por certo, não se refere às expressões ou às designações, embora elas também tenham sua importância. Muito mais relevante do que isso é o problema da indefinição quanto a como devem ser reguladas as relações de trabalho dos trabalhadores públicos. De um lado, há quem defenda que o regime jurídico seja único, igual para todos os trabalhadores públicos da administração direta, autarquias e fundações. Estes se dividem entre os que propugnam pela obrigatoriedade de tal regime ser o estatutário e os que afirmam que se possa escolher entre um e outro regime jurídico. De outro lado, há quem sustente que deva ou possa haver mais de um regime jurídico. Há ainda quem sustente a manutenção do regime estatutário apenas para as chamadas carreiras típicas de Estado (por exemplo, diplomatas, área jurídica e fiscalização) e que se adote o regime celetista para todos os demais trabalhadores (professores, médicos, área administrativa etc.). Essa última é a posição assumida pela referida Emenda 19, por meio da qual se pretendeu dar base legal à chamada reforma gerencial da administração pública no Brasil.

Independentemente da decisão judicial, e do regime jurídico que venha a prevalecer, a Constituição Federal de 1988, no capítulo concernente à administração pública, determinou que todos os órgãos da administração direta, assim como todas as entidades da administração indireta (não só autarquias e fundações, mas também empresas públicas e sociedades de economia mista, e até mesmo suas subsidiárias) estão submetidos aos princípios da legalidade, da impessoalidade, da moralidade e da publicidade. Como os princípios jurídicos afirmados na Constituição prevalecem sobre a lei ordinária, a consequência é que a gestão dos trabalhadores públicos não pode deixar de se distinguir dos modelos privados, mesmo quando se adote o regime celetista, e ainda que se trate das empresas estatais (empresas públicas e sociedades de economia mista). A Constituição de 1988, portanto, trouxe consigo a reafirmação dos modelos e das regras do direito público, ou do direito administrativo clássico.

Apesar disso, a controvérsia permanece em relação a diversos aspectos da relação trabalhista e ao estatuto dos trabalhadores públicos, como que a refletir o descompasso existente entre os regimes estatutário e celetista vigentes e o país que vem sendo construído a partir das fortes mudanças que afetaram a economia, a política, a sociedade, a cultura, a tecnologia, as organizações e o mundo do trabalho. A controvérsia também sugere a urgência de uma reforma em ambos os regimes. No caso da CLT (isso vale também para a esfera privada), haveria que melhor equilibrar, de um lado, a preservação – ou até a ampliação – dos direitos e as garantias dos trabalhadores e, de outro, a construção de formatos mais ágeis e flexíveis nas regras e normas trabalhistas. No caso da esfera pública, seja qual for o regime jurídico, é imperativo não impedir, nem dificultar, a eficiência e a eficácia, vale dizer, a obtenção de resultados. Mas é necessário, igualmente, preservar os princípios públicos, como o da legalidade e o da impessoalidade.

Especialmente quanto ao regime estatutário, três mudanças mostram-se importantes.

Em primeiro lugar, superar a falsa premissa de que haja contradição entre a obrigatoriedade de respeitar o concurso público e a necessidade de sistemas menos rígidos de evolução funcional. Desde 1988, inclusive por decisão do STF, não se admitem em nosso país planos de carreira por meio dos quais um trabalhador evolua para outro cargo (ou mesmo emprego) cujo provimento exija grau de escolaridade formal superior ao posto de trabalho anterior. Isso está hoje vedado até mesmo quando haja uma relação lógica entre eles. Embora a regra do concurso público seja inviolável, ela precisa ser compatibilizada com a evolução funcional, flexibilizada se se preferir, sob pena de, no limite, impedir-se a existência de verdadeiros planos de carreira, o que bloqueia o crescimento e desestimula a busca de aprendizagem pelos trabalhadores públicos.

Em segundo lugar, independentemente de correções salariais e de mecanismos adequados de reajustamento, é preciso criar mecanismos de remuneração variável, ou por resultados, que associem parcelas importantes da remuneração dos trabalhadores públicos aos resultados atingidos e aos esforços por eles despendidos. É fundamental premiar, inclusive financeiramente, o trabalho eficaz e o desempenho, tanto individualmente quanto do conjunto dos trabalhadores.

Em terceiro lugar, há que se superar a posição de que o regime estatutário, não sendo "contratual", impede a negociação entre patrões (no caso, o governo) e os trabalhadores públicos. Na verdade, também os trabalhadores celetistas, até mesmo os empregados das empresas estatais, estão a rigor impedidos de promover efetivas negociações com seus patrões (repita-se, o governo), na medida em que, passados mais de 20 anos da promulgação da Constituição de 1988, nem sequer se regulamentou ainda o direito de greve, ali previsto, dos trabalhadores públicos.

Em síntese, a superação da condição de recursos, ainda imposta aos trabalhadores públicos, surge como uma das exigências para que se profissionalize definitivamente a gestão de pessoas no setor público brasileiro.

Ver: Administração Pública; Burocracia; Estado; Gestão de Pessoas

Referências Bibliográficas

CUNHA, M. W. V. *O sistema administrativo brasileiro 1930-1950*. Rio de Janeiro: MEC, 1963.

DI PIETRO, M. S. Z. *Direito administrativo*. São Paulo: Atlas, 2009.

GUERZONI FILHO, G. Tentativas de formação de uma burocracia publica no Brasil. *Revista do Serviço Público*, Brasília, DF, v. 47, n. 1, p 41-66, jan./abr.1996.

MARCELINO, G. Administração pública brasileira: evolução, situação atual e perspectivas futuras. *Revista do Serviço Público*, Brasília, DF, v. 44, n. 2, p. 105-116, set./dez. 1989.

MARSIGLIA, R. M. G. Funcionários públicos, Estado e saúde no Brasil. *Saúde e Sociedade*, São Paulo, v. 2, n. 1, p. 93-118, 1993.

SCHNEIDER, B. R. A conexão carreira: uma análise comparativa de preferências e insulamento burocrático. *Revista do Serviço Público*, Brasília, DF, v. 46, n.1, p. 9-44, jan./abr. 1995.

Setor Público Não Estatal

Ver: Publicização

Sistema Político

ADRIANO CODATO

Há três sentidos possíveis no emprego da noção de sistema político.

Sistema político pode designar simplesmente "sistema de governo" e suas duas variantes principais: *parlamentarismo* ou *presidencialismo*. Também é usado com relativa frequência por cientistas políticos para nomear tipos de *regimes políticos*: *democracia*, *autoritarismo*, *totalitarismo* e as muitas variantes a partir desses, como oligarquia, tirania, teocracia ou aristocracia. Quando a divisão ainda fazia sentido, cientistas sociais e comentaristas políticos falavam em "sistemas políticos capitalistas" e "sistemas políticos socialistas" (ou comunistas), misturando assim variáveis políticas (a forma do governo), econômicas (a estrutura produtiva) e ideológicas (a doutrina política predominante).

Sistema político pode descrever, por outro lado, o conjunto de instituições governamentais, grupos de interesse, valores políticos e suas relações de interdependência. Pode-se argumentar que esse segundo sentido já está contido no primeiro. Regimes políticos devem ser interpretados como sistemas políticos, ressaltando como as partes que os compõem (as variáveis sistêmicas) influem umas sobre as outras.

E, por fim, sistema político é uma expressão que, conforme o cientista político David Easton (1917-), seria mais precisa do que *Estado*, por exemplo, para mencionar como se conectam a autoridade política, o *poder* e o *processo de tomada de decisões* em uma comunidade. A "análise sistêmica" da política refere-se tradicionalmente à segunda e à terceira acepções.

Vejamos separadamente cada um dos três significados de sistema político – como sistema de governo, como conjunto de instituições políticas relacionadas mutuamente e como um mecanismo de conversão de reivindicações em decisões.

A Constituição Federal do Brasil, de 1988, em suas Disposições Constitucionais Transitórias, previu que, cinco anos após sua promulgação, o eleitorado brasileiro deveria escolher, por plebiscito, a forma de governo nacional (república ou monarquia constitucional) e o sistema de governo (parlamentarismo ou presidencialismo). Não é incomum, todavia, falar-se em "sistema político inglês" para indicar o parlamentarismo, ou em "sistema político norte-americano" para designar o presidencialismo. Nesse registro, sistema político indica a estrutura política de um dado país, tal como estabelecida legalmente em sua Constituição. Essa é uma perspectiva puramente jurídica do sistema político, pois retém do sistema político aquilo que as Constituições dizem que deve ser. Uma visão institucionalista diria, por sua vez, que o sistema político é a soma (ou junção) do regime político (democracia ou autoritarismo), do sistema de governo (presidencialismo ou parlamentarismo), da forma de governo (monarquia ou república), e dos sistemas eleitoral e partidário. Algumas classificações mais completas incluem nessa lista a forma de Estado (se unitário ou federado).

Nos dicionários, "sistema" significa muito simplesmente qualquer conjunto natural constituído de partes e elementos interdependentes (daí sistema planetário e sistema vegetal, por exemplo). A palavra tende a enfatizar a ideia de inter-relação das peças que fazem funcionar uma estrutura organizada (como em sistema viário, sistema de comunicação, sistema social). Ela designa ainda o conjunto de sistemas parciais ou subsistemas que de maneira integrada formam uma estrutura.

No caso, parte-se da ideia, importada das ciências naturais, de que em uma unidade social qualquer seus elementos componentes (instituições, atores, normas sociais, normas jurídicas etc.) estão necessariamente relacionados entre si. E por isso não têm como ser pensados separadamente. A pesquisa social deve mostrar então o impacto que uns exercem sobre os outros, procurando ir além das explicações baseadas em relações lineares de causa e efeito. Juan Linz, na definição clássica que propõe de *autoritarismo* (um regime político), diz textualmente: "Regimes autoritários são sistemas políticos" que têm características específicas e muito próprias se confrontados com as democracias e os totalitarismos (LINZ, 1979, p. 320). Assim, regimes ditatorial-militares combinam de forma bem diferente seu sistema eleitoral, seu sistema partidário, seus valores ideológicos, seu grau de liberdades políticas e civis, seus mecanismos de recrutamento político e suas formas de agregação de interesses, quando comparados com regimes democrático-liberais. Em linguagem mais técnica, diz-se que os processos de agregação de interesses, por exemplo, aferidos por uma eleição, são uma "função" da combinação peculiar entre o sistema eleitoral, o sistema partidário e o grau de liberdades vigentes. Isto é, aqueles primeiros variam *em função* desses últimos. Por isso, essa perspectiva ficou conhecida como escola estrutural-funcionalista (URBANI, 1992, p. 1.166).

O principal representante dessa variante da teoria dos sistemas políticos foi Gabriel Almond. Sua ênfase no conceito de sistema era uma crítica à ciência social excessivamente focada na análise do comportamento dos indivíduos. Conforme Almond e Powell Jr. (1980), o que caracteriza um sistema é a interdependência de suas partes componentes (suas "estruturas"), de tal forma que a modificação qualitativa ou quantitativa de um dos elementos do sistema comprometerá todos os outros e, assim, o sistema como um todo. No exemplo dos autores, o surgimento dos modernos partidos de massa e dos meios de comunicação de massa fatalmente afetaria o desempenho das demais peças de um sistema político. O sistema político, por sua vez, é constituído de um conjunto de subsistemas (legislativos, eleitores, grupos de pressão) submetidos a processos de interação mútua. Outra dimensão que entra na caracterização dos sistemas políticos é seu mecanismo de recrutamento de indivíduos para desempenhar papéis políticos e manejar as estruturas do sistema. Os papéis podem ser mais simples ou mais complexos, novos ou tradicionais, mais ou menos independentes entre si etc. Para se avaliar a funcionalidade de determinado sistema político, é preciso destacar não somente seu desempenho, mas também as inclinações, vocações e tendências de determinados grupos sociais. Uma dimensão fundamental dos sistemas políticos é a *cultura política*. Ela pode ser definida como o conjunto de atitudes, crenças e valores comuns aos grupos que integram um sistema político e que não são imediatamente visíveis ao observador.

Ao formular o conceito de sistema político, a ambição de David Easton era construir a partir daí uma plataforma para propor uma teoria política geral. A ideia básica de sistema veio das ciências naturais e a analogia fundamental de Easton foi com o sistema biológico de um organismo vivo. A premissa, estabelecida em *The political system* (1953), era clara: "o funcionamento de uma parte não pode ser compreendido inteiramente sem referência ao modo pelo qual o todo opera" (EASTON, 1970, p. 23). Logo, "deve-se encarar a vida política como um sistema de atividades inter-relacionadas" que influenciam, em um grau a ser determinado empiricamente, como as decisões são formuladas e executadas pela autoridade constituída (EASTON, 1970, p. 23).

O conceito de "Estado", sustentou-se então, seria genérico demais e formalista demais para compreender e explicar as ações políticas. Essa reprovação foi endereçada tanto ao velho *institucionalismo* dominante na ciência política norte-americana quanto ao marxismo (EASTON, 1953; 1982, p. 142-143). Análises muito específicas sobre partidos políticos, grupos de interesse, governos, parlamentos, eleições etc. teriam por sua vez um alcance muito limitado para dar conta da vida política em geral e das inter-relações de suas partes componentes.

O sistema político, concebido como subsistema incluído no sistema social geral, mas que pode ser analiticamente separado dele, seria então um quadro de referência maior e melhor no qual aquelas variáveis sistêmicas seriam inseridas e, a partir de então, fariam sentido. Se fôssemos representar o mecanismo de funcionamento de um dado sistema político, veríamos que o sistema político é aquela estrutura responsável por converter tanto a) demandas, reivindicações, desafios como b) apoios (ou *inputs*) em políticas, em respostas, em decisões definitivas (ou *outputs*). Essas decisões, uma vez tomadas, impactariam o próprio sistema político e alimentariam futuras demandas e futuros apoios (mecanismo de *feedback*). E assim sucessivamente. Uma característica importante dessas decisões é que elas são "autoritárias", isto é, devem ser obrigatoriamente cumpridas pelos membros da comunidade política considerada. Os exemplos aqui englobariam desde tomadas de decisões específicas (a criação de um banco de desenvolvimento ou de uma companhia de petróleo) até a formulação de políticas mais globais (a política social de um governo, por exemplo).

Umberto Cerroni resumiu a crítica padrão dos marxistas em alguns pontos que merecem ser considerados: (a) estudos de sistemas políticos têm separado o caráter técnico dos procedimentos de governo dos processos históricos, condicionantes sociais e valores culturais de uma sociedade, que seriam, esses sim, os elementos fundamentais na análise política; (b) tributária da teoria geral dos sistemas, a teoria do sistema político não consegue revelar a gênese histórica dos sistemas que estuda e, portanto, suas características particulares; (c) preso ao estudo dos mecanismos técnicos das tomadas de decisões e à perspectiva de curto prazo, o emprego da noção de sistema político ignora deliberadamente que as próprias transformações dos sistemas políticos não têm a ver com processos de *feedback*, mas resultam das transformações históricas globais da sociedade considerada; (d) explicações baseadas na teoria dos sistemas políticos, em função de abordagens tecnicistas, quantitativistas e anistóricas, tendem a esquecer que um dado sistema político não é nem universal, nem eterno; e, por fim, (e) essa concepção teórica deixa de mencionar que um sistema político não é um sistema técnico, mas um ordenamento jurídico particular, cuja finalidade é garantir a reprodução social (CERRONI, 1993, p. 160-161).

Outras restrições podem ser feitas à abordagem sistêmica. Análises baseadas em mecanismos de *inputs* e *outputs* não têm muito a dizer sobre processos de decadência e ocaso de sistemas políticos, tal como revoluções, ficando a questão da mudança política em segundo plano diante do tema, central para essa perspectiva, da autoconservação dos sistemas políticos. Igualmente, o modelo teórico não é muito útil para abordar fenômenos políticos de massa (eleições, formação de valores, obtenção de apoios etc.). Seus conceitos e hipóteses restringem-se aos membros politicamente relevantes do sistema, isto é, aqueles com capacidade de tomar e impor decisões (as elites). O foco empírico em sistemas políticos nacionais suplanta a consideração das interações entre diferentes sistemas políticos, perdendo de vista as relações políticas internacionais. Por tudo isso, a abordagem sistêmica, diferentemente do que pretendia Easton, não pode ser tomada como uma teoria geral da política, já que deixa de lado muitas questões relevantes (YOUNG, 1970, p. 65-68).

Ver: Estado; Governo; Sistemas Eleitorais; Sistemas Partidários

Referências Bibliográficas

ALMOND, G. A.; POWELL JR., G. B. *Uma teoria de política comparada*. 2. ed. Rio de Janeiro: Zahar, 1980.

CERRONI, U. *Política*: métodos, teorias, processos, sujeitos, instituições e categorias. São Paulo: Brasiliense, 1993.

EASTON, D. *The political system*. An inquiry into the state of political science. New York: Alfred A. Knopf, 1953.

______. Uma tentativa de análise dos sistemas políticos. In: PARSONS, T. *Sociologia política, II*. Rio de Janeiro: Zahar, 1970.

______. O sistema político sitiado pelo Estado. In: LAMOUNIER, B. (Org.). *A ciência politica nos anos 80*. Brasília: Editora da UnB, 1982.

LINZ, J. Um regime autoritário: Espanha. In: CARDOSO, F. H.; MARTINS, C. E. *Política & sociedade*. São Paulo: Companhia Editora Nacional, 1979.

URBANI, G. Sistema político. In: BOBBIO, N. et al. *Dicionário de política*. 4. ed. Brasília: Editora UnB, 1992.

YOUNG, O. R. *Introdução à análise de sistemas políticos*. Rio de Janeiro: Zahar, 1970.

Sistemas de Governo

ANTONIO OCTAVIO CINTRA

Por "sistema de governo" entendem-se, nos regimes democrático-representativos, os diversos arranjos dos órgãos de governo destinados a tornar efetiva a responsabilidade dos governantes perante o eleitorado e seus representantes.

Distinguem-se, nas democracias contemporâneas, os sistemas de governo presidencial, parlamentar e os sistemas mistos. Dentro de cada categoria, variam bastante os sistemas existentes. Tendem os modernos estudiosos do assunto (CHEIBUB, 2007; LACOMBE, 2009) a usar, como diferenciador principal entre as categorias, o critério da confiança de que necessitam os governantes.

Para Cheibub (2009, p.35), por exemplo, os sistemas em que os governos precisam, para subsistir, do apoio de uma maioria no Legislativo são parlamentares; aqueles em que o governo não depende dessa maioria são presidenciais; e aqueles em que os governos dependem duplamente da confiança da maioria parlamentar e da confiança de um presidente eleito são mistos.

A democracia representativa hodierna é produto de grandes mudanças políticas ao longo dos últimos três séculos. Prolongadas lutas entre os monarcas absolutistas e os grupos crescentemente capazes de enfrentá-los levaram aqueles a ceder poderes cada vez maiores aos parlamentos. A legitimidade das assembleias provinha do seu caráter representativo, pois cada vez mais eram vistas como a materialização da soberania popular, enquanto a coroa era justificada pelo direito divino dos reis.

Com o tempo, tomaram forma os diferentes sistemas de governo, englobados modernamente na tríplice classificação. A mudança histórica teve respaldo no pensamento político, com a teoria da "separação dos poderes", segundo a qual deveriam as funções de governo, principalmente a legislação, a execução e a jurisdição, ser exercidas, ainda que não de modo estanque, por diferentes órgãos. Com a divisão de poderes, esperava-se conter as tendências tirânicas dos governantes e garantir a liberdade dos súditos.

Na Grã-Bretanha setecentista, o Parlamento já conquistara consideráveis poderes, em detrimento da coroa. Delineava-se a monarquia constitucional, em que o poder real passava a ser delimitado em constituições. Gradualmente, os reis perderam controle exclusivo sobre os ministros, que passaram a reportar-se também ao Parlamento eleito (VERNEY, 1959).

Contudo, o modelo, também esboçado em outros países, não configurava equilíbrio estável, pois se opunham fontes contraditórias de legitimidade. Fora da Grã-Bretanha, outras monarquias constitucionais sofreram retrocessos, pela resistência dos monarcas aos Parlamentos, com apoio dos militares, a quem repugnava o controle parlamentar (LACOMBE, 2009).

Quando da independência das colônias norte-americanas, vigorava, na metrópole, a dualidade parlamento/coroa. Tal arranjo esteve presente no pensamento dos "pais fundadores" da nova nação, que mantiveram a separação dos poderes, mas suprimiram o papel do monarca, optando, ao invés, por um presidente com mandato fixo, renovável, ainda que não eleito popularmente, senão por um "colégio eleitoral". Surgia, assim, um novo modelo de organização política, o *presidencialismo*, com separação dos poderes, porém sob roupagem republicana. Superava-se, assim, a dualidade de legitimação ainda presente nas monarquias constitucionais. Esse modelo foi, com exceção do Brasil, adotado pelos movimentos de independência latino-americanos, por suprir a falta dos monarcas com um centro de poder político, o presidente.

Na Grã-Bretanha, contudo, abandonou-se gradativamente o modelo ali criado. Na segunda metade do século 19, após substanciais ampliações do eleitorado mediante reformas eleitorais, os ministros dispensaram a dupla confiança do rei e do Parlamento. Bastava-lhes a deste último, tal como conferida pela maioria parlamentar. O monarca passou a exercer, então, sobretudo funções de caráter simbólico e cerimonial, retendo, porém, influência nos assuntos militares (LACOMBE, 2009). O principal do poder político, exceto nessa matéria, passara ao gabinete, chefiado pelo primeiro-ministro.

A mudança não se deu, porém, com a mesma rapidez e o mesmo resultado no continente europeu. Em alguns países, somente no curso do século 20 é que se abandonou o duplo vínculo de responsabilidade e confiança dos ministros para com o monarca e o Parlamento (LAUVAUX, 1987).

Outros sistemas passaram à forma republicana, com presidentes eleitos pelos Parlamentos para exercerem reduzidas funções, como no caso das III[a] e IV[a] Repúblicas Francesas, em que os gabinetes já não precisavam da confiança presidencial.

Uma importante exceção foram os sistemas dualistas da Alemanha de Weimar (1919-1933) e, depois de 1958, da França, com presidentes diretamente eleitos, com poderes potencialmente amplos (CINTRA, 2007).

Presidencialismo é o sistema em vigor principalmente nos Estados Unidos da América e nos países latino-americanos, mas também em algumas nações africanas e asiáticas. Nele, o chefe do Poder Executivo é um presidente eleito, cuja investidura e continuidade no cargo não dependem da confiança parlamentar. O funcionamento do governo, todavia, precisa do apoio do Legislativo.

No caso estadunidense, se o partido do presidente tem maioria congressual, o sistema bipartidário normalmente lhe traz substancial apoio parlamentar. Sem maioria, numa ou em ambas as Casas, tem-se o "governo dividido", que pode impor grandes restrições à agenda política do presidente.

Com multipartidarismo, como se dá no Brasil, os presidentes precisam recorrer a coalizões de múltiplos partidos, que implicam a participação deles na máquina governamental. Trata-se do "presidencialismo de coalizão" (ABRANCHES, 1988; AMORIM NETO, 2007; LIMONGI, 2006; RENNÓ, 2006; SANTOS, 2006).

Diferenciam-se os sistemas presidenciais também quanto aos poderes à disposição dos presidentes, tanto aqueles a eles atribuídos formalmente nos textos constitucionais, quanto aqueles provindos da sua liderança sobre partidos ou coalizões. A influência presidencial sobre a legislação pode ser reativa, sob a forma de veto, ou proativa, mediante, por exemplo, a competência para baixar decretos com força de lei, tais como as nossas "medidas provisórias".

O parlamentarismo vigora principalmente na Grã-Bretanha, em muitas de suas ex-colônias e nas democracias mais maduras do continente europeu. Nos países que conservaram a monarquia, os monarcas se tornaram chefes de Estado, com funções, sobretudo, representativas e simbólicas, mas também na área de defesa (LACOMBE, 2009). Os governos surgem da maioria parlamentar, de cuja confiança dependem.

No caso britânico, o bipartidarismo e a disciplina partidária usualmente dão ao gabinete, sob o comando do primeiro-ministro, seguro apoio parlamentar. O poder político está no Parlamento, mas é exercido pelo gabinete, não pela assembleia.

Nas democracias continentais, monárquicas ou republicanas, há geralmente multipartidarismo, e para formar gabinetes efetivos, são necessárias coalizões.

Contudo, há também governos minoritários, por exemplo, na Escandinávia (STROM, 1994). Um ou mais partidos podem concordar em apoiar o governo no Parlamento, mesmo sem ter representação no gabinete. As coalizões de apoio não necessitam incluir sempre os mesmos partidos, para todas as questões em jogo. Portanto, governos parlamentares minoritários, em que o partido do primeiro-ministro prefira governar sozinho, sobrevivem, por haver uma maioria parlamentar que não lhes retira a confiança (CHEIBUB, 2002).

O grau de confiança pode ser expresso em votações, quando o governo a solicita a propósito de algum projeto relevante, ou quando o próprio Parlamento censura o governo, podendo derrubá-lo. Todavia, o parlamentarismo alemão requer a "censura construtiva": censura-se um gabinete pela eleição do que vai substituí-lo, instituto também adotado pela Constituição democrática espanhola de 1978. A contrapartida do mecanismo da confiança/censura é o direito do governo de dissolver o Parlamento e convocar novas eleições.

O sistema semipresidencial, um sistema híbrido, foi adotado pela França em 1958 e em seguida por outros países, inclusive vários do antigo bloco soviético. Teve antecedente importante na Alemanha, durante a República de Weimar, experimento interrompido pela ditadura nazista.

Em 1958, na França, em plena crise da Guerra da Argélia, encarregou-se uma comissão de juristas de redigir novo texto constitucional, para que o governo, reforçado em seus poderes, pudesse enfrentar a emergência nacional. O principal reforço consistiu em aumentar os poderes presidenciais. A França passou a ter um presidente eleito (de início, por um eleitorado especial, depois pelo eleitorado nacional), dotado de poderes bem maiores do que os dos chefes de Estado no parlamentarismo clássico. O poder é dual, pois o presidente e o primeiro-ministro compartilham competências significativas. O presidente não é só chefe de Estado, com funções cerimoniais, mas também um governante. O *premier* responde perante o Parlamento como qualquer primeiro-ministro parlamentarista, comanda a operação cotidiana do governo e toca a máquina administrativa, sobretudo na política interna. Os poderes do presidente não são de decisão, senão os de evitar uma decisão, ou os de submetê-la ao eleitorado (por exemplo, mediante a dissolução do parlamento ou a convocação de referendo). A Constituição também lhe reserva os assuntos de defesa e de política externa.

Na prática, quando os partidos que o apoiam têm a maioria parlamentar, o presidente é a figura política dominante, e o primeiro-ministro um auxiliar de sua escolha. Quando esses partidos são minoria, temos a "coabitação". O presidente escolhe, então, um primeiro-ministro das hostes da oposição majoritária, e se dá divisão de trabalho entre os dois titulares, mas reduzindo--se bastante o papel presidencial.

O percurso descrito conheceu, durante a Revolução Francesa, entre 1792 e 1796, considerável desvio, o chamado *governo de assembleia* ou *convenção* (a assembleia era a Convenção Nacional Francesa). Nele, o executivo é arrebatado pela assembleia soberana, não havendo separação de poderes. Criam-se ou se derrubam gabinetes ao sabor da conjuntura. Essa vertente foi trilhada em alguns países, sobretudo no período entre as duas grandes guerras do século passado, por exemplo, na IIIª República Francesa, em que cada partido procurava extrair o máximo dos fracos gabinetes com a ameaça de votos de desconfiança. Após a Segunda Guerra Mundial, cuidou-se, nas constituições parlamentaristas, de evitar, mediante mecanismos como a "censura construtiva" germânica, os perigos do assembleísmo, com o qual muitos dos críticos do parlamentarismo o confundem.

Numerosas pesquisas recentes têm comparado os sistemas sob vários aspectos, por exemplo, a política econômica, a administração das clivagens sociais e econômicas, os conflitos étnicos, a paz e a cooperação internacional e a qualidade da governação democrática (CHEIBUB, 2006). Dessa forma, examina-se quais hipóteses teóricas, formuladas a partir das características dos sistemas, sobrevivem à prova empírica.

Especial atenção tem merecido a questão da "estabilidade democrática". Com a derrocada de inúmeras ditaduras no último quartel do século 20, ganhou relevo a questão de como organizar estavelmente as novas democracias. Que sistema seria melhor? Para uma influente corrente acadêmica, a lógica da "separação de poderes", própria do presidencialismo, tornava-o pouco recomendável, pois o sistema não disporia de incentivos às coalizões partidárias, necessárias para governar com multipartidarismo. Nesse sistema, seriam inevitáveis governos minoritários, ineficazes e vulneráveis (LINZ, 1991).

Pesquisas empíricas mostraram haver, de fato, maior instabilidade no presidencialismo do que no parlamentarismo, porém eximiram o sistema de responsabilidade. Os dados tampouco confirmam a hipótese de que a menor taxa de sobrevivência das democracias presidenciais se deva a fatores como o nível de desenvolvimento econômico do país, seu tamanho ou sua localização geográfica.

Cheibub (2007) mostra, com dados para o período de 1946-2002, serem as democracias precedidas de ditaduras militares mais perecíveis do que as que sucedem a ditaduras civis. Ora, sendo mais provável terem os governos presidenciais sido precedidos de ditaduras militares, tornam-se, também, mais propensos que os parlamentares a recidivas ditatoriais.

O presidencialismo não seria, assim, defeituoso em sua arquitetura institucional. A mortalidade maior das democracias presidenciais adviria de existirem em sociedades pouco propícias ao regime democrático (CHEIBUB, 2007, p. 148).

Ver: Estado; Governo; Partidos Políticos; Poder Executivo; Poder Legislativo; Sistemas Eleitorais; Sistemas Partidários; Sistema Político

Referências Bibliográficas

ABRANCHES, S. H. Presidencialismo de coalizão: o dilema institucional brasileiro. *Dados:* Revista de Ciências Sociais, Rio de Janeiro, v. 31, n. 1, p. 5-38, 1988.

AMORIM NETO, O. O poder executivo: centro de gravidade do sistema político brasileiro. In: AVELAR, L.; CINTRA, A. O. (Orgs.). *Sistema político brasileiro:* uma introdução. Rio de Janeiro: Konrad-Adenauer-Stiftung; São Paulo: Editora Unesp, 2007. p. 131-141.

CHEIBUB, J. A. Minority government, deadlock situations, and the survival of presidential democracies. *Comparative Political Studies*, Thousand Oaks, CA, v. 35, n. 3, p. 284-312, abr. 2002.

______. Presidentialism, electoral identifiability, and budget balances in democratic systems. *American Political Science Review*, Los Angeles, CA, v. 100, n.3, p. 353-368, ago. 2006.

______. *Presidentialism, parliamentarism, and democracy*. New York: Cambridge University Press, 2007.

CINTRA, A. O. Presidencialismo e parlamentarismo: são importantes as instituições?. In: AVELAR, L.; CINTRA, A. O. (Orgs.). *Sistema político brasileiro:* uma introdução. Rio de Janeiro: Konrad-Adenauer-Stiftung; São Paulo: Editora Unesp, 2007. p. 35-58.

LACOMBE, M. B. *Historical endogeneity:* origins and determinants of constitutional choices. 2009 (Thesis (Dissertation ETD) - Department of Politics, New York University, New York, 2009.

LAUVAUX, P. H. *Parlamentarismo*: fundamentos históricos e constitucionais. Rio de Janeiro: Zahar, 1987.

LIMONGI, F. Presidencialismo e governo de coalizão. In: AVRITZER, L.; ANASTASIA, F. (Orgs.). *Reforma política no Brasil*. Belo Horizonte: UFMG, 2006. p. 237-257.

LINZ, J. Presidencialismo ou parlamentarismo: faz alguma diferença? In: LAMOUNIER, B. (Org.). *A opção parlamentarista*. São Paulo: Idesp/Sumaré, 1991. p. 61-120.

RENNÓ, L. Críticas ao presidencialismo de coalizão: processos institucionalmente constritos ou individualmente dirigidos? In: AVRITZER, L.; ANASTASIA, F. (Orgs.). *Reforma política no Brasil*. Belo Horizonte: UFMG, 2006. p. 259-271.

SANTOS, F. Governos de coalizão no sistema presidencial: o caso do Brasil sob a égide da Constituição de 1968. In: AVRITZER, L.; ANASTASIA, F. (Orgs.). *Reforma política no Brasil*. Belo Horizonte: UFMG, 2006. p. 223-236.

STROM, K. Coalition building. In: LIPSET, S. M. *The encyclopaedia of democracy*. London: Routledge, 1994. p. 255-258.

VERNEY, D. V. *The analysis of political systems*. London: Routledge and Kegan Paul, 1959.

Sistemas Eleitorais

Jairo Nicolau

Nas sociedades modernas, os dirigentes de muitas organizações são escolhidos pelo voto dos seus membros. No Brasil, por exemplo, organizações tão diversas como clubes de futebol, condomínios, departamentos universitários, sindicatos, associações de moradores e grêmios estudantis escolhem seus presidentes ou coordenadores pelo voto. Em todos esses casos, é fundamental que os eleitores conheçam previamente as regras da disputa, particularmente, como será o processo de votação e de contagem dos votos. Esse conjunto de normas que define como o eleitor poderá fazer suas escolhas e como os votos serão contabilizados para serem transformados em mandato é chamado de *sistema eleitoral*.

Todas as democracias elegem uma parte dos dirigentes (chefe do Executivo e componentes do Legislativo) pelo voto popular. Nesses casos, é fundamental que definam um sistema eleitoral que orientará as eleições. Há vários sistemas eleitorais, adotados em diferentes países, com variações de cargos (Presidência, Senado e Câmara dos Deputados) e de âmbito da disputa (nacional, regional ou local).

O sistema eleitoral não esgota as normas que regulam as leis eleitorais de uma democracia. Há vários outros aspectos importantes em uma eleição: quais são os eleitores aptos a votar; se o voto é obrigatório ou facultativo; os critérios para apresentação de candidatos; as normas de acesso aos meios de comunicação; os mecanismos de controle dos gastos de campanha e acesso ao fundo partidário; as normas para divulgação de pesquisa; as regras da propaganda eleitoral.

Os sistemas eleitorais são tradicionalmente agregados em duas grandes modalidades: os sistemas majoritários e os sistemas proporcionais. Os sistemas majoritários têm como propósito garantir a eleição do(s) candidato(s) que obtiver(em) mais votos. Os sistemas proporcionais têm como objetivo garantir que os cargos em disputa sejam distribuídos em proporção à votação recebida pelos concorrentes. O principal argumento em defesa dos sistemas majoritários é que eles tendem a produzir governos unipartidários e permitem que os eleitores tenham um maior controle da atividade dos representantes. Para os que defendem a representação proporcional, o papel das eleições é garantir que a diversidade de opiniões da sociedade esteja refletida no Parlamento, garantindo uma representação considerada justa, para os partidos; esses devem assegurar a proporção de cadeiras no Legislativo mais próxima possível à proporção dos votos obtidos nas eleições.

Os sistemas majoritários são, em geral, utilizados em circunscrições eleitorais que elegem um representante. Nos países que utilizam os sistemas majoritários nas eleições para o Legislativo, o território nacional é recortado em tantos distritos eleitorais quanto o número de representantes da Câmara dos Deputados, e cada distrito eleitoral elege um deputado. Na modalidade majoritária, os sistemas eleitorais dividem-se em três subtipos: *maioria simples*, *dois turnos* e *voto alternativo*.

No sistema de *maioria simples*, ou voto *distrital* (como é conhecido no Brasil), é eleito o candidato mais votado no distrito. Esse sistema é utilizado nas eleições para a Câmara dos Deputados

dos Estados Unidos, Reino Unido, Canadá e Índia. O *sistema de dois turnos* e o *voto alternativo* têm como propósito garantir que o candidato seja eleito com mais da metade dos votos. A França utiliza o sistema de *dois turnos* nas eleições para a Câmara dos Deputados: no primeiro turno diversos partidos apresentam candidatos, se nenhum deles obtiver mais de 50% dos votos é realizada uma nova eleição, onde os dois mais votados concorrem. O *voto alternativo* é um modelo de votação utilizado na Austrália, no qual os eleitores no lugar de escolher um nome para votar, assinalam na cédula a ordem de suas preferências, ao lado dos candidatos de todos os partidos (1, 2, 3, 4, 5). O processo de apuração garante que um candidato seja eleito com pelo menos 50% dos votos em primeira preferência ou de votos transferidos dos menos votados.

A modalidade dos sistemas eleitorais proporcionais divide-se em dois subtipos: o *voto único transferível* e o *sistema de lista*. O *voto único transferível* é utilizado na Irlanda e, à maneira do *voto alternativo*, permite que os eleitores ordenem os candidatos de todos os partidos. Uma diferença fundamental é que a disputa é realizada em distritos eleitorais plurinominais; os partidos podem apresentar tantos candidatos quanto o número de representantes do distrito na Câmara dos Deputados. Para ser eleito, um candidato deve ultrapassar uma quota de votos; e os votos que obtenha além da quota são transferidos para outros candidatos. Um complexo sistema de apuração garante que os candidatos "preferidos" pelos eleitores – seja na primeira opção ou nas subsequentes –, sejam eleitos em cada distrito.

No sistema proporcional de lista, a unidade fundamental é o partido político. Nas eleições, cada partido (alguns países permitem que os partidos concorram coligados) apresenta uma lista de candidatos aos eleitores. Para eleger um representante, o partido deve ultrapassar uma quota de votos. O sistema procura garantir que a proporção de cadeiras de um partido seja proporcional aos votos que obteve. Muitos fatores afetam o grau de proporcionalidade de um sistema proporcional; o principal deles é o número de cadeiras que são disputadas: um partido com 10% dos votos elegerá cerca de 10 deputados (10%) em um distrito com 100 representantes, mas nenhum deputado em distrito de 5 representantes.

No sistema proporcional de lista, existe uma variedade de formas para que as cadeiras obtidas por um partido sejam alocadas para alguns nomes da lista. No modelo de *lista fechada*, os partidos estabelecem a ordem dos candidatos antes das eleições e os eleitores votam apenas na legenda; os candidatos colocados na parte superior da lista são eleitos; por exemplo, se um partido elege três deputados, são os três primeiros nomes da lista que serão escolhidos. A *lista fechada* é utilizada, entre outros países, na Espanha, Portugal,

Argentina, Itália e África do Sul. No modelo de *lista aberta*, os partidos apresentam uma lista de candidatos e o ordenamento dos candidatos depende exclusivamente da votação obtida pelos candidatos individualmente durante a campanha. A lista aberta é utilizada no Brasil, Finlândia, Peru e Polônia, dentre outros.

Mais recentemente, diversos países têm optado por sistemas mistos, que combinam características do sistema proporcional e do majoritário. Existe uma série de formas de fazer essa combinação. Algumas delas conseguem garantir que o princípio da proporcionalidade seja dominante; por isso são conhecidos como sistema misto de compensação ou misto-proporcional. Na Alemanha e na Nova Zelândia o sistema é altamente proporcional, mas com parte dos representantes eleitos em distritos uninominais. Em outra versão de sistema misto, utilizado na Rússia e no Japão, não existe comunicação entre as partes proporcional e majoritária dos sistemas, que funcionam como dois sistemas segmentados; por isso essa variante é conhecida como *sistema paralelo* ou de *combinação*.

O Brasil elege representantes pelo sistema proporcional (deputados federais, deputados estaduais e vereadores), de maioria simples (senadores, prefeitos de cidade com menos de 200 mil eleitores) e de dois turnos (presidente, governadores e prefeitos de cidades com mais de 200 mil eleitores).

A representação proporcional foi introduzida no país em 1932, em uma versão que ainda preservava determinadas dimensões do sistema majoritário. Somente em 1945, o sistema proporcional de lista aberta passou a ser plenamente utilizado. Desde então, deputados e vereadores são eleitos exclusivamente por esse modelo, que permaneceu inalterado mesmo durante o regime militar. Uma característica importante da representação proporcional no Brasil é a permissão de coligação entre os partidos, que tem facilitado a representação dos menores partidos; as coligações em eleições proporcionais foram proibidas apenas nas eleições de 1945 e durante o regime militar.

A Constituição Brasileira de 1988 instituiu a regra de dois turnos para a escolha do presidente, dos governadores e dos prefeitos em cidades com mais de 200 mil eleitores. Se um dos aspirantes a determinada vaga não consegue mais de 50% dos votos no primeiro turno, é realizada uma nova eleição, disputada pelos dois candidatos que obtiveram a maior votação. Esse procedimento garante que os chefes do Executivo tenham o apoio de mais da metade dos eleitores que comparecem às urnas e votaram em um dos nomes – os votos nulos e brancos não são considerados. As eleições dos senadores e dos prefeitos nas cidades com menos de 200 mil eleitores seguem a regra da maioria simples: os mais votados – ou os dois mais bem-sucedidos em eleições que renovam dois terços do Senado – são eleitos.

Ver: Democracia; Estado; Governo; Legitimidade; Legalidade; Partidos Políticos; Sistemas Partidários; Sistema Político; Sociedade Civil

Referências Bibliográficas

AVRITZER, L.; ANASTASIA, F. (Eds.). *Reforma política no Brasil*. Belo Horizonte: Editora UFMG, 2006.

BENEVIDES, M. V.; VANNUCHI, P.; KERCHE, F. (Eds.). *Reforma política e cidadania*. São Paulo: Fundação Perseu Abramo, 2003.

NICOLAU, J. *A história do voto no Brasil*. Rio de Janeiro: Zahar, 2002.

______. *Sistemas eleitorais*. Rio de Janeiro: FGV, 2004.

SOARES, G. A. D.; RENNÓ, L. (Eds.). *Reforma política:* lições da história recente. Rio de Janeiro: FGV, 2006.

Sistemas Nacionais de Proteção Social

SONIA MIRIAM DRAIBE

A proteção social deriva de um *sistema de políticas sociais* regulado pelo Estado que, no capitalismo contemporâneo, responde pela reprodução social e pela participação das pessoas no progresso socialmente construído. Ao proteger as pessoas em situação de vulnerabilidade e contra os riscos sociais que enfrentam ao longo do ciclo de vida, as políticas sociais permitem e garantem que a sociedade persista e se reproduza no tempo. Mas permitem, também, ao mesmo tempo, que as pessoas se desenvolvam socialmente, ao se beneficiarem dos recursos nacionais de nutrição, saúde, educação, capacitação para o trabalho, lazer, acesso a novas tecnologias etc.

Os sistemas de proteção social constituem a base, o financiamento, os programas, os mecanismos e os recursos em bens e serviços que dão corpo aos Estados de bem-estar social. Exprimem as características intrínsecas da regulação social daqueles Estados; definem e manejam os tipos de proteção, os recursos alocados para o gasto social, assim como indicam a composição da oferta dos benefícios sociais, a população-alvo, os critérios de credenciamento e cobertura.

Tal como os Estados de bem-estar social, organizam-se pelo e no âmbito dos Estados nacionais, por isso mesmo podendo ser denominados *sistemas nacionais de proteção social*. Mesmo em tempo de globalização, não perderam e provavelmente não perderão os determinantes e características nacionais (DRAIBE; RIESCO, 2006).

É importante distinguir inicialmente três conceitos que, embora relacionados, definem-se em diferentes planos e correspondem a práticas sociais distintas, predominantes em períodos históricos variados.

Ações sociais acompanham as sociedades humanas desde sempre. Cuidar dos filhos pequenos e dos idosos; procurar e preparar alimentos para a família; procurar material para proteger e aquecer a habitação; preparar e conduzir os mais jovens à vida adulta, através de ritos de passagem de tipos variados; cuidar dos pobres e desvalidos nas paróquias, ou dos indigentes enfermos nos dispensários caritativos das ordens religiosas – são todos esses exemplos de ações sociais. Isto é, são ações que afetam a comunidade ou a sociedade, que as alteram de algum modo, portanto gozam de alguma efetividade. Afetam-nas em seus aspectos reprodutivos, educativos ou de preservação da ordem social. Por outro lado, são ações que, mesmo quando realizadas individualmente, correspondem a comportamentos coletivamente definidos e sancionados.

Políticas sociais são ações ou programas sociais planejados e executados com objetivos específicos e resultados esperados, implementados por instituições públicas ou privadas. Geralmente mais complexas do que as ações sociais, as políticas sociais constituem intervenções sociais deliberadas, dotadas de recursos e meios adequados à consecução dos objetivos previstos, regularmente ou ao longo de um determinado tempo.

É possível distinguir, nas políticas sociais, as *políticas públicas* e as *políticas estatais*. De maior abrangência, entende-se por política pública aquela intervenção social que se desenvolve em esferas públicas da sociedade (e não no plano privado ou interno das instituições e organizações da sociedade). Políticas dessa natureza não se restringem, portanto, às políticas estatais ou de governo, podendo abarcar, por exemplo, políticas de organizações privadas ou não governamentais de quaisquer tipos, sempre e quando preservado o caráter público acima referido. São estatais, pelo contrário, aquelas políticas sociais que, afetando também a esfera pública, são organizadas, financiadas e implementadas por órgãos estatais ou de governo.

Políticas estatais ou reguladas pelo Estado nascem, de forma limitada, nos primórdios do Estado moderno, através de intervenções assistenciais e controladoras dirigidas aos pobres, seja para assisti-los e fixá-los em determinadas áreas (como as *Poor Laws* e as *Workhouses* britânicas), seja para atendê-los nas epidemias ou outras emergências relacionadas à saúde pública, à fome ou à peste (como os *bureau des pauvres* ou o l'Hôtel de Dieu dos franceses). Desde o final da Idade Média, o desmantelamento das formas comunitárias e senhoriais de proteção social, acentuado pelo cercamento dos campos e a urbanização, gerou certas situações de anomia que dificilmente seriam enfrentadas somente com recursos familiares ou da caridade.

Outras ações sociais do Estado sucederam-se de forma esporádica até os séculos 18 e 19 quando, já no quadro do capitalismo e sob o Estado liberal, dois setores de políticas destacaram-se por suas características modernas.

Primeiramente a educação pública, até então em mãos das igrejas e voltada para a formação da aristocracia e de camadas da elite. Desde o final do século 18, passa a ser disputada pelos Estados nacionais, que respondem a apelos populares e pressões de igrejas concorrentes, como o luteranismo, mas simultaneamente veem nela o espaço e o mecanismo por excelência do seu próprio reforço e da nacionalidade, através do ensino da língua, dos símbolos e valores nacionais. Emergem assim os sistemas públicos de educação, laicos e gratuitos, transformados em símbolo republicano ao longo do século 20.

O segundo setor é o da previdência social (ou seguro social), com o objetivo de proteger o trabalhador em situações de perda da capacidade de trabalho e, em consequência, de renda (por velhice ou por doença). A nova política social diferenciava-se radicalmente das antigas sociedades de auxílio mútuo (mutuais, caixas, montepios) criadas pelos trabalhadores desde o século anterior e vigentes até avançado o século 20. Enquanto essas, fundadas na solidariedade de classe, foram criadas e geridas com independência pelos trabalhadores, a nova política previdenciária seguia as regras atuariais do seguro social, sendo financiada conjuntamente por trabalhadores, empresários e Estado, sob a regulação deste último. Os sistemas previdenciários nacionais multiplicaram-se rapidamente, tornando-se, após os anos 1930, o núcleo dos modernos sistemas de proteção social (FLORA, 1987).

Nas três primeiras décadas do século 20, políticas sociais de assistência, previdência, educação e ações sanitárias e emergências de atenção à saúde foram obra e arte dos Estados nacionais, seja dos governos centrais, seja das administrações locais. Mas o foram de modo fragmentado, pontual, com baixos graus de institucionalização, expressando os limites e dubiedades do próprio Estado liberal. Limites ultrapassados apenas após a Crise de 1929 e as reformas que a sucederam, introduzindo novas formas e mecanismos de regulação e intervenção estatais. É esse o campo que permite a emergência dos modernos sistemas de proteção social, dos Estados de bem-estar social, nos quais as políticas sociais esparsas adquirem agora forma sistêmica, são sustentadas por recursos específicos e previsíveis e operadas por burocracias próprias e especializadas.

Os sistemas nacionais de proteção social expressam, com a especificidade de cada país, a nova forma de intervenção social do Estado, que garante e regula a provisão básica da reprodução e da sociabilidade sociais no capitalismo maduro. É sob essa forma que constituem a estrutura material dos *Welfare States*.

Diferentes sociedades, em distintos períodos históricos, construíram sistemas de proteção social segundo suas estruturas de necessidades e de acordo com os recursos disponíveis. Entretanto, independentemente do nível destes últimos, construíram sistemas distintos, seja porque diferiam suas "necessidades" (socialmente filtradas e construídas), seja principalmente porque divergiam seus regimes demográficos e familiares, sistemas de valores, estruturas de poder, tradições éticas e religiosas.

Também os modernos sistemas de proteção social, construídos em sociedades fundadas no trabalho assalariado, guardam relação direta ou indireta com todos os fatores acima mencionados, especialmente aqueles presentes no ponto de partida (DRAIBE; RIESCO, 2007). Apesar das forças homogeneizadoras do capitalismo e dos movimentos de difusão que atuam na moldagem de tais sistemas, ainda assim diferenças nacionais perduram no tempo, expressão das diferentes composições que aqueles fatores assumem nas relações estruturantes dos regimes de bem-estar.

Nesse quadro de múltiplas relações causais que afetam os sistemas de proteção social, duas questões são recorrentemente abordadas pela literatura: i) que tipo de relação mantém entre si o sistema de proteção social e o desenvolvimento econômico; ii) há ou não algum tipo de relação entre proteção social e regime político?

Os modernos sistemas de proteção social são uma das instituições próprias do sistema de regulação do capitalismo avançado, inaugurado com as transformações pós-1930. Não se trata aqui de uma relação causal unívoca, antes de uma convergência de instituições que repousam em fundamentos comuns, a relação salarial extensiva, a sociedade de massas, a urbanização, as mudanças demográficas, especialmente as familiares etc. Instituições preexistentes adquirem progressivamente as marcas do novo quadro regulatório socioeconômico. No caso das políticas sociais, assumem as características sistêmicas já referidas. Diferenças nesses processos e, especialmente, nos tipos de regime de bem-estar a que darão curso devem-se, obviamente, aos legados éticos, culturais e institucionais, assim como a características da ordem e da dinâmica políticas.

Não se entenda aqui qualquer relação causal mecânica e simples entre estágio do capitalismo e sistema de proteção social. Nem se conclua que sistemas de proteção social constituem-se tão somente em países capitalistas que alcançaram níveis muito altos de desenvolvimento econômico. Primeiramente, é importante compreender que as relações histórico-estruturais acima referidas indicam o campo de possibilidades em que interagem os fatores citados, todos eles integrantes da constelação de condições da emergência e da constituição dos sistemas de proteção social: os fatores demográficos, as mudanças das estruturas familiares, a urbanização, os fatores culturais, ético-religiosos e políticos. Por outro lado, países com graus inferiores de desenvolvimento econômico, mesmo que ainda não contem com a extensão absoluta da relação salarial, tendem a construir sistemas de proteção sempre que aquela relação tornar-se chave ou fator estruturante da sociabilidade. Países em desenvolvimento, como o Brasil e os do Cone Sul, já nos anos 1930 iniciaram a construção dos seus sistemas, ampliando e fortalecendo seus embrionários institutos de pensões. Finalmente, o caráter global do capitalismo permitiu sempre processos de difusão internacional tanto de ideias quanto de modelos de proteção social de base previdenciária, fator nada trivial afetando a constituição de tais sistemas mesmo em países periféricos.

A literatura especializada sempre aponta para o fato de que a Alemanha, menos desenvolvida que outros países na época, iniciou a construção de seu sistema de proteção antes que todos. Ou que países sul-americanos, como o Chile e o Brasil, iniciaram a construção de seus sistemas quando ainda contavam com porcentagens altas de população rural não assalariada (diferentemente da Argentina e do Uruguai).

A relação entre sistemas de proteção social e regimes políticos partilha do mesmo sistema causal complexo, de tal modo que não se pode afirmar sua pertinência exclusiva a um só regime, o democrático, por exemplo, como muitos tenderiam a argumentar. Tal fato é recorrentemente registrado pela literatura, que aponta a concomitância das transformações dos sistemas de políticas sociais nos Estados Unidos de Roosevelt e na Alemanha de Hitler (SCKOCPOL; ORLOFF, 1984). Ou quando indica os avanços na expansão e homogeneização dos sistemas de proteção social sob regimes autoritários, como ocorreu no Brasil nos períodos 1930-1945 e 1964-1984 (SANTOS, 1979; DRAIBE, 1994). Ou, ainda, quando mostra, ao contrário, movimentos de redução ou *retrenchment* dos Estados de bem-estar social em ricas democracias industrializadas, governadas ou não por partidos conservadores (PIERSON, 1994).

Não se trata aqui também de negar que os regimes importam. Regimes democráticos, com ampla e garantida liberdade de organização, informação e expressão, assim como regras do jogo claras e institucionalizadas, sem dúvida contam com maior probabilidade de construir e manter sistemas de proteção social generosos e pouco excludentes, de base universalista e com forte componente estatista, correspondentes aos Estados de bem-estar de tipo social-democrata. Entretanto, outros fatores também têm peso importante, por exemplo, certas tradições que depositam maior confiança nas comunidades e ou nas famílias para a proteção dos filhos ou de seus membros idosos; ou que valorizam o mercado para a provisão de certos bens sociais, em nome da maior independência ante o Estado. No longo prazo, orientações como essas tendem a se relacionar mais fortemente com o tipo e escopo da proteção social do que propriamente o regime político.

Ver: Financiamento e Gasto; Proteção Social; Provisão Social; Seguridade Social; Seguro Social

Referências Bibliográficas

DRAIBE, S. M. As políticas sociais do regime militar brasileiro. In: SOARES, G. A. D.; ARAÚJO, M. C. D. (Orgs.). *25 anos de Regime Militar.* Rio de Janeiro: Fundação Getulio Vargas, 1994.

DRAIBE, S. M.; RIESCO, M. Introduction. In: DRAIBE, S. M.; RIESCO, M. (Eds.). *Latin America: a new developmental Welfare State model in the making?* London: Palgrave Macmillan, 2007.

FLORA, P. *Growth to Limits: the Western European Welfare States since World War II: Germany, United Kingdom, Ireland, Italy.* Berlin: De Gruyter, 1986. v.2.

PIERSON, P. *Dismantling the Welfare State?* Reagan, Thatcher and the politics of retrenchment. Cambridge: Cambridge University Press, 1994.

SANTOS, W. G. *Cidadania e justiça: a política social na ordem brasileira.* Rio de Janeiro: Campus, 1979.

SCKOCPOL, T.; ORLOFF, A. S. Why not equal protection? Explaining the politics of public social spending in Britain, 1900-1911 and the United States,1880s-1920. *American Sociological Review,* Washington, DC, v. 49, p. 726-750, 1984.

Sistemas Partidários

RACHEL MENEGUELLO

Sistemas partidários integram a dinâmica da competição e da representação política. São estruturas de interações entre partidos que afetam a estabilização política das democracias e a qualidade da representação, conforme o número e o perfil das escolhas disponíveis aos eleitores para a expressão de suas preferências.

Em linhas gerais, a literatura sobre sistemas partidários, produzida a partir da segunda metade do século 20, reflete as mudanças contextuais que caracterizaram a evolução das concepções sobre os partidos políticos e seus ambientes de atuação. Três enfoques subsidiam as principais definições de sistemas partidários: a) sua compreensão como interações reflexivas das divisões políticas e sociais sobre as quais a sociedade se organiza, traduzindo a noção dominante de partidos como atores sociais; b) sua compreensão do prisma do parlamento, no qual os padrões de interação nas legislaturas e os posicionamentos resultantes influenciam o próprio caráter dos sistemas; e c) sua compreensão a partir dos padrões de coalizão e formação de governos, incorporando as interações entre partidos ocorridas no âmbito das arenas governamentais (LIPSET; ROKKAN, 1967; SARTORI, 1976; LAPALOMBARA; WEINER, 1966; BLONDEL; COTTA, 1996; BARDI; MAIR, 2008).

De uma perspectiva cumulativa, que incorpora as transformações partidárias e os variados contextos democráticos, sistemas partidários devem ser entendidos a partir da integração dos três ambientes em que se desenvolvem as interações entre os partidos, assim como a partir dos efeitos ali produzidos pelos padrões de competição: as arenas eleitoral, parlamentar e governamental.

As principais tipologias têm como ponto comum de partida a classificação numérica e propõem medidas quantitativas de tamanho e de tamanho relativo. A partir da classificação inicial de Duverger (1954), que estabeleceu uma tipologia simples baseada em dois tipos – bipartidários e multipartidários –, foram desenvolvidas tipologias mais elaboradas. Blondel (1968) sugere uma tipologia de quatro categorias baseada na distribuição de votos: bipartidário, tripartidário, multipartidário com um partido dominante e multipartidário sem partido dominante. Sartori (1976) também apresenta uma tipologia de quatro categorias, mas demarcadas pela competição e pelo distanciamento ideológico: pluralismo polarizado, pluralismo moderado, bipartidarismo e partido predominante. Mais recentemente, partindo do suposto de que sistemas partidários se organizam sobre os critérios de competição e de cooperação, Ware (1996) estabelece quatro categorias de sistemas: partido predominante, caracterizado por uma maioria contínua de um dado partido que controla o parlamento e o governo; sistema de "dois partidos e meio", composto de três partidos que funcionam em um esquema de cooperação e competição e no qual dois deles são mais importantes; sistema de três a cinco partidos relevantes; e sistemas de mais de cinco partidos relevantes, estas duas últimas categorias divididas em subtipos definidos a partir da concentração ou distribuição das cadeiras obtidas no parlamento.

Nas várias tipologias, os critérios numéricos se complementam com medidas que procuram dimensionar a fragmentação e a estabilização dos sistemas por meio de índices específicos, como o índice de volatilidade eleitoral, que mede os diferenciais da distribuição de apoio eleitoral entre eleições, e os índices parlamentar-eleitorais, que medem os graus de dispersão, fracionalização ou fragmentação dos parlamentos.

Uma abordagem alternativa, que retira a centralidade do critério numérico para introduzir a noção de institucionalização, foi desenvolvida para a análise de sistemas partidários em democracias consideradas não consolidadas. Focalizando as democracias estabelecidas na terceira onda de democratização, Mainwaring e Scully (1995) apontam que as diferenças observadas entre a maioria das democracias industriais avançadas – o terreno de referência das principais tipologias de sistemas partidários – e a maioria das democracias e semidemocracias pós-1978, especificamente quanto à estabilidade da competição partidária e aos vínculos fortes entre eleitores e partidos, impõem que se considere o grau de institucionalização dos sistemas partidários, dado que, nesses casos, os partidos políticos atuam menos na estruturação dos processos políticos. Normalmente seguida no tratamento de sistemas regionalmente localizados, como a América Latina e a Europa do Leste, essa abordagem define duas principais dimensões para a conceituação dos níveis de institucionalização: a regularidade dos padrões de competição partidária, pela qual é possível comparar a volatilidade eleitoral, e o grau de enraizamento dos partidos na sociedade.

Não obstante as várias tipologias e definições encontradas na literatura, a definição de Sartori (1976) permanece sendo considerada a mais clara e abrangente: sistema partidário é um sistema de interações que resulta da competição entre partidos. Sua tipologia orienta-se por duas dimensões, o número de partidos relevantes e a polarização ideológica. "A relevância de um partido é uma função não só da distribuição relativa de poder – como é óbvio – mas também e especialmente de seu valor de posição, isto é, de seu posicionamento ao longo da dimensão direita-esquerda" (SARTORI, 1982, p. 146-147).

Essas duas dimensões permitem que se conheçam o efeito dos partidos na competição partidária e seu impacto na direção da competição. Assim, independentes de seu tamanho, partidos obtêm condição de relevância para inclusão no sistema partidário se possuem potencial de coalizão ou potencial de chantagem, e se modificam a direção da competição de modo a determinar "uma transferência da competição centrípeta para a centrífuga, seja para a esquerda, para a direita, ou em ambas as direções, dos partidos voltados para o governo" (SARTORI, 1982, p. 147). A definição de Sartori considera os posicionamentos, estratégias e constrangimentos que a interação entre partidos produz, assim como a influência que o sistema exerce sobre o comportamento eleitoral, definindo alinhamentos e preferências de representação e de governo, em uma dinâmica sensível ao contexto e ao tempo.

Sistemas partidários refletem os aspectos institucionais que moldam a representação e a competição em um sistema político. Portanto, estão conectados aos sistemas eleitorais, pois são eles as instituições políticas que estruturam os processos de escolha, organizam e influenciam a competição. Em outras palavras, o número e o tamanho dos partidos e sua distribuição no espaço de competição moldam os vínculos entre os eleitores e seus representantes. Assim, por exemplo, as regras e os incentivos que estimulam o surgimento, a sobrevivência ou a extinção de agremiações, as regras para formação de alianças ou coligações eleitorais, as regras de acesso às casas parlamentares e os sistemas de votação são alguns dos aspectos com impacto na definição das configurações partidárias.

Sistemas partidários também estão associados aos níveis de governabilidade e sua relação básica está nas interações que viabilizam a legitimidade e a estabilidade do sistema político.

Características do sistema partidário, como a volatilidade eleitoral e os níveis de identificação partidária, bem como seu impacto sobre a capacidade dos governos de construir maiorias legislativas para apoiar a realização de políticas, são alguns dos aspectos que traduzem essa associação. Entende-se que as características do sistema partidário produzidas pela competição definem, em boa medida, a dinâmica de relacionamento entre os poderes Legislativo e Executivo, e produzem fórmulas específicas de funcionamento, como o presidencialismo de coalizão.

As transformações dos sistemas partidários estão conectadas, sobretudo, a três processos: a) as mudanças do eleitorado e das bases subjacentes aos posicionamentos partidários, redirecionadas pela redução dos vínculos institucionais e pelo predomínio de vínculos com lideranças, levando a que a volatilidade eleitoral ocupe um papel mais permanente nos sistemas; b) as mudanças nos parâmetros da política contemporânea, traduzidas na presença de novas alternativas políticas e de novos temas na cena pública, como os temas relacionados à agenda pós-materialista; e c) as transformações do *continuum* ideológico e as consequentes mudanças na dinâmica da competição, levando a uma tendência dominante de organização dos sistemas segundo os modelos moderados.

Ver: Democracia; Política Social; Sistema Político

Referências Bibliográficas

BARDI, L.; MAIR, P. The parameters of party systems. *Party Politics*, v.14, n.2 p. 147-166, 2008.

BLONDEL, J. Party systems and patterns of government in western democracies. *Canadian Journal of Political Science*, Montreal, v. 1, n. 2, p. 180-203, jun. 1968.

BLONDEL, J.; COTTA, M. (Eds.). *Party and government*. Basingstoke: Macmillan, 1996.

DALTON, R. The decline of party identification., In: DALTON, R.; WATTENBERG, M. (Eds.). *Parties without partisans*. Oxford: Oxford University Press, 2000.

DUVERGER, M. *Os partidos políticos*. Rio de Janeiro: Zahar; Brasília: UnB, 1980.

LAPALOMBARA, J.; WEINER, M. (Eds.). *Political parties and political development*. Princeton, NJ: Princeton University Press, 1966.

LIPSET, S.; ROKKAN, S. (Eds.). *Party systems and voter alignments cross-national perspectives*. New York:The Free Press, 1967.

MAINWARING, S.; SCULLY, T. (Eds.). *Building democratic institutions:* party systems in Latin America. Stanford: Stanford University Press, 1995.

SARTORI, G. *Partidos e sistemas partidários*. Rio de Janeiro: Zahar; Brasília: UnB , 1982 [1976].

WARE, A. *Political parties and party systems*. Oxford: Oxford University Press, 1996.

Soberania

RENATO JANINE RIBEIRO

A palavra *soberano* vem do latim *super omnes*, que quer dizer "sobre todos, acima de todos". Na Idade Média, ela designa o imperador, rei ou príncipe – ou mesmo o papa –, que é a principal personagem do Estado (palavra que, por sinal, ainda não existia com seu sentido atual) que ele governa. Contudo, se ele é o primeiro em sua sociedade, seu poder sofre, porém, limitações. De modo geral, os príncipes medievais prestavam contas a uma assembleia – que se chamava Parlamento nas Ilhas Britânicas, Cortes na Península Ibérica, Estados-Gerais na França ou Dieta no mundo germânico –, na qual estavam presentes o alto clero e a alta nobreza e eram representados, em escala variável, os plebeus, sejam dos burgos ou mesmo dos campos. Na Inglaterra, por exemplo, atestam-se reuniões mais ou menos regulares do Parlamento desde 1265: o monarca não podia cobrar impostos sem sua concordância, o que limitava seu poder e fazia com que, gradualmente, os parlamentares começassem a exigir, em troca dos tributos que votavam, a aprovação de leis de seu interesse. Nos demais países, mesmo que o rei fosse um dos maiores e mais poderosos senhores feudais, para agir – o que quer dizer, essencialmente, fazer a guerra – ele precisava negociar o apoio da alta nobreza e, cada vez mais, das cidades, que cresciam em importância.

A soberania medieval era somente uma primazia, um destaque: o soberano podia ser o mais poderoso em seu Estado, mas isso não quer dizer que pudesse decidir sozinho. Exemplo significativo é o dos reis franceses, que podiam convocar seus vassalos para lutar na *ost* real (hoste, exército), mas nunca por mais de quarenta dias ao ano – tempo suficiente para que se travassem uma ou duas batalhas, mas insuficiente para derrotar por completo o inimigo, que teria então vários meses para se recompor – a não ser, claro, que o rei negociasse com a nobreza um apoio militar mais intenso e extenso.

O grande desafio que se vai colocar com o advento da modernidade é que alguns monarcas desejarão concentrar em si toda a decisão. Ricardo II, o malfadado rei inglês que termina deposto e assassinado (reinou de 1377 a 1399), afirmou que *rex lex loquens*, o rei fala (ou diz) a lei: essa tese dispensaria o assentimento de seus lordes, bispos e comuns ao que ele decidisse. Sua deposição, tema de uma das maiores tragédias de Shakespeare, marca bastante bem a derrota de sua proposta. Henrique VIII (1509-1547), o monarca que talvez mais poder reuniu em suas mãos na história inglesa, cuidará de sempre ter o aval do Parlamento a seus atos. Os Stuart não mostrarão a mesma prudência, e duas revoluções, no século 17, coibirão suas pretensões despóticas.

Por toda a Europa, porém, como reclama a Câmara dos Comuns ao rei Jaime I em 1605, as prerrogativas dos reis aumentam e as liberdades dos súditos diminuem. A Inglaterra acaba sendo uma exceção. O rei da França deixa de reunir seus Estados Gerais a partir de 1613, só voltando a convocá-los em 1789. Em Portugal, as cortes passam mais de um século em recesso: depois das de 1698, só tornam a se reunir após a Revolução constitucionalista do Porto, em 1820. O poder dos reis se fortalece e o símbolo de todos eles é Luís XIV, o Rei Sol, imagem que significa que toda a vida e luz dele emanam. A soberania deixa assim de ser um destaque para se tornar o princípio mesmo de toda a vida social, o foco (do latim *focus*: o fogo da lareira, o centro do lar) da existência política. O monarca absoluto não precisa mais do assentimento dos demais atores da vida pública, que são mais ou menos descartados.

Mesmo assim, porém, esse paradigma da soberania monárquica ou da realeza absoluta que é Luís XIV sofre instrutiva derrota em 1714. Tendo perdido dois herdeiros em rápida sucessão, o rei mais poderoso que a França já tivera baixa um edito autorizando, caso faleçam todos os seus descendentes legítimos, os ilegítimos a suceder ao trono. O Parlamento de Paris, que, apesar do nome, é um órgão judiciário e não legislativo, recusa-se a registrar o ato real, que seria contrário às leis fundamentais (e não escritas) do reino. Furioso, Luís obriga-o ao registro – mas, um dia após sua morte, o Parlamento cassa seu testamento. Quer dizer que mesmo o monarca absoluto não pode violar a Constituição do reino: ele não é soberano.

Jean Bodin e Thomas Hobbes, porém, já haviam teorizado a soberania. Ela não é mais um mero primado: o soberano decide em lugar e em nome de todos. Na doutrina mais acabada a respeito, que é a hobbesiana, qualquer situação em que não haja um único poder decisório desemboca na guerra de todos contra todos. É preciso um árbitro, diz Hobbes, que resolva as divergências; se couber recurso de suas decisões, alerta ele, nunca se porá fim aos conflitos, porque nunca serão solucionados; pior ainda, eles se converterão em confrontos letais. Exposta dessa forma, a teoria de Hobbes não tem os elementos assustadores e mesmo monstruosos que lhe são atribuídos. Na verdade, pode-se dizer que a realização dessa doutrina se dá mais com os jacobinos, e a soberania popular, sob a Revolução Francesa, do que com Luís XIV. São as revoluções e as democracias que vão constituir o povo como autêntico soberano, do qual todo poder emana, como dizem muitas Constituições.

Contudo, se historicamente a ideia de soberania vai conhecer razoável sucesso, vale notar que ela contrasta com a noção – também inglesa, desenvolvida ao longo do século 18 e adaptada na França por Montesquieu – dos *checks-and-balances*, equilíbrios e contrapesos, que fazem um poder, no Estado ou na sociedade, se contrapor a outros. Dessa forma se assegura um mútuo controle entre os poderes, evitando-se tendências despóticas, sejam do rei, sejam de líderes populares. Num curioso exemplo de Montesquieu, o fato de que na Península Ibérica haja reis absolutos e a temida Inquisição faz com que dois males se equilibrem: se houvesse só um deles, seria péssimo; mas os dois se opondo, a sociedade respira. Na Constituição dos Estados Unidos, os poderes Executivo, Legislativo e Judiciário se equilibram. Numa sociedade como a nossa, empresas, trabalhadores, ONGs, Igrejas e muitos outros atores políticos limitam o poder do Estado. Seus atritos, longe de causarem a guerra temida por Hobbes, forçam as partes a negociar e desenvolvem uma cultura democrática, como mostra, em outro contexto, Robert Putnam. Em suma, o *princípio* das democracias é que a soberania está no povo, mas o *funcionamento* desses regimes é por constante equilíbrio entre forças ou poderes que impedem, um ao outro, de se tornarem excessivos.

Se a convicção hobbesiana de um soberano que governa não chega a se impor, ainda assim a palavra *soberania* domina o léxico da política contemporânea. Mas precisamos distinguir soberania nacional e soberania popular. Desde meados do século 17, tende-se a aceitar que, *em tese,* nas relações internacionais, cada Estado independente respeite a soberania de seus pares. Daí decorre, por exemplo, o princípio de não intervenção ou não ingerência nos assuntos internos de outros países. Essa é a soberania nacional. Mas é frequente a violação desse valor, como aconteceu com guerras de agressão ou, sistematicamente, no caso do imperialismo.

Por outro lado, desde as revoluções do século 18 e em especial após o avanço da democracia em duas vagas – a primeira com a derrota fascista na Segunda Guerra Mundial, a segunda com a queda das ditaduras de direita na América Latina e das comunistas na Europa Oriental – a ideia de soberania popular cresce. No limite, ela leva a uma vaga e difusa convicção de que só há soberania nacional quando a exerce o povo, em eleições livres e democráticas. Essa é uma questão que ainda terá muitos desdobramentos, porque, no limite, permitiria a intervenção estrangeira em defesa de um povo oprimido por seu ditador – o que já aconteceu no Kosovo e, segundo alguns, no Iraque. Isso está longe de ser consensual, enfrenta sérias oposições da diplomacia, pode acarretar enormes problemas e, finalmente, dependeria de um mandato internacional, que não houve no caso do Iraque: esse é um longo debate que começa, devido, talvez, ao fato de que nunca na história do mundo houve tantas pessoas vivendo em regimes que tendem ao democrático.

Ver: Estado; Legitimidade; Poder; Sistema Político

Referências Bibliográficas

HOBBES, T. *Do cidadão*. Trad. Renato Janine Ribeiro. São Paulo: Martins Fontes, 1992.

______. *Leviatã*. Trad. João Paulo Monteiro; Maria Beatriz Nizza. São Paulo: Martins Fontes, 2003.

KANTOROWICZ, E. H. *Os dois corpos do rei*. São Paulo: Companhia das Letras, 2000.

MANDROU, R. *Louis XIV en son temps*. Paris : PUF, 1990.

MONTESQUIEU, C. *Do espírito das leis*. Trad. Christina Murachco. São Paulo: Martins Fontes, 1996.

PUTNAM, R. *Comunidade e democracia:* a experiência da Itália moderna. Rio de Janeiro: Fundação Getulio Vargas, 1996.

RIBEIRO, R. J. História e soberania (de Hobbes à revolução). In: ______. *A última razão dos reis:* ensaio sobre filosofia e política. São Paulo: Companhia das Letras, 1993. p. 97-119.

Social-Democracia

Luiz Sérgio Henriques

No léxico político do século 20, o conceito de social-democracia corresponde a um movimento que nasce e gradualmente se afirma, no primeiro pós-Guerra, como corrente política em busca de uma terceira via entre as experiências antagônicas do bolchevismo, por um lado, e do nacional-socialismo e dos fascismos, por outro. Antes disso, a social-democracia designava praticamente o conjunto do movimento operário, exceção feita aos anarquistas e alguns outros setores minoritários. Tal núcleo inicial, no entanto, logo se dividiria entre marxistas "ortodoxos", apegados, ainda que apenas verbalmente, ao materialismo histórico e à luta de classes, e marxistas "revisionistas", que passaram a valorizar crescentemente a democracia política, as coalizões interclassistas e o programa de reformas graduais.

Nesse sentido moderno, a social-democracia representa uma afirmação e um desdobramento do revisionismo de orientação democrática de fins do século 19, que, no significativo caso alemão, implicaria o abandono do caráter classista do partido e sua plena adesão ao método democrático em 1959, com a aprovação do programa de Bad Godesberg. Mas, de modo geral, já após a Segunda Guerra e a derrota do nazifascismo, a social-democracia conheceria seus anos de maior prestígio, comandando um compromisso entre capitalismo e democracia, mercado e Estado, interesse privado e interesse público, até que esse equilíbrio viesse a ser abalado pela revolução neoliberal do final dos 1970.

Nascida ainda em vida de Karl Marx e Friedrich Engels, os fundadores do moderno socialismo, a social-democracia clássica pode ser datada de 1875, por ocasião do congresso realizado na cidade alemã de Gotha, que viu a unificação entre a corrente política mais próxima daqueles dois pais fundadores e a dos seguidores de Ferdinand Lassalle (1825-1864), adepto de um modelo socialista baseado no cooperativismo com sustentação estatal. Tratava-se, desde o começo, de um partido com vocação de massas, mas com almas díspares. Seu crescimento na vida política alemã não se deteria nem mesmo quando, em 1878, o chanceler Bismarck fez aprovar uma legislação que proscrevia direitos políticos básicos, como a liberdade de imprensa, reunião e organização, em chave antissocialista: já na década final do século 19, o Partido Social-Democrata Alemão ressurgiria em plena legalidade, conquistando 1,4 milhão de votos nas eleições para o Parlamento (o *Reichstag*) em 1890 e contribuindo assim para a queda do próprio chanceler.

O prestígio da social-democracia alemã derivou da sua força eleitoral, da sua organização partidária moderna, com presença sindical decisiva e uma rede de importantes jornais e revistas, para não falar de teóricos indiscutidos e até reverenciados, a começar por Friedrich Engels, que seguiu de perto as vicissitudes da constituição do partido alemão e seus dilemas iniciais, que, pelo menos em parte, anteciparam muitos dos debates e cisões que agitariam o movimento operário ao longo do século 20.

Expressão desses dilemas iniciais é um famoso texto do próprio Engels, escrito em 1895 como prefácio a uma nova edição do trabalho de Marx, *As lutas de classes na França de 1848 a 1850*. Nele, Engels reconhece a capacidade de expansão do capitalismo, que as expectativas revolucionárias de 1848 não faziam supor. Mais importante ainda, admite que a era das barricadas parecia ter ficado para trás e que, com o advento do sufrágio universal, um novo terreno de luta, mais propriamente político, se abria para o movimento operário, ampliando os limites da legalidade e da democracia "burguesa" – uma legalidade e uma democracia que, nessa mesma medida, deixavam de ser definidas unilateralmente pelas classes dominantes.

Nas décadas que precederam a Segunda Guerra Mundial, em alguns países, partidos de tipo social-democrata conseguiram encaminhar soluções alternativas entre o comunismo e o fascismo, que pareciam dominar toda a cena política com soluções francamente ditatoriais, embora de inspiração oposta. Foi o caso, em especial, da Inglaterra, da Bélgica e da Suécia, que implementaram pioneiramente medidas de planejamento não coercitivo, procurando compatibilizar mercado e plano, economia e política, sob formas que antecipam o compromisso social-democrata, de perfil keynesiano, que se generalizaria no pós-guerra. A essa família política pertence também a rica experiência do New Deal norte-americano, ainda que nos Estados Unidos, por uma série de motivos, nunca se tenha firmado um partido socialista de massas.

Um florescimento do "consenso social-democrata" aconteceria nas décadas seguintes, ao fim do segundo conflito mundial. É quando, a partir dos países centrais, mas com reflexos mais ou menos importantes em toda a periferia, lançam-se as bases do moderno Estado de bem-estar social e da economia social de mercado, com a promessa de garantir aos trabalhadores segurança "do berço ao túmulo". O consenso social-democrata valeu-se não só das instituições da democracia representativa, como também de arranjos de tipo "neocorporativo", pelos quais sindicatos, empresários e Estado buscavam coordenar expectativas e regular conflitos, legitimando-se reciprocamente. E, dando suporte às políticas redistributivas típicas do modelo, uma economia em forte expansão, mediante a generalização do modelo norte-americano de produção e consumo.

Críticos de esquerda do modelo social-democrata sempre sublinharam sua incapacidade ou falta de vontade de "superar o capitalismo", a despeito de um sem-número de conquistas sociais e da garantia do pleno exercício das liberdades políticas. No entanto, a crítica mais séria, por ser mais carregada de efeitos práticos, foi aquela que, a partir dos anos 1970, se corporificou nas tendências neoliberais levadas a cabo por Margaret Thatcher e Ronald Reagan. Tratou-se, na verdade, de uma verdadeira mudança de época na história do capitalismo: mais além da virada política e do colapso do consenso social-democrata, impuseram-se novos paradigmas de produção, novos modelos de vida e consumo, para não falar das orientações de valor. Uma situação agravada pelo fim da União Soviética e dos regimes do "socialismo real", independentemente do juízo de valor que se possa fazer sobre tais regimes.

Num clima político e cultural adverso, a própria social-democracia viu-se levada a rever pontos substanciais do seu programa do pós-guerra, dando mais importância aos mecanismos de mercado e buscando atenuar os elementos excessivos da burocracia do *Welfare State*. Essa nova versão de "terceira via", representada por políticos como Tony Blair e sustentada por teóricos como Anthony Giddens, constituiu uma tentativa de mediação entre a utopia neoliberal do mercado autorregulado e o que havia de estatismo na tradição social-democrata. A "terceira via", no entanto, terminou por realizar bem menos do que prometia. Não conseguiu reformular o Partido Trabalhista à altura do desafio hegemônico lançado nos anos do thatcherismo, nem envolver significativamente outras importantes social-democracias, como a francesa e a alemã, todas elas na defensiva diante de um capitalismo dominado por finanças quase inteiramente desreguladas.

Ao se iniciar o século 21, o principal legado da moderna social-democracia ainda parece ser o Estado de bem-estar social: nele, o setor público, embora muitas vezes intervindo diretamente na economia (como, por exemplo, nas nacionalizações de setores econômicos de base), afirmou-se principalmente como regulador do mercado, promovendo políticas que buscaram cancelar ou diminuir drasticamente o caráter mercantil de bens tidos como comuns, especialmente saúde e educação. Em relação ao próprio mercado, as orientações de tipo social-democrata agiram considerando sua dinâmica intimamente contraditória de potente gerador de riquezas e de produtor igualmente poderoso de injustiças e desigualdades sociais.

A tradicional estratégia de reformas graduais conseguiu estabelecer, pelo menos nos "trinta anos gloriosos" que sucederam a Segunda Guerra, uma sociabilidade de novo tipo, relativamente distante da atomização implícita nos programas puramente liberais e do coletivismo burocrático das experiências do socialismo de Estado. Com os fenômenos de precarização do trabalho e fragmentação social que acompanham a reestruturação do capitalismo, essa mesma estratégia passou a requerer respostas diferentes, socialmente mais avançadas. Por isso, ela abre necessariamente um largo campo para políticas inovadoras no ambiente de trabalho, nos instrumentos de socialização, nas instituições formadoras, requalificando o Estado de bem-estar como instância garantidora da igualdade de oportunidades para todos os indivíduos em sociedades que compartilhem os valores básicos da liberdade e da solidariedade.

Sejam quais forem os impasses e os limites das suas tentativas de renovação, a tradição social-democrata continua a ser um componente vivo da política moderna, em um quadro em que, à sua direita, além do neoliberalismo hoje em crise, despontam tentações populistas e autoritárias, não raro xenófobas; e, à sua esquerda, emergem vozes críticas da globalização neoliberal, empenhadas em dar novas figuras à "esquerda alternativa". Esta última, de fato, muitas vezes se faz porta-voz de protesto intenso e apaixonado, mas nem sempre demonstra ter a capacidade de governo de sociedades complexas, marca das melhores experiências social-democratas.

Ver: Cidadão/Cidadania; Democracia; Direitos Humanos; Estado; Partidos Políticos; Poder; Sistema Político; Sociedade Civil; Socialismo

Referências Bibliográficas

KAUTSKY, K. *La via al potere*. Bari: Laterza, 1974.

MARX, K.; ENGELS, F. *Textos*. São Paulo: Edições Sociais, 1977. 3 v.

MEYER, T.; HINCHMAN, L. P. *The theory of social democracy*. Cambridge: Polity Press, 2008.

PRZEWORSKI, A. *Capitalismo e social-democracia*. São Paulo: Companhia das Letras, 1989.

VACCA, G. *Por um novo reformismo*. Brasília: Fundação Astrojildo Pereira; Rio de Janeiro: Contraponto, 2009.

Socialismo

Luiz Sérgio Henriques

O conceito de socialismo se entrelaça, e em muitos casos se sobrepõe, ao de comunismo, mas ao mesmo tempo dele se distingue pelo menos desde a *Crítica ao Programa de Gotha*, texto escrito por Karl Marx em 1875, mas somente publicado em 1891, depois da morte do autor. Naquela formulação, o socialismo constitui um momento de transição entre a formação capitalista e a futura formação coletivista e propriamente comunista. Estaria ainda marcado por duradouros fenômenos do passado, como a divisão de trabalho, o direito, a política e o Estado (ainda que sob controle do proletariado).

Nessa concepção, a persistência do direito permite uma caracterização fundamental do socialismo. Para Marx, todo direito é expressão formal de desigualdade. Mesmo no socialismo, os indivíduos teriam "igual direito" a cotas diferentes do produto do trabalho social, por terem talentos e capacidades desiguais. Não se poderia aplicar na fase socialista o princípio comunista: "de cada qual segundo sua capacidade; a cada qual segundo suas necessidades". No comunismo, com a inaudita expansão das forças produtivas colocadas sob controle social consciente, poder-se-ia garantir a satisfação plena das necessidades de cada indivíduo, independentemente da sua participação no trabalho total, bem como a superação das formas ideológicas do velho mundo dilacerado em classes. O socialismo aparece, assim, como uma fase de preparação para o advento da sociedade autorregulada, na qual, segundo Marx, o livre desenvolvimento de cada qual está na base do desenvolvimento de todos.

A história de ambos os conceitos, socialismo e comunismo, pode ser narrada a partir do *Manifesto do Partido Comunista*, redigido por Karl Marx e Friedrich Engels entre 1847 e 1848. O *Manifesto* constitui sucinta e vigorosa expressão de uma época de agitações revolucionárias, nas quais, pela primeira vez no mundo moderno-industrial, a iniciativa histórica parece escapar aos setores dominantes e encontrar como protagonista a classe operária. Para os autores do *Manifesto*, tal classe é, ao mesmo tempo, o produto inevitável do industrialismo em ampla escala e o sujeito por excelência da transformação da sociedade burguesa, encarada como a última e mais plena manifestação da sociedade de classes.

Para além de tal sociedade, assentada em uma insanável contradição entre o caráter cada vez mais social dos meios de produção e as formas privadas de apropriação desses mesmos meios, caberia aos modernos proletários, entendidos como *classe geral*, reunificar a sociedade e o próprio gênero humano e, assim, inaugurar a verdadeira história da humanidade: "coveira" da sociedade burguesa, a classe operária liquidaria as antigas relações de produção e comandaria um processo de dissolução crescente do próprio domínio de classe, ainda necessário durante uma fase transitória de extrema concentração de poder, que Marx, na *Crítica ao Programa de Gotha*, chamaria de "ditadura do proletariado".

A narrativa original que acompanha a emergência da nova classe substitui, deliberadamente, o "espectro do comunismo", que os conservadores viam alastrar-se por toda a Europa e nas mais variadas circunstâncias nacionais, pelo efetivo programa dos comunistas, tal como entendido por Marx e Engels. Esses, ao passarem em revista diferentes manifestações políticas e até filosóficas que se pretendiam "comunistas" e "socialistas", contribuem para esclarecer a circunstância histórica e, evidentemente, fixar uma nova e duradoura terminologia.

Os autores do *Manifesto* distanciam-se das variadas formas anteriores do "socialismo reacionário" (feudal, pequeno-burguês ou abstratamente filosófico, como no caso alemão), as quais expressam tendências que se podem resumir na expressão "anticapitalismo romântico". Tais tendências, mesmo quando denunciam as misérias da sociedade capitalista, sonham com um retorno impossível a condições anteriores de vida: à produção reunida em manufaturas e corporações ou ao mundo camponês e patriarcal, idealizados como comunidades orgânicas isentas do dilaceramento trazido pela modernidade burguesa. Ao contrário, o socialismo e o comunismo de Marx e Engels implicam – e o paradoxo é só aparente – elogio veemente do dinamismo impresso às sociedades pela revolução burguesa: saúdam a constituição de um mercado mundial e mesmo de uma literatura e cultura universais; sublinham a capacidade "subversiva" das relações burguesas, ao abater com mercadorias baratas todas as muralhas da China e não deixar nada sólido no ar, destroçando tradições e arcaísmos seculares.

Uma distinção famosa entre utopia e ciência aqui se estabelece e seria mais tarde reafirmada em outros textos canônicos, como *Do socialismo utópico ao científico*, escrito por Friedrich Engels e publicado em 1892. Marx e Engels têm especial consideração com os fundadores de sistemas utópicos de redenção, tais como o inglês Robert Owen e os franceses Saint-Simon e Charles Fourier. Trata-se de representantes da infância do movimento operário, quando a ação reformadora ainda não podia ser atribuída à classe explorada, mas decorreria de proposições generosas e até exemplares em prol da harmonia social, como no caso dos "falanstérios" de Fourier.

O respeito de Marx e Engels, contudo, não se estende aos discípulos dos "socialistas utópicos", vistos como pregadores de um mundo fantasioso e incapazes de compreender o papel revolucionário da classe operária e os demais postulados do "socialismo científico". Mas é bastante significativo o fato de que teses dos "utópicos" reapareceriam nos breves traços do futuro descritos pelos autores do *Manifesto*, como, por exemplo, a revogação do estatuto subordinado da mulher e a consequente superação da família burguesa, a eliminação da diferença entre campo e cidade e, em especial, o desaparecimento do Estado e sua substituição por uma mera "administração das coisas".

O socialismo e o comunismo de Marx e Engels não viveram como ideia incontaminada em uma esfera à parte da história. A rigor, não se espera isso de nenhuma grande elaboração intelectual, menos ainda quando se trata de pensadores que se propuseram explicitamente não só a *explicar* ou *interpretar* o mundo, mas *modificá-lo* pela raiz, apontando agentes da mudança, métodos e escopos revolucionários. Entre 1848 e 1989, quando começaria a desmoronar a experiência do chamado "socialismo real", o espectro temido pelos conservadores assumiu diferentes formas, muitas vezes até antagônicas entre si. No seu conjunto, entretanto, tais formas acabariam por receber reconhecimento generalizado, inclusive de liberais, como elaboração avançada de um poderoso movimento de reformas apoiadas por povos de todas as raças, nações, religiões e civilizações.

Esse impacto histórico-universal assumiu figuras variadas, como nas primeiras sociais-democracias, especialmente a alemã. O mundo da social-democracia, expressão política inicial da luta pelo socialismo e pelo comunismo, jamais esteve imune a tensões, como a que opôs a "ortodoxia" de Karl Kautsky e o "revisionismo" de Eduard Bernstein, que rompeu com o "finalismo" implícito na tese marxiana, ao asseverar a precedência do "movimento" político real dos subalternos em relação ao "objetivo" último. Social-democrata foi Lenin, que, já no alvorecer do século 20, lança as raízes do bolchevismo, estruturado como um partido de quadros, fortemente centralizado e conformado às rarefeitas condições de clandestinidade impostas pelo czarismo, uma sobrevivência anacrônica do *Ancien Régime*.

O partido leninista carrega em si a vontade estratégica de "fazer-se Estado". Torna-se vitorioso ao derrubar a autocracia czarista em 1917 e instaurar um regime de conselhos e, portanto, de democracia direta, em oposição frontal à democracia "burguesa" e representativa. Mesmo vitoriosa, a estratégia leninista padeceria de limites incontornáveis, dados, antes de tudo, pela rápida degeneração e burocratização da democracia dos conselhos, que cederia lugar de modo gradual à ditadura stalinista e aos processos de modernização autoritária e mesmo totalitária da sociedade soviética. Tal inflexão comprometeria gravemente a capacidade de universalização da experiência soviética, não obstante o impacto positivo que teve sobre outros fenômenos fundamentais do século 20, a exemplo da descolonização ou, nos países capitalistas centrais, da construção dos Estados de bem-estar social.

Do ponto de vista teórico, outro limite essencial da estratégia leninista seria exposto pelo italiano Antonio Gramsci (1890-1937), que começa a desenvolver uma visão mais penetrante das estruturas políticas de tipo "ocidental". Nestas últimas, inclusive pela ação continuada e incisiva do movimento operário, estabelecera-se uma relação mais complexa e equilibrada entre "sociedade civil" e "sociedade política", entre a esfera "privada", em que interagem múltiplos atores e movimentos hegemônicos, e a esfera estatal, em que predomina o momento da força. Por causa desse dado estrutural, tomar o Estado de assalto – "fazer como na Rússia" – era caminho certo de derrota, e uma estratégia socialista para o Ocidente, recorrendo preferencialmente ao consenso e à persuasão democrática, restava por ser reinventada.

Nos anos 1970, bem antes do colapso das sociedades de tipo soviético, Norberto Bobbio, destacado filósofo de orientação socialista liberal, fez perguntas incômodas a respeito da existência, ou relevância, de uma teoria marxista do Estado, em contraposição à riqueza e à diversidade da teoria burguesa, de Locke a Mill, de Kant a Tocqueville. Observando as indicações teóricas de Marx e a ação política de Lenin, bem como a obra do próprio Gramsci – que de modo algum subestimava –, Bobbio nota que, nos diferentes marxismos, surgem dois obstáculos ou elementos perturbadores para a elaboração de uma teoria do Estado, que garanta uma boa solução do problema relativo ao *modo* de exercício do poder e aos *limites* que deve necessariamente ter, mesmo (e talvez principalmente) em uma realidade pós-capitalista.

Tais obstáculos se referem, em primeiro lugar, ao predomínio quase obsessivo da questão da tomada do poder e, portanto, do partido político, em relação à temática do Estado e das garantias formais dos indivíduos diante desse mesmo Estado; em segundo lugar, à persistência de uma concepção *negativa* da política que o próprio Marx teria herdado do socialismo utópico. Se o Estado e a política são realidades próprias do mundo burguês – instâncias de controle e repressão por parte dos possuidores dos meios de produção sobre aqueles que vivem apenas da venda da força de trabalho – e se começam a "desaparecer" logo depois da tomada de poder, com a instauração de uma democracia direta dos produtores associados, então não constituem objetos dignos de reflexão: seriam, antes, instâncias a serem suprimidas em nome de uma utopia que, no entanto, degenera, como ensina a lição da história, em regimes de exceção.

No universo do socialismo e do comunismo histórico, assim entendidos, observou-se nas mais variadas circunstâncias – e não apenas no modelo bolchevique original – um crescente fortalecimento dos poderes estatais, a ponto de se poder falar em estatização não só da economia, mas também da sociedade. Assim como as técnicas de planejamento central foram eficientes em um primeiro momento do desenvolvimento econômico, falhando em seguida quando se tratou dos problemas de inovação do próprio sistema, as políticas sociais, nas experiências do "socialismo real", foram capazes de realizar proezas no terreno da educação e da saúde, garantindo de modo geral a universalização dos níveis básicos de formação educacional e dos cuidados essenciais à vida dos cidadãos. Algumas vezes, como no caso da antiga URSS, conseguiu-se tirar populações inteiras de um estágio anterior ao alfabeto, tornando-as contemporâneas do século 20.

A arregimentação da sociedade por obra de um Estado autoritário (ou totalitário) parece ter possibilitado esses êxitos educacionais e sanitários realizados em um período de tempo muito condensado. Em momento posterior, contudo, tais êxitos iriam se chocar com as próprias estruturas autoritárias que os induziram. Por uma dessas ironias da história bastante comuns, a sociedade civil manifestaria desconforto crescente com a couraça que, enquadrando-a fortemente, havia possibilitado seu desenvolvimento cultural e que se mostrava crescentemente incapaz de se autorreformar, até acontecer a queda do Muro de Berlim e a implosão generalizada do sistema a partir de 1989.

Ao que parece, permanece válida a percepção de Bobbio (1976), especialmente quando se consideram a profundidade e os limites da unificação capitalista do mundo (da "globalização"): as relações entre democracia política e socialismo constituem "o problema dramático e crucial do nosso tempo". Um problema de difícil solução, diante do qual o pensamento crítico e o empenho político democrático têm travado algumas de suas mais importantes batalhas.

Ver: Economia Política; Estado; Poder; Social-Democracia; Sistema Político; Sociedade Civil

Referências Bibliográficas

BOBBIO, N. et al. *Il marxismo e lo stato*. Il dibattito aperto nella sinistra italiana sulle tesi di Norberto Bobbio. Roma: Mondoperaio, 1976.

BOTTOMORE, T. (Ed.). *Dicionário do pensamento marxista*. Rio de Janeiro: Zahar, 1988.

MARX, K.; ENGELS, F. *Textos*. São Paulo: Edições Sociais, 1977. 3 v.

ROEMER, J. E. *A future for socialism*. Cambridge: Harvard University Press, 1994.

Sociedade Civil

Marco Aurélio Nogueira

Poucos conceitos são tão polêmicos e controvertidos quanto o de sociedade civil. Nas duas últimas décadas, sua utilização disseminou-se largamente, colando-se ao senso comum, ao imaginário e ao discurso político das sociedades contemporâneas. O conceito, com isso, diluiu-se e perdeu precisão. Empregam-no todos, seja em termos político-ideológicos (da direita à extrema-esquerda), seja em termos mais propriamente teóricos, seja enfim em termos operacionais: o conceito serve tanto para os que desejam fazer a crítica do Estado intervencionista, quanto para os pretendem adaptar o Estado em sentido liberal, tanto para que se proclame a autonomia do social, quanto para que se concebam novas modalidades de gestão pública ou de democracia participativa. Os interlocutores referem-se a coisas distintas, mas empregam a mesma palavra.

Pode-se dizer que o conceito de sociedade civil difundiu-se, nas últimas décadas, impulsionado pela diferenciação e fragmentação das sociedades contemporâneas. Sob a base de uma redução do peso relativo das classes sociais históricas, e particularmente da classe operária, que funcionava como vetor de unificação social, projetou-se um amplo conjunto de "novos sujeitos", que, em sua ação, nem sempre querem ou conseguem se unificar. Com isso, o social ganhou maior transparência e maior autonomia relativa diante do político. A difusão do conceito também foi impelida pela expansão da cultura democrática em geral e da cultura participativa em particular, com que ganharam impulso o ativismo comunitário e, na esteira dele, a multiplicação dos chamados novos movimentos sociais. Idêntica importância teve, nesse processo, a crise da democracia representativa e as transformações registradas no plano da institucionalidade política, que fizeram com que a política se tornasse bem mais "espetacular", bem mais midiática e bem menos controlada pelos tradicionais operadores políticos (líderes ou partidos). Em decorrência, reforçou-se o protagonismo de organizações e movimentos sociais mais autônomos em relação à esfera imediatamente política e a causas de natureza mais "material".

Considerado da perspectiva da história do pensamento político e filosófico, o conceito de sociedade civil remete-se a um amplo conjunto de escolas e tradições. Os jusnaturalistas, dentre os quais Thomas Hobbes, viram a sociedade civil como sinônimo de Estado, como expressão do "estado civil", da comunidade política, em contraposição ao "estado de natureza". Pensadores associados à economia política (Adam Smith, Adam Ferguson), por sua vez, tendiam a falar de sociedade civil para se referir à sociedade burguesa ou à sociedade capitalista, definida pelo mercado e por uma específica forma de propriedade e de divisão do trabalho. Liberais como John Locke empregaram a expressão em íntima associação com a emergência da moderna propriedade privada capitalista, ao passo que Immanuel Kant a aproximou do meio onde seria possível afirmar o postulado moral da liberdade.

Já para o filósofo alemão G. F. Hegel, a sociedade civil (*bürgerliche Gesellschaft*) seria constituída pelas associações, comunidades e corporações que intermediariam as relações entre os indivíduos e o Estado, cumprindo a função ética de dignificar a vida individual e coletiva. Coube a Hegel, pensador de grande envergadura, requalificar o conceito, que ocupará lugar de destaque em sua teoria social. Sua ideia básica é que a sociedade civil tinha relativa autonomia como "sistema de necessidades e do trabalho", constituindo-se em um momento intermediário entre a família e o Estado. Diferentemente do Estado, que agiria em nome do interesse geral da coletividade, a sociedade civil seria o espaço em que se desenvolveriam ações voltadas para a satisfação de necessidades e interesses particulares. Precisamente por isso, ela se projetaria como terreno de interação e comunicação entre indivíduos particulares, que Hegel via como destinado a ser superado dialeticamente pelo Estado. Posta entre a família e o Estado, a sociedade civil hegeliana representaria o elemento negativo, que dissolveria a unidade familiar em uma forma superior de vida ética que seria, por sua vez, superada pelo Estado.

Dialogando com essas duas últimas versões, Karl Marx estabelecerá a sociedade civil como *locus* da luta entre burguesia e proletariado e dos conflitos de classes em geral, terreno em que se desenvolvem as relações econômicas que, em última instância, determinariam a conformação do Estado e da superestrutura político-jurídica. Ela abrangeria "todo o intercâmbio material dos indivíduos no interior de uma fase determinada de desenvolvimento das forças produtivas". Tratava-se de um produto tardio do desenvolvimento das relações sociais modernas, vale dizer, capitalistas, tendo-se constituído no decorrer de um longo tempo histórico, durante o qual foram sendo reformuladas as posições relativas do indivíduo, da família e do Estado. Como região específica do social, a sociedade civil teria surgido somente com a burguesia, que em seu desenvolvimento fez com que as relações de propriedade se desprendessem da comunidade antiga e medieval. Ela seria, portanto, "a verdadeira fonte, o verdadeiro cenário de toda a história" (MARX, 1984, p. 52-53).

Coube a Antonio Gramsci a mais profunda reformulação na história do conceito. Sua teorização partiu de um abrangente esforço para interpretar as imponentes transformações que se consolidavam nas sociedades do capitalismo desenvolvido: alterações no padrão produtivo, expansão da classe operária, crescimento do associativismo, da diversificação e da organização dos interesses, socialização da política, maior peso do Estado *vis-à-vis* o mercado, aumento da regulação e das políticas de proteção e bem-estar etc. Gramsci percebia que esse movimento era virtualmente unificador e continha um impulso claro em direção a formas mais avançadas de convivência, mas estava cortado por fortes tendências desagregadoras, competitivas, individualistas. Sua ideia de sociedade civil refletiria essa riqueza e contradição: expressaria tanto as possibilidades de expansão das individualidades e das diferenciações (uma espécie de sede de múltiplos organismos "privados"), quanto os fatores capazes de promover agregações e unificações superiores. A própria noção de hegemonia – par lógico e político do conceito de sociedade civil – desdobrava-se em um empreendimento unificador: o sujeito hegemônico seria aquele que viesse a se mostrar mais vocacionado para agregar e unificar que para se diferenciar. Seria nessa condição, aliás, que ele poderia se afirmar como dirigente ou como fundador de Estados.

Uma famosa fórmula gramsciana é, aqui, eloquente. Ele escreveu: "na noção geral de Estado entram elementos que devem ser remetidos à noção de sociedade civil (no sentido, seria possível dizer, de que Estado = sociedade política + sociedade civil, isto é, hegemonia couraçada de coerção)". O conceito traduz-se assim "como conteúdo ético do Estado", ou seja, como terreno em que pode ser processada a "hegemonia política e cultural de um grupo social sobre toda a sociedade" (GRAMSCI, 1999-2002, v. 3, p. 244, 225). Justamente por isso, trata-se de um espaço dedicado a promover a articulação e a unificação dos interesses, a politizar ações e consciências e a superar tendências corporativas ou concorrenciais. Seus personagens típicos são atores do campo estatal em sentido amplo, que se dedicam a organizar hegemonias e a conquistar o Estado. Nessa concepção, a sociedade civil aparece como um ambiente social em que são construídos projetos globais de sociedade, articulam-se capacidades de direção ético-política, disputam-se o poder e a dominação. Um espaço de invenção e organização de novos Estados e novas pessoas, de luta, governo e contestação, no qual se formam vontades coletivas.

Trata-se de um conceito firmemente ancorado em uma concepção totalizante que privilegia a dialética Estado-sociedade e vê a política (assim como a conquista e o exercício do poder) como atividade que se vale de recursos variados: coerção e consenso, força e hegemonia, ação e instituição, persuasão e educação. Por essa sua característica, costuma ser considerado peça angular da mais abrangente teoria da sociedade civil.

Ao longo das últimas décadas, em sintonia com as modificações que afetaram a base das sociedades capitalistas e os mecanismos de organização e legitimação do Estado de bem-estar, o conceito gramsciano de sociedade civil consolidou-se e ganhou inúmeros tratamentos. Não se converteu, porém, em elemento predominante na ampla discussão que se passou a fazer sobre a sociedade civil. A ele contrapõem-se ao menos outras duas concepções.

A primeira delas é de aberta inspiração *liberal*. Nela, o mercado assume o papel de modelador da sociedade civil: a luta social transcorreria em termos competitivos e radicalmente privados, sem maiores interferências públicas ou estatais. O Estado seria uma espécie de outro lado tanto do mercado e da sociedade civil, quanto de eventuais alianças ou combinações entre o mercado e a sociedade civil. Nessa ideia de sociedade civil, não se trata de saber se algum ator pode ou não prevalecer e dirigir a sociedade, mas sim se os atores atuam para obter vantagens ou extrair maiores dividendos para si. Trata-se de um espaço dedicado a maximizar interesses particulares, de tipo corporativo. Seus personagens típicos se organizam ou de modo restrito, egoístico, ou de modo pouco institucionalizado (como no voluntariado ou no assistencialismo tradicional). Em versões mais extremadas do liberalismo (por exemplo, em certas formulações neoliberais), a sociedade civil surge ostensivamente como uma região oposta ao Estado, dotada de uma eficiência e de uma racionalidade que não se encontrariam na esfera estatal.

A segunda concepção aproxima-se do associativismo contemporâneo, e particularmente daquilo que se costuma chamar de movimentos sociais de novo tipo. Nela, a política está presente e tem lugar de destaque, mas nem sempre comanda e muitas vezes é substituída pelo ativismo ético ou moral: a luta social exclui a luta institucional e com ela se choca, impossibilitando ou dificultando o delineamento e a viabilização de estratégias de poder e hegemonia. A sociedade civil surge como campo alternativo a todos os demais âmbitos. Recusa-se a se deixar "diluir" no institucional (ou seja, na administração pública e no sistema político e partidário), já que se concebe como maior do que ele e imune a seus desvios e degradações. Os interesses, aqui, mostram-se refratários a articulações superiores ou à quebra de atitudes corporativas: sua maior virtude é a autonomia. Seus personagens típicos são atores que operam na fronteira entre o Estado e o mercado e estão fortemente concentrados na vocalização de metas não "materiais" (étnicas, ecológicas, religiosas, culturais, de gênero). À orientação suprainstitucional soma-se uma orientação tendencialmente supranacional. Operando em rede e por intermédio da cibermilitância, os movimentos sociais estariam ativando a plena constituição de uma sociedade civil mundial.

Essa segunda ideia encontra alguns importantes elementos de fundamentação na obra do filósofo alemão Jürgen Habermas e especialmente em sua teoria da ação comunicativa. Interpondo-se entre o "mundo da vida" (em que se desenvolvem as interações subjetivas básicas da vida social) e o mundo dos sistemas e subsistemas (que tendem a "colonizar" o primeiro), a sociedade civil habermasiana surge como uma instância de emancipação e liberação de energias societárias. Ainda que Habermas não tenha dado curso a nenhuma elaboração sistemática do conceito, sua concepção influenciou uma importante corrente de intérpretes, dos quais podem ser mencionados Jean Cohen e Andrew Arato, autores de uma vasta e bem documentada tentativa de compor uma teoria da sociedade civil.

Operando em termos próximos à elaboração hegeliana tradicional, Cohen e Arato (2000) pensam a sociedade civil como um "terceiro ambiente", povoado por movimentos sociais, atores e institutos vinculados seja à esfera privada ou à pública e que funcionam tendo em vista, essencialmente, a criação de uma zona de autonomia tanto em relação ao Estado quanto em relação ao mercado. É na sociedade civil que os indivíduos rompem com seu particularismo e com seu atomismo, desenvolvem capacidade comunicativa e deliberativa, ganham dimensão coletiva e podem escapar das limitações impostas pela rigidez burocrática dos sistemas. Estabelecem-se assim distintas formas de mediação entre o "mundo da vida" e os sistemas, que tenderiam a se traduzir em instituições mais qualificadas para invadir os sistemas e refundá-los. Tratar-se-ia, portanto, de um conceito que contém uma carga ativista e emancipatória expressiva.

A sociedade civil de inspiração habermasiana estaria composta de movimentos que se auto-organizam e se autolimitam e que poderiam disciplinar as instituições mais sistêmicas, como o Estado e o mercado. Dispondo-se como um sistema independente e que se autorreferencia, a sociedade civil poderia moderar os excessos do Estado e do mercado e estabelecer-se como um campo no qual a composição social se recriaria. Impregnada da função de intermediar o sistema político e os grupos sociais, a sociedade civil criaria condições para que se formasse uma "vontade pública" dotada da capacidade de se institucionalizar nos corpos parlamentares e nos tribunais, para falar em um tom não muito distante do léxico de Habermas. Não é por outro motivo que tal ideia de sociedade civil abre-se bastante para os temas da comunicação intersubjetiva, dos vínculos culturais espontâneos, da "desobediência civil", do movimentismo e do ativismo ético. Os interesses, em sua materialidade bruta e suja, estariam fora dela: no político, nos governos, no mercado, no Estado. Por esse caminho, a sociedade civil social se despoja do político e se separa do Estado. Há política nela, com certeza, mas se trata de uma política convertida em ética, que não se põe como poder, dominação, hegemonia, Estado: uma política, portanto, com poucas chances de se efetivar.

Em certa medida, as principais ideias de sociedade civil – a gramsciana, a liberal e a dos movimentos – cabem na realidade contemporânea. Na verdade, elas espelham essa realidade e tentam ao mesmo tempo direcioná-la: trazem consigo correspondentes projetos políticos e concepções de Estado.

Muitos dos movimentos ou ações que se vinculam ao chamado "terceiro setor" – hoje muito numerosos, diversificados e ideologicamente plurais – transitam sem maiores tensões e com bastante desenvoltura por essas três modalidades de sociedade civil. Sem querer simplificar demais um quadro que é seguramente complexo, pode-se dizer que quanto mais uma iniciativa social se deixa contagiar por uma perspectiva política superior, mais ela tende a flutuar entre a sociedade civil gramsciana e a habermasiana. Por outro lado, quanto mais uma ação se explicita, por exemplo, como voluntariado ou assistencialismo tradicional, mais ela tende a se firmar no terreno da sociedade civil liberal.

O fato mesmo de essas três modalidades de sociedade civil encontrarem legitimidade no mundo contemporâneo faz com que elas, muitas vezes, sobretudo quando traduzidas em ação prática, se confundam e se interpenetrem umas nas outras. Uma iniciativa de promoção socioeducacional financiada por uma grande empresa capitalista, tendo em vista exclusivamente a melhoria de certas condições de vida ou o atendimento de certas demandas, não deixaria de produzir efeitos comuns à sociedade civil gramsciana, ainda que, em boa medida, deva ser vista como típica da sociedade civil liberal. Dar-se-ia o mesmo com os movimentos que se aproximam do ativismo ético ao estilo de Habermas, alguns dos quais trafegam na fronteira mesma com a sociedade civil gramsciana e com ela dialogam abertamente.

A distinguir as ações entre si estaria o diverso modo de pensar o Estado e de conceber a relação com o governar, bem como o modo de tratar o problema das tensões entre luta social e luta institucional.

Ver: Controle/Controle Social; Democracia; Democracia Participativa; Estado; Hegemonia; Terceiro Setor

Referências Bibliográficas

ACANDA, J. L. *Sociedade civil e hegemonia*. Trad. Lisa Stuart. Rio de Janeiro: UFRJ, 2006.

BOBBIO, N. *Ensaios sobre Gramsci e o conceito de sociedade civil*. São Paulo: Paz e Terra, 2000.

COHEN, J.; ARATO, A. *Sociedad civil y teoría política*. México: Fondo de Cultura Económica, 2000.

COLÁS, A. *International civil society:* social movements in world politics. Oxford: Polity, 2002.

COUTINHO, C. N. *Gramsci:* um estudo sobre seu pensamento político. Rio de Janeiro: Civilização Brasileira, 1999.

DAGNINO, E. (Org.). *Sociedade civil e espaços públicos no Brasil*. São Paulo: Paz e Terra, 2002.

GRAMSCI, A. *Cadernos do cárcere*. Rio de Janeiro: Civilização Brasileira, 1999-2002. 6v.

LIGUORI, G.; VOZA, P. (Org.). *Dizionario gramsciano*. Roma: Carocci, 2009.

MARX, K.; ENGELS, F. *A ideologia alemã:* I Feuerbach. 4. ed. São Paulo: Hucitec, 1984.

NOGUEIRA, M. A. Sociedade civil, do político-estatal ao universo gerencial. *Revista Brasileira de Ciências Sociais*, São Paulo, v. 18, n. 52, p. 185-202, 2003.

VIEIRA, L. *Os argonautas da cidadania:* a sociedade civil na globalização. Rio de Janeiro: Record, 2001.

Sociedade de Risco

Estêvão Bosco

Conceito formulado em 1986 pelo sociólogo alemão Ulrich Beck (1944-), designa uma fase no desenvolvimento da sociedade moderna em que os sucessos da modernização industrial passam a gerar efeitos colaterais imprevisíveis, diagnosticados como causa de danos e destruições (ambientais, econômicos, políticos e individuais) e, em um segundo momento, como riscos cientificamente projetados e socialmente percebidos e geridos. Entende-se com isso que a modernização finalmente produz consequências que tendem a escapar dos mecanismos de controle e proteção institucional da sociedade industrial.

Para Beck, o que diferencia os riscos contemporâneos dos de outras épocas não é tanto seu potencial de destruição (fissão nuclear, por exemplo), mas antes de tudo seu aspecto institucionalmente *fabricado* – pela ciência, pela grande mídia, pelo governo etc. São também caracterizados pela *invisibilidade*, já que muitas vezes derivados do efeito de substâncias químicas e radiativas não percebíveis pelos sentidos humanos e, por último, pela *ausência de fronteira espacial e temporal*, pois são globais, atingem todos, estendendo-se até mesmo a gerações futuras. Para esse autor, não podem mais ser atribuídos a causas externas (destino, deuses), é a própria sociedade que os produz e fabrica (*manufactured uncertainties*).

O conceito sustenta-se sobre algumas teses principais, ligadas a três processos decisivos. O primeiro deles, a *modernização reflexiva*, designa o movimento geral da sociedade industrial, seu aspecto historicamente construído e suas tendências de desenvolvimento. Dele decorre que a produção e a distribuição social de riquezas (trabalho, bens, seguridade social) se veem hoje acompanhadas da *produção e da distribuição social de riscos* (poluição, crises econômicas, terrorismo etc.). O terceiro processo, a *individualização reflexiva*, por sua vez, indica que, em virtude do melhoramento das condições gerais de existência e do desenvolvimento das instituições modernas, ocorre uma desincorporação das identidades sociais de classe. Inicia-se então um processo de *diversificação* das condições de vida, que substitui aquelas da sociedade industrial (classe, família nuclear etc.) por outras, mais "flexíveis", individualizadas, logo, mais "arriscadas" (BECK; BECK-GERNSHEIM, 2002). Sendo produto da escolha individualizada, a biografia incorpora mais incertezas: por um lado, abrem-se novas possibilidades de realização pessoal, mas por outro, individualiza-se a desigualdade social.

A característica peculiar da sociedade de risco é sua lógica de dinamização *reflexiva*, autoconfrontada: a sociedade se torna um tema e um problema para ela mesma. Em sua dinâmica, produz mais modernização como resposta aos efeitos da modernização, uma *modernização reflexiva* propriamente dita. Questões de *calculabilidade* e *previsibilidade* do risco ganham importância para a ação e a regulação institucional. A calculabilidade se refere à impossibilidade de determinar as causas de danos e riscos mediante causalidades estritas, pois eles não possuem fronteiras espaciais nem temporais. Juridicamente, isso significa a perda de validade do princípio de culpabilidade, posto que, por exemplo, podem ser responsáveis pelo dano ambiental a empresa, grupos econômicos e profissionais, hábitos cotidianos e o próprio governo (BECK, 2002a, p. 75-103).

O problema da previsibilidade, por sua vez, gravita em torno da relação entre ciência, risco e incerteza. O risco diz respeito a consequências mensuráveis, ao passo que a incerteza, a consequências não mensuráveis. Isto é: o risco se torna visível pelo grau possível, mas não suficiente, de aproximação da imaginação e da medição científica de seu conteúdo concreto. Pela midiatização do discurso científico, essa dificuldade de se determinar o lugar onde está a incerteza acaba por se introduzir na vida cotidiana como dúvida, uma vez que a ação prática para evitar um risco hoje pode se revelar insuficiente amanhã ou mesmo ser a causa de outros problemas. A dúvida metódica, anteriormente privilégio dos homens de ciência, começa a penetrar o cotidiano, no que se deve ou não deve comer, prevenir, evitar, remediar, investir. Isso quer dizer que a sociedade de risco também é uma sociedade da ciência, de uma ciência que se torna cada vez mais necessária, mas cada vez menos suficiente (BECK, 2001, p. 379-395).

Na reflexão de Beck, de um lado, na sociedade de risco a *ciência se generaliza*, figurando como "causa, *medium* de definição e fonte de solução de danos e riscos" (BECK, 2001, p. 341-398). De outro, uma vez que a insuficiência do saber científico é evidenciada pelos veículos de comunicação – fazendo com que venham a público diagnósticos contraditórios de especialistas sobre inúmeros temas e questões –, o risco se torna um agente de *politização* da modernidade industrial, e dessa forma também *a política se generaliza*, se introduz na economia, na prática científica, na tecnologia, nos "erros" médicos, na relação entre os sexos. Surge assim uma nova forma cultural do político, uma política da vida cotidiana, individualizada, não voltada à conquista do poder estatal, que Beck denomina *subpolítica*.

O que confere sentido geral à sociedade de risco é o conceito de *reflexividade*, que revela sua dinamização específica, seus dilemas constitutivos, suas possibilidades de superação e as tendências gerais caso "tudo permaneça como está". Juntos, reflexividade e risco colocam no centro de preocupação os sistemas de tomada de decisão, e com eles também as políticas públicas.

O conceito introduz algumas inovações. Primeiro, uma vez que se trata de riscos *globais*, que também remetem a uma nova forma cultural da política, estabelece-se uma vinculação objetiva entre universo gerencial do Estado nacional e a globalização, num contexto em que uma política de governo tem sua legitimidade e sua eficácia mediadas por esferas de regulação pós-nacionais. São assim incentivadas novas formas de participação direta nos processos de tomada de decisão no interior do sistema político, de modo a redesenhar as bases de legitimação da política estatal. Segundo, a questão ambiental deixa de ser tratada como um problema "ambiental" e passa a figurar como problema *interno* da sociedade. Rompe-se, assim, com a separação moderna entre sociedade e natureza, que passam a ser vistas a partir de um princípio de reciprocidade, abrindo-se, consequentemente, novas perspectivas para a teoria social e a gestão: faz-se sempre mais necessário o encontro de estratégias que permitam lidar com problemas que transcendem as divisões disciplinares convencionais. Terceiro, a estreita vinculação dos processos de definição social dos riscos com as "novas formas de classificar, interpretar e organizar nosso cotidiano" implica afirmar que a crença na antecipação da catástrofe desarraiga as hierarquias sociais da sociedade industrial e reorganiza a configuração do *conflito*.

O conceito de *sociedade* fica assim redefinido. Passa a ser determinado por três dimensões constitutivas: a *interação*, a *decisão* e a *controlabilidade* dos efeitos derivados de decisões. Nessa sociedade, questões envolvendo legitimidade, aspirações existenciais, inovação, desafios de produção e distribuição, são mediadas não mais pela capacidade das instituições de criar certezas, mas também e principalmente por sua habilidade para lidar com o futuro inescrutável, imprevisível e contingente para a ação presente. Por sua habilidade, em suma, para lidar com as incertezas de um futuro aberto.

Ver: Individualização/Individuação; Legitimidade; Modernização Conservadora; Risco Social; Riscos Tecnológicos

Referências Bibliográficas

BECK, U. A política na sociedade de risco. Trad. Estevão Bosco. *Revista Ideias*, Campinas, v.2, n.1, p. 230-252, 2010.

______. *La sociedad del riesgo mundial:*en busca de la seguridad perdida. Barcelona: Ediciones Paidós Ibérica, 2008.

______. *La sociedad del riesgo global*. Madrid: Siglo XXI, 2002a.

______. *Liberdade ou capitalismo:* Ulrich Beck conversa com Johannes Willms. São Paulo: Editora Unesp, 2002b.

______. *La société du risque sur la voie d'une autre modernité*. Paris: Champs-Flammarion, 2001.

BECK, U.; BECK-GERNSHEIM, E. *Individualization*. Institutionalized individualism and its social and political consequences. London: Sage, 2002.

Solidariedade Social

Ver: Coesão Social

Stakeholders

Ricardo Corrêa Gomes

Um *stakeholder* é qualquer pessoa, grupo ou organização social com interesse ou poder para influenciar alguma ação social. O termo *stakeholder* foi cunhado na Universidade de Stanford em 1963 (FREEMAN, 1984). A princípio, a teoria dos *stakeholders* era utilizada na elaboração de estratégias empresariais e tinha como objetivo principal identificar oportunidades e ameaças à implementação dessas estratégias. Com o passar do tempo e em função da adoção pela administração pública de técnicas e ideias próprias do meio empresarial, o termo passou a fazer parte da vida de governos e outras entidades públicas. O ex-primeiro-ministro britânico Tony Blair utilizou *stakeholder society* em seu manifesto de campanha política ao governo da Grã-Bretanha em 1997 para se referir a uma forma de incluir os excluídos do processo político daquele país.

Em seu processo de elaboração, implantação e obtenção de resultados, as políticas públicas podem traduzir formas de exercício do poder político envolvendo a distribuição e a redistribuição de poder, o papel do conflito social nos processos de decisão, a repartição de custos e benefícios sociais. Como o poder é uma relação social que envolve vários atores com projetos e interesses diferenciados e até contraditórios, há necessidade de mediações sociais e institucionais para que se possa obter um mínimo de consenso e, assim, legitimar as políticas públicas e dar sustentação a elas.

Analisar uma política pública significa, em primeiro lugar, definir quem decide o quê, quando, com que consequências e em benefício de quem, ou seja, quais são os atores que nela se envolvem e contribuem ou não para seu desenvolvimento. Os atores podem ser identificados como "públicos" ou "privados", de acordo com as funções exercidas na arena política. Os atores públicos exercem funções públicas e mobilizam recursos associados a funções denominadas políticas – parlamentares, governadores, prefeitos, membros eleitos dos três níveis de governo –, além de exercerem funções burocráticas, ocupando cargos que requerem conhecimento especializado e se situam em um sistema de carreira pública. Como tais, controlam recursos de autoridade e informação. Os atores privados são atores individuais ou coletivos, grupos de pressão regionais, setoriais, movimentos sociais ou instituições, empresários, trabalhadores, servidores públicos, agentes internacionais e a mídia.

A identificação dos atores envolvidos numa dada política pública pode ser investigada a partir das seguintes questões: Quem tem alguma coisa em jogo na política em questão? Quem pode ganhar ou perder com tal política? Quem tem seus interesses diretamente afetados pelas decisões e ações que compõem a política em questão? (GOMES; GOMES, 2008).

Em função da amplitude do termo – qualquer um pode ser um *stakeholder* para qualquer organização e em qualquer processo –, autores começaram a esboçar formas de defini-lo com maior clareza e precisão. Mitchell et al. (1997) argumentaram que, para ser considerado um *stakeholder*, uma pessoa, um grupo ou uma organização deveria apresentar os seguintes atributos: poder, legitimidade e urgência.

Poder significa que alguém pode obrigar outrem a fazer algo, que em outras condições não o faria. Legitimidade está relacionada a aspectos legais e morais da demanda de certas pessoas, grupos ou organizações. Finalmente, urgência é o resultado das variáveis tempo e perigo que a ação pode causar ou evitar.

A partir desses atributos, pode-se chegar à configuração de oito diferentes tipos de *stakeholders*:

- o *stakeholder* definitivo, que apresenta os três tipos de atributos – poder, legitimidade e urgência;
- o *stakeholder* dominante, que possui poder e legitimidade;
- o *stakeholder* ameaçador, que combina poder e urgência;
- o *stakeholder* dependente, que combina legitimidade e urgência;
- o *stakeholder* latente, possuidor de poder;
- o *stakeholder* discricionário, que possui legitimidade;
- o *stakeholder* demandante, caracterizado pela urgência;
- os não *stakeholders*, que não possuem nenhum dos atributos.

De acordo com essa classificação, cada *stakeholder* pode representar um tipo de ameaça ou de oportunidade para a definição da agenda.

Outra classificação sobre *stakeholders* está relacionada ao tipo de influência que podem representar. Savage et al. (1991), ao estudarem o processo de gestão de um hospital, depararam-se com quatro tipos de influências associadas a *stakeholders*. Elaboraram então a seguinte tipologia:

Tipo 1 – *stakeholders* amistosos, que apresentam baixo potencial para ameaçar e alto para colaboração. Segundo os autores, devem ser envolvidos no processo.

Tipo 2 – *stakeholders* marginais, que apresentam baixo potencial para ameaçar, mas também baixo potencial para cooperar. Os autores recomendam que sejam monitorados.

Tipo 3 – *stakeholders* inimigos, que possuem alto potencial para ameaçar e baixo potencial para colaborar. Os autores recomendam alguns meios de defesa que devem ser empregados contra esse tipo de *stakeholder*.

Tipo 4 – *stakeholders* de atitude mista, que possuem alto potencial para ameaçar e também alto potencial para colaborar. Os autores recomendam ações de colaboração que devem ser dedicadas a esse tipo de *stakeholder*.

Um modelo mais genérico para o mapeamento das diversas áreas de poder/interesse que envolvem uma organização pública no momento em que desenvolve seu processo de tomada de decisão pode ser encontrado no modelo pentagonal desenvolvido por Gomes et al. (2010). O modelo considera que existem cinco zonas de influência que exercem algum tipo de impacto sobre o processo de planejamento ou de tomada de decisão de uma organização pública. Tais zonas produziriam cinco tipos de *stakeholders*: os *reguladores*, com poder para definir as regras legais e financeiras que as organizações devem seguir; os *controladores*, que podem fiscalizar a atuação das organizações públicas; os *colaboradores*, que atuam na execução e entrega dos serviços prestados/desenvolvidos pelas organizações; os *formadores de agenda*, isto é, os grupos que têm poder formal ou informal para definir as prioridades nas quais as organizações públicas se basearão para formular seus planos, objetivos e metas; e finalmente os *legitimadores*, que fornecem capacidade de atuação a uma organização pública através do processo eleitoral ou por ato deliberativo de criação ou permissão de criação dessa organização.

Ver: Arena Política; Atores; Gestão Estratégica; Legitimidade; Participação Política; Poder; Sociedade Civil

Referências Bibliográficas

FREEMAN, R. E. *Strategic management*: a stakeholder approach. Massachusetts: Pitman, 1984.

GOMES, R. C.; GOMES, L. O. M. Who is supposed to be regarded as a stakeholder for public organizations in developing countries? Evidence from an empirical investigation in Brazilian Municipalities. *Public Management Review*, Edimburg, v.10, n.2, p. 261-273, 2008.

GOMES, R. C.; LIDDLE, J.; GOMES, L. O. M. A five-sided model of stakeholder influence: a cross-national analysis of decision making in local government. *Public Management Review*, Edimburg, v. 12, n. 5, p. 701-724, 2010.

MITCHELL, R. K.; AGLE, B. R.; WOOD, D. J. Toward a theory of stakeholder identification and salience: defining the principle of the who and what really counts. *Academy Of Management Review*, New York, v.22, n.4, p. 853-886, out. 1997.

SAVAGE, G. T. et al. Strategies for assessing and managing organizational stakeholders. *Academy Of Management Executive*, New York, v.5, n. 2, p. 61-75, 1991.

Sustentabilidade

José Eli da Veiga

Até o final dos anos 1970, o adjetivo "sustentável" não passava de jargão técnico usado por algumas comunidades científicas para evocar a possibilidade de um ecossistema, ainda quando sujeito a recorrente agressão humana, não perder sua resiliência, isto é, a capacidade de absorver tensões ambientais sem perceptivelmente mudar seu estado ecológico para um estado diferente. Conceito oriundo da física: propriedade de alguns materiais de acumular energia quando exigidos ou submetidos a estresse, sem que ocorra ruptura. O exemplo mais óbvio é o da pesca que não compromete a reprodução dos cardumes.

Nos anos 1980, quando começou a ser usada para qualificar o desenvolvimento, e mesmo após sua legitimação na Conferência das Nações Unidas para o Meio Ambiente e o Desenvolvimento, em junho de 1992, no Rio de Janeiro, a noção de sustentabilidade foi colocada sob suspeita, tanto por adeptos do culto ultraliberal aos mercados, quanto por seus oponentes, temerosos da concorrência que os temas ambientais poderiam vir a oferecer às suas prioridades sociais. Em suma: muita rejeição, tanto pela direita quanto pela esquerda.

Hoje, devido a uma evolução que ainda demandará tempo para ser bem entendida, a ideia de sustentabilidade passou a servir a gregos e troianos, quando querem exprimir vagas ambições de continuidade, durabilidade ou perenidade. Todas remetendo ao futuro.

Com isso, aumentou muito a queixa dos que acham que essa noção já deveria ter alguma definição precisa. Todavia, é preciso perguntar a quem assim pensa se existe definição precisa de "justiça", por exemplo. É uma noção incomparavelmente mais antiga e nem por isso menos controversa. Mesmo que não seja difícil concordar sobre o que é injusto, ocorre o inverso ao se tentar definir o que é justiça.

Nem todas as ideias são desse tipo. Os algarismos, por exemplo. Não pode haver divergência sobre o sentido dos números 1, 2 ou 3, por mais que se erre na tabuada. Ou a força de atração mútua que os corpos materiais exercem uns sobre os outros, chamada de gravidade. Por mais que haja diferenças nas formas de descrevê-la, ou mesmo de explicá-la, não há divergência alguma sobre o significado do vocábulo. Caso emblemático do que realmente constitui um "conceito", ou "conceito analítico", para os que admitem a existência de outros tipos, como "conceito normativo", para nem mencionar contorcionismos do tipo "conceito em construção".

O fato é que o próprio termo "conceito" foi demasiadamente diluído pela banalização de seu uso. E noções importantíssimas jamais poderão ter definições suficientemente claras para que seu sentido venha a ser aceito por largo consenso.

É precisamente isso o que ignoram as queixas de que falta uma definição de sustentabilidade. Não se leva em conta que se trata de um novo valor, que somente começou a se firmar meio século depois da adoção pela ONU da Declaração Universal dos Direitos Humanos de 1948. No fundo, a expressão "desenvolvimento sustentável" é um valor similar ao seu mais nobre antepassado, a "justiça social".

Como dizia o pessimista Schopenhauer, toda verdade passa por três estados: primeiro é ridicularizada, depois violentamente combatida e finalmente aceita como evidente. Com a sustentabilidade um ciclo semelhante se completou em três décadas.

Mas isso não quer dizer que também tenha sido célere a evolução cognitiva sobre os fatores que mais contribuem para a insustentabilidade global. Não houve mudança significativa no entendimento dos determinantes do progresso, da prosperidade, ou do desenvolvimento. Continuam a ser vistos como resultados diretos, proporcionais, lineares e unívocos do desempenho econômico medido pelo crescimento do produto bruto.

Embora todas as áreas do conhecimento tenham incorporado a noção de sustentabilidade, as raízes do debate sobre seu sentido estão nas reflexões de duas disciplinas consideradas científicas: ecologia e economia.

No âmbito da ecologia, não demorou a surgir oposição à inocente ideia de que a sustentabilidade ecossistêmica corresponderia a um suposto "equilíbrio". Controvérsia que logo desembocou em solução de compromisso, com a ascensão da já mencionada noção de resiliência: a capacidade que tem um sistema de enfrentar distúrbios mantendo suas funções e estrutura, ou seja, sua habilidade de absorver choques, a eles se adequar, e mesmo deles tirar benefícios, por adaptação e reorganização. Um ecossistema se sustenta se continuar resiliente, por mais distante que esteja do equilíbrio imaginário.

O físico Albert Lazlo Barabási, grande teórico das redes reais (*real-world network theory*), distingue duas formas básicas de resiliência: a capacidade ecossistêmica de reorganização após choque, que chama de "robustez", e a capacidade de volta ao ponto inicial, que chama de "estabilidade". Foi essa convergência teórica que permitiu a passagem da antiga noção de capacidade de suporte a comparações entre a biocapacidade de um território e as pressões a que são submetidos seus ecossistemas pelo aumento do consumo de energia e matéria por sociedades humanas e suas decorrentes poluições. Comparação que fundamenta o indicador mais pedagógico da ideia de sustentabilidade ambiental: a "pegada ecológica" (*ecological footprint*), expressão lançada em 1992 por William Rees, da Universidade da Colúmbia Britânica, para indicar a quantidade de terra e água necessária para sustentar a sociedade atual, tendo em conta todos os recursos materiais e energéticos gastos pela população (WACKERNAGEL; REES, 1995).

Nada parecido ocorreu no âmbito da economia, em que só pioram as divergências entre três concepções bem diferentes.

Para começar, a colisão entre sustentabilidades "fraca" e "forte". A primeira é a que toma como condição necessária e suficiente a regra de que cada geração transmita à seguinte o somatório de três tipos de capital que considera inteiramente intercambiáveis ou intersubstituíveis: o propriamente dito, o natural/ecológico, e o humano/social. Na contramão está a sustentabilidade "forte" que destaca a obrigatoriedade de que pelo menos os serviços do "capital natural" sejam mantidos constantes.

Uma crucial variante dessa segunda corrente rejeita o que em ambas mais há de comum: a ênfase nos estoques, com o mesmo foco nos fluxos que há meio século havia viabilizado o surgimento e a padronização do sistema de contabilidade nacional, e que permitira a mensuração do produto anual de cada país, cuja versão interna (PIB) se tornou o barômetro do desempenho socioeconômico, perversamente extrapolado como indicador de desenvolvimento. Como se sabe, o Produto Interno Bruto (PIB) representa a soma (em valores monetários) de todos os bens e serviços finais produzidos para o mercado, durante um período determinado. O PIB é um dos indicadores mais utilizados na macroeconomia com o objetivo de mensurar o desempenho econômico das nações.

As mazelas do PIB têm sido severamente criticadas, principalmente por só abranger atividades mercantis e ignorar a depreciação de recursos naturais e humanos. O que justamente provocou o atual processo de busca por alterações e extensões com o objetivo de transformá-lo em indicador de prosperidade sustentável, mediante correções de cálculo frequentemente chamadas de "PIB verde".

É contra tudo isso que se ergue a perspectiva biofísica, por negar que a economia seja um sistema autônomo, e por entendê-la como subsistema inteiramente dependente da evolução darwiniana e da segunda lei da termodinâmica, sobre a inexorável entropia, conforme a qual toda transformação energética envolve produção de calor. Ele tende a se dissipar, e por isso é a forma mais degradada de energia. Embora uma parte possa ser recuperada para algum propósito útil, não se pode aproveitar todo o calor. Justamente devido à sua tendência a se dissipar. Assim, a essência da lei da entropia é que a degradação da energia tende a um máximo em sistema isolado, e que tal processo é irreversível. Em tal visão, só pode haver sustentabilidade com minimização dos fluxos de energia e matéria que atravessam esse subsistema, e a decorrente necessidade de desvincular avanços sociais qualitativos de infindáveis aumentos quantitativos da produção e do consumo. (CECHIN, 2010; MUELLER, 2007).

Isso então quer dizer que não há resposta simples, e muito menos definitiva, para a indagação "o que é sustentabilidade?". Fato que exige muito cuidado com vulgares abusos que estão sendo cometidos no emprego da expressão. Porém, não há como interditar sua apropriação em outros contextos, e muito menos proibir o emprego metafórico que já se consolidou. Por exemplo, para se dizer que o comportamento de uma empresa, de uma família, ou mesmo de um indivíduo, segue código ético de responsabilidade socioambiental, ou que tal código foi observado na produção e comercialização de alguma mercadoria ou serviço. Nada garante que tais comportamentos ou processos sejam realmente sustentáveis, mas essa foi a maneira selecionada para se comunicar que está sendo feito algum esforço nessa direção.

Igualmente fundamental é admitir que a sustentabilidade prescinda da durabilidade das organizações, e particularmente das empresas. Ao contrário da crença que se generaliza, pode ocorrer exatamente o inverso. Nada impede que sustentabilidade sistêmica da sociedade frequentemente exija renovadores choques de destruição criativa. Como nos ecossistemas, o que está em risco é sua resiliência e não a durabilidade específica de seus indivíduos, grupos, ou mesmo espécies, como sugerem a evolução darwiniana e a moderna teoria da complexidade.

Esse debate entre adeptos de várias abordagens da sustentabilidade faz com que os economistas se dividam hoje em três correntes básicas: a convencional, a ecológica e a que está em busca de uma terceira via.

Para a primeira, que permanece dominante, além de largamente majoritária, a recuperação começaria a sobrepujar a degradação ambiental quando a renda *per capita* de um país estivesse ao redor de US$20 mil. A partir desse patamar de desempenho econômico, passaria a haver mais melhorias ambientais que deteriorações. Ao contrário do que ocorria em fases anteriores, quando o crescimento econômico não podia ser influenciado por preocupações com a proteção dos ecossistemas. Por isso, o melhor caminho para se conseguir sustentabilidade seria maximizar o crescimento econômico por toda a parte.

Os formuladores dessa tese (GROSSMAN; KRUEGER, 1995) a chamaram de "curva de Kuznets ambiental" devido à sua notável semelhança com a hipótese sobre a distribuição de renda lançada por Simon Smith Kuznets em 1954, que exigiu quatro décadas para que fosse descartada.

Kuznets (1901-1985) foi um grande economista norte-americano, de origem ucraniana, que recebeu o prêmio Nobel em 1971. Precários dados estatísticos disponíveis em meados do século passado levaram-no a achar que pudesse existir uma espécie de lei que regeria a relação entre o aumento do PIB *per capita* e a desigualdade de renda. Pioraria na arrancada, mas melhoraria depois da ultrapassagem de certo patamar de riqueza. Tal hipótese não obteve confirmação quando estatísticas sobre um grande número de países revelaram que na segunda metade do século 20 as relações entre crescimento e desigualdade de renda haviam sido das mais heterogêneas.

No extremo oposto, a anterior emergência da economia ecológica se apoiara na ideia de que para haver sustentabilidade seria necessário transitar por aquela condição que os economistas clássicos do século 19 haviam chamado de "estacionária". Um regime no qual a qualidade de vida de uma sociedade segue melhorando sem que isso continue a exigir significativa expansão de seu subsistema econômico.

Para os economistas ecológicos, as nações que já atingiram altíssimos níveis de desenvolvimento deveriam começar a planejar uma transição para esse modo mais avançado de prosperidade sem crescimento. E simultaneamente contribuir para que os países que ainda precisarão crescer possam fazê-lo com estilos ambientalmente menos agressivos.

Ver: Ambientalismo; Cidades Sustentáveis; Cidades Inovadoras; Igualdade; Políticas Ambientais

Referências Bibliográficas

CECHIN, A. *A natureza como limite da economia*. Sao Paulo: Senac, 2010.

GROSSMAN, G. M.; KRUEGER, A. B. Economic growth and the environment. *The Quarterly Journal of Economics*, Oxford, v. 110, n. 2, p. 353-377, maio 1995.

MUELLER, C. C. *Os economistas e as relações entre o sistema econômico e o meio ambiente*. Brasília: UnB/ Finatec, 2007.

VEIGA, J. E. Evolução darwiniana e ciências sociais. *Estudos Avançados*, São Paulo, v.22, n.63, p. 245-250, maio/ago. 2008.

______. (Org.). *Economia socioambiental*. São Paulo: Senac, 2010.

WACKERNAGEL, M.; REES, W. E. *Our ecological footprint:* reducing human impact on the earth. Gabriola Island, BC: New Society Publishers, 1995.

t

Taylorismo

Marcia de Paula Leite

Forma de organização do trabalho, introduzida na indústria mecânica norte-americana em fins do século 19 e inícios do século 20, baseada em uma estrita divisão entre o trabalho manual (ou de execução) e o intelectual (ou de planejamento) e uma rigorosa divisão do trabalho entre as várias atividades de execução. A designação de taylorismo para essa forma de organização do processo de trabalho provém de seu idealizador, Frederich Taylor, engenheiro mecânico preocupado com o aumento da produtividade das empresas, que concentrou seus esforços no controle sobre os trabalhadores, de forma a diminuir os tempos de produção.

A principal referência para a compreensão do modelo é o livro do próprio Taylor, *Princípios da administração científica,* no qual sua lógica encontra-se minuciosamente exposta. Embora Taylor a apresente como proposta científica de administração de empresas, em contraposição aos princípios anteriormente seguidos pelas gerências, seu trabalho consistiu mais em juntar os vários conhecimentos acumulados pela área do que em formular algo inteiramente novo.

O objetivo fundamental de Taylor ao propor a extrema divisão do trabalho foi eliminar o controle dos trabalhadores sobre o processo produtivo, concentrando-o na gerência, de forma a viabilizar que ela pudesse estabelecer um rígido planejamento dos tempos de trabalho. Isso significou para os trabalhadores uma intensificação dos ritmos, assim como implicou a desqualificação e, consequentemente, o rebaixamento de salários.

Uma das mais importantes análises do taylorismo e de seus efeitos sobre os trabalhadores foi desenvolvida por Harry Braverman, para quem Taylor elevou o conceito de controle sobre o trabalho praticado até então pelas empresas a um plano inteiramente novo, ao estabelecer "como necessidade absoluta para a gerência adequada a imposição ao trabalhador da maneira rigorosa pela qual o trabalho deve ser executado" (BRAVERMAN, 1977, p. 86). Segundo esse autor, o sistema de gerência de Taylor foi organizado em torno de três princípios fundamentais.

A gerência deve reunir todo o conhecimento tradicional possuído pelos trabalhadores e reduzi-lo a regras, leis e fórmulas. O objetivo deste princípio é permitir que a administração da empresa identifique os métodos mais rápidos e econômicos que os próprios trabalhadores empregam de acordo com seus critérios e transformá-los em regras e fórmulas a serem sempre seguidas por todos como *the one best way* (a melhor maneira de se executar uma operação). Consequência desse princípio, os trabalhadores desvinculam-se das tradições e conhecimentos de seu ofício; o trabalho deixa de depender da capacidade dos trabalhadores e passa a ser determinado pelas políticas gerenciais.

Todo trabalho intelectual deve ser eliminado das oficinas e concentrado nas áreas administrativas, de planejamento e de projeto. Isso significa um passo a mais na separação do trabalhador em relação aos conhecimentos de seu ofício, ou seja, na expropriação do saber operário, que passa a ser agora centralizado na gerência. Significa, portanto, um processo importante de desqualificação dos trabalhadores, que passam a desenvolver tarefas simples e destituídas de conteúdo.

Todo trabalho das oficinas deve ser planejado pela gerência com pelo menos um dia de antecedência, de forma a que todo operário receba antecipadamente instruções completas e pormenorizadas das tarefas que deve executar, como deve desenvolvê-las, que instrumentos deve utilizar e quanto tempo deve despender para tanto. Com este princípio, retira-se ainda mais a autonomia dos trabalhadores no exercício de seu trabalho. É a partir dele que as empresas começaram a montar seus departamentos de tempos e movimentos, cuja função era estabelecer os movimentos e os tempos que cada tarefa comportava, exigindo dos trabalhadores que os seguissem rigidamente, no tempo estipulado para tanto. É também a partir desse princípio que os cronômetros começam a se espalhar pelas empresas, registrando detalhadamente os tempos necessários para a execução de cada tarefa.

Com esses princípios, o taylorismo buscou desapropriar os trabalhadores do controle e da capacidade de decisão sobre seu trabalho, promovendo um profundo processo de desqualificação da força de trabalho industrial. Para garantir o êxito desse processo, a organização taylorista do trabalho propugnava ainda a montagem de uma forte estrutura hierárquica, encarregada da vigilância e fiscalização da produção, como forma de assegurar que os objetivos traçados pela administração fossem seguidos à risca pelos trabalhadores.

Uma característica importante do taylorismo foram as normas de remuneração do trabalho que acompanharam esse conjunto de princípios, baseadas nos prêmios de produtividade. Ciente de que o controle não era suficiente para garantir a maior produtividade possível, Taylor adicionou ao controle um incentivo. Para tanto, calculava-se por meio da cronometragem o tempo que um trabalhador médio levava para executar uma determinada tarefa e estabelecia-se um salário relativamente baixo para quem acompanhasse esse padrão. Aqueles que o ultrapassassem ganhavam um prêmio de produtividade de acordo com a produtividade alcançada. Esse sistema esteve por trás dos altos índices de acidentes de trabalho que a indústria registrou, de forma geral, ao longo do século passado.

O taylorismo imprimiu enorme impulso à produtividade industrial e seu êxito foi responsável por sua extensa disseminação pelas indústrias ao redor do mundo, assim como por sua extensão ao setor de serviços, ainda que nesse caso com muito menos vigor. Mas o aumento da produtividade ocorrido nas primeiras décadas do século 20 deveu-se também a sua associação com uma forma de organização do trabalho que lhe foi complementar: o fordismo. Essa associação entre o taylorismo e o fordismo, também conhecida como taylorismo-fordismo, teve seu período de auge com a grande expansão econômica vivida pela economia ocidental no pós Segunda Guerra Mundial. A crise dos anos 1970, contudo, o atingiu seriamente. Embora alguns dos seus princípios ainda possam ser encontrados em muitas empresas, o acirramento da competição internacional provocado, entre outros fatores, pela crise econômica, colocou em questão a rigidez dessa forma de organização do trabalho. A nova base tecnológica microeletrônica que sobreveio à crise, baseada na flexibilidade dos equipamentos, tornou-o incompatível com os novos conceitos de produção.

Ver: Administração Pública; Burocracia; Gestão; Organizações

Referências Bibliográficas

BRAVERMAN, H. *Trabalho e capital monopolista:* a degradação do trabalho no século XX. Rio de Janeiro: Zahar, 1977.

FRIEDMANN, G. *O trabalho em migalhas*. São Paulo: Perspectiva, 1972.

KANIGEL, R. *The one best way:* Frederick Winslow Taylor and the enigma of efficiency. Cambridge, MA: The MIT Press, 2005.

TAYLOR, F. W. *Princípios da administração científica*. São Paulo: Atlas, 1995.

THOMPSON, E. P. Tempo, disciplina de trabalho e capitalismo industrial. In: _____. *Costumes em comum*. Estudos sobre a cultura popular tradicional. São Paulo: Companhia das Letras, 2002.

Técnicas de Determinação de Prioridades

Enrique Saravia

Na etapa de elaboração de uma política pública é possível distinguir quatro momentos:

• determinação do problema;

• construção das alternativas de solução;

• análise dessas alternativas; e

• determinação de prioridades.

As técnicas de determinação de prioridades mais utilizadas na etapa da elaboração da política pública são (GRIZZLE, 1985):

1) análise de decisões;

2) cômputo simplificado de atributos múltiplos (smart);

3) método analítico de hierarquias (MAH);

4) teoria do julgamento social (TJS).

As quatro técnicas mencionadas têm diferentes formas de abordagem e implementação, mas possuem várias tarefas comuns. Com efeito, elas:

- identificam as alternativas de política a serem analisadas;
- estabelecem o conjunto dos efeitos que serão considerados para avaliar sistematicamente cada alternativa de política;
- estabelecem a importância relativa de cada efeito;
- verificam o nível de importância que cada efeito tem em cada alternativa de política;
- combinam essa informação em um somatório global para cada alternativa;
- ordenam as alternativas de acordo com o somatório obtido por cada uma delas.

Elas se diferenciam em termos de complexidade, estilo de conhecimento requerido, tempo exigido e necessidades de informação.

Todas as técnicas apresentam o perigo da possível manipulação dos pesos relativos para assim obter o resultado desejado *a priori* pelo decisor. Se isso acontecer, isto é, se o responsável pela decisão já sabe qual alternativa ele prefere, a utilização dessas técnicas seria uma perda de tempo.

A técnica de análise de decisões fragmenta o problema em vários subproblemas, analisa cada subproblema separadamente e combina os resultados dessas análises.

Para chegar ao resultado final, percorre as seguintes etapas:

- identifica as alternativas de política a serem consideradas;
- identifica os efeitos de cada alternativa que interessam aos decisores;
- determina a fórmula matemática que será utilizada para combinar os efeitos de cada alternativa em uma matriz geral;
- determina a importância relativa desses efeitos.

Usando a fórmula matemática, os pesos de cada efeito e magnitude em que cada efeito será produzido por cada alternativa, consegue-se desenvolver uma equação que permitirá um resultado final para cada alternativa de política.

Essa técnica já foi utilizada para as seguintes aplicações:

- fixação dos limites dos distritos policiais de uma cidade;
- avaliação de locais para instalar uma planta para geração elétrica;
- escolha de local para a construção de uma usina nuclear.

Essa técnica de cômputo simplificado de atributos múltiplos (smart) procura simplificar a anterior. Parte do pressuposto de que quem decide é a organização e não o indivíduo.

As aplicações conhecidas da técnica do smart são:

- avaliação de um programa de luta contra a criminalidade;
- avaliação de um sistema de resolução de disputas sobre posse da terra;
- análise de vários programas alternativos de dessegregação racial nas escolas de Los Angeles;
- avaliação de desempenho do departamento de trânsito de uma cida-

de no Estado de Virginia Ocidental, nos Estados Unidos.

Já o método analítico de hierarquias (MAH) tem como característica mais importante a possibilidade de estabelecer prioridades com relação a problemas complexos que envolvem muitos critérios, períodos e pessoas.

De acordo com seus autores, o método permite:

• identificar os objetivos relevantes;

• analisar os critérios ambientais que afetam as decisões;

• estimular a criatividade na geração de diversas linhas de conduta;

• incorporar diferentes cenários ambientais à analise de qualquer objetivo;

• apoiar-se nas percepções dos gerentes envolvidos com os problemas;

• facilitar e disciplinar tanto a resolução de conflitos como a consecução do consenso.

O MAH já foi aplicado nas seguintes atividades:

• estabelecimento de prioridades para projetos de transportes no Sudão;

• análise de alternativas de políticas na administração de saúde;

• determinação de prioridades para o uso da terra;

• fixação de prioridades na alocação de recursos por um país em desenvolvimento;

• ordenação de prioridades no planejamento de pesquisa e desenvolvimento no Exército brasileiro (FORTUNA; LUZ; MOSSE, 1984);

• avaliação e seleção de projetos de desenvolvimento de novos produtos em uma empresa brasileira de lubrificantes (MOTTA; PAMPLONA, 1988).

As três técnicas acima mencionadas deduzem os pesos de cada efeito diretamente, seja de uma escala preestabelecida, seja por comparação entre pares. Esses pesos são logo multiplicados pelos efeitos e somados para obter um resultado global para cada alternativa de política. A teoria do julgamento social (TJS), ao contrário, deduz o peso de cada efeito a partir de resultados globais.

Como ela funciona? É dada ao responsável pela decisão uma série de alternativas de política junto com a informação quantificada do efeito que cada alternativa produz. O responsável pela decisão estabelece um resultado global para cada alternativa. O peso dos efeitos é então determinado pela análise desses resultados globais.

São conhecidas as seguintes aplicações da TSJ:

• escolha do tipo de munição que a polícia deve usar em suas armas;

• seleção das políticas de desenvolvimento econômico para uma região;

• planejamento do orçamento municipal;

• avaliação do desempenho de uma organização;

• fixação da escala salarial dos professores de uma universidade estadual;

• determinação das prioridades para um instituto de pesquisa;

• fixação das prioridades para a aquisição de terrenos por um município no âmbito de um programa oficial.

O papel desempenhado pelo responsável pela decisão é flexível na aplicação das técnicas mencionadas. Ele próprio poderá identificar as alternativas de política e os efeitos a serem considerados, determinando a importância relativa dos efeitos e o nível em que cada efeito é produzido por cada alternativa de política. Ou, se assim o desejar, poderá delegar alguma dessas tarefas, ou todas elas, aos seus assessores e consultores.

Ver: Ciclo de Vida da Política Pública

Referências Bibliográficas

EDWARDS, W. Multiattribute utility for evaluation: structures, uses and problems. In: KLEIN, M. W.; TEILMAN, K. S. (Eds.). *Handbook of criminal justice evaluation*. Beverly Hills, CA: Sage, 1980.

______. How to use multiattribute utility theory for social decision making. *IEEE Transactions on Systems, Man, and Cybernetics,* Canada, n.7, p. 326-340, 1997.

FORTUNA, V.; LUZ, V.; MOSSE, A. A aplicação do método de ordenação de prioridades no planejamento de P&D do Exército. *Revista de Administração*, São Paulo, v.19, n.1, p. 29-37, 1984.

GOLDEN, B. L. et al. *The analytic hierarchy process:* applications and studies. New York: Springer-Verlag, 1989.

GRIZZLE, G. A. Priority-setting methods for plural policy making bodies. *Administration & Society*, v. 17, n 3, p. 331-359, nov. 1985.

KEENEY, R. L.; RIFFA, H. *Decisions with multiple objectives:* preferences and value tradeoffs. New York: John Wiley, 1976.

MOTTA, P. C.; PAMPLONA, C. A. Aplicação do método analítico de hierarquias à seleção de projetos de desenvolvimento de novos produtos. *RAE -Revista de Administração de Empresas*, São Paulo, v. 28, n. 1, p. 5-10, jan.-mar. 1988.

SAATY, T. A scaling method for priorities in hierarchical structures. *Journal of Mathematical Psychology*, Amsterdam, v.15, n. 3, p. 234-281, 1977.

______. *Decision making for leaders*. Pittsburgh: RWS Publications, 1992.

Tecnocracia

Marco Aurélio Nogueira

Ainda que a palavra tenha significado imediatamente reconhecível (poder dos técnicos), o conceito de tecnocracia nem sempre é empregado de forma consensual ou tendo em vista o mesmo fenômeno.

Como observou Carlos Estevam Martins, um dos mais importantes estudiosos do problema no Brasil, "a ambiguidade do que se entende por tecnocracia tem permitido, entre outras coisas, encobrir a necessidade de se estabelecer uma linha divisória bem demarcada entre duas temáticas que nas discussões sobre os regimes tecnocráticos aparecem indistintamente mescladas: na verdade, existe, de um lado, uma temática socioeconômica; de outro, uma temática política. A especificidade da primeira aparece claramente em expressões como as seguintes: recursos humanos altamente qualificados, profissionais, cérebros, talentos especializados, comunidade técnico-científica, tecnólogos, sistema social da ciência e outras tantas que fazem exclusiva referência à esfera socioeconômica da vida social. O mesmo, entretanto, não acontece com o termo tecnocrata: ele é indistintamente usado tanto com referência à dimensão vertical relativa às hierarquias de poder, quanto com referência à dimensão horizontal relativa aos processos de divisão do trabalho, diferenciação de papéis, alocação de *status* e estruturação de carreiras" (MARTINS, 1970, p. 40-41).

A admiração pelos técnicos e por sua eficiência racional é recorrente na história do pensamento social e filosófico. Estava presente em Platão e em seu rei-filósofo, bem como na sua valorização do governo dos mais sábios. Será, porém, com Saint-Simon (1760-1825) que ganhará corpo "a primeira grande concepção tecnocrática elaborada no contexto da sociedade capitalista", na qual o futuro é pensado como dependendo de uma aliança entre a ciência e a atividade produtiva. Por pensar e agir com objetividade, acima das paixões, a classe dos "homens de ciência" deveria ser encarregada de reorganizar a sociedade e seu governo, associando-se para tanto aos industriais, aos produtores. Teria assim início uma vertente que só faria crescer com o passar do tempo. Com Thorstein Veblen (1857-1929), a utopia saint-simoniana é substituída pela racionalidade científica, e os técnicos são vistos como surgindo em substituição aos antigos capitães de indústria. A administração tornar-se-ia sempre mais decisiva, trazendo consigo os especialistas. Os tecnocratas teriam sempre mais poder como agentes dos processos de mudança social que acompanhavam o capitalismo industrial. Por formarem um grupo politicamente organizado e dotado de uma perspectiva histórica própria, tenderiam a se multiplicar e a ocupar posições de importância no plano das decisões (MARTINS, 1975).

A ideia ficou ainda mais consolidada quando, em 1941, James Burnham publicou *The managerial revolution* [A revolução gerencial], na qual os técnicos e dirigentes econômicos – os executivos de colarinho-branco – são concebidos como personagens que detêm extraordinário poder no nível de decisão nas empresas capitalistas, assumindo papel de destaque crescente na sociedade e no Estado. Por extensão, declinaria o poder dos políticos e dos órgãos políticos propriamente ditos (os parlamentos, por exemplo). Os gerentes agiriam como integrantes de uma nova classe, que tenderia a disputar o poder político como forma de garantir a satisfação de seus próprios interesses. Ainda que sustentada por argumentos excessivamente ideológicos e muitas hipóteses discutíveis, o livro de Burnham conseguiu captar a grande transformação que se manifestava nas organizações empresariais e nos aparatos públicos.

A discussão sobre o papel e o poder dos técnicos acompanhou a expansão e a consolidação das sociedades industriais como sistemas complexos, nos quais a consecução de um enorme número de objetivos básicos exige grandes reservas de "capital humano" e de recursos profissionais altamente especializados. Com o *Welfare State*, tal exigência tornou-se ainda mais forte, mostrando-se como condição básica para todo o ciclo de vida das políticas públicas e para a resolução de diversas questões das agendas sociopolíticas. A aproximação histórica entre ciência e produção econômica, entre ciência, saúde e educação, só fez com que essa importância aumentasse ao longo do tempo. Sociedades complexas são sociedades que dependem sempre mais de técnica e tecnologia.

Tal fato foi explicado a partir de algumas mudanças essenciais que atingiram a base das sociedades. O progresso tecnológico produziu efeitos que repercutiram intensamente na organização da vida econômica e política. Impôs-se assim a indispensabilidade dos técnicos nos mais variados setores da sociedade. O planejamento, adotado sempre mais como mecanismo de regulação do mercado e de contenção das crises capitalistas, fez com que as estruturas públicas e as empresas cedessem mais espaço para organismos coletivos de decisão, substituindo ou reduzindo o poder dos políticos e dos gestores empresariais clássicos.

Somem-se a isso a expansão dos sistemas escolares, a profissionalização generalizada, as exigências sempre mais sofisticadas de competência especializada feitas pelo mercado de trabalho, a multiplicação dos problemas complexos e dos desafios de ordem social, ética e jurídica, e será possível assim ter um quadro abrangente do peso crucial que passou a ser nas sociedades industriais "o insumo específico representado pelo conhecimento técnico-científico. Os talentos especializados deixaram de ser peças acessórias mais ou menos dispensáveis" (MARTINS, 1970, p. 43).

Na medida em que esse tipo específico de mão de obra é recrutado, coordenado e posto a funcionar a serviço das grandes organizações públicas e privadas, "conviria dizer que tais organizações se apoiam em *staffs* técnicos ou tecnoassessorias". Para se converterem, porém, em tecnocratas de fato os técnicos precisam adquirir poder, disputando com os políticos o controle sobre os processos de tomada de decisão. A tecnocracia, portanto, não diz respeito "pura e simplesmente à existência de uma elite tecnocientífica, mas sim ao fato de que os tecnólogos podem ser algo mais do que meros tecnólogos e a elite técnico-científica se converteu, ou pode vir a converter-se, em uma elite de poder" (MARTINS, 1970, p. 41). Nesse caso, convertidos em uma elite, os tecnocratas passariam a ocupar posições institucionalmente estratégicas nas sociedades (MILLS, 1968). Em outros termos, para se ter uma tecnocracia é preciso que o sistema político atribua à comunidade tecnocientífica um predomínio na conduta dos negócios públicos.

Impulsionada pelo mesmo processo de racionalização e secularização que impôs a burocracia como modelo de organização, a tecnocracia dela se diferencia em um ponto básico. A burocracia refere-se ao plano administrativo, no qual aparece como uma forma particular de organização que valoriza o caráter objetivo, neutro, impessoal, previsível e calculável do *staff* administrativo, tendo em vista a obtenção de padrões superiores de racionalidade. Caso esse *staff* se autonomize e passe a reter em suas mãos o poder de decidir sobre o comportamento e as escolhas da organização em que atua, pode-se dizer que se está diante de um poder burocrático. A tecnocracia, por sua vez, apoia-se no valor de seu saber especializado, de um tipo de conhecimento que em tese somente seria possuído por um grupo específico de pessoas. Na medida em que se nega a renunciar à sua condição sociocultural e afirma seu interesse como contraposto aos demais, dentro de um dado ambiente, um técnico converte-se em tecnocrata. "O tecnocrata baseia sua reivindicação de poder no técnico que ele fundamentalmente é e que precisa continuar a ser para legitimar sua pretensão. Legitimamente, só da competência técnico-científica deriva-se a autoridade de que se investe." Por extensão, "a ideia de um poder tecnocrático pressupõe a existência de um agregado social específico, relativamente estruturado e autônomo, unificado em torno de um patrimônio simbólico próprio, uma herança cultural comum e um destino a ser coletivamente elaborado e compartilhado por seus membros" (MARTINS, 1974, p. 41-42).

Nessa condição, o tecnocrata pode estar inserido em estruturas burocrática e agir como tal segundo as normas e regras nela vigentes, submetendo-se a ela. Nesse caso, seu raio de ação é mais contido e o eventual poder de que dispõe é no fundo meramente burocrático. Precisamente para tentar dar conta dessa condição híbrida do técnico que opera em burocracias, a literatura fala em tecnoburocracia, um fenômeno que pouco tem em comum com a tecnocracia. O tecnoburocrata é um técnico "que comanda não com base no seu próprio poder específico e sim por meio de instrumentos de poder tipicamente burocráticos" (MARTINS, 1974, p. 48).

O conceito de tecnocracia costuma ser empregado com diferentes acepções. As correntes teóricas ou políticas que imaginam que as formas de organização da produção típicas do mundo moderno se distanciaram do capitalismo clássico e não se aproximam das idealizações socialistas usam o termo para defender a existência de um novo modo de produção, ou de uma nova ordem social, a sociedade tecnocrata.

A expressão também pode servir para que se qualifique um tipo específico de regime político, uma variante de autoritarismo na qual a preeminência do grupo tecnocrata no processo de tomada de decisões traz consigo a rejeição do conflito político e o controle estrito das forças que contestam a autoridade técnico-científica. Por fim, o conceito pode ser empregado no sentido de uma ideologia que advoga "a reconciliação definitiva entre a prática política e os ditames da objetividade" – uma ideologia que, como tal, sustenta que somente é justo e legítimo o poder exercido em nome do saber, sendo esse saber, ao mesmo tempo, reduzido à forma técnico-científica. Essa característica faz com que a ciência e a técnica se convertam em entidades superiores que transcendem as diferenças entre indivíduos, grupos e classes. "A pretensão ao conhecimento puro, objetivo e essencial não é mais do que a tradução ideológica de um arraigado desejo de exclusão dos outros, de supressão dos pontos de vista discordantes, da recusa de ver a consciência alheia em termos de igualdade e diálogo" (MARTINS, 1974, p. 106).

A crença na superioridade do saber técnico sobre o saber político, complementada pela ideia de que os técnicos são mais eficientes do que os políticos, cresceu muito ao longo do século 20. A generalização das práticas reguladoras do Estado e das políticas de proteção por ele adotadas contribuiu sobremaneira para isso, especialmente porque evidenciou o papel decisivo da tecnoburocracia em praticamente todos os países. Particularmente nas últimas décadas do século, com o destaque adquirido pela gestão econômica e financeira nos processos de estabilização monetária e de ajuste fiscal em vários países da América Latina, técnicos e economistas adquiriram grande visibilidade e relevância, incrementando a perspectiva de que a racionalidade das decisões governamentais não dependeria mais do jogo político democrático. A ideologia tecnocrática disseminou-se largamente (LOUREIRO, 1997).

Particularmente no Brasil, nas décadas que se seguiram ao golpe militar de 1964 e mesmo após a redemocratização, tornou-se recorrente a crítica ao estilo tecnocrático de gestão da economia, pouco permeável ao debate público e convicto da superioridade da abordagem técnica na formulação das políticas públicas. O papel assumido por economistas destacados fez com que muitos deles alcançassem a alta esfera das decisões relativas ao desenvolvimento do capitalismo brasileiro e à própria inserção internacional do país. Reforçou-se assim a imagem de que o *staff* técnico detém conhecimentos e informações que o tornam capaz de conduzir a vida pública em melhores condições do que a classe política ou os interesses sociais organizados. O combate à inflação e as políticas de ajuste fiscal adotadas ao longo dos anos 1990 fizeram com que essa imagem se consolidasse, paralelamente ao desgaste que afetará a classe política e o sistema de representação. O paradigma tecnocrático, segundo o qual a eficiência governamental seria a resultante de um processo de concentração, centralização e fechamento do processo decisório, acabaria por associar sem muito critério eficácia gerencial e insulamento burocrático. Dessa forma, "preservar a racionalidade burocrática implicaria a meta de neutralizar a política e reforçar a autonomia decisória de elites enclausuradas na cúpula burocrática. Portanto, o que se observou não foi propriamente o enfraquecimento do Estado, expressão, aliás, muito pouco elucidativa, mas sim o fortalecimento desproporcional do Executivo, pela concentração de poder decisório nessa instância, cada vez mais controlada pela alta tecnocracia, enfraquecendo os suportes institucionais da democracia" (DINIZ, 2001).

A situação brasileira, porém, ao mesmo tempo em que assistiria à fixação desse paradigma tecnocrático, continuaria a propiciar a reprodução de velhas práticas patrimoniais e clientelistas na administração pública. Quatro lógicas distintas passaram assim a coexistir funcionalmente, ainda que não sem atritos e tensões entre elas: uma lógica gerencialista-tecnocrática, uma lógica burocrática típica, uma lógica clientelista e uma lógica patrimonialista-tradicional (PINHO, 1998).

Incorporada por governos ditatoriais, a ideologia tecnocrática reforça a postura que retira as decisões políticas do controle social e do questionamento por parte da população e de seus representantes políticos. Mas ela também pode prevalecer em sistemas democráticos. "Nesse caso, a expressão 'tecnocracia' ou 'poder tecnocrático' pode referir-se a situações muito diversas, que vão desde a influência mais ou menos acentuada de altos funcionários ou assessores governamentais até o poder discricionário e sem responsabilidade política de equipes econômicas" (LOUREIRO, 1997, p. 128).

Seja qual for o regime político em que se insere, a ideologia tecnocrática alimenta uma forma de prática política "sem política", ou contra a política. Apoia-se na valorização unilateral da técnica e da gestão racional sobre o governo político, a participação e o debate público democrático. Delineia assim um protótipo de político: aquele que não alça voo, não se distingue por propostas muito ousadas nem interpela os governados, que busca obsessivamente a racionalidade e a "neutralidade". É um político que não gosta de ser chamado de político, que faz tudo para se diferenciar dos políticos e invariavelmente os responsabiliza por seus próprios fracassos ou dificuldades. Para ele, os membros da comunidade estariam interessados apenas em propostas realistas, pragmáticas, pontuais, focadas em resultados. Não desejariam ser incomodados nem seduzidos por ideologias, programas radicais ou promessas.

A "política sem política" explora o imaginário inseguro e temeroso das pessoas. Acredita que elas estariam mais propensas a ficar com o óbvio, o conhecido, o previsível, do que a experimentar coisas novas, diferentes. Aceitariam mais facilmente alguém com capacidade de realizar coisas práticas e exibir honestidade, experiência e ponderação, do que alguém que as force a tomar decisões dilemáticas, as chame para aderir mais ativamente ou as convide para sonhar o futuro. Em seu limite, essa forma de política não precisa muito de povo ou cidadãos: contenta-se basicamente com eleitores, cidadãos diminuídos e reduzidos à condição de homologadores de decisões. Ela é antipolítica porque não tem em seu centro a participação democrática efetiva e deixa em plano secundário, portanto, a palavra, os atos e os conhecimentos dos cidadãos. Porque julga deter a verdade, tecnicamente alcançada (NOGUEIRA, 2004).

A multiplicação dos problemas políticos que requerem competências técnicas para serem solucionados projetou os especialistas para o centro dos processos de decisão. Reduziu-se assim a possibilidade de a democracia cumprir sua promessa de ser um regime de decisões vinculadas à cidadania. "Tecnocracia e democracia são antitéticas: se o protagonista da sociedade industrial é o especialista, impossível que venha a ser o cidadão comum. A democracia sustenta-se sobre a hipótese de que todos podem decidir a respeito de tudo. A tecnocracia, ao contrário, pretende que sejam convocados para decidir apenas aqueles poucos que detêm conhecimentos específicos" (BOBBIO, 2000, p. 46).

A progressiva prevalência dos técnicos decorre tanto de uma espécie de "imposição" da vida social quanto de opções políticas feitas no âmbito do Estado. A busca por "neutralidade" não reflete apenas uma decisão de se afastar dos polos clássicos da política, a esquerda e a direita. Reflete também a adesão a um modo de fazer política: frio, pragmático, limpo de impurezas ideológicas ou "populistas". A ele associa-se uma ideia de democracia mínima, reduzida ao eleitoral e concentrada na ratificação pelos eleitores das opções feitas por dirigentes tecnicamente qualificados.

Ver: Autoridade/Autoritarismo; Burocracia; Democracia; Elites; Estado; Gerencialismo; Liderança; Poder

Referências Bibliográficas

BOBBIO, N. *O futuro da democracia*. Trad. Marco Aurélio Nogueira. 7. ed. rev. São Paulo: Paz e Terra, 2000.

DINIZ, E. Globalização, reforma do Estado e teoria democrática contemporânea. *São Paulo em Perspectiva*, São Paulo, v. 15, n. 4, p. 13-22, out./dez. 2001.

GARCÍA-PELAYO, M. *Burocracia y tecnocracia*. Madrid: Alianza, 1982.

LOUREIRO, M. R. Tecnocracia y política en el Brasil de hoy. *Nueva Sociedad*, Venezuela, n.152, p. 127-142, nov./dez. 1997.

MARTINS, C. E. Tecnocracia ou Tecnoassessoria? *Revista de Administração de Empresas*, São Paulo, v. 10, n. 3, p. 39-66, jul./set. 1970.

______. *A tecnocracia na história*. São Paulo: Alfa-Ômega, 1975.

______. *Tecnocracia e capitalismo:* a política dos técnicos no Brasil. São Paulo: Brasiliense/Cebrap, 1974.

MEYNAUD, J. *La tecnocracia:* mito o realidad?. Madrid: Tecnos, 1968.

MILLS, C. W. *A elite do poder*. Trad. Waltensir Dutra. Rio de Janeiro: Zahar, 1968.

NOGUEIRA, M. A. *Em defesa da política*. 2. ed. São Paulo: Editora Senac, 2004.

PINHO, J. A. G. Reforma do aparelho do Estado: limites do gerencialismo frente ao patrimonialismo. *Organizações & Sociedade,* Salvador, v. 5. n. 12, p. 59-79, maio/ago. 1998.

Teoria da Escolha Pública

Ver: Ação Coletiva

Teoria dos Jogos

José Maria F. J. da Silveira

A teoria dos jogos em ciências humanas aplica-se a situações caracterizadas pela interação entre indivíduos em que as consequências das ações são compartilhadas e isso é reconhecido pelos jogadores. Pode-se afirmar que hoje a teoria dos jogos está presente nas discussões filosóficas sobre bem-estar, justiça e estabilidade ao discutir não somente o papel das instituições, mas o processo de mudança institucional e a permanência de regras, normas e leis (HEATH, 2001). De processos que se desenvolvem de forma espontânea, até a formulação de mecanismos de desenho para transmissão de informações e do conhecimento disponíveis aos agentes que tomam decisão (HURWICZ; REITER, 2008), a teoria dos jogos está presente ora como uma espécie de suporte ora como um critério de sustentabilidade (BOWLES, 2004).

Há vários tipos de jogos de interesse para a economia e ciência política. O que é chamado de teoria dos jogos clássica inclui os jogos não cooperativos em suas variadas formas.

A essa amplitude associa-se um amplo conjunto de instrumentos e de técnicas. Formalmente um jogo clássico é composto dos seguintes elementos: a) os jogadores; b) as regras do jogo; c) uma ampla lista de todas as estratégias possíveis, correspondendo a ações que podem ser realizadas pelos jogadores, incluindo aquelas motivadas pela "natureza" e por reação às decisões de outros jogadores; e d) os ganhos esperados, correspondentes a todas as combinações possíveis que reflitam a interação estratégica entre agentes.

Os jogos não cooperativos têm formas de representação bem claras e definidas. Na forma normal, visualizam-se todos os elementos do jogo, dos participantes ao conjunto estratégico e os resultados. Na forma extensiva, coloca-se ênfase na sequencialidade do jogo e na sua temporalidade, por exemplo, o número de rodadas do jogo finito ou a distribuição dos resultados de cada etapa.

Dois conceitos assumem uma importância por seu alcance: a "melhor resposta" e o equilíbrio de Nash. A ideia de que ninguém escolheria uma resposta que não fosse a melhor no rol de suas preferências está condicionada ao conhecimento de todas alternativas e à possibilidade de estabelecer uma ordenação para elas, duas condições bastante fortes, seja pelo lado da informação requerida, seja pela capacidade cognitiva dos agentes. Todavia, nem sempre a decisão individual é condição suficiente para que se atinja uma situação estável, de equilíbrio.

O equilíbrio de Nash foi desenvolvido pelo prêmio Nobel em economia John Nash, para responder a situações de interação estratégica, ou seja, onde a melhor resposta depende de uma convenção forte que é assumir que o "oponente" também dera a melhor resposta. Ambos assumem, portanto, a existência de um conhecimento comum sobre qual é a melhor resposta de cada um dado a melhor resposta do outro. Isto aceito, o equilíbrio de Nash pode ser interpretado como uma situação em que não existe incentivo para mudança.

Encontrar uma situação correspondente à do equilibro de Nash não pressupõe conflito e menos ainda a existência de um acordo prévio entre os jogadores. Portanto, os jogos não cooperativos abrangem situações de cooperação e conflito. Um jogo de repartição de ganhos sem um acordo prévio entre as partes envolvidas é um claro exemplo de um jogo não cooperativo em uma situação de conflito. A situação em que um jogador ganha tudo e outro nada e seu reverso correspondem a dois dos múltiplos equilíbrios possíveis para repartição de ganhos. Repartir meio a meio é outro equilíbrio, um ponto focal em uma situação de barganha, mas que não pode ser previsto nas condições estipuladas pelo jogo. Um jogo de investimento e ganhos salariais é um jogo não cooperativo em uma situação de cooperação. Quanto mais empenho dos trabalhadores, mais investimento. Quanto mais investimento, mais empenho dos trabalhadores, o que formaria um equilíbrio de Nash que também seria Pareto superior.

No campo das instituições, chegar ao equilíbrio de Nash significa atingir uma estabilidade de regras, normas, procedimentos que não precisa ser garantida por outros meios, por exemplo, por uma imposição legal (AOKI, 2001). Um ponto de interesse é que podem existir múltiplos equilíbrios de Nash em um jogo e que não existe necessariamente a correspondência entre situação de equilíbrio e uma condição de eficiência.

Também a incerteza e o risco cumprem papel importante na teoria dos jogos, mesmo na teoria clássica. Situações em que múltiplos equilíbrios ocorram – por exemplo, em jogos em que ocorra uma complementaridade estratégica entre agentes, típica da economia de redes (um *software* tem mais valor quanto mais pessoas o utilizam) – demandam a avaliação do que a teoria chama dominância de risco, ou seja, a alternativa que domina inclusive sobre uma melhor resposta (sem levar em conta o risco) em função do valor da probabilidade mínima para que seja considerada "superior". A alternativa cuja probabilidade corresponde à dominância de risco constitui um equilíbrio de Nash. Tais desenvolvimentos aproximam a teoria dos jogos da ciência política, quando se associa o cálculo de probabilidade às alternativas de políticas, condicionadas à caracterização dos votantes.

Desde logo, pode-se apontar a dificuldade em passar de um conjunto de relações bilaterais em que o conceito se aplica com clareza a situações típicas de jogos com *n* jogadores interagindo ao mesmo tempo. Essa limitação se funda na dificuldade real em tratar a interação, dado o fato de que os agentes – seja no campo da economia, seja no da política – agem estrategicamente ao invés de tomar o comportamento dos outros como dado (por exemplo, na hipótese de um jogo de Cournot). O risco de se apoiar em soluções estilizadas a partir de jogos de dois jogadores (a parábola do dilema do prisioneiro guiando discussões sobre o uso de recursos comuns) é assumir que os problemas de coordenação na economia são menos frequentes do que realmente o são em um mundo de informação imperfeita e de contratos incompletos.

Jogos cooperativos. Desenvolvidos por Von Newman na década de 1930, foram mais intensamente disseminados a partir dos anos 1960. Correspondem a situações em que existe um acordo prévio entre as partes, que é válido e que se impõe a um conjunto disjunto de jogadores. Os resultados factíveis à disposição dos jogadores criam a base para a solução do jogo, que é retirada do núcleo, ou seja, do conjunto de soluções que se espera que ocorram com base na predição de como o jogo será jogado ou mesmo, de como se espera que seja jogado (ROTH; SOTOMAYOR, 1990).

A forma de apreensão da complexa realidade do jogo cooperativo é feita por meio da construção do problema, pela definição do núcleo, da matriz de ganhos e pela "simulação" de situações possíveis. Desse processo emerge outro conceito importante, o de *bloqueio*, que resulta do efeito de uma coalizão – por exemplo, uma escola que escolhe um aluno para pós-graduação e vice-versa – determinada sobre outra, o que por seu turno define a ideia de relação de dominação. Um núcleo é o conjunto de alternativas que não podem ser bloqueadas por nenhuma outra coalizão.

Um exemplo de jogo cooperativo é dado pelos jogos de pareamento em que os dois lados são bem definidos, como o de vendedores e compradores de determinado produto – como nos leilões – e situações envolvendo doadores e recebedores de órgãos, um complexo problema da vida real (ROTH; SOTOMAYOR, 1990). Outro caso de destaque refere-se à formação de coalizões, tão importantes de serem compreendidas em um mundo em que questões supranacionais são resolvidas em fóruns especializados mediados pela interferência de uma variada gama de representantes de movimentos sociais. Nesse caso, a formação de coalizões governa as definições que servem de base para a repartição de ganhos, bloqueando alternativas pela promessa de compensações (pagamentos laterais), por exemplo, na forma de vários acordos bilaterais de transferência tecnológica e de material genético.

A teoria dos jogos vem ampliando seu alcance e sua formulação.

Aoki (2010) define o conceito de *forma do jogo* em que a um conjunto de jogadores e de estratégias aceitáveis correspondem a consequências associadas por uma função a cada um dos perfis resultantes das escolhas dos agentes, em que a avaliação é feita a partir de uma valoração própria das remunerações e não da interação estratégica. Esse conceito trata de interações mais amplas, por exemplo, no campo das organizações ou da política e admite a ativação seletiva de estratégias por um conhecimento comum que se acumula e que se articula com campos mais elevados da atividade humana, como o da cultura.

O reconhecimento da importância da interação entre indivíduos tanto para o desempenho econômico quanto para a vida em sociedade motiva cada vez mais a investigação sobre a conformidade dos comportamentos que são garantidos por combinações variadas de mecanismos centralizados de coerção, da validação social – na forma de regras informais – e de comportamentos baseados nas expectativas comuns, ou seja, nas convenções (BOWLES, 2004, p. 48). A teoria dos jogos evolucionários serve de suporte para os modelos que tratam dessas questões uma vez que são voltados para a identificação de estratégias selecionadas pelos agentes em processos de interação de longa duração, abrindo mão de pressupostos de conhecimento comum entre os agentes e explorando as potencialidades abertas pelos experimentos com base na realidade. Contribuem assim para o melhor entendimento dos processos de criação e de mudança das instituições (VEGA-REDONDO, 1996).

Deve-se ter atenção para as limitações da teoria. De forma alguma seu desenvolvimento e aplicação permitem desconhecer a complexa teia de interação entre agentes – que, no mundo real, jogam vários jogos de forma superposta no tempo e em vários níveis; por exemplo, como concorrentes em um mercado específico e como membros de associações ou agrupamentos políticos. Desenvolver jogos que se desdobram, participam da constituição de regras e coevoluem deve ser a meta de teóricos e de aplicadores da teoria.

Ver: Atores; Redes e Comunidades de Políticas; *Stakeholders*

Referências Bibliográficas

AOKI, M. *Corporation in evolving diversity*. Oxford: Oxford University, 2010.

BOWLES, S. *Microeconomics:* behavior, institutions and evolution. New York: Russel Sage Foundation/Princeton University, 2004.

HEATH, J. *Communicative action and rational choice*. Cambridge, MA: MIT Press, 2001.

HURWICZ, L.; REITER, S. *Designing economic mechanisms*. Cambridge: Cambridge University, 2008.

ROTH, A.; SOTOMAYOR, M. *Two-sided matching*. [S.l.]: Econometric Society Monographs, 1990.

VEGA-REDONDO, F. *Evolution, games and economic behaviour*. Oxford: Oxford University Press, 1996.

Terceirização

Mônica Maia Bonel Maluf

Empregado algumas vezes como equivalente da expressão inglesa *outsourcing* (fornecimento que vem de fora), o termo terceirização refere-se à prática pela qual determinada empresa deixa de executar uma ou mais atividades realizadas por trabalhadores diretamente contratados e as transfere para outra empresa. Ou seja, refere-se a uma operação desenvolvida por terceiros e que exprime uma decisão de abrir mão da execução de determinadas atividades com o objetivo de reduzir custos, agregar maior valor ao produto final, racionalizar a organização ou privilegiar aquilo que é seu objetivo principal.

Embora o setor público tenha, em maior ou menor grau, quase sempre se valido da terceirização em algum nível (na área de obras públicas, por exemplo), é no setor privado que a prática teve início e se desenvolveu. Em alguns casos, como no "consórcio modular" adotado pela empresa automobilística Volkswagen em sua unidade de Resende (RJ) desde o final da década de 1990, a terceirização assumiu o formato de uma ampla cadeia de suprimentos e fornecedores agindo de modo integrado. Todavia, tal experiência radical é limitada ao setor privado e industrial, e, mesmo assim, não parece ter-se generalizado tal como alguns analistas previam no final do século 20.

A terceirização alcançou sobremaneira o setor público, coincidindo com a fase em que houve aumento da participação do setor privado na atividade econômica. Empresas estatais e órgãos da administração direta passaram a contratar no mercado privado serviços antes diretamente fornecidos pela organização público-estatal, tais como manutenção e limpeza, vigilância, bem como fornecimento de veículos motorizados e motoristas.

No Brasil, isso se verificou claramente após a promulgação da Constituição de 1988. No entanto, apesar das regulamentações elaboradas pelo Poder Executivo, houve muita polêmica e diferentes interpretações do Poder Judiciário, em particular da Justiça do Trabalho, em quase tudo que se referiu à contratação de mão de obra.

A terceirização tem grande impacto no setor público brasileiro. Especialmente a partir da primeira década do século 21, tornou-se recurso amplamente praticado, com regras mais bem compreendidas por todos os participantes. A adequada compreensão sobre os benefícios e malefícios da terceirização, bem como o grau em que a mesma vem sendo empregada em determinadas organizações do setor público, é um passo necessário para todos os atores envolvidos diretamente com a formulação de políticas públicas.

Ver: Administração Pública; Gerencialismo; Contratualização; Gestão por Resultados; Organizações

Referências Bibliográficas

MAIA, M. C.; SAMPAIO, M.; PEREIRA; S. C. F.; DI SERIO, L. C. The impact of the Modular Consortium in the competitiveness of VW Truck and Buses Production. In: Asamblea del Consejo Latino Americano de Escuelas de Administracion - CLADEA, 36., 2001, Ciudad de Mexico. *Anais*. Ciudad de Mexico: [s.n.], 2001.

MARTINS, H. S. et al. *Terceirização:* diversidade e negociação no mundo do trabalho. São Paulo: Hucitec/Cedi/Nets, 1994.

RAMOS, D. M. O. *Terceirização na administração pública*. São Paulo: LTr, 2001.

SANDRONI, P. *Novíssimo dicionário de economia*. São Paulo: Best Seller, 1999.

Terceiro Setor

Carla Giani Martelli

Abrange as organizações que não pertencem ao primeiro setor, o Estado, e nem ao segundo setor, o mercado. Em termos econômicos, o primeiro setor é aquele em que a origem e a destinação dos recursos são públicas, ao passo que o segundo setor refere-se ao capital privado, sendo a aplicação dos recursos revertida em benefício próprio. As fronteiras entre os três setores não são rígidas, havendo zonas comuns entre eles que não podem ser divisadas com muita precisão. De qualquer modo, tenta-se agregar algumas características comuns às organizações do terceiro setor: estão fora da estrutura formal do Estado; não têm fins lucrativos; são constituídas por grupos de cidadãos na sociedade civil como pessoas de direito privado; a adesão não é compulsória e produzem bens e/ou serviços de uso ou interesse coletivo.

As organizações do terceiro setor podem ou não ter fins públicos. As que os têm, são aquelas que produzem bens ou prestam serviços de caráter público ou de interesse geral da sociedade, o que inclui as organizações complementares ou suplementares à atuação do Estado na prestação de serviços públicos e as que promovem tanto a defesa de direitos quanto a construção de novos direitos e a promoção de atividades teóricas e práticas em torno de temas de interesse geral. As que não têm fins públicos são as que se formam para fazer algo que só a elas interessa, ou que pode até interessar a mais alguém, mas que não têm, necessariamente, de atender a um interesse comum da sociedade, não estando, portanto, voltadas para o bem comum ou para a utilidade pública. Há ainda organizações do terceiro setor que embora declarem fins públicos, não os têm de fato, pois sua intenção como sujeito coletivo nem sempre coincide com a consequência objetiva da sua ação.

São exemplos do terceiro setor: cooperativas, associações mutualistas, associações de solidariedade social, organizações não governamentais, voluntariado, organizações comunitárias ou de base etc. As designações desse setor variam entre os países, refletindo histórias e tradições diferentes, culturas e contextos políticos variados.

Nos países centrais, e em especial na Europa, o terceiro setor surgiu no século 19 como forma de minimizar os custos humanos da Revolução Industrial e combater o isolamento do indivíduo ante o Estado. Por meio da ajuda mútua, da cooperação e da solidariedade, algumas alternativas de produção, consumo e vida eram testadas. É por essa razão que alguns autores afirmam que o terceiro setor surgiu como alternativa ao capitalismo, sendo suas raízes ideológicas bastante variadas: do socialismo, em suas múltiplas faces, ao cristianismo social e ao liberalismo.

Desde os finais da década de 1970 o mundo assiste à emergência desse setor. Nos países centrais, esse fato está ligado à crise do Estado de bem-estar social, pois surgem necessidades de buscar, na sociedade civil, alternativas para responder às demandas da população por bens e serviços, outrora de responsabilidade do Estado. No Brasil, a valorização do terceiro setor se dá na década de 1990, especialmente com o movimento pela reforma do Estado, que abre espaço para um novo entendimento do setor. Antes desse período, as organizações da sociedade civil sem fins lucrativos eram vistas como forma de assistencialismo e caridade, associadas à religião, ou como bandeira de movimentos políticos, ou ainda como defesa de interesses corporativos, relacionados a sindicatos e associações.

Com as propostas da reforma, o terceiro setor passa a assumir o papel de renovar o espaço público, agora como cogestor, dividindo com o primeiro e o segundo setores a responsabilidade pelo provimento de bens e serviços. A ideia em pauta era a de que a capacidade de arrecadar do Estado estaria limitada pelo tamanho e pela capacidade de contribuir da base tributável e, então, se os recursos provenientes dos tributos eram insuficientes, a sociedade como um todo deveria lançar mão de outros mecanismos capazes de impulsionar seu desenvolvimento. Propôs-se então uma mudança no desenho das políticas públicas governamentais, de modo a transformá-las em políticas públicas de parceria entre Estado e sociedade civil, com a incorporação das organizações do terceiro setor à sua elaboração, execução e fiscalização. Passou-se a valorizar os eventuais efeitos econômico-financeiros da parceria com o terceiro setor (maior eficiência, redução de custos e captação de novos recursos) e a defender o *empowerment* e o capital social das populações, no sentido de aumentar suas possibilidades e sua capacidade de influir nas decisões públicas e de agregar novos recursos ao processo de desenvolvimento do país.

Para isso, era necessário mudar o marco legal regulatório das relações dessas organizações com o Estado, o que se fez por meio da Lei n. 9.790/99, que dispõe sobre a qualificação de pessoas jurídicas de direito privado, sem fins lucrativos, como *Organizações da Sociedade Civil de Interesse Público* (Oscip) e institui e celebra o Termo de Parceria, a ser firmado entre o poder público e as organizações. A Lei das Oscips está embasada na ideia de que o público não é monopólio do Estado e de que existem políticas e ações públicas que não devem ser feitas pelo Estado; avalia-se que o olhar público da sociedade civil detecta problemas, identifica oportunidades e vantagens colaborativas, descobre potencialidades e soluções inovadoras em lugares nos quais o olhar do Estado não pode penetrar. No universo do terceiro setor, a nova lei diferencia e valoriza, portanto, as organizações que efetivamente têm finalidade pública, ou seja, cuja atuação se dá no espaço público não estatal. São exemplos as que se dedicam à prestação de serviços nas áreas de saúde, educação e assistência social, à defesa dos direitos de grupos específicos da população, ao trabalho voluntário, à proteção ao meio ambiente, à concessão de microcrédito, entre outras.

Esse novo entendimento do terceiro setor quer reforçar a ideia de esgotamento do modelo "Estado provedor", propondo uma nova articulação entre Estado, mercado e sociedade civil como forma inovadora de desenvolvimento, mais sintonizada com as limitações e exigências das sociedades contemporâneas.

Ver: Contratualização; Organização Não Governamental (ONG); Terceirização

Referências Bibliográficas

COELHO, S. C. *Terceiro setor:* um estudo comparado entre Brasil e Estados Unidos. São Paulo: Senac, 2000.

FERNANDES, R. C. *Privado, porém público:* o terceiro setor na América Latina. Rio de Janeiro: Relume Dumará, 1984.

FERRAREZI, E. *Saiba o que são Organizações da Sociedade Civil de Interesse Público - Oscip*. Brasília: Agência de Educação para o Desenvolvimento, 2002.

FRANCO, A. A reforma do Estado e o terceiro setor. In: PEREIRA, L.C.B.; WILHEIM, J.; SOLA, L. (Orgs.). *Sociedade e Estado em transformação*. São Paulo: Editora Unesp; Brasília, DF: Enap, 1999. p. 273-289.

IOSCHPE, E. B. (Org.). *Terceiro setor:* desenvolvimento social sustentado. Rio de Janeiro: Paz e Terra, 1997.

SANTOS, B. de S. Para uma reinvenção solidária e participativa do Estado. In: PEREIRA, L. C.B.; WILHEIM, J.; SOLA, L. (Orgs.). *Sociedade e Estado em transformação.* São Paulo: Editora Unesp; Brasília: Enap, 1999. p. 243-271.

SZAZI, E. *Terceiro setor:* regulação no Brasil. São Paulo: Gife Editora da Fundação Peirópolis, 2001.

Territorialidade

Bernardo Mançano Fernandes

A territorialidade é uma propriedade do território. Expressa as diversas relações e formas de usos do território que são definidoras da configuração territorial. Dois exemplos: uma grande extensão de cana-de-açúcar e uma área habitada por pequenos agricultores. No primeiro exemplo, o território é usado somente para a produção de *commodities*: açúcar, álcool, energia elétrica. No segundo exemplo, o território é usado para a produção de mercadorias: cereais, frutas, leite etc., e é nesse mesmo território que pessoas vivem, de modo que podemos encontrar casas, escolas, igrejas, postos de saúde etc. As formas como estão organizados e as relações que produzem são definidoras da configuração territorial que expressam a territorialidade. A territorialidade do território do agronegócio é distinta do território de uma comunidade camponesa. Portanto, para pensar políticas de desenvolvimento para esses territórios, é necessário levar em conta suas territorialidades.

Os primeiros estudos sobre territorialidade analisaram os *habitats* de diferentes espécies animais de modo a conhecer melhor seus comportamentos e como definiam seus territórios. Nos estudos das territorialidades humanas, o conceito de territorialidade passou a significar um conjunto de condições que explicitam formas, relações e processos que criam e transformam territórios. Nesses estudos, procura-se compreender as conflitualidades geradas pelas produções das territorialidades dos diferentes territórios. As pessoas e suas formas de organização produzem seus territórios definindo suas territorialidades. Esses processos são distintos e colidem, explicitando encontros e desencontros dos modelos de desenvolvimento.

Há diferentes compreensões sobre o conceito de território. A mais clássica compreende o território como espaço de governança, de modo que esse seria apenas as áreas territoriais do país, dos estados e dos municípios. O debate contemporâneo sobre o conceito de território tem como ponto de partida a definição clássica, mas não limita o território ao espaço de governança. Nesse debate, há várias vertentes teóricas que procuram analisar as características materiais e imateriais dos territórios. Com essas análises, o conceito de território passou a ser utilizado para além das concepções de "área", "extensão", "superfície" e "palco", "espaço de governança". O conceito contemporâneo de território incorpora as relações sociais no processo dialético de criação e produção de novos espaços e territórios, de modo que o território não é somente a "base" unidimensional onde se realizam as relações sociais que produzem as formas e os conteúdos dos territórios. É o conjunto indissociável dos processos, sistemas, relações, movimentos, possuindo materialidade e imaterialidade, sendo criador e criação, produtor e produto, sujeito e objeto, de modo que é produzido pelas relações sociais e produz relações sociais.

A partir dessa concepção multidimensional de território, destacam-se os espaços políticos produzidos por relações de poder. Os estudos recentes procuram destacar as diversas dimensões do território. Estudos sobre cultura, economia, política, sociedade e ambiente em diferentes escalas no campo e na cidade são realizados procurando analisar diferentes territorialidades. As territorialidades expressam as relações de poder que determinam as configurações territoriais. Elas nos ajudam a identificar quem domina e quem é dominado nos territórios. As territorialidades também estão expressas nas paisagens de modo que seus componentes revelam as relações sociais, políticas e econômicas.

Desde o princípio da década de 1990, os conceitos de território e territorialidade passaram a ser muito utilizados por várias áreas do conhecimento, por governos, agências multilaterais e movimentos sociais, especialmente pelos movimentos camponeses e indígenas. Tornaram-se palavras-chave na implantação de políticas públicas e privadas, nos campos, nas cidades e nas florestas, promovidas pelas transnacionais, governos e movimentos sociais. Essas políticas formam diferentes modelos de desenvolvimento que causam impactos socioterritoriais e criam formas de resistências, produzindo constantes conflitualidades. Nesse contexto, o conceito de território é utilizado em suas diferentes acepções: como espaço de governança e como espaço de poder formados pelas propriedades particulares e comunitárias.

A aplicação recente dos conceitos de territorialidade e território surge de duas fontes. Começou pelas políticas de desenvolvimento para criação de infraestrutura e logística para a exploração dos territórios pelas empresas multinacionais. Essas políticas colidiram com os territórios indígenas e camponeses e com as comunidades urbanas que vivem em favelas. Seu objetivo é o deslocamento dessas populações de modo a liberar o território para grandes projetos de produção de *commodities* agrícolas ou minerais e para a construção de condomínios de luxo, edifícios de apartamentos, ou centros comerciais. Evidente que essas políticas mudam completamente a territorialidade desses territórios. A segunda fonte surgiu das populações atingidas por essas políticas de desenvolvimento. Elas criaram formas de resistência e redefiniram o conceito de território para além da concepção de espaço de governança, defendendo que os espaços onde vivem são seus territórios e que os projetos de desenvolvimento devem contemplá-los e não excluí-los.

As disputas territoriais entre governo, empresas e grupos sociais revelam as territorialidades em questão que estão associadas aos projetos de desenvolvimento. Quando uma multinacional produtora de monocultura de árvores se estabelece em um determinado território, ela não tem interesse de interagir com a população originária. Nas cidades, os movimentos sem teto disputam territórios procurando garantir moradias populares, enquanto empresas pretendem construir condomínios, centros de compras etc. Quando um movimento social conquista um território e as pessoas começam a construir suas casas, inicia-se a configuração que expressará sua territorialidade. Do mesmo modo, um movimento de sem terras, quando ocupa um latifúndio e o governo implanta um assentamento, configura uma nova territorialidade. Essa é uma expressão de poder, é uma estratégia para transformar o território e dar a ele significado.

O território como espaço de governança contém todos os tipos de territórios. Governos, empresas, igrejas, sindicatos, organizações não governamentais, partidos políticos e movimentos sociais possuem seus territórios e produzem diferentes territorialidades que se sobrepõem gerando a multiterritorialidade. Nesse complexo socioterritorial ocorrem conflitos que determinam os usos dos territórios. A multiterritorialidade expressa também as transformações dos territórios, como expansão, criação e destruição. A expansão e/ou a criação de territórios são representadas pela territorialização e a destruição é representada pela desterritorialização. Esses movimentos explicitam os conflitos e as contradições geradores da territorialização-desterritorialização-reterritorialização (TDR).

Exemplos de TDR ocorrem quando empresas se instalam ou mudam de cidades e países de acordo com as conjunturas econômicas e políticas, quando os movimentos sociais rurais e urbanos ocupam terras reivindicando a reforma agrária ou moradia, quando a polícia prende traficantes que controlam determinados bairros e semanas depois o tráfico é reorganizado. Essas ações estão relacionadas com diversas políticas públicas formuladas pelos governos ou por ações de grupos sociais que materializam territórios e territorialidades.

A territorialidade possibilita a compreensão das ações no tempo e no espaço, explicitando múltiplas territorialidades. Uma rua, por exemplo, pode ser utilizada para o tráfego de veículos, para o lazer nos finais de semana e para a feira-livre semanal. As territorialidades podem ser vistas como expressões próprias de um território, mas que acontecem em outros territórios. Dois exemplos: pessoas tomando chimarrão em determinado lugar das regiões Norte e Nordeste. São costumes apropriados por parte da população local como resultado da interação e convivência com gaúchos. Pessoas dançando forró, rock ou tango na cidade de São Paulo como resultados da interação e da convivência com diferentes culturas.

A ideia de território e territorialidade possibilita uma análise ampla, quando pensamos a relação e o espaço onde ela se realiza. Podemos fazer uma leitura espacial e compreender melhor propostas, projetos, objetivos, sonhos e desejos dos sujeitos que vivem nos territórios, que fazem e são feitos pelos territórios por meio da territorialidade. A territorialidade é conceito essencial para que se projetem políticas públicas pensadas e implementadas por governos, empresas e comunidades. É por seu intermédio que reconhecemos as diferenças, as singularidades, os poderes e as formas de subalternidade. O uso da territorialidade contribui de fato para o uso democrático dos territórios, onde todos vivem e produzem, criam e destroem. A territorialidade expressa, por fim, o modo de vida das pessoas, suas visões de mundo, suas perspectivas. As políticas públicas são ações que modificam as territorialidades, predominantemente, para melhor. E no mundo globalizado, territorialidade e política pública são indissociáveis.

Ver: Agricultura Familiar; Governabilidade/Governança; Mercado; Movimentos Sociais; Políticas Agrícolas

Referências Bibliográficas

FERNANDES, B. M. Territorio, teoría y política In: LOZANO VELASQUES, F.; FERRO MEDINA, J. G. (Eds.). *Las configuraciones de los territorios rurales en el siglo XXI*. Bogotá: Editorial Pontificia Universidad Javeriana, 2009. p. 35-66.

GONÇALVES, C. W. P. *Geo-grafías:* movimientos sociales, nuevas territorialidades y sustentabilidad. México: Siglo XXI, 2001.

HAESBAERT, R. *O mito da desterritorialização:* do "fim dos territórios" à multiterritorialidade. Rio de Janeiro: Bertrand Brasil, 2004.

SACK, R. D. *Human territoriality* - its theory and history. Cambridge: Cambridge University Press, 1986.

SANTOS, M. *A natureza do espaço*. São Paulo: Hucitec, 1996.

Tolerância

Clodoaldo Meneguello Cardoso

Embora suas raízes possam ser encontradas no pensamento antigo e medieval, o conceito de *tolerância*, como virtude ética, somente se tornou questão central na história moderna ocidental. Seu sentido primeiro refere-se à liberdade religiosa plantada pela Reforma e que integra um processo histórico mais amplo: a construção do conceito de liberdade do indivíduo.

Sobre a temática, três obras filosóficas merecem destaque: *Carta sobre a tolerância* (século 17), de John Locke;

Tratado sobre a tolerância (século 18), de Voltaire e *Sobre a liberdade* (século 19) de Stuart Mill.

Locke vê na realidade multicultural os motivos convincentes da tolerância religiosa. Não existe uma sociedade humana única, pois muitas são as culturas historicamente construídas. Essa linha segue a tradição cética e afirma que se não temos verdade única, nossas opiniões são diversas e, por isso, devem ser respeitadas. Voltaire segue outro itinerário argumentativo. Não se trata de aceitar o outro pelo respeito àquilo que temos de diferente (a cultura ou as idiossincrasias), mas por nossa identificação mútua como seres humanos. Assim, é na identidade entre os seres humanos, em sua natureza única, que está a justificativa da tolerância, do respeito e da solidariedade.

Locke e Voltaire adotam, em comum, a liberdade de pensamento e expressão, valor central nas revoluções burguesas. É por isso que a *Declaração dos Direitos do Homem e do Cidadão*, da Revolução Francesa de 1789, expressa a defesa da liberdade de consciência como direito natural e fundamento de outros valores.

No século 19, Stuart Mill ampliou a discussão, abordando a questão da liberdade na conduta social em geral, não somente no terreno religioso. Procurou fundamentar a liberdade civil mediante o equacionamento dos limites entre a autonomia individual e o controle social. Desse modo, o valor *tolerância* sofreu uma dilatação conceitual, no pensamento liberal, que vai do teológico ao filosófico ou do ético ao político.

Todavia, o liberalismo revela uma contradição histórica ao deixar de relacionar determinados aspectos da diversidade cultural com a desigualdade social, geradora também de diversidades. Determinadas características culturais – adquiridas forçosamente pelas populações e pelos povos miseráveis em virtude das péssimas condições de vida – são vistas como identidade cultural a ser respeitada. Assim, ao defender a tolerância em relação à diversidade cultural no plano teórico, o liberalismo acaba por justificar, na prática, a perpetuação da realidade injusta entre classes sociais e entre povos, nações e regiões ricas e pobres.

Contrariamente ao sentido originário de *convivência na diversidade*, a modernidade europeia também nos legou – por meio da *virtude da tolerância* – a ideologia que justifica o comportamento opressivo do conquistador e colonizador europeu diante dos povos nativos das terras descobertas. Os significados de tolerância que predominam nos dicionários das línguas latinas revelam essa ideologia da cultura europeia em seu projeto de universalidade e homogeneidade mediante a dominação de outras culturas. No século 16, o vocábulo latino *tollerantia* significava *constância em suportar, permitir, condescender*. Nessa acepção, a tolerância supõe uma relação humana entre desiguais, em que o superior faz concessões ao inferior. Assim, o verbo "*tolerar*" aparece frequentemente com dois sentidos básicos: "*suportar*" e "*aceitar com indulgência*". Em ambos estão presentes a postura discriminatória e superior do europeu em relação aos povos nativos da América Latina (ZEA, 1994).

Tolerar como *suportar* ou *aguentar* nos remete ao sentido dado na medicina. O doente *suporta* um tratamento indesejado, quando necessário. Foi assim que os europeus entenderam a necessidade de *tolerar* os povos conquistados. A *tolerância* do conquistador europeu (quando havia) em relação ao que era distinto e alheio à sua própria identidade não expressava o reconhecimento de uma alteridade no outro (DUSSEL, 1993).

No segundo sentido, *aceitar com indulgência* ou *compadecer*, acentua-se ainda mais a autoconsciência dos europeus como seres humanos superiores aos demais. Aqui aparece um novo aspecto do sentido discriminatório do termo *tolerância*, tal como foi concebido na modernidade ocidental. A palavra *indulgência* liga-se semanticamente a *clemência*, *indulto*, *perdão*, *remissão das penas*, *misericórdia*. Isso mostra que a relação europeu-indígena não foi vista somente como relação entre o *superior* e o *inferior*, ou seja, entre o *bom* e o *ruim*, mas também entre o *bem* e o *mal* da tradição judaico-cristã. O modelo cultural era, portanto, um modelo moral. Os sentidos de tolerância na língua francesa também revelam claramente essa conotação. O verbo *tolérer* significa *permitir, considerar com indulgência algo que não se aprova e que se poderia censurar, reprovar.* E ainda mais contundente: *suportar com paciência aquilo que é desagradável, injusto, defeituoso.* Assim, o sentido de tolerância expressa a ideologia do conquistador e colonizador europeu em seu projeto de dominação universal. Tolerância está ligada à atitude de admitir algo ou alguém fora do paradigma, da regra. Aceitar o que é desvio do padrão, do modelo.

Entretanto, é possível reconstruir o sentido do conceito de *tolerância* a partir das desigualdades sociais da realidade latino-americana, como buscaram fazer muitos intelectuais sintonizados com os movimentos sociais de libertação. Nesse contexto, o marco da tolerância está na igualdade social, portanto a *tolerância* é uma virtude que tem limites. Respeitar a diversidade cultural não pode significar aceitar as desigualdades socioeconômicas.

Nessa linha de argumentação, a *tolerância* inclui: 1) atitude de reconhecimento, na teoria e na prática, do outro como outro e de respeito mútuo pelas diferenças; 2) capacidade de diálogo, compreensão e respeito mútuo entre posições com ideias e valores diferentes; 3) respeito pelos direitos inalienáveis da pessoa humana; 4) reconhecimento da diversidade cultural e contraposição à hegemonia de uma cultura que domina e marginaliza as outras; 5) resistência a tudo aquilo que provoca opressão e desigualdade social; 6) ação solidária na superação das desigualdades sociais; 7) valorização da diversidade cultural a partir da consciência clara do valor da própria identidade e de seus limites; 8) capacidade de cooperação para alcançar objetivos comuns; 9) atitude de solidariedade entre indivíduos, grupos, povos, nações e, também, dos seres humanos para com a natureza em geral.

Ver: Direitos Humanos; Estratificação Social; Igualdade

Referências Bibliográficas

CARDOSO, C. M. *Tolerância e seus limites:* um olhar latino-americano sobre diversidade e desigualdade. São Paulo: Editora Unesp, 2003.

DUSSEL, E. *1942:* o encobrimento do outro: a origem do mito da modernidade. Trad. Jaime A. Clasen. Petrópolis: Vozes, 1993.

_____. *La tolerancia desde la perpectiva de la filosofia latinoamericana.* In: ENCONTRO SOBRE A TOLERÂNCIA NA AMÉRICA LATINA E NO CARIBE, 1994, Rio de Janeiro. Anais. Rio de Janeiro: Ufrj, 1994. Mimeo.

LOCKE, J. *Carta acerca da tolerância.* Trad. Anoar Aiex. 2. ed. São Paulo: Abril Cultural. 1983.

MILL, J. S. *Sobre a liberdade.* Trad. Alberto da Rocha Barros. 2. ed. Petrópolis: Vozes, 1991.

VOLTAIRE, F. M. A. *Tratado sobre a tolerância:* a propósito da morte de Jean Calas. Trad. Paulo Neves. São Paulo: Martins Fontes, 1993.

ZEA, L. *Derecho a la diferencia.* In: ENCONTRO SOBRE A TOLERÂNCIA NA AMÉRICA LATINA E NO CARIBE, 1994, Rio de Janeiro. Anais. Rio de Janeiro: Ufrj, 1994. Mimeo.

Totalitarismo

Bolívar Lamounier

O termo totalitarismo surgiu na Itália em meados dos anos 20, em estreita conexão com o nascimento do fascismo. Segundo Stoppino (1983, p. 1.247), em 1932 ele já aparece na *Enciclopédia italiana*, tanto na seção assinada por Mussolini, como na redigida por Giovani Gentile, um dos principais ideólogos do movimento. Mas sua utilidade como conceito científico deve-se a trabalhos desenvolvidos após a Segunda Guerra por destacados estudiosos – filósofos como Arendt e Talmon, historiadores como Malia e Judt e cientistas políticos como Friedrich e Brzezinsky.

Com o vocábulo totalitarismo, os fascistas italianos punham em relevo dois pontos importantes de sua visão política. Primeiro, que o regime ou a forma de Estado que almejavam construir seria um fenômeno historicamente novo – uma forma inédita de "governo forte" –, não redutível à noção genérica de ditadura, empregada sem grandes alterações desde o mundo antigo.

Segundo, o Estado totalitário haveria de ser uma antítese rigorosa do Estado liberal-democrático. A separação entre os setores público e privado, que o liberalismo pretendera garantir mediante leis e procedimentos administrativos estáveis e impessoais, perderia sua condição de princípio basilar do

Estado. No Estado totalitário, ela existiria condicionalmente, ou seja, a critério do líder, cuja vontade encarnaria *in actu* os verdadeiros interesses da nação. No lugar dos mecanismos institucionais – parlamento, separação de poderes, pluripartidarismo, autonomias regionais e outros –, que o liberalismo concebera como cautelas contra a tirania de um indivíduo ou de um pequeno grupo, o fascismo propunha a concentração total do poder nas mãos de um *duce*, um chefe carismático, grande condutor de massas.

Com a derrota do Eixo (Berlim-Roma-Tóquio) na Segunda Guerra Mundial e a quase imediata implantação pelos Estados Unidos de uma estratégia de contenção ("*containment*") contra o poderio soviético, o nazifascismo e o comunismo entram na agenda dos cientistas sociais. Nas universidades norte-americanas – com expressivo apoio governamental –, desenvolvem-se estudos tanto sobre as causas do domínio hitlerista na Alemanha, como sobre a estrutura e o funcionamento do sistema comunista soviético.

Esse duplo interesse, acadêmico e governamental, praticamente se institucionalizou em vista da satelitização do Leste Europeu pela URSS, da Revolução de 1949 na China e da crescente divisão do mundo em dois blocos – a chamada "Guerra Fria", que perdurou até o final dos anos 1980.

É intuitivamente claro que democracia e totalitarismo são antípodas. Mas é também importante distinguir entre regimes totalitários e autoritários. Autoritários são regimes como o de Franco na Espanha e o de Salazar em Portugal, nos quais certo pluralismo, mesmo limitado, é preservado por organizações tradicionais – políticas, religiosas e outras, preexistentes ao próprio regime. Nesses dois casos, assim como no Brasil do Estado Novo (1937-1945) e dos militares (1964-1985), a Igreja Católica, por exemplo, conservou sua independência em relação ao Estado.

Os sistemas políticos designados como totalitários distinguem-se por um nível extremamente elevado de coerção, um esforço intenso e regular de penetração e arregimentação dos grupos sociais e forte propensão a uniformizar o comportamento de todas as instituições do Estado.

Na formulação mais ou menos consensual a que chegaram seus principais proponentes, o conceito refere-se a um regime ou forma de Estado caracterizado por cinco traços principais:

- uma ideologia transformadora;
- um ditador, geralmente cultuado como personalidade carismática;
- o monopólio da função política por um partido de massas;
- um sistema de terror por meio de uma polícia secreta e de serviços internos de espionagem;
- o controle total da economia e das comunicações pelo Estado.

No plano do discurso ideológico ou filosófico, não é difícil identificar diferenças e semelhanças entre as duas ideologias. O culto do *Führer*, por exemplo, não existe como conceito no marxismo-leninismo; neste, a figura do chefe teoricamente se despersonaliza e se dilui na organização; o líder é tão somente o secretário-geral do Partido. Já a obliteração de toda fronteira ou distinção entre a vida privada e a vida pública é um ideal filosoficamente bem definido e muito mais forte no marxismo, remontando, aliás, aos escritos de juventude de Marx.

Ainda no plano do discurso, Stoppino (1983, p. 1.252) toca no ponto fundamental: "A ideologia comunista pressupõe a bondade e a perfectibilidade do homem e tem em mira a instauração de uma situação social de plena igualdade e liberdade; neste quadro, a 'ditadura do proletariado' e a violência são simples instrumentos, necessários mas temporários, para alcançar o escopo final. A ideologia fascista pressupõe a corrupção do homem e tem em mira a instauração do domínio absoluto de uma raça acima de todas as outras: a ditadura, o *Führerprinzip* e a violência são princípios de governo permanentes, indispensáveis para manter sujeitas e para liquidar as raças inferiores".

No plano da análise histórica real, uma consideração preliminar se impõe: a de que a liquidação do Estado liberal – acarretando a de seus suportes sociais e do próprio capitalismo – só poderia ser concebida como uma transformação violenta. E não como uma violência pontual, localizada e limitada no tempo, mas abrangente, de larga escala e de duração imprevisível. Não foi por acaso que Hitler se viu como construtor de um império de mil anos e Marx-Engels imaginaram a "ditadura do proletariado" como uma fase de transição que duraria o que precisasse durar.

Para bem compreender o totalitarismo, é pois imprescindível examinar a força da ideologia na origem e na configuração histórica real de tal sistema. Nascido da ideologia, o totalitarismo resulta de uma aplicação verdadeiramente hiperbólica da violência, com o objetivo de recriar a humanidade, de construir um "homem novo", ou seja, de transformar uma escatologia em realidade histórica.

Numerosos biógrafos recorreram às ferramentas da história, da literatura, da psicologia e de outras disciplinas na esperança de decifrar o que afinal transformou Hitler em Hitler e Stalin em Stalin. Não há como explorar essa problemática no espaço deste texto. Mas Mao Tse-Tung, Pol Pot, Kim Il-Sung e Fidel Castro com certeza possuem os atributos necessários para serem caracterizados como ditadores totalitários.

O partido único totalitário é tipicamente um partido de massas preexistente à tomada do poder. Cumpre funções variadas, desde as mais rotineiras de controle burocrático e interligação de subgovernos territoriais, ou de educação política da juventude, até outras diretamente relevantes para o cerne do poder: a seleção (ou exclusão) de titulares de cargos na cúpula do governo, vigilância e controle das forças armadas e policiais. Cabe também ao partido atuar como instância de aferição da "verdade ideológica" – donde de legitimação do poder e de suas ações. No caso soviético, o papel insubstituível do partido único foi taxativamente reafirmado quando das intervenções militares na Hungria (1956) e na Tchecoslováquia (1968). Tal posicionamento ficaria conhecido como "doutrina Brejnev": os países socialistas amigos são livres para seguir o caminho que desejarem, com a condição de manterem inalterados o monopólio e as prerrogativas do Partido Comunista.

Uma das principais críticas feitas nos anos 1950 e 1960 à aplicação do conceito de totalitarismo à URSS foi a de que o recurso ao terror teria praticamente desaparecido a partir da denúncia dos "crimes de Stalin" feita por Kruchev em 1964, durante o 20º Congresso do Partido Comunista.

A partir do relatório de Kruchev, militantes e teóricos comunistas de todo o mundo tiveram de admitir a ocorrência do terror. No entanto, a denúncia não comprometia – ao contrário, reforçava – a tese segundo a qual os excessos totalitários nada teriam a ver com a ideologia marxista, pois teriam sido obra exclusiva de Stalin.

Essa discussão mudou de patamar com a intervenção soviética de 1968 na Tchecoslováquia e a publicação em 1973 do *Arquipélago Gulag*, de Alexander Soljenitzin, que desnudaram em definitivo o aparelho repressivo da URSS em suas diferentes facetas. Desse ponto em diante, uma grande quantidade de documentos, relatos e pesquisas históricas veio a público, cobrindo toda a experiência da URSS e do Leste Europeu, não deixando margem para dúvida quanto à penetração da sociedade por uma rede de terror baseada na polícia secreta e em serviços de espionagem.

Eis porque, decorridas duas décadas do colapso do comunismo na Europa, causa pasmo a sensibilidade dos dirigentes chineses e cubanos a qualquer espécie de crítica. Em dezembro de 2010, como se recorda, a China impediu Liu Xaobo, agraciado com o Prêmio Nobel da Paz, de comparecer pessoalmente a Oslo, e proibiu também a saída de membros de sua família ou de seu advogado para representá-lo na cerimônia. Cuba, a um passo da ruína econômica, ainda mantém na cadeia dissidentes de opinião condenados a cumprir penas draconianas como "criminosos políticos".

Na URSS dos anos 1980, mesmo com as reformas e a "glasnost" ("transparência") de Gorbachev em andamento, as comunicações continuavam sujeitas a uma censura implacável. Cientistas, como Sakharov, permaneciam confinados em certas áreas e diversos escritores e artistas permaneciam presos por delitos vagamente tipificados – na verdade por terem sustentado opiniões ou assinado manifestos considerados atentatórios ao regime. A essa altura, a economia soviética – como todas as outras do Leste –, tendo contraído débitos astronômicos no FMI e em bancos ocidentais, resvalava inexoravelmente para uma grande crise.

Mantidos sob estreito controle do governo, os meios de comunicação não informavam ao público sobre as verdadeiras proporções do problema. O divisor de águas ocorreu no dia 26 de abril de 1986, quando a explosão de um dos reatores da usina nuclear de Chernobyl liberou na atmosfera uma radiação cem vezes maior que a das bombas de Hiroshima e Nagasaki somadas (JUDT, 2007, p. 596). O público tomou conhecimento do desastre quatro dias mais tarde, por meio de um comunicado oficial de duas sentenças. Chernobyl levou Gorbachev a apressar o passo, superando suas últimas ambivalências e precipitando o fim do totalitarismo na própria URSS e em todo o Leste da Europa.

Ver: Democracia; Sistemas Partidários; Sistema Político

Referências Bibliográficas

ARENDT, H. *The origins of totalitarianism*. New York: Meridian Books, 1964.

DÍEZ ESPINOSA, J. R. *El laberinto alemán - democracias y dictaduras (1918-2000)*. Valladolid: Universidad de Valladolid, 2002.

EVANS, R. J. *The Third Reich in power*. New York: Penguin Books, 2005.

FRIEDRICH, C. J.; BRZEZINSKY, Z. *Totalitarian dictatorship and autocracy*. Cambridge, Mass.: Harvard University Press, 1956.

GENTILE, E. *La vía italiana al totalitarismo:* partido y Estado en el régimen fascista. Buenos Aires: Siglo XXI, 2005.

JUDT, T. *Pós-guerra:* uma história da Europa desde 1945. Rio de Janeiro: Objetiva, 1983.

MALIA, M. *The soviet tragedy:* a history of socialism in Russia, 1917-1991. New York: The Free Press, 1994.

STOPPINO, M. Totalitarismo. In: BOBBIO, N.; MATTEUCCI, N.; PASQUINO, G. *Dicionário de política*. Brasília: Editora UnB, 2000. v. 2, p. 1247-1259.

Toyotismo

Marcia de Paula Leite

Forma de organização do trabalho e da produção introduzida por Eiji Toyoda, na fábrica de automóveis japonesa Toyota, no início da década de 1960. Também chamado de produção enxuta, o toyotismo foi-se tornando conhecido mundialmente com o desenvolvimento da indústria japonesa, substituindo paulatinamente as técnicas tayloristas-fordistas de organização do trabalho.

Estrutura-se a partir de três princípios básicos, que o distanciam das concepções anteriores de organização do trabalho:

• substitui a lógica da produção em massa de produtos estandardizados, pela produção variável, voltada às exigências do mercado, o que impõe uma importante necessidade de flexibilizar o processo produtivo;

• tende a focalizar a produção e terceiriza partes importantes do processo produtivo. O toyotismo tem sido responsável pela substituição das grandes empresas fordistas, rodeadas por seus fornecedores, por cadeias produtivas de pequenas, médias e grandes empresas, comandadas por uma empresa líder. Essa nova configuração produtiva vem também sendo chamada por alguns estudiosos de empresa em rede;

• substitui o princípio taylorista do *one best way* pela busca constante da melhoria do processo produtivo, o que implica nova lógica baseada na incorporação do conhecimento do trabalhador sobre a produção.

Esses princípios convergem para uma produção mais flexível do que a rigidez sobre a qual se assentaram os princípios tayloristas-fordistas. Tal flexibilidade é garantida por um conjunto de fatores que atuam concomitantemente: (i) busca da melhoria constante do processo produtivo, o que significa contínuas modificações na forma de produzir; (ii) produção variável, por lotes, com a consequente eliminação dos estoques; e (iii) empresa enxuta, muito menor que a empresa fordista, que se complementa com a produção de uma cadeia de fornecedores, organizada em diferentes níveis; as empresas da cadeia se relacionam por princípios de cooperação e confiança e, muitas vezes, até por inversões acionárias da empresa líder em seus fornecedores principais.

A flexibilidade constitui, portanto, um dos princípios fundamentais do toyotismo, o que o tornou uma forma de organização do trabalho e da produção muito mais adequada ao momento atual. Isto ocorre, seja porque permite às empresas melhor adaptação às flutuações da demanda – característica que se tornou frequente no mercado mundial após a crise do fordismo –, seja porque a própria inovação técnica representada pela tecnologia microeletrônica promoveu o surgimento de máquinas flexíveis, mais apropriadas a uma produção em contínua transformação. A ideia central do toyotismo consiste em produzir exatamente o que seja demandado, no momento certo e na quantidade exata; é o que se convencionou chamar de produção *just-in-time*.

Uma importante controvérsia relacionada ao toyotismo refere-se a determinar se o conceito pode ser entendido de forma mais ampla, como o fordismo, para designar um novo momento da acumulação capitalista. Embora seja utilizado por muitos autores com este sentido, tal entendimento não é consensual na bibliografia especializada.

O primeiro problema para o uso mais amplo do conceito consiste no fato de que o toyotismo, tal como empregado na Toyota, não se estendeu para as demais empresas, nem mesmo no Japão. De fato, há uma série de características centrais do modelo desenvolvido na Toyota que nunca chegaram a se universalizar. Entre as principais, destaca-se o emprego vitalício, adotado na Toyota e bastante disseminado no processo produtivo japonês, e que até hoje não é encontrado nos demais países industrializados.

Embora a cadeia de fornecimento baseada na cooperação, na confiança e em inversões acionárias comuns tenha-se universalizado no mundo industrial, as relações de competição continuam a predominar fora do Japão e as inversões acionárias comuns são muito raras.

Não se generalizaram as relações industriais baseadas no sindicato de empresa, totalmente vinculado aos interesses empresariais. Apesar da forte crise que o movimento sindical vem vivendo em nível mundial, não há nada que indique que o modelo europeu, norte-americano e mesmo brasileiro, de sindicatos por categoria, fortemente enraizados na base operária, venha a ser substituído por um sindicato cuja finalidade principal seja o desenvolvimento da empresa, em vez da representação dos interesses dos trabalhadores.

As implicações do toyotismo sobre os trabalhadores também são controversas. Por um lado, reconhece-se que ele permite maior participação da força de trabalho nas decisões, juntando processos que o taylorismo havia separado, o que sugere uma tendência à requalificação dos operários. Por outro lado, a focalização da produção e a terceirização de processos produtivos, intrínsecas ao modelo, já não apontam na mesma direção. Ao contrário, promovem uma divisão de trabalho no interior da cadeia de produção, em que a produção de maior conteúdo tecnológico fica, na maior parte dos casos, na ponta ocupada pela empresa líder e pelos fornecedores de primeiro nível, e a produção de peças simples e destituídas de conteúdo é concentrada na outra ponta. Esta última constitui a ponta precária, na qual se encontram trabalhadores desqualificados e mal remunerados, e na qual muitas vezes se concentra a mão de obra feminina e imigrante. Ademais, o processo de focalização da produção e a terceirização vêm promovendo uma terceirização muito acentuada também dos trabalhadores, que passam a ter que subordinar-se a condições de trabalho muito inferiores nas empresas que se encontram na ponta precária do processo produtivo, onde se difunde o trabalho mal pago e desqualificado. Como as empresas que se encontram na ponta virtuosa do processo promovem um contínuo processo de focalização e enxugamento, o emprego de qualidade vem-se tornando cada vez mais raro, enquanto aumenta na ponta precária. Essa tendência tem levado a um processo de precarização do trabalho (CASTEL, 1995).

A forte crise que a economia japonesa passou a atravessar desde meados dos anos 1990 arrefeceu drasticamente o entusiasmo inicial que o toyotismo havia despertado. Atualmente, muitos estudiosos preferem o conceito de acumulação flexível (HARVEY, 2003) para designar o atual modelo da acumulação capitalista. A vantagem do conceito de acumulação flexível é que ele enfatiza a flexibilidade do processo produtivo em todas as suas formas (na quantidade e na qualidade da produção, na variabilidade dos modelos, na forma de contratação da força de trabalho, no número de trabalhadores, nas formas de pagamento, na relação entre as empresas dos encadeamentos produtivos), descartando ao mesmo tempo aquilo que é específico do toyotismo, tal como empregado no Japão ou mais especificamente na Toyota.

Ver: Fordismo; Organizações; Taylorismo

Referências Bibliográficas

CASTEL, R. *As metamorfoses da questão social:* uma crônica do salário. Petrópolis: Vozes, 1995.

HARVEY, D. *A condição pós-moderna.* 12. ed. São Paulo: Loyola, 2003.

Transferência de Renda Condicionada

Luciana de Barros Jaccoud

A expressão refere-se ao conjunto específico de programas governamentais que garantem o acesso de famílias pobres a benefícios monetários de natureza não contributiva. À diferença de outros programas de renda mínima, contudo, as transferências de renda condicionadas operam a partir da exigência de contrapartidas dos beneficiários. Seu objetivo não se limita à garantia de renda para o atendimento de necessidades básicas, mas visa também a induzir comportamentos, de modo a estimular o desenvolvimento de capacidades e ativos, visando à superação da condição de pobreza.

Os programas de transferência de renda condicionada (*conditioned cash transfer*, como conhecido na literatura internacional) pretendem combater a pobreza tendo como unidade de intervenção a família e, como estratégia, o desenvolvimento do seu capital humano. Abordando a pobreza a partir da falta de ativos (saúde, educação, qualificações, capital social, equipamentos, infraestrutura social, entre outros), sem os quais as oportunidades oferecidas pelo mercado e pela sociedade não podem ser aproveitadas (SEN, 2000), a perspectiva adotada propõe-se a enfrentar a reprodução intergeracional da pobreza por meio do investimento no desenvolvimento do capital humano das famílias pobres e, em especial, das crianças e jovens. É no sentido da promoção do capital humano que tais programas enfatizam as condicionalidades nos campos da saúde e educação, buscando promover o aumento da demanda dessas populações por aqueles serviços.

Além de ter como foco as famílias e de operar com condicionalidades, os programas de Transferência de Renda Condicionada dão ênfase à boa focalização dos beneficiários, visando atender aos efetivamente mais pobres. Nesse sentido, os instrumentos de focalização e, em especial, a definição das linhas de pobreza e sua operacionalização têm mobilizado grandes esforços institucionais e debates públicos. Mas a semelhança dos desenhos não impede uma expressiva diversidade entre as experiências nacionais. As diferenças dizem respeito não apenas às linhas de pobreza como ao valor e à duração do benefício, à definição das famílias a serem beneficiadas, às condicionalidades e ao controle de seu cumprimento.

Na América Latina, os programas de transferência de renda condicionada se expandiram rapidamente desde a década de 1990. São bons exemplos disso os Programas: Panes, no Uruguai; Chefes e Chefas de Domicílio, na Argentina; Puentes, no Chile; Famílias em Ação, na Colômbia; Bônus de Desenvolvimento Humano, no Equador. Além desses, destacam-se também o Programa Oportunidades/Progresa, no México e o Bolsa Família, no Brasil, os mais antigos e de mais ampla cobertura. O movimento de adoção dessa nova modalidade de política foi largamente incentivado pelas críticas então formuladas aos sistemas de proteção social na região, avaliados como caros e ineficientes. Em vários países, a proposta de implementação desses programas foi acompanhada da expectativa de que pudessem substituir o conjunto de programas de garantia de renda previamente existentes.

Os programas de transferência de renda condicionada têm sido considerados positivos devido ao seu baixo custo, à operacionalização de critérios transparentes, à minimização do clientelismo e ao alcance dos mais pobres. Seus resultados são objeto de frequentes avaliações, que invariavelmente destacam seu efetivo impacto na redução da pobreza e da desigualdade de renda e na promoção do acesso aos serviços de saúde e educação. Contudo, muitos problemas continuam a ser identificados. Provavelmente o maior dos desafios encontrados refere-se ao tempo de permanência das famílias nos programas. O receio de que o programa promova a dependência das famílias induz muitos países a determinar períodos máximos de permanência, em geral fixados entre dois ou três anos. A expectativa de que a melhoria das condições de vida das famílias permitiria sua autonomia no menor tempo possível não se tem concretizado, além de não se mostrar compatível com a perspectiva de desenvolvimento do capital humano, em especial no que diz respeito à escolarização das crianças e jovens.

Apesar dos resultados positivos, as críticas vêm acompanhando os programas de transferência de renda condicionada. Entre elas, algumas observam que os programas não influenciam a oferta dos serviços e a dinâmica da oferta de oportunidades no âmbito do mercado de trabalho, tendo impacto limitado na ampliação de oportunidades às famílias pobres. Outras afirmam que eles, ao não se ocuparem do conjunto da população e nem se articularem com os diferentes segmentos da sociedade, ampliariam a responsabilização individual e a privatização da proteção social, favorecendo a fragmentação do tecido social e enfraquecendo a coesão da sociedade. Para os defensores de uma perspectiva universalista, ao não se instituírem como direitos sociais, tais programas não favorecem a consolidação da cidadania e o fortalecimento dos sistemas de proteção social, e seus impactos podem ser negativos, ao instalar uma dependência em relação ao Estado, não compensada pela operação de políticas ditas estruturais que promovam efetivamente a autonomia das famílias beneficiárias.

Ver: Assistencialismo; Capital Social; Garantia de Renda; Índice de Desenvolvimento Humano (IDH); Política Social; Renda Mínima

Referências Bibliográficas

FILGUEIRA, F. et al. Universalismo básico: uma alternativa posible y necesaria para mejorar las condiciones de vida. In: MOLINA, C. *Universalismo básico:* una nueva política social para América Latina. Washington: Banco Interamericano de Desarrollo, 2006.

SEN, A. *Desenvolvimento como liberdade*. São Paulo: Companhia das Letras, 2000.

SOARES, F. V.; BRITTO, T. Dores do crescimento desafios--chave para novos programas de transferência de renda condicionada na América Latina. *One Pager Portuguese*, Brasília, DF, n. 44, ago. 2008.

SOARES, S. et al. *Programas de tranferência condicionada de renda no Brasil, Chile e México:* impactos sobre a desigualdade. Brasília, DF: Ipea, 2007. (Texto para discussão, n. 1293.)

VILLATOROS, P. *Las transferencias condicionadas en América Latina*: de luces y sombras. Brasília, DF: Cepal/Ipea, 2007.

Transformismo

Ver: Modernização Conservadora

Tribunal de Contas

Bruno Lopes Correia
Fernando Manzieri Heder
João Pedro Sholl Cintra

O Tribunal de Contas é um órgão público que auxilia o Poder Legislativo na fiscalização contábil, financeira, orçamentária, operacional e patrimonial da União, dos estados e dos municípios, bem como de suas entidades da administração direta e indireta, quanto a legalidade, legitimidade, economicidade, aplicação das subvenções e renúncia de receitas. Essa atividade é denominada *controle externo*. Cada esfera de governo – Congresso Nacional, Assembleias Legislativas Estaduais e Câmaras Municipais – possui seu próprio Tribunal de Contas, obrigatório para os estados e para a União e facultativo para os municípios. Quando um município não possui um Tribunal de Contas próprio, é o TCE que faz o controle de suas contas.

Embora o nome sugira que faça parte do Poder Judiciário, o Tribunal de Contas no Brasil está administrativamente enquadrado no Poder Legislativo. Já em outros países, essa corte pode integrar qualquer dos outros dois poderes. Não há submissão entre o órgão legislativo de determinada esfera e o tribunal de contas correspondente, pois cada qual detém prerrogativas próprias. Por não ser parte do Poder Judiciário, suas decisões são apenas administrativas e não possuem respaldo jurídico – por isso, em regra, suas decisões são passíveis de recurso.

A história do Tribunal de Contas no Brasil começa com a chegada da família real e a transferência da Corte portuguesa para o Brasil, quando são introduzidos no país todos os serviços de governo e administração pública. Dentre as medidas adotadas, foi criado, em 28 de julho de 1808, o Erário-Régio, encarregado da guarda dos tesouros reais, e o Conselho da Fazenda, responsável pelo controle dos gastos públicos, sendo esse órgão considerado o embrião do Tribunal de Contas.

A Constituição brasileira de 1824, a primeira após a independência do país, rezava que a apreciação das contas públicas dar-se-ia mediante a apresentação na Câmara dos Deputados de um balanço geral da receita e da despesa do Tesouro Nacional do ano antecedente e, igualmente, o orçamento geral de todas as despesas públicas do ano futuro e da importância de todas as contribuições e rendas públicas. Caberia à Câmara dos Deputados, por sua vez, o exame da administração passada e a reforma dos abusos a ela introduzidos.

Ao longo do Segundo Reinado, já desde 1826, diversos deputados defenderam a criação de um tribunal fiscalizador das contas públicas. Foi somente com a República, entretanto, que foi instituído no Brasil um tribunal de contas, seguindo os modelos francês (poder constitucional) ou belga (registro e momento controle), mediante o Decreto-lei n. 966-A, de 7 de novembro de 1890. Mas esse não foi regulamentado, até que com a Carta Magna de 1891 o Tribunal de Contas passou a ser preceito constitucional, *in verbis*: “Art. 81 – É instituído um Tribunal de Contas para liquidar as contas da receita e despesa e verificar a sua legalidade, antes de serem prestadas ao Congresso. Os membros deste Tribunal serão nomeados pelo Presidente da República, com aprovação do Senado, e somente perderão os seus lugares por sentença".

Anos mais tarde, na Constituição de 1934, o Tribunal recebeu, dentre outras, as seguintes atribuições: proceder ao acompanhamento da execução orçamentária, registrar previamente as despesas e os contratos, julgar as contas dos responsáveis por bens e dinheiro públicos, assim como apresentar parecer prévio sobre as contas do presidente da República para posterior encaminhamento à Câmara dos Deputados. Com exceção do parecer prévio sobre as contas presidenciais, todas as demais atribuições do Tribunal foram mantidas pela Carta de 1937.

A Constituição de 1967 retirou do Tribunal o exame e o julgamento prévio dos atos e dos contratos geradores de despesas, sem prejuízo da competência para apontar falhas e irregularidades que, se não sanadas, seriam, então, objeto de representação ao Congresso Nacional. Eliminou-se, também, o julgamento da legalidade de concessões de aposentadorias, reformas e pensões, ficando a cargo do Tribunal, tão somente, a apreciação da legalidade para fins de registro. O processo de fiscalização financeira e orçamentária passou por completa reforma nessa etapa. Como inovação, deu-se incumbência ao Tribunal para o exercício de auditoria financeira e orçamentária sobre as contas das unidades dos três poderes da União, instituindo, desde então, os sistemas de controle externo, a cargo do Congresso Nacional, com auxílio da Corte de Contas, e de controle interno, este exercido pelo Poder Executivo (Controladoria Geral da União – CGU) e destinado a criar condições para um controle externo eficaz.

Finalmente, com a Constituição de 1988, o Tribunal de Contas da União teve sua jurisdição e sua competência substancialmente ampliadas. Isso se deveu, em grande parte, ao expressivo conjunto de atribuições que a Carta Constitucional conferiu ao Poder Legislativo e, por consequência, ao Tribunal. Aliou-se a competência de fiscal da legalidade dos gastos públicos e de avaliador do desempenho operacional dos órgãos e entidades sob sua jurisdição. Desse modo, o Tribunal de Contas passava a acompanhar a eficiência e a eficácia da gestão governamental, além de ver reforçadas suas funções fiscalizadoras, juridicantes e punitivas.

A estrutura organizacional do Tribunal de Contas da União, contemporaneamente, é integrada por nove ministros, todos nomeados pelo presidente da República mediante aprovação do Senado Federal. Destes, três são de escolha do presidente da

República: um auditor, um membro do Ministério Público no TCU e um de sua livre opção; os dois terços restantes cabem ao Congresso Nacional indicar.

De modo geral, os Tribunais de Contas dos Estados (TCEs) e dos Municípios (TCMs) se adaptam ao modelo da União, por exemplo: a Constituição atual do Estado de São Paulo estabelece que a nomeação dos conselheiros (equivalentes aos ministros do TCU) compete ao governador e à Assembleia Legislativa, sendo dois indicados pelo Tribunal ao governador e quatro escolhidos sem limitações pela Assembleia. O sétimo é, alternadamente, escolhido uma vez pelo governador e duas vezes pela Assembleia, dentro dos mesmos critérios.

As instâncias máximas do corpo deliberativo, e as formas pela quais assume sua competência decisória, são o Plenário e as duas câmaras. O primeiro é constituído por todos os ministros e presidido pelo ministro-presidente do Tribunal; as câmaras, por quatro ministros e um ou mais auditores. Desse modo, referimo-nos a forma de tomada de decisões de dupla intenção institucional; isto é, de um lado, protegendo os controladores de eventuais retaliações externas pela decisão coletiva; e de outro, aumentando o grau de complexidade das avaliações, neutralizando a capacidade de ingerência política mediante a divisão do poder decisório entre a cúpula e o corpo profissional e incentivando, simultaneamente, a criação de uma identidade em torno dos valores financeiro-patrimoniais da instituição.

No que diz respeito a garantias, prerrogativas e impedimento, ficaram os membros do Tribunal de Contas equiparados aos ministros do Superior Tribunal de Justiça.

Nos termos da atual Constituição Federal, compete ao Tribunal de Contas da União, no auxílio ao Congresso Nacional, exercer a fiscalização contábil, financeira, orçamentária, operacional e patrimonial da União e das entidades da administração direta e indireta, quanto à legalidade, à legitimidade e à economicidade, e a fiscalização da aplicação das subvenções e da renúncia de receitas. Qualquer pessoa física ou jurídica, pública ou privada, que utilize, arrecade, guarde, gerencie ou administre dinheiros, bens e valores públicos ou pelos quais a União responda, ou que, em nome desta, assuma obrigações de natureza pecuniária, tem o dever de prestar contas ao TCU. Tal extensão representou grande avanço no controle de empresas que se relacionem contratualmente com a União.

Como inovação, a fiscalização ficou estendida às contas nacionais das empresas supranacionais de cujo capital a União participe de forma direta ou indireta, além da aplicação de quaisquer recursos repassados pela União aos estados, Distrito Federal ou municípios, seja qual for a forma do instrumento celebrado. Com relação a estes últimos, a fiscalização a cargo do Tribunal se efetiva por meio do exame das prestações e tomadas de contas dos órgãos repassadores dos recursos federais, além de inspeções e auditorias realizadas nos casos de denúncias ou indícios de irregularidades.

Relativamente ao acompanhamento e à fiscalização da execução orçamentária, a nova Carta de 1988 manteve a prerrogativa do Tribunal de Contas, de realizar inspeções, agora por iniciativa própria, da Câmara dos Deputados, do Senado Federal ou comissão de inquérito ou técnica. A atual Constituição também estabeleceu que qualquer cidadão, político, partido, associação ou sindicato é parte legítima, na forma da lei, para denunciar irregularidades ou ilegalidades perante o Tribunal de Contas. Com tal atribuição, reforça sobremodo a competência do Tribunal, além de aproximar o controle da administração pública do cidadão-contribuinte. Do resultado obtido nas auditorias e inspeções realizadas, bem como da fiscalização exercida em suas diferentes modalidades, compete-lhe prestar as informações solicitadas por qualquer das casas do Congresso Nacional ou de suas comissões.

Ver: Administração Pública; Controle/Controle Social; Corrupção; Estado; Governo

Referências Bibliográficas

DEBES, C. *Tribunal de Contas:* uma instituição. São Paulo, 1990. (Edição comemorativa do Centenário da criação do Tribunal de Contas no Brasil.)

SANCHEZ, O. Tribunal de Contas do Estado de São Paulo: primeira fase - 1924 a 1930. *Revista do Tribunal de Contas do Estado de São Paulo,* São Paulo, n. 60, p. 27-36, ago./set. 1989.

SILVA, A. A. C. *O Tribunal de Contas da União na história do Brasil:* evolução política e administrativa (1890-1998).

V

Veto Players

Marco Aurélio Nogueira

Referenciado basicamente pelos trabalhos de George Tsebelis, o conceito de *veto player* diz respeito aos agentes e atores individuais ou coletivos cuja concordância é necessária para que se tome uma decisão política. Reflete, portanto, uma operação de bloqueio ou inviabilização de decisões, ainda que também possa ser valorizado pelo lado mais positivo da influência e do poder de condicionamento que aqueles agentes ou atores exercem em processos decisórios. Sem a concordância desses atores, mudanças tenderiam a ficar bloqueadas e decisões não seriam tomadas. Tratar-se-ia, portanto, de atores com poder de agenda, com capacidade de interferir de modo decisivo na formatação de uma agenda pública ou governamental (TSEBELIS, 2002).

Sendo necessária, uma tradução literal poderia sugerir a expressão "jogadores com poder de veto".

Tsebelis escreveu pensando em compreender as instituições políticas: "como pensamos sobre elas de maneira consistente em diferentes países, como elas afetam as políticas e como afetam outras características importantes de um sistema político, como a estabilidade dos governos e o papel do Poder Judiciário e das burocracias" (TSEBELIS, 2002). Sua teoria parte do suposto de que toda análise política interessa-se pela compreensão do papel dos representantes eleitos, pela identificação de quem toma as decisões e pela apreensão das fontes de legitimidade. A questão seria sempre a de descobrir a capacidade decisória de um sistema político, ou seja, sua capacidade de resolver problemas à medida que surgem. Os sistemas podem ou não ter potencial para processar mudanças, quer dizer, para adotar ou não políticas que alterem o *status quo*. Na ausência desse potencial, ter-se-ia uma situação de estabilidade das políticas, que não se confundiria com estabilidade do governo ou estabilidade do regime.

O conceito de *veto player* foi proposto como o principal instrumento dessa análise institucional. Para Tsebelis, por exemplo, a maior ou menor estabilidade das políticas está em sintonia com o número e o perfil dos *players* que precisam entrar em acordo para que o processo decisório tenha desfecho positivo. Múltiplas operações cruzadas de veto podem impossibilitar a mudança política e, com isso, ensejar até mesmo a instabilidade governamental ou a crise do sistema.

Tsebelis e seguidores preveem uma abordagem detalhada das operações de veto, com a especificação da relevância da própria decisão, dos interesses e das motivações daqueles que pesam no processo decisório. Há também nessa corrente uma perspectiva de análise comparativa, na medida em que cada sistema político produz particulares configurações de *veto players*. Na sua categorização, faz-se uma distinção entre *veto players* que têm poder institucional (o presidente de uma República ou o Congresso Nacional, por exemplo, típicos dos sistemas presidenciais) e outros que atuam como estruturas partidárias (*partisan veto players*), dotadas de maior dinamismo e imprevisibilidade e por isso mesmo mais desafiadores em termos analíticos. "Os sistemas Westminster, os sistemas de partido dominante e os governos minoritários de partido único têm apenas um *veto player*, ao passo que coalizões partidárias nos sistemas parlamentaristas e nos sistemas presidencialistas ou federativos têm múltiplos *veto players*. O potencial para mudar a política diminui conforme o número de *veto players*, a falta de congruência entre eles (diferenças entre suas posições políticas) e sua coesão (semelhanças de posições políticas entre as unidades que os constituem)" (TSEBELIS, 1997).

A abordagem não distingue entre regimes presidencialistas e parlamentaristas, entre bicameralismo e unicameralismo, ou entre sistemas bipartidários e pluripartidários. Tais dicotomias não influenciam a estabilidade das políticas de modo inequívoco, mas suas combinações (assim como outras variáveis) determinam as três variáveis independentes do estudo, as quais, por sua vez, afetam a estabilidade da política pública.

Ao buscar entender a "lógica dos processos decisórios", sua análise conclui que a ocorrência de uma mudança no *status quo* depende da concordância de certo número de *veto players*, avaliados por seu número, sua congruência e sua coesão. A abordagem não distingue entre regimes presidencialistas e parlamentaristas, entre bicameralismo e unicameralismo, ou entre sistemas bipartidários e pluripartidários, sem que se desprezem as diferenças entre eles. A tendência presente em todas as situações é de que a estabilidade das políticas públicas aumenta quando aumenta o número dos *veto players*, quando sua congruência diminui e sua coesão cresce. Em suas palavras, "os sistemas presidencialistas (que têm múltiplos *veto players* institucionais) apresentam características de estabilidade do processo de formulação de políticas muito semelhantes às dos governos de coalizão nos sistemas parlamentaristas (que têm múltiplos *veto players* partidários). Essas características comuns aos sistemas presidencialista e parlamentarista pluripartidário contrastam com as dos sistemas bipartidários, dos governos de partido dominante ou dos governos minoritários nas democracias parlamentaristas (que têm um único *veto player*)" (TSEBELIS, 1997).

Valendo-se da teoria dos jogos e da escolha racional, Tsebelis acredita ser possível estabelecer um ponto ótimo (por ele chamado de "ponto ideal") no espaço político dimensional ou multidimensional, que os atores tenderiam a tomar como referência para tentar dele aproximar o mais possível a decisão coletiva final. Em sua concepção, esse seria um expediente analítico importante para que se possa melhorar a avaliação das condições de estabilidade e de formação de consensos em determinadas situações.

Ver: Conflito Social; Elites; Governo; Recursos de Poder

Referências Bibliográficas

DOWNS, A. *Uma teoria econômica da democracia*. São Paulo: Edusp, 1999.

LIMONGI, F. O novo institucionalismo e os estudos legislativos: a literatura norte-americana recente. *BIB - Revista Brasileira de Informação Bibliográfica em Ciências Sociais*, Rio de Janeiro, n. 37, p. 3-38, jan./jun. 1994.

MARCH, J.; OLSEN, J. *Rediscovering institution:* the organizational basis of politcs. New York: Free Press, 1989.

MULLER, G. Representação política: neoinstitucionalismo em perspectiva comparada. *Revista Brasileira de Ciências Sociais*, São Paulo, v. 24, n. 69, p. 115-127, 2009.

SOUSA, A. C. A.; COSTA, N. R. Ação coletiva e veto em política pública: o caso do saneamento no Brasil (1998-2002). *Ciência & Saúde Coletiva*, Rio de Janeiro, v. 16, n. 8, p. 3541-3552, ago. 2011.

TSEBELIS, G. Processo decisório em sistemas políticos: *veto players* no presidencialismo, parlamentarismo, multicameralismo e pluripartidarismo. *Revista Brasileira de Ciências Sociais*, São Paulo, v.12, n. 34, p. 89-117, jun. 1997.

______. *Jogos ocultos:* escolha racional no campo da política comparada. São Paulo: Edusp, 1998.

______. *Veto players:* how political institutions work. New Jersey: Princeton University Press, 2002.

Voluntariado

Carla Giani Martelli

Seguindo uma definição genérica, voluntariado refere-se ao conjunto das pessoas que agem espontaneamente, sem coação de nenhuma espécie, visando a um fim externo a seus interesses individuais. O voluntário dedica parte de seu tempo, trabalho, talento ou conhecimentos, sem remuneração, tanto a inquietações e motivações pessoais (de caráter religioso, cultural, filosófico, político, ético ou moral), quanto a necessidades do próximo ou a imperativos de uma causa.

Ações voluntárias são muito variadas e recobrem um vasto terreno. Qualquer tentativa de fixar tipologias nesse campo parte da consideração de alguns pressupostos essenciais:

1) o grau de comprometimento – ações mais permanentes, que implicam maiores compromissos, requerem um determinado tipo de voluntário e podem levá-lo, inclusive, a uma "profissionalização voluntária", ao passo que ações mais pontuais, esporádicas, mobilizam voluntários de tipo diverso;

2) as formas de atuação – voluntários que realizam ações individuais, os que participam de campanhas, os que se juntam a grupos comunitários engajados em trabalhos para suprir necessidades específicas da comunidade, os que trabalham em organiza-

ções sociais, participando de projetos públicos junto a secretarias municipais e estaduais;

3) as formas de organização – voluntários podem constituir grupos formais organizados segundo regras reconhecidas e compartilhadas que definem os fins, os poderes e os procedimentos dos participantes. As *associações voluntárias* podem diferir umas das outras levando em conta o grau de organização, os critérios de recrutamento dos membros, o nível de envolvimento pessoal. São classificadas a partir das principais funções que desempenham ou pelos interesses que as originaram.

O associacionismo voluntário é uma manifestação importante das sociedades modernas, sempre mais complexas e marcadas pela multiplicação de relações de interdependência entre seus membros. Os processos de industrialização e urbanização, juntamente com a disseminação da democracia, são apontados como responsáveis pelo desenvolvimento da atividade voluntária organizada no mundo.

No Brasil, as atividades voluntárias ganharam maior organização e expressão no século 20. No início do século, são exemplares os trabalhos da Cruz Vermelha e do Escotismo. Um passo importante foi dado em 1935 com a promulgação da *Lei de Declaração de Utilidade Pública*, que regulamentou a relação do Estado com as instituições filantrópicas. Entre as décadas de 1940 e 1980 destacaram-se a Legião Brasileira de Assistência, a Associação de Pais e Amigos dos Excepcionais (Apae), o Projeto Rondon e a Pastoral da Criança.

Os anos de 1990 costumam ser considerados a grande década do voluntariado no Brasil por duas razões principais. Uma delas é o contexto de globalização econômica e de acirramento da concorrência em nível global, que passaram a exigir novos posicionamentos no mundo empresarial. Muitas empresas assumiram posturas distintas na gestão de negócios, colocando em pauta a questão do voluntariado empresarial e a da responsabilidade social, num novo compromisso com a ética e o desenvolvimento sustentável. A segunda razão tem a ver com o debate sobre a crise e a reforma do Estado, que valorizou sobremaneira a sociedade civil como *locus* de formas associativas capazes de colaborar no desempenho de certas atribuições governamentais. Os idealizadores da reforma defenderam, também, que os recursos financeiros públicos deveriam ser compostos tanto pelo que derivasse das receitas fiscais, quanto por recursos aportados pela própria sociedade. Doações privadas para atividades com fim público, trabalho voluntário e a atuação social das empresas deveriam ser transformados em insumos para o desenvolvimento. O voluntariado, assim como o trabalho realizado pelo terceiro setor, passou a ser concebido como importante meio de canalização de energias e recursos.

O Programa Comunidade Solidária, criado em 1995, é expressão da importância que a ideia de solidariedade e de trabalho voluntário assumiria a partir de então. Os Centros de Voluntariado do Brasil, criados em 1997, tiveram papel crucial na consolidação da cultura do voluntariado. Mas a consagração da atividade voluntária veio com a "Lei do Voluntariado", Lei n. 9.608, promulgada em 1998, tendo como objetivo regular e incentivar a prática do voluntariado. Nos termos dessa lei, voluntariado é "a atividade não remunerada, prestada por pessoa física a entidade pública de qualquer natureza, ou instituição privada de fins não lucrativos, que tenha objetivos cívicos, culturais, educacionais, científicos, recreativos ou de assistência social, inclusive mutualidade". Essa lei não trata de contratos de trabalho, mas de "termo de adesão": o serviço voluntário "não gera vínculo empregatício, nem obrigação de natureza trabalhista, previdenciária ou afim".

O novo marco legal consagra o entendimento de que o voluntariado, para além do caráter assistencialista, passa a ser fortemente incentivado como um importante "parceiro do Estado" no atendimento das necessidades da população e no desenvolvimento sustentável do país. Iniciativas cidadãs, sobretudo as que tenham fins públicos e não lucrativos, são cada vez mais estimuladas como forma de otimizar os esforços e ampliar a base de recursos. O capital social, fruto de associacionismo, confiança e cooperação, passou a ser considerado estratégico para o desenvolvimento do país.

Ver: Movimentos Sociais; Organizações Não Governamentais (ONGs); Sociedade Civil; Terceiro Setor; *Welfare State*

Referências Bibliográficas

CORULLÓN, M. B. G.; MEDEIROS FILHO, B. *Voluntariado na empresa:* gestão eficiente da participação cidadã. São Paulo: Tora Fundação Peirópolis, 2002.

LANDIM, L.; SCALON, M. C. *Doações e trabalho voluntário no Brasil:* uma pesquisa. Rio de Janeiro: 7Letras, 2000.

OLIVEIRA, A. C. *Construindo um marco regulatório para a consolidação do setor privado não lucrativo e de fins públicos no Brasil*. Brasília: Conselho Comunidade Solidária, 1996.

PEREZ, C.; JUNQUEIRA, L. (Orgs.). *Voluntariado e gestão de políticas sociais*. São Paulo: Futura, 2002.

SELLI, L.; GARRAFA, V. Solidariedade crítica e voluntariado orgânico: outras possibilidades de intervenção societária. *História, Ciências, Saúde*, Manguinhos, v.13, n.2, p. 239-251, abr.- jun. 2006.

Vulnerabilidade

Geraldo Di Giovanni

Luísa Valentini

Vulnerabilidade é um conceito que se refere a uma situação ou a um estado em que pessoas, famílias ou coletividades se encontram diante de riscos de natureza variada, sejam de origem natural, como a velhice, doença e o infortúnio, sejam de origem social, como o desemprego, a perda de renda e a inacessibilidade ao sistema de direitos.

Na literatura relativa à vulnerabilidade, diferentes disciplinas oferecem tratamentos diversificados a essa questão.

No campo da economia, costuma-se focalizar a vulnerabilidade especialmente a partir das variáveis renda e consumo, associando-a às condições gerais da pobreza. Nesse âmbito, desenvolveu-se uma visão técnica preocupada fundamentalmente em desenvolver métricas da vulnerabilidade; medidas que buscam oferecer critérios objetivos para a formulação, análise e avaliação de políticas públicas.

Já no campo da sociologia, costuma-se verificar uma crítica que aponta a insuficiência dos critérios estritamente econômicos para descrever as situações de vulnerabilidade e pobreza. Os sociólogos introduzem no debate novos critérios de definição, que incluem capacidades, perspectivas de subsistência, condições de vida e trabalho.

Nos estudos de saúde coletiva e nutrição, os critérios de definição da vulnerabilidade são fundamentalmente epidemiológicos e procuram estabelecer definições relativas a grupos, situações e comportamentos de risco, tratando o tema tanto de modo descritivo, quanto por intermédio de inferências relativas aos fatores presentes na configuração das situações de vulnerabilidade.

Nas ciências ambientais, por sua vez, o estudo da vulnerabilidade está sempre referido – nas informações mais recentes – à questão da mudança ambiental e das formas de relação sustentáveis com o meio ambiente.

Em todos os casos, no entanto, indivíduos, famílias ou coletividades são considerados vulneráveis na medida em que estão em situação de perder, no futuro imediato, suas condições de bem-estar. Tais condições, para configurarem uma situação vulnerável, devem estar abaixo da norma socialmente aceita. Assim, os graus de vulnerabilidade são definidos a partir das características do risco, cujo grau de controle é variável, *vis-à-vis* a capacidade, a habilidade e os recursos que os indivíduos, famílias ou coletividades dispõem para fazer frente a ele.

Atualmente, a atenção dos estudiosos tem-se voltado para a dinâmica do risco, no sentido de poder avaliar quanto e de que forma ele depende da ação humana. Tais estudos revelam âmbitos possíveis de ação para as políticas públicas, seja no campo da prevenção, seja do ângulo mais político da distribuição dos riscos no interior da sociedade.

Do ponto de vista das políticas públicas, o tratamento das situações de vulnerabilidade tem uma dinâmica que pode ser resumida da seguinte maneira:

1) identificação da presença de riscos, o que implica o estabelecimento

de uma "cadeia de riscos", relacionando-a, quando possível, às situações de vulnerabilidade;

2) estabelecimento da magnitude, frequência e duração, e história de cada risco em particular; e

3) escolha das opções de administração do risco, ou as respostas ao risco. Tais respostas podem ser produzidas:

a) ex-ante, reduzindo o risco, reduzindo a exposição ao risco, e organizando compensações para perdas consumadas; e

b) ex-post, investindo recursos de origem e natureza variados para compensação das perdas, e estabelecendo redes públicas de segurança capazes de absorver o impacto ocorrido.

Atualmente, a vulnerabilidade, nas várias acepções do termo, representa uma situação de ausência de direitos, na medida em que as sociedades contemporâneas dispõem de meios materiais, tecnológicos e de conhecimento para confrontar os efeitos inesperados e mesmo perversos da vida natural ou social.

Ver: Risco Epidemiológico; Riscos Tecnológicos; Sustentabilidade

Referências Bibliográficas

ABRAMOVAY, M. et al. *Juventude, violência e vulnerabilidade social na America Latina*: desafios para políticas públicas. Brasília: Unesco/BID, 2002.

ALWANG, J.; SIEGEL, P.; JØRGENSEN, S. L. *Vulnerability:* a view from different disciplines. Washington: The World Bank, 2001. (Social Protection Unit.) (Social Protection Discussion Paper Series.)

AYRES, J. R. C. M. et al. O conceito de vulnerabilidade e as práticas de saúde: novas perspectivas e desafios. In: CZERESNIA, D.; FREITAS, C. M. (Orgs.). *Promoção da saúde*: conceitos, reflexões, tendências. Rio de Janeiro: Fiocruz, 2003. p.117-39.

MOSER, C. The asset vulnerability framework: reassessing urban poverty reduction strategies. *World Development,* Washington, DC, v. 26, n. 1, p. 1-19, 1998.

W

Welfare State

Sonia Miriam Draibe

O *Welfare State* ou o Estado de bem-estar social é a forma histórica do Estado que, no capitalismo do pós-Segunda Guerra, possibilita o exercício dos direitos sociais, protege as pessoas dos riscos sociais correntes e, simultaneamente, estabelece limites aos efeitos socialmente diferenciadores do mercado. O *sistema nacional de proteção social* constitui a ossatura material e dinâmica que define e sustenta essa dimensão social do Estado.

Ao garantir um conjunto de benefícios aos que perderam a renda do trabalho – seguro-saúde, seguro-maternidade, indenizações por acidente de trabalho, aposentadorias, pensões e seguro-desemprego – e ao subtrair da forma mercantil pura os bens e serviços destinados à reprodução social – educação, assistência à saúde, alimentos, habitação, transportes coletivos, abrigos – o significado maior do *sistema de políticas sociais* próprio do *Welfare State* é o de assegurar o direito às condições básicas da vida, reduzindo e represando a força do mercado que, de outro modo, restringiria a entrada ou expulsaria recorrentemente da sociedade membros anteriormente incorporados.

Políticas e programas sociais de distinta natureza, dentre elas os seguros sociais, antecederam e preanunciaram, no tempo, o Estado de bem-estar social. Mas a novidade do segundo pós-Guerra, a novidade do *Welfare State*, foi a consolidação de um particular mecanismo de freios às forças brutas da desigualdade socialmente produzida pelo mercado, por meio de um sistema integrado de direitos e políticas sociais. É nesse sentido que o *Welfare State constitui a regulação social própria do capitalismo maduro*, nas fases do fordismo e pós-fordismo (AGLIETA, 1976; DRAIBE, 2007). Essa particular interação entre as esferas política e econômica põe em movimento mecanismos que, para além de garantirem uma sorte de salário indireto, operam como barreiras ao mercado, inibindo seu curso desenfreado e impedindo a autorregulação de que falava Polanyi (1980).

O sistema de políticas sociais próprio do *Welfare State* tem impactos complexos sobre o bem-estar das pessoas, as instituições e as relações socioeconômicas. No seu conjunto, as políticas sociais dizem respeito à *produção* (aumento do capital humano, da produtividade e minimização dos ciclos recessivos), à *reprodução* (compartilhamento das tarefas de cuidados com as crianças, jovens e idosos); à *proteção* (contra os efeitos perversos do mercado e das contingências próprias do ciclo de vida); e à *redistribuição* (promoção da equidade, da maior igualdade, da legitimação e coesão sociais) (UNRISD, 2007).

Por tudo isso, definir o *Welfare State* não é tarefa trivial. Talvez fosse até mais prudente concordar com Barr (2004, p. 5) que o "conceito de *Welfare State* resiste a uma precisa definição", tantas são as variáveis envolvidas na provisão do bem-estar e nas formas históricas que esta vem assumindo ao longo do tempo. De forma mais radical, no recentemente publicado *The Oxford handbook of the Welfare State*, em 48 capítulos, 876 páginas e mais de 60 autores, não se encontra nenhuma definição do objeto central do estudo (CASTLES et al., 2010).

Não faltam, entretanto, conceitos de *Welfare State* na vasta literatura que, desde os anos 1950, dedica-se ao tema. Talvez mais que em outros campos da sociologia e das políticas públicas, as incontáveis definições aí produzidas mostram uma extremada heterogeneidade, manifesta já na própria nomeação do objeto: *Welfare State*, Estado de bem-estar social, *L'état providence*, *Sozialstaat*, Estado social, Estado social de direito, Estado de bem-estar, Estado desenvolvimentista de bem-estar, denominações todas elas impregnadas de significados particulares. Neste verbete, optamos por usar indistintamente as duas primeiras denominações.

As diferenças conceituais longe estão de serem meramente formais e nem sempre se complementam entre si. O *Welfare State* é definido ora pelos seus objetivos, ora pela sua estrutura, ora pelas funções; pelas suas relações com o Estado, o mercado, a sociedade, a família; na sua origem, pela sua relação privilegiada ora com os assalariados, ora com as elites, ora com alianças entre esses atores principais (DRAIBE; AURELIANO, 1989). Tratando-se de fenômeno altamente complexo e que, ademais, passou por mudanças substantivas ao longo do tempo, as definições tendem a valorizar um ou alguns de seus conteúdos e dimensões, poucas vezes o conjunto, e segundo momentos particulares da trajetória do *Welfare State*. Naturalmente, variam as perspectivas conceituais, as definições tendendo a corresponder às duas grandes e hegemônicas matrizes teóricas do século 20, o weberianismo e o marxismo, ou a algumas de suas variações (ALBER, 1986). As maiores divergências, entretanto, dizem respeito a objetivos, princípios de justiça social e valores que, por sua vez, orientaram, na experiência histórica, a arquitetura dos diferentes padrões do *Welfare State*.

Necessidade, liberdade, igualdade, risco social, mérito são princípios e critérios morais que cercaram sempre as definições do *Welfare State*, dos seus objetivos, do seu público prioritário, dos seus escopos e limites. Quem são os que devem ser, prioritariamente, protegidos no *Welfare State*? Os mais necessitados? Os que se encontram em situação de emergência ou riscos sociais incontornáveis? Os que se encontram em situações de desigualdade com outros grupos sociais? Apenas os que merecem, e segundo seu mérito? Somente os que contribuem previamente para sua própria proteção? Ou, em sentido oposto a essas alternativas, a proteção social deve abranger todos os cidadãos, de modo universal e incondicional?

Apoiadas naqueles princípios e critérios, desde o final do século 19, as grandes e concorrentes concepções da sociedade – a conservadora, a liberal e ainda as perspectivas trabalhistas, socialistas e social-democratas – tenderam a responder a seu modo e sob suas marcas às questões sobre os objetivos e a organização da proteção social. Distinções desse tipo são difíceis de ser identificadas e longe estão de ser absolutas, mas é possível reconhecer determinados conjuntos de respostas que guardam coerência com aquelas grandes visões.

Assim, na *visão conservadora*, a proteção social tem por alvo todos os que, por alguma razão, encontram-se em situação de necessidade ou forte desigualdade social, mas objetiva também viabilizar os resultados futuros do esforço previdente das pessoas realizado no presente. O mérito é o principal critério de justiça social – recebe mais quem mais merece –, mas valores como altruísmo, reciprocidade, solidariedade, responsabilidade e observância de obrigações são decisivos, embora não exclusivos, dessa tradição orientada para a conservação do *status quo*. Na sua ação protetora e (limitadamente) redistributiva, a política social é valorizada e legitimada por contribuir com a manutenção da ordem social, uma vez que concorre para reduzir a ação desestabilizadora do individualismo e do mercado. Da regulação e da provisão social compartilham a família, em primeiro lugar, mas também a comunidade e, de modo complementar, o Estado, cujo papel se orienta pelo principio da subsidiariedade. O solidarismo e o comunitarismo cristão, presentes sobretudo nos países da Europa continental, soldaram os princípios da perspectiva conservadora no campo da política social.

Diferentemente, a liberdade individual e a valorização do mercado, como o mecanismo por excelência da alocação de recursos, constituem a pedra angular da *concepção liberal* da proteção social. É através da renda própria, auferida no mercado, que as pessoas devem adquirir os bens sociais, diretamente ou via seguros sociais. A provisão pública é legítima desde que se limite (temporariamente, de preferência) a assistir aos mais necessitados e incapazes de se proteger e às suas famílias, sempre que merecerem tal assistência. Nas suas formulações mais radicais, aproximando-se daquilo que tem sido chamado, criticamente, de Estado mínimo, a política social – nas palavras do conhecido economista Milton Friedman (1912-2006), influente teórico do liberalismo econômico e do monetarismo – deve no máximo suplementar a caridade privada e a família na proteção do "irresponsável", quer se trate de um insano ou de uma criança. O esforço individual, as famílias e as comunidades encarregam-se dos outros grupos sociais, enquanto a ação do Estado se mantém residual. Somente assim estariam sendo preservados os valores do "governo limitado" e do cidadão responsável e livre, não dependente das benesses públicas. Assim entendida, a política social não tem e não deve ter papel redistributivo; no máximo pode melhorar as oportunidades (através da educação básica, única concessão admitida pela tradição liberal).

Fabianos, socialistas, socialistas cristãos, trabalhistas, o republicanismo democrata e o pensamento social-democrata propriamente dito, várias correntes ideológicas contribuíram para a formação de nova perspectiva, que ganhou força e corpo dos anos 1930 em diante, com o fim da ordem liberal e as sucessivas mudanças no padrão de regulação e intervenção estatal. Em chave quase oposta ao liberalismo radical, a *tradição social-democrata* passou a postular uma política social com pretensões redistributivas, fundada no direito social, na lógica da solidariedade e na expansão da cidadania, depositando no Estado e na ação política laica e pública as expectativas de que as desigualdades de classe e outras, geradas pela própria sociedade, pudessem ser eliminadas ou pelo menos reduzidas. Equidade, igualdade de oportunidades e, no nível básico, igualdade de resultados, são princípios e critério orientadores de tal visão da política social. Família, sociedade civil, mercado são copartícipes da provisão social, mas cabe ao Estado não apenas a garantia legal e a regulação do sistema, mas também a progressiva liberação da carga social familiar, pressionada por demandas e riscos sociais cada vez mais complexos, dificilmente atendidos via mercado ou filantropia social. E o faz não em concorrência com o mercado, mas sim em interação, através de relações virtuosas, sob o suposto de que o progresso social acompanha e mesmo contribui para o crescimento econômico.

Desde os anos 1930, a construção dos Estados de bem-estar nacionais se fez sob a preponderância de uma dessas três correntes político-ideológicas, dando origem aos três padrões ou regimes de bem-estar mais à frente referidos. Dizemos predominância, porque é disso que se trata, já que, na margem, elementos de uma ou outra corrente podem conviver com a corrente principal; em outras palavras, não há um *Welfare State* liberal em estado puro, e o mesmo vale para seus congêneres, o conservador e o social-democrata. Isso porque, ao longo de suas evoluções, esses tipos diferentes tenderam a convergir, em algumas dimensões, impulsionados por processos de difusão internacional. Mas também porque compartilharam algumas dimensões sociais e valores característicos das grandes configurações histórico-institucionais presentes no ponto de partida do processo de modernização (THERBORN, 1995).

Tomem-se, por exemplo, os tradicionais sistemas de regulação familiar e demográfica presentes na região europeia mais desenvolvida e levados, em parte, às suas colônias do Novo Mundo. Do ponto de vista da provisão social, os sistemas de proteção social se erigem sobre uma dada divisão sexual do trabalho, que reflete na realidade a estrutura de poder predominante nas famílias. Na tradição europeia ocidental, o patriarcado, ou a família patriarcal, constituiu o modelo típico de família, fundada na superioridade hierárquica do homem sobre a mulher e reforçada ainda pelos valores religiosos cristãos, pela legislação e pelas tradições relativas ao matrimônio, sob a fórmula da divisão de papéis entre o *homem-provedor* e a *mulher-cuidadora*, padrão comum às três correntes ideológicas antes referidas (DRAIBE; RIESCO, 2006). Diferenciações se farão sentir ao longo da evolução dos sistemas de bem-estar, os de tipo liberal e conservador mais propensos à preservação desse padrão e, no caso do liberal, resistente também ao poder regulatório estatal sobre a família, enquanto o padrão social-democrata mostrou-se, com o tempo, mais flexível em direção à igualdade de gênero e à afirmação feminista dos direitos sociais.

A predominância de uma ou outra daquelas três grandes correntes ideológicas não evitou, naturalmente, que os Estados de bem-estar construídos desde meados do século passado se mostrassem como um colorido mosaico de diferenças, particularidades, variações. A redução de tais diferenças, através de tipologias que permitissem a análise comparada, esteve entre os primeiros passos dos estudos sobre o *Welfare State.*

Ja a tipologia inaugural de Titmuss, de 1958, abriu espaço à compreensão dos processos de emergência e configuração de distintos Estados de bem-estar, mas são os recentes estudos sobre "regimes de bem-estar" e as categorias teóricas de nível médio em que se baseiam (*middle-range categories*) que vêm permitindo examinar tanto as experiências do países desenvolvidos quanto as dos paises em desenvolvimento (TITMUSS, 1958).

Foi reconhecidamente o trabalho de Esping-Andersen (1990), que deu partida à nova geração de estudos comparados internacionais, apoiados direta ou indiretamente na sua tipologia dos três *regimes de bem-estar*, sob os quais se teria manifestado o Estado de bem-estar nos países desenvolvidos:

• o *regime liberal*, fundado em uma solidariedade de base individual, tem o mercado como seu lócus principal; o mercado predomina também na provisão social, da qual participam com menos peso a família e o Estado. Nesse regime se enquadrariam países como os Estados Unidos, o Canadá, a Austrália, a Nova Zelândia, a Irlanda e o Reino Unido;

• o *regime conservador-corporativo*, fundado em uma solidariedade de base familiar, caracteriza-se por uma provisão social na qual a família desempenha papel central, ante o caráter marginal do mercado e a ação subsidiária do Estado, tendo ainda por referências o *status*, o mérito e a sanção de atores coletivos e corporativos diferenciados. Países como Alemanha, Itália, França e outros da Europa continental exemplificariam esse regime; e

• o *regime social-democrata,* fundado em uma solidariedade de base universal, sendo o Estado o seu lócus principal, caracteriza-se ainda por uma composição da provisão social na qual o Estado tem papel central, ante as posições marginais da família e do mercado. Aqui se classificam tipicamente os países nórdicos, Suécia, Dinamarca, Noruega e Finlândia.

Quatro foram os critérios utilizados por Esping-Andersen para identificar e distinguir os regimes:

• lócus principal da solidariedade social;

• a relação público/privado na provisão social;

• o grau de *desmercantilização* (*de-commodification*) dos bens e serviços sociais – grau em que o Estado de bem-estar social enfraquece o vínculo monetário, garantindo o direito social independentemente da participação no mercado. Os bens e serviços sociais perderiam, sob tal mecanismo, parcial ou totalmente seu caráter de mercadoria (ESPING-ANDERSEN, 1999, p. 43); e

• o grau de *desfamiliarização* (*de-familiarisation*) – o grau de redução da dependência do indivíduo em relação à sua família, ou inversamente, o aumento da capacidade de comando do indivíduo sobre recursos econômicos, independentemente das reciprocidades familiares ou conjugais.

Gough (1999) didaticamente registra que, em termos esping-andersianos, um regime de bem-estar poderia ser equacionado como *Welfare regime* = *Welfare mix* + *welfare outcomes* + *stratification effects.*

A evolução conceitual e a colaboração de diferentes autores ampliaram os critérios definidores dos regimes, introduzindo outras variáveis e processos. Draibe e Riesco (2006) indicaram, de modo sucinto, as dimensões e critérios presentes na literatura e que, somados aos anteriores, definiriam um regime de bem-estar:

• um dado padrão de provisão social, ou seja, o modo combinado e interdependente como o bem-estar é produzido e distribuído entre o Estado, o mercado e a família. Frequentemente, soma-se um quarto componente, genericamente referido como "terceiro setor" (ou setor voluntário, ou a comunidade ou as organizações da "sociedade civil", ou enfim as organizações não governamentais, as ONG);

• certo modelo ou estrutura do sistema de políticas sociais, em geral constituído pelos programas de previdência social, pelos serviços de educação, saúde (mais ou menos universais), assistência social e programas (eventuais) de transferências monetárias a grupos sociais determinados;

• um modelo ou tipo predominante de família, segundo características da estrutura familiar de poder e divisão sexual de trabalho prevalecente;

• certos graus de independência ou autonomia do bem-estar das famílias e pessoas em relação ao mercado (*de-commodification*) e em relação aos sistemas domésticos de cuidados e proteção (*de-familiarisation*);

• um modelo dominante de solidariedade (individual, ou baseado no mérito ou universal) e o efeito resultante em termos do grau de estratificação social, isto é, em como e em que extensão o sistema de políticas sociais traduz, reforça ou reduz as desigualdades, os interesses e o poder na sociedade;

• um modelo dado de financiamento expressando todo o anterior: solidário ou não; voluntário ou compulsório; de base contributiva ou fiscal, ou distintas composições desses modelos;

• características e traços culturais, sistemas de valores, credos e regulações religiosas, em especial referidos à esfera familiar da reprodução social (as atividades de cuidados domésticos), à estrutura familiar de poder e à situação da mulher na sociedade, relativa ao trabalho remunerado e não remunerado;

• ideias, interesses e forças políticas dominantes na sociedade nas distintas etapas de emergência, desenvolvimento e mudanças dos sistemas nacionais de proteção social;

• condicionantes históricos e institucionais peculiares, segundo a compreensão de que o regime é condicionado pela trajetória (*path-dependent*), isto é, por estruturas institucionais e capacidades estatais pretéritas (*policy feedback*), refletindo em cada momento do tempo o poder relativo, as preferências e as decisões de diferentes grupos de interesse e coalisões políticas; e

• influências, efeitos e impactos do sistema internacional, seja mediante processos de difusão e aprendizagem institucional, seja mediante impulsos, incentivos ou vetos que favorecem ou inibem, nos países individuais, o desenvolvimento, as orientações e as mudanças de seus sistemas de políticas sociais. O sistema internacional opera então como janela de oportunidade para tais processos.

O processo de construção do Estado de bem-estar social desenvolve-se em três fases: *emergência*, *consolidação* e *expansão* (FLORA, 1986).

Emergência – a literatura corrente tende a indicar o período de Bismarck e sua política de previdência social como o início do *Welfare State* e, de fato, na sua história, a forte inovação institucional constituída pela introdução do seguro social é um marco ineludível. Definindo-se como a política social por excelência de proteção dos assalariados, os embrionários e fragmentados sistemas previdenciários, ao serem replicados país a país, marcarão, até os anos 1930, a emergência do *Welfare State.*

Consolidação – mas será apenas entre a Crise de 1930 e o imediato pós-Guerra, e em compasso com o novo padrão de regulação estatal sucessor da extinta ordem liberal, que as instituições de política social próprias do *Welfare State* se consolidarão. Tanto os sistemas de financiamento quanto as composições e parcerias dos sistemas de provisão adquirirão estabilidade e previsibilidade, conferindo características sistêmicas ao conjunto do gasto e dos serviços sociais. Sob distintos regimes e guardando relações de *policy coherence* com a política econômica, *consolida-se* o Estado de bem-estar social, tendo no sistema previdenciário um dos seus pilares principais.

Expansão – o período seguinte, entre os anos 1950 e 1980, de acelerada *expansão* dos sistemas nacionais de proteção social, corresponde ao auge, aos assim chamados "*30 anos gloriosos*" dos Estados de bem-estar social. Sua expansão se dá em dois sentidos. Ela é, primeiramente, *horizontal*, passando a integrar e proteger novas categorias sociais. A sequência histórica da incorporação é, em geral e sem grandes variações, a que se verificou na Europa Ocidental: trabalhadores dos setores públicos de infraestrutura (transportes, portos etc.), seguidos dos trabalhadores industriais; trabalhadores comerciais (transportes – exportação); trabalhadores comerciais (comércio em geral, bancos etc.); trabalhadores rurais; profissionais liberais; trabalhadores domésticos etc. Já a *expansão vertical* significou a cobertura, para os já protegidos, de outros ou novos riscos sociais que pressionam a renda familiar, como o nascimento e a criação de filhos pequenos e estudantes, o seguro-desemprego ou os próprios riscos da vida moderna e complexa, tais como novas necessidades familiares com habitação, aquecimento, transporte, lazer, cuidados com os idosos, dificuldades de acesso a programas universais. Em ambos os casos, trata-se de expansão do direito social, o que amplia, portanto, a cidadania social.

Tendências importantes dessa "universalização" da proteção social podem aqui ser lembradas: a extensão de benefícios para grupos não credenciados formalmente; um distanciamento progressivo entre a equação básica do seguro social – rendimentos *versus* contribuição *versus* benefícios –, com a introdução, por exemplo, de pensões mínimas; extensão temporal dos benefícios, devido às tendências demográficas; introdução de programas de renda mínima e capacitação para enfrentar o desemprego de longa duração, assim como, mais recentemente, expansão dos programas contra a pobreza. A cidadania social anunciada por Marshall teria então avançado em direção à cidadania salarial de que fala Robert Castel (1995).

A forte expansão do sistema expressou-se em acentuado crescimento do gasto social, que alcançou, ao final do período, patamares entre um quinto e um quarto do PIB nos países desenvolvidos, apoiado, desde logo, no forte crescimento econômico e na intensa extensão do assalariamento, que praticamente atingiu níveis de pleno emprego.

Antecedido pela visão otimista que, ao longo dos *trinta gloriosos*, compreendia como progressiva e tranquila a expansão do *Welfare State*, nos primeiros anos da década dos 1980, o debate sobre o futuro dos sistemas de bem-estar esteve fortemente marcado pelo pessimismo: conservadores ou progressistas, de distintos matizes e apelando para diferentes argumentos, tendiam a concordar que aquela que parecia ser a mais importante construção histórica do pós-guerra dos países industrializados – o Estado de bem-estar social – fundado sobre uma particular e fecunda aliança entre as políticas econômica e social, atingira seus limites, esgotara suas potencialidades. A crise dos 1970 e, mais à frente, a globalização e as fortes transformações das economias e do mundo do trabalho, ao pôr a nu todas as tensões estruturais do *Welfare State*, trouxeram também à tona argumentos negadores do mesmo, pelo fim dessa forma de regulação e, então, segundo os neoliberais e conservadores, por uma volta aos "sadios" mecanismos do mercado, ou pela edificação de uma nova estrutura, segundo os progressistas, mais próxima do que entendiam ser uma sociedade do bem-estar, assentada sobre novos tipos de sociabilidade e solidariedade (DRAIBE; HENRIQUE, 1988; DRAIBE, 1993).

Na verdade, a análise da crise é até hoje uma questão teórica aberta e mesmo o uso do conceito de crise tem sido posto em xeque. É preciso reconhecer, entretanto, que argumentos importantes têm sido expostos no amplo espectro ideológico em que se dá o debate a respeito. Os principais argumentos e interpretações afirmam que a crise:

- expressa a quebra do consenso político do pós-guerra, que colocou em relações virtuosas o capital e o trabalho;
- reflete as vigorosas mudanças no padrão de regulação social construído sob a forma de Estado de bem-estar social, no período dos *trinta gloriosos* e, em uma sorte de regressão social, a reposição da regra capitalista, momentaneamente interrompida naquela etapa;
- é consequência das *mudanças do mundo do trabalho* que acompanham a transformação produtiva: o desemprego estrutural, o subemprego, o emprego precário e de baixa qualidade, a informalização das relações de trabalho e outras mais, enfim, a redução do trabalho;

• corresponde ao esgotamento do padrão de acumulação capitalista e o estabelecimento de novas condições para o mesmo – recuperação da lucratividade por meio de um sistemático enfraquecimento do poder das organizações da classe operária, com diminuição dos direitos e da política social;

• é de natureza econômico-fiscal, resultado do excessivo peso do gasto público social, de efeito inflacionário, e da perda de competitividade das economias, dado o alto custo da mão de obra; em outra versão, afirma-se que a crise é parte da "crise fiscal do Estado", que se expressa no crescimento dos gastos públicos mais rápido que o meio de financiá-los.

Mas o anunciado fim do Estado de bem-estar não se concretizou, nos trinta anos seguintes aos primeiros diagnósticos de crise. Mesmo quando atacado ideologicamente e afetado significativamente pelas reformas de natureza liberal, suas estruturas e a base de direitos em que se firmam persistiram, resistindo e, de certa forma, adaptando-se às novas condições econômico-sociais que vêm acompanhando a globalização, e ainda às mudanças demográficas e culturais.

A tese de Paul Pierson de que o *Welfare State* passou não por um desmantelamento, antes por um *retrenchment* (PIERSON, 1994), reflete bem a realidade das transformações recentes. O período de crise e austeridade envolveu reduções de gasto e programas, em direção oposta ao período de expansão. Além das pressões econômicas, os Estados de bem-estar enfrentaram e enfrentam outros desafios igualmente importantes, emanados das alterações nas estruturas de riscos e necessidades das sociedades contemporâneas: mudanças demográficas e nas estruturas familiares; modificações das estruturas ocupacionais e transformações dos comportamentos e distribuição das atividades ao longo do curso de vida das pessoas (ESPING-ANDERSEN, 1995).

O *Welfare State* perdeu muito da generosidade que apresentava (ou ambicionava) na sua etapa áurea. Restrições no plano de benefícios previdenciários foram introduzidas na maior parte dos países, por exemplo, através do aumento do tempo de contribuição, aumento da idade mínima exigida para a aposentadoria, introdução de opções para aposentadorias precoces, com redução de valor etc. Também na política de saúde, o objetivo de redução de custos envolveu restrições seja pelo enrijecimento do acesso, seja pela redução dos reembolsos de consultas e medicamentos. Contrariamente, a expansão de programas assistenciais generalizou-se, e por várias razões: aumento do desemprego de longa duração; aumento e ou diversificação da pobreza; aumento da população não titulada para os programas relacionados ao emprego; modificações das estruturas familiares, com aumento das famílias monoparentais, sob chefia de mulheres não ou mal empregadas. Não se pode desconsiderar o fato de que, em geral, programas assistenciais envolvem algum grau de arbítrio e nem sempre correspondem a direitos.

A introdução ou ampliação de programas de capacitação e outros, voltados à inserção ou à reinserção no mercado de trabalho também generalizou-se, levando os analistas a cunharem de *Workfare State* o Estado de bem-estar redesenhado pelo assim chamado viés produtivista.

No plano da organização e do financiamento da provisão social, ampliaram-se as alternativas de descentralização, privatização, coparticipação, parcerias com organizações não governamentais. Essas são tendências em geral contraditórias, dado que não afetam igualmente todas as áreas sociais nem foram observadas do mesmo modo em todos os países e tipos de *Welfare State*.

Finalmente, o reforço do critério de gênero e a busca de políticas conciliatórias, para a mulher, entre trabalho remunerado e cuidados domésticos, têm estado entre essas principais tendências recentes de mudanças do *Welfare State*.

As transformações longe estão de serem triviais. Mas dificilmente se pode afirmar, a partir delas, um recuo significativo do *Welfare State* nem mesmo a supressão de suas características históricas. Se não, vejamos. Nas economias industrializadas, o gasto social manteve-se relativamente estável desde os anos 1980 e, na América Latina, desde meados dos anos 1990, superou seus níveis históricos. A participação do Estado na provisão social mudou apenas marginalmente, com poucas exceções. Por outro lado, é de se notar que, ainda que reformados, os regimes de bem-estar não perderam suas características distintivas, mesmo em casos de reformas quase radicais, como o foram as implementadas sob Reagan, Thatcher ou no Chile pinochetista. Finalmente, é importante ressaltar que o regime importa, isto é, embora se possa identificar tendências comuns, os regimes de bem-estar percorreram caminhos distintos, compondo de modo único e não repetitivo o cardápio de transformações disponíveis, em geral apresentados e receitados como modelos de uso geral.

Em relação a essa última constatação, Esping-Andersen identifica três diferentes respostas aos desafios econômicos e sociais enfrentados pelos países desenvolvidos, correspondentes aproximadamente aos regimes de bem-estar que antes qualificara: a rota escandinava optou por induzir o emprego no setor público; os países anglo-saxões favoreceram antes a estratégia de desregulamentação dos salários e do mercado de trabalho, combinada com certo grau de erosão do bem-estar; nos países da Europa continental, a estratégia foi a de induzir certa redução das ofertas de trabalho (ESPING-ANDERSEN, 1996).

Ver: Cidadão/Cidadania; Direitos Humanos; Estado; Proteção Social; Risco Social

Referências Bibliográficas

ALBER, J. *Dalla carita allo stato sociale*. Bologna: Il Mulino, 1986.

AGLIETA, M. *Régulation et crise du capitalisme:* l'experience des États-Unis. Paris: Calman-Levy, 1976.

BARR, N. *The economics of the Welfare State*. 4. ed. Oxford: Oxford University; Calif: Stanford University, 2004.

CASTEL, R. *Les métamorphoses de la question sociale, une chronique du salariat*. Paris: Fayard, 1995.

CASTLES, F. et al. *The Oxford handbook of the Welfare State*. London: Oxford University, 2010.

DRAIBE, S. M. As políticas sociais e o neoliberalismo. *Revista USP,* São Paulo, n. 17, p.86-101, 1993.

DRAIBE, S. M.; AURELIANO, L. A especificidade do "Welfare State" brasileiro. In: BRASIL. Ministério da Previdência e Assistência Social; Comissão Econômica Para a América Latina e o Caribe. *Projeto: a política social em tempo de crise*: articulação institucional descentralização. Brasília. p. 86-179. v. 1.

DRAIBE, S. M.; HENRIQUE, W. "Welfare State", crise e gestão da crise: um balanço da literatura internacional. *Revista Brasileira de Ciências Sociais*, São Paulo, v.3. n.6, p. 53-78, 1988.

DRAIBE, S. M.; RIESCO, M. *Estado de bienestar, desarrollo económico y ciudadanía:* algunas lecciones de la literatura contemporánea. Campinas, SP: Nepp, 2006. 61p. (Cadernos de Pesquisa Nepp-Unicamp, 77). (Cepal - Serie Estudios y Perspectivas. Sede Subregional de la Cepal en México, n.55).

ESPING-ANDERSEN, G. *The three worlds of welfare capitalism.* New Jersey: Princeton University, 1990.

______. (Ed.). *Welfare States in transition:* national adaptations in global economies. London: Sage, 1996.

FLORA, P. (Ed.). *Growth to limits*: the Western European Welfare States since World War II: Germany, United Kingdom, Ireland, Italy. Berlin: De Gruyter, 1986. v. 2. (European University Institute - Series C - Political and Social Sciences).

GOUGH, I. Welfare regimes: on adapting the framework to developing countries. University of Bath, 1999. (Global Social Policy Program - Working Paper, 1).

PIERSON, P. *Dismantling the Welfare State?* Cambridge: Cambridge University, 1994.

POLANYI, K. *A grande transformação*. Rio de Janeiro: Campus, 1980.

THERBORN, G. *European modernity and beyond:* the trajectory of european societies, 1945-2000. London: Sage, 1995.

TITMUSS, R. M. *Essays on the Welfare State*. London: Allen and Unwin, 1958.

UNRISD-UNITED NATIONS RESEARCH INSTITUTE FOR SOCIAL DEVELOPMENT. *Conference News. Financing Social Policy*, Geneva, July 2007. 19p. Report of the Unrisd International Workshop, 1-2 March 2007, Geneva (CN 18).

Sobre os autores

Adriana Nunes Ferreira
Professora do Instituto de Economia da Universidade Estadual de Campinas (IE/Unicamp)

Economia de Mercado; Mercado

Adriana Thomé Yázigi Abrão
Técnica e coordenadora de projetos de capacitação da Fundação do Desenvolvimento Administrativo (Fundap). Professora da Faculdade de Administração da Fundação Escola de Sociologia e Política de São Paulo (Fesp-SP).

Desenvolvimento Humano

Adriano Codato
Editor da *Revista de Sociologia e Política*. Professor de Ciência Política e coordenador do Núcleo de Pesquisa em Sociologia Política Brasileira na Universidade Federal do Paraná (UFPR).

Individualismo Metodológico; Sistema Político

Aldaíza Sposati
Professora titular do Programa de Estudos Pós-Graduados em Serviço Social da Pontifícia Universidade Católica (PUC-SP). Coordenadora do Núcleo de Estudos e Pesquisa em Seguridade e Assistência Social (Nepsas/PUC-SP) e do Centro de Estudos das Desigualdades Sócio-Territoriais (PUC-SP/Inpe).

Assistencialismo

Alessandro Ortuso
Economista. Mestre e doutor em Economia Social pela Unicamp. Professor da Faculdade de Campinas (Facamp).

Política Social

Alketa Peci
Professora adjunta e coordenadora do Mestrado em Administração Pública da Escola Brasileira de Administração Pública e de Empresas da Fundação Getulio Vargas (Ebape/FGV).

Regulação/Agências Reguladoras

Amélia Cohn

Socióloga. Professora aposentada da Universidade de São Paulo (USP). Docente do Programa de Mestrado em Saúde Coletiva (Unisantos). Pesquisadora do Centro de Estudos de Cultura Contemporânea (Cedec).

Reforma Sanitária; Risco Epidemiológico

Amilton Moretto

Professor do Instituto de Economia. Membro do Centro de Estudos Sindicais e de Economia do Trabalho (Cesit) da Universidade Estadual de Campinas (Unicamp).

Política de Emprego

Amir Antonio Khair

Engenheiro. Mestre em Finanças Públicas pela Escola de Administração de Empresas de São Paulo da Fundação Getulio Vargas (Eaesp/FGV). Ex--secretário de Finanças da Prefeitura de São Paulo (1989/92). Consultor na área fiscal, orçamentária e tributária.

Carga Tributária; Lei de Responsabilidade Fiscal; Política Fiscal; Responsabilidade Fiscal

Ana Amélia Camarano

Doutora em Estudos Populacionais pela London School of Economics, com pós-doutoramento na Nihon University, Tóquio/Japão. Técnica em pesquisa e planejamento do Instituto de Pesquisa Econômica Aplicada (Ipea) e coordenadora do grupo População e Cidadania da Diretoria de Estudos e Políticas Sociais (Disoc).

Envelhecimento Populacional

Ana Carolina Evangelista

Mestre e bacharel em Relações Internacionais pela Pontifícia Universidade Católica (PUC-SP). Ex-pesquisadora visitante no Institut d'Études Politiques de Paris – SciencesPo. Ex-assessora de relações internacionais da Prefeitura de São Paulo. Coordenadora de programas da Fundação Avina no Brasil.

Agenda 21; Cidades Inovadoras; Cidades Sustentáveis; Objetivos do Milênio

Ana Cláudia Capella

Doutora em Ciências Sociais pela Universidade Federal de São Carlos (UFSCar). Professora do Departamento de Administração Pública da Faculdade de Ciências e Letras da Universidade Estadual Paulista (Unesp) e professora colaboradora do Programa de Pós-Graduação em Ciência Política da Universidade Federal de São Carlos (UFSCar).

Agenda Setting

Ana Maria de Abreu Laurenza

Doutora e mestre em Ciências da Comunicação pela Universidade de São Paulo (USP).

Mass Media

Ana Rita Silva Sacramento

Doutora e mestre em Administração pela Escola de Administração da Universidade Federal da Bahia (EA/Ufba).

Gerencialismo; Patrimonialismo

Angela Randolpho Paiva

Doutora em Sociologia. Professora do Programa de Pós-Graduação em Ciências Sociais e diretora da Cátedra Fulbright da Pontifícia Universidade Católica do Rio de Janeiro (PUC-RJ).

Ação Afirmativa

Anselmo Luis dos Santos

Professor do Instituto de Economia da Unicamp e diretor-adjunto do Centro de Estudos Sindicais e de Economia do Trabalho (Cesit/IE/Unicamp).

Política de Salário Mínimo

Antônio Márcio Buainain

Professor livre-docente do Instituto de Economia da Universidade Estadual de Campinas (Unicamp). Pesquisador do Instituto Nacional de Ciência e Tecnologia em Políticas Públicas, Estratégias e Desenvolvimento (INCT-PPED) e do Núcleo de Economia Agrícola (NEA-Unicamp).

Políticas Agrícolas

Antonio Octavio Cintra

Consultor legislativo da Câmara dos Deputados, Área de Ciência Política. Ph.D. em Ciência Política pelo Massachusetts Institute of Technology. Mestre em Sociologia pela Facultad Latino-Americana de Ciencias Sociales.

Sistemas de Governo

Aparecida Neri de Souza

Socióloga. Docente do Departamento de Ciências Sociais da Faculdade de Educação da Universidade Estadual de Campinas (Unicamp). Pesquisadora do Grupo de Estudos e Pesquisas sobre Diferenciação Sociocultural (Gepedisc). Membro associado da equipe Genre, Travail, Mobilités (GTM), Centre de Recherche Sociologiques et Politiques de Paris (Cresppa), Centre National de Recherche Scientifique (CNRS). Pesquisadora do Conselho Nacional de Desenvolvimento Científico e Tecnológico (CNPq).

Habitus

Bernardo Mançano Fernandes

Professor do Programa de Pós-Graduação em Geografia da Universidade Estadual Paulista (Unesp). Coordenador da Cátedra Unesco de Educação do Campo e Desenvolvimento Territorial e vice-diretor do Instituto de Políticas Públicas e Relações Internacionais da Unesp.

Territorialidade

Bernardo Ricupero

Professor do Departamento de Ciência Política da Universidade de São Paulo (USP). Pesquisador do Centro de Estudos de Cultura Contemporânea (Cedec).

Nação/Nacionalismo

Bolívar Lamounier

Cientista político, Ph.D. pela Universidade da Califórnia, Los Angeles.

Reforma Política; Totalitarismo

Bruno Lazzarotti Diniz Costa

Doutor em Sociologia e Política, mestre em Sociologia e graduado em Ciências Sociais pela Universidade Federal de Minas Gerais (UFMG). Pesquisador pleno da Fundação João Pinheiro (MG).

Exclusão Social

BRUNO LOPES CORREIA
Mestrando em Ciências Sociais e Humanas pela UFABC. Graduado em Relações Internacionais (FASM) e em Gestão de Políticas Públicas (EACH/USP). Técnico em Planejamento e Gestão da Fundação do Desenvolvimento Administrativo (Fundap).
Tribunal de Contas

BRUNO P. W. REIS
Professor associado do Departamento de Ciência Política da Universidade Federal de Minas Gerais (UFMG). Secretário-adjunto da Associação Brasileira de Ciência Política (ABCP).
Arena Política

CAETANO E. PEREIRA DE ARAÚJO
Consultor legislativo do Senado Federal. Professor colaborador do Departamento de Sociologia da Universidade de Brasília (UnB).
Esquerda/Direita; Reformismo

CARLA BRONZO LADEIRA
Doutora em Sociologia e Política, mestre em Sociologia e graduada em Ciências Sociais pela Universidade Federal de Minas Gerais (UFMG). Pesquisadora e professora da Escola de Governo da Fundação João Pinheiro (MG).
Exclusão Social

CARLA GIANI MARTELLI
Doutora em Sociologia. Professora do Departamento de Antropologia, Política e Filosofia da Faculdade de Ciências e Letras da Universidade Estadual Paulista (Unesp).
***Empowerment*;**
Organizações Não Governamentais; Terceiro Setor; Voluntariado

CARLOS A. GADEA
Professor titular do Programa de Pós-Graduação em Ciências Sociais na Universidade do Vale do Rio dos Sinos (Unisinos). Pesquisador do Conselho Nacional de Desenvolvimento Científico e Tecnológico (CNPq).
Identidade Social

CARLOS AGUIAR DE MEDEIROS
Doutor em Ciência Econômica pela Universidade Estadual de Campinas (Unicamp). Professor associado da Universidade Federal do Rio de Janeiro (UFRJ).
Desenvolvimento

CARLOS ALBERTO MONTEIRO DE AGUIAR
Graduado em Administração Pública pela Fundação Getulio Vargas (FGV-SP), com especialização em Administração Pública pelo Institut International D'Administration Publique, França, e pela Escuela Nacional de Administración Pública, Espanha. Diretor técnico de Planejamento e Gestão Pública da Fundação do Desenvolvimento Administrativo (Fundap).
Administração Pública

CARLOS EDUARDO DE SOUZA E SILVA
Mestre em Ciência Política pela Universidade de Stanford, técnico em Planejamento e Gestão da Fundação do Desenvolvimento Administrativo (Fundap).
Gestão por Resultados

CARLOS ENRIQUE GUANZIROLI
Professor associado III da Faculdade de Economia da Universidade Federal Fluminense (UFF). Economista (Universidade de Buenos Aires, UBA).

Ph.D. pela University College London (UCL). Pós-Doutor pela University of California, Santa Cruz. Mestre em Planejamento Regional (Coppe/UFRJ).

Agricultura Familiar

Carlos Machado de Freitas

Pesquisador titular do Centro de Estudos da Saúde do Trabalhador e Ecologia Humana, Escola Nacional de Saúde Pública, Fundação Oswaldo Cruz.

Riscos Tecnológicos

Carlota Boto

Doutora em História Social pela Faculdade de Filosofia, Letras e Ciências Humanas (FFLCH-USP). Mestre em História e Filosofia da Educação e livre-docente em Filosofia da Educação pela Faculdade de Educação da Universidade de São Paulo (FE-USP). Professora de Filosofia da Educação na FE-USP.

Escola Pública

Celi Scalon

Professora titular de Políticas Públicas da Universidade Federal do Rio de Janeiro (UFRJ).

Estratificação Social; Igualdade

Christina Windsor Andrews

Doutora em Ciência Política e mestre em Administração pela Universidade de São Paulo (USP). Professora adjunta da Escola de Filosofia, Letras e Ciências Humanas da Universidade Federal de São Paulo (Unifesp).

Esfera Pública

Cicero Araujo

Professor titular do Departamento de Ciência Política da Faculdade de Filosofia, Letras e Ciências Humanas da Universidade de São Paulo (FFLCH-USP). Pesquisador do Conselho Nacional de Desenvolvimento Científico e Tecnológico (CNPq).

Contrato Social/Contratualismo; Desobediência Civil

Cláudia Antico

Doutora em Demografia pela Universidade Estadual de Campinas (Unicamp). Coordenadora geral de formação da Escola Nacional de Administração Pública (Enap).

Contratualização

Cláudia Feres Faria

Doutora em Sociologia e Política pela Universidade Federal de Minas Gerais (UFMG). Professora adjunta do Departamento de Ciência Política da UFMG. Coordenadora do Centro de Estudos em Deliberação (Cede).

Deliberação

Cláudio Cintrão Forghieri

Mestre em Administração pela Fundação Getulio Vargas (FGV-SP), com MBA em Finanças pelo Instituto Brasileiro de Mercado de Capitais (Ibmec). Graduado em Administração Pública. Ex-secretário adjunto da Fazenda do Estado de São Paulo, ex-secretário de Orçamentos da União e ex-professor da FGV-SP. Técnico em Planejamento e Gestão da Fundação do Desenvolvimento Administrativo (Fundap).

Contingenciamento; Qualidade na Administração Pública

Cláudio Gonçalves Couto

Professor de Ciência Política do Departamento de Gestão Pública da Fundação Getulio Vargas de São Paulo (FGV-SP).

Instituições Políticas; Presidencialismo de Coalizão

Cleto Junior P. de Abreu

Cientista social pela Faculdade de Ciências e Letras da Universidade Estadual Paulista (Unesp). Mestrando em Sociologia pelo Programa de Pós-Graduação em Sociologia da Faculdade de Filosofia, Letras e Ciências Humanas da Universidade de São Paulo (FFLCH-USP).

Modernidade Líquida

Clodoaldo Bueno

Historiador. Professor titular da Universidade Estadual Paulista (Unesp).

Política Externa

Clodoaldo Meneguello Cardoso

Doutor em Educação. Professor de Filosofia. Coordenador do Observatório de Educação em Direitos Humanos da Universidade Estadual Paulista (Unesp).

Tolerância

Clovis Bueno de Azevedo

Doutor em Ciência Política. Administrador público. Sociólogo. Especialista em Administração, Orçamento e Finanças Públicas da Prefeitura de São Paulo. Professor do Departamento de Gestão Pública da Fundação Getulio Vargas (FGV-SP).

Gestão de Pessoas; Servidores Públicos

Cristina Almeida Cunha Filgueiras

Professora do Programa de Pós-Graduação em Ciências Sociais da Pontifícia Universidade Católica (PUC-MG).

Participação Popular

Cristina Helena Almeida de Carvalho

Doutora em Ciências Econômicas pela Universidade Estadual de Campinas (Unicamp). Professora adjunta do Departamento de Planejamento e Administração da Educação (PAD) da Faculdade de Educação da Universidade de Brasília (UnB).

Neoinstitucionalismo

Daniel Arias Vazquez

Doutor em Desenvolvimento Econômico pela Universidade Estadual de Campinas (Unicamp). Professor da Universidade Federal de São Paulo (Unifesp).

Federalismo; Regulação Federal

Daniela Magalhães Prates

Doutora em Ciência Econômica pela Universidade Estadual de Campinas (Unicamp). Professora de Economia Internacional e Macroeconomia da Unicamp.

Financiamento

Dênis de Moraes

Pós-doutor em Comunicação pelo Consejo Latinoamericano de Ciencias Sociales (Clacso, Argentina). Doutor e mestre em Comunicação pela Universidade Federal do Rio de Janeiro (UFRJ). Professor associado do Departamento de Estudos Culturais e Mídia da Universidade Federal Fluminense (UFF).

Ciberativismo; Cultura Tecnológica; Políticas de Comunicação

Dora Kaufman

Doutora em Ciência da Comunicação na Escola de Comunicação e Artes da Universidade de São Paulo (ECA-USP). Pesquisadora do Atopos – Centro de Pesquisa em Mídias Digitais da USP.

Mídias Sociais

Edgard de Assis Carvalho

Professor titular de Antropologia e coordenador do Núcleo de Estudos da Complexidade da Pontifícia Universidade Católica (PUC-SP).

Complexidade; Darwinismo Social

Eduardo Fagnani

Professor do Instituto de Economia da Universidade Estadual de Campinas (Unicamp).

Política Habitacional

Eduardo Izumino

Sociólogo pela Faculdade de Filosofia, Letras e Ciências Humanas da Universidade de São Paulo (FFLCH-USP). Técnico da Fundação do Desenvolvimento Administrativo (Fundap).

Desenvolvimento Humano

Eduardo Marques

Professor livre-docente do Departamento de Ciência Política da Universidade de São Paulo (USP). Pesquisador do Centro de Estudos da Metrópole.

Agências; *Path Dependence*; Redes e Comunidades de Políticas

Eduardo Viola

Professor titular do Instituto de Relações Internacionais e Coordenador do Grupo de Pesquisa em Relações Internacionais e Mudança Climática da Universidade de Brasília (UnB). Ex-professor visitante de várias universidades nos Estados Unidos e Europa.

Ambientalismo; Mudança Climática

Enrique Jeronimo Saravia

Doutor em Direito pela Université de Paris 1 (Panthéon-Sorbonne). Mestre em Filosofia pelo Instituto de Filosofia e Ciências Sociais (IFCS) da Universidade Federal do Rio de Janeiro (UFRJ). Professor do Programa de Pós-Graduação em Políticas Públicas, Estratégias e Desenvolvimento do Instituto de Economia da UFRJ. Coordenador de Projetos na Fundação Getulio Vargas (FGV-RJ). Pesquisador associado do Instituto de Ciência Política da Universidade de Heidelberg, Alemanha.

Ciclo de Vida da Política Pública; Gestão Pública/Gestão Privada; Técnicas de Determinação de Prioridades

Estêvão Bosco

Sociólogo pela Universidade Estadual Paulista (Unesp). Doutorando e mestre em Sociologia pela Universidade Estadual de Campinas (Unicamp). Membro do Núcleo de Estudos e Pesquisas Ambientais (Nepam/Unicamp).

Sociedade de Risco

Fábio Wanderley Reis

Cientista político. Professor emérito da Faculdade de Filosofia e Ciências Humanas da Universidade Federal de Minas Gerais (UFMG).

Clientelismo

Fernando Antônio Azevedo

Professor associado do Programa de Pós-Graduação em Ciência Política da Universidade Federal de São Carlos (UFSCar).

Agenda Pública e Midiática

Fernando Filgueiras

Professor adjunto da Universidade Federal de Minas Gerais (UFMG). Coordenador do Centro de Referência do Interesse Público (Crip).

Corrupção

Fernando Gonçalves Marques

Doutorando em Ciência Política pela Universidade de São Paulo (USP). Técnico em Planejamento e Gestão da Fundação do Desenvolvimento Administrativo (Fundap).

Accountability

Fernando Guilherme Tenório

Professor titular e coordenador do Programa de Estudos em Gestão Social (Pegs) na Escola Brasileira de Administração Pública e de Empresas (Ebape) da Fundação Getulio Vargas (FGV).

Gestão Social

Fernando Limongi

Professor titular do Departamento de Ciência Política da Universidade de São Paulo (USP). Pesquisador sênior do Centro Brasileiro de Análise e Planejamento (Cebrap). Coordenador do Núcleo de Estudos Comparados e Internacionais da USP.

Poliarquia

Fernando Manzieri Heder

Mestre em Sociologia da Educação pela Universidade de São Paulo (USP). Graduado em Ciências Sociais pela Universidade Federal do Rio de Janeiro (UFRJ). Técnico em Planejamento e Gestão da Fundação do Desenvolvimento Administrativo (Fundap). fheder@fundap.sp.gov.br

Tribunal de Contas

Francisco de Oliveira

Doutor em Sociologia pela Universidade de São Paulo (USP). Professor emérito da Faculdade de Filosofia, Letras e Ciências Humanas (FFLCH-USP). Membro do Centro de Estudos dos Direitos da Cidadania (USP).

Fundo Público

Frederico Mazzuchelli

Economista. Professor livre-docente do Instituto de Economia da Universidade Estadual de Campinas (Unicamp). fredmazz@uol.com.br

Economia Política

Gabriel Cohn

Sociólogo. Professor aposentado dos Departamentos de Sociologia e de Ciência Política da Universidade de São Paulo (USP). Ex-editor da revista *Lua Nova*.

Carisma

Gabriela Nunes Ferreira

Doutora em Ciência Política pela Universidade de São Paulo (USP). Professora adjunta do curso de Ciências Sociais da Universidade Federal de São Paulo (Unifesp). Pesquisadora do Centro de Estudo de Cultura Contemporânea (Cedec).

Cidadão/Cidadania

Geraldo Biasoto Junior

Professor doutor do Instituto de Economia da Universidade Estadual de Campinas (Unicamp). Ex-diretor executivo da Fundação do Desenvolvimento Administrativo (Fundap).

Dívida Pública

Geraldo Di Giovanni

Professor do Instituto de Economia e pesquisador do Núcleo de Estudos de Políticas Públicas (Nepp) da Universidade Estadual de Campinas (Unicamp).

Abordagens Cognitivas; Atores; Avaliação; Caixa de Ferramentas; Feminização; *Garbage Can Policies*; Implementação; Mercantilização/ Desmercantilização; Política Econômica; Política Social; Vulnerabilidade

Geraldo Sant'Ana de Camargo Barros

Professor titular de Macroeconomia e coordenador científico do Centro de Estudos Avançados em Economia Aplicada (Cepea) da Escola Superior de Agricultura "Luiz de Queiroz" da Universidade de São Paulo (USP). gscbarro@esalq.usp.br

Agronegócio

Gisele Silva Araújo

Doutora em Sociologia pelo Instituto Universitário de Pesquisas do Rio de Janeiro (Iuperj), Professora de Teoria Política, Sociologia e Pensamento Social e Político Brasileiro na Universidade Federal do Estado do Rio de Janeiro (Unirio). Coordenadora do Núcleo Tese Brasil – Teoria Social, Direito e História Política Brasileira.

Liberalismo/Neoliberalismo; Particularismo/Universalismo

Gustavo Venturi Junior

Professor do Departamento de Sociologia da Faculdade de Filosofia, Letras e Ciências Humanas da Universidade de São Paulo (FFLCH-USP). Articulista da coluna Opinião Pública da revista eletrônica mensal *Teoria e Debate* (www.teoriaedebate.org.br).

Opinião Pública

Hamilton Garcia de Lima

Professor associado de Ciência Política e coordenador de extensão do Centro de Ciências do Homem da Universidade Estadual do Norte--Fluminense Darcy Ribeiro (Uenf).

Comunismo

Helcimara de Souza Telles

Pós-doutora pela Universidade Complutense de Madrid. Professora da Universidade Federal de Minas Gerais (UFMG). Coordenadora do periódico eletrônico *Em Debate*, vinculado ao grupo de pesquisa Opinião Pública, Marketing Político e Comportamento Eleitoral.

***Marketing* Político; Opinião Pública**

HENRI ACSELRAD

Professor do Instituto de Pesquisa e Planejamento Urbano e Regional da Universidade Federal do Rio de Janeiro (UFRJ). Pesquisador do Conselho Nacional de Desenvolvimento Científico e Tecnológico (CNPq).

Justiça Ambiental

HILDO MEIRELLES DE SOUZA FILHO

Doutor em Agricultural Economics pela University of Manchester. Mestre em Ciência Econômica pela Universidade Estadual de Campinas (Unicamp). Graduado em Ciências Econômicas pela Universidade Federal de Viçosa. Professor associado do Departamento de Engenharia de Produção da Universidade Federal de São Carlos (UFSCar).

Políticas Agrícolas

HUMBERTO FALCÃO MARTINS

Doutor em Administração. Diretor do Instituto Publix. Professor da Fundação Dom Cabral.

Fragmentação Institucional

IVANA CARNEIRO ALMEIDA

Doutoranda e mestre em Administração pela Universidade Federal de Lavras.

***Marketing* Político**

IVETE SIMIONATTO

Professora titular do Departamento de Serviço Social da Universidade Federal de Santa Catarina (UFSC). Líder do grupo de estudos e pesquisas Estado, Sociedade Civil, Políticas Públicas e Serviço Social (Nespp).

Focalização

JAIRO NICOLAU

Professor titular do Departamento de Ciência Política da Universidade Federal do Rio de Janeiro (UFRJ).

Sistemas Eleitorais

JOÃO BATISTA DE ANDRADE

Doutor em Comunicações pela Escola de Comunicação e Artes da Universidade de São Paulo (ECA-USP). Escritor. Cineasta. Ex-secretário da Cultura do Estado de São Paulo. Presidente da Fundação Memorial da América Latina.

Política Cultural

JOÃO PEDRO SHOLL CINTRA

Graduando em Ciências Sociais. Estagiário da Fundação do Desenvolvimento Administrativo (Fundap).

Tribunal de Contas

JOSÉ ÁLVARO MOISÉS

Professor titular do Departamento de Ciência Política e diretor científico do Núcleo de Pesquisa de Políticas Públicas (Nupps) da Universidade de São Paulo (USP).

Democracia; Democracia Representativa

JOSÉ ANTÔNIO CARLOS

Economista. Coordenador do Curso de Gestão do Conhecimento e Inovação do Programa de Desenvolvimento Gerencial da Fundação do Desenvolvimento Administrativo (Fundap).

Gestão do Conhecimento

JOSÉ ANTONIO G. DE PINHO

Professor associado III da Escola de Administração da Universidade Federal da Bahia (EA-Ufba). Ph.D. pela London School of Economics and Political Science, University of London.

Gerencialismo; Patrimonialismo

JOSÉ DARI KREIN

Professor doutor do Instituto de Economia e coordenador do Centro de Estudos Sindicais e Economia do Trabalho (Cesit) da Universidade Estadual de Campinas (Unicamp).

Flexicurity

JOSÉ EDUARDO CAMPOS DE OLIVEIRA FARIA

Pós-doutor pela Wisconsin University (Estados Unidos). Doutor em Direito pela Universidade de São Paulo (USP). Professor titular do Departamento de Filosofia e Teoria Geral do Direito da Faculdade de Direito da Universidade de São Paulo (USP).

Legalidade; Legitimidade

JOSÉ EISENBERG

Cientista político, Ph.D. pela City University of New York.

Democracia Digital; Governo Eletrônico

JOSÉ ELI DA VEIGA

Professor dos programas de pós-graduação do Instituto de Relações Internacionais da Universidade de São Paulo (IRI-USP) e do Instituto de Pesquisas Ecológicas (IPE). www.zeeli.pro.br

Indicadores de Desenvolvimento; Sustentabilidade

JOSÉ LUCAS CORDEIRO

Doutor em Serviço Social. Economista. Técnico e coordenador de projetos da Fundação do Desenvolvimento Administrativo (Fundap).

Orçamento Público

JOSÉ MARIA F. J. DA SILVEIRA

Professor e coordenador do Núcleo de Economia Agrícola e Ambiental do Instituto de Economia da Universidade Estadual de Campinas (Unicamp). Pesquisador do Conselho Nacional de Desenvolvimento Científico e Tecnológico (CNPq).

Ação Coletiva; Nova Economia Política; Teoria dos Jogos

JOSÉ RENATO DE CAMPOS ARAÚJO

Professor doutor da Escola de Artes, Ciências e Humanidades da Universidade de São Paulo (EACH/USP). Pesquisador do Observatório Interdisciplinar de Políticas Públicas da EACH/USP.

Migrações/Fluxos Migratórios

JOSÉ VICENTE TAVARES DOS SANTOS

Doutor em Sociologia pela Université de Paris X, Nanterre. Professor titular do Programa de Pós-Graduação em Sociologia da Universidade Federal do Rio Grande do Sul (UFRGS).

Segurança Cidadã

LAURA DA VEIGA

Professora adjunta IV da Universidade Federal de Minas Gerais (UFMG). Analista de Pesquisa e Ensino II do Centro de Estudos de Políticas Públicas da Fundação João Pinheiro (Cepp-FJP).

Monitoramento

Leonilde Servolo de Medeiros

Professora associada do Programa de Pós-Graduação em Desenvolvimento, Agricultura e Sociedade da Universidade Federal Rural do Rio de Janeiro (CPDA/UFRRJ). Pesquisadora do Conselho Nacional de Desenvolvimento Científico e Tecnológico (CNPq) e da Fundação de Amparo à Pesquisa do Estado do Rio de Janeiro (Faperj).

Assentamentos Rurais

Lilia Moritz Schwarcz

Professora titular do Departamento de Antropologia da Universidade de São Paulo (USP). *Global professor* pela Universidade de Princeton.

Racialização; Relativismo Social e Cultural

Lucia Helena Vitalli Rangel

Professora-assistente doutora de Antropologia. Diretora adjunta da Faculdade de Ciências Sociais da Pontifícia Universidade Católica (PUC-SP).

Política Indigenista

Luciana de Barros Jaccoud

Doutora em Sociologia pela École des Hautes Études em Sciences Sociales (EHESS-Paris). Técnica de planejamento e pesquisa do Instituto de Pesquisa Econômica Aplicada (Ipea).

Garantia de Renda; Renda Mínima; Risco Social; Seguro Social; Transferência de Renda Condicionada

Lucio R. Rennó

Professor adjunto do Instituto de Ciência Política da Universidade de Brasília. Ph.D. em Ciência Política pela University of Pittsburgh.

Responsiveness

Luís Fernando Milan

Técnico em Planejamento e Gestão da Fundação de Desenvolvimento Administrativo (Fundap).

Contratualização; Empreendedorismo; Reforma Administrativa

Luis Fernando Novais

Economista. Técnico e coordenador do Grupo de Economia da Fundação de Desenvolvimento Administrativo (Fundap).

Financiamento

Luísa Valentini

Mestre em Antropologia Social pela Universidade de São Paulo (USP).

Feminização; *Garbage Can Policies*; Incrementalismo; Vulnerabilidade

Luiz Antonio de Palma e Silva

Psicólogo Social. Técnico e assessor de Relações Institucionais da Fundação de Desenvolvimento Administrativo (Fundap).

Conflito Social; Coordenação; Cultura Organizacional

Luiz Carlos Bresser-Pereira

Professor emérito da Fundação Getulio Vargas (FGV).

Desenvolvimentismo

LUIZ CLAUDIO MARQUES CAMPOS

Mestre em Administração Pública e Governo pela Escola de Administração de Empresas de São Paulo da Fundação Getulio Vargas (Eaesp/FGV). Especialista em Políticas Públicas e Gestão Governamental do Ministério do Planejamento.

Contratualização

LUIZ EDUARDO SOARES

Antropólogo, cientista político e escritor. Professor da Universidade do Estado do Rio de Janeiro (Uerj).

Política de Segurança Pública

LUIZ EDUARDO WANDERLEY

Pós-doutor pela École des Hautes Études en Sciences Sociales (EHESS-Paris). Doutor em Ciências Sociais pela Universidade de São Paulo (USP) e livre-docente pela Faculdade de Educação da USP. Ex-reitor da Pontifícia Universidade Católica (PUC-SP). Professor titular do Departamento de Sociologia e do Programa de Estudos Pós-Graduados em Ciências Sociais.

Doutrina Social Católica; Publicização

LUIZ SÉRGIO HENRIQUES

Tradutor. Editor da revista eletrônica *Gramsci e o Brasil* (www.gramsci.org).

Social-Democracia; Socialismo

LYGIA GONÇALVES COSTA

Pós-Doutoranda pelo Instituto de Pesquisa e Planejamento Urbano e Regional da Universidade Federal do Rio de Janeiro (Ippur/UFRJ). Pesquisadora-assistente do Observatório das Metrópoles.

Estratificação Social

MAÍRA BAUMGARTEN

Professora associada do Instituto de Ciências Humanas e da Informação da Universidade Federal do Rio Grande (FURG). Coordenadora do Laboratório de Divulgação de Ciência, Tecnologia e Inovação Social (LaDCIS).

Redes Sociais

MARCELO CASTAÑEDA

Doutorando no Programa de Pós-Graduação em Ciências Sociais em Desenvolvimento, Agricultura e Sociedade da Universidade Federal Rural do Rio de Janeiro (CPDA/UFRRJ).

Família/Familismo

MARCELO NERI

Economista-chefe do Centro de Políticas Sociais. Professor da Escola de Pós-Graduação em Economia da Fundação Getulio Vargas (EPGE/FGV).

Desigualdade; Medidas de Pobreza

MARCELO WEISHAUPT PRONI

Professor e vice-diretor do Instituto de Economia. Pesquisador do Centro de Estudos Sindicais e de Economia do Trabalho (Cesit) da Universidade Estadual de Campinas (Unicamp).

Política de Esporte

MARCIA DE PAULA LEITE

Socióloga. Professora titular e colaboradora do Departamento de Ciências Sociais na Educação da Universidade Estadual de Campinas (Unicamp). Presidenta da Associação Latinoamericana de Estudos do Trabalho (Alast).

Fordismo; Taylorismo; Toyotismo

Marcia Teixeira de Souza
Doutora em Sociologia pela Universidade Estadual Paulista (Unesp). Mestre em Ciências Sociais pela Pontifícia Universidade Católica (PUC-SP). Graduada em Ciências Sociais pela Universidade de São Paulo (USP). Professora-assistente doutora na Faculdade de Ciências e Letras da Unesp.
Poder Legislativo

Márcio Gomes de Sá
Doutorando em Sociologia pelo Instituto de Ciências Sociais (ICS) da Universidade do Minho (Uminho). Mestre em Administração pela Universidade Federal de Pernambuco (UFPE). Professor do Centro Acadêmico do Agreste (CAA-Caruaru) da UFPE.
Organizações

Marco Aurélio Nogueira
Professor titular de Teoria Política e diretor do Instituto de Políticas Públicas e Relações Internacionais da Universidade Estadual Paulista (Unesp).
Aparelhamento; Burocracia; Centralismo; Consenso; Controle/Controle Social; Corporativismo; Crise; Democracia Participativa; *Enforcement*; Estado; Fisiologismo; Hegemonia; Ideologia; Individualismo; Individualização/Individuação; Meritocracia; Modernização Conservadora; Mudança Social; Participação Política; Poder; Poder Democrático; Pólis; Populismo; Sociedade Civil; Tecnocracia; *Veto Players*

Marcos Costa Lima
Pós-doutor pela Université Paris XIII. Doutor pela Universidade Estadual de Campinas (Unicamp). Professor do Departamento de Ciência Política da Universidade Federal de Pernambuco (UFPE). Ex-presidente da Associação Nacional de Pós-Graduação e Pesquisa em Ciências Sociais (Anpocs) (2010-2012).
Globalização

Margret Althuon
Doutora em Planejamento Regional Urbano. Técnica em Planejamento e Gestão da Fundação do Desenvolvimento Administrativo (Fundap).
Estatização/Desestatização; Parcerias Público-Privadas

Maria Alejandra Caporale Madi
Doutora em Economia. Professora e coordenadora do Curso de Especialização em Economia Financeira da Universidade Estadual de Campinas (Unicamp).
Ajuste Fiscal; Estabilidade Monetária

Maria Cristina Costa Pinto Galvão
Técnica da Fundação do Desenvolvimento Administrativo (Fundap). Coordenadora de Programas da Escola de Governo e Administração Pública (Egap-Fundap).
Contratualização

Maria do Socorro Sousa Braga
Professora adjunta e coordenadora do Centro de Estudos de Partidos Políticos da América Latina (Ceppla) da Universidade Federal de São Carlos (UFSCar).

Fidelidade Partidária

Maria Fernanda Lombardi Fernandes
Doutora em Ciência Política pela Universidade de São Paulo (USP). Professora de Ciências Sociais na Universidade Federal de São Paulo (Unifesp).

Cidadão/Cidadania

Maria Guiomar da Cunha Frota
Doutora em Sociologia pelo Instituto Universitário de Pesquisas do Rio de Janeiro (Iuperj). Mestre em Sociologia pela Universidade Federal de Minas Gerais (UFMG). Graduada em História pela Pontifícia Universidade Católica (PUC-MG). Professora adjunta da Escola de Ciência da Informação da UFMG.

Políticas para a Infância e Adolescência

Maria Lúcia Teixeira Werneck Vianna
Doutora pelo Instituto Universitário de Pesquisas do Rio de Janeiro (Iuperj). Professora adjunta da Universidade Federal do Rio de Janeiro (UFRJ).

Seguridade Social

Maria Luiza Levi
Economista. Doutora pelo Departamento de Medicina Preventiva da Universidade de São Paulo (USP). marialuizalevi@gmail.com

Dívida Pública; Municipalização; Orçamento Público

Maria Rita Loureiro
Professora titular da Faculdade de Economia da Universidade de São Paulo (USP) e da Fundação Getulio Vargas (FGV-SP) na área de Administração Pública e Governo.

Insulamento Burocrático

Maria Teresa Miceli Kerbauy
Doutora em Ciência Política. Docente do Programa de Pós-Graduação em Ciências Sociais da Universidade Estadual Paulista "Júlio de Mesquita Filho" (Unesp).

Coronelismo

Maria Tereza Aina Sadek
Professora do Departamento de Ciência Política da Universidade de São Paulo (USP). Pesquisadora sênior e diretora de pesquisas do Centro Brasileiro de Estudos e Pesquisas Judiciais (Cebepej).

Judicialização da Política; Poder Judiciário

Mariangela Belfiore Wanderley
Pós-doutora pela École des Hautes Études en Sciences Sociales (EHESS-Paris). Doutora em Serviço Social pela Pontifícia Universidade Católica (PUC-SP). Professora associada do Departamento de Política e Gestão Social e do Programa de Estudos Pós-Graduados em Serviço Social da PUC-SP.

Desfiliação; Desqualificação Social

Mario Fuks
Professor associado do Departamento de Ciência Política da Universidade Federal de Minas Gerais.

Cultura Política

Marta Ferreira Santos Farah
Doutora em Sociologia pela Faculdade de Filosofia, Letras e Ciências Humanas da Universidade de São Paulo (FFLCH-USP). Professora de Políticas Públicas e coordenadora do Curso de Mestrado e Doutorado em Administração Pública e Governo, da Fundação Getulio Vargas (Eaesp-FGV).

Gênero

Milton Meira do Nascimento
Professor titular de Ética e Filosofia Política do Departamento de Filosofia da Universidade de São Paulo (USP).

Jusnaturalismo

Mônica Landi
Técnica em Planejamento e Gestão da Fundação do Desenvolvimento Administrativo (Fundap). Professora doutora do Departamento de Economia da Faculdade de Economia e Administração da Pontifícia Universidade Católica (PUC-SP).

Estatização/Desestatização; Parcerias Público-Privadas

Mônica Maia Bonel Maluf
Socióloga. Mestre em Ciências Sociais Aplicadas à Educação pela Universidade Estadual de Campinas (Unicamp). Técnica em Planejamento e Gestão da Fundação do Desenvolvimento Administrativo (Fundap).

Empreendedorismo; Reforma Administrativa; Terceirização

Nathalie Beghin
Economista. Doutora em Políticas Sociais pela Universidade de Brasília (UnB). Coordenadora da assessoria política do Instituto de Estudos Socioeconômicos (Inesc).

Responsabilidade Social Empresarial

Nina Beatriz Stocco Ranieri
Professora-associada do Departamento de Direito do Estado da Faculdade de Direito da Universidade de São Paulo (USP). Pesquisadora do Núcleo de Pesquisa de Políticas Públicas da USP.

Direitos Humanos

Patrícia Mattos
Professora do Departamento de Ciências Sociais da Universidade Federal de São João Del-Rei (UFSJ). Coordenadora da Pós-Graduação em História e do Núcleo de Estudos de Gênero (Nege/UFSJ).

Reconhecimento

Paulo Berti de Azevedo Barros
Economista. Mestre em Economia pela Universidade de São Paulo (USP). Doutorando em Teoria Econômica pela Universidade Estadual de Campinas (Unicamp). Professor temporário da Universidade Federal de São Paulo (Unifesp).

Ação Coletiva

Paulo de Martino Jannuzzi
Professor da Escola Nacional de Ciências Estatísticas do Instituto Brasileiro de Geografia e Estatística (IBGE).

Indicadores Sociais; Índice de Desenvolvimento Humano

Paulo Roberto Motta
Professor titular da Escola Brasileira de Administração Pública e de Empresas da Fundação Getulio Vargas (Ebape/FGV).

Gestão Estratégica; Liderança

Pedro Aníbal Drago
Mestre em Teoria e Comportamento Organizacional pela Escola de Administração de Empresas de São Paulo da Fundação Getulio Vargas (Eaesp/FGV). Pós-graduado em Administração de Empresas. Professor da Eaesp/FGV. Especialista em Desenvolvimento Tecnológico da Fundação do Desenvolvimento Administrativo (Fundap).

Poder Executivo

Pedro Luiz Barros Silva
Cientista político. Professor do Instituto de Economia da Universidade Estadual de Campinas (Unicamp).

Recursos de Poder

Pedro Santos Mundim
Professor da Universidade Federal de Goiás (UFG), com estágio pós--doutoral na Universidade Federal de Minas Gerais (UFMG).

***Marketing* Político**

Rachel Meneguello
Professora do Departamento de Ciência Política da Universidade Estadual de Campinas (Unicamp), diretora do Centro de Estudos de Opinião Pública (Cesop) da Unicamp. Pesquisadora do Conselho Nacional de Desenvolvimento Científico e Tecnológico (CNPq).

Partidos Políticos; Sistemas Partidários

Rafael Fagundes Cagnin
Economista. Doutorando pela Universidade Paris 13 (França). Mestre em Teoria Econômica pela Universidade Estadual de Campinas (Unicamp). Técnico em Planejamento e Gestão da Fundação do Desenvolvimento Administrativo (Fundap).

Dívida Pública

Raquel Raichelis
Doutora em Serviço Social. Professora do Programa de Estudos Pós-Graduados em Serviço Social da Pontifícia Universidade Católica (PUC-SP).

Conselhos Gestores

Raul Francisco Magalhães
Mestre em Ciência Política pela Universidade Federal de Minas Gerais (UFMG). Doutor em Ciência Política pelo Instituto Universitário de Pesquisas do Rio de Janeiro (Iuperj). Graduado em Comunicação Social pela UFMG. Professor de Teoria Política do Departamento de Ciências Sociais da Universidade Federal de Juiz de Fora (UFJF).

Autoridade/Autoritarismo

Renato Janine Ribeiro
Professor titular de Ética e Filosofia Política na Universidade de São Paulo (USP). Ex-diretor de avaliação da Coordenação de Aperfeiçoamento de Pessoal de Nível Superior (Capes). Professor visitante da Universidade de Columbia, Nova York.

Representação; Soberania

Renato Lessa
Professor titular de Teoria Política da Universidade Federal Fluminense (UFF). Diretor-presidente do

Instituto Ciência Hoje. Investigador associado do Instituto de Ciências Sociais da Universidade de Lisboa.

Governabilidade/Governança; Governo; República/Republicanismo

Renato Perissinotto

Professor do Programa de Pós-Graduação em Ciência Política da Universidade Federal do Paraná (UFPR). Coeditor da *Revista de Sociologia e Política*. Cocoordenador do Núcleo de Pesquisa em Sociologia Política Brasileira da UFPR. Pesquisador do Conselho Nacional de Desenvolvimento Científico e Tecnológico (CNPq).

Classes Sociais/Luta de Classes; Elites

Ricardo Abramovay

Professor titular do Departamento de Economia da Faculdade de Economia e Administração (FEA) e do Instituto de Relações Internacionais (IRI) da Universidade de São Paulo (USP). Pesquisador do Conselho Nacional de Desenvolvimento Científico e Tecnológico (CNPq).

Aquecimento Global; Políticas Ambientais

Ricardo Corrêa Gomes

Professor adjunto IV e coordenador adjunto do Programa de Pós-Graduação da Universidade de Brasília (UnB).

Stakeholders

Robert Bonifácio

Doutorando em Ciência Política pela Universidade Federal de Minas Gerais (UFMG).

Cultura Política

Roberto Passos Nogueira

Médico. Doutor em Saúde Coletiva. Pesquisador do Instituto de Pesquisa Econômica Aplicada (Ipea).

Política de Saúde

Rogério Bastos Arantes

Professor do Departamento de Ciência Política e coordenador da Pós-Graduação em Ciência Política da Universidade de São Paulo (USP).

Ministério Público

Rose Neubauer

Professora doutora da Universidade de São Paulo (USP). Diretora-presidente do Instituto de Protagonismo Jovem e Educação. Membro da Academia Paulista de Educação. Conselheira do Conselho Estadual de Educação de São Paulo.

Políticas de Educação

Rubem Barboza Filho

Professor titular do Departamento de Ciências Sociais da Universidade Federal de Juiz de Fora (UFJF).

Autoridade/Autoritarismo

Rudá Ricci

Sociólogo. Consultor em políticas públicas e e-governo, diretor geral do Instituto Cultiva e do Fórum Brasil do Orçamento. Comentarista político da Band News.

Movimentos Sociais

Sandra Inês Baraglio Granja

Doutora pela Universidade de São Paulo (USP). Técnica em Desenvolvimento Organizacional da Fundação do Desenvolvimento Administrativo (Fundap).

Professora de extensão e pós-graduação em Gestão Pública e MBAs. Consultora da Unesco e da Agência Nacional de Águas.

Negociação

Sandra Souza Pinto

Doutora em Administração. Técnica e coordenadora de projetos educacionais da Escola de Governo e Administração Pública da Fundação do Desenvolvimento Administrativo (Egap-Fundap).

Poder Executivo

Sergio Amadeu da Silveira

Doutor em Ciência Política. Professor adjunto da Universidade Federal do ABC. Membro do Comitê Gestor da Internet no Brasil.

Políticas de Inclusão Social

Sérgio Salles-Filho

Professor titular do Departamento de Política Científica e Tecnológica do Instituto de Geociências da Universidade Estadual de Campinas (Unicamp).

Política Científica e Tecnológica

Silvia Andrade Stanisci

Socióloga. Mestre em Serviço Social. Técnica e coordenadora de projetos da Fundação do Desenvolvimento Administrativo (Fundap).

Conselho Tutelar; Gestão Participativa

Simone Silva de Deos

Professora doutora e diretora adjunta do Centro de Estudo de Relações Econômicas Internacionais do Instituto de Economia da Universidade Estadual de Campinas (Unicamp).

Economia de Mercado; Mercado; Política Econômica

Sonia Fleury

Doutora em Ciência Política. Professora titular de Política Pública da Escola Brasileira de Administração Pública e de Empresas da Fundação Getulio Vargas (Ebape/FGV). Coordenadora do Programa de Estudos da Esfera Pública (Peep).

Democracia Deliberativa; Reforma Previdenciária

Sonia Miriam Draibe

Doutora em Ciência Política pela Universidade de São Paulo (USP). Livre--docente pela Universidade Estadual de Campinas (Unicamp). Professora adjunta do Instituto de Economia e pesquisadora sênior do Núcleo de Estudos de Políticas Públicas (Nepp) da Unicamp.

Capital Social; Coesão Social; Financiamento e Gasto; Intersetorialidade; Proteção Social; Provisão Social; Sistemas Nacionais de Proteção Social; *Walfare State*

Talita Miranda Ribeiro

Mestre em Economia Política pela Pontifícia Universidade Católica (PUC--SP). Graduada em Ciências Econômicas pela Universidade Estadual de Campinas (Unicamp). Técnica em Planejamento e Gestão na Fundação do Desenvolvimento Administrativo (Fundap).

Microcrédito

Tânia Maria Diederichs Fischer

Doutora em Administração pela Universidade de São Paulo (USP). Professora titular da Universidade Federal da Bahia (Ufba). Coordenadora do Centro Interdisciplinar em Desenvolvimento e Gestão Social (Ciags).

Poder Local

Valeriano Mendes Ferreira Costa
Professor do Departamento de Ciência Política da Universidade Estadual de Campinas (Unicamp). Pesquisador do Centro de Estudos de Opinião Pública.

Reforma do Estado

Vanya Sant'Anna
Socióloga. Técnica da Fundação do Desenvolvimento Administrativo (Fundap).

Administração; Gestão; Planejamento

Vera Maria Ribeiro Nogueira
Pós-doutora pela Universidad Autónoma de Barcelona. Doutora em Enfermagem pela Universidade Federal de Santa Catarina (UFSC). Mestre em Serviço Social pela Pontifícia Universidade Católica (PUC-SP). Professora do Mestrado em Política Social da Universidade Católica de Pelotas e do Programa de Pós-Graduação em Serviço Social da UFSC. Pesquisadora do Conselho Nacional de Desenvolvimento Científico e Tecnológico (CNPq).

Focalização

Vicente Rodriguez
Professor da Faculdade de Educação da Universidade Estadual de Campinas (Unicamp).

Centralização/Descentralização

Virgínia Guilhon
Professora adjunta aposentada da Universidade Federal do Maranhão (UFMA). Possui graduação em Serviço Social e mestrado em Políticas Públicas pela Universidade Federal do Maranhão (UFMA) e doutorado em Economia Aplicada pela Universidade Estadual de Campinas (Unicamp).

Política Assistencial

Wagner Pralon Mancuso
Doutor em Ciência Política pela Universidade de São Paulo (FFLCH-USP). Professor da Escola de Artes, Ciências e Humanidades (EACH-USP). Professor nos programas de pós-graduação em Ciência Política da FFLCH/USP e em Relações Internacionais do Instituto de Relações Internacionais (IRI-USP).

Lobby

Waldomiro Pecht
Economista. Técnico da Fundação do Desenvolvimento Administrativo (Fundap) na área de Economia do Setor Público.

Concessões; Política de Infraestrutura

Wanderley Messias da Costa
Livre-docente em Geografia Política e professor titular do Departamento de Geografia da Faculdade de Filosofia, Letras e Ciências Humanas da Universidade de São Paulo (FFLCH-USP).

Políticas Territoriais

Zander Navarro
Professor associado (aposentado) de Sociologia da Universidade Federal do Rio Grande do Sul (UFRGS). Pesquisador da Embrapa Estudos e Capacitação (Cecat), em Brasília.

Orçamento Participativo; Reforma Agrária

Índice remissivo

Q

R

S

T

V

W

SOBRE O LIVRO

Formato: 16 x 23 cm
Tipologia: Adobe Garamond | Fedra Sans | Interstate
Papel: Offset 75 g/m2 (miolo)
Cartão DuoDesign 250 g/m2 (capa)

2ª edição: 2015
3ª edição: 2018